D1725721

ERFOLGREICH JAGEN & HEGEN

ERFOLGREICH JAGEN & HEGEN

Das Handbuch für den Praktiker

Ein Buch
der Zeitschrift
JÄGER

Jahr Verlag Hamburg

Die Deutsche Bibliothek - CIP Einheitsaufnahme

Erfolgreich jagen & hegen : das Handbuch für den Praktiker/
(Red.: Rolf Roosen; Walter Bachmann). - Hamburg: Jahr, 1998
(Ein Buch der Zeitschrift Jäger)
ISBN 3-86132-265-X

Jahr-Verlag GmbH & Co.
Jessenstraße 1
D-22767 Hamburg
Telefon 040 / 38906-0
Telefax 040 / 38906-302

Redaktion: Dr. Rolf Roosen, Walter Bachmann

Gesamtgestaltung: Werner Rabe

Lithografie und Satz: Helmut Gass Reprotechnik, Hamburg

Druck und Bindung: Busche, Dortmund

ISBN 3-86132-265-X

EIN PAAR ZEILEN ZUVOR

Jagd ist Beute machen, im Laufe der Jahrhunderte mit der Änderung der Einstellung des Menschen zum Tier veredelt. Aber wir sollten nicht so unklug sein, leugnen zu wollen, daß Jagd ebenso untrennbar verbunden ist mit dem Schuß und dem Tod des Jagdtieres. So etwas kann unserem Ansehen nur schaden, niemals nutzen." – Schon 1950 schrieb dies Oberstjägermeister Ulrich Scherping. Was damals schon galt, gilt heute mehr denn je. Glaubwürdig ist der Jäger nur, wenn er sich zu seiner Jagdpassion bekennt. Passion sowie Freude an Jagd und Praxis bilden das Fundament dieses Handbuches. Sie sind der rote Faden. Ob bei der Organisation von Treibjagden, dem Schaffen von Äsung und Deckung, dem Abrichten von Jagdhunden oder den Beobachtungen zur Lebensweise des Reh- oder Schwarzwildes, immer stehen Praxis und Passion im Vordergrund. Kurz und bündig wird dargestellt, was den passionierten Praktiker interessiert. Das Nachschlagewerk „Erfolgreich Jagen & Hegen" ist nichts für grüne Theoretiker. Es ist gedacht für den Jäger, der oft und gern im Revier ist, den Hund zur Seite.

Allen Lesern und Benutzern wünschen wir stets guten Anblick und Waidmannsheil auf allen Wegen

Dr. Rolf Roosen
Chefredakteur JÄGER

Walter Bachmann
Forstdirektor a.D.

P.S.: Ursprünglich sollte „Erfolgreich Jagen & Hegen" in vier Bänden erscheinen. Entsprechend wurde paginiert. Nun ist ein Nachschlagewerk daraus geworden. Hinter jedem der vier Bände befindet sich jeweils ein Schlagwortregister für den betreffenden Teil. Die einzelnen Bände sind durch Daumenmarken klar voneinander getrennt.

SCHALENWILD

TEIL 1

NIEDERWILD

TEIL 2

JAGD- UND REVIERPRAXIS I UND HUNDE

TEIL 3

JAGD- UND REVIERPRAXIS II UND AUSRÜSTUNG

TEIL 4

JÄGER & PRAXIS

KURZ & BÜNDIG

1

ROTWILD: LEBENSWEISE ★ ÄSUNG ★ GEWEIH ★ BRUNFT ★ ALTERSANSPRACHE ★ BEJAGUNG ...

EINE BEILAGE DER ZEITSCHRIFT JÄGER

JAGDZEITEN

Der Rotwildjäger hat die Pflicht, über Jagd- und Schonzeiten informiert zu sein. (Siehe untenstehende Tabelle.) Nicht nur in diesem Punkt muß er ständig über die Rechtslage in dem Bundesland, in welchem er Rotwild bejagt, auf dem laufenden sein. Denn die Länder können beispielsweise die Jagdzeiten auf Hirsche, Tiere oder Kälber verkürzen. Sie können aber auch die Schonzeiten für einzelne Jagdbezirke oder bestimmte Gebiete aufheben. Das geht allerdings nur, wenn besondere Gründe vorliegen. Besondere Gründe sind zum Beispiel das Vermeiden übermäßiger Wildschäden, der Abschuß kümmernden Wildes oder das Bekämpfen einer Wildseuche. Schonzeiten sind nicht allein für Rotwildbestände von entscheidender Bedeutung (etwa wegen einer ungestörten Setzzeit). Deshalb hat der Gesetzgeber verfügt, daß ein vorsätzliches oder auch bloß fahrlässiges Verletzen der Schonzeit eine Straftat ist.

Die Jagdzeit auf Rotwild ist – gemäß Bundesjagdgesetz – recht lang. Um den Jagddruck zu mindern, sollte am 31. Dezember die Devise „Hahn in Ruh!" gelten.

VERORDNUNG ÜBER DIE JAGDZEITEN VOM 2. APRIL 1977
(Bundesgesetzgebung)

Kälber: vom 1. August bis zum 28. Februar. **Schmalspießer:** vom 1. Juni bis zum 28. Februar. **Schmaltiere:** vom 1. Juni bis zum 31. Januar.
Hirsche und Alttiere: vom 1. August bis zum 31. Januar.
Zudem gilt: Verbot, Rotwild zur Nachtzeit zu erlegen; Nachtzeit ist die Zeit von 1 1/2 Stunden nach Sonnenuntergang bis 1 1/2 Stunden vor Sonnenaufgang.

ABWEICHENDE JAGDZEITEN GEMÄSS LANDESVERORDNUNGEN

BADEN-WÜRTTEMBERG
Kälber: vom 1. August bis zum 31. Januar
Schmalspießer: vom 1. Juni bis zum 31. Januar
Zudem gilt: Weibliches Rotwild sowie Kälber dürfen während der Nachtzeit erlegt werden. Treibjagd auf Rotwild verboten.

BAYERN
Kälber: vom 1. August bis zum 31. Januar
Schmaltiere: vom 1. Juni bis zum 31. Januar
Alttiere: vom 1. August bis zum 31. Januar
Schmalspießer: vom 1. Juni bis zum 31. Januar
alle übrigen Hirsche: vom 1. August bis zum 31. Januar
Zudem gilt: Treibjagd auf Rotwild verboten.

BRANDENBURG
Keine Abweichung von der „Verordnung über die Jagdzeiten vom 2. April 1977"

BREMEN
Keine Abweichung von der „Verordnung über die Jagdzeiten vom 2. April 1977"

HAMBURG
Schmalspießer: vom 1. August bis zum 31. Januar
Schmaltiere: vom 1. August bis zum 31. Januar
Zudem gilt: Weibliches Rotwild sowie Kälber dürfen zur Nachtzeit bejagt werden.

HESSEN
Kälber: vom 1. August bis zum 31. Januar
Schmalspießer: vom 1. Juli bis zum 31. Januar
Schmaltiere: vom 1. Juli bis zum 31. Januar
Zudem gilt: Rotwild darf zur Nachtzeit erlegt werden, wenn dieses zur Erfüllung des Abschußplanes in Rotwildgebieten notwendig oder wenn außerhalb von Rotwildgebieten aus Gründen der Landeskultur ein Abschuß festgesetzt ist.

MECKLENBURG-VORPOMMERN
Keine Abweichung von der „Verordnung über die Jagdzeiten vom 2. April 1977"
Zudem gilt: Rotwild kann vom 1. Oktober bis zum 31. Januar zur Nachtzeit erlegt werden, soweit dies zur Erfüllung des Abschußplanes erforderlich ist.

NIEDERSACHSEN
Kälber: vom 1. August bis zum 31. Januar
Schmalspießer: vom 1. Juni bis zum 31. Januar

NORDRHEIN-WESTFALEN
Kälber: vom 1. August bis zum 31. Januar
Schmalspießer: vom 1. August bis zum 31. Januar
Schmaltiere: vom 1. August bis zum 31. Januar

RHEINLAND-PFALZ
Kälber: vom 1. August bis zum 31. Januar
Schmalspießer: vom 1. Juni bis zum 31. Januar

SAARLAND
Keine Abweichung von der „Verordnung über die Jagdzeiten vom 2. April 1977"
Zudem gilt: Treibjagd auf Rotwild verboten; eine Jagd auf Rotwild, an der höchstens zehn Schützen und nicht mehr als drei weitere Personen teilnehmen, die ohne stöbernde Hunde ruhig drücken, gilt nicht als Treibjagd.

SACHSEN
Keine Abweichung von der „Verordnung über die Jagdzeiten vom 2. April 1977"
Zudem gilt: Weibliches Rotwild sowie Kälber dürfen zur Nachtzeit erlegt werden.

SACHSEN-ANHALT
Keine Abweichung von der „Verordnung über die Jagdzeiten vom 2. April 1977"

SCHLESWIG-HOLSTEIN
Schmalspießer: vom 1. August bis zum 31. Januar
Schmaltiere: vom 1. August bis zum 31. Januar
Zudem gilt: In der Zeit vom 1. November bis zum 31. Januar kann Rotwild zur Nachtzeit erlegt werden, soweit das zur Erfüllung der Abschußpläne erforderlich ist.

THÜRINGEN
Kälber: vom 1. August bis zum 31. Januar
Schmalspießer: vom 1. Juni bis zum 31. Januar
Zudem gilt: Verbot der Treibjagd auf Rotwild.

Stand: Juni 1995 (ohne Gewähr).

INHALT

Foto: H. Arndt

Plätzender Hirsch in der Brunft.

Foto: H. Reinhard

Hier fällt das Ansprechen leicht.

Foto: J. Borris

Brunfthirsch, zur Strecke gekommen.

Impressum: **JÄGER & PRAXIS** KURZ & BÜNDIG   Rotwild. Eine Beilage der Zeitschrift JÄGER

Jahr-Verlag GmbH & Co.
Jessenstraße 1
22767 Hamburg
Tel. 040 / 38 90 60
Fax 040 / 38 90 63 05

Verleger:
Alexander Jahr

Redaktion: Dr. Rolf Roosen

Autor: Walter Bachmann

Titel/Layout: Werner Rabe

Vertriebsleitung:
Peter Lüdemann

Herstellungsleitung:
Helmut Post,
Brunhild Sudmann
(Stellvertretung)

Lithographie:
Repro- und Satztechnik
Helmut Gass, Hamburg

Druck:
Busche, Dortmund

Copyright:
Jahr-Verlag GmbH & Co.
Hamburg 1995

LEBENSWEISE UND BRUNFT

Erst Grundkenntnisse über die Biologie des Rotwildes, über Lebensraum, Lebensweise, Verfärben, Fährte, Äsung, Brunft und Losung etc., ermöglichen dem Jäger, unser Edelwild wildbiologisch richtig zu hegen und zu bejagen.

Fotos: H. Reinhard

Foto oben: Mit ruckartigen Kopfstößen hat sich das Kalb den Milchquell erschlossen. Großes Foto: Nur zur Brunftzeit stellt sich der reife Hirsch zum Kahlwild.

Wie alle jagdbaren Tiere Mitteleuropas zählt das Rotwild zum Stamm der Wirbeltiere, der sich unter anderem in die Klassen der Säugetiere und Vögel unterteilt.

STELLUNG IM ZOOLOGISCHEN SYSTEM

Bei den Säugern bilden die Paarhufer eine Ordnung für sich. Sie laufen auf den Schalen der dritten und vierten Zehe, haben den zweiten sowie fünften Zeh als Afterklauen oberhalb der Schalen am Lauf zurückgebildet und den Dau-

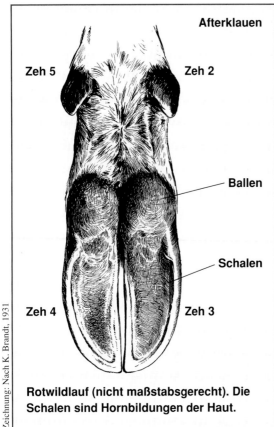

Zeichnung: Nach K. Brandt. 1931

Rotwildlauf (nicht maßstabsgerecht). Die Schalen sind Hornbildungen der Haut.

men – den ersten Zeh – ganz verloren.

Zu dieser Ordnung gehören als Unterordnung die Wiederkäuer, deren charakteristischer Verdauungsvorgang im Pansen und den drei Vormägen zu ihrer Bezeichnung führte. Ein gemeinsames

Merkmal aller wiederkäuenden Hirschartigen bilden in der Regel die Geweihe der männlichen Tiere. Beim Rothirsch ist das Geweih als „Imponierorgan" besonders stark entwickelt.

Hier werden alle Hirsche in einer Familie erfaßt, die zoologisch in sieben Unterfamilien eingeteilt ist. Eine hiervon sind die Echthirsche, zu denen bei überwiegender Verbreitung in Asien und Europa neben dem Dam- und Sikahirsch auch der Rothirsch als Art gehört. Das Reh, das zur Unterfamilie der Trughirsche zählt, ist bloß entfernt mit Rot-, Dam- und Sikawild verwandt. Die nächsten Verwandten des Rehwildes sind die amerikanischen Weißwedel und Maultierhirsche.

Als einzige Hirscharten leben Rothirsch und Reh bereits seit dem Rückzug des Eises in unserer Heimat.

Rotwild ist also autochthon, auch wenn als Ursprungsland aller Echthirsche Zentralasien gilt.

Die Kenntnis der zoologischen Zugehörigkeit des Rothirsches hilft dem biologisch interessierten Jäger vielfach bei seinen Beobachtungen in Wald und Feld.

Die Übersicht faßt den **Stammbaum** des Rothirsches noch einmal zusammen:

Stamm:	Wirbeltier
Klasse:	Säugetier
Ordnung:	Paarhufer
Unterordnung:	Wiederkäuer
Familie:	Hirsche
Unterfamilie:	Echthirsche
Art:	Rothirsch.

Nach Alter und Geschlecht be-

zeichnet der Jäger beim Rotwild die männlichen beziehungsweise die weiblichen Stücke:
– 1. Lebensjahr: Hirschkalb bzw. Wildkalb,
– 2. Lebensjahr: Schmalspießer bzw. Schmaltier,
– 3. Lebensjahr: Hirsch vom zweiten Kopf bzw. Alttier,
– 4. Lebensjahr: Hirsch vom dritten Kopf bzw. Alttier,
– Etc.etc.

VERBREITUNG

In **Europa** befinden sich größere Verbreitungsgebiete von Spanien bis nach Polen und dem angrenzenden Rußland sowie von den Balkanländern bis nach Schottland und Südnorwegen. *Bützler* unterscheidet dabei acht verschiedene Rothirschformen, das heißt Unterarten, hält aber eine saubere, örtliche Trennung für unmöglich.

Zu den rotwildfreien oder fast freien Ländern zählen Finnland, der Norden von Schweden sowie Norwegen, im Süden Italien und Griechenland.

In **Deutschland** liegen die bedeutesten Rotwildvorkommen vor allem in den Zentren der größeren Mittelgebirge. Es sind 80 an der Zahl. Hunsrück, Eifel, Odenwald, Pfälzerwald, Harz, Reinhardswald, Solling, Teutoburgerwald, Spessart, Vogelsberg, Fichtelgebirge und Bayerischer Wald sind zu nennen. Im Süden begrenzen die Alpen die Verbreitung; im Norden gibt es inselförmige Vorkommen in Schleswig-Holstein. Die waldreichen Teile der neuen Bundesländer weisen ebenfalls größere Bestände auf. Dieses gilt insbesondere für den Thüringer Wald, das Erzgebirge, den Ostharz sowie die Mecklenburger Seenplatte. Die Gesamtzahl in der Bundesrepublik Deutschland darf mit etwa 150.000 Stück Rotwild eingeschätzt werden.

Den Wildbiologen bereiten die zu-

nehmenden Bevölkerungszahlen und die Industrialisierung in allen Ländern Europas Sorgen. Zu häufig führen diese Entwicklungen zu einer Verinselung der Rotwildvorkommen. Ein Gegensteuern mit Hilfe von Hegemaßnahmen wird erforderlich, ist jedoch nur schwer durchsetzbar. Hinzu kommt, daß auch die forstlichen Ziele im Wald heute fast überall den Vorrang besitzen und zu einer deutlichen Reduzierung der Rotwildbestände führen. Deshalb gilt es, Maßnahmen, die aus dem notwendigen Erhalt dieser Schalenwildart erwachsen, in ihrer Wirkung auf die gesamte Situation von Landschaft und Mensch zu prüfen und einzupassen. Diese Planungen nennen Wildbiologen jagdliche Raumordnung.

LEBENSRAUM

Aus der Arbeit *Benindes* über die Entwicklungsgeschichte des Rotwildes erfährt man folgendes sehr anschaulich: Gegen Ende der Braunkohlen- bis zum Beginn der Eiszeit begann die freie Landschaft, eine fast baumlose Steppe, den Rothirsch zu einer großen Hirschform zu prägen; einer Hirschform mit aufgerichtetem Geweih sowie hervorragendem Lauf- und Geruchsvermögen.
Heute wird Rotwild unter dem Einfluß des Menschen in Europa zurückgedrängt, und zwar auf größere Waldflächen mit einem Angebot an Deckung, Äsung und Ruhe.
Eine Ausnahme macht das schottische Rotwild, das, wie während der Eiszeit, in nahezu waldlosem Hochland lebt. Es kommt auf westlich vorgelagerten Inseln sogar ohne Baum und Strauch aus.

KÖRPERMASSE

Ein Rothirsch gilt in unseren Breiten etwa vom sechsten Lebensjahr an als ausgewachsen. Er kann 18 bis 20 Jahre alt werden. Seine Körpermaße schwanken dann landschafts- und ernährungsbedingt. In der Länge betragen sie zwischen 200 sowie 250, in der Schulterhöhe zwischen 120 und 150 Zentimetern. Das Gewicht beläuft sich auf 80 bis 180 Kilogramm aufgebrochen. *Beninde* wies bereits vor sechzig Jahren nach, daß diese Werte in Europa von Südost, nämlich Ungarn, nach ▶

Nordwest, Schottland, klimabedingt abnehmen.

Die Durchschnittsgewichte der Alttiere schwanken von 60 bis 90 Kilogramm, die der Schmaltiere liegen zwischen 40 und 60 Kilogramm. Kälber wiegen im Dezember zwischen 30 und 45 Kilogramm.

HAAR

Das rotbraune Sommerhaar gab dem Rotwild seinen Namen. Nur der deutlich hellere Spiegel, eingefaßt von rostbraunen und dunkleren Haaren, sowie der Aalstrich, ein schwarzer Streifen auf dem Rücken der Schmaltiere, seltener auch auf dem der Alttiere, weichen von der Grundfärbung ab. Ende September beginnt der Haarwechsel. Rotwild verfärbt. Die doppelt so langen, harten graubraunen Winterhaare brechen durch. Junge und gesunde Stücke verfärben in der Regel 14 Tage früher als ältere sowie geschwächte. Zur Brunft wachsen dem Hirsch am Träger oft besonders lange, kräftige Haare. Diese Mähne gibt beim Imponiergehabe Größe vor, soll also Rivalen beeindrucken.

Der Wechsel zum Sommerhaar vollzieht sich im Mai und ist auffälliger, weil das lange Winterhaar oft in größeren Flocken abgestoßen wird. Jeder aufmerksame Beobachter findet es in dieser Zeit häufiger im Revier. Das frisch gesetzte Kalb besitzt ein wolli-

ges, hellbraunes Haarkleid mit hellen Tupfen, die sich erst im August/September beim Wechsel zum Winterhaar verlieren. Es ist bemerkenswert, wie gut das Haar zur Tarnung des Kalbes beiträgt.

LOSUNG

Die Losung, auch Lorbeeren genannt, ist eichel-, walzen-, ebenso beerenförmig und schwarz. Im Sommer bildet sie oft zusammenklebende Haufen. Größe sowie Form schwanken je nach Stärke des Einzelstückes, Jahreszeit und aufgenommener Äsung. Eine Unterscheidung nach Geschlechtern – etwa nach Näpfchen und Zäpfchen bei der Hirschlosung – ist nicht möglich.

FÄHRTE

Von der Fährte des Rothirsches geht bis heute eine fast magische Wirkung auf den Jäger aus. Viele „hirschgerechte Zeichen" wurden schon vor 200 Jahren daraus abgelesen. Die Bedeutung mancher von ihnen ist in der Jagdpraxis immer noch eine wichtige Hilfe.

Ziehendes Rotwild drückt Schalen und Ballen ab. Ein Drittel des Abdruckes entfällt dabei auf den Ballen. Das Geäfter gibt nur in besonders weichem Boden, bei der Flucht und dem kranken Stück Halt. Nur dann werden auch die Schalen gespreizt. Das Geäfter ragt nicht wie beim Schwarzwild über die Breite der Schalen hinaus. Eine Verwechselung der Fährten ist also vermeidbar. (Siehe dazu untenstehende Zeichnung.)

Die Fährten von Hirsch und Rottier unterscheiden sich in der Stärke und den ganz leicht gespreizten Schalenspitzen der weiblichen Stücke.

Beim Hirsch führt der Zwang, das stärkere Zusammendrücken der Schalen während des Ziehens, zum deutlicheren Zusammenhalt der beiden Schalenhälften. Mit zunehmendem Alter werden die Schalenspitzen runder. Dadurch entstehen die Stümpfe, eines der sichersten Kennzeichen eines alten Hirsches.

Der Tritt des Hinterlaufes wird beim langsamen Ziehen genau in den des Vorderlaufes gesetzt, der Hirsch macht den Schluß.

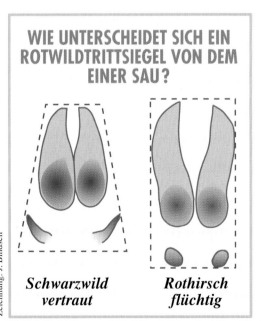

Zeichnung: J. Bindseil

WIE UNTERSCHEIDET SICH EIN ROTWILDTRITTSIEGEL VON DEM EINER SAU?

Schwarzwild vertraut

Rothirsch flüchtig

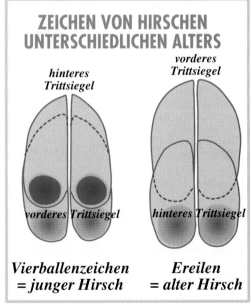

ZEICHEN VON HIRSCHEN UNTERSCHIEDLICHEN ALTERS

hinteres Trittsiegel

vorderes Trittsiegel

vorderes Trittsiegel

hinteres Trittsiegel

Vierballenzeichen = junger Hirsch

Ereilen = alter Hirsch

Links: Schalen und Geäfter bilden bei Saufährten ein Trapez, bei flüchtigem Rotwild dagegen ein Rechteck. Rechts: Junger oder alter Hirsch? Das Fährtenbild bietet Aufschluß.

Tritt der Hirsch dabei mit dem Hinterlauf über den Abdruck des Vorderlaufs hinweg, so übereilt er. Meist handelt es sich dabei um einen flotten, jüngeren Hirsch. Das Trittsiegel zeigt dann das Vierballenzeichen, eine Folge des Übereilens. Ältere Hirsche ziehen in der Regel steifer, sie bleiben zurück, hinterlassen oder ereilen, d.h. sie bleiben mit den Tritten der Hinterläufe hinter denen der Vorderläufe zurück oder erreichen sie nur teilweise. Noch einmal: Die Fährte kann dem Jäger einen Hinweis darauf geben, ob der Hirsch alt (= Hinterlassen oder Ereilen) oder jung (= Vierballenzeichen) ist.

Beleibte Feisthirsche sowie hochbeschlagene Alttiere setzen häufig den Tritt des Hinterlaufes außen neben den des Vorderlaufes. So entsteht der Beitritt. Wird ein Hirsch aus dem Bett hoch, so setzt er dabei einen Hinterlauf in seinen Ruheplatz. Ist der Jäger überraschend dicht an einen ruhenden Hirsch herangekommen, etwa bei einer Nachsuche, kann er diesen Schloßtritt sogar hören.

SINNE

Gehör und vor allem Geruchssinn sind beim Rotwild gut ausgeprägt. Der pirschende Jäger muß dies besonders berücksichtigen. Bewegungen eräugen Hirsche weitwinklig sowie sehr schnell mit der „Brennlinie" ihrer Lichter. Plastisches Sehen ist ihnen nur in einer sehr schmalen Zone möglich. So wird der wirklich bewegungslos verharrende Beobachter vom Rotwild in freier Wildbahn oft auf er-

AKTIVITÄTSZYKLUS BEIM ROTWILD

Feindvermeidung

Äsen

Fortbewegung — Fortbewegung

Sozialkontakte — Sozialkontakte
Spielen, Suhlen — Spielen, Suhlen
Körperpflege — Körperpflege

AKTIVITÄTSPERIODE
RUHEPERIODE

Dösen, Wiederkauen, Schlaf

Feindvermeidung

Zeichnung: J. Bindseil

Der Zyklus – nach *Bützler*, 1972 – stellt ein erheblich vereinfachtes Schema dar. Je nach Umweltsituation kann er variieren. Er veranschaulicht aber, daß Äsung und Ruhe für das Wohlbefinden von Rotwild ausschlaggebende Faktoren sind.

staunlich kurze Entfernung passiert.

Beginnt es aber zu sichern, ist Rotwild mißtrauisch geworden. Lichter, Lauscher und Windfang konzentrieren sich auf das unbekannte Neue. Die Flucht ist dann meist das nächste, was geschieht.

LAUTE

Beide Geschlechter haben einen tiefen, rauhen, sehr lauten Warnlaut, das Schrecken. Zudem gibt es einen weichen, leisen Verständigungston zwischen Mutterstück und Kalb oder auch Jungwild, das Mahnen, und einen gellenden Schmerzruf, das Klagen. Es zwingt jeden Jäger zur höchsten Eile, um die Notsituation des Wildtiers zu beenden.

Beim Brunftruf des Hirsches unterscheidet man einige Grundfor-

men: Das Orgeln, Röhren, oder Melden zeigt an: Ich bin hier. Es ist tief im Ton und weit zu hören. Der Sprengruf, ein ruckartiger, kurzer, harter Laut, ertönt beim Treiben des Tieres oder Vertreiben der Beihirsche. Das Trenzen ist ein leiser, verhaltener Ton, der meist in engem Kontakt zum brunftigen Tier ausgestoßen wird. Das Knören ist schließlich ein leises, langgezogenes „Öh", welches – oft sitzend im Bett – nur so vor sich hin ausgestoßen wird. Grundsätzlich ist zu berücksichtigen, daß jeder Hirsch ein individuelles Schreiverhalten zeigt, welches dem jeweiligen Brunftgeschehen angepaßt ist. Nicht immer werden dem Jägerohr diese Unterschiede deutlich.

LEBENSWEISE

In ungestörten Lebensräumen kann man Rotwild als Tagtier beobachten. Unter dem Einfluß des Menschen ist es aber in Europa überwiegend zum Dämmerungs- und Nachttier geworden. Es lebt in kleinen Familienverbänden, dem Alttier mit Kalb, manchmal auch mit dem Vorjahreskalb, oder in Rudeln. Diese **Kahlwildrudel** bestehen stets aus mehreren Mutterfamilien. Die Führung eines Rudels übernimmt immer ein führendes Alttier, das Leittier. Es bestimmt an der Spitze des Ru- ▶

dels sämtliche Aktivitäten im Tagesrhythmus, wie Äsungssuche, Auswahl der Ruheplätze, aber auch das Fluchtverhalten. Verliert es das Kalb, gibt es die Führungsposition ab. Die zumeist ausgeprägte Rangordnung in diesem Kahlwildrudel ist durch Alter, Körpergröße und soziale Stellung der Tiere bedingt. Der Rang der Kälber wird von dem der Mutterstücke mitbestimmt.

Auch die **Hirsche** schließen sich zu Rudeln oder kleineren Trupps zusammen. Nur selten steht ein Hirsch – häufig der alte – lange Zeit im Jahr allein. Zu größeren Rudeln finden sich meist Hirsche jüngeren Alters – die zwei- bis fünfjährigen – zusammen. Ältere Hirsche dagegen ziehen meist nur zu zweit oder zu dritt. Dabei bestätigen aber im Revier eine Menge Ausnahmen diese Regeln, zumal es beim Rotwild oft zu vorübergehenden Zusammenschlüssen kommt.

Im Hirschrudel wird die soziale Rangfolge besonders deutlich. Körper- sowie Geweihgröße, die Kampfbereitschaft, vor allem aber das Alter sind hier entscheidend.

Die Führungsposition hat nie ein Hirsch der sozialen Spitzenstellung, sondern stets ein jüngerer inne. Bei akuter Gefahr verwerten die älteren Hirsche allerdings ihre Erfahrungen in der Regel unabhängig vom Verhalten des Leithirsches.

Beim Winterhirschrudel sprengt der Abwurf des Geweihs im Februar/März stets die Rangfolge im Rudel. Denn die geweihtragenden, meist jüngeren Hirsche verjagen die Hirsche ohne Geweih oft über weite Strecken und rücksichtslos. Erst wenn bei allen Hirschen die Kolben zu wachsen beginnen, findet sich das Rudel wieder zusammen. Sind alle gesund geblieben, gilt in der Regel die alte Rangordnung.

Die Aktivitäten, die den **Tagesrhythmus** bestimmen, hängen eng mit der Äsung zusammen. Besonders in ungestörten Lebensräumen ist dieses gut zu beobachten. Aufsuchen der Äsungsplätze, Nahrungsaufnahme und Wiederkauen während der Ruheperioden wechseln mehrmals täglich. Gleichlange Perioden von etwa sechs bis acht Stunden gelten der

Den Kolbenhirschen dienen u. a. die Vorderläufe dazu, um die soziale Rangordnung im Rudel herzustellen.

Foto: W. Henkel

Foto: H. Arndt

Äsung und der Ruhe. Während der zahlreich notwendigen Kaubewegungen beim Wiederkäuen sitzt das Stück in der Regel im Bett, das es sich mit den Vorderläufen freigeschlagen hat.

Kälber und junge Tiere spielen und toben gerne miteinander, je mehr im Rudel, desto häufiger. Es geht dann flink im Kreis herum oder ungehemmt kleine Hügel hinauf und wieder hinunter.

Beim jungen Hirschen erlebt man dabei auch das Scherzen, Scheinkämpfchen, bei denen sie sich mit ihren Geweihen hin- und herschieben. Sicher wird so auch die soziale Rangfolge mitbestimmt.

Altes Rotwild suhlt gerne, sowohl im Schlamm als auch in Sand-kuhlen. Besonders die Hirsche kühlen sich während der Brunft gerne ab. An schwülen Sommertagen besuchen allerdings auch kleine Rudel oder Trupps gemeinsam ein „Familienbad". Da wird es dann oft eng. Wer es schon einmal erlebte, hat Bilder von vertrautem Rotwild im Kopf, die er nicht vergißt. Rotwild nimmt im Unterschied zum Schwarzwild selten Malbäume an.

ÄSUNG, SCHÄDEN UND DEREN ABWEHR

Rotwild äst weniger wählerisch als Rehe, den „Konzentratselektierern", aber auch weniger systematisch als Muffelwild, dem

Zur Brunft plätzt der Rothirsch mit den Vorderläufen in einer flachen Suhlenmulde. Hier findet der König der Wälder ein wenig Kühlung und Ruhe.

„Rauhfutterfresser". Es bedarf größerer Mengen einer sogenannten Mischäsung, nämlich ungefähr zwölf Kilogramm pro Tag. Sie besteht im Wald zwar überwiegend aus bodennahen Gräsern sowie Kräutern, aber auch aus Knospen, Blättern, Nadeln, Trieben, Früchten sowie schließlich – zum Leidwesen des Waldbauern – aus den Rinden der Bäume.

Der Verdauungsrhythmus ist auf einen hohen Anteil von Zellulose sowie Fasern eingestellt.

▶

In der Feldmark locken Hafer- und Weizenfelder in der Milchreife, Rüben- und Kartoffelschläge, auch Maiskolben und – vom Sommer bis in den Winter hinein – Raps. Rotwild sucht Feldflächen in der Regel nachts auf. Damit sind die entscheidenden Wildschäden des Rotwildes genannt.

Der schwerwiegendste Schaden ist das **Schälen**. Mit Hilfe der Schneidezähne werden Rindenteile von Stämmen oder Wurzelanläufen erfaßt, gegen die Gaumenplatte des Oberkiefers gepreßt und abgerissen. Gefährdet sind alle Baumarten, außer der früh verborkenden Eiche.

Beim Nadelholz unterscheidet man die langstreifige Sommerschäle sowie die kürzere Winterschäle. Wegen der größeren Verwundung des Baumes ist die Sommerschäle vom Waldbauern besonders gefürchtet.

Schälschäden werden nicht absolut zu vermeiden sein. Sie sind Nahrungsaufnahme im Wald. Ihr Ausmaß wird bei hoher Wilddichte und/oder Störung der täglichen Nahrungszyklen anwachsen. Die hieraus resultierenden Folgen für die heranwachsenden Stämme sind der häufigste Grund für eine drastische Reduzierung von Rotwild in vielen Verbreitungsgebieten. Der **Verbiß** von Baumtrieben ist ebenfalls ein arteigenes Äsungsverhalten des Rotwildes im Wald. Es trifft den Waldbauern besonders unangenehm beim Anbau von Mischbaumarten auf kleiner Fläche.

Schäden durch Abfegen des Bastes vom Geweih im Juli und August sowie durch Schlagen mit dem fertigen Geweih haben dagegen zumeist nur geringe Bedeutung. Das Schlagen ist ein Imponierverhalten des Hirsches, welches verstärkt in der Brunft zu beobachten ist.

Die vorgenannten Feldschäden sind leichter einschätzbar, weil sie sich nur auf die Ernte eines Jahres beziehen. Der volle gesetzliche Schadenersatz hilft hier viel, um die Spannungen zwischen Landwirten einerseits sowie Jägern andererseits abzubauen.

Eine entscheidende Maßnahme, um **Wildschäden in Wald und Feld** zu **verringern**, ist das Herstellen einer angemessenen Wilddichte. Als flankierende Maßnahme kann ein Verbessern der Äsungsbedingungen gelten. Beispiele bilden die Anlage und Pflege von ruhigen Wildäsungsflächen in Wald und Feld (auch letzteres ist möglich und notwendig) oder eine entsprechende

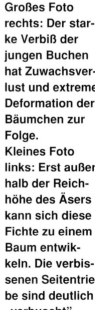

Foto: P. Bachmann

Großes Foto rechts: Der starke Verbiß der jungen Buchen hat Zuwachsverlust und extreme Deformation der Bäumchen zur Folge.
Kleines Foto links: Erst außerhalb der Reichhöhe des Äsers kann sich diese Fichte zu einem Baum entwickeln. Die verbissenen Seitentriebe sind deutlich „verbuscht".

Foto: W. Radenbach

Aufbereitung der Wegebankette. Direkte Abwehrmaßnahmen sind eine scharfe Bejagung an den Schadflächen, der Flächenschutz durch Zäunung sowie mechanischer oder chemischer Einzelschutz von ausgewählten Bäumen. Entscheidend im Kontext mit den gerade angeführten Problemen ist jedoch die Einsicht aller, nämlich der Landwirte, der Waldbauern und der Jäger, daß Wildschäden nur zu mindern, aber nicht auszuschalten sind. Räumt man dem Rothirsch einen Anspruch auf einen Platz in unserer Wildbahn ein, ist Toleranz gegenüber seinen Schäden zwingend. Deren Grenzen aber zu finden, darin besteht die Kunst.

BRUNFT UND NACHKOMMEN

Die Brunft beginnt in Mitteleuropa etwa am 20. September und endet am 10. Oktober. In Ungarn, bei kontinentalem Klima, liegt dieser Termin ungefähr zwei bis drei Wochen früher; in Schottland, bei atlantischem Klima, etwa zwei Wochen später.

Schon Ende August lösen sich die Feisthirschrudel auf. Die ersten Hirsche, meist altersreife, beginnen zu melden und suchen das Kahlwild. Die Alttiere werden erst später brunftig. Sie sind zum Beschlag bereit, wenn sie ihren Wedel leicht anheben und nach vorne abgebückt stehenbleiben. Ein Teil der Schmaltiere wird nicht brunftig. Dieses Übergehen kommt dem Körperbau sehr zu gute, weil das Trächtigwerden eine starke körperliche Belastung für die jungen Tiere bedeutet.

Bei größerer Rudelbildung findet die Brunft meist auf einer übersichtlichen, ebenen Fläche statt. Der Platzhirsch sichert auf dem Brunftplatz sein Brunftrudel mit lautem Röhren und Imponiergehabe. Er vertreibt die Beihirsche und kommt zum Beschlag. Bei geringerem Rotwildvorkommen verläuft die Brunft oft unauffälliger, stiller.

Gleichrangige Hirsche kämpfen durch frontalen Zusammenstoß mit ihren Geweihen nach vorherigem Imponiergehabe und festen Regeln oft bis zur Erschöpfung. Ein tödlicher Ausgang ist sehr selten, das Kampfritual streng geregelt. Wer flüchtet, darf entkommen.

Obwohl schon Schmalspießer geschlechtsreif sind, kommen junge Hirsche nur selten zum Beschlag. Bei gutem Altersaufbau des Bestandes gelingt dies meist erst Hirschen vom sechsten Kopf, also denjenigen, die ihre volle Körpergröße erreicht haben.

Die Brunft ist für einen Hirsch sehr energieaufwendig. Er kann zwischen 15 und 20 Kilogramm an Gewicht verlieren, da er in dieser Zeit kaum Nahrung aufnimmt. Die Tragzeit dauert 34 Wochen. ▶

Foto: St. Meyers

Foto: H. Reinhard

Ein, selten zwei Kälber werden von dem Tier zwischen dem 20. Mai und dem 15. Juni gesetzt und bis in den Januar gesäugt. Kälber, die von den Mutterstücken abgelegt werden, drücken sich in den ersten Lebenstagen, sobald Gefahr droht. Die Fluchtreaktion tritt erst ab dem zehnten Lebenstag ein. Die mütterliche Fürsorge für das Kalb ist in diesen Tagen besonders ausgeprägt. Sie reicht bis zur energischen Verteidigung mit den Vorderläufen.

FEINDE UND FEINDVERHALTEN

Natürliche Feinde des Rotwildes sind vor allem der Wolf und für schwächere Stücke der Luchs. In Ausnahmefällen gehören auch Bär und Steinadler dazu. In Mitteleuropa führt heute der Verkehr auf Straße sowie Schiene zunehmend zu Abgängen. Gelegentlich bereiten auch wildernde Hunde Ärger.

Foto oben: Deutlich tritt die helle, weichbehaarte Spinne zwischen den Keulen des Altieres hervor. Großes Foto: Nach dem Parallelmarsch sind die Geweihe beider Hirsche blitzartig miteinander verbunden. Der frontale Schiebekampf beginnt.

In den ersten Lebenstagen drückt sich – wie erwähnt – das Kalb. Mit gesenkter Herzfrequenz gibt es nur wenig Wittrung ab. Alle stärker riechenden Körperteile sind im zusammengerollten Zustand abgedeckt.

Sämtliche älteren Stücke suchen in langen, aber kontrollierten Fluchten Abstand zwischen sich und den Feind zu bringen. Die nächste Deckung ist ihr erstes Ziel. Ein Zurwehrsetzen, zum Beispiel gegenüber dem stellenden Hund, erfolgt beim Hirsch mit dem Geweih, beim Kahlwild mit den Schalen und Vorderläufen. Beide Waffen sind wirkungsvoll.

Wie entwickelt sich das Geweih beim Rothirsch? Wie unterscheidet sich im Geweih der junge Zukunftshirsch vom abschußnotwendigen Junghirsch? Antworten auf diese und weitere Fragen helfen dem Jäger in rauher Praxis.

Foto: H. Arndt

DER ROTHIRSCH UND SEIN GEWEIH

Solch abnorme Geweihe sind beim Rothirsch selten. Großes Foto: Im Bast wirken Trophäen viel stärker, als sie sind.

Foto: S. Schneider

Im ersten Lebensjahr schiebt das Hirschkalb noch kein Geweih. Erst der Schmalspießer beginnt im Frühsommer auf den Stirnzapfen mit der Bildung des ersten Geweihes. In direkter Fortsetzung dieser Rosenstöcke werden bis in den September hinein Spieße geschoben, die grundsätzlich keine Rosen aufweisen. Stärke und Länge der Spieße werden bei einer hohen sozialen Stellung des Muttertieres hiervon deutlich positiv beeinflußt. Im April des Folgejahres werden die Spieße abgeworfen.

Im dritten Lebensjahr schiebt der Rothirsch immer ein Geweih mit

Im Winter lösen sich unmittelbar unter der Rose in einer dünnen Schicht die Knochenzellen von außen nach innen auf. Sobald der Halt zwischen Rosenstock und Stange zu gering wird, bricht diese ab. Der Abwurfzeitpunkt ist individuell sehr verschieden. In der Regel wirft ein älterer Hirsch schon im Februar ab, ein jüngerer erst im März.

Unmittelbar danach wird die Abbruchstelle auf den Rosenstöcken von einem stark durchbluteten Knorpelgewebe überwallt. Dieses bildet zunächst die Rosen und wächst dann als Kolben aufwärts. Durch Teilung des Kolbens wer-

In der Regel gut erkennbar, entsteht jede Krone durch Teilung der endständigen Gabel, wobei sich das hintere, durchlaufende Stangenende als teilungsfreudiger erweist.

Der **Geweihaufbau** entsteht also als reines Spitzenwachstum. Am fertigen Geweih sind die Kronenenden die jüngsten Stangenteile. Während des Geweihwachstums wird zur Festigung des knorpeligen Eiweißgewebes Kalk eingelagert, der teilweise den Röhrenknochen entzogen wird. Blutgefäße, die man am gefegten Geweih als Furchen wiedererkennen kann, transportieren unter dem Bast die Aufbaustoffe zu den Wachstumszellen.

Bei ausgewachsenen Rothirschen ist der Aufbau des Geweihs im Juli abgeschlossen. Der Bast wird abgerieben, gefegt. Durch Pflanzensäfte wird der anfangs noch helle Knochen dunkelbraun bis schwarz gefärbt, die Endenspitzen durch weiteres Schlagen hell poliert. Im Januar/Februar verlieren die Geweihe der jungen Hirsche deutlich ihre dunkle Farbe. Sie werden wieder heller. Ältere Hirsche „behalten" die dunkle Färbung deutlich besser.

Der Rothirsch trägt sein **stärkstes Geweih** im Alter von 12 bis 14 Jahren. Es zeigt, bei guter Entwicklung, beidseitig Krone, hat ein Gewicht von sechs bis sieben Kilogramm und eine Stangenlänge von bis zu 110 Zentimetern. (Die Bewertung des Geweihs nach der internationalen Formel wird in dem Sonderheft „Tro-

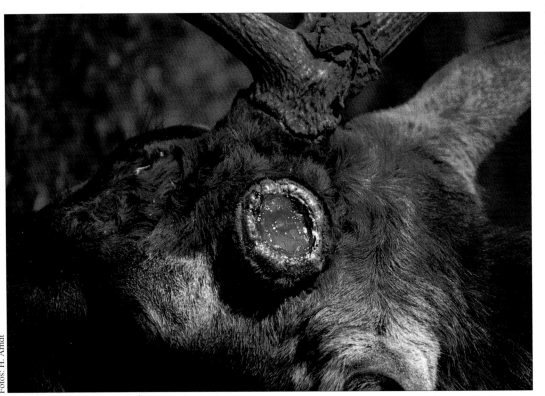

Fotos: H. Arndt

Bei starken Geweihen schweißen mitunter die Abwurfflächen an den Rosenstöcken. Selten fallen die Stangen gleichzeitig ab, zumeist liegen ein paar Stunden dazwischen.

Rosen, wobei dann Mehrendigkeit die Regel ist. Es kommen Gabel-, Sechser-, Achter- oder sogar schon Zehnergeweihe vor. Von nun an fegen junge Hirsche ihre Geweihe in den ersten zehn Augusttagen, ältere bereits in der letzten Juliwoche.

den zuerst die Sprossen, nämlich Aug-, Eis- und Mittelsprosse, gebildet. Ein Ausgleichsknick sorgt für die arteigene Geweihform des Rothirsches. Bei der Eissprosse kann er fehlen. Im oberen Stangenteil setzt sich in gleicher Weise die Bildung der Kronenenden fort.

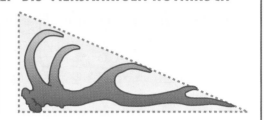

Zeichnung: J. Bindseil nach Lotze, 1994

GEWEIHENTWICKLUNG BEIM ZWEI- BIS VIERJÄHRIGEN ROTHIRSCH

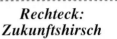

Rechteck:
Zukunftshirsch

Lotze-Dreieck:
Abschußhirsch

Von der Seite betrachtet, kann man die Stangen eines jungen Zukunftshirsches in ein Rechteck einfassen, die des abschußnotwendigen Junghirsches dagegen in ein Dreieck.

phäen" dargestellt.) Danach lassen Endenzahl, dann Stangenlänge und schließlich auch Geweihmasse nach, der Hirsch setzt zurück. Uralte Hirsche können schließlich nur noch Geweihstümpfe tragen. Selten kommen „Mönche" oder „Plattköpfe" vor, Hirsche, denen aufgrund eines Erbdefektes der Kopfschmuck fehlt.

Geweihe dienen den Rothirschen als Blickfang. Sie ermöglichen ihnen gegenseitiges Erkennen sowie wechselseitiges Imponieren. Jüngere Hirsche stellen mit dem spielerischen Messen ihrer Kräfte – dem „Scherzen" – die Rangordnung im Rudel her. Ernsthafte **Kämpfe mit dem Geweih** finden fast nur während der Brunft nach festem Ritual statt. Ein tödlicher Ausgang ist sehr selten. Verletzungen kommen häufiger vor, das

unlösbare Verkämpfen von Geweihen bildet eine Ausnahme.

Lotze unterscheidet bei den zwei- bis vierjährigen Hirschen anhand der Mittelsprosse die **Zukunftshirsche** von den abschußnotwendigen. Obwohl diese Beurteilung die Trophäe stark in den Vordergrund rückt, hilft sie gut bei den notwendigen Eingriffen in die Jugendklasse. Ist die Mittelsprosse so kurz, daß eine gedachte Linie

von der Augsprossenspitze bis zum Stangenende durch diese Sprosse nicht unterbrochen wird, entsteht das Lotze-Dreieck, der Hirsch kann erlegt werden. Ist die Mittelsprosse dagegen lang und schwungvoll, bei diesen jungen Hirschen geweihbestimmendes Merkmal, kann ihrem Träger eine gute Zukunft vorausgesagt werden. (Siehe obenstehende Zeichnung.)

Nach dem Abwerfen wird die Abwurffläche von Knorpelgewebe überwallt. Rose und Kolbenansatz werden gebildet. Das Spitzenwachstum des Geweihs hält bis zum Sommerbeginn an.

ROTWILDHEGE, ANSPRECHEN, ALTERS-ERMITTLUNG

Foto: R. Bender

UND BEJAGUNG

Die Zeiten wandeln sich, mit ihnen Hegemaßnahmen und Bejagung des Rotwildes. Wie kann man Rotwild hegen? Gibt es praxiserprobte Orientierungshilfen, welche dem Jäger beim Ansprechen und bei der Altersermittlung helfen? Was erleichtert die Jagd auf Hirsche, Tiere und Kälber? Ein Praktiker steht Rede und Antwort.

Foto: H. Reinhard

Oben: Freude an Wald und Wild sollten den Forstmann auszeichnen.
Großes Foto: Im Sommerrudel – Alttier, Kalb, Schmaltier – ist das Ansprechen von Kahlwild recht einfach.

Ziel der Rotwildhege ist der Erhalt des Rotwildes in freier Wildbahn. Zahl und Zusammensetzung eines Rotwildbestandes sollen zum einen das körperliche Wohlbefinden und arteigene Verhalten dieser Wildart fördern. Zum anderen müssen sie aber abgestimmt sein auf den Wald, den wichtigsten Lebensraum des Rotwildes. Auch die Schäden im Feld müssen in Grenzen bleiben.

Der Zustand der Vegetation ist also der entscheidende ökologische Weiser für die Tragbarkeit eines Rowildbestandes. Auf diesen Weiser ist die Bestandesregulierung auszurichten, nicht mehr auf eine rein zahlenmäßig festgesetzte „zulässige Wilddichte von 1,5 oder 2,5 Stück Rotwild auf einer Fläche von 100 Hektar". In der Praxis helfen derartige Zahlen nicht weiter.

HEGE

Wenn Wilddichten aufgrund von Zählungen an Fütterungen, der Fährten im Schnee oder der Kälber festgesetzt werden, führt das beinahe immer zum Unterschätzen des tatsächlichen Rotwildbestandes. Wer aus solchen Zahlen nämlich den Zuwachs errechnet und dies dann als Arbeitsgrundlage für seine Abschußplanung nimmt, macht sich und anderen etwas vor: Die Rotwildpopulation wird ansteigen. Hinzu kommt, daß Rotwild in allen Bundesländern großflächig gehegt und bejagt wird, eine gleichmäßige Verteilung des Wildes auf den riesigen Arealen jedoch Illusion ist und damit eine Abschußplanung ad absurdum geführt wird, die auf einer rein zahlenmäßig festgelegten Wilddichte basiert.

Die „zulässige Wilddichte" als Zahl hat sich als ein eher theoretischer Wert erwiesen. Heute bringt man – mit der notwendigen Toleranz gegenüber den Schäden – einen Rotwildbestand mit der Vegetation in Einklang. Der wird dann in dieser jeweils vor Ort festgelegten Höhe bei gleichbleibendem Abschuß erhalten, und dies ohne genaue Kenntnis seiner Zahl.

ROTWILDGEBIETE

Auf Landesebene sind heute in Deutschland großflächige, zusammenhängende, abgegrenzte Lebensräume für das Rotwild festgelegt worden. Diese Rotwildgebiete

Foto: Dr. K. H. Betz

Zweifellos gilt „Wald vor Wild", jedoch nur mit dem Zusatz „kein Wald ohne Wild". Naturnaher Wald und Rotwild, so muß die Devise lauten.

werden auf gesetzlicher oder freiwilliger Basis gebildet. In ihnen wird unter Berücksichtigung von Landschaft, Landeskultur sowie Lebensansprüchen der Menschen für einen längeren Zeitraum Rotwild gehegt und bejagt. Die Größe der Rotwildgebiete schwankt zwischen 20.000 und 60.000 Hektar. Wichtig ist, daß hier einer Population von mindestens 200 Stück langfristig Raum gegeben wird, um einen lebensfähigen Bestand zu bilden. Für den Umgang mit diesen Wildtieren sind in erster Linie die Jäger verantwortlich. Dabei spielt ihr biologisches Wissen, ihr Streben nach Sachkenntnis vor Ort sowie ihr jagdliches Können eine entscheidende Rolle.

Das gemeinsame Planen und Handeln (sowie die aktive Kontrolle) von Grundstückseigentümern, Forstleuten, Jägern und Behörden in den Rotwildgebieten verlangt allerdings darüber hinaus die Abstimmung vieler, teils einander widersprechender Interessen. Es handelt sich also um eine schwierige Aufgabe.

Neben der Hege ist im jagdlichen Bereich der Abschuß und seine Verteilung im gesamten Rotwildgebiet wichtig. Dieses verlangt unbedingt Erfahrung, Ortskenntnis und Fingerspitzengefühl aller Verantwortlichen. Daneben wird eine räumliche Steuerung des Rotwildes angestrebt, das heißt eine Verdünnung des Bestandes in den Kerngebieten und ein Hineindrängen in die Randzonen. Hier sind dem Jäger sehr enge Grenzen gesetzt; die Erfolge überall dürftig. Denn die Tradition der Familienverbände, bestimmte Streifgebiete immer wieder aufzusuchen, läßt sich nicht kurzfristig ändern.

Außerhalb der Rotwildgebiete erfolgt eine scharfe Bejagung. Hier können innerhalb der Jagdzeit alles Kahlwild sowie die geringen, kronenlosen Hirsche erlegt werden. Außerdem bieten sich in den Hegegemeinschaften als Anpassung an die örtliche Raumordnung einige „flankierende Maßnahmen" an. So wird noch viel zu wenig für den Erhalt der natürlichen Äsung getan: Jeder Revierinhaber kennt doch Bestandsflächen, unbefestigte Wege, Wald- und Wegeränder, auf denen Rotwild immer wieder äsend zu beobachten ist. Hier möglichst keine Veränderungen zu schaffen, muß das Ziel sein.

Aufwendiger dagegen sind Anlage und Pflege der Äsungsflächen von Menschenhand. Häufig werden diese Flächen durch das Rotwild nicht so angenommen, wie man es erwartet oder erhofft. Örtliche Erfahrungen sind zu sammeln, nachbarlicher Rat tut sicher gut. Eine optimale Verteilung dieser Flächen im Rotwildbezirk ist anzustreben. Ihr Anteil sollte ein halbes bis ein Prozent der Holzbodenfläche betragen.

Foto: St. Meyers

RUHEZONEN

Dem Wohlbefinden des Rotwildes dient mit Sicherheit, wenn es gelingt, Teile der Waldflächen als Ruhezonen auszugliedern. Hier sollten alle Menschen, die im Walde Erholung, Sport, Pilze, Beeren, Abwurfstangen oder Fotomotive suchen, möglichst das ganze Jahr fernbleiben. Das gilt auch für den Jäger. Denn sein Jagddruck bringt örtlich oft erhebliche Unruhe. Ruhezonen einzurichten, ist in unserer Kulturlandschaft dringend erforderlich. Der Gesetzgeber, der ständig nach dem Wähler schielt, tut sich damit sehr schwer. Denn weite Kreise der Bevölkerung sehen in dem freien Betretungsrecht des Waldes zum Zwecke der Erholung etwas, das ihnen jederzeit und unbedingt zur Verfügung steht.

Aufklärung über den Sinn der Ruhezonen, die kleinstandörtlich nicht allein dem Rotwild, sondern der gesamten Tier- und Pflanzenwelt dienen, tut deshalb dringend

Nicht nur in rotwildfreien Gebieten kann dieser Sechser vom zweiten Kopf ohne Bedenken geschossen werden.

not. Die örtliche Presse kann dabei helfen, beteiligte Behörden sind zu überzeugen, der Waldbesucher vor Ort ist mit Hinweisschildern anzusprechen. Bis zur Akzeptanz von Ruhezonen, deren Grenzen für jedermann ersichtlich sein müssen, wird einige Zeit verstreichen. Vielleicht gelingt es aber auf diese Weise, dem Rotwild Areale zu verschaffen, in denen es wieder tagaktiv werden kann.

Da der Jagddruck in der Zeit vom 16. Mai bis zum 31. Januar anhält, ist es sehr sinnvoll, wenn in möglichst vielen Revieren von den Jagdausübungsberechtigten – am besten flächendeckend – Ruhezeiten vereinbart werden. Morgen- und Abendansitz haben in diesen festgelegten Phasen zu unterbleiben. Auch hier hilft nur verständnisvoll abgestimmtes Handeln mehrerer Revierinhaber. Sie sollten festsetzen, wann dem Rotwild die Wege zur und von der Äsung wirklich ungestört zur Verfügung stehen sollen und auch die Phase des Wiederkauens in Ruhe vollzogen werden kann.

FÜTTERN

Die Fütterung des Rotwildes ist heute umstritten. Der eine sieht sie als reine Ersatzmaßnahme, um über den äsungsarmen Winter zu kommen. Einige Landesgesetzgeber beschränken dabei Fütterungszeiten und -methoden. Ein anderer nutzt sie, um Trophäen zu züchten; dann ist Kraftfutter zur Zeit der Geweihbildung gefragt. Ein Dritter betreibt Fütterung aus jagdlichen Gründen, denn Zeit ist knapp, auch auf der Jagd, und Er- ▶

folg möchte man schon vorweisen. Drei sehr unterschiedliche Motive aus der Praxis.

Heute hat sich vielfach die Auffassung durchgesetzt, daß – von einigen schneereichen Hochlagen unserer Heimat abgesehen – eine Winterfütterung von Rotwild bei unserem milden atlantischen Klima nicht notwendig ist. Die im Winter knappen Äsungverhältnisse bestehen schon seit der letzten Eiszeit. Der Pansen hat sich dieser Situation angepaßt. Aus Gießen liegen hierüber fundierte Arbeiten vor.

Eine Entscheidung gegen das Füttern muß durch zweierlei begleitet werden, damit sie wildtiergerecht bleibt. Die Jagdzeiten allen Schalenwildes – vielleicht außer die der Sauen – sollten erstens am 31. Dezember enden. Hier sind die Gesetzgeber gefordert. Zweitens sollte dem Rotwild vom Januar bis in den Sommer ein Maximum an Ruhe gewährt werden, soweit es der Forstbetrieb im Walde zuläßt. Die Passion vieler Waldbesucher steht dem entgegen: So läßt sich ein Stangensucher nicht bremsen, aber Aufklärung und Lenkung werden hoffentlich einiges Verständnis finden.

ANSPRECHEN VON HIRSCH UND TIER

Nur im Revier lernt der Jäger das Ansprechen des Rotwildes. Langjährige Übung und Erfahrung sind erforderlich. Aber auch sie verhindern nicht, daß selbst dem Fachmann immer mal wieder Fehlansprachen unterlaufen.

Beim **Kahlwild** sind im Sommer Alttier, Schmaltier, Kalb an der unterschiedlichen Körpergröße noch leicht zu unterscheiden. Da es aber auch körperlich schwach entwickelte Alttiere gibt, hat der

Jäger, der die körperliche Verfassung zum Kriterium des Schmaltierabschusses im Juni/Juli macht, folgende Pflicht: Er muß dem Stück spitz von hinten zwischen die Keulen schauen. Das Gesäuge bzw. die Spinne des Alttieres ist hell sowie weich behaart und tritt gut erkennbar zwischen den brei-

Zeichnung: J. Bindseil nach G. Jespers, 1989

ANSPRECHSCHEMA

zirka 18 Monate

5 bis 6 Jahre

zirka 12 Jahre

Dieses Schema dient bloß der Orientierung. Ansprechen ist nur im Revier und nie in Perfektion zu erlernen.

ter stehenden Keulen hervor. In der Sommerdecke der Schmaltiere sind im übrigen häufig noch die Kälberflecken vom Vorjahr erkennbar.

Im Winter gibt das Verhalten des Kahlwildes in den Familienverbänden einen guten Anhalt. Das Kalb klebt deutlich stärker am Mutterstück, das gilt besonders bei der Flucht. Im Februar/März hat sich das Körperwachstum des Jungwildes in erstaunlichem Maß

an das der Alttiere angeglichen. Hirsch- und Wildkalb lassen sich in den ersten sechs Monaten nur schwer voneinander unterscheiden. Das sicherste Merkmal ist das Nässen (Hirschkälber nässen unter, Wildkälber hinter sich), was man jedoch nur selten beobachten kann. Später geben beim Hirschkalb die dunkle Bauchdecke, der hirschähnliche Kopf sowie die stärkere Trägerbehaarung einen ersten Anhalt.

Alttiere nach ihrem Alter anzusprechen, gelingt erst, wenn sie wirklich alt geworden sind. Die Häupter werden lang und schmal, das Gesicht wirkt trokken mit recht dicht anliegender Haut und sehr heller Behaarung, die Knochen treten unter der Decke deutlich erkennbar hervor. Diese alten Damen sichern ungewöhnlich häufig, führen aber oft noch gut entwickelte Kälber und dies Jahr für Jahr.

Beim **Rothirsch** bietet sich lediglich als Anhalt folgendes Ansprechschema an: Man unterscheidet zwischen zwei- bis vier- (I), fünf- bis zehn- (II) sowie elfjährigen und älteren (III) Hirschen.

Kategorie I: Diese jungen Hirsche besitzen zumeist ein noch spitzes und schmales Haupt. Ihr Träger ist schlank und meist steil aufgerichtet, die Rückenlinie gerade, die Rumpfmasse gleichmäßig über Vorder- und Hinterläufe verteilt. Die Trittsiegel laufen vorne spitz zu. Diese Hirsche verfegen meist erst Anfang August. Manchmal stehen sie noch beim Kahlwildrudel, häufiger schon in kleinen Hirschrudeln für sich.

Kategorie II: Mittelalte Hirsche haben in der Regel ein breiteres, stumpferes Haupt und einen breiten, gestreckt getragenen Träger. Die Rückenlinie ist durch den Widerrist über den Blättern gebogen. Die Rumpfmasse beginnt, sich nach vorne zu verlagern. Der Hirsch ist mit dem sechsten Lebensjahr ausgewachsen. Die Trittsiegel werden breiter bzw. stumpfer. Die Hirsche verfegen Ende Juli und bilden meist nur kleinere Trupps.

Kategorie III: Das Haupt alter Hirsche ist dreieckig und wirkt bullig. Es ist häufig heller gefärbt als der Rumpf. Um die Lichter bildet sich gelegentlich ein weißer Haarkranz, die Brille. Der Träger wird fast waagerecht getragen. Die Rückenlinie fällt nach hinten ab. Das Gewicht scheint mehr auf den Vorderläufen zu ruhen. Mit Mähne wirkt der Hirsch „vorne als Löwe, hinten als Katze". Die Stümpfe des Trittsiegels sind jetzt rund. Alte Hirsche fegen in den letzten beiden Juliwochen. Den ganz alten Hirsch trifft man auch einmal als Einzelgänger im Revier. Ein seltenes Bild.

Erst das **Geweih eines alten Hirsches** weist gelegentlich Merkmale auf, die recht sichere Zeichen für seine Reife darstellen: Zum einen wirkt eine Sprosse – oder aber mehrere – wie mit der Brennschere onduliert. Die Sprosse wingert, zeigt also eine leicht wellige Form und läuft zudem häufig noch besonders spitz zu. Nach *Lotze* gibt

es ferner bei sehr alten Hirschen einen deutlichen „Altersknick" der Stange dort, wo die Augsprosse abzweigt. Dieser Knick ist oftmals mit einer kleinen Mulde in der Stange verbunden. Um beide Altersmerkmale am Geweih erkennen zu können, müssen eine gute Optik, ausreichendes Licht und

WINGERNDE SPROSSE UND ALTERSKNICK

Altersknick

Mulde

gewellte, wingernde Augsprosse

Zeichnung: J. Bindseil nach Lotze, 1994

Die Sprossen überalterter Hirsche sind oft wingerig. Zeigen die Stangen den Altersknick, ist der Rothirsch wirklich alt.

möglichst auch eine geringe Beobachtungsentfernung zusammenkommen.

Es ist aus rauher Praxis noch einmal zu betonen, daß obiges Schema zum Ansprechen der Hirsche wirklich nur einen Anhalt geben kann, mehr nicht.

Das **Kernproblem beim Ansprechen von Rothirschen** besteht wohl darin, daß der ausgewachsene Hirsch vom siebten bis achten Kopf an, was den Körperbau betrifft, zur genauen Altersansprache nicht viel hergibt. Zu sehr bildet sich dieser individuell aus. Der eine Hirsch wirkt schon früh massig und stark, er wird deshalb leicht überschätzt. Der andere bleibt sein Leben lang gering, er wird häufig unterschätzt. Eine ausgeprägte Mähne verführt während der Brunftzeit und danach zum Überschätzen, ihr Fehlen zum Unterschätzen des Alters. Ein ein-

drucksvolles, starkes Geweih auf dem Haupt des Hirsches hat ähnliche Wirkung im Vergleich zu dünnen, spilligen Stangen: Der Hirsch wird für älter gehalten, als er ist.

Wenn für einen Rotwildbestand aus wildbiologischen Gründen, und last not least der Trophäe wegen, ein Zielalter von 12 bis 14 Jahren für den reifen **Erntehirsch** angestrebt wird, kann man drei Hinweise wagen, die helfen können, einen alten Hirsch als solchen anzusprechen:

1. Der Blick
Er wirkt selbstbewußt, abweisend fast griesgrämig. Vor allem in der Brunft, wenn dieser Hirsch ranghoch auftritt, wird das deutlich. Wie bei allem wirklich alten Schalenwild ist es gerade dieser Blick, der das Urteil „alt" erlaubt. Gutes Licht und ein gutes Glas sind zu einwandfreiem Ansprechen erforderlich.

2. Rosenstock und Rosen
Ein gutes Glas sowie optimale Lichtverhältnisse bilden ebenso die Voraussetzung dafür, um folgende Merkmale des alten Rothirsches festzustellen: Das Geweih sitzt auf ganz kurzen Rosenstöcken, fast auf der Decke des Hauptes. Die Rosen kippen leicht nach außen weg.

3. Die Stümpfe der Schalen
Das vorne stark abgerundete, möglichst auch männerhand-, also acht Zentimeter breite, Trittsiegel eines Rothirsches ist wohl das eindeutigste Kennzeichen des alten Hirsches. Der Jäger muß diese gute Ansprechmöglichkeit nur nutzen.

▶

ALTERSERMITTLUNG

Das Alter eines Stück Rotwildes wird nach wie vor an der Entwicklung und Abnutzung der Zähne im Ober- sowie Unterkiefer ermittelt. Bestimmt werden kann es nur bis zu etwa 28 Monaten. Dann ist der **Zahnwechsel vom Milch- zum Dauergebiß** bei den Schneide- und Vormahlzähnen beendet, auch der dritte Molar hat Kaufunktionshöhe erreicht.

Der hirschgerechte Jäger erkennt: Das Kalb hat bis zum September neben den drei Prämolaren und der Milchgrandel auch den ersten Molar geschoben.

Das Schmaltier besitzt seit Mai den zweiten Molar, wechselt im Herbst die schmale, nadelspitze Milchgrandel gegen die stumpfe, größere Dauergrandel. Der dritte Prämolar ist als Milchzahn immer noch dreiteilig.

Alttier und Hirsch vom zweiten Kopf tragen etwa vom 28. Lebensmonat an das vollständige Dauergebiß: Der dritte Prämolar ist jetzt zweiteilig.

Von nun an ist das Alter des erlegten Stückes nur noch am **Abnutzungsgrad der Zähne** in der Pra-

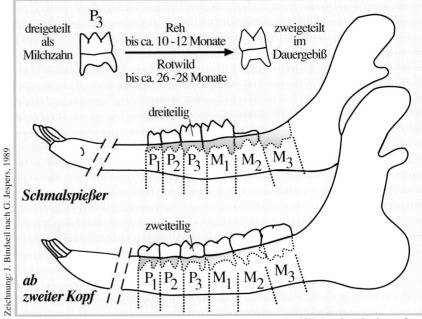

Zeichnung: J. Bindseil nach G. Jespers, 1989

Wie beim Dam- und Rehwild ist der dritte Molar als Milchzahn drei- und als Dauerzahn zweiteilig. Im Dauergebiß hat Rotwild 34 Zähne.

xis zu schätzen. Will dies ein interessierter Jäger ohne Hilfsmittel tun, helfen ihm drei Richtwerte, die er auch im Revier parat haben sollte:

Richtwert 1

2 1/2 Jahre – Das Gebiß ist vollständig ausgebildet. Die Zahnfleischlinie liegt besonders am dritten Molar noch hoch.

Richtwert 2

6 bis 7 Jahre – Das Zungendentin im dritten Molar ist dunkelbraun, von weißem Schmelz umgeben, auf schmalrhombische Form abgeschliffen.

Richtwert 3

10 bis 11 Jahre – Der Abschliff des Zungendentins im dritten Molar ist auf ovale bis kreisrunde Form angewachsen.

Die Kunde im Vorderteil des ersten Molaren, in der Regel zweiteilig, ist abgenutzt oder fast abgenutzt.

Die zwischen diesen drei Werten befindlichen Jahre sind nun relativ leicht einzuschätzen. Der erreichbare Genauigkeitsgrad

In der Praxis helfen grobe Richtwerte, um das Alter am erlegten Stück in etwa zu ermitteln.

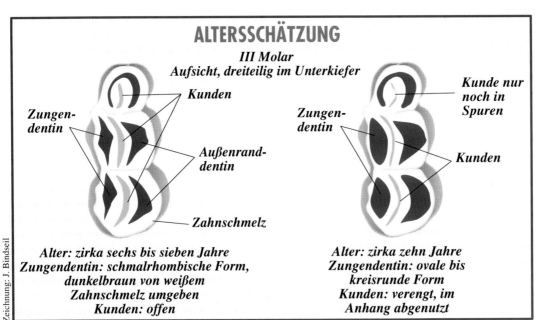

Zeichnung: J. Bindseil

ALTERSSCHÄTZUNG

III Molar
Aufsicht, dreiteilig im Unterkiefer

Kunden
Zungendentin
Außenranddentin
Zahnschmelz

Kunde nur noch in Spuren
Zungendentin
Kunden

Alter: zirka sechs bis sieben Jahre
Zungendentin: schmalrhombische Form,
dunkelbraun von weißem
Zahnschmelz umgeben
Kunden: offen

Alter: zirka zehn Jahre
Zungendentin: ovale bis
kreisrunde Form
Kunden: verengt, im
Anhang abgenutzt

von plus/minus einem Jahr bis zum Alter von zehn und von plus/minus zwei Jahren bei einem Alter über zehn Jahren ist für die Praxis in aller Regel ausreichend. Von den Fachinstituten, zu denen heute die Unterkiefer eingeschickt werden können, wird bei dieser Methode jeder der sechs Backenzähne auf seinen Abschliff untersucht.

Daneben wird dort noch die Altersschätzung nach dem Zementzonenverfahren angewandt. Rotwild legt im Wurzelbogen des zweiteiligen ersten Molaren Zahnzement zu seiner Stabilität an. Dies erfolgt in dunklen Winter- und hellen, breiteren Sommerzonen, die mit acht- bis zwölffacher Vergrößerung ausgezählt werden können, sobald dieser Zahn mit einer feinen Säge im Unterkiefer durchtrennt und herausgezogen ist. Zu der ermittelten Zahl der Jahresringe wird ein Jahr hinzuaddiert, um das wirkliche Alter zu bestimmen.

BEJAGUNG

Das entscheidende Ziel einer fachgerechten Bejagung von Rotwild auf biologischer Grundlage ist eine dem Lebensraum angepaßte Regulierung der Wilddichte. Sie muß dem Rotwild arteigenes Leben ermöglichen und dem Wald als Lebensraum dienen.

Diese beiden Forderungen sind gleichzeitig Ziel der Hege und der Jagd. Jeder verantwortungsbewußte Jäger sollte sie fest im Auge haben. Erst dann – wirklich erst dann – kann die Hege mit der Büchse, ein qualitatives Jagen, einsetzen.

ALTERSKLASSENAUFBAU

Es ist ein Altersklassenaufbau anzustreben, der ein genügend großen Anteil mittelalter und alter Stücke beider Geschlechter beinhaltet. Die natürliche Alterspyramide des Rotwildes, welche Harzer Jäger schon vor vier Jahrzehnten vorstellten, wird aufgrund neuerer Kenntnisse Jahr für Jahr

Foto: I. Roosen

Langsam und Leise – wer die beiden großen L nicht berücksichtigt, wird vergeblich pirschen.

in eine Säule umgewandelt. Die Zahl der männlichen und weiblichen Stücke in der Jugendklasse muß zu diesem Zweck hart reduziert werden. Aus der Mittelklasse – dem Rotwildbestand der Zukunft – werden nur die Stücke entnommen, bei denen dieses unbedingt notwendig ist. Die Altersklasse kappt man beim Zielalter von zwölf Jahren.

Natürlich klingt dieses Ziel sehr theoretisch und ist es vielleicht auch, aber andererseits beinhaltet es unser gesamtes derzeitiges Wissen um den richtigen Altersaufbau beim Rotwild.

Beim Geschlechterverhältnis sollten die männlichen Stücke ein wenig überwiegen. Beides – ein säulenartiger Altersklassenaufbau und ein nahezu ausgewogenes Geschlechterverhältnis – in der Praxis zu erreichen, ist kein einfaches Unterfangen. Denn es setzt unbedingt revierübergreifendes, gemeinsames, fachliches Handeln voraus.

GEWEIH ALS ABSCHUSSKRITERIUM

Das Geweih sollte als Orientierungspunkt beim Abschuß der jungen Hirsche vom ersten bis zum vierten Kopf deutlich geringer bewertet werden als bisher. Nicht die Stangenlänge eines Schmalspießers ist entscheidend, nicht ein Kronenendchen hier oder zwei Eissprossen dort. Ausschlaggebend ist vielmehr, daß in dieser Altersklasse zirka 80 Prozent vom Plansoll aller Hirsche gestreckt werden. Sicherlich werden ein paar Hirsche besserer Qualität darunter sein müssen. Hier ist der Jäger gefordert, hier muß er konsequent sein. Dann braucht er die Mittelklasse nur mit fünf bis sieben Prozent am Abschuß zu beteiligen: Diese fünf- bis neunjährigen Hirsche bilden – in ausreichender Zahl – den Grundstock für einen gut aufgebauten männlichen Rotwildbestand. In diesem Alter sollten nur schwachstangige, kronenlose Hirsche erlegt werden. Alle langsprossigen, starkstangigen und vielendigen Kronenhirsche sind wirklich die „Zukunftshirsche" einer Population. So können die altersreifen Hirsche die kritische Grenze von ▶

Foto: Dr. K.-H. Betz

In kleinen Revieren verbietet sich die Pirsch, hier muß der Jäger sitzen. Zudem hat man beim Ansitz meist genügend Zeit, um sorgfältig anzusprechen und einen sicheren Schuß abzugeben.

zehn Prozent erreichen oder sogar überschreiten. Gleich drei Erfolge stellen sich ein: Dem Wald tut dies – wegen der frühen Entnahme der jungen Hirsche – sehr gut. Das Rotwild profitiert wegen der wildbiologisch guten Altersgliederung. Schließlich hat der Jäger wegen der stärker ansprechenden Trophäen mehr davon.

ZEITRAUM ROTWILD-GERECHTER BEJAGUNG

Der Jagdbeginn kann gar nicht früh genug einsetzen. Hätte dieser Grundsatz Fuß gefaßt, wären Mondscheinnächte im Januar zur Abschußerfüllung nicht notwendig. Wildbiologisch sinnvoll ist es,

im Juni und Juli aus den zu dieser Zeit meist noch kleinen Familienverbänden Schmaltiere oder Schmalspießer herauszuschießen. Alttier und Kalb bleiben dann in sozialem Zusammenhalt. Außerdem macht es viel Sinn, vor der Brunft energisch mit dem Kahlwildabschuß zu beginnen. Schwache Kälber sind gut ansprechbar. Eine saubere, schnelle Doublette sollte auch das dazugehörige Mutterstück erfassen. Gelingt dies nicht, ist Geduld gefragt. Einmal kommt jedes Alttier zurück, um das Kalb zu suchen. Aus diesem Grund bietet sich hierfür eher der Morgen als der Abend an.

Während der Feistzeit geht es außerdem auf den Hirsch. Das morgendliche Einwechseln der Hirsche kann nach kurzer Sommernacht meist schon bei gutem Licht beobachtet werden. Der Jäger muß dazu natürlich verflixt früh aus den Federn. Schwülheiße Tage zwingen die Hirsche zum Schutz vor den stechenden Plagegeistern in die Suhlen. Hier kann der Waidmann sowohl morgens als auch abends mit gutem Anblick rechnen.

ANSITZ UND PIRSCH

Diese frühe Bejagung im Jagdjahr ist die Zeit von Ansitz und Pirsch. Dabei gilt die Faustregel unserer Altvorderen unverändert: „Es sind mehr Hirsche ersessen, als erlaufen." So wird der Jäger in der Regel abends verstärkt ansitzen, morgens aber bei ausreichender Reviergröße (Anhalt: mindestens 1.000 Hektar) gerne eine kleine **Stehpirsch** unternehmen. Die vielen Pausen an aussichtsreichen Stellen bringen oft guten Anblick. Immer muß aber ein Minimum an Störung für das Rotwild Ziel des Jägers sein. Sein Können tritt zu Tage, wenn ihm dieses gelingt. Voraussetzung hierfür ist eine genaue Kenntnis der Einstände, Wechsel, Äsungsplätze etc. des Rotwildes. Der Wind ist wie beim Ansitz genauestens zu beachten. Günstig fürs Pirschen ist Pulverschnee oder feuchte Witterung und leichter Wind, der geringe Geräusche übertönt. Zudem wird man nach starken Gewittergüssen Rotwild in Anblick bekommen. Bei Sturm sollte der Jäger nicht pirschen, weil dann das Wild nicht zieht: Denn, wenn der Wind jagt, jagt der Jäger nicht. Günstig sind – wie erwähnt – die frühen Morgenstunden nach dem Hellwerden. Hat man ein Rudel ausgemacht, wird aus der Pirsch ein Heranschleichen. Die beiden großen L gelten jetzt: Langsam und Leise. Berücksichtigt der Jäger beides, kann er das Verhalten des Rotwildes oftmals gut beobachten, denn nicht immer muß der Schuß den Abschluß einer erfolgreichen Pirsch bilden.

Der **Ansitz** auf Rotwild in der Nähe der Tageseinstände, an Äsungs- oder Brunftplätzen, an Suhlen oder Wechseln ist bei genauer Kenntnis des Revieres wie des Verhaltens des Wildes erfolgversprechend. Es gilt bei der Wahl des Ansitzplatzes den Wind zu beachten. Rotwild besitzt ein äußerst feines Witterungsvermögen. Der Windfang ist das entscheidende Sinnesorgan des Rotwildes beim Feindverhalten. Hat es den Menschen damit ausgemacht, flieht es, ohne zu zögern. Beim Lauschen und Äugen geschieht das nicht mit gleicher Konsequenz. Aus diesem Grund ist der Ansitzplatz in erster Linie nach dem Wind zu wählen. Aber: Kein Hochsitz ist hoch genug, um außer Wind sitzen zu können. Auch eine Höhe von elf Metern genügt nicht. Hochstände in Rotwildrevieren brauchen deshalb „nur" drei bis fünf Meter hoch zu sein.

Das Rotwild darf vom Jäger folglich weder auf der Beobachtungsfläche noch beim An- oder Abwechseln Wind bekommen. Zudem ist eine gute Deckung erforderlich, da Rotwild „Bewegungsseher" ist.

Die günstigste Zeit für den Ansitz bilden die frühen Morgen- und die Abendstunden. In wenig beunruhigten Revieren können auch insbesondere die späten Vormittags-

stunden aussichtsreich sein. Entscheidend ist, daß man rechtzeitig sitzt – im Zweifelsfall ist eine Stunde früher immer richtig.

Benutzt der Jäger einen Ansitzplatz – Hochsitz, Leiter oder Schirm – zu häufig, stellt sich ein „Abnutzungseffekt" ein: Erfahrene Stücke umgehen diesen Platz, sie meiden ihn. Dann sitzt der Jäger oft vergebens.

Auch während eines Ansitzes gilt die **eiserne Regel**: Keine hastigen Bewegungen! Langsame, gleitende Bewegungen zeichnen den guten Jäger beim Aufbaumen aus. Zudem bewegt er weder seinen über die Brüstung ragenden Kopf ruckartig, noch dreht er sich hastig. Schließlich greift er ruhig und beherrscht zu Glas und Waffe.

JAGD ZUR BRUNFTZEIT

Zur Brunftzeit gilt die Jagd dann überwiegend den Hirschen. Sie sind rogelig geworden. Alte Hirsche, meist die ersten aktiven, werden gesehen, vielleicht sogar wiedererkannt. Gerne sind sie wieder am alten Brunftplatz. Das Angehen des Hirsches – mit oder ohne Hirschruf – ist für viele Jäger die Krone der Jagd. Es verlangt viel Erfahrung und Können, Mut und Entschlußkraft, birgt aber verstärkt die Gefahr eines Fehlabschusses in sich. Es muß halt manchmal sehr schnell gehen.

Immer wieder wird man beim Angehen feststellen, wie sehr sich der Hirsch – selbst auch der alte, erfahrene –, auf das brunftige Stück sowie das Brunftgeschehen überhaupt kon-

Foto: H. Rohleder

Das Angehen mit dem Hirschruf verlangt unbedingt den Könner.

zentriert. Der Jäger muß folglich in erster Linie auf das Kahlwild achten, wenn er ungestörte Brunftbilder genießen will.

Die Jagd auf den Brunfthirsch ist in Deutschland meist eine Kombination aus Ansitz und Pirsch. Beide werden auch in der Verbindung mit dem Hirschruf ausgeübt. Häufig sitzt man zunächst an, um zu verhören. Sobald ein Hirsch meldet, versucht man, ihn anzupirschen, wenn ein Angehen möglich und aussichtsreich erscheint.

Am günstigsten für die Jagd auf den Brunfthirsch ist der frühe Morgen. Der Jäger gerät nicht unter den Zeitdruck, welchen ihm die einfallende Dämmerung abends bereitet. Die Örtlichkeit und die Gewohnheiten des Rotwildes entscheiden, ob man schon bei Dunkelheit verhört oder erst bei Büchsenlicht. Störungen des Rotwildes lassen sich bei Licht besser vermeiden. Schreit ein Hirsch anhaltend, gilt es, möglichst rasch an ihn heranzukommen, wenn es denn irgend möglich ist. Dabei muß man besonders – wie schon erwähnt – das Kahlwild im Auge behalten.

Bei einem suchenden und dabei flott ziehenden Hirsch ist es hoffnungslos, hinterherpirschen zu wollen. Sein Tempo ist zu hoch, der Jäger wird nicht Schritt halten können.

Falls das brunftige Stück morgens mit dem schreienden Hirsch bereits in Richtung Einstand wechselt, kann es bei guter Revierkenntnis gelingen, „sich vorzulegen". Der Jäger schneidet dem Wild den Weg ab und erwartet es an übersichtlicher Stelle. Das sind meist aufregende Minuten, denn vertraute Stücke lassen sich beim Aufsuchen der Tageseinstände oft eine Menge Zeit. Hat der Hirsch zwischenzeitlich verschwiegen, braucht der Jäger wieder Geduld und Glück.

Die besten Chancen, einen Brunft- ▶

hirsch zu strecken, haben die Jäger, die die Jagd mit dem **Hirschruf** verstehen. Es gibt verschiedene Instrumente, um den Hirschruf nachzuahmen. In der Praxis haben sich neben der Muschel das Heracleum-Rohr bzw. PVC-Rohre (mit einem Durchmesser von vier bis fünf Zentimetern) durchgesetzt. Ersteres besteht aus 30 bis 35 Zentimeter langen Stengeln des Riesen-Bärklau. Es bedarf sehr feiner Beobachtungsgabe, großer Erfahrung und fleißiger Übung, um den Ruf erfolgreich handhaben zu können. Einmal muß man die Stimme eines Rothirsches in all ihren Nuancen nachahmen können. Zum anderen bedarf es der richtigen Interpretation des Röhrens: Nur wer weiß, in welcher Stimmung sich der Hirsch befindet – zum Beispiel durch einen Nebenbuhler gereizt oder auf der Suche nach einem Tier –, der wird ihm richtig antworten bzw. eine bestimmte Stimmung bei ihm auslösen können. Die Handhabung des Rufes läßt sich eigentlich nicht beschreiben, sie muß im Revier – am besten mit Unterstützung eines versierten Rufjägers – erlernt werden. Auch hier macht Übung erst den Meister.

In der Praxis sind **drei Varianten der Rufanwendung** gängig. Einmal wird gerufen, um den oder die Hirsche zum Schreien anzuregen, welche man in nahen Einständen vermutet. Denn meldet erst einmal ein Hirsch, beginnen bald auch weitere zu schreien – auch auf größere Entfernung

hin. Zum anderen ruft man, um einen suchenden Hirsch heranzulocken. Dieser wird nur dorthin ziehen, wo er Kahlwild erwartet. Deshalb muß der Jäger den Ruf eines beim Rudel stehenden Hirschen nachahmen.

Einen Hirsch, der beim brunftigen Stück steht, kann man nur schwer zum Zustehen bewegen. Ihn muß man angehen. Hier kommt die dritte Variante zum Einsatz. Der Jäger ahmt einen sich langsam nähernden Hirsch nach, und zwar einen in der Stimme etwas geringeren als den Platzhirsch. Ist man auf Büchsenschußentfernung herangekommen, sucht man sich Deckung und vor allem Sicht- sowie Schußfeld. Dann läßt man den Sprengruf ertönen, ahmt das Mahnen des Alttieres nach, schlägt auch mal mit einem Knüppel in Äste und Sträucher – so wie der Hirsch mit seinem Geweih. Das alles hilft oft, der Hirsch steht zu. Bisweilen kommt er dann im Troll sowie mit deutlichem Imponiergehabe. Manchmal schleicht er jedoch heran, und der Jäger hört nur das Stangenstreichen an den unteren Randästen. Jetzt muß die Entscheidung fallen...

DRÜCK- UND STÖBERJAGDEN

Nach der Brunft werden in vielen Revieren Drück- oder auch Stöberjagden abgehalten, zwei sehr unterschiedliche Arten von Gesellschaftsjagden.

Beim **Drücken** geht es leise auf kleiner Fläche zu. Vier bis fünf Büchsen genügen. Der Erfolg hängt weniger von den abgestellten Jägern ab; sie brauchen nur geduldig still zu stehen. Vielmehr stellt der sein Können unter Beweis, der die Einstandsdickung durchdrückt. Es gibt Meister dieses Faches. Sie regen das Wild nur an, vermeiden das Flüchtigwerden des Rotwildes. Scheinbar überlassen sie dem Rotwild die Wahl des Fluchtweges. Sie verhalten sich also nicht wie ein Treiber, vielmehr wie ein Pilzsucher. Man muß diesen Männern viel Zeit zum Drücken lassen, dann kommt das Rotwild oft langsam sowie vertraut. Ansprechen und Kugelschuß fallen leicht.

Ganz anders verlaufen die **Stöberjagden**. Mit vielen Jägern werden 300 bis 1.000 Hektar umstellt. Sie werden zwei bis drei Stunden von mehreren Hunden durchstöbert.

Jagd vorbei. Durch den Lichtschein brennender Holzstöße wird das Ende der Stöberjagd feierlich.

Foto: K. Hödicke

Foto: Puchmüller

Der Jäger, der einen Schweißhundführer um Hilfe bittet, bleibe mit allen Angaben, die er zum Schuß macht, strikt bei der Wahrheit.

wirklich nur noch kleine Nachlesen die Jagdausübung kennzeichnen. Hier wird ein verwaistes Kalb bekannt, dort ein Bratenstück unbedingt noch gebraucht, vielleicht während eines Reviergangs auch einmal ein interessanter Abschußhirsch gesichtet. Die Freude an der Einzeljagd auf Sparflamme kann der Jäger sich so erhalten.

WAFFE UND KALIBER

Über Waffen- und Kaliberwahl für das Rotwild wird unter Jägern hart gerungen. Hier ein paar Hinweise aus der Praxis:

Für Pirsch und Ansitz ist eine elegante Kipplaufbüchse angebracht. Sie ist meist leicht und führig. Aber schon eine Doublette fällt selbst dem versierten Kugelschützen schwer, weil ihn das Nachladen zu viel Zeit kostet. Gute Anstrichmöglichkeiten vorausgesetzt, leisten die Kaliber von 6,5 bis 9,3 Millimeter ihren Dienst. Das Geschoßgewicht sollte allerdings wenigstens zehn Gramm betragen. Die Geschoßform ist bei guten Kammerschüssen, die man unter den obigen Bedingungen verlangen kann, weniger wichtig.

Ganz anders stellt sich die Sachlage bei Nachsuchen und Stöberjagden dar. Hier sind Repetierer, für Liebhaber auch Doppelbüchsen geeignet. Denn es kommt zu Situationen, während derer mehrere Schüsse fallen müssen. Da es außerdem dabei auch öfter ins Dichte gehen muß, ist ein Kaliber nicht unter 7,62 Millimeter ratsam. Das Geschoßgewicht sollte 12 bis 18 Gramm betragen. Zudem empfiehlt sich ein grundsolides Teilmantel-Rundkopfgeschoß.

Treiber können fehlen. Das Wild kommt oft recht flott vor den Hunden. Der gute Kugelschütze wird verlangt. Es ist eindeutig: Sozialverbände des Rotwildes werden gesprengt, die Aktivitäten der Hunde und Jäger bewirken einen harten Eingriff. Größere Strecken sind auf diese Weise gut möglich. In Staatsforsten, oft in Kombination mit anliegenden Revieren, die nur kleinere Waldflächen besitzen, läßt eine solche Jagd bei guter Standauswahl für Hundeführer und Gäste eine vollständige Abschußerfüllung für ganze Revierteile zu. Wenn die reine Reduktionsphase (wegen überhöhter Bestände) in den Vorjahren schon durchlaufen ist, können bei Jagdbeginn regelmäßige Beschränkungen, zum Beispiel beim Alttierabschuß, vereinbart werden. Wer Stöberjagden gut organisiert durchführt, verlängert die Ruhezeiten für das Rotwild erheblich. Licht (= Jagddruck über das Jahr gesehen vermindert) und Schatten (= Sprengen der Sozialverbände während der Jagd) sind also auch bei dieser Jagdart gegeben. Licht bei den Stöberjagden ist zudem: Der Abschuß wird schnell erfüllt. Und in Nordhessen, wo Stöberjagden Jahre hintereinander

in mehreren großen Rotwildeinständen stattfanden, ist offenbar dadurch eine bessere räumliche Verteilung der Population eingeleitet worden. Dies bedarf aber noch einer mehrjährigen Bestätigung.

Der erfahrene Jäger, welchem auf einer solchen **Stöberjagd** ein **Rudel Kahlwild** im scharfen Troll durchs Altholz kommt, handelt vielfach so:

Ohne eine Optik zur Hilfe zu nehmen, sucht er sich das schwächste Stück im Rudel aus – es ist in aller Regel ein Kalb – und konzentriert sich ganz darauf. Dann schießt er es entschlossen auf einer vorher ausgesuchten Bestandeslücke. Liegt das Kalb, bemüht er sich, auch noch das zugehörige Alttier zu erlegen. Diese doppelte Entnahme stört das Sozialgefüge im Rudel nicht und hilft, den Abschuß zu erfüllen. Kommt das Kahlwildrudel dagegen sehr geschlossen, wird er versuchen, das letzte Stück zu strecken. Das ist meist ein Schmaltier oder ein nicht (mehr) führendes Alttier.

Auf einem Stand mehr als zwei Stück Rotwild zu erlegen, ist bei bereits reduzierten Beständen nicht erforderlich.

Bis Weihnachten sollten dann

FACHLITERATUR

Aus der sehr umfangreichen Fachliteratur über das Rotwild werden nur fünf Werke herausgegriffen. Sie dienten dem Verfasser als Arbeitsgrundlage.

1. Raesfeld, Ferdinand von – Das Rotwild (1. Auflage 1898) Der Forstmeister auf der Insel Darß schuf den „Klassiker", der in diesem Jahrhundert mehrfach überarbeitet wurde. Das Werk hat seitdem insgesamt neun Auflagen erlebt.

2. Beninde, Joachim – Zur Naturgeschichte des Rotwildes (1. Auflage 1937) Der Jagdwissenschaftler gewährte gute Einblicke in die Entwicklungsgeschichte des Rotwildes. Seine Ausführungen zur Geweihbildung sind richtungsweisend.

3. Blase, Richard – Die Jägerprüfung in Frage und Antwort (1. Auflage 1936) Im Wechselspiel von Frage und Antwort bietet die 25. Auflage (1993) dem Jungjäger ein Grundgerüst jagdlicher Kenntnisse.

4. Bützler, Wilfried – Rotwild (1. Auflage 1972) Diese Monographie ist beispielhaft fundiert und aktuell. Sie hat neuere wissenschaftliche Erkenntnisse – auch aus anderen Ländern – zur Basis. 1986 erschien die dritte überarbeitete Auflage (= Neuausgabe).

5. Lotze, Karl – Das Ansprechen des Hirsches (1. Auflage 1937) Der Hirschmaler aus dem nordhessischen Reinhardswald hat dem Praktiker in Form von Skizzen und Erläuterungen fundierte Ansprechhilfen geliefert.

Foto: St. M. Williams

Das Lesen von Fachbüchern ist kinderleicht, die Jagd im Gebirge oft schweißtreibend.

JÄGER & PRAXIS
KURZ & BÜNDIG

2

DAM- & SIKAWILD: LEBENSWEISE ★ TROPHÄEN ★
ANSPRECHMERKMALE ★ HEGE UND BEJAGUNG ...

EINE BEILAGE DER ZEITSCHRIFT JÄGER

JAGDZEITEN UND HEGE

Spätestens seit dem 16. Jahrhundert ist das Wort Hegezeit in Rechtsverordnungen belegt. Es bedeutete soviel wie Schonzeit. Genau genommen, bezeichnete es damals vom Gesetzgeber festgelegte Zeiträume, in denen es verboten war, Nutzwild zu fangen oder zu erlegen beziehungsweise bestimmte Jagdmethoden auszuüben oder jagdbare Tiere zu stören.

Hege ist also nicht nur Hege mit dem Futterbeutel, sondern seit Jahrhunderten mit der Schonzeit eng verknüpft. Bereits sehr früh war dem Jäger daran gelegen, Muttertiere und Junge während der Setz- und Aufzuchtphase zu schützen. Er hatte das Prinzip der Nachhaltigkeit erkannt: Wer über die Jahre jagen will, kann dieses nur, wenn ein entsprechender Wildbestand vorhanden ist. So schöpfte er den Zuwachs ab. Das hat sich bis heute nicht geändert.

Zur Hegepflicht gehört, das Schon- und Jagdzeiten (siehe untenstehende Tabelle) eingehalten werden. Darüber hinaus sind beispielsweise Wildseuchen anzuzeigen und zu bekämpfen. Außerdem haben wir Jäger die Pflicht, Wild in Notzeiten zu füttern. Das und anderes mehr dient der Wildhege. Unter Hege ist gemäß Bundesjagdgesetz aber nicht nur der Schutz des Wildes, sondern auch Biotoppflege zu verstehen.

Ein gesunder und artenreicher Wildbestand (= Ziel der Wildhege) hängt stark von drei Komponenten ab: Er bedarf erstens ausreichender und artgemäßer Äsung, zweitens schützender Deckung und drittens ruhiger Einstände. Das zu fördern, ist Ziel aller Biotoppflege. Wir können helfen, indem wir beispielsweise Wildäcker oder Remisen anlegen und unterhalten.

VERORDNUNG ÜBER DIE JAGDZEITEN VOM 2. APRIL 1977
(Bundesgesetzgebung)

Dam- und Sikawild

Kälber: vom 1. September bis zum 28. Februar   **Schmalspießer:** vom 1. Juli bis zum 28. Februar   **Schmaltiere:** vom 1. Juli bis zum 31. Januar
Hirsche und Alttiere: vom 1. September bis zum 31. Januar

ABWEICHENDE JAGDZEITEN GEMÄSS LANDESVERORDNUNGEN

BADEN-WÜRTTEMBERG
Kälber: vom 1. September bis zum 31. Januar
Schmalspießer: vom 1. Juli bis zum 31. Januar
BAYERN
Kälber: vom 1. September bis zum 31. Januar
Schmaltiere: vom 1. Juli bis zum 31. Januar
Alttiere: vom 1. September bis zum 31. Januar
Schmalspießer: vom 1. Juli bis zum 31. Januar
alle übrigen Hirsche: vom 1. September bis zum 31. Januar
BRANDENBURG
Keine Abweichung von der „Verordnung über die Jagdzeiten vom 2. April 1977"
BREMEN
Keine Abweichung von der „Verordnung über die Jagdzeiten vom 2. April 1977"
HAMBURG
Schmalspießer: vom 1. September bis zum 31. Januar
Schmaltiere: vom 1. September bis zum 31. Januar
HESSEN
Schmalspießer: vom 1. August bis zum 31. Januar
Schmaltiere: vom 1. August bis zum 31. Januar
Damwildkälber: vom 1. September bis zum 31. Januar
MECKLENBURG-VORPOMMERN
Keine Abweichung von der „Verordnung über die Jagdzeiten vom 2. April 1977"

NIEDERSACHSEN
Damwildkälber: vom 1. September bis zum 31. Januar
Damschmalspießer: vom 1. Juli bis zum 31. Januar
NORDRHEIN-WESTFALEN
Kälber: vom 1. September bis zum 31. Januar
Schmalspießer: vom 1. September bis zum 31. Januar
Schmaltiere: vom 1. September bis zum 31. Januar
RHEINLAND-PFALZ
Damwildkälber: vom 1. September bis zum 31. Januar
Damschmalspießer: vom 1. Juli bis zum 31. Januar
SAARLAND
Keine Abweichung von der „Verordnung über die Jagdzeiten vom 2. April 1977"
SACHSEN
Keine Abweichung von der „Verordnung über die Jagdzeiten vom 2. April 1977"
SACHSEN-ANHALT
Keine Abweichung von der „Verordnung über die Jagdzeiten vom 2. April 1977"
SCHLESWIG-HOLSTEIN
Schmalspießer: vom 1. September bis zum 31. Januar
Schmaltiere: vom 1. August bis zum 31. Januar
THÜRINGEN
Kälber: vom 1. September bis zum 31. Januar
Schmalspießer: vom 1. Juli bis zum 31. Januar

Stand: August 1995 (ohne Gewähr)

INHALT

Im Oktober finden sich Damtiere
bei brunftigen Schauflern ein.

Sikawild
ähnelt in
Gestalt und
Verhalten
dem Rot-
wild. Es ist
aber deut-
lich klei-
ner. Das
Geweih
zeigt meist
nur acht
Enden.

Impressum: **JÄGER & PRAXIS** KURZ BÜNDIG Dam- und Sikawild. Eine Beilage der Zeitschrift JÄGER Titelfotos: M. Danegger und St. Meyers

Jahr-Verlag GmbH & Co.
Jessenstraße 1
22767 Hamburg
Tel. 040 / 38 90 60
Fax 040 / 38 90 63 05

Verleger:
Alexander Jahr

Redaktion: Dr. Rolf Roosen
Mitarbeiter/Fachberater: Dr.
Peter Meyer, Christian Graf
von Holck (Damwild), Ernst
Eick (Sikawild), Klaus von
Hippel (Dam- und Sikawild)

Titel/Layout: Werner Rabe

Vertriebsleitung:
Peter Lüdemann

Herstellungsleitung:
Helmut Post,
Brunhild Sudmann (Stellv.)

Druck: Busche, Dortmund

Lithographie:
Repro- und Satztechnik
Helmut Gass, Hamburg

Copyright:
Jahr-Verlag GmbH & Co.
Hamburg 1995

Foto: St. Meyers

Beim reifen Damhirsch sind die Schaufeln etwa 15 bis 20 Zentimeter breit und zirka 35 bis 45 Zentimeter lang.

DAS DAMWILD

Die Jagd auf den Rothirsch gilt für viele als Krone des Waidwerks. Wieder anderen geht dagegen nichts über den brunftigen Damschaufler. In der Tat macht vieles das Damwild für den Jäger hochinteressant: So ist es beispielsweise tagaktiv, kaum anfällig gegen Krankheiten, liefert schmackhaftes Wildbret, bietet herrliche Brunftbilder...

Foto: L. Sawicki

Der Lohn langjähriger Hegebemühungen. Welcher Jäger hätte nicht gerne einen dieser reifen Schaufler erlegt?

Ist der Damhirsch eine eigene Gattung oder ist er es nicht? Darüber streiten die Gelehrten noch.

STELLUNG IM ZOOLOGISCHEN SYSTEM

Den modernen Jäger dürfte der zoologische Stammbaum des Damwildes interessieren. Die Übersicht veranschaulicht ihn:

Stamm: Wirbeltiere
Klasse: Säugetiere
Ordnung: Paarhufer
Unterordnung: Wiederkäuer
Familie: Hirsche
Unterfamilie: Echthirsche
Art: Damhirsch.

HISTORISCHES UND VERBREITUNG

Vor der letzten Eiszeit war Damwild Teil der heimischen Fauna. Danach zog es sich nach Kleinasien, vor allem in die heutige Türkei, zurück. Damwild wurde bereits in frühgeschichtlicher Zeit im Mittelmeerraum eingebürgert. Es wird vermutet, daß schon die Römer Damwild als Opfertiere auch mit nach Deutschland brachten. Im Mittelalter war es nördlich der Alpen verhältnismäßig weit verbreitet. Später wurde es an den Höfen gehalten, auch in Klostergärten und fürstlichen Wildparks. Von hier gelangte es dann in die freie Wildbahn.

In Europa befinden sich inselartige Verbreitungsgebiete des Damwilds. Recht große Bestände gibt es in Großbritannien, Deutschland, der ehemaligen Tschechoslowakei, Dänemark und Ungarn. In Deutschland liegen bedeutende Damwildvorkommen in Brandenburg, Niedersachsen, Mecklenburg-Vorpommern, in Schleswig-Holstein, Sachsen-Anhalt und Nordrhein-Westfalen. In der Bundesrepublik wurden 1993 rund 40.000 Stück Damwild erlegt. Damwild liefert schmackhaftes Wildbret und läßt

Foto: Hg. Arndt

Der natürliche Lebensraum des Damwildes ist der Mischwald klimatisch milder Regionen. In rauhen Gebirgslagen kommt es nicht vor.

sich gut in Gattern halten. Letzteres geschieht in erheblichem Maß: So wurden 1990 allein in Bayern zirka 25.000 Stück Damwild in Gehegen gehalten.

LEBENSRAUM

Das europäische Damwild beschränkt sein Vorkommen in freier Wildbahn zumeist auf mischwaldreiche Landschaften in den Niederungen und im Hügelland – in aller Regel nicht über 800 Meter NN – klimatisch milder Regionen. Es meidet nach Möglichkeit reinen, großflächigen Nadelwald. Kleinere Nadelholzpartien im Dikkungs- oder Stangenholzalter werden allerdings vom Damwild recht gerne als Einstände angenommen, weil sie gute Deckung bieten.

Dort, wo Felder, Wiesen und Weiden an Wald grenzen oder von Wald umgeben sind, findet das Damwild optimale Lebensbedingungen vor.

KÖRPERMASSE UND ALTER

Die Schulterhöhe des Damwildes beträgt im Durchschnitt gut 70 Zentimeter. Das durchschnittliche Gewicht des Hirsches liegt bei 60 bis 70 Kilogramm, das des Alttieres bei 30 bis 40 Kilogramm. Diese Gewichte variieren je nach Lebensraum und Jahreszeit allerdings erheblich.

Damwild kann zwischen 15 und 20 Jahre alt werden.

HAAR

Im Sommerhaar ist die normale Wildfarbe hellrotbraun – zum Rücken hin dunkler – mit weißen Fleckenlängsreihen, heller Unterseite (bis hinab auf die Innenseite der Läufe) sowie einem schwarzen Aalstrich. Kennzeichnend ist der 16 bis 25 Zentimeter lange, oberseits schwarze und unterseits weiße Wedel.

Außerdem gibt es häufig Farbabweichungen: weiß, isabellfarbig, hellbraun, aber auch dunkelbraun und schwarz. Sie sind vermutlich das Ergebnis der jahrhundertelangen Gefangenschaft und Zucht des Damwildes.

Im Winter verfärbt die Decke dunkelgraubraun. Das Winterhaar ist deutlich länger sowie dichter, außerdem im Ton stumpfer und einheitlicher als das Sommerhaar. Die Flecken heben sich dann bloß noch schwach ab. Bisweilen sind sie, insbesondere gegen Ende des Winters, kaum mehr wahrnehmbar.

Damwild verfärbt in Deutschland Anfang Mai bis Ende Juni sowie von Ende September bis Anfang November. Das Verfärben beginnt an Haupt, Träger und Läufen.

LOSUNG

Die Winterlosung ist in der Regel fest, die Frühjahrs- und Sommerlosung dagegen oft breiig. Die Kotperlen sind – anders als beim Rotwild – ohne Näpfchen oder Zäpfchen. Die Losung des Hirsches ist größer als die des Tieres.

FÄHRTE

Die Damwildfährte ähnelt der des Rotwildes. Verwechslungen zwischen einem stärkeren Stück Dam- sowie einem schwächeren Stück Rotwild sind möglich. Die Damwildfährte ist jedoch länger und spitzer als die des Rotwildes (= länglich-eiförmig). Ein sicheres Unterscheidungskriterium bildet die Ballengröße. Beim Damwild entspricht sie etwa der Hälfte des Trittsiegels, beim Rotwild nur rund einem Drittel.

SINNE UND LEBENSWEISE

Damwild tritt auch am Tage zur Äsung aus (tagaktiv). Es ist sehr standorttreu, allerdings unsteter und unruhiger als das Rotwild. Wird ein Rudel Damwild beunruhigt, zieht es sich sofort dicht zusammen und äugt in Richtung Gefahr. Auf Störungen reagiert es teilweise sehr früh und flüchtet dann in seine Einstände. Diese auffällige Verhaltensweise liegt in der hervorragenden Entwicklung aller Sinne begründet. Damwild übertrifft das Rotwild im Eräugen und Erkennen.

Flüchtend zeigt es emporschnellende Sprünge, der Wedel ist ständig in Bewegung. Damwild suhlt niemals und schreckt bei Störungen, deren Ursache es nicht erkennen kann. Es schreckt, ähnlich wie das Rehwild, mehrmals hintereinander, jedoch in tieferer Tonlage. Das Schrecken klingt wie ein kurzes, explosives Bellen.

Wenn Damwild den Wedel locker herabhängen läßt und nur gelegentlich bewegt, ist es entspannt. Ruhig ziehende Tiere lassen ihn ebenfalls locker herabhängen oder drücken den Wedel leicht an ihren Spiegel. In Erregung spreizt Damwild ihn

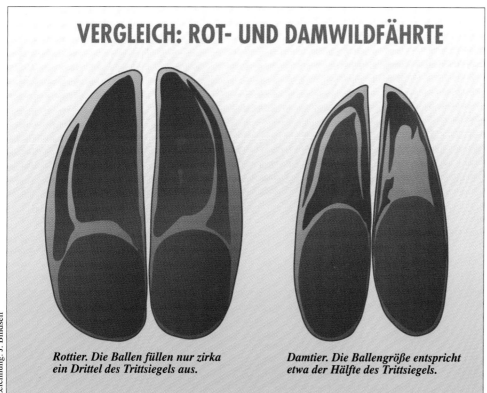

VERGLEICH: ROT- UND DAMWILDFÄHRTE

Rottier. Die Ballen füllen nur zirka ein Drittel des Trittsiegels aus.

Damtier. Die Ballengröße entspricht etwa der Hälfte des Trittsiegels.

Zeichnung: J. Bindseil

Die Fährte des Damtieres ist zugespitzt. ▶

betont steif vom Körper ab. Bei Feindverdacht wird er – in sich leicht nach oben gekrümmt – bis in die Waagerechte gehoben. Bei Prellsprüngen oder beim Flüchten ist der Wedel steif waagerecht bis senkrecht gestellt, gelegentlich sogar auf den Rücken geklappt. Der Wedel offenbart dem Jäger also, in welcher Stimmung sich das Damwild befindet.

Das Damwild lebt rudelweise. Außerhalb der Brunftzeit stehen Kahlwild- und Hirschrudel oft räumlich weit getrennt voneinander. Es gibt Reviere, in denen die Hirsche nur vor und nach der Brunft stehen, sowie solche, in denen bis zur Brunft nur Tiere sowie einige Spießer zu beobachten sind. Alte Hirsche sind

gelegentlich Einzelgänger. Damhirsche können Hindernisse bis zu 1,8; Damtiere bis zu 1,5 Meter Höhe überspringen.

In größeren Parkgattern wird das Damwild vertraut, in Gehegen zu Bettlern am Drahtzaun, um sich von den Besuchern füttern zu lassen.

ÄSUNG UND TAGESRHYTHMUS

Damwild äst überwiegend Gräser, aber auch viel Rauhfutter. Im Unterschied zum Rotwild bevorzugt es weiche Pflanzen. Bei reichlicher Baummast nimmt es besonders gerne Kastanien, dann auch Bucheckern und Eicheln auf. Es sucht mit Vorliebe Wildäcker und

Salzlecken auf. In Feldern, in denen Damwild erhebliche Schäden verursachen kann, bevorzugt es Getreide in der Milchreife sowie Mais. Während trockener Perioden werden gerne Rüben herausgeschlagen, um so den Wasserbedarf zu decken.

Im Winter ziehen Rapsflächen Damwildrudel an. Nahrungsaufnahme, Wiederkäuen und Ruhen folgen über Tag oft sehr dicht aufeinander, ohne daß sich im Unterschied zum Rotwild ein festes Schema (siehe Sonderheft 1, Seite 9) erkennen läßt.

Mehr und mehr setzt sich zur Zeit die Auffas-

Die Damtiere haben aufgeworfen. Ein Wedel signalisiert bereits Feindverdacht.

Foto: H. Schulz

sung durch, daß eine Winterfütterung von Damwild bei unserem milden atlantischen Klima nicht notwendig ist.

SCHÄDEN UND DEREN ABWEHR

Verbissen werden insbesondere Verjüngungen von Laub- und Nadelholz, die zwischen oder in der Nähe von Einstandsgebieten liegen. Laubholzkulturen – besonders junge Eichen oder Eschen – müssen bei hoher Wilddichte gegattert werden. Nur die Roterle kommt dann ohne Zaun hoch. Junge Alleebäume sind einzeln zu schützen. Im Winter können beschnittene Knickhölzer dem Damwild zusätzliche Äsung bieten.

Im Sommer schält Damwild bisweilen zwischen den Wurzelanläufen von Eschen oder Rotbuchen. Während der Hauptsaftzeit reißt es gerne Rindenfetzen von Hainbuchen sowie Linden herunter. Im Winter schält es von Laubhölzern bevorzugt die Esche; den Bergahorn und Nadelholz dagegen kaum. Forstliche und jagdliche Interessen können leicht miteinander verbunden werden, indem 10 bis 20 Zentimeter starke Eschen im Rahmen der Durchforstung geschlagen werden. Wenn die obere Seite geschält ist, dreht man die Stämme um. So vermeidet man Schälschäden an Zukunftsstämmen. Außerdem führt dieses häufig dazu, daß sich Damwild besser verteilt, weil es nicht zur Bildung großer Rudel kommt. Je größer ein Rudel, desto höher ist auch der Schaden, welchen es auf seinen Äsungsplätzen hinterläßt. Die Sommerschäle ist ein eindeutiges Zeichen für einen viel zu hohen Wildbestand.

In Damwildrevieren können

Damwild bevorzugt Endtriebe von Laubbäumen. Das Sich-Aufrichten ist typisch.

Foto: M. Danegger

WILDBIOLOGIE

Schäden dadurch entstehen, daß junge Pflanzen in Heistergröße umgeknickt werden. Fege- und Schlagschäden fallen in der Regel kaum ins Gewicht.

BRUNFT

Die Brunft des Damwildes beginnt in Deutschland Mitte Oktober und reicht bis in den Monat November (Höhepunkt: vom 25. bis zum 30. Oktober). Sie spielt sich während des ganzen Tages ab. In der Regel finden sich die Damhirsche schon Anfang bis Mitte Oktober in unmittelbarer Nähe der angestammten Brunftplätze ein; bei sehr großen Beständen mehrere starke Schaufler an einem Ort. Bis zum Brunftbeginn sind sie recht heimlich. Brunftplätze und Einstandsgebiete sind häufig – mehrere Kilometer – weit voneinander entfernt.

Die Brunftplätze liegen überwiegend im Wald – vornehmlich in masttragenden Althölzern mit reichlich deckungsspendendem Unterwuchs oder in gemischten Jungbeständen –, nur selten im freien Gelände. Dort, wo keine größeren Waldflächen vorhanden sind, weicht Damwild auf Feld-gehölze etc. aus. Sobald die Brunft einsetzt, hält sich der Platzhirsch zu jeder Tageszeit bei seinem Brunftplatz auf.

Vorher hat er diesen hauptsächlich durch Plätzen markiert sowie die Brunftgruben frisch hergerichtet. Die Brunftkuhlen kennzeichnet der Hirsch durch Hineinnässen. Sie liegen häufig in respektvoller Entfernung und doch in Sichtkontakt zu Rivalen.

Das Schlagen von sogenannten Brunftkuhlen, die sich hinsichtlich ihrer Anlage und insbesondere der Tiefe stark voneinander unterscheiden, ist für den Damhirsch

typisch. In diesen freigeschlagenen Bodenvertiefungen tut sich der Hirsch immer wieder nieder. Um ihn steht das Kahlwild. Die Brunftkuhlen und -plätze werden vom Damhirsch akustisch, durch Imponieren und Drohen sowie durch Verjagen und Kampf mit dem Geweih verteidigt. Anders als beim Rotwild sucht der Damhirsch nicht das brunftige Kahlwild, sondern die Tiere kommen zu den Hirschen auf die Brunftplätze.

Während der Brunft sind Rangeleien zwischen Damhirschen nicht selten. Die Kontrahenten schrei-

Foto: M. Danegger

Foto oben:
Ein gut entwickeltes Kalb, das in für Damwild typischer Stellung säugt.
Foto links:
Der Höhepunkt der Brunft liegt im Oktober. Nachbrunften sind bis zum März möglich.

Foto: M. Danegger

ten im Stechschritt parallel zueinander her. Bisweilen genügt dieses Imponieren, um einen der beiden dazu zu bewegen, sich in sein Areal zu verziehen. Andernfalls kann es zu erbitterten Kämpfen kommen, die mehrere hundert Meter weit zu hören sind. Ein feister Schaufler kann während der Brunft bis zu 20 Kilogramm an Gewicht verlieren. Gegen Ende der Brunft werden insbesondere alte, abgekämpfte Schaufler oft Opfer jüngerer Hirsche.

Während der Brunft zieht das Kahlwild umher, um – in strenger Familienordnung – zu den verschiedenen Hauptbrunftplätzen zu wechseln. Es sucht sich den Damhirsch seiner Wahl aus. Brunftige Alt- oder Schmaltiere treibt der Platzhirsch in seinem Areal recht ruhig, bis er den Beschlag richtig ausführen kann.

Der Brunftschrei des Damhirsches ist dumpf grunzend oder rülpsend. Er klingt wie ein rasselndes Schnarchen. Damhirsche schreien während der Brunft Tag und Nacht, am stärksten jedoch morgens und abends.

TRAGZEIT UND NACHKOMMEN

Damtiere tragen 33 Wochen. Sie setzen normalerweise Ende Juni oder Anfang Juli jeweils ein Kalb. Zwillingskälber sind selten. Die Kälber können schon bald ihren Müttern folgen (= Laufjunges). Sie bleiben jedoch zirka drei Wochen in schützenden Verjüngungen oder Dickungen, wo sie vom Alttier abgelegt werden. Später suchen Alttier und Kalb dann Anschluß an das Rudel. Damwildkälber werden 3,5 bis 4 Monate gesäugt. Bis zum folgenden Frühjahr besteht eine enge Bindung zwischen Tier und Kalb. Annähernd ausgewachsen ist Damwild im Alter von zwei Jahren.

WILDVERLUSTE

Beträchtliche Verluste erleidet das Damwild durch den Straßenverkehr. Insbesondere während der Brunft kommt es zu Zusammenstößen mit Fahrzeugen; im Unterschied zu anderen Wildarten vielfach am hellichten Tag. Eine weitere Gefahrenquelle bildet Draht. ▶

GEWEIHE UND SCHAUFELN

Das Geweih des Damhirsches ist ein knochiger Auswuchs der Rosenstöcke, die auf dem Stirnbein des Hirsches sitzen. In der Regel entwickelt es sich wie folgt:

Spießer, Löffler, Knieper

In den Wintermonaten des ersten Lebensjahres entstehen beim Damhirschkalb die Rosenstöcke. Sie sind etwa bis Mitte Februar des Folgejahres ausgebildet. Hierauf wachsen – in der Regel ab Anfang März – die durchweg rosenlosen Spieße. Die Spieße kennzeichnen sich durch eine keulenartige Verdickung oberhalb der Rosenstöcke. Die Ausmaße der Verdickung hängen von der Stärke der Rosenstöcke ab, und diese stehen meist in Relation zum Wildbretgewicht.

Das Erstlingsgeweih wird Ende Juli bis Mitte August gefegt. Etwa Mitte Mai des darauffolgenden Jahres werden die Spieße abgeworfen. Danach schiebt der Dam-

Kurz nach dem Fegen sieht das Geweih erst hellhornig und oft schweißig aus. Der Schweiß verschwindet bald.

Foto: A. Schilling

hirsch, nun ein Hirsch vom zweiten Kopf, erstmalig ein Geweih mit Rosen, Aug- und Mittelsprossen sowie bei guter Veranlagung

eine geringe Schaufel. Die Schaufel wird mit zunehmendem Alter meist länger sowie breiter und nimmt an Masse zu. Gut veranlagte Damhirsche vom zweiten oder dritten Kopf schieben oft bizarre Geweihformen: So bilden o- und v-förmige sowie andere Einkerbungen in der Schaufel die Regel.

Angehende Schaufler

Vom vierten bis zum sechsten Kopf ist die Schaufel noch kurz, sie nimmt von Jahr zu Jahr an Breite zu. Das Gewicht der Einzelstange erhöht sich zwischen dem vierten und sechsten Kopf deutlich. Der gut veranlagte Damhirsch sollte mit dem vierten Kopf beidseitig je eine volle Schaufel ausgebildet haben.

Halbschaufler

Vom siebten bis zum neunten Kopf sind die Schaufeln schon beacht-

ALTERSANSPRACHE BEI DAMSCHAUFLERN

9. Kopf

10. Kopf

11. Kopf

Die gestrichelte rote Linie zeigt die Lage der breitesten Stelle auf der Schaufel. Diese Stelle ist ein Altersmerkmal.

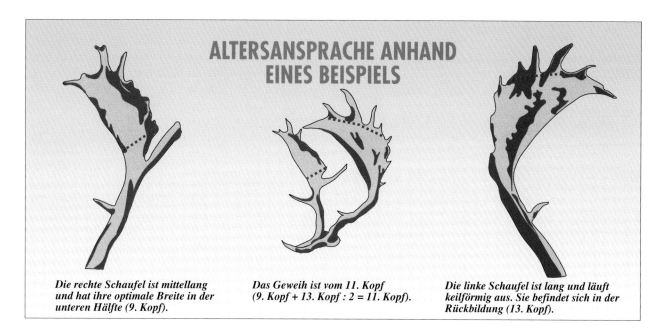

ALTERSANSPRACHE ANHAND EINES BEISPIELS

Die rechte Schaufel ist mittellang und hat ihre optimale Breite in der unteren Hälfte (9. Kopf).

Das Geweih ist vom 11. Kopf (9. Kopf + 13. Kopf : 2 = 11. Kopf).

Die linke Schaufel ist lang und läuft keilförmig aus. Sie befindet sich in der Rückbildung (13. Kopf).

lich lang. Sie machen etwas mehr als die Hälfte der Stangenlänge aus. Die Einzelstangen nehmen weiter an Gewicht zu. Die Auslage ist korb-, v- oder u-förmig. Dorn und Schaufelenden sind beiderseits kräftig entwickelt.

Vollschaufler

Zwischen dem zehnten und zwölf-

12./13. Kopf

Zeichnungen: J. Bindseil

Das Alter eines Damhirsches kann nach seinem Geweih ermittelt werden. Zum Höhepunkt der Geweihentwicklung verschiebt sich die breiteste Stelle der Schaufel nach oben. Ab dem 9. Kopf befindet sich die größte Breite in der unteren Schaufelhälfte, beim 10. etwa auf halber Höhe, ab dem 11. Kopf in der oberen Hälfte, danach im obersten Schaufeldrittel.

ten Kopf nehmen Stangen und Schaufeln erheblich an Wucht und Masse zu. Die breiteste Stelle der lang angelegten Schaufel hat sich mit dem elften Kopf in die obere Schaufelhälfte verlagert. Das erweckt den Eindruck, die Schaufel wüchse nach vorne. Die größte Schaufelbreite der Damhirsche vom zwölften Kopf befindet sich schließlich im oberen Drittel.

Zwischen zehntem und zwölftem Kopf erreichen Stangenlänge, -stärke sowie Schaufelbreite ihre optimalen Ausmasse. Die Stangenlänge beläuft sich dann auf 65 bis 75 Zentimeter; allein zwischen 35 und 45 Zentimeter davon – mehr als die Hälfte – entfallen auf die Schaufeln. Sie sind etwa 15 bis

184,5 Punkte brachte dieser Schaufler vom 11. Kopf. Zwischen den beiden Schaufeln besteht ein Entwicklungsunterschied von vier Jahren. Die linke Schaufel entspricht der Erwartung eines 13., die rechte der eines 9. Kopfes. Gemittelt ergibt sich das wirkliche Alter.

20 Zentimeter breit. Die Rosenstöcke haben einen Durchmesser von über 40 Millimeter. Das Geweihgewicht liegt in Deutschland zwischen 2,5 und 3,0 Kilogramm. Bei Spitzenhirschen beträgt es um vier Kilogramm.

Der Verlust der Mittelsprosse in Verbindung mit einer Wolfssprosse ist in aller Regel Kennzeichen für den zurücksetzenden Hirsch. Damschaufler werden etwa im Alter von 14 oder 15 Jahren unter Rückbildung der Schaufeln zu Stangenhirschen mit kurzen Augsprossen.

ABWERFEN

In der Regel werfen Damhirsche zwischen dem 5. April sowie dem 10. Mai ihr Geweih ab. Im Unterschied zum Rotwild geschieht dieses bei jungen und alten Damhirschen nahezu gleichzeitig.

▶

HEGE

Für Hege und Abschuß des Damwildes muß der Zustand der Vegetation als Weiser genommen werden. Der Jäger vor Ort, der seinen Bestand ermitteln will, wird ein zusätzliches Verfahren wählen. Er wird das Damwild – am besten in den Monaten März und April – zu zählen versuchen. Dieser Zeitraum ist günstig, weil Hirsch- und Kahlwildrudel dann am stärksten sowie häufig ganztägig in der Feldmark anzutreffen sind. Wer sich bei Wildzählungen auf die Haupteinstandsgebiete konzentriert, wird Doppelzählungen eher vermeiden. Eine gewisse Dunkelziffer wird grundsätzlich zu verzeichnen sein. Sie wächst mit der Größe der zusammenhängenden Waldflächen.

Ein Geschlechterverhältnis von 1:1 bildet nach *Hansen* das Ziel der Damwildhege. In der Praxis ist allerdings meist ein Überhang an Kahlwild zu beobachten.

ANSPRECHEN VON DAMWILD

Folgende Tips zum Ansprechen von Damhirschen und **Kahlwild** stammen von Praktikern und erleichtern den Wahlabschuß:

Damkälber können von den Alt- bzw. Schmaltieren aufgrund ihrer geringeren Größe unterschieden werden. Wild- und Hirschkälber richtig anzusprechen, ist erst im November problemlos möglich. Denn nun läßt sich beim normal entwickelten Hirschkalb der Pinsel bereits gut ausmachen.

Damschmaltiere ziehen in den Damwildrudeln meist hinter den Kälbern. In diesem Verbund kann man sie leicht ansprechen. Führende Alttiere sind – spitz von hinten – an ihrem geschwollenen Gesäuge gut zu erkennen.

Damhirsche kann man aufgrund ihres Körperbaues ansprechen: Sie unterliegen während der Jagdzeit jedoch großen Gewichtsschwankungen. Allerdings ist bei wirklich alten, reifen Hirschen das Gewicht deutlich nach vorne verlagert, der Träger wirkt stark sowie kurz, der Kopf breit und bullig. Wegen des massigen Wildkörpers scheinen die Läufe recht kurz zu sein.

Einen jagdbaren Schaufler allein nach dem Geweih anzusprechen (siehe auch Seite 44 bis 45), ist mit etwas Übung möglich. Bevor man sich zu einem Abschuß entschließt, ist der Hirsch wiederholt zu beobachten. Die Lichtverhältnisse spielen im übrigen beim Ansprechen der Schaufeln eine große Rolle: Denn eine Schaufel wirkt auf freier Fläche ganz anders als in einem Altholzbestand.

Berücksichtigt man dieses, ist die **Altersschätzung** bei älteren Damhirschen **anhand des Geweihes** gut machbar. Es hilft dem Damwildjäger die von *Iver-Ernst Hansen* (Schleswig-Holstein) entdeckte Regel, daß sich die breiteste Stelle der Schaufel zum Höhepunkt der Geweihentwicklung immer weiter nach oben verschiebt.

Beim Ansprechen nach dieser Methode ist allerdings folgendes grundsätzlich zu bedenken: Auf gleich starken Rosenstöcken haben beide Stangen denselben Entwicklungsstand. Bei ungleichen Rosenstöcken verläuft die Entwicklung unterschiedlich. Die Schaufel auf dem stärkeren Rosenstock hat durchweg einen Entwicklungsvorsprung. Dieses Phänomen kommt in der Praxis so häufig vor, daß es ebenfalls als Regel betrachtet werden muß. Sonst kommt es zu Fehlansprachen. Bei der Altersansprache von Damhirschen mit ungleichen Schaufeln muß jede Schaufel einzeln sowie von allen Seiten sorgfältig nach dem Stand ihrer Entwicklung überprüft werden. Aus dem Mittel beider Ergebnisse kann dann das Alter abgeleitet werden. Der Entwicklungsunterschied zwischen den beiden Schaufeln vermag bis zu vier Jahre zu betragen. Werden Schaufler der mittleren Altersklasse und unterschiedlicher Stangenbildung scharf bejagt, beträgt der Unterschied in der Entwicklung gewöhnlich nur zwei Altersklassen.

In der Regel erreichen die Schaufeln eines Damhirsches ab dem zehnten Kopf ihre optimalen Ausmaße. Die größte Breite befindet sich beim neunten Kopf in der unteren Schaufelhälfte, ab dem zehnten dann auf halber Höhe. Mit dem elften Kopf hat die Schaufel an Masse zugenommen; das gilt auch für die Stangenstärke. Die Trophäe eines alten und starken Damhirsches zeichnet sich dadurch aus, daß man die Stangen mit einer Hand gerade umfassen kann. Die größte Schaufelbreite liegt in der oberen Hälfte.

Beim zwölften Kopf hat sie sich weiter nach oben verlagert, sie tritt im oberen Drittel deutlich in Erscheinung. Die Schaufeln wirken deshalb kopflastig. Schaufler dieser Altersklasse haben in der Regel den Höhepunkt ihrer Geweihentwicklung erreicht. Bisweilen kommt es allerdings vor, daß dieser Entwicklungsstand mit dem 13. Kopf noch gehalten wird oder Stangen und Schaufeln sogar noch an Masse wie Wucht zunehmen. Zwischen dem zehnten und zwölften Kopf ist die Auslage des Geweihs gewöhnlich u-förmig und bei starker Neigung nach innen in der oberen Hälfte herzförmig.

DAMWILDABSCHUSS

Zunächst sind selbstverständlich kranke oder verletzte Tiere beziehungsweise Kälber zu schießen. Außerdem werden von Praktikern weiße Stücke, alles Kahlwild mit geringen Wildbretgewichten und überalterte Tiere grundsätzlich gestreckt; letztere schon deshalb, weil sie häufig nachbrunftig werden und dann sehr schwache Kälber setzen. Geringe **Kälber** werden ohne Rücksicht auf ihr Geschlecht geschossen. Bei sehr schwachen Kälbern erlegt der versierte Schütze zudem das Alttier, und zwar in der Reihenfolge Kalb, Tier. Am zweckmäßigsten erfolgt die Auslese der schwachen Kälber – aber auch die von Tieren – aus dem Rudel, weil hier die besten Vergleichsmöglichkeiten für den Jäger bestehen.

In der Entwicklung zurückgebliebene Kälber lassen sich in der Regel gut ansprechen: Sie haben nämlich den Haarwechsel in den ersten Dezembertagen noch nicht ganz beendet und sind deshalb an den zottigen Haaren (= Hungerhaaren) in den teilweise noch hell gefleckten Partien der Winterdecke an den Flanken auszumachen. Es handelt sich zumeist um spät gesetzte Kälber überalterter Tiere oder aber um die ersten Kälber von schwachen, jungen Alttieren. Kälber mit einem Gewicht unter zwölf Kilogramm sind grundsätzlich zu strecken, solche mit einem von über 25 Kilogramm prinzipiell zu schonen.

In gepflegten Revieren werden gut veranlagte **Schmaltiere** generell geschont, andernfalls überaltern die Damwildbestände leicht. Man schießt bloß diejenigen Schmaltiere, die im Vergleich mit gut entwickelten Hirschkälbern abfallen.

Der **Grundsatz der Kahlwildbejagung** ist: Der Wahlabschuß beginnt von unten.

Entscheidendes Kriterium bei der Bejagung von Damspießern ist die Rosenstockstärke. Sie läßt sich anhand der Außmaße der keulenartigen Verdickung oberhalb der Rosenstöcke leicht einschätzen. Bei Spießern mit geringen Wildbretgewichten fehlt diese Verdickung zumeist oder sie ist bloß andeutungsweise vorhanden. Man tut gut daran, diese in der Entwicklung zurückgebliebenen Spießer vorrangig zu erlegen: Sie holen – bei gleichbleibenden Äsungsverhältnissen – den Entwicklungsrückstand nicht mehr auf.

Basis erfolgreicher Hege ist die intensive Bejagung von Damhirschen des zweiten Kopfes. Denn im zweiten Lebensjahr fallen die Ausmaße der Stangen stark unterschiedlich aus, wiederum in Abhängigkeit von der Stärke der Rosenstöcke. Zukunfts- und Abschußhirsche lassen sich anhand ihrer Geweihentwicklung leicht voneinander unterscheiden. Gut veranlagte Hirsche zeigen bereits eine geringe Schaufel auf noch dünnen Stangen. Hirsche mit dünnen Rosenstöcken bringen es dagegen nur zu einem Stangengeweih. Wer starke Schaufler heranhegen will, wird die Hirsche vom zweiten Kopf erlegen, deren dünne Stangen oben in einem Spieß oder einer Gabel auslaufen.

Selbstverständlich richten sich die Grenzen zwischen Zukunfts- und Abschußhirschen nach dem jeweiligen Entwicklungsstand eines Vorkommens. In dieser Altersklasse (zweiter Kopf) sind ungleich entwickelte Stangen überhaupt kein Abschußgrund.

Ab dem dritten Kopf gelten Hirsche mit einseitiger Schaufelbil-

Foto: W. Nagel

Schache Kälber und Schmaltiere sowie spät setzende Alttiere sind bevorzugt zu erlegen. ▶

dung als abschußnotwendig. O- und v-förmige Einkerbungen bilden dagegen keinen Grund, sie zu erlegen.

Mit dem vierten Kopf muß der Damhirsch eine geschlossene, kurze Schaufel aufweisen. O- und v-förmige Einkerbungen erfordern keinen Abschuß, weil sie sich er-

fahrungsgemäß im Alter noch schließen können.

Zu den Abschußhirschen vom dritten bis neunten Kopf gehören vorrangig Schaufler mit einseitiger Stangenbildung oder aber völlig zerrissenen Schaufeln, die keine o- oder v-förmigen Einkerbungen erkennen lassen. Hoch angesetzte

geringe Schaufeln sowie fehlende Aug- und Mittelsprossen sind unerwünscht. Fehlende Dorne oder gegabelte Augsprossen sind kein Abschußgrund.

Abgebrochene Stangen stellen kein Abschußkriterium dar; sie kommen bei Dam- häufiger als bei Rothirschen vor.

Foto: J. Markmann

Damwild läßt sich gut von Leitern oder Hochständen aus erlegen, wenn man mit seinen Wechseln und Äsungsplätzen vertraut ist.

naten sind schließlich die Eckzähne sowie der dritte Schneidezahn ausgetauscht. Mit ungefähr zwei Jahren wechseln zuletzt die Prämolaren. Denn der dritte Molar ist dann bereits vorhanden.

Danach ist nur eine Altersschätzung möglich. Hier können zwei grobe Werte helfen, die dem Praktiker einen Anhalt geben:

Im Alter von vier Jahren ist das Zungenranddentin des dritten Molars schmalrhombisch. Bei acht- bis neunjährigen Hirschen ist es dagegen oval.

BEJAGUNG
ANSITZ UND PIRSCH

Damwild wird üblicherweise vom Hochstand aus erlegt. Der **Ansitz** auf den heimlichen Feistschaufler ist sehr reizvoll. Noch vor dem ersten Weltkrieg war es in Schleswig-Holstein im übrigen gang und gäbe, Feisthirsche zu bejagen. Die Jagd auf den Brunftschaufler war verpönt.

Während der Brunft läßt sich Damwild gut vom Hochstand oder Schirm aus bejagen. Danach ist das Ansitzen auf Hirsche oder Tiere an Waldrändern, in Knicks, an Waldwiesen oder in Laubholzbeständen – besonders in Mastjahren – erfolgversprechend. Dann zieht Damwild oft schon am zeitigen Nachmittag zur Äsung.

Nach einem Schuß wird man keinesfalls eilig abbaumen, damit das Damwild nicht Mensch und Hochsitz mit dem Schuß in Verbindung bringt. Damwild reagiert auf das Verhalten des getroffenen Stückes, weniger auf den Büchsenknall. Oft sammelt sich das Rudel – nach kurzer Flucht – wieder beim verendeten Stück. Nach einer Weile zieht es dann ruhig, jedoch sehr ▶

ALTERSERMITTLUNG AM ERLEGTEN STÜCK

Die Altersermittlung anhand des Abnutzungsgrades der Zähne im Unterkiefer ist beim Damwild ebenso genau wie bei den anderen Schalenwildarten.

Sicher ist die Altersbestimmung des Damwildes bloß bis zum 26. Monat möglich, dann ist das Dauergebiß vollständig. Mit knapp einem halben Jahr bricht beim Damwild der erste Molar des Dauergebisses durch, mit gut einem Jahr sind der zweite Schneidezahn und der zweite Molar des Dauergebisses vorhanden. Mit zirka 16 Mo-

aufmerksam ab. Es ist ratsam, erst dann abzubaumen, wenn das Rudel außer Sichtweite ist.

Pirschen auf Damwild ist äußerst reizvoll, weil es hervorragend äugt und den Jäger kaum auf Schußentfernung herankommen läßt. Rotwild geht im Unterschied zum Damwild bei Störungen flüchtig ab und trollt eine größere Strecke fort. Damwild hingegen zieht vielfach nur eine kürzere Strecke weiter, um dieses dann zu wiederholen, wenn ihm der Jäger unvorsichtig nachpirscht.

Einzelne Stücke oder schwächere Rudel lassen sich im allgemeinen

Damwild deutlich erfolgversprechender als bei grellem Sonnenschein. Wie immer bei der Pirsch gilt auch beim Damwild der Grundsatz vom „Pirschenstehen".

JAGD AUF DEN BRUNFTSCHAUFLER

Anders als beim Rotwild kann man den Damhirsch nicht reizen, das heißt, ihn mit dem Ruf heranlocken.

Wer einen schreienden Schaufler angehen will, wird sich sehr geschickt und gewandt heranmachen. Denn er wird nicht nur den

im Umfeld ihres Brunftplatzes an. Der Ansitz ist erfolgversprechend, wenn er an einem guten Wechsel zwischen zwei Brunftplätzen liegt. Hier kann man insbesondere den Wahlabschuß bei den schlecht veranlagten jüngeren Hirschen durchführen, was in der jagdlichen Praxis jedoch höchst selten geschieht. Der auf seinem Brunftplatz bestätigte Ernteschaufler wird vom Beobachtungsschirm, dem Hochsitz oder einer Leiter aus gestreckt. Hierfür ist die Zeit zwischen 11 und 14 Uhr sehr geeignet, weil die Lichtverhältnisse ein sicheres Ansprechen auch in Jungholzbestän-

Foto: Dr. P. Meyer

Bei der Jagd auf den Schaufler ist der Ansitz am Brunftplatz am aussichtsreichsten.

viel einfacher anpirschen als stärkere Rudel. Bei bedecktem Himmel ist die Stehpirsch auf

Wind be-, sondern zudem auf sehr gute Deckung achten. Der beste Zeitpunkt für das Anpirschen reifer Schaufler sind die frühen Morgenstunden. Beim ersten Büchsenlicht trifft man sie häufig plätzend

den ermöglichen, wenn dort der Brunftbetrieb stattfindet.

Am Brunftplatz wird in Spitzenrevieren grundsätzlich nicht aufgebrochen, um nichts zu verstänkern. Um möglichst wenig zu be-

Foto: K. Andrews

unruhigen, wird hier nur der reife Hirsch – andere nicht – gestreckt.

DRÜCK- UND ANSITZDRÜCKJAGD

Bei der Drück- oder Ansitzdrück-jagd auf Damwild gilt es, einige Besonderheiten zu beachten: Damwild ist im Vergleich zu Rot- oder Schwarzwild wesentlich schlechter „kalkulierbar". So be-einflußt die Windrichtung das Wechselverhalten des Damwildes kaum. Außerdem hält Damwild selbst bei starker Beunruhigung zäh im Rudelverband zusammen. Ist Gefahr im Verzug, schieben sich die Stücke bei jedem Verhof-fen eng zusammen. Ein Schuß ist dann kaum möglich. Außerdem springt Damwild hochflüchtig, ga-zellenhaft sowie in ausgeprägten Bocksprüngen, was den Kugel-schuß erschwert.

Damwild hält sich bevorzugt an der windabgewandten Seite seiner Deckung auf. Hier gehen die Trei-ber dann auch an. Bei geeignetem Wetter wird Damwild schon bei geringem Druck locker und zieht, immer wieder verhoffend, umher. Bei nicht zu starkem Druck wird es durchweg versuchen, die näch-ste Deckung – meist innerhalb des ihm vertrauten Einstandgebietes –

auf kürzestem Weg zu erreichen. Bei der Auswahl der Stände ist dem arttypischen Verhalten des Damwildes Rechnung zu tragen. So werden Schützen nur, wenn es nicht anders machbar ist, hart an den Dickungsrändern postiert. Sie dürfen dann allerdings bloß nach einer Seite schießen. Bewährt hat es sich, Standplatzschirme mög-lichst weit an sicher eingehaltenen Wechseln zu errichten. Vorteilhaft ist zudem, wenn die gesamte Fläche (Anhaltswert: zwischen 100 und 400 Hektar) in ein, zwei oder höchsten drei Scherentreiben bejagt werden kann. Die Schützen bleiben währenddessen möglichst auf ihren Ständen – allenfalls in der Mittagspause können sie ge-wechselt werden. Die Treiber rühren das Damwild an. Nach den Treiben bleiben die Schützen noch ungefähr eine halbe bis eine Stun-de sitzen, ohne daß weiter beunru-higt wird. In dieser Phase haben sie häufig beste Chancen, erneut zu Schuß zu kommen.

Bei Hartschnee lohnt es nicht, eine Jagd durchzuführen, weil das Wild dann kaum bereit ist, zu ziehen. Sehr geeignet ist dagegen offenes Wetter auf weichem Schnee: Hier ist das Anstellen ohne betonte Vor-sicht problemlos machbar. Mehr Waidmannsheil haben meist die

Bei Drück- oder Ansitzdrückjag-den genügen wenige revierkundi-ge Treiber, die durch die Einstän-de gehen, um das Damwild behut-sam zu beunruhigen.

Schützen, die sich auf ihren Stän-den so wenig wie möglich bewe-gen. Denn Damwild orientiert sich als Bewegungsseher in erster Linie visuell.

WAFFEN UND MUNITION

Grundsätzlich gilt hier entspre-chendes wie beim Rotwild. (Siehe Sonderheft 1, Seite 31.) Allerdings ist Damwild hart im Schuß, was bei der Wahl von Kaliber und Ge-schoß zu berücksichtigen ist. Es werden – trotz heftiger Diskussion in Fachkreisen – einige Empfeh-lungen aus der Jagdpraxis gege-ben: Bei einem Kaliber ab 7 x 57 wird ein guter Schütze kaum Pro-bleme bekommen. Ein Teilmantel-Rundkopfgeschoß mit Scharfrand oder ein Original-Brenneke-TIG leistet gute Dienste. Das Geschoß-gewicht sollte nicht nur bei Drück-jagden oder Nachsuchen minde-stens 10,5 Gramm betragen.

Für die Jagd im Wald empfiehlt sich eine Einschußentfernung von 100 Metern, in der Feldmark ist eine von 150 Metern anzuraten.

Foto: K. v. Hippel

Foto links: Hirsch vom 12. bis 13. Kopf mit stark zurückgesetztem Geweih. Großes Foto: Hirsch am Brunftbett. Bulliges Haupt, viel Vorschlag und ein Hängebauch kennzeichnen den jagdbaren Sikahirsch.

Sind Sikahirsche und -tiere bloß exotische Fremdlinge in unserer heimischen Wildbahn? Wo in der Bundesrepublik gibt es überhaupt Sikawild? Wie unterscheiden sich Dybowski-Hirsche von Japansikas? Wie entwickelt sich die Trophäe bei Sikahirschen? Lohnt die Stehpirsch auf Sikawild? Antwort auf diese Fragen und viele interessante Informationen rund ums Sikawild bieten die folgenden Seiten.

DAS SIKA-WILD

Foto: W. Nagel

Foto: K. v. Hippel

Sikawild ist mit dem Rothirsch eng verwandt, bildet jedoch eine eigene Art.

STELLUNG IM ZOOLOGISCHEN SYSTEM

Stamm:	Wirbeltiere
Klasse:	Säugetiere
Ordnung:	Paarhufer
Unterordnung:	Wiederkäuer
Familie:	Hirsche
Unterfamilie:	Altwelthirsche
Art:	Sikahirsch

Aufgrund dieser engen Verwandtschaft sind unter bestimmten Voraussetzungen Kreuzungen zwischen Rot- und Sikawild möglich. Bei artgerechter Sozialstruktur in freier Wildbahn verhindern die unterschiedlichen Verhaltensmuster allerdings oft eine Verbastadierung, insbesondere des Japansikas mit Rotwild.

VERBREITUNG UND RASSEN

Das natürliche Verbreitungsgebiet des Sikawildes umfaßte ursprünglich die östlichen Küstenregionen Asiens zwischen Südvietnam und Amur sowie die diesem Kontinent vorgelagerten Inseln, Japan und Taiwan. Innerhalb dieses über rund vierzig Breitengrade reichenden Gebietes werden mehrere Unterarten (Rassen) unterschieden, deren Körper- und Geweihgrößen von Nord nach Süd abnehmen.

Die kleinen, in Europa auf wenige Kolonien verteilten Bestände bieten dem deutschen Jäger wenig Gelegenheit, auf Sikahirsche zu jagen. In der Bundesrepublik wurden 1993 nur zirka 950 Stück Sikawild erlegt. Wer diese reizvolle Wildart kennenlernen möchte, hat in Irland, England, Schottland, Frankreich,

Tschechien und Polen Möglichkeit, auf Japansika, und in den zur ehemaligen Sowjetunion gehörenden Ländern die Chance, auf Dybowski-Hirsche zu jagen.

Anfänglich unterschied man in der Wissenschaft über 70, gegenwärtig kennt man nur mehr zehn Unterarten. Hiervon sind inzwischen vier ausgerottet oder vermutlich ausgestorben. Der Praktiker differenzierte schon damals zwischen dem größeren Dybowski-Wild, der am Ussuri und auf Hokkaido lebt, und dem kleineren Japansika.

EINBÜRGERUNGEN

Sikawild kam Mitte des vorigen Jahrhunderts nach Europa: In Irland und England suchte man zum Beispiel nach attraktivem Parkwild oder einer weiteren Wildart für die Parforcejagd, in Deutschland einen

Die helle Haarbürste an den Hinterläufen ist für das Sikawild charakteristisch.

Hirsch zur Aufstockung der in Folge der Revolution von 1848 ausgeschossenen Wildbahnen. Einige Bestände gehen schließlich auf Geschenke zurück. (Japanischer Kaiser an Frankreich und Österreich, Hagenbeck an den Deutschen Kaiser.)
In Westeuropa – ohne GUS – wurden fast ausnahmslos Japansikas angesiedelt, in der damaligen Sowjetunion ausschließlich Dybowski-Hirsche aus Fernost; meist aus Hirschfarmen, teilweise mit Einkreuzung von Rotwild. Der Erstbesatz fast aller Kolonien stammte vom Tierhandel, aus Parks oder Zoos.
In Deutschland gab es ursprünglich nur zwei Vorkommen mit Dybowski-Hirschen, nämlich in Mecklenburg (Blücherhof) und im Weserbergland. Ersteres ist nach dem letzten Weltkrieg erloschen. In allen anderen deutschen Vorkommen

leben überwiegend Japansikas. Kolonien befinden sich im Arnsberger Wald (Nordrhein-Westfalen), Hochrheingebiet (Baden-Württemberg), in Ostangeln, Schwansen sowie den Hüttener und Duvenstedter Bergen (Schleswig-Holstein). Die Vorkommen in Hessen (Schlitz) und Bayern (Höchstadt) sind wahrscheinlich erloschen.

KÖRPERBAU UND KÖRPERMASSE

Der Körper ist kompakt sowie gedrungen und hinten leicht überbaut. Die Vorderläufe wirken aufgrund der muskulösen Unterarme stämmig. Haupt und Lauscher sind ziemlich kurz. Der Hals ist gedrungen, der Wedel etwas länger als der Spiegel. Kurze Läufe und eine relativ kleine Milz lassen anhaltende Fluchten nicht zu.
Im Herbst werden große Feistdepots, auch in der Muskulatur, als Winterreserve angelegt. Für viele Gourmets rangiert das leicht durch-

wachsene Wildbret deshalb weit vor dem des Damwildes.
Kahlwild ist mit etwa vier, Hirsche sind mit zirka acht Jahren ausgewachsen. Dybowski-Wild hat eine durchschnittliche Schulterhöhe zwischen 95 und 110, Japansikas zwischen 71 und 77 Zentimetern. Erstere (Tiere und Hirsche) wiegen aufgebrochen zwischen zirka 70 sowie 115, letztere zwischen knapp 30 und gut 50 Kilogramm.

HAAR

Der Haarwechsel findet im Mai/Juni sowie im Oktober/November statt.
Das Sommerhaar ist fuchsrot bis kastanienfarbig, mit mehr oder weniger stark ausgeprägten hellen Fleckenreihen – besonders entlang ihrer Wirbelsäule – und durchgehendem oder in Teilen vor-

Ein Trupp junger Japansikas – im dunklen, meist fleckenlosen Winterhaar – verhofft.

Foto: J. Schiersmann

handenem tiefdunklem Aalstrich. Die Kälber sind – wie die des Rotwildes – gefleckt. Ihre Flecken verlieren sie im August/September.

Im Winterhaar sind Sikas dunkelbraun oder braun gefärbt. Gelegentlich finden sich – vornehmlich entlang der Wirbelsäule – verwaschene Punkte, zudem der durchgehende oder in Teilen vorhandene Aalstrich. Hirsche (Hirschkälber ab Dezember/Januar) sind dunkler gefärbt als weibliches Wild. Sie haben oft bereifte Haarspitzen. Die Brunftmähne, deren Haare aufgerichtet werden können, beginnt im Juni zu wachsen.

Bei spätem Sommerhaarwechsel kann das sogenannte Herbstkleid entstehen, eine Zwischenform von Sommer- und Winterdecke.

Während der Brunft besitzen Hirsche oft helle oder haarlose Ringe um die Lichter.

Der weiße Spiegel ist mehr oder weniger schwarz umrandet. Das Spiegelhaar kann bei Erregung oder Gefahr aufgerichtet und gespreizt werden (Alarmsignal). Bei Dybowski-Hirschen ist der Spiegel klein, bei den Japansikas hingegen groß.

An den unteren Außenseiten der Hinterläufe befinden sich helle Bürsten, die durch ausgetretene Sekrete gelblich gefärbt sein können. Sie bilden ein eindeutiges Merkmal, um Sika- und Damwild voneinander zu unterscheiden.

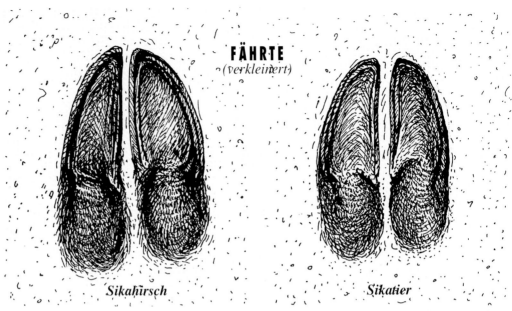

FÄHRTE *(verkleinert)*

Sikahirsch *Sikatier*

Zeichnung: F. Müller

Der Abdruck der Fährten ist länglich und stark gespreizt. Die Ballen sind deutlich erkennbar.

LOSUNG

Die zentimetergroßen Kotperlen haben keine Näpfchen oder Zäpfchen. Sie werden als Würste oder Klumpen abgesetzt. Im Frühjahr und Sommer ist die Losung bisweilen breiig.

LEBENSWEISE, VERHALTEN UND SINNE

Sikawild ist ein „Waldrandbewohner", der auch in dichtester Vegetation vorkommt. Obwohl genetisch dem „Läufer" Rotwild nahestehend, ähnelt es morphologisch eher dem „Schlüpfer" Rehwild. Es verhält sich teilweise wie Reh-, aber auch wie Rotwild.

Sikawild paßt sich unterschiedlichsten Lebensräumen an: In seinem natürlichen Verbreitungsgebiet bewohnt es artenreiche Laubwälder, in Schottland Heideflächen, in anderen Kolonien Fichten-Wirtschaftswälder und in Ostangeln ein intensiv bewirtschaftetes Agrargebiet mit nur wenig Wald. Selbst in Westsibirien und Marokko wurde Sikawild mit Erfolg eingebürgert. Es ist eine anspruchslose Wildart.

Zu den bevorzugten Einständen gehören Laub- und Nadelholzdickungen sowie Stangenhölzer. Mit Einständen von etwa 150 Hektar – bei deutlicher Massierung in den Kerngebieten – gehört Sikawild zu den sehr standorttreuen, nicht zur Abwanderung (= Migration) neigenden Wildarten. Es kann deshalb selbst in kleineren Vorkommen gehegt werden. Neue Gebiete werden nur sehr zögernd, zuerst von Schmaltieren und jungen Hirschen besiedelt. Auch nach Jahrzehnten ist die räumliche Ausbreitung in allen Vorkommen gering.

Im Sommer besiedeln Sikas die größte Fläche. Das weibliche Wild steht dann in Familienverbänden, Hirsche in kleinen Trupps, oft nach Alter getrennt. Im Spätsommer – kurz vor Beginn der Brunft – wandert das Wild wieder in das Zentrum des Vorkommens zurück, wo es auch überwintert. Mit Beginn der Brunft ist das weibliche Wild gerudelt, die älteren Hirsche werden zu Einzelgängern. Im Frühjahr breitet sich der Bestand dann wieder aus.

Sikawild ist tagaktiv. In der morgendlichen Dämmerung endet je nach Jahreszeit und Witterung eine erste Äsungsperiode. Es folgt eine längere vom frühen bis späten Vormittag und weitere am späten Nachmittag sowie nachts. An heißen, schwülen Sommertagen werden Wildwiesen tagsüber nur kurz aufgesucht. In dieser Zeit weichen Hirsche möglichst in höhere, windige Lagen aus.

Sikawild wittert, vernimmt, äugt und schwimmt gut. Auch größere Wasserflächen werden ohne Not durchronnen. Zäune von 150 Zentimeter Höhe überspringen Hirsch und Tier aus dem Stand. Verunsicherte Stücke – meist bei Tieren zu beobachten – pendeln mit dem Haupt, äugen dabei zur Störquelle, stampfen mit dem Vorderlauf und spreizen den Spiegel. Gelegentlich ziehen sie im Stechschritt in Rich-

tung der vermuteten Gefahr oder rücken zu einem Pulk zusammen. Ist die Gefahrenquelle nicht zu identifizieren, erfolgt ein kurzer Warnlaut, der an das Brechen eines trockenen Astes erinnert. Die nächste Alarmstufe ist ein kurzer, schriller, oft mehrmals wiederhol-

ter Pfiff, der in einem stöhnenden Laut enden kann und meist die Flucht auslöst. Ist die Gefahrenquelle nicht einzusortieren, beginnt die Flucht mit hüpfenden Orientierungssprüngen.

An den Lockruf von Rebhähnen, aber abgehackter, erinnern Laute,

Foto: K.v. Hippel

Foto oben: Das Kahlwild klebt zusammen. Oft „verschachteln" sich Tiere und Kälber zu einem Pulk mit „vielen Hälsen".

Foto links: Das Hirschrudel geht flüchtig ab. Die weit gespreizten Spiegel signalisieren Gefahr.

Foto: Hg. Arndt

die bei Zwistigkeiten unter Tieren oder während der Brunftkämpfe zu hören sind. Der Klagelaut klingt wie der durchdringende und schrille ▶

Schmerzschrei eines Kleinkindes. Reaktionen auf menschliche Störungen können zwischen den Vorkommen sehr differieren und hängen insbesondere von der Intensität der Bejagung ab. Schwach bejagte Bestände sind tagaktiv und vertraut, man kann fast sagen neugierig. Mit zunehmendem Jagddruck ändert sich das Verhalten grundlegend. Das Wild verlegt seine Aktivitäten mehr in die Nachtstunden. Die Äsungsdauer unter Tag wird reduziert, die Zeiten für das Sichern nehmen deutlich zu.

Ebenso kann sich das Verhalten nach häufigen Treibjagden verändern. Genügen anfänglich leichte Störungen in den Einständen, um das Wild herauszudrücken, sind für „treibjagderfahrenes" Wild Treiberketten und große Hunde notwendig. Trotzdem versuchen Sikas die Treiberlinie zu durchbrechen (wie das Rehwild). Sie drücken sich auch, zum Beispiel in „Downstellung" an Rändern oder ruhigeren Stellen.

ÄSUNG UND SCHÄDEN

Obwohl sich die Nahrung von Rot- und Sikawild ähnelt, ist Sikawild die anspruchslosere Art. Kräuter, Him-, Brombeeren sowie Knospen sind sehr beliebt.

Sikas verursachen Schäden durch Verbiß, Sommer- und Winterschäle sowie durch Beäsen oder Niedertreten von Getreide.

BRUNFT UND NACHKOMMEN

Die Brunft beginnt Anfang, ihr Höhepunkt liegt um den 20. Oktober. Sie endet Anfang November. Gelegentlich fängt sie früher an und hört erst im Dezember auf.

Zu Beginn der Brunft ziehen die älteren Hirsche zu ihren meist vorjährigen Brunftplätzen,

in die Einstände der Tiere. Falls die männliche Population eine optimale Altersgliederung zeigt, was selten der Fall ist, kann es dabei gelegentlich zu Auseinandersetzungen kommen. Das Brunftterritorium wird mittels Brunftkuhlen markiert. Bis die Hirsche abgebrunftet haben, verbleiben sie auf ihrem Brunftplatz und stellen sich dann zur Regeneration in ruhigen Revierteilen ein. Junge Hirsche werden im Territorium geduldet, treiben oder bespringen auch gelegentlich ein Tier, ohne es aber tatsächlich zu beschlagen.

Die in der Rangordnung unter den Platzhirschen angesiedelten Sikahirsche halten sich anfänglich zwischen den Brunftplätzen auf. Unter ihnen kommt es des öfteren zu Schiebekämpfen, die mit einem „Fußtritt" des Siegers enden. Diese Beihirsche sind es auch, die für die akustische Untermalung der Brunft sorgen, einem meist dreimal wiederholten Pfiff, der im Röhren endet. Hat der Platzhalter abgebrunftet, übernehmen die nächsten Ränge den Brunftplatz. Dementsprechend werden die „Platzhirsche" mit fortschreitender Brunft immer

Japansikas im Sommerkleid. Die Hirsche schieben Kolbengeweihe.

Foto: St. Meyers

jünger. Das Brunftgeschehen belastet die ausgewachsenen Hirsche
am stärksten. Dieses ver-
hindert, daß noch im
Wachstum stehende
Hirsche erhebliche
Energiereserven ein-
büßen, die sie

kurz vor Winterbeginn nicht mehr
aufstocken könnten.
Die Tragzeit beträgt 30 bis 31 Wochen. Hauptsetzzeit ist der Juni, selten setzt Sikawild im (April) Mai
oder August (September). Derartig
gestreckte Setzzeiten verhindern
zum Beispiel, daß ein ganzer Jahr-

gang infolge Un-
wetters vernichtet
werden kann. In
den meisten Vor-
kommen werden
alle Schmaltiere
beschlagen, so

**Hirsch- oder
Wildkalb? –
Das läßt sich
im Revier oft-
mals nicht un-
terscheiden.**

daß die Tiere ab dem zweiten Lebensjahr im Regelfall jährlich ein
Kalb setzen. Zwillingsgeburten
gehören zu den absoluten Ausnahmen. Tiere mit zwei und mehr Kälbern sind „Kindergärtnerinnen".
    Die Säugezeit dauert bis zur näch-
sten Setzzeit. Die Milch
ist sehr fetthaltig.

GEWEIH

Ausgewachsene Hirsche schieben ihr Geweih zwischen den Monaten April und August. Der Bast – dünn sowie schwach behaart – kann braun, schwarz oder rötlich gefärbt sein. Seine Farbe vermag sich während des Schiebens zu verändern. Unmittelbar vor dem Fegen ist der eingetrocknete Bast papierdünn, also kaum mehr zu erkennen. Dieses kann dazu führen, daß Hirsche mit ungefegten Geweihen erlegt werden.

Sikahirsche fegen ab August, meist in der Erde und krautigem Bewuchs, und ein zweites Mal kurz vor dem Abwerfen an Holzgewächsen. Erst nach dem Fegen verknöchert das Geweih allmählich vollständig. Sie werfen im März/April ab.

Der Jährling hat in der Regel Spieße, gelegentlich sechs bis acht Endchen an kurzen Stangen. Die Enden können auch außerhalb des Bauplanes erscheinen. Zweijährige Sikahirsche sind zumeist Sechser, in manchen Regionen kurzstangige Achter. Ab dem dritten Kopf sind Sikahirsche schließlich Achter mit Aug-, Mittelsprosse und einem nach innen stehenden Achterende. Die Spitze wird als achtes Ende gezählt.

In den ersten fünf Lebensjahren nimmt die Länge der Stangen schnell zu. Etwa ab dem achten – bis über den zwölften Kopf hinaus – legt das Geweihvolumen zu, außerdem werden die Stangen weiterhin länger. In freier Wildbahn läßt sich beides jedoch kaum erkennen.

Entsprechend der Körpergröße unterscheiden sich Japansika- und Dybowski-Hirsche aufgrund der Stangenlänge. Die der ersteren liegen um 50, die der letzteren um 70 Zentimeter.

Sehr alte Hirsche einiger Vorkommen schieben gelegentlich verkümmerte Eissprossen, in anderen

wird die Achterstufe überschritten, beispielsweise in Ostangeln mit bis zu 14 Enden. Endenzahl und Geweihstärke werden von der Güte des Lebensraumes bestimmt. So stehen zum Beispiel die Hirsche Ostangelns während des Sommers in großen Getreideschlägen mit al-

Foto: Hg. Arndt

len vier Läufen in der Äsung. Außerdem genießen sie Ruhe. Ruhe und Äsung sind die Gründe, weshalb sie starke, endenreiche Geweihe schieben. Die verhältnismäßig kurzen Stangen bleiben aber mit gut 45 Zentimeter für den Japansika typisch. ▶

Die Geweihe der Sikas erreichen in vielen Kolonien nur die Achterstufe.

HEGE

Hege im ursprünglichen Sinne bedeutet, einen Wildbestand in artgerechter Gliederung zu erhalten und nachhaltig zu nutzen. Jagdliche Planungen müssen deshalb zunächst auf das Vorkommen (Population) und erst in zweiter Linie auf das Revier bezogen werden.

Anzustreben ist ein Geschlechterverhältnis von 1:1; nicht wegen der Trophäen, sondern um Zuwachs und Jagddruck zu senken. In der Praxis läßt sich das kaum realisieren, denn in unbejagten Beständen ist es immer zugunsten der Tiere verschoben. Biologisch sinnvoll, denn zur Erhaltung der Population sind weniger Hirsche als Tiere erforderlich. Die „zulässige Wilddichte" als Zahl – zum Beispiel drei bis vier Stück Sikawild pro 100 Hektar Waldfläche – ist ein früher oft verwendeter, theoretischer Wert. Praktiker sprechen heute von der „wirtschaftlich tragbaren Wilddichte". Damit bezeichnen sie das langfristig ausgewogene Betriebsergebnis des Waldbesitzes aus Holzproduktion und Jagd. In den Staatswäldern machte man 1993 im übrigen ein Minus von DM 344,-- je Hektar, im Privatwald ein mageres Plus von DM 6,-- pro Hektar. Da-

gegen lag der durchschnittliche Jagdpachtsatz 1993 bei DM 22,50 je Hektar. Zahlen, die nachdenklich stimmen und bei forstwirtschaftlichen Betriebskalkulationen berücksichtigt werden sollten.

ÄSUNGSVERBESSERUNG

Als Nutzer des Jagdrechts hat der Jäger keinen großen Einfluß auf die Gestaltung des Lebensraumes, dessen Qualität nicht nur beim Sikawild vom Nahrungs-, Deckungs- und Ruheangebot abhängt. Für ihn lohnt es sich aber, im Einvernehmen mit den Grundeigentümern Äsungsflächen anzulegen sowie Schneisen und Bankette einzusäen. Artenreiche Wiesen mit Sämerei-

en von alten Heuböden, nicht landwirtschaftliche „Kunstwiesen", sind Wildäckern vorzuziehen.

ANSPRECHEN VON SIKAWILD

Das Ansprechen hat seine Tücken und setzt große Erfahrung voraus. Im Unterschied zu Rot- oder Damwild kann dem Jäger bei den Sikas kein Ansprechschema an die Hand gegeben werden. Die folgenden Bemerkungen veranschaulichen, warum Sikawild besonders schwer anzusprechen ist.

Männliche und weibliche Kälber sind in freier Wildbahn nur selten voneinander zu unterscheiden. Führende Stücke können unter

Nach dem Ansitz bringt eine Stehpirsch oft guten Erfolg, weil Sikas tagaktiv sind.

Foto: M. Hölzel

günstigen Umständen nur kurz nach dem Setzen an der dann noch sichtbaren Spinne erkannt werden. Schon wenige Wochen später ist sie von Wedel und Haaren verdeckt. Die früh beginnende Selbstständigkeit der männlichen Kälber hat zur Folge, daß ihre Mütter alleine stehen, also mit Schmaltieren verwechselt werden können. In einem Familienverband kann das Schmaltier stärker als das Alttier sein.

Anhand des Geweihs ist der mittelalte und alte Hirsch nicht zu unterscheiden. Die bis über den zwölften Kopf zunehmenden Längen und Stärken sind zwar meßbar, aber in der freien Wildbahn nicht ohne weiteres zu erkennen. Alte Hirsche können nur nach der Figur angesprochen werden. (Ähnliche Kriterien wie beim Rothirsch; siehe Sonderheft 1, Seite 24/25.) Ein Fernglas ist dazu meist nicht erforderlich. Probleme gibt es am Ende der Brunft, wenn mittelalte Hirsche mit aufgestellter Brunftmähne „uralt" wirken.

ALTERSSCHÄTZUNG AM ERLEGTEN STÜCK

Bis zum vollständigen Wechsel des Milchgebisses kann das Alter bestimmt, danach nur noch geschätzt werden. Das Kalb zeigt vier Backenzähne auf jeder Unterkieferseite, von denen der dritte dreiteilig und der vierte deutlich größer ist. Der Jährling hat fünf Backenzähne. Ein sechster ist vielleicht im Durchbruch, der dritte dreiteilig. Mit 27 Monaten ist der Zahnwechsel mit sechs Backenzähnen auf jeder Unterkieferseite abgeschlossen. Der dritte Backenzahn ist zweiteilig. Danach kann das Alter nur noch geschätzt werden. Im Milch- und Dauergebiß wird eine kleine Grandel ausgebildet.

Die Altersschätzung nach dem Zementzonenverfahren hat sich bewährt, ist jedoch sehr aufwendig.

Foto: K. v. Hippel

Dem Praktiker bietet die Verinselung (Isolation) der Kunden Anhaltspunkte für die Einschätzung des Lebensalters: Sind beide Kunden des ersten Molars verinselt, kann ein Alter von etwa fünf Jahren angenommen werden, beim zweiten Molar von sieben Jahren und beim dritten von neun Jahren. Eine nicht sehr genaue, aber in der Jagdpraxis hilfreiche Methode.

BEJAGUNG

Das tagaktive Wild kann ohne „Eulenaugen" bejagt werden. Die Jagd muß nicht unbedingt vor dem ersten Frühstück beginnen.

In großen Revieren mit mannigfaltig gegliederten Waldbeständen oder in bergigen Regionen lohnt die Stehpirsch am Vormittag, wenn die Einstände bekannt sind. In kleineren Revieren, in denen sich eine Pirsch von selbst verbietet, ist dem Vormittags- und Abendansitz der Vorzug zu geben. Frühansitze können stören, weil sich das Wild schon oft auf dem Einwechsel befindet.

Die Jagd auf den Brunfthirsch gestaltet sich weitaus schwieriger als beim Rothirsch. Denn der Sikahirsch zieht nicht mit dem weiblichen Rudel, sondern verbleibt in seinem Brunftterritorium. So kann ihn der Jäger bloß in einsehbaren Einständen oder auf Schneisen überlisten, am besten zu Beginn der Brunft, wenn er zuzieht oder – noch mehr dem Zufall überlassen – wenn er den Brunftplatz wieder verläßt. Danach ist er wochenlang unsichtbar. In Südengland und Japan wird auch mit dem Ruf gejagt. Darauf stehen allerdings weniger die Platz- als vielmehr die Beihirsche zu.

Der Sikahirsch ist schußhart, eine Tot- oder Nachsuche meist notwendig. Nur selten liegt er im Knall.

WAFFE UND MUNITION

Sikawild ist besonders schußhart. Sehr empfehlenswert ist das Kaliber 7 x 57 oder 8 x 57. Zu starke Kaliber, vor allem jedoch hochrasante Patronen sind nicht sehr tauglich; sie neigen bei weichen Schüssen oder schwachen Stücken zum „Durchblasen". Was die Wahl der Waffe angeht, gilt entsprechendes wie beim Rotwild: Demnach bietet sich eine Kipplaufbüchse für Ansitz und Pirsch, eine Doppelbüchse oder ein Repetierer für Gesellschaftsjagden und Nachsuchen an. (Siehe Sonderheft 1, S. 31.)

FACHLITERATUR

Monographien über Dam- oder Sikawild sind selten. Angeführt werden hier einige Werke. Sie können dem Praktiker gute Dienste leisten.

1. Hansen, Iver-Ernst – Damwildhege (1. Auflage 1988)
Viele Damwildjäger schwören auf dieses ausgezeichnete Werk. Es basiert auf der 40jährigen Damwilderfahrung des Autors und ist aus der Praxis für die Praxis geschrieben. *Hansen* hegte – trotz schwieriger Startbedingungen – in Ostholstein einen hochwertigen Damwildbestand heran. Das Buch zeigt auf, wie er dieses erreicht hat, und regt zur Nachahmung an.

2. Ueckermann, Erhard und Paul Hansen – Das Damwild (1. Auflage 1968)
Die umfangreichste deutschsprachige Monographie über das Damwild ist zwischenzeitlich in dritter, neubearbeiteter und erweiterter Auflage (1994) herausgekommen. Sie gliedert sich in die Kapitel Naturgeschichte, Hege (mit Wildstandsbewirtschaftung) und Jagd.

3. Hoffmeister, Heinrich – Das Sikawild (1. Auflage 1983)
Handliche, gut gegliederte Monographie über das Sikawild, die von einem passionierten norddeutschen Sikawildjäger verfaßt worden ist.

4. Eick, Ernst – Das Sikawild (1. Auflage 1986)
Das 24seitige Heftchen ist ein Merkblatt des Schalenwildausschusses des Deutschen Jagdschutz-Verbandes. Wegen des Versuches, ein Schema für die Altersschätzung zu entwickeln, ist es recht interessant.

5. Lechner, Egon – Jagdreisen weltweit (1. Auflage 1993)
Eine Pflichtlektüre für den Jäger, welcher bloß im Ausland auf Dam- oder Sikawild jagen kann.

Praktiker fordern: Entweder Dam- oder Sikahirsch, nicht aber beide in einem Revier.

Foto: K. v. Hippel

3

JÄGER & PRAXIS

KURZ & BÜNDIG

REHWILD: BIOLOGIE UND VERHALTEN ★ GEHÖRN ★ ANSPRECHEN ★ PIRSCH UND BLATTJAGD...

EINE BEILAGE DER ZEITSCHRIFT JÄGER

JAGDZEITEN

In den meisten Bundesländern werden Böcke und Schmalrehe ab dem 16. Mai bejagt, Ricken und Kitze ab dem 1. September. Das Ende der Jagdzeit auf Ricken, Schmalrehe sowie Kitze ist in einigen Bundesländern der 31. Januar, in manchen fällt der letzte Jagdtag auf Kitze auf den 28. Februar (siehe Tabelle).

Die gesetzliche Schonzeit für Rehe wirkt sich fehlender Jagddruck auf das Rehwild besonders positiv aus. Die Gesetzgeber sind gefordert, die Jagdzeiten auf das Rehwild zu verkürzen. Wollen sie in dieser Angelegenheit nicht tätig werden, kann jeder einzelne Jäger helfen, indem er dem Reh im Januar und Februar Ruhe einräumt. Wer es rehgerecht angeht, braucht in dieser Zeit auch nicht mehr auf Rehe zu jagen. Er

ter soll der Schuß auf alle Rehe möglich sein. Ein Rehbock auf der Strecke wäre dann kein Vergehen mehr. In der Praxis fällt bei Drück- oder Ansitzdrückjagden ja auch schon einmal ein Rehbock. Sicher ein Einzelfall. Nur rücksichtslose Rehjäger verstoßen bewußt gegen das Gesetz.

So tut eine Verlängerung der Jagdzeit auf den Rehbock nicht not.

VERORDNUNG ÜBER DIE JAGDZEITEN VOM 2. APRIL 1977
(Bundesgesetzgebung)

Rehwild

Kitze: vom 1. September bis zum 28. Februar **Schmalrehe:** vom 16. Mai bis zum 31. Januar **Ricken:** vom 1. September bis zum 31. Januar
Böcke: vom 16. Mai bis zum 15. Oktober

ABWEICHENDE JAGDZEITEN GEMÄSS LANDESVERORDNUNGEN

BADEN-WÜRTTEMBERG	NIEDERSACHSEN
Kitze: vom 1. September bis zum 31. Januar	**Kitze:** vom 1. September bis zum 31. Januar
BAYERN	**NORDRHEIN-WESTFALEN**
Kitze: vom 1. September bis zum 31. Januar	**Kitze:** vom 1. September bis zum 31. Januar
Schmalrehe: vom 16. Mai bis 31. Januar	**Schmalrehe:** vom 16. Mai bis zum 15. Juni
Geißen: vom 1. September bis zum 31. Januar	und vom 1. September bis zum 31. Januar
Böcke: vom 16. Mai bis zum 15. Oktober	**RHEINLAND-PFALZ**
BRANDENBURG	**Kitze:** vom 1. September bis zum 31. Januar
Schmalrehe: vom 1. Mai bis zum 31. Januar	**SAARLAND**
Böcke: vom 1. Mai bis zum 15. Oktober	Keine Abweichung von der „Verordnung über die Jagdzeiten vom 2. April 1977"
BREMEN	**SACHSEN**
Kitze: vom 1. September bis zum 31. Januar	Keine Abweichung von der „Verordnung über die Jagdzeiten vom 2. April 1977"
Schmalrehe: vom 1. September bis zum 31. Januar	**SACHSEN-ANHALT**
HAMBURG	Keine Abweichung von der „Verordnung über die Jagdzeiten vom 2. April 1977"
Schmalrehe: vom 16. Mai bis zum 15. Juni	**SCHLESWIG-HOLSTEIN**
und vom 1. September bis zum 31. Januar	**Schmalrehe:** vom 1. September bis zum 31. Januar
HESSEN	**THÜRINGEN**
Kitze: vom 1. September bis zum 31. Januar	**Kitze:** vom 1. September bis zum 31. Januar
MECKLENBURG-VORPOMMERN	
Keine Abweichung von der „Verordnung über die Jagdzeiten vom 2. April 1977"	

Stand: September 1995 (ohne Gewähr).

---

beträgt also nur dreieinhalb beziehungsweise zweieinhalb Monate. Das ist eindeutig zu wenig, die Bejagungszeit zu lang. Die Monate Januar und Februar bieten sich als Schonzeit an. Gerade im Winter – insbesondere bei hohem Schnee –

hat seinen Abschuß bis Weihnachten erfüllt (siehe Seite 90/91).

Manche Jäger fordern eine Verlängerung der Jagdzeit auf Rehböcke bis zum 31. Januar. Der Grund liegt auf der Hand: Bei den Gesellschaftsjagden im Herbst und Win-

Nutzt der Jäger die erwähnten rehgerechten Jagdtermine, kann er den Finger auf den Drück- und Stöberjagden im Zweifelsfall gerade lassen. Seinen Bockabschuß hat er bereits im Mai sowie während der Blattzeit erfüllt.

INHALT

Diesem Jährling schmeckt's.

Dachrosen, Zeichen der Reife?

Beim Aufbaumen. Lohnt heute das Blatten in der Mittagszeit?

Impressum: **JÄGER & PRAXIS** KURZ & BÜNDIG Rehwild. Eine Beilage der Zeitschrift **JÄGER**   Titelfoto: H. Reinhard

Jahr-Verlag GmbH & Co.
Jessenstraße 1
22767 Hamburg
Tel. 040 / 38 90 60
Fax 040 / 38 90 63 05

Verleger:
Alexander Jahr

Redaktion:
Dr. Rolf Roosen

Autor:
Walter Bachmann

Titel/Layout: Werner
Rabe/Dagmar Röhrbein

Herstellungsleitung:
Helmut Post,
Brunhild Sudmann
(Stellvertretung)

Lithographie:
Repro- und Satztechnik
Helmut Gass, Hamburg

Druck: Busche, Dortmund

Vertriebsleitung:
Peter Lüdemann

Copyright:
Jahr-Verlag GmbH & Co.
Hamburg 1995

LEBENSRAUM, VERHALTEN UND BRUNFT

Fotos: Dr. M. Merker, M. Danegger

In Europa ist das Rehwild die verbreitetste und zahlenstärkste Schalenwildart. Im Unterschied zum Rotwild ist es ein ausgesprochener Kulturfolger und hat außerdem ein ganz anderes Sozialverhalten. Körpermaße und Verfärben, Lebensweise und Äsung, Brunft und Tragzeit, mit anderen Worten die Biologie der Rehe wird im folgenden kurz und bündig dargestellt.

Foto oben: Sobald die weiblichen Stücke brunftig sind, wird es lebhaft. Ricken und Schmalrehe lassen sich von den Böcken anhaltend treiben, bevor sie sich zum Beschlag stellen.
Großes Foto: Kapitaler Sechser, ein seltener Anblick.

Ob im Hochgebirge oder an Meeresküsten, in Wald oder Feld, Rehwild fehlt in kaum einem Revier.

Foto: Archiv JÄGER

Rehwild ist die kleinste autochthone, aber häufigste Hirschart in Mitteleuropa. Es gehört zur Unterfamilie der Trughirsche und ist damit Elch und Rentier sowie den amerikanischen Maultier- und Weißwedelhirschen näher verwandt als dem Rot-, Dam- oder Sikawild.

STELLUNG IM ZOOLOGISCHEN SYSTEM

Stamm:	Wirbeltiere
Klasse:	Säugetiere
Ordnung:	Paarhufer
Unterordnung:	Wiederkäuer
Familie:	Hirsche
Unterfamilie:	Trughirsche
Art:	Rehwild.

VERBREITUNG

Seit Ende der letzten Eiszeit besiedelt das Reh in Mitteleuropa alle Landschaften von der oberen Baumgrenze der Hochalpen bis zu den Küstenstreifen an Nord- und Ostsee. In den geschlossenen Waldgebieten der Mittelgebirge kommen Rehe ebenso vor wie auf den deckungsarmen Feldgroßflächen der Magdeburger Börde. Als typischen Kulturfolger findet man Rehwild auch in den Randlagen von Großstädten.

LEBENSRAUM

Bei großer Anpassungsfähigkeit an sehr unterschiedliche Lebensräume bevorzugt Rehwild als „Grenzlinienbewohner" Landschaften mit vielschichtigen Aufwuchsformen. In möglichst kleinstandörtlichem Wechsel sind Übergangszonen beliebt, zum Beispiel von der Forstkultur zur Dickung, von Heide oder Moor zum Altholz, von Wiese oder Weide zu Mais oder Getreide. Diese Grenzlinienbereiche bieten Äsung, Deckung und Ruhe. Außerdem entsprechen sie gut dem artspezifischen Fluchtverhalten der Rehe. Als „Schlüpfer" entzieht sich Rehwild seinen Feinden gerne schnell und unauffällig in eine nahegelegene Deckung, die gar nicht großflächig ausfallen muß. Oftmals verharren die Rehe hier zunächst: Sie warten das Ausmaß der Störung erst einmal ab. Das ist ein deutlicher Unterschied zu dem in der Regel anhaltend und weit flüchtenden Rotwild.

KÖRPERMASSE

Bei einem ausgewachsenen Reh schwankt in Mitteleuropa die Körperlänge zwischen 100 und 130 Zentimeter. Die Schulterhöhe beträgt etwa 60 bis 70 Zentimeter, das Gewicht 14 bis 15 Kilogramm (aufgebrochen). Aus Südschweden, Polen und Weißrußland berichten Jäger sogar über Gewichte erlegter Böcke, die zwischen 25 und 35 Kilogramm liegen. Überall sind in der Regel die Böcke etwas schwerer als gleichalte Ricken.
Kitze wiegen im Dezember zwischen acht und dreizehn Kilogramm.

HAAR

Das **Sommerhaar** des Rehwildes ist relativ kurz und von rotbrauner bis gelblichroter Farbe. Schwarz heben sich nur das stets feuchte, haarlose Nasenfeld um den Windfang und die dunklen Haarbürsten an den Außenseiten der Hinterläufe ab. Unter ihnen sitzen Schweißdrüsen, deren Duftstoffe an höherem Pflanzenwuchs abgestreift werden. Helle Zeichnungen findet man gelegentlich im Gesicht der Rehe, nämlich als Muffelfleck oberhalb des Windfanges oder als Brille um die Lichter meist älterer Böcke. Der Spiegel zeichnet sich im Sommer nur schwach ab. Rein schwarzes Rehwild kommt inselförmig in Norddeutschland vor. Braun-weiße Schecken und Albinos sind äußerst selten.

Ähnlich dem Rotkalb hat auch das frischgesetzte Kitz in den Sommermonaten braunes, wolliges Haar mit hellen Tupfen. Dieses Haarkleid tarnt das Jungwild gut, obwohl es doch eigentlich auffallen müßte. Anfang September verfärben die Kitze zum Winterhaar und verlieren ihre Flecken.

Das **Winterhaar** des Rehwildes ist länger, derber und graubraun. Jetzt hebt sich der weiße Spiegel viel deutlicher ab als im Sommer.

Dabei kann der Jäger die Schürze gut erkennen, das Haarbüschel, welches das Feuchtblatt des weiblichen Rehes abdeckt. Rickenkitz und Bockkitz sind dadurch ebenfalls einwandfrei zu unterscheiden. Allen Stücken eines Sprungs dient der weitgespreizte Spiegel bei der Flucht als helleuchtende Orientierung. Im Winterhaar besitzen ausgewachsene Rehe vielfach einen weißen Fleck an der Halsunterseite, der auch doppelt untereinander vorkommen kann. Dieser Drosselfleck fehlt bei Kitzen.

Im April/Mai verlieren die Rehe ihr graues Winterhaar. Oft fällt es büschelweise in flächigen Partien aus – ähnlich wie beim Rotwild. Das beginnt an Kopf und Träger. Von hier aus setzt es sich bis zu den Keulen fort. Das Sommerhaar wechseln Rehe im September/Oktober deutlich rascher und unauffälliger. **Gesunde Stücke verfärben zuerst, kranke und körperlich belastete später.** Dieses kann der Jäger besonders im Herbst bei den führenden Ricken gut beobachten. Die bekannte Regel „junge Böcke verfärben vor den alten" hat in der Praxis – individuell bedingt – sehr viele Ausnahmen. **Spätes Verfärben** ist kein verläßliches Merkmal für hohes Alter, sondern nur ein grober Anhalt hierfür.

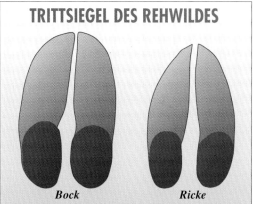

TRITTSIEGEL DES REHWILDES

Bock   *Ricke*

Bei der Ricke läuft der Tritt geringfügig spitzer zu, die Schalen stehen etwas mehr auseinander, die Breite nimmt insgesamt um ein bis zwei Millimeter ab. Diese Angaben bieten nur einen Anhalt.

Zeichnung: J. Bindseil

LOSUNG

Die Losung des Rehwildes ist beeren- bis walzenförmig und meist dunkel gefärbt, die einzelne „Lorbeere" bei ausgewachsenen Stücken etwa 14 Millimeter lang und acht Millimeter stark. Wie bei allen Pflanzenfressern hängen im Sommer die einzelnen Losungsteile – da feucht und klebrig – stärker zusammen. Im Winter fallen die Beeren dagegen mehr auseinander (einzeln). Der Anteil wasserhaltiger Nahrung schwindet.

SINNE

Wie Rotwild äugen Rehe mit einer Brennlinie. Sie sind Bewegungsseher und vermögen nur in einem sehr kleinen Bereich dreidimensional zu beobachten. Sie

Vor allem in norddeutschen Moorgebieten kommen schwarze Rehe vor.

Foto: K. Schendel

Der Bock hat aufgeworfen. Spitz von hinten wird der Jäger jedoch nicht schießen. Denn das ist unwaidmännisch.

Foto: W. Radenbach

vernehmen gut, ihr Wittrungsvermögen ist ausgezeichnet. Mit dem Windfang entscheiden sie in vielen Fällen über ihr Feindverhalten. Sobald dadurch Klarheit über die Störungsursache geschaffen ist, setzt das angemessene und arteigene Fluchtverhalten ein.

Besonders der pirschende Jäger achtet auf diese unterschiedlich ausgeprägten Sinnesleistungen des Rehwildes.

LAUTE

Fünf Lautäußerungen sind im Revier von Rehen zu vernehmen.

Das **Fiepen**, ein heller Stimmlaut, dient zum einen der Verständigung zwischen Kitz und Ricke. Es wird aber auch in deutlich tieferer Tonlage von der Ricke ausgestoßen, wenn sie vom Bock in der Brunft energisch getrieben wird.

Rehe **schrecken** oder schmählen mit kurzen, lauten, rauhen Ö-Tönen. Sie werden mehrfach hintereinander ausgestoßen und bekunden eine Störung, die von Sau,

Fuchs oder auch vom Mensch ausgehen kann.

Den gellenden, hohen Schmerzschrei, das **Klagen**, stößt ein Reh in höchster Not aus, wenn es beispielsweise von Hunden gehalten wird oder – im Draht verfangen – die Annäherung eines Menschen wahrnimmt. Auch bei schlechten Knochentreffern – etwa beim tiefen Vorderlaufschuß – klagen Rehe. Um dieses Stück schnell von seinen Qualen zu erlösen, hilft entweder ein rascher Fangschuß oder ein scharfer, schneller Hund.

In der Blattzeit vernimmt der Jäger das **Keuchen** des Bockes, der anhaltend eine brunftige Ricke treibt. Äußerst selten erlebt er es ebenfalls in dieser Zeit auch einmal bei einem weiblichen Stück.

Das **Husten**, meist in Verbindung mit Niesen, ist bei Stücken zu vernehmen, deren Nasen- und Rachenhöhlen von Larven der Rachenbremse verengt sind. Oft hört man gerade diese Laute, noch bevor das Reh die sichtschützende Deckung verlassen hat.

LEBENSWEISE

Das Streifgebiet eines Rehes ist deutlich kleiner als beim Rotwild. 10 bis 30 Hektar bieten im Waldrevier einen Anhalt. Jahreszeit und Örtlichkeit bestimmen mit Anspruch auf Deckung und Äsung die Form des Aktionsraumes. Zur Brunft erweitern Böcke ihren Aktionsradius erheblich.

Ein ausgeprägtes Territorialverhalten finden wir bei Bock und Ricke vom Frühjahr bis zum Ende der Brunft. Der ausgewachsene Bock verteidigt seinen **Einstand** energisch gegen andere Böcke. Durch Plätzen, Schlagen oder dem Abstreifen des Drüsensekretes seiner Stirnlocke markiert er häufig die Außengrenzen seines Wohngebietes. Auch die Ricke duldet zur Setzzeit und während der ersten Aufzuchtwochen ihrer Kitze in ihrem Streifgebiet weder ihre Vorjahreskinder noch andere weibliche Stücke. Die Ricke vertreibt sie entschlossen. Bei beiden Geschlechtern wird dieser strenge

Gebietsanspruch nach der Brunft mehr und mehr aufgegeben.

Rehe leben nicht allein in Waldlandschaften (= **Waldrehe**). In Revieren mit großen Feldanteilen bilden sich im Winter sogar größere Sprünge, lockere Zusammenschlüsse von mehreren Familienverbänden, zu denen auch Böcke stoßen. Die Sprünge lösen sich meist im März/April wieder auf. Man spricht hier von **Feldrehen**. Sie bleiben das ganze Jahr über in der Feldmark und haben sich an die spezifische Situation ihres Lebensraumes gut angepaßt. Ähnlich den Steppenantilopen stellen sie „Wachposten" auf, wenn Teile des Sprungs äsen oder wiederkäuen. Zudem orientieren sie sich – anders als Waldrehe – mehr mit den Lichtern als mit dem Windfang und den Lauschern.

Gegenwärtig führt die versteckte Lebensweise der Rehe eher dazu, daß ihre Zahl unterschätzt wird. Überall herrscht land- und forstwirtschaftlicher Verkehr, aber auch Jagddruck, und überall hin drängen die bestens motorisierten Menschen nach Feierabend. Selbst die dickfelligen Kulturfolger unter den Rehen bevorzugen dann Deckung. Es gibt nur noch ganz wenige Gebiete, in denen Rehe am Tag auf Freiflächen äsen können.

ÄSUNG

Die Äsungsansprüche der Rehe unterscheiden sich klar von denen des Rotoder Muffelwildes. Ein Reh äst deutlich wählerischer. Es bevorzugt Einzelpflanzen, wie Rotklee, Kräuter, Knospen und Blätter. In Gießen ist deshalb der Begriff „Konzentratselektierer" geprägt worden. Die leicht verdauliche, nährstoffreiche Nahrung wird in dem relativ einfach gebauten Pansen schnell verwertet. Der Pansen dient den Rehen nicht als Nahrungsspeicher, die Wiederkauphasen sind relativ kurz. Die Nahrungsaufnahme erfolgt in geringeren Mengen und häufiger am Tage als bei Rot- oder Damwild. So kann man Rehe zu allen Tageszeiten auf Blößen und Schlägen beim Äsen beobachten, wenn sie ungestört sind.

Besonders in der Feldmark wird die Äsung im Herbst knapp, im Winter dürftig. Nach derzeitigem Kenntnisstand ist allerdings eine

Rehe äsen mit Vorliebe nährstoffreiche Pflanzenteile, Knospen und Triebe, oder Früchte wie Bucheckern und Eicheln. Sie pflücken auch einzelne Blätter ab, so daß der Eindruck entsteht, sie seien sehr naschhaft.

Foto: M. Danegger

hochwertige Sommer- und Frühherbstäsung – bei ausreichender Ruhe – für die Kondition der Rehe ausschlaggebend. Im Herbst und Winter ist der Energiebedarf der Rehe deutlich geringer.

Wasserschöpfende Rehe sind selten beobachtbar. Sie decken ihren Wasserbedarf wohl weitgehend durch Aufnahme grüner Pflanzenteile und mit Morgentau.

SCHÄDEN UND DEREN ABWEHR

Rehe verbeißen bevorzugt Knospen, vor allem von Laubhölzern. In ruhigen Lagen, an sonnigen, windgeschützten Hängen leiden Eichen, Eschen, Ahorn, Buche, aber auch Kiefer und Fichte unter **Verbiß**. Besonders bei kleinflächig und künstlich eingebrachter Verjüngung fällt er ins Auge. Da Rehe die selteneren Pflanzen bevorzugen, kommt es zu einer Entmischung junger Waldflächen, die aus waldbaulicher Sicht besonders kritisch zu bewerten ist. Das Streben nach ungleichaltrigen, kleinflächigen und stabilen Mischbeständen wird dadurch erschwert.

Das **Fegen** und **Schlagen** mit dem fertigen Gehörn fällt unter forstlichem Aspekt kaum ins Gewicht. Nur dort, wo dieses Imponierverhalten des Bockes die wenigen, künstlich eingebrachten Mischbaumarten trifft, kann dieses den Aufbau stabiler Jungbestände stören.

Weil Rehe – entwicklungsgeschichtlich be- ▶

dingt – Keimlinge und Knospen äsen, tolerieren staatliche Forstverwaltungen meist einen Verbißschaden bis zu einer Höhe von 20 Prozent aller vorkommenden Baumarten. Einigen Privatwaldbesitzern sind Ausfälle bis zu diesem Prozentsatz schon zu hoch. Übertrifft der Schaden vor Ort die gesetzte Grenze, wird der Abschuß erhöht.

In allen Bundesländern gilt der Einfluß des Rehwilds auf die neuerlich angestrebte, baumartenreiche, kleinflächige und möglichst ungleichaltrige (= naturgemäße) Verjüngung des Waldes als Problempunkt Nummer eins. Dabei wird von Forstleuten gerne über-

Der Jährling schlägt sein schwaches Gehörn an einem Nadelbaum. Er markiert sein Revier. Wird er in der Lage sein, es von anderen Böcken frei zu halten?

sehen, daß in unserem Jahrhundert **Waldbau** zu lange auf großen Einzelflächen mit gleichalten Beständen häufig nur einer Baumart (= Monokulturen) betrieben wurde. Zu streng war ihr Auge auf möglichst hohen Zuwachs, zu einseitig oft nur auf betriebswirtschaftliche Ziele ausgerichtet. Kahlschläge waren gang und gäbe. Sie wurden künstlich wieder aufgeforstet. Dabei ist die Instabilität reiner Nadelholzbestände in Kauf genommen worden. Im Schutz dieser großflächigen Dickungen wuchsen die Rehbestände seit Kriegsende an. Der hohe Stickstoffeintrag sorgte für Äsung in Hülle und Fülle.

Die Forstverwaltungen in Deutschland versuchten, diesen Waldbau mit hohen Schalenwilddichten in Einklang zu bringen. Das mißlang. Die Lage wurde brenzlig, als nach den Katastrophen der achtziger Jahre verstärkt der Umschwung zur naturgemäßen Waldwirtschaft einsetzte. Im Nachhinein gibt es keinerlei Zweifel daran, der Forstmann muß es gestehen: Das Problem Wald/Wild wurde von den meisten Forstver-

Foto: I. Roosen

In einem reich strukturierten Wald spielen Fege- oder Schlagschäden – wie hier an einer Lärche – nur eine untergeordnete Rolle. Naturnaher Wald mit gesundem Rehwild lautet die Devise.

waltungen ein halbes Jahrhundert lang verdrängt und unterschlagen. Auf diesen berechtigten Vorwurf dürfen sie nicht mit extremen Lösungen zu Lasten der Rehe reagieren. Vor Ort sind nur dann vernünftige Lösungsvorschläge erzielbar, wenn einer neuen Abschußfestsetzung ein gemeinsamer Waldbegang von Waldbesitzern, Jägern und Forstbeamten vorangeht. Dabei ist kompromißbereit miteinander zu reden, sonst leiden Wald und Rehe. Eine an der Vegetation orientierte Rehdichte ist optimal für den Wald.

Als direkte Abwehrmaßnahmen gegen Rehschäden kennt man im Wald den Einzel- sowie den

Foto: M. Danegger

Flächenschutz. Das Einzäunen von Kulturflächen muß sich auf Ausnahmen beschränken. Zuviel Einstands- und Äsungsfläche geht dem Wild sonst verloren. Auch der Einzelschutz der Kulturpflanzen – mechanisch oder chemisch – ist für den Waldbesitzer mit hohem finanziellen Aufwand verbunden. Wenn auf vielen Flächen große einschichtige Bestände in kleinflächige, naturgemäße Waldteile umgewandelt werden, dann sind diese Kosten für den Waldbauern zu hoch. Hier wird die Regulierung über die Zahl der Rehe gehen. Rehwildverbiß wird auch damit nicht verhindert, aber in seiner Intensität gemindert.

BRUNFT UND NACHKOMMEN

Rehbrunft ist eine typische Einzelbrunft, das heißt der Bock steht immer nur bei einem brunftigen weiblichen Stück. Selbst die zugehörigen Kitze verlieren in dieser Zeit den engen Kontakt zum Muttertier.

Die **Brunftzeit** der Rehe umfaßt etwa eine Dauer von drei Wochen. In Mitteleuropa liegt dieser Zeitraum um den 1. August herum. Die brunftige Ricke wird vom Bock anhaltend verfolgt. Zu Beginn, wenn sie den Beschlag noch nicht zuläßt, oft in hohem Tempo. Später werden die Fluchten langsa-

mer. Manchmal geht es dabei im Kreis herum, und im Gras oder Getreide entstehen dann Hexenringe. Schließlich bleibt die Ricke, nach vorn abgeknickt, mit leicht gesenktem Haupt stehen. Der Beschlag erfolgt. Dieser wird oft mehrmals wiederholt, wobei der männliche Partner auch wechseln kann. Kämpfe zwischen Böcken sind, bedingt durch die Einzelbrunft, recht selten, Forkelverluste unbedeutend.

Die **Tragzeit** des fruchtbar beschlagenen weiblichen Stückes gliedert sich in eine Vortragzeit von etwa vier Monaten und eine Austragzeit von knapp sechs Monaten. In der Vortragzeit wächst das befruchtete Ei nur unwesent- ▶

lich, es gelangt noch nicht in den Tragsack, die Schwangerschaft ist durch einen Test nicht nachweisbar. Erst ab Dezember setzt dann die Entwicklung des Eies zum Embryo ein.

Anfang Dezember wird gelegentlich die **Nachbrunft** eines weiblichen Rehes beobachtet. Es kann auch jetzt fruchtbar beschlagen werden. Das Wachstumshormon ermöglicht eine sofortige Embryonalentwicklung. Aus freier Wildbahn liegen Beobachtungen vor, daß zu dieser Jahreszeit sogar markierte Kitze aus demselben Jahr schon fruchtbar beschlagen werden können.

Bereits kurz nach der Geburt besteht bei Kitzen eine Nachfolgereaktion. Aber erst nach einigen Wochen begleiten sie die Ricke ständig. Dabei sind sie bestrebt, möglichst dicht bei ihr zu stehen.

Foto: H. Arndt

Foto: M. Danegger

Die Ricke setzt – abhängig von ihrer Brunft – zwischen Mitte Mai bis Mitte Juni ein, häufig zwei, selten drei Kitze. Diese wachsen in engem Kontakt zum Mutterstück heran. Bis Ende November hat die Ricke Milch im Gesäuge, aber schon nach zwei bis drei Wochen nimmt das Kitz erste pflanzliche Kost auf.

Das Kitzwachstum ist für die Körperentwicklung eines Rehes insgesamt entscheidend. Ein gutes Biotop, eine Mutter mit sozial hohem Rang und wenig Störung sind hier die entscheidenden positiven Faktoren.

FEINDE UND FEINDVERHALTEN

Die natürlichen Feinde des Rehes sind vor allem der Wolf als Hetz- und der Luchs als Anstandsjäger. Kitze werden sicher auch von Alt-

fuchs und Sauen gegriffen, solange bei ihnen in den ersten Lebenstagen der Drück- den Fluchtreflex überwiegt.

Das Verhalten den Feinden gegenüber ist arttypisch. Die Kitze drücken sich etwa bis zum zehnten Lebenstag fest auf den Boden. Sie vertrauen dabei instinktiv ihrer guten Tarnfarbe und sehr geringen Wittrung, die sie in zusammengerolltem Zustand abgeben. Hier ist das Verhalten von Rotkalb und Rehkitz gleich.

Schon ab Ende der zweiten Woche werden Kitze flüchtig. Dies geschieht – wie bereits geschildert – nicht weiträumig, sondern nach Schlüpfer-Art meist in die nächstgelegene Deckung, um dort zu verhoffen. Erst wenn der Feind aufgerückt ist, geht die Flucht weiter. Bei fährtenlauten, kurzläufigen Stöberhunden kann der Jäger gut beobachten, wie wirkungsvoll diese kurzräumige Entziehungstaktik der Rehe ist. Selbst auf kürzeste Entfernung lassen sie den lauten, fährtentreuen Hund passieren.

Eine direkte Abwehr des Feindes ist dem Reh wohl nur beim Fuchs möglich. Insbesondere führende Ricken sind bei der Verteidigung ihrer Kitze mit den Schalen der Vorderläufe beobachtet worden. Nicht immer ist ihnen der Erfolg sicher. Der kranke Bock wehrt den stellenden, kurzläufigen Jagdhund mit dem Gehörn bei gesenktem Haupt ab. Ein solches Bild ist selten.

WILDVERLUSTE

In den dichtbesiedelten Gebieten Mitteleuropas entstehen hohe Verluste vor allem durch den Verkehr auf Straße und Schiene, durch Mähmaschinen – vornehmlich durch Kreiselmäher – und wildernde Hunde.

Am Kreiselmäher nutzen „Wildretter" als Anbaugeräte heute nur

wenig, weil die Arbeitsbreite der Mäher zu groß und deren Geschwindigkeit zu hoch ist. Um Kitze zu retten, wird die zu mähende Wiese am Vortag nur angemäht, das heißt, man schneidet ein sechs Meter breiten Randstreifen um die Wiese herum frei. Eine andere Möglichkeit sind Wildscheuchen, die ebenfalls am Vortag aufgestellt werden. Hier genügen leere Papier- oder Düngersäcke. Optimal ist es, die Wiese – in Abstimmung mit dem Landwirt – mit mehreren Helfern und einem wesensfesten Gebrauchshund gegen den Wind abzusuchen. Die gefundenen Kitze werden in den Nachbarbestand getragen. Der Erfolg dieser Maßnahmen ist nicht immer sicher. Da sich die Kitze selbständig ablegen, können sie sich bereits nach kurzer Zeit wieder in der Wiese befinden.

Foto: G. Kalden

Das Absuchen von Wiesen am Tag vor dem Mähen ist eine gute Methode, um Kitze vor dem Mähtod zu retten. Gefundene Kitze trägt man nicht mit bloßen Händen, sondern mit Hilfe von Grasbüscheln aus der Gefahrenzone.

Wie entwickelt sich der Kopfschmuck des Rehes?
Welche Gehörnformen unterscheidet man?
Lassen Fege- oder Abwurfdatum auf das
Alter eines Bockes schließen? Ein Praktiker
beantwortet diese und weitere Fragen, die den
Rehwildjäger in Feld und Wald interessieren.

Foto: A. Rautenstrauch

DER REHBOCK UND SEIN GEHÖRN

Foto oben: Obwohl sein Haupt nur eine Stange schmückt, war er eindeutig der Platzbock
Großes Foto: Der brave Bock h[...]
Dachrose[...]

Foto: Dr. P. Meyer

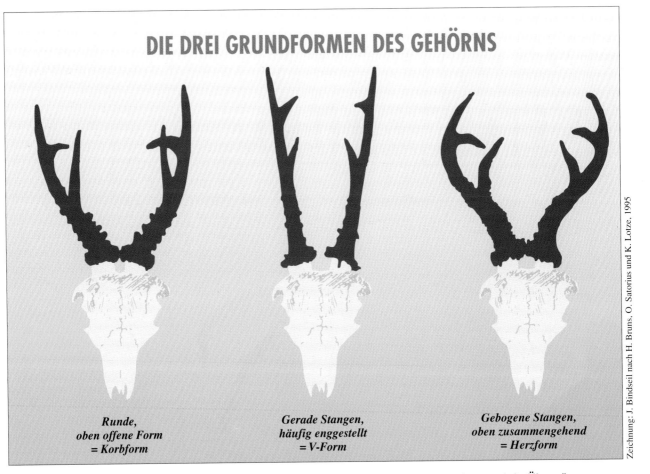

DIE DREI GRUNDFORMEN DES GEHÖRNS

*Runde,
oben offene Form
= Korbform*

*Gerade Stangen,
häufig enggestellt
= V-Form*

*Gebogene Stangen,
oben zusammengehend
= Herzform*

Zeichnung: J. Bindseil nach H. Bruns, O. Satorius und K. Lotze, 1995

**Die drei Grundformen kommen in allen Revieren vor, und zwar als reine Formen, aber auch in Übergängen.
Alle gut veranlagten Jährlinge zeigen bereits eine dieser Grundformen.**

GEHÖRN

Der Kopfschmuck des Rehbockes ist aus zoologischer Sicht ein Geweih, kein „Gehörn". Er wird jährlich abgeworfen, wächst also nicht ständig weiter wie der Hauptschmuck der Horntiere. Das Gehörn hat ein Spitzenwachstum und ist aus den gleichen chemischen Substanzen wie die Geweihe von Rot- und Damhirsch aufgebaut. Im Sprachgebrauch der deutschen Jäger hat allerdings das Wort Gehörn seinen festen Platz gefunden.

Im Verhältnis zu seiner Körpergröße ist das Gehörn eines Rehbockes recht klein. Es ist an das Fluchtverhalten des Schlüpfers angepaßt: Mächtige Gehörne wären beim Untertauchen in das nächste Dickicht nur hinderlich. So beträgt die Stangenlänge im Durchschnitt zwischen 20 und 25 Zentimeter. Und das Gehörngewicht liegt durchschnittlich bei 200 bis 300 Gramm. Alle Werte darüber kennzeichnen schon einen auffallend großen Kopfschmuck. Stärke, Form und Farbe eines Gehörns können sehr variieren, sowohl zwischen Böcken einer Population als auch bei einem Bock in den verschiedenen Lebensjahren.

An Gehörnstufen unterscheiden Jäger je nach Bildung der Vorder-, Hinter- und Obersprosse: Spießer, Gabler, Sechser und sehr selten auch Achtergehörne. Bei der Stangenstellung differenziert der Praktiker zwischen drei Grundformen, nämlich der Korb-, der V- und der Herzform (siehe Zeichnung). In

der Praxis sind viele Übergänge dieser Gehörnformen zu finden.

Nach der Entwicklung der Rosenstöcke im Spätsommer und Herbst des ersten Lebensjahres schieben nur die gut entwickelten, starken **Bockkitze** kleine, drei bis zehn Millimeter hohe Knöpfchen auf den Rosenstöcken. Im November/Dezember brechen sie durch die Decke und leuchten weiß. Sie besitzen keine Rosen. Schon Anfang Februar werden sie wieder abgeworfen. Körperlich schwache Bockkitze schieben ein solches Erstlingsgehörn nicht, eine Besonderheit beim Rehwild.

In seinem zweiten Lebensjahr trägt der Rehbock sein **Jährlingsgehörn**, das in der Regel erst im Mai/Juni gefegt wird. Es kann aus Spießen bestehen, aber auch schon

Der Jäger unterscheidet zwischen Fegen und Schlagen. Beim Fegen entfernt der Bock den Bast von seinem Gehörn. Mit dem fertig verfegten Gehörn schlägt er Sträucher oder Bäumchen, um sein Revier zu markieren.

Foto: M. Danegger

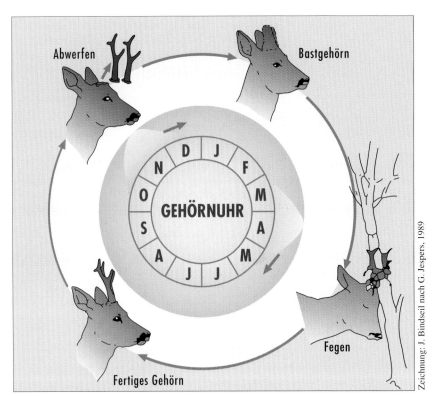

Zeichnung: J. Bindseil nach G. Jespers, 1989

Das obige Schema veranschaulicht den jährlichen Zyklus der Gehörnbildung beim Rehbock. Die alten Lehrsätze „alte Böcke werfen zuerst
ab" und „junge Böcke verfegen nach den alten" werden heute in Frage
gestellt. Fege- und Abwurftermin taugen als Altersindiz wenig.

gute Endenbildung aufweisen und dabei Rosen besitzen. Manche Jährlinge tragen jedoch nur rosenlose Knöpfe oder kurze Spieße. Sind es diejenigen, die im Vorjahr als schwache Bockkitze kein Erstlingsgehörn geschoben haben? Eine Antwort auf diese Frage kann derzeit noch kein Fachmann geben.

Neben individuellen Unterschieden ist wohl dreierlei für die Ausbildung des Jährlingsgehörns entscheidend. Einmal ist die verdauliche Energie ausschlaggebend, die der Bock in der Zeit des Schiebens in seinem Streifgebiet aufnimmt und die dann in die Gehörnbildung gesteckt werden kann. Zweitens scheinen Ruhe und sonnige Tage förderlich zu sein. Vermutlich wirkt sich drittens die soziale Stellung des Bockes und die seiner Mutter positiv auf die Gehörnbildung aus. Abgeworfen wird dieses Gehörn meist erst im November. Mehrjährige Böcke fegen in der Regel im März/April. Aus dem

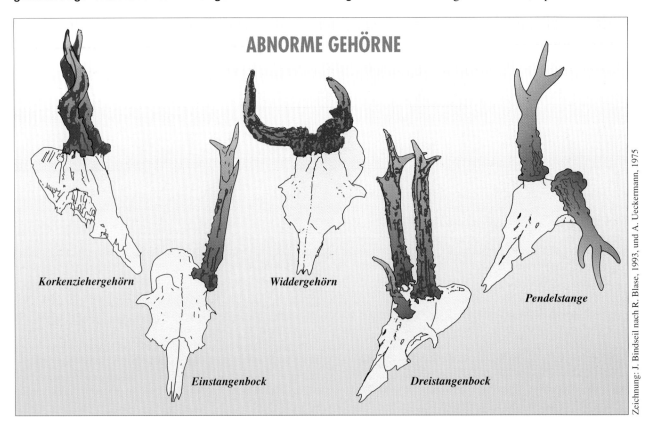

Zeichnung: J. Bindseil nach R. Blase, 1993, und A. Ueckermann, 1975

Foto: G. Kalden

frühen **Fegen** im März ein Altersmerkmal abzuleiten, kann nicht
empfohlen werden. Denn es gibt
zu viele Ausnahmen von dieser
Regel. Unmittelbar nach dem Fegen ist das Gehörn knochenfarben
hell. Es verfärbt sich dann beim
weiteren Schlagen unter dem Einfluß von Pflanzensäften. Die Färbung des Gehörns fällt je nach
Pflanzenart, die in einer Region
häufig ist oder vom Bock bevorzugt gefegt wird, unterschiedlich
aus. Sie variiert von tiefschwarz
bis hellbraun.
Abwurftermin für die Gehörne ist

**Zeichnung links: Abnorme Gehör-
ne erregen seit jeher die Aufmerksamkeit vieler Jäger.
Böcke mit Korkenzieher-, Widder-
gehörn oder mit Pendelstange
und Ein- sowie Mehrstangen-
böcke gelten als abschußwürdig.
Sie sind begehrte Trophäen.**

die Zeit von Ende Oktober bis Anfang Dezember. Das **Abwerfen**
der beiden Stangen kann dabei bis
zu drei Wochen versetzt erfolgen.
Auch der Abwurftermin ist als Altersmerkmal wenig brauchbar, zumal die meisten Jäger ihn kaum
feststellen können. Das Schieben
der neuen Gehörne fällt in den
Winter.
Besondere Gehörnformen sind bei
Jägern als Trophäen sehr beliebt.
Dazu rechnet zum Beispiel der
Kreuzbock, bei dem Vorder- und
Hintersprosse ein- oder beidstan-
gig in gleicher Höhe abzweigen
und so mit dem Hauptsproß ein
Kreuz bilden.
Mechanische Verletzungen am
Gehörn vermag der Rehjäger recht
häufig zu beobachten. Es kommt
dann – infolge von Verletzungen
des Bastgehörns während des
Schiebens – beispielsweise zur
Teilung von Stangen oder Enden

**Bei Rot- oder Damhirsch sind sie
sehr selten, bei Rehböcken kommen Perücken dagegen öfter vor.
Zur Perückenbildung kommt es,
wenn das Sexualhormon ausge-
schaltet ist. Das Bastgehörn wird
nicht mehr abgeworfen, es wächst
immer weiter.**

oder dazu, daß sich irreguläre Enden bilden.
Beim **Pendelgehörn** hängt – meist
infolge eines Bruches des Rosen-
stocks – in der Regel nur eine
Stange bloß noch lose mit der
Decke verbunden herab. Sogenannte **Mehrstangengehörne** entstehen, wenn der Rosenstock verletzt oder aber der Keimsaum
während des Schiebens beschädigt
wurde. Ursache des **Einstangen-
gehörns** können der Bruch der
fehlenden Stange oder – sehr viel
seltener – ein verkümmerter oder
fehlender Rosenstock sein.
Wird bei der Gehörnbildung des
Rehbockes das Wachstums- nicht
mehr durch das Sexualhormon ge-
bremst (meist infolge einer Verletzung des Kurzwildbrets), wächst
das Gehörngewebe ständig weiter
und verfestigt sich nur zum Teil.
So überwuchert es im Laufe der
Zeit langsam das Haupt des Bokkes. Ein **Perückengehörn** entsteht. Die Wucherungen führen
schließlich dazu, daß der Bock
verendet.
Lagern sich Kalk, Phosphor und
Magnesium unzureichend und unregelmäßig ein, während das Gehörn geschoben wird, entstehen
gedrehte Gehörnformen. Der Jäger nennt sie **Widder** oder **Kor-
kenzieher**. Hier gelten Stoffwechselstörungen als Ursache, vielfach
infolge starken Befalls mit Parasiten.
Bei meist jüngeren Böcken bemerkt der Jäger ganz selten einen
Doppelkopf. Hier hat sich neben
oder um das nicht abgeworfene
Gehörn des Vorjahres ein neues
Gehörn geschoben.

REHHEGE, ANSPRECHEN

Beinahe jeder Jäger in Deutschland hat Gelegenheit, auf Rehwild zu waidwerken. Rehe sind ihm eine vertraute Wildart. Lohnt es da noch, neue Wege der Hege aufzuzeigen oder Tips für die Altersansprache im Revier und die Jagd auf den roten Bock zu geben? Allemal, die folgenden Seiten stellen dieses unter Beweis.

Foto: M. Danegger

IM REVIER, ALTERS-ERMITTLUNG UND REHJAGD

Großes Foto: Schon am Spiegel erkennt man Bock (bohnenförmig) und Ricke (herzförmig). Kleines Foto: Langsam und leise, so lautet das Rezept für die Pirsch.

Foto: H. Arndt

ar mancher tut heute die Rehwildhege mit einem verächtlichen Achselzucken ab. Er hält sie aus verschiedenen Gründen für überflüssig: Die Zahl der Rehe sei schwer einzuschätzen und viel zu groß, die Reproduktionsrate des Rehwildes hoch, der Abschuß von drei bis fünf Stück Rehwild pro 100 Hektar Waldfläche deutlich zu gering und die Bestrebungen, Rehbestände qualitativ aufzubessern, hätten in den letzten 60 Jahren fast nirgendwo gefruchtet. Hieraus wird dann geschlossen: Rehe gibt es überall genug. Sie brauchen keine Hege. Erfolge sind nicht zu erwarten.

HEGE

HEGEGEMEINSCHAFTEN UND LEBENS-RAUMGUTACHTEN

Dem treten zahllose Waidmänner und in vielen Bundesländern **Hegegemeinschaften** entgegen. In ihnen haben sich Jäger – im Idealfall mit Jagdgenossen und Waldbesitzern – auf landesgesetzlicher Basis oder aber freiwillig zusammenschlossen, um Rehwild nach gemeinsam erarbeiteten Grundsätzen zu hegen und zu bejagen. Die Fläche einer Hegegemeinschaft liegt optimalerweise bei 5.000 bis 8.000 Hektar und ist durch örtliche Gegebenheiten wie Flußläufe, Bundesautobahnen oder Eisenbahntrassen sinnvoll begrenzt.

Grundlage zeitgemäßer Hege ist in einigen Bundesländern das sogenannte **Lebensraumgutachten**, in dem die Verhältnisse vor Ort und die Belastbarkeit des Lebensraumes dargestellt werden. Erfaßt sind hier das Grundgestein und seine Verwitterungsböden, in der Feldmark die Flächenanteile von Acker, Weide, Wiesen und kleinen Feldgehölzen, im Wald die Verteilung der Baumarten, der Anteil der Verjüngungsflächen sowie die Waldbesitzverhältnisse. Hinzu kommen Ortslagen, bedeutsame Verkehrs- und Wasserwege sowie die Revierverteilung.

VERBISSGUTACHTEN

In kurzen, regelmäßigen Zeitabständen wird auf den Kulturflächen im Wald der Verbiß erfaßt und gutachtlich bewertet. Das Verbißgutachten läßt Rückschlüsse

Foto: M. Danegger

Rehe leben versteckt. Es ist unmöglich, ihre Zahl exakt zu ermitteln. Maßstab heutiger Hege ist deshalb der Zustand der Vegetation.

Foto: Dr. K.-H. Betz

Diese Feldrehe sind körperlich gut entwickelt. Das ist ein eindeutiges Zeichen für einen gesunden, nicht überhöhten, sozial ausgeglichenen Rehbestand.

auf die relative Dichte des Rehbestandes zu. Maßstab moderner Rehhege ist der Zustand der Vegetation, nicht mehr eine zulässige Wilddichte auf 100 Hektar, gestaffelt nach guten, mittleren sowie schlechten Standorten. Wird die Vegetation von den Rehen in zu tolerierenden Grenzen beeinflußt, stabilisiert man den Abschuß, auch ohne eine genaue Kenntnis der Rehzahl. Die Population wird in ihrer relativen Höhe erhalten.

Die Höhe der Rehwildbestände wird also auf der Grundlage von Vegetationsweisern hergeleitet. Das Verbißgutachten bildet die

Basis, auf der funktionierende Hegegemeinschaften zusammenarbeiten.

HEGEZIEL UND FÜTTERUNG

Grundsätzliches **Hegeziel** ist heute, den Lebensraum der Rehe – also fast überall die gesamte Landschaft – so zu erhalten und, wenn machbar, zu verbessern, daß die Lebensbedürfnisse möglichst gesunder Rehe gesichert sind und der Verbiß sich in erträglichen Grenzen hält. Hierbei hilft vor allem eine artgerechte, naturnahe Nahrung in Wald und Feld. Gerade in der Feldmark fehlen den Rehen im Spätherbst und Winter Äsungsmöglichkeiten. Die fachgerechte Anpflanzung einer Feldholzinsel, eine Rotkleeinsaat im

Spätsommer, ein Rapsschlag am Waldrand, aber auch Wildäcker in Fichtenmeeren sind Schritte in die richtige Richtung. Sie führen vielleicht schon nach kurzer Zeit dazu, daß sich die Rehe in Feld und Wald besser verteilen.

Wildbiologisch sinnvoll handeln Jäger, die in ihrem Revier einen sozial ausgeglichenen sowie auf den Zustand der Vegetation (zahlenmäßig) ausgerichteten Rehwildbestand heranhegen und zudem rehgerechte Jagdzeiten sowie Jagdarten (siehe dazu Seite 90 bis 95) wählen. So halten sie einerseits den Jagddruck möglichst gering und bewältigen andererseits Zahl- sowie Wahlabschuß erfolgreich.

Noch einmal: Der Abschuß des Rehwildes dient in erster Linie den Rehen selbst. **Ziel** ist ein dem ▶

Foto: W. Rolfes

Noch hat dieser Bock Äsung in Hülle und Fülle. Ab Spätherbst aber sind die Felder leergeräumt. Rapsschläge können ihm dann durch den Winter helfen.

Lebensraum angepaßter, gesunder, altersmäßig abgestufter und auf dieser Basis möglichst zahlreicher Bestand. Die relative Vielzahl der Rehe ermöglicht dem Jäger dann vielfältige jagdliche Freuden.

Um das **Füttern** von Rehen wird erbittert gerungen. Der Journalist *Bruno Hespeler* hält das in weiten Teilen Deutschlands für entbehrlich, nennt dieses aber dort einen zweckmäßigen Teil der Hege, wo es notwendig sein kann, um Rehbestände zu erhalten. Diese Auffassung setzt sich langsam durch. Die Erfahrungen, die *Franz Vogt* in den dreißiger Jahren im Gatter Schneeberg machte, beweisen, daß

Rehböcke bei optimaler sowie ganzjähriger Fütterung übermäßig starke Gehörne schieben. Sicher sind kapitale Trophäen der Traum vieler Jäger. Doch wird der naturnah jagende Waidmann auf das Füttern verzichten und sich am standörtlich möglichen Gehörn erfreuen.

Wenn konsequent gefüttert wird, kommt es zu einer übermäßigen Vermehrung der Rehe. Auch das schwächste Stück übersteht dann den Winter. Und der Verbißdruck auf die Vegetation steigt im Frühjahr erheblich an.

ALTE UND NEUE WEGE DER HEGE

Rehwild wird seit vielen Jahrzehnten in Deutschland und Österreich intensiv gehegt. Die Hegeerfolge blieben dennoch bescheiden. Woran lag oder liegt das? Zum einen gab es zu viele Rehe. Nur der Lebensraum begrenzte ihre Zahl, nicht die Eingriffe der Jäger mit einem Abschuß von drei bis fünf Stück je 100 Hektar. Zum anderen glaubten Rehjäger, allein durch die selektive Entnahme der schwachen, kümmernden, kranken oder überalterten Stücke ihre Rehbestände fachgerecht zu regulieren. Zum dritten läßt die Einzelbrunft der Rehe Auslesemöglichkeiten der Jäger bei den Böcken weit weniger zu, als es die Brunft bei Rot- und Damhirschen gestattet. Und viertens herrscht in vielen Revieren ein zu hoher Jagddruck, weil beinahe das ganze Jahr über (siehe auch Seite 66) und nur kleinräumig den Rehen nachgestellt wird. Kleinräumig ist die Jagd auf Rehe, weil die Bundesländer die Mindestgrößen der Eigen- und der gemeinschaftlichen Jagdbezirke zu niedrig festgesetzt haben, oft sind es nur 75 beziehungsweise 150 Hektar.

Auf Basis dieser Erfahrungen lauten **die neuen Wege der Hege**: Der Rehbestand wird zahlenmäßig auf die Vegetation ausgerichtet. Der Jäger sorgt sich – nach Kräften – um einen im Alters- und Geschlechterverhältnis ausgeglichenen Rehwildbestand in seinem Revier. Er beschränkt sich in seinen Ansprüchen bei der Gehörnqualität auf das örtlich Erreichbare. Und er hält den Jagddruck möglichst gering.

Dieses bedarf des Umdenkens vieler Jäger. Sicher ein langer Prozeß. Einige Jäger sind von ihm überzeugt. Bei ihnen muß dann die Bremse angezogen werden, wenn sie jedes Reh, das den Grind aus der Dickung steckt, ohne Kenntnis von Alter, sozialer Stellung, ja unter bewußter Mißachtung bestehender gesetzlicher Bestimmungen unter Feuer nehmen. Gewiß, Waldbau hat per Gesetz Vorrang, ein rücksichtsloses Zerstören von Rehbeständen ist dennoch völlig fehl am Platz. Waidgerechtes Jagen ist gefragt, auch wenn dieses an Hochschulen und Universitäten nicht mehr im erforderlichen Umfang gelehrt wird.

ANSPRECHEN IM REVIER

Rehkitze sind ganzjährig gut zu erkennen. Erst Anfang September verlieren sie die weißen Flecken in ihrer Decke. Danach sind sie noch lange Zeit deutlich geringer als die Mutterstücke, deren Nähe meist einen guten Größenvergleich zuläßt. Auch der sehr kurze Kopf der **Kitze**, der, von der Seite betrachtet, fast dreieckig wirkt, unterscheidet sich deutlich vom längeren Haupt der ausgewachsenen Rehe.

Die **Geschlechter der Rehe** zu

unterscheiden, bereitet dem Jäger meist keine Mühe. Im Frühjahr und Sommer trägt der Bock sein Gehörn, im Winter läßt der helle Spiegel sicheres Erkennen zu: Wirkt er bohnenförmig und geschlossen, ist das Stück männlich. Ist der Spiegel dagegen herzförmig durch das Haarbüschel der Schürze, handelt es sich um ein weibliches Reh. Auch bei den Spiegeln der Kitze wird dieser Unterschied deutlich.

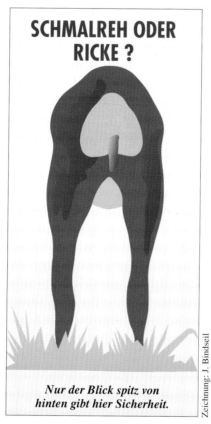

SCHMALREH ODER RICKE ?

Nur der Blick spitz von hinten gibt hier Sicherheit.

Zeichnung: J. Bindseil

Das Ansprechen fällt hier kinderleicht: Die Spinne ist deutlich zu erkennen, die Ricke also führend.

In der **Altersansprache** stoßen Jäger an die Grenzen ihres Könnens, wenn sie ehrlich sind. Zu individuell ist die Entwicklung des Einzelrehes. Markierte Rehe, die in freier Wildbahn aufwachsen, beweisen: Sichere Merkmale, um ein dreijähriges von einem fünfjährigen Reh zu unterscheiden, gibt es nicht. Eine Tatsache,

die sich in allen Revieren bestätigt.

Dennoch seien ein paar Kriterien genannt, die dem Jäger einen Altersanhalt liefern: **Der junge Bock** hat in der Regel einen dünnen Hals und eine gerade Rückenlinie. Spitz von vorne angeblickt, stehen seine Vorderläufe eng beieinander. In seinem Gesicht sind die Farben schwarz, weiß und rot recht scharf gegeneinander abgesetzt, bisweilen ist es jedoch auch fast einfarbig dunkelgrau. Die Lichter wirken groß. Das Gehörn steht meist „unten eng und oben weit". Dieses ist durch die leicht nach innen geneigten, noch dünnen und hohen Rosenstöcke bedingt. Der junge Bock verhält sich wenig vorsichtig, selbstbewußt oder gar territorial.

Der alte Bock – etwa ab dem fünften Lebensjahr – ist in der Figur deutlich massiger. Der Träger ist dick, die Vorderläufe stehen durch den breiten Brustkorb weit auseinander. Die Rückenlinie kennzeichnet sich durch einen Buckel über den Blättern. Im Gesicht fließen die (drei) Farben ineinander, wobei helle Farbtöne überwiegen. Die Lichter wirken schmal, der Blick fast abweisend. Das Gehörn steht jetzt auf kurzen und dicken Rosenstöcken, die stärker nach außen weisen. Die Gehörnform ist also unten weit. Im Frühsommer verhält sich der alte Bock besonders an seinen Reviergrenzen territorial. Beim ausgewachsenen weiblichen **Reh** sind diese Alterskriterien ähnlich. Wirklich alte Rehe (= ab dem siebten Lebensjahr) lassen sich sehr gut ansprechen. Das Gesicht hilft dem Jäger weiter, wenn er es bei gutem Licht mit dem Fernglas näher betrachtet: Das Haupt des Stückes wirkt lang, die Decke liegt dicht an, die Muskulatur tritt hervor, und der Blick aus schmalen Lichtern scheint gelangweilt, grießgrämig und unabhängig. ▶

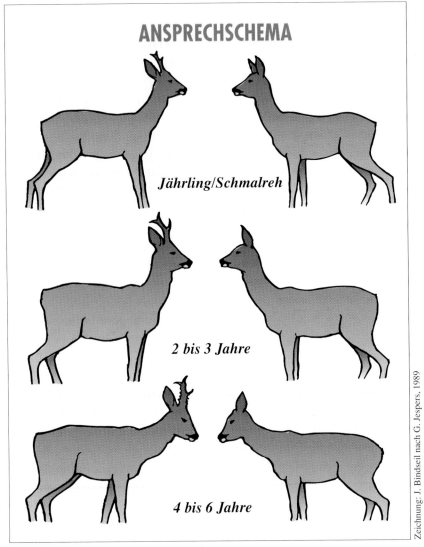

ANSPRECHSCHEMA

Jährling/Schmalreh

2 bis 3 Jahre

4 bis 6 Jahre

Zeichnung: J. Bindseil nach G. Jespers, 1989

Dieses Schema bietet dem Jäger im Revier einen Anhalt, um sein Rehwild anzusprechen, keine Sicherheit.

ALTERSERMITTLUNG AM ERLEGTEN STÜCK

Die Altersermittlung am erlegten Reh wird an den Zähnen des Unterkiefers vorgenommen. Das ist die derzeit beste und praktikabelste Methode.

Eine genaue **Altersbestimmung** ist bis zum Wechsel der Vormahlzähne, den Prämolaren, möglich. Dieser erfolgt zwischen dem zehnten und vierzehnten Lebensmonat des Rehes. Der dritte Prämolar ist als Milchzahn dreigeteilt,

im Dauergebiß dagegen zweigeteilt (siehe Zeichnung im Sonderheft 1, Seite 26). Etwa zur selben Zeit erreicht der dritte Molar Kaufunktionshöhe. Hiernach setzt die Altersschätzung ein. Denn markierte Rehe in großen, gut beobachteten Revieren beweisen: Am erlegten Stück kann man vom zweiten Lebensjahr an das Alter nicht mit hundertprozentiger Sicherheit ermitteln. Doch haben sich folgende **Orientierungshilfen zur Altersschätzung** in rauher Praxis bewährt:

1. Mit dem Alter nutzen die Zähne zunehmend ab. So verschwindet

die **Kunde** im vorderen Teil des ersten Molaren etwa im vierten oder fünften Lebensjahr.

2. Die Farbe des vom weißen Schmelz eingeschlossenen **Dentins** signalisiert mit dunkelbraun bis schwarz große Härte, mit hellgelb weicheres Material. Bei gleichem Abnutzungsgrad ist ein Reh mit dunklem Dentin zwei bis vier Jahre älter als eines mit hellem.

3. Die **Zahnfleischlinie** reicht bei zwei- bis dreijährigen Rehen noch hoch hinauf zu den Zähnen, was besonders am dritten Molar auffällt.

Alle diese Hilfen lassen auch bei gewissenhafter Anwendung nur zu, daß der Jäger Altersspannen angibt, zum Beispiel drei- bis vierjährig oder sieben- bis neunjährig. Genauer geht es in jadglicher Praxis nicht. Wer auf Gehörnschauen an Hand des Unterkiefers eine Grenze zwischen den dreijährigen und den vierjährigen Böcken ziehen will, ist unrealistisch. Bekennen wir uns zu den Grenzen, die mit dieser Art der Altersermittlung gegeben sind.

JAGD
REHGERECHTE BEJAGUNG

Rehgerechte Bejagung weist **drei** zeitliche **Schwerpunkte** auf. Zum einen setzt sie – wo der Gesetzgeber es gestattet – früh und energisch ein, um den notwendigen Abschuß der männlichen und der weiblichen Jährlinge bis zum 10. Juni mit möglichst 80 Prozent des Abschußsolls zu erfüllen. Abgeschlagen von ihren Muttertieren, die sich jetzt ausschließlich um den neuen Nachwuchs kümmern, suchen Schmalrehe und Jährlinge in dieser Zeit nach freien Einständen und gelegentlich nach neuem sozialen Kontakt. Da sind sie viel auf den Läufen. Der Jäger hat es einfach. Bis zur Blattzeit kann die Rehbejagung dann ruhen. Am besten vereinbaren alle Revierinhaber dieses für ihren Hegebezirk.

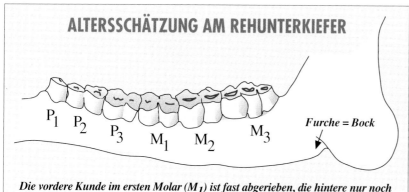

ALTERSSCHÄTZUNG AM REHUNTERKIEFER

P_1 P_2 P_3 M_1 M_2 M_3 *Furche = Bock*

Die vordere Kunde im ersten Molar (M_1) ist fast abgerieben, die hintere nur noch strichförmig. Das bedeutet je nach Farbe des Dentins: hellbraun = 3 - 4 jährig
braun = 4 - 5 jährig
schwarzbraun = 5 - 7 jährig.

Zeichnung: J. Bindseil

Die Brunft bringt erneut Bewegung ins Rehrevier. Der fleißige Jäger, der sich aufs Blatten versteht, findet jetzt wieder Böcke vor, die in der Feistzeit „faul" waren und fast unbemerkt blieben. Diese Zeit wird er tüchtig nutzen und höchstwahrscheinlich manchen interessanten Bock in An-

blick bekommen sowie erlegen. In den September fällt der dritte Schwerpunkt der Rehbejagung. Das geringe Gewicht der Kitze hindert den Jäger nicht, denn gerade ihre frühzeitige Entnahme ist entscheidend. Bei schnellem Nachladen oder geduldigem Warten kann oft mit den Kitzen die

Ricke erlegt werden. Recht sicher kommt sie einmal zurück, um ihre Kitze zu suchen. Der versierte Praktiker bejagt deshalb früh am Abend oder noch geschickter in den Morgenstunden seine Kitze. Dann schränkt das Büchsenlicht die Wartezeit nicht ein. Die frühzeitige, vollständige Entnahme eines Familienverbandes stört im Rehbestand überhaupt nicht.
Hält sich der Jäger an diese drei Phasen rehgerechter Bejagung, wird es ihm nicht schwerfallen, – bei ein wenig Nachlese – bis Weihnachten seinen Abschußplan zu erfüllen. Der Jagddruck auf Rehe entfällt damit für fast fünf Monate – ein lohnendes Ziel.

ANSITZ UND PIRSCH

Ansitz und Pirsch erlauben dem Jäger fröhliches Jagen.
Ansitz ist die Bejagungsform, bei der das Revier am wenigstens beunruhigt wird. Er ermöglicht in der Regel ein ruhiges Ansprechen und – bei guter Auflage – eine sichere Kugel. Bei der Wahl des Ansitzplatzes, der in der Nähe von Äsungsflächen, Wechseln oder Dickungsrändern gefunden wird, berücksichtigt der versierte Rehjäger an erster Stelle den Wind, dann die Deckung. Kanzeln, Leitern und Schirme sind dabei hilfreich. Nach zwei bis drei Jahren tritt bei ihnen ein gewisser Abnutzungseffekt ein. Die Altrehe umgehen diese Plätze. Doch der Rehjäger weiß sich zu helfen: Er plaziert im Altholz ein Sitzkissen in das Wurzelgestühl einer mächtigen Buche und steckt einige Birkenreiser als Deckung davor. Dieses bringt dem Rehjäger dann wieder den ersehnten Anblick. Besonders in der späten Morgensonne bummeln Rehe dort gern umher.
Zum **Pirschen** gehört eine gewisse Reviergröße. Aber wenn der Jäger morgens nach dem Frühansitz ▶

NASENFORM UND STELLUNG DER ROSENSTÖCKE BILDEN EINEN ALTERSANHALT

Dünn und nach innen gerichtet sind die Rosenstöcke dieses zweijährigen Gabelbockes. Der Nasenrücken ist schmal und hochgewölbt.

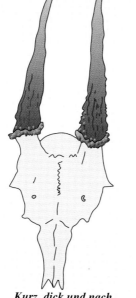

Kurz, dick und nach außen gerichtet sind die Rosenstöcke dieses alten Spießers. Die Nase ist breit und flach geworden.

Zeichnung oben: Im Alter von vier oder fünf Jahren schwindet die Kunde im vorderen Teil des ersten Molars.

Zeichnung links: Die Stellung und Stärke der Rosenstöcke und die Breite und Wölbung des Nasenknochens sind Kriterien, um das Alter grob zu schätzen.

Zeichnung: J. Bindseil

Foto: Dr. P. Meyer

Ausschlagebend ist der Wind, nicht die Höhe einer Kanzel. Vor dem Ansitz prüft der Rehjäger ihn und entscheidet sich dann für seinen Sitzplatz. Er bezieht ihn gut eine Stunde vor dem erwarteten Austreten der Rehe.

pirschensteht, sich also langsam und leise, immer mal wieder für längere Zeit verweilend, vorwärtsschiebt, genügen für eine solche Pirsch auch 50 bis 60 Hektar. Die Kilometerfresser beim Pirschen vertreten viel mehr, als sie in Anblick bekommen. Ein auf der Pirsch erlegtes Reh zeugt natürlich von höherem jagdlichen Geschick als ein Abschuß über die Kanzelbrüstung. Der Jäger wird auf der Pirsch bisweilen stehend freihändig und schnell auf kurze Entfernung schießen. Darin liegt

der besondere Reiz der Pirsch. Unentbehrliches Hilfsmittel – insbesondere in der Feldmark – ist ein **Zielstock**. Er erlaubt dem Jäger, überall und sofort anzustreichen. Bäume, Koppelfähle etc. sind ja nicht immer passend vorhanden. Gut daumenstarke, zirka 1,5 bis zwei Meter lange Haselnuß- oder Hartholzstecken lassen sich leicht beschaffen. Das untere Ende des Zielstocks wird mit einem Gummifuß versehen. Dieses hat zwei Vorteile. Einmal läßt sich der Stock leise aufsetzen, zum an-

deren wird das Holz nicht so stark abgenutzt. Ein führiger und erfahrener Jagdhund – gleich welcher Rasse, aber in möglichst gedeckter Farbe – ist ein idealer Begleiter des pirschenden Jägers. Denn er kann seinem Herrn bei der Pirsch gegen den Wind Wild anzeigen, lange bevor dieser es bemerkt.
Pirscht man zu zweit, geht vorne stets der „älteste Indianer", also der mit der besseren Orts- und Wildkenntnis, mit dem wacheren Auge, dem sichereren Tritt. Der Hintermann paßt sich an. Eine

gute, gemeinsame Pirsch, die gar Erfolg hat, bringt Jäger einander sehr nahe, näher als manches Bier.

BLATTJAGD

Die Lockjagd auf den Rehbock, das Blatten, ist in Deutschland stark verbreitet und äußerst be-liebt. Der Blattjäger lockt dabei mit Hilfe der Stimme des Wildes dieses heran. Das Fiepen der brunftigen Ricke wird vom Jäger mit dem Buchen- oder Flieder-blatt oder einem käuflichen Blat-ter nachgeahmt. So versucht er, den Bock zum Zustehen zu ver-anlassen. Windstille Tage gegen Ende der Brunft, also etwa die er-ste bis zweite Augustwoche, gel-ten als die beste Blattzeit. Die Brunft ist fortgeschritten, die Reh-

Die Birkenstämme leuchten hell. So fallen hier Gesicht und Hände des Jägers nicht auf.

Foto: Archiv JAGER

Ein firmer Jagdhund ist dem Jäger bei Äser- oder Laufschüssen ein unentbehrlicher, bei Totsuchen ein zuverlässiger Helfer.

böcke suchen nach weiteren brunftigen Ricken oder Schmalrehen. Beim Zustehen verhalten sich die Böcke sehr verschieden. Der eine springt stürmisch und schnell, der andere läßt sich viel Zeit und zieht langsam sowie geräuschlos gegen den Wind, der dritte reagiert offenbar gar nicht auf die verlockenden Töne.

Beim erfolgreichen **Blatten** ist stets die Nähe des Bockes der entscheidende Faktor, zumal er auf den Meter genau die Stelle anstrebt, wohin er gerufen wird. Übersichtliche Alt- und Stangenhölzer sind als Blattorte zu empfehlen. Gute Deckung, freies Schußfeld und langsame Bewegungen des Jägers beim Griff zu Glas und Büchse bringen Erfolge. Der erfahrene Blattjäger achtet sehr darauf, daß er die Böcke nicht verblattet: So wird er nur sparsam blatten, seinen Stand mit Bedacht wählen und ihn nicht schon ungeduldig nach zehn Minuten verlassen. Häufig verführt der Anblick des herangeblatteten Bockes den Jäger zu raschem Schuß. Das kostet so manchen Bockjüngling das Leben. Der erfahrene Bockjäger handelt aus diesem Grund zwar schnell, aber nicht unüberlegt. Er ist, bei aller Freude, daß er den roten Bock überlistet hat, stets bemüht, ihn sorgfältig anzusprechen.

Während der Blattzeit lohnt auch das **Plätzen**. Hierbei ahmt man die Geräusche nach, die vom Bock beim Plätzen mit den Vorderläufen in der Laubstreu und dem Schlagen mit dem Gehörn im Gesträuch verursacht werden. Die Deckung des Rehjägers muß dabei besonders gut gewählt und der Bock sehr nahe sein. Dies ist ein weiteres Beispiel dafür, wieviel Sorgfalt der erfahrene Blattjäger auf die Auswahl eines geeigneten Blattstandes verwendet.

DRÜCK- UND STÖBERJAGDEN

Bei Gesellschaftsjagden können Rehe durchaus wirkungsvoll und artgerecht bejagt werden. So kann etwa ein kleiner Kreis von Jägern weiträumig einen Reheinstand abstellen. Ein oder zwei spurlaut jagende Dackel bringen dann die Rehe in Bewegung. Diese kontrollieren ihre kleinen Verfolger recht genau, verhoffen immer mal wieder und bieten so mehrfach gute Gelegenheit zum Ansprechen und Schuß.

Die größeren Drück- und Stöberjagden auf Rot- und Schwarzwild können ebenfalls der Rehbejagung dienen. An diesen Tagen werden durch den Einsatz der schnellen, spurlauten Wachtel und Terrier auch die kleinen Familienverbände der Rehe gesprengt. Der Jagdleiter wird Einfluß nehmen, indem er die Bejagung ausgewachsener, starker Rehe für die Schützen zeitlich oder örtlich beschränkt. Auf diesen Jagden muß ja nicht jede Ricke, die einzeln und versprengt dahergetrollt kommt, geschossen werden; es sei denn, der Abschuß hinkt noch beträchtlich hinter dem Soll her. Bei wohl organisierten Drück- oder Stöberjagden werden dann abends neben dem Hochwild auch mehrere ausgewählte Rehe auf der Strecke liegen. Wenn zuvor eine zeitgerechte Bejagung im Revier stattfand, ist diese Form der Rehwildbejagung eine Art Nachlese.

WAFFE UND KALIBER

Die Waffenwahl für die Rehbejagung ist eine Geschmacksfrage. Mancher Jäger möchte das ganze Jahr über nur mit einer kombinierten **Waffe** jagen und gilt im Kreise seiner Freunde nicht umsonst als verläßlicher, sicherer Schütze. Beim Kugelkaliber wird er einen Kompromiß suchen. Denn eine gleichgute Eignung für das schwache Kitz von acht Kilogramm aufgebrochen und den dicken Keiler von 100 Kilogramm kann man von keinem Geschoß verlangen. Der Waffennarr kauft sich eine Extra-Büchse für die Rehe. Vor Augen steht dann eine leichte Kipplaufbüchse oder ein führiger, kurzläufiger Stutzen im **Kaliber** von 5,6 bis 6,5 Millimeter. Hier ist erhöhte Präzision gegeben; der Rehjäger kann auch schon mal etwas weiter hinlangen.

Aber auch für die stärkeren Kaliber wie 7 oder 8 Millimeter werden heute spezielle Rehwildlaborierungen gefertigt. Leichte **Geschosse** von sechs bis neun Gramm sind dabei üblich. Um Rehe gut verwerten zu können, will man der Hausfrau ja die großen Blutergüsse ersparen, welche die superschnellen „Bleistiftgeschosse" nun einmal mit sich bringen. Also werden Pulverart und -menge auf eine Geschoßgeschwindigkeit an der Mündung (= V_0) von 600 bis 700 Meter pro Sekunde abgestimmt. Der Ungarnjäger im Mai wird allerdings höhere Werte für Weitschüsse brauchen, die in der Feldmark häufig notwendig werden.

Als **Geschoßform** kann bei den Rehlaborierungen das Teilmantel-Spitzkopfgeschoß mit gutem Gewissen empfohlen werden. Große Energieabgabe und Zerlegungsbereitschaft im Wildkörper sind beim Reh nicht erforderlich. Außerdem hält der Jäger so den Ausschuß im Regelfall möglichst klein. Es bedarf also keines Spezial-Teilmantelgeschosses.

FACHLITERATUR

Die Literatur über das Rehwild ist umfangreich. Sie spiegelt den Widerstreit der Meinungen wieder, den es hinsichtlich der Rehhege gibt. Einige markante Werke verschiedener Meinungsrichtungen werden herausgegriffen:

1. Raesfeld, Ferdinand von – Das Rehwild (1. Auflage 1905) Der Forstmann und Jagdschriftsteller aus westfälischem Uradel schuf diesen „Klassiker", der im Laufe dieses Jahrhunderts mehrfach überarbeitet wurde. Das Werk hat seit 1905 insgesamt neun Auflagen erlebt. Die gegenwärtige Fassung (1985) entspricht in einigen Fragen nicht mehr dem Stand des derzeitigen Wissens.

2. Bayern, Herzog Albrecht von und Jenke Herzogin von Bayern – Über Rehe in einem steirischen Gebirgsrevier (1. Auflage 1975) Hier handelt es sich um einen prächtigen Bildband. Die Fotos der Herzogin illustrieren die neuen Erfahrungen eines bescheidenen Praktikers, der die Rehe in seinem Revier sehr gut kennt.

3. Hespeler, Bruno – Rehwild heute (1. Auflage 1988) Das Buch ist mit spitzer, mutiger Feder eines Fachjournalisten und Rehkenners geschrieben. Anhand fundierter Beobachtungen entwickelt der Autor viel neues Gedankengut, das zur Diskussion über Rehe anregt. Sie ist wünschenswert.

4. Osgyan, Wolfram – Rehwild Report (1. Auflage 1989) Der Verfasser schildert die Hegeerfolge *Franz Riegers*, aus dessen Revier Deutschlands stärkstes Rehgehörn stammt. *Riegers* Konzept beruht auf vier Säulen: dem Markieren von Rehen, der Hege mit der Büchse, der Äsungsverbesserung und der rehwildgerechten Fütterung. Das Buch enthält viele interessante Erfahrungen eines Praktikers, der neue Wege der Rehhege beschritten hat, die aber nicht in allen Revieren nachzuvollziehen sind.

5. Sieber, Alfred – Richtig Blatten auf den roten Bock (1. Auflage 1984) Das Taschenbüchlein zeichnet sich durch viele Tips aus der Praxis aus. Außerdem erhält man mit ihm eine Tonband-Kassette zum Üben daheim.

Foto: K. Schendel

Eindrucksvolles Portrait eines knuffigen Bockes. Welches Jägerherz schlägt da nicht höher?

JÄGER & PRAXIS

KURZ & BÜNDIG

4

GAMS- & MUFFELWILD: LEBENSWEISE ★ KRUCKE UND SCHNECKE ★ ANSPRECHEN ★ BERGJAGD ...

EINE BEILAGE DER ZEITSCHRIFT JÄGER

JAGDZEITEN

In **Österreich** werden pro Jagdjahr etwa fünfmal soviel Gams geschossen wie in der Bundesrepublik. Viele Jäger reisen aus diesem Grund in unser Nachbarland, um dort einen Gamsbock zu strecken. Die Schußzeit auf **Gamswild** ist in den einzelnen Bundesländern Österreichs ähnlich geregelt wie in der bundesdeutschen Verordnung vom 2. April 1977. So beginnt sie zumeist am 1. August. In Nieder- und Oberösterreich dürfen allerdings Gamsböcke der Klasse III beziehungsweise Gamswild der Jugendklasse schon ab dem 1. Juli erlegt werden. Die Jagd auf Gams endet in Österreich – mit zwei Ausnahmen – am 31. Dezember. In Salzburg und Tirol – allerdings nicht im Bezirk Lienz – beginnt die Schonzeit bereits Mitte (am 15.) Dezember. Da die Hauptbrunft im Hochgebirge im November stattfindet, wird der waidgerechte Jäger den Gamsabschuß in seinem Revier bis Ende dieses Monats erfüllt haben. Das Wild hat so mehr Ruhe. Außerdem kann der Dezember in den Alpen häufig schon zur reinen Notzeit werden. Und Notzeit ist Hege-, nicht Jagdzeit.

Karl Krautwurst tritt seit längerem dafür ein, die Jagdzeit auf **Muffelwild** freiwillig zu verkürzen. Seiner Ansicht nach bestehen verschiedene Gründe dafür, einerseits Muffelwidder nur in der Zeit vom 1. September bis zum 31. Januar zu bejagen und andererseits auf Schafe sowie Lämmer nur vom 1. September bis zum 31. Dezember zu waidwerken: Die Widderdecke zeigt im August nämlich erstens noch nicht die prächtige Färbung wie zur Brunftzeit. So ist speziell der Sattelfleck dann nicht voll ausgeprägt. Zweitens setzen sich Schneckenwachstum und Ausbilden der Schmuckwülste – besonders bei jungen Widdern – noch bis in den August hinein fort. Die Schafe sind drittens bereits Ende Januar hochbeschlagen und setzen teilweise schon ab Mitte März. Viertens sind schließlich in vielen anderen europäischen Ländern mit Muffelwildvorkommen die Jagdzeiten aus wildbiologischen Gründen generell vom 1. September bis zum 31. Januar festgesetzt. Und ein fünftes sowie letztes Argument besteht darin, daß der Jagddruck auf Mufflons gesenkt würde.

VERORDNUNG ÜBER DIE JAGDZEITEN VOM 2. APRIL 1977
(Bundesgesetzgebung)

Gams- und Muffelwild
Gamswild: vom 1. August bis zum 15. Dezember   **Muffelwild:** vom 1. August bis zum 31. Januar

JAGDZEITEN GEMÄSS LANDESVERORDNUNGEN

BADEN-WÜRTTEMBERG
Keine Abweichung von der „Verordnung über die Jagdzeiten vom 2. April 1977"

BAYERN
Keine Abweichung von der „Verordnung über die Jagdzeiten vom 2. April 1977"

BRANDENBURG
Gamswild: Keine Abweichung von der „Verordnung über die Jagdzeiten vom 2. April 1977"
Muffelwidder: vom 1. August bis zum 28. Februar
Muffellämmer: vom 1. August bis zum 28. Februar

BREMEN
Keine Abweichung von der „Verordnung über die Jagdzeiten vom 2. April 1977"

HAMBURG
Keine Abweichung von der „Verordnung über die Jagdzeiten vom 2. April 1977"

HESSEN
Keine Abweichung von der „Verordnung über die Jagdzeiten vom 2. April 1977"

MECKLENBURG-VORPOMMERN
Keine Abweichung von der „Verordnung über die Jagdzeiten vom 2. April 1977"

NIEDERSACHSEN
Keine Abweichung von der „Verordnung über die Jagdzeiten vom 2. April 1977"

NORDRHEIN-WESTFALEN
Keine Abweichung von der „Verordnung über die Jagdzeiten vom 2. April 1977"

RHEINLAND-PFALZ
Keine Abweichung von der „Verordnung über die Jagdzeiten vom 2. April 1977"

SAARLAND
Keine Abweichung von der „Verordnung über die Jagdzeiten vom 2. April 1977"

SACHSEN
Gamswild: Keine Jagdzeit
Muffelwild: Keine Abweichung von der „Verordnung über die Jagdzeiten vom 2. April 1977"

SACHSEN-ANHALT
Keine Abweichung von der „Verordnung über die Jagdzeiten vom 2. April 1977"

SCHLESWIG-HOLSTEIN
Keine Abweichung von der „Verordnung über die Jagdzeiten vom 2. April 1977"

THÜRINGEN
Keine Abweichung von der „Verordnung über die Jagdzeiten vom 2. April 1977"

Stand: August 1995 (alle Angaben ohne Gewähr).

INHALT

Das Pirschen auf den brunftigen
Gams garantiert uriges Jagen.

Foto: St. Meyers

Älterer Widder mit nicht „ausge-
fransten" Schneckenspitzen.

Impressum: **JÄGER & PRAXIS** KURZ BÜNDIG Gams- und Muffelwild. Eine Beilage der Zeitschrift **JÄGER** Titelfotos: M. Danegger und H. Reinhard

Jahr-Verlag GmbH & Co.
Jessenstraße 1
22767 Hamburg
Tel. 040 / 38 90 60
Fax 040 / 38 90 63 05

Verleger:
Alexander Jahr

Redaktion: Dr. Rolf Roosen

Fachberater: Dr. Karoline
Schmidt, IWJ Wien (Gams-
wild), Karl Krautwurst, Walter Bachmann, Dr. Friedrich
Türcke (Muffelwild), Dr. Albrecht von Braunschweig

Titel/Layout: Werner Rabe,
Dagmar Röhrbein

Herstellungsleitung:
Helmut Post, Brunhild Sudmann (Stellv.)

Druck: Busche, Dortmund

Lithographie: Repro- und
Satztechnik Gass, Hamburg

Vertriebsleitung: Peter Lüdemann

Copyright: Jahr-Verlag GmbH
& Co., Hamburg 1995

DAS GAMSWILD

Die Gamsjagd steht seit jeher nicht nur bei Alpenbewohnern hoch im Kurs. Der Gams ist ein faszinierendes Wild: Seine Sprungkraft ist erstklassig, sein Klettervermögen hervorragend, seine Schneesicherheit ungewöhnlich. Gamswild äugt und windet ausgezeichnet. Nicht nur deshalb ist die Gamspirsch eine jagdliche Herausforderung, wie es sie in unserer Kulturlandschaft sonst kaum mehr gibt.

Foto: M. Danegger

Ein langer Pinsel spricht immer für einen älteren Gamsbock.

Das soziale Verhalten der Gams ist recht flexibel: Den Bedingungen angepaßt, leben sie sowohl in großen Rudeln als auch als Einzeltiere. Darin gründet ihr Erfolg. So sind sie gegenwärtig stärker denn je verbreitet.

Foto: M. Danegger

Foto: M. Rogl

Der Winter hat an der Baumgrenze Einzug gehalten, wenn die hohe Zeit des Gamswildes beginnt. Die Jagd während der Brunft ist sicher die Krone des Waidwerks auf Gams. Der Jäger erlebt dann urige Situationen: Die hochbrunftige Gais „steht". In seiner Erregung steckt der Bock seinen Lecker weit aus dem Äser heraus.

Das Gamswild gehört zoologisch weder zu den Schafen, noch zu den Ziegen (hierzu rechnet der Steinbock), noch zu den Antilopen.

STELLUNG IM ZOOLOGISCHEN SYSTEM

Sein zoologischer Stammbaum schaut vielmehr wie folgt aus:

Stamm:	Wirbeltiere
Klasse:	Säugetiere
Ordnung:	Paarhufer
Unterordnung:	Wiederkäuer
Familie:	Hornträger
Unterfamilie:	Gemsenartige
Art:	Gams.

Im Unterschied zum Muffel- haben beim Gamswild grundsätzlich beide Geschlechter Hörner.

VERBREITUNG

In Vorderasien lebt Gamswild im Pontusgebirge, im Taurus und Antitaurus, in **Europa** in den Alpen (= Hauptvorkommen), Pyrenäen, Karpaten, der Hohen Tatra, den Abruzzen sowie in den Gebirgen des Balkans. Teilweise handelt es sich hierbei um verschiedene Rassen mit unterschiedlichem Aussehen. So ist zum Beispiel die Karpatengams im Winter schwarz gefärbt, die Abruzzengams dagegen bräunlich – vermischt mit gelbbraun.

Im Schwarzwald, der Schwäbischen Alp, im Elbsandsteingebirge, in den Vogesen sowie im Schweizer und Französischen Jura sind erfolgreich **Auswilderungen** durchgeführt worden; ebenso im Altvatergebirge und in der Niederen Tatra. Der neue Lebensraum mit Bergwäldern, felsigen Steilhängen sowie einem reichen Äsungsangebot sagte dem Wild zu. Es hat sich überall gehalten und vermehrt. Seit einigen Jahren lebt Gamswild auch im Flachland (Allgäu). In Neuseeland wurden um die Jahrhundertwende zirka zehn Gams ausgesetzt. Sie vermehrten sich ganz rapide und wurden dann als „Schädlinge" verfolgt.

In der Bundesrepublik sind im Jagdjahr 1993/94 über 6.000, in Österreich knapp 30.000 Stück Gamswild erlegt worden.

LEBENSRAUM

Gams sind Bewohner des Hochgebirges. Sie kommen dort in der

oberen Waldregion vor, jedoch auch darüber – in Arealen mit alpinen Rasen, Schotterfluren sowie Zwergstrauchgesellschaften. In den Zentralalpen lebt Gamswild zum Teil ganzjährig oberhalb der Waldgrenze (= **Gratgams**). In den deutschen Alpen bevorzugt es während des Sommers Einstände in den Hochlagen sowie in der „Kampfzone" des Bergwaldes. Im Winter zieht es dann entweder in die tiefer gelegenen Waldregionen oder auf steile, sonnenseitige und apere Hänge. In den Vorbergen mit Höhenlagen unterhalb der Baumgrenze gibt es reine **Waldgams**. In den Lebensräumen der Waldgams sind allerdings zumeist Felseinsprengungen vorhanden. **Äsung, Deckung und Ruhe entscheiden darüber, wo der Gams seinen Einstand sucht.**

Als zähe und widerstandsfähige Säugetiere wird Gamswild – bis auf Kitze – kaum durch Kälte und Schnee gefährdet. Lawinen- und Steinschläge reißen jedoch manche Gams in den Tod.

KÖRPERGEWICHT, HAAR, LAUTE

Gamsböcke wiegen aufgebrochen durchschnittlich zwischen 20 und 35, Gaisen zwischen 18 und 25 Kilogramm. Im Sommer trägt der Gams eine gelblich-graue bis fahlgelbe Decke mit einem dunklen Aalstrich auf dem Rücken (vom Haupt bis zum Wedel). Im Winter ist die Decke dunkelbraun bis fast schwarz. Dann ist auch das Oberhaar besonders lang, und das Unterhaar sehr dicht. Die Barthaare auf dem Rücken längs des Aalstreifes sind beim Bock im Hochwinter teilweise über spannenlang,

Ein braver Platzbock in Positur: Blädernd und mit aufgestelltem Wachler droht er seinen Rivalen, er „imponiert" ihnen.

zum Teil haben sie deutlich sichtbare, helle Haarenden, den sogenannten Reif. Am längsten sind diese Haare am Hinterrücken. Sie liefern den Gamsbart. Augenfällig ist sommers wie winters die helldunkle Gesichtsmaske. Der dunkel gefärbte Backenstreifen, Zügel genannt, erstreckt sich von den Lichtern bis zum Äser. Kohlgams sind – mit Ausnahme einer weißen Blesse auf der Stirn – vollkommen schwarz. Sie gelten als Mutation. Kohlgams sind nur im Winter auffällig. Im Sommerhaar sind sie bloß für den wirklichen Gamsspezialisten vom normal gefärbten Gams zu unterscheiden.

Gamswild verhärt ab etwa Anfang Mai bis spätestens Ende Juni. Bereits Ende August beginnt beim Gams der Wechsel vom Sommer- zum Winterhaar. **Gams in guter Kondition verhären stets vor schwachen Stücken.**

Gams verfügen über ein großen Gesichtskreis (wegen der – etwa im Vergleich zum Reh – weit seitlich stehenden Lichter), zudem über ein gutes Bewegungssehen. Sie winden ausgezeichnet und vernehmen sehr gut. Der Jäger wird vornehmlich auf den Wind achten und möglichst lautlos pirschen. Gebietsfremde Geräusche – wie zum Beispiel das Anschlagen der Metallspitze eines Bergstocks auf Stein (= Gamsglockenläuten) – lassen Gams sehr schnell flüchten. Natürliche Geräusche spielen im Hochgebirge dagegen keine große Rolle: Hier gehen im-

Foto: M. Rogl

mer einmal wieder Steine ab usw. Das Gamswild erträgt sie häufig ohne Reaktion.

Gaisen vermögen über 20 Jahre alt zu werden, Böcke werden dies so gut wie nie.

Der **Warnlaut** ist ein scharfer Pfiff. Er wird in verschiedenen Tonlagen gemeckert. Beim Bock nennt man ihn während der Brunft Blädern. Der Kontaktlaut zwischen Gais und Kitz ist ein verhaltenes Meckern.

LOSUNG

Die Losung des Gamswildes ist Ziegenkot sehr ähnlich und kann von ihr nicht mit Sicherheit unterschieden werden. Gamslosung ist leicht oval, manchmal beinahe kugelförmig (Durchmesser pro Kugel zirka eineinhalb Zentimeter). Nur im Frühjahr – bei der Nahrungsumstellung – wird sie in zusammengedrückter Form abgesetzt, sonst zerfällt sie.

FÄHRTE

Im Unterschied zum übrigen Schalenwild sind die Schalenabdrücke eines Laufes nicht geschlossen: Sie weisen einen größeren Zwischenraum auf. Die Trittsiegel des Gamswildes wirken keilförmig zugespitzt und lang gestreckt. Die derben, weit spreizbaren Schalen sind Schneeschuhen vergleichbar: Sie erleichtern etwa das Ziehen auf Schneefeldern.

LEBENSWEISE

Gams sind ausgesprochene **Tagtiere**. Aufgrund massiver Störungen – etwa durch Touristen – können sie jedoch nachtaktiv werden. Sie ruhen unter Tag

bei starker Sonneneinstrahlung meist in schattigen Felsregionen.

Die großen **Gamsrudel** bestehen den Sommer und Herbst über bis zur Brunft aus Gaisen, Kitzen und Jährlingen. Böcke stehen bei diesen Rudeln nur ausnahmsweise, und wenn dies einmal der Fall ist, sind es jüngere. Gamsrudel haben in den ruhigeren Revierteilen (= Gamsmutter oder Gamshoamatl) ihren Einstand. Sie sind keine starren Einheiten, ihre Zusammensetzung wechselt häufig. Den Kern eines Rudels bilden immer Gamsgaisen und Kitze.

Das Rudel wird von einer **Leitgais** geführt. Während der Setzzeit (im Mai) lösen sich die Rudel auf. Die Gaisen sondern sich ab und dulden nicht einmal die Vorjahreskitze bei sich.

FÄHRTE DES GAMSWILDES

Zeichnung: J. Bindseil nach P. Bang und P. Dahlström, 1972

Zwischen den Schalenabdrücken des Gamswildes befindet sich stets ein großer Zwischenraum. Das Trittsiegel wirkt keilförmig und lang gestreckt.

Die jüngeren bis mittelalten Böcke im Alter von drei bis fünf Jahren bilden in den Sommertagen, der Feistzeit, kleinere Trupps (= **Junggesellenrudel**). Sie halten sich fern vom Scharwild. **Ältere Böcke** (sieben- bis zwölfjährig) sind meistens Einzelgänger. Bisweilen stehen sie auch zu zweit oder – seltener – zu dritt zusammen.

Gams sind bewundernswerte Kletterer und Springer. Sie zeigen auf der Flucht hohe Gewandheit und Schnelligkeit. Die harten sowie scharfrandigen Schalen, welche auffallend weit gespreizt werden können, ermöglichen dem Gamswild, Steilhänge und schwierige Felspartien leicht zu überwinden. Dieses wird durch die weichen, haftenden Ballen unterstützt.

Im Winter wechselt der Gratgams wegen der Äsung in die tiefer gelegenen Bergwälder oder lichteren Bestände der Täler. Findet er jedoch oben abgewehte Grate oder nach Lawinenabgang freie Hänge, bleibt er durchaus dort. Während der Flucht verhofft das Gamswild immer wieder – sogenanntes „Haberl machen" – und sichert zur Unruhequelle zurück. Vielfach endet die Flucht auf Felsvorsprüngen oder an Gegenhängen, von denen aus es das Gefahrengebiet mit den Lichtern kontrollieren kann. Die Fluchtdistanz ist je nach dem Beunruhigungsgrad in einem Revier recht unterschiedlich. Sie hängt auch von der Art der Störung ab. Regelmäßige Störungen wirken auf das Gamswild weniger beunruhigend als plötzlich und unkalkulierbar auftretende. So schaden – um ein Beispiel zu nennen – Touristen auf festen Bergwanderwegen deutlich weniger als Paragleiter.

Gams sind
während der mei-
sten Zeit des Jah-
res sehr gesellige
Tiere, die sich
größtenteils in
Rudeln zusam-
menschließen.
Kitze und Gaisen
haben dabei stets
den engsten Zu-
sammenhalt.

Foto: M. Rogl

WILDBIOLOGIE

KRANKHEITEN

Das Gamswild ist besonders durch **Gamsräude** und **Gamsblindheit** bedroht (siehe Sonderteil „Wildkrankheiten"). Während des Spätherbstes und Winters kann es zu **Lippengrind** (= Papillomatose) kommen: Es bilden sich vornehmlich am Windfang, am Geäse und zwischen den Schalen warzenförmige Wucherungen. Befallene Stücke können oft nicht mehr ausreichend Äsung aufnehmen und magern stark ab oder verhungern. Sie sind zu schießen.

Ein recht zuverlässiger **Weiser für den Gesundheitszustand** eines Stückes ist **die Decke**. Spät verhärende Stücke wird der waidgerechte Jäger erlegen.

BRUNFT UND NACHKOMMEN

Hauptbrunftmonat ist im Hochgebirge der gesamte November. Dauert die **Brunft** auch im Dezember noch deutlich an, bedeutet dieses: Entweder handelt es sich um Ausnahmeerscheinungen oder die Bestände zeichnen sich durch ein ungünstiges Geschlechterverhältnis aus. Es gibt dann zu wenig reife Böcke und einen zu großen Überhang an Gaisen.

In tieferen Lagen beginnt und endet die Brunft früher. Gamsböcke beteiligen sich erstmalig im Alter von drei bis vier Jahren aktiv am Brunftgeschehen; es sei denn, es fehlt an alten wie mittelalten Böcken. Gaisen werden überwiegend erst ab dem dritten Lebensjahr beschlagen. Im Einzelfall kann dieses jedoch bereits bei Jährlingsgaisen geschehen.

Anzeichen für den Brunftbeginn bestehen darin, daß die Böcke ihre Einstände verlassen und an Stellen erscheinen, wo der Jäger sie zuvor nicht beobachten konnte. Dann gesellen sie sich allmählich zu den Rudeln.

Der **Platzbock** hält sein Rudel nicht so stark zusammen wie der Platzhirsch. Der Platzbock verhält sich auch anders als der Rothirsch: Gamsböcke kämpfen nicht Horn an Horn (= „Energiesparmaßnahme"). Die Krucken werden nur im „Übereifer des Gefechts" benutzt und dann in die Weichen des Gegners gestoßen. Der Streit wird

zunächst mit Drohgebärden ausgetragen, häufig auf weite Entfernung (mehrere hundert Meter). Jeder will größer sein als der andere: Der Gamsbart wird aufgestellt, der Kopf hochgestreckt. Oft entscheiden sich Auseinandersetzungen bereits in dieser Phase. Anderenfalls attackiert ein Bock den Rivalen, der in rasender Flucht davonstürzt. Es kommt zu einer wilden Hetzjagd, zunächst bergab, dann im Halbkreis wieder bergauf. Wenn beide Böcke etwa gleich stark sind, kann sich das Blatt wenden: Der gejagte Gamsbock wirft sich herum und verfolgt nun seinen Verfolger. Diese wechselseitigen Hetzjagden dauern so lange, bis einer der beiden Kontrahenten aufgibt.

Foto: Cl. Morerod

Bei Gamswild, das sich lebhaft hetzt, handelt es sich zumeist um Böcke. Gaisen, die nicht mehr oder noch nicht brunftig sind, trollen nur vor dem Bock weg. Sind sie brunftig, lassen sie sich ohne Widerstand beschlagen.

Die Böcke sind während der Brunft außerordentlich lebhaft und sehr viel auf den Läufen. Sie können bis zu einem Drittel ihres Gewichtes verlieren. Ein Bock, der in der Vollfeiste (September) noch über 30 Kilogramm gewogen hat, kann bis auf 20 herunterkommen. Nach einer **Tragzeit** von 24 bis 26 Wochen werden in der Regel ein, äußerst selten zwei Kitze gesetzt. In den ersten Lebenswochen haben sie noch keinen arteigenen Geruch, eine Schutzmaßnahme gegen Freßfeinde, wie zum Beispiel den Fuchs.

Kitze werden etwa sechs Monate lang gesäugt, also praktisch die gesamte Jagdzeit über. Ein naßkaltes Frühjahr (= **Setzzeit**) führt zu sehr hoher Kitzsterblichkeit. Dieses gilt insbesondere bei späten Schneefällen Ende Mai oder Anfang Juni, was in den Bergen häufig vorkommt. Auch Adler und Kolkrabe schlagen manches Kitz.

Hetzjagden spielen sich vornehmlich zwischen ungefähr gleichstarken Böcken ab. Sie dauern bisweilen minutenlang.

Foto: St. Meyers

Der Zusammenhalt von Gais und Kitz ist sehr eng. Im Ziehen oder in der Flucht folgt das Kitz dicht hinter der Gais oder hält sich unmittelbar neben ihr. Bei Gefahr stellt es sich zwischen die Läufe des Muttertieres.

ÄSUNG

Im Sommer äsen Gams vor allem Gräser, verschiedene Kleearten sowie Kräuter der Bergmatten; im Winter Lahnergras als „Naturheu", Baumflechten und Knospen von Laubbäumen und Zwergsträuchern, aber auch Triebe von Nadelhölzern. Gamswild ist im Sommer eher „Konzentratselektierer", im Winter dagegen mehr „Rauhfutterfresser". Es äst nicht flächig, sondern wählt einzelne Pflanzen oder deren Teile aus.

Fütterungen spielen beim Gamswild keine Rolle. Das gründet nicht darin, daß Gams sie nicht annehmen. Vielmehr entbehren sie im Gebirge jeglicher Tradition und wären in den meisten Gamsgebieten auch nur schwer durchführbar.

Gamswild kann im alpinen Schutzwald beziehungsweise überhaupt im Wald beträchtliche Schäden durch **Verbiß** anrichten. Bevorzugt verbeißt es Verjüngungen, besonders der Weißtanne.

▶

KRUCKEN UND BRUNFTFEIGEN

Männliche und weibliche Gams tragen schwarz gefärbte, oben nach hinten gehakelte, also gekrümmte, Krucken. Dabei handelt es sich um hohle Hornschläuche, die auf Stirnzapfen sitzen und nicht abgeworfen werden. Bei ausgewachsenen Stücken füllt der Stirnzapfen die Höhlung des Schlauches beinahe aus. Der Hohlraum ist mit einer blutähnlichen Flüssigkeit gefüllt. Bei jüngeren Stücken ist dieser recht groß. Jedes Jahr wird eine neue Horntüte gebildet, welche die des Vorjahres nach oben schiebt. Es handelt sich also um ein Basiswachstum, da die älteren Schichten von den jüngeren vorangeschoben werden.

Die **Krucke** wächst im großen und ganzen von Mai bis Dezember. Die der reifen Gams ist zwischen 21 und 26, bei Spitzentrophäen bis zu 32 Zentimeter lang. (Zum Vergleich: Der Lauscher hat in der Regel eine Länge von acht Zentimeter lang.) Beim frischgesetzten Gamskitz ist die Stelle, an der sich später die Krucke entwickelt, zunächst nur mit Haaren überwachsen. Im zweiten Lebensmonat trägt es bereits kleine, stumpfe Hornkegel (= Jugendhorn). Im Laufe des ersten und am Beginn des zweiten Lebensjahres bilden sich die Hornkegel zur fertigen Kruckenspitzen aus. Im zweiten Jahr kommt es in aller Regel zum stärksten Längenwachstum der Krucke. In diesem Alter bekommt die Krucke einen richtigen Haken. Zuvor war sie nach hinten gebogen. Im dritten Lebensjahr fällt das Längenwachstum meist schon deutlich geringer aus. Es nimmt bis zum fünften Jahr ständig ab. Das Haupt-

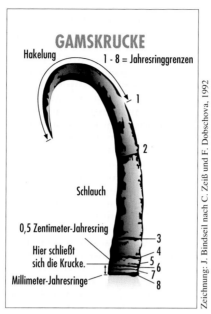

Die Jahresringe der Krucken ermöglichen die Altersbestimmung.

Zeichnung: J. Bindseil nach C. Zeiß und F. Dobschova, 1992

wachstum ist beendet. Zwar wird auch in den folgenden Jahren neue Hornmasse gebildet, aber die jährliche Zunahme beläuft sich nur auf ein bis zwei Millimeter.

Seite 111/112). In der Praxis zählt man zur **Altersermittlung** die deutlich abgesetzten Millimeterringe und addiert fünf Jahre hinzu, um das Gesamtalter zu erhalten.

Die Krucken sind beim Bock stärker sowie gehakelter als bei der Gais: Die Kruckenspitzen der Gaisen weisen bei normaler Körperhaltung in aller Regel auf den Rücken- oder Keulenbereich, bei Böcken dagegen zumeist auf Träger oder Haupt. Aber Achtung: Es gibt gaiskruckige Böcke und bockkruckige Gaisen!

Hinter den Krucken von Gamsböcken und -gaisen befinden sich zwei Drüsen, die sogenannten **Brunftfeigen**. Sie sind mit einem scharfriechenden Talg gefüllt.

Gamswild – der Bock insbesondere während der Brunftzeit – setzt Geruchsmarken, indem es die Brunftfeigen mit schräggestelltem Kopf an verschiedenen Pflanzen reibt. Außerdem markieren Gams durch das sogenannte Hornen: Sie scheuern ihre Krucken ziemlich kraftvoll an Bü-

Die Lauscher sind zirka acht Zentimeter lang, und die Krucken?

Foto: M. Rogl

Portrait eines kapitalen Bockes. – Nach *Hespelers* Beobachtungen gibt es übrigens mehr bockkruckige Gaisen als umgekehrt.

Ab dem fünften Lebensjahr verengt sich die zuvor breite Kruckenbasis deutlich, die Krucke „schließt" sich. Zur Basis hin wirkt sie wie eingeschnürt. Ein Merkmal für Stücke, die älter als fünf bis sechs Jahre sind. Eine **Altersansprache** anhand der Trophäe ist also möglich (siehe auch

schen, stärkeren Ästen sowie Bäumen. Intensives Hornen an harzenden Pflanzen führt zu „Pechablagerungen" an den Krucken. Sie sind infolge ihrer Unregelmäßigkeit gut zu erkennen. Beim erlegten Stück können sie die Altersansprache erschweren.

HEGE

Die wichtigste Hegemaßnahme im Bergwald besteht im Schutz der Wintereinstände. Das größte Übel ist hier eindeutig der Massentourismus. Skitrassen und Seilbahnen, Wanderwege, Berghotels, Siedlungen und Gebirgsstraßen verändern den Lebensraum des Gamswildes nachteilig.

In den meisten gesunden Populationen gibt es einen leichten Gaisenüberhang. Das **Geschlechterverhältnis** liegt etwa bei 1:1,5 bis 3. Wird der Gaisenüberhang zu groß, führt dieses mit Sicherheit

dazu, daß sich die Brunft überlang hinauszieht. Die brunftenden Böcke sind dann in der Regel ziemlich ausgezehrt und laufen Gefahr, den Winter nicht zu überleben. Denn bei einem ausgeglichenen Geschlechterverhältnis kommen die Böcke weniger abgebrunftet durch den Winter; sie überstehen ihn leichter. Je mehr Böcke im Alter zwischen sechs und zehn Jahren vorhanden sind, desto kleinere Brunftrudel bilden sich. Dieses wirkt sich auf die Kondition der Böcke positiv aus.

Eine falsche Bejagungspraxis führt zwangsläufig zu überhöhten

Gamsbeständen. Dazu kommt es, wenn in Revieren, abgesehen von kranken Stücken, vornehmlich der Bock ab dem fünften Jahr aufwärts sowie einzelne Gaisen mit guten Trophäen geschossen werden. Die **Grundregeln naturgerechter Gamswildbejagung** sind dagegen: Hoher Jungwildabschuß mit einem deutlichen Schwerpunkt bei Kitzen und Jährlingen, größtmögliche Zurückhaltung in der Mittelklasse sowie Ernte des Altwildes.

Böcke mit gutem **Bart** stehen bei vielen Jägern hoch im Kurs, denn der Bart ist neben den Krucken als Trophäe äußerst begehrt. Die besten Bartböcke sind allerdings in aller Regel in der Vollkraft ihrer Jahre. Trophäe oder Schonen der gesündesten Böcke? – Die Verantwortung trägt der Gamsjäger, er entscheidet.

Als Abschußkriterium besitzen Krucken nur untergeordnete Bedeutung. Ausschlaggebend ist die **Kondition der Gams**. Nur starke und gesunde Stücke kommen durch den Winter. Geringes Gamswild wird bevorzugt bejagt. Im übrigen gelten Deformationen der Krucke – etwa durch Steinschlag – nicht als alleiniges Abschußkriterium.

ANSPRECHEN

Da männliches und weibliches Gamswild Krucken trägt, ist das Ansprechen nicht einfach, zumal die Gaiskrucke manchmal deutlich höher sein kann als die des Bokkes.

Fachgerechtes Ansprechen gehört zweifelsfrei zum schwierigsten Teil der Gamsjagd. Im Winter hat es der Jäger insoweit leichter, als ihm Sichtbarwerden von **Bart** (=

Foto: H. Trenkwalder

Die Trophäe einer reifen Gams ist dem Jäger ein Stück erlebte und eingefangene Bergwelt.

Foto: H. Reichl

Altersansprache geeignet. Sind diese Streifen an den Rändern verwaschen, also nicht mehr scharf von der hellen Grundfärbung des Gesichtes abgehoben, handelt es sich um ein wirklich altes Stück. Es befindet sich dann im zweiten Lebensjahrzehnt.

Kitze sind bis in den Spätwinter unverkennbar. Sie sind klein, die Krucken noch kaum entwickelt. Beim **Jährling** sind die Krucken halb- bis lauscherhoch. Kitze und Jährlinge stehen häufig im Scharl (= kleineren Rudeln von Gaisen und Jungwild). Hier läßt sich prima vergleichen: Die schwächeren Stücke, die mit schlechter Kondition, werden zuerst geschossen.

ALTERSERMITTLUNG

Wie erwähnt, bieten die **Krucken** eine Möglichkeit, das Alter einer Gams zu bestimmen: Die Jahresringe sind deutlich abgesetzt (siehe Seite 109). Pechkrucken können Schwierigkeiten bereiten, wenn man das Alter ermitteln will: Der Pechbelag kann die Jahresringe überdecken. Und es wäre unüb-

kein Alterszeichen) und **Pinsel** (ein langer Pinsel spricht für einen älteren Bock) eine Hilfe geben. Böcke haben meist eine runde Schlauchbasis, kräftigere Schläuche und eine stärkere Hakelung.

Die **Krucke** ist kein verläßliches Merkmal – abgesehen von den ersten drei Jahren –, um das Alter einer lebenden Gams anzusprechen. Denn ihre Höhe kann recht unterschiedlich ausfallen. Außerdem nimmt sie ab dem vierten Jahr nur beinahe unmerklich zu. Andererseits gilt:

Überragen die Krucken nicht die Lauscher, so handelt es sich immer um ein jüngeres Stück. Bei uralten Stücken sind die **Zügel** zur

Zeichnung: J. Bindseil nach S. J. Blaupot ten Cate, 1975

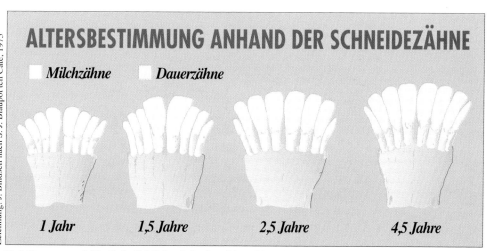

ALTERSBESTIMMUNG ANHAND DER SCHNEIDEZÄHNE

☐ *Milchzähne*   ☐ *Dauerzähne*

1 Jahr   *1,5 Jahre*   *2,5 Jahre*   *4,5 Jahre*

Bei Gams- und Muffelwild läßt sich das Alter bis viereinhalb Jahre aufgrund des Wechsels der Schneidezähne leicht und sehr sicher bestimmen. ▶

lich, ihn zu entfernen, weil man dann die Eigenart der Krucke zerstörte. Das Gebiß wird bei der Gams nur selten zur Altersermittlung benutzt. Wie bei Mufflons läßt sich das Alter auch anhand des Wechsels der **Schneidezähne** bestimmen. Dies ist bis zu einem Alter von viereinhalb Jahren die sicherste Methode.

BEJAGUNG
ANSITZ UND PIRSCH

Bejagt wird der Gams auf der Pirsch (beispielsweise auf Wald-gams), beim Ansitz (zum Beispiel in Mittelgebirgen) oder aber in Kombination. Während einer ganztägigen **Pirsch** sitzt man an geeigneten Plätzen eine Zeit lang an. In jedem Fall sind gute Kenntnisse über die Gewohnheiten des Wildes, seine Einstände

Der Bergstock dient nicht
nur als Schießhilfe, sondern
auch als Gehstütze. Ein Strick
erleichtert das Bergen einer
Gams bei Schnee.

Nicht Gummistiefel oder Moonboots haben sich bei der Bergjagd bewährt, vielmehr sind die guten alten Bergschuhe fürs Schrofen- und Felsgelände ideal.

Foto: H. Eisl

Foto: M. Danegger

der Gamspirsch der **Wind** eine wichtige Rolle. Außer der Hauptwindrichtung ist im Gebirge der Berg- und Talwind zu berücksichtigen. Der Bergwind – vom Berg zum Tal – herrscht meist nach Sonnenuntergang bis zum frühen Morgen, zudem ganztägig an Schattenseiten. Ausnahmen von dieser Regel gibt es allerdings vielfach: So geht der Wind in Talkesseln häufig im Kreis und ändert hier oft seine Richtung. Frühmorgens wird man jedoch zumeist bergauf pirschen. Pirschen auf Gamswild lohnt besonders während des Sommers zur Feistzeit, aber auch im November während der Brunft. An kühlen Tagen oder in den Frühstunden sind sonnenbeschienene Hänge hierzu gut geeignet. Ist es schwül, zieht Gamswild in höhere Lagen und steht oft schattenseitig.

Während einer Gamspirsch muß häufig in Situationen geschossen werden, die wenigstens für einen Flachlandjäger ungewöhnlich sind, nämlich liegend oder angestrichen am eingeklemmten Bergstock. Wer den Erfolg bei der Gamsjagd nicht leichtfertig aufs Spiel setzen will, der wird vorher den Schuß im Liegen üben. Denn ein solcher Schuß – dazu noch auf weite Entfernung – ist bei der **Bergjagd** gang und gäbe. Folgende Tips haben sich in rauher Praxis bewährt: Erstens ist auf gute Polsterung, durch Rucksack oder Kotze, zu achten. Zweitens sollte der Jäger nahe am Abzugsbügel auflegen. Und drittens hilft es, wenn der Schütze die Hand vom Lauf fernhält.

Im September sitzt man auf den dann seinen Einstand haltenden ▶

und Äsungsplätze von größtem Vorteil. Insbesondere die Pirsch erfordert eine gute Kondition des Jägers. Denn oft verläuft sie anders als geplant: Der Gams sucht je nach Witterungsverhältnissen unterschiedliche Einstände und Äsungsplätze auf; hiernach wird

man die Pirsch – notfalls auch kurzfristig – ausrichten.
Schneefall hindert keine Gamsjagd, solange der Wind paßt und noch Sicht gegeben ist. Bei Nebel verbietet sich die Pirsch, er heißt nicht ohne Grund „großer Gamshüter". Neben der Sicht spielt bei

Feistbock häufig erfolgreich an. Ein **Ansitz** lohnt sich, wenn man zum Beispiel den Zug eines Sommerrudels zu dessen Äsungsplätzen kennt. Während der Brunft ist er auch erfolgversprechend. Dabei kann es nach schweißtreibendem Aufstieg recht kalt werden. Meist sitzt der Jäger an einem abgewehten Hang, einem gut einsehbaren Wechsel oder an einem Kar. Da der Gams den ganzen Tag auf den Läufen ist, bestehen gute Chancen auf Waidmannsheil.

TREIBJAGD

Treibjagden auf Gamswild wurden besonders in früherer Zeit ausgeübt, heute haben sie für die Masse der Gebirgsjäger keine Bedeutung mehr. Gründe dafür liegen in dem erheblichen Aufwand an Organisation, Zeit, Menschen und Gelände einerseits und in der Verkleinerung vieler Reviere andererseits. Treibjagden wurden in offenem Gelände – in der Fels-, Latschen- oder Almregion – abgehalten. Um das Gamswild hochzumachen und daran zu hindern, sich zu drücken oder rückwärts durchzubrechen, war eine stattliche Treiberwehr erforderlich. Sie rückte mit großem Spektakel vor. Die Zahl der Schützen war ebenfalls sehr hoch.

In der Schweiz sind diese Treibjagden verboten.

RIEGELN ODER DRÜCKEN

Auch die Riegeljagd wird praktisch nicht mehr betrieben. Im Unterschied zu den Treibjagden geschah das Riegeln oder Drücken leise und in bedecktem Gelände. Wenige Treiber gingen unter Vermeidung überflüssigen Lärms meist ein bestimmtes Rudel oder einen Bock in der Feistzeit an. Der Gams fühlte sich sicher und wechselte die wenigen abgestellten Jäger an. Voraussetzung für ein erfolgreiches Riegeln bildeten gute Kenntnisse des Reviers sowie der Gewohnheiten des Rudels beziehungsweise des Bockes.

AUSRÜSTUNG, WAFFE UND MUNITION

In den Alpen ist ab November mit Schnee zu rechnen; außerdem ist der Jäger im Hochgebirge weit ab von jeder Zivilisation. Deshalb will die Gamsjagd sorgfältig vorbereitet sein. Eine solide **Ausrüstung** ist unabdingbar. Hier einige wenige Tips:

socken, weitgeschnittene Flanellhemden sowie ebenfalls weitgeschnittene Loden- oder Cordhosen. Hinzu kommen Lodenmantel, -kotze und Rucksack (mit wasserdichter Einlage). Ein Hut beschattet das helle Gesicht. Entscheidend bei der Gamspirsch ist im übrigen, daß die Kleidung weder zu hell noch zu dunkel ist. Sie muß nicht grün sein, weil Schalenwild so gut wie farbenblind ist.

Im Rucksack befinden sich Wechselkleidung, Handschuhe, eine Feldflasche mit Wasser, eine zehn Meter lange Reepschnur, eine

Der Jäger benötigt gute Bergstiefel, Gamaschen aus Walkloden (im Sommer Segeltuchgamaschen), Schafwoll-, Baumwoll-

Sonnenbrille, trockenes Papier, Feuerzeug, Verbandszeug, Alu-Rettungsdecke, Waffenöl, Putzlappen, Patronen usw. Schließlich braucht der Jäger einen Mündungsschoner, Jagdglas, Spektiv (mit 25- bis 30facher Vergrößerung) und Bergstock. Für Optik und Waffen gilt gleichermaßen: Der Bergaufstieg ist schweißtreibend, deshalb müssen sie leicht an Gewicht sein.

Über die Wahl von **Waffen** und Patronen läßt sich trefflich streiten. Dennoch: Für die Gamsjagd empfiehlt sich ein leichter und führiger Repetierer, der nicht zu filigran ist, also hin und wieder einen Schlag oder Stoß vertragen kann. Eine Büchse ab Kaliber 6,5

Foto: Dr. K.-H. Betz

Mit dem Doppelglas sucht man zunächst das Gelände ab. Angesprochen wird das Gamswild dann mit Hilfe des Spektivs.

Millimeter ist günstig. Zweckmäßigerweise ist sie mit einem Zielfernrohr vom Format 3 bis 9 x 40 ausgerüstet. Das Geschoßgewicht sollte nicht unter sechs Gramm betragen. Taugliche Geschoßarten sind Teilmantelspitz, Kegelspitz oder Nosler, also rasante Patronen.

Es wird kaum soviel gefehlt wie auf den Gams. Ein Kontrollschuß auf 200 Meter vor Ort ist für Gastjäger unerläßlich. Gegebenenfalls muß die Waffe neu eingeschossen werden. Die alte Regel „Bergauf halt drauf, und bergrunter halt drunter" ist falsch. Auch ihre abgewandelte Form „Steil bergauf und steil bergrunter, halte immer drunter" ist überholt. *Knaus* und *Schröder* schreiben mit Recht: Praktische Erprobung ist aller Theorie vorzuziehen. Sie benennen drei Forderungen, die bei der Jagd im Gebirge an Waffe und Munition zu stellen sind: 1. Gestreckte Flugbahn, 2. rasch tötende Wirkung und 3. ein Minimum an Streuung (Streukreisdurchmesser auf 100 Meter nicht über 7,5 Zentimeter).

Beim Schießen im Gebirge ist schließlich der Wind einzukalkulieren, will man Fehlschüsse vermeiden. Die Seitenabweichung eines Geschosses durch den Wind ist um so größer, je leichter das Geschoß und je weiter das Ziel entfernt ist. Deshalb verzichten erfahrene Gamsjäger auf überleichte Geschosse. Ein sechs Gramm-Geschoß der 6,5 x 57 weicht bei Windstärke 3 – Laubblätter werden dabei leicht bewegt – auf 300 Meter 35 Zentimeter ab.

Der Gams zeichnet oft bloß gering auf den Schuß. Das Schießen einer

Zeichnung: J. Bindseil

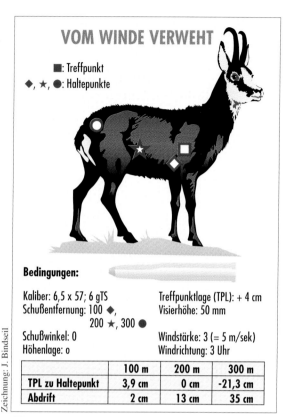

VOM WINDE VERWEHT

■: Treffpunkt

◆, ★, ●: Haltepunkte

Bedingungen:

Kaliber: 6,5 x 57; 6 gTS
Schußentfernung: 100 ◆, 200 ★, 300 ●
Schußwinkel: 0
Höhenlage: o

Treffpunktlage (TPL): + 4 cm
Visierhöhe: 50 mm
Windstärke: 3 (= 5 m/sek)
Windrichtung: 3 Uhr

	100 m	200 m	300 m
TPL zu Haltepunkt	3,9 cm	0 cm	-21,3 cm
Abdrift	2 cm	13 cm	35 cm

Eine Kugel wird seitlich um so stärker abgelenkt, je mehr Angriffsfläche sie dem Wind bietet, je leichter sie ist und je langsamer sie fliegt. Rasante Geschosse sind tauglich.

Gams ist im Vergleich zum Einholen ein Kinderspiel, wenn das Stück an schwer zugänglicher Stelle liegen bleibt. Der versierte Gamsjäger bedenkt deshalb immer, wohin es aller Wahrscheinlichkeit nach stürzen wird.

VERHALTEN BEI GEWITTER

Der Bergjäger wird in den meisten Fällen die Wetterlage richtig einschätzen und bestehende Umschwünge erkennen. Der Jagdgast kann sich seinem Führer beruhigt anvertrauen. Wird der Jäger von einem Gewitter überrascht und kann weder sein Auto noch eine Hütte erreichen, setzt er sich auf freien Boden und legt alle Metallgegenstände in mindestens 40 Meter Entfernung ab. Mit den Armen umschließt er seine angezogenen Knie.

*M*uffelwild ist erst recht spät in das Blickfeld der
europäischen Jäger gelangt. Was sind Mufflons?
Woher stammen sie? Was äsen und wann brunften
sie? Wie bejagt man Muffelwild am geschicktesten, welche
Ansprechkriterien gibt es? Antworten nicht nur
auf diese Fragen folgen:

Kleines Foto rechts: Die Muff- lons haben sich „ver- schachtelt"; an einen Schuß ist nicht zu denken.

Großes Foto: Der hochkapita- le Widder hat aufge- worfen.

Foto: St. Meyers

DIE MUFFLONS

Foto: K. Schendel

Die Einordnung des Muffelwildes in die zoologische Systematik erfolgt wie beim Rotwild (siehe Sonderteil 1, Seite 6) in Form eines Stammbaumes.

STELLUNG IM ZOOLOGISCHEN SYSTEM

Stamm:	Wirbeltiere
Klasse:	Säugetiere
Ordnung:	Paarhufer
Unterordnung:	Wiederkäuer
Familie:	Hornträger
Art:	Wildschafe
Unterart:	Mufflon.

Im Unterschied zu Rot-, Dam- und Sikahirsch wirft der Muffelwidder seinen Kopfschmuck nicht ab. Er hat kein Geweih, sondern Hörner, die als Schnecke bezeichnet werden.

VERBREITUNG

In **Europa** gibt es größere Muffelwildbestände in der Tschechei, in der Slowakei, in Ungarn, Österreich, Deutschland, Frankreich, Spanien, Italien sowie auf dem Balkan. In anderen europäischen Staaten – wie etwa Polen – existieren kleinere Bestände.

In **Deutschland** haben die Länder Brandenburg und Sachsen-Anhalt, Thüringen, Sachsen, Niedersachsen, Rheinland-Pfalz und Nordrhein-Westfalen nennenswerte Bestände. 1993 kamen in der Bundesrepublik etwas über 7.000 Stück Muffelwild zur Strecke.

EINBÜRGERUNGEN

Es ist umstritten, ob Korsika und Sardinien das natürliche Verbreitungsgebiet des Muffelwildes gewesen sind. Es könnte auch zu Beginn der Jungsteinzeit vom Menschen als Haustier dort eingeführt und dann verwildert sein. Im übrigen Europa ist Muffelwild im 16. Jahrhundert bereits in österreichischen Tiergärten gehalten worden. Etwa seit 1730 kam es in Österreich zu den ersten Auswilderungen auf dem europäischen Festland. In **Deutschland** begann die Einbürgerung 1902, als im Eulengebirge Mufflons ausgesetzt worden sind. 1903/04 wilderte man es in der Göhrde (Lüneburger Heide), 1906 im Harz aus. Später erfolgten Versuche in der Eifel, im Odenwald, im Thüringer Wald sowie an verschiedenen anderen Orten.

Im Zuge der Einbürgerungen in Europa kam es zu verschiedenen **Einkreuzungen** mit Hausschafen – mit Heidschnucken oder Zackelschafen – sowie mit Wildschafen Asiens. Somit ist heute reinblütiges Muffelwild aus den ursprünglichen Vorkommen Sardiniens und Korsikas kaum mehr vorhanden.

Mufflons sind zwar in Deutschland nicht autochton, bilden aber deshalb noch lange keine „Faunenverfälschung". Eine Forderung nach Totalabschuß des Muffelwildes wäre nach *Lutz Briedermann* in ihrer Radikalität nicht weit davon entfernt, auch auf Kartoffel- und Maisäcker, auf Douglasie und Robinie sowie auf viele andere

Foto: H. Reinhard

Muffelwild lebt überwiegend im Wald. Hier bevorzugt es Lichtungen und Blößen. Deckung sucht es in Laub- oder Nadelholzdickungen. Mufflons sind tagaktiv und wechseln häufig „unstet" umher.

Foto: H. Reinhard

Schafrudel werden stets von einem Leitschaf geführt. Während sie sehr kopfstark sein können, stehen Widder mit zunehmendem Alter bloß in kleinen Gruppen zusammen.

Nutz- und Wildpflanzen oder -tiere zu verzichten, ohne die wir uns unsere Heimat gar nicht mehr vorstellen mögen.

LEBENSRAUM

Mufflons sind von Natur aus Bewohner karstiger Gebirge. Das Ursprungsgebiet der deutschen Populationen sind die Felshöhen Korsikas und Sardiniens, wo es heute praktisch ausgerottet ist. Auch in den Gebirgen Asiens bis zur Ostmongolei kommen Wildschafe vor. In den Bergen bewohnen sie Hochflächen und -täler (offene Waldgebiete). Die Schneegrenze wird vom Muffelwild nicht überschritten.

In Mitteleuropa bevorzugen Mufflons sonnige, warme Hanglagen, zusammenhängende Waldflächen in Mittelgebirgen und in der Ebene trockene Standorte in Kieferngebieten. Gute Äsungsbedingungen bieten lockere Baumbestände

in Laub-, Misch- oder Kiefernwäldern, die reichlich mit Gräsern und Sträuchern unterwachsen sind. In den Regionen, in denen Mufflons vorkommen, fallen idealerweise bei einer durchschnittlichen Jahrestemperatur von plus sechs Grad Celsius zwischen 700 und 800 Millimeter Niederschlag pro Jahr. Zudem sind nicht mehr als 50 Schneetage und eine Vegetationsdauer von 140 bis 160 Tagen zu verzeichnen. Je trockener und steiniger eine Region ist, desto besser ist sie für Mufflons geeignet.

GEWICHT, HAAR, LAUTE

Muffelwidder wiegen aufgebrochen normalerweise zwischen 30 und 35 Kilogramm. Allerdings können auch wesentlich höhere Werte erreicht werden. Schafe kommen auf ein **Körpergewicht** von 20 bis 25 Kilogramm (aufgebrochen). Auch hier können die Zahlen in einzelnen Populationen schwanken. Das Stockmaß beträgt bei Widdern bis zu 80, bei Schafen beläuft es sich auf ungefähr 65 Zentimeter.

Widder sind im allgemeinen dunkler und lebhafter gezeichnet als Schafe. Sie tragen auf den dunkel-

braun gefärbten Körperseiten in der Regel je einen großen, graugelblich bis weißen Sattelfleck, die Schabracke. Es gibt jedoch auch sogenannte Schwärzlinge. Der Rücken ist fuchsig-rostbraun mit dunklem Anflug. Die Lauscher sind innen weiß und außen grau umrandet. Spiegel, Innenseite der Läufe sowie die Bauchdecke sind weiß gefärbt.

Die Schafe sind – wie erwähnt – nicht sehr auffällig gezeichnet. Ein Sattelfleck ist kaum ausgebildet. Farbbestimmend ist ein Graubraun. Die anfangs dunkle Gesichtsfärbung wird mit zunehmendem Alter am Windfang sowie um die Lichter bunter – infolge der Ausdehnung weißer Flächen – und schließlich weiß. Diese Verfärbung ist jedoch kein sicheres Alterskriterium; dafür variieren Mufflons individuell zu stark.

Die **Stimme** des Muffelwildes ist der des Hausschafes ähnlich. Lämmer meckern in hoher Tonlage, Schafe bähen. Das Blöcken der Widder vernimmt man nur selten, ebenso das Flehmen des brunftigen Widders, einen gurgelnden, brummenden Laut. Während der Brunft schlagen die Widder mancher Populationen ihre Schnecke an Bäume, um so lautstark ihre ▶

Reviere zu markieren. Um Artgenossen zu warnen, stoßen Mufflons, vor allem die Leitschafe, einen zischenden Pfeifton aus. Häufig wird er durch kurzes Aufstampfen mit dem Vorderlauf bekräftigt. Auf diesen Warnpfiff hin flüchtet das gesamte Rudel unmittelbar.

LOSUNG

Die Losung setzt sich aus zentimetergroßen Kugeln zusammen. Die Kugeln sind zu Klumpen oder Würsten zusammengedrückt. Die Losung des Muffelwildes ist der von Hausschafen sehr ähnlich.

Foto: Archiv JÄGER

FÄHRTE

Der Schalenabdruck des Muffelwildes ist insgesamt schmal. Die Fährte des Muffelwildes unterscheidet sich von der anderen Schalenwildes durch dreierlei: Die Spitzen des Trittsiegels sind erstens durchweg stark gespreizt. Zweitens sind die Schalen nur selten gleichlang und meist deformiert. Das Geäfter ist drittens auch bei der Fährte flüchtigen Muffelwildes nicht sichtbar, im Tiefschnee allerdings sehr wohl erkennbar.

SINNE UND LEBENSWEISE

Muffelwild ist außerordentlich beweglich sowie flink. Es springt sehr gut, äugt ausgezeichnet und ist überwiegend scheu.

Mufflons leben gesellig und haben einen ausgeprägten Herdentrieb. Den Kern der jeweiligen Populationen bilden Schafrudel mit Lämmern und bis zu drei- oder vierjährigen Widdern. Ältere Widder leben zeitweise für sich, in Widderkohorten oder -clans. Als Bergwild sind Mufflons vornehmlich tagaktiv. Am aktivsten sind sie während der Morgen- und Abendstunden. Werden sie stark beunruhigt, ziehen sie in der Dunkelheit zur Äsung. Letzteres gilt vor allem, wenn sie Feldflächen aufsuchen. Mufflons äsen am liebsten in engem Verbund. Dabei sind sie permanent in Bewegung.

Wiewohl Mufflons in ihrem Lebensraum „herumzigeunern", sind sie

Mit Rot-, Dam- und Rehwild vertragen sich Mufflons gut. Sie stehen allerdings in Äsungskonkurrenz zu diesen Schalenwildarten.

meist doch standorttreu. Bisweilen halten sie sich wochenlang in einem bestimmten Waldbestand auf, der nicht größer als ein halber Hektar sein kann. Charakteristisch ist zudem eine Art „innere Barriere": Einige Populationen überwinden nämlich fast nie Autostraßen, Eisenbahnlinien oder selbst kleine Wasserläufe. Fallwildverluste durch Straßen- oder Schienenverkehr kommen deswegen selten vor.

KRANKHEITEN

Muffelwild ist besonders durch das sogenannte **Schalenauswachsen** bedroht, welches nicht mit der Moderhinke der Hausschafe verwechselt werden darf (siehe Sonderheft „Wildkrankheiten").

ÄSUNG

Mufflons bevorzugen würzige Äsung von Kräutern, Gräsern und Sträuchern. Sie sind keineswegs die „genügsamen Grasfresser", als welche sie in der Fachliteratur

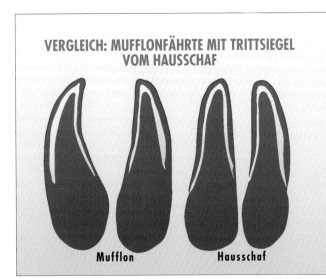

Zeichnung: J. Bindseil nach P. Bang und P. Dahlström, 1972

VERGLEICH: MUFFLONFÄHRTE MIT TRITTSIEGEL VOM HAUSSCHAF

Mufflon   Hausschaf

Im Unterschied zur Spur des Hausschafes ist die Fährte des Muffelwildes sehr stark gespreizt.

immer wieder bezeichnet werden. Ab der Vegetationszeit bis zum Einsetzen des Frostes ernährt sich Muffelwild sehr stark von Kräutern. Holzartige Gewächse – je nach Jahreszeit Triebspitzen, Blätter, Nadeln, Früchte oder Samen – äst es ganzjährig. Im Winter nehmen Mufflons hauptsächlich Gräser, besonders die Drahtschmiele, auf. Gerne äsen sie auch Eicheln, Bucheckern und Pilze, wie überhaupt die Früchte des Waldes. Auch an Wälder angrenzende Feldgebiete mit frischer Äsung werden vom Muffelwild aufgesucht. Getreide in der Milchreife sowie Raps ziehen manche Populationen an.

SCHÄL- UND VERBIßSCHÄDEN

Rinde bildet – je nach Standortflora – von November bis in den April hinein einen festen Bestandteil der Äsung mancher Muffelwildpopulationen. Buchen, Weiden, Pappeln und Wildobst stehen dabei an der Spitze; häufig werden sie rundum geschält. Schälschäden werden insbesondere dann für den Waldbauern unerträglich, wenn das Gebiet äsungsarm ist und Weichlaubhölzer fehlen. Muffelwild schält nicht nur Stämme, sondern auch Wurzelanläufe. Mufflons verbeißen Laub- sowie Nadelhölzer. Vornehmlich betrifft dieses Weide, Aspe, Roteiche, Pappel, Eiche, Hainbuche, Buche und Tanne, Strobe, Kiefer sowie Fichte. Je nach Holzartenverteilung im Revier wird verbissen: In Nadelholzrevieren hauptsächlich Laubhölzer und umgekehrt Nadelhölzer in Laubholzrevieren. Folge des Verbeißens sind nicht allein Zuwachsverluste, sondern auch Zwieselbil-

Im ersten Lebensjahr sind Widder- und Schaflämmer gleich groß und schwer. Beide sind zudem einheitlich graubraun gefärbt.

dung sowie Schaftdeformierungen. In landwirtschaftlichen Kulturen entstehen – insbesondere bei starker Rudelbildung – Schäden durch Verbiß, besonders aber Trampel- oder Lagerschäden durch die rudelweise auftretenden Mufflons.

BRUNFTZEIT, NACHKOMMEN

Die **Brunft** findet im Oktober und November statt. Die Widder treten zu den Schafrudeln, wobei starke Widder dann die mittelstarken verdrängen. Zwischen gleichstarken Widdern kommt es oft zu harten Kämpfen. Die Widder stürzen schließlich aufeinander los, bis die Schnecken mit gehöriger Wucht gegeneinander prallen. Die Sieger sondern anschließend die deckungsbereiten Schafe aus.
Nach einer **Tragzeit** von 21 bis 22 Wochen wird zumeist im April/ Mai ein Lamm gesetzt, Zwillinge sind selten. Zur Geburt trennen sich die Schafe vom Rudel. Die Lämmer werden vier bis fünf Monate gesäugt. Das Schaf erkennt sein Lamm an dessen Wittrung,

das Lamm seine Mutter hingegen mit den Lichtern. Starke und gesunde Schafe führen bis ins hohe Alter Lämmer.

FEINDE UND FEINDVERMEIDUNG

In ihrem ursprünglichen Verbreitungsgebiet stellen insbesondere verschiedene Adlerarten den Mufflons nach. Zu den Luftfeinden rechnet in manchen Regionen außerdem der Lämmergeier. Sie gefährden überwiegend die Muffellämmer. Muffelschafe erwarten instinktiv permanent einen Angriff aus der Luft auf ihre Lämmer. Deshalb beobachten sie ständig den Luftraum. Bodenfeinde vornehmlich der Muffellämmer sind Wolf, Luchs, Fuchs sowie wildernde Hunde. Letztere werden insbesondere den Widdern nach der Brunft bei Schnee gefährlich. Im Vergleich zu Rothirsch und -tier sind Mufflons nicht zu lang anhaltenden Fluchten befähigt. Selbst nach kurzen Hetzen benötigen sie viel Zeit, um ihren Atem wieder zu regulieren.

Foto: Hg. Arndt

Foto: St. Meyers

Dem Widder dient die Schnecke als Rammwaffe, wenn er einen Kontrahenten – zum Beispiel während der Brunft – frontal anrennt. Dem Jäger ist sie besonders wertvoll, wenn sie von einem alten, reifen Stück stammt.

SCHNECKE

Widder tragen schneckenförmig gewundene Hörner. Schafe sind entweder hornlos oder besitzen kurze, nicht gewundene Hörner, sogenannte Stümpfe. Die Schnekke entwickelt sich auf Stirnzapfen. An der Basis befinden sich jeweils die jüngsten Teile. Das ist ein deutlicher Unterschied zum Spitzenwachstum der Geweihe von Rot- oder Rehwild (siehe Sonderheft 1 und 3, Seite 18 bzw. 80). Auf ihrer Oberseite bilden sich verhornte Schichten. Diese werden im Lauf der Jahre tütenförmig nach oben geschoben. Dabei erhalten sie ihre charakteristische Drehung und Krümmung. Der Stirnzapfenwinkel ist für die Stellung der Schnecke ausschlaggebend. Spitzentrophäen haben einen Winkel von zirka 90 Grad. Man unterscheidet zwischen Original-, Argali-, Zackel- und Heidschnucken-Typ (siehe Zeichnung auf Seite 123 unten).

Die Schnecken haben im ersten, zweiten und dritten Lebensjahr das stärkste Längenwachstum. Mit Ende des vierten Lebensjahres haben sie in der Regel mehr als

Zeichnungen: J. Bindseil nach Dr. F. Türcke und Dr. K. H. Snethlage, 1986

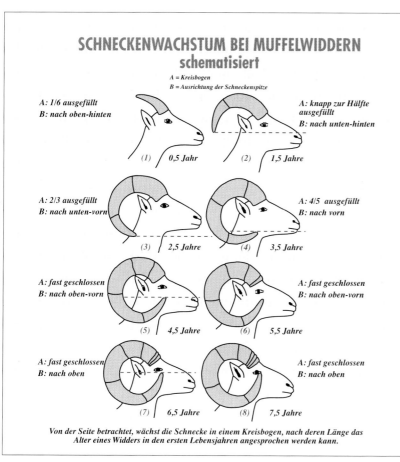

SCHNECKENWACHSTUM BEI MUFFELWIDDERN
schematisiert

A = Kreisbogen
B = Ausrichtung der Schneckenspitze

A: 1/6 ausgefüllt
B: nach oben-hinten

A: knapp zur Hälfte ausgefüllt
B: nach unten-hinten

(1) 0,5 Jahr   (2) 1,5 Jahre

A: 2/3 ausgefüllt
B: nach unten-vorn

A: 4/5 ausgefüllt
B: nach vorn

(3) 2,5 Jahre   (4) 3,5 Jahre

A: fast geschlossen
B: nach oben-vorn

A: fast geschlossen
B: nach oben-vorn

(5) 4,5 Jahre   (6) 5,5 Jahre

A: fast geschlossen
B: nach oben

A: fast geschlossen
B: nach oben

(7) 6,5 Jahre   (8) 7,5 Jahre

Von der Seite betrachtet, wächst die Schnecke in einem Kreisbogen, nach deren Länge das Alter eines Widders in den ersten Lebensjahren angesprochen werden kann.

Beim normalveranlagten Jährling (= Jungwidder im zweiten Lebensjahr) haben die Schneckenspitzen etwa Lichterhöhe erreicht (2). Der Stirnwinkel ist gut erkennbar und beträgt zirka 90 Grad. Im dritten Lebensjahr ist der hintere Kreisbogen durchzogen (3). Die Schneckenenden stehen – von der Seite aus betrachtet – in Trägerhöhe. Im vierten Lebensjahr befinden sich die Schneckenenden dann im unteren oder erreichen bereits den vorderen Kreisbogen (4). In der Regel wird die Höhe des Unterkiefers erreicht. Die grobe Basisrillung ist gut erkennbar. Im fünften bis sechsten Lebensjahr schiebt sich der Kreisbogen in die Höhe zwischen Äser und Lichter (5). Ab dem siebten Lebensjahr verlangsamt sich das Schneckenswachstum sehr. Die Schneckenenden erreichen Lichterhöhe oder sie stehen darüber (7). Jetzt tritt die feine Basisrillung markant hervor.

Dreiviertel des Kreisbogens erreicht. Im Alter verkürzen sich die Zuwachsschübe; die Schmuckwülste werden deutlich schmaler. Widder müssen sich im Lamm- und Jährlingsalter durch möglichst große Schübe auszeichnen. Geringes Längenwachstum während dieser Phase kann im fortschreitenden Alter nicht mehr ausgeglichen werden.

Im Spätherbst jeden Jahres wird die Hornbildung unterbrochen; das hängt mit dem Ende der Vegetationszeit zusammen. Auf diese Weise bilden sich sogenannte Jahresringe aus, mittels derer das Alter der Widder geschätzt werden kann (siehe obige Zeichnung). Zwischen den Jahresschüben befinden sich die Schmuckwülste; in den ersten Jahresabschnitten zwischen zehn und dreizehn, später weniger (grobe Faustregel: Pro Monat ein Schmuckwulst).

Die Schneckenlänge jagdbarer Widder kann über 90, die Auslage über 50 Zentimeter betragen. Im Mittel beläuft sie sich auf 85 beziehungsweise zirka 45 Zentimeter. Der Basisumfang der Schnecke kann 25 Zentimeter (Mittel = 23 Zentimeter) erreichen.

Aus zufälligen und gezielten Kreuzungen von Haus- und Wildschafen entstanden Bastarde, die in viele Muffelpopulationen einflossen. Vier unterschiedliche Typen haben sich herausgebildet.

ENTWICKLUNGSTYPEN BEI MUFFELWIDDERN

Original-Typ   *Zackel-Typ*

Heidschnucken-Typ   *Argali-Typ*

Ein etwa fünfjähriger Widder mit gut nach außen-oben geschwungenen Schneckenspitzen, deren Enden noch nicht abblättern. Das Fazit lautet: Noch zwei Jahre älter werden lassen.

Foto: St. Meyers

HEGE
RAUMORDNUNG

Kenner des Muffelwildes empfehlen, daß Mufflons im Kern ihres jeweiligen Lebensraumes nur zusammen mit Reh-, eventuell auch Schwarz- oder Gamswild bewirtschaftet werden. Denn falls in den Kerngebieten auch Rot- oder Damwild vorkommt, führt dieses zwangsläufig zu überhöhten Beständen, starken Schäden usw.

Aufgrund ihres Sozialverhaltens ist bei Mufflons nach *Briedermann* eine Wilddichte von drei bis sechs Stück je einhundert Hektar Waldfläche anzustreben (Frühjahrsbestand in Kerngebieten). Eine isolierte Muffelwildpopulation sollte zudem aus wenigstens 60 bis 100 Stück bestehen. Geht man von diesen beiden Voraussetzungen aus, dann vermag ein Waldgebiet von der Größe zwischen 1.000 und 2.000 Hektar einer Population ausreichend Lebensraum zu bieten. Da neben den Mufflons in aller Regel zusätzlich auch Rehe im Revier sind, werden dem Waldbauern diese Zahlen zu hoch sein. Weiser für eine tragbare Wilddichte wird also in erster Linie die Vegetation sein (Vegetationsgutachten). Das gilt insbesondere in Regionen, in denen mehrere Schalenwildarten vorkommen.

ANSPRECHEN VON REIFEN WIDDERN UND ABSCHUSSPLANUNG

Für den sogenannten Normal-Typ des Widders gibt es ein von *Karl Krautwurst* entwickeltes Ansprechschema (siehe dazu Kasten und Skizze auf Seite 123 oben).

Reife Widder weisen ein recht sicheres Ansprechmerkmal auf: Die Schläuche sind an der Basis besonders eng gerillt. Breite Wülste an der Schneckenbasis zeigen dagegen an, daß es sich um einen Widder handelt, der das Reifealter noch nicht erreicht hat. Um dieses zu erkennen, ist bestes Licht sowie ein gutes Glas erforderlich. Außerdem stehen bei jagdbaren Widdern die Schneckenspitzen auf Lichterhöhe oder darüber. Aufgrund ihres massigen Körperbaus wirken sie gedrungen und kurzläufig.

Lämmer

Es empfiehlt sich, alle Widderlämmer zu strecken, deren Schläuche ab Oktober nicht wenigstens 15 bis 20 Zentimeter lang sind. Darüberhinaus sind eng ausgelegte Schläuche ein Abschußkriterium. Bei den Schaflämmern gilt es, die geringen Stücke vorrangig zu strecken. Aber das reicht nicht aus. Denn der Eingriff in die Klasse der Lämmer beträgt in guten Muffelwildrevieren etwa 80 Prozent des Abschußsolls.

In guten Muffelwildrevieren werden auch normal veranlagte Widderlämmer (Bildmitte) erlegt, um den Abschuß zu erfüllen.

Foto: St. Meyers

Schafe

Der Praktiker wird führende Schafe bei normalem Körperzustand nicht vor dem 1. Dezember erlegen (Ausnahme: Doublette Lamm, Schaf). Erst dann sind die Lämmer im Rudel integriert und bedürfen jeweils nicht mehr der Führung durch das Mutterschaf. Im Muffelwildrudeln bietet sich die Chance, jeweils schwache, kranke oder überalterte Stücke zu schießen.

Widder

Einwachser und Scheurer sind grundsätzlich zu strecken. Hierbei sind die Schneckenspitzen nach innen gegen den Hals gerichtet. Sie schubbern zunächst die Decke am Träger auf (= **Scheurer**) und „wachsen" dann „**ein**". Aber Vorsicht: Das Einwachsen der Schläuche läßt sich in aller Regel erst ab dem dritten Lebensjahr feststellen. Für **mittelalte Widder** gelten vorrangig folgende Abschußkriterien: zu geringes Längenwachstum der Schnecke, aber ebenso zu geringe Schlauchstärke, starke Asymmetrie der Schnecke, auffallend helle Schneckenfarbe, helle Schalen, wolliges Vlies, zu geringe (unter 40 Zentimeter) oder zu weite Auslage der Schnecke, zu enger Kreisbogen der Schnecke oder starke Schlauchverletzungen.

Stümpfe bei Schafen oder fehlende Schabracken bei Widdern stellen grundsätzlich keinen Abschußgrund dar.

ALTERSERMITTLUNG

Bei allen horntragenden Schalenwildarten kann man zumindest das Alter der männlichen Stücke anhand der **Trophäe** bestimmen. Bei Muffelwiddern werden die Jahresabschnitte an den Schnecken ausgezählt. (Siehe dazu die Skizze auf Seite 123 oben.) Um das Alter einzuschätzen, wird von der so ermittelten Zahl ein Jahr abgezogen. Der Grund hierfür liegt darin, daß die Widder zur Jagdzeit das jeweilige Lebensjahr nicht vollendet haben. Stichtag ist der 1. April.

Das Ergebnis kann anhand der Entwicklung der **Schneidezähne** überprüft werden. Mit eineinhalb Jahren wird der erste Schneidezahn, der zweite und dritte erst mit zweieinhalb gewechselt. Der Eckzahn, der bei sämtlichen Wiederkäuern an die Schneidezahnfront versetzt ist, wird sogar erst mit dreieinhalb Jahren ausgetauscht. Er ist erst nach viereinhalb Jahren voll hochgewachsen.

JAGD
PIRSCH

Die Pirsch auf Muffelwild im Bestand ist in aller Regel wenig aussichtsreich. Mufflons sind in der Lage, den Jäger auf weite Entfernung auszumachen. Sie orientieren sich in hohem Maße visuell. Sind Mufflons erst einmal mißtrauisch geworden, beruhigen sie sich erst nach sehr langer Zeit wieder. Sie flüchten weit. Wer dennoch eine Chance nutzen will, an Äsungsflächen der Mufflons heranzupirschen, der wird guten Erfolg haben, wenn er zuvor ein System von Pirschwegen unter besonderer Beachtung der Hauptwindrichtung sowie der Deckung angelegt hat.

ANSITZ

Trotz seiner Unstetigkeit pflegen Mufflons zu gewissen Zeiten sowie bei bestimmten Wetterlagen und Windverhältnissen, spezifische Geländeteile aufzusuchen – im Winter und Frühjahr zum Beispiel Südhänge.

Wegen des hervorragenden Gesichts- und Geruchssinnes empfiehlt es sich, das Revier mit einer ausreichenden Zahl geschlossener Kanzeln (Muffelwild äugt viel nach oben) auszustatten. So ist man Lichtern und Windfang des Wildes am ehesten entzogen. Zudem kann man in Ruhe sowie aus bester Schußentfernung ansprechen. Es erfordert Geduld, um auf das Stück, welches man erlegen will, zu Schuß zu kommen. Denn äsende Mufflons sind ständig in Bewegung; sie wechseln laufend ihre Stellung im Rudel. Man behält deshalb das mit dem Fernglas ausgesuchte Stück gut im Auge. Der Jäger wartet bis es frei und breit steht, bevor der Schuß bricht. Wo Muffelwild tagaktiv ist, genügt es, morgens mit dem ersten Licht zu sitzen. An aussichtsreichen Plätzen kann man Anlauf bis in die späten Vormittagsstunden haben. Für den Abendansitz ist es angebracht, zirka zwei Stunden vor dem Sonnenuntergang den Hochsitz zu besetzen.

Foto: St. Meyers

Stümpfe bei Muffelschafen bilden kein Abschußkriterium. Das linke Schaf ist recht stark. Ein Könner dürfte es schonen.

Foto: W. Nagel

Über die Bauweise von Hochsitzen kann man sich streiten. Bewährt hat es sich jedoch, wenn man sie gedeckt angehen kann.

GESELLSCHAFTSJAGDEN

Lutz Briedermann rät von Gesellschaftsjagden auf Muffelwild ab. Er begründet dies damit, daß sauberes Schießen auf die in der Regel flott im Rudel anwechselnden Mufflons meist unmöglich sei.

Doch der Jäger, der im Flüchtigschießen geübt ist, kann über dieses Argument nur „lächeln". Wenn das Rudel nicht weiter als 60 bis 70 Schritt an ihm vorbeiwechselt, nimmt er ein passendes Stück ins Visier, hält Tempo und bleibt beim Schuß vorne.

SCHUSSWAFFEN UND PATRONEN

Trotz sehr unterschiedlicher Ansichten von Spezialisten werden ein paar Tips gegeben: Für **Ansitz** und **Pirsch** empfiehlt sich eine leichte und führige Kipplaufbüchse. Wer das schnelle Nachladen trainiert hat, dem wird sogar eine Doublette auf Mufflons glücken. Gute Anstrichmöglichkeiten vorausgesetzt, leisten die Kaliber von 6,5 bis 8 Millimeter ihren Dienst. Das Geschoßgewicht sollte mindestens acht Gramm betragen. Die Geschoßform ist bei guten Kammerschüssen weniger wichtig. Gute Kammerschüsse werden – Anstrichmöglichkeiten vorausgesetzt – für den Muffelwildjäger kein Problem darstellen.

Bei **Nachsuchen** haben sich Repetierer oder Doppelbüchsen bewährt. Denn hierbei ist der Schütze öfter gezwungen, mehrere Schüsse rasch hintereinander abzugeben. Da außerdem auch schon einmal Gräser oder Blätter „im Weg" sein können, ist ein Kaliber ab 7,62 Millimeter und ein Teilmantel-Rundkopfgeschoß ratsam. Ein Geschoßgewicht zwischen 10 und 16 Gramm wird für die nötige Durchschlagskraft sorgen.

SCHUSSHÄRTE UND VERHALTEN NACH DEM SCHUSS

Muffelwild ist besonders schußhart. Meist zeichnet es, auch bei gutem Sitz der Kugel, kaum. Außerdem geht es – trotz tödlichen Treffers – vielfach noch ziemlich weit im Rudel. Aus diesen Gründen ist stets eine gründliche Kontrollsuche angebracht; also auch dann, wenn der Schütze meint, er habe gefehlt.

Mufflons verbinden Schüsse mit dem Jäger, wenn dieser frühzeitig auftaucht. Deshalb wird man nach einem abgegebenen Schuß solange in der Deckung ausharren, bis das Rudel abgezogen ist. Anderenfalls werden erfahrene Leitschafe ihre Rudel bald in weiten Abständen an den Kanzeln vorbeiführen.

Zur Nachsuche gehört ein zuverlässiger Hund und viel Geduld. So wird man bei eintretender Abenddämmerung erst am nächsten Morgen mit der Nachsuche beginnen. Fiel der Schuß bei Tage, wartet der Schütze zwei Stunden, bis er den Anschuß kontrolliert.

FACHLITERATUR

LITERATUR - HINWEISE

Wenn man die jagdfachlichen Neuerscheinungen der Jahre 1993 bis 1995 betrachtet, springt folgendes ins Auge: Es soll bloß ein Werk über das Gamswild herausgebracht werden (Das große Gamsbuch von *Wilhelm Nerl* in zweiter, überarbeiteter Auflage). Dagegen sind zwei Bücher über das Muffelwild erschienen (siehe unten) und eines wird noch herauskommen (Hege und Bejagung des Muffelwildes von *Werner Böttcher*). Das verwundert, denn im deutschsprachigen Raum werden zwar knapp 10.000 Stück Muffelwild, aber immerhin über 50.000 Gams erlegt. Arbeitsgrundlagen waren:

1. Hespeler, Bruno – Die Bergjagd (1. Auflage 1987)
Das Taschenbuch ist in erster Linie für Waidmänner geschrieben, welche nur gelegentlich im Gebirge jagen. Es bietet nützliche Hinweise und praxisnahe Anregungen für die Bergjagd. Neben Gams- und Muffelwild werden weitere Wildarten und Themen, wie beispielsweise das Murmeltier und die Ausrüstung des Bergjägers, behandelt.

2. Knaus, Werner – Das Gamswild (1. Auflage 1960)
Die zweite Auflage dieser ausgezeichneten Monographie – mitbearbeitet von *Wolfgang Schröder* – erschien 1986. Sie ist leider vergriffen, eine dritte Auflage sehr wünschenswert. In der ersten Auflage fanden sich die Hauptkapitel Naturgeschichte, Verhalten, Ökologie, Hege und Jagd sowie Krankheiten.

3. Nerl, Wilhelm – Das Gamswild (2. Auflage 1989)
Das Merkblatt des Deutschen Jagdschutz-Verbandes enthält Informationen über Hege und Bejagung der Gams in Kurzform.

4. Türcke, Friedrich und Samuel Schmincke – Das Muffelwild (1. Auflage 1965)
Ausführliche Monographie über Mufflons, welche 1995 in dritter Auflage herauskam. *Friedrich Türcke* und – seit der zweiten Auflage – *Herbert Tomiczek* haben es zu diesem Zweck gründlich überarbeitet. Das Buch gliedert sich in die Hauptkapitel Naturgeschichte, Ökologie, Hege und Jagd.

5. Briedermann, Lutz – Unser Muffelwild (1. Auflage 1993)
Der Autor prägte vier Muffellämmer auf sich und übernahm die Rolle des Mutterschafes. Sein Buch bietet tiefe Einblicke in Sozialstruktur und Verhaltensweise der Mufflons. Im Anhang finden sich Tips für die Jagd auf Mufflons. *Briedermann* war ein begnadeter Verhaltensforscher mit wachen Augen und gründlicher Feder.

Schwindelfrei und durchtrainiert, so bringt das Jagen in den Bergen Spaß.

Foto: J. Markmann

JÄGER & PRAXIS
KURZ & BÜNDIG

SCHWARZWILD: LEBENSWEISE ★ LÜNEBURGER MODELL ★ ANSITZ ★ KREISEN ★ STÖBERN ...

EINE BEILAGE DER ZEITSCHRIFT JÄGER

JAGDZEITEN

Nur in Nordrhein-Westfalen räumt der Gesetzgeber den Sauen – abgesehen von den Frischlingen – eine längere Schonzeit ein. Eine pflegliche Regelung! Haben doch die Überläuferkeiler hier die Chance, ein wenig selbständiger und damit erfahrener sowie vorsichtiger zu werden. Auch manche Bache, die bei flachstehendem Mond unter Wildschadensdruck im Hafer oder Milchweizen der Kugel verfällt, bleibt so am Leben. Wie vorbildlich mutet heute diese Bestrebung an, dem Schwarzwild eine längere Schonzeit zu gewähren, einer Wildart, die jahrhundertelang fast überall schonungslos verfolgt wurde. „Biologisch orientierte Bestimmungen" – so lautet gegenwärtig die Forderung der Fachleute an die Gesetzgeber. Der Bejagung der Sauen liegt als einziger Schalenwildart keine Abschußplanung zugrunde. Deshalb ist es überfällig, daß vor allem die Überläufer aus der ganzjährigen Bejagung herausfallen. Die Jagd auf alle Schwarzkittel ist zudem insgesamt zeitlich stärker zu beschränken.

Die meisten Schwarzwildpopulationen beweisen doch, wie gravierend sich die genannten Mängel in der Gesetzgebung auswirken: Die natürliche Alters- und Sozialstruktur ist zerstört. Warum handeln Bundes- und Landespolitiker hier nicht verantwortlich? An sachkundigen Beratern mangelt es in keinem Bundesland. Der eigene freie Wille der Jäger genügt leider vielfach nicht. Das müssen wir bekennen.

VERORDNUNG ÜBER DIE JAGDZEITEN VOM 2. APRIL 1977
(Bundesgesetzgebung)

Schwarzwild, ohne Frischlinge und Überläufer: vom 16. Juni bis zum 31. Januar
Frischlinge und Überläufer: ganzjährig

Die Bestimmungen von § 22 Absatz 4 des Bundesjagdgesetzes gelten selbstverständlich auch für führende Frischlings- und Überläuferbachen. Sie lauten: „In den Setz- und Brutzeiten dürfen bis zum Selbständigwerden der Jungtiere die für die Aufzucht notwendigen Elterntiere, auch die von Wild ohne Schonzeit, nicht bejagt werden. Die Länder können ... Ausnahmen bestimmen...".

Nachtjagd *(Bundesgesetzgebung)*
Die Nachtjagd auf Schwarzwild ist erlaubt. Als Nachtzeit gilt die Zeit von eineinhalb Stunden nach Sonnenuntergang bis eineinhalb Stunden vor Sonnenaufgang (§ 19 Abs. 1 Nr. 4 BJagdG).

JAGDZEITEN GEMÄSS LANDESVERORDNUNGEN

BADEN-WÜRTTEMBERG
Keine Abweichung von der „Verordnung über die Jagdzeiten vom 2. April 1977"

BAYERN
Keine Abweichung von der „Verordnung über die Jagdzeiten vom 2. April 1977"

BRANDENBURG
Schwarzwild, außer führende Bachen: ganzjährig
führende Bachen: vom 16. August bis zum 31. Januar

BREMEN
Keine Abweichung von der „Verordnung über die Jagdzeiten vom 2. April 1977"

HAMBURG
Keine Abweichung von der „Verordnung über die Jagdzeiten vom 2. April 1977"

HESSEN
Keine Abweichung von der „Verordnung über die Jagdzeiten vom 2. April 1977"

MECKLENBURG-VORPOMMERN
führende Bachen: vom 16. August bis zum 31. Januar
sonst: Keine Abweichung von der „Verordnung über die Jagdzeiten vom 2. April 1977"

NIEDERSACHSEN
Keine Abweichung von der „Verordnung über die Jagdzeiten vom 2. April 1977"

NORDRHEIN-WESTFALEN
Schwarzwild, außer Frischlinge: vom 1. August bis zum 31. Januar
Frischlinge (noch nicht einjährige Stücke): ganzjährig

RHEINLAND-PFALZ
Keine Abweichung von der „Verordnung über die Jagdzeiten vom 2. April 1977"

SAARLAND
Schwarzwild, außer schwache, nichtführende Überläufer und Frischlinge: vom 1. Juli bis zum 31. Januar
schwache, nichtführende Überläufer: ganzjährig
Frischlinge: ganzjährig

SACHSEN
Schwarzwild, außer führende Bachen: ganzjährig
führende Bachen: vom 16. August bis zum 31. Januar

SACHSEN-ANHALT
Keine Abweichung von der „Verordnung über die Jagdzeiten vom 2. April 1977"

SCHLESWIG-HOLSTEIN
Schwarzwild, außer Frischlinge und Überläufer: vom 16. Juli bis zum 31. Januar
Frischlinge und Überläufer: ganzjährig

THÜRINGEN
Keine Abweichung von der „Verordnung über die Jagdzeiten vom 2. April 1977"

Stand: November 1995 (Alle Angaben ohne Gewähr).

INHALT

Wo es Hege genießt, ist Schwarzwild bei Mast durchaus tagaktiv.

Foto: St. Meyers

Ein wetzender Keiler in der Rauschzeit. – Ein seltenes Bild, ein großes Erlebnis.

Foto: J. Rahm

Die Stände waren gut gewählt, die Stöberjagd ein voller Erfolg.

Impressum: **JÄGER & PRAXIS** KURZ BÜNDIG Schwarzwild. Eine Beilage der Zeitschrift JÄGER   Titelfoto: H. Reinhard

Jahr-Verlag GmbH & Co.
Jessenstraße 1
22767 Hamburg
Tel. 040 / 38 90 60
Fax 040 / 38 90 63 05

Verleger:
Alexander Jahr

Redaktion:
Dr. Rolf Roosen

Autor:
Walter Bachmann

Fachberater:
Dr. Dietrich Stahl

Titel/Layout:
Werner Rabe

Herstellungsleitung:
Helmut Post, Brunhild Sudmann (Stellv.)

Druck: Busche, Dortmund

Lithographie: Repro- und Satztechnik Gass, Hamburg

Vertriebsleitung:
Peter Lüdemann

Copyright: Jahr-Verlag GmbH & Co., Hamburg 1995

LEBENSRAUM, VERHALTENSWEISE UND RAUSCHZEIT

Unter Jägern sind die Schwarzkittel äußerst beliebt. Sind sie doch in weiten Teilen Europas das letzte wehrhafte Wild. Wie schwer werden Bachen und Keiler? Wann bevorzugen sie den Wald, wann die Feldmark als Lebensraum? Welche Bedeutung hat die Leitbache für die Rotte?

Foto: M. Danegger

Kleines Bild: Schwarzwild rinnt ausgezeichnet und badet gerne.

Großes Bild: Die massigen Sauen mögen plump erscheinen. Sie sind es nicht. Aufmerksam geworden – helfen ihnen Teller und Windfang bei Gefahr.

Foto: Archiv JÄGER

Die Bergmannsche Regel bestätigt sich auch bei dieser Tierart: Denn die Stärke der Wildschweine nimmt von den Karpaten im Osten zum Elsaß im Westen und von Pommern im Norden zu den Pyrenäen im Süden ab. Sauen rechnen nicht zu den Wiederkäuern, sondern:

STELLUNG IM ZOO-LOGISCHEN SYSTEM

Das Schwarzwild zählt zur Klasse der Säugetiere, zur Ordnung der Paarhufer und ist in der Familie der Schweine eine eigene Art.

tensiver Verfolgung im 19. und zu Beginn des 20. Jahrhunderts stark dezimiert. Das führte beispielsweise in den Niederlanden fast zu ihrer Ausrottung.

Andererseits hat die Intensivierung der Landwirtschaft wesentlich dazu beigetragen, daß die Zahl der Schwarzkittel zugenommen hat. Dieses wird in Deutschland insbesondere anhand der explosionsartigen Entwicklung der Jagdstrecken in den letzten fünfzig Jahren deutlich. Der zunehmende Maisanbau spielte dabei sicher eine entscheidende Rolle. Erfolgreiche **Aussetzungen** von

Hochgebirgszonen bilden hohe Schneelagen sowie starke Kälte natürliche Grenzen. Hierbei spielt eine Rolle, daß Sauen kurzläufig sind und zu einem sehr frühen Zeitpunkt frischen. Im Süden finden Sauen in den Wüsten und Steppen zu wenig Nahrung.

In Deutschland bieten der hohe Waldanteil sowie der intensive Anbau von Getreide, Mais und Hackfrüchten den Wildschweinen fast überall gleichzeitig Schutz und Fraß. Die Sauen können im Herbst ausreichend Weiß bilden. Die Winterschwarte ist der hiesigen Kälte angepaßt. So vermögen sie

Eine geringe Schneedecke behindert die Sauen bei Nahrungssuche und Fortbewegung nicht. Längere Schneeperioden sind so kein Problem.

Foto: F. Bagyi

VERBREI-TUNG

Die Wildschweine sind außerordentlich weit verbreitet. In **Europa** fehlen sie heute bloß in England, Irland, in Dänemark und den anderen skandinavischen Ländern. Allerdings wachsen in Schonen und Südfinnland neue Bestände heran. Von **Zentral-** und **Mittelasien bis** zu den **Sunda-Inseln** kommen Sauen vor. In **Afrika** findet man sie im Niltal und dem nördlichen Küstenstreifen entlang des Mittelmeeres. Nahrung, Deckung und Klima sind natürliche Regulatoren ihrer Verbreitung. Einerseits hat der Mensch die Sauen aufgrund in-

Wildschweinen werden aus Brasilien und Argentinien, Nordamerika, Australien und Neuseeland gemeldet.

LEBENSRAUM

Da Schwarzwild äußerst anpassungsfähig ist, kommt es auch in sehr unterschiedlichen Lebensräumen vor. Im Norden und in den

längere Frostperioden, in denen sie nicht brechen können, gut zu überstehen.

Ursprünglich war die Mast von Eichen und Buchen – in den hiesigen Breiten ungefähr in Abständen von drei bis sechs Jahren – für die Winterüberbrückung und Vermehrungszahl ausschlaggebend. Und noch heute bestimmen beide sehr stark die jährlichen Dichte-

Foto: K. Tönges

gleich stark ausgebildet sind. Sie wirken kompakt, ja wuchtig. Keine andere Wildart zeigt das.

Aufgrund des großen Verbreitungsareals schwanken die Körpermaße gleichalter Stücke beträchtlich (Bergmann-

zenwerte liegen deutlich höher. Die Werte **weiblicher Stücke** sind durchschnittlich um etwa 30 bis 50 Prozent niedriger als die der Keiler. Ein **Frischling** erreicht im Dezember etwa 25 bis 35 Kilogramm. Hier ist die Frischzeit ausschlaggebend.

HAAR

Schon etwa zehn Tage vor der Geburt besitzen Frischlinge ihr hellbraunes Erstlingshaar, in dem gelbliche Längsstreifen von den Blättern bis zu den Keulen reichen. Nach drei bis vier Monaten

schwankungen der Populationen mit. Die Bestände des Schwarzwildes gelten in allen Bundesländern als gesichert, trotz intensiver Bejagung bei teilweise rüden Jagdmethoden. In den Jahren von 1989 bis 1993 schwankten die **Strecken** in Deutschland zwischen zirka 230.000 bis knapp 340.000 Stück Schwarzwild. Das ist eine gewaltige Steigerung, wenn man von den Vorkriegsjahren ausgeht. So wurden in den alten Bundesländern von 1936 bis 1939 durchschnittlich etwas über 10.000 Sauen auf die Schwarte gelegt, im Jagdjahr 1993/94 fielen dagegen 192.000 Schwarzkittel.

Foto: Die waffenlose Zeit nach dem Krieg tat den Sauen besonders gut. Sie wurden alt.

Zeichnung: Die Schulterhöhe der Keiler liegt im Mittel bei etwa 80, die der Bachen bei 70 Zentimeter.

Zeichnung: J. Bindseil nach Dr. K. H. Snethlage, 1966

GROBE SAUEN

Keiler   Bache

In der Winterschwarte sind sie sich sehr ähnlich.
Das ist der Tod vieler Bachen.

KÖRPERGEWICHT

Ein ausgewachsenes Stück Schwarzwild steht auf kurzen Läufen und hat einen massigen, gedrungenen Körper, bei dem alle Partien von Kopf über Hals und Rumpf bis zu den Keulen fast

sche Regel). So übertrifft ein reifer ostpolnischer Keiler den aus Spanien um das dreifache an Gewicht. Hier stehen 250 etwa 80 Kilogramm gegenüber. Selbstverständlich ist auch die Jahreszeit von großer Bedeutung: Bei guter Herbstmast ist das Gewicht von Oktober bis Dezember hoch. Mit Ende der Rauschzeit sowie nach langen, harten Wintern erscheinen die Rücken der **Keiler** oft „dünn wie Bretter". Der Gewichtsverlust beträgt zwischen 15 und 20 Prozent. In Mitteleuropa gelten für einen vier- bis fünfjährigen Keiler folgende Durchschnittswerte im Herbst: Er hat eine Schulterhöhe von 75 bis 85 Zentimeter und ein Gewicht zwischen 100 und 150 Kilogramm (aufgebrochen). Spit-

erfolgt der erste Haarwechsel zu einem einfarbig bräunlichen, groben Deckhaar, unter dem nur wenig Wollhaar zu finden ist. Ihr erstes Winterkleid, welches schon aus langen, schwarzen Borsten und fettiger Unterwolle besteht, tragen die Jungtiere dann ab Januar. Deck- und Wollhaare fallen dem Überläufer im Mai aus. Die kurze, hellgraue, wollhaarfreie Sommerschwarte bestimmt nun das Bild. Oft sieht der Jäger die Haut der Sauen durchschimmern. Ab November ist die überwiegend schwarze Winterschwarte bei den nun eineinhalbjährigen Stücken wieder zu beobachten. Derbe „Federn" auf Nacken und Rücken sind besonders lang gewachsen. Beim Imponieren gegenüber Art- ▶

Ist es bloß Neugier, die den Keiler dazu veranlaßt, den Holzpolter zu untersuchen? Oder findet er hier Fraß?

Foto: F. Bagyi

genossen oder Hunden werden sie aufgestellt; ein eindrucksvolles Bild.

Gefleckte Sauen finden sich in fast allen Populationen. In recht unterschiedlicher Größe sind bei ihnen hellgelbe, weißliche oder auch dunkle Punkte, Streifen oder Platten unregelmäßig über die normal gefärbte Schwarte verteilt. *Lutz Briedermann* vermutet, daß die Scheckung auf Vermischungen mit Hausschweinen zurückzuführen sei, die wiederum schon sehr lange zurückliegen können.

spreizten Hinterläufen und gebogenem Rücken ein. *Meynhardt* berichtet sogar von festen Harn- und Kotplätzen in den Einständen der von ihm beobachteten Rotte.

LOSUNG

Die Losung des Schwarzwildes ist leicht zu erkennen. Sie besteht aus dunkelbraunen bis schwarzen Würsten, deren Ballen im Frühjahr sowie Sommer bei wasserhaltiger Nahrung breiig auseinander fallen, im Winter jedoch fest zusammenhalten. In der Rotte wird die Losung häufig nach Ruhezeiten gemeinsam abgesetzt. Beide Geschlechter nehmen dabei eine Kauerstellung mit leicht ge-

Zeichnung: J. Bindseil

TRITTSIEGEL EINER GROBEN SAU

VL

HL

Beim Ziehen ist durch das „Zurückbleiben" häufig das Geäfter von Vorder- und Hinterlauf hintereinander erkennbar.

Meist ist die äußere Schale bei den Sauen etwas länger als die innere.

FÄHRTE

Der Einzeltritt eines Wildschweines läßt stets das Geäfter dicht hinter den Schalen erkennen. Im Unterschied zum flüchtigen Rotwild überragt es die Schalenabdrücke auf beiden Seiten. Zudem wirkt es halbmondförmig. Darüber hinaus stehen die Schalenspitzen der Schwarzkittel immer deutlich weiter auseinander als beim Rotwild (siehe Zeichnung in Sonderheft 1, Seite 8). Beim Ziehen setzen Wildschweine oft den Hinterlauf nicht exakt in den Tritt des Vorderlau-

Foto: J. Schiersmann

fes. Dann erscheint das Geäfter auf jeder Seite doppelt, was in der nebenstehenden Zeichnung klar zu erkennen ist.

Bei jüngeren Sauen ist die Außenschale meist deutlich länger abgedrückt als die innere. Sobald hier beim Einzeltritt ein Ausgleich stattgefunden hat und die Trittbreite zirka sieben bis acht Zentimeter beträgt, ist die Sau in unseren Breiten fünf bis sechs Jahre alt.

Wenn eine Sau durch Tiefschnee gezogen ist, erkennt man dieses leicht daran, daß mit dem Rumpf eine regelrechte Furche gezogen wurde. Die Läufe sind eben kurz.

SINNE

Der Windfang des Schwarzwildes ist mit einer ungewöhnlich hohen

Verdacht wird die Luft – hörbar – mehrfach und verstärkt eingesogen. Auf diese Weise können Sauen noch nach drei Stunden eine Feindspur sicher wahrnehmen. Viele Wildbiologen setzen die Nasenleistung des Schwarzwildes der der Hunde gleich und glauben, höhere Leistungen als beim Rotwild nachweisen zu können.

Sauen äugen zwar räumlich, allerding insgesamt recht schlecht. Ganze Rotten passieren Jäger und Hund auf kürzeste Entfernung, falls diese stillstehen. Wenn ein Stück Schwarzwild aufwirft, um das Umfeld mit den Lichtern zu

großen Teller verhelfen ihnen aufgerichtet zu guter Ortung. Bei Feindverdacht drehen die Stücke meist spitz auf die Geräuschquelle zu und sichern mit sämtlichen Sinnesorganen. Bestimmte Geräusche, etwa das Einstechen einer Waffe oder das Anschlagen eines Riemenbügels an den Gewehrlauf, veranlassen die Sauen zu sofortiger Flucht ohne weitere Überprüfung. Andere, wie beispielsweise das Tuckern eines Rückeschleppers, akzeptieren sie ohne Furcht. Brechend oder ziehend machen Sauen ordentlich Krach, manches Fremdgeräusch geht dann unter.

Zahl von Riechzellen ausgestattet. Er dient der Nahrungsfindung und -unterscheidung, dem Verhalten im Sozialverband, bei der Rausche und hilft vor allem bei der Feindvermeidung entscheidend. Bei

kontrollieren, ist das für den sich anpirschenden Waidmann in aller Regel folgenlos. Insbesondere bei Mondschein kann man Sauen gut bis auf Schußnähe angehen.

Sie vernehmen ausgezeichnet. Die

In reich gegliederten Waldgebieten, die zu jeder Jahreszeit Fraß bieten, unternimmt das Schwarzwild keine weiten Wanderungen. Es ist standorttreu. Unstet wird es bei übermäßiger Beunruhigung.

▶

LAUTE

Das tiefe, leise lockende Grunzen der Bache und das ständige, helle Quieken der Frischlinge sind die ersten Kontaktlaute zwischen Mutter und Kind. Sie dienen wechselseitig dem sicheren Wiedererkennen.

Den Alarm- oder Warnlaut der Wildschweine kennt jeder Jäger. Es ist ein kurzes, aber lautes „Wuff". Anschließend fliehen die Stücke in aller Regel. Wer noch zu Schuß kommen will, wird verflixt schnell handeln müssen. Wenn Sauen Hund oder Mensch

und Oberkiefer wiederholt aufeinander. Dieses Geräusch geht jedem Jäger, der der Wundfährte folgt, durch Mark und Bein. Auch während der Rauschzeit hallt dieser Laut weit durch den Wald, wenn Keiler sich begegnen.

In hoffnungsloser – zum Beispiel gelähmter – Lage knirschen Sauen im Anblick ihrer Feinde mit den Zähnen. Bestimmen hier Wut oder Angst? Der Schmerzensschrei des Schwarzwildes ist ein hoher, gellender Laut, der meist nur von jüngeren Stücken ausgestoßen wird. Bisweilen zeigt er Knochentreffer an. Öfter ist er zu hören, wenn

LEBENSWEISE

Außer den einzeln gehenden Keilern leben Wildschweine in Familienverbänden. *Meynhardts* Beobachtungen belegen, welch strenge soziale Rangfolge in den Rotten herrscht. Ab dem zehnten Lebensmonat nehmen Frischlinge die niedrigsten, alte Bachen dagegen hohe Ränge ein. Entscheidend für die Rangfolge ist also das Alter. Die ranghöchste Bache ist in der Regel auch die älteste. Sie übernimmt Leitfunktion in allen Lebensbereichen. Wer eine Leitbache schießt, zerstört den sozialen

Foto: M. Danegger

Bei naher Deckung fühlt sich die Rotte an der Ablenkfütterung auch am Tage „sauwohl".

angreifen, geschieht dieses meist lautlos. Bisweilen geht dem Angriff auch ein drohendes Brummen der Bache voran, nämlich dann, wenn man dem Wurfkessel zu nahe kommt. Ganz selten ist beim Keiler einmal das Wetzen zu vernehmen. Dabei schlagen Unter-

Hunde ein Stück halten und dabei energisch zupacken. Der Frischling stößt in solchen Situationen häufig zusätzlich einen dunklen Grunzlaut in schneller Tonfolge aus. Er signalisiert wohl mehr Angst als Verteidigungsbereitschaft.

Organismus der Rotte nachhaltig. Die Aktivitäten des Menschen machten die Sauen Mitteleuropas dämmerungs- und nachtaktiv. Vor allem der Jagddruck sorgte dafür: Sauen ruhen am hellen Tage ganzjährig in Dickungen, wenn man vom suchenden Keiler in der

Foto: I. Roosen

Sauen scheuerten an diesem Malbaum kräftig ihre Schwarte. Der Schlamm ist in den heißen Sommertagen rasch getrocknet.

Wasserstellen an den Wurzelanläufen von Kiefer oder Fichte.

FRASS

Im Vergleich zu den vier Mägen der Wiederkäuer ist der Magen des Schwarzwildes sehr einfach gebaut. Hier wird der Fraß im wesentlichen verdaut. Sauen schlucken ihre Nahrung rasch herunter, sie kauen nicht groß. Aus diesem Grund benötigen sie leicht verdauliche Kost. Verholzte Pflanzenteile, die im Winter als Notnahrung aufgenommen werden, werden nur unzureichend verdaut. Sie finden sich noch gut erkennbar in der Losung wieder.

Im Jahresverlauf ist der Fraß sehr unterschiedlich. Im Sommer bevorzugen Sauen meist Feldfrüchte: Grünäsung, milchreifes Getreide, Mais, Kartoffeln, Rüben und Hül-

Rauschzeit einmal absieht. Die Aktivitätsphase beginnt abends. Die **Leitbache** bestimmt den Aufbruch vom Ruheplatz, die An- und Rückmarschwege zu den Suhlen, Malbäumen und Fraßplätzen und schließlich diese selbst. Alter, Stärke und Erfahrung der Leitbache werden respektiert. Ein energischer, kurzer Laut von ihr genügt, und die Jungtiere beenden schlagartig ihre Spielereien und Sozialkämpfchen.

Fremde, nicht verwandte Sauen werden im Streifgebiet nicht geduldet. Auch der männliche Nachwuchs einer Rotte wird spätestens im Überläuferalter vertrieben. So bilden sich kurzfristig kleine Überläuferrotten mit eigenen Einständen. Die Stücke wer-

den jedoch bereits zur Rauschzeit, knapp zweijährig, zu Einzelgängern.

Sauen suhlen vornehmlich in den Abendstunden von April bis August. In Ausnahmefällen hört der Jäger auch das Eis des Weihers spritzen, wenn Sauen sich hineinwerfen. Wildschweine suchen sehr gerne Malbäume auf. Sie befinden sich meist in unmittelbarer Nähe der Suhlen. In der Zeit des Haarwechsels findet man solche Scheuerbäume aber auch fern von

Mit seinem beweglichen, gummiartigen und derben Wurf wühlt dieses Stück den Waldboden mächtig auf, es bricht.

Foto: S.-E. Arndt

senfrüchte. Im Herbst liefern Eicheln, Bucheckern und Kastanien in Mastjahren die Nahrungsgrundlage. Tierische Nahrung wird nur in sehr geringem Maß aufgenommen. Nach *Briedermann* macht ihr Anteil insgesamt zehn Prozent aus. Mäuse, Bodeninsekten, Gelege, Aas und – soweit erreichbar – Jungwild sind hier zu nennen. Das ein oder andere nicht voll fluchtfähige Rehkitz wird von einem ausgewachsenen Stück Schwarzwild sicherlich gerissen. Nicht ohne Grund schrecken die Ricken im Mai so anhaltend, wenn Schwarzkittel erscheinen.

SCHÄDEN UND DEREN ABWEHR, NUTZEN

Fast alle Anbaupflanzen in der **Feldmark** sind Nahrung des Schwarzwildes. Sauen bevorzugen Mais, Hafer, Roggen, Weizen, Kartoffeln und Rüben. Sie nehmen auch Gränäsung, wie Klee, Raps oder Lupinen, auf. Auf der Suche nach Insekten und Larven brechen sie Wiesen und Weiden um. All diese Schäden führen bereits seit Jahrhunderten zu berechtigten Klagen der Landwirte. Sie sind der Hauptgrund für die intensive Schwarzwildbejagung.

Im **Wald** verursachen Sauen hauptsächlich Schäden an Eichenkulturen, in denen sie gelegte Eicheln – teilweise sogar die Jungpflanzen – aufnehmen. Probleme bereiten auch größere Löcher, die sich das Schwarzwild in Kulturgattern schafft. Rehe, aber auch Dam- oder Rotwild, haben so wieder Zugang zu Kulturen, von denen sie ferngehalten werden sollen.

Jäger beugen diesen Schwarzwildschäden vor, wenn sie eine angemessene Zahl von Sauen strecken.

Hilfreich ist auch das Anlegen von **Ablenkfütterungen** und Wildäsungsflächen. Hier bietet man den Sauen in der Nähe ihrer Einstandsdickungen – in möglichst großem Abstand zum Feld – Nahrung an, die sie beschäftigen und Tagesaktivität bewirken soll. Stetiges Beschicken und Ruhe sind hierbei entscheidend. An Ablenkfütterungen fällt selbstverständlich kein Schuß. Die Erfolge sind erstaunlich: Feldschäden werden erheblich verringert, die Stammrotte wird zum Standwild und erscheint auch schon einmal vertraut bei Sonnenschein. Ablenkfütterungen

Foto: I. Roosen

Sauklappen helfen, Wildschäden in Forstkulturen zu mindern: Rot- und Rehwild bleiben draußen. Die Sauen finden hier Fraß und Ruhe.

bedürfen allerdings in einigen Bundesländern der Genehmigung durch Jagdbehörden.

Der direkten **Schadensabwehr** im Feld dienen – wie beim Rotwild – Elektrozäune, Blinklichter, Knall-

apparate, vor allem aber der nächtliche Ansitz bei Mondschein an der Schadfläche. Im Wald hilft eine stabile Einzäunung der Kulturen und deren regelmäßige Kontrolle.

Schwarzkittel verursachen jedoch nicht nur die vorgenannten Schäden, sondern sie **nutzen** auch **dem Forstmann** in großen, zusammenhängenden Waldgebieten. Sie vertilgen im Wald ungezählte Larven und Puppen vieler forstschädlicher Insekten, außerdem auch Mäuse. Schließlich lockern und durchlüften sie den Waldboden, wenn sie brechen (= „Kultivatoren").

RAUSCHZEIT UND NACHKOMMEN

In Mitteleuropa beginnt die **Rauschzeit** bei einer intakten Rotte im November oder Dezember mit der Rausche der Leitbache. Das geschieht bei jeder Bache jedes Jahr fast auf den Tag genau. 14 Tage zuvor markiert sie Zweige, junge Stämmchen, auch Malbäume, mit ihrem Speichel und dem Sekret der Augendrüsen. Die zur Rotte gehörigen weiblichen Stücke – sie sind in diesem Familienverband alle mit der Leitbache verwandt – werden dadurch animiert und setzen innerhalb weniger Tage gleichfalls mit dem Markieren ein. *Meynhardt* nennt dieses Phänomen **Rauschzeitsynchronisation**. Es handelt sich offensichtlich um eine „Geruchsbotschaft" an die Keiler: Bitte in zwei Wochen kommen! Das zeigt erneut, wie das Leittier beim Schwarzwild auch während der Rauschzeit sämtliche Verhaltensabläufe innerhalb der Rotte steuert.

Auf dieses Signal hin geben die

Foto: H. Reinhard

zur Verteidigung noch für eine weite Flucht reicht. In Mitteleuropa dürfte es dem Fuchs nur ausnahmsweise gelingen, einen jungen Frischling zu reißen. Die Bache beschützt ihre Jungen zu gut.

Unfälle auf Straße oder Schiene charakterisieren sich oftmals dadurch, daß hier mehrere Stücke gleichzeitig angefahren worden sind. Dazu kann es kommen, falls

Silbergrau ist die Sommerschwarte der Bache, gelbweiß die Längsstreifen auf der rötlichen Schwarte der Frischlinge.

Keiler ihr Einsiedlerleben auf, suchen die Rotte und markieren in ähnlicher Form. Der stärkste unter ihnen, der oft in harten, lauten Rangkämpfen ermittelt wird, kommt zum Beschlag.

Die Frischlinge werden nach einer **Tragzeit** von 114 bis 118 Tagen im März/April in einem Wurfkessel geboren, der abgedeckt, trocken und warm ist. Ältere Bachen bauen bessere Kessel als jüngere. *Heinz Meynhardt* ermittelte eine durchschnittliche **Wurfstärke** zwischen zwei und neun Frischlingen. Knapp 40 Prozent davon verenden in den ersten acht Monaten. Häufigste Todesursache ist die Unterkühlung in den ersten Lebenswochen. Ein

zweites Frischen innerhalb eines Jahres hat *Heinz Meynhardt* nicht beobachtet, es sei denn, daß die Frischlinge vorzeitig zu Tode gekommen waren. Andere Beobachtungen – etwa an einer markierten Bache aus Nordhessen – widersprechen dem. Ein zweites Frischen kommt vermutlich nicht häufig vor.

FEINDE, VERLUSTE, KRANKHEITEN

Als natürlicher Feind der Sauen kommt nur **Großraubwild** in Frage, also Bär, vor allem Wolf, Luchs und in Asien der Tiger. Ihnen werden vornehmlich die Jungtiere zur Beute, deren Kraft weder

die Rotte dicht geschlossen bei der Führungsbache bleibt.

Im Norden ihres Verbreitungsgebietes führen **hoher Schnee** und lang anhaltender **Frost** zu Winterverlusten, die bei fehlenden Weißreserven besonders hoch sind. Im mitteleuropäischen Bereich leiden Frischlinge in den ersten 14 Lebenstagen besonders unter naßkalter **Witterung**. Sie führt zur Unterkühlung. Bei mangelnder Fürsorge durch junge Bachen ist dieses die Ursache für erhebliche Frischlingsabgänge.

Das Schwarzwild ist besonders durch die **Schweinepest** sowie durch die **Sarkoptesräude** gefährdet (siehe das noch folgende Sonderheft „Wildkrankheiten").

GEWEHRE & HADERER

Foto: Dr. R. v. Meurers

Die Waffen sind kein Zierrat. Täglich benutzt, werden sie bei älteren Keilern oft an den Spitzen beschädigt.

*D*ie Eckzähne sind besonders bei älteren Keilern kräftig ausgebildet. Mit Fug und Recht bezeichnet der Jäger sie als Gewaff. Die Schleifflächen der Gewehre werden scharf und kantig, so sind sie wirksame, für Hunde und Jäger gleich gefährliche Waffen des annehmenden Keilers.

Häufig nur ein Traum – ein uriger Keiler im verschneiten Winterwald. Waffen und Pinsel sind gut zu erkennen.

Foto: H. Reinhard

Die Waffen der Keiler und die Haken alter Bachen, die Winterschwarte ausgewachsener Stücke und der Saubart dienen dem Jäger als Trophäen erlegten Schwarzwildes. Die Dauereckzähne im Unterkiefer männlicher Stücke werden als **Gewehre**, die im Oberkiefer als **Haderer** bezeichnet. Jahr für Jahr wachsen beide in die Länge, indem sich ständig Dentin an der Zahnbasis anlagert. Dabei werden sie nach vorne geschoben. Da die Gewehre an den Haderern gewetzt werden, bilden sich an beiden Zähnen Schleifflächen, die

bei den Gewehren spitz zulaufen. So werden sie zu wirklichen Waffen.

Wann aber nehmen Sauen Menschen oder Hunde an? Gesunde Stücke vermeiden dieses in aller Regel. Seltene Ausnahmen sind „selbstbewußte" Schwarzkittel, die – aus welcher Stimmung heraus auch immer – zum Angriff übergehen. Zwei Gründe gibt es, die quasi zwangsläufig dazu führen, daß eine Sau annimmt. Die Bache verteidigt zumeist (nicht jede) ihre Frischlinge, vor allem in der Nähe des Wurfkessels. Hier hilft es schon, wenn

man sich rasch und weit entfernt. Sobald eine krankgeschossene Sau – etwa wenn während der Nachsuche ihr Wundbett erreicht wird – Hund und Herrn attackiert, kann die Situation wirklich kritisch werden, vor allem im dicken Zeugs. Der Hundeführer hat seinen vierbeinigen Gefährten am Riemen, hört aufgrund der Eigengeräusche wenig, seine Büchse hängt auf dem Rücken, der Angriff der Sau kommt überraschend und flott. Ein erfahrener Begleiter mit guter Reaktion ist dann wertvoll.

Bei alten, starken Keilern beträgt

Rauschzeit. Der Keiler ist stark erregt. Im schnellen Wechsel bewegt er den Unterkiefer nach links und rechts. Speichelschaum wird erzeugt. Ihn verwendet der Keiler, um zu markieren.

die Länge der **Gewehre** über den Außenbogen gemessen 19 bis 20 Zentimeter. Ihre Breite beläuft sich an der stärksten Seite auf 22 bis 25 Millimeter. Der Umfang der wesentlich kürzeren **Haderer**, die ab einem Alter von vier bis fünf Jahren deutlich gekrümmt sind, ist dann auf sieben bis siebeneinhalb Zentimeter angewachsen. Alle Werte, die darüber liegen, sind Spitzenwerte. Leider kommt es recht häufig vor, daß vordere Teile eines Gewehres in höherem Alter abbrechen. Bei den Haderern ist das nur selten einmal der Fall.

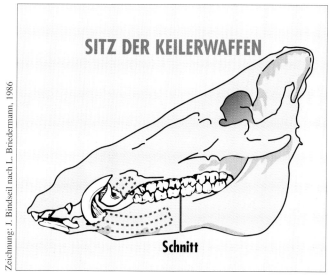

SITZ DER KEILERWAFFEN

Schnitt

Zeichnung: J. Bindseil nach L. Briedermann, 1986

Die Gewehre stecken normalerweise zu zwei Drittel im Unterkiefer. Um sie ohne Beschädigung freizulegen, sägt der Jäger die Unterkieferäste vor dem Abkochen jeweils hinter dem vierten Backenzahn durch.

Foto: St. Meyers

Auf einem runden, dunklen und nicht zu großen Brett aufgesetzt, präsentieren sich Keilerwaffen sehr eindrucksvoll.

Winterschwarten des Schwarzwildes schmücken bei vielen Waidmännern Jagdzimmer oder Hausflure. Drei bis vier Jahre bleiben sie sehr ansehnlich. Ein Junghund wird sie fleißig anknabbern und später gerne als Liegestatt benutzen. Die Borsten fallen aus.

Aus den Federn gebunden, ziert der **Saubart** manchen Jägerhut. Im Winter tragen gerade die Überläufer oft die längsten Borsten auf ihrem Rücken. Mit Zwirn, gutem Klebstoff und etwas Geschick kann man sich selbst einen solchen Hutschmuck in Fächerform binden (siehe dazu das noch folgende Sonderheft „Trophäen").

Foto: W. Nagel

Die Gewehre, die im Unterkiefer sitzen, sind die eigentlichen Waffen eines Keilers.
Die Haderer im Oberkiefer halten die Gewehre durch permanentes Schleifen scharf.

LÜNEBURGER ANSPRECHEN, JAGDMETHODEN

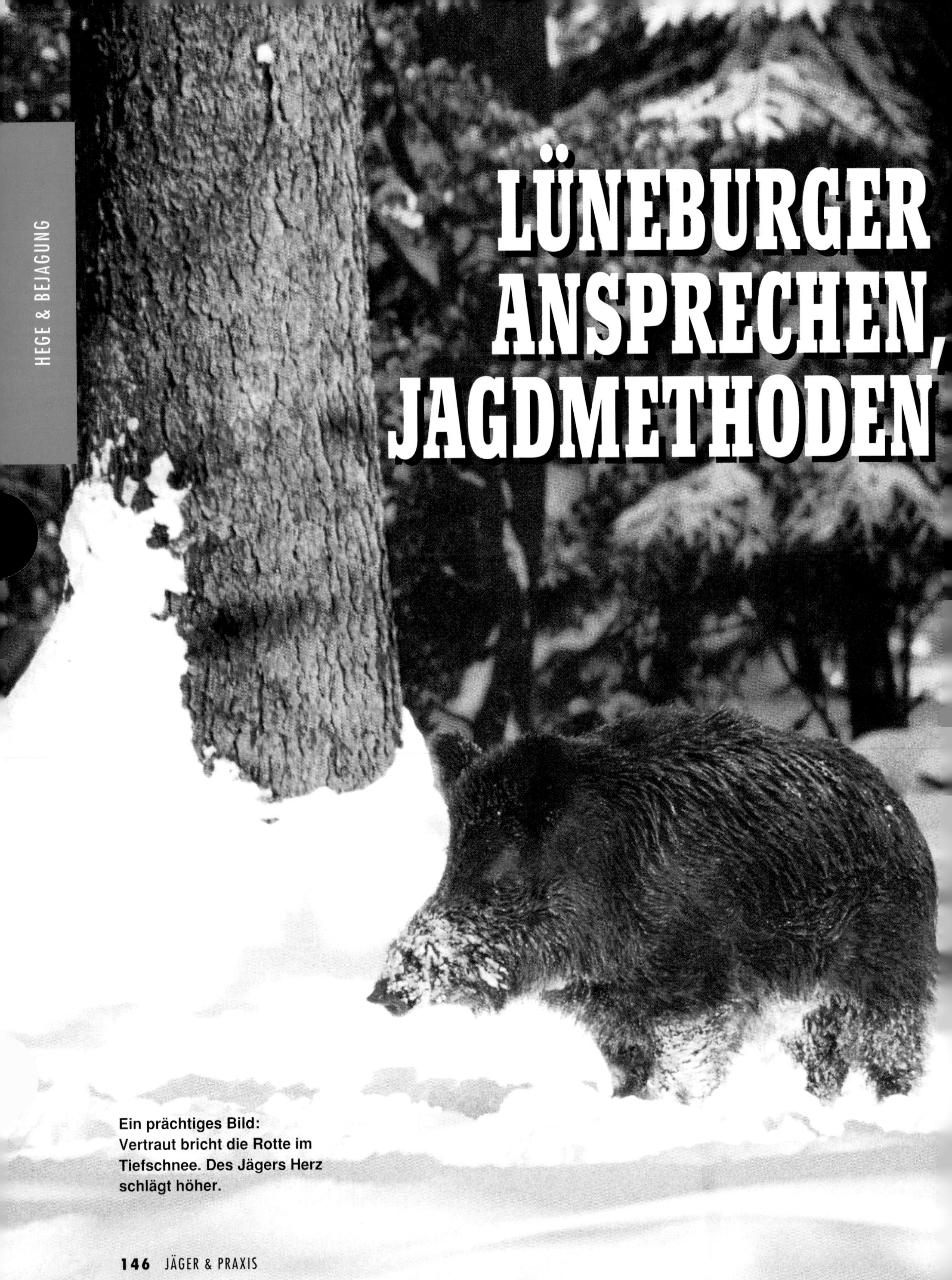

Ein prächtiges Bild:
Vertraut bricht die Rotte im
Tiefschnee. Des Jägers Herz
schlägt höher.

MODELL,

So nah und breit im Troll... Eine prima Chance für eine saubere Kugel.

In guten Revieren kann man jedes Jahr einen braven Bock, je nach Region in einem Jahrzehnt einen star-ken Hirsch schießen, aber höchstens ein- oder zweimal im Leben ein Hauptschwein. Ist eine Hege reifer Keiler überhaupt möglich? Wieviel Frischlinge und Überläufer werden in gepflegten Revieren geschossen? Wann ist der Ansitz bei Mondschein, wann die Drückjagd erfolgversprechend?

HEGE

Das Umdenken der Jäger bezüglich ihrer Einstellung dem Schwarzwild gegenüber ist ein langwieriger Prozeß. Jahrhundertelang fand eine rüde, unwürdige Verfolgung der Sauen statt. Die hohen Feldschäden durch diese Wildart bildeten den Grund.

SCHWARZWILDRINGE

Hegegemeinschaften für das Schwarzwild haben vorrangig folgende **Aufgaben**: Zum einen verfolgen die in ihnen zusammengeschlossenen Jäger möglichst genau die Entwicklung der Bestände in ihren Revieren und somit der Population in der betreffenden Region. Dabei kann nur der jeweilige Trend erfaßt werden, denn exakte Zählungen sind bei dieser Wildart nicht durchführbar. Erhebliche Schwankungen der Bestandeshöhen sind nämlich alleine durch den Einfluß von Eichel- und Buchelmasten auf Einstandswahl und Zuwachs vorprogrammiert.

Übermäßiger Vermehrung wird der Jäger immer energisch entgegenwirken, um Wildschäden auf Feldern, Wiesen und Weiden weitgehend zu verhindern. Zum anderen dienen ein gemeinsames Planen der Bejagung und das sorgfältige Erfassen der Strecken als Arbeitsgrundlage der Hegegemeinschaften. Ausschlaggebend ist dabei, daß von Fall zu Fall die

Möglichkeit gewährleistet ist, daß erlegte Stücke durch sachkundige Vertrauensleute besichtigt werden. Dieses wird hier und da als unzumutbar empfunden. Doch wenn die Strecken nicht offengelegt werden, schwindet das gegenseitige Vertrauen rasch. Sämtliche Bemühungen um eine sinnvolle sowie artgerechte Bejagung des Schwarzwildes drohen dann zu scheitern.

Werden Sauen großflächig nach einheitlich festgelegten Regeln bejagt, verlangt dies Disziplin und oftmals auch Verzicht auf den eigenen Jagderfolg. Sind wir dazu

Foto: J. Markmann

bereit, werden wir viel für das Schwarzwild erreichen. Ehrliches, waidmännisches Verhalten und persönliches Verantwortungsbewußtsein jedes einzelnen Jägers entscheiden über die Höhe, die Gliederung und die Qualität eines Schwarzwildvorkommens.

ZIELE UND GRENZEN DER HEGE

Manche Jäger glauben, das Wort „Hege" sei in Zusammenhang mit

unseren Sauen nur vorsichtig zu verwenden. Zu viele Menschen verbinden mit Hege, daß große Bestände herangezogen werden und die Feldschäden zunehmen. Hier tut Aufklärung not. Denn heute definiert *Teuwsen*, der Vater des „Lüneburger Modells", das **Hegeziel** wie folgt: Aufbau beziehungsweise Erhalt eines gesunden Schwarzwildbestandes, der mit ausgewogener Altersgliederung in seiner Höhe für die Landeskultur tragbar ist und nachhaltig eine angemessene Bejagung ermöglicht. Das Zielalter von fünf Jahren und älter muß eine angemessene An-

Nach harter Stöberarbeit darf er jetzt ruhig ein paarmal zupacken. Hell leuchtet seine Warnhalsung. Ein bewährter Schutz des Hundes auf großen Gesellschaftsjagden.

zahl von Sauen erreichen. **Hege des Schwarzwildes** bedeutet also: Bei Berücksichtigung der Familienstrukturen will der Jäger eine tragbare Wilddichte von ein bis zwei Sauen im Frühjahr auf 100 Hektar Biotopfläche erreichen und

Foto: R. Bender

damit in allen Revieren einen verbesserten Altersaufbau der Populationen verbinden. Außerdem bemühen sich die engagierten Heger, einerseits Feldschäden zu minimieren und andererseits das Nahrungsangebot im Wald zu maximieren. Gelingt dies alles, können Sauen auf reizvolle Art und Weise sowie mit hohem Wildbretertrag bejagt werden. Auch der Anteil der reifen Erntekeiler wird dann steigen.

FÜTTERUNG

Nur bei einer hohen Zahl von etwa fünf bis zehn Sauen je 100 Hektar Lebensraum ist ein Zufüttern je nach Jahreszeit und natürlicher Mast unerläßlich. Körnerfutter, vor allem Mais, Kartoffeln, Rüben, aber auch Silage kann der Jäger reichen. In Saugattern rechnet man mit einem Bedarf von einem Kilogramm je Stück Schwarzwild und Tag.

In freier Wildbahn sind die Bestandeszahlen weit geringer als in Gattern. Hier nehmen die Sauen

gerne Dauergrünlandflächen an. Besitzen diese einen hohen Kleeanteil und sind zudem mit Volldünger ohne Stickstoff gepflegt, weiden Schwarzkittel wie Kühe auf diesen Flächen. Wildäcker haben sich weniger bewährt. In Anlage und Unterhalt teuer, gehen die Sauen in kurzer Zeit zu verschwenderisch mit dem Dargebotenen um. Das Pflegen und Freistellen von masttragenden Baumarten – wie Eiche und Buche, Kastanie und Wildobst – ist sinnvoll,

aber nicht entscheidend für die Ernährung der Sauen. Zu gering ist oft die Menge, zu unregelmäßig ihr zeitlicher Anfall.

Gut bewährt haben sich, wie schon erwähnt, Ablenkfütterungen. Tief im Wald gelegen und regelmäßig – möglichst täglich – breitwürfig beschickt mit Obst, Mais, Druschabfall und kleinen Kartoffeln, erfüllen sie ihren Zweck ganz prima, nämlich Wildschäden in der Feldmark zu vermeiden. Gute Deckung in der Nähe dieser Futterstellen behagt den Sauen ganz besonders. Fällt hier ganzjährig kein Schuß, werden die Schwarzkittel ortsgebunden, tagaktiv und sehr vertraut. Beobachtungssitze an diesen Ablenkfütterungen ermöglichen dann gute Einblicke in

Foto: Archiv JÄGER

Kopf, Hals und Rumpf bilden eine Einheit von geballter Kraft. Ein richtiger „Watz". Auch ein Hegeziel des „Lüneburger Modells".

Foto: W. Henkel

die Lebensweise der Stammrotte, die fremden Sauen keinen Besuch gestattet.

DAS „LÜNEBURGER MODELL"

Die Richtlinien des „Lüneburger Modells" sind einst auf freiwilliger Basis im Kreis Lüneburg erstellt und 1980 neu gefaßt worden. Dieses Modell bildet heute ausnahmslos die Arbeitsgrundlage für alle Schwarzwildhegegemeinschaften in Deutschland, wobei Anpassungen an örtliche Besonderheiten möglich sind. Die einheitliche Regelung der Schwarzwildbejagung dient dabei eindeutig auch der Hege dieser Wildart. Entscheidend sind diese **sieben Grundsätze des „Lüneburger Modells"**:

1. Grundsätzlich ruht die Jagd auf Sauen vom ersten Februar bis zum 15. Juni. Zum Abwenden von un- zumutbaren Feldschäden in dieser Zeit können geringe Sauen erlegt werden.

2. Die Mittelklasse – die zwei- bis vierjährigen Stücke, zumeist mit Gewichten zwischen 50 und 100 Kilogramm aufgebrochen – wird ganzjährig geschont.

3. Aus einer Rotte schießt der Jäger zunächst immer das schwächste Stück. Frischlinge werden früh und scharf bejagt.

4. Sämtliche gesunde, männliche Überläufer werden geschont.

5. Ab dem fünften Lebensjahr oder wenn sie 100 Kilogramm (und mehr) aufgebrochen wiegen, gelten Keiler als jagdbar. Sie werden entweder als Gruppen-Keiler oder revierweise ab dem 1. September freigegeben.

6. Bachen dürfen erst ab dem 1. November und nur in begrenzter Zahl sowie auf der Einzeljagd, aber ohne Gewichtsbeschränkung, geschossen werden. Alte, erfahrene Leitbachen sind zu schonen.

7. Man strebt eine Strecke in folgender Gliederung an: (mindestens) 75 Prozent Frischlinge, (höchstens) 15 Prozent Überläufer und zehn Prozent Keiler sowie Bachen.

In der Praxis werden sich diese Vorgaben nicht ohne Abstriche durchsetzen lassen. Machbar aber ist vieles hiervon,

Hier fällt die Entscheidung leicht: Die führende Bache und die Mittelklasse pardonniert der Jäger.

Zeichnung: J. Bindseil nach Dr. K. H. Snethlage, 1966

AUSWAHL BEIM ABSCHUSS

Stets das schwächste Stück aus der Rotte schießen - ob vertraut brechend oder flüchtig.

wenn das Wollen und Können der Jäger von Sorgfalt, Geduld und Ehrlichkeit getragen wird.

Wie bei allen anderen Schalenwildarten (vgl. auch die Sonderhefte Nummer 1 bis 4), bejagen Jäger Sauen „naturnah", wenn sie so viele Frischlinge – den hohen Zuwachsraten entsprechend – schießen, wie sie bekommen können. Es bleiben immer noch genügend übrig. Die Mittelklasse wird möglichst geschont. Altersreife männliche Stücke werden erlegt, wenn die Jäger sie denn finden. Den Leitbachen gönnen wir ein langes Leben.

Der Vorwurf, von der Erfüllung dieser Forderungen meilenweit entfernt zu sein, trifft noch heute viele Schwarzwildjäger. Das müssen wir Jäger bekennen, den Sauen zuliebe.

ANSPRECHEN IM REVIER

Das Ansprechen von einzelnen Sauen im Revier hat seine Tücken. So liefert ihr Gewicht kaum einen Altersanhalt. Schon im Dezember erreicht der gut entwickelte Überläuferkeiler 70 Kilogramm aufgebrochen und nähert sich damit dem Gewicht der ausgewachsenen Schwarzkittel. Weil die Geschlechter in der Winterschwarte ähnlich ausschauen, lassen sich Einzelstücke nur schwer voneinander unterscheiden. Wechseln die Sauen in einer **Rotte** an, fällt das Ansprechen dagegen leicht. Der Jäger kann prima vergleichen.

Auch die **Frischlinge** bereiten keine Probleme. Bis in den August hinein verraten sie ihre hellen Längsstreifen, danach bei geringer Größe ihre rotbraune Herbstschwarte. Aber schon Ende Januar,

in der Winterschwarte, wirken sie recht erwachsen.

Überläuferkeiler sind im Sommer leicht anzusprechen. Läßt der Pflanzenwuchs den Blick auf die Bauchdecke zu, erkennt der Jäger den Pinsel. Da sie im Frühsommer gerade selbständig geworden sind, fallen Überläuferkeiler durch ihr recht unbekümmertes Benehmen in den frühen Abend- und späten Morgenstunden auf. **Überläuferbachen** bleiben dagegen meist bei der Mutterrotte. Manchmal führen sie sogar schon Frischlinge. Ist die Bauchdecke im Sommer glatt – also ohne Striche – wird sie der

Feldjäger schießen. Auf diese Weise kann er nämlich die Rotte gut vertreiben, ohne in ihr sozialen Schaden anzurichten. In der Winterschwarte der Überläufer kann die noch gerade Rückenlinie im übrigen eine Hilfe sein, um sie anzusprechen.

Ob ein Stück zur **Mittelklasse** – also den **zwei- bis vierjährigen Sauen** – zählt, erfordert dann genaues Beobachten, wenn bloß ein Einzelstück dahergetrollt kommt. Bei guter Beleuchtung läßt der helle Backenbart und das heran-

wachsende Gewaff des Keilers meist eine richtige Altersschätzung zu. Die Länge des Pürzels und die Stärke der Quaste differieren bei den einzelnen Stücken dagegen sehr, sie sind kein Ansprechmerkmal. Der Kopf wirkt bei den Bachen jetzt im Vergleich zum Keiler länger und schmaler, der ganze Rumpf langgestreckter. Führen sie, sind sie entweder das Spitzentier in ihrer Familiengruppe, hinter dem die Frischlinge kommen, oder aber sie sind in großem Familienverband zu finden, in der eine Leitbache das Kommando hat. Sie wechseln ihr

Foto: K.-H. Volkmar

Das Ansprechen fällt hier leicht: Beide Stücke sind braun und gering. Sie können bedenkenlos erlegt werden. Der Jäger wird einen „Doppeltreffer" vermeiden, aber eine Doublette versuchen.

Haarkleid zur Sommerschwarte erst spät und haben oft noch im Juni schwarze lange Winterborsten streifenweise auf dem Rücken. In dieser Zeit sind die Striche des Gesäuges gut zu sehen. Das genaue Alter dieser Mittelklassebachen anzugeben, vermag der Jäger ▶

nur, wenn er seine Stammrotte Jahr für Jahr beobachten kann.

Der wirklich **altersreife Keiler** läßt sich sehr leicht ansprechen. Im Herbst und Frühwinter wirkt er aufgrund von Hängebauch und Karpfenrücken „so hoch wie lang". Den Kopf trägt er meist leicht gesenkt. Die Waffen sind – ohne daß der Jäger lange suchen müßte – gut erkennbar. Sie wirken mehr gelblich als weiß. Im Gesicht haben die hellen Töne in der Winterschwarte deutlich zugenommen. Pürzel und Quaste sind beide meist lang und ausgeprägt, aber eben nur in der Regel.

ALTERSERMITTLUNG AM ERLEGTEN STÜCK

Die Altersermittlung an einer erlegten Sau erfolgt an den Zähnen des Unterkiefers.

Bis zum Alter von **22 bis 24 Monaten** läßt die Zahnentwicklung eine genaue Altersbestimmung zu. Bei Frischlingen ist nach fünf bis sechs Monaten das Milchgebiß mit 24 Zähnen vollständig ausgebildet und der erste Molar als Dauerzahn vorhanden. Im späten Winter bezweifeln Jäger bisweilen das Alter eines erlegten, starken Frischlings. Hier hilft ein Blick ins Gebrech weiter: Sind die beiden inneren, vier bis fünf Millimeter breiten Schneidezähne an den Spitzen schon deutlich abgenutzt, die äußeren (dritten) aber stiftförmig, ist das Stück kein Überläufer, sondern ein neun bis zehn Monate alter Frischling. Nur vier

Backenzähne sind außerdem in Funktion (der zweite bis vierte Prämolar und der erste Molar).

Mit Beginn des zweiten Lebensjahres wird auch der zweite Molar sichtbar. Der Wechsel der Milchzähne zum Dauergebiß setzt ein. Zunächst werden die äußeren Schneidezähne und die Eckzähne ersetzt, mit etwa 14 Monaten auch die inneren Schneidezähne und die Prämolaren. Als letzten Milchschneidezahn verliert der Überläufer den zweiten Schneidezahn mit etwa 18 bis 20 Monaten. Der dritte Molar erscheint als letzter Dauerzahn. Bis er vollständig durchgebrochen ist, vergehen mehrere Monate. In Kaufunktion tritt er meist erst mit 22 bis 24 Monaten. Da die Zahnoberfläche des Dauergebisses mehr und mehr beansprucht wird, schleift sich der dünne, aber harte Zahnschmelz mit zunehmendem Alter immer stärker ab. Das dunkle Dentin tritt hervor. Die Zähne werden kürzer. Das Alter kann nur noch geschätzt werden.

Nach *Briedermann* bilden folgende Merkmale einen Altersanhalt:

– **Zirka vierjährig**: Die Schmelzschlingen des ersten Molars sind abgerieben, dunkelbraunes Dentin

tritt flächig hervor. Der Schmelz aller vier mittleren Schneidezähne (der ersten und zweiten) ist deutlich angeschliffen, ihr Dentin klar erkennbar.

– **Etwa fünfjährig**: Der zweite Molar hat eine ebene Oberfläche. Beim dritten Molaren zeigen sich sternförmige Dentinflecken.

– **Ungefähr sechs- bis siebenjährig**: Die Schneidezähne sind stark verkürzt. Der dritte Molar weist jetzt auch eine fast ebene Oberfläche auf, sein Dentin tritt nunmehr punktförmig bis kleinflächig hervor.

JAGD
GRUNDSÄTZE SAUGERECHTER BEJAGUNG

Waidgerechte Jagdausübung auf Schwarzwild zeichnet sich durch wenige Grundsätze aus:

Frischlinge werden ab Ende Juli intensiv bejagt. Sie bringen dann zehn bis zwölf Kilogramm auf die Waage. Bis in den Januar hinein werden die Frischlinge kräftig reduziert. An der Gesamtstrecke haben sie im Idealfall pro Revier einen Anteil von mindestens 75 Prozent. Hier liegt also eindeutig das

Im September gefrischt, im November erlegt. Werden Frischlinge das ganze Jahr über geboren, ist der Bestand kaputtgeschossen.

Foto: G. Wandel

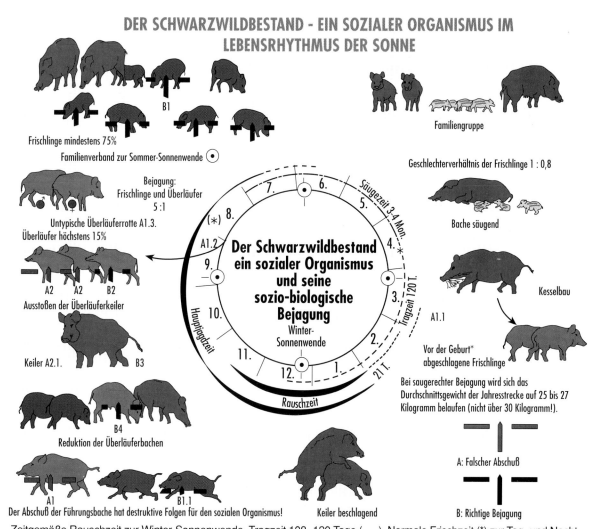

DER SCHWARZWILDBESTAND - EIN SOZIALER ORGANISMUS IM LEBENSRHYTHMUS DER SONNE

Familiengruppe

Frischlinge mindestens 75%

Familienverband zur Sommer-Sonnenwende ☉

Geschlechterverhältnis der Frischlinge 1 : 0,8

Bejagung: Frischlinge und Überläufer 5 : 1

Untypische Überläuferrotte A1.3.
Überläufer höchstens 15%

Bache säugend

Säugezeit 3-4 Mon.

A2   A2   B2

Ausstoßen der Überläuferkeiler

Kesselbau

Keiler A2.1.   B3

A1.1

Vor der Geburt*
abgeschlagene Frischlinge

Der Schwarzwildbestand
ein sozialer Organismus
und seine
sozio-biologische
Bejagung
Winter-
Sonnenwende

Tragzeit 120 T.

Hauptjagdzeit

Rauschzeit

B4

Reduktion der Überläuferbachen

Bei saugerechter Bejagung wird sich das
Durchschnittgewicht der Jahresstrecke auf 25 bis 27
Kilogramm belaufen (nicht über 30 Kilogramm!).

A: Falscher Abschuß

B: Richtige Bejagung

A1   B1.1

Der Abschuß der Führungsbache hat destruktive Folgen für den sozialen Organismus!

Keiler beschlagend

Zeitgemäße Rauschzeit zur Winter-Sonnenwende. Tragzeit 108 -120 Tage (- - -). Normale Frischzeit (*) zur Tag- und Nacht-gleiche. Säugezeit (– – –). Zusammenziehen der Familiengruppen zu Familienverbänden zur Sommer-Sonnenwende (☉).

A: Falscher Abschuß
A1 Der soziale Organismus der Schwarzwildbestände wird durch den Abschuß der Führungsbachen nachhaltig geschädigt! Die Rauschzeitsynchronisation unterbleibt: Durch den Fehlabschuß der ältesten, ranghohen Führungsbache wird der gleichzeitige Rauschzeittermin auf die rangniederen Bachen in der Familiengruppe nicht ausgelöst. Bei den gleichalten Geschwisterbachen dominiert die Führungsbache. **Die Folgeschäden:** A1.1 Erhebliche Streuung, Verlängerung der Rauschzeit (...). A1.2 Geburt der Frischlinge zur Unzeit, ganzjährig ((*)). A1.3 Untypische Rottenbildung von Überläuferbachen und Überläuferkeilern. *Der Hinweis auf eine verantwortungslose, asoziale, destruktive Jagd!*
A2 Der überhöhte Abschuß der Überläuferkeiler, die aus dem Familienverband ausgestoßen werden, schwächt den Keilerbestand (minus A2.1) und zerstört das natürliche Geschlechterverhältnis.
B: Richtige Bejagung
B1 Die Hauptjagdzeit beginnt im Juli. Der hohen Zuwachsrate entsprechend (im Durchschnitt 130 Prozent vom gesamten Frühjahrsbestand), wird *frühzeitig* mit der Bejagung der Frischlinge begonnen. Der Streckenanteil der Frischlinge (ohne Gewichtsbegrenzung) muß mindestens 75 Prozent erreichen. Die Bejagung der Frischlinge und Überläufer erfolgt im Verhältnis 5:1. Höchstens 15 Prozent Überläufer können erlegt werden.
B2 Die aus dem Sozialverband ausgestoßenen Überläuferkeiler werden schonend bejagt, um einen ausreichenden, im Alter reifen, für die Sozialstruktur wichtigen Keilerbestand aufzubauen **(B3)**. Schonzeit der vermeintlich nicht führenden Bachen, durch die späte Freigabe einzeln ziehender Keiler? ab September.
B4 Notwendige Reduktion der Überläuferbachen ab November bei der Ansitzjagd. Der Jäger unterscheidet zwischen den führenden Bachen und der Führungsbache! Die Führungsbache führt die Frischlinge der erlegten Überläuferbache. Die verantwortungsvolle Bejagung der Bachen erfolgt nur bei der Ansitz- und Pirschjagd.
A1 Wird die Rotte bei der Drückjagd gesprengt, so wird auch bei Nichtfreigabe der führenden Bachen öfter die Führungsbache fälschlich als Keiler geschossen.
Zeichnung und Text: nach G. Wandel, „Die Pirsch" 16 (1994), S. 37

Zeichnung: J. Bindseil nach G. Wandel, 1994

Foto: F. Bagyi

Schwergewicht des Abschusses. **Überläufer** werden von Mai bis September überwiegend im Feld erlegt, wenn sie dort zu Schaden gehen. Im Wald gilt die Jagd nur den körperlich schwachen Überläufern, die im vorigen Jahr als Frischlinge nicht geschossen worden sind. Aber Achtung: Weibliche Überläufer können bereits führen. Alle gesunden, starken Überläufer wachsen in gepflegten Revieren in die Mittelklasse ein. Ihr Streckenanteil bleibt möglichst unter der 15-Prozent-Marke.

Alle zwei- bis vierjährigen Sauen bilden diese **Mittelklasse**. Im Idealfall sind sie stark und gesund. Sie werden geschont. Denn sie sind die „tragende Säule" (*Gerold Wandel*) einer gesunden, stabilen Wildpopulation. In der Praxis sind Abgänge durch Fehlansprachen und Verkehrsunfälle leider nicht vermeidbar.

In gepflegten Revieren werden **Keiler** mindestens fünf Jahre alt oder 100 Kilogramm schwer. Jedes Jahr und jedes Kilogramm darüber erfreuen uns Jäger. Fünf Prozent Streckenanteil strebt man an, leicht erreichbar sind sie in rauher Praxis allerdings nicht.

Bachen werden als Führungs-, vor allem aber als Leitbachen, grundsätzlich ganzjährig geschont. Um die örtliche Population jedoch in Grenzen zu halten, wird der Jäger ab erstem November auf der Einzeljagd einige Bachen erlegen. Kirrungen bieten gute Gelegenheiten, um hierbei richtig auszuwählen. Fünf Prozent wird der Anteil der Bachen an der Gesamtstrecke betragen. Fehlabschüsse tragen dazu bei.

Im **Feld** bejagt man das Schwarzwild schwerpunktmäßig in den Sommer- und Herbstmonaten.

Um einen solchen Keiler auf die Schwarte zu legen, braucht's halt viel Sitzfleisch.

Nach einer „Neuen" hat er ge-kreist. Klein ist seine Beute, doch riesengroß seine Freude.

Hier ist der Wildschaden im Interesse der Landwirte zu minimieren. Mondphasen nutzt der Jäger fleißig aus, weil dann die Erfolgschancen sehr hoch sind. Gewissenhaftes Ansprechen tut im übrigen gerade hierbei not. Vielmals ragt bloß der Rücken der Bache aus den Rüben oder dem Hafer. Die Frischlinge sind kaum zu sehen. Hier hilft nur längeres Beobachten. Führungslose Frischlingsrotten belegen leider nur zu oft, wo es an der notwendigen Geduld und Vorsicht gefehlt hat.

Im **Wald** verringern Ablenkfütterungen den Sommer über die Schäden im Feld deutlich. Herbst- und Winterjagd bilden hier den Schwerpunkt, oft in Gemeinschaft vieler Jäger. Der Abschuß an Kirrungen, die – seien wir ehrlich – fast überall durch regelmäßige, größere Futtergaben am selben Ort den Charakter von Fütterungen annehmen, und die Nachtjagd wird der verantwortungsbewußte Jäger im Wald nicht übermäßig betreiben.

Schwarzwildringe sind zur Absprache über die Ziele einer gemeinsamen Hege und Bejagung der Sauen auf 10.000 bis 20.000 Hektar unerläßlich. Am besten funktionieren solche Hegeringe, in denen vereinbart wurde, daß erlegte Sauen besichtigt werden.

ANSITZ

Der Ansitz ist am Wald-/Feldrand besonders erfolgversprechend, aber auch an Feldflächen, die erste Schäden aufweisen. Mais-, Getreide-, Rüben- und Kartoffelschläge behält der Jäger im Auge. Für den Ansitz eignen sich ferner Kirrungen, Suhlen und Wechsel zwischen den Einständen. Im Sommer

Foto: W. Nagel

Foto: J. Rahn

sind Morgen- und Abendansitze gleich ergiebig. Häufig kommen die Sauen dann bei gutem Licht in Anblick. An schwülen Augusttagen lohnt sich der Abendansitz an Suhlen. Im Herbst und Winter setzt sich der Spezialist im Wald an Flächen an, auf denen Eicheln oder Bucheckern zu finden sind. Selbst bei geringer Mast ziehen solche Bestände – oder auch einzelne, alte Mastbäume – Sauen stark an. In der Feldmark suchen Schwarzkittel in dieser Zeit vor allem die maschinell abgeernteten Kartoffel- und Rübenschläge gern ab. Hier hilft nur der Nachtansitz: Der jetzt höher herauskommende Halb- oder Vollmond sorgt für ausreichende Beleuchtung. Wenn er seinen Ansitzplatz auswählt, berücksichtigt der Könner vor allem die hohe Nasenleistung des Schwarzwildes. Die Deckung des Jägers ist nicht so entscheidend.

PIRSCH UND AUSGEHEN DER FÄHRTE

Das gerade Gesagte gilt analog auch für die **Pirsch**. Oft wird der Jäger von seinem Ansitzplatz aus pirschen. Vielleicht möchte er nur noch eine frühe Morgenstunde ausnutzen, oder die Sauen sind für seine Kugel zu weit ausgezogen,

Buchenholzteer hat sich als Kirrmittel für Sauen bewährt, besonders wenn der Jäger Malbäume damit bestreicht. Die Erfolgschancen sind hoch.

oder sie sind in der Rauschzeit nur zu hören, aber von der Kanzel aus nicht ins Zielfernrohr zu bekommen. Selbst bei größeren Rotten kann der Jäger sie bei gutem Wind leicht anpirschen. Das Sehvermögen der Sauen ist halt recht schlecht. So kann er in hellen Mondnächten über freie Flächen Rotten oft bis auf gute Schußentfernung angehen. Nachts wird diese deutlich unter 100 Meter betragen. Wenn im Winter Schnee liegt, ist bei derartiger Pirsch ein geflecktes, nicht leuchtend weißes Schneehemd sehr hilfreich.

Außerordentlich reizvoll ist das morgendliche **Ausgehen einer Fährte**, nachdem in der Nacht eine Neue gefallen ist. Auf den großen Truppenübungsplätzen oder überhaupt in Waldgebieten mit verlichteten Beständen gelingt dies bisweilen. Auch hierbei spielt

der Wind die entscheidende Rolle. Langsam und leise folgt der Jäger der Fährte, seine Augen suchen immer möglichst weit voraus. Rutscht dann der Keiler aus dem Ameisenhaufen, in den er sich der Kälte wegen eingeschoben hat, staubt der Schnee, – trifft zudem die schnelle Kugel schön vorne, ist das höchste Jägerslust.

KREISEN UND STÖBERJAGDEN

Ist über Nacht im Schwarzwildrevier frischer Schnee gefallen, kann der Jäger durch Umschlagen von Einstandsdickungen ermitteln, ob sich Sauen darin gesteckt haben. Ausschlaggebend für den Erfolg beim **Kreisen** ist, einen genügend großen Abstand zum Dickungsrand einzuhalten, damit der Wind oder knirschender Schnee unter den Füssen des Kreisers die Sauen nicht vorzeitig rege macht. Fährtet sich eine Rotte hinein, geht man ihre Fährte rückwärts aus. So ermittelt man die Zahl der Sauen und wie sich die Rotte nach star-

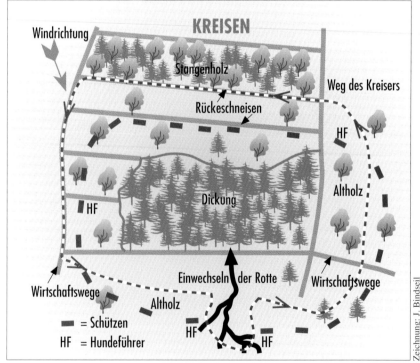

Zeichnung: J. Bindseil

Foto oben: Bis zum Schirm hat der Jagdherr seinen Gast begleitet. Jetzt gibt er rasch noch ein paar Tips, wo die Sauen gerne kommen.

Zeichnung links:
Leise und weiträumig wird am Vormittag gekreist, ebenso am frühen Nachmittag abgestellt. Nun jagen die Jäger „bestätigt".

ken und schwachen Stücken zusammensetzt. Beim morgendlichen Einziehen halten die Schwarzkittel nämlich die Kiellinie nicht überall ein. Steckt die Rotte, jagen Waidmänner bestätigt. Es ist immer wieder erstaunlich, wie schnell auch die Vielbeschäftigten unter den Jägern sich dann am Nachmittag für ein paar Stunden frei machen können.

Wintertage sind kurz. Mit einfallender Dämmerung verlassen die Sauen ihre Deckung immer widerwilliger. Also strebt der Jagdleiter an, möglichst früh am Nachmittag die Dickung leise (!) und weiträumig zu umstellen. An die Engpässe kommen flinke Schützen, die weniger Geübten stehen dort, wo mehr Platz zum Ansprechen und Schießen ist.

Das Treiben beginnt nach der Uhr. Da die Rotte gesprengt werden soll, sind scharfe Hunde von Vorteil. Die Hundeführer schnallen sie vom Stand aus, die besten in der Nähe des Einwechsels der Sauen. Geht ein Hundeführer mit ins Dichte und feuert lauthals an, wenn die Hunde stellen, gelingt es am besten, die Sauen zu sprengen. So kommen mehrere Gäste zu Schuß, und viele von ihnen haben

Freude an der fährtenlauten Arbeit der Stöberhunde. Der Hundeführer bläst in Fühlungnahme mit dem Jagdleiter ab, sobald er so gut wie sicher ist, alle Schwarzkittel dazu gebracht zu haben, auszuwechseln. Schnee hilft nun prima bei den Anschußkontrollen.

Der Sozialverband der Sauen wird an diesem Tag natürlich oft durcheinander gewirbelt. Aber wenn der Jagdleiter zu Beginn der Jagd die Freigabe auf das örtliche Gewichtslimit beschränkt, liegen erfahrungsgemäß auch nur diese schwachen Stücke auf der Strecke. Völlig lassen sich Fehlabschüsse nicht vermeiden, auf über fünf Prozent dürfen sie allerdings im Laufe des Jahres auch bei mehreren Gesellschaftsjagden nicht anwachsen.

Große **Stöberjagden**, örtlich auch ▶

Riegeljagden genannt, werden auf Schwarzkittel meist mit anderen Schalenwildarten zusammen abgehalten. Sie bedürfen langfristiger und gründlicher Vorbereitung (siehe auch Sonderheft 1, Seite 31). Auf einer Fläche von 300 bis 1.000 Hektar mit möglichst vielen Einstandsdickungen werden für 30 bis 60 Schützen Stände ausgesucht und markiert. Deren genaue Lage bestimmt weitgehend örtliche Erfahrung. Die Stände der Hundeführer befinden sich überwiegend im Zentrum der Jagdfläche. Gäste ohne Hunde sitzen meist in den äußeren Bereichen. Die Mehrzahl

gelegten Dickungen ihren Hunden, wenn deren Standlaut anhält. Oft wird hier ein Fangschuß oder Abfangen notwendig sein.

Treiber können also fehlen. Die Jagd steht und fällt mit der Qualität der Stöberhunde. Sie bejagen fährtenlaut die Fläche von innen nach außen. Dabei ist der anhaltend jagende, schnelle Hund gefragt, der auch beim Gegenangriff dranbleibt und immer wieder versucht, die einmal gefundene Sau in Bewegung zu halten. Der wilde, blind zugreifende Packer überlebt dagegen meist nicht das dritte Jahr seines Einsatzes. Der Jagdverstand

Das „Überjagen" der Hunde wird heute vielfach moniert. Eine vernünftig arrondierte Fläche, zu der auch alle Jagdnachbarn beigetragen haben, deren Reviere nur kleinere Waldflächen besitzen, läßt dieses Problem kaum aufkommen. Außerdem genießen Jagdhunde gesetzlichen Schutz.

WAFFE, KALIBER, SCHUSS AUF SCHWARZWILD

Ausgewachsene Sauen sind schußhart. Dieser Binsenweisheit wird der Jäger bei der Wahl von Waffe und Kaliber entsprechen.

Foto: J. Rahn

der Stände wählt der Jagdleiter so aus, daß andere Jagdteilnehmer nicht gesehen, geschweige denn gefährdet werden können. Alle Stände werden gleichzeitig am Vormittag bezogen und für zwei, besser drei Stunden streng beibehalten. Lediglich einzelne Hundeführer helfen in vorher genau fest-

des Stöberhundes und viel Übung machen hier die Meister. Trotzdem geht es oft nicht ohne Blessuren ab. Die Möglichkeit, geschlagene Hunde rasch durch einen Tierarzt versorgen zu können, gehört also zwingend zu einer guten Vorbereitung einer solchen Stöberjagd.

Wieviel Tage der Einzeljagd wären nötig gewesen, um diese große Strecke einer Stöberjagd zu erzielen?

Verkneift er sich beim **Ansitz** jedes Risiko bei der Schußabgabe, sitzt also die Kugel stets in der Kammer, genügen ihm für die

DER IDEALE HALTEPUNKT

Herz, große Blutgefäßstämme, Rückenmark
weiteres schußwirksames Gebiet (Lunge, Leber,
Hals-, Brust-, und Lendenwirbelkörper)
vordere Zwerchfellkontur

Zeichnung: J. Bindseil nach R. R. Hofmann, 1980

Die dicke Umrandung kennzeichnet das schußwirksame Gebiet. Die Zeichnung verdeutlicht: Der häufig empfohlene Schuß „mitten auf das Stück" birgt die Gefahr von Weidwundschüssen in sich.

beim Schwarzwild sitzen muß, veranschaulicht die erweiterte Darstellung von *Hoffmann* (1980). Der Schuß spitz von hinten unterbleibt selbstverständlich. Nur auf kranke Stücke ist er zulässig. Hier zählt jede Kugel, die trifft. Spitz von vorn wird der Saujäger nur schießen, wenn ihn ein Stück annimmt. In der Regel wird er dann nur eine Kugel los, und die nah, oft auch noch im dichten Zeugs. Findet sie die Stelle zwischen den Lichtern, bricht die Sau im Knall zusammen.

Schußzeichen, wie wir sie in oft typischer Art und Weise bei Rot-, Dam- und Rehwild erkennen, sind beim Schwarzwild selten. Hat die Sau die Kugel, bricht sie häufig laut hörbar durch Dick und Dünn davon.

Fehlte der Jäger, vermag ein einzelnes Stück, nach ein paar Schreckfluchten, sich ganz leise davonzustehlen. Brechen starke Sauen im Feuer zusammen, empfiehlt es sich, heranzulaufen, wenn es denn möglich ist. Mit nachgeladener Waffe ist der Jäger, nur wenige Schritte vom Stück entfernt, viel besser Herr der Lage. Ein Fangschuß, der eventuell notwendig wird, fällt leichter.

Schwarzwildbejagung auch diejenigen Kaliber und Geschoßgewichte, die an der gesetzlichen Untergrenze liegen. Über die Form des Teilmantelgeschosses braucht man dann nicht zu streiten. Ebenso nicht über die Wahl des Gewehrs, die je nach Geschmack und Portemonnaie auf eine Kipplaufwaffe oder einen Repetierer gefallen ist. Aber wenn Sauen bei der Flucht richtig schnell werden, dann kann die Kugel schon einmal hinten fassen. Der Jäger benötigt eine zweite oder dritte Patrone. Hier ist das Feld der **Repetierbüchse.** Im Dichten wie auf kurze Entfernung wird zudem ihre offene Visierung benötigt. Das Korn kann dann gar nicht grob genug sein. Die Kaliber von 8 und 9,3 Millimeter sind jetzt gefragt, dazu ein Geschoßbrocken von 12, besser 18 Gramm Gewicht mit stabiler Geschoßform. Sie versprechen am ehesten die erwünschte Wirkung, auch wenn in der Eile einmal bloß die Keule getroffen wurde. Optimal ist es, wenn dem Schweißhund und seinem Führer auch bei diesem Ku-

gelsitz ein deutlicher Anschuß geliefert wird. Der Heckteil des Geschosses muß deshalb zusammenhalten und möglichst den Ausschuß bringen.

Wie bei allem Schalenwild ist der **Schuß auf die** breitstehende **Sau** der beste. Weil die Wirbelsäule tiefer liegt, als es den Anschein hat, und in der Winterschwarte die langen Federn „oben viel Sau" vortäuschen, versucht der Profi im unteren Drittel, also relativ tief, abzukommen. Das gilt ebenso für Schüsse schräg von vorne oder von hinten. Wo der tödliche Schuß

„Ich hab' ihn fest im Griff, Herrchen! Kümmer' Du Dich nur um die erforderliche Trichinenbeschau."

Foto: Archiv JÄGER

FACHLITERATUR

Zahlreiche Fachbeiträge zur Biologie, Hege und Bejagung des Schwarzwildes sind in den letzten Jahrzehnten veröffentlicht worden.

Einige davon vermitteln wirklich Neues über die soziale Organisation, die Lebensweise und eine saugerechte, zeitgemäße Bejagung der Schwarzkittel. Sie haben dazu beigetragen, daß sich die Grundhaltung vieler Jäger den Sauen gegenüber änderte: Es wird nicht mehr jederzeit und überall auf jede Sau Dampf gemacht. Diese Entwicklung ist sehr erfreulich. Das Schwarzwild verdient es.

Fünf Arbeiten sind aus der Vielzahl der Schwarzwildliteratur herausgegriffen. Mancher Gedanke daraus ist „kurz und bündig" eingearbeitet worden.

1. Briedermann, Lutz – Schwarzwild (1. Auflage 1986)
Der renommierte Jagdwissenschaftler schrieb eine umfassende, hochaktuelle Schwarzwildmonographie.
Aus ihr spricht große Forscherfreude und ein intensives Studium von Saupopulationen.
Ein Fundus im Bücherschrank des Schwarzwildfreundes.

Glücklich, wer eine solch urige Szene in seinem Revier beobachten kann!

2. Meynhardt, Heinz – Schwarzwildreport (1. Auflage 1978)
In „seiner" Rotte als Mitglied aufgenommen, sammelte der Autor 16 Jahre neue Erfahrungen, vor allem auf dem Gebiet des Sozialverhaltens der Sauen. Viel Einsicht in die Fehler der bisherigen Bejagungspraktiken verdanken passionierte Waidmänner diesem Autodidakt. Als Tierfilmer fand er ein Fernsehpublikum, das weit über die Jägerschaft hinausging.

3. Snethlage, Karl – Das Schwarzwild (1. Auflage 1934)
Ein Pommer und passionierter Saujäger schrieb diesen „Klassiker" der dreißiger Jahre vor allem für Jäger. Viele seiner in der Praxis erprobten Tips helfen zum jagdlichen Erfolg. Die letzte, siebte Auflage entstammt dem Jahre 1982. Sie entspricht in einigen Punkten nicht mehr dem neuesten Stand.

4. Teuwsen, Norbert – Abschußrichtlinien für Schwarzwild (Erstveröffentlichung 1977)
Für die zeitgemäße Bejagung der Sauen wurde „sein" Lüneburger Modell richtungsweisend – und bleibt es bis heute. Es wird fortgeschrieben (zuletzt 1980) und ist anpassungsfähig an andere regionale Gegebenheiten. Der verbesserte Altersaufbau der Schwarzwildbestände ist sein entscheidendes Ziel.

5. Wandel, Gerold – Verantwortung ist gefordert! (Erstveröffentlichung in der „Pirsch" 16/1994, Seite 34 bis 37)
Bis in die Haarspitzen für die Sauen engagiert, streitbar, aber fachlich fundiert, nennt der Wildmeister auch die wunden Punkte der derzeitigen Schwarzwildbejagung. *Wandel* stellt uns Jägern zwei Modelle zur Wahl, die saugerechte Wege aufzeigen.

Foto: M. Mehner

JÄGER & PRAXIS

KURZ & BÜNDIG

6

BEWERTEN VON TROPHÄEN: ROTHIRSCHGEWEIH ★ REHKRONE ★ GAMSKRUCKE ★ KEILERGEWAFF ...

EINE BEILAGE DER ZEITSCHRIFT JÄGER

JAGDTROPHÄEN UND TROPHÄENJAGD

Erst der Erinnerungswert für den Erleger macht aus den Knochen die Trophäe. Die Erinnerung an erfolgreiches Jagen, an ein Kräftemessen mit den Sinnen des Wildes ist der Grund, weshalb wir einen Schädel stundenlang abkochen, ihn bleichen, auspunkten und dieses alles mit Freuden tun. Nicht anders ist es bei den Erpellocken, die wir uns aus Freude an einem guten Schuß hinter das Hutband stopfen.

Gegen die Wertschätzung und das Aufbewahren jagdlicher Trophäen ist nichts einzuwenden. Sie erfreuen den Schützen. Diese Freude stört niemanden. Da Trophäen weder einen materiellen noch einen künstlerischen Wert darstellen, ist ihnen in der Regel kein langes „Nachleben" beschieden. Denn Trophäen verlieren ihren Wert, wenn ihr Erleger nicht mehr lebt. Zunächst werden sie von den Erben nicht entfernt, weil sie nunmehr zur Erinnerung an den Vater oder Großvater geworden sind. Mit der Zeit verblaßt diese Erinnerung. Die Trophäen werden zu lästigen Staubfängern und wandern in die Knopffabrik.

Die Wertschätzung und die Freude an Trophäen ist das eine. Ist aber die Jagd nach Trophäen auch wildgerecht? Oder anders formuliert: In wieweit ist die Trophäenjagd für das Wild schädlich oder aber zuträglich? Die Antwort auf diese Frage läßt sich nach *Dietrich Stahl* auf einen kurzen Nenner bringen: Die Gier nach möglichst vielen kapitalen Trophäen wirkt sich nachteilig auf die Wildbestände aus. Denn derartige Wünsche führen zwangsläufig dazu, daß es zu überhöhten Wildbeständen oder unnatürlichen Fütterungsmaßnahmen kommt sowie daß zu stark in die mittleren Altersklassen eingegriffen wird. Dennoch kommt die Trophäenjagd in den meisten Revieren einer biologisch fundierten Wildhege entgegen, weil der Jäger weiß, daß die örtliche Population einer Wildart nur eine zahlenmäßig begrenzte Ausbeute an ausgereiften Trophäen zuläßt. Ent-

sprechend waidwerkt und hegt die Mehrzahl der Revierinhaber.

Das Bewerten von Trophäen nach Formeln und Punkten, aber auch das Prämieren der stärksten Geweihe, Gehörne, Schnecken, Krukken und Keilerwaffen wird sogar von manchen Waidmännern mit Skepsis und Mißtrauen verfolgt. Und es sind nicht die schlechtesten Jäger, die es ablehnen, ihre Trophäen vermessen und zur Schau stellen zu lassen, weil dadurch der unverfälschte persönliche Erlebniswert gefährdet würde.

Rüdiger Schwarz vertritt dagegen die Auffassung, daß auf eine formelmäßige Bewertung von Trophäen nicht verzichtet werden kann. Nur so ist ein objektiver Vergleich ihrer Stärke möglich. Dem stimmen namhafte Wildbiologen zu.

Der eine heftet sich Poster an die Wand, ein anderer schmückt sein Heim mit Geweihen. Beiden macht es Freude.

Foto: Dr. K.-H. Betz

INHALT

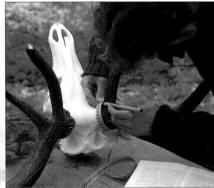

Eine Trophäe auszupunkten ist leicht. Spaß macht es obendrein.

Foto: B. Petterson

Sicher der Traum nahezu aller Rehwildjäger – kein durchschnittlicher Sechser, sondern eine knuffige, interessante Rehkrone. Dem Erleger Waidmannsheil zu diesem „Lebensbock".

Impressum: **JÄGER & PRAXIS** KURZ & BÜNDIG   Bewerten von Trophäen. Eine Beilage der Zeitschrift JÄGER   Titelfotos: H. Rohleder

Jahr-Verlag GmbH & Co.
Jessenstraße 1
22767 Hamburg
Tel. 040 / 38 90 60
Fax 040 / 38 90 63 05

Verleger:
Alexander Jahr

Redaktion: Dr. Rolf Roosen

Autor:
Dr. Karl-Heinz Betz

Fachberater:
Dr. Erhard Ueckermann,
Veljko Varicak (CIC)

Titel/Layout:
Werner Rabe

Herstellungsleitung:
Helmut Post, Brunhild
Sudmann (Stellv.)

Druck: Busche, Dortmund

Lithographie: Repro- und
Satztechnik Gass, Hamburg

Vertriebsleitung:
Peter Lüdemann

Copyright: Jahr-Verlag GmbH
& Co., Hamburg 1995

TROPHÄEN-BEWERTUNG UND REKORD-BÜCHER

Katalogisieren und Messen ist eine urmenschliche Eigenart. Erst das Vermessen von Trophäen ermöglicht es, Geweihe, Gehörne, Schnecken, Krucken, Gewaffe etc. nicht nur heimischen Wildes auf annähernd objektive Weise international miteinander zu vergleichen.

Er vermißt mit gutem Grund nach den Vorgaben des CIC (Internationaler Jagdrat zur Erhaltung des Wildes). Denn das Bewertungssystem des CIC hat sich in Europa durchgesetzt.

Foto: H. Rohleder

Die Ursprünge der Trophäen-vermessung gehen bis in die zweite Hälfte des 19. Jahr-hunderts zurück. Der Londoner Präparator **Rowland Ward** gab das erste Rekordbuch heraus. Die in seinem „Buch" erwähnten Tro-phäen mußten ein gewisses Ni-veau erreichen, um überhaupt auf-genommen zu werden, so wie spä-ter auch bei allen anderen Rekordbüchern Minimalforderun-gen gestellt worden sind. Die erste Ausgabe von *Rowland Wards* „Records of Big Game" erschien

1892. Sie enthielt die Trophäen al-ler Kontinente, allerdings mit dem Schwerpunkt bei afrikanischen Wildarten. Dieses Werk nimmt auch heute noch, speziell afrika-nische Trophäen betreffend, eine herausragende Stellung ein. Die 24. Auflage erschien Anfang 1995. Im deutschsprachigen Raum wur-den die ersten Trophäenschauen mit Prämierung der besten Expo-nate Ende des letzten Jahrhunderts organisiert. Zum Leidwesen vie-ler Beteiligter aber bewertete man damals ohne feste Regeln nach

rein ästhetischen Gesichtspunkten, oft recht subjektiv gefärbt. 1894 führte *Graf Meran* auf einer steiri-schen Trophäenschau in Graz erst-malig eine Punktbewertung der Trophäen ein, bei der Längen- und Umfangmessungen angestellt wur-den. Unter anderem auf der Basis dieses Systems entwickelte *Her-bert Nadler*, begeisterter Karpa-tenjäger und Direktor des Buda-pester Zoos, die berühmte Nadler-formel. Es dauerte allerdings noch bis nach dem Ende des Ersten Weltkrieges; erst dann setzte sich

Foto: M. Danegger

Foto: Dr. K.-H. Betz

Foto: W. Osgyan

Foto oben: Der „Gigant" – noch Deutschlands stärkster Rothirsch.

Foto links: Dieser polnische Bock (191, 58 Punkte) war von 1910 bis 1967 Weltrekord.

Großes Foto: Sicher kein Rekordbock – aber so macht es viel Freude, weil er prima auf das Blatten springt.

in Deutschland langsam ein durch Formeln gestütztes Bewerten von Trophäen durch.

Vom 1. Mai 1927, anläßlich einer Trophäenschau in Budapest, bis 1936 bewerteten die Fachleute schließlich sämtliche Hirschgeweihe nach der Nadlerformel. Im Mai 1937 beschloß der **CIC** (= Conseil International de la Chasse/Internationaler Jagdrat zur Erhaltung des Wildes, heute **Conseil International de la Chasse et de la Conservation du Gibier**) die sogenannte „Prager Formel" als

verbindlich – gerade rechtzeitig zur Jagdausstellung 1937 in Berlin. Damit führte er ein „subjektives" Maß für die Kronen ein, in-

dem die Schönheitspunkte von vier auf zehn erhöht wurden. Darüber hinaus galt eine neue Meßanleitung zur Längenermittlung der Mittelsprosse. Gegen diesen Beschluß opponierte in Wort und Schrift insbesondere *Walter Frevert*, Oberforstmeister des damaligen Staatsjagdrevieres Rominter Heide in Ostpreußen, obwohl in seinem Beritt Hirsche ▶

ihre Fährte zogen, deren Geweihe sich eben durch wuchtige Kronen auszeichneten. Er bewertete übrigens auch nach der Berliner Ausstellung alle Rominter Hirsche in seinem berühmten Hirschlagerbuch nach der Nadlerformel.

Auf einer Tagung in Kopenhagen beschloß der CIC dann 1955, daß bei internationalen Ausstellungen auch nach der Nadlerformel bewertet und beide Wertziffern in das Bewertungsformular eingetragen werden sollten. Die Prager Formel hieß zu diesem Zeitpunkt schon „Madrider Formel", da der CIC 1952 in Madrid noch eine geringfügige Änderung an der Rothirschformel vorgenommen hatte. Auf dieser Konferenz erhielten auch die Bewertungsrichtlinien für anderes Trophäenwild, mit Ausnahme der für Elchgeweihe, ihr bis heute gültiges Gesicht. Es ist an dieser Stelle ausdrücklich darauf zu verweisen, daß alle Länder Europas, einschließlich des ehemaligen Ostblocks, speziell in internationalen Vergleichen, ausschließlich das Bewertungssystem des CIC anwenden.

1932 publizierte der nordamerikanische **Boone & Crockett Club** sein erstes Rekordbuch unter dem Namen „Records of North American Big Game". Es enthielt ein sehr einfaches Bewertungssystem für nordamerikanisches Trophäenwild. In der Praxis jedoch stellte sich schon bald heraus, daß die einfachen Bewertungsparameter der Komplexität verschiedener Trophäen nicht genügend Rechnung trugen. Parallel entstanden deshalb zwei neue Bewertungssysteme. Aber erst 1949 war man in der Lage, sie zu einer heute noch aktuellen Meßanleitung zusammenzufassen. Die erste Publikation erfolgte 1952. Danach sind vier Ausgaben des „Records of North American Big Game" im Boone & Crockett Club erschienen.

1952 übernahm der **CIC** die For-

Foto: M. Danegger

Foto links:
Ein guter Gams. Wie hoch mag seine Krucke sein?

Foto oben:
CIC, Rowland Ward oder SCI? Der Erleger entscheidet, nach welchem System er seinen Widder auspunktet.

Foto rechts:
Die Schaufeln eines reifen Damhirsches ragen eben noch aus dem Sommerweizen.

Bei Rowland Ward gab es so etwas nicht, und für Neuseeland und Australien existierte bis dato das relativ komplizierte Bewertungssystem von *Douglas*. Nicht nur das machte den SCI sehr populär. Es waren darüber hinaus die – im Unterschied zu den CIC-Formeln – sehr einfachen Meßvorschriften. Inzwischen sind vier Trophäenbücher über europäisches Wild beim SCI erschienen. Die fünfte Auflage ist lange überfällig.

Abschließend ein paar knappe Anmerkungen zu den **Schwachstellen der einzelnen Bewertungssysteme**:

Bei vielen Trophäen hat es sich – will man sie exakt bewerten – als Nachteil herausgestellt, daß bei **Rowland Ward** die Gesamtpunktzahl keine große Rolle spielt, sondern für die Rangfolge im Rekordbuch zum Beispiel nur die längste Geweihstange, der längste Schlauch einer Schnecke oder das längste Gewehr eines Keilergewaffes etc. berücksichtigt wird.

meln des **Boone & Crockett Club**, New York, für nordamerikanische Trophäen. Es gibt in diesen Formeln keine Zuschläge und Abzüge, ebenso keine Umrechnungsfaktoren.

Eine letzte Institution für die Bewertung von Trophäen ist – last but not least – der **SCI (Safari Club International)**. Er ist die jüngste der genannten Organisationen, aber die mit den größten Zuwachsraten an Mitgliedern (1994 über 24.000). Aus diesem Grund gewinnt das SCI-Bewertungssystem immer mehr an Bedeutung, speziell in den von Amerikanern aufgesuchten Jagdländern.

1971 gründete der Texaner *C. J. McElroy* den SCI. 1977 erschien die erste Ausgabe des „Record Book of Trophy Animals". Es brachte einige Neuerungen mit sich: Zum ersten Mal wurde neben dem Erleger auch der Jagdführer im Eintrag für die Trophäe erwähnt. Bei den Einträgen ist darüber hinaus berücksichtigt worden, mit welcher Waffe das Stück zur Strecke kam. So gibt es Extralisten für Trophäenträger, die mit Faustfeuerwaffen, Vorderladern oder Pfeil und Bogen erlegt worden sind. Außerdem bot das Buch die Möglichkeit, Trophäen aus Südamerika, Neuseeland, Australien und Indonesien aufzunehmen.

Die **CIC-Formeln** sind recht umständlich, weil sehr unterschiedliche Parameter – wie zum Beispiel Längenmaße, Gewicht und Volumen – zu berücksichtigen sind. Nachteilig sind außerdem die Schönheitspunkte aufgrund ihrer Subjektivität. Ein weiteres Manko ist die Tatsache, daß sich Parameter wie etwa das Gewicht drastisch ändern können, so daß erst nach neunzig Tagen eine annähernd exakte Bewertung durchgeführt werden kann.

Beim **SCI** erschweren die mehrmaligen Änderungen dieses jüngsten aller Bewertungssysteme den Vergleich aller gemessenen und eingetragenen Trophäen.

DAS AUSPUNKTEN DER GEWEIHE UND GEHÖRNE

Drei verschiedene Systeme werden vergleichend nebeneinander gestellt, mit denen der Jäger ein starkes Hirschgeweih oder eine kapitale Rehkrone bewerten kann. Sie eignen sich jeweils dafür, daß der Erleger sich ein objektives Bild über die Stärke seiner Trophäe machen kann. Der Geschmack des einzelnen Jägers wird dagegen sehr unterschiedlich sein. Der eine liebt beispielsweise lange, weit ausladende Geweihe, der andere kürzere, die dafür in der Stangenstärke knuffiger sind.

Foto: St. Meyers

Kleines Foto links: Ein sonniger Tag im verschneiten Januar. Wer noch einen Damschaufler der Klasse eins frei hat, wird seine Büchse schultern und die Gunst der Stunde nutzen. Ist ihm Diana hold, hat er solch guten Anblick.

Die Anleitung des CIC vor Augen, fällt es kinderleicht, das Geweih eines Damschauflers auszupunkten.

Foto: H. Rohleder

ALLGEMEINE MESSANLEITUNGEN

Im folgenden werden die Formeln von Rowland Ward, dem CIC und dem SCI behandelt, die unter anderem auch zum Bewerten der Trophäen von Rot-, Dam-, Sika-hirsch, Rehbock, Gams, Muffel-widder und Keiler dienen.

Wer Trophäen bewerten will, sollte nicht nur die zu messenden Größen kennen, sondern auch die Bedingungen, unter denen dieses zu geschehen hat. Hier – kurz und bündig – die wichtigsten Hinweise:

CONSEIL INTERNATIONAL DE LA CHASSE (CIC)

• Alle Messungen werden mit einem Stahlmaßband, Zirkel und einer Schublehre beziehungsweise Kluppe durchgeführt.

• Bei Messungen in Zentimeter ist eine Genauigkeit von 0,1 Zentimeter, bei Messungen in Millimetern eine Genauigkeit von 0,1 Millimeter erforderlich.

• Bei Gewichtsermittlungen sind Wägungen in Kilogramm auf zehn Gramm, in Gramm auf ein Gramm genau durchzuführen.

• Abnorme Trophäen werden nicht offiziell nach der CIC-Formel bewertet.

• Wildartenspezifische Hinweise zur exakten Bewertung werden im folgenden bei den entsprechenden Formeln aufgeführt.

ROWLAND WARD

• Alle Längenmessungen werden mit einem Stahlmaßband oder mit einem von Rowland Ward ent-

Natürlich interessiert den Schützen auch die Punktzahl seines Hirsches. Zuvor aber erzählt er seinen Jagdfreuden begeistert, wie der Hirsch zur Strecke kam.

wickelten Stahlkabel durchgeführt.

• Für die oben genannten Trophäen wird mindestens eine Zeit von 60 Tagen zwischen Erlegung und Bewertung eingehalten, um der natürlichen Schrumpfung, zum Beispiel des Kopfschmuckes, Rechnung zu tragen.

• Alle Messungen werden auf das nächste Achtel-Inch (ein Inch = 2,54 Zentimeter, ein Achtel-Inch = 0,32 Zentimeter) hin exakt gemessen. Liegt die Messung genau dazwischen oder tendiert zum nächsten Achtel-Inch, wird auf das nächsthöhere Achtel aufgerundet. Messungen in Zentimetern sind zulässig. Sie werden entsprechend umgerechnet, um Vergleiche zu ermöglichen.

• Trophäen mit beschädigtem Schädel werden erst dann für den Eintrag in das Buch akzeptiert, nachdem sie von einem offiziellen Rowland Ward-Vermesser ausgepunktet und mit Bemerkungen versehen worden sind. So will man verhindern, daß der Schaden zu einer erhöhten Punktzahl führt.

• Trophäen, die eine ungewöhnli-che Abweichung zwischen den beiden Stangen, Schläuchen oder Gewehren etc. aufweisen, erhalten einen entsprechenden Vermerk im Bewertungsblatt und sollten mit einem Foto eingereicht werden.

SAFARI CLUB INTERNATIONAL (SCI)

• Alle Messungen werden mit einem Stahlkabel oder flexiblen Stahlmaßband durchgeführt. Die Messungen erfolgen auf ein Achtel-Inch genau (wie bei Rowland Ward).

• Jede Trophäe darf sofort nach ihrer Erlegung gemessen werden. Ausnahmen bilden Trophäen, die unter die ersten zehn einer Rangliste kommen. Hier führt ein Komitee frühestens 60 Tage nach Erlegung die Messung durch oder bestätigt sie.

• Zu jeder Trophäe, die ins Buch eingetragen werden soll, ist ein technisch einwandfreies Foto beizulegen.

• Mit beschädigten Trophäen wird wie bei Rowland Ward verfahren.

Foto: H. Trenkwalder

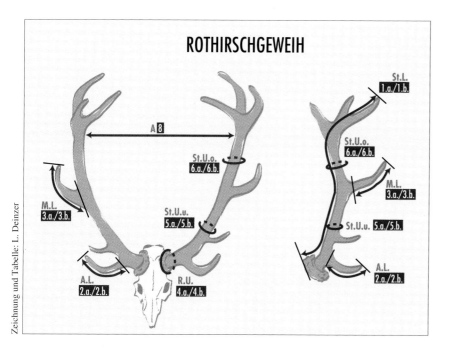

ROTHIRSCHGEWEIH

Zeichnung und Tabelle: L. Deinzer

zahl entwickelt. Aufgrund eines Nomogrammes stellten sie eine mathematische Abhängigkeit zwischen dem Geweihgewicht und dem oberen Stangenumfang (gemessen zwischen Krone und Mittelsprosse, Mittelwert beider Stangenumfangsmessungen) fest. Über eine Graphik kann mittels des gemessenen Stangenumfangs und

Zeichnung und Tabelle verdeutlichen, wie ein Rothirschgeweih nach CIC ausgepunktet wird. Zu berücksichtigen sind: A = Auslage, St.L. = Stangenlänge, St.U.u., o. = Stangenumfang unten, oben, A.L. = Länge der Augsprossen, M.L. = Länge der Mittelsprossen und R.U. = Umfang der Rosen.

ROTHIRSCHGEWEIH
CIC-FORMEL

Die Geschichte der Internationalen Rothirschformel ist bereits auf den Seiten 166 bis 168 ausführlich dargestellt worden.

Praktische Tips zum Messen und Bewerten sind:

zu 1. a. und b.: Bei Messung der Stangenlängen bei vielendigen Kronen wird dasjenige Kronenende als Verlängerung der Stange betrachtet, welches den größten Wert ergibt.

zu 7.: Zur Ermittlung des Geweihgewichtes dient der kurzgekappte Schädel mit Nasenbein. Ist der gesamte Schädel mit Oberkiefer und Zähnen vorhanden, werden 0,7 Kilogramm abgezogen.

zu 8.: Die Auslage ist die größte innere Entfernung zwischen den beiden Stangen (Ist die Auslage kleiner als 60, zwischen 60 bis 69,9, zwischen 70 bis 70,9 oder größer als 80 Prozent der durchschnittlichen Stangenlänge, ergibt dieses keinen, ein, zwei beziehungsweise drei Punkte).

Stubbe und *Lockow* haben auf-

I. MESSUNGEN		PUNKTE
1.a. Länge der linken Stange	Durchschnitt (cm) x 0,5	
1.b. Länge der rechten Stange		
2.a. Länge der linken Augsprosse	Durchschnitt (cm) x 0,25	
2.b. Länge der rechten Augsprosse		
3.a. Länge der linken Mittelsprosse	Durchschnitt (cm) x 0,25	
3.b. Länge der rechten Mittelsprosse		
4.a. Umfang der linken Rose	Durchschnitt (cm) x 1	
4.b. Umfang der rechten Rose		
5.a. Umfang der linken Stange zwischen Aug- und Mittelsprosse	(cm) x 1	
5.b. Umfang der rechten Stange zwischen Aug- und Mittelsprosse	(cm) x 1	
6.a. Umfang der linken Stange zwischen Mittelsprosse und Krone	(cm) x 1	
6.b. Umfang der rechten Stange zwischen Mittelsprosse und Krone	(cm) x 1	
7. Masse des trockenen Geweihes	(kg) x 2	
8. Innere Auslage	0 bis 3 Punkte	
9. Endenzahl	1 Ende = 1 Punkt	
II. ZUSCHLÄGE		
a. Farbe	0 bis 2 Punkte	
b. Perlung	0 bis 2 Punkte	
c. Spitzen der Enden	0 bis 2 Punkte	
d. Eissprossen	0 bis 2 Punkte	
e. Krone	0 bis 10 Punkte	
	Summe I. und II.	
III. ABZÜGE (BEGRÜNDUNG)		
	0 bis 3 Punkte	
	Endsumme	

grund von tausend international bewerteten Rothirschgeweihen eine Schnellmethode zur Schätzung der Internationalen Punkt-

dem Geweihgewicht die Punktzahl relativ präzise ermittelt werden.

Der derzeitige Weltrekord kommt aus Bulgarien. Der Rothirsch ist 1988 im Revier Silestra gestreckt und mit 273,6 Internationalen Punkten bewertet worden. Das Geweihgewicht beläuft sich auf 16,2 Kilogramm. Die stärkste deutsche Rotwildtrophäe trug zweifellos der 1985 als Fallwild gefundene „Gigant" aus dem Duvenstedter Brook bei Hamburg. Die Punktzahl beläuft sich auf 250,79.

Medaillenbewertung:
Für den Rothirsch werden vier Bewertungsklassen entsprechend der ▶

ökologisch-genetischen Unterschiede in der Geweihbildung aufgestellt: der schottische, der norwegische, der östliche sowie schließlich der westliche Rothirsch. Die auch auf unsere Hirsche am häufigsten angewandte Einteilung ist die des östlichen Hirsches. Hierbei gibt es:
– eine Bronzemedaille ab 170 Internationalen Punkten,
– eine Silbermedaille ab 190 Internationalen Punkten,
– eine Goldmedaille ab 210 Internationalen Punkten.

ROWLAND WARD-FORMEL

Das Auspunkten des Rothirschgeweihs geschieht nach der sogenannten Methode 2 mit sechs Messungen:

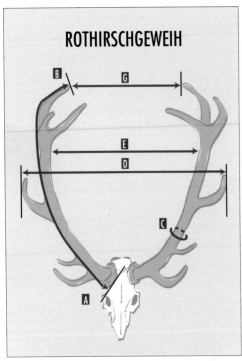

ROTHIRSCHGEWEIH

Zeichnung oben: Bei Rowland Ward genügen sechs Messungen, um ein Geweih auszupunkten.

Zeichnung rechts (und Tabelle Seite 175): Der SCI hat sein Bewertungssystem für Rothirschtrophäen erst 1993 verabschiedet.

1. Länge der längsten Stange, gemessen an der Außenseite vom niedrigsten Punkt der Rose bis zur Spitze des längsten Kronenendes (A bis B).
2. Geringster Umfang der längsten Stange zwischen Eis- und Mittelsprosse (C).
3. Anzahl der Enden (gleich oder größer zwei Zentimeter).
4. Größte Auslage (als längste Strecke zwischen entsprechenden Enden beider Stangen, im rechten Winkel zur Schädelachse, D).
5. Größte „innere Auslage" als längste Strecke zwischen beiden Stangen im rechten Winkel zur Schädelachse (E).
6. Direkter Abstand zwischen den Hauptkronenenden beider Stangen (G).
7. Die Rangliste im Buch erfolgt nicht nach der Gesamtpunktzahl, sondern nur nach der Länge der längeren Stange.
Der stärkste bei Rowland Ward eingetragene Rothirsch wurde im

Jahre 1862 im Kaukasus erlegt. Seine längste Stange maß 68 Inch (= 172,72 Zentimeter).

SCI-FORMEL

Das Geweih von Rothirschen wird im SCI nach der sogenannten Methode 20 ausgepunktet, die erst

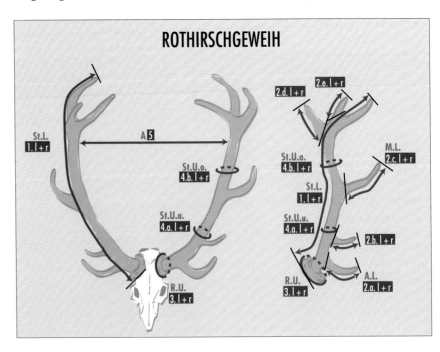

ROTHIRSCHGEWEIH

Foto: H. Schulz

DAMHIRSCH-GEWEIH

CIC-FORMEL

Die Grundlagen der heute gültigen Damhirschformel stammen aus Ungarn und wurden nach *Wild* abgeändert und ergänzt. Diese *Wild*-Formel wurde vom CIC im Mai 1937 offiziell international bestätigt. Nach ihr bewertete man im Herbst 1937 in Berlin. Bis heute erfolgte – mit Ausnahme der Behebung eines Druckfehlers – keine Änderung.

Praktische Tips zum Messen und Bewerten:

zu 1. a. und b.: Die Messung der Stangenlängen erfolgt vom unteren Rand der Rose bis zum höchsten Punkt der geschlossenen Schädel mit Nasenbein die Norm. Bei ganzem Schädel mit Oberkiefer werden 0,25 Kilogramm abgezogen.

zu III. a.: Abzüge erfolgen bei ungenügender Auslage. Wenn sich die Auslage auf weniger als 85 Prozent der Stangenlänge beläuft, wird ein Punkt, wenn sie kleiner als 80 Prozent ist, werden zwei Punkte abgezogen. Ist sie kleiner als 75, 70, 65 oder 60 Prozent, sind drei, vier, fünf beziehungsweise sechs Punkte abzuziehen. *Stubbe* und *Lockow* haben anhand

Zeichnungen und Tabellen: L. Deinzer

I. MESSUNGEN (in Inch = Zoll)	LINKE STANGE (Anzahl Inch = Punkte)	RECHTE STANGE (Anzahl Inch = Punkte)
1. Stangenlängen		
2. Länge aller Enden		
2.a. Augsprossen		
2.b. Eisssprossen		
2.c. Mittelsprossen		
2.d.-n. Kronen- oder andere Enden (mit Ausnahme der beiden Kronenenden, die für die Stangenlänge verwendet wurden)		
3. Rosenumfänge		
4. Stangenumfänge		
4.a. zwischen Aug- und Mittelsprosse		
4.b. zwischen Mittelsprosse und Krone		
5. Innere Auslage		
Gesamtpunktzahl		

Tabelle: Im Unterschied zum CIC gibt es nach SCI keine „Schönheitspunkte", etwa für Perlung oder Farbe des Hirschgeweihs.

Zeichnung: Damschaufler werden nach CIC ähnlich wie Rothirsche bewertet. Zudem mißt man Sch.L. und Sch.B. = Schaufellänge und -breite.

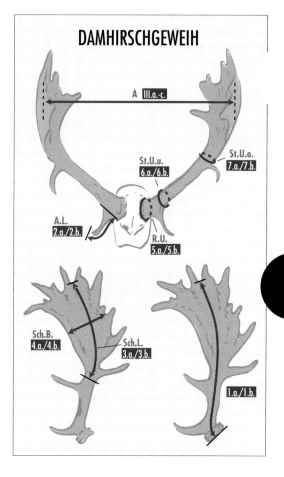

DAMHIRSCHGEWEIH

A | III.a.-c.

St.U.u. 6.a./6.b.
St.U.o. 7.a./7.b.
A.L. 2.a./2.b.
R.U. 5.a./5.b.
Sch.B. 4.a./4.b.
Sch.L. 3.a./3.b.
1.a./1.b.

1993 in Kraft trat. Die bislang stärkste eingetragene Trophäe eines europäischen Rothirsches stammt aus Ungarn (1981). Der Zwanzigender wurde mit 362 Punkten bewertet. Letzte Meldung unmittelbar vor Drucklegung: Den neuen Rekord hält ein Rothirsch mit 439 3/8 Punkten.

Schaufel, aber nicht bis zur Spitze des längsten Schaufelendes.

zu 4. a. und b.: Zur Messung der Schaufelbreite wird der Umfang an der breitesten Stelle ohne Enden und Auswüchse ermittelt und durch zwei dividiert.

zu 8.: Zur Ermittlung des Geweihgewichtes ist der kurz gekappte von 991 international bewerteten Damhirschtrophäen eine Schnellmethode zur relativ genauen Schätzung der Internationalen Punktzahl entwickelt. In einem Nomogramm stellen sie die mathematische Abhängigkeit von Geweihgewicht und Schaufellänge (Mittelwert aus der Messung bei- ▶

der Schaufeln) zur CIC-Punktzahl fest. In einer speziellen Graphik kann bei bekannter Schaufellänge und dem Geweihgewicht die CIC-Punktzahl abgelesen werden.

Der weltstärkste Damschaufler kommt aus Ungarn. Er wurde 1991 in Guth erlegt und erreichte 233,11 Internationale Punkte.

Der stärkste deutsche Damhirsch ist 1984 im Märkischen Kreis (Nordrhein-Westfalen) erlegt worden. Er erreichte eine Punktzahl von 202,1.

Medaillenbewertung:

Beim Damhirsch hat der CIC darauf verzichtet, Aufteilung in geographische Rassen bei der Medaillenvergabe zu berücksichtigen. Es gibt:

– eine Bronzemedaille ab 160 Internationalen Punkten,

– eine Silbermedaille ab 170 Internationalen Punkten,

– eine Goldmedaille ab 180 Internationalen Punkten.

ROWLAND WARD-FORMEL

Die Auspunktung des Geweihs eines Damhirsches geschieht nach der sogenannten Methode 3 mit sieben Messungen:

1. Länge der längsten Stange an der Außenseite vom untersten Punkt der Rose bis zur äußersten Spitze des längsten Schaufelendes (A bis B).

2. Geringster Umfang der längsten Stange zwischen Aug- und Mittelsprosse (C).

3. Anzahl der Enden gleich oder größer zwei Zentimeter.

4. Größte Breite der breitesten Schaufel zwischen eventuellen Enden. Die Messung sollte im rechten Winkel zur Schaufelachse erfolgen (E).

5. Die größte Auslage (über alles), gemessen im rechten Winkel zur Schädelachse (D).

6. Größte „innere Auslage" zwischen den Stangen im rechten Winkel zur Schädelachse (F).

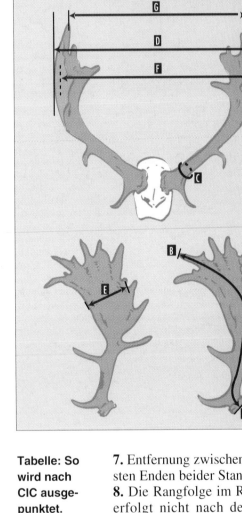

DAMHIRSCHGEWEIH

Zeichnungen und Tabellen: L. Deinzer

I. MESSUNGEN		PUNKTE
1.a. Länge der linken Stange	Durchschnitt (cm) x 0,5	
1.b. Länge der rechten Stange		
2.a. Länge der linken Augsprosse	Durchschnitt (cm) x 0,25	
2.b. Länge der rechten Augsprosse		
3.a. Länge der linken Schaufel	Durchschnitt (cm) x 1	
3.b. Länge der rechten Schaufel		
4.a. Breite der linken Schaufel	Durchschnitt (cm) x 1,5	
4.b. Breite der rechten Schaufel		
5.a. Umfang der linken Rose	Durchschnitt (cm) x 1	
5.b. Umfang der rechten Rose		
6.a. Umfang der linken Stange zwischen Aug- und Mittelsprosse	(cm) x 1	
6.b. Umfang der rechten Stange zwischen Aug- und Mittelsprosse	(cm) x 1	
7.a. Umfang der linken Stange zwischen Mittelsprosse und Schaufel	(cm) x 1	
7.b. Umfang der rechten Stange zwischen Mittelsprosse und Schaufel	(cm) x 1	
8. Geweihgewicht (trocken)	(kg) x 2	
II. ZUSCHLÄGE		
a. Farbe	0 bis 2 Punkte	
b. Enden an den Schaufeln	0 bis 6 Punkte	
c. Wucht, Form und Regelmäßigkeit	0 bis 5 Punkte	
	Summe I. und II.	
III. ABZÜGE (FEHLER)		
a. Ungenügende Auslage	0 bis 6 Punkte	
b. Fehlerhafte Schaufeln	0 bis 10 Punkte	
c. Unerwünschte Schaufelkanten	0 bis 2 Punkte	
d. Mangelnde Ebenmäßigkeit	0 bis 6 Punkte	
	Summe III.	
	Endsumme	

Tabelle: So wird nach CIC ausgepunktet.

Zeichnung: Vermessen nach Rowland Ward.

7. Entfernung zwischen den höchsten Enden beider Stangen (G).

8. Die Rangfolge im Rekordbuch erfolgt nicht nach der Gesamtpunktzahl, sondern ausschließlich nach der Länge der längeren Stange.

Die stärkste Damwildtrophäe nach Rowland Ward wurde 1895 in

Foto: Archiv-Nimród, überlassen von Dr. E. Ueckermann

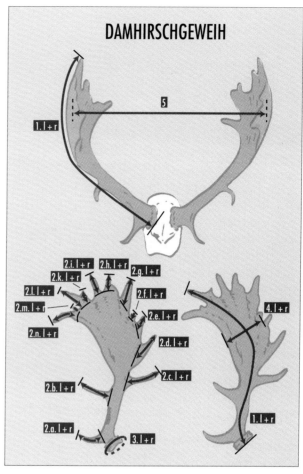

DAMHIRSCHGEWEIH

Foto oben:
Dieser Damschaufler aus Ungarn (1991) hält mit einem Geweihgewicht von 5,8 Kilogramm und 233,11 Internationalen Punkten derzeit den Weltrekord.

Zeichnung und Tabelle:
Wer eine Damschaufel nach SCI auspunktet, führt eine Reihe von Einzelmessungen aus.

England erlegt. Die längste Stange des Schauflers maß 37 1/4-Inch (= 94,62 Zentimeter).

SCI-FORMEL

Ausgepunktet wird nach der sogenannten Methode 24, die erst 1993 in Kraft trat. Die stärkste eingetragene Trophäe stammt aus Spanien (1983). Sie erreichte eine Gesamtpunktzahl von 298 Punkten.

I. MESSUNGEN (in Inch = Zoll)	LINKE STANGE (Anzahl Inch = Punkte)	RECHTE STANGE (Anzahl Inch = Punkte)
1. Stangenlängen		
2.a.-n. Länge aller Enden einschließlich der Schaufelenden		
3. Rosenumfänge		
4. Schaufelumfänge	(Umfang linke Schaufel) + (Umfang rechte Schaufel) x 3 = Punktzahl	
5. Größte innere Auslage		
Gesamtpunktzahl		

SIKAGEWEIH
CIC-FORMEL

Erst 1974 beschloß der CIC auf einer Tagung in Athen, die Formel zur Auspunktung von Sikageweihen dem System von Boone & Crockett anzupassen und ihr das heute noch aktuelle Gesicht zu geben. Sie unterscheidet sich ein wenig von den Bewertungsformeln

der heimischen Cerviden, besonders im Hinblick darauf, daß die Gleichartigkeit der beiden Stangen stark hervorgehoben wird.
Praktische Tips zum Messen und Bewerten:
Ein Geweihende wird als solches angerechnet, falls es mindestens eine Länge von zwei Zentimeter aufweist und seine Basis an der Hauptstange länger als breit ist.
Zur Differenz: Zwischen den Messungen, bei denen die Werte auf jeder Stange separat ermittelt werden (1., 5. bis 11., 13., 14.) wird auch der Differenzbetrag festgestellt, in der entsprechenden Spalte eingetragen, addiert und später ▶

von der restlichen Punktzahl abgezogen.

Zur Innenauslage: Der Betrag „innere Auslage" wird zur Gesamtpunktzahl hinzugefügt. Übertrifft dieser Wert den der längsten Stange, wird die Differenz dieser beiden Messungen in die Spalte Differenz eingetragen und später subtra-

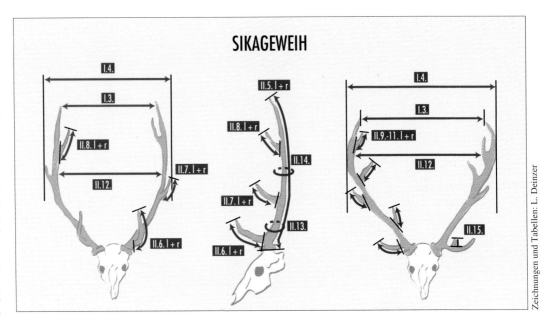

SIKAGEWEIH

Zeichnungen und Tabellen: L. Deinzer

Wie das Geweih eines Sikahirsches nach den Richtlinien des CIC ausgepunktet wird, veranschaulichen die obige Zeichnung und die nebenstehende Tabelle. Das Prämieren mit Medaillen ist dagegen eine Wissenschaft für sich. Denn oft kann selbst ein Experte die etwa acht Unterarten des Sikas nicht eindeutig voneinander unterscheiden.

I. MESSUNGEN*	a) LINKE STANGE	b) RECHTE STANGE	c) DIFFERENZ
1. Endenzahl			
2. Gewicht in kg			
3. Auslage (von Stangenende zu Stangenende)			
4. Größte Auslage			
II. MESSUNGEN FÜR PUNKTBEWERTUNG			
5. Stangenlängen	a)	b)	c)
6. Augsprossenlängen			
7. Mittelsprossenlängen			
8. Obersprossenlängen			
9. Längen erster zusätzlicher Kronenenden			
10. Längen zweiter zusätzlicher Kronenenden			
11. Längen dritter zusätzlicher Kronenenden			
12. Innenauslage (Hauptstangen)			
13. Unterer Stangenumfang			
14. Oberer Stangenumfang			
15. Gesamtlängen aller anormalen Enden (zwischen Aug- und Obersprossen, werden unter Differenz eingetragen			
Summe a) und b)			
minus Summe c)			
Endsumme			
* Diese Messungen beeinflussen die Punktwertung nicht			

hiert (siehe nebenstehende Tabelle). Der weltstärkste Japansika fiel 1985 in Neuseeland und erreichte 317,8 Internationale Punkte.

Der stärkste deutsche Japansika fiel 1976 im Kreis Höxter (Nordrhein-Westfalen). Er wurde mit 307,3 Internationalen Punkten bewertet. Läßt man die Schwierigkeiten beim Abgrenzen der Unter-

arten des Sikawildes, der Kreuzung der Unterarten untereinander etc. außer Acht, dann wurde der stärkste deutsche Sikahirsch 1992 ebenfalls im Kreis Höxter gestreckt (319,6 Internationale Punkte).

Medaillenbewertung:

Der CIC teilt die Unterarten des *Cervus nippon* in zwei Gruppen

auf: in den Japanischen Sika und in die restlichen Unterarten mit Chinesischem beziehungsweise Mandschurischem Sika etc. Zu dieser Gruppe zählt auch der Dybowski-Hirsch. Die Unterscheidung der etwa acht Unterarten wird dadurch erschwert, daß viele geographische Rassen aufgrund von Farmhaltung (China, Rußland) und Einbürgerung in neue Lebensräume bereits vermischt worden sind. Folgende Punktstaffelung zum Erreichen entsprechender Medaillen sind jeweils festgelegt:

Ab 225 Punkten erhält der Japanische Sikahirsch eine Bronze-, ab 240 eine Silber- und ab 255 eine Goldmedaille. Der Mandschurische oder Chinesische Sikahirsch benötigt 300, 350 oder 400 Punkte, um mit einer Bronze-, Silber- beziehungsweise Goldmedaille ausgezeichnet zu werden.

ROWLAND WARD-FORMEL

Für die Auspunktung des Sikageweihes wird, wie beim Rothirsch (siehe Seite 174), die sogenannte Methode 2 verwendet.

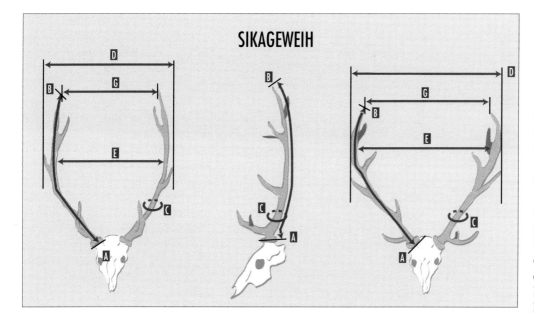

SIKAGEWEIH

SCI-FORMEL

Beim Auspunkten des Sikageweihes finden – wie auch beim Rehbockgehörn – die Methoden 21-T und 21-NT Verwendung (siehe Seite 181). Beim Sika werden – im Unterschied zum Rehbock – neben dem Hauptende, das zur Ermittlung der Stangenlänge dient, statt

Zeichnung oben: Rot- und Sikahirsche werden bei Rowland Ward auf dieselbe Weise ausgepunktet.

Skizze rechts: Der SCI trennt zwischen „typischen" (links) und „nicht typischen" Sikatrophäen (rechts).

Foto: So kommt er gerade recht.

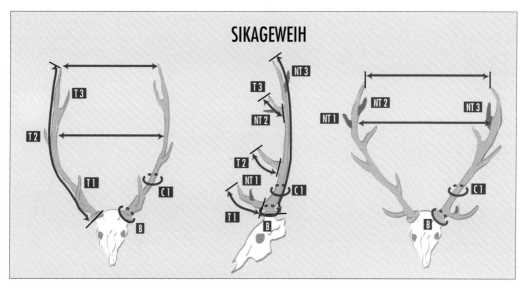

SIKAGEWEIH

zwei weiterer Enden lediglich drei als „typisch" (typical) betrachtet, da beim Sika die Achterstufe als „normal" angesehen wird. Sämtliche zusätzlichen Enden werden als „nontypical" betrachtet (siehe dazu noch einmal Seite 181).

Der stärkste europäische Sika nach dem Buch des SCI fiel 1973 in England, die weltbeste Trophäe kommt danach aus Neuseeland (1985). Die Punktzahlen sind 145 7/8 beziehungsweise 141 3/8. ▶

Foto: W. Nagel

REHGEHÖRN
CIC-FORMEL

Die ersten Vorschläge für eine „Rehwildformel" stammen von *Bieger* aus dem Jahre 1927. Sie wurden nur unwesentlich (Zuschläge) geändert und vom CIC 1952 als international gültig beschlossen, eine Festlegung, die bis heute unverändert besteht.

Praktische Tips zum Messen und Bewerten:

zu 1. a. und b.: Für den Endpunkt der Messung ist der längste Sproß maßgebend.

zu 2.: Als Norm gilt das kurzgekappte Gehörn mit Nasenbein. Bei ganzem Schädel werden in der Regel 90 Gramm in Abzug gebracht.

zu 3.: Eine relativ einfache Methode zur Ermittlung des Gehörnvolumens ist die mittels einer Briefwaage. Die

Gefäß mit Wasser. Das Gehörn wird nun so an dem Bindfaden ins Wasser gehängt, das es bis einschließlich der Rosen von der Flüssigkeit bedeckt wird (bei nach unten gezogenen Dachrosen muß ein Teil der Rosen aus dem Wasser ragen). Die nötige Wasserhöhe kann durch Abschöpfen und vorsichtiges Zugießen reguliert werden. Danach wird das Gewicht abgelesen und von dem vorher mit derselben Waage festgestellten trockenen Gehörngewicht subtrahiert. Die Differenz ist dann das Gehörnvolumen in Kubikzentimeter.

Für Trophäen unter der Goldmedaillenbewertung (130 Internationale Punkte, siehe unten) ist es zulässig, auf die recht aufwendige Feststellung des Gehörnvolumens zu verzichten und stattdessen das Gehörngewicht mit dem Koeffizienten 0,23 zu multiplizieren. Sollte

Stubbe und *Lockow* haben eine Schnellmethode zur Bestimmung der Internationalen Punktzahl bei Rehgehörnen anhand von Gehörngewicht und Gehörnvolumen entwickelt. Da die Ermittlung vor allem des Gehörnvolumens als Feld- und Schnellmethode recht aufwendig ist, wird nicht näher auf diese Möglichkeit eingegangen.

Das bisher weltbeste Rehgehörn kam 1982 zur Strecke und stammt aus dem südschwedischen Revier Widtsköfle. Dieses Gehörn erreichte 246,9 Internationale Punkte. Kurz vor Redaktionsschluß aber erreichte uns eine Nachricht von dem bekannten dänischen Trophäenvermesser *Sten Breith*, der einen Bock aus Hampshire, England, mit sagenhaften 252,7 Internationalen Punkten ausgepunktet hat (Gehörngewicht 1.020 Gramm, Volumen 421 Kubikzentimeter, Stangenlänge 24,8 Zentimeter). Werden diese Daten von der internationalen CIC-Kommission bestätigt, hat dieser englische Bock den schwedischen vom ersten Rang verdrängt.

Als die beste deutsche Trophäe gilt beim CIC bislang ein Bock mit 182,73 Internationalen Punkten, der 1969 in Schleesen, also in der damaligen DDR, gestreckt wurde. In Deutschland können jedoch zwischenzeitlich stärkere Trophäen erbeutet, aber eben nicht offiziell vermessen worden sein. Hier zeigt sich eine **Schwäche der Bewertungssysteme**: **Nur offiziell begutachtete Trophäen tauchen in den Listen vom CIC, aber auch von Rowland Ward oder dem SCI auf.**

GEHÖRN

Beim Auspunkten nach CIC sind auch Auslage (= A) und Stangenlänge (St.L.) zu berücksichtigen.

I. MESSUNGEN		PUNKTE
1.a. Länge der linken Stange	Durchschnitt (cm) x 0,5	
1.b. Länge der rechten Stange		
2. Gewicht des Gehörns (trocken)	(g) x 0,1	
3. Gehörnvolumen	(cm³) x 0,3	
4. Größte innere Auslage	0 bis 4 Punkte	
II. ZUSCHLÄGE		
a. Farbe	0 bis 4 Punkte	
b. Perlung	0 bis 4 Punkte	
c. Rosen	0 bis 4 Punkte	
d. Spitzen der Enden	0 bis 2 Punkte	
e. Regelmäßigkeit und Güte (Vereckung)	0 bis 5 Punkte	
	Summe I. und II.	
III. ABZÜGE (BEGRÜNDUNG)		
	0 bis 5 Punkte	
	Endsumme	

Waage wird über den Spalt zweier aneinander gerückter Tische gestellt. An den Arm der Briefwaage wird ein dünner Bindfaden befestigt, der am Ende mit einer Schlinge versehen ist. In den Freiraum zwischen den Tischen unter die Waage stellt man ein möglichst durchsichtiges

das Gehörn noch kein Jahr ausgetrocknet sein, ist der Koeffizient 0,225 zu verwenden.

zu 4.: Sehr enge Auslage (kleiner 30 Prozent der durchschnittlichen Stangenlänge) und abnorme Auslagen (größer 75 Prozent der mittleren Stangenlängen) erhalten keinen Punkt. 30 bis 35 Prozent bedeuten einen Punkt, 35 bis 40 Prozent zwei, 40 bis 45 Prozent drei und 45 bis 75 Prozent vier Punkte.

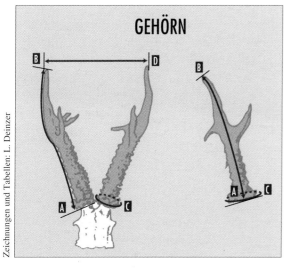

GEHÖRN

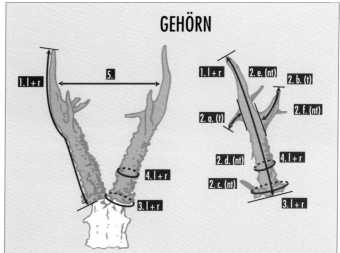

GEHÖRN

Zeichnungen und Tabellen: L. Deinzer

Und nicht jeder glückliche Erleger läßt etwa seine Rehkrone auspunkten.

Medailleneinteilung:

Beim Rehbock werden vom CIC keine Aufteilungen in unterschiedliche geographische Rassen bei der Medaillenbewertung von Gehörnen vorgenommen. Es gibt eine:

– Bronzemedaille ab 105 Internationalen Punkten,

– Silbermedaille ab 115 Internationalen Punkten,

– Goldmedaille ab 130 Internationalen Punkten.

ROWLAND WARD-FORMEL

Die Auspunktung eines Rehwildgehörnes geschieht nach der sogenannten Methode 1 mit vier Messungen:

1. Länge der längsten Stange an der Außenseite vom untersten Punkt der Rose bis zum Ende der Stange (A bis B).

2. Umfang der Rose der längsten Stange (C).

3. Auslage (Abstand zwischen den höchsten Enden beider Stangen (D bis B)).

4. Anzahl der Enden (gleich oder größer zwei Zentimeter).

5. Die Rangfolge im Rekordbuch erfolgt nicht nach der Gesamtpunktzahl, sondern ausschließlich nach der Länge der längeren Stange.

Einfach läßt sich ein Gehörn nach Rowland Ward (linke Zeichnung) auspunkten, nach SCI (rechte Zeichnung und Tabelle) wird es schon komplizierter.

Foto: Sicher ein Bock der Goldmedaillenklasse.

Die nach Rowland Ward stärkste eingetragene Trophäe wurde 1976 im Kaukasus erlegt. Die längste Stange maß 14 7/8-Inch (= 37,78 Zentimeter).

SCI-FORMEL

Die Auspunktung wird nach den Methoden 21-T („typical") und 21-NT (für unregelmäßige – „nontypical" – Gehörne) vorgenommen. Auch diese Formel wurde erst 1993

I. MESSUNGEN (in Inch = Zoll)	LINKE STANGE (Anzahl Inch = Punkte)	RECHTE STANGE (Anzahl Inch = Punkte)
1. Stangenlängen		
2. Längen aller Enden		
2.a.-n. (mit Ausnahme der beiden Enden, die für die Stangenlängen verwendet wurden)		
3. Rosenumfänge		
4. Stangenumfänge (geringster Umfang zwischen Rose und erstem Ende)		
5. Innere Auslage		
Gesamtpunktzahl		

Foto: H. Arndt

eingeführt. In der Einzelmessung der Enden werden zuerst die Enden vermessen, die einem normalen Sechsergehörn entsprechen („typical"), danach werden die Enden aufgeführt, die von der Norm eines regelmäßigen Sechsers abweichen („nontypical").

Stärkste Trophäe ist ein Rehbock mit 62 6/8 Punkten. Bis das neue Rekordbuch aufliegt, bleibt der Erlegungsort Geheimnis des SCI.

Foto: H. Trenkwalder

BEWERTEN VON GAMS-KRUCKEN UND MUFFEL-SCHNECKEN

Eine starke Trophäe vom Gams oder Muffelwidder ist der Wunschtraum vieler Jäger. Drei verschiedene Bewertungsmethoden ermöglichen einen objektiven Vergleich kapitaler Krucken beziehungsweise Schnecken.

Kleines Foto: Ob lieber eine Sommer- oder Wintergams – darüber läßt sich streiten. Die Jagd ist anders, aber die Trophäe bleibt dieselbe.

Großes Foto: Über allen Wipfeln ist Ruh' – Jägers Traum.

Foto: H. Post

GAMS-KRUCKEN

CIC-FORMEL

Der CIC übernahm die deutsch-österreichische Einheitsformel und erklärte sie als international offiziell. 1937 wurde schon nach dieser heute noch gültigen Formel bewertet. Lediglich in bezug auf die Vergabe der Alterspunkte gab es zwischendurch einige Änderungen. Von 1938 bis 1952 sind gar keine Punkte für das Alter berechnet worden.

Foto: M. Danegger

GAMSKRUCKE

Foto oben: Der brave Bock sichert. Jetzt gilt es, rasch und überlegt zu handeln.

Zeichnung und Tabelle: Auspunkten nach CIC. Es bedeuten A = Auslage, K.H. = Höhe der Krucke, Sch.L. und Sch.U. = Länge und Umfang der Schläuche.

Praktische Tips zum Messen und Bewerten:
zu 2.: Die Kruckenhöhe ist die Strecke von der Schädelnaht zwischen den Schlauchansätzen bis zur Verbindungslinie der beiden höchsten Punkte der Schlauchkrümmung (siehe Zeichnung).
zu II. Zuschläge (Alterspunkte): Sechs bis zehn Jahre ergeben einen, elf bis zwölf Jahre zwei, mehr als zwölf Jahre drei Punkte.
zu III. Abzüge für Pechbelag: Die

I. MESSUNGEN		PUNKTE
1.a. Länge des linken Schlauches	Durchschnitt (cm) x 1,5	
1.b. Länge des rechten Schlauches		
2. Höhe der Krucke	(cm) x 1	
3. Umfang des stärksten Schlauches	(cm) x 4	
4. Auslage der Krucke	(cm) x 1	
II. ZUSCHLÄGE		
Alter	0 bis 3 Punkte	
	Summe I. und II.	
III. ABZÜGE (BEGRÜNDUNG)		
für Pechbelag	0 bis 5 Punkte	
	Endsumme	

Punktzahl des Schlauchumfanges wird mit Pechbelag und ohne Pechbelag ermittelt. Von der Differenz beider Messungen wird die Zahl 1 subtrahiert. Maximal werden fünf Punkte abgezogen.

Der zur Zeit weltstärkste Gamsbock stammt aus Rumänien, aus der Region um Girdoman-Fagaras, dem Karpatengebiet südlich zwischen Hermannstadt und Kronstadt. Er wurde bereits 1934 erlegt und erreichte 141,1 Internationale Punkte. Die beste Gais fiel 1908 in Slowenien (127,5 Internationale Punkte). Der stärkste Gams, der auf deutschem Boden zur Strecke kam, wurde bereits 1903 im Karwendelgebirge geschossen und erreichte 130,4 Internationale Punkte.

Medaillenbewertung:
Beim Gams unterscheidet der CIC drei geographische Rassen: die Kantabrische Gams, die Pyrenäengams und die Alpine Gams im weiteren Sinne. Darüber hinaus gibt es bei der für die Medaillenränge nötigen Punktzahlen noch Unterscheidungen zwischen Gais und Bock. Hier die Medaillenwerte der in Deutschland und Österreich etc. heimischen Alpinen Gams.
Verliehen wird eine:
– Bronzemedaille: beim Bock ab 100 Internationalen Punkten, bei

der Gais ab 95 Internationalen Punkten,
– Silbermedaille: beim Bock ab 105 Internationalen Punkten, bei der Gais ab 100 Internationalen Punkten,
– Goldmedaille: beim Bock ab 110 Internationalen Punkten, bei der Gais ab 105 Internationalen Punkten.

ROWLAND WARD-FORMEL

Gamskrucken werden nach der Methode 7 mit drei Messungen ausgepunktet:

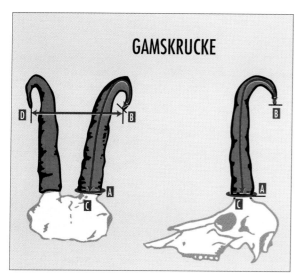

GAMSKRUCKE

4. Die Rangfolge im Rekordbuch erfolgt nicht nach der Gesamtpunktzahl, sondern ausschließlich anhand der Länge des längeren Schlauches.
Die stärkste unter Rowland Ward eingetragene Gams stammt aus der Schweiz und kam bereits 1941 zur Strecke. Die längste der beiden Schläuche erreichte zwölf 7/8-Inch, das sind umgerechnet genau 32,7 Zentimeter.

SCI-FORMEL

Ausgepunktet wird nach der sogenannten Methode 1.
Der stärkste eingetragene Gams ist 1961 in Italien erlegt worden. Er wurde mit 29 7/8 Punkten bewertet. Es wurde eine Schlauchlänge von zehn 7/8-Inch gemessen.

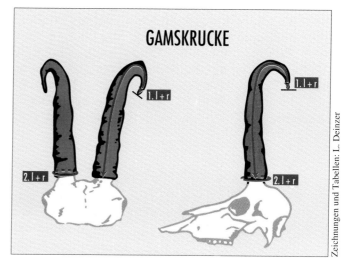

GAMSKRUCKE

Zeichnungen und Tabellen: L. Deinzer

Zeichnung (oben) und Tabelle (unten) veranschaulichen, wie nach SCI ausgepunktet wird: Kruckenlänge und -umfang werden vermessen.

I. MESSUNGEN (in Inch = Zoll)	LINKE KRUCKE (Anzahl Inch = Punkte)	RECHTE KRUCKE (Anzahl Inch = Punkte)
1. Kruckenlänge		
2. Kruckenumfang		
Gesamtpunktzahl		

Zeichnung oben: Trotz dreier Messungen, entscheidet bei Rowland Ward allein der längste Schlauch über die Rangfolge im Buch.

1. Länge des längsten Schlauches von vorne (von der unteren Kante der Basis bis zur Spitze des Schlauches, A bis B).
2. Umfang der Basis des längsten Schlauches im rechten Winkel zur Achse der Krucke (C).
3. Auslage (Entfernung von Schlauchspitze zu Schlauchspitze, D bis B).

Brunftiger Bock im Tiefschnee – Tempo halten und beim Schuß vorne bleiben.

Foto: M. Danegger

MUFFEL-SCHNECKEN

CIC-FORMEL

Die ersten Ideen zur Bewertung der Mufflonschnecke stammen, wie zum Beispiel auch für das Damwild, aus Ungarn. *Dyk* entwickelte sie 1932 und 1934 weiter. Im Mai 1937 wurden sie als Prager Formel vom CIC anerkannt und 1952 in Madrid in bezug auf die Dickenmessung der Schläuche noch einmal geändert: Anstelle des durchschnittlichen Umfanges beider

"Original-Typen" (siehe Sonderheft 4, Seite 123 unten) zu hoch bewertet werden. Desweiteren bemängeln Experten die Messung der Auslage an den Spitzen der Schläuche, falls diese durch Drehung nach außen die größte Auslage darstellen. Hierdurch erzielen weit nach außen gedrehte Schnecken vom Argali- und Zackel-Typ (siehe Sonderheft 4, Seite 123 unten) Rekordpunktzahlen, obwohl ein solches Phänomen häufig nur durch Fremdeinkreuzungen entstand. Darüber hinaus werden – wie beim Gams – immer wieder auch Alterspunkte gefordert.

Stubbe und *Lockow* haben eine Schnellmethode zur Schätzung der Internationalen Punkte bei Muffeltrophäen an einem Material von 770 international ausgepunkteten Schnecken entwickelt, die auf den mathematischen Zusammenhängen von Schlauchlänge und Drehung der Schnecken basiert. Nach Ermittlung der beiden

Parameter, jeweils als Mittelwerte aus den Messungen beider Schläuche, kann die relativ genaue Punktzahl in einem Nomogramm abgelesen werden.

Die bis dato weltstärkste Muffelschnecke wurde 1992 erlegt und stammt aus Tschechien. Die Punktzahl beläuft sich auf 252,45.

Der stärkste deutsche Muffelwidder wurde 1979 in der ehemaligen DDR gestreckt und erreichte 228,15 Internationale Punkte.

Medaillenbewertung:

Es werden keine geographischen Rassen unterschieden. Verliehen wird:

– eine Bronzemedaille ab 185 Internationalen Punkten,
– eine Silbermedaille ab 195 Internationalen Punkten,
– eine Goldmedaille ab 205 Internationalen Punkten.

ROWLAND WARD-FORMEL

Das Auspunkten von Muffelschnecken wird nach der sogenannten Methode 14 durchgeführt, die drei Messungen erfordert:

1. Länge des längsten Schlauches

MUFFELSCHNECKE

S.U.2 / 3.a./3.b.
S.U.1 / 2.a./2.b.
S.U.3 / 4.a./4.b.
S.L... / 1.a./1.b.
A / 5

S.U.2 / 3.a./3.b.
S.U.1 / 2.a./2.b.
S.U.3 / 4.a./4.b.

Zeichnungen und Tabellen: L. Deinzer

Schläuche – an der dicksten Stelle gemessen und mit dem Faktor drei multipliziert – traten nun Messungen an drei Stellen (siehe Punkte 2 bis 4 der Formel). Kritisiert wird an dieser Formel, daß bei so starker Berücksichtigung des Schneckenvolumens Widder mit Fremdbluteinkreuzung und luxurierenden Schnecken im Vergleich zu den

Zeichnung und Tabelle: Auspunkten nach CIC. S.L. und S.U. stehen für Schlauchlänge und -umfang.

I. MESSUNGEN		PUNKTE
1.a. Schlauchlänge, links	Durchschnitt (cm) x 1	
1.b. Schlauchlänge, rechts		
2.a. Umfang linker Schlauch, 1. Drittel	Durchschnitt (cm) x 1	
2.b. Umfang rechter Schlauch, 1. Drittel		
3.a. Umfang linker Schlauch, 2. Drittel	Durchschnitt (cm) x 1	
3.b. Umfang rechter Schlauch, 2. Drittel		
4.a. Umfang linker Schlauch, 3. Drittel	Durchschnitt (cm) x 1	
4.b. Umfang rechter Schlauch, 3. Drittel		
5. Auslage Schläuche	(cm) x 1	
II. ZUSCHLÄGE		
a. Farbe	0 bis 3 Punkte	
b. Rillung	0 bis 3 Punkte	
c. Drehung der Schläuche (um die Längsachse)	0 bis 5 Punkte	
	Summe I. und II.	
III. ABZÜGE		
(Einwachser, Asymmetrie, zu kleiner oder zu großer Kreisbogen)	0 bis 5 Punkte	
	Endsumme	

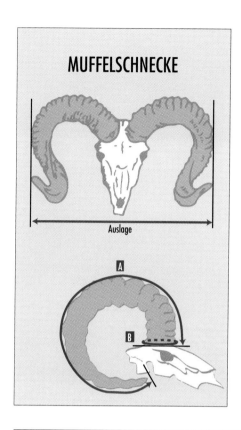

MUFFELSCHNECKE

Auslage

(A) Siehe hierzu auch Punkt **4**.
2. Basisumfang des längsten Schlauches (B).
3. Auslage (gemessen wird von Schlauchspitze zu Schlauchspitze).
4. Die Rangfolge im Buch erfolgt nicht nach der Gesamtpunktzahl, sondern ausschließlich nach der Länge des längsten Schlauches.
Der stärkste Widder bei Rowland Ward kommt aus der da-

**Zeichnung links:
So läuft es nach Rowland Ward.**

Tabelle: Die Summe der eingetragenen Daten ist bei SCI entscheidend für den Platz im Rekordbuch.

maligen Tschechoslowakei und wurde 1974 erlegt. Der längste Schlauch erreichte 41 7/8-Inch (= 106,40 Zentimeter).

SCI-FORMEL

Die Auspunktung erfolgt nach der sogenannten Methode 11.
Der stärkste eingetragene Muffelwidder wurde 1983 in der damaligen Tschechoslowakei erlegt. Er kam auf 145 5/8 Punkte.

I. MESSUNGEN (in Inch = Zoll)	LINKER SCHLAUCH (Anzahl Inch = Punkte)	RECHTER SCHLAUCH (Anzahl Inch = Punkte)
1. Schlauchlängen		
2. Schlauchumfänge		
2.a. an der Basis		
2.b. nach dem 1. Viertel		
2.c. nach dem 2. Viertel		
2.d. nach dem 3. Viertel		
Gesamtpunktzahl		

Foto: Die Schneckenlänge jagdbarer Widder kann über 90 Zentimeter betragen. Wie lang sind wohl die Schläuche dieses Mufflons?

Foto: H. Reinhard

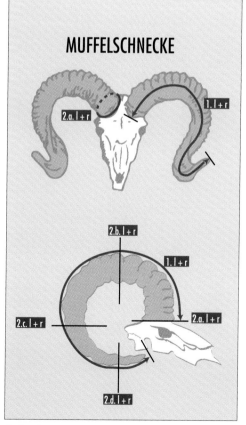

Beim SCI muß das Maßband fest sitzen, darf aber nicht in die Ringe eingedrückt werden.

AUSPUNKTEN DER KEILERWAFFEN

Auf der Morgenpirsch
streckte er Hirsch und
Keiler. Voll Freude
über Geweih und Ge-
waff strahlt er über
beide Wangen.

Foto: H. Sawicki

*N*och Ende vergangenen Jahrhunderts beachtete man Keilerwaffen kaum. Mit wachsender Wertschätzung dieser Trophäen wurde auch der Wunsch stärker, sie vergleichen zu können. Drei unterschiedliche Systeme der Bewertung haben sich international durchgesetzt.

Foto: W. Nagel

Sicher kein neuer Weltrekord, aber allemal beachtliche Waffen eines alten Bassen. Wieviel Punkte mögen sie wohl erbringen?

KEILERWAFFEN
CIC-FORMEL

Die von *Hübner* entwickelte Formel für Keilergewaffe wurde 1937 in Prag vom CIC akzeptiert. In Madrid erhielt die Formel 1952 nach einigen geringfügigen Änderungen bei Zuschlägen und Abzügen ihr bis heute aktuelles Gesicht. **Praktischer Hinweis für das**

und Hadererumfang. Gemessen werden jeweils beide Gewehre und Haderer. Anhand der Mittelwerte beider Messungen wird die Punktzahl in einem Nomogramm abgelesen.

Der weltstärkste Keiler kam 1986 in Bulgarien zur Strecke. Er wog drei Zentner. Sein Gewaff erreichte 158,20 Internationale Punkte.

Die stärkste deutsche Keilertrophäe wurde 1972 bei Havelberg, Kreis

– eine Bronzemedaille ab 110 Internationalen Punkten,
– eine Silbermedaille ab 115 Internationalen Punkten,
– eine Goldmedaille ab 120 Internationalen Punkten.

ROWLAND WARD-FORMEL

Keilerwaffen werden nach der sogenannten Methode 5 mit zwei

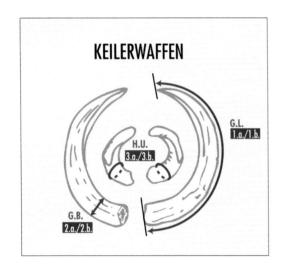

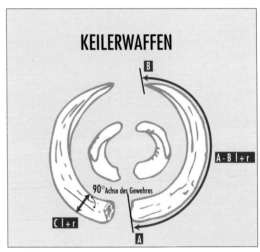

Zeichnung links: Nach Rowland Ward lassen sich die Waffen eines groben Bassen leicht auspunkten. Entscheidend ist allerdings die Länge des längeren Gewehres, nicht die Punktzahl.

Zeichnung: Vermessen nach CIC. Es bedeuten: G.L. = Gewehrlänge; G.B. = Gewehrbreite H.U. = Hadererumfang. Tabelle rechts: Nach diesen Vorgaben wird ausgepunktet.

I. MESSUNGEN		PUNKTE
1.a. Gewehrlänge, links	Durchschnitt (cm) x 1	
1.b. Gewehrlänge, rechts		
2.a. Gewehrbreite, links	Durchschnitt (mm) x 3	
2.b. Gewehrbreite, rechts		
3.a. Hadererumfang, links	Durchschnitt (cm) x 1	
3.b. Hadererumfang, rechts		
II. ZUSCHLÄGE		
für Gewehre	0 bis 2 Punkte	
für Haderer	0 bis 3 Punkte	
	Summe I. und II.	
III. ABZÜGE		
Schleifflächenlänge, Ungleichheit von Gewehren und Haderern etc.	0 bis 10 Punkte	
	Endsumme	

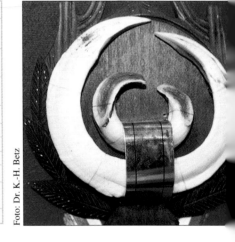

Foto: Dr. K.-H. Betz

Vermessen (siehe Tabelle):
zu 1. a. und b.: Bei abgebrochenen Gewehren zählt nur die tatsächliche Länge.
Stubbe und *Lockow* haben eine Schnellmethode zur ziemlich genauen Schätzung der Internationalen Punktzahl entwickelt. Sie beruht auf der starken Abhängigkeit der CIC-Formel von Gewehrbreite

Magdeburg, erbeutet. Sie besitzt eine durchschnittliche Gewehrlänge von 24,05, eine Gewehrbreite von 32,45, einen Hadererumfang von 7,8 Zentimeter und kam auf 139 Punkte.

Medaillenbewertung:
Der CIC unterscheidet keine geographischen Rassen. Es gibt:

Messungen bewertet:
1. Länge der beiden Gewehre (außen gemessen, A bis B).
2. Größter Umfang beider Gewehre (C, gemessen im rechten Winkel zur Achse des Gewehres).
3. Die Rangfolge im Rekordbuch basiert nicht auf der Gesamtpunktzahl, sondern ausschließlich

Foto: J. Krasnodebski

Foto oben: Saujagd in verschneiter Winterlandschaft. Hier wiegt das Erlebnis mehr als die Trophäe.

Foto links: Dieser bulgarische Keiler führt seit 1988 die internationale Rangliste der Keilerwaffen an. Der vorherige Weltrekord galt etwa fünfzig Jahre. Und dieser?

auf der Länge des längsten Gewehres.

Der stärkste bei Rowland Ward registrierte Keiler kommt aus Bulgarien und wurde 1970 erlegt. Das längste Gewehr erreichte 15 Inch (= 38,10 Zentimeter).

SCI·FORMEL

Ausgepunktet wird nach der sogenannten Methode 12. Es werden wie bei Rowland Ward allein die Gewehre berücksichtigt. Ab 1993 wird bei dieser Formel auf ein 1/16-Inch genau gemessen.

Das stärkste eingetragene Keilergewaff erreichte 26 2/16 Punkte. Der vorherige Rekord kam aus dem ehemaligen Jugoslawien. Die Waffenlänge eines der Gewehre betrug genau zehn 7/8-Inch oder 27,6 Zentimeter.

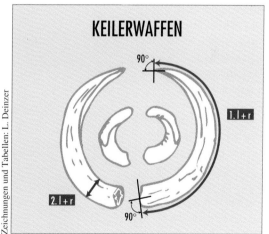

Zeichnungen und Tabellen: L. Deinzer

KEILERWAFFEN

90°

1. l + r

2. l + r

90°

Zeichnung: Die Haderer werden nicht vermessen. Entscheidend für das Auspunkten von Keilerwaffen nach SCI sind Gewehrlänge und -umfang. In Europa hat sich diese Methode bislang nicht durchgesetzt. Hier werden Keiler fast ausschließlich nach den Vorgaben des CIC bewertet.

Tabelle: Sie listet auf, welche Maße beim Keilergewaff nach SCI zu berücksichtigen sind.

I. MESSUNGEN (in Inch = Zoll)	LINKES GEWEHR (Anzahl Inch = Punkte)	RECHTES GEWEHR (Anzahl Inch = Punkte)
1. Gewehrlängen		
2. Größter Gewehrumfang		
Gesamtpunktzahl		

FACHLITERATUR

Die folgenden Literaturhinweise helfen demjenigen Nimrod weiter, der tiefer in die Materie der Trophäenvermessung – ganz gleich nach welchem der angeführten Systeme – eindringen möchte.

1. Trense, Werner, A. J. Hettier de Boislambert und G. Kenneth Whitehead – Die Jagdtrophäen der Welt (1. Auflage 1981 im Verlag Paul Parey; Berlin und Hamburg)

Das dreisprachige Werk (deutsch, englisch, französisch) enthält die Bewertungsformeln nach CIC mit detaillierten Meßanleitungen für die meisten Wildarten der Erde. Zudem findet man Formeln und Meßanleitungen nach dem System von Boone & Crokkett für nordamerikanisches Wild.

2. Stubbe, Christoph und Karl-Willi Lockow – Alters- und Qualitätsbestimmung des erlegten Schalenwildes (1. Auflage 1994 im Deutschen Landwirtschaftsverlag, Berlin)

Die beiden Jagdwissenschaftler entwik-

kelten neue Methoden zur Schnellschätzung der Trophäenqualität und des Alters anhand schädelanalytischer und biometrischer Grundlagen.

Mit jeweils zwei Werten kann der Jäger die Internationale Punktzahl unkompliziert, rasch – außer bei Rehböcken – und recht genau ermitteln.

3. Whitehead, G. Kenneth – Medaillenklassifikation für die Jagdtrophäen der Welt (1986 bei Nicolás Franco-Strips Editores)

Das Werk bietet eine ausführliche Aufstellung der Punktzahlen nach CIC, die nötig sind, um Medaillenränge zu erreichen. Die vom CIC gehandhabte Unterscheidung nach geographischen Rassen ist berücksichtigt.

4. Barnhart, L. Irvin und Jack Schwabland – The Safari Club International Measurer's Manual (Edition IX, 1994)

Die Fibel enthält die Vermessungsformeln für sämtliches Trophäenwild, einschließlich genauer Meßanleitungen des SCI. Im Anhang befindet sich eine Liste aller „Master Measurer" des SCI, die nach Ländern geordnet ist (Stand: Januar 1994).

5. Smith, S. J. – Rowland Ward's Sportsman's Handbook (13. Auflage 1990 bei Rowland Ward Publications)

Hier findet der Interessierte die Vermessungsrichtlinien allen Trophäenwildes nach Rowland Ward. Zudem kann er zahlreiche Tips für die Jagd im Ausland nachlesen.

Das Auspunkten solch einer Krucke bringt viel Freude. Und so soll's ja auch sein.

Foto: H. Rohleder

REGISTER (Heft 1 bis 6)

NIEDERWILD

TEIL 2

JÄGER **&** PRAXIS

KURZ **&** BÜNDIG

7

FELDHASE & WILDKANINCHEN: LEBENSWEISE ★ VORSTEHTREIBEN ★ STREIFE ★ FRETTIEREN ...

EINE BEILAGE DER ZEITSCHRIFT JÄGER

JAGDZEITEN

In neun Bundesländern darf der **Hase** bis Mitte Januar erlegt werden. Damit sind während dieser Zeit auch Hasentreibjagden zugelassen. Nur wenige Revierinhaber machen von dieser Möglichkeit heute noch Gebrauch. Wissen sie doch, daß Hasen bereits im Januar wieder zu rammeln beginnen. Weil sich die Hasen dazu auf den „Rammelplätzen" sammeln, kommt es bei derart spät angesetzten Gesellschaftsjagden zu einer Übernutzung. Sie gilt es zu vermeiden. Von der Jahreswende an lautet in gepflegten Hasenrevieren deshalb die Devise: „Hahn in Ruh'!" Drei Monate Jagdzeit genügen.

So überwiegt im Januar die Freude am Anblick eines jeden gesunden, starken Hasen. Von nun an soll er sich tüchtig vermehren, zumal weitere Winterverluste nicht ausgeschlossen werden können.

Kaninchen dürfen in einigen Bundesländern auch während der Setzzeit erlegt werden. Allerdings stehen in dieser Zeit die zur Aufzucht notwendigen Elterntiere unter Schutz. Die Häsinnen genießen also Schonzeit.

Der waidgerechte Jäger wird ab Mitte Februar die Flinte ohnehin im Schrank stehen lassen. Er greift nur dort gezielt ein, wo der Schaden auf Saatflächen, Salatfeldern, in Wein- oder Obstgärten zu hoch wird. Zur Schadensminderung erlegt er den ein oder anderen gut erkennbaren Rammler mit Kopfschuß.

VERORDNUNG ÜBER DIE JAGDZEITEN VOM 2. APRIL 1977
(Bundesgesetzgebung)

Feldhasen: vom 1. Oktober bis zum 15. Januar

Wildkaninchen: Die Jagd auf Wildkaninchen darf das ganze Jahr ausgeübt werden; allerdings vorbehaltlich der Bestimmungen von § 22 Absatz 4 des Bundesjagdgesetzes: „In den Setz- und Brutzeiten dürfen bis zum Selbständigwerden der Jungtiere die für die Aufzucht notwendigen Elterntiere, auch die von Wild ohne Schonzeit, nicht bejagt werden. Die Länder können ... Ausnahmen bestimmen...".

JAGDZEITEN GEMÄSS LANDESVERORDNUNGEN

BADEN-WÜRTTEMBERG
Feldhasen: vom 1. Oktober bis zum 31. Dezember
Wildkaninchen: Keine Abweichung von der „Verordnung über die Jagdzeiten vom 2. April 1977"

BAYERN
Feldhasen: vom 16. Oktober bis zum 31. Dezember
Wildkaninchen: dürfen auch während der Setzzeit bejagt werden

BRANDENBURG
Feldhasen: vom 16. September bis zum 15. Dezember
(Einzelabschuß aus Forstschutzgründen bis zum 15. Januar)
Wildkaninchen: Keine Abweichung von der „Verordnung über die Jagdzeiten vom 2. April 1977"

BREMEN
Keine Abweichung von der „Verordnung über die Jagdzeiten vom 2. April 1977"

HAMBURG
Feldhasen: vom 1. Oktober bis zum 31. Dezember
Wildkaninchen: Keine Abweichung von der „Verordnung über die Jagdzeiten vom 2. April 1977"

HESSEN
Feldhasen: vom 1. Oktober bis zum 31. Dezember
Wildkaninchen: dürfen auch während der Setzzeit bejagt werden

MECKLENBURG-VORPOMMERN
Keine Abweichung von der „Verordnung über die Jagdzeiten vom 2. April 1977"

NIEDERSACHSEN
Keine Abweichung von der „Verordnung über die Jagdzeiten vom 2. April 1977"

NORDRHEIN-WESTFALEN
Feldhasen: vom 1. Oktober bis zum 31. Dezember
Wildkaninchen: dürfen auch während der Setzzeit bejagt werden

RHEINLAND-PFALZ
Feldhasen: vom 1. Oktober bis zum 31. Dezember
Wildkaninchen: Keine Abweichung von der „Verordnung über die Jagdzeiten vom 2. April 1977"

SAARLAND
Keine Abweichung von der „Verordnung über die Jagdzeiten vom 2. April 1977"

SACHSEN
Keine Abweichung von der „Verordnung über die Jagdzeiten vom 2. April 1977"

SACHSEN-ANHALT
Keine Abweichung von der „Verordnung über die Jagdzeiten vom 2. April 1977"

SCHLESWIG-HOLSTEIN
Feldhasen: vom 16. Oktober bis zum 15. Januar
Wildkaninchen: im Bereich der Landesschutzdeiche Schleswig-Holsteins auch in der Setzzeit (1. März bis 15. Juni)

THÜRINGEN
Feldhasen: vom 1. Oktober bis zum 31. Dezember
Wildkaninchen: dürfen auch während der Setzzeit bejagt werden

Stand: Januar 1996 (alle Angaben ohne Gewähr).

INHALT

Die Sasse ist seinem Körper haargenau angepaßt. So ist er kaum zu sehen.

Foto: A. Schilling

Kanin satt. Jeder Niederwildjäger ist bei solch beutereichen Jagden gerne dabei.

Foto: Hg. Arndt

Impressum: **JÄGER & PRAXIS** KURZ & BÜNDIG Feldhase & Wildkaninchen. Eine Beilage der Zeitschrift **JÄGER** Titelfotos: M. Danegger, St. Meyers

Jahr-Verlag GmbH & Co.
Jessenstraße 1
22767 Hamburg
Tel. 040 / 38 90 60
Fax 040 / 38 90 63 05

Verleger:
Alexander Jahr

Redaktion:
Dr. Rolf Roosen

Fachberater: Walter Bach-
mann, Prof. Dr. Zygmunt Pie-
lowski, Dr. Jobst von Schaaffhausen, Prof. Dr. Christian
Saar, Heimo van Elsbergen

Titel/Layout: Werner Rabe

Vertriebsleitung:
Peter Lüdemann

Herstellungsleitung:
Helmut Post,
Brunhild Sudmann (Stellv.)

Druck/Lithographie:
Busche, Dortmund/
Repro- und Satztechnik
Helmut Gass, Hamburg

Copyright:
Jahr-Verlag GmbH & Co.
Hamburg 1996

DER FELDHASE

Kaum eine andere Wildart ist bei uns so volkstümlich und allgemein bekannt wie der Hase. Erinnert sei bloß an die zahlreichen Fabeln, Tiergeschichten und Volksbräuche (Osterhase), in denen er eine Rolle spielt. Dennoch wissen wir nur wenig über den Feldhasen. Wildbiologen schenkten ihm lange Zeit kaum Beachtung. Das änderte sich erst Mitte der siebziger Jahre.

Foto: U. Hausen

Großes Foto:
Wo es wenig Hasen gibt, wie etwa im Wald, führen sie ein einzelgängerisches Dasein.

Kleines Foto:
Schneller als jeder Kurzhaar war er beim Hasen. Voll Stolz bringt er ihn nun dem Schützen.

Foto: M. Danegger

Feldhase und Kaninchen rechnen nicht zu den Nagetieren, sondern bilden eine eigene Ordnung der Hasentiere. Sie zeichnen sich durch zwei zusätzliche kleine stiftförmige Schneidezähne aus, die hinter den breiten, scharfen Nagezähnen des Oberkiefers sitzen. Nagetiere haben dagegen nur zwei große Nagezähne im Oberkiefer.

STELLUNG IM ZOOLOGISCHEN SYSTEM

Stamm:	Wirbeltiere
Klasse:	Säugetiere
Ordnung:	Hasentiere
Familie:	Hasen
Art:	Feldhase.

VERBREITUNG UND LEBENSRAUM

Das gegenwärtige Siedlungsgebiet des Feldhasen umschließt den Raum vom Mittelmeer bis zum Polarkreis und von den britischen Inseln bis hinter den Ural. In ihrem Verbreitungsareal werden Hasen in Richtung Norden und Osten großwüchsiger (Bergmannsche Regel), was mit dem Klima zusammenhängt. Ursprünglich war der Feldhase ein Bewohner der Steppe. Heute lebt er in unserer vielfältigen Kulturlandschaft beinahe überall, wenn auch – abhängig vom Habitat – in unterschiedlichen Siedlungsdichten. Hasen bevorzugen die offene Feldlandschaft. In größeren Waldgebieten kommen sie selten vor, wobei sie sich lieber in den Randzonen aufhalten. Im Gebirge begrenzt sich ihr Vorkommen bei etwa 1.500 bis 1.600 Metern.

Ideale Bedingungen für hohe Hasendichten sind sieben an der Zahl. Sie liegen vor, wenn erstens die Jahrestemperatur durchschnittlich über acht Grad Celsius liegt und zweitens im Jahresdurchschnitt unter 600 Millimeter Niederschlag fallen. Drittens sind Höhenlagen bis zu 300 Meter über dem Meeresspiegel sowie viertens luftige, schnelltrocknende (= warme) und fruchtbare Böden sehr förderlich. Gute Habitate sind fünftens kleinräumige Feldparzel-

Foto: K. Schendel

len, in deren Nähe sich keine größeren Waldkomplexe befinden. Schließlich tut den Feldhasen ein möglichst niedriger Besatz an Beutegreifern gut. Und siebtens ist eine schonende Bejagung für den Hasenbesatz förderlich.

Im Jagdjahr 1994/95 wurden in der Bundesrepublik gut 420.000 Hasen erlegt. Anfang bis Mitte der siebziger Jahre betrug die Hasenstrecke dagegen allein in den alten Bundesländern zwischen einer Million und 1.330.000. Zur Zeit haben wir also ein „Hasentief", dessen Ursachen wir nicht kennen. In vielen Feldrevieren läßt der Hasenbesatz eine Gesellschaftsjagd nicht mehr zu. Das gilt selbst für Weinberge, in denen das Biotop

Foto: Archiv JÄGER

Foto rechts: Mißtrauisch geworden, versuicht er, sich Klarheit zu verschaffen. Gleich wird er das Hasenpanier ergreifen.

Foto links: „Menschen, Hunde, Wölfe, Lüchse, / Katzen, Marder, Wiesel, Füchse, / Adler, Uhu, Raben, Krähen, / jeder Habicht den wir sehen, / Elstern auch nicht zu vergessen – / alles, alles will ihn fressen." (Forstmeister *von Wildungen*).

unverändert geblieben ist. Dort, wo der Feldhase in Gefahr gerät, auf die Rote-Liste zu kommen, werden wir uns auf ein oder zwei Küchenhasen beschränken und zudem das Raubwild, besonders den Fuchs, kurzhalten.

BALGFARBE, KÖRPER-FORM UND GEWICHT

Der Balg ist auf dem Rücken graubraun-erdfarben und besitzt hinten einen leicht silbernen Anflug. Körperseiten und Keulen sind leicht rostrot. Die Bauchseite ist weiß. Die Spitze der Blume und die der Löffel sind schwarz. Der Körper des Feldhasen ist länglich, sein Brustkorb sehr

schmal und hoch. Die kräftigen Hinterläufe sind doppelt so lang wie die Vorderläufe und sehr stark entwickelt. Die Fußsohlen sind mit bürstenartigen, längeren Haaren bewachsen. Sie bilden eine ausgezeichnete Wärmeisolierung.

Feldhase und Wildkaninchen lassen sich leicht voneinander unterscheiden: Beim Feldhasen sind die Löffel länger, beim Wildkaninchen kürzer als der Kopf. Der Balg des Kanins ist grau, seine Löffel haben – im Unterschied zu denen des Feldhasen – keine schwarzen Spitzen. Im Vergleich zu den Läufen des Feldhasen sind die des Wildkanins recht kurz. Kaninchen ▶

wiegen zirka eineinhalb bis zwei, Feldhasen drei bis fünf Kilogramm. Wenn Hasen hoppeln, zeigt die Blume nach unten, bei flüchtigen Kaninchen dagegen nach oben. Kreuzungen zwischen Kanin und Feldhase sind unmöglich.

Mit etwas Übung kann der Jäger im übrigen das Geschlecht eines erlegten Hasen leicht ermitteln. Der Penis des Rammlers ist schlauch-, die Klitoris der Häsin rinnenförmig (siehe Zeichnung Seite 11).

SPUR

Sämtliche Hasentiere bewegen sich aufgrund ihres Körperbaus bei langsamen Tempo hoppelnd vorwärts. Dabei setzen sie stets die Vorderpfoten hintereinander. Die Hinterläufe „übereilen". So stehen deren Pfotenabdrücke nebeneinander vor denen der Vorderläufe. Der Hasensprung entsteht (siehe Zeichnung).

LOSUNG

Sie besteht aus runden, festen Kugeln von zirka 15 bis 20 Millimeter Durchmesser, die meist einzeln oder in geringer Menge abgesetzt werden. Im Sommer ist die Losung sehr dunkel, bisweilen nahezu schwarz. Sie ist aufgrund der saftreichen Äsung weicher als die gelbbraune Winterlosung. Je länger die Losung der Sonne ausgesetzt ist, desto heller wird sie.

HASENSPUR

Zeichnung: J. Bindseil

Die Spur von Hasen und Kanin sind – abgesehen von der Größe – gleich.

SINNE UND LAUTE

Feldhasen vernehmen ausgezeichnet. Sie spüren Bodenerschütterungen in ihrer Sasse, etwa wenn ein Spaziergänger sich nähert. Sie wittern recht gut und sind Bewegungsseher. Dem bei gutem Wind regungslos verharrenden Waidmann läuft der Feldhase gelegentlich sogar „vor die Stiefelspitzen". Etwa bei der Krähenabwehr oder bei „Rammelschlachten" kann der Jäger ein leises Fauchen oder Knurren hören. Bei Schmerz klagt der Feldhase. Das Klagen erinnert stark an das Geschrei eines Kleinkindes. Der Jäger nutzt dieses gerne zum Fuchsreizen. Will er sich genauer orientieren, macht der Hase und das Kanin einen Kegel. Sie richten sich auf den Hinterläufen auf.

LEBENS-WEISE

Feldhasen sind standorttreue Pflanzenfresser. Um zu überleben, müssen sie vielfältigen Gefahren entgehen. Dazu sind sie gut ausgestattet. Denn sie verfügen über ein ausgezeichnetes Gehör und sind schnelle sowie ausdauernde Läufer. Grundsätzlich versucht der Feldhase zunächst, sich vor einem anrückenden, mit den Löffeln georteten Feind zu drücken. Hilft ihm das nicht weiter, sucht er sein Heil in der Flucht. Dabei kann er bis zu achtzig Stundenkilometer schnell werden. Rückt ihm ein

Verfolger zu dicht auf den Balg, schlägt er Haken, um ihn abzuschütteln.

Tagsüber liegen Hasen meist in ihrer Sasse, einer selbstgescharrten Bodenvertiefung, die dem Körper genau angepaßt ist. Mehrere von ihnen befinden sich jeweils in dem Einstandsgebiet eines Hasen. Er benutzt sie je nach Wetter und Wind. Dabei liegt er immer, den Kopf gegen den Wind gerichtet, in der Sasse. Die Löffel sind eng an Kopf und Rücken angelegt. Bevor sich der Hase in die Sasse legt, macht er einen weiten Absprung von seiner Spur unter Wind, was eventuelle Verfolger desorientiert. Bei starkem Wind suchen Feldhasen geschützte Lagen auf, wo sie unter Wind liegen können. Bei Tauwetter rückt der Waldhase ins Feld, bei Laubfall ins Nadelholz. Hasen werden erst gegen Abend mobil. Nur während der Rammelzeit sind sie auch tagsüber auf den Läufen.

Hasen sind Einzelgänger, selbst die Beziehung zwischen einer Häsin und ihren Jungen ist nur lose und kurzfristig. Allerdings finden sich Hasen an Äsungsstellen verträglich zusammen.

ÄSUNG

Feldhasen äsen vornehmlich verschiedene Wildkräuter und Ackerpflanzen, aber auch Gräser, Knospen, Triebe sowie Baum- und

Foto links:
Dieser Hase ist kaum auszumachen. Die Sasse ist seinem Körper haargenau angepaßt. Seine Hinterläufe sind unter dem Körper angewinkelt, so daß er bei Gefahr mit erstaunlicher Geschwindigkeit hochschnellen und fliehen kann.

Foto unten:
Nicht nur Sauen mögen Mais, auch diesem Hasen mundet er vorzüglich. Hochaufgerichtet geben ihm seine Vorderläufe Halt am Maisstengel, den Kolben benagt er ausgiebig.

Strauchrinde, insgesamt zirka 80 verschiedene Pflanzenarten.

SCHÄDEN UND DEREN ABWEHR, FÜTTERUNG

Mit Vorliebe verbeißt der Hase junge Triebe oder Knospen verschiedener Gehölze, besonders von Obstbäumen. Er schält auch deren Rinde. In der Feldmark bevorzugt er Kohl, Raps und Rüben. Wein-, Obst- und Gemüsebauern haben vielerorts über starke Schäden geklagt.

Winterschäden lassen sich durch Füttern reduzieren. Hasen nehmen sehr gerne Proßholz an, bevorzugt von Obstbäumen, aber ebenso Zweige von Aspe, Sal-, Kopfweide, Ahorn, Esche, Weißbuche sowie Robinie. In Notzeiten wird der Jäger den Hasen mit hochwertigen, wasserreichen Futtermitteln über den Winter helfen, also mit Zuckerrüben, Mohrrüben, Äpfeln,

winterharten Kohlarten und anderem mehr. Es spielt im übrigen keine Rolle, wenn das Saftfutter gefriert. Verdorbenes Futter ist allerdings für den Hasen schädlich. Heute ist der Schutz des Waldes gegen den Hasen eher die Ausnahme. Kaninchen können dem Waldbauern dagegen örtlich große Probleme bereiten.

RAMMELZEIT UND JUNGHASEN

Die Rammelzeit erstreckt sich vom Januar bis in den

August oder gar den September. Hierbei bilden sich größere „Hochzeitsgesellschaften", und es kommt den ganzen Tag über zu lebhaften Verfolgungstreiben zwischen Rammlern und Häsinnen. Dabei lernen sich die einzelnen Hasenpaare kennen. Häufig bleiben sie auch nach der Begattung zusammen.

Im Laufe des Frühjahrs und Sommers begattet der Rammler die Häsin dann weitere Male, allerdings ohne daß es dabei wieder zu lebhaften Paarungstreiben kommt. Wiewohl der Rammler sich nicht um die Aufzucht der

Die **Tragzeit** dauert 40 bis 42 Tage. Die Häsin setzt ein bis vier Junghasen. Pro Jahr werden von einer Häsin durchschnittlich sieben bis acht **Junge** in drei oder vier Sätzen zur Welt gebracht. Die ersten Sätze bestehen in aller Regel bloß aus ein bis zwei Jungen (Februar/März).

Die weiteren Sätze folgen dann im Abstand von zirka zwei Monaten. Eine erneute Befruchtung am Ende der Tragzeit, die Superfötation, ist möglich. Bis zu achtzig Prozent der Junghasen gehen durch Witterungseinflüsse, meist naßkaltes Frühjahrswetter, natür-

ihnen auf. Sie säugt ihre Jungen 20 bis 30 Tage lang, meist erst nach Einbruch der Dunkelheit. Sobald die Junghasen ausreichend bewegungsfähig sind, kommen sie zum „Säugeplatz". Vorher sucht die Häsin sie einzeln auf.

FEINDE, KRANKHEITEN UND VERLUSTE

Sämtliches Raubwild stellt dem Hasen nach. Marder, Iltis, Wiesel, Habicht, Bussard, Krähe und Kolkrabe greifen Junghasen. Hauptfeind ist allerdings der Fuchs. Insbesondere wenn es wenig Mäuse gibt, ernährt er sich und seine Welpen stark von Jung-, aber auch von Althasen.

Am stärksten setzt den Hasen die Kokzidiose zu, die vor allem Junghasen gefährdet. Tödlich ist ein starker Befall mit Magen- sowie Lungenwürmern, außerdem Pseudotuberkulose, Pasteurellose und Brucellose. Neuerdings kommt es auch zu Abgängen durch eine infektiöse Leberentzündung, die Fachleute als European Brown Hare Syndrom (EBHS) bezeichnen (auf die Krankheiten wird detailliert im Sonderheft „Wildkrankheiten" eingegan-

Foto: H. Hess

Rammler und Häsin prügeln sich wie die Kesselflicker. Erst nach wiederholtem Schlagabtausch kann schließlich Hasenhochzeit gefeiert werden.

Junghasen kümmert, leben Hasen eher in Einehe, nicht – wie lange Zeit vermutet – in Vielehe. Gelegentliche Partnerwechsel sind gleichwohl möglich.

liche Feinde oder aber Krankheiten zugrunde.

Die Junghasen werden sehend und recht gut entwickelt gesetzt. Die ersten zwei bis drei Tage liegen sie beieinander, danach zerstreuen sie sich bereits. Auf diese Weise ist die Gefahr gemindert, daß der gesamte Wurf einem Beutegreifer zum Opfer fällt. Die Häsin ist zwar in der Nähe ihrer Jungen, hält sich aber nicht unmittelbar bei

gen). Aber nicht nur natürliche Feinde und Krankheiten trugen dazu bei, daß die Hasenstrecken in den vergangenen Jahrzehnten niedriger geworden sind. Landwirtschaftliche Großmaschinen, chemische Unkrautbekämpfung, neue großflächige Anbaumethoden (keine Brache und Stoppel, weniger Grünland und Klee, verstärkter Maisanbau) verschuldeten diesen Rückgang mit. Auch dem

Straßenverkehr fallen viele Feldhasen zum Opfer. Großen Einfluß auf die Hasenstrecken hat schließlich das Wetter. Naßkaltes Frühjahr oder ebensolcher Sommer fordern einen hohen Tribut an Junghasen. Extrem schädlich ist schließlich, wenn trotz geringen Besatzes intensiv gejagt wird.

ALTERS-ERMITTLUNG AM ERLEGTEN HASEN

Die Hausfrau wird es uns danken, wenn wir nach der Jagd mit einem zarten Braten nach Hause kommen. Junge Hasen stehen bei Feinschmeckern hoch im Kurs. Bis Ende November ist es sehr leicht, sie von alten zu unterscheiden – allerdings nur dann, wenn sie erlegt sind. An den unteren Abschnitten der Vorderläufe

Foto: M. Danegger

Zeichnungen: J. Bindseil

Foto: Zwei Junghasen an „Mutterns Brust". – Sie werden nur einmal täglich gesäugt. Bloß etwa ein Viertel aller Junghasen überlebt bis zum Winter.

ALTHASE		JUNGHASE	
Rammler	*Häsin*	*Rammler*	*Häsin*

Zeichnung: Diese Unterschiede sind auch bei Kanin zu erkennen.

Zeichnung unten: Der Knorpel ist außen am Vorderlauf, hart oberhalb des Fußgelenks, zu fühlen.

darüber, ob es sich um einen jungen (weicher Augendorn) oder einen alten Hasen (harter Augendorn) handelt. Beim Junghasen läßt sich der Augendorn leichter eindrücken und nach hinten verschieben. Ausgewachsen ist der Hase im übrigen mit zehn bis zwölf Monaten. Die durchschnittliche **Lebenslänge** beläuft sich auf eineinhalb Jahre. In freier Wildbahn werden nur wenige Hasen älter als vier oder fünf Jahre.

Schließlich lassen sich Alt- und Junghase auch an der Ausbildung ihrer **Geschlechtsorgane** unterscheiden (siehe Zeichnung).

des Junghasen befindet sich an den Außenseiten eine knorpelige Erhebung des Knochens, das **Strohsche Zeichen** (siehe Zeichnung). Es läßt sich durch den Balg gut ertasten und befindet sich ungefähr einen Zentimeter oberhalb des Handwurzelgelenkes. Im Alter von etwa sieben bis acht Monaten verschwindet es.

Zudem bietet der **Augendorn**, ein Knorpel im Sehwinkel, Aufschluß

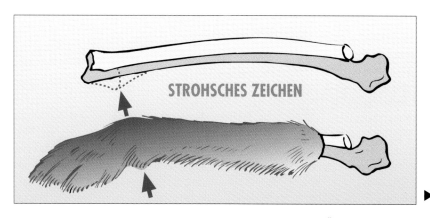

STROHSCHES ZEICHEN

HEGE

BIOTOPVERBESSE-RUNGEN

Der Jäger kann dem Feldhasen helfen, indem er für ein reiches Nahrungsangebot im Sommer sorgt. Während sich Hasen im Herbst, Winter und Vorfrühling vornehmlich und gut von Kulturpflanzen ernähren, bevorzugen sie im Sommer Wildkräuter und -gräser. Gerade in dieser Zeit besteht in der Feldmark ein erheblicher Mangel an vielfältiger und frischgrüner Äsung.

Sie kann der Waidmann – in Absprache mit den Landwirten – als Biotopverbesserung schaffen, wenn er beispielsweise Ausgleichsflächen mit Wildkraut- und Wildgräserbewuchs anlegt. Die Flächenstillegungsprogramme bieten hierfür gute Voraussetzungen. Zwischenfrüchte sind auch ideal. Hilfreich ist es außerdem, wenn Feldraine, Wegränder oder Heckensäume erhalten, neuangelegt oder aber verbreitert werden. Auf diesen Flächen sollte dann nicht mit Herbiziden gespritzt werden. Auch Graswege bieten den Hasen eine gute Äsung.

Sinnvoll ist es, den Boden von landwirtschaftlichen Sonderkulturen wie beispielsweise in Weinbergen oder Obstplantagen zu begrünen. Auflaufendes Ausfallgetreide ist nach der Ernte von Wintergerste im Juli/August eine ausgezeichnete und vom Hasen gern angenommene frischgrüne Äsungsquelle. Werden derartige Flächen erst später in die weitere Bodenbearbeitung einbezogen, kann ihr Bewuchs die Nahrungslücke bis zum Auflaufen der neuen Wintersaat schließen.

JAGD

GRUNDSÄTZE HASEN-GERECHTER BEJAGUNG

Wer seinen Besatz pfleglich bejagt, schont pro Jagdjahr ein Drittel der „hasentauglichen Fläche" (*Bruno Hespeler*). Er wird keine Fläche seines Reviers zweimal per anno bejagen und die Jagdflächen jährlich wechseln. Schließlich wird er jeden besonders fest sitzenden Hasen, oft Häsinnen, pardonieren. So erhält er einen ausreichend starken Besatz in seinem Revier.

Der Revierinhaber wird nur dann zur Treibjagd einladen, wenn Hasen in ausreichender Zahl vorkommen. Ideal ist es, wenn auf jeden mitjagenden Gast durchschnittlich zwei gestreckte Hasen

zu erwarten sind. Dies läßt sich am einfachsten mit der sogenannten **Scheinwerfertaxation** ermitteln. *Eisfeld* und *Späth* beschreiben die Methode wie folgt: Hierbei werden nachts mit einem Fahrzeug im Schrittempo zuvor festgelegte Routen abgefahren und die Geländestreifen links und rechts davon mit Scheinwerfern abgeleuchtet. Dabei verwendet der Jäger 60-Watt-Autohalogenscheinwerfer, die mit speziellen Handgriffen versehen und mit einem Kabel über den Zigarettenanzünder an die 12-Volt-Batterie des Autos angeschlossen sind. Die Scheinwerfer leuchten in flachem, nicht mit Knicks, Feldgehölzen etc. durchsetztem Gelände zwar bis etwa 250 Meter. In der Regel nimmt man Hasen jedoch nur auf eine Entfernung von bis zu 150 Meter wahr. Die Fahrtroute wird so gewählt, daß die benachbarten Taxationsstreifen möglichst

Foto: H. Hess

Hasen sind fast überall seltener geworden. Der Jäger kann helfen, indem er mit für ein besseres Nahrungsangebot sorgt sowie dem Raubwild mit Falle und Flinte energisch nachstellt.

lückenlos aneinandergrenzen. Zu den Ergebnissen gelangt man wie folgt: Die Größe der Fläche, auf der Hasen gezählt worden sind (mindestens zehn Prozent der Revierfläche), ergibt sich, wenn wir 150 (Breite des Taxationsstreifen in Metern) mit der Zahl der abgefahrenen Kilometer multiplizieren. Dann dividieren wir die Gesamtzahl der im Scheinwerferlicht ausgemachten Hasen durch die zuvor ermittelte Flächenzahl. Das Ergebnis braucht dann bloß noch mit 100 Hektar in Relation gesetzt zu werden.

Zu sehr genauen Ergebnissen führt diese Zähl- und Beobachtungsmethode, wenn die frühen Nachtstunden in der Zeit von November bis etwa Mitte April (= Zeit, in der die Vegetationshöhe auf den Feldern niedrig ist) ausgenutzt werden. Es empfiehlt sich, eine Taxation im Frühjahr und die andere unmittelbar vor der angesetzten Treibjagd durchzuführen. So ist der Revierinhaber über die Entwicklung des Hasenbesatzes informiert. Er entscheidet, ob er eine Jagd machen kann oder nicht. In der Praxis können im übrigen ein gutes Drittel der kurz vor der Jagd (ein bis zwei Wochen vor dem Termin) gezählten Hasen erlegt werden (*Bruno Hespeler*).

ANSITZ UND PIRSCH

Eine reizvolle, allerdings in guten Hasengegenden nicht gern gesehene Jagdart ist der **Ansitz**. Er empfiehlt sich jedoch in Revieren mit niedrigeren Hasenbesätzen, wenn man sich auf den ein oder anderen Küchenhasen beschränkt. Der Jäger postiert sich mit gutem Wind an den Waldrand in die Nähe der meist stark ausgetretenen Pässe (siehe nebenstehende Zeichnung). Der Morgenanstand ist in der Regel erfolgversprechender als der Abendansitz. Das Licht wird von Minute zu Minute

Foto: W. Nagel

Foto: Zwei Küchenhasen genügen ihm im Jahr. Frühmorgens auf dem Paß am Waldrand hat er sie erlegt.

Zeichnung: Drei Tips zur Wahl der Ansitzplätze. Vor Ort wird man gerne selber herausfinden, wo es „paßt".

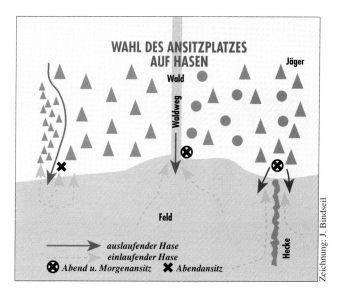

WAHL DES ANSITZPLATZES AUF HASEN

Wald
Waldweg
Jäger
Feld
Hecke

→ auslaufender Hase
→ einlaufender Hase
⊗ Abend u. Morgenansitz   ✗ Abendansitz

Zeichnung: J. Bindseil

Es ist unüblich, auf Hasen zu **pirschen**. Bodenerschütterungen nimmt er zu gut wahr. Allerdings macht es Spaß, bei Schnee und Vollmond im Schneehemd auf einen Küchenhasen zu pirschen und ihn mit sauberem Kopfschuß zu erbeuten.

BRACKIEREN

Brackiert wird auf Hase oder Fuchs. Hierbei werden meist Deutsche Brakken, Westfälische oder aber Alpenländische Dachs-

besser. Besonders günstig sind Orte, in deren Nähe Raps- oder Kohlfelder liegen. Die Deckung ist weniger ausschlaggebend, entscheidend ist vielmehr, daß der Jäger sich auf seinem Stand ruhig verhält. Starker Wind hält den Hasen im übrigen davon ab, in die Feldmark zu hoppeln.

bracken, seltener weitjagende Stöber- oder Dachshunde, lautjagend auf der „Fährte", so bezeichnet der Brackenjäger die Spur von Hase und Fuchs, eingesetzt. Sie bleiben „fährtentreu" und ausdauernd auf der „Fährte" von Fuchs oder Hase. Der Gesetzgeber hat die Brackenjagd wegen ihrer Weiträumigkeit ▶

auf einer Fläche von weniger als 1.000 Hektar untersagt (§ 19 Absatz 1 Nummer 16 Bundesjagdgesetz). Die Länder sind nicht befugt, diese Vorschrift zu erweitern oder einzuschränken (§ 19 Absatz 2 Bundesjagdgesetz). Es können sich übrigens mehrere kleinere Reviere zum Brackieren zusammentun. Mit Brackenjagd meint der Gesetzgeber das Brackieren, nicht das Jagen mit Bracken schlechthin. Erlaubt ist es also, Bracken bei großflächig angelegten Bewegungsjagden auf Schalenwild einzusetzen, auch wenn diese auf einer Fläche von weniger als 1.000 Hektar stattfinden.

Ursprünglich brackierte ein einzelner, revierkundiger Jäger mit seinem Hund. Er stellte sich am Hasenpaß in bergigem, waldrei-

ger vor dem laut jagenden Hund. Lag der Hase dann im Feuer, war die Freude groß. Viel mehr jedoch erfreute den Brackenjäger die gute Arbeit seines Hundes.

Bracken, die auf Verleitfährten oder -spuren von Rehwild oder anderer Hasen wechseln, taugen für diese Jagdart nicht.

Brackiert wurde dort, wo Hasen seltener waren (waldreiche Mittelgebirge). Dieses eigentliche Brackieren wird heute nur noch selten ausgeübt.

SUCHE UND BUSCHIEREN

Das sind Jagdarten, bei denen der Jäger das Suchen und Vorstehen seines Hundes genießen und die er nur mit ihm ausüben kann.

auf ein bis zwei Suchen (Buschkaden) pro Saison. Er beginnt zudem nicht vor November mit der ersten Suche, weil dann die Vegetation heruntergefroren ist und zum anderen die Häsinnen dann nicht mehr säugen. Nachteil ist allerdings, daß sie deshalb fester als die Rammler liegen. Besonders fest liegende Hasen wird der Profi schonen, dem Besatz zuliebe.

Ausschlaggebend für diese Jagdmethoden ist – wie so oft – das Wetter. Bei hartem Schnee, bei frostklarem oder windigem Wetter halten die Hasen schlecht. Sie werden häufig schon außerhalb der Schußweite flüchtig. Die Suche lohnt in der Regel an regnerischen, nebligen oder warmen und windstillen Tagen besonders. Der Jäger braucht zwar nicht früh auf-

Foto: W. Nagel

Foto: Hg. Arndt

chem Gelände mit Zwangswechseln und vorhersehbaren Pässen an. Dann ließ er seine eingejagte, lautjagende Bracke die „Fährte" arbeiten. Der Hund nahm die Nachtfährte auf und stach den Hasen.

Aufgrund seiner Treue zu seinem Wohnraum suchte der Hase in weitem Bogen seinen Einstand wieder auf – und das gewöhnlich auf einem der bekannten Pässe. Hier erwartete ihn der Brackenjä-

Oben: In seinem Revier ist der Besatz an Hasen nicht gewaltig. Eine Gesellschaftsjagd lohnt hier nicht. Deshalb buschiert er mit seinem Kurzhaar. Sicher macht ihm dieser Hase Spaß, mehr aber noch die saubere Arbeit seines Hundes.

Wiederholtes Suchen (im Feld) oder Buschieren (im „buschigen" Gelände) in einem Revier beunruhigt die Hasen. Sie wandern ab. Der Profi beschränkt sich deshalb

zustehen, wird aber auf sein Mittagessen verzichten: Von 10 bis 15 Uhr ist's richtig gut.

Es empfiehlt sich, den Hund in einem Gelände arbeiten zu lassen,

Foto: H. Ascheid

VORSTEH-TREIBEN

Vorstehtreiben **im Feld** und anderen übersichtlichen Geländeteilen sollten großflächig angelegt sein – am besten über 300 Meter breit und doppelt so lang. Die Stände legt der Jagdleiter vorher fest. Die Schützen stehen nicht weiter als 60 Meter auseinander. Denn dies ergibt eine maximale Schußentfernung auf Hasen von 35 Metern. Die Ab-

Oben: Die Stimmung der Treiber bei Erbsensuppe und kühlem Schluck ist prächtig. Mancher Scherz macht die Runde.

Links: Das dichte Feldgehölz ist Mittelpunkt des Kessels. Erst jetzt werden die Hunde geschnallt.

stände zwischen den Treibern betragen je nach Gelände zwischen 10 und 20 Meter.

Schützen und Treiber werden getrennt zu ihrem Ablaufpunkt gefahren. Schützen dürfen entweder sofort nach Besetzen ihres Standes oder erst nach dem Anblasen schießen. Nach dem Signal „Hahn in Ruh!" entladen sie die Waffe und tragen sie gebrochen. Wer seinen Hasenbesatz pfleglich behandeln will, wird die Rückwechsel nicht mit Schützen besetzen. Die Schützen erwarten an der Front und deren Flügeln das von Treibern hochgemachte Niederwild. Jetzt zeigt sich, wer heute den meisten Anlauf hat. Die Schützen verlassen ihre Stände während des Treibens nicht. **Jagdgäste** werden von revierkun- ▶

welches dem Hasen Deckung bietet. Auf blankem Acker halten die Mümmelmänner den Hund viel schlechter aus.

Fasan, Waldschnepfe und Kanin-

chen (siehe Seite 28) können beim Suchen oder Buschieren vor dem Hund fein mitgeschossen werden. Dann wird die Strecke bunt.

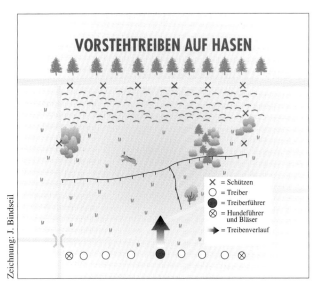

VORSTEHTREIBEN AUF HASEN

× = Schützen
○ = Treiber
● = Treiberführer
⊗ = Hundeführer und Bläser
→ = Treibenverlauf

Zeichnung: J. Bindseil

digen Jägern oder sogar dem Jagdleiter auf ihren Stand eingewiesen. Das heißt, sie werden darüber informiert, aus welcher Richtung die Treiber kommen (Verlauf des Treibens) und ab wann und wie lange in welche Richtungen geschossen werden darf. Schließlich wird die Richtung angegeben, in die der Schütze nach Beendigung des Treibens zu gehen hat, die Folge.

Die **Treiber** werden in Linie vom sogenannten Obertreiber durch das Treiben bzw. den abzugehenden Revierteil geleitet. Diese wichtige Aufgabe übernimmt häufig auch ein erfahrener sowie revierkundiger Jäger. Jäger innerhalb der Treiberwehr geben keinen Schuß ab. Hunde werden nicht geschnallt.

Die Treiber gehen nach dem Anblasen auf Anweisung des Obertreibers abschnittsweise vor. Dabei rufen sie oder verwenden Hasenklappern und bleiben immer wieder einmal stehen. Das führt oft dazu, daß auch festliegende Hasen hoch werden. Zudem kann sich die Treiberwehr wieder ausrichten.

Kranke, nicht mehr fortflüchtende Hasen werden mit einem Stockhieb oder kräftigem Handkantenschlag ins Genick schnell abge-

schlagen. Das ist den Treibern vorher zu zeigen. Ebenso müssen sie wissen, daß und wie man erlegte Hasen ausdrückt.

Gibt es reichlich Hasen und gelingt die ein oder andere Doublette, so ist das höchste Jägerlust. Der Jäger schöpft hier aus dem Vollen.

In bewaldeten Gebieten lassen sich größere Hasenjagden nur als Vorstehtreiben durchführen. Die Größe der Treiben und damit die notwendige

Zeichnung:
So kann ein Vorstehtreiben in der Feldmark angelegt sein. Es gehen keine Schützen in der Treiberwehr mit. Der zurückgehende Hase bleibt unbeschossen. So ist es pfleglich für den Besatz.

Foto:
„So brav, mein Hund, schön Apport!" – Gleich wird er sitzen und ausgeben.
Wenn der Nachbar doch bloß seine Flintenmündung nach oben hielte.

Anzahl von Schützen und Treibern richtet sich nach den örtlichen Gegebenheiten. Ansonsten gilt entsprechendes wie bei Vorstehtreiben in der Feldmark.

STREIFE

Bei der **Streife** unterscheiden wir die Feld-, die Wald- und die Böhmische Streife. Erstere sind bei niederen Besätzen und wenigen Schützen heute in Deutschland die Regel.

Bei Streifen wird das Gelände von mehreren Jägern in „Schützenlinie", also nebeneinander, durchkämmt. Hochgemachtes Wild wird beschossen. Streifen setzen ein einigermaßen übersichtliches Gelände und eine sorgfältige Vorbereitung seitens der Jagdleitung vor-

aus. Auf ein und derselben Fläche wird pro Saison nur einmal gejagt. Alles andere schadet dem Besatz. **Im Feld** verzichtet der Jagdleiter bisweilen auf die beiden Flügel und läßt nur in einer Front streifen. Dabei entkommt der ein oder andere Mümmelmann seitlich, was in schlechteren Hasenjahren sehr sinnvoll ist. Zudem bietet sich diese einfache Form an, wenn der Jagdherr nur wenig Gäste einladen will oder wenn ein Treiben nicht sehr tief beziehungsweise das Gelände unübersichtlich ist.

Der Verlauf einer Streife liegt fest. In der Regel wird sie mit Vorstehund/oder Kesseltreiben abwechseln. Größe, Ausformung und Bewuchs des Geländes bestimmen die Jagdform. Wild, welches im Feuer liegt, nehmen die Treiber

auf. Entscheidend bei der Streife ist, daß Richtung gehalten wird.

Die **Böhmische Streife** entspricht in Schützen- und Treiberaufstellung einem breitgezogenen U, also einer breiten Front mit vorgezogenen Flügeln. In gepflegten Hasenjagden schießen die Frontschützen überwiegend nach vorne, die Flügelschützen bloß nach außen. Das U bewegt sich in Richtung seiner offenen Seite. Hunde bleiben grundsätzlich an der Leine. Das Nachsuchen übernehmen einige qualifizierte Jagdgebrauchshunde mit ihren Führern, die hinter der Front nachziehen. Sie schießen grundsätzlich nicht mit. Böhmische Streifen eignen sich besonders für größere Feldreviere mit guten oder sehr guten Hasenbesätzen, weil sie sich im Idealfall über

mehrere Kilometer hinziehen. Denn dann flüchten die Hasen zunächst von der Front weg, kehren aber später wieder zurück (Standorttreue) und können wegen der Flügel nicht mehr ausbrechen. **Waldstreifen** verlaufen wie Feldstreifen. Allerdings sind die Schützenlinien kürzer und stets ohne Flügel. Bei straffer Leitung und umsichtigem Schießen bringen sie allen Teilnehmern einen Mordsspaß, besonders wenn zusätzlich Kanin, Schnepfe oder Fasan vorkommen und frei sind.

KESSELTREIBEN

Fachgerecht und sauber durchgeführt, sind Kesseltreiben eine schöne Jagdart. Natürlich werden hierbei nicht allein Feldhasen erlegt, sondern alles Niederwild, soweit es Jagdschein und Jagdherr freigeben. Die Jagdfreuden sind vielfältig: Hier rolliert ein flotter Hase, dort fällt ein turmhoher, pfeilschneller Fasanenhahn wie ein Stein zu Boden. Schüsse, die der Jäger nie vergißt.

Kesseljagden sind Winterjagden. Die Felder sind abgeerntet, die Hasen ausgereift und die Böden möglichst leicht überfroren.

Bei wohl organisierten Kesseljagden kommen auf einen Schützen zwei bis drei Treiber. So haben die Hasen eine reelle Chance. Wer nicht in der Lage ist, genügend Treiber zu organisieren, ▶

Foto: St. Meyers

Foto:
Luftig schaukelt die Strecke auf dem Wildwagen. So bleibt sie gut verwertbar.

Zeichnung:
Hasen werden überwiegend in der Feldmark erlegt. Kesseltreiben sind speziell auf sie zugeschnitten. Bei gutem Besatz und straff organisiert, bereiten sie allen Teilnehmern große jagdliche Freude.

Foto: S.-E. Arndt

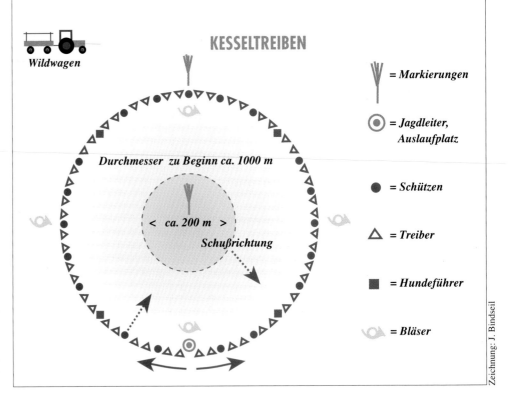

Zeichnung: J. Bindseil

verzichte auf die Kesseljagd. Die Zahl der Schützen richtet sich nach Wildbesatz und Gelände. Allerdings lohnt ein Kessel unter 15 Jägern nicht, weil die Hasen bei zu geringem Kesseldurchmesser aufstehen, bevor sich der Kreis geschlossen hat. Mehr als 35 Schützen tun auch nicht gut, da die Jagd zu unübersichtlich würde. In der letzten Phase, wenn der Kessel geschlossen ist und die Schützen bloß noch nach außen schießen dürfen, beträgt der Abstand zwischen den Flinten idealerweise noch zirka 40 Meter. Der Mittelpunkt des Treibens ist mit einer Stange oder ähnlichem markiert. Bei sehr großen Kesseln (ab 25 Schützen) ist es zweckdienlich, auch den Auslaufkreis mit Markierungen zu versehen. Ausgelaufen wird nach rechts und links, bei besonders großen Kesseln auch von zwei gegenüberliegenden Seiten. In diesem Fall benötigt die Jagd-

leitung vier Flügelmänner.
Bei Kesseltreiben sind Jagdhörner unentbehrlich. Die Flügelmänner blasen „Das Ganze", sobald sie zusammengetroffen sind, sich der Kreis also geschlossen hat. Sobald dann die Abstände zwischen Treibern und Schützen ausgeglichen sind, läßt der Jagdleiter „Das Ganze langsam trei-

ben" blasen. Wenn Schützen und Treiber etwa 100 Meter vom Mittelpunkt des Kessels entfernt sind, ertönt vom Jagdleiter das Signal „Treiber in den Kessel". Dieser entscheidet auch, wann abgeblasen wird.
Grundsätzlich gilt: Vom Moment des Anblasens bis zum Signal „Treiber in den Kessel" wird nicht

Foto: M. Danegger

bloß in den Kessel hineingeschossen, sondern auch nach außen. Danach bleiben die Schützen stehen und drehen sich um. Jetzt schießen sie nur noch nach außen. Die Treiber stoßen in die Mitte des Kessels vor.
Wer „Säcke" bildet, also etwas zurückbleibt, handelt unfair, weil die Hasen ihn stark anlaufen werden. Das Nachsehen haben seine Mitjäger. Hier ist Disziplin gefordert.

Foto: M. Breuer

SCHUSS AUF DEN HASEN

Um Hasen zu schießen, genügt im Wald eine **Schrotstärke** von drei, im Feld und bei nasser Witterung von dreieinhalb Millimeter. Entscheidend ist, daß der Jäger Hasen auf nicht zu weite Ent-

fernung – höchstens 35 Meter – beschießt. Wegen der Streuung der Schrotgarbe werden die Hasen sonst angebleit, entkommen scheinbar gesund, verenden später aber doch. Sie gehen der Strecke verloren. Die Gefahr von **Weitschüssen** besteht insbesondere in der Feldmark, da hier die Entfernung oft falsch einge-

schätzt wird. Der Könner wird vermeiden, Hasen **spitz von hinten** zu beschießen. Zu groß ist die Gefahr von Keulenschüssen. Läuft ein Hase den Schützen **spitz von vorne** an, so kann der weniger geübte Jäger laut „Hopp" rufen. Der Hase wird abdrehen und für ein paar Fluchten breit werden. Nun heißt es mitfahren...

Großes Foto: Kaninchen haben es gern gesellig.

Kleines Foto: Zwei Schuß, zwei Kanin. Ob es wohl weiter so prima läuft?

DAS WILD-KANINCHEN

Zweifellos eine der um-
strittensten Wildarten.
Mal gehegt, mal mit al-
len Mitteln verfolgt,
kommt es in unter-
schiedlichsten Gebieten
vor. Denn Kaninchen
sind Überlebenskünstler:
Sie produzieren ihre eigenen „Vitaminpillen",
graben einen Bau, um

Foto: W. Nagel

das Klima zu regulieren,
und vermehren sich
sprichwörtlich. Trotz
Seuchen, Bekämpfungen
und Umweltveränderun-
gen hat sich das Kanin
behauptet – ein Aller-
weltskerl.

Foto: St. Meyers

Sämtliche Mitglieder der Familie der Hasen zeichnen sich dadurch aus, daß sie ihren Blinddarmkot – kleine, weiche, von Schleim überzogene Kügelchen mit einem Durchmesser von sieben bis zehn Millimeter – aufnehmen, sobald sie aus dem Waidloch treten. Im Vergleich zu dem normalen Kot der Hasentiere enthalten sie die doppelte Eiweißmenge, die dreifache Menge an Bakterien und lebenswichtige Vitamine.

STELLUNG IM ZOOLOGISCHEN SYSTEM

Stamm:	Wirbeltiere
Klasse:	Säugetiere
Ordnung:	Hasentiere
Familie:	Hasen
Art:	Wildkaninchen.

VERBREITUNG

Wildkaninchen besiedeln gegenwärtig ganz **Süd-**, **West-** und **Mitteleuropa**. Nacheiszeitlich lebten sie nur in Nordafrika und auf der iberischen Halbinsel. Sie gelangten durch Menschenhand in andere europäische Länder. Der älteste Nachweis für Deutschland entstammt dem Jahre 1149, als das Kloster Corvey in Westfalen zwei Paar Kaninchen vom Abt des Klosters St. Solinac (Frankreich) geschenkt bekam. Besonders kaninchenreich sind in **Deutschland** die Bundesländer Brandenburg, Niedersachsen, Nordrhein-Westfalen und Schleswig-Holstein. Im Jagdjahr 1993/94 kamen in der Bundesrepublik über 700.000 Kanin zur Strecke.

Wildkaninchen wurden in zahlreichen überseeischen Ländern ausgewildert. Dieses führte vielfach zu Plagen mit der Folge schwerer ökologischer und wirtschaftlicher Schäden. Bekannte Beispiele sind Australien und Neuseeland. Auch in Feuerland hatten sich die Kaninchen so stark vermehrt, daß die Einwohner sich dort dieses Wildtieres nicht mehr zu erwehren wußten. Erst die Bekämpfung mit dem Myxomatose-Virus hatte hier wie anderswo Erfolg.

VORKOMMEN UND LEBENSWEISE

Kanin meiden feuchte Böden, Gebirge, Regionen, die ständig starkem Wind ausgesetzt sind, und größere Waldkomplexe. In Höhenlagen über 500 Meter kommen sie nur bei besonders günstigen Bedingungen vor. Wildkaninchen behagen warme, grabfähige Sandböden mit geringem Lehmanteil. Sie sind in Dünen der Küstengebiete, Nadelholzdickungen, den Rändern von Kiefernwäldern, dichten Hecken, Knicks, Gestrüpp, Parkanlagen, Friedhöfen, Vorstadtgärten, auf Flugplätzen, in Industriegebieten usw. zu finden.

Ausschlaggebend ist durchweg, daß sich genügend grüne Äsungsfläche in der Nähe befindet. Ideal sind mildes Klima, leichte Böden sowie Deckung in dichtem Bodenbewuchs, also Hecken, Ödland oder Forstkulturen.

Wildkaninchen bewohnen in aller Regel selbstgegrabene **Erdbaue**. In Kolonien finden sich meist

Foto: W. Nagel

Foto: St. Meyers

lich im offenen Gelände. Der Praktiker weiß: Zwischen der Röhrenzahl sowie der Besatzdichte besteht kein Zusammenhang. Neben den normalen schrägen Einfahrten finden sich vielfach senkrechte Fallröhren. Sie dienen vor allem der Flucht aus sowie in den Bau.

In Regionen mit ungünstigen Bedingungen für das Graben von Bauen – etwa mit hohem Grundwasserstand – und ohne Füchse leben sie auch rein oberirdisch. Dann legen sie Sassen unter Gebüsch, in hohlen Bäumen etc. an. Karnickel leben sehr gesellig in **Kolonien**. Diese unterteilen sich in sozial gegliederte Gruppen (= feste Rangordnung) von acht bis zwölf Tieren. Jede Gruppe wird von einem Rammler und einer Häsin dominiert.

Das gesellige Miteinander dient unter anderem dazu, sich gegenseitig zu bewachen beziehungsweise vor Feinden zu warnen.

An windstillen, sonnigen Tagen liegen Kaninchen gerne außerhalb ihrer Baue in geschützten Sassen. Bei einer Störung oder Gefahr suchen sie Zuflucht im Bau.

BALGFARBE, KÖRPERFORM UND GEWICHT

Am Nacken hebt sich ein brauner Fleck im ansonsten mehr grauen Haarkleid hervor. Kehle sowie

Oben: Droht Gefahr? – Aufmerksam geworden, macht dieses Kanin Männchen.

Rechts: Vor dem Bau zu sonnen und zu toben, erlaubt den Jungkaninchen auch jederzeit die schnelle Flucht.

Links: Karnickel „grasen" Wiesen systematisch ab. Dabei bewegen sie ihren Kopf im Halbkreis hin und her und rücken in Zickzacklinien langsam vor.

Foto: G. Quedens

Großbaue mit wirklich vielen (bis 30 und mehr) Röhren (Haupt- und Nebenröhren). Sie haben stets einen, oft auch mehrere Kessel. Einzelbaue finden wir eher im Wald oder in dichter Deckung, Baukolonien dagegen vornehmlich im offenen Gelände.

Bauch sind blaugrauweiß. Die Blume ist meist hochgereckt, so daß ihre leuchtend weiße Unterseite auffällt. Die Läufe sind deutlich kürzer als beim Feldhasen. Wildkaninchen wiegen zwischen eineinhalb und zwei Kilogramm. ▶

SPUR

Spur und Spurstellung gleichen der des Hasen (siehe Zeichnung auf Seite 8). Die Spuren von Hasen und Kaninchen kann der Ungeübte verwechseln. Eine Zündholzschachtel hilft ihm notfalls weiter: Deckt sich die Breite der hinteren Fußspur mit der der Streichholzdose, dann handelt es sich um eine Hasenspur. Nimmt sie nur zwei Drittel ein, ist es die Spur eines Kanins (siehe Zeichnung).

SPUR VON HASE UND KANIN

Eine Hasenspur deckt eine Zündholzschachtel, während eine Kaninchenspur nur zwei Drittel der Schachtelbreite ausfüllt.

Zeichnung: J. Bindsel

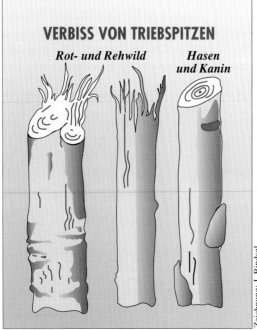

VERBISS VON TRIEBSPITZEN

Rot- und Rehwild   *Hasen und Kanin*

Zeichnung: J. Bindsel

Rot- und Rehwild „fasern" beim Verbiß. Hase und Kanin machen einen „glatten Schnitt".

LOSUNG

Während der Feldhase seine Losung meist vereinzelt absetzt, findet man bei Wildkaninchen besonders in Baunähe mit der Zeit größeren Mengen Kot. Die Losung des Kanins ist – bei einem Durchmesser von sieben bis zehn Millimeter – stets kugelförmig. Bei Grünäsung ist sie schwarz, bei Trockenäsung bräunlich.

Oben: So einfach kann man die Spuren unterscheiden.

SINNE UND LAUTE

Der **Gehörsinn** ist ausgezeichnet entwickelt, so daß der Jäger, selbst auf kurzem Trockenrasen oder im Sand, sich nur an sie heranpirschen kann, wenn er dabei sehr langsam und leise vorgeht. Zudem sind Karnickel hervorragende **Bewegungsseher**. Das Wildkanin äugt sehr gut und übertrifft dabei den Feldhasen bei weitem.

Altkaninchen warnen durch ein kurzes, aber kräftiges **Klopfen** mit den Hinterläufen auf den Boden. Ertönt dieses Warnsignal, ergreifen alle in der Nähe befindlichen Kanin die Flucht.

Stimmlaute sind beim Wildkaninchen nur wenig entwickelt. Dort, wo ein Kanin nach dem Schuß im Dichten pfeift, liegt es auch verendet. Während die Klage des Hasen ein Schmerzlaut ist, ist der Pfeifton stets ein Zei-

chen dafür, daß das Kanin verendet oder sein Tod unmittelbar bevorsteht.

ÄSUNG, SCHÄDEN UND DEREN ABWEHR

Bei der **Äsung** sind Karnickel nicht wählerisch. Sie nehmen zahlreiche Kräuter und Gräser, junge Saaten, Raps, Rüben, Möhren, Klee, Lupinen, Kartoffeln oder reifes Getreide. Außerdem äsen sie die Knospen und Triebe nahezu sämtlicher Holzarten. Besonders bei hoher Schneelage **schälen** sie unverborkte Rinde von Laubbäumen. Der angerichtete Schälschaden ist allerdings meist geringer als der von Rehen oder Mäusen, deren Fraßbilder gelegentlich mit denen der Wildkaninchen verwechselt werden.

In der Nähe von Kolonien „fressen" Kaninchen ihre Äsungsplätze regelrecht „kahl". Starker Besatz führt in der Regel zu höheren Ertragseinbußen auf den Randstreifen von landwirtschaftlich genutzten Flächen, vor allem bei Saaten. **Schaden** entsteht auch in Parkanlagen, auf Friedhöfen, in Hausgärten usw. Unbeliebt ist das Kanin ferner bei Obst- und Gemüsebauern. Schließlich können Kaninchen Bundesautobahnen etc. unterminieren, wenn sie vor Ort massenhaft auftreten und Baue anlegen. Mittels intensiver Bejagung werden Jäger die Schäden nur schwer in den Griff bekommen. Echte **Abhilfe** schaft nur die periodisch auftretende Myxomatose. Vorbeugend wirken Einzäunungen. Umfriedungen sind allerdings nur dann karnickelsicher, wenn sie einerseits recht hoch (einen Meter) und andererseits tief in den Boden reichen (mindestens 20 Zentimeter). Schließlich darf die Maschenweite nicht unter 40 Millimeter betragen.

RAMMELZEIT UND JUNGE

Die Vermehrungsfähigkeit der Kaninchen ist sprichwörtlich. Ihre **Rammelzeit** erstreckt sich in aller Regel von Februar/März bis in den Spätsommer hinein. Jede Häsin wird drei- bis fünfmal hitzig. Nach einer Tragzeit von 28 bis 31 Tagen bringt sie in einem gepolsterten Nest zwischen drei und sechs nackte sowie blinde **Junge** zur Welt. Sie werden zumeist in speziellen Satzröhren geboren, die 40 Zentimeter tief und eineinhalb Meter lang sein können. Die Häsin sucht diese Satzröhren ein- oder zweimal pro Tag für zirka eine Viertelstunde auf, um ihre Jungen zu säugen. Anschließend verschließt sie stets den Röhreneingang. Etwa nach einem Monat siedeln die Jungkaninchen in den Wohnbau um und werden fortan nicht

Rechts: Bei der Wahl der Nahrung sind Kanin nicht wählerisch.

Unten: Jungkaninchen in der Satzröhre.

mehr gesäugt. Die Häsinnen können bereits in den ersten Tagen nach der Geburt wieder erfolgreich belegt werden. Sie tragen dann den nächsten Satz aus, während sie den vorherigen noch säugen. Das gleichzeitige Austragen zweier Sätze, die Superfötation, gibt es nicht.

FEINDE UND KRANKHEITEN

Natürliche **Feinde** sind vornehmlich Iltis, Marder, Wiesel, Mäusebussard, Habicht und Sperberweib, aber ebenso Fuchs sowie Dachs.

Auch wildernde Katzen schlagen so manches junge Wildkaninchen. Erhebliche **Verluste** entstehen infolge von Kokzidien und Magenwürmern, ferner durch Pseudotuberkulose, Staphylokokkose sowie Brucellose. Zwischen 95 und 98 Prozent eines Besatzes können der Myxomatose erliegen (siehe dazu das noch folgende Sonderheft „Wildkrankheiten").

Die Wilddichte der Kanin wird zudem stark vom Wettergeschehen beeinflußt. Naßkalte Tage dezimieren die Besätze, vor allem Jungkaninchen überstehen sie nicht.

Foto: W. Nagel

Foto: M. Mehner

ALTERS-ERMITTLUNG

Karnickelwildbret ist Geschmacksache. Gleichwohl munden junge besser als alte. Auch beim Wildkaninchen dient das **Strohsche Zeichen** (siehe Zeichnung Seite 11) als Merkmal, um ein junges von einem alten Kanin einwandfrei zu unterscheiden.

Schließlich kann man – ebenfalls wie beim Hasen – Alt- und Jungkanin auch an der Ausbildung ihrer **Geschlechtsorgane** erkennen (siehe Zeichnung Seite 11). ▶

HEGE

In der Fachliteratur finden sich überwiegend Hinweise darauf, wie der Jäger die Kaninchen in seinem Revier kurzhalten kann. Hegemaßnahmen werden zumeist nicht erwähnt. Die Autoren gehen in der Regel davon aus, daß auftretende Schäden jegliche hegerische Maßnahmen verbieten. Die Lust am Frettieren, an der Arbeit des Gebrauchshundes oder am hingeworfenen Schrotschuß garantieren, daß Jäger überall wenigstens einen tragbaren Besatz erhalten. Das erfordert örtlich oft Hegemaßnahmen.

Wie bei beinahe sämtlichen Wildarten sind für das Kanin Äsung und Deckung maßgeblich. Je lichter ein Bestand wird, desto geringer auch der Kaninchenbesatz. Also schafft der Heger **Deckung**, etwa durch Anpflanzen von Brombeeren, Ginster, Dauerlupine oder ähnlichem. Im Wald sind auch Halbschatten-Holzarten wie Weißtanne, Douglasfichte, Fichte, Weymouthskiefer oder Wacholder (je nach Bodengüte) geeignet. **Äsungspflanzen** sind unter anderem Serradella, Süßlupine, Weißklee oder Raps. In bergigem Gelände wird der Profi beim Anlegen von Wildäckern flache Lagen bevorzugen und steile Hänge meiden. Je trockener der Boden ist, desto weniger werden Krankheiten oder Seuchen auftreten. Die Nähe von dichtem Zeugs, also von Deckung, ist sehr vorteilhaft.

Will der Revierinhaber ein kleines Vorkommen erhalten oder auf-

Foto: J. Poll

Wer sie in seinem Revier hat, dem bieten sich vielfältige jagdliche Freuden.

stocken, ist das Standardrezept die **intensive Raubwildbejagung** mit Falle und Flinte. Das **Aussetzen** von Kaninchen hat der Gesetzgeber untersagt (vergl. § 28 Absatz 2 Bundesjagdgesetz).

JAGD

ANSITZ UND PIRSCH

In der Nähe von größeren Bauen oder an Äsungsflächen wird der Jäger guten Anlauf haben. Hervorragende Möglichkeiten bieten Waldränder, wenn Felder mit guter Äsung unmittelbar angrenzen. Ebenso sind Schneisen in gut besetzten Dickungen ideal. Morgen- und Abendstunden sind am günstigsten für den **Anstand** oder den

Foto: M. Breuer

Ansitz auf Kanin. Windiges oder stürmisches Wetter erschwert den Jagderfolg. Überhaupt wird der Könner den Wind sorgfältig prüfen, bevor er seinen Ansitzplatz bezieht. Bewährt hat es sich, den vierläufigen Gefährten mit zum Anstand oder zum Ansitz zu nehmen. Er wird ein krankgeschossenes Kanin greifen, bevor dieses den Bau erreicht und verloren ist. Erscheint zunächst bloß ein Kaninchen „auf der Bildfläche", wartet der Profi, bis es nicht mehr sichert und äst. Meist werden zwischenzeitlich weitere Kanin erschienen sein. Das ist dann eine Chance für eine Doublette.

Entscheidet sich der Jäger für die **Flinte**, wird er eine Schrotgröße von zweieinhalb Millimeter wählen und nicht über 30 Meter Entfernung schießen. Bevorzugt er die **Kleinkaliberbüchse**, ist sie idealerweise mit Zielfernrohr auf 50 bis 60 Meter eingeschossen. Die Freude an einer sauberen Kugel ist groß, insbesondere wenn das Kanin mit Kopfschuß zur Strecke kommt. Der Knall des Kleinkalibers stört kaum.

Pirschenstehen auf Kanin ist ausgesprochen reizvoll, kommt jedoch in der Praxis kaum vor.

STÖBERN

Hierfür sind – im Unterschied zur Treibjagd (siehe Seite 29 und 30) – keine großen Vorbereitungen erforderlich.

So kann sich der Jagdherr das Wetter aussuchen, welches für diese Jagdart am vorteilhaftesten ist: An klaren, windstillen Sonnentagen oder an Tagen mit leichtem, trockenen Frost halten sich die meisten Kaninchen außerhalb der Baue auf und laufen prima.

Jagen mehrere Personen gemeinschaftlich, wird die abzujagende Fläche größer sein, als wenn ein Jäger für sich jagt. Wer sein Re-

Foto: J. Markmann

Oben:
„Hab' ich das nicht fein gemacht?"

Links:
Hier geht es durchs Dichte. Der Schuß auf graue Flitzer will da gekonnt sein.

vier kennt und mit den örtlichen Gewohnheiten der Kanin vertraut ist, wird die richtigen Stände problemlos auswählen können. Besetzt werden die natürlichen Pässe. Der beste Stand ist durchweg die kürzeste Verbindungsstrecke zwischen zwei Dickungen. Sehr erfolgversprechend sind auch die Stände in deren Inneren an Bauen oder aber die Rückpässe. ▶

Bei Wallhecken, Knicks oder Streifen ist es am geschicktesten, wenn zwei Jäger diese zwischen sich nehmen. Sie rücken dann mit dem darin stöbernden Hund gemeinsam vorwärts. Die Kaninchen flüchten in der Regel längs dieser Streifen. Meist finden sich jedoch lückige Stellen, wo Schnappschüsse gut möglich sind. Achtung: Ständige Lautverbindung unter den beiden Schützen ist absolut notwendig.

BUSCHIEREN

Während der Hund beim Stöbern selbständig sucht sowie hochmacht und der Jäger auf seinem Stand Kaninchen erwartet, gehen beim Buschieren Herr und Hund gemeinsam durch das zu bejagende Gelände. Wer buschiert, benötigt einen Gebrauchshund, der bombig vorsteht.

Gute Strecken wird der Jäger an sonnigen Tagen erzielen, wenn er mit seinem Vorstehhund Kulturen, Sandgruben, Stangenhölzer usw. absucht. Wesentlich trägt zum Erfolg bei, wenn der Hund sorgfältig sucht, flüchtigen Kanin nicht nachhetzt und sicher apportiert. Der Hund ist stets in Sichtverbindung mit seinem Herrn, am zweckmäßigsten im Schußbereich der Flinte, also um 20 bis 35 Meter.

Ist ein Kanin in voller Fahrt, hält der Schütze Tempo und schwingt je nach Geschwindigkeit und Entfernung vor. Viel braucht das gar nicht zu sein, wenn er die Verbindung mit dem Stück hält.

FRETTIEREN

Die Monate November bis Mitte Februar eignen sich zum Frettieren. In diesen Wintermonaten lohnt es sich, die Zeit von 9 bis 14 Uhr tüchtig auszunutzen.

Die Erfolgschancen hängen insbesondere vom **Wetter**, aber auch vom Gelände ab. Nur wenn die Kaninchen im Bau stecken, können die Frettchen sie auch heraustreiben. Die meisten Baue sind bei feuchtem, nebligem oder regnerischem Wetter befahren. Das gilt auch bei Neuschnee, Rauhreif oder scharfem sowie kaltem Ostwind.

An windstillen und sonnigen Tagen oder bei trockenem Frost kann mit gutem Erfolg frettiert werden, wenn das Umfeld der Baue zuvor – am besten mit Hilfe von Hunden – beunruhigt worden ist. Stellt sich dabei der eine oder andere Jäger in der Nähe oder auf den Bauen an, wird er bereits im Vorfeld jagdliche Freuden genießen. Allerdings besteht dann die Gefahr, daß ein krankgeschossenes Kanin noch den Bau erreicht. Dieser wird dann mit dem Frett nicht gearbeitet.

Nach Wetterumschwüngen sind die Kanin sicher im Bau. Springen sie bei günstigem Wetter einmal nicht, steht am nächsten oder übernächsten Tag ein Wetterumschwung bevor.

Bevor das Frettchen einschläft, verhalten sich alle Beteiligten ruhig. Ein eingearbeiteter Hund zeigt an, ob die Baue befahren sind oder nicht. Die **Schützen** stehen so verteilt, daß sie sich gegenseitig nicht behindern – um jede Gefährdung zu vermeiden, am besten Rücken an Rücken.

Man kann diese Jagdart auch mit **Kaninchenhauben** (= Netze) betreiben, die vor den Ausfahrten befestigt werden und in denen sich die Karnickel dann lebend fangen.

In der Praxis ist Frettieren meist eine Jagd mit der **Flinte**, die dem geübten, reaktionsschnellen Schrotschützen höchstes jagdliches Vergnügen bereitet: Mit seiner Waffe bestens vetraut, läßt er

Foto: G. Claußen

ein Kaninchen nach dem anderen rollieren. Jägerherz, was willst du mehr?

In der Regel wird auf die kurze Entfernung sehr schnell geschossen, weil die Kaninchen sonst in einer anderen Röhre oder in geeigneter Deckung verschwinden. Für das Frettieren sind **Flinten** mit weitgebohrten Läufen vorzüglich geeignet. Bei enggebohrten Läufen wählt der Profi Streupatronen mit einer Schrotstärke von maximal zweieinhalb Millimeter.

Abschließend ein paar Bemerkungen rund ums **Frettchen**: Man unterscheidet zwischen verschiedenen Farbschlägen. Am bekanntesten sind Albino- (gelbweiß mit roten Augen) und Iltisfrettchen (iltisfarben). Das Frettchen wird vor seinem Einsatz gezielt halbsatt gefüttert, damit es einerseits nicht zu träge und andererseits nicht zu gierig wird. Der Frettchenführer

Foto: Archiv JÄGER

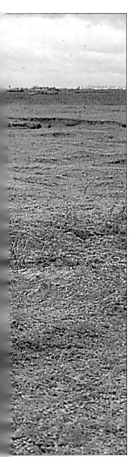

Rechts:
Ein schöner Jagdtag bei Sonne und Schnee ist vorüber. Das Frettchen leistete prima Arbeit. Nun findet es in der Transportkiste die verdiente Ruhe und Wärme.

Links:
Das Kanin spritzt aus der Röhre. Der Schütze schwingt behende mit. Gleich wird die Garbe Wirkung zeigen.

kennt das ideale „Konditionsgewicht" seines Fretts. Bei längerer Jagddauer oder großen Bauen werden mehrere Frettchen eingesetzt. Allein der Frettchenhalter läßt sein Tier – nachdem die Schützen postiert sind – in den Bau einschliefen, und nur er nimmt es in der Regel auch nachher wieder auf. Der Frettchenführer zählt nach Möglichkeit nicht zu den Schützen. Bewährt hat es sich, dem Frettchen Schellen (Glocken) oder einen Beißring anzulegen. So ersparen sich die Jäger langes Warten, denn das Frett wird kein Kanin reißen können,

um anschließend im Bau ein ausgedehntes Schläfchen zu halten. Nachteil von Beißring oder Maulkorb ist allerdings, daß sich das Frett gegen Iltis oder Marder nicht zur Wehr setzen kann.

TREIBJAGD

In aller Regel werden Dickungen und unterwuchsreiche Stangenhölzer als Vorstehtreiben getrieben. Besonders an klaren, sonnigen Wintertagen liegen die Kaninchen gerne in Brom-, Himbeeren, im Gras, Farnkraut etc. Wer erfolgreich Karnickel bejagen will, wird ▶

sehr kleine Treiben wählen, unter keinen Umständen mehr als ein Hektar groß. Andernfalls gehen die Kaninchen zurück oder flüchten in ihre Baue. Entscheidend ist zudem das richtige **Anstellen**. Der Jagdleiter benötigt hierzu gute Gelände- und Menschenkenntnis, damit nicht der falsche Mann am „richtigen Platz" steht. Besonders zu berücksichtigen sind die Hauptpässe: Sie bilden – wie schon erwähnt – in der Regel den kürzesten Weg zwischen zwei Lieblingseinständen (meist Dickungen) der Kaninchen. Optimal angestellt ist, wenn jeder Schütze seinen Nachbarn sehen kann. Stehen sie auf einer Linie mit mehrfachen Krümmungen, werden die Schützen aus diesem Grund stets an den Eckpunkten postiert. Es bringt deutlich höhere Erfolge, wenn die Schützen an Pässen statt nach Schema F abgestellt werden. Schließlich gilt bei Kaninchentrei-

ben der bewährte Grundsatz, daß die Schützen nicht weiter als 30 bis 40 Meter auseinander und möglichst dicht am Treiben stehen, unabhängig davon, ob sie dieses einsehen können (Stangenholz) oder nicht (Dickung). Bei engen Schneisen hat sich einseitiges Schießen bestens bewährt. Es erleichtert die Konzentration. Die Schußentfernung beträgt dann höchstens 25 Meter.

Die **Treiber** gehen möglichst geschlossen, in gerader Linie, langsam und still durch. Etwa alle zehn Meter bleibt die Treiberwehr stehen. Und jeder von ihnen trampelt mit den Füßen auf den Boden oder trommelt mit einem dicken Stock auf ihn. Dieses Dröhnen veranlaßt die Kanin am ehesten, nach vorne zu flüchten. Während des Durchgehens schlagen sie mit den Stöcken auf Reisig, Gestrüpp usw., unter denen die Kaninchen ja bevorzugt liegen.

WAFFE UND SCHUSS

Bei der Karnickeljagd sind häufig nur Schnappschüsse – meist auf nahe Entfernung – möglich. Dafür eignen sich besonders kurzläufige, führige Flinten mit englischer Schäftung und offener oder Skeetbohrung. Wer unten 2 1/4 oder 2 1/2 und oben 2 1/2 oder 2,7 Millimeter (Skeet-Patronen) stopft, wird gut klarkommen.

Wer Kaninchen möglichst nicht unter einer Entfernung von 15 Meter beschießt (beim Frettieren gelingt dieses nicht durchweg), wird kaum zerschossenes Wild nach Hause tragen.

Die Wintersonne strahlt, der Besatz ist gut, die Jagd wohl organisiert, der Wildwagen füllt sich. Wer wäre hier nicht gerne mit von der Partie?

Foto: Archiv JÄGER

BEIZEN MIT DEM HABICHT

Kurze Überfälle mit ungemein hoher Anfangsgeschwindigkeit kennzeichnen den Jagdstil des Habichts. Er ist ideal geeignet für die Beize in bedecktem Areal und auf Bodenwild. Überall dort, wo man die Suche auf Kanin ausüben kann (Schlagflächen, Ginsterbreiten etc.), ist auch bestes Beizgelände. Optimal sind Reviere, in denen verstreut Dickichte eingebettet liegen, während die sich dazwischen befindende Flächen möglichst kahl – etwa Wiesen oder Weiden – sind.

Die Kaninchen werden entweder mit Stöberhunden aufgestöbert oder mit Hilfe von Frettchen aus den Bauen gesprengt. Der Habicht lernt schnell, wie Hunde beziehungsweise Frettchen arbeiten, und verfolgt gespannt deren Bewegungen. Im Wald bietet es sich – neben der Arbeit mit dem Faustvogel – an, den Habicht „frei folgen" zu lassen. Der Falkner geht dabei mit seinem Münsterländer „im Busch buschieren". Der Habicht folgt dem Vogelhund in den Bäumen und behält ihn ständig im Auge. Dann steht der Hund vor, der Habicht weiß aus Erfahrung: Es wird Ernst! Macht der Münsterländer nun ein Kaninchen hoch, stößt er von oben herab, um es zu schlagen. Nicht immer hat der Habicht Erfolg. Kanin sind flink in der nächsten Deckung. Wer mit einem Habicht auf Karnickel arbeitet und

Foto: H. Reinhard

Der Habicht (hier ohne Geschüh) hat sich auf eine Kiefer gestellt. Wenn der Drahthaar jetzt ein Kanin hochmacht, stößt er pfeilschnell herab, um es zu binden.

mehrere Kanin beizen will, gibt seinem Beizvogel nach jedem erfolgreichen Flug – sobald das Kaninchen abgefangen ist – ein wenig warmen Schweiß und ein kleines Stück von der Leber. Dann gönnt der Habichtler seinem Vogel eine kurze Pause, bevor sie gemeinsam weiterjagen. Eindrucksvolle Bilder sind zu sehen.

FACHLITERATUR

Monographien über den Feldhasen oder das Wildkaninchen sind rar. Ob dieses daran liegt, daß beide Wildarten keine Trophäen tragen? Für den, der mehr über Hase oder Kanin erfahren will, hier ein paar Lektüreempfehlungen:

1. Schneider, Eberhard – Der Feldhase (1. Auflage 1978)
Eine gründliche sowie engagierte

2. Pegel, Manfred – Der Feldhase im Beziehungsgeflecht seiner Um- und Mitweltfaktoren (1. Auflage 1986)
Vom bayerischen Altmühltal bis zur Nordseeküste wurden in dreißig ausgewählten Revieren die Lebensbedingungen des Feldhasen in unserer heutigen Agrarlandschaft gründlich untersucht. Eine wissenschaftliche Abhandlung mit vielen

arbeitete Neuauflage wäre sehr wünschenswert. Der Autor behandelte in dem 448 Seiten starken Buch alles, was den Kaninchenjäger interessiert. Ein Buch aus der Praxis für den passionierten Niederwildjäger.

4. Engel, Peter – Frettchen und Frettieren (1. Auflage 1984)
Ein kleines, handliches Taschenbuch, welches praxiserprobte Knif-

Foto: Hg. Arndt

Monographie, die im Buchhandel noch erhältlich ist. Äsung, Jugendentwicklung, Hasenalltag, Sozialverhalten, Räuber-Beute-Verhältnis, Biotop-Hege, Hasenjagd im September?, Kontrolle der Jagdstrecken – das sind nur einige der Themen, die *Schneider* in seinem gut lesbaren Buch behandelt.

Tips für Inhaber von Hasenrevieren.

3. Lincke, Max – Das Wildkaninchen (1. Auflage 1943)
Eine exzellente Monographie, die leider seit Jahrzehnten nur noch antiquarisch zu haben ist. Eine über-

Er hatte den Schreibtisch satt, stopfte ein paar Patronen in die Jackentaschen und pfiff seinen Drahthaar.

fe für das Frettieren im heimischen Karnickelrevier enthält, zum Beispiel zur Ausrüstung oder zu Waffe und Munition. Außerdem informiert der Wildmeister seine Leser kundig über das Halten, Füttern und das Führen von Frettchen.

JÄGER & PRAXIS

8

KURZ & BÜNDIG

RAUBWILD: LEBENSWEISE ★ RANZ ★ REIZEN ★ FRASS ★ LUDERN ★ BODENJAGD ★ AUSNEUEN ...

EINE BEILAGE DER ZEITSCHRIFT JÄGER

VERORDNUNG ÜBER DIE JAGDZEITEN VOM 2. APRIL 1977
(Bundesgesetzgebung)

Füchse: ganzjährig
Die Bestimmungen von § 22 Absatz 4 des Bundesjagdgesetzes gelten selbstverständlich auch für Fähen.
Sie lauten: „In den Setz- und Brutzeiten dürfen bis zum Selbstständigwerden der Jungtiere die für die Aufzucht notwendigen Elterntiere,
auch die von Wild ohne Schonzeit, nicht bejagt werden. Die Länder ... können Ausnahmen bestimmen..."
Stein- und Baummarder: vom 16. Oktober bis zum 28. Februar
Iltisse: vom 1. August bis zum 28. Februar
Hermeline: vom 1. August bis zum 28. Februar
Mauswiesel: vom 1. August bis zum 28. Februar
Dachse: vom 1. August bis zum 31. Oktober

JAGDZEITEN GEMÄSS LANDESVERORDNUNGEN

BADEN-WÜRTTEMBERG
Keine Abweichung von der „Verordnung über die Jagdzeiten vom 2. April 1977"

BAYERN
Waschbären: ganzjährig (auch während der Setzzeit)
Marderhunde: ganzjährig (auch während der Setzzeit)
sonst: keine Abweichung von der „Verordnung über die Jagdzeiten vom 2. April 1977"

BRANDENBURG
Baummarder: keine Jagdzeit
Hermeline: keine Jagdzeit
Mauswiesel: keine Jagdzeit
Dachse: vom 1. bis zum 30. November
Waschbären: ganzjährig (§ 22 Absatz 4 Bundesjagdgesetz bleibt unberührt)
Marderhunde: ganzjährig (§ 22 Absatz 4 Bundesjagdgesetz bleibt unberührt)
sonst: keine Abweichung von der „Verordnung über die Jagdzeiten vom 2. April 1977"

BREMEN
Steinmarder: vom 1. November bis zum 31. Januar
Baummarder: vom 1. November bis zum 31. Januar
Iltisse: vom 1. September bis zum 31. Januar
Hermeline: vom 1. September bis zum 31. Januar
Dachse: keine Jagdzeit
sonst: keine Abweichung von der „Verordnung über die Jagdzeiten vom 2. April 1977"

HAMBURG
Waschbären: vom 1. September bis zum 30. April
sonst: keine Abweichung von der „Verordnung über die Jagdzeiten vom 2. April 1977"

HESSEN
Füchse: ganzjährig (auch während der Setzzeit)
Waschbären: ganzjährig (auch während der Setzzeit)
Marderhunde: ganzjährig (auch während der Setzzeit)
sonst: keine Abweichung von der „Verordnung über die Jagdzeiten vom 2. April 1977"

MECKLENBURG-VORPOMMERN
Baummarder: keine Jagdzeit bis zum 31. März 1997
Iltisse: vom 16. Oktober bis zum 28. Februar
Hermeline: vom 16. Oktober bis zum 28. Februar
Mauswiesel: keine Jagdzeit bis zum 31. März 1997
Dachse: vom 1. September bis zum 31. Oktober
Waschbären: ganzjährig (§ 22 Absatz 4 Bundesjagdgesetz bleibt unberührt)
Marderhunde: ganzjährig (§ 22 Absatz 4 Bundesjagdgesetz bleibt unberührt)
sonst: Keine Abweichung von der „Verordnung über die Jagdzeiten vom 2. April 1977"

NIEDERSACHSEN
Waschbären: ganzjährig (§ 22 Absatz 4 Bundesjagdgesetz bleibt unberührt)
sonst: Keine Abweichung von der „Verordnung über die Jagdzeiten vom 2. April 1977"

NORDRHEIN-WESTFALEN
Füchse ohne Jungfüchse: vom 16. Juni bis zum 28. Februar
Jungfüchse: keine Schonzeit
Waschbären: ganzjährig (§ 22 Absatz 4 Bundesjagdgesetz bleibt unberührt)
Marderhunde: ganzjährig (§ 22 Absatz 4 Bundesjagdgesetz bleibt unberührt)
sonst: Keine Abweichung von der „Verordnung über die Jagdzeiten vom 2. April 1977"

RHEINLAND-PFALZ
Mauswiesel: keine Jagdzeit
Waschbären: ganzjährig (§ 22 Absatz 4 Bundesjagdgesetz bleibt unberührt)
Marderhunde: ganzjährig (§ 22 Absatz 4 Bundesjagdgesetz bleibt unberührt)
sonst: Keine Abweichung von der „Verordnung über die Jagdzeiten vom 2. April 1977"

SAARLAND
Keine Abweichung von der „Verordnung über die Jagdzeiten vom 2. April 1977"

SACHSEN
Iltisse: vom 16. Oktober bis zum 28. Februar
Hermeline: vom 16. Oktober bis zum 28. Februar
Mauswiesel: keine Jagdzeit
Waschbären: ganzjährig (§ 22 Absatz 4 Bundesjagdgesetz bleibt unberührt)
Marderhunde: ganzjährig (§ 22 Absatz 4 Bundesjagdgesetz bleibt unberührt)
sonst: Keine Abweichung von der „Verordnung über die Jagdzeiten vom 2. April 1977"

SACHSEN-ANHALT
Mauswiesel: keine Jagdzeit
Waschbären: ganzjährig (§ 22 Absatz 4 Bundesjagdgesetz bleibt unberührt)
Marderhunde: ganzjährig (§ 22 Absatz 4 Bundesjagdgesetz bleibt unberührt)
sonst: Keine Abweichung von der „Verordnung über die Jagdzeiten vom 2. April 1977"

SCHLESWIG-HOLSTEIN
Keine Abweichung von der „Verordnung über die Jagdzeiten vom 2. April 1977"

THÜRINGEN
Baummarder: keine Jagdzeit
Iltisse: vom 16. Oktober bis zum 28. Februar
Hermeline: vom 16. Oktober bis zum 28. Februar
Mauswiesel: keine Jagdzeit
Dachse: vom 1. September bis zum 31. Oktober
Waschbären: ganzjährig (auch während der Setzzeit)
Marderhunde: ganzjährig (auch während der Setzzeit)
sonst: Keine Abweichung von der „Verordnung über die Jagdzeiten vom 2. April 1977"

Stand: Januar 1996 (Alle Angaben ohne Gewähr).

INHALT

Ständig auf der Suche nach Fraß, untersucht dieser Rotrock ein „unbekanntes Objekt" im Wasser.

Foto: K. Schendel

Foto: E. Studnicka

Mäuse sind seine häufigste Beute. Vögel stehen an zweiter Stelle der tierischen Nahrung: Singvögel, Fasanen, Tauben. Viele überrascht der Marder im Schlaf.

Impressum: **JÄGER & PRAXIS** KURZ BÜNDIG   Raubwild. Eine Beilage der Zeitschrift **JÄGER**   Titelfotos: M. Danegger, M. Rogl

Jahr-Verlag GmbH & Co.
Jessenstraße 1
22767 Hamburg
Tel. 040 / 38 90 60
Fax 040 / 38 90 63 05

Verleger:
Alexander Jahr

Redaktion:
Dr. Rolf Roosen

Fachberater:
Walter Bachmann,
Helmut Roosen,
Felix Labhardt und
Dr. Beate Ludwig

Titel/Layout: Werner Rabe

Vertriebsleitung:
Peter Lüdemann

Herstellungsleitung:
Helmut Post,
Brunhild Sudmann (Stellv.)

Druck/Lithographie:
Busche, Dortmund/
Repro- und Satztechnik
Helmut Gass, Hamburg

Copyright:
Jahr-Verlag GmbH & Co.
Hamburg 1996

Kalt war es beim
Ansitz am Bau.
Aber süß ist die
Last. Nach dem
heißen Morgen-
kaffee geht's ans
Streifen.

Foto: D. Hopf

DER ROTFUCHS

Foto: H. Reinhard

*F*üchse verhalten sich weniger spitzfindig und verschlagen, als es in den Fabeln dargestellt wird. Allerdings sind sie außergewöhnlich instinktsichere Raubsäuger, die Gefahren rasch erkennen und ih- nen dann geschickt ausweichen. So ist der Fuchs bei Treibjagden häufig der Königsmacher. Und wer einen Winterfuchs nach Hause bringt, hat bewiesen, daß er sein jagdliches Handwerk versteht.

Reineke auf Beutezug. Sein Speisezettel ist so bunt wie die Umwelt, in der er als flexibler Kulturfolger lebt.

▶

STELLUNG IM ZOO-LOGISCHEN SYSTEM

Die Art Rotfuchs zählt zur Ordnung der Raubsäuger und zur Familie der Hunde. Charakteristisch für das Raubwild ist deren **Gebiß**. Es besteht aus schwachen, kleinen Schneidezähnen – vornehmlich zum Abbeißen und für die Körperpflege benutzt –, kräftigen, spitzen und großen Eckzähnen, den Fangzähnen zum Fassen und Töten von Beutetieren, sowie spitzhöckrigen Backenzähnen, vor allem den Reißzähnen. Sie dienen zum Zerbeißen und Zerkauen von Knochen, Fleisch sowie Früchten.

VERBREITUNG UND LEBENS-RAUM

Der Fuchs ist beinahe in ganz **Europa**, Nord- und Mittelasien sowie Nordamerika verbreitet, nur auf Island, den Balearen, Malta, Kreta und einigen kleineren Inseln des Mittelmeeres fehlt er. In den Alpen kommt er bis auf Höhen zwischen 2.600 und 3.000 Meter vor. In Australien wurde er erfolgreich eingebürgert.
Der Rotfuchs ist die häufigste und am weitesten verbreitete Raubwildart in unseren Revieren. Reineke kommt in **Deutschland** nahezu flächendeckend vor, also in der Tiefebene wie im Hochgebirge, in zusammenhängenden Waldgebieten ebenso wie auf der Feldflur. Auch im Randbereich großer Städte ist er zunehmend zu beobachten. All das verdeutlich, wie anpassungsfähig der Rotfuchs ist,

und wie gering seine Ansprüche an spezielle Revierverhältnisse sind. Er ist ein echter Kulturfolger. Die größte Siedlungsdichte finden wir in abwechslungsreichen Feld-/Waldlandschaften.
Im Jagdjahr 1994/95 kamen in der Bundesrepublik 538.000 Füchse – im Vergleich zu 280.000 im Jagdjahr 1975/76 – zur Strecke, dagegen nur 424.000 Feldhasen.

BALG, KÖRPER-GEWICHT UND SINNE

Generell ist der Fuchs rot-braun gezeichnet. Das „Fuchsrot" des

Foto: U. Walz

Lefzen, Kehle und Luntenspitze weißlich, der Bauch grau-weiß. Es gibt viele Farbvariationen. Beim **Birkfuchs** ist der Rücken grellrot, Bauch sowie Kehle grauweiß und die Blume weiß gefärbt. Der **Kohlfuchs** ist braunrot, seine Blume schwarz. Bauch und Kehle sind grauschwarz. Als **Brandfüchse** bezeichnet der Jäger tiefrote Füchse.
Die Sommerbehaarung der Füchse ist kurz und stumpf, die der Jungfüchse graubraun sowie wollig. Sommerbälge sind wertlos. Übergangsbälge zwischen Herbst und Winter, vor dem ersten Frost, be-

Rückens wird jedoch vielfach unterbrochen und ist durch die Grannenhaare mit weißlicher Binde verwischt, so daß der **Fuchsbalg** mehr oder minder stark mit Weiß überlaufen, weiß gespitzt, ist. Die Außenseiten der Gehöre, die Vorderfronten der Läufe und die Branten sind schwarz, Teile der

zeichnet der Kenner als „grün" oder „grünledrig", wenn die Innenseite der Bälge noch nicht völlig weiß ist. Im Fachhandel werden die Winterbälge des Fuches sowie anderen Raubwildes als Rauchware bezeichnet. Der Winterbalg eines Rotfuchses ist langhaarig und glänzend.

Füchse werden zwischen viereinhalb bis achteinhalb – ausnahmsweise – Kilogramm schwer. Rüden bringen in aller Regel mehr auf die Waage (im Durchschnitt zirka sieben Kilogramm) als Fähen (durchschnittlich etwa sechs Kilogramm). Im Sommer wiegen beide rund ein halbes Kilogramm weniger.

„Schläue" und „List" des Rotfuchses sind

Zeichnung rechts:
Wie Perlen auf der
Schnur wirken seine
Trittsiegel im Schnee.

Foto links:
Er genießt die wärmenden Strahlen der Wintersonne.

Foto unten:
Fähe beim „Maussprung". In hohem Bogen schnellt sie auf ihre Beute.

SCHNÜRENDER FUCHS

Zeichnungen: J. Bindseil

sprichwörtlich. Sie gründen in seiner Reaktionsschnelligkeit, seiner Fähigkeit, Wahrnehmungen rasch zu verwerten und auch zu behalten, und schließlich in seiner ausgeprägten **Sinnenschärfe**. Füchse äugen, wittern und vernehmen ausgezeichnet. Beim Mausen orientiert

FUCHSLOSUNG

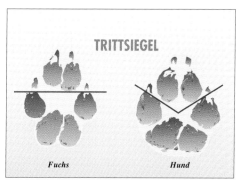

TRITTSIEGEL

Fuchs   *Hund*

sich der Rotfuchs vornehmlich mit Hilfe seines Gehörs: Hiernach bemißt er seinen Zusprung. Den verharrenden Jäger nimmt Reineke eher wahr, als dies etwa das Rottier vermag.

LAUTE

Bei territorialen Auseinandersetzungen drohen die Rüden untereinander oft und intensiv, indem sie **keckern**. Während der Ranzzeit vernimmt der Jäger das helle,

Zeichnungen:
Die Losung
läuft in einer
Spitze aus
und ist etwa
fingerdick.

Die beiden
vorderen Ballen lassen sich
beim Trittsiegel des Fuchses durch einen waagrechten Strich,
beim Hund
durch ein V
„abtrennen".

dreisilbige **Bellen** der Rüden. Im Fall von Knochentreffern hört er ein klagendes Schreien des Rotfuchses.

SPUR

Während Hunde ein kreisförmiges Trittsiegel hinterlassen, ist es beim Rotfuchs oval. Zwischen den Außen- und den Mittelzehen läßt sich quer ein gerader Strich ziehen (siehe Zeichnung), beim Hund ist es hingegen ein flaches V. Hauptsächliche Gangart des Fuchses ist das **Schnüren**, die ▶

Foto: M. Danegger

Foto: H. Reinhard

**Links:
Reineke im
Winterbalg.
Für einen
Fuchsmantel
benötigen wir
15 bis 20 sol-
cher Bälge.**

**Unten:
Fuchswelpen
sind sehr pos-
sierlich. Vier
Wochen nach
ihrer Geburt
beginnen sie,
den Eingang
ihres Baus
sowie die
nähere Umge-
bung zu erfor-
schen. Die
Fähe ist gera-
de unterwegs,
um Beute zu
machen.**

einzelnen Tritte sind – fast ohne Schrank – wie an einer Schnur aufgezogen.

LOSUNG

Die graubraun bis schwarz gefärbte Fuchslosung ist in der Regel mit Haaren der Beutetiere – meist von Mäusen – Chitinpanzer sowie Flügeldecken von Insekten, Wildobstkernen, Knochen- und Beerenresten durchsetzt. Die wurstförmige, etwa fingerdicke bis daumenstarke Losung läuft in einer Spitze aus. Der Jäger findet sie im Revier häufig überhöht, also auf Baumstubben, Stocksulzen oder Grenzsteinen, aber auch an Wegrändern. Losung und Urin dienen zur Reviermarkierung.

FRASS

Rotfüchse sind Allesfresser, wobei – über das Jahr gesehen – die tierische Nahrung allerdings stark überwiegt. Vornehmlich ernähren sie sich von Mäusen, zudem von Insekten, Würmern, Schnecken, Wildkaninchen, Hasen, Rehkitzen, von Bodenbrütern und deren Gelegen, Aas, Fischkadavern, schließlich auch von Früchten, Beeren und landwirtschaftlichen Produkten oder sogar Abfällen aus Mülltonnen.

Als Einzeljäger beschafft sich der Fuchs den Großteil seiner Nahrung auf nächtlichen Beutezügen. Ist er sattgefressen und noch Fraß übrig, vergräbt der Fuchs den Rest seiner Beute. In den Folgenächten wird er ihn vielleicht wieder aufsuchen, sofern ihm kein Artgenosse zuvorgekommen ist.

LEBENSWEISE

Der Rotfuchs galt lange Zeit als Einzelgänger. Ein Meuteverhalten ist nicht entwickelt. Füchse jagen zudem immer alleine. Bei in zoologischen Gärten gehaltenen Füchsen, aber auch bei Rotfüchsen in freier Wildbahn (England) ist allerdings bisweilen eine soziale Hierarchie zu beobachten.

Während der Aufzucht der Welpen, also im Frühjahr und Sommer, leben Füchse in Familienterritorien. Füchse – entweder ein Paar oder ein Rüde und mehrere Fähen – bewohnen nach *David MacDonald* ein Revier, welches sie nur in Ausnahmefällen – aufgrund von Hunger – verlassen. Dessen Größe schwankt zwischen 30 und 1.300 Hektar. Während der Ranz verlassen Rüden ihr Territorium allerdings durchaus, wenn eine läufige Fähe sie lockt.

Füchse führen aufgrund des Jagddrucks ein vorwiegend nächtliches Leben. Erst mit Einbruch der Dämmerung suchen sie nach Beute. Am hellichten Tage schlafen sie in der Regel, außer während der Ranz und bei Hunger. Tagsüber steckt der Fuchs gerne in Laubholzverjüngungen, Nadelholzdickungen, Feldgehölzen, Getreidefeldern etc. Hier sucht er sich einen trockenen und windgeschützten Platz. Er rollt sich dann wie ein Dackel zusammen und schlägt seine Lunte um den Körper.

Während des Winters und bei speziellen Witterungsbedingungen, bei Sturm, bei Laubfall oder während des ersten Schnees, hält er sich im **Bau** auf. Baue liegen häufig an Waldrändern oder an Böschungen in Südhanglage. Sie befinden sich auch in Dickungen, Stangenhölzern oder im raumen Altholz. In Gebieten mit harten Böden hausen Füchse häufig in Dachsbauen, auch solchen, die von Grimbart bewohnt sind. Im Wohnbau befinden sich meist an den tiefsten Stellen die ungepolsterten, festgetretenen Kessel.

RANZEIT UND WELPEN

In der **Ranzzeit**, die sich mit regionalen Unterschieden von Mitte Dezember bis Mitte Februar, mit Schwerpunkt im Januar/Februar, erstreckt, sind die Rüden viel auf den Läufen. Oft folgen mehrere Rüden einer hitzigen Fähe. Das Begatten – nach Art der Hunde – findet statt. Tagsüber stecken dann mehrere Rüden mit einer Fähe im Bau. Ranzzeit ist also die hohe Zeit des Bodenjägers.

Die Fähe geht etwa 52 Tage dick und wölft dann im Mittel fünf bis sechs **Welpen**, und zwar oft im März/April. Sie kommen behaart und als typische „Nesthocker" blind zur Welt. Sie öffnen ihre Seher nach etwa vierzehn Tagen. In dieser Zeit genügt den Welpen die Muttermilch. Danach erbricht die Fähe halbverdauten Nahrungsbrei. Später – sie spielen dann bereits vor dem Bau – stürzen die Jungen sich auf jede Beute, die die Fähe heranträgt. Die Rüden beteiligen sich mehr oder minder stark an der Aufzucht der Jungen, indem sie überwiegend Beute heranschleppen. Nach drei Monaten sammeln die Jungfüchse ihre ersten jagdlichen Erfahrungen. Anfangs ist es vielleicht ein Regenwurm oder ein Käfer, den sie erwischen, irgendwann folgt dann die erste Maus. Jungfüchse, vor allem die Rüden, müssen das elterliche Wohngebiet verlassen. Dies geschieht vornehmlich im Oktober. Die Wanderstrecke beträgt zwischen zehn bis hundert Kilometer, ausnahmsweise auch mehr.

FEINDE, KRANKHEITEN UND VERLUSTE

Natürliche **Feinde** des Fuchses sind oder waren in Europa Steinadler und Uhu, im Osten vor allem der Wolf.

Tollwut, Räude und neuerdings der Fuchsbandwurm (siehe hierzu das noch erscheinende Sonderheft über **Wildkrankheiten**) fallen dem Jäger ein, wenn er an Krankheiten oder Schmarotzer beim Rotfuchs denkt. Aufgrund der Schluckimpfung gegen die Tollwut nahmen die Fuchsbestände erheblich zu und offenbar parallel damit der vermehrte Befall mit dem Fuchsbandwurm.

Bei hoher Siedlungsdichte fallen in den letzten Jahren viele Rotfüchse nachts dem **Straßenverkehr** zum Opfer.

Foto: I. Czimmeck

JAGD

BEJAGEN VON JUNGFÜCHSEN

Das Graben oder Erlegen von jungen Füchsen verabscheut so mancher Waidmann. Warum eigentlich? Schließlich schießen wir auch Kitze und Frischlinge. Das Bejagen von Jungfüchsen aus Gründen der Niederwildhege ist unerläßlich.

Zu diesem Zweck lohnt der **Ansitz am Heckbau** im Mai oder Juni. Die Welpen verlassen ihren Bau bevorzugt zur Mittagszeit, insbesondere an sonnigen Tagen, um zu spielen oder sich zu sonnen. Sitzt der Jäger dann getarnt, bewegungslos und bei gutem Wind, kann er zunächst die Geheckgröße ermitteln. Dann macht möglichst eine Doublette den Anfang. Ein raubwildscharfer, erfahrener Terrier oder Teckel schlieft anschließend in den Bau und tut die Jungfüchse unter Tage ab. Im Idealfall zieht er sie heraus. Das geht prima, wenn die Fähe nicht im Bau steckt. Andernfalls besteht das Risiko, daß der Erdhund geschlagen wird, obwohl nicht jede Fähe ihre Jungen verteidigt.

Wer bloß einige der Welpen erlegt, kann davon ausgehen, daß die Fähe ihre überlebenden Jungen bei Nacht an einen anderen, sicheren Ort bringt. Das gilt auch dann, wenn sie eine Gefahr für ihren Nachwuchs in der Nähe des Baus erkannt hat. Ein Schuß braucht nicht gefallen zu sein.

Ab Jahresmitte bestehen gute Chancen, die immer selbständiger werdenden **Jungfüchse auf** ihren ersten **Streifzügen** zu erlegen. Sie sind in der Regel recht unbekümmert und bei vollem Tageslicht zu beobachten. Der Könner sitzt dann an frischgemähten Wiesen oder gerade abgeernteten Gedreideschlägen an.

ANSITZ

Der Ansitz lohnt sich an Paß, Bau und Luderplatz. Wer **am Paß** ansitzt – insbesondere in der Feldmark – braucht eine gehörige Portion Sitzfleisch. Frisch gepflügte oder mit Mist eingestreute Äcker, Misthaufen, Feldgehölze und Strohmieten sucht der Rotfuchs zielstrebig auf. Hier verhält er sich

viel unvorsichtiger als an der Wald-/Feldkante. Im Feld wird der Jäger bis nach Mitternacht ausharren, an der Wald-/Feldkante kommt der Fuchs in der Regel erst nach dem Einbruch der Dämmerung, während er im Wald durchaus noch bei Büchsenlicht zu beobachten ist. Erfolgversprechend ist der morgendliche Ansitz am Waldrand bei windstillem Wetter. Oft schnürt der Rotrock erst nach Tagesanbruch wieder der Deckung zu. Dem Jäger, der seinen Ansitzplatz bei völliger Dunkelheit bezogen hat, bleibt dann genügend Zeit, sich entsprechend einzurichten.

Ergiebiger ist der **Ansitz am Bau**. Die Leiter oder Kanzel befindet sich etwa zwanzig Meter von den Hauptröhren entfernt. Der Jäger hat Rückendeckung, außerdem stimmt der Wind. Den Fuchs erwartet er mit der schußbereiten Waffe. Sobald der Fuchs erscheint,

Foto: W. Osgyan

Foto: G. Claußen

Oben: Der Lohn eines Morgenansitzes am Bau. Zwei stramme Winterfüchse.

Links: Ein Profi, hochpassioniert. Von Mitte Januar bis Mitte Februar hat er sich ganz der Fuchsjagd verschrieben. Kälte macht ihm nichts aus.

gleitet die Waffe langsam an die Schulter. Er schießt allerdings nur, wenn der Fuchs weit genug von der Einfahrt entfernt ist. Denn ist er einmal nicht tödlich getroffen, versucht Reineke seinen Bau zu erreichen. Der abendliche Ansitz am Bau lohnt nur, wenn der Fuchs steckt. Während der Ranzzeit ist der Bauansitz den ganzen Tag über aussichtsreich.

Die karge winterliche Speisekarte des Fuchses macht sich der Jäger zunutze, indem er Luderplätze anlegt. Sie befinden sich meist auf freien Flächen, etwa Waldwiesen oder in der Feldflur: Je mehr Rundumsicht Reineke hat, desto sicherer fühlt er sich. Die **Luderplätze** liegen in der Nähe geschlossener Kanzeln unter Berücksichtigung der Hauptwindrichtung. Ein heller Untergrund, beispielsweise ein Saatacker, hat sich bewährt, wenn der Mond den Luderplatz einmal nicht voll ausleuchtet. Eine Luderhütte oder -kanzel am Bach bringt den Vorteil, daß Bäche zum einen natürliche Pässe des Raubwildes sind. Zum anderen übertönt das fließende Gewässer die Geräusche des Jägers. Kreuzt ein Rotrock seine Spur oder bekommt Wind, hat der Jäger durchweg das Nachsehen.

In guter Schrotschußentfernung, also auf 30 bis 35 Meter, graben wir Aufbrüche, Fisch, überfahrenes Kleinwild usw. in kleinen Portionen etwa 15 Zentimeter tief ein und decken sie mit Erde ab. Bis zehn solcher **Luderstellen**, auf ein paar Quadratmeter verteilt, sind effektiver als ein großer **Luderschacht**, da sie den Rotfuchs länger beschäftigen. Außerdem werden Luderschächte schnell zu reinen Markierungsplätzen, unter anderem weil sich das Betonrohr bei Regen mit Wasser füllt und der Inhalt zu einer stinkenden Brühe verkommt. Entscheidend ist nicht der Gestank, sondern das regelmäßige Beschicken mit erreichbarem Fraß!

Beschickt wird der Luderplatz schon vom Sommer an, angesessen ab Ende November, sobald der Balg reif ist. Damit ein Luderplatz auch bei Frost funktioniert, heben wir die Löcher einen halben Meter tief aus und stampfen Pferdemist ein. Dort wird dann das Luder aufgelegt und mit Laub oder Reisig abgedeckt. Schließlich kommt eine dünne Erdschicht obenauf. Es ist zwecklos, bei frischem Schnee auf den Fuchs zu warten.

Pro Luderplatz rechnet *Wolfram Osgyan* mit einem Einzugsbereich von 250 bis 400 Hektar.

REIZEN

In windstillen, verschneiten Mondnächten, am sonnigen Tag oder beim winterlichen Abendansitz im Wald gelingt es, den Fuchs mit Hilfe von Hasen-, Kaninchenklage oder Mauspfiff heranzulocken. Im Fachhandel für etwa DM 30,-- erhältlich. Das klappt auch bei nachmittäglichen Ansitzen im Spätwinter prima. Denn Füchse liegen während dieser Jahreszeit oft in sonnigen Dickungen und stehen leicht zu. Gute Chancen sind grundsätzlich nach Einbruch der Dämmerung oder in heller Nacht gegeben.

Dem Anfänger wird es mit **Mäuseln** eher gelingen, einen Fuchs heranzulocken. Nachteilig ist die „begrenzte Reichweite": Mäuseln ist nicht sonderlich weit zu vernehmen.

Ausschlaggebend ist, daß der Jäger den **Reizstand** möglichst geräuschlos erreicht und guten Wind hat. Der Stand wird nach ▶

Als Reineke in Reichweite der Kugel schnürt, spitzt er die Lippen und mäuselt. Der Fuchs verhofft. Den Knall der Waffe vernimmt er nicht mehr.

Foto: W. Nagel

dem Prinzip: Sehen und nicht gesehen werden! ausgesucht, also zum Beispiel im raumen Altholz, niemals am Wald- oder Dickungsrand. Nach einer Pause von etwa zehn bis zwanzig Minuten, reizt er zunächst mit dem Mauspfiff. Bleibt dieses ohne Erfolg, wird es der Könner mit der **Hasenklage** versuchen. Bevor eine gute Stunde vergangen ist, wird der Profi Reizstand oder Hochsitz nicht verlassen. Bisweilen erscheint der Rotrock wie aus der Pistole geschossen. In der Regel aber wird der Jäger Geduld haben müssen. Der Erfolg bleibt aus, wenn der Waidmann sich nicht ruhig genug verhält oder falsche Klagetöne von sich gibt. Der persönliche Rekord des Reizjagdvirtuosen und Forstamtsrates *G. Reitmayr* liegt übrigens bei 14 herangereizten Füchsen in einer Nacht.

FUCHSDRÜCKEN

Dies ist eine hochspannende Methode, um Füchse zu bejagen. Sie erfordert nur wenig „Personal". Ein, zwei Treiber und ebenso viele Schützen genügen. Es werden bekannte Fuchseinstände durchgedrückt, wobei nur die Fuchspässe mit Schützen besetzt sind. Die vorstehenden **Schützen** sind unter Wind und möglichst gedeckt postiert. Sie bewahren äußerste Ruhe und lassen den Fuchs möglichst dicht herankommen. Rührt der Jäger sich zu früh, ist der Fuchs verschwunden. Wer schneuzt oder mit den Füßen scharrt, nutzt nur dem Fuchs. Es hilft auch nichts, auf einen Fuchs aufmerksam zu machen, etwa durch Winken oder Zuruf an den Nachbarn. Reineke ist dann alarmiert und dreht ab. Er

kennt keine Schrecksekunde. Gute Resultate sind an windstillen, sonnigen Wintertagen nach einer Neuen zu erzielen, weil die Rotröcke dann gerne draußen liegen. Die „**Treiber**" verhalten sich so wie Pilzsucher. Sie gehen lautlos, mit dem Wind und im Zickzack durch die Dickung. Bisweilen verharren sie längere Zeit und räuspern sich leise. Nur so gelingt es, daß der Fuchs den vorgestellten Schützen langsam kommt und sich nicht rückwärts verpieselt. Fachmännisches Drücken der „Treiber" ist höher zu bewerten, als die Leistung der Schützen, die bloß eisern stillstehen und ihre Augen wandern lassen.

BODENJAGD

Voraussetzung ist, daß die befahrenen Baue im Revier bekannt sind. Januar und Februar sind die aussichtsreichsten Monate für die Bodenjagd. Um genügend Zeit für eventuell notwendige Einschläge zu haben, beginnt der Profi stets vormittags mit dem Sprengen. Nachmittags werden nur Baue genommen, aus denen die Füchse erfahrungsgemäß rasch springen.

Schützen und Hundeführer nähern sich dem Bau bis auf 15 oder 20 Meter, und das leise sowie unter Wind. Jeder überwacht seinen Sektor. Das **Erfolgsgeheimnis bei der Baujagd** lautet: Absolute Ruhe! Die Schützen stehen so, daß sie nicht in die Ausfahrten sehen können. Andernfalls nämlich springt Meister Reineke leicht um. Der Hundeführer läßt den abgehalsten Teckel oder Terrier einschliefen. Verschwindet der Hund ohne Zögern im Bau und signalisiert sein Laut dann Bewegung unter der Erde, beschleunigt sich der Puls der Bodenjäger. Wann springt der Fuchs...?

In kleinen Bauen kommt nur ein Hund zum Einsatz, bei sehr großen haben sich zwei bewährt, da sich Altfüchse gerne hin- und hertreiben lassen, ohne zu springen. Springt der Fuchs nach 30 Minuten noch nicht und gelingt es, den Hund abzutragen, warten die Schützen noch eine halbe Stunde: Gewöhnlich springt der Rotrock dann. Störung und Hundegestank im Bau sind ihm zuwider.

Das zweite Erfolgsgeheimnis der Baujagd lautet: Nerven bewahren! Solange sich der Fuchs in der Nähe der Einfahrt aufhält, wird sich weder bewegt noch wird geschossen.

Weder rabiate Würger noch wesensschwache Kläffer taugen für die Baujagd. Der ideale **Bauhund** ist der schneidige **Flieger**: Er attackiert den Fuchs mutig aus verschiedenen Richtungen, läßt sich jedoch möglichst auf keine langwierigen Beißereien ein. Gefährlich wird es für den Erdhund, wenn ein Dachs im Bau steckt (siehe dazu Seite 58).

KUNSTBAU

Besonders in reinen Feldrevieren, in denen Füchse sich überwiegend nachts einstellen, empfiehlt es sich, Kunstbaue zwischen Hecken, in Feldgehölzen, Böschungen usw. anzulegen. Je geringer das Angebot an Deckung ist, desto wahrscheinlicher wird der Kunstbau von Rotröcken angenommen.

In rauher Praxis haben sich Kunstbaue mit zwei Röhren und ein oder zwei Kessel bewährt (siehe Zeichnung). Ein- und Ausfahrt liegen möglichst nicht weit voneinander und zeigen nach Süden oder Südosten. So braucht sich der Schütze bloß in eine Richtung zu konzentrieren. Der Kessel – mindesten 50 besser 80 Zentimeter im Quadrat – bildet in der Regel den höchsten Punkt der

Foto: W. Nagel

Foto: Hg. Arndt

Oben:
Er meistert alle Situationen der Bodenjagd souverän.

Links:
Gewußt wie! Die Vier beherrschen ihr Handwerk.

Anlage, weil er völlig trocken sein muß. Er wird gut abgedichtet und isoliert. Die Länge der Röhren beträgt nicht unter sechs Meter, wenn sich die Investition lohnen soll. Als Bausteine sind die speziell für Kunstbaue entwickelten Sechseck-Hohlsteine ideal, denn sie lassen sich ▶

Foto: W. Osgyan

Zu dicht an der Ausfahrt. Da erkennt uns Meister Reineke doch sofort und geht meist zurück. So haben wir dem Erdhund die Arbeit unnötig erschwert.

– nach verschiedenen Grundmustern – einfach zusammenfügen. 20iger oder 25iger Betonröhre gehen jedoch auch. Verlegt wird stets vom Kessel aus. Die beiden letzten Meter werden mit Gefälle gelegt. Das unterbindet Zugluft und hält Kaninchen davon ab, die Röhren zuzuscharren.

An neuen Kunstbauen hilft die „Urinspritze". In der Nähe der Einfahrt drückt der Jäger die Blase eines erlegten Rotrocks aus. Wer einen Kunstbau anlegt, wird umfangreiche Grabarbeiten vornehmen müssen. Deshalb ist die Genehmigung des Grundstückeigentümers einzuholen.

Kunstbaue bieten dem Jäger vielfältige Überraschungen, so kommen ihm nicht nur Füchse, sondern gelegentlich auch Steinmarder, Iltis oder Waschbär vor die Flinte.

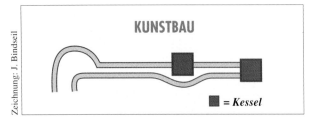

Zeichnung: J. Bindseil

KUNSTBAU

■ = *Kessel*

Liegen Ein- und Ausfahrt nebeneinander, läßt es sich leichter jagen. Wir brauchen uns bloß auf eine Stelle zu konzentrieren.

WAFFE UND MUNITION

Für den Ansitz an Bau oder Luderplatz empfiehlt sich eine kombinierte **Waffe**. So kann der Jäger je nach Situation auf Kugel oder Schrot zurückgreifen. Geeignete **Kugelpatronen** sind sämtliche speziellen Rehwildkaliber, nach *Wolfram Osgyan* vorrangig die .222 Remington sowie die 5,6 x 50R Magnum, weil sie eine getreckte Flugbahn und hohe Eigenpräzision garantieren. Der Rumpf des Fuchses ist schmal. Deshalb hat der passionierte Fuchsjäger seine **Büchsen** haargenau eingeschossen. Seine Waffe ist zudem mit einem Ziel-

Foto: M. Danegger

Pfeilschnell saust Reineke davon. Selbst bei dieser enormen Geschwindigkeit kann er Haken schlagen oder unvermittelt kehrtwenden. Seine buschige Lunte macht es ihm möglich. Sie ist Steuerungs- und Gleichgewichtsorgan.

fernrohr – mindestens sechsfach – ausgestattet. Er wählt ein **Vollmantelgeschoß**, um den Balg nicht zu entwerten. Das bedeutet auch: Achtung! Immer auf sicheren Kugelfang achten!

Selbstverständlich reicht prinzipiell auch die Hornet für den Kugelfuchs. Doch verfügt sie nach *Osgyan* über deutlich schwächere Leistungsreserven als die zuvor genannten Kaliber. Die Energie der .22 Magnum reicht für den Fuchsansitz nicht aus.

Stimmt die Treffpunktlage, bleibt es gleich, ob der Jäger **Schrotkaliber** 12, 16 oder 20 führt. Auftreffwucht und Deckung von 3-mm-Schrot – im Winter 3 1/2 wegen des dichten Winterhaars –

sorgen dafür, daß der breitstehende Rotrock blitzartig verendet. Voraussetzung ist, daß der Jäger nicht weiter als 35 Schritt schießt. Der Schuß spitz von vorne ist nur auf kürzeste Entfernung wirkungsvoll, der spitz von hinten taugt nichts.

SCHUSSZEICHEN

Wird ein Fuchs gefehlt, schwingt er bisweilen die Standarte kreisförmig, er „winkt Ade!". Eine starre, hocherhobene Lunte zeigt einen Treffer an.

Fährt der Rüde oder die Fähe im Kreis herum und beißt nach der Standarte oder den Keulen, ist er beziehungsweise sie weidwund

getroffen. Mit dem zweiten Schuß ist nicht zu zögern! Klagt der Fuchs – was höchst selten der Fall ist –, deutet dies auf einen Knochentreffer hin. Überschlägt er sich und geht dann sofort flüchtig ab, ist er nur leicht gekrellt. Rolliert der Fuchs und rührt keinen Lauf mehr, ist das höchste Jägerslust...

FANG

Zum Fangen von Füchsen eignen sich besonders der **Schwanenhals**, die **Betonrohrfalle** und die **Ahrenshorster Rohrfalle**. Dem Fang des heimischen Raubwildes ist ein eigenes Sonderheft gewidmet.

**Großes Foto: Goldkehlchen. Sein gold-
farbener Kehlfleck unterscheidet den Baummarder deutlich von seinem nahen Verwandten, dem Weißkehlchen oder Steinmarder.**

RAUBWILD

Uns Jäger haben Räuber-Beute-Beziehungen seit je her besonders interessiert. Zum einen, weil wir Jäger im Sinne der Ökologie selber auch Räuber sind, zum anderen, weil Raubsäuger und Greifvögel sich und uns Beute streitig machen. Wir können also von den Mardern, von Hermelin und Waschbär etc. eine Menge erfahren...

Foto: H. Reinhard, G. Henrici

Kleines Foto: Zwei Dachse in einer Nacht. Da strahlt der junge Jäger. Kaum tragen kann er sie.

In der gängigen jagdlichen Fachliteratur wird zumeist folgendes Raubwild behandelt: **Rotfuchs**, **Dachs**, **Baum-**, **Steinmarder**, **Hermelin**, **Mauswiesel**, **Iltis**, Wildkatze, Luchs, Fischotter, **Waschbär**, **Marderhund**, Braunbär, Wolf, Nerz, **Mink** und **Seehunde**. Wir beschränken uns im folgenden auf diejenigen Arten, die der Jäger erlegen oder fangen darf (= fett gedruckt). Ausgenommen bleiben Mink und Seehund. Der Rotfuchs ist bereits auf den Seiten 36 bis 49 ausführlich behandelt worden.

STELLUNG IM ZOOLOGISCHEN SYSTEM

Zur Ordnung der Raubtiere zählen unter anderem die Familien der Kleinbären, Hunde- sowie der Marderartigen. Die Art Waschbär gehört zur Familie der Kleinbären, Rotfuchs und Marderhund zu der der Hundeartigen. Bei den Marderartigen unterscheidet der Zoologe zwischen den Gattungen *Martes* mit den Arten Baum- sowie Steinmarder und *Mustela* mit den Arten Hermelin, Mauswiesel und Waldiltis. Schließlich rechnet der Europäische Dachs als ebenfalls Marderartiger zur Gattung *Meles*. Charakteristisch für alle Raubsäuger ist ein Gebiß mit Reißzähnen (siehe Seite 38).

BAUM- UND STEINMARDER

Baummarder bewohnen in beinahe ganz Europa vorwiegend geschlossene Waldungen des Flachlandes sowie des Mittelgebirges. Die Nähe menschlicher Siedlungen meiden sie als Kulturflüchter weitgehend. Als Tagesunterschlupf dienen ihnen hohle Bäume, verlassene Krähen- und Greifvogelhorste sowie Eichhörnchenkobel, vielfach auch Holzpolter am Wegesrand. **Steinmarder** kommen in ganz Deutschland vor und sind anpassungsfähige Kulturfolger. Sie leben nicht nur im Wald, sondern auch in der Feldmark (Strohmie-

Zeichnung: Nicht immer ist es so eindeutig. So finden wir im Revier oft nur völlig zertrümmerte Reste der Eierschalen.

Foto: Spielende Steinmarder, ein Bild von Kraft, Eleganz und Tempo. Sternstunden der Beobachtung.

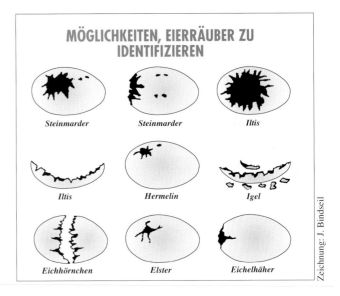

MÖGLICHKEITEN, EIERRÄUBER ZU IDENTIFIZIEREN

Steinmarder   *Steinmarder*   *Iltis*

Iltis   *Hermelin*   *Igel*

Eichhörnchen   *Elster*   *Eichelhäher*

Zeichnung: J. Bindseil

Foto: M. Rogl

ten, Steinhaufen), in Gehöften, Dörfern und Städten. Hier macht er uns als „Automarder" arge Probleme. Kommen **Stein-** und **Baummarder** während Pirsch oder Ansitz in Anblick, können wir sie problemlos voneinander **unterscheiden**. Beim Steinmarder schimmert immer das helle Unterhaar durch. Beim Edelmarder deckt das dunkle Oberhaar deutlich stärker ab. Außerdem hat der Edelmarder einen kastanienbraunen Balg mit gelber Unterwolle, während der Balg des Steinmarders graufarben ist. Seine Unterwolle (mit Grannen) ist weiß. Beide Marder haben den Wechsel vom Sommer- zum Winterbalg Mitte November abgeschlossen. Die Bälge sind bis etwa Ende Februar verwertbar, zur Zeit aber leider nicht begehrt. Der Kehlfleck des Baummarders ist rund sowie goldgelb, der des Hausmarders hingegen rein weiß und bis zur Mitte der Innenseiten der Vorderläufe gegabelt. Baummarder haben eine dunkelbraune, Steinmarder eine helle, nämlich grau bis rötlich fleischfarbene, Nase. Die Gehöre des Hausmarders sind abgerundeter und kürzer als die des Edelmarders, die fast dreieckig wirken. Sie stehen zudem etwas weiter auseinander. Der Steinmarder wirkt insgesamt gedrungener. Seine Branten

Foto: H. Reinhard

Jäger in aller Regel in der Zeit von Juni bis August. Nach einer **Tragzeit** von etwa neun Monaten (Eiruhe) wirft die Fähe dann im März/April zwei bis vier **Junge**. Die behaarten, etwa 38 Tage blinden Jungen werden acht Wochen gesäugt. Spielende Jungmarder bieten ein Bild von Kraft, Eleganz und Tempo: Das sind Sternstunden der Beobachtung.

Kreuzungen zwischen Baum- und Steinmarder gibt es nicht. Während der Ranz rauben Steinmarder manchem Hauseigentümer oder Mieter den Schlaf, weil sie über Dachböden toben (Verfolgungsjagden). Dabei schreien sie katzenähnlich.

SPUREN

Steinmarder

Iltis

Baummarder

Zeichnung: J. Bindseil

Foto: Munter turnt der Kobold mit der gelben Kehle im Geäst.

Zeichnung: Häufiger als bei den Mardern zeigt das Spurenbild des Iltis den „Dreisprung", drei Trittsiegel schräg nebeneinander.

ILTIS

Iltisse sind in nahezu ganz Deutschland vertreten, sogar im Hochgebirge. Wir finden sie in Hecken, Feldgehölzen, Waldsäumen, in Schilfgürteln, Gräben, an Bachläufen und Flußufern. Am Tag bevorzugen sie Kaninchenbaue und Reisighaufen als Aufenthaltsort. Auch in Scheunen und Bauernhöfen kommt der Iltis häufig vor.

Während Baum- und Steinmarder unterseits hell und oberseits dunkel gefärbt sind, ist es beim Iltis genau andersherum, was in der Sprache der Jäger treffend als „Verkehrtfärbung" bezeichnet wird. Zudem fehlt ihm der Kehlfleck. Seine Rute ist kürzer. Den Kopf kennzeichnet eine helle Gesichts- ▶

sind im Unterschied zu denen des Baummarders unbehaart.

Der Edelmarder wiegt im Durchschnitt eineinhalb Kilogramm, der Hausmarder wird ein wenig schwerer. Die **Losung** beider Marder ist wurstförmig gedreht und läuft spitz zu. Sie wird meist auf erhöhten Plätzen abgesetzt.

Stein- und Baummarder sind vorwiegend nachtaktiv. Sie ernähren sich von Mäusen und anderen kleinen Säugetieren, Vögeln, Eiern, Käfern, Schnecken, Beeren und Obst. **Lieblingsbeute** des Baummarders ist das Eichhörnchen.

Ranzende Marder beobachtet der

maske und helle Gehöre. Branten und Kehle sind schwarz. Die Unterwolle schimmert hell durch die locker stehenden, dunkelbraunen Deckhaare. Iltisse können bis zu 1.200 Gramm auf die Waage bringen. Die **Losung** des Iltis ist schwärzlich und stark duftend und zudem wurstförmig gedreht.

Der Einzeljäger versucht, vornehmlich bei Nacht, aber auch in der Morgen- oder späten Abenddämmerung, Beute zu machen. **Hauptnahrung** bilden Amphibien sowie Mäuse. Außerdem ernährt er sich von Ratten, Hamstern, Kaninchen, Würmern, Schnecken und Gelegen. Vögel erwischt er so gut wie nie, da er mit der Nase jagt. Iltisse legen Vorratskammern an. Sie bestehen größtenteils aus durch Biß gelähmten Fröschen oder anderen Lurchen.

Bei Gefahr macht der Iltis einen krummen Rücken und entleert ein gelbliches, stinkendes Sekret aus den gut entwickelten Analdrüsen. Daher stammt der Name **Stänker**.

Die **Ranzzeit** findet von März bis Anfang Juni statt. Die **Tragzeit** beläuft sich auf sechs Wochen. Die vier bis acht **Jungen** sind ungefähr vier bis fünf Wochen lang blind.

HERMELIN

Die Großen Wiesel kommen in beinahe sämtlichen bundesdeutschen Revieren vor, also in aufgelockerten Wäldern, Waldrändern, Wiesen, steinigem Gelände, aber auch Gärten und Parks. Sie bevorzugen allerdings die Feldflur – und sind dort oft zahlreicher als viele Jäger annehmen.

Hermeline wechseln ihren **Balg** zweimal pro Jahr. Im Sommer ist ihr Balg oberseits braun, unterseits gelbweiß. Im Winter – etwa ab Dezember bis Februar – sind Hermeline weiß gefärbt. Die Rutenspitze ist sowohl im Sommer- als auch im Winterbalg schwarz. Männliche

Hermeline sind deutlich größer als die Fähen. Sie bringen es durchschnittlich auf ein **Gewicht** von 250 Gramm. Die **Losung** ist dünn, schwarz sowie länglich gedreht.

Wiesel sind äußerst geschickt. Sie können geradlinig auf Bäume klettern, zum Beispiel auf Kopfweiden, um an Entengelege zu kommen. Die tagaktiven Räuber werden als **Mäusevertilger** von Landwirten sehr geschätzt. In Fasanenrevieren ist Wieselfang Pflicht!

Hermeline **ranzen** zwischen Mai und Juli. Die **Tragzeit** beträgt bis zu elf Monaten. Die Fähe wölft vier bis zehn weißbehaarte, fünf bis sechs Wochen lang blinde **Junge**, die mit drei Monaten selbständig sind.

MAUSWIESEL

Der kleinste Raubsäuger der Erde ist über fast ganz Europa verbreitet. Im Unterschied zum Hermelin trägt das Mauswiesel im Sommer und Winter einen oberseits braunen und unterseits weißen **Balg** ohne schwarze Rutenspitze. Lediglich in den Alpen sowie in Skandinavien verfärben Mauswie-

Ein Superschnappschuß: Während nächtlicher Jagd auf Ratten „überfliegt" der Iltis den schmalen Bach.

sel im Winter weiß. Sie werden nur 30 bis 60 Gramm schwer. Die **Losung** ist sehr dünn, länglich gedreht sowie schwärzlich.

Alle Mauswiesel sind tag- wie nachtaktiv und ernähren sich fast ausschließlich von Mäusen. Das Mauswiesel tötet seine **Beute** durch einen Biß in den Hinterkopf.

Mauswiesel **ranzen** vornehmlich im Frühjahr und haben eine **Tragzeit** von nur fünf Wochen. Im Mai/Juni werden drei bis sieben blinde, weißbehaarte **Junge** ge-

Foto: H. Reinhard

meiden reine Nadelwälder. Der Kopf des Dachses ist auffällig weiß-schwarz gestreift. Die **Schwarte** hat weiches Unterhaar und langes steifes Grannenhaar. Sie ist im Oktober reif und wird einmal im April/Mai, zum anderen im September gewechselt. Die Schwarte ist oben silbergrau und unterseits schwarz gefärbt (= Verkehrtfärbung). Meister Grimbart wirkt aufgrund seiner kurzen Läufe plump. Sein Körper ist

Links: Mäntel aus seinem Winterbalg kleideten die Könige Europas.

Unten: Hermelin im Sommerbalg mit erbeuteter Maus im Fang.

Foto: M. Danegger

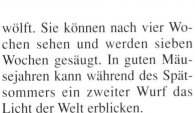

Foto: H.-G. Arndt

Links: Der Name paßt: Aus einem Mauseloch kroch das Mauswiesel hervor. Hochaufgerichtet holt es sich eine „Portion Vitamine".

keilförmig gedrungen. Er wird im Herbst bis zu 20 Kilogramm schwer.

Seine **Losung** ist grob wurstförmig und ohne Spitze. Sie ist – je nach Fraß – mit Knochen-, Insekten- oder Pflanzenteilen durchsetzt. In der Nähe des Baus legt der Dachs Kotgruben an, die **Dachsaborte**.

Dachse leben sehr gesellig, und zwar nur in größeren Familienverbänden. Kommt ein fremder Dachs, gibt es Ärger. Er wird rausgebissen. Dachse versehen ihre Streifgebiete mit Duftmarken.

Sie sind nachtaktiv und verschlafen den Tag im **Bau**. Die Baue sind in der Regel nach Süden ausgerichtet und oft uralt. Bisweilen ▶

wölft. Sie können nach vier Wochen sehen und werden sieben Wochen gesäugt. In guten Mäusejahren kann während des Spätsommers ein zweiter Wurf das Licht der Welt erblicken.

DACHS

Dachse sind über ganz Eurasien – mit Ausnahme des hohen Nordens – verbreitet, und zwar bis 2.000 Meter Höhe. Sie besiedeln vornehmlich Feld-/Waldzonen und

bestehen sie aus mehreren Etagen, deren obere mitunter von Fuchs oder Wildkaninchen bewohnt werden. Im Unterschied zum Fuchsbau ist der Kessel des Dachsbaus ständig mit Laub, Moos oder Farn ausgepolstert.

Ob ein Dachsbau befahren ist, erkennt der Jäger einmal an den „Geschleifen" und Rinnen, die beim Einbringen des Polsternmaterials enstanden sind, zum anderen an der meterweit ausgeworfenen Erde bei den Hauptröhren und schließlich an den stark ausgetretenen Pässen. Wenn es im Herbst kälter wird, ist auch Meister Grimbart nicht mehr sehr aktiv. Im Winter wird der Jäger ihn kaum vor die Flinte bekommen, denn er hält häufig eine mehrwöchige **Winterruhe** und zehrt von seinen Fettreserven.

Dachse sind **Allesfresser**. Sie ernähren sich von Regenwürmern, Mäusen, Jungkaninchen und Schnecken, Insekten, Gelegen, Weizen, Mais, Hafer, Obst, Beeren sowie Wurzeln. Sie durchwühlen – stechen – dabei wie Schwarzwild den Boden. Im Getreide kommt es dabei zu Wildschaden.

Dachse **ranzen** meist im Hochsommer, im Juli/August. Ihr Ranzschrei ist laut und unheimlich. Allerdings ist die Ranzzeit variabel. Nach einer verlängerten **Tragzeit** – Eiruhe wie bei Reh, Seehund und den „echten Mardern" – wirft die Fähe zwei bis fünf **Junge** in einem ausgepolsterten warmen Kessel. Der Jäger weiß: „Es bringt im Monat Februar / die Dächsin ihre Jungen dar." Sie können erst nach fünf Wochen sehen und spielen ab Mitte April vor dem Bau.

Der geräucherte Kern wie auch Dachsschinken sind für manche Delikatessen. Anderen „stinkt" schon Dachsfett als Schuhpflegemittel. Achtung: Trichinenschau

Zeichnung: Deutlich erkennbar sind die „Nägel" des Dachses, die Sohlen des Waschbärs und die „sternförmige" Spur des Marderhundes.

ist vom Gesetzgeber vorgeschrieben! Rasierpinsel aus Dachshaar stehen hoch im Kurs. Die gegerbte, unterfütterte Schwarte ist dekorativ.

WASCHBÄR

Er stammt ursprünglich aus Nordamerika (Südkanada bis Panama), wurde in den dreißiger

SPUREN

Dachs   Waschbär   Marderhund

Zeichnung: J. Bindseil

Foto: Erst in später Dämmerung verlassen Dachse ihren Bau.

Foto: Archiv JÄGER

Jahren in Hessen ausgewildert oder entkam aus Pelztierfarmen in die freie Wildbahn. Inzwischen ist er wohl über ganz Deutschland verbreitet. Waschbären besiedeln bevorzugt wasserreiche Waldgebiete. Das **Sommergewicht** beläuft sich auf sechs bis acht Kilogramm. Die **Losung** ist der des Fuchses ähnlich, nämlich gedreht, rund und spitz auslaufend.

Der **Balg** ist eisengraubraun gefärbt. Er wird nur einmal pro Jahr, in der Zeit von Mitte April bis Juni, gewechselt. In seiner nordamerikanischen Heimat ist der Waschbär ein begehrtes Pelztier, dem viele Trapper nachstellen. Sie tragen seinen Ringelschwanz an ihrer Pelzmütze, so wie mancher Älpler den Gamsbart am Hut. Charakteristisch für Waschbären sind die schwarze Gesichtsmaske über die Wangen- und Seherregion, die ihn wie einen Banditen aussehen läßt, sowie die buschige, schwarz-geringelte Rute. Waschbären sind scheue Einzelgänger. Die nachtaktiven Tiere klettern und schwimmen ausgezeichnet. **Tagesunterschlupf** bieten ihnen Erd- und Baumhöhlen, aber auch Dachs- oder Fuchsbaue, außerdem dichtbelaubte Bäume, verlassene Scheunen, Ställe oder Gebäude. Sie sind sehr wehrhaft und deshalb für jeden Erdhund im Bau ein gefährlicher Gegner. Waschbären halten keinen Winterschlaf, wohl aber eine Art **Winterruhe**. Dafür legen sie sich ein Fettpolster zu. Die **Allesfresser** bevorzugen Jungtiere, Bodenbrüter, Gelege, Mais, Obst und Beeren. In Gefangenschaft ist beobachtet worden, wie sie ihre Nahrung mit Wasser abstreifen. Daher stammt ihr Name.

Die **Ranzzeit** fällt in den Spätwinter (Februar/März). Gelegentlich erstreckt sie sich bis Mai/Juni. Nach einer **Tragzeit** von 63 Tagen werden zwei bis fünf Junge geworfen. Die Nesthocker sind zirka zwei bis vier Wochen blind.

MARDERHUND

Ursprünglich in Ostchina, Japan und Korea beheimatet wurde er zwischen 1929 und 1953 in der damaligen Sowjetunion ausgewildert. Von hier aus eroberte der Marderhund, auch Enok oder asiatischer Steppenhund genannt, die Bundesrepublik. Marderhunde leben gerne in ebener, wasserreicher Landschaft mit Beständen an Schilf und Gehölz. Reine Nadelwälder meiden sie.

Foto: M. Werk

Der in Deutschland wertlose **Balg** ist dunkel(grau)braun gefärbt und hat einen schwarzen Anflug. Das Haar des Marderhundes ist lang und zottig, die Unterwolle sehr dicht. Aufgrund der kurzen Läufe wirkt er plump. Seine Gesichtsmaske ist der des Waschbären ähnlich. Im Unterschied zum Waschbären ist seine Lunte einfarbig. Marderhunde können gut neun Kilogramm schwer werden. Die **Losung** ist grau-schwarz und ohne Spitze.

Gestellt und verbellt: Der Waschbär faucht aufgebaumt zum Rauhhaar-Teckel herab. Auf kurze Entfernung wird die Schrotgarbe gleich gute Wirkung zeigen.

Sie sind nachtaktiv und leben sowohl als Einzelgänger als auch gesellig. Marderhunde klettern nicht. In Deutschland halten sie eine Winterruhe in Dachs- oder Fuchsbauen. **Sie ernähren sich** überwiegend von pflanzlicher Kost (bis zu 80 Prozent), zudem von jungem oder krankem Niederwild, Nagern, Fröschen, Fischen oder Gelegen.

Ranzzeit ist im Frühjahr, von Februar bis April. Nach rund 62 Tagen kommen bis zu acht **Welpen** zur Welt. Sie öffnen ihre Augen nach etwa zehn Tagen (Nesthocker). Das Paar betreut seine Jungen gemeinsam. Diese werden nach zirka acht bis zehn Monaten geschlechtsreif.

Foto: St. Meyers

Ein Marderhund bei Tageslicht. Ein außergewöhnlicher Anblick.

JAGD

BAUM- UND STEINMARDER

Marderjagd hat häufig etwas Zufälliges. Aber gerade das macht ihren Reiz aus. Neben der Fallenjagd (siehe dazu das noch erscheinende Sonderheft zur Fangjagd) lohnen Ausneuen, Sprengen, Ansitz am Luderplatz oder Paß und insbesondere Marderburgen.

Marder auszuneuen heißt, sie anhand ihrer Spur im Schnee zu verfolgen. Frisch muß die (nächtliche) Spur sein. Also nutzen wir die Zeit nach Schneefällen zum **Ausneuen**. Fällt der Neuschnee bis in die frühen Morgenstunden, deckt er die Spuren der Marder allerdings zu. Und Achtung: Der erste Schnee ist keine „Neue". Denn in den ersten 24 Stunden danach bewegt sich Wild wenig. Ist der Marder fest, braucht es oft Geduld, denn meist hat er sich sehr gut versteckt. Also Augen auf! Ausneuen ist sehr reizvoll, aber lange nicht so erfolgsträchtig, wie es in vielen Jagdzeitschriften zu lesen ist.

Wer sein Revier kennt, ist auch über die möglichen Tagesunterschlüpfe der Marder grob orientiert. Bei Schnee werden dann Feldscheunen, Holzpolter usw. umschlagen. **Steckt der Marder**, lohnt es sich, den Schlupfwinkel mit drei, vier Schützen zu umstellen und den Hund zu schnallen. Der beste Stand ist häufig in der Nähe des Einschlupfes. Effektiv ist es auch, im Inneren einer Feldscheune zu jagen. Nicht nur das setzt voraus, daß wir die Erlaubnis des Eigentümers (grundsätzlich einholen) haben. Achtung: Siedlungen sind befriedete Bezirke, in denen die Jagd ruht. Ein eingespieltes Team mit einem Helfer und einem Teckel oder Terrier wird den Marder auf die Läufe

Foto: H. Rohleder (Leica R7)

bringen. Bisweilen springt der Marder rasch, häufig aber erst nach schweißtreibendem Umschichten von Strohballen oder Holz, weil er Lunte gerochen hat (*Wolfram Osgyan*).

„Ausklopfen" ist eine unglückliche Bezeichnung für diese Jagdmethode, da Krach tunlichst zu vermeiden ist. Nur in Zwischenböden können einige geziel-

Der Kirrplatz war mit Bedacht gewählt. Im Hagel lag erst der Baummarder, später auch der Steinmarder. Ein seltenes Waidmannsheil.

te Schläge auf Holzbretter den Marder zum augenblicklichen Springen bringen.

Ausdauernde und aufmerksame Jäger **setzen sich** in mondhellen Nächten gerne am Versteck des

Rechts:
Blitzschnell
sprang er aus
der Marder-
burg. Die Gar-
be packte nur
hinten. Aber
der Griff des
Jagdterrieres
sitzt vorbild-
lich. Ein
bißchen beu-
teln darf er.
Schnee staubt.

Unten:
Geschafft! Der
Steinmarder
ist zur Strecke.
Sauber wird er
apportiert. So
ist's brav,
mein Hund.

Fotos: W. Nagel

Marders **an**. Denn insbesondere Steinmarder halten ihre Pässe sehr treu ein.

Ludern können wir Weiß- und Gelbkehlchen mit Hilfe von Rosinen, Honig, Pflaumen, Dörrobst und anderen „Süßigkeiten" und mit Aufbrüchen. Liegt der Luderplatz an Hecken, Bachläufen usw., also strategisch guten Orten, und scheint der Mond bei Schnee, ist Waidmannsheil wahrscheinlich.

Im Wald, in Feldgehölzen sowie Hecken nehmen Marder gerne künstliche Burgen an, wenn sie neben einem Paß stehen. Als Basis für eine **Marderburg** dienen drei Paletten. In die mittlere kommt ein kräftiges Rundholz, welches später als Hebel dient. Die Anlage wird mit ortsüblichem Material überreich getarnt, um es in ihrem Inneren warm und trocken zu bekommen. Außerdem wird sie mit Rosinen, Dörrobst oder anderen „süßen Speisen" beschickt.

Kontrollieren wir die Burg ohne Schnee oder Hund, genügt es, wenn wir an der Stange kräftig rütteln. Der Marder springt. Wer ▶

Foto: R. Bender

in seinem Revier sechs bis sieben Marderburgen errichtet hat, wird – mit minimalem Aufwand – fröhliche Jagderlebnisse haben.

ILTIS

Meist wird der Iltis in Fallen gefangen. Nur gelegentlich wird er mit der Flinte gestreckt. Wie der Steinmarder läßt er sich **sprengen**. In Entenrevieren wird er oft geschont, weil er Wanderratten intensiv nachstellt. Die Wanderratte richtet unter Jungenten großen Schaden an. Auch über Gelege macht sie sich gerne her.

HERMELIN UND MAUSWIESEL

Wiesel werden nur selten mit der Flinte geschossen, weil der Jäger ihnen nur zufällig begegnet. Systematisch können sie mit Fallen gefangen werden. Der Fang wird sich in der Regel auf das Hermelin beschränken, da Mauswiesel selten geworden und jagdlich unbedeutend sind. Zudem stellen sie fast ausschließlich Mäusen nach, was Landwirte und Waldbauern freut.

DACHS

Wer dem Dachs an die Schwarte will, der kann zwischen zwei praktikablen Möglichkeiten wählen: dem Ansitz an Bau, Paß sowie Fraßplätzen oder dem Dachsgraben. Denn der Dachs springt bekanntlich nur in Ausnahmefällen vor Dackel oder Terrier und muß gegraben werden. Noch im letzten Jahrhundert war das **Dachsgraben** die am häufigsten betriebene Form der Bodenjagd. Heute wird diese recht aufwendige Jagdart nurmehr sehr selten praktiziert. Dachsgraben erfordert einmal einen hohen Zeitaufwand und kann zum anderen den ein oder anderen Erdhund das Leben kosten. Zu scharfe Hunde, wie Terrier, werden häufig schwer geschlagen. Bedrängt der Bauhund dagegen nicht hart genug, wird der Dachs sich verklüften.

Wer Dachse graben will, der benötigt dazu einen zähen, ausdauernden und nicht überscharfen **Vorlieger**. Dieser wird versuchen, den Dachs in eine Endröhre zu drängen. Genau darauf kommt es an. Jetzt nehmen wir den Einschlag auf den „Standlaut unter Tage" vor.

Wer gräbt benötigt **Werkzeug**,

Gern versteckt sich der Iltis in Reisighaufen. An solchen Stellen ist ihm mit der Falle gut beizukommen. Vor die Flinte kriegt ihn der Jäger selten, zufällig eben.

nämlich eine Schaufel mit langem Stiel, einen Spaten mit möglichst kurzem Stiel, eine kurzstielige Axt, eine Wiedehopfhaue, eine starke Taschenlampe, eine leichte, kleine Motorsäge und speziell beim Dachsgraben eine Dachszange. Zudem hat er einen Kanister mit Wasser für seinen Hund und einen Verbandskasten dabei.

Sobald die Röhre geöffnet ist, gilt es, schnell und energisch zu handeln. In aller Regel wird nämlich einmal der Hund verschärft angreifen, da er sich der Unterstützung seines Herrn gewiß ist. Zum

anderen versucht der Dachs bei Lichteinfall auszuweichen. Zeitaufwendig, aber einfach ist es, in den frühen Morgen- oder späten Abendstunden **am Dachsbau anzusitzen**. Bis in den Spätherbst hinein verläßt der Dachs jeden Abend seinen Bau, so daß wir ihn bei Mondschein leicht erlegen können. Die Leitern stehen dabei niemals den Hauptröhren gegenüber, vielmehr hinter oder an Hängen oberhalb von ihnen. An unübersichtlich gelegenen Bauen können wir – ohne Bedenken – störendes Strauchwerk etc. entfer-

nen. Dachse sind nicht so empfindlich wie Rotröcke. Geschossen wird erst, wenn sich der Dachs wenigstens 20 Gänge von der Ausfahrt entfernt hat. Morgens wird der Jäger ihn nicht zu dicht an den Bau herankommen lassen, da er sonst für einen eventuell notwendigen zweiten Schuß kaum Zeit findet. 3,5- oder 4-mm-Schrot ist optimal: Deckt die Garbe gut und beträgt die Schußentfernung bis zu 30 Schritt, wird der Dachs auf dem Platz verenden. Fährt Grimbart dennoch ein, bleibt dem Jäger nichts weiteres übrig, als den Bau stückweise aufzugraben. In Felsbauen ist er verloren.

MARDERHUND

Auch der seltene Marderhund wird nur zufällig erlegt, etwa bei später Dämmerung oder bei der Bodenjagd. Der Ansitz an Bäumen mit reifem Obst kann dann Erfolg bringen, wenn dort Waschbären bestätigt sind (Kratzspuren, abgebrochene Fruchtreiser). Der Fang mit Fallen ist möglich.

WASCHBÄR

Infolge seiner nächtlichen Lebensweise kommt der Waschbär dem Waidmann höchst selten vor die Flinte. So werden die meisten in Conibär- oder Kastenfallen gefangen, zumal sie auf Obst und Backpflaumen gut zustehen. Im Bau sind Waschbären, aber auch Marderhunde, gefährliche Kämpfer. Sie springen nur schwer und gefährden die Erdhunde stark.

Am Tage sind sie im übrigen recht „dickfellig". Hat der Jäger einen Waschbären ausgemacht, kann er ihn kunstlos vom Baum schießen oder in der Deckung erlegen.

Füchse lassen sich sprengen, Dachse müssen oft gegraben werden. Ein aufwendiges Tun. Nicht jedermanns Sache.

Foto: R. Bender

Foto: Archiv JÄGER

Ein Meister mit Falle
und Flinte nach
erfolgreicher Saison.
Da darf er stolz sein.

STREIFEN VON RAUBWILD

Sorgfalt ist Trumpf, damit der kostbare Balg nicht entwertet oder gar verdorben wird. Gewußt wie, bringt es Spaß, dem Raubwild „das Fell über die Ohren zu ziehen".

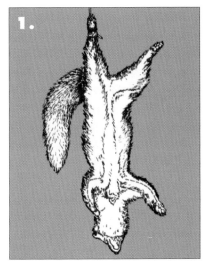

1. Schnittlinien für das Streifen von Marder, Iltis, Fuchs und Wiesel.

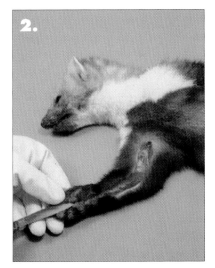

2. Zunächst werden Vorderbranten und -lauf von unten aufgetrennt.

3. Die Haut wird ringsherum gelöst, das Daumenglied abgeschärft.

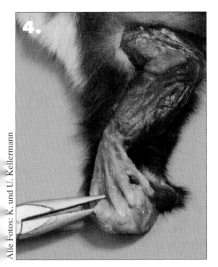

4. Eine Rundzange hilft, die Zehenglieder herauszuziehen.

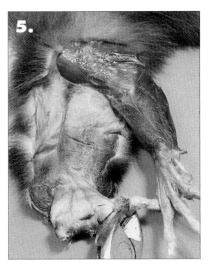

5. Am letzten Gelenk kneifen wir die Zehenglieder einzeln ab.

6. Wir schlitzen die Zehenhäute auf, damit sie besser trocknen.

Alle Fotos: K. und U. Kellermann

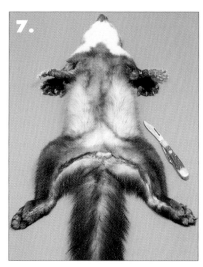

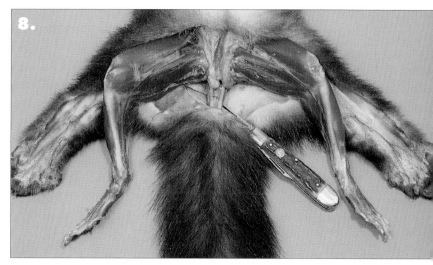

Erst die Ballen, dann schärfen wir bis zum Weidloch auf.

Nachdem wir hier die Zehenglieder durchtrennt haben, lösen wir die Hinterläufe vorsichtig heraus.

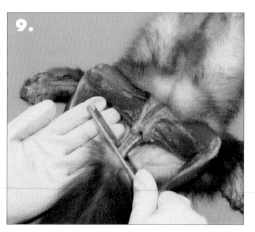

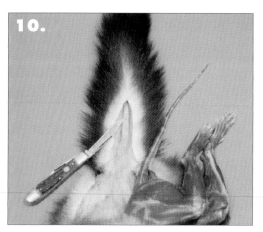

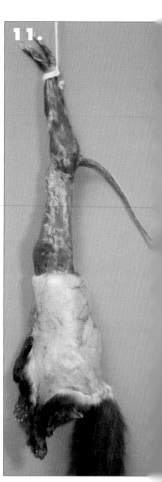

Mit Hilfe einer Pinzette ziehen wir die Rübe heraus.

Zwei rote Adern erleichtern uns das gerade Auftrennen des Luntenschlauches.

Alle Fotos: K. und U. Kellermann

Der Nasenknorpel wird so weit wie möglich herausgezogen und abgeschärft. Dabei achten wir darauf, daß die Nase unbeschädigt bleibt.

Nach den „Vorarbeiten" streifen wir den Balg.

13.

Der Lohn aller Mühen: Balg und Kern sind nun säuberlich voneinander getrennt.

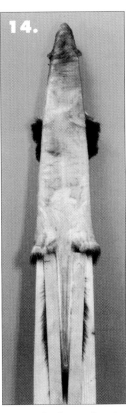

14.

Der aufs Spannbrett gezogene Balg muß faltenlos trocknen.

15.

Vorder- und Hinterläufe werden mit Papier ausgelegt.

16.

Zur besseren Belüftung schieben wir ein Keilbrett ein.

Am Beispiel eines Steinmarders zeigt die vorstehende Bildreihe die einzelnen Arbeitsschritte beim Streifen. Damit das perfekt gelingt, noch einige zusätzliche Tips:

STREIFEN

Recht knifflig ist das **Auslösen der Branten (Nr. 2 bis 5)** einschließlich der Krallen. Sind die Mittelhandknochen nach außen gestülpt, lassen sich die Zehen mittels einer Rundzange herausziehen. Mit einem Seitenschneider kneifen wir dann am letzten Gelenk die Zehen ab. Aber Achtung: Bleibt ein „Brantenglied" zuviel dran, fallen beim Gerben die Haare aus. Einen weiteren Knackpunkt bildet das **Herausziehen der Rübe (Nr. 8 und 9)**. Ist der Rübenansatz in ei-

ner Länge von etwa fünf Zentimeter freigelegt, wird die Lunte mittels einer großen Pinzette oder zweier kantiger, in der Mitte leicht eingekerbter Hölzer von der Rübe gestreift. Dabei halten wir die Rübe mit einer Hand an ihrem Ansatz fest, während die andere mit der Pinzette oder den Hölzern die Lunte vom Knochen zieht.

Zum eigentlichen **Abstreifen (Nr. 11)** hängen wir den Marder an beiden Hinterläufen, diese leicht gespreizt, auf. So geht es einfacher. Mit Hilfe möglichst weniger Schnitte ziehen wir dann den Balg über Bauch, Brustkorb und Vorderläufe herunter. Vornehmlich arbeiten wir dabei mit unseren Fingern. Der **Gehörgang** wird möglichst dicht am Kopf durchschnitten. Die Ohrmuscheln später vom Fleisch gesäubert. Die **Augenlider** lösen

wir möglichst nah an den Augäpfeln.

SPANNEN DES BALGES

Mit der Fleischseite nach außen stülpen wir den Balg auf ein 100 bis 124 Zentimeter langes, schmales **Spannbrett (Nr. 14 bis 16)**. Die Nase wird mit einem, der Unterlippenbereich mit drei Stiften angeheftet. Anschließend ziehen wir den Balg faltenfrei, spreizen die Hinterläufe und heften sie mit wenigen Nadeln an, breiten die noch feuchten Vorderläufe aus und kleiden sie mit Zeitungspapier aus. Um optimal zu spannen und zu durchlüften, schieben wir ein kleines Brett ein, welches mit einem Keil fixiert wird.

Wärme ist für das **Trocknen** des Balges ideal, Hitze schädlich.

FACHLITERATUR

Wer den Fuchs fangen will, darf kein Schaf hinter das Netz stellen – so besagt eine alte Redensart. Derjenige, der auf den Balg des Rotrockes aus ist, muß, anders formuliert, „mit allen Wassern gewaschen sein". Entsprechendes gilt bei Baum- und Steinmarder, Iltis und Hermelin. Wie es geht, zeigen die vorstehenden Seiten. Dem Jäger, der noch mehr über Reineke, Fuchssprengen, Ausneuen, Ludern und und und wissen will, helfen die folgenden Literaturangaben weiter. Doch geht gerade beim Raubwild probieren über studieren.

1. Schumann, Günther – Mein Jahr mit den Füchsen (1. Auflage 1992)
Der bekannte Tierfotograf erzählt von seiner einzigartigen Freundschaft zu einer wildlebenden Fähe im Reinhardswald. Das Buch ist mit sensationellen Bildern illustriert. *Erik Ziemen* attestierte mit Recht: „Welche Beobachtungen... und welche Bilder! Ähnlich familiär intim hat noch niemand den Fuchs in freier Wildbahn beobachten können."

2. Labhardt, Felix – Der Rotfuchs (1. Auflage 1990)
In dieser Monographie informiert der Schweizer Biologe *Felix Labhardt* kenntnisreich über Biologie und Verhalten des Fuchses. Einer unserer erfolgreichsten Baujäger, der Fachjournalist *Rolf Kröger*, gibt dem Leser anschließend nützliche Hinweise, wie er Rotröcke erfolgreich bejagen kann.

3. Sieber, Alfred – Fuchs-Reizjagd. Enten- und Taubenlockjagd (1. Auflage 1987)
Der Forstmeister schrieb ein handliches Büchlein, welches den Anfänger gekonnt in die Reizjagd einführt. Hilfreich ist die beigefügte MC: Der Jungjäger kann so das Mäuseln und die Hasenklage tüchtig in der Stube üben, bevor er sich im Revier versucht. So präpariert, wird er manchen Rotrock in klaren Vollmondnächten erbeuten. Auch das sichere Handhaben von Enten- oder Taubenlocke ist – mit Hilfe von Kassette und Buch – bequem zu erlernen.

4. Hespeler, Bruno – Die Baujagd (1. Auflage 1985)
Jeder Zeile dieses Taschenbuches merkt es der Leser an: Der ehemalige Berufsjäger und bekannte Fachjournalist *Bruno Hespeler* ist ein wildpassionierter Baujäger. Aus dem Inhalt: Die Baue – Fuchs und Dachs – Die Kriegsregeln – Das Graben – Die Einarbeitung des Junghundes... Ein Füllhorn von Tips rund um die Baujagd, locker zu Papier gebracht. Fazit: Unbedingt empfehlenswert.

5. Osgyan, Wolfram – Erfolgreich Raubwild bejagen (1. Auflage 1987)
Das Werk (5. Auflage 1995) hält, was der Titel verspricht. Der Autor vermittelt vielfältige Erfahrungen, die er während seiner jahrzehnte-

langen, sehr beuteträchtigen Praxis sammelte. Ob es dem Raubwild mit Büchse, Flinte oder Falle an den Balg gehen soll, das Buch enthält entsprechende Tricks und Kniffe in Hülle und Fülle. Wer es aufmerksam studiert, kann sich ein Gebirge von Mißerfolgen – vornehmlich bei der Fangjagd – ersparen. Ebenfalls unbedingt empfehlenswert!

Foto: Archiv JÄGER

Ausgefuchst! Wie ein Pilzsucher ging er durchs Dichte. Der stramme Rüde kam auf dem Paß.

JÄGER & PRAXIS
KURZ & BÜNDIG

9

WILDTAUBEN, RABENVÖGEL & WALDSCHNEPFE:
BIOLOGIE ★ LOCKJAGD ★ TAUBENJAGDTAGE ...

EINE BEILAGE DER ZEITSCHRIFT JÄGER

JAGDZEITEN

Die Bejagung der **Wald-schnepfe** im Frühjahr ist für uns Jäger seit 20 Jahren tabu (siehe Seite 94). Auch die Jagd auf **Rabenkrähen** und **Elstern** ist derzeit in zwölf Bundesländern untersagt (siehe Seite 80). Ein Ägernis! Der Bestand der Schnepfen leidet nicht, wenn einigen Hähnen auf dem Balzflug entnommen werden. Die Gesetzgeber in Schweden und Ungarn haben darauf klug reagiert. Die beiden Rabenvögel sind als Kulturfolger selbst bei intensiver Bejagung nicht zu gefährden. Sie örtlich kurz zu halten, ist sinnvoll.

Ringel- und Türkentauben haben laut Bundesjagdgesetz nur zwei Monate Schonzeit. Das ist eindeutig zu wenig. Brüten doch beide bei uns oft dreimal im Jahr bis weit in den Sommer hinein. So dürfen sie in Mecklenburg-Vorpommern und in Thüringen erst ab Mitte August geschossen werden. Diese vorbildlich Regelung wird von vielen Taubenjäger anderer Bundesländer auch ohne gesetzlichen Zwang beherzigt. Sobald im Spätsommer beträchtliche Schäden an Feldfrüchten entstehen, wird der Könner also anstreben, nur junge Ringeltauben

zu erlegen. Leicht sind sie an dem fehlenden weißen Halsring zu erkennen. Gerne sind sie in Flügen beisammen, während die noch fütternden Altvögel sich ihren Kropf in aller Regel alleine füllen.

Haustauben dürfen wir in vielen Bundesländern zur Saatzeit, also im Frühjahr und Herbst, erlegen, wenn sie auf Feldern Saatgut auflesen. Landesgesetze und örtliche „Taubensperren" sind dabei zu beachten. Wer eine meist recht wertvolle Brieftaube schießt, wird tief in die Tasche greifen müssen. **Brieftauben** sind unbedingt zu schonen.

VERORDNUNG ÜBER DIE JAGDZEITEN VOM 2. APRIL 1977
(Bundesgesetzgebung)

Ringel- und Türkentauben: vom 1. Juli bis zum 30. April
Waldschnepfen: vom 16. Oktober bis zum 15. Januar
Rabenkrähen, Elstern und Eichelhäher: unterliegen nicht dem Bundesjagdgesetz und haben – ausgenommen in vier Bundesländern – keine Jagdzeit

---

JAGDZEITEN GEMÄSS LANDESVERORDNUNGEN

BADEN-WÜRTTEMBERG
Ringel- und Türkentauben: vom 16. Juli bis zum 30. April
Rabenkrähen und Elstern: vom 15. Juli bis zum 15. März; Achtung! Gilt bislang nur für das Jagdjahr 1995/96.
Eichelhäher: auf Antrag

BAYERN
Rabenkrähen, Elstern und Eichelhäher: außerhalb befriedeter Jagdbezirke sowie außerhalb der Brutzeit (= 15. März bis 15. Juli) von Jagdschutzberechtigten

BRANDENBURG
keine Abweichung von der Bundesgesetzgebung

BREMEN
keine Abweichung von der Bundesgesetzgebung

HAMBURG
keine Abweichung von der Bundesgesetzgebung

HESSEN
keine Abweichung von der Bundesgesetzgebung

MECKLENBURG-VORPOMMERN
Ringel- und Türkentauben: vom 16. August bis zum 31. März
Waldschnepfen: vom 16. Oktober bis zum 31. Dezember

NIEDERSACHSEN
Ringel- und Türkentauben: vom 16. Juli bis zum 30. April

NORDRHEIN-WESTFALEN
Ringeltauben: vom 1. August bis zum 30. April
Türkentauben: vom 16. September bis zum 30. April
Waldschnepfen (gemäß Düsseldorfer Vereinbarung): freiwilliger Jagdverzicht
Rabenkrähen und Elstern: vom 1. August bis zum 31. März

RHEINLAND-PFALZ
Ringel- und Türkentauben: vom 1. August bis zum 15. April
Rabenkrähen und Elstern: vom 1. September bis zum 28. Februar

SAARLAND
keine Abweichung von der Bundesgesetzgebung

SACHSEN
Ringel- und Türkentauben: vom 1. August bis zum 15. April
Waldschnepfen: vom 16. Oktober bis zum 30. November

SACHSEN-ANHALT
keine Abweichung von der Bundesgesetzgebung

SCHLESWIG-HOLSTEIN
keine Abweichung von der Bundesgesetzgebung

THÜRINGEN
Ringel- und Türkentauben: vom 15. August bis zum 31. März
Waldschnepfen: keine Jagdzeit

Stand: Februar 1996 (alle Angaben ohne Gewähr).

INHALT

Ihr Wildbret ist köstlich. Die Jagd auf Ringeltauben vielfältig und reizvoll.

Foto: U. Hausen

Foto: R. Roosen

Wo erlaubt, hilft die Lockjagd mit Attrappen, um Krähen zu regulieren.

Foto: H. Reinhard

Sein Federkleid tarnt den „Vogel mit dem langen Gesicht" bei Brut und Nahrungssuche verläßlich.

Impressum: **JÄGER & PRAXIS** KURZ & BÜNDIG   Wildtauben, Rabenvögel & Waldschnepfe.   Eine Beilage der Zeitschrift **JÄGER**

Jahr-Verlag GmbH & Co.
Jessenstraße 1
22767 Hamburg
Tel. 040 / 38 90 60
Fax 040 / 38 90 63 05

Verleger:
Alexander Jahr

Redaktion: Dr. Rolf Roosen

Titelfotos: J. Markmann, K. Schendel und M. Danegger

Fachberater: Walter Bachmann, Dr. Jobst von Schaaffhausen, Professor Dr. Christian Saar

Titel/Layout: Werner Rabe

Vertriebsleitung:
Peter Lüdemann

Herstellungsleitung:
Helmut Post,
Brunhild Sudmann (Stellv.)

Druck/Lithographie:
Busche, Dortmund/
Repro- und Satztechnik
Helmut Gass, Hamburg

Copyright:
Jahr-Verlag GmbH & Co.
Hamburg 1996

RINGEL- UND TÜRKENTAUBE

Wildtauben schmecken gut. Ihre Bejagung macht Freude. In den dreißiger Jahren noch weniger häufig, treten Ringeltauben heute im Norden Deutschlands massenhaft auf. Allein in Niedersachsen und Nordrhein-Westfalen wurden im Jagdjahr 1994/95 genau 716.483 Wildtauben geschossen. Kein Flugwild gibt es häufiger bei uns.

Foto: U. Grimm

Kleines Foto: Tauben satt. Da macht das Jagen Spaß.

Großes Foto: Wer war der Störenfried bei der Beerenernte? Blitzschnell wird gestartet. Ist der weit hörbare, klatschende Flügelschlag dabei Warnung an die Artgenossen?

Foto: D. Schiersmann

Alle heimischen Wildtauben unterliegen dem Jagdrecht (§ 2 Absatz 1 Bundesjagdgesetz). Bejagt werden dürfen nur Ringel- und Türkentauben. Hohl- und Turteltauben sind ganzjährig geschont. Da Türkentauben sich vorwiegend in Ortsnähe, also in Parkanlagen oder Feldgehölzen, aufhalten, sind sie jagdlich bedeutungslos. In der Bundesrepublik wurden im Jagdjahr 1994/95 gut 860.000 Wildtauben – fast ausschließlich Ringeltauben – erlegt.

STELLUNG IM ZOOLOGISCHEN SYSTEM

Ringel- und Türkentauben gehören zur Klasse der Vögel, zur Ordnung der Taubenvögel und zur Familie der Tauben. Sie sind schnelle Flieger mit auffällig kleinem Kopf und jeweils charakteristisch gurrenden Stimmlauten.

VERBREITUNG UND LEBENSRAUM

Ringeltauben sind über ganz Europa – mit Ausnahme des hohen Norden – verbreitet. Mitteleuropa und England besiedeln sie stellenweise außerordentlich dicht. Sie leben als Kulturfolger nicht nur in Wäldern, sondern auch in Parks oder in Stadtrandlagen, etwa in Hausgärten. Zudem kommen sie in der fast baumlosen Feldmark ebenso vor wie auf Inseln oder an der Küste. Je nach der Härte des Winters und nach Mastjahren sind Ringeltauben Stand-, Strich- oder Zugvögel.

Die Tages- und Nachteinstände der Ringeltauben richten sich nach den örtlichen Verhältnissen. Wald oder Feldgehölze sind die Regel. Der revierkundige Jäger kennt sie. Uralte „Tauabeneichen" kennen Generationen von Jägern im Revier. Tauben besetzen gerne höhere Nadelbäume, auch Eichen- und Buchenüberhälter, in Feldnähe.

Foto: M. Danegger

Die Halsschilder wirken von weitem wie ein weißer Ring. Daher ihr Name.

Foto: Hg. Arndt

Bei der Hohltaube glänzt der Halsseitenfleck grün.

Sind diese nicht vorhanden, nehmen sie auch höhere Laubholzbestände an, sofern ihnen diese genügend Sicht bieten. In Mastjahren ziehen masttragende Eichen oder Buchen an. Auf den Feldern locken im Frühjahr insbesondere Erbsen, im Spätsommer die frisch geernteten Felder mit Getreideresten sowie Raps-, Grün- und Rosenkohlfelder.

Türkentauben stammen ursprüng-

Foto: H. Reinhard

Schwarz-weiß geschuppt ist der Halsseitenfleck der Turteltaube.

Foto: H. Arndt

Das schwarze Nackenband ist für Türkentauben charakteristisch.

Waldrändern. Als Standvogel überwintert die Türkentaube bei uns und erfreut viele Vogelfreunde, da sie die Futterplätze für Singvögel annimmt. Türkentauben sind auffällig zutraulich.

FEDERKLEID UND GEWICHT

Kopf und Obergefieder der **Ringeltaube** sind taubenblau. Nur Hals und Nacken leuchten grünlich mit purpurrotem Schimmer. Unterseits sind sie grauweiß bis schiefergrau. Gut erkennbar sind die weißen Schwingenränder. Sie wirken im Flug wie weiße Bänder. Den Stoß kennzeichnet eine schwarze Endbinde, die bürzelwärts von einer etwas breiteren weißen Binde abgelöst wird. Tauben haben schon ab Herbst des ersten Lebensjahres einen beiderseits weißen Halsfleck, keinen Ring. Die weißen Halsschilder fehlen bei Jungtauben. Das ist ein gutes Merkmal für den Jäger, um sie im August von den Alttauben zu unterscheiden, die in dieser Zeit oft noch die dritte Brut vollziehen. Die Geschlechter sind gleich gefärbt, äußerlich also nicht zu unterscheiden. Die Augen haben einen gelben Augenring. Der Schnabel ist gelb, die Ständer sind rot. Ringeltauben bringen 400 bis 600 Gramm auf die Waage. Dagegen wiegen Türkentauben 160 bis 200 Gramm und sind gerupft ungefähr drosselgroß. Für eine Mahlzeit braucht es also mindestens zwei Türkentauben pro Person.

Im Vergleich zu den Ringeltauben wirken **Türkentauben** klein und schlank. Sie haben ein sandfarbenes, hellgraues Gefieder und einen weißen Unterstoß, der im Flug gut erkennbar ist. Brust und Bauch sind zart rötlich gezeichnet. Der Schnabel ist schwarz. Iris und Ständer sind rot. Charakteristisch ist das schmale, schwarze Nackenband, das den Jungtauben fehlt. ▶

lich aus Vorderindien und sind über den Balkan Mitte dieses Jahrhunderts bei uns eingewandert. Sie haben sich zunächst gut vermehrt. Seit etwa 20 Jahren ist ihr Bestand in etwa gleichbleibend. Türken-

tauben halten sich eng an menschliche Siedlungen. Sie meiden den geschlossenen Wald und brüten vielfach in Bäumen größerer Hausgärten, an Gebäuden, in ortsnahen Gehölzen oder aber auch an

WILDTAUBEN IM FLUGE

Ringeltaube

Hohltaube

Turteltaube

Türkentaube

Zeichnung: J. Bindseil nach D. Bornhalm, 1987

kurzen „Rug" beschlossen werden. Wenn sie der Jäger bei der Taubenpirsch vertreten hat, dann „klappern" Ringeltauben mit klatschendem Flügelschlag ab.

Der Ruf der **Türkentaube** ist dreisilbig, wobei die zweite Silbe betont ist.

ÄSUNG UND SCHÄDEN

Wildtauben bevorzugen Teile von Grünpflanzen, Beeren, Früchte, Sämereien von Getreide, Eicheln sowie Bucheckern. Sehr selten äsen sie Schnecken und Insekten. Die aufgepickten oder abgerissenen Nahrungsstücke werden unzerteilt, Samen mit Hülse, in den Kropftaschen gesammelt. Dort werden sie zunächst aufgeweicht. Sand und Magensteine dienen der Verdauung. Da der Kropfinhalt

Zeichnung:
Die verschiedenen Bänderungen am Schwingenbug und Stoßende erkennen wir auf kurze Entfernung.

Foto:
Anhaltendes Flügelpicken und Schnäbeln leitet die Kopulation ein. Sie findet auf dem Nest oder in dessen Nähe statt.

VERHALTENSWEISE

Ringel- und Türkentauben sind tagaktiv. Außerhalb der Brutzeit leben Wildtauben gesellig in Flügen. Alle Tauben fliegen ausgezeichnet, schnell und gewandt. Ihren Flug beginnen sie zumeist mit klatschenden Flügelschlägen.

LAUTE

Ringeltauben balzen oder locken „gurrend" und „rucksend". Die erste Strophe ihres „Reviergesangs" ist viersilbig. Es folgen drei fünfsilbige Strophen, die mit einem

Foto: Hg. Arndt

schnell gärt, wird der Jäger ihn bei einer erlegten Ringeltaube sofort ausnehmen. Indem wir den zwischen 30 bis 75 Gramm wiegenden Kropfinhalt untersuchen, stellen wir zudem fest, was gerade ihr Lieblingsfutter ist. Der Salz- und Wasserbedarf der Ringeltauben ist hoch. Sie trinken nicht schluckweise, sondern saugen das Wasser durch den eingetauchten Schnabel an. Salzlecken werden gerne angenommen.

Tauben können erhebliche **Schäden** in landwirtschaftlichen Kulturen verursachen, etwa durch Körneraufnahme und Pflanzenausriß bei Erbsen, durch Frucht- und Blattaufnahme beim Raps, Blattaufnahme beim Rosenkohl und anderes mehr. Den größten Schaden richten sie an, wenn sie im Winter oder im Vorfrühling in großen Schwärmen auftauchen und Saatgut oder aber keimende Pflanzen flächendeckend aufnehmen. Von Wildtauben angerichtete Wildschäden sind im Unterschied zu den Fasanenschäden gemäß § 29 Bundesjagdgesetz nicht ersatzpflichtig. Der Revierinhaber wird dem Landwirt helfen, indem er die Tauben tüchtig bejagt, etwa in Form von Taubentagen (siehe Seite 76/77).

BALZ UND BRUT

Ab Ende Januar können wir bereits erste Balzflüge der Tauber beobachten, bei deren Höhepunkt sie laut mit den Flügeln klatschen. Dennoch beginnt die **Balz** erst im Februar/März. Die Brut erstreckt sich von April bis in den August. Nach der Balz lebt das Tau-

Foto: Archiv JÄGER

benpaar in Jahresehe. Das ungeordnete **Nest** wird von Tauber und Taube aus trockenen Reisern recht durchsichtig gebaut. Es ist ungepolstert. Ringeltauben brüten auf Bäumen oder seltener in höherem Gebüsch in Wäldern, Feldgehölzen oder in Parkanlagen. Das Paar bebrütet die zwei reinweißen, lang-elliptischen Eier abwechselnd 15 bis 17 Tage lang, der Tauber meist von 10 bis 16 Uhr. In der Regel kommt es zu zwei, bisweilen zu drei Jahresbruten. Sie sind oft ineinander verschachtelt: Während die Taube schon das nächste Gelege bebrütet, betreut der Tauber noch die Jungen der vorherigen **Brut**.

Die **Jungen** werden ungefähr vier Wochen lang von beiden Eltern zunächst mit Kropfmilch, später mit Sämereien aus dem Kropf gefüttert. Mit fünf Wochen sind die Jungen dann voll flugfähig.

Türkentauben vollziehen ebenfalls zwei bis drei Bruten im Jahr, die von beiden Partnern großgezogen werden. Die beiden eben-

Ringeltauben brüten in einem einfachen, ungeordneten Reisignest. Bisweilen schimmern die weißen Eier durch.

falls weißen, lang-elliptischen Eier werden 14 bis 16 Tage von Tauber und Taube abwechselnd bebrütet. Die Jungen bleiben drei bis vier Wochen Nesthocker und sind 14 Tage Ästlinge.

FEINDE UND KRANKHEITEN

Das Gelege von Ringel- oder Türkentaube rauben Marder, Eichhörnchen, Krähen, Elstern sowie Eichelhäher. Junge Tauben werden von Habicht sowie Sperberweib gegriffen. Wanderfalke, Sperberweib und Habicht schlagen ausgewachsene Wildtauben. Marder erbeuten gelegentlich Tauben auf deren Schlafbäumen.

Gefährliche **Krankheiten** sind Geflügelpocken und Ornithose (siehe dazu das noch erscheinende Sonderheft „Wildkrankheiten"). ▶

JAGD
BALZJAGD

Für viele Jäger ist die Jagd auf den balzenden Tauber höchste Waidmannslust. Die Balzjagd auf den scheuen, äußerst scharfäugigen Vogel im erwachenden Frühjahr ist besonders stimmungsvoll und verlangt jagdliches Können.

Je nach Gelände wird der Jäger entweder in die Nähe eines rucksenden Taubers pirschen, um diesen mit dem nachgeahmten Lockruf zum Zustehen zu bringen, oder aber er pirscht den rufenden Tauber an.

ber ruft. Verschweigt er, erstarren wir zur „Salzsäule". Jede sich bietende Deckung, etwa starke Buchenstämme oder eingesprengte Fichten, nutzen wir möglichst aus, um uns an den Tauber heranzuarbeiten.

Der Jäger pirscht sich an den Tauber bis auf nähere Entfernung, etwa 100 Meter, heran. Dann ahmt er durch Blasen auf den zu einer Hohlkugel geschlossenen Händen oder mit Hilfe eines künstlichen Taubenlockers den Balzgesang (siehe Seite 72) nach.

Künstliche Locker sind im Fachhandel erhältlich. Prima und ohne

Balzruf: Im Revier ist ein Rivale, den es zu vertreiben gilt. Oft antwortet er erregt. Manchmal steht er auch zu und setzt sich in die Krone des Baumes, unter dem der Lockjäger – an den Stamm gedrückt – Deckung genommen hat. Nicht immer fällt der zustehende Tauber schußgünstig ein. Versuchen Sie einmal, ihn bereits im Anflug zu erlegen. Das ist selbst für den geübten Flintenschützen eine Herausforderung.

Auf den balzenden Tauber sind 3mm-Schrot eine gute Wahl. Und die Flinte hat möglichst eine enge Bohrung. Denn die sitzende Rin-

Foto: H. Rohleder Leica R7

Der Tauber ruft, um den Artgenossen seinen vorgesehenen Brutplatz anzuzeigen. Diese Gewohnheit nutzt der Lockjäger aus. Angepirscht wird schrittweise. Wir bewegen uns nur, solange der Tau-

jede „Hilfe" lockt es sich auch mit dem reinen Stimmlaut. Dann haben wir die Hände frei, um unsere Waffe schnell gebrauchen zu können.

Für den Ringeltauber bedeutet der

Bei klarem, gutem Wetter hielt der Tauber frühmorgens seine „Sonnenbalz" ab. Auf den Lockruf des Jägers ist er zugestanden. Nur klein ist die Beute, aber viel Freude dabei.

Die weißen Halsschilder leuchten dank TippEx kräftig. Ein simpler Trick, um die Lockwirkung zu verstärken.

Foto: R. Roosen

geltaube ist recht schußhart. Bei einer schußgerechten Entfernung von nicht über 35 Meter durchschlagen die Schrote die schützenden Schwingenfedern und decken außerdem genügend. Der Schuß mit dem Kleinkaliber bedarf vor Abgabe stets der Kontrolle: Wohin fliegt das Bleigeschoß? Denn der Himmel ist kein Kugelfang!

ANSITZ UND PIRSCH

Der Ansitz auf Ringeltauben an Suhlen, Tränken, Stoppelfeldern, Buchweizen- oder Rapsschlägen ist erfolgversprechend, wenn der Jäger in guter Deckung – etwa einem gut verblendeten Schirm – hockt. Da die Vögel gegen den Wind einfallen, wird der Taubenjäger den Wind im Nacken haben. Er erwartet die Ringeltauben am Vor- sowie späten Nachmittag. Der erste „Frühstrich" ist oft der beste!

In wasserarmen Revieren lohnt es, eine Tränke mit Hilfe einer Plastikfolie anzulegen. Diese schütten wir mit Kies auf. Für das Anlegen einer Salzlecke braucht es nur eine ungefähr fünf Meter lange Rinne, in die grobes Salz gestreut ist.

Im Herbst und Winter fallen Ringeltauben gerne in alte Bäumen kleinerer Wäldchen oder Feldgehölze ein. An diesen Schlafbäumen stellt sich der Jäger am frühen Abend an. Einfallende Tauben beschießt er mit Schrot Nummer 6. Im Sommer und Herbst fallen feldernde Tauben übrigens auch am Tage in kleine, hohe Baumgruppen oder -reihen ein, wenn ihre Kröpfe gefüllt sind. Gruppieren wir im Umfeld einige Locktauben, er-

höhen wir unsere Chancen. In Mastjahren ist der Anstand etwa an Eichen sehr erfolgversprechend, wenn der Jäger die „Taubenbäume" seines Revieres kennt. Flügge Jungtauben lassen sich prima in der Dämmerung bejagen, wenn sie sich auf die Außenzweige von Horstfichten begeben. In

taubenreichen Regionen wird der geübte Flintenschütze gerne an Baumgruppen entlang pirschen, um abklappernde Ringeltauben zu erlegen.

LOCKJAGD MIT ATTRAPPEN

Dazu benötigen wir folgende Utensilien: Fünf bis sieben Plastiktauben – je mehr, desto besser –, zwei oder drei Tarnnetze à zwei mal drei Meter, einen Sitzstock, eine Gartenschere, um den Stand notfalls besser verblenden zu können, vier spezielle Eisenstangen oder spitze oben mit einem Nagel versehene Holzstäbe zum Halten der Netze und schließlich ausreichend Munition. Denn wer ist bei gutem Flugbetrieb schon gerne leergeschossen? Gute „Taubenflinten" schießen dicht und gleichmäßig. Im Feld ein Muß, da wir oft „weit hinlangen" und die Taube einen guten Schuß braucht.

Erst wird ausgekundschaftet, wo die Tauben bevorzugt einfallen. Haben wir dann einen

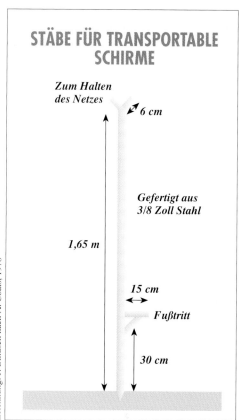

Zeichnung: J. Bindseil nach A. Coats, 1970

STÄBE FÜR TRANSPORTABLE SCHIRME

Zum Halten des Netzes

↙ *6 cm*

Gefertigt aus 3/8 Zoll Stahl

1,65 m

15 cm

Fußtritt

30 cm

Fünf dieser Stäbe und drei Tarnnetze genügen, um in vier Minuten einen Stand aufzubauen.

▶

Getreideschlag gefunden, der von Tauben stark besucht wird, richten wir unseren gut getarnten Stand her: Wir können zum Beispiel zwölf Strohballen – vier Lagen hoch mit rechteckigem Innenraum – aufstellen. Ein dreizehnter Ballen dient als Sitz. Natürlich geht es auch anders, etwa mit Tarnnetzen: Siehe dazu Seite 86. Anschließend plazieren wir die Locktauben in etwa 25 Meter Entfernung vom Stand. Sie stehen ungefähr zwei Meter auseinander und sind mit der Brust gegen den Wind gerichtet. Bewährt hat es sich, in der Mitte dieses Arrangements ein „Loch" zu belassen. Dieses fliegen anstreichende Ringeltauben bevorzugt an. Erlegte Ringeltauben werden zusätzlich

Zeichnung: Den breiten „Korridor" benutzen die Ringeltauben bevorzugt beim Erkundungsflug.

Foto: Geschossene Tauben sind gute Lockvögel. Einfach ein Stöckchen unter oder in ihren Unterschnabel stecken.

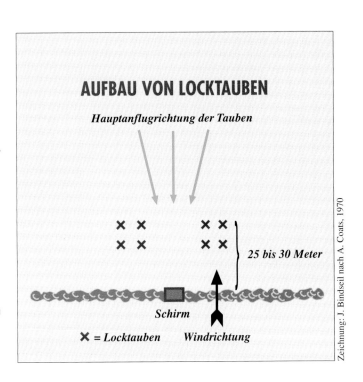

AUFBAU VON LOCKTAUBEN

Hauptanflugrichtung der Tauben

✕ = Locktauben   Windrichtung

Schirm

25 bis 30 Meter

Zeichnung: J. Bindseil nach A. Coats, 1970

Foto: Archiv JÄGER

als Lockvögel genutzt: Wir setzen sie zwischen unsere Locktauben. Ihr Kopf wird mit einem kleinen Holzstöckchen in Stellung gebracht.

Locktauben sind im Fachhandel in zwei Versionen erhältlich, einmal als Vollplastiken oder als auf Haltestöcken befestigte Halbplastiken

im Sechser-Pack. Erstere sind doppelt so gut.

Sobald wir sitzen, wird oft schon die erste Taube am Horizont sichtbar. Eräugt sie unsere Lockvögel, verliert sie mit angelegten Schwingen an Höhe. Noch ein kleiner Bogen und sie ist auf 30 Meter heran. Der Schuß bricht. Läuft es gut, geht

es Schlag auf Schlag... Ringeltauben äsen bevorzugt am Vor- oder Spätnachmittag. Zwei gute Zeitpunkte für die Lockjagd mit Attrappen, vor allem wenn stärkerer Wind weht. Bei windstillem, klarem Wetter läuft es schlechter.

TAUBENTAGE

Gesellschaftsjagden auf Tauben werden dort abgehalten, wo Ringeltauben merkbare Schäden an Feldfrüchten oder Gemüse anrichten. Beispielsweise am Niederrhein oder in Westfalen. Vor allem zur Zugzeit finden sich örtlich größere Schwärme ein. In Waldrevieren lohnen solch größer angelegte Jagden in aller Regel nicht.

Möglichst auf Hegeringebene, also auf großer Fläche, werden Feldgehölze und Taubenbäume an einem zuvor festgelegten Termin revierweise abgestellt. Dabei darf es „keine toten Ecken im Revier" (*Bruno Hespeler*) geben, in die sich die Tauben während der Jagd „verziehen" können. Aufgrund der großflächigen Bejagung werden die Wildtauben ständig in Bewegung gehalten. Sie fliegen von einem Revier in das nächste, fallen immer wieder ein und können dann erfolgreich beschossen werden. Taubentage werden optimalerweise mit Abendanständen in den Übernachtungsgehölzen kombiniert.

Da Tauben bekanntlich auf jeder Feder ein Auge haben, ist gute Deckung für die Schützen selbstverständlich.

Damit es auch bei kommenden Taubenjagden allen Freude macht

Foto: Archiv JÄGER

und die Strecke groß wird, findet nach der Jagd ein Erfahrungsaustausch statt. Denn so können die folgenden Jagdtage optimiert werden. Alle vierzehn Tage können derartige Hegeringsjagden durch-

aus stattfinden. Solche Taubentage sind nicht nur jagdlich effizient, sie bieten darüber hinaus auch revierlosen Jägern Jagdgelegenheit. Neu hinzugekommene Jungjäger können sich bewähren.

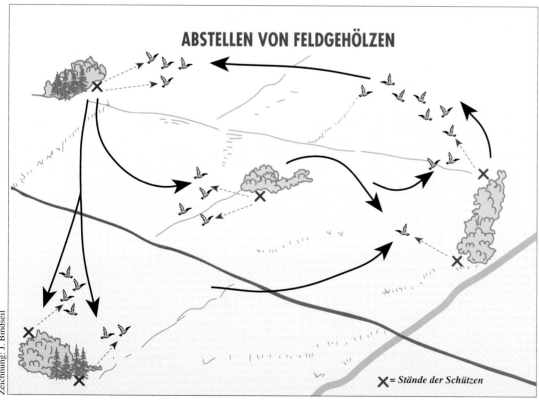

Zeichnung: J. Bindseil

ABSTELLEN VON FELDGEHÖLZEN

✗ = *Stände der Schützen*

Foto oben: Zwei Stunden nur und dann diese Strekke. Locktauben machen es möglich.

Zeichnung: Wird im Hegering überall gleichzeitig gejagt, bleiben die Tauben ständig in Bewegung. Gibt es zudem keine „toten Ekken" in den Revieren, werden die Jäger reichlich zu Schuß kommen.

Foto: M. Breuer

Foto: W. Nagel

Kleines Foto:
Zwar mag er wie
alle Hunde keine
Federn in sei-
nem Fang, den-
noch apportiert
der Kleine Mün-
sterländer brav
die Krähe.

Großes Foto:
Obwohl die Ra-
benkrähe zu den
Singvögeln
zählt, ist ihre
Stimme rauh
und quarrend.

RABENVÖGEL

Im Unterschied zu den
Hühnervögeln, also Wachtel
oder Rebhuhn, sind die
Rabenvögel sehr anpas-
sungsfähig. Schon im frühen
Mittelalter bevölkerten sie
die entstehenden Städte.
Grund für ihr erfolgreiches
Ausbreiten ist vor
allem ihr extrem großes
Nahrungsspektrum. Gefres-
sen wird alles, was verdau-
lich ist, von Aas und Eiern
anderer Vögel bis zu Brot
und Bratkartoffeln aus
dem Müllcontainer.

Die Jagd auf Rabenvögel ist in Deutschland leider nur noch regional erlaubt. So dürfen die Rabenkrähen derzeit nur in den Bundesländern Rheinland-Pfalz, Nordrhein-Westfalen, Bayern und Baden-Württemberg bejagt werden (siehe Seite 66). Dasselbe gilt für die Elster. Der Eichelhäher hat keine Jagdzeit mehr, abgesehen von Baden-Württemberg und Bayern. Schade, denn in der Suppe oder gebraten ist er ein Genuß!

ZOOLOGISCHE STELLUNG

Rabenkrähe, Elster und Eichelhäher sind eigene Arten der Familie der Rabenvögel. Sie gehören zur Ordnung der Sperlingsvögel in der Klasse der Vögel. Sie sind größere Singvögel, deren Geschlechter äußerlich nicht zu unterscheiden sind.

RABENKRÄHE

Sie ist der häufigste Rabenvogel. Rabenkrähen sind über ganz Europa mit Ausnahme Islands verbreitet. Als Kulturfolger besiedeln sie die verschiedensten Lebensräume.
In Westeuropa sind **Rabenkrähen** schwarz, östlich der Elbe werden Rücken- und Bauchpartie zunehmend heller. Allmählich geht dies dann in die Farbvariation der **Ne-**

Foto: Hg. Arndt

belkrähe über. Nebel- und Rabenkrähen sind folglich zwei geographische Rassen derselben Art. Nebelkrähen dringen während der Wintermonate bisweilen sogar weit nach Westdeutschland vor.
Der Laie kann Raben- und Saatkrähen leicht miteinander verwechseln. Der Jäger weiß, daß der Schnabelgrund von Rabenkrähen stets befiedert, bei älteren Saatkrähen dagegen nackt ist.
Rabenkrähen sind überwiegend ortstreu. Im Winter vergesellschaften sie sich. Wenn sie dann in Schwärmen an Müllkippen oder Luderplätzen auftauchen, wird der Jäger genau hinschauen müssen, um nicht versehentlich eine geschützte Saatkrähe zu erlegen.
Das Nahrungsspektrum der Ra-

Links:
Aufgrund ihrer grauen Rücken- und Bauchpartie sind Nebelkrähen leicht von Raben- oder Saatkrähen zu unterscheiden.

Rechts:
Im Unterschied zu Nebel- oder Rabenkrähen ist bei den Altvögeln der Saatkrähen der Schnabelgrund unbefiedert. Die Federn sind dort nur als „Blutkiele" angelegt. Sie werden abgescheuert, da Saatkrähen mit ihrem Schnabel viel im Erdreich bohren.

Unten:
Als Allesfresser schaffen sich Rabenkrähen ein „Suchbild". So spezialisieren sie sich etwa zur Zeit der Fasanenbrut auf deren Gelege und halten über Wochen nach dieser Beute Ausschau.

Foto: G. Wendel

benkrähe ist breit gefächert. Dazu zählen unter anderem Sämereien wie Getreidekörner, Abfälle, Aas, Gelege, Jungvögel und kleinere Säugetiere bis zu Junghasengröße. Oft jagen Krähen Möwen oder

Foto: U. Walz

selnd drei bis sechs schmutzig grünliche, mit verschiedenen Brauntönen gefleckte Eier für 18 bis 20 Tage. Beide Elternteile füttern ihre Jungen, deren Nestlingszeit vier Wochen beträgt. Im Juli löst sich der Familienverband auf. Dann bilden Rabenkrähen oft größere Gesellschaften, die im Winter zu großen Flügen anwachsen können.

Rabenkrähen sind wichtige „Nestlieferanten" für andere Vogelarten, etwa Turmfalken oder Waldohreulen. Darin gründet unter anderem das Verbot, Nester auszuschießen. Natürliche Feinde aller Rabenvögel sind Habicht, Wanderfalke und Uhu. Auf Schlafbäumen sind auch Marder gefährlich, die zusätzlich Gelege und Nestlinge rauben.

ELSTER

Greifvögeln die Beute ab. Im Winter finden wir sie vielfach an Müllplätzen, die sie nach allen möglichen Abfällen durchsuchen.

Im März können wir die turbulenten Balzflüge der Rabenkrähen gut beobachten. Der Nestbau der in Dauerehe lebenden Vögel ist kärglich. Im Unterschied zu Saatkrähen brüten sie nicht in Kolonien, sondern einzeln. Im März bis Juni bebrütet das Paar abwech-

Sie ist in ganz Europa – abgesehen von Island, Kreta und Großteilen Sardiniens – Jahresvogel. Als typischer Kulturfolger bevorzugt sie die halboffene, baum- und buschdurchsetzte Landschaft. Sie ist ▶

auch häufig in Dörfern und Städten anzutreffen. Vielfach scheint sie die Nähe der Menschen geradezu zu suchen.

Ihr Gefieder ist scharf weiß gegen schwarz abgesetzt. Schultern, Flanken und Bauch sind hellweiß. Die schwarzen Schwingen glänzen häufig blau, die schwarzen, weichen Stoßfedern grünlich-violett. Sie sind mit einer Länge von etwa 20 Zentimeter charakteristisches Merkmal der Elster. Jungvögel haben einen kürzeren Schwanz, außerdem schillert ihr Gefieder noch nicht.

Elstern sind auch den Winter über in der Regel Standvögel. Sie erweitern in dieser Zeit ihr Revier beträchtlich und „vergesellschaften" sich. Elstern vermeiden es möglichst, über größere Geländeabschnitte zu streichen, da sie sehr langsam fliegen.

Dieses Verhalten nutzt mancher Jäger: Er stellt sich an das Ende einer Hecke oder eines Knicks. Ein zweiter Schütze „treibt" von der entgegengesetzten Seite. Die Elstern lassen den „Treiber" nicht auf Schrotschußentfernung herankommen. Von Strauch zu Strauch, von Ast zu Ast geht es schackernd in die andere Richtung, bis der vorgestellte, gut gedeckte Schütze seine Chance bekommt.

Auch fast allen Städtern dürfte der schackernde Ruf der Elster vertraut sein. Wir können ihn mit einer halb gefüllten Streichholzschachtel nachahmen, indem wir

Foto: M. Danegger

Oben:
Hase entdeckt. Zuerst hackt die Elster ihm die Seher aus.

Rechts:
Im Ästlingsstadium hocken die Geschwister ganz eng beieinander. Noch wirken sie niedlich und harmlos. Löst sich der Familienverband auf, muß sich jede einzelne behaupten.

Foto: K. Schneider

sie kräftig schütteln. Auf diese Weise eine Elster anzulocken, gelingt in rauher Praxis jedoch höchst selten.

Die Allesfresser leben vorwiegend von Insekten und anderen Kleintieren. Sie sind Nesträuber. Im Winter nehmen sie Sämereien, Früchte und Aas an. So kann man sie – wie Rabenkrähen und Bussarde – oft in der Nähe belebter Verkehrsstraßen beobachten, wo sie mit überfahrenen Tieren aufräumen. Der Jäger kann sie mit Aas ludern, doch ist diese Methode nicht sehr ergiebig.

Zur Brutzeit leben Elstern paarweise. Die Nester befinden sich in höheren Bäumen von Feldgehölzen, an Waldrändern oder Alleen sowie Parkanlagen. Das Paar baut meist mehrere Nester, sogenannte Spiel- oder Schlafnester. Eines wird dann sorgfältig ausgebaut und oft im kommenden Jahr wieder bezogen: Die Nestmulde ist mit Lehm und Pflanzenteilen etc. dick ausgekleidet und mit sperrigem Reisig kupelförmig überdacht.

Elstern bebrüten ihre fünf bis acht weiß-gelblichen, gleichmäßig braun gesprenkelten Eier in der Zeit von März bis Mai 17 bis 18 Tage. Die Jungen werden von beiden Eltern versorgt und sind nach vier bis fünf Wochen flügge.

Feinde sind Eichhörnchen, Marder, Habicht, Sperberweib, Wanderfalke und Rabenkrähe.

Foto: W. Bajohr

Foto: M. Rogl

Oben: Jeden Herbst macht er seinem Namen alle Ehre. Er sammelt Eicheln und versteckt sie im Waldboden, um Wintervorräte anzulegen. Nicht jede findet er später wieder. Den Waldbauern freut die „Hähersaat".

Links: „Einemsen" nennt es der Jäger, wenn der Häher sein Gefieder durch Ameisen pflegen läßt.

EICHELHÄHER

Außer im hohen Norden kommen Eichelhäher in ganz Europa vor. Sie finden sich in Laub-, Misch- und Nadelwäldern mit abwechslungsreicher Struktur, in größeren Feldgehölzen und zunehmend in Ortschaften. Eichelhäher suchen bevorzugt Eichen auf, ab Spätsommer gezielt, um Vorräte anzulegen. Sie meiden freies Gelände und bewegen sich in kurzen Flügen von Baum zu Baum und von Strauch zu Strauch.

Er ist ein bunter Vogel. Der weiße Bürzel und weiße Flügeldecken bilden einen lebhaften Kontrast zum schwarzen Schwanz und den dunklen Schwingen. Besonders auffällig, und bei Jägern als Hutschmuck beliebt, sind die leuchtend blauen, schwarz und weiß gebänderten Flügeldecken. Erregt sich der Eichelhäher, etwa über einen pirschenden Waidmann, richtet er seine Scheitelfedern zur Holle auf und rätscht. Seine kurzen, breiten Flügel ermöglichen es ihm, behende durch Astgewirr zu manövrieren. Andererseits sind sie auch der Grund für den ungeschickt flatterigen Flug über längere Strecken bei freiem Gelände. Das Rätschen des Eichelhähers ist ein Warn- oder Schreckruf, den er immer dann ausstößt, wenn sich ihm etwas Unbekanntes zeigt oder er einen Feind wahrnimmt. Durch das Rätschen werden nicht nur Artgenossen gewarnt, sondern auch andere Tiere, vor allem Säuger. Rehwild wirft beispielsweise oft auf, sobald des Eichelhähers Ruf ertönt. Eichelhäher sind äußerst stimmbegabt. So ahmen sie andere Vogelrufe nach, etwa den miauenden Schrei des Bussards. Während der Balz im Vorfrühling vernimmt der Jäger im Wald oft ihren schwätzenden Gesang.

Im Frühjahr rauben sie unter anderem die Nester kleinerer Singvögel aus. Während des Sommers leben sie überwiegend von Insekten und anderen Kleintieren. Sie bevorzugen die nährstoffreichen Samen von Gehölzen. Den Waldbauern erfreut die „Hähersaat": Als Wintervorrat verstecken Häher viele Bucheckern und Eicheln. Sie finden jedoch nicht sämtliche Verstecke wieder. So tragen sie zur Vermehrung von Eichen und Buchen bei – und das über Strecken, über die der schwere Samen sonst nicht verfrachtet werden könnte. Eichelhäher balzen in den Monaten Februar/März. Das sehr gut versteckte, flache Nest besteht aus Reisig und Halmen. Die Nestmulde ist mit Haaren ausgelegt. Das Gelege setzt sich aus drei bis sechs hellgrau-braunen und dunkel gesprenkelten Eiern zusammen. Das Paar bebrütet die Eier im März bis Juni für 16 bis 17 Tage. Nach drei Wochen sind die Jungen flügge.

Hauptfeind des Eichelhähers ist der Habicht, gefolgt vom Sperberweib und den Krähen als Gelegefeinde. ▶

JAGD
PIRSCH

Wer hat es schon geschafft, sich an die wachsamen Rabenkrähen auf Schrotschußentfernung heranzupirschen? Kein einfaches Unterfangen. Aber in den Wintermonaten während der Abenddämmerung ist es möglich, wenn sie gesellig in ihren Schlafgehölzen – meist Nadelwaldpartien – nächtigen. Besonders gut gelingt das bei schlechtem Wetter. Das Anpirschen feldernder Rabenkrähen glückt sehr selten, beispielsweise wenn ein Maisfeld dem Jäger Deckung bietet.

MIT DER KUGEL AUF FELDERNDE KRÄHEN

Das ein oder andere Mal wird es uns sicherlich gelingen, Rabenkrähen in freier Feldmark oder an Müllkippen mittels eines gekonnten Kugelschusses zu erlegen. Flach muß die Flugbahn des Geschosses und gut eingeschossen die Büchse sein.

Oft wird es an der notwendigen Deckung fehlen oder aber an der Hinterlandgefährdung scheitern. Schließlich werden Krähen rasch extrem scheu, wenn sie ein paar Mal beschossen worden sind. Es scheint so, als könnten sie zwischen Spaziergängern und Jägern gut unterscheiden.

HÜTTENJAGD

Bei der Hüttenjagd nutzt der Jäger die zwischen Nachtgreifen und Rabenvögeln bestehende „Feindschaft" aus. Dabei wird ein künstlicher Uhu auf eine Jule gesetzt. Das ist ein Pfahl mit Querleiste, welcher möglichst auf einer Anhöhe steht, damit er von den Rabenvögeln auch aus der Ferne erkannt wird.

In günstiger Schußentfernung – etwa 20 bis 25 Meter – bauten unsere Altvordern sich eine ganz oder größtenteils in die Erde gegrabene Hütte. Durch deren Schußlöcher wurden die den Auf hassenden oder auf einen Fallbaum aufhakenden Krähen und Elstern geschossen. Solche Hütten sind aufwendig im Bau und erlauben keine „schwingenden Schrotschüsse". Außerdem bedarf es der Einwilligung des Grundeigentümers. Bes-

ser als eine Hütte ist ein perfekt getarnter Stand, der einerseits gute Deckung verschafft und andererseits Platz genug bietet, daß wir mit der Flinte ungehindert schwingen können. So ist die klassische Hüttenjagd heute passé. Geblieben ist der Ansitz im Schirm.

Der Schuß mit der kleinen Kugel gegen den Himmel ist in unserer dicht besiedelten Landschaft nur noch selten praktikabel. Wenn etwas passiert – und der Teufel ist,

Foto: Archiv JÄGER

Auf die Waffe kommt es an: Seine .222 Rem. ist auf genau 150 Meter eingeschossen. Für solch weitreichende Schüsse auf die sinnesscharfen Krähen hilft ihm ein drei- bis neunfaches Zielfernrohr mit Absehen Nr. 1.

Foto: Archiv JÄGER

Links: Ohne Deckung einen Schrotschuß auf Rabenkrähen loszuwerden, gelingt höchst selten. Wer Beute machen will, benötigt eine enge Bohrung, Schrot Nr. 5, eine sichere Hand und viel Dusel.

laut Volksmund, ein Eichhörnchen –, führt an grober Fahrlässigkeit kein Weg vorbei. Ob Bock- oder Querflinte spielt keine Rolle, Hauptsache ist, daß wir mit unserer Waffe vertraut sind. Bewährt haben sich Schrot Nummer 5 und unten 8/10- sowie oben Voll-Choke, da wir gerade im Feld öfter mal weit hinlangen müssen.

Geschossene Rabenkrähen oder Elstern brauchen wir nicht einzusammeln. Sie schrecken nicht ab. Hilfreich ist es allerdings, wenn wenigstens eine Krähe oder ein Krähenflügel unten am Uhu befestigt ist. *Graf Schönburg* schreibt mit Recht: Ein einziger, am unteren Ende der Uhuattrappe baumelnder Krähenflügel wirkt nicht minder stark, als ein Dutzend um ihn herum verstreut liegender, toter Krähen! Und die müssen wir erst einmal kriegen.

Noch ein Wort zum Lock-Uhu: Entscheidend ist dessen Silhouette. Haare und Federn sind deutlich besser als reines Plastik. Eine extra Vorrichtung zum Schwingenschlagen braucht es nicht. Entweder bekleben wir also einen im Fachhandel erworbenen Plastik-Uhu mit Federn oder wir bauen uns einen eigenen Lockvogel (siehe dazu den Literaturhinweis auf Seite 96).

Zeichnung: J. Bindseil nach H. Behnke, 1983

DIE KLASSISCHE KRÄHENHÜTTE

Baum für KK-Schuß auf Krähen oder Elstern. Hier keine Hinterlandgefährdung bis 1.500 Meter.

Schießluke

Uhu auf der Jule

vollkommen gedeckt stehende Hütte

50 m

Oben: Die Schießluke ist mehr breit als hoch. Nur so kann der Schütze mitschwingen. Denn beim Hassen der Krähen und Elstern auf den Uhu muß das Flintenkorn so mancher schnellen Wendung folgen können.

LOCKJAGD MIT ATTRAPPEN

Der Jäger weiß, wo in seinem Revier die Krähen bevorzugt streichen. Meist sind es frisch gepflügte, gerade mit Gülle gedüngte oder mit Mais bepflanzte Äcker. Hier baut er seinen Stand auf. In fremden Revieren empfehlen sich einige Erkundungsfahrten vor der Lockjagd. Günstig sind vor allem die Vormittagsstunden. Auch der Spätnachmittag ist aussichtsreich.

Foto: R. Roosen

Foto: R. Roosen

Oben:
Die Konturen des Krähenstandes verschmelzen mit dem Bewuchs. Das ist der Trick.

Links:
Doppelte Chance. Im Vordergrund Lockkrähe mit Kanin, im Hintergrund Locktauben. Klappt ausgezeichnet.

Rechts:
Verstößt sich der Falke, hilft der Sender, um ihn wieder ausfindig zu machen.

Zahllos sind ja die Geschichten über Rabenkrähen wie Elstern, die „das Pulver riechen können". So ist das A und O bei der Lockjagd auf Krähen ein perfekt getarnter Stand. Wo möglich, wird er in den natürlichen Bewuchs, etwa in den Rand eines Feldgehölzes integriert. In jedem Fall bauen wir ihn so, daß die Konturen verschwimmen, er folglich nicht eckig wirkt. Das erreichen wir leicht, indem wir zwei bis drei Tarnnetze à zwei mal drei Meter mit Zweigen, Stroh, also natürlichem Material des Umfeldes, dekorieren. Eine kleine Handsäge leistet dabei vorzügliche Dienste. In Augenhöhe befindet sich ein winziges „Schauloch" – wenn wir auf dem Sitzstock Platz genommen haben. Der obere Deckungsrand ist mindestens brusthoch, so daß wir im Stehen mühelos über ihn hinwegschießen können.

Etwa 25 bis 30 Schritte vor dem Stand stellen wir zwei bis drei Lockkrähen auf ein Saatfeld, eine frischgemähte Wiese oder ein gerade abgeerntetes Feld. Die Brust der Lockkrähen zeigt gegen den Wind. Zwischen die Lockvögel wird ein weißes Hühnerei plaziert. Besser noch eine tiefgefrorene oder eine zuvor geschossene Ringeltaube. Sie wird auf den Rücken gelegt, ausgerupfte Brustfedern großzügig um sie verteilt. Erfahrungsgemäß kommen die Ra-

benkrähen dann einzeln oder paarweise, selten in Trupps. Etwa jede zweite meldet sich mit lautem Krächzen an. Anflug hat der Schütze etwa alle 15 bis 30 Minuten. Er läßt die Krähe(n) möglichst dicht heranstreichen, dann versucht er es mit Schrot Nummer 5, drei Millimeter. Denn Krähen sind hart im Nehmen.

Der Flintenschütze ist hier voll gefordert, weil Rabenkrähen sehr „vorsichtig" sind. In aller Regel kreisen sie bloß einmal und „kippen" sofort „ab", wenn sie den Jäger ausgemacht haben. Der Schütze muß also schnell reagieren und oft weit hinlangen. Selten fallen sie ein. Zu scharf beobachten sie das Umfeld und suchen rasch wieder das Weite. Die Jagdchancen steigen deutlich, wenn wir mehrere Stände pro Revier errichten und gleichzeitig besetzen. Hilfreich ist zudem, wenn dann noch eine Person von Zeit zu Zeit durch die Feldmark fährt und die Krähen aufscheucht. Zudem nutzt es, wenn wir geschossene Krähen nicht einsammeln, sondern bei den Lockvögeln liegenlassen.

KRÄHENBEIZE

Krähenbeize ist höchste Kunst, da nicht jeder Wanderfalke Krähen schlägt. „Krähenfalken" sind in der Regel spezialisierte Weibchen und werden vielfach auf kein anderes Wild geführt. Der Falkner geht mit seinem Vogel möglichst gedeckt eine oder mehrere im freien Feld stehende Krähen an. Wird die Krähe hoch, wirft er ihn direkt aus der Haube heraus an das Flugwild. Nun beginnt eine atemberaubende Jagd, bei der sich der Falke oft eine durch Mauserlücken behinderte oder einzeln zurückbleibende Krähe aussucht. Gelingt es dem Falken, eine Krähe zu binden, eilt der Falkner so schnell ihn seine Beine tragen zu seinem Beizvogel, um ihm notfalls zu helfen, die Krähe zu töten. Gerade Rabenkrähen wehren sich mit Schnabel und Klauen mannhaft – unter dem griffhaltenden Fang des Falken. Erfahrene Falken sind allerdings oft rasche Sieger.

Fotos: W. Nagel

Aufmerksamen Naturfreun-
den und Jägern ist der Vogel
mit dem langen Gesicht er-
sehnter Frühlingskünder, ein
Bote neu erwachenden Le-
bens. Wer Gelegenheit hat,
genießt Jahr für Jahr die
Suchflüge und Balzlaute der
Schnepfen, auch ohne Flinte.
In der Abenddämmerung
oder den ganz frühen Mor-
genstunden bieten sich dem
Betrachter herrliche Bilder.

DIE WALDSCHNEPFE

Foto: H. Reinhard

STELLUNG IM ZOOLOGISCHEN SYSTEM

Klasse: Vögel
Ordnung: Wat- und Möwenvögel
Familie: Schnepfenvögel
Art: Waldschnepfe.
Zur Familie der Schnepfenvögel rechnen unter anderem Brachvogel, Strand- und Kampfläufer. Nahe Verwandte sind Bekassine, Pfuhl-, Ufer-, Doppel- sowie Zwergschnepfe. In Deutschland unterliegt nur die Waldschnepfe dem Jagdrecht.

VERBREITUNG UND LEBENSRAUM

Abgesehen vom hohen Norden und der iberischen Halbinsel ist die Waldschnepfe in ganz **Europa** verbreitet. Die Bestände in **Deutschland** sind zweifelsfrei gesichert.
Waldschnepfen bevorzugen naturbelassene Auelandschaften sowie ruhige, größere Waldgebiete – Laub- vor Nadelholz, wenn möglich – mit feuchten, morastigen Böden, Quellen und kleineren

Foto oben:
Bei der Waldschnepfe ist der dicke Kopf hell quergebändert.

Foto unten rechts:
Dagegen verlaufen bei der Bekassine die Kopfstreifen längs.

Bächen. Optimaler Einstand ist feuchtes Biotop, allerdings ohne Staunässe. Zudem ist ausreichender Bodenbewuchs erforderlich, damit sich die Schnepfen – ungefährdet durch Fuchs oder Marder – hier tagsüber aufhalten können.

Dort ruhen sie im Schutz von Bäumen oder Büschen.

FEDERKLEID UND TROPHÄEN

Der knapp hohltaubengroße Vogel besitzt eine hervorragende, laubbraune Tarnfärbung. Auffällig sind der gedrungene Körper, der dicke Kopf sowie der lange Stecher. Der Kopf der Waldschnepfe ist hell quergebändert, wohingegen die Bekassine längsverlaufende rahmfarbene Kopfstreifen hat, die sich über den Rücken fortsetzen. Die Stoßfedern der Schnepfe sind kurz und schwarz mit weißer Spitze. Sie leuchtet bei der Bodenbalz der Hähne hell.

Das **Geschlecht** kann der Waidmann außer anhand der Laute (siehe Seite 92) bloß bei im Frühjahr erlegten Schnepfen feststellen. Hoden oder Eierstock findet er in der Bauchhöhle.

Als **Trophäen** sind die beiden kleinen, steifen, spitzen Federchen der äußeren Handschwingen, die Malerfedern, sowie der Schnepfenbart, das kleine Federbüschel auf der Bürzeldrüse, begehrt. „Schnepfendreck", das Eingeweide, ist scharf gebraten, auf geröstetem Weißbrot, eine Delikatesse.

LEBENSWEISE

Schnepfen leben – gut getarnt im Wald – sehr heimlich. Sie sind Einzelgänger ohne feste Bindung. Ob sich Schnepfen in seinem Revier befinden, erkennt der Jäger unter anderem an Stichstellen. Waldschnepfen verlassen ihre Brutgebiete in der Regel im

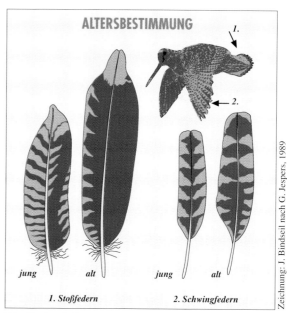

Die Farbzeichnung von Stoß- und Schwingfedern verändert sich bei der Waldschnepfe mit zunehmendem Alter.

Herbst, um im Frühjahr zurückzukehren. Abgesehen von dieser Zugzeit sowie der Balzzeit, ist der Schnepfenstrich selten zu beob-

Foto: G. Kalden

achten. Kurz und stumm sind die Flüge, weil „Wohn-" und „Eßzimmer" meist dicht beisammen liegen. Sie halten sich vornehmlich am Boden auf. Werden sie gestört, streichen sie ab. Ihr schneller, schaukelnder Zickzackflug bringt meist schnell und geschickt eine Deckung zwischen sich und den Störenfried.

LAUTE

Während der Balz puitzt und quorrt der Schnepfenhahn, um den Hennen und Rivalen deutlich zu machen: Ich bin hier. Hennen quorren nicht. So kann der Jäger

die Geschlechter während des Balzfluges sicher voneinander unterscheiden.

NAHRUNG

Erdwürmer bilden die Hauptnahrung der Schnepfen, ferner Insekten und Schnecken. Sie suchen überwiegend nachts ihre Nahrung. Erst wenn sie von ausgetriebenen Laubdächern geschützt sind, wurmen sie auch bei Tage. Deshalb wird der Jäger selten wurmende oder stechende Schnepfen beobachten. Dabei bohrt die Waldschnepfe ihren Schnabel bis zur Wurzel in weichen Waldboden.

Findet sie Beute, biegt das vordere Drittel des Oberschnabels auf. Die Schnepfe erfaßt den Wurm und zieht ihn an die Oberfläche.

BALZ UND JUNGE

Eines der schönsten Naturschauspiele ist der Schnepfenstrich im knospenden Frühjahr, der Suchflug der Hähne während der Morgen- und Abenddämmerung. Er ist in unseren Breiten von Anfang März bis Ende Juli zu beobachten. Daraus kann auf eine zweite Brut geschlossen werden. Je weiter der Sommer fortschreitet, desto früher und in aller Regel auch höher

streichen die Schnepfenhähne. Beim Abendansitz auf den Rehbock erlebt der Jäger dann freudige Bestätigung: Schnepfen im Revier. Das sind dann wirkliche Standschnepfen.

Für den **Frühjahrsstrich** kennen wir Jäger folgende grobe **Faustregel**, die sich auf die Sonntage vor und nach Ostern bezieht: Reminiscere – putzt die Gewehre, Oculi – da kommen sie, Laetare – das ist das Wahre, Judika – sie sind auch noch da, Palmarum – Lirumlarum, Quasimodigeniti – halt Jäger, halt! Nun brüten sie. An den Balzflug schließt sich die Bodenbalz an, sofern eine Henne gefunden worden ist. Dann begattet der Schnepf die Schnepfe.

Die Henne legt in der Regel vier hellbraune, dunkel gefleckte Eier, die sie im April etwa drei Wochen bebrütet. Das einfache, mit Moos und Laub ausgelegte Muldennest befindet sich auf dem Erdboden.

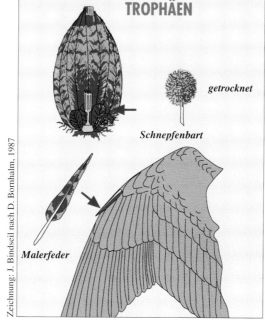

TROPHÄEN

getrocknet

Schnepfenbart

Malerfeder

Zeichnung: J. Bindseil nach D. Bornhalm, 1987

Großes Foto links:
Eine brütende Schnepfe zu entdecken, gehört zu den Sternstunden. Wie oft latschen wir vorbei?

Zeichnung:
Die Federchen des Schnepfenbarts kleben fettend zusammen. Erst 14 Tage in Löschpapier getrocknet, wird daraus ein „Rasierpinsel". Malerfedern dienten einst den Künstlern für besonders feine Striche.

Kleines Foto unten:
An feuchter Stelle bewährt sich der lange Stecher.

Die Henne sitzt sehr fest („Brutstarre"). Nach ungefähr fünf Wochen werden die Jungen selbständig. Im Juni kann es zu einer zweiten Brut kommen.

Das Hauptbrutgebiet der Waldschnepfen liegt in Nord- und Osteuropa. In Mitteleuropa brüten sie in geringeren Dichten.

FEINDE

Feinde sind Fuchs, Marder, Dachs, Iltis, Hermelin, Waschbär und Eichhörnchen. Schwarzwild vergreift sich gern am Gelege der Waldschnepfe. Gefiederte Feinde sind Habicht und Sperberweib. ▶

Foto: H. Reinhard

JAGD

SCHNEPFENSTRICH

Das hektische Berufsleben zu vergessen und den erwachenden Frühling zu genießen, das war für viele Waidmänner Grund genug für den Schnepfenstrich. Schnepfenstrich – jeder ältere Waldjäger bekommt bei diesem Wort glitzernde Augen und schwärmt von vergangenen Zeiten. Denn der Gesetzgeber hat die Bejagung der Waldschnepfe beim Balzflug im Frühjahr Mitte der siebziger Jahre untersagt. Dabei ist es doch ein Kinderspiel, Hahn und

mann nur auf den puitzenden und quorrenden Schnepf. Das ist immer ein Hahn. Schießt kein Jäger im Frühjahr mehr als einen Schnepf, gibt es keinen stichhaltigen Grund gegen den Frühjahrsabschuß. In Osteuropa ist der Schnepfenstrich erlaubt, in Schweden wieder – nach einem längeren Verbot. Nachahmenswert!

Der Suchflug der Schnepfenhähne ist besonders gut bei bedecktem Himmel, Regen und leichtem Westwind zu beobachten. Meist streichen sie in der Nähe feuchter Revierteile an Altholzrändern entlang. Der Jäger postiert sich an

gen und der helle Abendstern Venus, der „Schnepfenstern", am Himmel blinkt. In der ersten Morgendämmerung findet ein meist kürzerer Strich statt. Gelegentlich streichen Schnepfen auch während des Herbstzuges, dann allerdings in der Regel stumm. Beste Tage für den Frühjahrsstrich sind windstille, regnerische Abende. Dann hört der Jäger die Balzlaute weit.

BUSCHIEREN

Schon beim Schnepfenstrich bedarf es eines firmen Gebrauchshundes zum Apportieren in der

Foto: J. H. Darchinger

Henne zu unterscheiden. Als es noch gestattet war, ließ der Könner die flachstreichenden sowie stumm oder nur puitzenden Schnepfen am Leben. Denn dieses sind in aller Regel Schnepfenhennen, die zu ihren abendlichen Stichplätzen streichen. Dampf machte der Waid-

Blößen mit Stockausschlägen oder an Jungwuchsflächen, etwa Erlenbrüchen oder Buchenrauschen, möglichst mit angrenzenden älteren Baumhölzern.

Am Abend streichen Schnepfen oft erst, wenn Amsel, Singdrossel, Rotkehlchen usw. nicht mehr sin-

Oben: „Heh, da streicht sie ja!"

Rechts oben: Im braunen Herbstlaub war sie kaum zu finden. Doch seine Nase half.

Rechts unten: Wann dürfen wir sie wieder im Frühjahr bejagen?

Foto: W. Nagel

lichst warmen und regenverheißenden Herbsttagen. Dann liegen die Schnepfen ziemlich fest.

An solchen Tagen pfeift der Jäger seinen Vorstehhund und buschiert mit ihm am Rande größerer Wälder. Im Idealfall sind sie von bruchigen Partien durchzogen, weisen jedoch auch durchsonnte, licht bestockte Flächen mit Jungwuchs auf.

In Frankreich rüsten buschierenden Jäger ihre Hunde mit einem Glöckchen aus. Verstummt das Schnepfenglöckchen, steht der Hund vor. Der Schütze eilt zu seinem Vorstehhund und tritt die Schnepfe heraus. Jetzt zeigt sich, ob auch er es kann...

TREIBEN

Spezielle Treiben auf Schnepfen, wie sie Altmeister *Diezel* noch ausführlich beschrieb, sind passé. Dennoch ist die Schnepfe hochbegehrte Gelegenheitsbeute bei Herbstjagden auf Niederwild, so sie noch freigegeben wird.

Kommt eine Schnepfe im Treiben vor und wird mit „Tiro" angekündigt, beschleunigt sich der Puls der Schützen... Im Treiben hochgemacht, bleibt die Schnepfe immer recht flach, schwenkt gerne um Bäume herum und fällt bereits nach kurzer Zeit wieder in Deckung ein. Im Vergleich zu Fasan, Krickente oder Turteltaube ist sie nicht übermäßig schnell, aber eben im Wäldchen „schnell weg". Also Augen auf, sonst ist sie rasch „verpaßt".

Gröberer Schrot tut im übrigen nicht Not, da die Schnepfe weich ist. Der Schuß auf über 30 Meter Entfernung ist kritisch. Von nun an fehlt vielen Flinten nämlich die notwendige gleichmäßige Deckung.

Dämmerung. Ein Buschieren ohne ihn geht nicht. Kurz muß er suchen, „unter der Flinte" nennt es der Praktiker, und bombenfest vorstehen, bis wir heran sind. Gestopft wird zwei Millimeter. Die Praxis zeigt immer wieder, erfolgreiches Buschieren hat vier **Voraussetzungen**: gute Ortskenntnisse des Jägers, exzellente Hundearbeit und entschlußfreudiges, flottes Schießen. Zuerst aber müssen die Schnepfen auf ihrem Zug „angekommen" sein.

Besonders lohnend ist die Suche im angehenden Oktober an mög-

Foto: W. Nagel

FACHLITERATUR

Monographien über Ringeltaube oder Rabenkrähe sind derzeit nicht auf dem Markt. Aber es gibt einige Bücher über Tauben- und Krähenjagd, die von versierten Praktikern verfaßt worden sind. Sie und ein fundiertes Werk über die Waldschnepfe werden kurz und bündig vorgestellt, da sie für den Flugwildschützen wie den biologisch Interessierten von praktischem Nutzen sind.

1.) Coats, Archie – Taubenjagd (1. Auflage 1989)
Der britische Major war nach seinem Ausscheiden aus der Armee über vier Jahrzehnte Taubenjäger im Südwesten Englands. Sein Jahresdurchschnitt belief sich auf rund 20.000 Tauben. Sein bestes Tagesergebnis lag bei 550 Ringeltauben mit nur 650 Schuß.

Dieses Meisterwerk ist eine Fundgrube für den passionierten Taubenjäger. Es wimmelt nur so von Tips und Tricks eines „Berufenen".

2.) Sieber, Alfred – Fuchs-Reizjagd. Enten- und Taubenlockjagd (1. Auflage 1987)
Der Forstdirektor a.D. gibt nützliche Tips für die Jagd auf den balzenden Tauber. Der Clou dieses Werkes ist die beigefügte Tonband-Kassette: Mit ihrer Hilfe kann der Anfänger die Lockrufe des balzenden Taubers daheim erst üben.

3.) Schönburg, Joachim Graf von – Jagen mit dem Uhu (1. Auflage 1985)
Im Fachhandel sind Plastik-Lockvögel erhältlich. Erfolgversprechender für die Hüttenjagd ist jedoch der *Schönburgsche* Uhu. In dem Büchlein findet sich eine Anleitung, wie wir dieses Modell ohne viel Aufwand selber bauen können. Darüberhinaus gibt *Graf Schönburg* praxiserprobte Tips, wann und wo die „Hüttenjagd" lohnt, welche Ausrüstung sich bewährt hat und viele andere mehr.

4.) Kalchreuter, Heribert – Die Waldschnepfe (1. Auflage 1979)
Der namhafte Wildbiologe schrieb eine fundierte wissenschaftliche Abhandlung über die heimische Schnepfe. *Fritz Nüßlein*, der Nestor der deutschen Nachkriegsjagdwissenschaft, urteilte im Vorwort über dieses Buch: Es „.... bringt Bestätigungen, Neues, Überraschendes und ist eine bemerkenswerte Bereicherung unseres Wissens von der Waldschnepfe."

Rabenkrähe mit zwei Eiern aus geplündertem Gelege im Schnabel. Dort, wo sie oder Elstern in hoher Dichte vorkommen, ist ihre Bejagung zum Schutz der Vogelwelt geboten. Wer eine andere Auffassung vertritt, irrt.

Foto: M. Danegger

JÄGER & PRAXIS

10

KURZ & BÜNDIG

FASAN & REBHUHN: LEBENSWEISE ★ FEINDE ★
VORSTEHTREIBEN ★ SUCHE ★ AUSWILDERN ...

EINE BEILAGE DER JAGD-ZEITSCHRIFT JÄGER

JAGDZEITEN

Beim **Rebhuhn** genügen die Monate September und Oktober als Jagdzeit. Die Suche mit dem Vorstehhund gibt uns dann neben jagdlicher Freude Aufschluß über Zahl und Stärke der Völker. Unser jagdlicher Eingriff bleibt regulierbar. Das Ziel „nicht mehr als 20 Prozent" haben wir dabei stets vor Augen. Im Winter erfreut uns dort, wo wir in Gesellschaft den Kessel auslaufen, das noch zweistellige Volk, welches uns purrend über den Kopf streicht. Die Flinten bleiben auf der Schulter, obwohl uns der Schuß vor eine reizvolle Aufgabe stellen würde.

Auch die vom Bund festgelegte Jagdzeit auf den **Fasanenhahn** ist zu lang. Wer nutzt schon die erste Oktoberhälfte zur Fasanenjagd? Die Hähne sind dann nicht voll beflogen. Und die aus dem Zweitgelege sind noch nicht einmal ausgeschildert. Auch die ersten 14 Tage im Januar braucht es nicht. Denn überzählige Hähne haben wir bis dahin längst entnommen. So bleiben zweieinhalb Monate Jagdzeit. Sie genügen.

Die Gesperre, die unter Führung der **Fasanenhenne** groß werden, sind weitaus lebenstüchtiger als Volierenfasanen. Jäger in allen Bundesländern berücksichtigen dies schon seit Jahrzehnten, indem bei ihnen Hennen entweder voll geschont sind oder aber nur beschränkt freigegeben werden, ein oder zwei pro Schütze.

VERORDNUNG ÜBER DIE JAGDZEITEN VOM 2. APRIL 1977
(Bundesgesetzgebung)

Rebhühner: vom 1. September bis zum 15. Dezember
Fasanen: vom 1. Oktober bis zum 15. Januar
Verboten ist, eingefangenes oder aufgezogenes Wild später als vier Wochen vor Beginn der Jagdausübung auf dieses Wild auszusetzen
(§ 19 Bundesjagdgesetz, Absatz 1, Nummer 18).

ABWEICHENDE JAGDZEITEN GEMÄSS LANDESVERORDNUNGEN

BADEN-WÜRTTEMBERG
Rebhühner: vom 1. September bis zum 31. Oktober
Fasanen: vom 1. Oktober bis zum 31. Dezember

BAYERN
Rebhühner: vom 1. September bis zum 31. Oktober
Fasanen: vom 1. Oktober bis zum 31. Dezember

BRANDENBURG
Rebhühner: keine Jagdzeit bis zum 31. März 1997
Es ist verboten, in Jagdbezirken oder Teilen von Jagdbezirken die Jagd auf Fasanen, Rebhühner oder Wildenten im gleichen Jagdjahr auszuüben, in dem sie in diesen ausgesetzt wurden. Als Aussetzen gilt nicht, wenn Wildgeflügel oder Gelege der Natur entnommen werden müssen, um sie aufzuziehen, gesundzupflegen oder auszubrüten und sie anschließend wieder in die freie Wildbahn zu entlassen.

BREMEN
Rebhühner: vom 1. September bis zum 30. November

HAMBURG
Rebhühner: vom 1. September bis zum 30. November
Fasanenhähne: vom 16. Oktober bis zum 15. Januar
Fasanenhennen: keine Jagdzeit

HESSEN
Fasanenhennen: keine Jagdzeit

MECKLENBURG-VORPOMMERN
Rebhühner: keine Jagdzeit bis zum 31. März 1997
Fasanenhennen: keine Jagdzeit
Es ist verboten, die Jagd auf aufgezogenes und danach ausgesetztes Wild in dem Jagdjahr des Aussetzens, in dem Jagdbezirk, in dem es ausgesetzt wurde, sowie auf eingefangenes Wild auszuüben.

NIEDERSACHSEN
Rebhühner: vom 1. September bis zum 30. November

NORDRHEIN-WESTFALEN
Rebhühner: vom 16. September bis zum 15. Dezember
Fasanen: vom 16. Oktober bis zum 15. Januar
Verbot, Fasanen in der Zeit vom 1. Juni bis 15. Januar auszusetzen

RHEINLAND-PFALZ
Rebhühner: vom 1. September bis zum 31. Oktober
Fasanenhennen: vom 16. Oktober bis zum 15. Dezember

SAARLAND
keine Abweichung von der „Verordnung über die Jagdzeiten vom 2. April 1977"

SACHSEN
Rebhühner: vom 1. September bis zum 31. Oktober

SACHSEN-ANHALT
keine Abweichung von der „Verordnung über die Jagdzeiten vom 2. April 1977"

SCHLESWIG-HOLSTEIN
Rebhühner: vom 1. September bis zum 30. November
Fasanenhähne: vom 16. Oktober bis zum 15. Januar
Fasanenhennen: keine Jagdzeit mit Ausnahme auf der Insel Föhr; dort wie Hähne

THÜRINGEN
Rebhühner: vom 16. September bis zum 15. Oktober
Fasanenhähne: vom 1. Oktober bis zum 31. Dezember
Fasanenhennen: keine Jagdzeit

Stand: März 1996 (alle Angaben ohne Gewähr). **Achtung:** In Nordrhein-Westfalen gilt für die Bejagung von Rebhühner derzeit die „Düsseldorfer Vereinbarung".

INHALT

Beide Hände voll Fasanen. – Seinen Stand hat er gut „verteidigt". Ein Könner.

Foto: D. T. Grewcock

Foto: M. Danegger

Als typischer Steppenvogel bevorzugt das Rebhuhn die offene, kleingegliederte Agrarlandschaft.

Impressum: **JÄGER & PRAXIS** KURZ BÜNDIG   Fasan & Rebhuhn. Eine Beilage der Zeitschrift JÄGER   Titelfotos: F. Bagyi, M. Danegger

Jahr-Verlag GmbH & Co.
Jessenstraße 1
22767 Hamburg
Tel. 040 / 38 90 61 14
Fax 040 / 38 90 63 05

Verleger:
Alexander Jahr

Redaktion: Dr. Rolf Roosen

Fachberater: Walter Bachmann, Reinhard Behrendt und Dr. Heribert Kalchreuter

Titel/Layout: Werner Rabe/ Iris Lauster

Herstellungsleitung:
Helmut Post,
Brunhild Sudmann (Stellv.)

Druck/Lithographie:
Busche, Dortmund/
Repro- und Satztechnik
Helmut Gass, Hamburg

Vertriebsleitung:
Peter Lüdemann

Copyright:
Jahr-Verlag GmbH & Co.
Hamburg 1996

Foto: K. Schneider

DER JAGDFASAN

Fasanen sind weltweit beliebtes Jagdwild. Die heute in Europa lebenden Fasanen sind eine Mischung verschiedener Rassen des Jagdfasans. Die Urheimat des Jagdfasans ist Asien, vom Schwarzen Meer bis zum Pazifik. Im deutschsprachigen Raum ist der Fasan bereits seit dem Mittelalter beheimatet. Wie der Mais oder die Kartoffel ist er aus unserer Landschaft nicht mehr wegzudenken.

Foto: M. Danegger

Kleines Foto:
Jungenfürsorge wird bei der Fasanenhenne groß geschrieben. Gefahren lauern überall.

Großes Foto:
Etwa in einminütigem Abstand ertönt der Balzruf des Hahnes, den er mit polterndem Schwingenschlag beschließt.

STELLUNG IM ZOOLOGI-SCHEN SYSTEM

Fasanen gehören zur Ordnung der Hühnervögel, die mit etwa 250 Arten über die gesamte Erde verbreitet ist. Die Art Jagdfasan rechnet zur Familie der Fasanenvögel. Ihr Körperbau weist sie als Waldvögel aus. Kurze Schwingen und langer Stoß kennzeichnen sie im Unterschied zu den Rebhühnern, die als Federwild der offenen Landschaft lange Schwingen und einen kurzen Stoß haben.

Foto: M. Danegger

VERBREITUNG UND LEBENSRAUM

Ursprünglich stammt der Fasan aus Asien, ist aber schon seit dem Mittelalter in Europa beheimatet. Im großen Stil wurde er seit Mitte des 18. Jahrhunderts eingebürgert. Reine Wald- oder Feldreviere sind für Fasanen ungeeignet. Hohe, lang anhaltende Schneelagen vertragen sie schlecht. Wer in solchen Regionen Fasanen auswildert, füttert nur Habicht sowie Fuchs und fördert das „Verstreichen". Jagdfasanen meiden Regionen mit über 300 Meter Höhenlage, bevorzugen dagegen solche mit je einem Drittel Wald, Wiese und Feld. Förderlich ist der Anbau von Weizen, Hafer oder Hackfrüchten in der Feldmark.

Um vor Raubwild aller Art Schutz zu finden, benötigen sie schließlich Deckung. Außerdem brauchen sie Wasser, etwa beschilfte Gewässer oder Wassergräben, Grünäsung und Schlafbäume, beispielsweise Fichtenstangenhölzer.

Eine bewährte **Faustregel** lautet: Es behagt dem Fasan, wo er **die fünf W's** vorfindet, nämlich Wald, Wiese, Weizen, Wasser und Wärme. Der Kenner weiß, daß gute Fasanenbiotope einerseits sichere Deckung und andererseits offene Äsungsflächen und Balzplätze aufweisen.

FEDERKLEID

Die Henne ist schlicht gelblichbraun bis braun gefärbt und dunkel gefleckt oder getupft. So gut getarnt, wird sie vom Jäger oder Fuchs nur schwer eräugt. Sie hat einen kürzeren Stoß als der Hahn. Den farbenprächtigen Hahn kennzeichnen scharlachrote Rosen und – bei fast allen Rassen – Hörner, kurze Federohren. Die Farbe ihres Federkleides ist bei den einzelnen Rassen (siehe Tabelle) und Rassenkreuzungen recht verschieden.

Foto links: Das gelbbraune Federkleid der Henne ist ein guter Tarnanzug.

Foto unten: Wo sie Gelegenheit finden, baumen sie meist abends auf. Dort oben fühlen sie sich sicher.

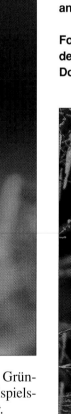

COLICHCUS-FASANENHAHN	TORQUATUS-FASANENHAHN	MONGOLICUS-FASANENHAHN	TENEBROSUS-FASANENHAHN	VERSICOLOR-FASANENHAHN
oder Kupferfasan (Böhmischer Jagdfasan)	oder Heller Ringfasan	oder Dunkler Ringfasan	oder Dunkelfasan	oder Japanischer Buntfasan
ohne Halsring, grün bzw. violett schimmernder Hals	schmaler, weißer, am Nacken unterbrochener Halsring	breiter, weißer, am Nacken unterbrochener Halsring	ohne Halsring	ohne Halsring
braunes Bauchgefieder	braun bis gelbliches Bauchgefieder	grünliches Bauchgefieder	blauschillerndes Bauchgefieder	dunkel schillerndes Bauchgefieder
ohne weiße Schulterflügel	helle Schulterflügel	weiße Schulterflügel	braunes Schultergefieder	rotbraunes Schultergefieder
winterhart	nicht winterhart	nicht winterhart	winterhart	winterhart
bevorzugt Wald als Lebensraum	bevorzugt Feldebenen mit Hecken und Feldgehölzen	bevorzugt gemischte Feld/Waldreviere	bevorzugt Wald als Lebensraum	bevorzugt Wald und dichte Deckung
		beliebter Zuchtfasan; im Verhalten oft unvorsichtig		schwer zu züchten

In freier Wildbahn haben sich die verschiedenen Fasanenrassen vermischt. Reinformen sind sehr selten.

Es gibt Hähne mit und ohne Halsring (siehe Tabelle). Meist ist der ringlose Kupfer- oder Böhmische Jagdfasan, die älteste in Deutschland beheimatete Rasse, mit dem Dunklen oder dem Hellen Ringfasan (siehe Tabelle) gekreuzt worden. Je nach Anteil der Ursprungsrassen sind Gestalt, Färbung und Verhalten verschieden.

LEBENSWEISE

Fasanen sind tagaktiv. Ihr Flug ist in der Startphase schwerfällig und geräuschvoll, über weite Strecken aber schnell. Ungestört fliegen sie nur kurze Strecken. Hohe und schnelle Fasanen, von denen der Jäger träumt, sind also getriebene Fasanen. Die Treiber veranlassen sie zu diesem Flugstil. Bei Gefahr oder Störungen versuchen sie eher, zu Fuß zu entwischen als zu fliegen.

Wie Rebhühner oder unsere Haushühner „baden" auch Fasanen in Sand oder Staub, sie hudern.

Sie sind Bodenvögel, die in aller Regel auf Bäumen oder in höheren Büschen übernachten, oft aber auch in guter Deckung von Schilf oder Rübenblättern. Im Sommer bevorzugen sie häufig die Nähe von Wasser.

LAUTE

Hähne melden beim abendlichen Aufbaumen und schrecken mit „Göckgock!", wenn sie aufgejagt werden. Ihre zweisilbigen Rufe sind laut und werden im Stakkato vorgetragen. Hennen stehen mit einem feinen Pfeifton oder aber stumm auf.

GELÄUF

Der Tritt ist dem des Haushuhns recht ähnlich und doppelt so stark wie der des Rebhuhns. Die Hinterzehe zeigt nach innen und ist oft in ganzer Länge abgedrückt (siehe Zeichnung Seite 105). Die einzelnen Tritte werden ziemlich genau hintereinander gesetzt.

NAHRUNG

Die Äsung des Fasan ist vielfältiger als die des Rebhuhns. Sie be-bensmonaten vornehmlich von Insekten, aber auch Schnecken und Würmern. Im Herbst und Winter bevorzugen Fasanen Beeren aller Art. Wer seinen Fasanen durch den Winter helfen will, pflanzt Beerensträucher und fruchttragende Bäume, etwa Sanddorn, Hagebutte, Vogelbeere, Weißdorn, Vogelkirsche, Liguster oder Schneebeere.

BALZ UND KÜKEN

Im März vernimmt der Jäger das „Gökgock!" und den darauffolgenden Tagesordnung. Die Rosen sind während der **Balzzeit** stark vergrößert. Sie leuchten förmlich. Wie bei den Haushühnern zeigt der Hahn den Hennen einen Nahrungsbissen. Außer dem Futterlocken imponiert er seiner gerade Auserwählten mit seinen bunten Federpartien, wobei er die Henne umkreist. Im Territorium eines Hahnes leben mehrere Hennen. Während der Balz und Brutperiode verteidigt der Hahn sein Territorium heftig und tritt mehrere Hennen. Fasanen leben poly-

Foto: H. Pieper

steht je nach Jahreszeit aus Getreide, Mais, Eicheln, Unkrautsämereien, grünen Pflanzenteilen, Insekten und anderen Kleintieren. Wie beim Rebhuhn ernähren sich die Küken in den ersten drei Le-genden, schwirrenden Schwingenschlag des Hahnes, einen polternden Flügelwirbel. Die Balz beginnt. Das Brutgebiet wird abgesteckt. Kämpfe zwischen rivalisierenden Hähnen sind an der

Wenn die „Kirschen des Nachbarn" locken, werden auch Fasanengockel zu Streithähnen. Flügelschlagend kämpfen die Kontrahenten minutenlang erbittert um die Vorherrschaft.

gam. In gut besetzten Revieren brüten fünf Hennen in dem Wohngebiet eines Hahns.

Das **Gelege** der Bodenbrüter, eine flache Mulde, befindet sich in Wiesen, Weiden, Hecken oder Gehölzen. Es ist in einer Krautschicht versteckt oder gut abgedeckt und besteht aus zehn bis zwölf graugrünen Eiern. Die Henne bebrütet sie alleine 24 Tage. Sie zieht das Gesperre auch alleine auf. Der Hahn beteiligt sich also nicht an der Brutpflege. Doch kommt seine Wachsamkeit gegenüber Feinden auch den Hennen zugute, weil er bei Gefahr seinen lauten Warnruf ertönen läßt.

Die **Küken** sind Nestflüchter. Bereits in der zweiten Woche nach dem Ausfallen können sie bei Gefahr kurze Strecken mit der Henne abstreichen. Mit drei Wochen baumen sie auf. Bis zum Herbst bleibt das Gesperre in loser Gemeinschaft zusammen.

Wird das erste Gelege vernichtet oder die Henne während der Brut verjagt, kann es bis zu zwei Nachgelege geben.

Foto: J. Lorenczat

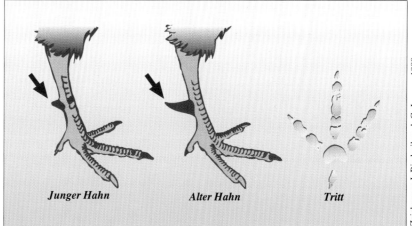

Junger Hahn   *Alter Hahn*   *Tritt*

Zeichnung: J. Bindseil nach G. Jespers, 1989

ALTERS-BESTIMMUNG

Jungvögel gleichen bereits nach der Herbstmauser, wenn die Gesperre auseinanderfallen, den Alten in Größe und Färbung. Bis zu einem Alter von 18 Monaten ist der Sporn (siehe Zeichnung) als Alterskriterium tauglich. Bis dahin ist er nämlich stumpfkegelig. Ein älterer Fasan besitzt einen spitzen Sporn. Biegung oder Länge des Sporns oder gar die Anzahl der Hornringe geben keinen genauen Aufschluß über das Lebensalter, auch wenn das immer wieder behauptet wird.

FEINDE UND KRANKHEITEN

Fasanen und deren Gelege sind Leckerbissen nicht nur fürs Raubwild. Eier werden von Dachs, Marder, Krähe, Elster, Wanderratte und Igel aufgenommen. Zudem ist „Sauen oder Fasanen" ein altes Jägerwort. Über die Küken machen sich wildernde Katze, Fuchs, Wiesel, Iltis, Marder, Habicht und Sperberweib gerne her. Den ausgewachsenen Fasan

Foto:
Nur acht Eier zählt das Zweitgelege im Muldennest der Henne.

Zeichnung:
Der Sporn des Junghahns ist stumpf-, beim 18 Monate alten und älteren Hahn spitzkegelig. Die Länge des Sporns bildet kein verläßliches Altersindiz.

schlägt der Habicht und seltener der Wanderfalke. Fuchs, Marder und Katze reißen ihn. Der Habicht ist der **Hauptfeind** des Fasans, sehen wir von den Eierräubern einmal ab.

Fasanenkrankheiten interessieren nur den Züchter. In freier Wildbahn treten **Krankheiten** bei Fasanen nicht seuchenhaft auf. ▶

Foto: Hg. Arndt

AUSWILDERN, VORSTEHTREIBEN, SUCHE

Hege des Fasans bedeutet zuerst Verbesserung des Biotops und Schutz vor seinen Feinden. Erst dann ist ans Auswildern zu denken. In noch gut besetzten Revieren werden die Hähne in Form von Vorstehtreiben bejagt. In den übrigen gilt die Suche mit dem Vorstehhund den überzähligen Gockeln. In beiden Fällen erleben die Jäger herrliche Bilder: Hier der hoch und schnell streichende Gockel, dort die Arbeit der Hunde vor und nach dem Schuß.

Großes Foto:
In Revieren mit gutem Fasanenbesatz bieten Vorstehtreiben noch vielen Jägern Gelegenheit, gemeinsam zu jagen.

Kleine Fotos:
Die Kamera schaut dem Jäger zweimal über die Schulter und zeigt: Erst ist der Hahn nur geständert, dann fällt er mausetot herab. – „Apport, mein Hund!"

Fotos: U. Hausen

HEGE

BIOTOPVERBESSERUNG
UND FÜTTERN

Kein Wildtier bedarf so vielfältiger Hegemaßnahmen wie der Fasan. **Biotopverbesserungen**, intensive Raubwildbejagung, Rettung ausgemähter Gelege sind nur einige von ihnen. Unsere Altvordern wußten bereits, daß sich Fasanen im Revier gut halten, wenn sie vor dem Raubwild geschützt sind und

hilft, indem er im Revier natürliche Nahrung sowie Deckung für die Fasanen schafft und/oder sie füttert.

In offener Feldmark nutzt es schon viel, wenn die Feldgehölze, Hecken, Wegraine, Tümpel und Ödländereien erhalten werden. Diese werden – soweit möglich – mit masttragenden Sträuchern und Bäumen oder mit deckungsbietenden Nadelbäumen bereichert. Das ist kostengünstiger, als völlig neue Flächen anzulegen. Optimal, aber leider nicht überall machbar, sind

Dauerremisen. Der Profi baut sie breit und stufig auf. Das heißt: Kern ist ein Fichtenhorst, der den Fasanen als Aufbaummöglichkeit dient und Schutz vor Greifvögeln sowie rauher Witterung bietet. Masttragende Bäume, wie Ebereschen, Eichen, Traubenkirschen, sorgen für wertvolle Herbst- und Winteräsung. Hieran schließt sich optimalerweise ein flacherer Bereich an, in dem Fasanenspiräe, Brombeere, Scheinquitte etc. stehen. Ganz außen herum schmiegt sich ein Wildackerstreifen an, dessen Fruchtfolge jährlich wechselt. Geeignete Früchte sind zum Beispiel Hafer, Hirse, Mais, Kohl oder Topinambur. Angebaut werden möglichst zwei bis drei Pflanzenarten (siehe Zeichnung). Auf armen, leichten Böden leistet aber auch schon ein Lupinen/Sonnenblumengmenge gute Dienste.

Futterautomaten, wie sie im Fachhandel zu erwerben sind, taugen nur für kleinere Besätze. Bei größerer Besatzdichte bekommt der einzelne Fasan nicht genügend Futter. Außerdem wandern Hähne ab. Die rangniederen,

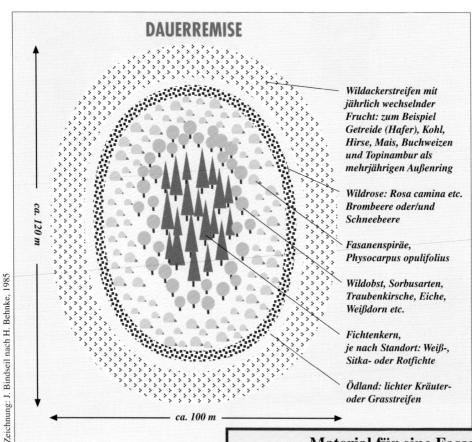

DAUERREMISE

ca. 120 m

ca. 100 m

Zeichnung: J. Bindseil nach H. Behnke, 1985

Wildackerstreifen mit jährlich wechselnder Frucht: zum Beispiel Getreide (Hafer), Kohl, Hirse, Mais, Buchweizen und Topinambur als mehrjährigen Außenring

Wildrose: Rosa camina etc. Brombeere oder/und Schneebeere

Fasanenspiräe, Physocarpus opulifolius

Wildobst, Sorbusarten, Traubenkirsche, Eiche, Weißdorn etc.

Fichtenkern, je nach Standort: Weiß-, Sitka- oder Rotfichte

Ödland: lichter Kräuter- oder Grasstreifen

Ein „Fasanenparadies". Dauerremisen bieten den Fasanen Deckung, Äsung und Ruhe.

ihnen die Nahrungsaufnahme in der Nähe sicherer Deckung geboten wird. Das ist das „ganze Geheimnis" guter Fasanenreviere.
Vor der Ernte ist der Tisch für Fasanen reich gedeckt. Nach der Ernte ist er in vielen Regionen blitzeblank. Zudem fehlt es an Deckung vor Habicht und Fuchs. Der Heger

Material für eine Fasanenschütte

2 Pfähle von 80 bis 120 Zentimeter Länge, Durchmesser 10 bis 12 Zentimeter; 2 Pfähle, die etwa 120 Zentimeter lang sind, Durchmesser wie oben; 2 Rundholzabschnitte als Querhölzer von zwei Meter Länge, Durchmesser von 8 bis 10 Zentimeter; 6 Rund-

holzstangen von 150 Zentimeter Länge, Durchmesser von 5 bis 7 Zentimeter; 6 Plastiksäcke, ein paar 120er- und 100er-Nägel sowie Pappnägel, mit denen die aufgeschnittenen Düngersäcke befestigt werden.

Foto: K. Schneider

SCHÜTTE IN KLEINDECKUNG

150 cm

200 cm

30 cm

50 cm

Zeichnung: J. Bindseil

Foto: Stolz präsentiert er sich sei-nen Hennen. 1: 4 ist ein gutes Ge-schlechterverhältnis beim Fasan.

Zeichnung: Das schräg an die Schütte gelegte Reisig schützt die Fasanen wirksam vor Greifvögeln.

weil sie nichts zu picken bekom-men, die ranghöheren, weil sie mit vollem Kropf gerne weite Strecken laufen.

Besser sind **Fasanenschütten**! Sie haben den Vorteil, daß bei Nässe oder Schnee das Futter geschützt ist. Außerdem können die Fasanen unterm Dach im aufgelockerten Boden hudern. Die Schütten stehen ausgezeichnet, wenn sie den Fasa-nen Deckung und zugleich die Möglichkeit bieten, die nähere Um-gebung beobachten zu können. Nur dann sind sie in der Lage, rechtzei-tig vor Habicht oder Fuchs zu flie-hen. Dichte Stangenhölzer in Feld- oder Schilfnähe sind solche Stellen im Revier. Die Wahl des Standortes ist ungleich wichtiger als die Bau-weise (siehe Zeichnung).

▶

Vier Pfähle werden im Geviert von 110 mal 160 Zentimeter so eingegraben, daß ein Pultdach von zirka eineinhalb mal zwei Meter darauf befestigt werden kann. Das Dachgerüst wird mit aufgetrennten Düngersäcken regendicht gemacht. Anschließend verblenden wir es mit Nadelholzreisig, Grassoden oder anderen natürlichen Materialien. Schütten in der Dauerdeckung werden ab Herbst bis ins Frühjahr mit Fallen gegen Raubwild oder revierende Katzen geschützt. In Kleindeckungen sichern wir die

dann mit Kaff oder Stroh-Häcksel bestreut. Schließlich wird das Futter hineingeschüttet. Pro Fasan braucht es idealerweise einen halben Meter „Futterbahn". Eine „Faustregel" für typische Fasanenreviere.

AUSWILDERN VON FASANEN

Am Anfang steht immer die Frage, ob das Revier überhaupt fasanentauglich ist. Nur bei einem klaren Ja macht das Auswildern Sinn. Be-

zeitig vor dem Auswildern müssen wir dem Raubwild energisch mit Falle und Flinte nachstellen.

Es gibt verschiedene Formen der Aufzucht und des Auswilderns, wobei letzteres kurz und bündig behandelt wird. In **Wildfasanerien** werden gesammelte oder aus Fasanerien gekaufte Eier durch Hühner- oder Putenglucken erbrütet. Die Küken verwildern allmählich in dem ihnen zugedachten Lebensraum. Eine gute, aber nicht überall durchführbare Methode.

In **Kleinfasanerien** werden die Fa-

Foto: Dr. K.-H. Betz

Schüttenseiten gegen Greifvögel, indem wir sperrige, laubfreie Äste oder Nadelholzwipfel schräg an das Schüttendach anlegen (siehe Zeichnung auf Seite 109).

Bewährt haben sich sogenannte **Futterbahnen**. Das sind in Deckung angelegte, zirka ein Meter breite Gänge. Sie werden von Laub und Reisig freigemacht,

vor wir im Revier Fasanen auswildern, empfiehlt es sich, den Biotop zu verbessern. Schließlich bearbeitet der Landwirt auch seinen Acker, bevor er Saatgut ausbringt. Wer hier tätig werden will, wird Hecken, Feldholzinseln, Ackerrandstreifen, Remisen und ähnliches anlegen und/oder pflegen. All das reicht aber noch nicht: Recht-

In solchen Freilandvolieren werden Zuchtfasanen langsam auf ihr Leben in freier Wildbahn vorbereitet. Ob's immer gelingt?

saneneier künstlich erbrütet. Junghähne und -hennen entläßt man ab einem bestimmten Alter in die freie Wildbahn. Ab dem 15. Lebenstag werden sie zunächst in Freilandvolieren mit durchgehender Vegetationsdecke aufgezogen. Hier können sie das Überleben in freier Wildbahn bereits trainieren, denn in guten Freilandvolieren finden sie ausreichend Versteck- und Aufbaummöglichkeiten.

Beide Methoden sind recht aufwendig und bedürfen intensiver täglicher Betreuung der Jungfasanen. Wie es im einzelnen geht, ist in dem leider nicht mehr auf dem neuesten Stand befindlichen Werk „Hege, Aufzucht und Aussetzen von Fasanen und Rebhühnern" beschrieben (siehe Seite 128).

Eine dritte, letztlich kostengünstigere Methode besteht im Kauf von Jungvögeln bei **Großfasanerien**. Dort, wo wir die späteren „Fasanenecken" im Revier raubzeugfrei halten und ausreichenden Schutz vor Fuchs und Habicht bieten können, wildern wir mindestens zehn bis zwölf Wochen alte Jungtiere aus. In rauheren Witterungsgebieten, etwa in Norddeutschland oder in Mittelgebirgslagen, sollten die Fasanen 14 bis 16 Wochen alt sein, wenn sie in die Freiheit entlassen werden. In jedem Fall ist es zweckmäßig, die angekauften, mehrwöchigen Jungtiere in sogenannten Auswilderungsvolieren an die örtlichen Revierverhältnisse anzupassen. Dies wird mindestens acht Tage, kann aber auch vier Wochen dauern. Der betreuende Heger wird den rechten Zeitpunkt erkennen.

Die gesetzlichen Vorschriften der einzelnen Bundesländer (siehe dazu auch Seite 98) sind zu beachten. Hierdurch gibt es manche Einschränkung. Aber alle Möglichkeiten, die das Gesetz zuläßt, sollten wir auch ausschöpfen.

Noch ein wichtiger Hinweis: Wer zu zaghaft vorgeht, wenn er seine Fasanenbesätze saniert, erleidet meist Schiffbruch. Wer über mehrere Jahre Fasanen haben will, wird nicht unter 50 bis 100, besser ab 200 Stück dieses herrlichen Flugwildes auswildern.

JAGD

VORSTEHTREIBEN

Klassische Fasanenjagden à la Ungarn sind Vorstehtreiben. Sie bereiten den Schützen große Freude, wenn sie wohl organisiert und straff durchgeführt werden. Bei guten

Foto: H. Arndt

Schützen sind die Strecken vielfach recht groß.

Um Fasanen in Felddeckungen zu halten, herrscht in den Remisen, insbesondere in den Wochen vor der Treibjagd, möglichst große Ruhe. **Geeignete Treiben** sind dauerhafte Feldgehölze oder mit Mais, Topinambur oder Sonnenblumen bestellte, einjährige Niederwildäcker. Sind sie rechteckig langgestreckt, lassen sie sich besser treiben.

Die **Stände** werden so

Foto:
Groß und schnell kam er angesegelt. In der Garbe ist er klein geworden und fällt steintot in die Remise.

Zeichnung:
Remisen werden am besten so getrieben, daß die Fasanen von Treiben 1 ins Treiben 2 streichen.

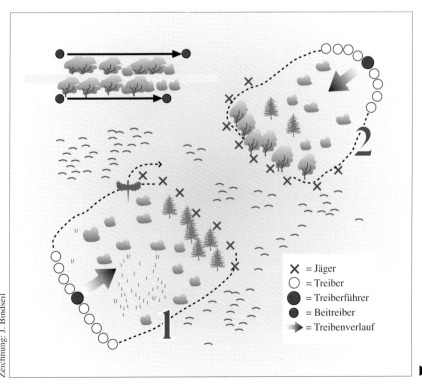

Zeichnung: J. Bindseil

✕	= Jäger
○	= Treiber
●	= Treiberführer
●	= Beitreiber
➤	= Treibenverlauf

festgelegt, daß die Schützen das Flugwild rechtzeitig sehen, das heißt ungefähr 50 bis 70 Meter von der Deckung entfernt. Stellen wir näher an, bemerken die anlaufenden Fasanen die Schützen frühzeitig: Sie laufen dann entweder retour oder drücken sich bis zum Schluß, um gemeinsam aufzustehen. Die Stände befinden sich in einem Abstand von 45 Metern zueinander. Bei der Auswahl der Stände wird berücksichtigt, daß Fasanen am liebsten zur nächsten Deckung streichen. Zudem haben die Schüt-

halten, weil ansonsten etliche Fasanen nach hinten weglaufen. Kommen zu viele Fasanen auf einmal über die Schützen, läßt der Obertreiber die Treiberwehr halten. Nach einer kurzen Pause geht es dann weiter.

Die **Schützen** beschießen Fasanenhähne möglichst spitz von vorn, über Kopf oder seitlich. Der Schuß auf den abstreichenden Hahn, also spitz von hinten, unterbleibt. Nach dem Abblasen werden alle sichtbar erlegten Hähne eingesammelt. Dann erst werden die **Hunde** zur

überzähliger Hähne bereitet die Suche mit dem firmen Vorstehhund während goldgelber Herbsttage jagdlichen Genuß. Der Fasan hält dann gut. Überdies ist der aufstehende Fasan leichter zu erlegen als der baumhohe und pfeilschnelle Gockel.

Auch wenn wir den Hund dichte Schilfpartien oder Schwarzdornhecken selbständig durchstöbern lassen, fällt der Schuß in der Regel nicht schwer. So kommt mancher Jungjäger zu seinem ersten Hahn.

Foto: H. Arndt

zen die Sonne möglichst im Rücken.

Die **Schützen** werden mit dem Gesicht zur Deckung, also zum Treiben abgestellt und können bei den hoch sowie schnell heranstreichenden Hähnen ihre Treffsicherheit zeigen. Hunde bleiben an der Leine.

Nach dem Anblasen gehen die Treiber – bei engen Abständen – langsam vor und klopfen mit Stöcken die Deckungen sorgfältig ab. Andernfalls bleiben zu viele Fasanen sitzen: Sie drücken sich. Entscheidend ist, daß die **Treiber** gut Linie

Nachsuche bzw. zum Verlorenbringen geschnallt.

Krankgeschossene Fasanen töten wir rasch und fast unauffällig, indem wir mit einer Hand den Hahn am Hals fassen und den Halswirbel festhalten. Dann drehen wir ruckartig den Kopf des Fasans herum, so daß Kopf und Halswirbel getrennt sind.

SUCHE UND STÖBERN

In schwächer besetzten Revieren und zur frühzeitigen Entnahme

Luftig baumeln die Hähne außenbords. Schnüre und Köpfe werden den Transport bis zum Streckelegen hoffentlich aushalten.

SCHUSS UND SCHUSSZEICHEN

Schrot Nummer 6 und 5, zweidreiviertel und drei Millimeter, sind auf Fasanen recht. Die ideale Schrotschußentfernung liegt über 15 und unter 35 Metern.

Auf aufgebaumte Fasanen, sogenannte Kavalleristen, oder in ein

Foto: W. Witters

Praktiker ist der Jagdgebrauchshund erst dann vollwertig, wenn er auch unter schwierigen Bedingungen einen geflügelten, weit gelaufenen Fasan mit großer Sicherheit erarbeitet.

Ein Fangschuß auf den geflügelten Fasan ist also statthaft. Nur ist er in vielen Fällen unmöglich, weil der Hahn jede Deckung ausnutzt und im Nu außer Reichweite der Schro-

Foto:
Tire haut. Überhol' ihn von hinten, bleib' beim Drücken im Tempo vorne. Dann klappt's.

Zeichnung: J. Bindseil nach G. Jespers, 1989

SCHUSSZEICHEN

Nicht tödlicher Kopftreffer

Weidwund

Himmelnd

Doppelt geständert

Geflügelt

Geständert

Zeichnung:
Je nach Sitz der Schrote zeichnet der Fasan anders. Nicht immer ist es so typisch zu beobachten.

te gelangt. Sauber in die Brust getroffene Fasanen fallen wie ein Stein mit herunterhängendem Kopf zu Boden. Zuvor sind sie in der Luft „klein geworden".
Waidwund getroffene Fasanen plustern sich auf. Sie wirken größer und senken den Stoß in aller Regel etwas nach unten. Meist gehen sie im Gleitflug – häufig allerdings erst nach geraumer Zeit – zu Boden. Der Schütze wird sich die Stelle genau einprägen, um dort mit dem Hund nachzusuchen; in der Praxis nicht immer leicht. Himmelnde oder geständerte Fasanen verhalten sich ebenso wie geständerte oder himmelnde Hühner (siehe dazu Seite 126/127).

Bukett – einen Trupp gleichzeitig aufstehender Fasanen – schießt der waidgerechte Jäger nicht, ebenso nicht auf Infanteristen, also laufende, gesunde Hähne. Geflügelte Fasanen, die wir anhand des Schußzeichens oft nicht erkennen, machen es in deckungsreichem Gelände oder großen Schlägen dem

Hund schwer. Sie laufen schnell und weit. Außerdem drücken sie sich nicht so fest wie das Rebhuhn. Spurwille und -treue wird dann in hohem Maß vom Hund verlangt. Kommt Erfahrung hinzu, sind die Verluste an kranken Hähnen gering. Ganz vermeiden können wir sie nicht. Mit anderen Worten: Für den

DAS REBHUHN

Großes Foto: Lange, schneereiche Winter mit Harschschnee-decken machen Rebhühnern arg zu schaffen. Der Heger füttert sie in dieser Notzeit.

Fotos: M. Danegger, Archiv JÄGER

Streichende Hühner. Rasche Flügelschläge und kurze Gleitflüge wechseln einander ab.

In den letzten 25 Jahren sind die Rebhuhnbesätze in den meisten Revieren Deutschlands drastisch zurückgegangen, obwohl dort seit Jahren kein Schuß mehr fiel. Die Jäger hatten die Gefahr erkannt. Sie erhalten und pflegen geeignete Biotope, sie schützen das Rebhuhn vor Raubsäugern. Der ebenfalls notwendige, maßvolle Eingriff in die Populationen von Habicht und Bussard ist ihnen gesetzlich untersagt.

In der Bundesrepublik wurden im Jagdjahr 1994/95 nur 17.709 Rebhühner geschossen. Vor zwanzig Jahren, also 1974/75, waren es dagegen 306.601 Stück. Ein dramatischer Rückgang, der verschiedene Ursachen hat. Als typischer Steppenvogel bewohnt das Rebhuhn zwar die offene **Agrarlandschaft**, bedarf aber zugleich kleinflächiger Vegetationsstrukturen. Sie gewähren ihm Deckung und Nahrung. In ausgeräumter Kulturlandschaft gibt es folglich keine hohen Hühnerdichten. Der Einsatz von Herbiziden verringert

FEDERKLEID

Rebhühner wiegen zwischen 300 und 400 Gramm. Sie sind etwa taubengroß und besitzen eine ausgeprägte bräunliche Tarnfärbung. Hals und Brust sind grau, Scheitel, Rücken, Flügeldecken, Bürzel und Stoß braun gefleckt. Die Flanken sind unregelmäßig grau-rostfarben gestreift. Besonders auffällig sind die orangefarbenen Wangen und Kehlen sowie das dunkelbraune hufeisenförmige Brustschild. Es kann bei beiden Geschlechtern auftreten. Ausgewachsene Hähne

besitzen es immer, alte Hennen bisweilen.

Die Geschlechter sind schon bei jungen Hühnern ab zwei Monaten anhand der Schwingendeckfedern zu unterscheiden. Diese Federn weisen bei der Henne einen Schaftstrich mit Querbänderung auf, beim Hahn dagegen nur den Schaftstrich (siehe Zeichnung). Es gilt der Merksatz: „Der Hahn steigt auf die Leiter."

LEBENSWEISE

Rebhühner heißen auch Feldhühner. Und dies mit gutem Grund, denn im Wald wird sie der Jäger vergeblich suchen. Rebhühner baumen niemals auf. Sie sind Bewohner der offenen Feldflur und brauchen möglichst kleinere, langgestreckte vielfältig bestellte Äcker. Große Schläge meiden sie.

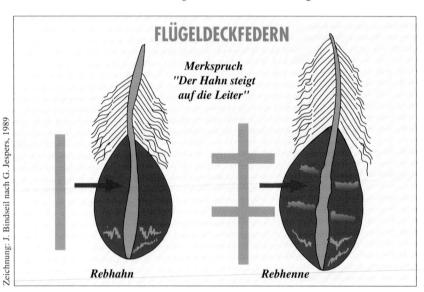

Zeichnung: J. Bindseil nach G. Jespers, 1989

FLÜGELDECKFEDERN

Merkspruch
*"Der Hahn steigt
auf die Leiter"*

Rebhahn   Rebhenne

Zeichnung: Die Federn an der Schulterpartie sind das beste Kriterium, um Rebhahn und -henne zu unterscheiden.

Foto unten: Ihr Federkleid tarnt sie gut. Nur schwer sind die Hühner im Sturzacker auszumachen.

die Planzenvielfalt. Vor allem Wildkräuter verschwinden und damit auch Insektennahrung für das Rebhuhn, die für die Küken in den ersten Lebenstagen überlebensnotwendig ist. Hohe Dichten von Fuchs, Habicht und Rabenvögeln sind ein weiterer Grund für niedrige Besätze. Schließlich sind naßkalte Frühsommer nachteilig für das Brutgeschäft und die Jungenaufzucht.

ZOOLOGISCHE STELLUNG

Klasse:	Vögel
Ordnung:	Hühnervögel
Familie:	Fasanenvögel
Art:	Rebhuhn.

Foto: W. Schulte

Die Erfahrungen aus England belegen: Bei der Revierwahl im Frühjahr sollte zwischen den Paaren kein Sichtkontakt bestehen. Deshalb helfen Knicks und Hecken, daß mehr Hühner auf gleicher Fläche leben können. Hühner sind Standvögel. Die Jungen verlassen selten den Raum ihrer Geburt.

Während der Nacht liegen sie zusammengeduckt in Deckung, auf mehrere Quadratmeter verteilt. Am frühen Morgen locken sie sich wieder zusammen. Der Jäger ver-

hört dann, wo sich die einzelnen Ketten per „Kontaktlaut" zusammenrufen. Dies dient ihm als Vorbereitung für die Suche am Vormittag.

Im Winter sind die Hühner zu **Ketten** – Althühner mit Jungen aus einem Gelege – oder besonders in strengen Wintermonaten zu Völkern – mehrere Ketten – zusammengeschlossen. Bei Schneelage fallen sie dem Waidmann und den Greifvögeln im freien Feld als dunkle Punkte auf. Starke Ketten überstehen den Winter besser als

schwache. Eine schwache Kette besteht aus etwa sechs bis acht, eine starke aus 15 bis 20 Hühnern. Schwache Ketten lassen auf Kükenverluste oder Nachgelege schließen. Erst im Frühjahr, zur Paarzeit, lösen sich diese Verbände auf.

Rebhühner laufen behende und streichen flach, allerdings nicht

Am frühen Morgen locken die Althühner mit hartem „Ker-reck" ihr Volk wieder zusammen. Weit halt es übers Feld.

Foto: M. Danegger

sehr weit ab. Dabei wechseln rasche Flügelschläge und kurze Gleitflüge einander ab. Ohne Störung streichen Hühner kaum. Althühner sind sehr wachsam. Sie hören und äugen ausgezeichnet.

LAUTE

Der Kontakt- und Revierruf, das „Ker-reck", ist morgens sowie abends, auch bei Dunkelheit, zu hören. Im Auffliegen rufen Rebhühner mehrsilbig „Rebrebreb". Daher ihr Name.

Foto: E. Haarstrick

Zwischen 12 und 20 Eier liegen in eine Mulde, die mit Resten vorjährige Pflanzen ausgekleidet ist.

NAHRUNG

Rebhühner ernähren sich vorwiegend pflanzlich, nämlich von Knospen, Blattspitzen, Gräsern, Kohl, Klee, Unkrautsamen und den Körnern verschiedener Getreidearten. Vor der Brutzeit fressen sie überwiegend Insekten, Würmer und Schnecken. Dies gilt auch für die Küken in ihren ersten Lebenswochen. Sie sind in dieser Zeit zwingend auf tierische Kost angewiesen.

BRUT UND KÜKEN

Rebhühner führen eine streng monogame Ehe. Bereits im Februar/März beginnt die **Paarzeit**. Wildlebende Rebhühner verpaaren sich grundsätzlich nicht innerhalb ihrer Familie. Junghühner suchen sich also immer ihren Partner aus anderen Ketten. Damit wird Inzucht vermieden. Bei der Partnerwahl herrscht reger Betrieb.

Damit die Fortpflanzung gesichert ist, müssen pro Jagdrevier möglichst mehrere Ketten vorhanden sein und miteinander Kontakt aufnehmen können.

Jedes Paar verteidigt sein Revier energisch. Ab Ende April/Anfang Mai legt die Henne fast täglich ein Ei, insgesamt etwa 15 bis 20 olivbraune Eier in Klee, Wiesen, wachsendes Getreide oder unter Hecken. Es gilt die grobe Regel: „Der erste Mai, das erste Ei." Nur die Henne brütet, während der Hahn in der Nähe des Nestes aufopfernd Wache hält. Das **Nest** ist eine einfache Mulde, ausgelegt mit wenigen dürren, nie frisch grünen Halmen. Die Henne baut oft mehrere Nester, sogenannte „Scheinnester". So „erprobt" sie die si-

cherste Stelle für ihr Brutgeschäft. Nach 24 oder 25 Tagen sind die Jungen ausgebrütet. Geht das erste Gelege in frühem Brutstadium verloren, kommt es zu einem Nachgelege. Es besteht dann allerdings aus deutlich weniger Eiern. Die **Küken** sind Nestflüchter und können bereits nach zwei bis drei Wochen fliegen. Die jungen Hähne schildern schon mit zirka vier Wochen, was der Jäger gut am Brustgefieder erkennen kann.

FEINDE UND GEFAHREN

Fuchs, Dachs, Marder, Hermelin und Greifvögel erbeuten vor allem ausgewachsene Rebhühner. Krähenvögel, Igel und Wanderratten plündern vornehmlich die Gelege. Vor Gefahren aus der Luft drücken die Hühner sich bei ausreichender Deckung. Vor Feinden auf dem Boden laufen sie weg und stehen erst in einiger Entfernung auf.

Hohe Schneelagen mit Harschschneedecken können zu massiven Verlusten führen, wie etwa im Winter 1978/79 in ganz Mitteleuropa. In solcher Situation ist das Füttern von Rebhühnern zwingend. Gefahr droht den Hühnern auch im Frühjahr: Anfang Mai legen die Rebhennen. Gleichzeitig werden bereits die ersten Futterschläge gemäht. Insbesondere in Regionen mit Stallfütterung ist das üblich. Überhaupt mähen Landwirte immer zeitiger, so daß sogar Gelege in Wiesen gefährdet sind.

ALTERSERMITTLUNG

Wer sich nicht die Mühe macht, erlegte alte und junge Rebhühner voneinander zu unterscheiden, wird bei der Mittagstafel vielleicht böse überrascht: Das Wildbret alter Hühner ist zäh, mit Sehnen und sehnenartiger Muskelhaut stark durchsetzt. **Junge Rebhühner** besitzen gelbe bis gelbgraue Ständer, besonders auffällig ist dies an den

Foto: G. Kalden

DIE BEIDEN ÄUSSEREN FLÜGELFEDERN

Spitz zulaufend: jung   *Stumpf: alt*

Zeichnung: J. Brüsch nach G. Jespers, 1989

Foto:
Eine Hecke ohne Wert. Sie ist unten licht. Die Hühner finden keinen Schutz, sie laufen durch.

Zeichnung:
Diese Methode zur Altersbestimmung gilt auch für anderes Federwild, etwa Wildgänse.

Zehenballen. Ihr Schnabel ist schwarz. Die Handschwingen laufen spitz zu (siehe Zeichnung). Ihr unteres Halsgefieder ist gelb. Sie haben einen aschgrauen, glatten Augenring – ohne rote Rose.
Die Ständer älterer Hühner sind dagegen blau- bis schiefergrau. **Alte Hühner** haben einen grauen, harten Schnabel. Ihre erste Handschwinge wirkt stumpf, abgerundet. Das Halsgefieder ist aschgrau. Hennen besitzen eine kleinere, Hähne eine größere, zur Balzzeit hochrote Rose.

Foto: Hg. Arndt

FÜTTERN &
HÜHNERSUCHE

*In der ersten Hälfte unseres Jahrhunderts, als die Landwirt-
schaft noch in abwechslungsreicher Form, kleinflächig und mit
langsam gezogenen Gerät betrieben wurde, gab es für die
Rebhühner auch im Winter Deckung und Äsung. Gefüttert
wurde bereits damals intensiv. Heute sind die Hühner verstärkt auf Deckungs- und Äsungsbeschaffung angewiesen.
Wo es genügend Hühner gibt, bejagen ein oder zwei Jäger sie
im September gemeinsam mit einem guten Vorstehhund.*

Foto: Dr. K. H. Betz

Großes Foto:
Er nutzt den Septembertag zur
Hühnersuche mit seinem vierläu-
figen Gefährten.

Kleines Foto:
Ein Gordon Setter auf der HZP.
So übt sich ein späterer Meister
im Verlorenbringen.

HEGE
FÜTTERUNG

Früher war das Kaff – der Drusch-abfall – ein Universalfutter für Ente, Fasan und Rebhuhn. Alle drei konnten von den im Getreide-abfall enthaltenen Körnerresten und Sämereien in der Feldmark gut leben. Außerdem war Kaff preiswert. Heute blasen die Mäh-drescher die Spreu in die Land-schaft. Dort wird sie rasch beseitigt – denn hinter dem Mähdrescher

halb entweder Flugwildfutter kau-fen oder aber selbst anbauen. Gefüttert werden Rebhühner von Ende Oktober bis in den März hin-ein, insbesondere in den langen,

stehenlassen. Sinnvoll ist außer-dem der Anbau von Markstamm-oder Westfälischem Furchenkohl. Sowohl Hühner als auch Fasanen nehmen diese beiden winterharten

---

Material für eine Rebhuhnschütte

14 laufende Meter Kreuzrahmen (vier mal sechs Zentimeter),
vier laufende Meter Knottengitter (Wildzaun) oder Maschendraht
und zwei Meter Spanndraht mit einem Durchmesser von 0,8 bis
1 Millimeter.

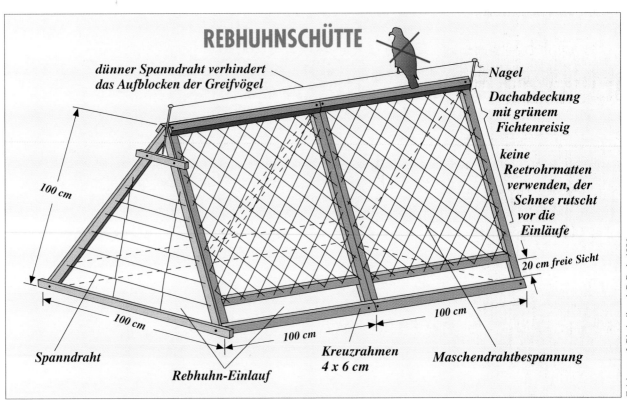

REBHUHNSCHÜTTE

dünner Spanndraht verhindert das Aufblocken der Greifvögel

Nagel

Dachabdeckung mit grünem Fichtenreisig

keine Reetrohrmatten verwenden, der Schnee rutscht vor die Einläufe

100 cm

20 cm freie Sicht

100 cm

100 cm

100 cm

Spanndraht

Rebhuhn-Einlauf

Kreuzrahmen 4 x 6 cm

Maschendrahtbespannung

Zeichnung: J. Bindseil nach P. Ruth, 1986

Diese speziellen „Rebhuhn-Schutzdächer" (nach Haas) haben sich als Fütterungen sehr bewährt. Sie sind „Hühner-Magnete". Der dünne Spanndraht auf dem Dach verhindert, daß Greifvögel aufblocken.

---

zieht der Pflug. Das, was früher zu einem entscheidenden Teil Herbst- und Vorwinternahrung der Fasanen und Hühner war, wird viel zu schnell vernichtet. Also tut Fütte-rung not. Sie bildet Ersatz für die-se den Hühnervögeln entzogenen Druschabfälle. Der Jäger wird des-

schneereichen Wintern. Optimales Hauptfutter ist alles feinkörnige Getreide. So bevorzugen Hühner Hirse. Wer in seinem Revier ge-eignete Flächen zur Verfügung hat, kann Hirse als Sommer- und Herbstdeckung selber anbauen und den Winter über als Äsungshilfe

Kohlarten als „Grünäsung" an. Auch Winterraps eignet sich. Wenn keine Anbaufläche zur Ver-fügung steht, werden an verschie-denen Stellen im Revier **Schütten** errichtet und ab Herbst mit Abfall-getreide und/oder Unkrautsämerei-en beschickt. In der Nähe dieser

Nicht nur Rebhühner, auch die anderen Hühnervögel nehmen gerne ein Sand- oder Staubbad.

Schütten befinden sich kleine Haufen mit Fein- und Grobsand. So finden Fasanen und Hühner in der Nähe schützender Deckung Magensteine. Der Sand als Huderplatz dient ihrer Gefiederpflege. Rebhuhnschütten werden entweder in freier Feldmark oder in Anlehnung an Hecken plaziert. Bäume dürfen nicht in der Nähe sein, da hier Greifvögel sonst aufhaken. Der Eigenbau von Rebhuhnschütten ist einfach (siehe Zeichnung).

AUSWILDERN

Ausgemähte Rebhuhngelege können künstlich erbrütet werden. Genauere Hinweise hierzu enthält das Buch von *Behnke* (siehe Seite 128).

Die Aufzucht der Küken ist nicht mehr so schwierig wie noch vor zehn Jahren. Leider hat das Auswildern von Rebhühnern bislang keine dauerhaften Erfolge gezeigt. Entscheidend für gute Rebhuhnbesätze sind heute vielerorts kaum zu erreichende Lebensraumqualitäten.

JAGD
HÜHNERSUCHE

In Revieren mit gutem Besatz ist die Suche mit dem eingearbeiteten Vorstehhund eine herrliche Jagdart. Hühnersuche ohne saubere Hundearbeit vor dem Schuß ist Stümperei.

Ideal sind sonnige, schwachwindige Septembertage. Überall ist noch reichlich Deckung gegeben Die Rebhühner halten prima. Aber ausgewachsen müssen die Jung-

hühner schon sein. Oft wird's an solchen Tagen anstrengend für Jäger und Hund. Also werden öfter Pausen eingelegt. Der Hund darf Wasser schöpfen, sein Führer im Schatten eines Baumes ruhen. Bei Regen macht es den beiden weniger Spaß. Der eine bekommt das Wasser ständig in die Nase, der andere dauernd in den Hemdkragen.

Ob auf Rebhuhn oder Hase, die Suche ist eine Jagdart für wenige Schützen. Mehr als vier machen keinen Sinn. Dazu gehören dann mindestens zwei Gebrauchshunde. Je kleiner die Jagdgruppe, desto größer sind Harmonie, Erfolg und vor allem die Freude an der guten Hundearbeit. Je später im Jahr wir die Suche betreiben, desto schlechter halten die Rebhühner. Im Oktober wird die Deckung im Felde rar. Die Hühner, gern in ▶

Foto: Archiv JÄGER

Foto: Dr. F. Hirsch

Foto oben:
Ein Bild für die Götter. Die Hühner in der Nase, starrt der Rüde voll konzentiert in deren Richtung.

Foto links:
Die Suche mit einem guten Gebrauchshund ist die übliche und schonenste Form der Bejagung.

niedriger Deckung liegend, streichen schon früh ab, unerreichbar für unsere Schrote. Oder sie verschwinden in einem der oft riesigen Maisschläge.

Gesucht wird immer im offenen Gelände, bei Rebhühnern gerne in Rüben-, Kohl- oder Kartoffelfeldern, stets gegen den Wind. Die Arbeitsbreite der Quersuche beträgt je nach Rasse und Konditi-

Foto: Archiv JÄGER

on des Hundes 100 bis 200 Meter. Erstaunliches auf diesem Gebiet leisten vor allem die Pointer und Setter. Sie sind halt Spezialisten. Bei der Suche arbeitet der Vorstehhund in engem Kontakt mit seinem Herrn. Die wenigen Kommandos von hier kommen bei Blickverbindung mit Handzeichen, auch nach Zuruf oder kurzem Pfiff. Zu Beginn der Jagd oder beim jungen Hund ertönt nicht selten ein beruhigendes „Langsa..a..m" über die Felder. Hat der Hund die Hühner in der Nase, reißt es den Könner förmlich herum. Er steht vor oder zieht langsam nach, wenn die Kette vor ihm läuft. Stehen die Hühner beim vorsichtigen Aufrücken der Jäger auf, sprechen die Flinten. Nun beginnt für den Hund die Arbeit

nach dem Schuß. Auf Zuruf apportiert er die erlegten Hühner, die er in der Regel hat fallen sehen. Ist ein geflügeltes dabei, muß er verlorensuchen. Oft ist das kranke Wild in den Rüben- oder Kartoffelreihen ein gehöriges Stück gelaufen. Jetzt bewährt sich die gute Nase des Hundes. Flattert das Huhn vor ihm hoch, greift es der Jagdhund. Viel Lob seines Herren ist dem Vierbeiner sicher, wenn er mit dem Huhn im Fang heranprescht.

Das erste aufstehende Huhn der Kette haben die Jäger pardoniert. Meist ist es eines der führenden Elterntiere. Der Könner schießt aus dem Volk die außen streichenden Hühner und bezielt sauber jedes einzelne Huhn. In die sogenannten „Vollen" des aufpurren-

Die Suche erlaubt uns prima, Zahl und Zusammensetzung der Rebhuhnpopulation in unseren Revieren zu beurteilen.

den Volkes zu halten, ist streng verpönt und wenig effektiv. Die abstreichenden Rebhühner werden scharf im Auge behalten. So erkennen wir das Verhalten der beschossenen Hühner und wissen um den Schlag, in den sie wieder eingefallen sind. Manchmal tut ein leichtes Fernglas hierbei gute Dienste.

Wenn im Spätherbst die Hühner nicht mehr gut halten, soll es helfen, bei der Suche einen Drachen zu benutzen. Die Hühner liegen dann angeblich fest. Heute gibt es Drachen, die einem Greifvogel ▶

Foto: Hg. Arndt

Beide haben das gut getroffene Huhn im Auge. Erst auf Kommando prescht der Hund zur Aufschlagstelle. Er wird es bringen.

täuschend ähnlich sehen. Aber wer wollte sich solch einer Prozedur schon unterziehen?

STREIFE

Bei einer Feldstreife marschieren sechs bis acht Jäger mit einer Handvoll Treiber in gerader Linie durch die Feldflur, um Hühner zu schießen. Hierbei geht aber das Wesentliche der Hühnerjagd verloren: Die Arbeit des Hundes vor dem Schuß. Die Rebhühner werden überraschend hoch, die Schußergebnisse schlechter. Das Herzklopfen beim Draufzugehen

auf den vorstehenden Hund, die Bereitschaft zum Schuß fehlen. Die Hunde apportieren nur noch und suchen lediglich die krankgeschossenen Hühner nach. Bei so vielen Jagdteilnehmern besteht dann die Gefahr, daß ein krankes Einzelhuhn nicht in wünschenswerter Weise mit viel Geduld nachgesucht wird. Ein wirklicher Nachteil der Streife auf Hühner.

TREIBEN

In manchen Gegenden war es üblich, Rebhühner bei Vorsteh- und Kesseltreiben auf Hasen mit zu schießen. Der Schuß auf die schnell, oft aber flach heranstreichenden Hühner ist außerordentlich reizvoll. Doubletten sind selten. Hierbei ist immer auf die Gefährdung anderer Jagdteilnehmer

besonders aufmerksam zu achten, braust die Kette doch meist nur in doppelter Mannshöhe heran.

WAFFE, MUNITION UND SCHUSSZEICHEN

Weil Jäger bei der Hühnersuche weite Strecken zurücklegen, belastet jedes Gramm Gewicht. Also wählen wir eine leichte, führige, gut liegende Flinte und Schrot Nummer 7, zweieinhalb Millimeter. Auf das kleine Flugwild werden wir dabei nicht zu nah, vor allem aber nicht über 35 bis 40 Schritt hinaus schießen.
Geständerte Hühner streichen in der Regel weit. Der oder die verletzten Ständer hängen herab. Sind derart verletzte Hühner wieder eingefallen, drücken sie sich fest und stehen nur schwer wieder auf.

Foto: E. F. Bauer

Foto: K. Behrendt

Foto oben:
In vorbildlicher Manier sitzt der Deutsch-Kurzhaar vor seinem Herrn, das Huhn im Fang.

Foto links:
Natürlich wird auch hier nach der Jagd lebhaft diskutiert: Waren wirklich genug Hühner da? Haben wir keines verloren?

Beim geflügelten Huhn ist – wie bereits dargestellt – allein der Hund entscheidend. Wir Jäger können das Huhn nicht finden, geschweige denn greifen. Oft haben wir nicht einmal gemerkt, daß nur eine Schwinge getroffen ist. Erst am Verhalten des Hundes, der mit tiefer Nase dem Geläuf des wunden Huhnes möglichst flott folgt, erkennen wir unsere mäßige Schußleistung.

Das himmelnde Huhn ist besonders scharf im Auge zu behalten. Meist hat es nur ein Schrotkorn in der Lunge. Dort, wo es zu Boden geplumpst ist, liegt es mausetot verendet. Ist es in deckungsreiches Gelände gefallen, lassen wir dem Hund viel Zeit. Er wird es schon bringen.

Findet der Hund gefallene Hühner nicht sofort, wiederholen wir die Nachsuche nach ein bis zwei Stunden und einer Erholungspause. Dann hat es unser vierläufiger Freund leichter. Die aufsteigende Wundwittrung hilft ihm bei seiner Arbeit.

FACHLITERATUR

Im deutschsprachigen Raum gibt es leider nur wenig neue Literatur über den Jagdfasan oder das Rebhuhn. Auch in den Fachzeitschriften muß der Jäger lange blättern, um über Biologie, Biotopverbesserungen oder Bejagungsformen Lesenswertes zu finden. Dabei dürsten viele Inhaber von Niederwildrevieren danach. Wie anders sieht es da bei der Fachliteratur übers Schalenwild aus!

In Großbritannien und Ungarn berichten dagegen Wissenschaftler, Ornithologen sowie Jäger fundiert und engagiert über beide Flugwildarten. Und das seit mindestens 30 Jahren. Vieles davon berührt auch unsere akuten Probleme bei Fasan und Rebhuhn.

In der deutschen Fachliteratur fallen zwei Namen ins Gewicht: *Behnke* und *Kalchreuter*.

1. Behnke, Hans – Fasanen (5. Auflage 1985)

„Der Fasan ist das Flugwild der Zukunft" – So beginnt der Wildmeister seine Ausführungen. Leider steht diesem Satz der rapide Rückgang unserer Fasanenbestände in den letzten 20 Jahren gegenüber. Eine überarbeitete Neuauflage dieses Merkblattes des Niederwildausschusses des Deutschen Jagdschutz-Verbandes ist wünschenswert.

2. Behnke, Hans – Hege, Aufzucht und Aussetzen von Fasanen und Rebhühnern (1. Auflage 1954)

Das Büchlein des bekannten Wildmeisters erlebte sechs Auflagen. Die letzte stammt aus dem Jahre 1985. Viel hat sich seitdem geändert. Betriebswirtschaftliche Gründe mögen den Verlag derzeit von einer überarbeiteten Neuauflage abhalten. Schließlich wird nur noch in sehr wenigen Revieren ausgewildert.

3. Kalchreuter, Heribert – Rebhuhn aktuell (1. Auflage 1991)

In dem Bändchen beschäftigt sich der namhafte Wildbiologe mit der Frage, welche Faktoren Vorkommen und Bestandsdichte des Rebhuhns bestimmen. Hierauf gibt er eine wissenschaftliche fundierte Antwort. Außerdem listet er Anregungen für die Praxis auf, um Rebhuhnpopulationen zu erhalten, zu mehren und wieder auszubreiten.

4. Kalchreuter, Heribert – Das Rebhuhn (6. Auflage 1992)

Das Merkblatt des Niederwildausschusses des Deutschen Jagdschutz-Verbandes ist eine preiswerte Kurzfassung des Heftes „Rebhuhn aktuell" (siehe Nummer 3).

Bei der Hühner- und Fasanenjagd sind qualifizierte Jagdgebrauchshunde unerläßlich. Er ist einer von ihnen.

Foto: G. Sagorski

JÄGER & PRAXIS

KURZ & BÜNDIG

11

WASSERWILD: LEBENSWEISE ★ BRUTHILFEN
★ LOCKJAGD ★ ENTEN- UND GÄNSESTRICH ...

EINE BEILAGE DER ZEITSCHRIFT JÄGER

JAGDZEITEN

JAGDRECHT

In Teilen Niedersachsens beginnt die Jagdsaison auf Stockenten bereits im Hochsommer. Dann sind die Erpel wieder und viele Jungenten schon beflogen. Es lohnt sich jetzt dort, wo sie in großer Zahl Getreidefelder heimsuchen, in guter Deckung die abendlichen Anflügen zu erwarten. Aus biologischer Sicht spricht nichts gegen den frühen Jagdbeginn: Um diese Zeit stecken die meisten Mutterenten in der Flügelmauser. Sie können sich an den abendlichen Flügen nicht beteiligen.

An Küsten ist die Entenjagd bis in den Januar hinein zu vertreten, im Binnenland sollte am 31. Dezember freiwillig Schluß gemacht werden.

VERORDNUNG ÜBER DIE JAGDZEITEN VOM 2. APRIL 1977
(Bundesgesetzgebung)

Stockenten: vom 1. September bis zum 15. Januar
alle übrigen Wildenten außer Brand-, Eider-, Eis-, Kolben-, Löffel-, Moor-, Schell- und Schnatterenten: vom 1. Oktober bis zum 15. Januar
Graugänse: vom 1. bis zum 31. August und vom 1. November bis zum 15. Januar
Bläß-, Saat-, Ringel- und Kanadagänse: vom 1. November bis zum 15. Januar
Lachmöwen: vom 16. Juli bis zum 30. April
Sturm-, Silber-, Mantel- und Heringsmöwen: vom 16. August bis zum 30. April
Bläßhühner: vom 1. September bis zum 15. Januar
Höckerschwäne: vom 1. September bis zum 15. Januar

ABWEICHENDE JAGDZEITEN GEMÄSS LANDESVERORDNUNGEN

BADEN-WÜRTTEMBERG
Höckerschwäne: vom 1. September bis zum 30. November
Wildgänse: keine Jagdzeit bis zum 31. März 1999
Sturm-, Mantel-, Silber- und Heringsmöwen: keine Jagdzeit bis zum 31. März 1999

BAYERN
keine Abweichung von der Bundesverordnung

BRANDENBURG
Wildenten, außer Stock-, Tafel- und Krickente: keine Jagdzeit

BREMEN
Reiher-, Tafel- und Knäkenten: keine Jagdzeit

HAMBURG
keine Abweichung von der Bundesverordnung

HESSEN
Wildenten, außer Stockenten: keine Jagdzeit
Wildgänse: keine Jagdzeit

MECKLENBURG-VORPOMMERN
Stockenten: vom 1. September bis 31. Dezember
Tafel- und Krickenten: vom 1. Oktober bis zum 31. Dezember
alle übrigen Wildenten: keine Jagdzeit
Ringelgänse: keine Jagdzeit

NIEDERSACHSEN
Stockenten: a) vom 1. September bis 15. Januar soweit nicht Buchstabe b gilt b) vom 16. August bis zum 15. Januar für das Gebiet der Landkreise Leer, Aurich, Wittmund, Friesland, Wesermarsch, Cuxhaven und Stade sowie für das der kreisfreien Städte Emden und Wilhelmshaven
Reiher-, Tafel- und Knäkenten: keine Jagdzeit
Bläß-, Saat-, Ringel- und Kanadagänse: keine Jagdzeit
Höckerschwäne: vom 1. bis zum 30. September

NORDRHEIN-WESTFALEN
Wildenten, außer Stockenten: keine Jagdzeit
Wildgänse, außer Graugänse: keine Jagdzeit
Graugänse: vom 1. bis zum 31. August
Höckerschwäne: vom 1. September bis zum 31. Dezember
Sturmmöwen: keine Jagdzeit

RHEINLAND-PFALZ
Wildenten, außer Stockenten: keine Jagdzeit
Grau-, Bläß-, Saat-, Ringel- und Kanadagänse: keine Jagdzeit
Höckerschwäne: keine Jagdzeit

SAARLAND
keine Abweichung von der Bundesverordnung

SACHSEN
Graugänse: vom 1. November bis zum 15. Januar
Lachmöwen: vom 1. September bis zum 15. März

SACHSEN-ANHALT
keine Abweichung von der Bundesverordnung

SCHLESWIG-HOLSTEIN
Saatgänse: keine Jagdzeit
Wildgänse: die Jagd auf Gänse darf ausschließlich in der Zeit von einer halben Stunde vor Sonnenaufgang bis 10.00 Uhr vormittags ausgeübt werden
Höckerschwäne: vom 1. bis zum 30. September

THÜRINGEN
Stockenten: vom 1. September bis zum 31. Dezember
alle übrigen Wildenten: keine Jagdzeit
Grau-, Bläß-, Saat-, Ringel- und Kanadagänse: keine Jagdzeit
Möwen: keine Jagdzeit
Bläßhühner: vom 1. Oktober bis zum 30. November
Höckerschwäne: keine Jagdzeit
Graureiher: keine Jagdzeit

Stand: Mai 1996 (alle Angaben ohne Gewähr).

INHALT

Foto: W. Nagel

In den letzten Jahrzehnten haben sich die Möwen explosionsartig vermehrt. Ihre Bejagung tut Not.

Impressum:  Wasserwild. Eine Beilage der Zeitschrift JÄGER — Fotos: M. Danegger und J. Borris

Jahr-Verlag GmbH & Co.
Jessenstraße 1
22767 Hamburg
Tel. 040 / 38 90 60
Fax 040 / 38 90 63 05

Verleger:
Alexander Jahr

Redaktion: Dr. Rolf Roosen

Fachberater:
Walter Bachmann und
Dr. Heribert Kalchreuter

Titel/Layout:
Werner Rabe

Vertriebsleitung:
Peter Lüdemann

Herstellungsleitung:
Helmut Post,
Brunhild Sudmann (Stellv.)

Druck: Busche, Dortmund

Lithographie: Repro- und
Satztechnik Helmut Gass,
Hamburg

Copyright:
Jahr-Verlag GmbH & Co.
Hamburg 1996

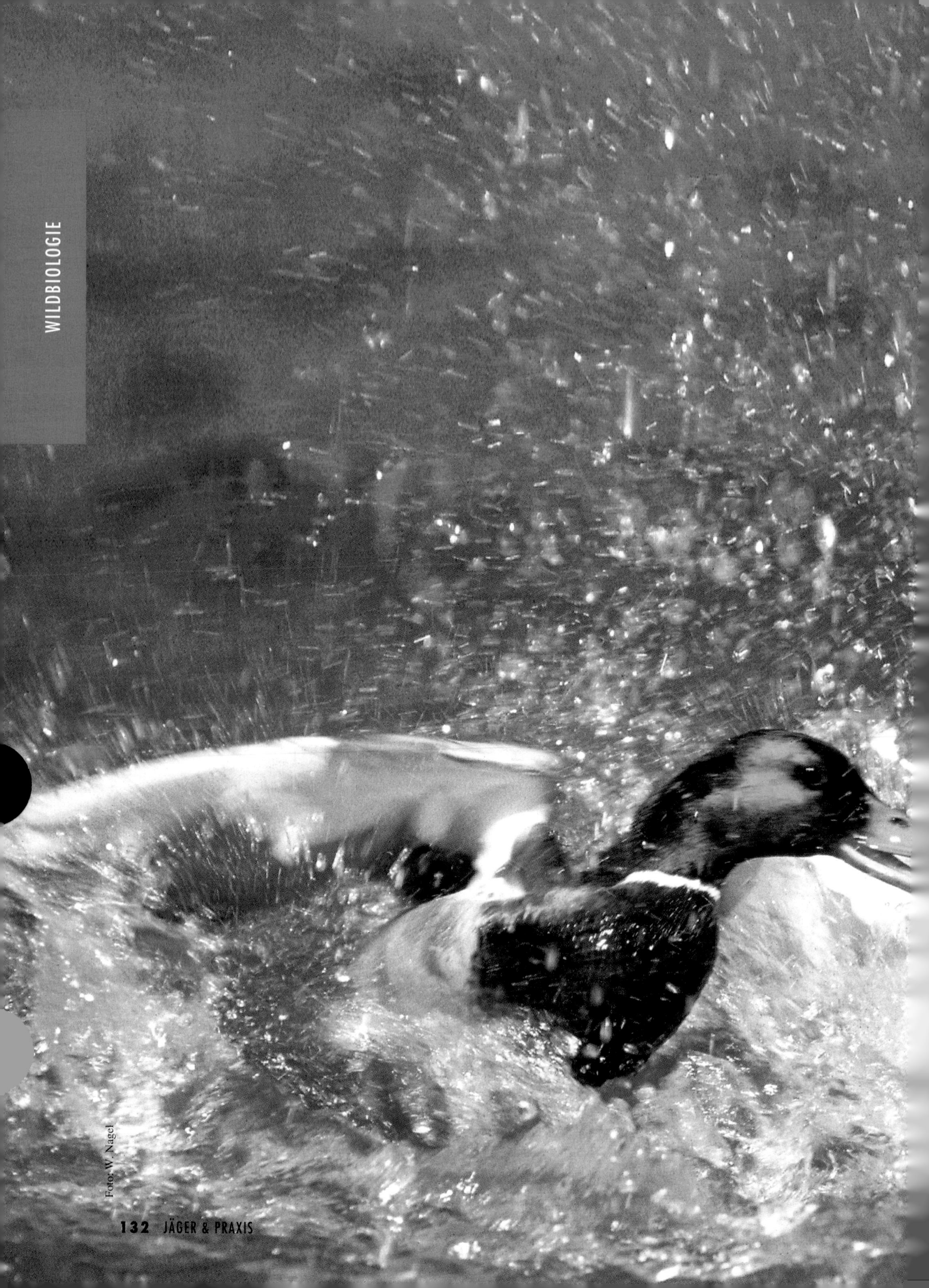

Foto: W. Nagel

*Die Stockente ist die häu-
figste Entenart Mitteleuropas. Ihr Besatz wird auf
etwa zwei Millionen ge-
schätzt. Sie lebt überall
dort, wo sie Wasser und
Nahrung findet, als typi-
scher Kulturfolger auch in
Menschennähe. Hier wird
sie oft handzahm.
Ihr klingelndes Schwin-
gengeräusch auf dem
Entenstrich fasziniert*

Foto: J. Markmann

*den Jäger. Über die
Flintenläufe sucht sein
Auge nach den heranglei-
tenden Silhouetten.*

Kleines Foto:
Das Herz des Hundeführers
lacht. Aus tiefem Wasser hat
er den Erpel gebracht.

Großes Foto:
Da bleibt kein Auge trocken.
Erpel kämpfen oft erbittert
um das Vorrecht der Liebe.

WILD ENTEN

STELLUNG IM ZOOLOGISCHEN SYSTEM

Mit den Gänsen und Schwänen bilden die Enten die Ordnung der Anseriformes. Enten sind Wasservögel. Sie paaren sich auf dem Wasser und sind bei der Aufzucht der Jungen an Wasser gebunden. In Mitteleuropa gibt es dreizehn Entenarten, die mehr oder minder regelmäßig als Brutvögel vorkommen. Stock-, Schnatter-, Löffel-, Pfeif-, Spieß-, Krick- und Knäkenten sind **Schwimmenten**. Dagegen rechnen Kolben-, Tafel-, Reiher-, Berg-, Moor- sowie Schell-

Foto: K. H. Wetter

Zeichnung: J. Bindseil nach G. Jespers, 1989

SCHWIMMENTE

TAUCHENTE

beim Gründeln

beim Start vom Wasser

Foto: „Köpfchen in das Wasser, Schwänzchen in die Höh" – so gründeln Schwimmenten.

Kleine Zeichnung links: Schwimmenten starten unmittelbar vom Wasser aus. Tauchenten müssen erst Anlauf nehmen.

Große Zeichnung rechts: Jede Entenart läßt sich anhand charakteristischer Merkmale gut ansprechen.

enten zu den **Tauchenten**. In der Art ihres Nahrungserwerbes und durch den Körperbau unterscheiden sich Schwimm- oder Gründelenten deutlich von den Tauchenten (siehe Zeichnung). Die Meeresenten brüten an Seen oder Flüssen der Arktis oder an nördlichen Küsten. Selten kommen sie ins Binnenland. Meeresenten sind Eider-, Samt-, Trauer- und Eisente. Alle Enten fein säuberlich ausein

ander zu halten, vermögen nur hochinteressierte Ornithologen. Jäger sollten sich bemühen, die Entenarten ihrer Region unterscheiden zu können.

GEFIEDER, LEBENSWEISE UND REIHZEIT

Bei sämtlichen Entenarten (siehe Zeichnung) sind die Erpel etwas stärker als die Enten. Häufig tra

gen sie etwa in der Zeit von Oktober bis Juni ein sehr farbenreiches Prachtkleid (siehe Zeichnung). Die Enten sind im Unterschied hierzu sehr viel schlichter gefärbt. Die weiblichen Exemplare mancher Arten sind einander ähnlich.

Die Sommermauser beginnt nach der Brutzeit. Sie fällt in die Monate Juni bis August und ist eine Vollmauser, während der die Enten auch die Schwungfedern wechseln. In dieser Zeit sind Erpel und Ente zirka vier bis fünf Wochen flugunfähig. Bei den Erpeln beginnt die Sommermauser Mitte Juni. Bei den Enten setzt sie später ein, sobald die Jungenten beflogen sind. Häufig reicht ihre Mauser sogar bis in den Sep-

WILDENTEN AUF EINEN BLICK
Schwimmenten

Stockente
♂ glänzend grüner Kopf mit weißem Halsring, schwarze Erpellocken auf dem Stoß, tief rotbraune Brust
♀ orangener Schnabel, blauer Spiegel, seitlich weiß gesäumter Stoß

Spießente
♂ weißer Halsstreifen auf schokoladenbraunem Kopf; langer, spitzer Stoß
♀ grauer Schnabel; langer, spitzer Stoß

Pfeifente
♂ rötlicher Kopf mit rahmfarbenem Scheitel
♀ kurzer, blaugrauer Schnabel, helles Schultergefieder

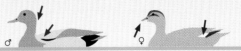

Schnatterente
♂ nahezu völlig graues Federkleid, schwarzer Stoß, weißer Flügelspiegel
♀ orangegelber Schnabel, weißer Spiegel

Löffelente
♂ langer spatelförmiger Schnabel, kastanienbraune Flanken
♀ langer spatelförmiger Schnabel, blaugraues Schultergefieder, weiß gesäumter Stoß

Krickente
♂ rotbrauner Kopf mit grünem, durch weiße Linien abgesetztem Augenstreifen; weiße Schulterstreifen, gelber Fleck am Heck ♀ grüner Spiegel

Knäkente
♂ weißer Kopfstreifen und grüner Spiegel
♀ verwaschener grüner Spiegel

Tauchenten

Bergente
♂ schwarzgrüner Kopf mit hellgelben Augen, schwarze Brust und ebensolcher Stoß, hellgrauer Rücken
♀ weißer Fleck an der Schnabelbasis

Schellente
♂ tiefgrüner Kopf; runder, weißer Fleck zwischen Schnabel und Auge
♀ brauner Kopf mit gelben Augen, weißes "Halsband"

Moorente
♂ und ♀ insgesamt stark mahagonifarben, weiße, runde Augen, weißer Fleck am Heck

Reiherente
♂ schwarzer Kopf mit herabhängendem Scheitel, völlig schwarzer Rücken
♀ brauner Kopf mit (kürzerem) Scheitel, an der Schnabelbasis etwas weißlicher

Tafelente
♂ rotbrauner Kopf, schwarze Brust, Rücken und Flanken grau
♀ blaugraues Schnabelband, hellere Färbung um Schnabelbasis und Augen

Kolbenente
♂ orangebrauner Kopf, hellroter Schnabel, weiße Flanken
♀ hellbraune Wangen und dunklerer Scheitel, rötliche Schnabelspitze

Brandente oder Brandgans
♂ roter Schnabel mit Höcker, rotbraunes Brustband
♀ roter Schnabel ohne Höcker, weiß an der Schnabelbasis

Eisente
♂ im Sommer: braun mit weißem Fleck um die Augen, spitzer Stoß
♂ im Winter: weißer Kopf mit braunem Wangenfleck, weiße Flanken
♀ im Winter: weißer Kopf mit kleinem braunen Wangenfleck, brauner Rücken

Samtente
♂ ganz schwarz mit weißem Fleck unterhalb des Auges, weiße Flügelspiegel
♀ insgesamt dunkelbraun mit hellbraunem Wangenfleck, weiße Flügelspiegel

Trauerente
♂ ganz schwarz, markanter schwarzer Schnabelhöcker
♀ ganz braun mit dunklerem Scheitel sowie großen hellbraunen Wangen

Eiderente
♂ oberseits weiß und unterseits ganz schwarz, Oberkopf schwarz, Schnabel reicht weit in den Vorderkopf hinein
♀ ganz braun und markant quer gestreift, Schnabel reicht weit in den Vorderkopf hinein

Zeichnung: J. Bindseil nach G. Jespers, 1989

tember – den Beginn der Schußzeit – hinein. Das Sommerkleid der Erpel ist schlicht; es ähnelt dem der Enten sehr.

Während der Herbstmauser verlieren Erpel sowie Enten einen Teil ihres Sommergefieders, die Jungenten ihr Jugendkleid. Sie erhalten dann ihr dichtes, auf der Unterseite fest anliegendes Wintergefieder. Die Herbstmauser ist Anfang November beendet.

Schwimmenten halten sich tagsüber in seichtem Wasser auf oder im Schilf verborgen. Die Tauchenten liegen bevorzugt auf dem offenen Wasser. Alle Enten strei-

ten. Aus diesem Grund werden in gepflegten Entenrevieren überwiegend Erpel geschossen.

Weil während der Paarungszeit vielfach mehrere Erpel in einer Reihe hinter einer Ente herstreichen, heißt sie „Reihzeit". In der Reihzeit tragen die Erpel ihr Prachtkleid und bemühen sich in auffälligen Balzritualen um die Weibchen. Mit eigenartigen Bewegungen, Wasserspritzen und Aufplustern des Gefieders versuchen sie zu imponieren. Reih- und Brutzeit sind den jeweiligen klimatischen Verhältnissen angepaßt. Bei uns gilt:

BRUT UND JUNGENTEN

Die Ente bestimmt das Brutgebiet. Den Nistplatz suchen Ente und Erpel gemeinsam. Er liegt in der Regel in deckungsreichem Gelände und in Wassernähe, an Gewässerrändern, auf Inseln, in Mooren oder Sümpfen, gelegentlich aber auch in Dickungen fernab von jedem Gewässer. Dabei bevorzugen die Enten natürliche Mulden auf dem Boden unter Stäuchern, auf Kaupen und Bülten. Gerne nisten sie auch über dem Boden, bevorzugt auf Kopfweiden, gelegentlich sogar in verlassenen Greifvogel- oder Krähenhorsten. Die Schellente ist Höhlenbrüter. Enten nehmen auch künstliche Brutgelegenheiten an (siehe Seite 138/139).

Das Nest ist ein kunstloser Bau aus trockenen Pflanzenteilen, aus Schilf, Binsen, Gras oder Reisig, jeweils dem Material der Umgebung. Die

ENTENART	REIHZEIT	BRUTZEIT	ZAHL DER EIER	FARBE UND FORM
STOCKENTE	März/April	März bis Juli, 26 bis 29 Tage	7 bis 12	hellgrau-grün
KRICKENTE	April/Mai	Mai bis Juni, 21 bis 25 Tage	8 bis 10	hellgelblich, länglich
KNÄCKENTE	April/Mai	April/Mai, 21 bis 23 Tage	8 bis 10	hellgrau, länglich
SPIESSENTE	April/Mai	April bis Juni, 21 bis 23 Tage	7 bis 9	grünlich-bläulich, länglich
PFEIFENTE	April/Mai	Mai/Juni, 22 bis 25 Tage	7 bis 9	leicht grünlich
SCHNATTERENTE	April/Mai	Mai bis Juli, 25 bis 27 Tage	8 bis 12	cremefarben, länglich-elliptisch
LÖFFELENTE	April/Mai	Mai/Juni, 25 bis 27 Tage	8 bis 12	olivfarben, elliptisch
REIHERENTE	Mai/Juni	Mai bis August, 23 bis 25 Tage	5 bis 12	braun-oliv
KOLBENENTE	Mai	Mai/Juni, 26 bis 28 Tage	6 bis 12	bräunlich-oliv, länglich
TAFELENTE	April/Mai	Mai/Juni, 24 bis 26 Tage	6 bis 11	oliv-bräunlich, elliptisch
SCHELLENTE	April/Mai	April bis Juli, 27 bis 32 Tage	4 bis 6	bräunlich, hühnereigroß
EIDERENTE	April/Mai	Mai/Juni, 25 bis 26 Tage	7 bis 14	gelblich-braun

chen, schwimmen und tauchen sehr gut. Aufgrund ihrer kurzen, weit hinten eingelenkten Ruder laufen sie nur sehr unbeholfen.

Anders als Schwäne oder Gänse kennen Enten kein ausgeprägtes Familienleben. Nur vorübergehend leben sie in Paaren. Der Reihzeit im Frühjahr geht bereits eine Art „Verlobungszeit" voraus, die im Spätherbst einsetzt und eine erste noch sehr lockere Verbindung zwischen Erpel und Ente erkennen läßt. Ein zu großer Überhang an Erpeln stört das Brutgeschäft. Denn während der Reihzeit geht der Erpel gerne „fremd" und belästigt andere En-

NAHRUNG

Enten sind Allesfresser. Allerdings überwiegt die pflanzliche Nahrung. Schwimmenten suchen im Schlamm und seichtem Wasser nach Wasserlinsen, Grasspitzen, Sumpfpflanzen; außerdem nach Insekten, deren Larven, Würmern, Schnecken, Laich, kleinen Fischen und Fröschen. Während des Herbstes fallen gerade die Stockenten abends gerne auf abgeernteten Feldern ein, um Körner aufzunehmen. Tauchenten holen sich ihre Nahrung vom Grund des Gewässers, oft mehrere Meter tief.

Ente baut das Nest alleine. Unmittelbar danach beginnt sie mit der Eiablage. Täglich wird ein Ei gelegt. Verläßt die Ente ihr Nest, deckt sie das Gelege mit Nestmaterial ab. Erst wenn das letzte Ei gelegt ist, beginnt die Ente zu brüten. Der Erpel beteiligt sich nicht an der Brut.

Mit Beginn der Brutzeit setzt bei der Ente die sogenannte Brutmauser ein. Sie verliert Daunen an der Bauchseite, mit denen sie das Nest auspolstert und beim Verlassen abdeckt.

Jungenten sind Nestflüchter. Geschlüpfte Küken verlassen schon nach sechs bis zwölf Stunden ihr

Nest. Sie können sofort schwimmen. Schon nach wenigen Tagen können sie tauchen, nach sechs bis acht Wochen sind sie flugfähig.

ALTERSERMITTLUNG

Alle jungen Stockenten haben dunkle Latschen von graugrünlicher Farbe. Mit zunehmendem Alter werden sie hellgelb, vom zweiten Jahr an orangerot. Diese Entwicklung ist beim Stockentenerpel markanter als bei der Ente. Jungenten haben außerdem einen rötlich-hornfarbenen Schnabel.

FEINDE UND KRANKHEITEN

Natürliche **Feinde** der Wildenten sind Wanderratte, Rabenkrähe, Seeadler, Rohrweihe, Wanderfalke, Habicht, Elster, Wiesel, Fuchs, Iltis, Marder und Hecht. Außerdem geht der Entenbesatz mit zunehmendem Besatz an Bläßhühnern zurück. Deren spitzer Schnabel und ihre Unverträglichkeit wirken sich aus. Größten Schaden fügen den Wildenten Wanderratte sowie Rabenkrähe zu. Während

Foto: M. Danegger

die Rabenkrähe in der Brutzeit die Gewässerufer systematisch nach Gelegen absucht, macht sich die Wanderratte über Enteneier und Jungenten her.

Es kommen verschiedene **Wildkrankheiten** bei den Enten vor. Ein Problem kann der **Botulismus** bilden. Es ist ein Bakterium, welches unter Sauerstoffausschluß wächst und bei Mensch und Tier zu tödlichen Vergiftungen führt. Bei großer Hitze kommt es in

Foto oben: Jungenaufzucht ist allein Sache der Ente.

Foto unten: Das zänkische Bläßhuhn verjagt mit spitzem Schnabel die Stockente.

schlammigen Teichen durch faulende Pflanzen dazu, daß sich Botulismusbakterien vermehren und Gift bilden. Dabei kann es zu Massensterben von Wasservögeln kommen.

Foto: Hg. Arndt

Was den Nistplatz angeht, ist die Stockente nicht wählerisch. Hier brütet eine in einer alten Weide.

ten ausreichende Deckung den Feinddruck mindert. Im Gewässer entscheidet die Äsung, nicht dessen Breite. Schmale, mit viel Laichkraut, Wasserpest oder Hahnenfuß bewachsene Wiesenbäche bieten mehr Nahrung als starkströmende, bewuchsfreie Gebirgsbäche. Alte, stehende, völlig verwachsene Gräben sind als Lebensraum für Jungenten sehr geeignet. Die Form der Bruthilfe werden wir an der Landschaft orientieren.

HEGE

Wer Enten hegen will, wird sich in seinem Revier um dreierlei bemühen: um Ruhe, Nahrung und Brutgelegenheit. Den Faktor Ruhe können wir nur bedingt beeinflussen, etwa durch koordinierte, mäßige Bejagung, oder indem wir uns bemühen, Störungen durch Mensch oder Beutegreifer vom Lebensraum der Enten möglichst fernzuhalten, obwohl Stockenten als klassische Kulturfolger oft in unmittelbarer Nähe zu menschlicher Behausung brüten. Äsung finden Stockenten beinahe überall. Sie sind außerdem gewohnt, weite Strecken zwischen Wohngewässer und Nahrungsplatz zurückzulegen. Mit den Brutmöglichkeiten ist das anders. Zwar ist die Ente auch hier nicht wählerisch. So brütet sie etwa bisweilen in bachfernen Wiesen oder Dickungen von Fichte und Kiefer. Ungeeignete Nistplätze fordern allerdings alljährlich einen hohen Tribut an Jungenten, vor allem, wenn der erste Tagesmarsch der Nestflüchter über Straße oder Schiene zum nächsten Gewässer führt.

Optimale **Brutstellen** zeichnen sich dadurch aus, daß einmal genügend Nahrung in Gelegenähe vorhanden ist und daß zum zwei-

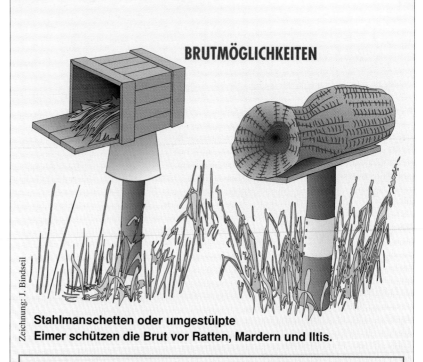

BRUTMÖGLICHKEITEN

Stahlmanschetten oder umgestülpte Eimer schützen die Brut vor Ratten, Mardern und Iltis.

BAUANLEITUNG BRUTHÜTTE

Aus ungehobelten Brettern mit einer Stärke von 18 Millimeter, einigen Dachlatten, 16er-Nägeln und einem Stück Teerpappe fertigen wir leicht eine Bruthütte.
Seitenwände: 40 x 30 Zentimeter,
Boden: 60 x 30 Zentimeter,
Dach: 40 x 30 Zentimeter,
Rückwand: 30 x 26,4 Zentimeter.
An jedem Teil wird vorne und hinten (schmalseitig) ein Dach-

lattenstück aufgenagelt.
Auf das Dachteil ziehen wir ein Stück Teerpappe auf. Wenn wir die Hütten im Herbst bauen, streichen wir sie noch mit Karbolineum. Der Gestank verfliegt bis zum Frühjahr.
Je mehr Hütten wir im Revier anbieten, um so eher finden wir sie angenommen.
Also bauen wir viele.

Sie soll sich in die Landschaft einfügen und schützen. Wie bei den Fallen, so sichert auch bei den Bruthilfen erst die Vielzahl den Erfolg. Das gilt gleichermaßen für die Zahl pro Fläche als auch für die Form der Bruthilfen. Nicht jede wird angenommen. Und so wird jeder Revierinhaber erst örtliche Erfahrungen sammeln müssen.

Natur ist aller Technik vorzuziehen, jedenfalls bei **Bruthilfen**. Ideale Entenrefugien entstehen, wenn Wiesenbäche mit **Weiden** begrünt werden. Die Weiden müssen regelmäßig geköpft, am besten

terbreiter Streifen entlang der Uferkante genügt. Wenn der Grund nicht zu naß und der Boden stickstoffangereichert ist, einfach aussäen und anfangs mit etwas Stickstoff düngen. Haben die Brennesseln einmal Fuß gefaßt, bedürfen sie unserer Hilfe nicht mehr. Sie schützen die Enten gleichermaßen vor Haar- und Federraubwild. Weil die Nesseln zu Brutbeginn erst austreiben, unterstützen wir das Anlegen von Gelegen mit Hilfe von Reisigzelten.

Bruthütten können wir aus ungehobelten Brettern leicht selber zimmern (siehe Materialliste und

le gestellt, die wir zuvor in den Grund rammen. Die Pfähle ragen soweit aus dem Wasser, daß die Gelege auch bei Hochwasser nicht überflutet werden. Im Herbst oder Winter, wenn das Wasser abgelassen oder zugefroren ist, sind diese Arbeiten leichter. Brutkörbe werden immer fest auf ein Brettstück gebunden.

Im Uferbereich können wir – nach Rücksprache mit dem Eigentümer – auch Erle oder Weide absägen und die Stumpen als Pfähle verwenden. Sie haben den Vorteil, daß sie sofort wieder ausschlagen und die Nisthilfe begrünen. Unbe-

Foto: K. Leßmann

Nach *Kalchreuter* ist langfristig die höchste Strecke zu erzielen, wenn vierzig Prozent des Stockentenbesatzes erlegt werden.

geknickt werden, damit sie unten fein dicht bleiben.

Den Weiden als Brutschutz ebenbürtig sind **Brennesseln**. Ein me-

Bauanleitung). **Brutkörbe** – aus Korbweiden geflochtene, flaschenähnliche Körbe mit idealem Binnenklima – sind über den Fachhandel zu beziehen. Sowohl die Bruthütten als auch die -körbe lassen sich auf verschiedene Weise anbringen. Im Flachwasser- oder Schilfbereich werden sie auf Pfäh-

dingt notwendig: Alle aus trockenem Boden ragenden Unterlagen, Stumpen und Pfähle werden gegen Ratten, Marder oder Iltis mit einer zirka 20 Zentimeter breiten Blechmanschette umnagelt. Alternativ können wir zwischen Pfahl und Nesthöhle auch einen alten, umgestülpten Eimer befestigen, ▶

der in der Landschaft möglichst wenig auffallen sollte. In freiem Wasser ist diese Schutzmaßnahme ebenfalls erforderlich.

Die Besatzssituationen der meisten Wildentenarten ist günstig. In Städten, etwa in Parks, auf Friedhöfen, in größeren Gärten, bieten stehende und fließende Gewässer mancher Entenmutter günstige Brutmöglichkeiten. So ist ein Aufziehen und **Auswildern** von Wildenten durch Jäger überflüssig. In aller Regel bedürfen sie auch keiner **Fütterung**, von extrem harter Winterwitterung einmal abgesehen. Soweit sie als Strichvögel anhaltendem Frost oder hohem Schnee nicht ausgewichen sind, füttern wir mit Mais oder Getreide und bringen nicht mehr Futtermittel aus, als die Enten in einer Nacht erfahrungsgemäß aufnehmen. Die Fütterungen werden am Ufer oder auf Futtertischen im Gewässer so angelegt, daß die eingesetzten Futtermittel nicht ins Wasser gelangen. So will es der Gesetzgeber.

JAGD
ENTENSTRICH

In vielen Revieren werden Enten auf dem Abendstrich bejagt, wenn sie zu ihren Äsungsplätzen streichen. Gute herbstliche Äsungsplätze stellen überschwemmte Wiesen dar, aber auch kleine, unscheinbare Wiesenbäche, wo die Enten gründeln oder zum „Grasen" an Land watscheln können. Auch Maisfelder zur Kolbenreife und niedergedrückte Getreideschläge fliegen sie gerne an.

Ungefähr eine Stunde vor Beginn der Dunkelheit sind wir vor Ort; beim Morgenstrich, der die Enten sehr früh wieder zurück zu ihren Tageseinständen führt, unbedingt schon vor dem Hellwerden. Da Enten ungemein gut äugen, begeben wir uns – unter Berücksichti-

Foto: Wl. Lapinski

Oben: Etwas dürftig ist die Deckung für Euch zwei. Wollt Ihr Strecke machen, wählt den Anstandsplatz tiefer im dichten Schilf.

Rechts: Die wirklich schnelle und hohe Ente, die nach dem Schuß steintot ins Wasser platscht, macht immer wieder Freude.

gung des notwendigen Sicht- und Schußfeldes – in Deckung. Gepflegte Entenreviere haben zumeist feste Stände: Einfache Schirme aus Schilf oder Brettern mit einem Sitzbrett sind gerade so hoch, daß wir im Stehen gut oben hinaus schießen können. Einige dieser alten Stände werden die Enten jedoch meiden. Dann suchen wir uns einen neuen, gut gedeckten Stand, vielleicht in einer vorspringenden Schilfpartie, möglichst ohne dabei die Gummistiefel voll zu schöpfen. Empfohlen wird oft, auf einzeln anstreichende Enten nicht Funken zu reißen. Der Entenjäger bezeichnet sie als „Spione". Auch wenn sie ihre Aufgabe keinesfalls bewußt erfüllen, so kommen doch im Schlepp solch einzelner Erkunder meist andere nach. Gerade einzeln einfallende Enten ziehen durch ihr Rufen und ihre Bewegung andere Enten nach. Nebel, Schneefall und Windböen sind für den Strich besonders günstig. Dann streichen die Enten flach sowie mehrfach hin und her. Das sind dann Stunden, um Beute zu machen.

Das A und O guter Entenjagd ist die Selbstbescheidung. Denn eine zu häufige Bejagung ein und desselben Gewässers schmälert den Jagderfolg überproportional. Die Enten werden gegenüber den anschleichenden Jägern wachsamer, streichen vorzeitig ab

oder schrauben sich so hoch, daß sie außerhalb der Flintenschußweite ausbrechen können. Mit anderen Worten: Wer mehrmals wöchentlich auf seinem

Stand herumballert, bringt wenig Beute heim. Und sein Revier ist binnen kürzester Zeit entenleer. Es empfiehlt sich, ein großes Kerngebiet, am besten die Tagesein-

Foto: F. Siedel

Oben: In Revieren, in denen es „ententrächtige", schmale Fließgewässer gibt, bietet sich das Abklappern der Bäche und Gräben an.

stände der Enten, unbejagt zu lassen oder dort nur ein- oder zweimal in größerem Kreise intensiv zu jagen, um es in der übrigen Zeit unbehelligt zu lassen. Der Abendstrich an entfernt liegenden Äsungsflächen bringt dann die kleinen Freuden auch ohne große Strecke.

LOCKJAGD

Erfolg mit **Lockenten** hat man auf offenen, sichtigen Gewässern, das heißt auf Teichen, Seen oder überschwemmten Wiesen. Die ausgelegten Lockenten wirken gut festgebunden auch vorzüglich in fließenden Gewässern, wenn sie für streichende Breitschnäbel gut sichtbar sind. Vielfach wollen die hoch und schnell daherkommenden Enten überraschend plötzlich ▶

Foto: Archiv JÄGER

bei den Lockenten einfallen. Dann kommen wir gut zu Schuß.

Lebende Lockenten sind am wirkungsvollsten, doch ist ihr Gebrauch in der Bundesrepublik untersagt. Gebräuchlich sind im Fachhandel beziehbare Lockenten aus Holz oder Kunststoff. Eine alleine wirkt kaum. Vier oder fünf sollten es schon sein. Es gilt: Mehr fallen auch mehr auf. In Deutschland ist die Jagd mit dem **Entenlocker** kaum üblich, anders etwa in Nordamerika. Gute Erfahrungen wird man mit ihm an den Stellen machen, wo Lockenten von ihren lebenden Artgenossen nicht eräugt werden, also an Bächen oder in reich bewachsenem Gewässer. Optimal ist es, wenn wir Lockenten und Entenlocker gleichzeitig einsetzen können.

SUCHE

Für den Einzeljäger oder die kleine Jagdgruppe ist die Entensuche eine wunderschöne Jagdart.

Wie schon gesagt, Enten äugen und vernehmen vorzüglich. Ihre Aufmerksamkeit ist an Kleingewässern, bei Hochwasser oder in wenig deckungsreichen Bächen am besten zu beobachten. Wer die am Bach bevorzugten Entenplätze kennt, geht deshalb nicht am Wasser entlang, sondern stößt immer wieder senkrecht auf die bevorzugten Liegeplätze. Werden die Enten hoch, ist stets

das Hinterland gefährdet. Die Schüsse fallen häufig in flachem Winkel. Also, Augen auf!

Bildet der Bach oder Fluß ausgerechnet die Reviergrenze, wird der Nachbar hoffentlich mit von der Partie sein. Bisweilen empfiehlt es sich, einige Mitjäger etwas weiter entfernt und gegen den Wind am Wasser vorzustellen. Denn hochgemachte Enten nehmen nach einer Schlaufe in der Regel wieder gerne den Lauf des Wassers an, kommen dann allerdings hoch und schnell daher. Dann gilt's zu zeigen, was man kann.

TREIBJAGD

Wenn sie straff organisiert sind, sind Ententreiben für alle Teilnehmer hocherfreulich. Voraussetzung für sie bilden größere, umschilfte Weiher. Außerdem

müssen die Schützen unbemerkt auf ihre Stände gelangen können. Andernfalls gehen die argwöhnischen Enten schon vor Beginn des Treibens in einem Pulk hoch und davon. Mit dem Treiben ist das so eine Sache. Häufig wird ringsherum ein Riesenkrach gemacht, und die Hunde werden von allen Ständen aus gleichzeitig ins Schilf geschickt. Nach weniger als fünf Minuten und einer einzigen, riesigen Flintensalve ist alles vorüber. Geschickter und für den Jagderfolg viel besser ist es, wenn sich die Schützen ruhig verhalten und ein Kahn von der

Wasserarbeit ist immer anstrengend für unseren vierläufigen Helfer. Überlasten wir ihn nicht! Vor allem aber loben wir ihn, wenn er mit sauberem Griff sicher aus tiefem Wasser bringt!

„harmlosen" Seite am Schilf entlang fährt. Mit etwas Glück steigen die Enten dann nicht geschlossen, sondern nach und nach auf. Hat das Boot das Schilf umrundet, werden die meisten Enten hoch sein. Erst jetzt werden die Hunde geschnallt. Auf großen, schilfreichen Wasserflächen herrscht auch nach kräftigem Flintendonner ein nachhaltiges Kommen und Gehen. Jetzt zeigt sich der Profi. Er empfängt die zurückkehrenden Enten in guter Deckung nicht bereits bei ihrer ersten Schleife mit Schrot. Dann sind sie immer „zu hoch". Erst wenn ihre Schwingen schon einfallbereit stehen und die Farbe des Gefieders gut zu erkennen ist, knallt's. Beherrschung ist also angesagt, denn kaum eine Wildart wird so oft zu weit beschossen wie Ente und Gans.

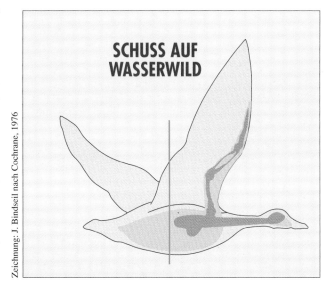

Zeichnung: J. Bindseil nach Cochrane, 1976

SCHUSS AUF WASSERWILD

Zeichnung: Die Silhouette täuscht. Der Körper eines Wasservogels ist sehr klein. Nur im rötlichen Bereich führt die Garbe zum raschen Verenden oder zur Flugunfähigkeit.

JAGDHUNDE

Bei der Wasserjagd sind qualifizierte Hunde unabdingbar! Auch der Gesetzgeber will es so. Für größere, besonders stark umschilfte Gewässer eignen sich Wachtel und Spaniel, vor allem aber die hochläufigen Jagdgebrauchshunde. Bei unseren so schlechten Niederwildbesätzen ist Wasserarbeit für jene beinahe das letzte große Einsatzgebiet. Wasserarbeit fordert stets den ganzen Hund, vor allem in fließendem Gewässer oder im Schlick und bei dichtem Schilf. So sind Pausen für ihn unerläßlich. Aber welches Führerherz schlägt nicht höher, wenn sein Begleiter nach längerer Arbeit mit dem geflügelten Erpel im Fang herangeplanscht kommt? Natürlich wird auch der Jäger im Kahn über einen qualifizierten Hund verfügen. So kann er die tiefer im Schilf liegenden Enten von der Wasserseite her suchen lassen. Die Bedingungen für den Einsatz der Hunde bestimmen auch die Grenzen der Wasserjagd. Wenn

gefährliches Treibeis geht oder die Temperaturen so sind, daß wir die Gesundheit unserer vierbeinigen Gefährten aufs Spiel setzen, wird nicht gejagt. Muß der Hund ausnahmsweise trotzdem ins eiskalte Naß, lassen wir ihn anschließend auslaufen, frottieren ihn gründlich ab und fahren schleunigst ins Warme mit ihm. Wer ihn jetzt noch neben sich auf dem Stand sitzen läßt, handelt unverantwortlich.

WAFFE UND SCHUSS

Entenjäger bevorzugen langläufige, enggebohrte Flinten, meist im Kaliber 12. Auch dann sollte nicht weiter als 35 bis 40 Meter geschossen werden. Geeignet ist Schrotstärke Nr. 5, drei Millimeter, im Spätherbst und Winter vor allem an der Küste auch dreieinhalb Millimeter.

Geflügelte, wegtauchende Enten beschießt der Praktiker bei jeder sich bietenden Gelegenheit. Die nächste Deckung erreicht die Ente nach Möglichkeit nicht mehr. Das kostet oft viel Munition. Die Enten liegen sehr flach im Wasser. Der Jäger erkennt bloß den Kopf in einer dünnen Bugwelle. Und der trifft sich schlecht.

Besonderer Beachtung bedarf selbstverständlich der nachschwimmende Hund. Wird sein Abstand zur Ente zu knapp, bleiben die Schrote im Lauf. Es wird – wie bei der Nachsuche auf Schalenwild – gerne gesehen, wenn nur der Hundeführer die Fangschüsse anbringt.

Foto: Dr. F. Hirsch

Auch darf der Kahn nicht mehr auf der Bildfläche sein!

Legen wir solch ideale Ententreiben auf den späten Nachmittag, bietet es sich an, daß wir für den Abendstrich gleich auf Posto bleiben.

Foto: M. Danegger

**So nah vermitteln
Größe, Ruf und
mächtiger Flügel-
schlag ein ein-
drucksvolles Bild.**

WILD-GÄNSE

Foto: JPH-FOTO

*A*lle Wildgänse sind ausdauernde und schnelle Flieger, die auf ihrem Zug im Herbst oder Frühjahr täglich weite Strecken zurücklegen. Ziehen sie dann über uns hinweg, läßt schon ihr Ruf uns abstoppen und den Himmel absuchen. Selbst dann, wenn wir es mitten im Stadtverkehr eilig haben. Finden wir den Flug, vergessen wir für kurze Zeit die Hast des Tages. Jedesmal vermitteln die Gänse dort oben ihre Souveränität und ein wenig „Sehnsucht nach Ferne".

Die Lockjagd mit Attrappen auf Äsungsflächen ist eine gute Methode, um Wildgänse zu erbeuten.

Foto: Ch. M. Bahr

STELLUNG IM ZOO-LOGISCHEN SYSTEM

Mit den Schwänen und Enten werden die Gänse in der Familie der Gänsevögel zusammengefaßt. Sie fliegen und schwimmen ausdauernd sowie gut, laufen trotz ihrer kurzen Beine recht schnell, tauchen allerdings nicht. Ihr Schnabel mit den kräftigen Hornzähnen eignet sich hervorragend zum Abrupfen von Gräsern. Ihre Beine sind mit kleinen Hornplatten besetzt.

Nach Lebensweise und Vorkommen wird zwischen Feld- und Meergänsen unterschieden. **Meergänse**, bei uns Ringel-, Weißwangen- oder Nonnen- und Kanadagans, finden wir an den Küsten oder in deren Nähe. All diese Arten haben schwarze Ruder und kurze Schnäbel. Dagegen ziehen **Feldgänse** Binnengewässer vor. Hierzu zählen Grau-, Saat-, Kurzschnabel-, Bläß- und Zwerggans. Sie besitzen fleisch- oder orangefarbene Ruder. Charakteristisch sind außerdem ihre langen Schnäbel und die streifenförmig verlau-

Kräftige Hornzähne sind typisch für den Gänseschnabel.

fenden Rillen im Halsgefieder.

FEDERKLEID UND LEBENSWEISE

Bei den Gänsen sind Männchen und Weibchen gleichgefärbt. Der Ganter ist geringfügig stärker als die Gans. Während der Sommer-

mauser im Juni/Juli sind Altgänse zirka fünf Wochen lang flugunfähig. Gänse mausern nur einmal im Jahr, Enten dagegen zweimal. Sobald sie Ende Juli oder Anfang August ihre Flugfähigkeit wieder erlangt haben, sind auch die Junggänse beflogen. Die ersten gemeinsamen Ausflüge stehen nun

WILDGÄNSE AUF EINEN BLICK

	GRAUGANS	SAATGANS	KURZSCHNABEL-GANS	BLÄSSGANS	KANADAGANS	WEISSWANGEN-GANS	RINGELGANS
Kopf	grau	dunkelgrau	sehr dunkel	graubraun mit weißer Stirnblässe	schwarz mit breitem weißen Band von der Kehle bis über die Wangen	schwarz mit rahmfarbener Kopfseite und Vorhaupt	schwarz
Schnabel	gelbrosa	orangegelb mit schwarzem Schnabelgrund	schwarz mit rosa Binde	rosa	schwarz	schwarz	schwarz
Nagel (des Oberschnabels)	weißlich	schwarz	schwarz	weißlich	schwarz	schwarz	schwarz
Hals	grau	aus der Entfernung wirkt er dunkelgrau	sehr dunkel	dunkler als bei der Graugans	lang, schwarz	schwarz	kurz, schwarz mit schmalem weißlichen, halbmondförmigem Halsring
Bauch	blaßgrau	aus der Entfernung wirkt er dunkelgrau	heller als der Hals	graubraun	hellbraun	hellgrau	dunkelgrau
Ruder	blaß fleischfarben	rotgelb	rosa	orange	schwarz	schwarz	schwarz

Die Ruder der Feldgänse sind rötlich oder gelblich, die der Meergänse dagegen schwarz. Auch der Schnabel der Meergänse ist schwarz, wohingegen der der Feldgänse entweder ganz oder teilweise rötlich oder gelblich ist.

WILDGÄNSE AUF EINEN BLICK

westliche

östliche

Graugans
Kennzeichen:
groß, heller als Saatgans, mit hellgrauen Vorderflügeln.
Rosafarbene Füße. Zwei Rassen.

Saatgans
Kennzeichen:
groß, dunkel,
orangefarbene Füße,
schwarzgelber Schnabel.

Kurzschnabelgans
Kennzeichen:
kleiner als Saatgans,
Füße rosa, schwarze
Schnabelzeichnung.

Bläßgans
Kennzeichen:
Schnabel ungezeichnet rosa, Füße orangegelb, Altvögel
am Bauch schwarz quergebändert, mit weißer Stirn.

Kanadagans
Kennzeichen:
groß, schwarzer Hals mit weißem Kehlfleck.

dunkelbäuchige

hellbäuchige

Ringelgans
Kennzeichen:
klein, sehr dunkel mit weißem Fleck am Hals,
östliche Rasse mit hellem Bauch.

Weißwangengans
Kennzeichen:
schwarzer Hals und weißes Gesicht,
kleiner als Kanadagans.

Mit etwas Übung lassen sich die Arten anhand ihrer lauten Rufe unterscheiden. Streichen sie tief, „verrät" sie ihre Zeichnung.

auf dem Programm. Gänse fliegen auf langen, breiten Schwingen mit langgestrecktem Hals. Zur Zugzeit streichen die Schofe in schrägen Linien oder keilförmig geordnet.

Wildgänse sind besonders ausdauernde Flieger, die auf ihrem Zug zwischen Winter- und Brutgebieten im Frühjahr und Herbst weite Strecken zurücklegen können.
Gänse verfügen über ausdrucksreiche Stimmlaute, zeigen ein ausgeprägtes Sozialverhalten und führen ein ausgesprochenes Familienleben. Es dauert fort, wenn sich die Schofe zu Beginn der

Zugzeit zu größeren Flügen zusammenfinden. Aufgrund von Gefangenschaftsbeobachtungen nimmt man an, daß sie gelegentlich in lebenslänglicher Einehe leben. Im jagdlichen Schrifttum wird oft behauptet, daß sich verwitwete Gänse nicht wieder verpaaren. Das trifft nicht zu. Einige Beispiele für Neuverpaarungen konnten auch bei Wildpopulatio- ▶

nen an beringten Gänsen nachgewiesen werden.

Gänse sind sehr standorttreu. Das einmal gewählte Brutgebiet suchen sie Jahr für Jahr wieder auf. Auf der Suche nach Weideplätzen streichen sie indes weit umher. Anders als die Wildenten sind sie Tagvögel: Sie streichen morgens zu ihren Nahrungsgründen auf Wiesen oder Feldern. Abends kehren sie zu ihren Ruheplätzen – meist größere Wasserflächen – zurück. Enten verhalten sich genau umgekehrt. Wildgänse leben bevorzugt in den kalten Zonen Europas. Sie sind deutlich weniger streng an Wasser gebunden als Schwäne und Enten.

ÄSUNG UND SCHÄDEN

Überwiegend ernähren sich alle Gänse von pflanzlicher Nahrung. Vor Beginn der energiezehrenden großen Wanderungen bevorzugen sie energiereiches Futter, im Sommer und Herbst auch Getreidekörner und Sämereien. Im Frühjahr ernähren sie sich vom jungen Grün der Wiesen, Weiden und Getreidesaaten. Meergänse leben vornehmlich von Seegras, -tang, Algen und Moorpflanzen. Weil sich viele Gänsearten fast ausschließlich an Land ernähren, sind sie die besten Läufer unter den Schwimmvögeln.

Während der Aussaat des Wintergetreides können wir Scharen von weidenden Gänsen auf frisch gedrilltem Getreide beobachten. Bläßgänse finden sogar eingedrilltes Getreide. Mit ihrem Schnabel durchfurchen sie Drillreihen, wobei die Körner aus dem Erdreich herausgesiebt werden. Im Küstenbereich richten Wildgänse auf den winterlichen Getreidesaaten Schäden an, wo sie frische Triebe und Blätter abbeißen. Auf Grasland,

Foto: D. Wendt

Foto: Hg. Arndt

vor allem auf den Nordseeinseln, konkurrieren sie mit dem Vieh um das spärliche Gras. Hauptsächlich die Ringelgänse bedrohen hier und anderswo die Grasnarbe und damit die Existenz vieler Landwirte. Das ist wohl ein Grund, weshalb sie in Schleswig-Holstein Jagdzeit haben. Ihre Vollschonung in Mecklenburg-Vorpommern und Niedersachsen ist fragwürdig.

BALZ UND BRUT

Nur Grau- und Kanadagans brüten an unseren Binnengewässern, die übrigen Arten im hohen Norden, nämlich in der Arktis, von Nordskandinavien bis Nordsibirien. Grau- und Kanadagans sind damit einheimisch beziehungsweise eingebürgert, die übrigen Arten Wintergäste im Küstenbereich der Niederlande bis Norddeutschland sowie in den Niederungen am Unterlauf größerer Ströme.

Gänse brüten erst ab dem vierten Lebensjahr von April bis Juli 28 oder 29 Tage am Boden im Uferbewuchs von Gewässern. Das Nest wird aus trockenen Wasserpflanzen überhöht angelegt. Die Nestmulde ist je nach Gänseart mehr oder weniger stark ausgepolstert. Während die Gans auf den fünf bis acht gelblich-weißen Eiern hockt, bewacht der Ganter streng das Brutgebiet. Die Jungen sind Nestflüchter, tragen ein warmes Daunenkleid, gehen gleich ins Wasser und sind schnell bei der Futtersuche. Sie werden von beiden Eltern geführt. Schon mit acht Wochen sind sie selbständig, bleiben aber noch weiter im Familienverband.

ALTERS- UND GESCHLECHTSBESTIMMUNG

Bei Gänsen unterscheiden sich die Geschlechter kaum. Auch die Jungvögel sehen den Altgänsen sehr ähnlich, sobald sie ausgewachsen sind. Sie lassen sich anhand der Hand- und Armschwingen voneinander unterscheiden: Bei den Jungvögeln sind sie fein zugespitzt, bei den Altvögeln gerundet. Die Schwanzfedern der Junggänse sind an der Spitze leicht eingekerbt. Die von den Altgänsen laufen im Unterschied hierzu in einer zipfelförmigen Spitze aus. Diese Merkmale helfen dem Jäger, die Bratzeit seiner Beute festzulegen.

FEINDE UND KRANKHEITEN

Natürliche Feinde haben die Gänse in Mitteleuropa außer dem Seeadler kaum. In trockenen Jahren raubt der Fuchs das eine oder andere unbewachte Gelege. Wildkrankheiten spielen bei Gänsen in freier Wildbahn keine nennenswerte Rolle.

▶

HEGE

Hege der Gänse bedeutet an erster Stelle Schutz ihrer natürlichen Brutvorkommen. Gefährdet werden sie durch Wassertouristen, Fotografen, Eiersammler und andere mehr. Aber auch in ihren Rast- und Überwinterungsplätzen brauchen Gänse Schutz. Das ist lange Zeit gefordert worden, aber erst 1971 kam es mit der sogenannten „Ramsar-Konvention" zu einem Durchbruch. 25 Jahre danach haben 93 Staaten dieses Abkommen ratifiziert und sich damit verpflichtet, ihre Feuchtgebiete von internationaler Bedeutung zu schützen und deren gefiederte Bewohner zu hegen. Nachhaltige Nutzung ist wesentliche Triebfeder bei der Erhaltung von Feuchtgebieten. Wasserwild kennt keine Grenzen. Hege hat hier immer internationale Dimension. Und genau darin liegt die große Bedeutung der „Ramsar-Konvention".
Inzwischen haben die meisten Länder mehrere international bedeutsame nasse Biotope benannt. In der Bundesrepublik sind es 20 Gebiete, darunter Teile des Wattenmeers an der Nordsee, den Dümmer, das Steinhuder Meer, Teile des westlichen Bodensees, des Ammersees, Chiemsees und Starnbergersees. Weltweit wurden fast 800 Gebiete benannt, immerhin mit einer Gesamtfläche von über 50 Millionen Hektar.

JAGD

Für den passionierten Wasserwildjäger sind Gänse das, was für den Schalenwildjäger das Rotwild ist. Gänsejagd bietet dem Jäger mit weitreichender Büchse oder langläufiger Flinte unvergeßliche jagdliche Freuden.

Foto: Ch. M. Bahr

Links:
Äsung zur Brutzeit, Nistplätze und Brutdekkung sind für die Nachwuchsrate ausschlaggebend.

Unten:
Man sieht's:
Der Ansitz an Schlafgewässern im Schilf lohnt in den frühen Morgenstunden.

PIRSCH

Gänse äugen ganz ausgezeichnet. Am Tage äsen sie durchweg in offener Landschaft auf Feld- und Wiesenflächen. Während sich das Gros des Fluges gütlich tut, sind Einzelgänse als „Wächter" aufgestellt. Da hat es der pirschende Jäger schwer. Er muß kriechen und robben, jede noch so kleine Deckung ausnutzen und oft weit hinhalten. Verstärkt gilt es hierbei, den Kugelfang zu beachten. Die Pirsch bringt meist nur Einzelerfolge. Aber die so erlegten Gänse bleiben dem Jäger im Gedächnis.

GÄNSESTRICH

Morgens streichen die Gänse von den Wasserflächen, wo sie übernachtet haben, zu ihren Äsungsplätzen. Abends geht es wieder zurück. Oft sind die Luftkorridore Jahr für Jahr dieselben. Dort erwartet sie der Jäger in guter Deckung. Erfolgversprechendes Gänsewetter ist Sauwetter. Stürmisch muß es sein, neblig und diesig, regnen kann es. Dann ziehen Gänse tief,

Foto: G. Henrici

oft unruhig mehrfach hin und her. Jetzt kommen sie in den Bereich der Flinte. Bei Hochdruck und blitzblauen Himmel kann der Jäger häufig nur die wunderschönen Bilder der großen Flüge beobachten. Ihre Höhe läßt auch bei engster Bohrung der Läufe waidge-

Foto: L. Sawicki

WAFFE UND MUNITION

Eine wirklich engschießende Doppelflinte im Kaliber 16 oder 12 und Schrot Nummer 3 oder 1 sind bei der Jagd auf Gänse üblich. Berücksichtigen müssen wir dabei, daß unsere Waffe im Schlick und in der Grube verstärkt unter Nässe und Sand leidet. Gründliche Pflege tut dann allabendlich not.

Für die Pirsch empfiehlt sich eine kleinkalibrige Büchse – etwa im Kaliber 5,6 oder 6,5 Millimeter –, die das Vollmantelgeschoß bis 170 Meter auf den Punkt bringt. Für ein sechs- bis achtfach vergrößerndes Zielfernrohr ist das die ideale Einsatzmöglichkeit.

Gänse sind sehr schußhart, denn sie besitzen ein sehr dichtes Gefieder. Das gilt besonders für die Winterzeit, weil sie dann voll durchgemausert sind. Der Durchschlag der Schrote ist entscheidend, weniger deren Deckung. Weil Gänse viel schneller fliegen als es „auf den ersten Blick" scheint, schwingen wir gut vor und tun so, als bestünde die Gans bloß aus Kopf und Hals. Einige „Spezialisten" unter den Gänsejägern laden zur besseren Deckung zweieinhalb Millimeter.

rechtes Schießen nicht zu. Also bleiben die Schrote im Lauf.

Im Felde nutzen Tarnnetze nur wenig. Zu argwöhnisch sind die Gänse. Hier hilft es, wenn wir uns am Tage vor der Jagd ein Ansitzloch graben. Der Aushub muß möglichst unauffällig verteilt sein, die Grube unten breiter als oben. Gänse registrieren jede deutliche Veränderung und fallen – einmal mißtrauisch geworden – nicht ein. Wenn wir die Gänsegrube ausheben, berücksichtigen wir, daß die Gänse wie alles Flugwild gegen den Wind einfallen. Aus schlechten Erfahrungen lernen Gänse schnell. Dort, wo es mehrfach in kurzen Abständen heraufdonnert, verändern sie ihre Zugstraßen oder suchen sich neue Äsungsplätze.

LOCKGÄNSE

Sie werden auf den bevorzugten Äsungsplätzen aufgestellt. Diese hat der Jäger ein paar Tage zuvor ausgekundschaftet. Hierhin streichen Wildgänse am frühen Morgen. Die aufgestellten Attrappen täuschen ihnen Sicherheit vor. Sie stehen in lockerem Verband etwa 20 bis 30 Meter vor unserem Ansitzloch, grundsätzlich mit dem Kopf gegen den Wind. Der Jäger erwartet die Gänse also in guter Deckung (siehe oben). Er sitzt tief und unbeweglich, um nicht vorzeitig eräugt zu werden. Mit klopfendem Herzen läßt er die Gänse heranstreichen. Dabei empfiehlt es sich, im Abstand von 30 Metern, der maximalen Schußentfernung, Markierungen anzubringen, die wir auch aus der Grube erkennen können. So vermeiden wir eher zu weites Schießen, wozu die große, scheinbar so langsame Gans immer wieder verführt, insbesondere in der Dämmerung.

Die Lockjagd mit Gänseattrappen auf Äsungsflächen ist die sicherste Methode, um mehrfach Beute zu machen.

*B*läßhuhn und Höckerschwan sowie einige Möwenarten haben in Deutschland Jagdzeit, der Fischreiher nur in Bayern. Im jagdlichen Alltag spielen sie allerdings keine große Rolle. Kormoran und Fischreiher bereiten den Teichwirten vielerorts arge Probleme. Möwen, Höckerschwäne und Zappen gibt es regional so häufig, daß ein Eingriff in ihre Populationen dort Not tut.

Foto: W. Irsch

Kleines Foto:
Eine Familien-
idylle: Bläß-
huhn mit zwei
Jungen.

Großes Foto:
Auf Müllplätzen,
in Häfen, hinter
Traktoren oder
auf Ausflugs-
dampfern – als
Allesfresser
finden Möwen
fast überall
Nahrung.

Foto: M. Danegger

MÖWEN, BLÄSSHUHN, HÖCKERSCHWAN, GRAUREIHER UND KORMORAN

▶

MÖWEN

In Deutschland kommt rund ein halbes Dutzend verschiedener Möwenarten – oft in großen Mengen – vor. Teils handelt es sich dabei um Gäste auf dem Zug. Wir beschränken uns auf die Möwen, die bejagt werden dürfen, nämlich Lach-, Sturm-, Mantel-, Silber- und Heringsmöwe.

Möwen sind langflügelige Seevögel und gewandte Flieger. Auch zu Land oder auf dem Wasser bewegen sie sich behende. Bei sämtlichen Arten ist Weiß die Grundfarbe. Allerdings sind die Jungen häufig bis in das zweite Lebensjahr hinein – bei manchen Möwenarten noch länger – braungrau gezeichnet. Der Stoß der Jungmöwen weist eine dunkle Binde auf. Bei den Altvögeln ist er rein weiß. Die Geschlechter sind gleich gefärbt.

Möwen leben gesellig und brüten in Kolonien. Oft kann man Hunderte von Paaren auf Inseln, Dünen oder Klippen ausmachen. Sie ernähren sich überwiegend von tierischer Kost, von Muscheln, Krebsen, Fischen, Würmern und Weichtieren, aber auch von Eiern und Jungvögeln. Zudem nehmen sie Abfälle jeglicher Art auf. So sind sie häufig auf Schuttplätzen oder Müllkippen anzutreffen.

Je nach Art wird eine Möwe im Alter von zwei bis vier Jahren geschlechtsreif. Alle Arten leben in Einehe. Beide Partner lösen sich beim Brüten ab. Die Brutdauer beträgt je nach Art zwischen 21 und 28 Tagen. Das Gelege befindet sich in einem kunstlosen Nest und besteht nahezu immer aus drei Eiern. Die mit Daunen befiederten Jungen können alsbald laufen und schwimmen. Bis zur Flugfähigkeit – je nach Möwenart unterschiedlich, spätestens jedoch nach sieben Wochen – bleiben sie in Nestnähe, wo sie von ihren Eltern gefüttert werden. Sie stehen also zwischen Nesthockern und -flüchtern.

Fischereihäfen und Müllplätze ziehen Möwen stark an. In deren Umfeld verspricht ein **Ansitz** guten Erfolg. Auch die **Beize** mit dem abgetragenen Wanderfalken ist erfolgversprechend. Mit ihm kann der Falkner auch an Stellen beizen, wo der Schuß mit der Flinte problematisch ist.

Laut Bundesjagdgesetz dürfen die Eier von Ringel- und Türkentauben sowie von Silber- und Lachmöwen gesammelt werden, wenn dieses nach dem betreffenden Landesrecht gestattet ist. Ist das **Sammeln von Möweneiern** erlaubt, hilft das neben der Bejagung, um den Möwenbesatz zu verringern. Zudem sind Möweneier als beliebte Delikatesse gut abzusetzen. Um keine angebrüteten Eier mit nach Hause zu bringen, empfiehlt es sich zu sammeln, bevor das dritte Ei gelegt ist. Dann sammeln wir regelmäßig – jeden zweiten Tag –, und das möglichst lange.

BLÄSSHUHN

Bläßhühner gehören zur Ordnung der Rallen. Die schwarz bis aschgrauen Vögel wiegen zwischen 600 und 800 Gramm. Charakteristisch ist das weiße Stirnschild, welches den Jungvögeln bis zur Herbstmauser fehlt. „Zappen" lieben vegetationsreiche, flache, große Binnenseen und leben gesellig. Nur ungerne verlassen Bläßhühner das Wasser. Beim Auffliegen vom Gewässer nehmen sie „Anlauf": Dabei laufen sie rasant patschend und spritzend über das Wasser. Während sie schwimmen – oft langsam sowie kopfnickend – liegen sie hoch im Wasser. „Zappen" vertragen sich nicht mit anderen Uferbewohnern. So

MÖWEN AUF EINEN BLICK

	LACHMÖWE	SILBERMÖWE	STURMMÖWE	HERINGSMÖWE	MANTELMÖWE
Kopf	im Sommer schokoladenbraun; im Winter weiß mit kommaförmigem Fleck hinter dem Auge	weiß	weiß, runder als bei der Silbermöwe, im Winter sind Oberkopf, Nacken und Wangen fein dunkel gestrichelt	im Sommer reinweiß, im Winter fein gestrichelt	weiß
Schnabel	bei Altvögeln: dunkelrot; bei Jungvögeln: bräunlich fleischfarben	gelb mit rotem Fleck am Unterschnabel	im Brutkleid hellgrün ohne roten Fleck	gelb	gelb mit rotem Fleck am Unterschnabel
Oberseite	hellgrau	silbergrau	zart bläulichgrau	schiefergrau (heller als bei Mantelmöwen)	dunkelgrau
Unterseite	weiß, graue Schwungfedern	weiß	weiß	weiß	weiß
Ruder	wie Schnabel	fleischfarben bis rosa bei den Altvögeln	im Winter hellgrau, im Sommer grünlich	zur Brutzeit: gelb; bei Jungvögeln: schwach gelb bis fleischfarben	bei Altvögeln: fleischfarben, bei Jungvögeln: braun

Möwen unterliegen dem Jagdrecht. Jagdzeit haben Lach-, Sturm-, Silber-, Mantel- und Herings-möwe. Deren Unterscheidungsmerkmale enthält die nebenstehende Tabelle.

Foto: G. Quedens

Sturmmöwen sind Brutvögel an der Nord- und Ostsee-
küste. Im Binnenland sieht der Jäger sie selten.

Foto: G. Quedens

Die etwa bussardgroße Silbermöwe ist
die auffälligste Möwe der Küste.

Foto: G. Quedens

Braungefärbte Möwen sind fast immer Jungvögel der einheimischen Großmöwen. Hier eine Heringsmöwe mit Jungen.

Foto: K. Wermicke

Foto: W. Layer

Die Mantelmöwe – hier an einem verendeten Seehund –
ist die größte einheimische Möwe.

Die dunkelbraune Maske ist bei Lach-
möwen für Altvögel kennzeichnend.
Lachmöwen sind etwa taubengroß.
Sie kommen häufiger als alle anderen
Möwenarten im Binnenland vor.

brüten beispielsweise Wildenten nicht in ihrer Nähe. Bläßhühner ernähren sich überwiegend pflanzlich, nämlich von Sprossen, Wurzeln und Früchten der Wasserpflanzen. Schnecken, Insekten und sogar Eier verschmähen sie nicht. Ab April legen „Belchen" fünf bis zehn gelb-grünliche, zart dunkel getupfte Eier in ein meist schwimmendes Nest, das am Wasserrand im Altschilf verankert ist. Sie werden zwischen 21 und 24 Tagen bebrütet. Beide Elterntiere verteidigen Nest und Brut energisch. Bejagt werden Zappen entweder mit der **Flinte** oder mit **Kleinkali-**ber, jeweils vom Ufer aus. Auf größeren Gewässern, wo Bläßhühner zahlreich vorkommen, kann man sie im Herbst **vom Boot aus** bejagen. Dabei fahren mehrere, mit Jägern besetzte Boote in recht dichtem Abstand nebeneinander her. Die Bläßhühner weichen zunächst schwimmend aus. Werden sie gegen

Links:
Im Frühjahr kommt es zu heftigen Revierkämpfen zwischen den Bläßhühnern. Jedes will das beste Brutrevier.

Unten:
Zwei Schwäne hat er erbeutet. Ob sein Dackel dabei wohl viel geholfen hat?

das Ufer gedrängt, streichen sie, da sie ungerne über Land fliegen, über die Boote zurück. Weil das Gefieder der Belchen recht locker ist, genügen zweieinhalb Millimeter.

Wenn wir der Hausfrau keine tranigen Bläßhühner bringen wollen, werden wir die Vögel nicht rupfen, sondern sie – wie Tauchenten – abziehen. Sie schmecken allerdings trotzdem „moderig".

HÖCKERSCHWAN

Höckerschwäne gehören zu den größten flugfähigen Vögeln. Sie

Kulturfolger in vielen Stadtseen anzutreffen. Sie äsen vornehmlich Wasserpflanzen, die sie sich mit langem Hals aus großer Tiefe herausholen können.

Erst nach längerem „Anlauf" erhebt sich der Schwan vom Wasser und fliegt mit laut „singendem" Fluggeräusch. Im Spätwinter können wir ein ausgeprägtes Balzspiel beobachten: Schnabeleintauchen, Kopfnicken und -wenden. Die Geschlechter sind in der Regel jahrelang verpaart. Der Schwan legt in ein Bodennest im Schilf fünf bis sieben blaßgrüne Eier. Die Jungvögel schlüpfen nach 35 Ta-

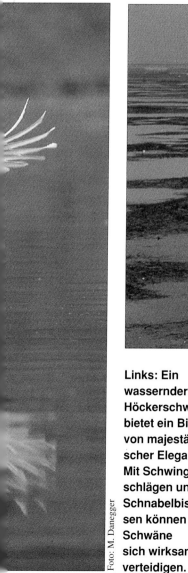

Links: Ein wassernder Höckerschwan bietet ein Bild von majestätischer Eleganz. Mit Schwingenschlägen und Schnabelbissen können Schwäne sich wirksam verteidigen.

klaftern 235 Zentimeter und erreichen ein Gewicht von 13 bis 14 Kilogramm. Mit Schwingenschlägen und Schnabelbissen vermögen sie sich wirksam zu verteidigen. So sind sie etwa für Hunde im Wasser gefährliche Gegner.

Die Männchen werden größer als die Weibchen. Ihr schwarzer Höcker an der Schnabelwurzel ist zudem höher. Schwäne bevorzugen große Seen mit breiten, bewachsenen Ufern. So sind sie als

gen. Sie sind in der Regel bis zu drei Jahre grau. Der Altschwan verteidigt seine Brut gegen andere Schwäne, natürliche Feinde und auch Menschen heftig.

Dort, wo es Überbesätze gibt und es rechtlich möglich ist, sind Eingriffe in die Population angebracht. Das ist leichter geschrieben als in die Tat umgesetzt, denn Höckerschwäne leben zunehmend halbwild an stark von der Öffentlichkeit frequentierten Gewässern. ▶

Dort gelten sie als Zierde. Wo deshalb die Jagd unmöglich ist, können wir den Schwanenbesatz reduzieren, indem wir Eier anstechen. Schwäne sind sehr hart. Deshalb beschießen wir sie mit Schrot nur auf kurze Distanz. Geeigneter ist eine kleinkalibrige Kugel. Bevorzugt werden wir Jungschwäne schiessen, deren Wildbret schmackhaft sein soll.

Foto: B. Brosette

Links: Wie eine Statue verharrt er minutenlang an einem Fleck. Dann stößt sein spitzer Schnabel blitzschnell zu. Als Mahlzeit wird ihm der Aal für diesen Tag sicher reichen.

GRAUREIHER

Es sind tag- und nachtaktive, storchengroße Vögel, die zwischen eineinhalb und zwei Kilogramm schwer sind. Ihre Oberseite und die Schwingen sind hellgrau, Kopf und Unterseite weiß. Den Kopf ziert eine lange, strähnige, eng anliegende Haube. Die Ständer sind wie der lange, spitze Schnabel gelb. Graureiher streichen mit s-förmig eingezogenem Hals, oft mit den Flügeln wuchtig rudernd. Während des Fluges lassen sie häufig ihren laut krächzenden Ruf ertönen.

Graureiher sind Anstandsjäger. Sie stehen oft lange und bewegungslos am oder im Wasser, bis der Schnabel schnell und zielsicher vorstößt. Zunehmend sehen wir sie auch auf Saaten oder abgeernteten Feldern. Sie fressen Frösche, Reptilien, Insekten, vor allem aber Mäuse und Fische. Deshalb hießen sie früher auch Fischreiher. Sie bevorzugen schlanke, feinschuppige, zwischen 10 und 15 Zentimeter lange Weißfische. Etwa ein halbes Kilogramm tierische Kost braucht der Reiher täglich. Nur jeder zweite Fangversuch ist erfolgreich.

Graureiher leben in Jahresehe. Sie horsten häufig kolonieweise. Reiherkolonien sind vielfach sehr alt. Die Brutzeit liegt im März/April. Die in der Regel vier blaßblaugrünen Eier werden von beiden Eltern 25 bis 26 Tage bebrütet. Die Nestlingszeit beträgt sechs Wochen. Sobald die Jungen geschlüpft sind, herrscht in Reiherkolonien ein „Heidenlärm". Die Nestjungen werden mit vorverdauter Nahrung aus dem Kehlsack der Altvögel versorgt. Nach neun Wochen sind die Jungvögel gut beflogen.

Bejagt werden kann er nur aufgrund von Sondergenehmigungen, außer in Bayern. Hier darf er in der Zeit vom 16. September bis zum 31. Oktober in einem Umkreis von 200 Metern um geschlossene Gewässer erlegt werden. Der Eingriff ist im Interesse der Teichwirte. Am Geschmackswert des Wildbrets scheiden sich die Zungen. Für die einen ist Reiherbrust eine Delikatesse, die anderen kann man „damit jagen".

Selber helfen können die Teichwirte sich, indem sie ihre Fischteiche mit Netzen überspannen oder am Gewässerrand zwei Stolperdrähte aus Nylonschnur spannen. Hilfreich können zudem Böllerschüsse oder Klangattrappen sein, die entweder das arteigene Angstgeschrei oder den Ruf des

Seeadlers nachahmen. Steil abfallende Ufer, die in mindestens 60 Zentimeter tiefe Teiche führen, werden von den Reihern gemieden.

KORMORAN

Er rechnet zoologisch zu den Scharben. Dabei handelt es sich um schlanke, dunkel gefiederte Tauch- und Schwimmvögel. Sie leben in der Nähe von möglichst fischreichem Süß- oder Salzwasser, da sie auf Fischfang spezialisiert sind. Ihr Tagesbedarf liegt bei 750 Gramm Fisch. Scharben erbeuten Fische unter Wasser. Im Unterschied zu anderen Wasservögeln ist das Gefieder des Kormorans nicht wasserabweisend. Es durchnäßt, wenn der Komoran oder Seerabe taucht. Das verringert den Auftrieb unter Wasser. So kann der Kormoran kurzfristig rascher tauchen. Allerding muß er sein Gefieder nach einem Tauchgang länger trocknen. Dazu sitzt er meist mit ausgebreiteten Schwingen auf abgestorbenen Baumkronen oder Pfählen. Eine typische Pose.

In Ostasien werden Kormorane zum Fischfang verwendet, eine Attraktion für Touristen. Eine Leine am Bootsrand und ein „Stopring" am Hals verhindern, daß sie mit dem erbeuteten Fisch wegtauchen beziehungsweise ihn verzehren.

Kormorane sind beinahe gänsegroß. Sie besitzen einen langen, vorne gehakten Schnabel. Ihr Stoß ist kurz und breit. Kurz sind auch die Ständer (mit Schwimmhäuten). Beide Geschlechter sind schwarz, dunkelblau glänzend. Kormorane brüten im April bis Juni auf Bäumen in Kolonien, bisweilen auch mit Graureihern zusammen in gemischten Kolonien. Beide Eltern bauen ein Reisignest und bebrüten die vier bis fünf hellblauen Eier. Die Brutzeit beträgt 23 bis 24 Tage.

Die Kormorane unterliegen derzeit nicht dem Bundesjagdrecht. Bei den in den vergangenen Jahren verstärkt auftretenden Problemen, welche die Kormorane vor allem den Teichwirten bereiten, ist also die Naturschutzbehörde zuständig. Besser wäre aber eine befristete Jagdzeit.

Foto: H. Schulz

Links: Eine typische Pose: Nach erfolgreichem Tauchgang hockt der Kormoran auf einem toten Ast und breitet seine Schwingen aus, um sein Gefieder zu trocknen.

FACHLITERATUR

So bunt wie der Stockerpel im Prachtkleid, so vielfältig ist auch die Literatur über das Wasserwild. Aus der Fülle der Bücher und Broschüren, der Naturführer, Merkblätter und Fachbeiträge hier ein paar ausgesuchte Lektüreempfehlungen. Sie bilden auch die Grundlage des vorliegenden Sonderheftes.

1. Kalchreuter, Heribert – Wasserwild im Revier (1. Auflage 1987)
Sicher das fundierteste deutschsprachige Werk über Wasservögel. Der bekannte Jagdwissenschaftler beschäftigt sich nicht nur mit bio- und ökologischen Fragen rund um

Wildenten, Wildgänse, Höckerschwäne, Taucher sowie Rallen. Auch aus nationaler und internationaler Praxis der Wasserwildjagd berichtet er und begründet sie fachlich.

2. Bolten, Hermann – Wassergeflügel (2. Auflage 1983)
Ein handliches, ansprechendes Büchlein mit detaillierten Informationen rund um jagdbare und nichtjagdbare Wasservögel. Es bezieht sich nur auf die alten Bundesländer und ist derzeit leider vergriffen. Eine überarbeitete Neuauflage wäre im Interesse von Jäger und Ornithologen wünschenswert.

3. Panzer, Peter – Die Hege der Stockente im Binnenland (1. Auflage 1987)
Neunzig Prozent aller erlegten Wildenten sind Stockenten. Aus diesem Grund befaßt sich *Panzer* ausschließlich mit ihnen. Er zeigt anschaulich auf, wie wir Stockenten naturnah hegen können. Seine Tips sind durchweg praxiserprobt. Besonders lesenswert ist sein Plädoyer gegen das Aussetzen von Hochbrutflugenten. Ein Muß für jeden Entenjäger.

4. Stubbe, Hans (Hrsg.) – Buch der Hege. Band 2. Federwild (1. Auflage 1973)
Die zweite Auflage entstammt dem Jahr 1987. Neben Hühner- oder Rabenvögeln wird alles Wasserwild, auch die nicht dem Jagdrecht unterliegenden Wasservögel, detailliert vorgestellt und deren biologische Grundlagen sowie Hege, Bestandentwicklung und -regulierung behandelt. Ein Buch eher für den Wildbiologen als für den Jäger geschrieben.

Foto: Dr. F. Hirsch

Brauchbare Jagdhunde sind bei der Wasserarbeit ein Muß. Für den Praktiker eine Selbstverständlichkeit. So will es der Gesetzgeber.

JÄGER & PRAXIS

KURZ & BÜNDIG

12

WILDKRANKHEITEN: TRICHINEN ★ LEBEREGEL ★ FUCHSBANDWURM ★ ANZEIGEPFLICHT ...

EINE BEILAGE DER ZEITSCHRIFT JÄGER

ANZEIGEPFLICHT

JAGDRECHT

Wildseuchen sind diejenigen Wildkrankheiten, die gemäß § 9 und 10 Tierseuchengesetz und der Verordnung über anzeigepflichtige Tierseuchen **anzeigepflichtig** sind. Es gibt aber noch weitere Krankheiten, die zu hohen Verlusten unter Wildtieren führen können. Bei den Wildseuchen sind an erster Stelle **Tollwut, Schweine- und Geflügelpes**t zu nennen. Letztere bezeichnen die Wissenschaftler als Newcastledisease.

Ebenfalls anzeigepflichtig, aber in freier Wildbahn fast bedeutungslos, sind **Milzbrand, Maul- und Klauenseuche, Geflügelcholera, ansteckende Schweinelähme,**

Geflügelpest, die drei Arten von Bruccllose bei Haustieren, die Papageienkrankheit – wissenschaftlich auch Psittakose oder Ornithose – **und die Pseudowut,** von den Veterinären als Aujeszkysche Krankheit bezeichnet.

Anzeige erstatten Jäger gegebenenfalls beim Amtstierarzt oder aber bei der Unteren Verwaltungsbehörde. Auch der Verdacht auf eine der vorgenannten Seuchen bedarf der Anzeige.

Von den Wildseuchen sind Tollwut, Milzbrand, die Brucellosen und die Papageienkrankheit auch **für den Menschen infektiös.**

Daneben gibt es weitere Wild-

krankheiten, die für den Menschen gefährlich, aber nicht anzeigepflichtig sind. Hier stehen Borelliose und Zeckenencephalitis an erster Stelle. Beide werden durch Zecken übertragen. An bakteriellen Krankheiten kommen Tularämie, Pseudotuberkulose, Salmonellosen, Rotlauf, Listeriose und einige Eitererreger in Betracht. Bedeutung haben schließlich die Finnen des kleinen Fuchsbandwurms sowie Hunde- und Schweinespulwurmlarven.

Sichere Resultate, welche Erkrankung vorliegt, erhalten Jäger, wenn sie den ganzen Tierkörper einsenden. Adressen sind:

Veterinäruntersuchungsämter

Baden-Württemberg
Staatliches Tierärztliches Untersuchungsamt Heidelberg – Czernyring 22a-b, 69115 Heidelberg, Tel. 06221/23602-03
Staatliches Tierärztliches Untersuchungsamt Aulendorf – Löwenbreite Str. 20, 88326 Aulendorf, Tel. 07525/7050
Tierhygienisches Institut Freiburg – Am Moosweiher 2, 79108 Freiburg, Tel. 0761/ 16011-14
Bayern
Landesuntersuchungsamt für das Gesundheitswesen Südbayern – Eggenreuther Weg 43, 91013 Erlangen, Tel. 09131/7640
Landesuntersuchungsamt für das Gesundheitswesen Nordbayern – Flurstr. 20, 90419 Nürnberg, Tel. 0911/330251
Bayerische Versicherungskammer, Bayerische Tierseuchenkasse – Arabellastr. 29, 81925 München, Tel. 089/21600
Institut für Tierhygiene – Hohenbachernstr. 15, 85350 Freising-Weihenstephan, Tel. 08161/713313
Berlin
Landesuntersuchungsinstitut für Lebensmittel, Arzneimittel und Tierseuchen Berlin – Invalidenstr. 60, 10557 Berlin, Tel. 030/39705-1, Fax 39705-380
Brandenburg
Staatliches Veterinär- und Lebensmitteluntersuchungsamt Potsdam – Pappelallee 20, 14469 Potsdam, Tel. 0331/312347
Staatliches Veterinär- und Lebensmitteluntersuchungsamt Cottbus – Schlachthofstr. 18, Postfach 101214, 03012 Cottbus, Tel. 0355/78230
Staatliches Veterinär- und Lebensmitteluntersuchungsamt Frankfurt (Oder) – Postfach 469, 15204 Frankfurt (Oder), Tel. 0335/ 326080
Freie Hansestadt Bremen
Staatliches Veterinäramt Bremerhaven – Freiladestr. 1, 27572 Bremerhaven-F.,

Tel. 0471/72041, Fax 71875
Freie und Hansestadt Hamburg
Veterinäruntersuchungsamt Hamburg – Lagerstr. 36, 20357 Hamburg, Tel. 040/ 43163243
Hessen
Staatliches Medizinal-, Lebensmittel- und Veterinäruntersuchungsamt – Drusetalstr. 61-67, 34131 Kassel, Tel. 0561/31010
Staatliches Medizinal-, Lebensmittel- und Veterinäruntersuchungsamt – Deutschordenstr. 48, 60528 Frankfurt/Main, Tel. 069/678020
Staatliches Medizinal-, Lebensmittel- und Veterinäruntersuchungsamt – Marburger Str. 54, 35396 Gießen, Tel. 0641/30060
Mecklenburg-Vorpommern
Staatliches Veterinär- und Lebensmittelüberwachungsamt – Körnerstr. 24, 19055 Schwerin, Tel. 0385/59305, Fax 864989
Landesveterinär- und Lebensmitteluntersuchungsamt – Thierfelder Str. 18/19, Postfach 102064, 18003 Rostock, Tel. 0381/4035-0
Niedersachsen
Staatliches Veterinäruntersuchungsamt Oldenburg und Außenstelle Stade – Philosophenweg 38, 26121 Oldenburg, Tel. 0441/779070, Fax 7790714
Staatliches Veterinäruntersuchungsamt Stade – Heckenweg 6, 21680 Stade, Tel. 04141/ 2190, 3869
Staatliches Veterinäruntersuchungsamt Hannover – Eintrachtweg 17, 30137 Hannover, Tel. 0511/28897-0
Institut für Pathologie der Tierärztlichen Hochschule – Bischofsofer Damm 15, 30173 Hannover, Tel. 0511/8113-569
Fallwild und seuchenverdächtiges Wild, nicht bei Tollwutverdacht: Staatliches Veterinäruntersuchungsamt – Dresdenstr. 6, 38124 Braunschweig, Tel.0531/692432-33
Nordrhein-Westfalen
Staatliches Veterinäruntersuchungsamt – Deutscher Ring 100, 47798 Krefeld, Tel. 02151/849-0
Staatliches Veterinäruntersuchungsamt –

Von-Esmarch-Str. 12, Postfach 7601, 48149 Münster, Tel. 0251/80021
Staatliches Veterinäruntersuchungsamt – Westernfeldstr. 1, 32758 Detmold, Tel. 05231/911-9
Staatliches Veterinäruntersuchungsamt – Zur Taubeneiche 10-12, 59821 Arnsberg, Tel. 02931/1805, Fax 84288
Rheinland-Pfalz
Landesveterinäruntersuchungsamt – Blücherstr. 34, Postfach 1320, 56073 Koblenz, Tel. 0261/404050
Saarland
Staatliches Institut für Gesundheit und Umwelt, Abt. H. - Veterinärmedizin – Hellwigstr. 8-10, 66121 Saarbrücken, Tel. 0681/ 3000-570 und 3000-572
Sachsen
Landesuntersuchungsanstalt für das Gesundheits- und Veterinärwesen im Freistaat Sachsen – Reichenbachstr. 71/73, 01217 Dresden, Postfach 200274, 01192 Dresden, Tel 0351/8144-0, Fax 8144-497
Sachsen-Anhalt
Staatliches Veterinär- und Lebensmittelüberwachungsamt – Glück-Auf-Str. 2, 06749 Bitterfeld, Tel. 03493/40332, Fax 40428
Staatliches Veterinär- und Lebensmittelüberwachungsamt, Laurentiusstr. 4, 04020 Halle, Tel. 0345/23351, Fax 2429
Schleswig-Holstein
Lebensmittel- und Veterinäruntersuchungsamt des Landes Schleswig-Holstein – Max-Eyth-Str. 5, 24537 Neumünster, Tel. 04321/560910, Fax 560919
Thüringen
Medizinal-, Lebensmittel- und Veterinäruntersuchungsamt - Veterinär- und Lebensmittelinstitut – Juri-Gagarin-Ring 124, 99086 Erfurt, Tel. 0361/51586
Medizinal-, Lebensmittel- und Veterinäruntersuchungsamt - Veterinär- und Lebensmittelinstitut – Naumburger Str. 96 b, 07743 Jena, Tel. 03641/4860, Fax 486114

Quelle: Wild & Hund Exclusiv 1 (1995)

INHALT

Hier gibt es kein Zögern – das Muffel-
schaf ist krank und steht breit.

Ver-
schmutzt
der Spie-
gel. Kaum
schimmert
ein Weiß
noch
durch. Den
Frühjahrs-
durchfall
wird die
Ricke hof-
fentlich gut
überstehen.

Foto: K.-H. Löhr

Impressum: JÄGER & PRAXIS KURZ & BÜNDIG Wildkrankheiten. Eine Beilage der Zeitschrift JÄGER   Foto: K. Schendel

Jahr-Verlag GmbH & Co.
Jessenstraße 1
22767 Hamburg
Tel. 040 / 38 90 60
Fax 040 / 38 90 63 05

Verleger:
Alexander Jahr

Redaktion: Dr. Rolf Roosen

Fachberater:
Dr. Albrecht von Braunschweig
und Walter Bachmann

Titel/Layout:
Werner Rabe

Vertriebsleitung:
Peter Lüdemann

Herstellungsleitung:
Helmut Post,
Brunhild Sudmann (Stellv.)

Druck: Busche, Dortmund

Lithographie: Repro- und
Satztechnik Helmut Gass,
Hamburg

Copyright:
Jahr-Verlag GmbH & Co.
Hamburg 1996

WILDKRANK-HEITEN

Wildkrankheiten werden von vielen Jägern als „weniger wichtig" abgetan. Im Revier sind sie oft jahrzehntelang ohne Bedeutung. Erst durch einen Seuchenzug, der erheblich in eine örtliche Wildtierpopulation eingreift, werden Jäger wach.

Foto: W. Henkel

Rechts: Ein böses Bild. Nicht nur Wildkrankheiten verursachen Fallwild im Revier.

Großes Bild: Tränenfluß, Bindehautentzündung, anschließende Hornhauttrübung sowie späteres Erblinden – so verläuft die Gamsblindheit typischerweise. Befallene Stücke wie diesen guten Gams erlegen wir ohne Zögern.

Foto: M. Rogl

Foto: W. Nagel

EINFÜHRUNG

Im jagdlichen Schrifttum nehmen Wildkrankheiten einen breiten Raum ein. Auch in den Jägerprüfungen werden Jungjäger Jahr für Jahr mit Fragen aus diesem Gebiet strapaziert.

Nachstehend wird der Versuch unternommen, eine Auswahl nach Häufigkeit und Bedeutung von **Wildkrankheiten** zu treffen. Es werden vorgestellt: acht Viruskrankheiten sowie fünf bakterielle Erkrankungen und zehn der wichtigsten Parasitosen. Jeder Jäger, der sich über diesen engen Rahmen hinaus informieren will, wird in dem speziellen Schrifttum nachlesen (siehe Seite 192).

Wildkrankheiten sind Erkrankungen, die nicht nur bei Wildtieren auftreten. Vielmehr handelt es sich bei ihnen um Krankheiten, die bei Mensch und bei Haus- sowie Wildtier in verschiedener Intensität vorkommen können. Dabei gibt es solche wie die Tollwut, die alle Säugetiere treffen kann, aber auch Krankheiten wie die Schweinepest, die nur Haus- oder Wildschweine befällt. Bestimmte, besonders die durch Parasiten verursachten Erkrankungen sind permanent im Wildbestand vorhanden. Sie treten nur dann stärker auf, wenn die Lebensbedingungen für eine Population ungünstig sind. Junge oder überalterte Stükke werden häufiger befallen.

Das Dreieck Wirt – Parasit – Immunität ist für das gesamte Krankheitsgeschehen in der Natur entscheidend. Es befindet sich nie in stabilem Zustand und hängt vom Klima, den Nahrungsgrundlagen, der Wilddichte und weiteren Komponenten ab. Vögel wie Säugetiere können nur dann Immunität gegen eine Krankheit erwerben, wenn sie zuvor Kontakt mit dem jeweiligen ganz spezifischen Krankheitserreger hatten. **Immunität** bedeutet, daß der Or-

ganismus gegen ganz bestimmte Krankheitserreger widerstandsfähig ist – etwa ein Kaninchen gegen Myxomatose, wenn es diese einmal überstanden hat. **Resistenz** besteht, wenn eine Tierart durch einen bestimmten Krankheitserreger nicht gefährdet ist. So sind etwa Rehe gegen die Schweinepest resistent, denn das Schweinepestvirus vermag nur Wild- und Hausschweine zu infizieren.

Es gibt drei **Grundregeln**, um Wildkrankheiten als solche erkennen zu können. Sie sind sehr einfach. **Erstens** beurteilen Jäger ein lebendes Stück Wild zunächst aufgrund seines Verhaltens. Kran-

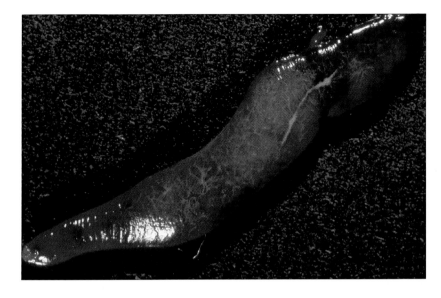

kes Wild „benimmt" sich oft ungewöhnlich. Es ist unsicher, apathisch oder dem Menschen gegenüber auffällig vertraut. Außerdem ist sein gestörtes Allgemeinbefinden – zum Beispiel ein verschmutzter Spiegel, der verzögerte Haarwechsel, Husten oder Abmagerung – ebenfalls eindeutiges Indiz.

Beim erlegten Wild mustern wir **zweitens** sämtliche Organe bei gutem Licht auf Größe, Farbe und Konsistenz. **Drittens** prüfen wir die dazugehörigen Lymphknoten, die in den Aufhängebändern der einzelnen Organe liegen. Anders

Oben: Die Milz bietet stets einen Hinweis darauf, ob ein Stück gesund oder krank ist. Bei dieser Milz vom Hasen besteht kein Anlaß zu Bedenken. Sie ist normal.

Rechts: Seine Milz ist mit Eitergeschwülsten übersäht. Der Mümmelmann litt unter der Nagerpest.

Links: Sauber bricht er auf und beschaut bei gutem Licht Organe sowie Lymphknoten.

Unten: Das springt ins Auge. Eine der Jungenten ist nicht „wildfarben", sondern ein „Weißling".

Fotos: Archiv JÄGER

formuliert: Wir ziehen an dem Organ, welches wir untersuchen wollen. Im Zugstrang bzw. an der Aufhängestelle finden wir dann den zugehörigen Lymphknoten. Wie normale Organe ausschauen, haben wir erlernt, indem wir uns die Organe bei jedem erlegten Stück immer genau ansehen und uns ihren Zustand merken. Erst dann lassen sich Abweichungen von der Norm erkennen.

Das ist das kleine Einmaleins der **Krankheitserkennung** sowie der Fleischbeschau. Eine grobe **Faustregel** hilft uns in der Praxis weiter, damit wir uns selber nicht unnötig gefährden: Die Milz, die ▶

Foto: W. Nagel

auf der linken Seite des Magens liegt, stellt ein hoch empfindliches Abwehrorgan gegen Krankheiten dar. Ist sie vergrößert, ist Vorsicht geboten, weil das entsprechende Stück aufgrund einer bakteriell bedingten Krankheit als bedenklich anzusehen

Rechts: Eine tollwütige Ricke. Die Scheuerwunden am Kopf sind typisch.

Unten links: Zerbissen ist der Fang dieses Fuchses. Ein füchterliches Ende.

Unten rechts: Gesund und munter? Es scheint so.

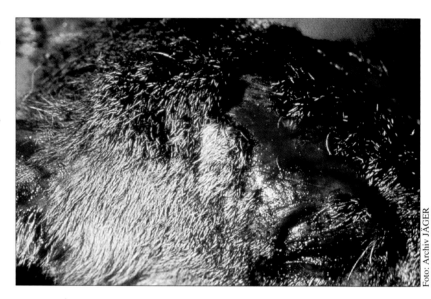

Foto: Archiv JÄGER

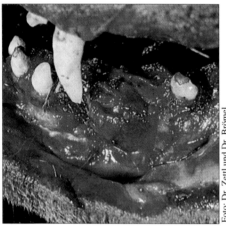

Foto: Dr. Zettl und Dr. Brömel

Foto: M. Danegger

ist. Die genaue Diagnose ist Sache des Fachmannes, nicht die des Jägers.

Um schnell und sicher an die zutreffende Diagnose zu gelangen, senden wir das erlegte Stück oder das Fallwild an das nächste staatliche Veterinäruntersuchungsamt oder an ein tierärztliches Hochschulinstitut für Pathologie – auf Seite 162 finden Sie eine Anschriftenliste, die Ihnen in „Notfällen" gute Dienste leisten wird. Dorthin muß das Fallwild auf die schnellste Art und Weise gelangen, also per Bahnexpress oder mit dem eigenen Wagen. Ein kurzes Anschreiben gehört dazu, damit dem Untersuchungsamt Beobachtungen und Wünsche des Einsenders bekannt werden.

VIRUSKRANKHEITEN
ALLGEMEINES

Bei Viruserkrankungen gibt es eine **Regel**: Große Seuchenzüge, etwa die Myxomatose bei Wildkaninchen, sind für die Population, in die sie einbrechen, zunächst verheerend. In den ersten Jahren ist die Sterblichkeitsrate enorm hoch. Sie sinkt dann aber stetig ab und hält sich schließlich auf einem für den Wildbestand erträglichem Grad. Sobald eine Viruskrankheit stationär wird, sinkt folglich die

Sterblichkeitsrate. Nur die Tollwut bildet eine **Ausnahme** von dieser Regel. Das resultiert aus dem meist großen Zeitraum zwischen Infektion, also der Ansteckung, und dem Ausbrechen der Krankheit. Würde der Virus seinen Wirtsbestand zu hundert Prozent töten, würde er sich selbst vernichten.

TOLLWUT

Erreger ist ein kleines Virus, welches eine nichteitrige, tödlich verlaufende Gehirnentzündung bei al-

Links: Niere eines Wildschweins. Die zahlreichen, punktförmigen Blutungen sind kennzeichnend für die Schweinepest.

Unten: So schaut eine gesunde Niere bei der Sau aus.

Fotos: Archiv JÄGER

len Säugetieren, also auch beim Menschen, verursacht. In Europa ist der Rotfuchs der entscheidende Tollwutverbreiter. Tollwut wird beinahe ausschließlich durch Biß- oder Kratzwunden erkrankter Tiere übertragen. Es besteht die Gefahr, daß infektiöser Speichel bereits infizieren kann, obwohl beim Tollwutträger die Tollwut noch gar nicht ausgebrochen ist. Die Inkubationszeit, also die Phase vom Biß bis zum Ausbruch der Krankheit, ist lang. Sie liegt in der Regel zwischen 20 bis 60 Tagen, maximal sogar bei über einem halben Jahr. Aufgrund der langen Inkubationszeit kann sich die Tollwut gut ausbreiten, weil immer genügend infizierte Tiere leben. Um die Infektionskette – bei uns von Fuchs zu Fuchs – abzureißen, müssen wir den Fuchsbesatz möglichst dauerhaft niedrig halten. Als Anhaltspunkt empfiehlt *Dr. von Braunschweig* eine permanente Fuchsdichte von einem Fuchs je 300 Hektar. Scharfe Bejagung, auch der Jungfüchse, ist deshalb geboten.

Impfungen gegen Tollwut in freier Wildbahn sind erprobt und wirkungsvoll. Leider tragen sie zu höheren Fuchsdichten und damit indirekt zur Verbreitung des Fuchsbandwurmes (siehe Seite 187/188) bei. Für Mensch und Tier gibt es heute gut verträgliche, wirkungsvolle Impfstoffe. Wenn der Jäger durch ein tollwutkrankes Tier verletzt wurde, ist er so bald wie möglich zu impfen. Das bloße Berühren von tollwutkranken Tieren erfordert keine Schutzimpfung.

Tollwutverdacht liegt vor, wenn Tiere sich vertraut, anomal oder apathisch verhalten, außerdem bei Unterkieferlähmungen, anhaltend heiserem Klagen oder Bellen sowie bei Lähmungen. Dieses sind Anzeichen für die sogenannte „**stille Wut**". Bei der selteneren „**rasenden Wut**" irren die Tiere planlos umher, rennen Gegenstände über den Haufen, scheuern sich Balg oder Decke an der Stirn ab oder beißen wild um sich. Nach Ausbruch der Krankheit verenden die betroffenen Tiere meist innerhalb weniger Tage.

Ob ein Tier von der Tollwut befallen ist, kann durch staatliche Untersuchungsstellen mittels einer fluoreszenzmikroskopischen Untersuchung innerhalb weniger Stunden sehr sicher festgestellt werden. Dazu ist das Haupt vom Amtstierarzt an das zuständige Ve- ▶

terinäruntersuchungsamt einzusenden (siehe Seite 162). In Tollwutgebieten ist es empfehlenswert, jedes verendete Stück, bei dem die offensichtliche Todesursache unbekannt ist, einem staatlichen Veterinäruntersuchungsamt zuzuführen, selbst wenn kein unmittelbarer Seuchenverdacht vorliegt. Bei privaten Einsendungen trägt der Einsender die Kosten.

PSEUDOWUT ODER AUJESZKYSCHE KRANKHEIT

Befallen werden hauptsächlich Schwarz-, Rehwild und Dachse, außerdem Hunde sowie Katzen. Wie bei der Schweinepest spielt das Hausschwein die zentrale Rolle im Seuchengeschehen. Die Infektion erfolgt über die Nahrung.
Juckreiz, Ruhelosigkeit, Speichelfluß und taumelnder Gang sind Indizien für die Pseudowut. Aufgrund eines rapiden Kräfteverfalls tritt der Tod beim Hund sehr rasch ein, etwa nach zwei Tagen.

SCHWEINEPEST

Die europäische Schweinepest ist bei Hausschweinen häufiger aufgetreten und hat in mehreren Fällen auf Wildschweinbestände übergegriffen. Das Virus gelangt durch Hausschweinkadaver, mit Stallmist oder Küchenabfall in die freie Wildbahn und ist hochinfektiös. So wird die Krankheit leicht übertragen. Kontakt der Tiere untereinander genügt. Infektiös sind außerdem Ausscheidungen jeglicher Art, zudem nicht durchgekochte Fleischwaren kranker Schweine, etwa Küchenabfälle,

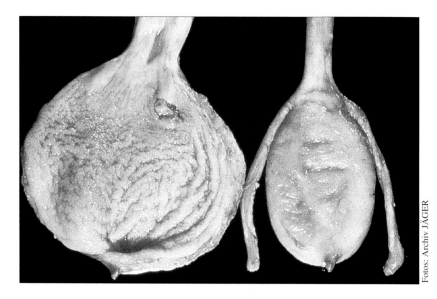

Fotos: Archiv JÄGER

Oben: Gesunde Harnblase von einer Sau. Links: geöffnet; rechts: geschlossen.

Links: Zahlreiche Blutungen in der geöffneten Blase erwecken Verdacht auf Schweinepest.

Rechts: Myxomatose beim Kanin. Der „Löwenkopf" beweist es einwandfrei.

Schinken oder Rohwürste. Hier hält sich das Virus bis zu sechs Monaten infektiös. Faule Kadaver von erkrankten Schweinen bleiben bis zu 15 Tagen, Jauche nur ein bis zwei Tage ansteckend. Es gibt auch Schweine, die chronisch an der Schweinepest erkrankt sind. Sie können über lange Zeit Virusträger und -ausscheider sein.
Bei akutem Ausbruch der Schweinepest kommt es zu hoher Sterblichkeit, verbunden mit Durchfall, Lungenentzündung, hohem Fieber und feinen Blutungen in allen Schleimhäuten, besonders im Kehlkopf, in der Blase sowie im Darm. Hinzu kommen ebensolche

Blutungen in Nieren und Lunge. Charakteristisch für das Krankheitsbild ist schließlich, daß sämtliche Lymphknoten blutig durchtränkt sind. Wohl das wesentlichste Merkmal der Schweinepest. Darüberhinaus verlieren befallene Stücke infolge einer Gehirnentzündung teilweise ihre Scheu vor dem Menschen.
Bei chronischem Verlauf haben Sauen Fieber und Durchfall, sind abgeschlagen und erliegen häufig bakteriell bedingten Krankheiten. Eine Heilung kommt bei stärkeren Stücken häufiger vor als bei den Frischlingen.
Wer die Schweinepest bekämpfen

Links oben: Wer den Kaninchenbesatz in seinem Revier kurzhält, beugt gegen Myxomatose vor.

Links unten: Besonders den Feldhasen treffen verschiedene Wildkrankheiten. Warum gerade ihn? Auf diese Frage wissen wir heute noch keine Antwort.

Rechts oben: Ein Zeckenbiß genügt bisweilen, und schon kann der Mensch schwer erkranken.

Unten: Junge Ringeltauben wirken etwas „struppig". Diese aber ist kerngesund.

Foto: Archiv JÄGER

Foto: Hg. Arndt

ZECKEN-ENCEPHALITIS

Aufgrund von Zeckenbissen kann eine Gehirnhautentzündung auf den Menschen übertragen werden. Die Viruskrankheit hat bereits einige Menschen ihr Leben gekostet. Wer an Zeckenencephalitis erkrankt ist, leidet zunächt an denselben Symptomen wie bei einer Sommergrippe. Nach schweren Kopfschmerzen und Brechreiz treten schließlich Lähmungen auf. Das Fieber steigt auf über 40 Grad Celsius.

Wir können uns vorbeugend immunisieren. Zwei Injektionen im Monatsabstand schützen uns ein ganzes Jahr. Eine jährliche Auffrischung ist erforderlich.

Zecken oder Holzböcke sind Blutsauger. Die Männchen sind eineinhalb, die Weibchen vier Millimeter lang. Vollgesogen erreichen sie eine Länge von zwölf Millimeter. Zecken klettern an Grashalmen, Blättern von Sträuchern usw. empor. Von dort aus lassen sie sich auf die Körperoberfläche vorbeiziehender Wirtstiere fallen. Bevorzugt sitzen sie an Kopf und Hals des Wirtes. Wir finden sie bei Rot-, Reh- und Schwarzwild, bei Hunden und überhaupt allen Warmblütern. ▶

VERGIFTUNGEN

Vergiftungen bei einzelnen Stücken sind schwer zu diagnostizieren. Verdacht auf Vergiftung besteht immer, wenn verschiedene Wildarten zu gleicher Zeit im Revier verendet aufgefunden werden. Ursache sind dann extrem giftige Stoffe wie Insektizide, Mäusegifte, Herbizide, Blei- oder Quecksilberpräparate etc. in hoher Konzentration.

Dagegen sind chronische Vergiftungen durch Industrieabgase oder Gifte in kleinerer Dosierung für den Laien kaum erkennbar. Durch etwa wegen möglicher Schadenersatzforderungen –, sollte wenigstens Kropf-, Magen-, Darminhalt, Leber und Nieren, am besten aber das ganze Tier einsenden.

GESCHWÜLSTE

Dabei handelt es sich um anomal wuchernde Gewebearten. Bei diesen Tumoren unterscheiden wir zwischen gut- und bösartigen. Gutartige Geschwülste verdrängen aufgrund ihres Wachstums lediglich benachbarte Organe. Bösartige Geschwülste wachsen dagegen in das umliegende gesunde Gewebe. Karzinome sind bösartige Geschwülste des Deckgewebes, Sarkome solche des Bindegewebes.

Sind Tumorzellen einmal in die Blutgefäße eingebrochen, können diese Zellen mit dem Blut in sämtliche Körperregionen verschleppt werden und dort zu Tochtergeschwülsten, sogenannten Metastasen, führen. So finden sich dann Metastasen in der Regel auch in den großen Filterorganen, nämlich Nieren, Leber und Lunge.

Wiewohl es bei Wildtieren sämtliche Arten von Tumoren gibt, spielen sie für die Wildbestände in der Praxis keine Rolle. Am häufigsten kommen Lymphsarkome vor. An zweiter Stelle stehen Gallengangskarzinome.

VERLETZUNGEN

Verletzungen sind – medizinisch gesehen – Zerstörungen des Körpergewebes aufgrund von Gewalteinwirkung, Verätzung, Verbrennung oder Erfrierungen. Verkehrsunfälle, Schüsse oder landwirtschaftliche Maschinen sind die häufigsten Gründe für Verletzungen des Wildes. Bei den Trophäenträgern von Rot-, Dam-, Sika- und Rehwild kommt es zu Forkelverletzungen. Speziell beim

Foto: K. Schneider

Oben: Warum verendete er? Lag es an verseuchter Äsung?

Rechts: Es ist schon erstaunlich, wie selbst starke Vorderlaufverletzungen bei den Sauen ausheilen.

sie wird der gesamte Wildtierbestand mehr oder minder stark geschädigt und dadurch anfälliger gegen Krankheiten aller Art. Diese „Sekundärerkrankungen" können die wahren Ursachen von Wildverlusten verschleiern.

Untersuchungen, ob Wildtiere vergiftet sind oder nicht, sind leider zeitaufwendig und kostspielig. Wer sie dennoch veranlaßt –

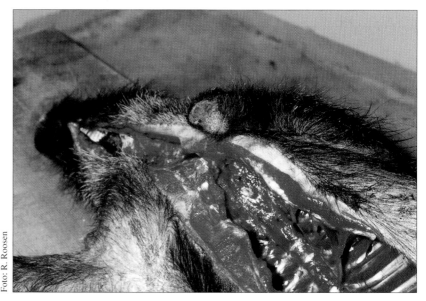

Foto: R. Roosen

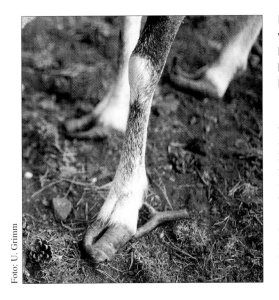

Foto: U. Grimm

Das Schalenauswachsen wird örtlich zur Geißel der Mufflons. Es hat mit der bakteriell bedingten Moderhinke nichts zu tun.

bung der Verletzung keine Blutungen zu sehen sind. Bei Schußwunden oder Knochenbrüche, die nach dem Tod des Stückes vorsätzlich angebracht wurden, bemerken wir vielmehr eine leichte Rosafärbung, also keine echten Blutungen. Wenn wir das

rotäugig sind. Jagdbare Wildtiere mit erkennbaren Mißbildungen werden wir erlegen, um einer möglichen Vererbung der Anomalität vorzubeugen.

Wildtiere können auch im Laufe ihres Lebens Abnormitäten „erwerben". Diese krankhaften Veränderungen an Körperteilen oder Organen sind Folgeerscheinungen von Entzündungen, Stoffwechselstörungen oder Verletzungen. Häufig beobachtbar sind Veränderungen am Gehörn des Rehbocks, etwa Stangen- oder Rosenstockbrüche, Perückenbildung, Kümmerformen, Mehrstangigkeit usw.

Foto: Hg. Arndt

Gegen Wildkrankheiten ist Rotwild erfreulich wenig anfällig. Forkelverletzungen während der Brunft kommen selten vor. Die Kampfrituale werden streng beachtet.

Rehbock wird bisweilen die Schädeldecke zwischen den Rosenstöcken durchstochen. Infolgedessen entwickelt sich eine eitrige, tödlich verlaufende Gehirnhautentzündung.

Frische Verletzungen kennzeichnen sich durch Geweberisse, die vom frischen, noch roten Blut durchtränkt sind. Später verkrusten und verschorfen die Wunden. Schnittwunden heilen schneller als Quetschwunden. Es kommt vor, daß eine Schußwunde nachträglich angebracht wird, etwa wenn der Ia-Schaufler gar nicht frei war. Das ist leicht zu erkennen, weil in den Wundrändern und der Umge-

Wundrandgebiet mikroskopisch untersuchen lassen, gehen wir auf Nummer sicher. Denn Täuschungen sind einwandfrei nachweisbar.

MISSBILDUNGEN

Es sind angeborene Abweichungen von der normalen Gestalt der Organe oder des Körpers. Sie kommen in freier Wildbahn recht selten vor. Mißbildungen sind beispielsweise überzählige Gliedmaßen, Schnabelverbiegungen, Unterkieferverkürzungen, Zwitterbildungen oder Albinismus, also das Fehlen von Farbpigmenten, so daß die Tiere oft weißfellig und

Bedeutsam ist außerdem das **Auswachsen der Schalen** beim Muffelwild mit Fäulnis in den verlängerten Hornschuhen. Schließlich fault auch das Schalenbein. Damit ist der Prozeß irreparabel. Die Mufflons lahmen und leiden sehr unter Schmerzen wegen der faulenden Zehenknochen. Die so geschwächten Muffel gehen dann meist infolge anderer parasitärer Krankheiten ein.

PILZERKRANKUNGEN

Sie spielen in freier Wildbahn kaum eine Rolle, weshalb auf sie hier nicht näher eingegangen wird. ▶

WILDKRANKHEITEN AUF EINEN BLICK

Die Tabelle bietet wichtige Informationen für das Erkennen und Beurteilen von Wildkrankheiten. Hier kann sich der Jäger zunächst grob orientieren. Interessieren ihn Details – etwa der Krankheitsverlauf oder Maßnahmen zur Bekämpfung – wird er in diesem Heft genauer nachlesen.

Parasitäre Krankheiten	Tierart	Verluste	Zwischenwirt	Sitz beim Wirt	Krankheitsmerkmale
KOKZIDIEN (Einzeller)	Hase	sehr hoch bei Jungwild		Dünndarm	fast nur Junghasen, weiße Herde im Dünndarm, Darmentzündung
	Fasan	hoch bei Jungwild		Dünndarm	in Fasanerien sehr bedeutsam
	Kaninchen	hoch bei Jungwild		Leber, Darm	Durchfall, Leberkokzidiose, Todesfälle seltener
	Reh	in Gehegen hoch		Dünndarm	Durchfall
MAGEN-DARMWÜRMER (Rundwürmer)	Reh	hoch		Labmagen und Darm	Durchfall, Blutarmut, Abmagerung, verzögerter Haarwechsel
	Mufflon	hoch		Labmagen und Darm	zäher Schleim auf den Losungskugeln
	Hase	mittel		Magen und Darm	
	Rot-/Damwild	gering		Labmagen und Darm	
	Schwarzwild	gering, hoch in Gattern	keine, zum Teil Mistkäfer	Magen und Darm	
LUNGENWÜRMER (Rundwürmer)	Reh, Mufflon	chronische Dauerschäden	Große Lungenwürmer keine	hauptsächlich in den hinteren Lungenteilen	chronische herdförmige Lungenentzündung, chronische Bronchitis, häufig ausgebreitete Lungenentzündungen als Folgeerkrankung mit tödlichem Ausgang
	Rotwild, Damwild	hoch	Kleine Lungenwürmer Schnecken	Bronchien	
	Hase	mittel	Schnecken	Bronchien	beim Hasen in Höhlenlagen
	Schwarzwild	mittel	Regenwürmer	Bronchien	
ROTWURM (Rundwurm)	Fasan	hoch bei Küken	keiner, Sammelwirt Regenwürmer	in der Luftröhre an der Gabelung	sehr bedeutsam in Fasanerien, Niesen, Kopfschlenkern, Atemnot
	Rebhuhn				
	viele Vogelarten	gering			Ersticken, Luftröhrenentzündung
HAARWÜRMER (Rundwürmer, lang und dünn)	Hühnervögel	hoch	keine/Regenwürmer	Kropf und Schlund, Darm	Blutarmut, Darm- oder Kropfentzündung
	Bussard	mittel		Schlund	Blutarmut, Darmentzündung
	Enten	mittel		Darm	Blutarmut, Darmentzündung
	Rotwild	gering		Dünndarm	Blutarmut, Darmentzündung
	Mufflon	gering		Dünndarm	keine
	Dachs	?	?	Magen	chron. Magenschleimhautentzündung
	Fuchs	gering	?	Blase	geringe Blasenentzündung
TRICHINE (Rundwurm)	Fuchs, Ratte, alle Fleisch- und Allesfresser	gering	wechselseitig	Würmer im Darm, Larven im Muskel	Muskelentzündung und große Schmerzen, Gefahr für Mensch
GROSSER LEBEREGEL (Saugwurm)	alles Schalenwild	hoch	Zwergschlammschnecke	in den Gallengängen	Durchfall, Abmagerung, Leberentzündung
	Hase	hoch	Zwergschlammschnecke	in den Gallengängen	
KLEINER LEBEREGEL (Saugwurm)	Wiederkäuer und Schalenwild	gering	Schnecken und Ameisen, d. h. zwei Zwischenwirte	Gallengänge	Durchfall, Leberentzündung
	Hase, Kaninchen	gering			
BANDWÜRMER	Hund, Fuchs	gering	Schalenwild, Kaninchen	Dünndarm	Durchfall beim Wirt; beim Ecchinococus schwere Leber- oder Lungenschäden, beim Zwischenwirt durch die Finne
	Wiederkäuer	gering	Moosmilben	Dünndarm	
	Schalenwild	gering			
	Vögel	mittel	in der Nahrung	Dünndarm	Durchfall, Darmentzündung
RÄUDE (Sarkoptes-Milben)	Gemse	hoch		Oberschicht der Haut	Hautverdickung mit dicken grauen Borken
	Fuchs	gering, örtlich höher		Oberschicht der Haut	Juckreiz, Abmagerung, Beginn meist am Kopf
	Schwarzwild	gering		Oberschicht der Haut	Juckreiz, Abmagerung, Beginn meist am Kopf
RACHENBREMSENLARVEN (Insektenlarven)	Reh	mittel	Reh	Rachen- und Nasenraum	harter Husten, Rachenentzündung mit Vergrößerung der Lymphknoten
	Rotwild	gering	Rotwild		
KREUZLÄHME (Rundwurm)	Rotwild	mittel	Schnecken	Zentralnervensystem	zunehmende Lähmung der Hinterhand, Sägebockstellung

Tabelle: L. Deinzer nach Angaben von Dr. A. v. Braunschweig

Viruskrankheiten	Tierart	Verluste	Krankheitsmerkmale
TOLLWUT	Fuchs	hoch	Verlust der Scheu, Beißsucht, Lähmungen, Wasserscheu, rasende oder stille Wut
	Marder	mäßig	
	Dachs	mäßig	
	Reh	gering	heiseres Klagen, Verlust der Scheu, Kopfscheuerwunden, wenig Wasser im Magen, deshalb dort Futterballen
	Katze, Hund	gering	so wie Fuchs
	Rind	gering	oft sehr symptomarm, Magen-Darmstörungen, stille Wut
	alle Säuger	meist gering	Menschengefährdung durch Biß- oder Kratzwunden möglich
SCHWEINEPEST	Wild- und Hausschwein	sehr hoch	hohes Fieber, erfaßt in kurzer Zeit ganze Bestände, Abgeschlagenheit, Verlust der Scheu, Blutungen in allen Schleimhäuten und den Nieren, Blutinfiltrate in den Lymphknoten
MYXOMATOSE	Wild- und Hauskaninchen	anfänglich sehr hoch, später stark	hohes Fieber, erfaßt sehr rasch ganze Bestände, schwere Bindehautentzündung, gallertartige Massen in der Unterhaut vor allem von Ohren und Muschelgrund
GEFLÜGELPEST	alle Hühnervögel und viele andere Vögel	sehr hoch	hohes Fieber, erfaßt in kurzer Zeit ganze Bestände, Blutungen in den Schleimhäuten
TAUBENPOCKEN	alle Tauben	mäßig	Die meisten Bestände sind durchgeseucht. Pocken am Schnabel, später Schnabelmißgestaltungen. Absterben der Haut an den Zehen
HÜHNERPOCKEN	Rebhühner	mäßig	Erscheinungen wie Taubenpocken
PAPAGEIENKRANKHEIT (Ornithose, Psittakose)	sehr viele Vogelarten, Papageien	mäßig	gesträubtes Gefieder, Lungenentzündung, Durchfall, geschwollene Milz; Gefährdung des Menschen durch Staub aus Gefieder
ZECKENENCEPHALITIS	Rötelmaus, Igel, Reh, Rind u. a. Tiere	unbekannt	bei Tieren meist symptomlos; beim Menschen Gehirnhautentzündung

Bakterielle Krankheiten	Tierart	Verluste	Krankheitsmerkmale
PSEUDOTUBERKULOSE	Hase	hoch	Seuchenzüge, Darmentzündung mit häufig akuter Blutvergiftung oder gelb-eitrigen Knoten in Leber, Nieren, Lunge, Darmlymphknoten, starke Milzvergrößerung
	Nagetiere	hoch	wie Hase
	Reh	gering	fast immer chronischer Verlauf mit vielen kleinen Abszessen in der Leber
	Vögel	sehr selten	Darmentzündung oder Lungenabszesse
	Mensch	selten	Lymphknotenvergrößerung und Vereiterung, Blinddarmentzündung
PASTEURELLOSE	Hase	zeitweise hoch	seuchenhafte Verluste nach Verschlechterung der Lebensbedingungen, akute Magen-Darmentzündung, kaum Abszesse in den Lymphknoten oder Organen (Unterschied zu Pseudotuberkulose), akute oder chronische Lungenentzündung
	Fasan	zeitweise hoch	chronische Form oft eitrig, Milz wenig vergrößert. Meist akute Darmentzündung, Geflügelcholera
SALMONELLOSEN (viele Arten)	viele Tierarten	gering	Salmonellen sind Erreger von schweren Darmentzündungen mit giftiger Wirkung (Toxinbildung); spezielle Erreger der weißen Kükenruhr mit sehr hohen Verlusten in Fasanerien, beim Menschen Lebensmittelvergiftung
NAGERPEST (Tularämie)	Hase, Kaninchen	gering	akuter Verlauf mit Blutvergiftung, feinste gelbe Herde in der Leber; chronisch: riesige Vergrößerung der Milz mit gelben Herden, starke Lymphknotenvergrößerung
	Vögel	gering	Darmentzündung
	Mensch	gering	hochinfektiös, hohes Fieber, sehr lange Erholungszeit, Lymphknotenschwellung
ROTLAUF	Wildschwein	gering	Blutvergiftung oder Herzklappenschäden, Milzvergrößerung
STAPHYLOKOKKOSE	Hase	gering	Eiterungen in allen inneren Organen nach Verletzungen durch Parasiten, vor allem in der Lunge oder im Darm, oder nach äußeren Verletzungen; Vereiterungen der zugehörigen Lymphknoten
	Mensch	selten	kann als Lebensmittelvergiftung in Erscheinung treten
BRUCELLOSEN	Hase	gering	chronischer Verlauf: sehr starke Milzvergrößerung, Eiterungen in Geschlechtsorganen und Milz sind typisch, später Abszesse in Leber, Nieren und Lunge
	Rind	fast getilgt	
	Schwein	getilgt	
	Mensch	selten	Fieber, Milzschwellung
STRAHLENPILZ (Aktinomykose)	viele Tierarten	gering	Knochen- und Weichteilstrahlenpilz, Kieferknochenauftreibung durch viele knöchern ummantelte Abszesse;
	Reh		Weichteilstrahlenpilz selten im Gesäuge und Zunge;
	Mensch		fortschreitende Kieferabszesse
TUBERKULOSE	Schalenwild	sehr selten	meist Infektion über Äsung im Darm mit kleinen harten gelben Knoten in Darmlymphknoten und Leber, Milzvergrößerung
	Fasan	selten, in Fasanerien hoch	Darmabszesse, viele kleine gelbe Herde in Leber und Milz
MILZBRAND	Schalenwild	bedeutungslos	sehr starke Milzvergrößerung
GAMSBLINDHEIT	Gemse	zeitweise hoch	Erreger zwischen Bakterien und Viren, schwere Bindehautentzündung mit nachfolgender Erblindung

▶

BAKTERIELLE ERKRANKUNGEN

ALLGEMEINES

Pseudotuberkulose und Pasteurellose sind die verbreitesten bakteriellen Wildkrankheiten, vornehmlich beim Feldhasen. Sie können zu hohen Verlusten führen.

Hinsichtlich der gesetzlich vorgeschriebenen Fleischbeschau sind die bakteriell bedingten Erkrankungen besonders bedeutsam. Milz-, Lymphknoten- und Leberschwellungen kommen recht häu-

dies mit einer akuten Lungen-Magen-Darmentzündung einher. Zudem ist die Milz vergrößert. Verläuft die Krankheit chronisch, bilden sich massenhaft – zunächst feine, später größere – gelbe Knötchen in Leber, Lunge, Milz, Nieren, Lymphknoten und Darm. In der Mitte sind die Knötchen mit einer gelben, käsigen Masse gefüllt. Die befallenen Tiere magern stark ab und gehen meist aufgrund völliger Entkräftung ein. Die Tiere infizieren sich über bakteriell verunreinigte Äsung (Losung) oder durch Kontakt mit verseuchten Artgenossen (Atemwege).

Die Pseudotuberkulose bricht in der Regel nur aus, wenn die Hasen kräftig infiziert wurden oder wenn sie aufgrund von schlechter Witterung, Parasitenbefall, Trächtigkeit oder Hunger körperlich stark belastet sind. Die Epedemie erlischt wieder, sobald die ungünstigen Lebensbedingungen auf die Hasen nicht länger einwirken.

Eine Bekämpfung der Pseudotuberkulose ist kaum möglich, allenfalls indirekt durch Biotopverbesserungen. Das Wildbret erkrankter Hasen ist wegen der möglichen Infektionsgefahr für den Menschen nicht verwendbar.

Links: Die obere Hasenmilz ist normal, die untere vergrößert und mit Knötchen durchsetzt. Beides Indizien für Pseudotuberkulose.

Rechts oben: Volierenfasanen sind für Krankheiten besonders anfällig, etwa für die rote und die weiße Kükenruhr.

Rechts unten: Die Leberentzündung des Fasanenhahns wurde von Salmonellen verursacht.

Unten: In dieser Hasenleber sind die Eitergeschwülste gut erkennbar. Der Mümmelmann verendete aufgrund einer Pasteurellose.

fig vor. Sie sind die entscheidenden „Anzeiger".

PSEUDOTUBERKULOSE DER HASEN- UND NAGETIERE

Sie ist eine weit verbreitete Krankheit der Hasen- und Nagetiere, kommt allerdings auch bei Vögeln, Rehwild, Haussäugetieren sowie beim Menschen vor. Erreger ist ein stäbchenförmiges Bakterium, welches durch Kochen sofort abgetötet wird.

Die Krankheit verläuft akut in Form einer Blutvergiftung, die innerhalb weniger Tage tödlich endet. In den meisten Fällen geht

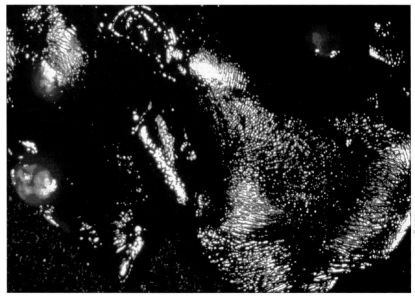

Fotos: Archiv JÄGER

Foto: Dr. K.-H. Betz

HASENSEUCHE ODER HÄMORRHAGISCHE SEPTIKÄMIE

Diese Krankheit trat in der Vergangenheit beim Schalenwild als Wild- oder „Rinderseuche" auf. Heute kommt sie massiert nur noch bei Hasen, Kaninchen oder Wildgeflügel als sogenannte Geflügelcholera vor, wenn die Lebensbedingungen für diese Wildtiere schlecht sind. Erreger ist ein stäbchenförmiges Bakterium. Es kann im Blut und allen Organen in großen Mengen nachgewiesen werden und führt zu einer Blutvergiftung.

Trockenheit oder Sonnenlicht ver- ▶

nichten das Bakterium rasch. Die Wildtiere stecken sich über die Atmungs- oder Verdauungswege an. Die Milz ist weniger geschwollen als bei der Pseudotuberkulose. Die Leber sieht trüb und verwaschen aus, gelbe Herde sind meist nicht zu entdecken. Der Herzmuskel erscheint braun sowie brüchig. In der Mehrzahl der Fälle besteht eine schleimig-wässerige Magen-Darmentzündung. Liegen diese Merkmale vor, ist der Krankheitsverlauf nicht allzu rasch gewesen (subakut). Bei akuter Krankheit findet man in den inneren Organen oft nur feinste Blutungen,

Die Hasenseuche oder Pasteurellose ist eine der häufigeren Hasenkrankheiten. Bei Äsungsmangel, Nässe oder Parasitenbefall, also unter für Feldhasen erschwerten Existensbedingungen, führt sie zu großen Verlusten.

SALMONELLOSEN

Die Salmonellen sind eine recht artenreiche Bakterienfamlie. Es handelt sich in der Regel um Erreger von Darmerkrankungen sehr vieler Tierarten. Häufig verursachen Salmonellen keine Krankheitssymptome und verbleiben in

Kükenruhr oder Pullorumseuche. An ihr kann der gesamte Kükenbestand binnen kurzer Zeit verenden. Vornehmlich durch Haushühner wird sie auf Fasanen übertragen.

NAGERPEST ODER TULARÄMIE

Verursacher ist ein sehr kleines, auch für den Menschen hochinfektiöses Bakterium. Nach Europa wird die Nagerpest hauptsächlich durch Zugvögel aus dem Norden eingeschleppt.
Besonders anfällig ist der Hase. Er stellt auch die Hauptinfektionsquelle für den Jäger dar. Beim Mümmelmann führt die Nagerpest nach längerer Dauer dazu, daß sich dessen Milz ungewöhnlich stark vergrößert. Dasselbe gilt für die Lymphknoten. In ihnen, der Milz und Leber finden wir abgestorbene oder verkäste Herde. Wegen der ähnlichen Krankheitsbilder ist es möglich, die Nagerpest mit der Pseudotuberkulose zu verwechseln.
Hat sich der Mensch infiziert, sind hohes Fieber, Lymphknoten- und Milzschwellung die Folge. Nach Überstehen dieser Krankheit erholt er sich in der Regel nur sehr langsam.

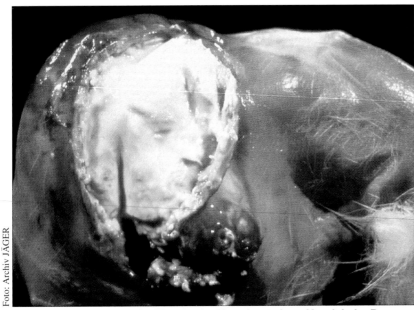

Wir erkennen Eitergeschwülste in der Unterhaut eines Karnickels. Der Rammler ist an Staphylokokkose erkrankt, sein Wildbret genußuntauglich.

STAPHYLOKOKKOSE

außerdem ist die Milz gering vergrößert. Magen und Darm sind dann fast durchweg entzündet. Eine sichere Diagnose kann nur mittels einer bakteriologischen Untersuchung gestellt werden. Der Jäger wird diese Erkrankung vermuten, wenn er folgende Szenen beobachtet: Hasen sitzen offen in der Feldmark herum, ohne sich zu drücken. Auf der Flucht bewegen sie sich taumelnd. Die Hasen sind sehr matt und brechen häufig zusammen.

mässiger Zahl im Darm. Nehmen sie dort überhand, kommt es zur extrem raschen, tödlich verlaufenden Blutvergiftung. So gelangen die Salmonellen ins Wildbret. Verzehrt der Mensch davon, wird er vergiftet, weil viele Salmonellenarten Toxine enthalten. Das ist der Grund, weshalb die Salmonellen als Lebensmittelvergifter so gefürchtet sind.
Eine Salmonellose, die für Fasanerien zur großen Gefahr werden kann, ist die sogenannte weiße

Staphylokokken sind weit verbreitete Eitererreger. Der Jäger findet sie am häufigsten beim Hasen in Form von eiternden Wunden oder vereiterten Lymphknoten. Aber auch bei vielen anderen Wildarten führen Staphylokokken vielfach zu Eiterungen.
Einige Staphylokokkenarten sind für den Hasen sehr gefährlich, weil sie dessen natürliche Abwehrschranken, die Lymphknoten, überlasten, um dann in die Blutbahn einzubrechen. Die Staphylokokkose verläuft meist chronisch.

PARASITÄRE ERKRANKUNGEN

ALLGEMEINES

Parasitismus bedeutet: Leben eines Organismus auf Kosten eines anderen. Es gibt Parasiten, die sich lebenslang auf ihrem Wirt aufhalten, sich auf ihm vermehren und von ihm ernähren. Dazu gehören beispielsweise die Läuse. Andere Parasiten beziehungsweise deren Larven, Eier oder anderen Entwicklungsstufen halten sich bloß zeitweise auf oder in ihren Wirten auf. Zu dieser Gruppe gehören die meisten der Parasiten, die das Wild befallen. Es sind zum Beispiel Lungen- und Magenwürmer (= Rundwürmer), Leberegel (=

Foto: M. Werk

Foto: Ein Bock in prima Kondition. So wünscht ihn sich jeder Revierinhaber. Zeichnung: Feuchtigkeit und Wärme fördern das Wachstum der Parasiten.

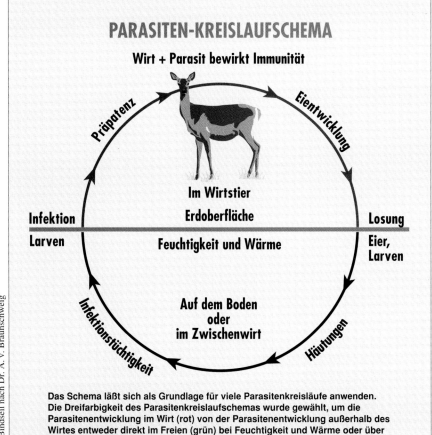

Zeichnung: J. Bindseil nach Dr. A. v. Braunschweig

Das Schema läßt sich als Grundlage für viele Parasitenkreisläufe anwenden. Die Dreifarbigkeit des Parasitenkreislaufschemas wurde gewählt, um die Parasitenentwicklung im Wirt (rot) von der Parasitenentwicklung außerhalb des Wirtes entweder direkt im Freien (grün) bei Feuchtigkeit und Wärme oder über einen Zwischenwirt (schwarz) zu unterscheiden. Ohne ein Zusammenwirken sämtlicher Teile funktioniert der Parasitenkreislauf nicht. Die Bodenverhältnisse und klimatischen Bedingungen sind wesentlich für das Fortkommen von Wirt, Parasit und Zwischenwirt.

Saugwürmer), Bandwürmer, die Mehrzahl der Kokzidien, Rachenbremsen und Dasselfliegen (= Insektenarten) oder Zecken (siehe Seite 173). Bei Rachenbremsen und Dasselfliegen parasitieren die Larven im Wild. Die geschlechtsreifen Tiere sind freilebende Fliegen. Bei den aufgezählten Wurmarten leben und entwickeln sich die Larven entweder im Freien (viele Kokzidien, Magen-, Große Lungenwürmer) oder in einem für ihr Fortkommen unabdingbaren Zwischenwirt (Kleine Lungenwürmer), bis sie invasionstüchtig sind.

Die Entwicklung der Parasitenbrut im Freien oder im passenden Zwischenwirt bildet die Voraussetzung dafür, daß sich der Parasit im Endwirt bis zum geschlechtsreifen Tier fortentwickeln kann. Den Zeitraum von der Invasion in den Wirt bis zum geschlechtsreifen Parasiten bezeichnet man als Präpatenz. Jede Parasitenart hat ihre eigene **Präpatenz.** Deren Kenntnis ist wichtig, wenn man vorbeugende Maßnahmen gegen Parasiten ergreifen will. Beinahe alle Wildtiere sind von Parasiten befallen. Ob ein Stück daran Schaden nimmt, ▶

hängt vom Grad des Befalls und vom Allgemeinbefinden des Tieres ab. Ist es durch Viren oder Bakterien bereits vorgeschädigt, haben Parasiten leichtes Spiel. Denn die Abwehrkräfte des Stükkes sind geschwächt. Natürlich kann es auch umgekehrt gehen. Parasiten schwächen ein Stück. Dann haben es Viren und Bakterien leicht.

KOKZIDIOSEN

Die Erreger der Kokzidosen sind mikroskopisch kleine, einzellige Sporentierchen. Sie schmarotzen bei den meisten Wirtstierarten in den Deckzellen der Darmschleimhaut – zum Beispiel beim Hasen –, in den Gallengängen der Leber oder des Darmes, etwa beim Kanin.
Erkrankte Wildtiere scheiden mit ihrer Losung – die mit einer Hülle umgebenen – Dauerformen (Oozysten) der Kokzidien aus. Diese

Feldhase und Wildkaninchen sind durch Kokzidienbefall besonders gefährdet. Im Bild sehen wir eine Darmkokzidiose bei einem Karnickel.

Foto: Archiv JÄGER

Äsung), dringen sie in dessen Darm ein, sobald sich die Hülle aufgelöst hat. Hier vermehren sie sich ungeschlechtlich, indem sie in zahlreiche Sichelkeime zerfallen. Diese werden frei und befallen neue Darmzellen. Das wieder-

terbestandteile in das Blut. So reichern sich im Blut giftig wirkende Stoffe an. Darmentzündung und Herzschwäche sind die Folge. Blutarmut ist wiederum Folge der Darmentzündung. Nach der ungeschlechtlichen Vermehrung entstehen weibliche und männliche Entwicklungsformen, die sich vereinigen, mit einer festen Hülle umgeben und die Dauerformen bilden (Oozysten).
Kokzidiosen sind Jungtierkrankheiten. Alte Wildtiere sind fast immer immun. Während der Herbstmonate ist der Jungtierbesatz wegen noch fehlender Immunität ganz besonders betroffen. Deshalb finden Hasenjagden möglichst früh im Herbst statt. So wird die Strecke höher, und die durch Kokzidiose verursachten Abgänge sind geringer. Die Kokzidose mit Medikamenten zu bekämpfen, ist bislang nur bedingt möglich. Wirksam sind Amproliumpräparate, Sulfonamide und andere mehr.
Bei erkrankten Tieren ist der Dünndarm glasig verdickt. Durch die Dünndarmwand erkennen wir kleine, weißliche Herde, meist in großer Zahl. Der Äsungsbrei im Darm ist sehr dünn und schleimig. Bei der Leberkokzidiose treten

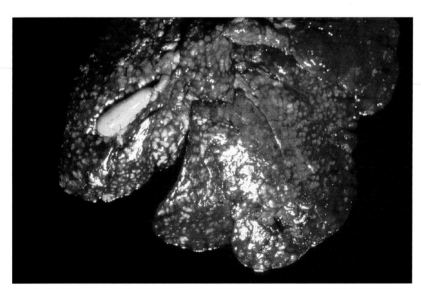

Die Leber zeigt es überdeutlich: Dieser Hase ist schwer von Leberkokzidiose befallen. Sein Wildbret ist genußuntauglich. Schade.

reifen in wenigen Tagen zu ansteckungsfähigen Formen heran, falls es in der Außenwelt feucht und warm genug ist. Werden sie von einem geeigneten Wildtier aufgenommen („beschmutzte"

holt sich mehrere Male. Die Darmschleimhaut wird dadurch zerstört. Dieses führt dazu, daß die Darmwand für ungeeignete Futterbestandteile durchlässig wird. Dadurch gelangen wiederum Fut-

zahlreiche Eitergeschwülste in den Gallengängen auf. Sie haben die Größe von Reiskörnern.

Bei chronischem Verlauf einer Kokzidiose magern die befallenen Tiere ab. Im Gefolge kommt es häufig zu anderen, meist bakteriellen Krankheiten. Der Mensch kann sich an den verschiedenen Kokzidiosearten nicht anstecken.

MAGEN- UND DARMWURMBEFALL

Beides kommt öfter vor. Mit Magenwürmern können Reh-, Muffel- und Gamswild sowie Hase und Kaninchen befallen sein. Jungtiere und überalterte Stücke sind die häufigsten Opfer. Schwere Verluste treten auf, wenn der Wildbestand überhöht ist oder die Äsungsbedingungen für das Wild unzureichend sind.

Bei befallenen Tieren finden wir weißlich oder aber rötlich erscheinende Rundwürmer in Magen und Darm. Zum Teil sind sie mikroskopisch klein, teilweise aber auch bis zu drei Zentimeter lang. In Magen und Darm bohren sie in der jeweiligen Schleimhaut. Außerdem saugen sie Blut. Es kommt zu Magen- und Darmentzündungen, zu Durchfällen und Blutarmut.

Die geschlechtsreifen Würmer legen im Magen-Darmkanal ihre Eier ab, die mit der Losung auf den Erdboden gelangen. Hier schlüpfen die Larven bei Feuchtigkeit und Wärme bereits nach wenigen Tagen aus ihren Eiern. Am Erdboden häuten sich die Larven in der Regel zweimal und sind dann infektionstüchtig. Diese Larvenformen kriechen an Gräsern empor und werden vom Wild mit der Äsung aufgenommen. Im Magen-Darmkanal entwickeln sie sich dann innerhalb von (neun bis) 23 Tagen bis zur Geschlechtsreife. Nur bei wenigen Magenwurmarten gibt es einen Zwischenwirt im Entwicklungskreislauf, so den Mistkäfer bei Sauen. Die einzelnen Wurmarten sind – mit Ausnahme der Trichinen – wirtsspezifisch.

LUNGENWURMBEFALL

Es gibt viele verschiedene Lungenwurmarten, die allerdings jeweils nur in spezifischen Tierarten parasitieren. Bei sämtlichen Schalenwildarten, bei Hasen und Seehunden kommt diese Krankheit häufiger vor. Sie verläuft meistens chronisch und führt zu herdförmigen Entzündungen des Lungengewebes und der Bronchien.

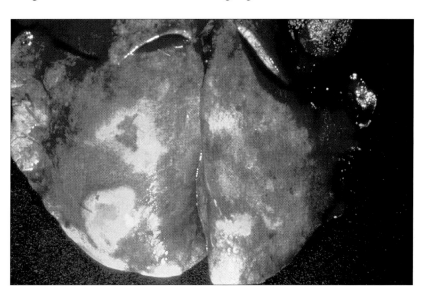

Oben: Rehlunge, die mehrere weiße Brutknoten kleiner Lungenwürmer aufweist. Häufig zu sehen.

Links: Labmagen vom Reh, befallen mit gedrehten Magenwürmern.

Das befallene Lungengewebe wird in der Regel nicht mehr funktionstüchtig (weiße Knoten).

Das Lungenwurmweibchen legt seine Eier oder Larven bevorzugt in den hinteren Teilen der Lunge ab, aus denen sich teilweise bereits Larven entwickeln (der Rest in der Losung). Sie werden in den Rachenraum gehustet, abge- ▶

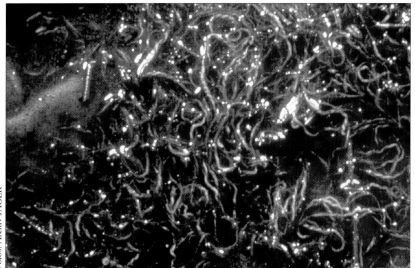

Fotos: Archiv JÄGER

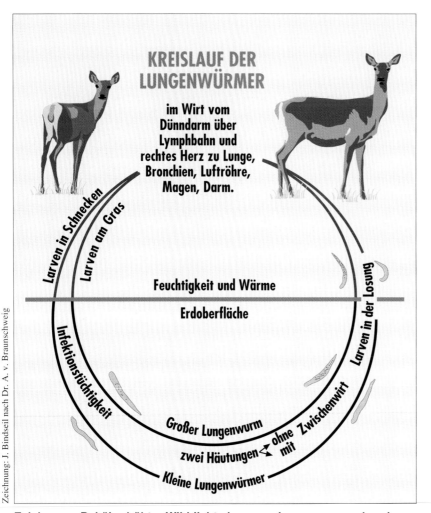

Zeichnung: J. Bindseil nach Dr. A. v. Braunschweig

KREISLAUF DER LUNGENWÜRMER

im Wirt vom Dünndarm über Lymphbahn und rechtes Herz zu Lunge, Bronchien, Luftröhre, Magen, Darm.

Larven in Schnecken

Larven am Gras

Feuchtigkeit und Wärme

Erdoberfläche

Larven in der Losung

Infektionstüchtigkeit

Großer Lungenwurm

ohne Zwischenwirt

zwei Häutungen mit

Kleine Lungenwürmer

Zeichnung: Bei überhöhter Wilddichte kommen Lungenwurmerkrankungen häufiger vor.

Foto: Gleich nach der Drückjagd fuhr er zur Tierärztin, der Trichinenschau wegen. Recht so!

den sie vom Wild geäst. Danach bohrt sich die infektionstüchtige Larve durch die Dünndarmschleimhaut und wandert über die Darmlymphbahn zum Herzen. Von dort wird sie mit dem Blut in die Lunge eingeschwemmt. Hier reift sie innerhalb von 20 bis 25 Tagen zum geschlechtsreifen Wurm heran. Dort, wo das Weibchen seine Eier oder Larven in die Lunge ablegt, entstehen sogenannte Brutknoten im Lungengewebe.

Eine Bekämpfung der Lungenwürmer ist schwierig. Die Zwischenwirte werden wir in den seltensten Fällen vernichten können, um so den Entwicklungskreislauf zu durchbrechen. Es ist immer gut, alles schwache und hustende Wild zu erlegen und für eine dem Revier angepaßte Wilddichte zu sorgen. Lungenwurmerkrankungen treten dort am häufigsten auf, wo die Wilddichte überhöht ist oder in Revieren mit feuchten Lagen.

TRICHINOSE

Sie spielt in freier Wildbahn fast keine Rolle. Wichtig ist sie nur, weil sich der Mensch infizieren kann, wenn er nicht vollständig

schluckt und gehen durch den Magen-Darmkanal mit der Losung ab. Die Larven der großen Lungenwürmer der Wiederkäuer entwickeln sich am Erdboden weiter: Innerhalb weniger Tage häuten sie sich zweimal und sind dann infektionstüchtig. Sie können nun mit der Äsung aufgenommen werden. Bei Temperaturen von unter minus sechs Grad Celsius werden die Larven abgetötet.

Bei den meisten Lungenwurmarten entwickeln sich die Larven in einem Zwischenwirt. Bei Wiederkäuern und Hasen sind dieses Schnecken, bei Sauen Regenwürmer. Mit dem Zwischenwirt wer-

Foto: J. Borris

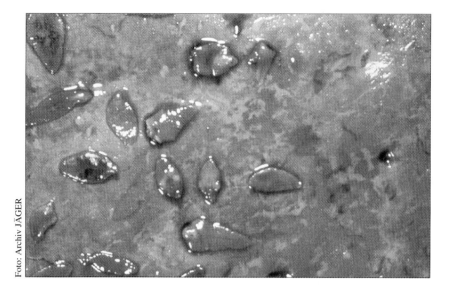

gen Trichinen behandelt werden, wie sie sich noch in seinem Darm befinden. Dann töten Magenwurmmedikamente die Trichinen ab. Sind die Larven bereits in der Muskulatur, kommt jede Behandlung zu spät. Eine Trichinose ist für den Menschen immer sehr

Links: Leber vom Karnickel mit herausgedrückten Kleinen Leberegeln.

Unten: An heißen Julitagen kühlt die Suhle. Gegen Außenparasiten hilft sie und der Mahlbaum.

durchgebratenes Wildbret von Fleisch- oder Allesfressern verzehrt. Deshalb ist bei diesen Tierarten eine Trichinenschau verbindlich vorgeschrieben. Dazu entnimmt der Trichinenbeschauer Proben aus dem Zwerchfellzapfen und der Vorderlaufmuskulatur. Hier halten sich nämlich die Trichinenlarven bevorzugt auf. Trichinen sind nicht wirtsspezifisch. Sie leben als geschlechts-

reife Würmer im Dünndarm, legen dort ihre Larven ab, diese durchwandern die Darmwand und werden mit dem Blut in sämtliche Muskelgewebe eingeschwemmt. Dort rollen sich die Larven ein, kapseln sich ab und bleiben über Jahre infektionstüchtig. Wildschweine, Füchse, Dachse und Ratten sind am ehesten mit Trichinen befallen. Der Mensch kann nur solange erfolgreich ge-

schmerzhaft. Sie kann für ihn sogar tödlich sein.

HAARWURMBEFALL

Haarwürmer kommen bei vielen Tierarten vor. Sie gehören zu den Rundwürmern, sind sehr dünn und bis zu vier Zentimeter lang. Die meisten Haarwürmer schmarotzen im Dünndarm. Eine hochgradige Blutarmut der Wirtstiere ist die ▶

Folge. Rebhuhn und Fasan, Birk- und Auerwild – hier in Kropf und Schlund – sowie einige Greifvögel leiden besonders häufig unter diesen Parasiten. Sie kommen aber auch bei Rot-, Muffelwild und Dachs vor. Beim Fuchs finden wir sie häufig in dessen Blase.

LEBEREGELBEFALL

Bei uns gibt es zwei Arten von Leberegeln, den Großen und den Kleinen Leberegel. Sie leben in gänzlich verschiedenen Regionen. Der Kleine Leberegel hält sich auf trockenen, kalkreichen Böden, weil hier seine beiden Zwischenwirte – Gehäuseschnecken und Ameisen – vorkommen. Er gefährdet Schafe, Hasen und Kaninchen.

Bedeutungsvoller ist der Große Leberegel, der sich vor allem auf nassen Wiesen, in Gräben oder auf Sumpfflächen hält. Er lebt in den Gallengängen der Leber und richtet dort schwere Schäden an. Er ist ein blattförmiger Saugwurm, zwei bis drei Zentimeter lang und acht bis dreizehn Millimeter breit. Er spitzt sich nach vorne und hinten zu. Der Große Leberegel bildet eine Gefahr für Weiderinder, Rot-, Dam-, Muffel-, Gams- und Rehwild. Auch Hasen sind sehr empfänglich.

Leberegel sind nicht wirtsspezifisch. Deshalb kann sogar der Mensch befallen werden, wenn er an infiziertem Gras kaut.

Ob ein Stück Wild mit Leberegeln befallen ist, kann man am erlegten Tier mit bloßem Auge feststellen. Wir schneiden die Leber zweimal tief ein und sehen dann schon die stark verdickten, weißen Gallengänge. Drücken wir sie, entleert sich eine grauschleimige Masse, in der sich die Egel befinden.

Die Eier des Leberegels gelangen mit der Galle in den Darm und von dort mit der Losung in die

Außenwelt. Hier schlüpft nach zwei bis drei Wochen eine Flimmerlarve aus dem Ei. Sie dringt in eine Zwergschlammschnecke ein. Dort vermehrt sie sich in fünf bis 16 Wochen ungeschlechtlich sehr stark. Die Leberegelbrut ist spezifisch an diese eine Schneckenart gebunden. Aus der Schnecke wandern Schwanzlarven aus, schwimmen an einen Grashalm. Die Gräser müssen also im Wasser stehen. Dort heften sie sich als Zyste an, die etwa wie ein Sandkorn ausschaut. Nur in diesem Stadium kann es zu einer Infektion kommen: Entweder über das Gras auf

dern die Leberegellarven über die Bauchhöhle in die Leber ein. Dort entwickeln sie sich in neun bis zwölf Wochen zu geschlechtsreifen Leberegeln. Ein Leberegel vermag bis zu elf Jahre alt zu werden und produziert während seines Lebens bis zu einer Million Eier.

Der Leberegel kann bekämpft werden, indem man den Zwischenwirt, die Zwergschlammschnecke, im Gelände vernichtet. Dies geht mit einprozentiger Natriumpentachlorphenolatlösung (20 Kilogramm pro Hektar). Allerdings ist das Mittel für Fische

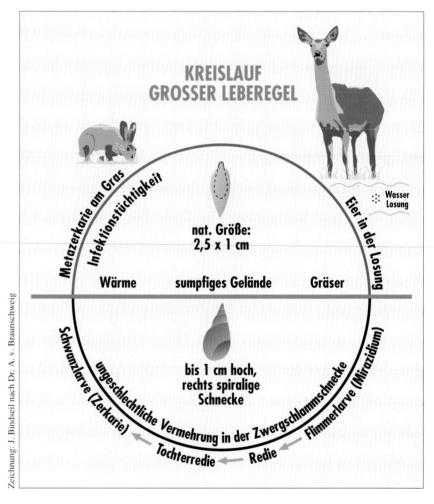

KREISLAUF GROSSER LEBEREGEL

Metazerkarie am Gras
Infektionstüchtigkeit

nat. Größe: 2,5 x 1 cm

Wärme   sumpfiges Gelände   Gräser

Wasser Losung

Eier in der Losung

Schwanzlarve (Zerkarie)
ungeschlechtliche Vermehrung in der Zwergschlammschnecke
Flimmerlarve (Mirazidium)

bis 1 cm hoch, rechts spiralige Schnecke

Tochterredie ← Redie ←

Zeichnung: J. Bindseil nach Dr. A. v. Braunschweig

der Weide oder über Heu, welches auf infizierten Weiden gewonnen wurde. An Gras sind die Zysten bis zu sechs Monaten infektiös. Vom Darm des Endwirtes wan-

Vom Großen Leberegel werden vornehmlich Rehe und Rotwild, auch Hase und Kanin, befallen. Nasses, sumpfiges Gelände ist Biotop des Zwischenwirts.

und Frösche giftig. Also verzichten wir heute auf das Bekämpfen des Leberegels. Ein Einsatz von Medikamenten ist möglich.

BANDWURM- SOWIE BANDWURMFINNEN- BEFALL

Bandwürmer kommen in sehr großer Zahl bei fast allen Wildtieren vor, sowohl bei Säugetieren als auch bei Vögeln. Es sind zwischen vier Millimeter bis mehrere Meter lange Plattwürmer. Sie leben vornehmlich im Dünndarm ihrer Wirtstiere. Bei den Bandwürmern sind Kopf, Hals und Glieder deutlich erkennbar. Die letzten Glieder lösen sich ab und gelangen mit dem Kot ins Freie. Sie enthalten viele Eier.

Bandwürmer benötigen für ihre Entwicklung Zwischenwirte. Diese nehmen mit der Nahrung Bandwurmeier auf, worauf sich in ihren Organen Zwischenstadien, die sogenannten **Bandwurmfinnen**, bilden. Aus den Bandwurmfinnen entwickeln sich Bandwürmer, wenn sie mit der Äsung in den Darm des Endwirtes gelangen. Zwischenwirte der Bandwürmer sind bei den Wiederkäuern vor allem Moosmilben, beim Raubwild deren Beutetiere, bei Vögeln sind es Schnecken, Käfer, Fliegen, Regenwürmer etc.

Die folgenden **Bandwurmfinnen** sind wichtig:

1.) **Rehfinne** (Bandwurm in Fuchs oder Hund): Diese Finne kommt selten bei Rot-, häufig bei Rehwild vor. Die Finnenblasen sitzen in der Muskulatur, im Zwerchfell, im Lecker und im Herzen. Sie sind bis erbsengroß.

2.) **Erbsenförmige Finne** (vom Gesägten Bandwurm in Fuchs oder Hund): Die Finnen sitzen bei Feldhasen und Wildkaninchen – meist sehr zahlreich – im Darmgekröse und an den Bauchorganen. Wie ihr Name sagt, sind sie

Foto: Archiv JÄGER

bis erbsengroß und kugelrund.

3.) **Dünnhalsige Finne** (vom Geränderten Bandwurm in Hund, Fuchs oder Mardern): Sie finden sich bei Rot-, Dam-, Gams-, Reh- und Schwarzwild. Die Finnenblasen hängen tropfenförmig oder als Kugel an Organen der Bauch- und Brusthöhle. Sie sind durchscheinend, dünnwandig und bis gänseeigroß.

4.) **Echinokokken:**
a. vom dreigliedrigen Bandwurm

Diese Finnenblasen des Hundebandwurmes sind aus einer menschlichen Milz herausgeschnitten. Ein erschreckendes Bild.

des Hundes: Diese Finnen sitzen vornehmlich in Leber, selten in der Lunge.
b. vom fünfgliedrigen Bandwurm des Fuchses oder – allerdings selten – von Hund oder Katze: Hauptzwischenwirte sind Mäuse. Aber auch der Mensch kann Zwi- ▶

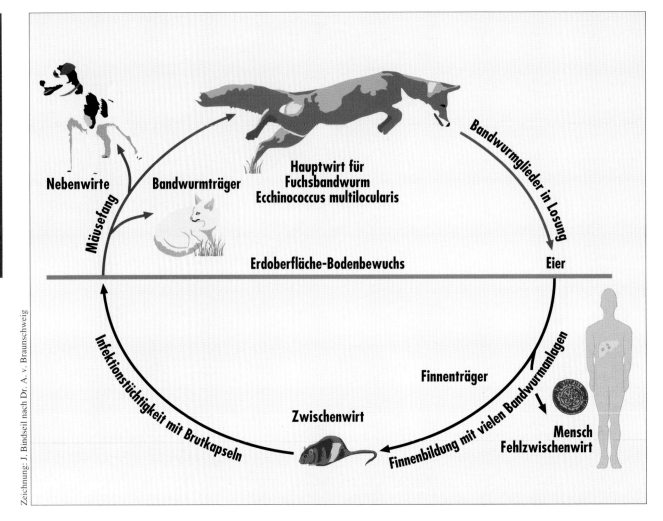

Zeichnung: J. Bindseil nach Dr. A. v. Braunschweig

Nebenwirte

Bandwurmträger

Mäusefang

Hauptwirt für
Fuchsbandwurm
Ecchinococcus multilocularis

Bandwurmglieder in Losung

Erdoberfläche-Bodenbewuchs

Eier

Infektionstüchtigkeit mit Brutkapseln

Zwischenwirt

Finnenträger

Finnenbildung mit vielen Bandwurmanlagen

Mensch
Fehlzwischenwirt

Die Gefahr, die vom Fuchsbandwurm für den Menschen ausgeht, ist mit dem starken Anwachsen der Fuchs-populationen größer geworden.

schenwirt sein. Die Finne des kleinen Fuchsbandwurmes wächst bei ihm wie ein bösartiger Tumor meist in der Leber. Eine Infektion wird oft erst nach Jahren erkannt. Eine Früherkennung ist dann möglich, wenn wir eine Blutuntersuchung durchführen lassen. Ist der Mensch infiziert, kann der Arzt ihm helfen. Entweder wird das „Problem" chirurgisch oder aber mit Mebendazol angegangen.

RACHENBREMSEN

Nasendasselfliegen oder Rachenbremsen haben einen goldgelben,

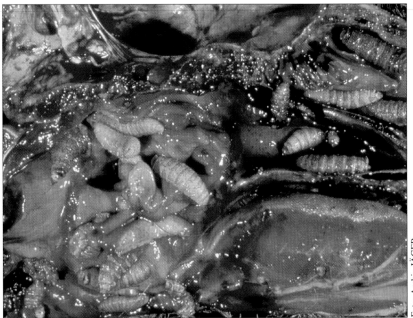

Foto: Archiv JÄGER

Rachenbremsenlarven im Nasen-Rachenraum. Befallene Rehe schnarchen und husten vernehmlich. Der Jäger hört sie oft früher, als er sie sieht.

behaarten Hinterleib, eine schwarze Binde von Flügelansatz zu Flügelansatz und einen plump wirkenden Kopf. Sie sind etwa zwölf Millimeter lang. Ihre Schwärmzeit liegt in den Monaten Juni bis August. Im Flug legen sie larvenenthaltene Tropfen an den Windfängen von Reh- oder Rotwild ab. Die weißlichen,

bis sechs Wochen schlüpft die Fliege.

Sie bevorzugt vor allem Jungwild, um ihre Larven abzulegen. Denn Jungwild ist in der Abwehr von Fliegen noch ungeübt. Auch krankes Wild wehrt sich schlecht gegen das Ablegen von Larven. So kommt es, daß einzelne, zur Zeit der Larvenablage ge-

DASSELFLIEGEN

Dabei handelt es sich um elf bis zwölf Millimeter lange, schwärzlich-graue Fliegen mit gelbbraunen Beinen. Die Fliege legt ihre Eier am Rehhaar ab, eine zweite an dem des Rotwildes. Nach einigen Tagen schlüpfen daraus Larven. Sie bohren sich in die Decke

Foto: Dr. M. Merker

ein Millimeter langen Larven wandern in der Nasenhöhle empor. Sie setzen sich im Nasen- und Rachenraum fest, um dort zu überwintern. Hier wachsen sie in zehn Monaten zur Verpuppungsreife heran. Dabei erreichen sie eine Länge von 25 bis 30 Millimetern in den Monaten April bis Juni. Ihre Farbe ändert sich von weiß über gelb bis braun. Dann werden sie ausgehustet, fallen auf den Erdboden und verpuppen sich. Nach vier

schwächte Stücke massenhaft mit Rachenbremsenlarven befallen sind, während andere völlig verschont bleiben. 30 bis 50 Larven in den Kopfhöhlen gelten als starker Befall.

Zwecks Bekämpfung der Rachenbremse ist es wichtig, alle kranken und hustenden Stücke rechtzeitig, also vor dem Reifwerden der Larven, zu erlegen. In der Schonzeit ist dazu eine Sondergenehmigung erforderlich.

Ihn juckt's. Sind Läuse, Haarlinge oder Zecken der Grund? Der Hinterlauf erreicht auch diese Stelle.

ein und wandern allmählich zum Rücken. Die verschiedenen Dasselfliegen sind jeweils auf spezielle Tierarten angewiesen.

Im Spätwinter erscheinen weißlich gegliederte Larven in der Unterhaut des Rückens. Sie wachsen bis zum April/Mai allmählich zu einer Länge von zweieinhalb und einer Dicke von einem halben ▶

Zentimeter heran. Durch die Decke hindurch bohren sie sich ein Atemloch. Im Sommer kriechen sie dann dort heraus, um auf den Erdboden zu gelangen. Hier verpuppen sie sich drei bis vier Wochen lang. Danach schlüpft die fertige Dasselfliege.

Rechts: Winterdecke einer Ricke mit etwa einhundert Dassellarven.

Unten: Befallene Tiere leiden stark an Atembeschwerden, Hustenanfällen und Niesen.

Foto: Dr. A. von Braunschweig

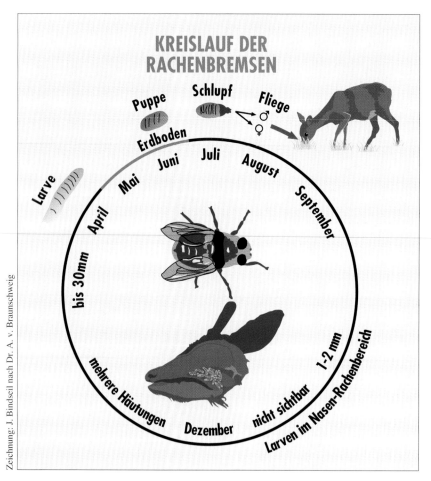

KREISLAUF DER RACHENBREMSEN

Puppe · Schlupf · Fliege · ♂ ♀

Erdboden

Larve · Mai · Juni · Juli · August · September · April

bis 30mm

mehrere Häutungen · Dezember · nicht sichtbar · 1-2 mm · Larven im Nasen-Rachenbereich

Zeichnung: J. Bindseil nach Dr. A. v. Braunschweig

Durch Parasiten oder andere Krankheiten geschwächte Stücke oder Jungwild, aber auch überalterte Stücke werden besonders stark von den Dasselfliegen heimgesucht. Hier kommt es häufig zu einem Massenbefall, weil diese Stücke sie nur schlecht abwehren können. Die Dasselbeulen auf den Rücken der Tiere eitern und schädigen damit deren Gesundheit stark.

RÄUDE

Verschiedene wirtsspezifische Räudemilben verursachen die Räude bei den betreffenden Tierarten. Unter den Räudemilben, die zu den Spinnentieren gehören, sind die sogenannten Sarkoptesmilben mit Abstand die bedeutendsten. Sie graben sich in die oberen Schichten der Haut ein und legen dort ihre Eier ab. Aus denen schlüpfen wiederum die Larven. Räude verursacht aus diesem Grund starken Juckreiz, Haarausfall, borkige Hautverdickungen und Entzündungen, die meist am Kopf beginnen und dann auf den gesamten Körper übergreifen. Die Milben vermögen bis zu 14 Tagen ohne Wirt zu überleben.

Die **Sarkoptesräude** kann besonders Gemsen, Füchse sowie Schwarzwild treffen. Bei Waschbär, Marder, Iltis und Frettchen kommen Räudefälle seltener vor. Räudemilben sind ziemlich verbreitet. Aber schwere Erkrankungen sind bei gesunden Tieren selten.

Eine Heilbehandlung ist nur möglich, wenn man der Stücke habhaft werden kann. In jagdlicher Praxis bedeutet dies, daß wir offensichtlich erkrankte Stücke erlegen.

Foto: W. Nagel

Oben: Wiederholtes Kratzen und Scheuern an den von Räude befallenen Stellen fördern den Haarausfall. Trockene, harte Borken und Falten bilden sich hier.

Unten: Topfit wirken beide Muffelwidder. Nach all den erschreckenden Bildern zum Abschluß ein erfreulicher Anblick für unsere Leser, die bis hierhin „tapfer durchgehalten" haben. Gesundes Wild in freier Wildbahn, noch immer die Regel.

Foto: S.-E. Arndt

FACHLITERATUR

Im jagdlichen Schrifttum nehmen Wildkrankheiten einen breiten Raum ein. Drei ausgewählte Buchtitel werden kurz und bündig vorgestellt. Dort findet der Jäger Informationen, die über das vorliegende Sonderheft hinausgehen. Und dort kann er sich über seltene und weniger wichtige Erkrankungen gründlich informieren. Außerdem bieten die Werke manche Zusatzinformationen über die in „Jäger & Praxis. Kurz & Bündig" behandelten Wildkrankheiten.

1. Boch, Josef und Helmut Schneidawind – Krankheiten des jagdbaren Wildes (1. Auflage 1988)

Unter Veterinärmedizinern und Wildbiologen ist der *Boch/Schneidawind* das, was der *Blase* für den Jungjäger ist. Das Standardwerk über Wildkrankheiten ist nach Wildarten, nicht – wie sonst üblich – nach Erkrankungen gegliedert. Ein Sachverzeichnis hilft, sich auch generelle Übersicht – etwa über Schweinepest oder Tollwut – zu verschaffen. Für den nicht medizinisch vorgebildeten Jäger ist die wissenschaftliche Terminologie von Nachteil. Manche Passagen bedürfen der Hilfe des Fremdwörterlexikons.

2. von Braunschweig, Albrecht – Wildkrankheiten (3. Auflage 1984)

Das handliche, preiswerte Büchlein ist inzwischen in der fünften Auflage (1996) erschienen. In knapper und verständlicher Form geschrieben, gehört es in den Bücherschrank eines jeden Jägers.

3. Ippen, Rudolf, Siegfried Nickel und Hans-Dieter Schröder – Krankheiten des jagdbaren Wildes (2. Auflage 1988)

Ein ebenfalls leicht lesbar geschriebenes Buch. Das Werk enthält viele Schwarz/weiß-Fotos: Hier wäre aus Sicht des Jägers mehr Farbe wünschenswert gewesen. Das sehr interessante Fachbuch erschien kurz vor der „Wende" in der DDR: Besonders interessant ist die Weisung Nr. 12 zur Fleischuntersuchungsanordnung der ehemaligen DDR von 1973. Bei der Fleischbeschau war man nicht so pingelig wie im Westen. Nachahmenswert? Sicher nicht.

Foto: U. Grimm

Fallwild im Revier. Was mag den Tod der Ricke verursacht haben? Oft bleiben Zweifel.

REGISTER (Heft 7 bis 12)

JAGD- UND REVIERPRAXIS I UND HUNDE

TEIL 3

JÄGER & PRAXIS

KURZ & BÜNDIG

13

GESELLSCHAFTSJAGD & BRAUCHTUM: JAGDLEITUNG
★ TREIBER ★ JAGDSIGNALE ★ STRECKELEGEN...

EINE BEILAGE DER ZEITSCHRIFT JÄGER

UNFALLVERHÜTUNG

Stand: Juni 1966 (Alle Angaben ohne Gewähr).

Schon das Lesen von eindringlich geschilderten Jagdunfällen läßt uns Jäger immer wieder betroffen innehalten. Selbsterlebte Einzelfälle stehen erneut vor Augen. Wie oft ist es gerade bei Gesellschaftsjagden „noch einmal gut gegangen".

Gemeinsames Jagen zwingt zu besonderer Vorsicht, vom ältesten bis zum jüngsten Jagdscheininhaber. Fehlt dieses Verhalten, muß der Jagdleiter in angemessener Form tätig werden.

Der Auszug aus der Unfallverhütungsvorschrift „Jagd" (UVV 4.4) ruft jedem Leser das Notwendige noch einmal ins Gedächtnis:

„§ 3 Besondere Bestimmungen bei Treib- und Gesellschaftsjagden

(1) Bei Treibjagden und anderen Gesellschaftsjagden ist ein Jagdleiter zu bestimmen. Die Anordnungen des Jagdleiters sind zu befolgen.

(2) Der Jagdleiter hat den Schützen und Treibern die erforderlichen Anordnungen für den gefahrlosen Ablauf der Jagd zu geben. Er hat insbesondere die Schützen und Treiber vor Beginn der Jagd zu belehren, ihnen die Signale bekanntzugeben und dem Schützen jeweils seinen Stand und den seiner beiden Nachbarn sowie den einzuhaltenden Schußbereich genau zu bezeichnen. Der Jagdleiter kann für einzelne Aufgaben Beauftragte einsetzen.

Durchführungsanweisung

Zu den Aufgaben des Beauftragten können z. B. gehören: das Einweisen der Schützen in die Schützenstände und das Führen der Treiberwehr.

(3) Nach Einnehmen der Stände haben sich die Schützen mit den jeweiligen Nachbarn zu verständigen. Sofern der Jagdleiter nichts anderes bestimmt, darf der Stand vor Beendigung des Treibens weder verändert noch verlassen werden. Verändert oder verläßt ein Schütze seinen Stand, so hat er sich vorher mit seinen Nachbarn zu verständigen.

(4) Wenn sich Personen in gefahrbringender Nähe befinden, darf in diese Richtung weder angeschlagen noch geschossen werden. Ein Durchziehen mit der Schußwaffe durch die Schützen- oder Treiberlinie ist unzulässig.

(5) Das Schießen mit Büchsen- oder Flintenlaufgeschossen in das Treiben hinein ist nur mit Genehmigung des Jagdleiters erlaubt.

(6) Bei Kesseltreiben darf nach dem Signal „Treiber rein" nicht mehr in den Kessel geschossen werden.

(7) Nach jedem Treiben ist die Schußwaffe sofort zu entladen.

(8) Das Gewehr ist vor und nach dem Treiben mit der Mündung nach oben zu tragen. Der Jagdleiter kann erforderlichenfalls andere Sicherheitsmaßnahmen bestimmen.

Durchführungsanweisung

1. Eine Abweichung von Satz 1 kann z. B. bei Regen oder Schnee erforderlich sein.

2. Eine andere Sicherheitsmaßnahme ist z. B. das Öffnen des Verschlusses.

(9) Bei Treibjagden und anderen Gesellschaftsjagden muß sich die Kleidung der Treiber farblich von der Umgebung abheben.

Durchführungsanweisung

Als geeignete Maßnahmen können z. B. gelbe Regenbekleidung, Brustumhänge in orange-roter Alarmfarbe, wie sie z. B. beim Straßenbau Verwendung finden, angesehen werden.

(10) Die Absätze 1 bis 8 gelten auch bei der Nachsuche auf Schalenwild, wenn mehrere Personen daran beteiligt sind."

„Auf geht's, die Hundeführer folgen mir bitte!" Vorbildlich sind ihre Warnwesten und die Warnhalsungen der Stöberhunde in Alarmfarben.

Foto: M. Breuer

INHALT

Foto: H. Schulz

Nun gilt's, dem richtigen Stück Damwild die Kugel anzutragen. Kein leichtes Unterfangen.

Foto: Dr. Fr. Hirsch

Alljährlich kommt er auf den Fuchs-paß. Auch heuer hat es „gepaßt".

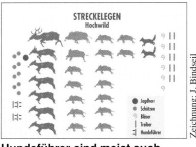

Zeichnung: J. Bindseil

Hundeführer sind meist auch Schützen. Dann stehen sie ebenfalls vor der Strecke.

Impressum: **JÄGER & PRAXIS** KURZ & BÜNDIG   Gesellschaftsjagd & Brauchtum. Eine Beilage der Zeitschrift JÄGER   Fotos: F. Siedel und W. Nagel

Jahr-Verlag GmbH & Co.
Jessenstraße 1
22767 Hamburg
Tel. 040 / 38 90 61 14
Fax 040 / 38 90 63 05

Verleger:
Alexander Jahr

Redaktion:
Dr. Rolf Roosen

Autor und Fachberater:
Walter Bachmann

Titel/Layout:
Werner Rabe

Vertriebsleitung:
Peter Lüdemann

Herstellungsleitung:
Helmut Post,
Brunhild Sudmann (Stellv.)

Druck: Busche, Dortmund

Lithographie: Repro- und
Satztechnik Helmut Gass,
Hamburg

Copyright:
Jahr-Verlag GmbH & Co.
Hamburg 1996

Kleines Foto: Die Stö-
berjagd war perfekt
organisiert. Die Strek-
ke wird gerade ge-
legt. Hand aufs Herz.
Wer wäre nicht gerne
dabei gewesen?

Großes Foto: Neun
Flinten nur. Aber Ha-
sen- und Fasanentrei-
ben in engstem Kreis
sind Höhepunkte im
Jagdjahr.

Foto: Hg. Arndt

JAGDLEITUNG, TREIBER, JAGDGÄSTE

Gesellschaftsjagden stehen und fallen mit ihrer Organisation. Die folgenden Seiten veranschaulichen, wie der Jagdleiter und seine Helfer solche Jagden fachlich vorbereiten und durchführen. Jeder Jagdgast fiebert dann am Jagdtag dem Erlebnis entgegen, Wild im Treiben zu beobachten. Reaktionsvermögen und Erfahrung, Schnelligkeit und Wehrhaftigkeit, aber auch List und Eleganz des Wildes erfreuen.

Foto: H. Eisl

Die verschiedenen Formen gemeinsamen Jagens sind wildartenspezifisch in den Sonderheften 1 bis 5 und 7 bis 11 behandelt worden. Dazu zählen zum Beispiel Vorstehtreiben, Stöberjagden, Feldstreifen oder das gemeinschaftliche Bejagen von Sauen bei Schnee nach morgendlichem Kreisen. Diese Gesellschaftsjagden sind abgestimmt auf eine Jagdausübung mehrerer Jäger. Der Gesetzgeber schreibt dafür mindestens vier Jagdscheininhaber vor. Gesellschaftsjagden stehen in einem räumlichen und zeitlichen Zusammenhang. Deren Planung und Durchführung sind Aufgaben des Jagdleiters. Die Unfallverhütungsvorschriften der Berufsgenossenschaften (siehe Seite 2) legen fest, daß für jede Gesellschaftsjagd ein Jagdleiter zu bestimmen ist. Dieser steht dafür gerade, daß die Jagd möglichst gefahrlos abläuft. Seinen Anordnungen ist strikt Folge zu leisten. Anders ist eine Jagd, an der neben den Schützen vielfach auch Treiber teilnehmen, nicht sicher durchzuführen.

Im folgenden sind die Aufgaben des Jagdleiters in einer Art Checkliste zusammengestellt. Diese Liste gibt einen Anhalt. Je nach örtlichen und zeitlichen Gegebenheiten bedarf sie sicher mancher Variation.

1. PLANUNG EINER GESELLSCHAFTSJAGD

1.1 Gründliche Vorbereitung

Eine erste, eiserne Regel guter Gesellschaftsjagden besteht darin, sie möglichst gründlich vorzubereiten. Das kann gar nicht sorgfältig genug geschehen. Improvisieren müssen wird der Jagdleiter auf solchen Jagden ohnehin genug. Mit der Organisation steht oder fällt jede Jagd.

1.2 Frühzeitige Terminplanung, Jagdeinladungen

Stets von Vorteil ist eine frühzeitige Terminplanung. Dann können alle Beteiligten ihre beruflichen Aufgaben darauf einstellen.

CHECKLISTE GESELLSCHAFTSJAGDEN

1. Planung einer Gesellschaftsjagd

1.1 Gründliche Vorbereitung
1.2 Frühzeitige Terminplanung, Jagdeinladungen
1.3 Wildbestand und sinnvolle Bejagungsform
1.4 Areal und Revierkarte
1.5 Zeitlicher Rahmen, Treibenzahl
1.6 Anzahl der Jagdteilnehmer (Schützen, Treiber, Hundeführer)
1.7 Sicherheitsmaßnahmen
1.8 Transportmittel und Wege
1.9 Gruppeneinteilung der Jäger

2. Durchführung einer Gesellschaftsjagd

2.1 Zu Beginn des Jagdtages
2.1.1 Sicherheitsmaßnahmen
2.1.2 Jagdscheinkontrolle
2.1.3 Ansprache des Jagdleiters
2.2 Während der Jagd
2.3 Nach der Jagd
2.3.1 Organisation der Nachsuchen
2.3.2 Streckelegen
2.3.3 Wildversorgung
2.3.4 Schüsseltreiben

Foto: Archiv JÄGER

Liste oben:
Berücksichtigt der Jagdleiter die Checkliste in sämtlichen Punkten, kann nicht mehr viel schieflaufen.

Foto links:
„Hier ist dein Stand. In der Karte ist er ganz genau eingezeichnet. Also bitte, und Waidmannsheil."

Einladung rechts:
So – oder ähnlich – ist eine mustergültige Jagdeinladung gestaltet.

EINLADUNG ZUR JAGD IM FORSTAMT SPANGENBERG

Das Hessische Forstamt Spangenberg lädt Sie herzlich zu einer großen Stöberjagd ein. Wir jagen im Revier Adelshausen und gemeinsam mit den Pächtern und ihren Jagdfreunden in den Waldteilen der angrenzenden Jagdbezirke Eubach, Heina, Morschen und Mörshausen.
Zeitpunkt: Am 10.11.1992 um 8.30 Uhr.
Treffpunkt: Die „blaue Pfütze". Eine Anfahrtsskizze finden Sie anbei.

Freigegeben werden:
Rothirsche der Klasse III, Kälber, Schmaltiere und Alttiere nach vorheriger mündlicher Erläuterung; Frischlinge und alle geringen Sauen bis 45 kg aufgebrochen
Kitze, Schmalrehe, Ricken. Es ist örtlich bewährter Brauch, hochflüchtige Rehe nicht zu beschießen.
Fuchs, Marder, Waschbär;
Hase.

Jagdgäste, die am Vorabend der Jagd anreisen, und einheimische Jäger treffen sich am 9.11. ab 19.00 Uhr im Hotel Schloß Spangenberg.

Zeitplan am 10.11.1992:

10.30 Uhr	Beginn des Treibens, Schnallen der Hunde
13.30 Uhr	Ende des Treibens
ab 14.00 Uhr	wird ein einfacher Imbiß am Feuer gegen Kostenerstattung gereicht
gegen 16.00 Uhr	Streckelegen an der „blauen Pfütze"
gegen 16.30 Uhr	Ende der Jagd
19.00 Uhr	Schüsseltreiben im Gasthaus Landesfeind in Malsfeld, Ortsmitte.

Bis zum 1.10.1996 wird um eine verbindliche, schriftliche Zu-/Absage gebeten und um Angabe, welche bzw. wieviele Hunde zum Einsatz kommen.

Bitte beachten Sie die Hinweise auf der Rückseite. Die Beamten des Hessischen Forstamts Spangenberg freuen sich auf einen gemeinsamen Jagdtag.

Mit Waidmannsheil

gez. Bachmann, FD

RÜCKSEITE DER EINLADUNG

Wichtige Bestimmungen:

1. Hunde bitte bei der Begrüßung im PKW lassen.

2. Alle Jäger tragen ein helleuchtendes Signalwarnband am Hut.

3. Nach dem Anstellen darf geschossen werden. Nach dem Ende des Treibens gilt „Hahn in Ruh".

4. Bitte das Wild sorgfältig ansprechen und nicht überhastet schießen.

5. Jeder ist für seinen Schuß verantwortlich. Achten Sie stets auf sicheren Kugelfang.

6. Es darf grundsätzlich in das Treiben geschossen werden. Besonderheiten teilen die Ansteller auf jedem Stand mit.

7. Verlassen Sie unter keinen Umständen während der Jagd ihren Stand. Ausnahmen für Hundeführer auf begrenzter Fläche werden im Einzelfall bekannt gegeben und per Skizze erläutert.

8. Nach der Jagd gilt:
a) Sollte ein beschossenes Stück Wild nicht in Sichtweite verendet sein, so melden bzw. verbrechen Sie den Anschuß.
b) Versorgen Sie das erlegte Wild. Beachten Sie dabei die Hygienevorschriften, melden Sie evtl. festgestellte Anomalien dem Ansteller und informieren Sie ihn über Anlauf und abgegebene Schüsse.
c) Bitte am Stand auf den Ansteller warten.

9. Sammeln Sie bitte jeden Hund ein, der Ihnen nach dem Ende des Treibens begegnet, und bringen Sie ihn mit zum Sammelplatz.

10. Dienstbereite Tierärzte werden vor Beginn der Jagd bekanntgegeben.

11. Die erforderlichen Nachsuchen werden nur von der Jagdleitung veranlaßt.

Einladung: W. Rabe nach W. Bachmann

Außerdem werden so Terminüberschneidungen mit Nachbarrevieren vermieden. Und schließlich können wir die vorbereitenden Arbeiten im Revier bei geeignetem Wetter und ohne Zeitdruck durchführen.
Jagdeinladungen sind möglichst sechs Wochen im voraus zu verschicken. Aus ihnen sind Termin, Anfahrtsstrecke, Sammelplatz, freigegebene Wildarten, Art der Jagd, ihre Dauer sowie das Schüsseltreiben klar erkennbar. Außerdem enthalten sie einen Hinweis darauf, ob ▶

draußen Verpflegung gereicht wird oder ob sich der Gast aus dem Rucksack verpflegen muß. Eine beigefügte Antwortkarte hat sich bewährt.

Je nach Zahl der Gäste wird ausreichender Parkplatz zur Verfügung stehen. Am Tag der Jagd werden dann vor Ort Fahrgemeinschaften gebildet, damit möglichst wenige Autos durch den Wald brummen.

1.3 Wildbestand und sinnvolle Bejagungsform
Die Voraussetzung für jede Gesellschaftsjagd besteht darin, daß genügend Wild vorhanden ist. Zu einer Niederwildjagd werden wir nur einladen, wenn durchschnittlich ein bis zwei Stück Wild pro Jäger abends auf der Strecke liegen. Ältere Revierinhaber von sehr gepflegten Niederwildrevieren veranstalten nur dann eine Gesellschaftsjagd, wenn der Durchschnitt bei zehn Stück pro Schützen liegt. Bei kleineren Hochwildjagden ist für sie ein Stück Schalenwild pro Gast – wieder im Durchschnitt – ein Anhalt. Bei Wildjagden wird der Jagdherr sich besonders bemühen, eine wildbiologisch sinnvolle Bejagungsform zu finden. So darf eine Stöberjagd beispielsweise nicht zur Hetzjagd ausarten. Ihr Ziel ist es, das Schalenwild in möglichst übersichtlichen Beständen langsam vor die Büchsen zu bringen. Der Abschußplan beim Kahlwild wird an diesem

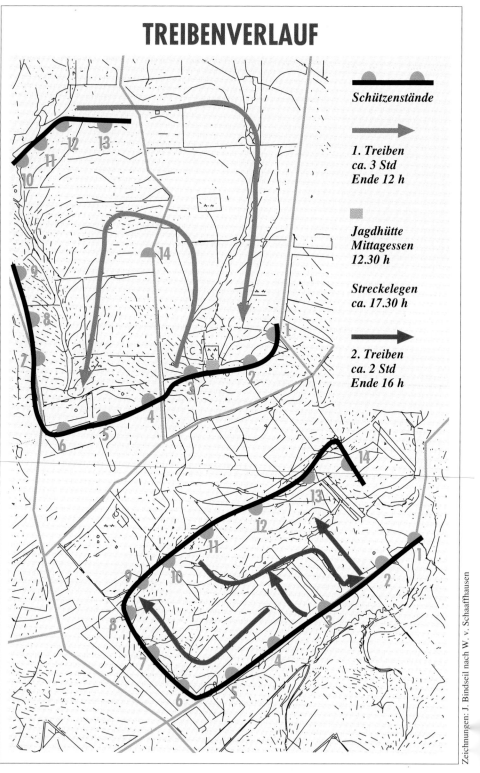

TREIBENVERLAUF

Schützenstände

1. Treiben ca. 3 Std Ende 12 h

Jagdhütte Mittagessen 12.30 h

Streckelegen ca. 17.30 h

2. Treiben ca. 2 Std Ende 16 h

Zeichnungen: J. Bindseil nach W. v. Schaaffhausen

Erhält jeder Jagdgast vor Beginn der Drückjagd eine solche Zeichnung mit dem Verlauf der Treiben, findet er dort auch seinen ausgelosten Stand. Die Spannung steigt. Wie wird es „draußen" aussehen? Habe ich dort Chance zu gutem Anlauf? Vergangenes Jahr zog ich Stand 14 und erlegte im ersten Treiben Kalb und Überläufer. Im zweiten fehlte ich einen hochflüchtigen Fuchs. Diesmal ist's Stand 13. Die Zahl 13 bringt mir Glück. Ob's auch heute so sein wird?

Tag energisch angegangen. Gelingt das, wird örtlich wieder eine längere Ruhezeit einsetzen.

1.4 Areal und Revierkarte

Der Jagdleiter legt auch das zu bejagende Areal fest. Je nach Jagdart wird eine Mindestgröße erforderlich sein. Mehrere kleine Vorstehtreiben auf Hasen und Fasanen in der Feldmark sind etwas anderes als ein großes Treiben von drei Stunden Dauer auf Rotwild und Sauen im Wirtschaftswald. Im Revier werden Stände (siehe Zeichnungen), Schirme, im Felde auch die Mittelpunkte von Hasenkesseln, Plätze fürs Frühstück oder das Streckelegen sachverständig ausgewählt und eindeutig gekennzeichnet. Auch den Platz fürs Streckelegen werden wir im Revier wählen. Dadurch entstehen kurze Wege beim Wildtransport. Außerdem erleichtert es den Hunden, die sich verjagt haben, ihren Herren wiederzufinden. Für diese örtlichen Entscheidungen ist eine Revierkarte sehr hilfreich.

1.5 Zeitlicher Rahmen, Treibenzahl

Der zeitliche Rahmen wird so geplant, daß möglichst früh begonnen werden kann, keine Hast zwischen den Treiben notwendig wird und nicht in die Nacht hinein gejagt werden muß. Nachsuchen – beim Schalenwild wenigstens ein Ansuchen – sind so noch bei Helligkeit machbar.

Wir planen eine Frühstücks- oder Aufbrechpause ein, die insbesondere bei der Schalenwildbejagung aus hygienerechtlichen Gründen oft notwendig wird. Aufbrechen werden in der Regel die Schützen. Nur in Ausnahmefällen springt ein geübter „Profi" ein. Zentrales Aufbrechen bietet darüber hinaus den Vorteil, daß die Aufbrüche an Ort und Stelle gesammelt vergraben werden können.

1.6 Anzahl der Jagdteilnehmer (Schützen, Treiber, Hundeführer)

Aus den vorstehenden Überlegun-

Oben: In Althölzern mit dichtem Unterstand werden vom Stand aus schmale Linien, „Krähenfüße", aufgehauen. Sie weisen zumindest doppelte Saubreite auf. Wechselt Wild an, konzentriert sich der Jäger dorthin. Sobald es in eine der Linien tritt, schreckt oder fiept er es an, damit es verhofft. Dann erlauben „Krähenfüße" sauberes Ansprechen und Schießen.

Mitte: Schneisen zwischen zwei Dickungen sind als Schützenstände wenig tauglich. Es sind „Lichtbrücken", die das Wild meist schnell überfällt. Besser sind Stände im Dunkeln: Dort, wo getriebenes Wild wieder langsam wird, befindet sich unser Stand, auch wenn das Schußfeld gering ist. Besetzt wird möglichst der Durchgang zur nächsten Deckung.

Unten: Am Dickungsrand sitzen wir nicht, weil dort die Rehe „fliegen". Wenigstens 150 Meter weit in den Altbestand hinein, ist es viel sinnvoller. Dort verhofft das Rehwild gerne oder wird zumindest langsamer, zumal wenn es etwas „Deckung" um den Bauch hat.

▶

Quellen: J. Bindseil nach B. Hespeler, 1995

gen resultiert die Zahl der notwendigen Gastjäger, „Ansteller", Bläser, Treiber, Hunde und ihrer Führer. Alle Gäste werden wir hoffentlich eher nach ihren jagdlichen Qualitäten auswählen. Jagdnachbarn sind stets dabei. Bei den Hunden und ihren Führern ist ebenfalls Qualität gefragt. Das gilt gleichermaßen für deren Arbeit vor und nach dem Schuß.

1.7 Sicherheitsmaßnahmen

Möglichst frühzeitig wird der Jagdleiter die Jagd optimal gegen Spaziergänger und vor allem Fahrzeugverkehr absichern lassen. Dies geschieht per Information der zuständigen Behörden und Ämter, vielleicht auch mit Hilfe der örtlichen Presse.

In Erholungsgebieten verbieten sich Jagden an Wochenenden oder Feiertagen. Der Jagdleiter beantragt die Sperrung des zu bejagenden Gebietes rechtzeitig und hält entsprechende Hinweisschilder bereit.

Im Vorfeld sind Warnkleidung für die Treiber, Signalhalsbänder für die Hunde sowie leuchtende Hutbänder für die Schützen als Leihgabe für den Jagdtag zu beschaffen. Bei Hasen- und anderen Niederwildjagden benötigen die Treiber Klappern. Auch die baulichen Einrichtungen, welche bei der Gesellschaftsjagd benutzt werden sollen, werden auf Sicherheit und Tauglichkeit überprüft.

Foto: M. Breuer

Foto: M. Breuer

Foto oben: Schützen und ein Treiber finden auf den Strohballen Platz. So geht's bequem und sicher zum nächsten Treiben.

Foto links: Für Jäger von altem Schrot und Korn sicher gewöhnungsbedürftig. Aber bei großen Wildjagden hat sich der Einsatz von Funkgeräten bewährt.

1.8 Transportmittel und Wege

Für Jäger, Treiber und erlegtes Wild werden Transportfahrzeuge bereitgestellt. Geländegängige, robuste Wagen zeichnen sich dabei aus. Wildwagen sind mit Tannengrün geschmückt. Schützen oder Treiber dürfen auf landwirtschaftlichen Hängern nur von Treiben zu Treiben transportiert werden, wenn dort Sitzgelegenheiten vorhanden sind. Strohballen genügen bereits. Außerdem muß eine kurze Leiter oder eine Treppe mitgeführt werden, die sich abrutschsicher am Hänger befestigen läßt. Eine Treppe in Art von Hühnerstiegen ist prima, weil dann auch unsere vierläufigen Gefährten leichter „aufsitzen" können.

1.9 Gruppeneinteilung der Jäger

Jagdlich erfahrene „Ansteller" werden in ihren örtlichen Wirkungsbereich und ihre Aufgaben genau eingewiesen. Am Jagdtag betreuen sie möglichst kleine Gruppen von fünf bis acht Gästen. Die Gruppenleiter weisen die Schützen vor Ort ein. Sie sorgen dafür, daß sich die Nachbarschützen miteinander verständigen. Und sie erläutern den Gästen, wie das Treiben verläuft, in welche Richtung (wie lange) geschossen werden darf und wie die Folge ist. Grundsätzlich bleibt jeder Jäger allerdings für seinen Schuß verantwortlich

Bei Wildjagden werden wir die Stände der Hundeführer – soweit die Hunde geschnallt werden sollen – gesondert auswählen. Als Richtschnur gilt: die besten Hunde an die besten Wildeinstände.

Für die Hundeführer werden Listen vorbereitet, aus denen Anschriften, Telefon- und Funknummern der nächstgelegenen Tierärzte und Forstämter ersichtlich sind. Deren schnelle Hilfe tut oft Not.

2. DURCH-FÜHRUNG EINER GESELL-SCHAFTSJAGD

2.1 Zu Beginn des Jagdtages
2.1.1 Sicherheits-maßnahmen

Am Morgen des Jagdtages läßt der Jagdleiter – in Abstimmung mit Polizei und Straßenverkehrsamt – öffentliche, vor allem aber verkehrsreiche Straßen sichern.
Die Hinweisschilder werden erst abgebaut, wenn sämtliche Hunde wieder

eingetroffen sind.
2.1.2 Jagdscheinkontrolle
Aus rechtlichen Gründen ist eine Kontrolle der Jagdscheine aller Jäger vor Beginn der gemeinschaftlichen Hoch- oder Niederwildjagd unerläßlich.

2.1.3 Ansprache des Jagdleiters
In seiner Ansprache begrüßt der Jagdleiter alle Beteiligten mit Signal und Wort. Er erläutert die Zeitplanung, nennt die Zahl der Treiben und weist auf die Einzelheiten zu den freigegebenen

Foto: Dr. K.-H. Betz

Foto: M. Willemeit

Foto oben: Aufbruch zum ersten Treiben. Zünftig gehen sie zu Werke.

Foto links: Die Ricke kam alleine, steht breit. Ist das Kitz bloß versprengt oder schon erlegt? Nur bei starken Verbißschäden in der Verjüngung lassen wir fliegen. ▶

Wildarten hin. Außerdem wird er die Sicherheitsvorschriften klar herausstellen. Schließlich gibt er bekannt, ab wann geschossen werden darf: nach einer vereinbarten Zeit, nach dem Anblasen oder nach dem Einnehmen des Standes. Besonders auffordern wird er zur sicheren Handhabung der Waffen während der Jagd und zwischen den Treiben. Auch auf das Verhalten auf dem Stand wird er genauer eingehen. Schließlich appelliert er an die Jäger, Schußdisziplin zu zeigen. Der Jagdleiter formuliert diese Notwendigkeiten klar und deutlich, auch wenn sie auf der „Jagdeinladung" und der „Standkarte" detailliert vermerkt sind. Nur so hält er sich rechtlich den Rücken frei.

Anschließend teilt er die Schützen in vorher festgelegte Gruppen mit je einem „Ansteller" ein, der na-mentlich vorgestellt wird. – Es folgt: „Das Ganze. Aufbruch zur Jagd" mit Signal und Wort.

2.2 Während der Jagd

Während der Treiben ist der Jagdleiter auf die jagdliche Qualität seiner Gäste angewiesen. Sie sprechen hoffentlich vor dem Schuß sauber an und beschießen nicht um jeden Preis auf jede Entfernung jedes Stück Wild. Sie ersparen dem Wild Qualen durch saubere Schüsse. Sie richten sich gewissenhaft nach den Anweisungen des „Anstellers", halten den Stand eisern ein, schwadronieren nicht vor dem Anblasen und melden beziehungsweise markieren nach dem Treiben ohne langes Umhertreten die Anschüsse. Der gern gesehene Jagdgast versorgt erlegtes Wild sachgemäß und ist unaufgefordert hilfsbereit beim Bergen von stärkeren Stücken oder größe-rer Strecke anderer Jäger.

Es zeugt von gutem Stil, wenn der Jagdleiter bei Drückjagden die Treiberwehr „in vorderster Front" selber anführt. Außerdem erhöht dies den Jagderfolg, da er sein Revier am besten kennt und die Treiber dementsprechend kommandiert. Guter Stil ist zudem, wenn sich der Jagdleiter selbst auf ein Stück Schalenwild beschränkt.

2.3 Nach der Jagd
2.3.1 Organisation der Nachsuchen

Nach dem Ende der Treiben ist der Jagdleiter wieder gefordert. Die Rückführung von Schützen sowie Treibern und der Wildtransport zum Sammelplatz verlaufen planmäßig. Aber in enger Zusammenarbeit mit den „Anstellern" gilt es, die Nachsuchen anhand der „Standkarten" (siehe Zeichnung) zu optimieren. Bei Wildjagden

Zeichnung: J. Bindseil nach W. Bachmann

Standkarte Hessisches Forstamt Spangenberg

Jagdtag: 10.11.1992 Ansteller: Katzmann

Stand-Nr.: 5 Name: v. d. Wense

Wildbeobachtungen (alles Schalenwild) → wichtig für Nachsuchen

Wildart, Klasse Anzahl	Uhrzeit	Beschossen	Stück liegt	Stück liegt nicht	Nachsuche erforderlich	Bemerkungen: (z.B. Schüsse von anderen Jägern, von welcher Seite beschossen, Fluchtrichtung, Zeichnen etc.)
Fuchs	9.30					hochflüchtig
Kalb	10.05	X	X			
Überläufer	11.40	X		X	X	Ausschuß verboten RL Katzmann ist informiert

Nachsuchen-Ergebnis:

Hundeführer	Stück gefunden/erlegt	Abt.	Sonstiges
	Überläuferfährte wird erst morgen gearbeitet. Verdacht auf Keulenschuß.		

Verhaltensregeln für Drückjagden

1. Sicherheit
Sie werden vom Ansteller sorgfältig in ihren Stand eingewiesen und nach der vereinbarten Zeit dort abgeholt.
Sie dürfen den Stand nur in einem Notfall oder kurzfristig für einen Fangschuß verlassen.
Für die Folgen Ihres Schusses sind Sie allein verantwortlich.
Denken Sie daran, daß im Gelände Spaziergänger, Treiber, Hundeführer und Hunde auftauchen können.
Die Sicherheitsregeln auf der Rückseite Ihres Jagdscheines sind zu beachten.

2. Verhalten auf dem Stand
Nur wer völlig ruhig steht, hat Anlauf. Wild erkennt jede Bewegung.
Erst ansprechen, dann schießen.
Schießen Sie erst, wenn Aussicht auf einen sicheren Treffer besteht. Vermeiden Sie leichtfertige Schüsse.
Beschossene Stücke beschießen, bis sie zusammenbrechen.
Erst dann auf ein weiteres Stück schießen.
Selbständige Nachsuchen sind verboten.
Berichten Sie dem Abholer über jeden abgegebenen Schuß, erlegtes Wild und vermutete Anschüsse.

3. Aufbrechen, Bergen und Nachsuche
Das Aufbrechen bitten wir Sie nach dem Ende des Treibens bei Ihrem Stand vorzunehmen. Bitte Geschlecht und evtl. Abnormitäten an den Organen feststellen.
Wildkörper auf weitere Treffer absuchen.
Bitte helfen Sie beim Bergen des Wildes.
Bitte stellen Sie sich für Ihre Nachsuche zur Verfügung.

P.S.:
Durch den Erwerb eines Stückes Wild leisten Sie einen weiteren positiven Beitrag zum Gelingen der Jagd.

Standkarten erleichtern das Organisieren von Nachsuchen. Gründlich ausgewertet, liefern sie manchen Hinweis für kommende große Jagden.

Foto: J. Markmann

Jagdleiter überreicht die Schützenbrüche und läßt zum Abschluß die beiden Signale, „Jagd vorbei!" und „Halali", blasen.

2.3.3 Wildversorgung

Planmäßig und zügig wird nun die Wildversorgung verlaufen. Die Wildkammer nimmt die Stücke auf. Bei bescheidener Stückzahl teilen die Gäste die Beute vielleicht auch unter sich auf.

Wir wissen: Wird erlegtes, aufgebrochenes Wild Temperaturen unter plus zehn Grad ausgesetzt, kann es zu einem Muskelfaserschock kommen, der das Wildbret zäh macht. Dann hilft auch kein Abhängen mehr. Deshalb werden wir die Stücke

Foto oben: Fachgerecht und sauber bricht er „seine Sau" auf. Jäger, die tatkräftig zupacken, einen brauchbaren Hund führen und eine saubere Kugel schießen, sind gerngesehene Gäste.

Foto rechts: Ohne gute Hunde und engagierte Treiber sind Gesellschaftsjagden auf Hase und Kanin, auf Rebhuhn und Fasan eine Farce.

Foto: M. Breuer

strebt der Jagdleiter an: Die vermutlich schwerste Arbeit entfällt auf das beste Schweißhundegespann. Ein nicht immer lösbares Problem. Oft fällt die Entscheidung zur Arbeit auf den nächsten Morgen. Bei Niederwildjagden sind die Nachsuchen weitgehend getätigt. Aber einigen „komplizierteren Fällen" kann jetzt noch einmal in Ruhe nachgegangen werden.

Bei Lauf- oder Krellschüssen kann es zu revierübergreifenden Nachsuchen kommen. Deshalb wird der Jagdleiter schon im Vorfeld für

den Jagdtag und den darauffolgenden Tag eine Nachsuchenerlaubnis bei den Nachbarrevieren einholen, falls die Nachbarn nicht dabei sein können. Anderenfalls steht mancher Nachsuchenerfolg in Frage.

2.3.2 Streckelegen

Unabhängig von den Nachsuchen wird unter Wahrung des Brauchtums die Strecke gelegt (siehe Seite 25 bis 27) und verblasen. Der

nach dem Aufbrechen schnellstmöglich in einen Temperaturbereich zwischen zwölf bis vierzehn Grad verbringen. Hier verbleiben sie bis zum Anlaufen der Totenstarre. Bei gesundem, gut geschossenem Wild ist dies nach spätestens vier Stunden der Fall. Mit anderen Worten sollte das Wildbret vor dem Durchlaufen der Fleischreifung keinesfalls Frost- ▶

temperaturen ausgesetzt werden, da sie den Reifeprozeß verhindern und das Wildbret ebenfalls zäher werden lassen. Um die Vermehrung von Bakterien zu stoppen, kühlen wir erst dann, wenn Säuerung und damit Totenstarre angelaufen sind.

2.3.4 Schüsseltreiben

Beim Schüsseltreiben wird der Jagdleiter einen kurzen Rückblick auf den zurückliegenden Tag geben, vielleicht auch einige örtliche Probleme anschneiden, um die Diskussion zu beleben, und möglicherweise einen Jagdkönig benennen, wenn es denn hier so üblich ist. Erst dann – beim zweiten Glas Bier – kann er die Beine strecken und entspannen. Der Tag ist hoffentlich gut verlaufen.

TREIBER

Der versierte Jagdleiter wird seine Treiber sorgfältig auswählen. Zwar hängt eine erfolgreiche Jagd immer auch von der Qualität der Schützen ab. Aber diese können ihre Fähigkeiten nur dann unter Beweis stellen, wenn die Treiberwehr diszipliniert, fachgerecht und besonnen vorgeht.

Brauchbare Treiber sind solche, die mitdenken. Eine Obergefreitenmentalität nutzt während einer Gesellschaftsjagd nichts. So sind die Treiber erwachsen und im Idealfall

auch ortskundig. Kinder unter 14 Jahren sollten auf einer Gesellschaftsjagd die Ausnahme sein. Nasse Knie und Nadeln im Hemdkragen machen guten Treibern nichts aus. Sie durchdringen auch noch nach der dritten Stunde dichte Fichtenhorste oder triefnasse Buchenrauschen. Brauchbare Treiber sind pünktlich. Sie tragen wetterfeste Kleidung in auffallend heller Farbe und kräftiges Schuhwerk. Eine fest sitzende Mütze ermöglicht ihnen auch bei schlechtem Wetter erfolgreiches Tun.

Die Treiberwehr wird so aufgestellt, daß sich Ortskundige und Fremde abwechselnd in die Treiberkette einfügen. Aufgrund der Anweisungen des „Obertreibers" stellt sie sich vor Beginn des Treibens in gleichmäßigen Abständen auf. Sie befolgt die Kommandos des „Obertreibers" strikt. Seine Anordnungen werden von Treiber zu Treiber weitergegeben.

Während des Treibens bleiben die Treiber möglichst im ständigen Kontakt untereinander, bei Vorstehtreiben durch Zuruf, bei

Drückjagden durch Räuspern. Sie treiben langsam und bleiben von Zeit zu Zeit immer wieder still stehen. Denn dieses veranlaßt das Wild am ehesten, auf die Schützen zuzuwechseln. Sie schreien und johlen keinesfalls, sondern klopfen mit einem Knüppel auf Büsche und gegen Bäume.

In baum- und strauchloser Feldmark verwenden sie sogenannte Hasenklappern. Treiber halten außerdem Linie und richten sich auf Schneisen oder anderen übersichtlichen Stellen immer wieder neu aus.

Zum Jagderfolg tragen sie wesentlich bei, wenn sie hochgemachtes Wild nach Art und Fluchtrichtung deutlich ansagen: „Sauen nach vorn", „Hase nach rechts" oder „Henne nach links". So angekündigt, hat es der Schütze leichter, Beute zu machen. Nicht verendetes Niederwild töten erfahrene Treiber rasch und schmerzlos. Hasen und Kaninchen erhalten einen kräftigen Stock- oder Handkantenschlag ins Genick. Fasanen werden am Kopf gepackt und der

Jedes Jahr ist er wieder dabei: ein „alter Hase". Das Ausdrücken des Kaninchens erledigt er routinemäßig, quasi nebenbei.

Foto: Archiv JÄGER

Körper einmal herumgewirbelt, so daß das Genick sofort bricht. Bei krankem Schalenwild werden die Treiber den nächsten Schützen herbeirufen. Der fängt dann das Stück ab oder trägt den Fangschuß an. Nur in Ausnahmefällen werden hier erfahrene, ältere Treiber mit der Saufeder tätig. Häufig sind dies dann auch Rüdemänner. Natürlich veranstalten die Treiber keine Nachsuchen auf eigene Faust. Auch apportierende Hunde stören sie nicht, in dem sie ihnen etwa den Hasen gewaltsam aus dem Fang reißen.

Gestrecktes Wild bringen sie zum Wildwagen. Hase und Kanin werden an den Hinterläufen getragen, Flugwild am Kopf. Bei Hase und Kanin wird zuerst die Blase ausgedrückt. Gestrecktes Schalenwild tragen oder ziehen mehrere Personen gemeinsam. Dabei werden die Vorderläufe angefaßt, um das Stück nicht gegen den Haarstrich zu ziehen.

In vielen Revieren finden wir unter den Treibern das eine oder andere Original. Jagdlich sehr erfahren und Kummer gewöhnt, „treffen" sie in örtlicher Mundart manche Schwachstelle der Jäger. Das fördert die Stimmung auch beim abendlichen Schüsseltreiben, an dem die Treiber selbstverständlich teilnehmen, wenn sie es denn wollen.

DER JAGDGAST

Jagdgäste, die gerne gesehen sind, bedanken sich für eine Einladung zu einer Niederwild- oder Drückjagd und sagen rechtzeitig zu oder ab. Wie bei allen Briefen gilt auch hier der Satz: Schreib gleich! Um so früher kann die Planung des Jagdleiters einsetzen.

Am Morgen der Jagd ist der Gast pünktlich am Treffpunkt, führt seinen gültigen Jagdschein mit sich und trägt Kipplaufwaffen immer gebrochen, den Repetierer mit offenem Verschluß. Auch zwischen den Treiben und nach dem Abblasen hält er es so. Die Hunde liegen am Sammelplatz „abgelegt" ein paar Schritte abseits im Bestand, wenn sie es so gelernt haben, oder sitzen bei Fuß. Die ganz wilden Streithähne bleiben besser im Wagen. Das gilt auch beim Streckelegen.

Während der Treiben auf Niederwild haben die Gäste meist Sichtverbindung untereinander. Eine

Foto: Dr. Fr. Hirsch

Das Jahr über hat er bei der Entenhege engagiert geholfen, Brutkästen gebaut und Ratten bekämpft. Heuer belohnt ihn der Jagdherr mit dem „Kaiserstand". Jetzt gilt's.

Wohltat, einen Standnachbarn neben sich zu wissen, dessen Umgang mit der Waffe Vertrauen einflößt. Immer zeigt die Mündung seiner geladenen Flinte nach oben. Ein eisernes Gebot! Bei einem Ausrutscher auf glitschiger Acker- ▶

Gleitend flüssig der Anschlag. Das Korn nimmt schon das Tempo des Hahnes auf, überholt. Der Finger krümmt sich.

Foto: D.T. Grewcock

furche dirigiert seine Hand am Pistolengriff unverändert die Laufmündung gen Himmel. Auch beim Schuß erweist sich unser Freund als Könner. Gleitend flüssig – nie hastig – ist sein Anschlag, sein Auge nimmt über das Korn das Tempo des Wildes auf und läßt die Mündung je nach Entfernung vorschwingen. Sein Schuß fällt schnell. Alles ein harmonisches Tun. Schon das Zuschauen bereitet Freude. Er weiß auch um die Grenzen seines tödlichen Schusses. Zu weit wird es bei ihm nie. Auch mit dem zweiten Schuß ist er schnell bei der Hand, ohne dabei seinem Standnachbarn Wild vor der Nase „wegzuput-

zen". Fällt ein Kompanieschuß auf einen Hasen, ist der Zuruf „Ihr Hase" für ihn selbstverständlich. Gäste, die nach dem Treiben erregt um die Erlegung eines ge-

meinsam beschossenen Hasen diskutieren, merkt sich der Jagdherr. Unser vorbildlicher Jagdgast wird krankgeschossenes Wild während oder nach dem Treiben möglichst

Foto: Th. Trede

schnell einem Hundeführer melden. Je früher die Spur eines Hasen aufgenommen werden kann, sei sie nun Wundspur oder nicht, desto größer ist die Erfolgschance des Hundes.

Bei Drückjagden im Wald ist Ruhe „erste Bürgerpflicht". Autotüren müssen nicht ins Schloß fallen, ein Repetierer wird beim Laden nicht klappern wie ein Leiterwagen, Konferenzen während des Treibens müssen nun wirklich nicht sein. Standdisziplin ist eine Selbstverständlichkeit. Ausnahmen für die Hundeführer sind vorher genau festgelegt. Im Idealfall ist ihr Aufgabengebiet per Skizze festgehalten.

Bevor es zum Schuß kommt, ein Satz zur Büchse. Sie ist bitte mit den Patronen, die der Jagdgast mitführt, eingeschossen! Am besten von ihm selbst. Ob er die offene Visierung oder das Zielfernrohr wählt, entscheidet er. Aber geübt muß er ihn haben, den flüchtigen Schuß auf dem Schießstand. Sonst handelt er wirklich unwaidmännisch.

Kommt das Wild, spricht der Jagdgast sauber an – beim geringsten Zweifel läßt er passieren –, versucht mit Konzentration eine saubere Kugel anzutragen, lädt schnell nach und ist erneut zum Schuß bereit. Nur so ist oft ein Fangschuß, der dem Wild Qualen erspart, oder gar eine Doublette möglich. Geht die Reise des beschossenen Stückes weiter, prägt er sich Anschuß und Fluchtrichtung ein und markiert beides nach dem Abblasen deutlich. Bestehen Zweifel, trampelt er nicht in der Gegend umher, sondern wartet geduldig, bis der „Ansteller" ihn abholt. Der veranlaßt das Erforderliche. Es ist Ehrensache, daß der Jagdgast sich zur Nachsuche zur Verfügung

Foto: Hg. Arndt

Foto oben:
Leider liegt auch eine Bache auf der Strecke. Das muß nicht sein. Der Jagdherr wird's monieren.

stellt, soweit der Hundeführer es wünscht.

Liegt das beschossene Stück in Sichtweite, bricht der Gast nach dem Treiben – oder in der Aufbrechpause – sachgemäß auf und zieht es zum nächsten Weg. Auch dem Nachbarn hilft er dabei ohne viele Worte. Dieses eigentlich selbstverständliche Verhalten findet stets Anerkennung. Ein Snob, wer es nicht so handhabt.

Beim Streckelegen freut sich jeder Jagdleiter, wenn ein junger Jäger seine Waffe an einen Baum stellt, beim Abladen und Herrichten der Strecke mit zupackt, brauchtumsgerecht hilft beim Verbrechen und sich dann wieder einreiht. Hat er sich zudem tagsüber als Hundeführer oder Bläser bewährt, ist die Jagdeinladung fürs nächste Jahr bereits in seiner Tasche.

Foto links:
Die braune Schwarte läßt keinen Zweifel beim Schützen aufkommen. Die Sau paßt. Und schön nah ist sie auch.

Großes Foto: Am wärmenden Feuer schmeckt die Erbsen-suppe besonders gut.

Foto: K. Andrews

BRAUCHTUM

*S*o alt wie die Jagd, so alt ist jagdliches Brauch-
tum. Seit jeher unterliegt es einem beständigen
Wandel. Die Jäger bestimmen und pflegen ihre
Bräuche bei der Jagd. Es sind – oft örtlich geprägte
– Gewohnheiten und Verhaltensweisen, die sich
bei der Jagd bewähren, unserem ästhetischen
Empfinden entsprechen und auf Außenstehende
vielleicht ein wenig ungewohnt, aber nicht abstoßend wirken.
Jagdliches Brauchtum steckt voll Leben, es darf in keinem Ein-
zelfall zu leerem Gehabe werden, nie erstarren.

Foto: P. Bachmann

Um ihn Kollegen und
Freunden gut zu präsen-
tieren, hat er den Hirsch
gerecht verbrochen.
Jetzt wird gefachsimpelt.

WAIDGERECHTIGKEIT

Ein häufig verwendeter Begriff, heute für viele schon veraltet, abgenutzt und überstrapaziert. Auch im Bundesjagdgesetz ist er aufgenommen, im dritten Absatz des ersten Paragraphen. Anders als sonst bei Gesetzgebung und Rechtsprechung üblich, ist Waidgerechtigkeit bislang nicht präzise definiert oder verbindlich ausgelegt worden. Das fällt auch mit wenigen Worten schwer. Subjektive, eigene Auffassungen kommen zum Ausdruck.

Der Jäger bejagt wildlebende Tiere in freier Wildbahn. Zum einen bestimmt der Beutetrieb sein Handeln, zum anderen aber die Liebe zum Tier. Es ist fast unmöglich, Außenstehenden diesen scheinbaren Widerspruch mit Worten zu erklären. Der Jäger muß es vorleben, bei der Jagd unter Beweis stellen. Nicht immer wird dies überzeugend gelingen.

Waidgerechtes Handeln bezieht sich primär auf das Verhalten des Jägers zum Wild. Beide genannten Faktoren bestimmen das Verhalten. Das Verfolgen freilebender Tiere, mit dem Ziel, sie zu erbeuten, muß ihnen eine Chance des Entkommens einräumen, mit vom Jäger sicher beherrschten Waffen, von gut ausgebildeten Hunden unterstützt werden und den Landesgesetzen entsprechen.

Der Jäger, von Passion getrieben – oft auch, seien wir ehrlich, verführt –, folgt also dabei nicht ungehemmt seinem angeborenen Beutetrieb. In ihm verlangt seine Tierliebe, seine Ehrfurcht vor allem Leben in der Natur, weit über das geschriebene Gesetz hinaus waidgerechtes Handeln. *Kurt Lindner* nennt dies den „moralischen Imperativ", dem sich der Jäger mit Selbstdisziplin unterwirft. *Lindner* schließt in dieses Gebot die Verantwortung des Jägers gegenüber seinem jagdverbundenen Mitmen-

Foto: H. Eisl

schen und gegenüber der Umwelt mit ein. Zweifellos gelingt dies in der Stille der Einzeljagd oder alleine mit seinem Hund bei der Nachsuche am ehesten. Bei Treiberlärm am Kopf der Remise mit flinker Flinte ist solches Besinnen sicher nicht gegeben. Aber „zurückfinden" wird der Jäger nach einem solchen Jagdtag.

Noch eines fällt auf: Schon der blutjunge, wirkliche Jäger handelt waidgerecht, in allen Ländern der Welt, selbst dann, wenn er den Begriff gar nicht kennt. Es steckt eben drinn. Jeder von ihnen empfindet es als unwaidmännisch, bei unzureichendem Licht den Finger krumm zu machen, an der regelmäßig und reichlich beschickten Futterstelle Wild zu „erschießen"

Ein Bergjäger von „altem Schrot und Korn". Voll Stolz trägt er den braven Bock zu Tal. Da schmeckt das Pfeifchen.

oder die wirklich zu weiten Enten mit der Flinte zu befunken. In Anlehnung an *Ortega y Gasset*: „Jäger töten, um waidmännisch gejagt zu haben, nicht aber um beutelüstern auf der Jagd gewesen zu sein."

JÄGERSPRACHE

Sie ist ein altes Kulturgut. Erste Belege datieren aus dem achten Jahrhundert. Sie dient in der Praxis der schnellen und unmißverständlichen Verständigung der Jäger un-

GEBRÄUCHLICHE JAGDSIGNALE

Quelle: R. Blase, 1993

Foto: H.-P. Möller

Noten oben:
Das sind die wichtigsten Jagdsignale. Sie werden vor, während und nach der Jagd geblasen.

Foto links:
Angeblasen! – Ein Vorstehtreiben im Wald ist ohne Jagdsignale nicht denkbar.

tereinander. Von den Anfängen bis zur Gegenwart ist der jagdliche Wortschatz auf etwa 13.000 Ausdrücke mit zirka 40.000 definierten Bedeutungen angewachsen. Im jagdlichen Alltag verwenden wir nur 2.000 bis 3.000 dieser Fachwörter. Wer sich genauer über sie informieren will, nutze die Lektüreempfehlungen auf Seite 32.

JAGDSIGNALE

Reinhold Stief unterscheidet drei Gruppen von Jagdsignalen: die Jagdleit-, die allgemeinen und die Wild- oder Totsignale. Jagdleitsignale sind Verständigungssignale während der Jagd, die einstimmig oder solistisch geblasen werden. Beispiele sind „Das Ganze, langsam treiben" oder „Hahn in Ruh". Allgemeine Signale sind Gruppensignale. Sie erklingen, wenn die Jagdgesellschaft versammelt ist. Sei es nach der Jagd, „Jagd vorbei", oder vor dem Schüsseltreiben, „Zum Essen".
Wild- oder Totsignale sind Fanfaren, die jeweils den einzelnen Wildarten zugeordnet sind. Sie ertönen am erlegten Einzelstück vor ▶

dem Aufbrechen und Streckelegen. Bei einer Gesellschaftsjagd aber nach dem Streckelegen in der Reihenfolge, in der die Wildarten auf der Strecke liegen. Das melodische „Damhirsch tot" oder muntere „Fuchs tot" sind Beispiele.

Die Noten der gebräuchlichen Jagdsignale sind auf Seite 21 abgedruckt.

Üblich in der Jagdpraxis ist das „Fürst-Pleß-Horn in B", kurz Pleßhorn genannt. Brauchtumsgerecht wird es über der rechten Schulter des Bläsers getragen. Das Mundstück zeigt nach vorne unten.

Daneben finden das Clewingsche-Taschenhorn, die Parforcehörner in B und C und der Sauerländer Halbmond Verwendung. Dieser ist das traditionelle Jagdhorn der westfälischen Brackenjäger und wird links getragen.

BRUCHZEICHEN

Brüche sind nach traditionellem Verständnis abgebrochene, in der Regel grüne Zweige bestimmter Baumarten. Seit den dreißiger Jahren dieses Jahrhunderts gelten Eiche, Erle, Tanne, Fichte und Kiefer – auch Latsche und Zirbelkiefer – als bruchgerecht. In früherer Zeit war dieses noch anders. So war beispielsweise die Buche im 18. Jahrhundert eine bruchgerechte Baumart. **Bruchgerecht** können nach heutiger Auffassung Zweige aller am Ort der Erlegung greifbaren Bäume oder Sträucher sein, wobei der Jäger meist nur dann von den bruchgerechten Baumarten abweicht, wenn diese erst mühsam gesucht werden müssen. Wer zum Beispiel einen Bock in einem Weizenschlag streckt, kann ihn auch mit Ähren gerecht verbrechen. Das symbolische Handeln ist hier höherwertiger als das Verwenden der gerechten Baumart.

Brüche dienen der stillen Nach-

richtenübermittlung zwischen Jägern oder haben symbolischen beziehungsweise ästhetischen Charakter. Etwa von 1600 bis 1848 unterschied sich der waidgerechte Jäger, in der Regel Berufsjäger an einem der zahlreichen deutschen oder österreichischen Fürstenhöfe, vom Nichteingeweihten dadurch, daß er die Bruchzeichen richtig anwenden konnte. Im Laufe des 20. Jahrhunderts haben diese stark an Bedeutung verloren. Der Fortschritt der Technik sowie der Niedergang des Berufsjägertums ließen sie vielfach außer Anwendung kommen.

So werden Haupt-, Folge-, Anschuß und Wartebruch von Fachleuten nur noch recht selten zur stummen Verständigung benutzt. Dagegen finden Inbesitznahmebruch, Letzter Bissen und Schützenbruch in jagdlicher Praxis noch

häufig Verwendung. Der **Inbesitznahmebruch** ist ungefähr spannbis unterarmlang, bei Frischling und Kitz zirka 15, bei Hirsch und Keiler etwa 25 Zentimeter. Er wird gestrecktem Schalenwild auf das linke Blatt gelegt. Bei weiblichen Stücken zeigt die gewachsene Spitze zum Haupt, bei männlichen das abgebrochene Ende. Dieser Bruch wird auch als Wild- oder Streckenbruch bezeichnet. Er wird heute überwiegend beim Streckelegen verwendet. Aber auch beim ersten Stück Schalenwild oder aber beim „dicken Ia-Hirsch" ist er üblich. Der Revierleiter, der Kitz und Ricke als Nummer 207 und 208 seines Lebens schießt, wird darauf verzichten.

Der Letzte Bissen wird erlegtem männlichen Schalenwild, in Bayern und Österreich auch Auer-, Birk-, Haselhahn sowie Murmel-

Foto: J. Borris

Foto: J. Borris

chen und weiblichen Kälbern, Kitzen, Frischlingen usw. trennen, was in der Praxis jedoch nicht geschieht.

Schützenbrüche werden demjenigen Jäger überreicht, der Schalenwild gestreckt hat. Dies geschieht örtlich auch bei Fuchs, Murmeltier, Auer-, Birk- oder Haselwild. Bei Gesellschaftsjagden macht dies entweder der Jagdherr oder der Jagdleiter beim Verblasen der Strecke.

Den Schützenbruch

Nicker. Der Erleger nimmt den Bruch, steckt ihn – üblicherweise rechts – auf seinen Jagdhut. Er dankt mit Waidmannsdank und Händedruck.

Nach einer erfolgreichen Nachsuche übergibt der Hundeführer – nicht der eventuell anwesende Jagdherr – dem Schützen einen mit Schweiß benetzten Schützenbruch. Der Erleger bricht einen Zweig von diesem Bruch ab, um ihn mit Waidmannsdank an den Hundeführer zu reichen. Der steckt diesen Zweig seinem Hund an die Halsung. Dies ist auch eine bei Hundeprüfungen übliche Auszeichnung des Hundes, wenn er eine Fährte erfolgreich gearbeitet hat.

Beim Schützenbruch gilt – frei nach *Walter Bachmann* – „Nacht bricht Bruch": Schütze und Hund tragen mit anderen Worten den Er-

Foto oben: Beim Überreichen des Schützenbruches freuen sich beide: Erlegerin und Jagdherr.

Foto links: Gerecht gestreckt und verbrochen faßt ihn das Eichenlaub ein. Eine würdige Ehrung des alten Recken.

Foto rechts: Den Bruch hat sich der Langhaar verdient. Ohne ihn wäre das Stück verludert.

Foto: J. Markmann

tier in den Äser, das Gebrech oder den Schnabel gesteckt.

Heute wird der Letzte Bissen meist nicht auf männliches Wild beschränkt bleiben. Andernfalls müßten Jäger zwischen männli-

benetzt Jagdherr oder Jagdleiter mit dem Schweiß des erlegten Stückes. Danach überreicht er ihn mit Waidmannsheil dem Schützen zumeist auf dem abgenommenen Hut, selten auf dem Waidblatt oder

legerbruch am nächsten Tag nicht mehr. Wenn der Jäger mag, wird er diesen Bruch solange hinter das Gehörn stopfen, bis er vertrocknet ist.

Ein **Hauptbruch** ist ein armlan- ▶

ger, mit dem Jagdmesser beidseitig befegter, also blank gemachter Zweig. Weil die Mittelrinde entfernt ist, „leuchtet sein Holz". Deshalb ist er auf den Boden gesteckt oder aber aufgehängt schon von weitem sichtbar. Und so soll es ja auch sein. Wir verwenden ihn, den auffälligen Bruch, häufig in Verbindung mit anderen Brüchen, damit ein Warte- oder ein Folgebruch nicht übersehen wird. Ein Hauptbruch bedeutet für uns immer: „Achtung! Hier ist was los".

Der **Folge- oder Leitbruch** sagt uns: „Folge bitte der gewachsenen Spitze!" Er ist halbarmlang und möglichst ebenfalls beidseitig befegt, um ihn von Zweigen zu unterscheiden, welche abgebrochen sind und zufällig auf dem Waldboden liegen. Folgebrüche werden so ausgelegt, daß der Jäger, der ihnen nachgeht, dabei keine Probleme bekommt. Also ist der Abstand zwischen ihnen auf Wegen weit, im Gelände dagegen recht eng.

Unerläßlich ist es, den Anschuß beschossenen Wildes zu kennzeichnen. Das geschieht mit Hilfe des **Anschußbruch**es. Senkrecht in die Erde gesteckt, kennzeichnet er die Stelle des Anschußes. Das genügt bei Hase, Fuchs oder Fasanenhahn, die an dieser Stelle vielleicht Wolle oder Federchen gelassen haben. Hier wird der Hund geschnallt, sobald das zeitlich möglich ist.

Beim Schalenwild wird der Anschußbruch durch den **Fährtenbruch** ergänzt. Er ist spannlang, als einziger Bruch mit dem Nicker angespitzt und ebenfalls unbefegt. Er liegt in der Richtung aus, in welche das beschossene Stück floh. Bei einem weiblichen Stück wird das gewachsene Ende in die Fluchtrichtung gelegt, bei einem männliche Stück das angespitzte. Damit wir das unterscheiden können, wird der Fährtenbruch geäf-

Zeichnung: J. Bindseil nach W. Bachmann

AUSSEHEN UND BEDEUTUNG WICHTIGER BRUCHZEICHEN

Hauptbruch: Armlang, befegt. Bedeutung: Achtung!

Anschußbruch: Hier ist die Stelle.

Leitbruch: Halbarmlang, befegt. Der gewachsenen Spitze folgen.

Anschußbruch mit Fährtenbruch, männliches Stück nach links geflüchtet.

Anschußbruch mit Fährtenbruch, Fluchtrichtung des weiblichen Stückes unbekannt.

Wartebruch: Hier warten. Komme zurück.

Das Warten wurde aufgegeben: Den gewachsenen Spitzen folgen.

---

tert, das heißt hinter ihm befindet sich ein kleiner Querbruch. Ist die Fluchtrichtung unbekannt, wird der Fährtenbruch doppelt geäftert. In der Regel sind Brüche auf dem Waldboden nur schlecht auszumachen. Deshalb hat es sich insbesondere auf Drück- oder Ansitzdrückjagden eingebürgert, daß der Anschuß mittels gelber oder rot-weißer Signalbänder markiert wird. Der eine empfindet dies als grausam stillos, ein anderer hält es für praktisch. In unübersichtli-

Brüche dienen der stummen Verständigung zwischen Jägern. Manche sind derzeit „aus der Mode gekommen". Warum eigentlich? Sonst handeln wir doch auch möglichst naturnah.

chem Gelände sind sie jedoch sicher zulässig und zweckmäßig. Während der Nachsuchenführer früher einen Packen Brüche dabei hatte, um den Fährtenverlauf zu kennzeichnen, nutzen erfahrene Schweißhundführer heute immer öfter Watteflocken oder farblich auffallendes Papier. Auf diese Weise wird sichtbar markiert. Aber es bleibt beispielsweise offen, wohin die Richtung beim Überschneiden, also beim Kreuzen der eigenen Fährte, geht.

Nach der Frühpirsch zum Beispiel bildet der **Wartebruch** eine prima Information an den zweiten Jäger. Er besteht aus zwei gekreuzt übereinandergelegten, armlangen Brüchen und fordert zum Warten auf. Hat der zweite Jäger das Warten nach einiger Zeit aufgegeben, entfernt er die unteren Zweige bis zu zwei Drittel. Die gewachsene Spitze läßt er eng zusammengelegt in die Abmarschrichtung zeigen. Drei nebeneinander liegende Wartebrüche bezeichnen einen Sammelplatz. Dieser **Sammelplatzbruch** ist etwa zwischen zwei Treiben sinnvoll, damit sich hier alle Jägersleut' zusammenfinden. **Standplatzbruch** und **Warnbruch** sind im jagdlichen Alltag bedeutungslos geworden. Sie werden deshalb hier nicht berücksichtigt. Bei den **Schmuckbrüchen** handelt

es sich um Eichen-, Fichten- oder Tannengrün, welches wir zum Schüsseltreiben oder anderen geselligen Anlässen benutzen, um etwas zu dekorieren. Auch das zur Strecke gelegte Wild liegt auf Schmuckbrüchen oder ist von solchen umrahmt.

STRECKELEGEN

Ist eine Jagd beendet, wird das erlegte Wild gerecht gestreckt, wir legen Strecke.

Ein einzelnes Stück Schalenwild, etwa ein Bock, der während der Blattzeit erlegt wurde, wird auf die rechte Seite – Herzseite nach oben – gebettet. Bei männlichem Schalenwild stellt mancher Jäger das Haupt mit Hilfe eines Astes aufrecht, damit die Trophäe besser sichtbar ist. Das Stück erhält zudem den Letzten Bissen (siehe Seite 22/23). Der Inbesitznahmebruch (siehe Seite 22) wird bei auf der Einzeljagd erlegtem Schalenwild heute nur noch selten benutzt. Gelegentlich wird er noch verwendet, wenn das Stück abhol-

bereit im Wald oder aber auf dem Hof beziehungsweise Rasen liegt, wenn es noch einmal zum „Begucken" gestreckt ist. In der Jagdpraxis verbrechen oder verblasen nur sehr wenige Waidmänner weibliches Schalenwild, wenn es etwa nach einer Pirsch oder vom Hochstand aus erlegt wurde. Ein auf der Einzeljagd erlegtes Stück wird erst verblasen und dann aufgebrochen – frei nach dem Motto: „Ich hab's und freue mich darüber, und nun an die Arbeit". So ist es Brauch. Immer aber bleibt dabei zu beachten: Die fleischhygienerechtlichen Bestimmungen verlangen beim Aufbrechen ein „So-schnell-wie-möglich".

Nach Gesellschaftsjagden wird das gestreckte Wild in Reihen auf Schmuckbrüchen oder „Tannengrün" ausgelegt. Bevor wir Strecke legen, ist das Wild fachgerecht versorgt: Schalenwild ist einwandfrei aufgebrochen. Aus wildbrethygienischen Gründen wird der Platz, auf dem Strecke gelegt wird, trocken und sauber sein. Das Wild liegt einheitlich, auf der rech-

Ein guter Bock. Mit Letztem Bissen und Inbesitznahmebruch ist er gerecht gestreckt. Kräftig gibt der Teckel Laut. Vorbildlich bewacht er „seinen Bock". Dabei gilt für Fremde: „Zutritt erlaubt, anfassen verboten!" ▶

Die ganze Strekke ist mit Fichtenzweigen eingefaßt. Ein würdiger Rahmen zum Abschluß der Drückjagd.

Foto: U. Grimm

ten Seite sowie mit dem Haupt beziehungsweise Kopf in Richtung des Jagdherrn. Jedes zehnte Stück Wild ist eine halbe Wildlänge vorgezogen.

Bei einer Schalenwildstrecke mit Füchsen gehen wir wie folgt vor: Zunächst verbrechen wir nur das Schalenwild traditionell gerecht, mit Inbesitznahmebruch und Letztem Bissen (siehe Seite 22/23). Dann werden – wenn erlegt – Rot-, Dam-, Muffel-, schließlich Schwarz- und Rehwild aufgereiht. Den Abschluß beziehungsweise den rechten Flügel bilden Füchse. Beim Schalenwild liegt das stärkste Stück als erstes Stück am rechten Flügel, männliche vor weiblichen. Wegen ihrer Stärke sind Alttiere, Schafe, Geißen oder Ricken vor Kälbern, Lämmern oder Kitzen plaziert. Falls eine Strecke nicht sehr hoch ausgefallen ist, wird die Trennung nach Geschlechtern und/oder Alter unterbleiben. Bei Hasen gilt: Der erste Hase „hat den Rücken frei". Schon der zweite Mümmelmann auf der Strecke liegt mit seinem Rücken innerhalb der Läufe des ersten Hasen (siehe Zeichnung auf Seite 27).

Bei Niederwildstrecken (ohne Rehwild) liegen Füchse mit hochgebogener Lunte zuvorderst. Es folgen Hasen, Kaninchen, Fasanen und übriges Flugwild – soweit möglich der Größe nach geordnet. Um das Bild bunter zu machen, können wir zum Beispiel Erpel und Enten einander abwechselnd in eine Reihe legen. Raubwild liegt in der Reihe der Füchse. Bei großen Strecken werden wir nicht mehr als einhundert Stück Wild in eine Reihe legen. Eine dünne Schnur kann helfen, um derart gewaltige Strecken sauber auszurichten.

Bei gemischten Strecken liegt Hoch- stets vor Nieder-, Haar- vor Federwild. Sind von einer Wildart nur wenige Stücke erlegt worden, so können wir auch verschiedene Wildarten in einer Reihe zusammenfassen. Denn es gilt der Grundsatz: Jede Strecke sollte nicht tiefer als breit sein, also möglichst ein Rechteck bilden. Nur Füchse und anderes Raubwild werden grundsätzlich in eine eigene Reihe gelegt. Entscheidend beim Streckelegen ist, daß dies übersichtlich und ordentlich geschieht. Die Achtung vor dem erlegten Wild muß erkennbar sein. Wenn ein Jagdherr die „Ecken"

der Strecke durch Zweige mit roten Beeren dekoriert, ist das nicht üblich, gleichwohl in Ordnung. Jagdherr und Schützen stehen traditionell vor der Strecke, die Jagdhornbläser hinter der Strecke. Hinter den Bläsern befinden sich die Treiber. Hundeführer mit Hunden stehen brauchtumsgerecht am linken Flügel hinter der Strecke, sofern sie keine Schützen sind. Heute zählen die Hundeführer allerdings durchweg zu den Jägern. Zudem lassen viele von ihnen ihre Hunde nach harter Arbeit bei Nässe und Kälte gerne schon im warmen sowie trockenen Auto und ersparen ihnen die Zeremonie.

Erfolgt das Streckelegen bei einsetzender Dämmerung erhöhen brennende Fackeln oder Kienfeuer den Reiz dieses Brauches. Es verstößt gegen alten Brauch, über zur Strecke gelegtes Wild zu steigen oder zu springen. Beim Verblasen der Strecke finden sich die Schützen in voller Ausrüstung ein, also mit entladener, gebrochener Waffe.

Haben alle Jagdteilnehmer ihre

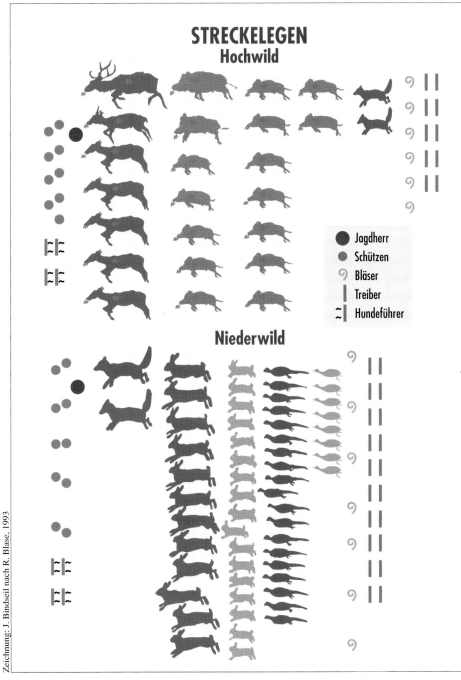

STRECKELEGEN
Hochwild

Jagdherr
Schützen
Bläser
Treiber
Hundeführer

Niederwild

Zeichnung: J. Bindseil nach R. Blase, 1993

Schön feierlich wird's, wenn der Jagdherr die Strecke bei Fackelbeleuchtung oder Kienfeuer verblasen läßt.

brüchen gilt folgende Regel: Selbst wenn ein Jäger mehrere Stücke Schalenwild geschossen hat, erhält er nur einen Bruch. Ein „Wald" am Jägerhut ist unschön. Er wirkt protzig. Nach sämtlichen Totsignalen bedankt sich der Jagdherr bei Schützen, Hundeführern, Bläsern sowie Treibern. Schließlich läßt der Jagdherr „Jagd vorbei" und „Halali" blasen. Dann wird die Strecke hygienegerecht versorgt. Das Motto lautet jetzt: Schnell und luftig in die Wildkammer.

BRÄUCHE NACH DEM SCHUSS

Dazu gehören Jägerrecht und Streckelegen (siehe Seite 25 bis 27), Jagdkönig, Jagdgericht, Jägerschlag, Totenwacht und Hubertusgottesdienste. Das Aufbrechen und Zerwirken, das Aufsetzen von Rehkrone oder Gamskrucke rechnet man traditionell ebenfalls zum jagdlichen Brauchtum. Dies wird extra behandelt (siehe das noch erscheinende Sonderheft).

Das große **Jägerrecht** war einst die an den Jägerhöfen übliche Naturalentlohnung der Berufsjäger. Heute kennen wir im jagdlichen Alltag nur noch das kleine Jägerrecht. Es besteht aus den eßbaren Teilen des Geräuschs – also Herz, Lunge, Leber, Milz und Nieren – sowie dem Feist, welcher mit den Fingern abgelöst werden kann. Außerdem zählen die Trophäen, der Lecker und das ▶

Plätze eingenommen, gibt der Jagdherr das Gesamtergebnis der Strecke bekannt. War der Jagdherr nicht selber Jagdleiter, kann der Jagdleiter ihm die Strecke auch melden. Das Streckemelden mutet heute allerdings etwas altertümlich an. Viel passender sind Worte wie: „Wir haben erlegt:..." Nachdem die Strecke verkündet worden ist, wird sie in der Reihen-

folge verblasen, in der die Wildarten zur Strecke gelegt worden sind, also erstes Signal gleich erste Reihe. Zunächst ertönt das erste Totsignal. Ist Schalenwild gefallen, überreicht der Jagdleiter zum Beispiel die Brüche für das Rotwild. Dann läßt er das Schwarzwild verblasen und überreicht wieder die entsprechenden Brüche. Beim Überreichen von Schützen-

beim Abschlagen des Kopfschmuckes freigelegte Hirn dazu. Schließlich ist der Pansen als Hundefutter Teil des kleinen Jägerrechts.

„Was meint Ihr, auf Schmuckreisig gebettet sähe das doch viel anständiger aus? Kommt, wir brechen ein paar Kiefernzweige!"

Foto: W. Lange

Das kleine Jägerrecht steht grundsätzlich dem Erleger zu. Bricht er allerdings das Stück nicht selber auf, fallen Pansen, Geräusch und der mit den Fingern abpflückbare Feist dem Aufbrechenden zu. Muß aus hygiene-

Es dauert stets eine ganze Weile, bis alle erlegten Stücke einer großen Stöberjagd herangefahren sind. Der guten Organisation gewiß, klönen die Jäger inzwischen in froher Runde.

Foto: M. Breuer

rechtlichen Gründen eine Fleischbeschau erfolgen, verbleiben alle Innereien jedoch beim Stück.

Wer aber gilt als Erleger und wem steht damit das kleine Jägerrecht zu, wenn zwei Kugeln ein Rotkalb oder einen Überläufer zur Strecke brachten? Fielen die Schüsse à tempo, also gleichzeitig, gilt der Jäger als Erleger, dessen Kugel besser sitzt. Maßstab hierbei ist die Zehn auf der jeweiligen DJV-Scheibe, die wir vom Schießstand her kennen. Sonst gehört das kleine Jägerrecht demjenigen, der die erste Kugel erfolgreich plazierte. Dies allerdings unter der Voraussetzung, daß der Überläufer oder das Rotkalb unter den zeitlich-örtlichen Gegebenheiten erfahrungsgemäß zur Strecke gekommen

Foto: H. Eisl

Foto: Hg. Arndt

Foto oben:
Im Biergarten schwärmen
sie von der „guten alten
Zeit". War sie so prächtig
wie ihre Gamsbärte?

Foto links:
„Alle Hände voll" haben die
Treiber. Prächtige Stim-
mung herrscht so bei allen
Vieren.

wäre. Rolliert ein Kanin
nach zwei zeitgleichen
Schrotschüssen, werden
sich die Schützen untereinander einigen. Das verlangt
jagdlichen Anstand. Schuß-
neid spielt dabei hoffentlich ▶

keine Rolle. Der Gentleman gönnt dem Jagdfreund das Kanin. Im übrigen gilt bei Niederwildjagden: Schrotschuß gleich Totschuß. Also wird der Jäger zum Erleger, dessen Schuß das Stück Wild verenden läßt. Nur wenn der heranhoppelnde, schwerkranke Hase lediglich einen erlösenden, raschen Fangschuß benötigt, werden wir diesen Hasen nicht für uns verbuchen.

Mancherorts wird nach einer Gesellschaftsjagd derjenige Jäger zum **Jagdkönig** ernannt, der die zahlen- oder wertmäßig höchste Strecke erzielt hat. Guter Stil will

es, daß ein Jäger keinesfalls Jagdkönig werden kann, wenn er ein nicht freigegebenes Stück geschossen hat. Dem Jagdkönig obliegt es, beim Schüsseltreiben auf die Rede des Jagdleiters oder Revierinhabers zu antworten. Er dankt im Namen aller Gäste für den Jagdtag, würdigt ihn nochmals aus seiner Sicht und spendiert für sämtliche Jagdteilnehmer die eine oder andere „lüttje Lage". Ist kein Jagdkönig ernannt, übernimmt ein redegewandter, älterer Jäger diese Aufgabe.

Jagdgerichte sind selten geworden. Hier werden von einem Lai-

en-„Gericht" beim Schüsseltreiben Verstöße gegen Jagdregeln oder Brauchtum humorvoll geahndet. Als „Strafen" folgen beispielsweise das Spendieren von Getränken oder kleine Geldbußen für die Revierkasse. Aber Achtung: Wirklich schwerwiegendes Fehlverhalten – etwa das Durchziehen durch die Schützenreihe mit geladener Waffe – erfordert ein ernstes Gespräch zwischen dem Jagdleiter und dem Missetäter. Notfalls wird der Jagdleiter Konsequenzen ziehen, die bei frischer, schwerwiegender Tat bis zum Ausschluß von der Jagd führen können.

Foto: U. Grimm

Foto: W. Nagel

Hat ein Jäger während der Einzeljagd besonderes Waidmannsheil gehabt, etwa einen uralten Achter getreckt oder sein erstes Stück Schalenwild erlegt, dann wird er das Bedürfnis haben, in einer besinnlichen Stunde – alleine oder in Gesellschaft – alles nachzuerleben.

Dazu gehört natürlich ein guter Tropfen. Dem verdankt das „Tottrinken" seinen Namen.

Mancher Jäger verharrt gerne noch eine Weile allein am gestreckten Stück, nachdem er es aufgebrochen hat. Seine Gedan-

ken werden dem jagdlichen Erleben um dieses Stück nachhängen, vielleicht aber auch andere, eigene Wege gehen. Diese **„Totenwacht"** unterliegt also der freien Entscheidung jedes Einzelnen.

In den vergangenen Jahrhunderten sind Berufsjäger nach Abschluß ihrer dreijährigen Lehre von ihrem Lehrprinzen zum Jäger geschlagen worden. Nach einer feierlichen Ansprache ohrfeigte der Lehrprinz den jungen Berufsjäger ein letztes Mal. Damals durfte man das noch. Anschließend überreichte er ihm feierlich den Hirschfänger. Nur der fertig ausgebildete Jäger war berechtigt, ihn zu tragen.

In unserem Jahrhundert entstand der Brauch, die jungen Jäger nach bestandener Prüfung **zum Jäger** zu **schlagen**. Dabei ist unsinnigerweise die veraltete Sitte des Pfundegebens eingeflossen. Das Pfundegeben – mehr oder minder kräftige Schläge auf den Allerwertesten – war einst eine Strafe für jagdliches

Fehlverhalten. Üblich war dies vor allem bei den großen höfischen Jagden. Das heutige „Pfundegeben" ist Firlefanz. Wir können einen Jungjäger besser per Handschlag und einigen feierlichen Worten stilvoll in den Kreis der Jäger aufnehmen.

Ein letztes Wort zum Brauchtum: Am 3. November jeden Jahres ist das **Fest des Heiligen Hubertus**. Er gilt in Deutschland als Schutzpatron der Jäger und soll sie – der Legende nach – vor ungezügeltem, zu wildem Jagen bewahren. An diesem Tage werden vielerorts Gesellschaftsjagden, die sogenannten Hubertusjagden, abgehalten. Sie führen häufig viele örtliche Jäger zusammen. Regional sind zudem Hubertusgottesdienste üblich. Sie wurden ursprünglich vor größeren Jagden abgehalten. Heute werden hierbei vielfach melodische Jagdsignale von Bläsergruppen vorgetragen, welche nicht nur Jäger beeindrucken.

FACHLITERATUR

Beständig ist nur der Wandel. – Dieses Wort *Machiavellis* gilt gleichermaßen für Brauchtum wie für Jagdmethoden. Jagdstrategien und jagdliche Bräuche sind nicht für alle Gebiete und Zeiten uniformiert. Die folgenden Literaturhinweise bieten einen Überblick über den aktuellen Stand der Diskussion. Sie informieren über Altes und Neues bei Brauchtum und gemeinsamem Jagen. Sie können nicht in allen Einzelheiten übereinstimmen:

1. Behnke, Hans – Jagdbetriebslehre (4. Auflage 1983)
Wiewohl das Büchlein des Wildmeisters passagenweise ein wenig veraltet ist, enthält es nützliche Hinweise für Vorbereitung und Durchführung einer Gesellschaftsjagd. Detaillierte Fragenkataloge und anschauliche Skizzen helfen dem Jagdleiter, eine Gesellschaftsjagd gründlich vorzubereiten und sicher durchzuführen.
Die Broschur ist derzeit vergriffen, eine überarbeitete Neuauflage unbestimmt.

2. Hespeler, Bruno – Jagd 2000. Zeitgemäße Jagdstrategien (1. Auflage 1995)
Das Buch ist eine Fundgrube für den Schalenwildjäger, unabhängig davon, ob er lieber alleine oder gemeinsam jagt. *Hespeler* schreibt sehr pointiert, gelegentlich provozierend. Das Buch ist – auch wenn man nicht immer einer Meinung mit dem Autor sein wird – ein Lesevergnügen. Darüber hinaus bietet es viele Tips und Tricks für

wildbiologisch sinnvolle und beutereiche Gesellschaftsjagden.

3. Fink, Michael, Hermann Prossinagg, Franz Stättner und Michael Sternath – Jägerbrauch (1. Auflage 1994)
Wenngleich mit österreichischer Brille geschrieben, ist es das beste aktuelle Buch über jagdliches Brauchtum. Die Autoren packen das Thema mit viel Sachverstand und lockerer Feder an. Frei nach *Goethe* – „Ältestes bewahrt mit Treue, freundlich aufgefaßt das Neue" – stellen die Verfasser bewährte Bräuche heraus, schneiden alte Zöpfe ab und sind Neuem gegenüber durchaus aufgeschlossen. Fazit: Unbedingt empfehlenswert.

4. Stahl, Dietrich – Vom Jagdlichen Brauchtum in der Praxis (1. Auflage 1993)

Ein kurzer Leitfaden und Ratgeber zu den jagdlichen Bräuchen, von einem ausgewiesenen Praktiker geschrieben und von *Karl Helmuth Snethlage* liebevoll illustriert. Er wurde im Auftrag des Deutschen Jagdschutz-Verbandes verfaßt. Deshalb können die fundierten und feinsinnigen Überlegungen und Anregungen als Richtlinien für jagdliches Handeln in heutiger Zeit angesehen werden.

5. Zeiß, Carl und Fritz Dobschova – Lexikon der Waidmannssprache (1. Auflage 1992)
Dieses Nachschlagewerk enthält zirka 4.700 Termini. Damit ist es deutlich umfangreicher als das *Frevertsche* „Wörterbuch der Jägerei". Auch in Sachen Jägersprache haben die Österreicher fleißig gearbeitet.

Vorbei die Zeit, da Gespann und Wagen den Hirsch aus dem Wald brachten. Heute geht's mit dem Schlepper. Die Freude des Erlegers ist sicher nicht geringer als damals.

JÄGER & PRAXIS

KURZ & BÜNDIG

DECKUNG & ÄSUNG IM NIEDERWILDREVIER: FASAN ★ REBHUHN ★ WASSERWILD ★ REH ★ HASE ...

EINE BEILAGE DER ZEITSCHRIFT JÄGER

BÖDEN & PFLANZEN

Wer Wildland gestalten will, muß wissen, mit welchen Böden er es zu tun hat. Weiß er es nicht, ist Mißerfolg meist vorprogrammiert.

Auch ohne langwierige Bodenanalysen sagt uns die Natur, wie wir uns zu verhalten haben. Wer die Strauch- und Krautflora in Altholzbeständen, an durchsonnten Waldrändern, in Hecken und Knicks, auf Rainen und an Bachläufen beobachtet, dem zeigen Leitpflanzen, welche Bodentypen wir dort vorfinden.

Die Tabelle „Böden und Weiserpflanzen" veranschaulicht das. Natürlich gibt es zwischen den aufgelisteten Bodentypen zahllose Übergänge. Oft wechselt in kürzestem Abstand ein Typ mit dem anderen oder geht fließend in ihn über. Vornehmlich in schmalen Talauen und an Unterhängen von Hügeln können Hangwassereinzug und Sonneneinstrahlung, Überschwemmungen und Austrocknungen zu untypischem Pflanzenaufbau führen. In der Revierpraxis aber reichen die in der Tabelle angegebe-

nen Leitpflanzen für eine Beurteilung des Bodentyps aus.

Die zweite Tabelle hilft uns beim Anlegen von Hecken, Feldgehölzen und Remisen oder beim Gestalten von Waldrändern (unbedingt eine Genehmigung einholen!). Die beste Mischung aus Baum- und Strauchgewächsen ist immer diejenige, mit der dem Wild gleichzeitig Deckung und Äsung geboten wird. Sie zeichnet sich dadurch aus, daß Baum- und Srauchgewächse jeweils in getrennten Gruppen angepflanzt sind.

BÖDEN UND WEISERPFLANZEN

Nährstoffgehalt/Bodenreaktion	Wasserhaushalt	Bodenart	Gründigkeit	Weiserpflanzen
Nährstoffarm sauer = pH 2,5 - 3,5	abflußgehemmt	Moor	flach	Moose, Birke
Nährstoffarm sauer = pH 3,0 -5,0	guter Wasserzug, Grundwasser 0,40 - 0,80 m	Niederungsmoor, Talaue	mittel	Stieleiche, Birke, Pappel, Weide, Fichte
Nährstoffarm sauer = pH 3,5 - 5,5	grundwasserfern, tiefer als 1,0 m	Sand	tief	Kiefer, Preiselbeere, Birke, Wacholder
Nährstoffarm sauer = pH 4,0 - 6,0	grundwasserfern, tiefer als 1,0 m	lehmiger Sand - sandiger Lehm	tief	Eiche, Kiefer, Heidelbeere, Brombeere, Himbeere, Eberesche, Weißdorn
Nährstoff plus/minus = pH 4,5 - 6,5	mäßig frisch bis frisch	lehmiger Sand - sandiger Ton	mittel bis tief	Buche, Kiefer, Heidelbeere, Himbeere, Farne
Nährstoff plus/minus = pH 5,0 - 7,0	frisch	sandiger Lehm lehmiger Ton	tief	Buche, Hainbuche, Waldmeister, Pfaffenhütchen, Schwarzer Holunder, Hirschholunder
Nährstoffreich = pH 5,5 - 7,5	frisch bis naß	lehmig-tonig — lehmig-kiesig	mittel bis tief	Erle, Weiden, Pappeln, Brennessel
Nährstoffreich = pH 5,5 - 7,5	mäßig frisch bis frisch	lehmig-tonig	tief	Buche, Eiche, Esche, Ahorn, Himbeere
Nährstoffreich = pH 6,5 - 8,0	trocken	Kalk	flachgründig	Wacholder, Schwarzdorn, Wildobst, Orchideen, Heckenrose
Nährstoffreich = pH 6,5 - 8,0	mäßig frisch bis frisch	Kalk	mittel bis tiefgründig	Hainbuche, Buche, Wildobst, Schneeball, Hartriegel, Heckenkirsche

PFLANZUNG VON ÄSUNGS- UND DECKUNGSGEHÖLZEN

Pflanzenart	Alter	Höhe/cm	Bedeutung	Pflanzenart	Alter	Höhe/cm	Bedeutung	Pflanzenart	Alter	Höhe/cm	Bedeutung
1. Leichte, schwach-saure Böden (Sandböden)				Zitterpappel (Aspe)	3jährig	80 - 120	N	Weißdorn	3jährig	50 - 80	A B
Weißdorn	3jährig	50 - 80	D B	**3. Schwere Lehmböden**				Hundsrose	2jährig	50 - 80	D A B
Eberesche	3jährig	50 - 80	A B	Hasel	3jährig	50 - 80	D N B	Schwarzdorn	3jährig	50 - 80	D A B
Stieleiche	3jährig	30 - 50	N B	Rotbuche	3jährig	50 - 80	D	Brombeere	2jährig	–	D A B
Hundsrose	2jährig	50 - 80	D B	Stieleiche	3jährig	30 - 50	D N B	Feldahorn	3jährig	80 - 120	D B
Brombeere	2jährig	–	D A B	Hainbuche	2jährig	40 - 60	D A	Roter Holunder	2jährig	50 - 80	D N B
Himmbeere	2jährig	–	D A B	Schlehdorn	2jährig	50 - 80	D A B	Mispel	2jährig	60 - 100	B
Apfelrose	2jährig	50 - 80	D B	Faulbaum	3jährig	50 - 80	A B	Felsenbirne	3jährig	50 - 80	A B
Traubenkirsche	2jährig	50 - 80	D A B	Bergahorn	3jährig	60 - 100	N B	Kornelkirsche	3jährig	50 - 80	A N B
2. Lehmige, schwach-saure bis schwach-basische Böden				Brombeere	2jährig		D N B	Kreuzdorn	3jährig	50 - 80	A B
Hasel	3jährig	50 - 80	D A B	Schw. Holunder	2jährig	50 - 80	N B	Liguster	3jährig	50 - 80	D B
Schlehdorn	2jährig	50 - 80	B	Wildbirne	3jährig	80 - 120	A B	Sanddorn	3jährig	50 - 80	D A B
Hainbuche	2jährig	40 - 60	D A	Wildkirsche	2jährig	80 - 120	A B	Hasel	3jährig	50 - 80	D A B
Brombeere	2jährig	–	D A B	Holzapfel	3jährig	80 - 120	A B	**5. Moorböden**			
Salweide	2jährig	80 - 120	B	**4. Kalkböden**				Ohrweide	1jährig	50 - 80	N B
dazu Feldahorn	3jährig	80 - 120	N B	Heckenkirsche	3jährig	50 - 80	A B	Grauweide	1jährig	50 - 80	N B
Roter Hartriegel	3jährig	50 - 80	D B	Rotbuche	3jährig	50 - 80	D	Birke	3jährig	60 - 100	
Eberesche	2jährig	60 - 80	N A B	Pfaffenhütchen	3jährig	50 - 80	A N B	Faulbaum	3jährig	80 - 120	A B
				Schneeball	3jährig	50 - 80	A N B	Schwarzerle	3jährig	100 - 140	D

A = Äsungsgehölz (Frucht, Same); D = Deckungsgehölz; N = Verbißgehölz; B = Bienennährgehölz

INHALT

Foto: K.-H. Volkmar

In hohen Fluchten springen die beiden ab. Das zehrt an ihren Kräften. Wo können sie wieder „Energie auftanken"?

Foto: W. Schulte

Deckung und Äsung im Sommer- sowie Winterlebensraum ist das Fundament eines guten Fasanen- revieres.

Foto: M. Danegger

Äsung gibt es für die Hühner meist genug. Oft fehlt's im Revier jedoch an der nötigen Deckung.

Foto: W. Nagel

Die Besätze der Stockente neh- men zu. Hier kann der Jäger noch aus dem Vollen schöpfen.

Foto: K.-H. Volkmar

Seine Ernährungspalette ist breit gefächert. Hasen sind keine Nahrungsspezialisten.

Impressum: **JÄGER & PRAXIS** KURZ BÜNDIG   Deckung & Äsung im Niederwildrevier. Eine Beilage der Zeitschrift JÄGER   Foto: B. F. Fager

Jahr-Verlag GmbH & Co.
Jessenstraße 1
22767 Hamburg
Tel. 040 / 38 90 61 14
Fax 040 / 38 90 63 05

Verleger:
Alexander Jahr

Redaktion: Dr. Rolf Roosen

Autor:
Friedrich Karl von Eggeling

Fachberater: Walter Bachmann

Layout: W. Rabe und I. Jahr

Vertriebsleitung:
Peter Lüdemann

Herstellungsleitung:
Helmut Post,
Brunhild Sudmann (Stellv.)

Druck: Busche, Dortmund

Lithographie: Repro- und
Satztechnik Helmut Gass,
Hamburg

Copyright:
Jahr-Verlag GmbH & Co.
Hamburg 1996

Foto: M. Danegger

Getreidefelder genügen ihm
nicht. Das Rebhuhn liebt die
abwechslungsreiche, kleingegliederte Agrarlandschaft.

DECKUNG &
ÄSUNG

*A*uch in Groß-
stadtnähe
kann der Jä-
ger Reviere mit guten
Niederwildbesätzen
erhalten. Vorausset-
zung dafür ist, daß
Fasan und Rebhuhn,
Hase und Stockente
während der Setz-,
Brut- und Aufzuchts-
zeit Ruhe haben.

Foto: M. Breuer

Feldholzinseln bieten Schutz. Sie sind Oasen für alles Niederwild.

*Deckung schaffen,
lautet also dieDevise.
Auch Bock und Ricke
profitieren davon.
Wie wir rasch und
kostengünstig Dek-*
*kung und Äsung fürs
Niederwild bereit
stellen können, zeigt
uns ein Praktiker.*

Über Jahrhunderte hinweg prägten Felder, Weiden und Wiesen mit ihren Büschen, Hecken und Baumalleen die mitteleuropäische Kulturlandschaft. Ein idealer Lebensraum für sehr viele Wildtiere, eine „heile Welt". Mit der Landwirtschaft wandelte sich auch das Gesicht der Feldmark. Traktoren ersetzten die Pferde, der Mähdrescher die Sense. Die vielen – zugegeben oft zu vielen – kleinen Feldparzellen wichen den maschinengerecht ausgeräumten Großflächen. Wasserläufe wurden kanalisiert oder verschwanden in Rohren unter der

wurden von den Bauern jeweils für sich gesondert bearbeitet. Hier bestanden an den Grenzen viele Übergänge von großen zu kleinen Pflanzen, von lichtem zu dichtem Bewuchs. Die heute übliche, rentabel zu bewirtschaftende Großfläche ist auf 20 bis 30 Hektar einförmig mit einer Pflanzenart bestockt, also grenzlinienarm. Das ganzjährige Angebot an natürlich vorkommenden Pflanzenarten ist so auf einige wenige Kulturpflanzen verringert. Gerste, Weizen, Roggen, Raps, Mais und Zuckerrüben dominieren. Beinahe sämtliche Wildarten verfügen deshalb

nur begrenzt über variable Nahrungsstoffe. Außerdem können sie den von Haus aus vorhandenen, natürlichen Lebensraum bloß örtlich und zeitlich eingeschränkt nutzen. Die von Bund und Ländern initiierten Programme zwecks Beschränkung der landwirtschaftlichen Nutzung – Flächenstillegungs-, Wiesenbrüter-, Ackerrandstreifenprogramme etc. – verbessern und entlasten nur punktuell.

Sofern er nicht Eigenjagdbesitzer ist, sind der Eigeninitiative eines Revierinhabers enge Grenzen gesetzt. Mitunter sind sie nur schwer

Foto: M. Breuer

Foto: Bis zum Horizont weder Baum noch Strauch. Jeder Quadratmeter Land dient dazu, Erträge zu liefern. Das Wild „bleibt hier auf der Strecke".

Zeichnung: Der Revierpächter ist immer auf den guten Willen der Jagdgenossen angewiesen. Nur gemeinsam mit ihnen wird er etwa bei Flurbereinigungen erreichen, daß Deckungs- und Äsungspartien im Revier stärker vernetzt werden.

Erde. Die Rückzugsgebiete, also die ökologischen Zellen der Wildtiere, in einer ohnehin zunehmend lebensfeindlicheren Agrarlandschaft wurden immer kleiner.

GRUND-LEGENDES

Anders formuliert: Aufgrund der Mechanisierung der Landwirtschaft sind die fürs Niederwild dringend notwendigen **Grenzlinien** drastisch vermindert. Die ehemals kleinen Parzellen

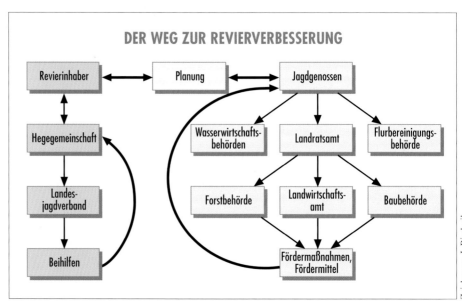

DER WEG ZUR REVIERVERBESSERUNG

Revierinhaber — Planung — Jagdgenossen

Hegegemeinschaft

Wasserwirtschaftsbehörden — Landratsamt — Flurbereinigungsbehörde

Landesjagdverband

Forstbehörde — Landwirtschaftsamt — Baubehörde

Beihilfen

Fördermaßnahmen, Fördermittel

Zeichnung: J. Bindseil

zu überwinden. Solche Grenzen werden gezogen durch nicht ausgenutzte Möglichkeiten bei der Zusammenarbeit mit den Jagdgenossen, durch Unkenntnis effektiver und dennoch kostengünstiger Methoden zur Revierverbesserung und damit letztendlich durch den relativ hohen finanziellen Aufwand, der meist nicht mit der Pachtdauer im Einklang steht.

Das Jagdrecht wie auch andere Rechtsgrundlagen ermöglichen dem Revierpächter nur sehr beschränkt, ihm notwendig erscheinende Maßnahmen auf Wirtschaftsflächen unmittelbar zu ergreifen. Er ist immer an den guten Willen sowie das Verständnis der Grundbesitzer gebunden. Nur wenn dieser Kontakt funktioniert, kann er zum Beispiel auf Flurbereinigungsmaßnahmen mittelbar Einfluß ausüben oder vernetzte Revierverbesserungen im Wege von Flächenstillegungen erreichen. Ein zünftiges Jagdessen mit Spanferkel am Grill und einem Faß kühlem Bier, ein kurzer Klönschnack mit dem Landwirt, der gerade die Stalltüre verschließt, ein Weihnachtsbraten für die Jagdgenossen, all das fördert die Sympathien für den Pächter.

Stimmt dann die „Chemie", werden Grundeigentümer und Pächter so manches Problem einvernehmlich und ganz unbürokratisch lösen.

REVIERANALYSE

Grundlage für alle Planungen ist eine Revieranalyse. So wird ermittelt, welche Revierteile dem Wild derzeit die besten Lebensbedingungen bieten. Die entscheidenden Parameter sind: Ruhe und artgerechte Ernährung in enger Nachbarschaft.

Sind solche Kernzonen im Revier vorhanden, prüfen wir, wie wir sie erhalten oder ausweiten können. Existieren solche Zonen nicht, ist zu überlegen, wo und wie wir sie am geeignetsten schaffen können. **Meßlatte** hierfür ist das sachlich, personell und finanziell Machbare. Sachlich machbar sind Revierverbesserungen nur, wenn der Revierinhaber seine Pläne in enger

Zusammenarbeit mit dem Jagdvorstand und mit den jeweiligen Grundeigentümern bespricht und beschließt. Bei grundlegenden Veränderungen der Revierstruktur, etwa durch Flurbereinigungen oder flächige Unterschutzstellungen von Landschaftsteilen als Landschafts-, Naturschutzgebiet oder Biosphärenreservat hat grundsätzlich nur die Jagdgenossenschaft ein Mitspracherecht in den entscheidenden Verhandlungen. Es gibt aber auch kleinere Maßnahmen, die für die Struktur des Gesamtrevieres nicht so bedeutend, jedoch

Foto: M. Breuer

Links: Gut für die Kartoffeln, schlecht für Insekten und Rebhühner.

Unten: „Kommst du heute abend auf ein Glas Bier in den Dorfkrug?"

Foto: W. Nagel

fürs Wild extrem wichtig sind. Dazu zählt etwa das Anlegen einer „Benjes-Hecke" (siehe dazu Seite 55/56). Hier genügt die Absprache mit dem jeweils beteiligten Grundbesitzer. Die Praxis erweist: Jeder Revierinhaber, ob Eigentümer oder Pächter, bewirkt ▶

schon sehr viel, wenn er ein altes chinesisches Sprichwort beherzigt: Es ist besser, ein kleines Licht anzuzünden, als auf die Dunkelheit zu schimpfen.

Personell durchführbar sind Revierverbesserungen, wenn der Revierinhaber selber aktiv mitarbeitet und Mitpächter sowie Jagdgäste, Teilnehmer von Jungjägerlehrgängen, Schüler oder Aktive anderer Einrichtungen, wie zum Beispiel der dörflichen Feuerwehr, für die Mithilfe im Revier gewinnen kann. Natürlich ist es mit dem Anlegen einer Remise oder eines Ententeiches nicht getan. Personell machbar bedeutet bei Revierverbesserungen also auch, daß wir das Geschaffene erhalten können. Hecken, Remisen und Teiche wollen gepflegt und beaufsichtigt sein. Nützlich ist es zudem, wenn die Maßnahmen zur Revierverbesserung von Land- oder Forstwirten, gegebenenfalls auch von Seiten des Naturschutzes, fachmännisch begleitet werden. Auf diese Weise können Fehler rechtzeitig aufgedeckt und ausgemerzt werden. Ob und inwieweit Revierverbesserungen finanziell machbar sind, entscheidet allein der Revierinhaber. Er wird die laufenden Kosten ständig im Auge haben und dabei stets erneut prüfen, ob Plan, Ziel und Kosten im Einklang stehen. Außerdem wird er sich immer wieder darüber informieren, ob das angestrebte Ziel nicht auch mit einfacheren Mitteln erreicht werden kann. Häufig genügt schon ein be-

scheidener Anstoß, um die Kräfte der Natur alles Weitere kostenlos besorgen zu lassen.

Wer Revierverbesserungen mit Sinn und Verstand angehen will, wird zunächst sorgfältig prüfen, ob im Revier deutlich ausgeprägte Ruhezonen vorhanden sind oder geschaffen werden können. Immer achtet er zudem darauf, ob diese Ruhezonen eng mit Arealen zu verknüpfen sind, die eine

Foto: F. Trippler-Berning

Foto: Hg. Arndt

Oben: Je ungestörter das Wild, desto besser. Ob die Bitte wohl erfüllt wird? Fast zu schön, um wahr zu sein.

Links: Das Rind stört den Hasen wenig, aber der Fotograf ist ihm unheimlich. In Marschgebieten gibt es beides noch satt, Hasen und Milchvieh.

artgemäße Ernährungsgrundlage für die jeweils zu hegenden Wildarten bieten.

Ruhezonen sind vom Menschen, speziell von Wanderern, Joggern oder Mountain-Bikern, möglichst ungestörte Flächeneinheiten. Im Wald rechnen also Dickungen und Verjüngungsflächen, bewachsene Hoch- und Niedermoorflächen dazu, im Feld kleinstrukturierte Ackerflächen im Gemenge mit

Grünland oder Feldrainen, Hecken und Feldgehölzen, also Anbaugebiete, die über einen hohen Grenzlinieneffekt verfügen.

Eine artgemäße Äsungsgrundlage besteht dann, wenn ein für die jeweils zu hegende Wildart arttypisches, breitgefächertes und möglichst ganzjährig verfügbares Nahrungsangebot vorhanden ist, welches nur im Ausnahmefall der Ergänzung durch Fütterung bedarf. Artgemäß kann eine Ernährungsgrundlage nur dann sein, wenn sie ohne größere Störungen vom Wild angenommen werden kann. Sie wird also stets in engem räumlichen Verbund mit dem Einstand – der Ruhezone – liegen. Bei dem derzeit weithin gestörten Raum-Zeit-Nutzungsverhältnis, vor allem der Schalenwildarten, ist es wenig sinnvoll, Ruhe- und Nahrungszone zu trennen und damit dem Wild weite sowie über viele Stunden des Tages unzumutbare Wege aufzudrängen. Letztere sind oft Grund für vermehrte Wildschäden im Einstand oder dem Anwechselgebiet. Die teuerste Lösung ist durchaus nicht immer die beste. Dies gilt insbesondere bei der Anlage von Äsungsflächen im Wald. Hier hat das Erhalten und Schaffen von Ruhezonen – gekoppelt mit auf den Standort abgestimmter, oft genug improvisierter Äsungsverbesserung – im Interesse der Wildschadensminderung und -vorbeugung Vorrang vor starrer Methodik beim Anlegen von Äsungsflächen. In der Feldmark schaffen wir vorrangig Brut- und Aufzuchtdeckung, die sich um Einstandskernzonen gruppiert. Dann folgt die ganzflächige Lebensraumoptimierung, welche überwiegend der Nahrungsverbesserung dient. Bietet sich hier ein Vernetzen von Kernzonen an, ist das mit Nachdruck zu betrei-

ben. Bei der Anlage von Deckungs- und Verbißgehölzen, ebenso für die Wahl der Äsungspflanzen und Äsungspflanzenmengen helfen elf Tips, um „Anfängerfehler" zu vermeiden:

Foto: H. Ascheid

Die blühende Hecke erfreut Mensch und Tier: Singvögel, Rebhuhn und Fasan brüten hier. Uns ist sie eine Augenweide.

ANFÄNGERFEHLER VERMEIDEN

1. Raschwüchsigen Verbißgehölzpflanzen geben wir stets den Vorzug. Je schnellwüchsiger die Pflanze ist, desto kleinere Pflanzen – im allgemeinen von 50 bis 80 Zentimeter Höhe – kann der Jäger verwenden (siehe Seite 34).
2. Anpflanzungen werden im Jahr so früh wie irgend möglich erfolgen. Jede Woche ab März, die wir früher mit einer Pflanzung beginnen, ist ein deutlicher Gewinn für deren Anwuchs.
3. Neuanlagen auf ehemaligem Waldboden bedürfen in aller Re-

gel einer Bodenanalyse, zumindest aber des fachlichen Rates. Jede Gehölzdüngung mit phosphathaltigem Dünger provoziert sofort nachfolgenden Verbiß und zwingt zu Schutzmaßnahmen. Also düngen wir möglichst wenig.
4. Natürlich vorkommende Äsung werden wir stets unterstützen. Erst wenn das nicht geht, greifen wir auf kostenintensive Kunstmaßnahmen zurück.
5. Legen wir Äsungs- und Deckungsflächen in der Feldmark an, so hat Deckung grundsätzlich Vorrang. Wählen wir Pflanzen, die Klima und Boden nicht angepaßt sind, ist das ineffektiv und führt zu unvertretbaren Kosten.
6. Bevor wir Deckungsflächen im Feld in Angriff nehmen, werden wir uns mit den Nachbarn einvernehmlich arrangieren. Zu groß ist die Gefahr, daß Wildkräuter aussamen.
7. Kostensenkend wirkt eine besonders gute Bodenvorbereitung, insbesondere eine sehr tiefe Pflugfurche, durch die die spätere Pflege erheblich vereinfacht wird, da schlafende Unkrautsämereien so „vergraben" werden.
8. Bei den vorgesehenen Sämereien verwenden wir stets das Minimum der angegebenen Aussaatmengen. Im allgemeinen genügt sogar die Hälfte der Saatgutmenge völlig. Die Einzelpflanzen ent- ▶

wickeln sich kräftiger, Lager werden vermieden, Regennässe und Tau verschwinden rascher.

9. Volldüngern geben wir immer den Vorzug vor Düngern mit hohem Stickstoffanteil. Auf sauren Böden ist eine Grundkalkung erforderlich.

10. Die Pflege von Äsungsflächen im Feld beschränken wir darauf, daß wir streifenweise trockene Sonnenflächen schaffen und erhalten.

11. Nur, wenn durch ausfliegende Samen Nachbarfelder geschädigt werden könnten, erfolgt eine Unkrautbekämpfung.

Bei all diesen Maßnahmen zur Revierverbesserung wird der Fasanenheger grundsätzlich diese Erfahrung machen: Sie optimieren nicht allein die Lebensbedingungen für die Fasanen, sondern gleichzeitig für alles Raubwild. Wer dem nicht genügend Rechnung trägt, setzt alle seine Bemühungen in den Sand. Hier ist der Jäger gefragt, mit Büchse und Flinte, mit seinem Erdhund, vor allem aber mit der Falle.

Es würde den Rahmen dieses Sonderheftes sprengen, wenn hier Rezepturen für alle möglichen Varianten der Nahrungsverbesserung gegeben würden. Boden, Klima und Höhenlage entscheiden örtlich über die vorhandenen Möglichkeiten (siehe dazu Tabellen auf Seite 34). Nachfolgend werden gangbare Wege aufgezeigt, um Deckung und Äsung für Rehe, Fasanen und Rebhühner, Feldhasen und Wildkaninchen, Wildenten und -gänse zu verbessern. Sie dienen dem Praktiker mit normalem Geldbeutel als Weiser. Ein Anspruch auf Vollständigkeit wird nicht erhoben. Hier hilft nur örtliche Erfahrung weiter.

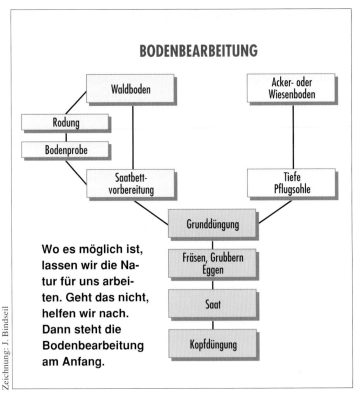

Foto: U. Hausen

Zeichnung: J. Bindseil

BODENBEARBEITUNG

Waldboden

Acker- oder Wiesenboden

Rodung

Bodenprobe

Saatbettvorbereitung

Tiefe Pflugsohle

Grunddüngung

Fräsen, Grubbern Eggen

Saat

Kopfdüngung

Wo es möglich ist, lassen wir die Natur für uns arbeiten. Geht das nicht, helfen wir nach. Dann steht die Bodenbearbeitung am Anfang.

Übers Jahr verteilt hat er Benjes-Hecken angelegt, Müll beseitigt und Sonnenflächen in Dauerbrachen angelegt. Jetzt gönnt er sich einen Jagdtag mit Hund und Flinte.

DECKUNG UND ÄSUNG FÜR DAS REHWILD

Rehe sind „Konzentratselektierer". Rehwild hat einen – jahreszeitlich unterschiedlichen, stets aber relativ hohen – Bedarf an leichtverdaulichem Eiweiß, also proteinreicher Nahrung. Gleichzeitig sind Rehe sehr standorttreu und beanspruchen nur einen kleinen Lebensraum, der in der Regel über das ganze Jahr verteilt nur wenige Hektar umfaßt. Optimale Lebensräume sind reich gegliederte Waldungen, die dem Reh aufgrund ihrer vielen Randlinien gute Grundnahrung und schnell erreichbare Deckung bieten. In der möglichst ganzjährig äsungsreichen Feldflur befinden sich dichte Hecken in guter Vernetzung mit Feldgehölzen und den deckungsreichen Waldrändern geschlossener Forsten.

Die offene Landschaft bietet letztgenannte Voraussetzungen nur selten. Deshalb kommt es im Winterhalbjahr vielerorts zu unerwünschten Wildkonzentrationen in feldnahen Wäldern. Das hat unverhältnismäßig hohe Verbißschäden zur Folge. Die Hauptaufgabe des Rehwildhegers liegt damit auf der Hand: Er wird nach Möglichkeiten suchen, um das jahreszeitliche Raum-Nutzungsverhalten zu entzerren.

wieweit das Ausführen genehmigter Maßnahmen von ihm später getragen und finanziert werden kann oder muß, ist situationsweise verschieden. Viele Bundesländer subventionieren das Anlegen von Feldholzinseln oder die Umwandlung von Geringland in Wald. Dahingegen werden Hecken und Windschutzstreifen fast immer im Rahmen von Flurbereinigungsmaßnahmen angelegt. In beiden Fällen kann der Revierinhaber nicht direkt einwirken. Er hat aber über den Grundeigentümer oder über die Jagdgenossenschaft die Möglichkeit, seine Ansichten und Planung vorzutragen. Bei der Anlage von Feldgehölzen wird sich seine Auffassung fast immer mit der der bewilligenden Forstbehörde decken. Sie fördern und fordern

hen auch ertragreiche Ackerböden verloren.

Hecken bieten nicht nur dem Rehwild, sondern allem Niederwild Deckung und Äsung. Die Neuanlage von **Hecken** ist für alle Wildarten nur dann sinnvoll, wenn die Hecke eine Mindestbreite von fünf Zeilen umfaßt (siehe Zeichnung Seite 44). Fünf Zeilen entsprechen fünf Reihen mit je einem Abstand von eineinhalb Metern plus je einem Meter Hochstaudenflur an den Seiten. Dies ergibt dann eine Heckenbreite von fünf mal eineinhalb plus zwei Meter, insgesamt also 9,5 Meter. Jede schmalere Hecke wird zur „Marderrennbahn". Sie bietet weder ausreichend Deckung noch erzeugt sie genügend Eigenleben in ihrem Inneren. So trägt sie kaum

Foto: St. Meyers

Feldrehe stehen oft in großen Sprüngen abseits von Baum und Strauch. Heranreifendes Getreide gibt Sicherheit.

DECKUNG UND ÄSUNG IM FELD

Bei angestrebten Nutzungsänderungen in der Feldmark wird der Revierinhaber in der Regel bloß Anstoß und Motor sein. Nur selten ist er in der Lage, selbständig Maßnahmen durchzuführen. In-

nämlich fast durchweg wildfreundliche Pflanzen. Sie verlangen eine Mischung von Licht- und Schattenbaumarten, die Anlage eines Traufes und damit gute Deckung. Sehr viel problematischer gestaltet sich die wildgerechte Anlage von Hecken und Windschutzstreifen. Denn hier ge-

zu einer echten Deckungs- und Nahrungsverbesserung für Rebhuhn und Fasan, für Hase oder Reh bei. Ist die Anlage einer fünfzeiligen Hecke unmöglich oder nicht durchsetzbar, sollten wir bei dreizeiligen Hecken darauf bestehen, daß die Reihenabstände zwei Meter betragen. Damit erreichen ▶

wir immerhin eine Gesamtbreite von drei mal zwei plus zwei, also insgesamt acht Meter.

Taugliche **Feldholzinseln** sind grundsätzlich so ausgelegt, daß sie an der schmalsten Stelle mindestens zwanzig Meter aufweisen. Und sie taugen nur, wenn die Außenränder buchtig gestaltet und die eingeschnittenen Buchten sich selbst überlassen werden. Die durch Buchtungen verlängerten Grenzlinien haben ein Spiel von Sonne und Schatten, von Windruhe und Prallhang zur Folge.

Wollen wir Ruhe- und Nahrungszonen miteinander koppeln, vernetzen wir im Idealfall Feldgehölze mit Hecken. Auf diese Weise ist es durchaus möglich, Rehwild ganzjährig in der Feldmark zu hal-

Pflanzung eine Startdüngung erhalten hat. In aller Regel genügt ein einfacher Maschendrahtzaun mit Sechseck- oder Viereckgeflecht in einer Höhe von eineinhalb Meter. Die Pfosten brauchen nicht hochdruckimprägniert zu sein. Eine Lebensdauer von fünf bis sieben Jahren reicht völlig aus.

Grundsätzlich gilt: Die Äsungsverbesserung in der Feldmark ist in den meisten Revieren nur für den Spätherbst und Win-

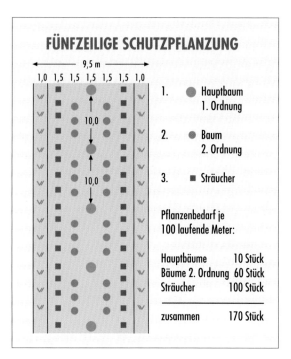

ten und damit auch den Wald zu entlasten.

Ob Feldgehölze und Hecken bei ihrer Anlage gezäunt werden müssen, entscheidet in fast allen Fällen die bewilligende Behörde. Hat sie sich nicht fürs Gattern ausgesprochen, ist das oder aber wenigstens der Einzelschutz von Baumpflanzen dennoch fast durchweg geboten, vor allem dann, wenn die

ter notwendig. Absoluten Vorrang hat für uns hier, Deckung zu schaffen. Lediglich in Gebieten mit sehr großflächiger landwirtschaftlicher Nutzung kann es erforderlich werden, im räumlichen Zusammenhang mit der Deckung auch Äsungsflächen anzulegen. Damit überbrücken wir dann den Nahrungsengpaß zwischen Getreideernte und auflaufender Winter-

Oben: Vom Igel bis zum Rehbock – hier finden viele Tiere Unterschlupf.

Links: Eine Hecke im Querschnitt. Sie erfüllt alle Anforderungen der Wildhege und sorgt für Windschutz.

saat von Raps, Roggen oder Weizen. Als „Brücke" eignen sich die sogenannten „Wildland-Gemenge" am besten. Wir können sie problemlos über den Fachhandel beziehen. Sie gewährleisten für die Monate August bis in den November hinein eine vielseitige, nährstoffreiche Äsung. Die im Mai/Juni bestellten Flächen erhalten eine normale landwirtschaftliche Düngung und nach Möglichkeit im Juli noch eine mittlere Kopfdüngung mit einem Stickstoffdünger, der eine vorzeitige Annahme verhindert oder abbremst. Aufgrund dessen stehen die Flächen dem Wild dann ab etwa Mitte August voll und weitgehend unangerührt zur Verfügung.

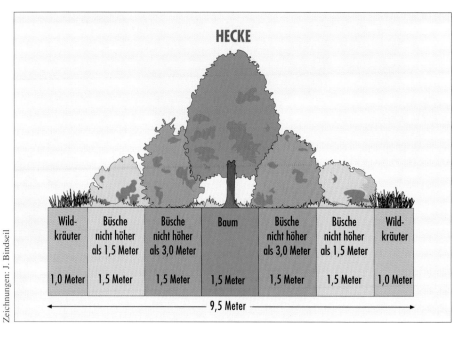

Zeichnungen: J. Bindseil

Foto: H. Arndt

ÄSUNG UND DECKUNG IM WALD

Im Unterschied zum Feldjäger hat der Inhaber eines Waldreviers viele Möglichkeiten, dem Rehwild eine artgerechte Nahrung anzubieten. Er muß dies nur wollen. In der Praxis geschieht sehr wenig. Wüßten Waldbesitzer darum, wie einfach und effektiv verschiedene Maßnahmen sind, würden sie sich dafür stark machen. Mit ziemlich simplen, preiswerten Mitteln ist es möglich, Verbißschäden, vor allem im Sommer- und Winter, zu vermindern. Patentrezepte, um den Vorfrühlings- und Frühjahrsverbiß zu vermeiden, gibt es nicht. Knospen und Triebe der Forstpflanzen sind in dieser Zeit schmackhafter als alle andere Äsung.

Hier hat der Pächter „geschlafen". Unter den Hochspannungsmast gehört Dauerdeckung: Ginster, Bitterlupine oder Comfrey.

Der gewiefte Inhaber eines Rehwildrevieres wird seine Maßnahmen zur Äsungsverbesserung auf den Bereich der Wald-Feld-Grenze konzentrieren – bis zu einer Tiefe von 200 bis 300 Meter in den Wald hinein. Für ihn gibt es eine Reihe von Möglichkeiten, die nur wenig kosten, keinen Waldboden beanspruchen und somit ohne Schwierigkeiten durchführbar sind. Wollen wir die Waldvegetation

Die beiden haben es richtig gut. Ihnen bietet der Wald Deckung und frische Äsung soweit die Lichter reichen. ▶

Foto: M. Danegger

besonders im Frühjahr entlasten, sorgen wir dafür, daß auch in dieser Zeit hochwertige, früh verfügbare Gras-, Klee- und Krautnahrung vorhanden ist. Als Einsaatstellen bieten sich Schneisen und Erdwege an, die durch Einstände, also Dickungen und Kulturen, führen. Außerdem sind Holzlagerplätze, Böschungen und durchsonnte Altholzränder geeignet. Fast immer genügt es, wenn diese Flächen eine phosphatreiche Düngung erhalten. Aber Achtung: Düngen wir erst im Frühjahr, greift das dann, wenn den Rehen ohnehin ausreichend Äsung zur

bereits im ersten Jahr danach – verstärkt im Jahr darauf – Kräuter und Leguminosen einstellen. Diese bieten weit früher als die sonstige Vegetation im und am Wald eiweißreiche Nahrung. Hier gilt es dann, weitgehend für Ruhe zu sorgen.

Böschungen und Altholzränder im Anschluß an Einstände gestalten wir mit einfachen Mitteln für das Rehwild attraktiv, indem wir Ginster und Lupinen einsähen. Ginster, und zwar nur der gelbblühende mitteleuropäische Ginster, ist eine ausgezeichnete Winteräsung. Gelegentlich äsen Rehe sogar des-

sen Knospen und Blüten. Die mehrjährige Bitterlupine bietet im Juni Blütenäsung. Das Wild nimmt sie ab August auch gerne an. Damit der Ginster keimt, müssen wir das Saatgut ritzen. Das geschieht am preiswertesten, indem wir einen Eimer zur Hälfte mit scharfem, schwach feuchtem Mauersand füllen und die andere Hälfte mit dem Samen aufschütten. Rühren wir drei Wochen lang die Mischung zweimal wöchentlich gut durch, erreichen wir eine ausreichende Ritzung. Anschließend bringen wir das Gemisch breitwürfig oder punktuell aus und

kratzen es ein. Am geschicktesten ist es, wenn wir nach einem Fräsgang aussäen und einrechen. Bester Aussaatzeitpunkt ist der, wenn sich am Samen die ersten Triebspitzen zeigen.

Bei der Lupine ist das Ritzen nicht notwendig. Ihre Einsaat erfolgt nach demselben Mu-

Foto: H. Schulz

Oben: Ein Ginstermeer. Vom Frühjahr bis in den Winter bietet es Bock und Ricke Deckung.

Rechts: Sucht er hier nur seine Ruhe oder will er auch von den Blüten naschen?

Verfügung steht. Schneisen, Wegränder und Lagerplätze wollen im Herbst gedüngt werden. Hier reichen etwa fünfzig Kilogramm eines Volldüngers aus. Damit können wir rund 1.500 Quadratmeter so abdüngen, daß die Wirkung im erwachenden Frühjahr einsetzt. Sie hat dann zur Folge, daß sich

Foto: W. Radenbach

Foto: R. Lodzig

Im Bärlauch hat er sich niedergetan. Ein sicheres, naturbelassenes Fleckchen. Solche Plätze wird der Heger nicht verändern.

ster wie beim Ginster.

Diese Maßnahmen können wir natürlich überall im Waldrevier, nicht nur im Waldrandbereich durchführen. Sie sind preiswert und gleichzeitig effektiv. Dagegen ist die Neuanlage und Pflege von Wildäckern und Wildwiesen allein für Rehwild kostspielig und oft genug auch mühsam. Denn hierfür benötigen wir nicht nur Grund und Boden, sondern auch entspre-

chendes Gerät. Nur wenige große Privatwaldbesitzer verfügen über die entsprechenden finanziellen Möglichkeiten.

Zum Abschluß sei nochmals mit Nachdruck auf die beim Rehwild beliebten natürlichen Äsungsplätze hingewiesen. Jeder Jäger kennt sie in seinem Revier. Immer wieder trifft er gerade hier Rehe beim Äsen an. Die ganze Kunst des Hegers besteht darin, an diesen Stellen keine Veränderungen vorzunehmen. Vielleicht gelingt es, den Rehen an diesen bevorzugten Plätzen ein wenig mehr Ruhe durch Sichtschutz zu gewähren.

DECKUNG UND ÄSUNG FÜR FASANEN

Natürliche Vorkommen von Fasanen bestehen aus sich selbst heraus fort und sind nicht auf Neu- oder Nachbesiedelung angewiesen. Sie konzentrieren sich auf nur wenige Landschaftstypen. Dies sind im wesentlichen Flußauen mit dichtem Bewuchs – vor allem auch ausgedehnten Schilfbeständen –, landwirtschaftliche Gebiete mit kleiner Feldstruktur und reichlich vorhandenen Grenzlinien, etwa Gemüseanbaugebiete, Wein- ▶

Foto: H. Hess

Gefährdung Nahrungs- und Deckungsraum zu erreichen.

Vergleicht man die Jagdjahre 1971/72 und 1994/95 miteinander, fällt auf: Im Jagdjahr 1971/72 wurden in den alten Bundesländern noch beinahe 1,4 Millionen Fasanen erlegt. Dagegen beläuft sich die Strecke des Jagdjahres 1994/95 in den alten und neuen Bundesländern auf knapp 250.000 Stück. Ein dramatischer Rückgang! Er gründet entscheidend in einer stark intensivierten Landwirtschaft. Die hierbei eingesetzten Maschinen fahren während der Arbeit wesentlich schneller und haben eine größere Arbeitsbreite als noch vor zwanzig Jahren. Teilweise mähen oder roden sie auch nachts im Scheinwerferlicht. Jedes sich drückende Stück Wild ist verloren. Der erste und zweite Schnitt zur Heu- und Silagegewinnung und die Zuckerrübenernte durch Unternehmer sind klassische Beispiele hierfür. Passionierte Jäger unter den Landwirten bestätigen übereinstimmend: Sie sehen keine Chancen, diese Wildverluste im Sommerhalbjahr entscheidend zu mindern. Darüber hinaus bieten die fadengerade gedrillten Reihen im Mais- oder Rübenschlag dem Raubwild prima Gelegenheit zu erfolgreicher

Oben: So mögen es die Fasanen. Dieses Revier sagt ihnen zu. Der Inhaber schuf erst geeigneten Lebensraum und wilderte dann aus.

Rechts: Ihm behagen die fünf W's: Wiese, Wald, Wasser, Weizen und Wärme.

bauregionen, und schließlich Landstriche mit warmen Böden und einer idealen Verteilung von unterholzreichen Waldparzellen in der Flur. Alle diese Biotope zeichnen sich durch ein hohes Maß an Deckung aus. Sie ermöglichen den Fasanen, mit einem Minimum an

Foto: R. Mayr

Foto: H. Hess

Ein Küken nur führt diese Henne. Wurden die Geschwister Beute von Fuchs, Hermelin oder Rabenkrähe? Oder wurden sie Opfer der naßkalten Witterung im Frühjahr?

Pirsch. Hinzu kommen der seit 1971/72 erheblich gestiegene Räuberdruck auf die Fasanen und die seitdem fortgeschrittenen Domestikationserscheinungen künstlich erbrüteter Fasanen. „Domestizierte Fasanen" verlegen ihre Eier, zeigen mangelndes Feindverhalten und vermögen nicht mehr aufzubaumen. Sie taugen nicht für die freie Wildbahn! Seit einigen Jahren haben die meisten Fasanerien allerdings ihre Zuchtbasis auf ein erheblich besseres Niveau abgestellt. Außerdem hat das unsinnige Aussetzen lebensuntüchtiger Vögel stark nachgelassen. Der hohe Feinddruck auf die Fasanen aber bleibt.

Wird in einem geeigneten Revier geplant, den der-

Dauerbrachen sind schon im zweiten Jahr weniger wert. Schälen wir sie streifenweise, bieten sie dem Wild wieder mehr.

zeitigen Minimalbesatz allmählich wieder aufzubauen, werden im Vorfeld fünf unbedingt notwendige **Vorarbeiten** vollzogen:
1. Das Erhalten und Neuschaffen von Deckung im Sommer- und Winterlebensraum.
2. Das Vernetzen von Deckungs- und Äsungsraum.
3. Das Schaffen von Fluchtdeckung im Äsungsraum.
4. Das Vermindern des Feind-

druckes; Fuchs, Marder, Großwiesel und Rabenvögel werden wir in Fasanenrevieren kurzhalten. Beim Habicht wäre dies ebenfalls nötig, doch untersagt uns das der Gesetzgeber derzeit leider.
5. Ein Umorientieren bei der Anlage von Fütterungen und dem Füttern.

Für diese Vorarbeiten benötigen wir mindestens drei Jahre. Erst dann werden sie wirksam. Hast und Eile bedeuten nichts anderes als Geldverschwendung. Zunächst müssen wir für ein ausreichendes Lebensraumangebot sorgen. Sonst sind alle Wiederbesiedelungsmaßnahmen zum Scheitern verurteilt. Wie der Feinddruck gemindert werden kann, wurde in Jäger & Praxis Nr. 8 und 9 bereits dargelegt. Hier werden die notwendigen Maßnahmen zur besseren Lebensraumgestaltung vorgestellt. ▶

Foto: M. Breuer

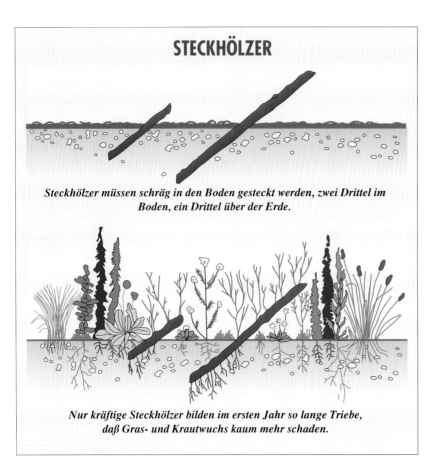

STECKHÖLZER

Steckhölzer müssen schräg in den Boden gesteckt werden, zwei Drittel im Boden, ein Drittel über der Erde.

Nur kräftige Steckhölzer bilden im ersten Jahr so lange Triebe, daß Gras- und Krautwuchs kaum mehr schaden.

von etwa drei Metern stehenläßt. Auf diese Weise werden Deckungs- und Äsungsfläche miteinander vernetzt. Falls es uns gelingt, Schmalflächen anzupachten, können wir sie mit Mais bestellen, in günstigen Klimaten mit Kolbenhirse, gelegentlich auch mit Topinambur. Schließen solche Schmalflächen an ihrem Ende an Hecken oder Hegebüsche an, werden dort echte Lebensräume entstehen, die bis in den Winter hinein gegen Feinde aus der Luft Schutz bieten.

Haben wir die Chance, einige Flächen zu pachten, können wir auch Fasanendeckung im Sommerlebensraum schaffen. Dies ist ebenfalls möglich, wenn wir vorhandene Deckungsflächen entsprechend gestalten oder aber die Ernte auf dem Halm aufkaufen und sie damit verzögern. Am ehesten vermögen wir wohl schmale Feldstücke an der Schattenseite von Feldgehölzen anzupachten.

SOMMER-LEBENSRAUM

Im Sommer werden die Fasanen durch Mäh- und Erntearbeiten dezimiert. Erhebliche Verluste entstehen außerdem, wenn sich zwischen dem Deckungs- und dem Äsungsraum ungedeckte Flächen befinden. Vor allem Jungvögel bis zum vierten Lebensmonat sind gezwungen, sie zu Fuß zu überbrükken. So werden sie zur leichten Beute für Greifvögel.

Um einen Großteil der Jungfasanen bis in den Herbst zu bringen, werden deshalb gedeckte Laufbahnen – bis mindestens einhundert Meter – von der Deckung entfernt angelegt. Solche Laufdeckung können wir ohne allzugroße Schwierigkeiten schaffen, wenn auf die Mahd vorhandener Gräben verzichtet wird, der Landwirt Altgrasstreifen beläßt oder das Gras in Wiesen in einer Breite

Zeichnungen: J. Bindseil

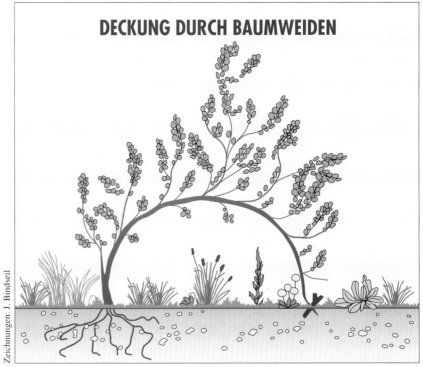

DECKUNG DURCH BAUMWEIDEN

Eine fest verankerte Baumweide im dritten Jahr nach ihrer Pflanzung. Pflanzen wir kreuzweise Baumweiden, ergibt sich eine undurchdringliche Deckung nach oben.

Parallel dazu versuchen wir, mit den Landwirten zu vereinbaren, daß wir die Feldgehölze fasanengerecht gestalten dürfen. Hier bewähren sich unsere guten Kontakte zu den örtlichen Landwirten. Angepachtete Feldsäume können mit Mais oder – als Dauerdeckung – mit Topinambur bestellt werden, Waldränder mit Spiräe oder Polyganum traufartig unterbaut werden. Daß Feld- und Walddeckung unmittelbar aneinander anschließen, ist dabei entscheidend. Feldflächen, die für ein oder fünf Jahre stillgelegt sind und begrünt werden sollen, können Saatgutmischungen erhalten. Sie sind über den Fachhandel beziehbar und bieten den Fasanen zugleich Deckung sowie Äsung. Stillegungsflächen werden im Juli geschröpft oder gemäht. Andernfalls verlieren sie spätestens ab Mitte September, wenn der Tau nicht mehr abtrocknet, ihre günstige Wirkung auf alle Niederwildarten. Es ist daher wichtig, nach Ende der Brutzeit, also etwa ab Mitte Juli, zirka zwei Meter breite Streifen durch die Stillegungsflächen hindurchzumähen. Die Streifen verlaufen optimal in Ost-West-Richtung, weil sie dann Schatten und Sonne bieten. Nicht nur wir Menschen, auch Fasan, Hase und Rebhuhn schätzen ein warmes Plätzchen. Die Entfernung der Streifen voneinander beträgt etwa 20 bis 30 Meter.

Dauerbrachen verlieren an Anziehungskraft auf alles Niederwild meist schon im zweiten Jahr, wenn die samentragenden Blühpflanzen von den Tiefwurzlern unterdrückt werden. Hier ist die streifenweise Mahd ausgesprochen nützlich, da durch sie auch die einjährigen samentragenden

Pflanzen gefördert werden. Am besten für eine optimale Fasanenhege ist natürlich der Kauf oder die langfristige Pacht von geeigneten Flächen, zumal wenn sie im Verbund mit Hecken oder Feldgehölzen liegen. Hier hat der Heger dann freie Hand und ist in der Lage, Dauerdeckung zu schaffen, indem er eine Remise anlegt (siehe dazu auch Sonderheft Nr. 10, Seite 108).

Die einfachste und zugleich preiswerteste Lösung ist das Bepflanzen solcher Flächen mit Weiden durch Steckhölzer. **Steckhölzer** können wir entweder selbst von vorhandenen Bachweiden gewinnen – Februarschnitt, in Bündeln in feuchtem Sand aufbewahrt –, oder von Baumschulen erwerben. Fast überall und auf beinahe sämtlichen Böden – ausgenommen sind nur sehr trockene Böden – gerät die Korbweide am besten. Wir schaffen innerhalb von zwei Jahren eine fast undurchdringliche Deckung, wenn wir zwischen die Korbweiden Baumweiden im Verband von etwa drei Metern pflan-

zen. Dabei sind die Spitzen der zwischen 180 bis 220 Zentimeter hohen Bäumchen bis zur Erde heruntergebogen und dort verankert (siehe Zeichnung). Der gebogene Stamm treibt schon im ersten Jahr zahlreiche Hochtriebe aus schlafenden Augen. Fasanen, Hasen und Kaninchen können unter den Stämmen leicht hindurchschlüpfen. Für Mensch und Gebrauchshund wird die Anlage bald fast unbegehbar. Das Anlegen von Remisen mit Hochstämmen und/oder

Foto: H. Schulz

Im Frühjahr und Sommer ist sein Tisch überreich gedeckt. Futterbahnen in guter Sichtdeckung helfen ihm über die karge Winterszeit.

relativ langsamwüchsigen Straucharten sollte mit der Pachtdauer im Einklang stehen, da sich ihre Wirkung erst nach einer Reihe von Jahren zeigt.

WINTER-LEBENSRAUM

Im Winter stellt alles Raubwild den Fasanen nach. Wesentliche Verluste werden durch Greifvögel verursacht, vor allem durch den **Habicht**. Da er keine Jagdzeit hat, kommt es darauf an, ihm das Schlagen von Fasanen so schwer ▶

wie nur irgend möglich zu machen. Um dieses Ziel zu erreichen, hat der Heger zwei Möglichkeiten: An erster Stelle wird er **Sichtdeckung** im Winterquartier schaffen. Am langwierigsten, aber auch am sichersten ist es, dichtes Unterholz, also Nadelbäume, Holunder, Spiräe, Brombeere – am Waldrand Riesenknöterich, Bärenklau, Topinambur und Mais – zu pflanzen und zu fördern. Auch wenn die letztgenannten Pflanzen im Schnee zusammenbrechen, bieten sie einen noch ausreichenden Schutz nach oben. Kombinieren wir beide Maßnahmen, wird dadurch die Zeit überbrückt, in der die Deckung im Wald erst wieder heranwächst. Oder es wird die Deckung dadurch wenigstens teilweise ersetzt, wenn der Waldbesitzer größere Unterbauten nicht gestattet. Im Schilf hat sich das büschelweise Zusammenbinden von Schilfhalmen bewährt.

An zweiter Stelle – aber nicht weniger wichtig – wird der Heger die Art und Weise der **Fasanenfütterung** umstellen. Nicht mehr gedeckte Schütten, sondern Futterbahnen sind angesagt. Die in Mitteleuropa ursprünglich bewährte Art der Fütterung in gedeckten Schütten ist nämlich zu einem erheblichen „Verlustfaktor" geworden: Die Habichte fallen über der Schütte in Bäumen ein und haben so „bequemes Spiel". Auch der Wert von Futterautomaten ist umstritten. Die rangniederen Hähne neigen aus Konkurrenzneid und/oder Frustration dazu, abzuwandern. So ist das Anlegen von Futterbahnen in guter Sichtdeckung den Schütten oder Automaten vorzuziehen. Futterbahnen sollten etwa 15 bis 25 Meter lang und ungefähr einen Meter breit sein. Sie werden handhoch mit Strohhäcksel bestreut. Das Futter wird breitwürfig auf den Häcksel ausgebracht. Vor allem in den Niederlanden, Dänemark und Großbritannien wird bei-

Foto: C. M. Bahr

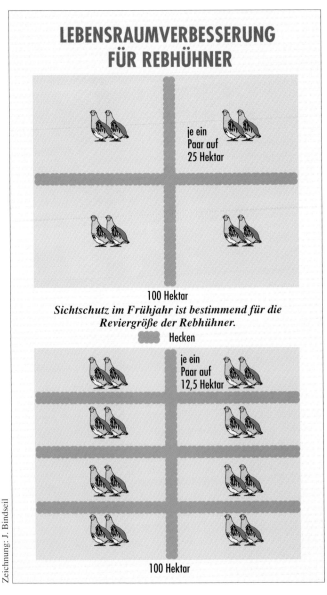

LEBENSRAUMVERBESSERUNG FÜR REBHÜHNER

je ein Paar auf 25 Hektar

100 Hektar

Sichtschutz im Frühjahr ist bestimmend für die Reviergröße der Rebhühner.

Hecken

je ein Paar auf 12,5 Hektar

100 Hektar

Zeichnung: J. Bindseil

Foto: Auf blankem Acker entgeht seinem scharfen Auge so schnell kein Fasan. Schaffen wir Sichtdeckung im Winterquartier, hat es der Habicht schwer, Fasanen zu schlagen. Nur so geht es, denn bejagen dürfen wir ihn leider nicht.

Zeichnung: Rebhuhnhege ist kinderleicht, jedenfalls in der Theorie. In der Praxis ist sie ein oft steiniger Weg. Doch zeigt uns das Feuchtwanger Modell, daß er gangbar ist.

nahe ausschließlich auf Futterbahnen gefüttert. Sie gewähren den Fasanen gute Sicht nach oben, verhindern Konkurrenzneid und bieten ihnen ausreichend Möglichkeiten zum Scharren.

Die Nachteile von Futterbahnen bestehen darin, daß sie gelegentlich verschneien und daß sie in der Nachbarschaft neu angelegt werden müssen, wenn der Häcksel unansehnlich geworden ist. Insgesamt gesehen überwiegen jedoch die zuvor benannten Vorteile diese Nachteile bei weitem.

Foto: Dr. K.-H. Betz

DECKUNG UND ÄSUNG FÜR REBHÜHNER

Der Besatz an Rebhühnern ist – mit wenigen Ausnahmen – in den vergangenen dreißig Jahren erschreckend zurückgegangen. Große Gebiete sind heuer rebhuhnleer. In vielen Regionen beträgt die Frühjahrsdichte nur 0,5 bis 1,0 Paare je hundert Hektar. Bei einem derart geringem Besatz führen schon wenige schlechte Aufzuchtjahre oder strenge Winter zum völligen Erlöschen der Population. In den letzten fünf bis sechs Jahren scheint sich in Deutschland der Rebhuhnbesatz auf niedrigem Niveau stabilisiert zu haben. In einigen Landstrichen hat der Besatz sogar wieder zugenommen. Dies gilt vor allem für Gebiete, in denen warme, durch-

Oben: Futter benötigen sie in dieser Jahreszeit nun wirklich nicht. Zusätzliche Deckung aber ist immer gut. Da können wir tatkräftig helfen.

Unten: Wer war wohl der Störenfried? Ohne ausreichende Deckung können Rebhühner kaum Fettreserven für den Winter anlegen.

Foto: B. Volmer

lässige Böden vorhanden sind, auf denen die landwirtschaftliche Fläche zu mindestens einem Drittel als Wiesen genutzt wird und in denen die Gesamtstruktur aus mittelbäuerlichen Betrieben besteht, deren Feldgrößen nicht über drei bis fünf Hektar betragen. Das bestätigt eine von Wissenschaftlern vor allem in England längst erwiesene Tatsache: Optimale Rebhuhnbesätze finden wir nur dort vor, wo in der Agrarlandschaft viele Grenzlinien vorhanden sind und Altgrasbestände den Hühnern Nahrung und Deckung bieten. Leider wird damit ebenso ein

stellen, daß pro hundert Hektar landwirtschaftlicher Nutzfläche noch mehr als ein Paar Hühner vorhanden ist, die Junghühner verschiedener Ketten sich also im Frühjahr begegnen können, wird es sich lohnen, über intensive Hegemaßnahmen nachzudenken. In solchen Fällen bietet der Lebensraum höchstwahrscheinlich immerhin noch ein Minimum an Chancen. Und die warten darauf, genutzt und ausgebaut zu werden. Voraussetzung hierfür ist das Mitwirken der örtlichen Landwirte. Um noch vorhandene Lebensräume des Rebhuhns zu erhalten

dieselben Anforderungen an die Deckung stellen, haben wir es mit unserer Hilfe recht leicht. Sie besteht darin, daß wir so viele Grenzlinien wie irgend möglich schaffen. Wir sorgen also im März für Sichtdeckung der Paare voreinander, für eine möglichst vielseitige Sommernahrung und im Winterhalbjahr für Deckung gegen Feinde.

FEUCHTWANGER MODELL

Wie es sich zeigt, macht ein Stufenplan Sinn. Er muß von den be-

Foto: W. Henkel

Zweites bestätigt: In großräumig bewirtschafteter Agrarsteppe – ohne Graslandanteile, Raine und Hecken – hat das Erhalten von Rebhuhnpopulationen keine Aussicht auf Erfolg. Die riesigen Kolchoseschläge in der ungarischen Tiefebene – mit Mais, Getreide oder Sonnenblumen bestellt – beweisen dies. Überall dort jedoch, wo wir im Frühjahr fest-

oder verlorengegangene Biotope wieder zu besiedeln, spielt mangelnde oder ungenügende Äsung so gut wie nirgends eine entscheidende Rolle. Vielmehr mangelt es fast immer und überall an **Deckung**. Die Deckung fehlt sowohl in der Paarungs- als auch in der Brutzeit und schließlich im Winterhalbjahr. Weil die Hühner im Frühjahr und Winter in etwa

Ohne Wärme kein Leben. – Die rauhe Scholle bietet den beiden Rebhühner Windschutz und Deckung.

troffenen Landwirten gebilligt werden und bedarf der Mithilfe des Landwirtschaftsamtes, gegebenenfalls der Flurbereinigungsbehörde, der Naturschutzbehörde und des Landesjagdverbandes.

Dieser **Stufenplan** besteht aus drei Abschnitten.

Zum **ersten Schritt** gehören: Die Kartierung der vorhandenen Deckung, Maßnahmen zu deren Erhaltung oder Renaturierung, also Rückschnitt und Ergänzung von Hecken, Wiederherstellen der Wegränder, wo diese im Acker verschwunden sind, und Vereinbarungen darüber, Altgras an Böschungen, Wegen und Heckenrändern stehenzulassen.

Die **zweite Stufe** sieht vor, daß Stillegungsflächen sinnvoll angelegt werden. Mit den Landwirten werden Absprachen getroffen, damit die geplanten Stillegungsflächen möglichst winklig aneinanderstoßen oder an bestehende Deckung anschließen. Außerdem vereinbaren Jäger und Bauern, daß diese Flächen nicht vor Mitte Juli gemäht oder geschröpft werden und daß auf jeder Fläche auch danach ein oder mehrere Schmalstreifen längere Zeit ungemäht bleiben. Ein prima Aufenthaltsort für die Hühner! Dabei wird mit den Landwirten abgesprochen, daß – ebenfalls in Anlehnung an vorhandene Deckung – Stoppelfelder oder Teile von Stoppelfel-

Foto: Dr. K.-H. Betz

dern nicht alsbald umgebrochen werden, sondern bis über den Winter erhalten bleiben. Wegen der hieraus resultierenden Arbeitserschwernisse oder Ernteausfälle müssen die Bauern entschädigt werden. Hierüber wird der Jäger mit den zuständigen Behörden verhandeln. Weil die geschilderten Hegemaßnahmen für das Rebhuhn ebenso vielen anderen Arten, auch aussterbenden Pflanzenarten, zugutekommen, zeigen die Behörden im allgemeinen guten Willen zur Mitarbeit, natürlich nur im

Um eine Benjes-Hecke anzulegen, schütten wir Ausputzmaterial von Bäumen aller Art etwa zwei Meter hoch und drei Meter breit an.

Rahmen ihrer verfügbaren Haushaltsmittel.

Mit der **dritten Stufe** werden dann endlich die natürlichen Strukturen verbessert, also Deckung neu angelegt. Dies geschieht, indem Hecken gepflanzt, Raine sowie Wegränder verbreitert, Bach- und Flußufer bepflanzt sowie Schutzstreifen an diesen entlang geschaffen werden. Für die R e b h u h n h e g e spielt dabei die sogenannte „**Benjes-Hecke**" eine ganz besondere Rolle. Hierfür wird lediglich Ausputzmaterial von Bäumen aller Art in einer Breite von rund drei Metern und einer Höhe von etwa eineinhalb Meter längs eines Wirt-

Das dichte Zeugs macht ihm nichts aus. Rasch und sauber bringt er das Huhn. ▶

Foto: Dr. K.-H. Betz

schaftsweges oder eines Bachlaufes angeschüttet. Diese zunächst tote Hecke begrünt sich in erstaunlich kurzer Zeit durch hineinfallende Sämereien aller Art. Und sie bietet von Beginn an eine hervorragende Deckung für viele Arten von Vögeln und Säugern.

Es liegt auf der Hand, daß der hier geschilderte Idealfall, wie er im „Feuchtwanger Modell" verwirklicht wurde, nicht überall durchgeführt werden kann. Es ist aber schon viel getan, wenn es hier und da gelingt, Landwirte zu überzeugen, Altgrasstreifen ungemäht zu lassen, Hecken zu verjüngen und zu ergänzen sowie auf Stillegungsflächen streifenweise die Begrünung stehen zu lassen oder umgekehrt – bei langjähriger Stillegung – die Fläche streifenweise flach zu schälen oder zu grubbern. Es hilft auch, wenn Sonn- und Huderplätze geschaffen und Sichtdeckung verbessert wird.

Die Anlage von speziellen Äsungsflächen für Rebhühner ist kostspielig und hat sich nur in seltenen Fällen – etwa bei Hirse- oder Buchweizenanbau – bewährt. Daß wir während der Aufbauphase das Raubwild intensiv mit Falle und Flinte bejagen, versteht sich von selbst.

DECKUNG UND ÄSUNG FÜR DAS WASSERWILD

Aufgrund des hohen Stickstoffeintrages in fast alle europäische Gewässer und der wärmeren Sommer in Nordeuropa sowie Asien sind die Wasserwildpopulationen mit geringen Ausnahmen stark angestiegen. Andererseits ist zu beobachten, daß vor allem an Flüssen, Bächen und Teichen im mitteleuropäischen Raum die Brutdichte zurückgeht. Das gründet sowohl in wasserbaulichen Maßnahmen der Vergangenheit als auch im verstärkten Freizeitdruck durch Angler und Sportler.

Des Hegers Aufgaben liegen somit auf der Hand: Er wird dem bei uns brütenden Wasserwild vor allem bessere Brut- und Aufzuchtdeckung verschaffen. Dadurch wird der vorhandene Besatz stabilisiert. Die entsprechenden Maßnahmen sind:

1. Das Schaffen von Ruhezonen.
2. Das Verbessern des natürlichen Nahrungsangebotes. 3. Das Ausbringen von Nisthilfen.

Das Schaffen von Ruhezonen bietet sich an, wenn Teiche neuangelegt oder vorhandene Gewässer entschlammt werden. Geeignet hierfür sind prinzipiell alle Flachgewässer. Im Vorfeld sind Absprachen mit dem Teicheigentümer oder -nutzer erforderlich. Er wird unseren Plan hoffentlich unterstützen. Ruhezonen an Fischteichen entstehen von selbst, wenn auf der meist flacheren Einlaufseite, die ohnehin ertragsarm ist, das Schilf nicht mehr gemäht und der umlaufende Damm an dieser Seite mit

Da strahlt er. Einen am Waldrand gelegenen Teich ist er angegangen. Sein Terrier stöberte vorbildlich durchs dichte Schilf. So macht das Jagen Freude.

Foto: Sv.-F. Arndt

einem Hinweisschild gesperrt wird. An allseits tiefen Teichen, Baggerseen oder Kieslöchern lassen sich Ruhezonen sehr preiswert und schnell anlegen, indem wir Weidenstecklinge schräg in die Uferwand, etwas über Normalwasserstand, setzen.

Bei Entschlammungen von Fischteichen empfiehlt es sich – auch wegen der Kosten –, das Material nicht nach außen zu verbringen, sondern in der Mitte des Gewässers eine Insel anzuschieben. Diese ragt nicht steil aus dem Wasser, sondern ist an den Seiten flach abgeböscht. Wegen des zu erwartenden Wasserschlages müssen die Ufer auch hier mit Weiden befestigt werden. Die Insel selbst können wir zum Beispiel mit Brombeere bepflanzen. Brombeeren bringen schnell Brutdeckung.

Neuanlagen von Gewässern aller Art bedürfen der Genehmigung, wenn Fließ- oder Grundwasser angeschnitten werden. Meist werden bereits im Genehmigungsverfahren Auflagen erteilt, die uns dazu verpflichten, Flachwasserzonen oder Inseln zu schaffen. Es ist unverhältnismäßig teuer und auch

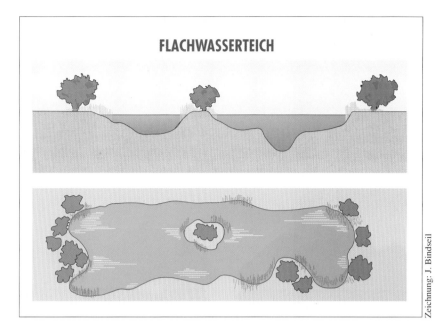

FLACHWASSERTEICH

Zeichnung: J. Bindseil

unsinnig, für Neuanlagen etwa Rohr-, Sumpf- oder/und Wasserpflanzen anzukaufen. Vielmehr sind Weiden, Brombeeren und Erlen unsere Wahl. Denn die meisten der künstlich eingebrachten Arten vergehen, da ihnen der Standort – noch – nicht behagt. Es ist daher besser, wenn wir die Anlage sich selbst überlassen: Erstaunlich ist immer wieder, wie schnell die Natur sich von selber völlig begrünt.

Ein künstlich angelegter Flachwasserteich mit angeschobener Insel, Schilf und Uferbewuchs. Die Begrünung übernimmt die Natur.

Das natürliche Nahrungsangebot, vor allem für Jungenten, hängt in Menge und Zusammensetzung vornehmlich von der Witterung ab. Je wärmer die Aufzuchtzeit ist, desto mehr Larven und Krebse sind auch verfügbar. Je reichlicher solche tierische Nahrung vorhanden ist, desto höher wird der Besatz an Entenschofen sein. Der Heger kann bloß indirekt auf die Insektenmenge Einfluß nehmen, indem er nach Möglichkeit deren Lebensräume, also Schwimmrasen und sonstige Wasserpflanzen, erhält. Auch hier liefern

Schon ein kleiner Tümpel zieht Stockenten an. Kirren wir ein wenig am Ufer, werden wir sie auch binden.

Foto: W. Nagel

Foto: D. Hopf

Foto: H. Lehmann

**Oben: Weit ausholend „rudern"
sie auf eine Wiese zu, um dort zu
äsen.**

**Links: Von natürlicher Deckung
perfekt beschirmt, brütet sie ihre
Küken aus. Und bis zum Wasser
hat sie es auch nicht weit.**

wieder Uferweiden mit ihrem be-
sonderen Kleinklima zwischen
Blättern und Wasseroberfläche
ihren Beitrag zu besserer Ernährung.
Weit mehr noch als alle Entenarten ist die Graugans auf Ruhe und
Deckung im Brutgebiet angewiesen. Ihr Lebensraum sind daher
nur größere Gewässer mit breiten
Schilfufern und Inseln. Da Gänse
„Grasfresser" sind, bevorzugen sie

Gewässer, die in Wiesenflächen
übergehen. Leider werden solche
am Wasser gelegene Wiesen häufig nicht mehr gemäht. So versau-
ern sie. Ihre Mahd anzuregen, gegebenenfalls auch zu bezahlen, ist
für die Gänsehege unentbehrlich.
Bruthilfen auszubringen, macht
nur Sinn, wenn die Wasserfläche
unter normalen Witterungsverhältnissen mehrere Brutpaare von Enten verträgt. Es muß mit anderen

Worten so reichlich Nahrung für
die Jungenten vorhanden sein, daß
die geschlüpften Küken auch
durchkommen. Entenbrutkörbe
können sowohl im Wasser als
auch am Ufer angebracht werden.
Immer werden wir sie nach unten
gegen Ratten absichern (siehe
dazu die Zeichnung in Sonderheft
Nr. 11 auf Seite 138), immer auch
werden wir eine Handvoll Heu
oder Stroh einlegen. Wenn
Stockenten im März ihren Nistplatz suchen, hat das Schilf noch
nicht ausgetrieben. Aus diesem
Grund stehen die Bruthilfen zu
dieser Zeit meist deckungslos da.
Wir schaffen Abhilfe, indem wir
sie leicht mit Kiefern- oder Fich-
tenästen abdecken. Anfluglasche

beziehungswei- se -brett blei- ben natürlich frei. Das auf- wendige Anfer- tigen und Aus- bringen von Schwimmin- seln aus Holz, Styropor oder dergleichen hat sich fast nir- gends auf die Dauer bewährt. Brutkörbe wer- den dort besser angenommen. Die Bepflan- zung von Schwimmin- seln wird näm- lich entweder in wenigen Jah- ren von den Enten vernich-

tet, oder aber es setzen sich zu dicht wachsende Pflanzenarten durch, die den Enten das Eindrin- gen auf die Insel erschweren. Dazu kommt noch, daß frisch ge- schlüpfte Jungenten es häufig nicht schaffen, die Holzumrah- mung der Insel wieder zu erklet- tern. So gehen sie verloren, dies vor allem dann, wenn die Insel nicht im voll vor dem Wind ge- schützten Raum liegt und der Wel- lenschlag die klei- nen Enten abtreibt. Ein **Zufüttern** der Enten ist problema- tisch. Es muß auf jeden Fall am Ufer erfolgen und zwar so, daß kein Futter in das Wasser gerät. Andernfalls können eine ver- mehrte Rattenplage oder Übereutro- phierung die uner-

wünschte Folge sein. Schließlich besteht infolgedessen die Gefahr, daß Botulismus (siehe dazu Son- derheft Nr. 11, Seite 137) aus- bricht. Der vorbildliche Heger füt- tert nie mehr, als an einem Tag aufgenommen wird. Schimmeln- des Futter bedeutet Gift.

Erfolgreiche Entenhege basiert immer darauf, daß wir die Ratten ständig und wirkungsvoll bekämp- fen und das Raubwild, vor allem die Rabenkrähen – wo dies gestat- tet ist – scharf bejagen.

DECKUNG UND ÄSUNG FÜR FELDHASEN UND WILDKANINCHEN

Wie bei allen feldbewohnenden Wildtieren ist in den vergangenen Jahrzehnten auch beim Hasen der Besatz drastisch zurückgegangen. Im Jagdjahr 1975/76 kamen in Deutschland noch 1.118.484 Feld- hasen zur Strecke, 1994/95 dage- gen nur 423.417. Gründe hierfür sind: Vollmechanisierung der Landwirtschaft (siehe Seite 38), verringerte Artenvielfalt der Äsungspflanzen, drastische Nah- rungsengpässe nach der Getrei- deernte, mangelnde Deckung,

Überhandnehmen der Feinde so- wie hohe Verkehrsverluste.

Hasen sind keine Nahrungsspezia- listen, ihre Ernährungspalette ist breit gefächert. Allerdings bean- spruchen sie als absolutes Muß eine ganze Reihe von medika- mentösen Pflanzen, die sie zum Vorbeugen und Heilen bei einigen arttypischen Krankheiten benöti- gen. Dies sind vornehmlich Kok- zidiose und Verwurmung. Beide gehen häufig Hand in Hand und verursachen erst in ihrer Kombi- nation die bekannten hohen Herbstverluste unter Junghasen. In der großflächigen Agrarlandschaft sind die notwendigen Heilkräuter fast völlig verschwunden. Ihr Mangel wirkt sich verheerend auf den Hasenbesatz aus. Das gilt ebenso für den „Ernteschock": Nach der Getreideernte haben die Hasen schlagartig kaum noch Deckung in der Feldmark. Außer- dem müssen sie ihre Ernährung radikal umstellen. Was gestern noch in Fülle vorhanden war, fehlt nun völlig. Ihr Organismus wird so geschwächt und damit für Krankheiten anfälliger.

In den vergangenen Jahren ist schließlich die Fuchspopulation stark angewachsen. Im Jagdjahr

Foto: K. Schendel

Ihm schmeckt es, dem Jäger weniger. – Mit Falle und Flin- te stellt der passionierte Pächter dem Fuchs ener- gisch nach. Das hilft dem Hasen. Denn Maßnahmen, die Deckung und Äsung für den Mümmel- mann schaf- fen, reichen für sich genom- men nicht aus.

Foto: Hg. Arndt

In verschiedenen Landesteilen haben Zählungen sogar ergeben, daß der Herbstbesatz den Frühjahrsbesatz nicht übertraf. Ein Abschöpfen des entbehrlichen Zuwachses können Jäger nur dann guten Gewissens vertreten, wenn sie die Hasen in ihren Revieren auf stark verringerten Teilen der Gesamtfläche bejagen.

Voraussetzung für eine effektive Hasenhege, die einen abschöpfbaren Zuwachs erbringen kann, ist, daß wir im Herbst und nachfolgenden Frühjahr die Hasen „zählen". Die Methode wird im Sonderheft Nr. 7 auf Seite 12 und 13 beschrieben. Im Normalfall genügt jedoch ein Handscheinwerfer mit guter Leistung, um den Besatz zu ermitteln. Wichtig ist dabei, daß die Zählung zweimal im Abstand von wenigen Tagen durchgeführt wird. Witterung oder Störungen können nämlich das Ergebnis einer nur einmaligen Zählung stark verfälschen. Die Herbstzählung vor oder nach der Jagd und die Frühjahrszählung im April ergeben, rechnet man die Jagdstrecke ab, ein deutliches Bild der Winterverluste. Wenn wir von

1975/76 wurden in Deutschland rund 280.000 Füchse erlegt, 1994/95 sind es fast doppelt so viele, nämlich 538.000 Stück. Auf zehn Hasen wurden also 13 Füchse geschossen. Nie zuvor seit wir Streckenstatistiken führen, bestand ein solches Verhältnis! Die Füchse setzen den Hasen stark zu. Bis zu dreißig Prozent der Althasen werden im Winter und Frühjahr Beute des Rotfuchses. Hohe Verkehrsverluste dezimieren den Besatz zusätzlich.

Die Folge all dieser Negativfaktoren ist verheerend: Selbst unter günstigen Verhältnissen beträgt die Vermehrungsrate – bezogen auf den Frühjahrsbesatz – kaum mehr hundert Prozent. Meist liegt sie bei und unter sechzig Prozent.

Oben: Jeweils ein anderes Drittel des Reviers lassen sie liegen. So ist es pfleglich für den Besatz.

Rechts: Als Kulturfolger bezog er Äcker und Wiesen der Feldlandschaft. Eine reiche Krautvegetation ist die Basis für seine Ernährung.

Foto: Dr. K.-H. Betz

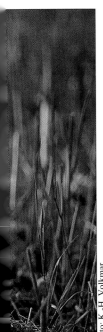

Foto: K.-H. Volkmar

dem gewonnenen Ergebnis noch etwa 15 bis 20 Prozent der gesehenen Hasen als Frühjahrs- und Sommerverluste abziehen und die verbliebene Zahl durch zwei dividieren, haben wir in etwa die Anzahl der Häsinnen ermittelt. Diese setzen im Jahresdurchschnitt ungefähr acht Junge, von denen aber in aller Regel kaum mehr als die Hälfte bis zum Beginn der Jagdzeit überleben.

Engagierte **Hasenhege** zeichnet sich aus durch:

1. ein verbessertes Angebot an reichhaltiger und auch medikamentöser Nahrung, um so das Junghasensterben im Herbst zu vermindern,

2. ein Verringern der Häsinnenverluste im Frühjahr und Sommer und

3. das Erhöhen der Überlebenschancen von frisch gesetzten Junghasen.

Je nach Revierstruktur können wir das Nahrungsangebot auf zweierlei Art verbessern. Ist unser Revier noch einigermaßen gut gegliedert, verfügt es also über Raine, Hecken und eine kleinflächige

Hier fühlen sie sich wohl. Das Bild beweist es. Deckung und Äsung liegen dicht beieinander. Leider ist es nicht überall so ideal.

Feldstruktur, bietet sich eine einfache Lösung an: Wir pachten schmale Streifen an Hecken, Bachläufen, Waldrändern oder Feldgehölzen an und bestellen sie mit den im Handel befindlichen speziellen Hasen-Wildkräutergemengen. Zusätzlich vereinbaren wir mit den Landwirten, daß Raine und Wegränder nicht vor der Hackfruchternte gemäht werden. Dasselbe versuchen wir, auch für Gras- und Hochstaudenfluren entlang der Hecken zu erwirken.

Anders schaut die Sache aus, wenn unser Revier nicht geglie- ▶

Foto: H. Hess

Wer nicht bedenkt, daß Hegebüsche auch Magnete fürs Raubwild sind, hat bald ein wildleeres Revier.

dert ist und Ackerflächen von durchschnittlich mehr als zehn Hektar Größe aufweist. Dann sind dort in aller Regel jedoch vermehrt Stillegungsflächen vorhanden, die wir für die Hasenhege nutzen können. Dauerbrachen oder Flächen, die im Juli einmal ganz gemäht werden, aber schon im September wieder voll und stark begrünt sind, erweisen sich meist als extrem wildfeindlich: Sie halten den Tau bis in den Nachmittag hinein, bleiben so naßkalt und werden deshalb von

allem Niederwild gemieden. Wie bei Fasan und Rebhuhn bereits beschrieben (siehe Seite 51 und 56), ist es dringend anzuraten, alle diese Flächen zu gliedern, indem wir kreuzweise Schmalstreifen schälen oder grubbern. Auf ihnen kann sich das Wild trocknen. Und hier

wächst nach der Bodenbearbeitung alsbald frisches Grün auf, das zum großen Teil aus einjährigen Kräutern mit hohem Anteil an medikamentösen Pflanzen besteht. Die Kosten für eine solche Bearbeitung liegen unter DM 100,— je Hektar. Mit etwas Glück finden wir auch einen jagdlich interessierten Landwirt, der diese Arbeit in der relativ arbeitsextensiven Zeit nach der Getreideernte für uns kostenlos durchführt.

Häsinnenverluste im Frühjahr und Sommer zu vermindern, ist fast

Etwas recken muß er sich, um an die wohlschmeckenden Getreidekörner zu gelangen. Sind frische Kräuter sein Nachtisch?

Foto: Hg. Arndt

ausschließlich Sache des Hegers. Es gelingt ihm, wenn er während des Winters die Füchse intensiv bejagt und im Frühling den Jungfüchsen eifrig nachstellt. In Zusammenarbeit mit den Jagdgenossen wird er außerdem alles daran setzen, um die Deckungsstruktur seines Revieres zu verbessern. Das geschieht vor allem durch Anlegen von Hecken und deren rechtzeitiger Verjüngung. Zudem wird der Revierinhaber mit den Jagdgenossen vereinbaren, daß Altgrasflächen in Streifen von mindestens zehn Meter Breite stehen bleiben. Es kann gar nicht nachlerwichtigste Maßnahme, um einen Hasenbesatz zu heben.

Damit sich ihre Überlebenschancen deutlich erhöhen, bedürfen die frisch gesetzten Junghasen unabweislich einer sehr guten Deckung vor allem vor Greifvögeln aller Art, aber auch vor Fuchs, Marder und verwilderter Hauskatze. Alles, was der Deckungsverbesserung bei Fasan und Rebhuhn dient – insbesondere breite Hecken und Altgras –, ist auch für Junghasen förderlich. Mehr noch als bei Fasan oder Rebhuhn muß der Jäger allerdings darauf achten, daß die Hecken aufgrund von durchge-

Dort, wo die Myxomatose fast alljährlich den **Kaninchen** zusetzt, ist mitunter auch deren Hege notwendig. Nur so bekommen wir den verbliebenen Besatz ohne weitere Verluste in das nächste Frühjahr hinein. Dann wird der Heger einmal stark durchwachsene Hecken, vor allem mit Brombeere als Sichtdeckung nach oben, erhalten. Zum anderen wird er Marder und Großwiesel intensiv mit der Falle bejagen. Das sind die beiden wichtigsten Maßnahmen, die er für die Kaninchen tun kann. Werden Kaninchen mit Ausputz und Proßholz gefüttert, geschieht

Foto: K. Schendel

drücklich genug darauf hingewiesen werden, daß – wie Forschungen ergeben haben – bis zu dreißig Prozent der Satzhäsinnen bereits vor dem Setzen vom Fuchs gerissen werden. Dahingegen sind die Junghasenverluste durch den Fuchs relativ gering. Intensive Fuchsbejagung ist deshalb die alwachsenen Bäumen nicht zu Ansitzplätzen für den Habicht werden. Heckenrückschnitt und Aushauen von Hochbäumen sind extrem wichtig: Vor allem Junghasen, die sich nur auf ihre eigenen Sinne verlassen können, halten sich nahezu immer in Deckungsnähe auf und sind so verstärkt gefährdet.

Ob ihm diese Distel mundet? Jawohl. Kaninchen sind bei der Wahl der Äsungspflanzen nicht wählerisch.

dies nicht wie beim Hasen auf offener Fläche im Feld, sondern unmittelbar am, besser noch im Einstand, also in guter Sichtdeckung.

FACHLITERATUR

In den letzten zwanzig Jahren ist eine Vielzahl von Fachbüchern zur Hege, vor allem zur Biotopverbesserung geschrieben worden. Einige wichtige werden im folgenden kurz und bündig vorgestellt:

1. Clausen, Günter – Wie verbessere ich mein Niederwildrevier? (4. Auflage 1986)
Der bekannte Wildmeister weiß um die Eckpfeiler aller guten Niederwildreviere und handelt sie detailliert ab: Dies sind erstens Deckung, zweitens Äsung und drittens Raubwildbejagung. Außerdem beschäftigt er sich mit der Höhe des Abschusses, dem Auswildern, Wildschäden sowie dem Vermeiden von Mähverlusten. Das Merkblatt des Deutschen Jagdschutz-Verbandes ist praxisorientiert und preiswert.

2. Eggeling, Friedrich Karl von – Der Jäger als Land- und Forstwirt (1. Auflage 1978)
Das Büchlein enthält die Grundlagen des Land- und Waldbaus, die den Jäger interessieren. Die einzelnen Themen werden kurz und präzise dargestellt und sind sehr übersichtlich gestaltet: Auch der eilige Leser, der sich über Topinambur, Süßlupine oder Sommerlinde informieren will, findet rasch Antworten auf seine Fragen. Die letzte Auflage erschien 1992.

3. Hespeler, Bruno – Handbuch Reviergestaltung (1. Auflage 1992)
Der Praktiker liefert vielfältige Informationen darüber, wie wir Jäger intakte Lebensräume erhalten oder schaffen können. Ob Feld, Wasser oder Wald, ob Flurbereinigung, Standortfaktoren oder Pflanzenvermehrung, *Hespeler* läßt nichts aus, was für den Revierinhaber von Interesse ist. Ein 250 Seiten starkes Buch für jeden, der es genauer wissen will.

4. Ueckermann, Erhard und Hans Scholz – Wildäsungsflächen (3. Auflage 1987)
Die beiden Autoren behandeln unter anderem Art, Größe und Lage von Äsungsflächen je nach spezifischen Revierverhältnissen. Sie zeigen auf, wie Wildäsungsflächen einfach angelegt und bestellt werden können. Schließlich geben sie Hinweise für die Wahl geeigneter Bäume, Sträucher und Futterpflanzen.

5. Lutz, Walburga – Wasserflächen und Wasserflugwild (1. Auflage 1986)
Die Broschur ist als Ratgeber konzipiert und enthält die Ergebnisse eines mehrjährigen Forschungsauftrages.
Um praxisnahe Empfehlungen für die Hege des Wasserwildes geben zu können, untersuchte die Autorin sechshundert Gewässer. Eine bislang einmalige Leistung.
Wer also Lebensraum fürs Wasserwild plant, gestaltet, nutzt oder pflegt, wird in diesem Werk wissenschaftlich fundierte Entscheidungshilfen finden.

Foto: M. Danegger

Er ist auf unsere Hilfe angewiesen. Ebenso sind es Rebhuhn und Fasan. Wir können helfen, indem wir für Deckung sowie Äsung in der Feldmark sorgen.

JÄGER & PRAXIS

KURZ & BÜNDIG

15

JAGDHUNDE: RASSEN ★ ANSCHAFFUNG ★ HALTUNG ★ ERNÄHRUNG ★ ZÜCHTEN ★ ERSTE HILFE...

EINE BEILAGE DER ZEITSCHRIFT JÄGER

BRAUCHBARKEIT

Im Bundesjagdgesetz werden der Einsatz von Jagdhunden und die an sie gestellten Anforderungen nirgends erwähnt.

Brauchbarkeit und Recht

Dagegen regeln die Landesjagdgesetze sowie deren Ausführungs- und Zusatzverordnungen den Einsatz und die zu erbringenden Brauchbarkeitsvoraussetzungen detailliert. Leider bestehen von Bundesland zu Bundesland unterschiedliche Bestimmungen darüber, wann ein Jagdhund im Sinne des Gesetzes brauchbar ist.

Überall zwingend vorgeschrieben ist, daß brauchbare Jagdhunde bei jeder Such-, Drück-, Riegel- oder Treibjagd, bei jeder Jagdart auf Wasserwild sowie der Nachsuche dabei zu sein haben. Wieviel Hunde beispielsweise bei der Wasserjagd „mit von der Partie" sein sollen, wird nicht festgelegt. In vielen Gesetzestexten heißt es dazu lapidar: „in genügender Zahl". Je nach Bundesland kann die Jagdbehörde den Revierinhaber zur Haltung eines zur Nachsuche brauchbaren Jagdhundes verpflichten. Oder der Jagdausübungsberechtigte muß nachweisen, daß ihm brauchbare Jagdhunde anderer Hundehalter bei Bedarf zur Verfügung stehen.

Da die Brauchbar- keitsprüfungen sehr unterschiedlich, zum Teil auch an Prüfungsordnungen der Zuchtverbände gekoppelt sind, drucken wir sie nicht ab. In einigen Bundesländern stehen derzeit zudem Überarbeitungen des Landesjagdgesetzes und der entsprechenden Verordnungen an. Die aktuellen Prüfungskriterien und Zulassungsvoraussetzungen sind am besten über den Obmann für das Hundewesen bei der Kreisgruppe oder beim Landesjagdverband zu erfragen.

Brauchbarkeit und Versicherungen

Voraussetzung für das Erteilen oder Verlängern eines Jagdscheines ist eine Jagdhaftpflichtversicherung. Diese deckt, je nach Versicherungsgesellschaft, ein oder zwei brauchbare – oder auch nicht geprüfte – Jagdhunde ab. Wenn wir uns entschließen, einen Jagdhund anzuschaffen, prüfen wir, ob die Haftpflichtversicherung nur auf den jagdlichen Einsatz beschränkt ist. Dann ist es dringend geboten, zusätzlich eine Tier- oder Hundehalter-Haftpflichtversicherung abzuschließen.

Für Züchter gibt es darüberhinaus noch die sogenannte Zwinger-Haftpflichtversicherung. Dadurch sind in der Regel bis zu fünf Stammhunde und alle selbstgezüchteten Welpen bis zu einem Alter von drei Monaten pauschal mitversichert. Seit einigen Jahren werden auch Tierkranken- oder Tierarztkosten-/Unfallversicherungen angeboten. Dabei werden Tierarzt- und Arzneimittelkosten ganz beziehungsweise anteilig übernommen. Sie decken meist sämtliche Unfallfolgen, innere und äußere Verletzungen, ab. Zu prüfen ist generell, ob das uns vorliegende Angebot auch Verletzungen und Schäden abdeckt, die während der Jagdausübung entstanden sind. Wie bei allen Verträgen gilt grundsätzlich: Auch die kleingedruckten Zeilen sind sorgfältig zu lesen. Anderenfalls kann es später zu recht unerfreulichen Überraschungen kommen.

Foto: Dr. Fr. Hirsch

„Jagen ohne Hund ist Schund." – Das gilt ganz besonders beim Waidwerk auf Enten.

INHALT

Rechts:
Welcher
Hund paßt in
mein Re-
vier? Kurzin-
formationen
über wichti-
ge Jagdhun-
derassen
finden Sie
auf den Sei-
ten 70 bis
81.

Foto: M. Hölzel

Foto: Minssen

Links: Ob Zwin-
ger- oder Stuben-
hunde, viel Aus-
lauf tut immer
gut. Siehe dazu
Seite 93/94.

Foto: J. Markmann

Foto: M. Hölzel

„Der Welpe rechts außen, der soll's sein."
– Informationen über Fortpflanzung und
Anschaffung ab Seite 84 bzw. 92.

Foto: R. Klotz

Oben: Nach harter
Arbeit gibt es
mehr zu fressen.
Ab Seite 94.

Links: Geschlagen!
Schnelle Hilfe tut
Not. Ab Seite 89.

Impressum: **JÄGER & PRAXIS** KURZ BÜNDIG   Jagdhunde. Eine Beilage der Zeitschrift JÄGER   Foto: Dr. K.-H. Betz

Jahr-Verlag GmbH & Co.
Jessenstraße 1
22767 Hamburg
Tel. 040 / 38 90 61 14
Fax 040 / 38 90 63 05

Verleger:
Alexander Jahr

Redaktion:
Dr. Rolf Roosen

Fachberater:
Walter Bachmann, Michael
Tandler und Dr. Bernd Lindner

Titel/Layout: Werner Rabe

Vertriebsleitung:
Peter Lüdemann

Herstellungsleitung:
Helmut Post,
Brunhild Sudmann (Stellv.)

Druck: Busche, Dortmund

Lithographie: Repro- und
Satztechnik Helmut Gass,
Hamburg

Copyright:
Jahr-Verlag GmbH & Co.
Hamburg 1996

Wasserfreude gehört zu den Eigenschaften eines guten Gebrauchshundes. Nur selten geht da eine Ente verloren.
Foto: A. Schilling

Foto: J. Markmann

„Hierhin bitte. Ich hab' den Bock. Hierhin bitte." – Mit lockerem Hals ruft der Totverbeller seinen Herrn.

JAGD-HUNDE-RASSEN

So unterschiedlich die Landschaften zwischen Nordseeinseln und Alpen, so verschieden sind auch die jagdlichen Verhältnisse in Deutschland. Ein Spiegelbild dieser Vielfalt sind unsere Jagdhunderassen. Die wichtigsten werden kurz und bündig vorgestellt.

Rechts:
Anette von Droste-Hülshoff charakterisierte die Deutschen Bracken treffend als „lebendige Glocken". Sie sind locker spurlaut, zudem spurwillig, feinnasig.

Foto: Archiv JÄGER

Foto: Archiv JÄGER

Oben rechts: Der Bruch an der Halsung veranschaulicht, daß Brandlbracken zu beachtlichen Nachsucheleistungen befähigt sind. Die Brandl ist der leichte, sprungstarke und vielseitige Hund des Bergjägers.

Foto: G. Rüter

Mitte: Die Westfälische Dachsbracke ist eine seltene Jagdhunderasse.

Rechts: Der Kopov ist für viele Jäger nur schwer von der Brandlbracke zu unterscheiden.

Foto: R. Melchior

Foto: W. Osgyan

...en: Mit ausgeprägter Passion ist ... Tiroler Bracke ein angenehmer ...schbegleiter und Hausgenosse.

...en: Die Stärke des Beagles ist ...n verläßlicher Spurlaut.

...ks: Die Steirische Rauhhaar-...cke heißt nach ihrem „Erfinder" ...h „Peintingerbracke".

Der älteste Begleiter des Menschen ist der Hund. Anfangs dienten Hunde unseren Vorfahren vermutlich als Nahrungsreserve und Wächter. Schon sehr früh hat sie der Mensch auch als Jagdgehilfen eingesetzt. Durch die Jahrhunderte wurde er dem Waidmann unentbehrlich. „Ein Jäger ohne Hund ist wie ein Schreiber ohne Feder", formulierte der Salzburger Oberstjägermeister *Martin Strasser von Kollnitz* Anfang des 17. Jahrhunderts.

JAGDHUNDETYPEN UND -RASSEN

Nach ihren Verwendungsmöglichkeiten werden unsere Jagdhunde heute in sechs Gruppen eingeteilt: Bracken, Erdhunde, Stöberhunde, Schweißhunde, Vorstehhunde und Apportierhunde. Kurz und bündig seien sie charakterisiert:

Bracken sind die ältesten Jagdhunde. Aus ihnen sind nahezu alle anderen Jagdhunderassen entstanden. Durch den Wandel der Jagd sowie des Jagdrechts gab es für den Stellenwert der Bracken ein „Auf und Ab". Ihre ursprüngliche Arbeit, die feinste Nase, Spurlaut und Spurwillen erfordert, ist das Brackieren des Hasen. Anstelle des eigentlichen Brackierens ist heute vielfach die Stöberarbeit an Schalenwild und die Schweißarbeit getreten.

Erdhunde wurden ursprünglich zur Baujagd verwendet. Ihr geringer Bodenabstand und Brustumfang bezeugen dies. Sie leisten auch beim Stöbern und der Schweißarbeit gute Dienste. Leider werden Teckel und Foxterrier vielfach nach „Schönheit" und nicht nach jagdlicher Leistung gezüchtet.

Stöberhunde sind überwiegend Waldhunde. Weiträumig und selbständig suchen sie auch unter schwierigen Bedingungen dichteste Dornenverhaue nach Wild ab, machen es hoch und verfolgen es spurlaut. Ihre Vielseitigkeit wird im Wasser, beim Verlorenbringen sowie bei der Schweißarbeit erkennbar.

Schweißhunde sind als absolute „Spezialisten" gezogen. Sie folgen auch unter extrem schwierigen Bedingungen dem kranken Schalenwild, hetzen und stellen es, wenn es noch nicht verendet ist. Die Arbeit vor dem Schuß, etwa das „Lancieren", tritt zurück.

Die deutschen und französichen **Vorstehhunde** sind vielseitige „Mädchen für alles". Ihr ursprüngliches Arbeitsgebiet war die Niederjagd im Feld: die weite, flotte Suche, das sichere Vorstehen und Bringen erlegten Wildes. Der Rückgang des Niederwildes führte zu anderen Schwerpunkten in ihrem Einsatzspektrum: Schweiß-, Wasserarbeit und Stöbern, wobei letzteres zwingend erfordert, daß der Spurlaut züchterisch stärker berücksichtigt wird.

Die britischen Vorstehhunde sind reine Vorstehspezialisten. Sie arbeiten nur vor dem Schuß. Zum Apportieren hatten und haben die Briten eigene Apportierhunde, die Retriever. In Deutschland werden die britischen Vorstehhunde vielseitiger gezüchtet und eingesetzt.

Die **Retriever** gehören zu den wenigen Jagdhunderassen, die ihre Wurzeln nicht bei den Bracken haben. Ihre Ahnen sind im wesentlichen Neufundländer und eine kleinere Urform der uns heute bekannten Rasse. Retriever sind auf Spur und Fährte absolut stumm, apportieren aber „alles, was sich nicht wehrt". Sie sind der ideale Hund für den Entenjäger.

Innerhalb dieser sechs Gruppen haben sich in Mitteleuropa eine Vielzahl von Jagdhunderassen entwickelt. Für jede von ihnen wurde seit Ende des vergangenen Jahrhunderts „Rassestandards" entwickelt. Die innerhalb des Jagdge-

Text wird auf Seite 77 fortgesetzt.

SCHWEISSHUNDE

Rassename	Abkürzung	Farbe	Größe	Wissenswertes in Kurzform
Hannoverscher Schweißhund	HS	hirschrot mit und ohne Maske, gestromt mit und ohne Maske	48-55 cm	Er ist ein reiner Nachsuchenspezialist für die Arbeit auf der Hochwild-Wundfährte (Riemenarbeit, Hetze und scharfes Stellen).
Bayerisch. Gebirgsschweißhund	BGS	rot bis fahlgelb	47-52 cm	Er wird ebenso eingesetzt wie der HS, jedoch häufig auch auf der Rehwild-Wundfährte.
Alpenländische Dachsbracke	ADBr	hirschrot oder schwarz mit rotem Brand	34-42 cm	Dritte anerkannte Schweißhundrasse! Sie wird nicht so ausschließlich auf der Wundfährte eingesetzt. Der Jäger nutzt sie auch als spurlauten Stöberer und Brackierer.

Schweißhunde sind: der Hannoversche Schweißhund, der Bayerische Gebirgsschweißhund und die Alpenländische Dachsbracke. Der „Hannoveraner" wird in aller Regel nicht auf Rehwild gearbeitet. Der „Bayer" dagegen auf sämtliches Schalenwild.

BRACKEN

Rassename	Abkürzung	Farbe	Größe	Wissenswertes in Kurzform
Deutsche Bracke	DBr	schwarz-weiß-rot	40-53 cm	Das spurlaute Jagen ist genetisch fixiert, stumm jagende Deutsche Bracken sind äußerst selten. Es sind keine „Rambos", sondern Hunde, die eine einfühlsame Führerhand benötigen.
Westfälische Dachsbracke	WDBr	wie vorstehend	30-80 cm	Wie vorstehend.
Brandl-Bracke	BrBr	schwarz, rote Abzeichen	48-56 cm	Der Spurlaut scheint derzeit nicht ganz so fest im Erbgut verankert zu sein wie bei den Deutschen Brackenschlägen. Auch die Brandl bedarf einer feinfühligen Führerhand und ist bei entsprechender Einarbeitung zu hohen Leistungen auf der Schweißfährte fähig.
Steirische Rauhhaarbracke	StBr	rot bis fahlgelb	45-53 cm	Wie vorstehend.
Tiroler Bracke	TBr	schwarz, mit weißen und roten Abzeichen oder einfarbig hirschrot	44-48 cm	Der Spurlaut scheint zuverlässig fixiert zu sein, im übrigen wie Brandl-Bracke.
Kopov	Kop	wie Brandl	40-50 cm	Sie ist von allen Brackenschlägen wohl die mit der zuverlässigsten Härte und Schärfe an Sauen. Spurlaut wie Brandl-Bracke.
Beagle	Bg	zwei- oder dreifarbig schwarz-weiß-rot	33-40 cm	Der Spurlaut ist – abgesehen von sehr seltenen Ausnahmen – vorhanden. Gelegentlich fehlt die Wildschärfe oder ist nur „unterentwickelt". Achtung: Im Beagle-Club-Deutschland dominiert die „Schönheitszucht", im Verein Jagd-Beagle wird ausschließlich jagdlich gezüchtet.

VORSTEHHUNDE

Rassename	Abkürzung	Farbe	Größe	Wissenswertes in Kurzform
Pointer	P	nahezu alle Farben erlaubt	61-69 cm	*Pointer und Setterrassen:* Sie sind exzellente Vorstehspezialisten, die in Deutschland vielseitiger gezüchtet wurden. Auf Spur und Fährte sind sie meist stumm. Weil sie in der Regel reine „Hochwindsucher" sind,
English-Setter	ES	Grundfarbe weiß, mit nahezu allen Farben erlaubt	61-68 cm	
Irish-Setter	IS	mahagonirot weiß mit mahagonirot (red & white-Setter)	57-66 cm	eignen sie sich für jede Arbeit mit tiefer Nase nur beschränkt. Auch bei diesen Rassen dominiert die Formzucht. Beim Kauf unbedingt darauf achten, daß der Hund aus jagdlicher Anlagen- oder Leistungszucht stammt.
Gordon-Setter	GS	schwarz mit roten Abzeichen	62-66 cm	
Magyar Vizsla Kurzhaar und Drahthaar	MV	semmelgelb	52-61 cm	Er ist ein sehr leichtführiger, manchmal „weicher" Gebrauchshund, dem leider oft der Spurlaut fehlt.
Deutsch-Kurzhaar	DK	braun, braun-schimmel schwarz-schimmel	58-66 cm	*Alle deutschen und französischen Vorstehhunde:* Es sind Vollgebrauchshunde mit nur in Nuancen unterschiedlichen anlagebedingten Schwerpunkten. Der Spurlaut ist zum Beispiel beim Großen Münsterländer relativ sicher vorhanden, beim Weimaraner fehlt er nahezu durchweg.
Weimaraner Kurz- und Langhaar	W	silber-mausgrau	57-70 cm	
Deutsch-Langhaar	DL	braun, braun-schimmel	60-66 cm	
Großer Münsterländer	GM	schwarz-schimmel	58-65 cm	
Kleiner Münsterländer	KlM	braun-schimmel	50-56 cm	
Deutsch-Stichelhaar	DSt	braun, braun-schimmel	bis 66 cm	Das Einsatzspektrum unterliegt derzeit einem erheblichen Wandel: Infolge des immer weniger werdenden Niederwildes werden die Vorstehhunde weniger im Feld und vermehrt im Wald (Stöbern, Schweißarbeit) eingesetzt. Für den Einsatz im Wald ist Spurlaut unabdingbar.
Pudelpointer	PP	braun, schwarz	55-68 cm	
Griffon	Gr	blaugrau, braun, weiß mit braun	50-60 cm	
Deutsch-Drahthaar	DD	braun, braun-schimmel schwarz-schimmel	57-68 cm	
Epagneul breton	EB	weiß mit nahezu allen Farben	46-51 cm	Züchterische Konsequenzen sind daher zwingend notwendig. Auch tierschutzrelevante Aspekte beim Einsatz stummer, scharfer und schneller Vorstehhunde als Stöberer auf Schalenwild müssen bedacht werden.

Oben: Zu den Vorstehhunden gehören: Pointer, alle Setterarten, Magyar Vizsla, Deutsch-Kurzhaar, Weimaraner, Deutsch-Langhaar, Großer Münsterländer, Kleiner Münsterländer, Deutsch-Stichelhaar, Pudelpointer, Griffon, Deutsch-Drahthaar und Epagneul breton. Ihr typisches Merkmal ist das Vorstehen gefundenen Niederwilds. Die typische Pose des Vorstehens ist allerdings von Rasse zu Rasse verschieden. So deutet der Name „Setter" bereits darauf hin, daß diese Hunde mehr liegen als stehen, wenn sie Wild markieren. Natürlich können die Vorstehhunde mehr als „bloß" Vorstehen, sie sind vielseitige Gebrauchshunde.

Links: Zu den Bracken gehören: Deutsche Bracke, Westfälische Dachsbracke, Brandl-Bracke, Steirische Rauhhaarbracke, Tirolerbracke, Slovensky Kopov (oder Schwarzwildbracke) und Beagle. Sie sind fraglos die ältesten Jagdhunde, quasi die „Urjagdhunde". In der Schweiz heißen sie Lauf-, in Österreich Wildbodenhunde. Die Bracken haben von Hause aus das beste „Kleid" aller Jagdhunde. Sie sind stockhaarig.

APPORTIERHUNDE

Rassename	Abkürzung	Farbe	Größe	Wissenswertes in Kurzform
Labrador-Retriever	LR	schwarz, gelb, braun	54-57 cm	Es sind nahezu reine Apportierspezialisten im Wasser wie an Land. Da sie immer Stummjäger sind, ist ein Einsatz darüberhinaus kaum möglich. Allenfalls können wir sie noch auf der Schweißfährte bei sicheren Totsuchen verwenden. Achtung: Erhebliche Formzucht; also auch hier auf klar deklarierte jagdliche Abstammung achten.
Golden-Retriever	GR	gold- bis cremefarben	51-61 cm	

Apportierhunde sind Labrador- und Golden-Retriever. In Deutschland werden sie vielseitig gezüchtet.

ERDHUNDE

Rassename	Abkürzung	Farbe	Größe/ Gewicht	Wissenswertes in Kurzform
Teckel: **Kurzhaarteckel** **Rauhhaarteckel** **Langhaarteckel**	KT RT LT	schwarz mit rotem Brand, rot, dürrlaubfarben, saufarben, getigert	4 bis 9 kg	Wir erwerben bloß Hunde aus „jagdlicher Leistungszucht" des Deutschen Teckelclubs oder des Vereins für Jagd-Teckel. Wer Teckel aus reiner „Formzucht" ersteht, riskiert den Kauf jagdlicher Nieten. Bei entsprechender Veranlagung sind sie sehr gute „Bauarbeiter", Stöberer und Schweiß- arbeiter. Die kurzen Läufe setzen ihrer Arbeit Grenzen.
Foxterrier: **Drahthaar** **Kurzhaar**	FT	weiß mit schwarzen- lohfarbenen Abzeichen	bis 39 cm	Der „Urterrier", der leider überwiegend in die „Schönheitszucht" abgeglitten ist. Hier ist unbedingt auf die jagdliche Abstammung zu achten. Schneidiger „Rambo" unter wie über der Erde (Fuchs, Dachs bzw. Sauen). Auch als Stöberer und im Wasser sowie bei „normalen" Schweißarbeiten einsetzbar.
Deutscher Jagdterrier	DJT	schwarz mit roten Abzeichen, dunkelbraun	bis 40 cm	Wie Foxterrier, jedoch sind alle guten Eigenschaften bei ihm ausgeprägter. Ein nicht immer leicht zu führender Hund, der einer konsequenten Führerhand bedarf, dann aber ein „kleiner Vollgebrauchshund" sein kann. „Schönheitszucht" gibt es nicht, er wird ausschließlich in jagdlicher Leistungszucht gezüchtet.
Jack Russel Terrier	JRT	weiß mit Abzeichen	ca. 35 cm	Wie Foxterrier. Auch hier gibt es Schönheits- und Leistungszucht. Auf die Abstammung achten!

Zu den Erdhunde zählen: alle Teckelarten, Foxterrier, Deutscher Jagdterrier und Jack Russel Terrier.

Foto: M. Hölzel

Foto: Dr. K.-H. Betz

Ob schwarz oder blond ist Geschmacksache. Labrador-Retriever sind die Hunde des Entenjägers.

Oben: Der Deutsch-Stichelhaar ist die seltenste Vorstehrasse mit „wetterfester Jacke".

Rechts: Pudelpointer sind Vollgebrauchshunde, die in Wald, Feld und Wasser vorzügliche Arbeit leisten.

Foto: G. Sargorski

Foto: B. Elsemann

Dichtes Kokosmattenhaar ist typisch für den Griffon.

Foto: M. Hölzel

Deutsch-Drahthaar mit sieben Wochen altem Welpen.

Foto: B. Moldehn

Golden Retriever – leistungsstark im Wasser.

Foto: S. Sassenhagen

Oben: Der Deutsche Wachtelhund ist der Hund des Waldjägers, bevorzugt des Berufsjägers oder Forstmannes. Lockerer Spurlaut, ausgeprägter Spurwille und feine Nase zeichnen ihn aus.

Rechts: Cockerspaniel finden wir häufiger in Parkanlagen von Großstädten als im Jagdrevier. Schade, den sie sind prima Buschierer in reich besetzten Fasanen- oder Kaninchenrevieren.

Foto: W. Nagel

Oben: Brackenblut macht den Bayerische Gebirgsschweißhund leicht, schnell und beweglich.

Rechts: Die Stärke des Hannoverschen Schweißhundes ist die Riemenarbeit. Typisch dabei ist seine „Bierruhe".

Foto: W. Nagel

Links: Die Alpenländische Dachsbracke gehört zu den ältesten Jagdhundrassen des Kontinents. Urheimat sind die Alpenländer und das Erzgebirge. Wer als Waldjäger einen Hund sucht, der die Nachsuchen auf Schalenwild meistert, ist mit dieser Rasse gut beraten. Bei Nachsuche und Hetze ist sie schnell, spurlaut und beweglich. Zudem ist sie verläßlich wild-, häufig auch mannscharf. Den Waldhasen brackiert sie obendrein.

Foto: H. Kelle

Rechts: Sie rechnen zu den Stöberhunden, doch ...gt die Stärke ...der Springer ...Spaniels im Buschieren. ...twa so groß ...vie Wachtelhunde, sind sie farblich auffälliger.

Foto: R. Bender

brauchshundverbandes (JGHV) zusammengeschlossenen Jagdhund-Zuchtvereine verfolgen – alle gemeinsam – das Ziel, die jagdlichen Qualitäten ihrer Rasse(n) bei Wahrung des Rassestandards zu erhalten und zu verbessern. Der JGHV ist eine weltweit nahezu einmalige Institution, die bereits beinahe einhundert Jahre besteht. In ihm sind die Jagdhund-Zuchtvereine vereint, deren Rassen in Deutschland waidgerechtem Jagen dienen. Das „Markenzeichen" des Jagdgebrauchshundverbandes ist der „Sperlingshund", ein Deutsch-Kurzhaar, der einen Fuchs apportiert. Der Aufdruck des Sperlingshundes auf einer Jagdhund-Ahnentafel dokumentiert, daß der ausstellende Zuchtverein Mitglied im JGHV ist.

Um die Unterschiede der einzelnen in Deutschland häufig geführten Jagdhunderassen kurz und bündig aufzuzeigen, veranschaulichen vorstehende sowie nachfolgenden Abbildungen und Tabellen die wichtigsten Beurteilungskriterien ihrer Erscheinungsform, Eigenschaften und Einsatzschwerpunkte:

STÖBERHUNDE

Rassename	Abkürzung	Farbe	Größe	Wissenswertes in Kurzform
Deutscher Wachtelhund	DW	braun, braunschimmel	45-52 cm	Er ist der Waldhund schlechthin, ein verläßlicher spurlauter, weiträumig jagender Stöberer mit ebenfalls guten Leistungen im Wasser, im Bringen und auf der Wundfährte (bei entsprechendem Einarbeiten).
Cockerspaniel	CSp	alle Farben erlaubt, außer gestromt	38-41 cm	Der sehr gute, meist auch spurlaute Stöberer oder Buschierer (Fasanen!) sucht in der Regel kürzer als der Wachtelhund. Im Rahmen seiner konstitutionellen Möglichkeiten apportiert er fleißig.
Springer-Spaniel	SpSp	braun-weiß schwarz-weiß	ca. 45-50 cm	Wie Cocker – jedoch ist bei ihm der Spurlaut noch ein züchterisches Problem und keineswegs genetisch fixiert.

Zu den Stöberhunden rechnen: Deutscher Wachtel, Cocker- und Springer-Spaniel. ▶

BIOLOGIE

Foto: K. Wolff

Ein Bild von geballter Energie und majestätischer Eleganz: Vorstehender Pointer.

Foto: J. Rietz

English-Setter sind zweifellos „lupenreine" Vorstehspezialisten.

Foto: Archiv JÄGER

Der Epagneul breton ist der kleinste, aber weltweit häufigste Vorstehhund.

Foto: St. Meyers

Der Gordon oder Schottische Setter ist fraglos ein vielseitig einsetzbarer Setter.

Foto: R. Bender

Zwei kurzhaarige ungarische Vorstehhunde. In Deutschland werden zudem Vizslas „mit rauher Jacke" geführt.

Foto: M. Breuer

Von Haus aus sind Irish Setter Vorstehspezialisten und treue Familenhunde.

Rechts: Deutsch-Langhaar sind elegante, schnittige Gebrauchshunde. Vor und nach dem Schuß leisten sie Vorzügliches.

Unten: Den Großen Münsterländer zeichnen häufig Wild- und Raubwildschärfe aus.

Foto: J. Markmann

Foto: W. Nagel

Als Apporteur ist der Deutsch-Kurzhaar Spitzenklasse. Ein Feldhund.

Foto: M. Hölzel

Foto: M. Hölzel

Krankes Haar- und Federwild bringt der Weimaraner – hier die kurzhaarige „Urform" – dem Schützen verläßlich.

Foto: K. Schendel

Die Qualitäten des Kleinen Münsterländer liegen auch in der Arbeit nach dem Schuß.

Foto: J. Lorenczat

Silbergraue Farbe und bernsteingelbe Augen sind typisch für Weimaraner – egal ob kurz- oder langhaarig.

►

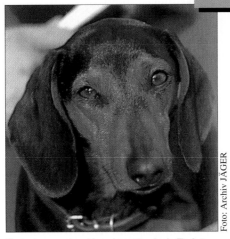

Foto: Archiv JÄGER

Schwarz-roter Kurzhaarteckel. Er ist die „Urform" aller Teckel.

Foto: Archiv JÄGER

Langhaarteckel sind in aller Regel sehr vielseitig, allerdings nicht ganz so schneidig wie Rauhaarteckel.

Foto: A. Behmann

Jack Russel Terrier sind gute Bauhunde. Auch als Saufinder und Rotten-Sprenger haben sie sich bewährt.

Foto: Dr. K.H. Betz

Wendig, hart und scharf ist der Deutsche Jagdterrier, ein idealer Erdhund.

Foto: W. Wiesner

Dem Wesen nach ist der Foxterrier freundlich und furchtlos.

Foto: M. Hölzel

Ein „Flieger": Der Rauhhaarteckel attackierte – ohne langwierige Beißereien – den Fuchs mutig aus verschiedenen Richtungen.

Jagdgebrauchs-hundverband e.V.

Geschäftsführer: Dr. Lutz Frank, Neue Siedlung 6, 15938 Drahnsdorf, Tel. 035453/215, Fax 262

Präsident: Christian Frucht, Brachetal-straße 2, 97785 Mittelsinn, Tel. 09356/ 5285, Fax 6449

Stammbuchführer: Wolfgang Wischmeyer, Bäckerstraße 6, 32479 Hille, Tel. 05734/1772, Fax 4724

Obmann für das Prüfungswesen: Dr. Franz Petermann, Silberstraße 23, 44137 Dortmund, Tel. 0231/ 526210

Zuchtvereine für Jagdhunde

Verein Deutsch-Drahthaar e.V.
Gideon Freiherr von Redwitz, Wendel-steinstraße 25, 83071 Stephanskirchen, Tel. 08031/71358

Griffon-Club e.V.
Bernhard Elsemann, Markusstraße 1, 46149 Oberhausen, Tel. 0208/8252639

Verein Pudelpointer e.V.
Manfred Seibert, Helwigstraße 14, 64521 Groß-Gerau, Tel. 06152/2572

Verein Deutsch-Stichelhaar e.V.
Hans Reuter, Hasenweg 2, 26632 Ihlow, Tel. 04945/577

Deutsch-Kurzhaar-Verband e.V.
Claus Kiefer, Germersheimer Straße 148, 67354 Römerberg, Tel. 06232/82002

Weimaraner-Klub e.V., Verein zur Züchtung des Weimaraner Vorsteh-hundes
Dr. Werner Petri, Konradin-Kreutzer-Straße 15, 76185 Karlsruhe, Tel. 0721/ 575240

Verein Ungarischer Vorstehhunde e.V.
Heiko Bormann, Birkenweg 28, 29308 Winsen/Aller, Tel. 05143/3135

Club für Bretonische Vorstehhunde
Harald Fath, Lauterbachstraße 79, 91541 Rothenburg, Tel. 09861/40369

Deutsch-Langhaar-Verband e.V.
Gerwin Günter, Forsth. Schmidtmühle,

36396 Steinau, Tel. 06667/339

Verband Großer Münsterländer e.V.
Bruno Oelmann, Forsth. Flaesheim, 45721 Haltern, Tel. 02364/3513

Verband für Kleine Münsterländer Vorstehhunde e.V.
Ottohans Thiel, Am Hofacker 13, 97708 Bad Bocklet, Tel. 09708/1472

VBBFL (Französische Vorsteh-hunde) e.V.
Max O. Weindler, Köstlerring 4, 91275 Auerbach, Tel. 09643/3742

Verein für Pointer und Setter
Jürgen Gibramczik, Inntweg 2, 27612 Loxstedt, Tel. 04740/772

Verein Hirschmann zur Zucht und Führung des Hannoverschen Schweißhundes
Dr. Georg Volquardts, Bahnhofstraße 16, 24783 Osterrönfeld, Tel. 04331/8107

Club für Bayerische Gebirgs-schweißhunde 1912 e.V.
Andreas Mayer, Waldbahnstraße 3a, 83324 Ruhpolding, Tel. 08663/2402

Irish-Setter-Club Deutschland e.V.
Bernd Kleine, Berg 1, 58540 Meinerzha-gen, Tel. 02358/347

Gordon-Setter-Club Deutschland e.V.
Peter Reiser, Feldstraße 49, 45549 Sprockhövel, Tel. 02324/78897

English-Setter-Club-Deutschland e.V.
Klaus Peter Färber, Hauptstraße 51, 55437 Nieder-Hilbersheim, Tel. 06728/1284

Deutscher Pointer-Club e.V.
Georg Dorn, Schloß 1, 96178 Pommers-felden, Tel. 09548/224

Deutscher Retriever Club e.V.
Hans-Jürgen Gese, Revierförsterei, 29348 Celle-Weyhausen, Tel. 05827/1508

Jagdspanielklub 1907 e.V.
Dr. Peter Beyersdorf, Berrenrather Straße 381, 50354 Hürth-Efferen, Tel. 02233/ 65269

Verein für Deutsche Wachtelhunde e. V.
Hans Heinrich Hemme, Am Hofe 14, 29308 Meißendorf, Tel. 05056/276

Deutscher Bracken-Club e.V.
Heimo van Elsbergen, Egbertstraße 38, 40489 Düsseldorf, Telefon 0211/4790238

Verein Dachsbracke e.V.
Hubert Kelle, Forsth. Thomasmühle, 96365 Nordhalben, Telefon 09276/226

Deutscher Brackenverein (Verein für Brandl- und Steirische Hochgebirgs-bracken)
Rainer Ludwig, Kühlerstraße 5, 85125 Kinding-Haunstetten, Tel. 08467/952

Deutscher Jagdterrier-Club e.V.
Hans Schindl, Waldstraße 31, 64683 Ein-hausen, Tel. 06251/587144

Verein Jagdgebrauchsspaniel e.V.
Bernd Krost, Kniephofstraße 26a, 12157 Berlin, Tel. 030/7959915

Deutscher Foxterrier-Verband e.V.
Dr. Helmut Pleßke, An der Siedlung 8, 07751 Isserstedt, Tel. 035425/22370

Deutscher Teckelklub e.V.
Wolfgang Ranzleben, Am Friedenshain 3, 42349 Wuppertal, Tel. 0202/402219

Beagle-Club Deutschland e.V.
Wolfgang Ellissen, Im Neugrabener Dorf 80, 21147 Hamburg, Tel. 040/7023784

Verein Jagd-Beagle e.V.
Jürgen Herbst, Hatzevennstraße 27, 52156 Monschau, Tel. 02472/2648

Labrador-Club Deutschland
Heinz Neller, Klinkenweg 12, 50189 Elsdorf, Tel. 02274/7836

Verein für Jagd-Teckel e.V.
Gorch-Peter Nolte, Müdichstraße 35, 67105 Schifferstadt, Tel. 06235/ 2287

Klub Tirolerbracke
Wolfgang Korfmann, Am Friedenshain 103, 42349 Wuppertal, Tel. 0202/402734

Jack-Russel-Terrier-Club Deutschland
Adelhaid Behmann, Domäne, 37699 Für-stenberg, Tel. 05271/5284

Schwarzwildbracken-Verband e.V.
Peter Knüpfer, Oberellerstraße 85, 99819 Förtha, Tel. 036925/61302

Verein Jagd-Retriever e.V.
Dr. Wilhelm Wöhrle, Staffelseeweg 14, 70378 Stuttgart, Tel. 0711/537053

Stand: August 1996

Foto: M. Hölzel

Beide haben „beste
Papiere" und viel Jagd-
praxis. Ob die Welpen
nach den Eltern schlagen,
„ward sich wiesen".

FORTPFLANZUNG, ZUCHT & KRANK-HEITEN

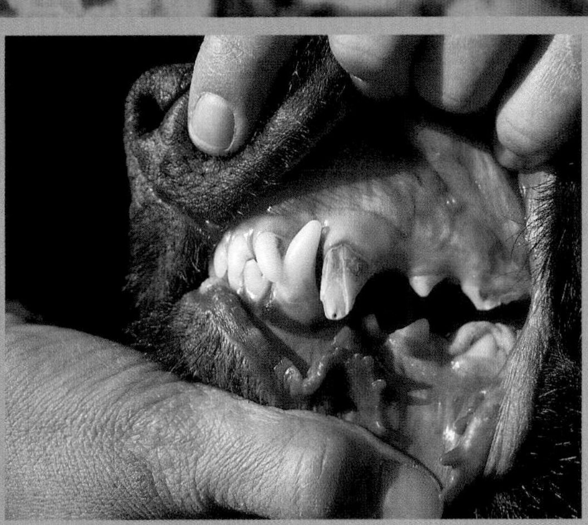

Foto: M. Hölzel

Der obere Fangzahn ist „faul". Ein böses Bild. Sofortige tierärztliche Behandlung tut Not.

Über Fortpflanzung, Zucht und Hundekrankheiten gibt es Dutzende von dünn- und dickleibigen Fachbüchern. Wesentliches für den „ganz normalen" Hundehalter wird auf den folgenden Seiten kurz und bündig dargestellt. Einen Schwerpunkt bildet dabei die Erste Hilfe für unseren vierläufigen Freund.

FORTPFLANZUNG

Hündinnen werden mit sechs bis acht Monaten, Rüden mit einem Jahr geschlechtsreif. Die Hündin wird zweimal pro Jahr hitzig, meist im Frühjahr und im Spätsommer. Rüden sind das gesamte Jahr über zeugungsfähig. Verhängnisvoll ist es, wenn eine Hündin während ihrer ersten Hitze gedeckt wird. Denn noch ist sie körperlich nicht voll ausgewachsen. Deshalb schreiben die meisten Zuchtvereine ein Mindestalter von 15 bis 24 Monaten beim ersten Deckakt vor (Zuchtreife). Hat die Hündin das achte Lebensjahr vollendet, setzen wir sie zur Zucht nicht mehr ein. Für Deckrüden wird ein Mindestalter von zwei Jahren empfohlen.

Die **Hitze** der Hündin dauert bis zu 24 Tage. Sie verläuft in drei Phasen:

1. Während der Vorhitze, erster bis neunter Tag, schwillt die Schnalle an. Danach färbt die Hündin. Sie duldet noch keine Rüden.

2. Während der Haupthitze, 10. bis 15. Tag, läßt das Färben nach.

bei gibt der Rüde seinen Samen ab.

Eine Hündin kann in dieser Zeit von verschiedenen Rüden gedeckt werden. Dies vermeiden wir, indem wir sie nach dem Deckakt vor anderen Rüden abschirmen.

3. In der Nachhitze wird die Hündin ruhiger. Spätestens ab dem zwanzigsten Tag ist sie nicht mehr paarungsbereit.

Je nach Rasse und Individuum ist die Zeit der **Trächtigkeit** verschieden. Im Mittel liegt sie bei 63 Tagen. Die Geburt kündigt sich an, wenn die Hündin verstärkt „Nester baut". Die Geburt zieht sich

Foto: M. Hölzel

Nach dem Aufreiten „hängen" Rüde und Hündin länger aneinander. Dabei erfolgt die Samenabgabe. Tierquälerei wäre es, die Tiere jetzt gewaltsam zu trennen.

Die Hündin nimmt nun Rüden an. Der Deckakt dauert zwischen zehn und 45 Minuten. Nach dem Aufreiten des Rüdens folgt das „Hängen". Da-

zwischen drei bis 24 Stunden hin. Nach jeder Geburt eines Welpen beißt die Hündin die Nabelschnur ab und frißt die Nachgeburt auf. Außerdem leckt sie die Welpen unmittelbar nach der Geburt trocken. Die Welpen streben bald nach dem Gesäuge und suchen eine freie Zitze. Ihre Augenlider sind ab dem neunten Tag geöffnet. Die volle Sehkraft besitzen sie mit etwa drei Wochen. Die Hündin säugt ihre Welpen in der Regel bis diese sechs oder sieben Wochen alt sind. Dann können wir sie absetzen.

Wir melden den Wurf unverzüglich dem Zuchtbuchamt unseres Jagdhundevereins. Gleichzeitig beantragen wir die Ahnentafeln der Welpen. Die Rufnamen der Welpen beginnen grundsätzlich mit demselben Buchstaben. In der siebten Woche lassen wir die Welpen gegen Staupe, Hepatitis, Parvovirose und Leptospirose impfen. Die Tollwutimpfung erfolgt, wenn sie etwa drei Monate alt

Foto: M. Hölzel

Eine hochträchtige Deutsch-Drahthaar-Hündin: Ihr Bauchumfang ist stärker geworden, das Gesäuge angeschwollen.

Foto: M. Hölzel

Acht Wochen alt sind diese putzmunteren Welpen der Kleinen Münsterländer Vorstehhündin. Schon sehr bald werden sich ihre Wege trennen. Der neue „Meuteführer" jedes einzelnen Welpen bestimmt dann sein Leben. ▶

sind. Im Alter von acht bis zwölf Wochen können wir die Welpen abgeben.

ZUCHT

Will ein Rassehundbesitzer züchten, wird er sich zunächst an seinen zuständigen Zuchtverein wenden. Hier wird er fachlich beraten und über die Zuchtbestimmungen informiert. Generelle Voraussetzung fürs Züchten ist, daß sowohl Rüde als auch Hündin eingetragen sind und eine Zuchteignungsprüfung abgelegt haben. Ziel ist nämlich, nur körperlich und wesensmäßig taugliche Hunde zur Zucht zuzulassen. Um die entsprechenden Voraussetzungen hierfür beurteilen zu können, braucht es eine langjährige Erfahrung. Der Laie kann in aller Regel nicht entscheiden, ob ein Tier frei von Erbfehlern ist und darüber hinaus über gute Anlagen verfügt, kurz und knapp, ob der Hund zuchttauglich ist. Eine Be-

Foto: U. Hausen

Foto: K. Kellermann

Oben links: Sein Blick ist klar, sein Fell glänzend. Er ist „pudelmunter".

Oben rechts: Wälzt sich unser Hund in Kot oder Aas, baden wir ihn mit Spezialseife. Sie greift den Fettschutz des Fells nicht an.

Unten links: Beim Stöbern durch dichtes Schilf verletzte sich dieser Rüde. Eine Wundsalbe hilft hier prima.

Foto: M. Hölzel

ratung durch den zuständigen Zuchtwart ist immer geboten. Er macht dies gerne.

Die Abstammung eines Hundes wird durch seine Ahnentafel nachgewiesen. In ihr sind neben Name, Geschlecht, Geburtsdatum, Kennzeichen und Zuchtbuchnummer auch die Vorfahren des Hundes, deren und seine Prüfungen, der Züchter sowie seine bisherigen Besitzer verzeichnet.

Der verantwortungsvolle Züchter sorgt dafür, daß seine Hündin nur einmal pro Jahr wölft und zwischendurch aussetzt (Wurfpause). Er stellt ihr in einem leicht abgedunkelten, zugfreien und warmen Raum eine Wurfkiste bereit. Außer-

dem überwacht er die Geburt, um jede unnötige Störung zu unterbinden. Wenn Welpen im Frühjahr zur Welt kommen, wachsen sie in die warme Jahreszeit hinein. Dies strebt jeder versierte Züchter an.

DER GESUNDE UND DER KRANKE HUND

Vorbeugende Maßnahmen zur Versorgung kranker Jagdhunde treffen wir immer dann, wenn unsere vierläufigen Gefährten hart arbeiten müssen. Baujagden – vor allem am Dachs – oder große Stöberjagden auf ihrerseits erfahrene stärkere Sauen zählen dazu. Eine vorherige Terminabsprache mit

den örtlichen Tierärzten hat sich sehr bewährt. Noch schnellere Hilfe ist möglich, wenn sich unter den Jagdteilnehmern ein Tierarzt befindet, der sein „Zauberzeug" in einem Allrad mit sich führt.

Bei gesunden Hunden ist der Nasenspiegel meist feucht. Ein trockener Nasenspiegel allein bedeutet noch kein Alarmsignal. Gesunde Hunde haben bei ausgewogener Kost gleichbleibenden Appetit. Ihr Blick ist klar, ihr Fell bei richtiger Pflege glänzend sowie glatt. Im Normalfall ist ihre Losung wurstförmig, braun gefärbt und dick pastös. Kotet der Hund nur vorübergehend dünnbreiig, ist das ungefährlich. Durchfall müs- ▶

sen wir allerdings unverzüglich behandeln lassen.

Bestehen Anzeichen dafür, daß unser vierläufiger Gefährte erkrankt ist, messen wir dessen Körpertemperatur. Wir führen ein angefeuchtetes Fieberthermometer zwischen drei und fünf Minuten zur Hälfte in das Waidloch hinein. Die Normalwerte bei ausgewachsenen Hunden liegen zwischen 37,5 und 39,4 Grad Celsius. Sind die Werte deutlich niedriger oder höher als der Durchschnitt von 38,2 Grad Celsius, ist der ausgewachsene Hund krank. Dann ist der Tierarzt gefragt.

130, bei ruhenden großen 70 bis 100 mal. Hecheln sie dagegen, lassen sich Atmung und Pulsschlag kaum beurteilen.

Eckpfeiler für jede Gesundheitsvorsorge ist ein sicherer Impfschutz (siehe dazu auch Seite 85). Die Impfungen werden in einen internationalen Impfpaß eingetragen, der bei Auslandsreisen stets mitzuführen ist. Wird ein Auffrischen der Impfungen notwendig, haben Hundehalter und Tierarzt den Wiedervorlagetermin im Kalender notiert.

Bei allen ernsten Krankheiten, etwa verstopften Analdrüsengän-

ber) eilen wir mit unserem vierläufigen Freund zum Tierarzt. Wir selber sorgen dafür, daß unsere Hunde ein- bis zweimal pro Jahr entwurmt werden. Dafür empfiehlt sich ein Kombinationspräparat gegen Rund- und Bandwürmer. Flöhen, Zecken und Milben können wir mit Schutz(hals)bändern, Tabletten oder im „Pur-On-Verfahren" (= mittels über die Haut wirkender Medikamente) vorbeugen. In den Sommermonaten werden wir den Hund, vor allem nach der Arbeit im Wald, abends nach den „Holzböcken" absuchen. Besonders bei

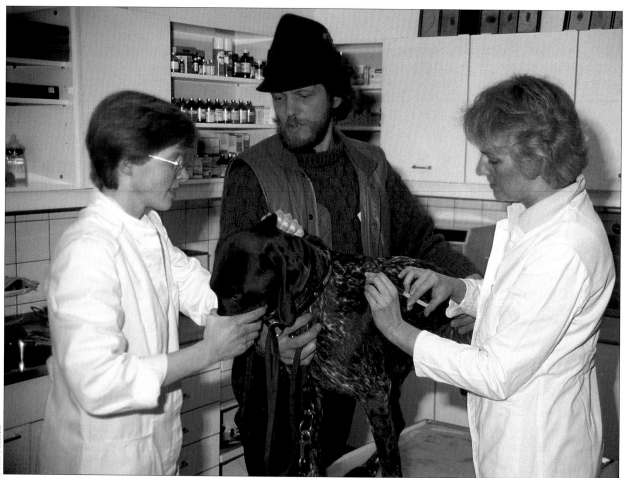

Foto: Minsen

Befindet sich unser Hund im Ruhezustand können wir – bei geschlossenem Fang – zwischen 14 und 26 Atemzüge pro Minute zählen. Bei ruhenden kleinen Hunden schlägt der Puls 100 bis

gen (Symptom: „Schlittenfahren"), Zwingerhusten (Symptom: Fieberhafte Entzündung der Atmungsorgane mit Husten) oder Hepatitis (Symptome: Erbrechen, blutiger Durchfall und hohes Fie-

Ob Hund oder Mensch: Dem Betroffenen fällt der Gang zum Arzt nicht leicht. Aber was hilft's? Gegen Tollwut müssen unsere vierläufigen Gefährten jährlich geimpft werden.

langem und dichtem Haar haben sich oft mehrere Peiniger eingefunden und festgesogen. Mit einer leichten Plastikzange drehen wir die Zecken heraus.

Des öfteren werden wir das Haarkleid unseres Hundes mit Kamm und Bürste von Schmutz, Grannen und Kletten reinigen. Das „Baden" zerstört den natürlichen Fettschutz des Haarkleides. Wir baden also unseren Hund nur mit einer Spezialseife, die den Fettschutz des Fells nicht angreift, und wir baden ihn außerdem so wenig wie möglich, etwa wenn er sich in Aas oder Kot gewälzt hat.

oder über Funk ist zweckmäßig. Kleinere Verletzungen behandelt der Hundeführer natürlich selbst. Schnittwunden, Risse oder Abschürfungen tupfen wir sauber ab. Fremdkörper wie Dornen oder groben Dreck entfernen wir mit Hilfe einer Pinzette. Anschließend wird die Wunde mit flüssigem Wundverband, Wundsalbe oder einem Verband abgedeckt. Als Wundsalben eignen sich gut abdeckende Lebertranzinkpasten, antibiotische Wundsalben oder auch Ringelblumenpaste. Den Verband fixieren wir mit Heftpflaster. Er muß unbedingt trocken gehalten

den Wundschutz gelangt. Leidet der Hund an Prellungen, Verstauchungen oder Zerrungen, behandeln wir den Lauf – möglichst rasch – mit kühlenden Umschlägen oder Salben. Wir gönnen unserem Gefährten natürlich Ruhe und belasten ihn wenig. Im Zweifelsfall prüft unser Tierarzt immer den Grad der Verletzung.

Bei Schock – durch Unfall, plötzlichen Blutverlust, völliger Überanstrengung bei großer Hitze oder Vergiftung – bricht der Hund plötzlich zusammen. Seine Gliedmaßen fühlen sich kalt an. Die Schleimhäute am Kopf sind blaß

ERSTE HILFE FÜR HUNDE

Offene, größere Wunden decken wir mit sauberen Tüchern oder Verbandsmaterial ab. Blutungen stillen wir mit Druckverbänden. Das Reinigen der Wunden und Aufbringen von Medikamenten überlassen wir dem Tierarzt. Knochenbrüche an den Läufen stellen wir – wenn der Hund es zuläßt – in der vorgefundenen Lage ruhig. Dazu verwenden wir Stöcke oder andere starre Hilfsmittel, die abgepolstert werden. Es ist gut, dem Hund etwas Wasser

Foto: R. Klotz

Das ist Passion und Härte. Nur mit Mühe konnte er eingefangen werden, obwohl ihm ein grober Basse die Seite aufriß. Jetzt bringt ihn sein Führer rasch zum nächsten Tierarzt, um die Wunde fachgerecht versorgen zu lassen.

zu reichen, bevor er zum Tierarzt gefahren wird. Wir können auch Lefzen und Zunge anfeuchten. In Streßsituationen trocknen sie rasch und lösen beim Hund ein starkes Hungergefühl aus. Schnelles Aufsuchen des Tierarztes ist Pflicht. Ein Vorabinfo ah ihn per Telephon

sowie gewechselt werden. Damit der Hund den Verband nicht „abreißt", bestreichen wir den Verband mit Bittersalbe oder Holzteer. Besser ist ein Kragen, der dem Hund an der Halsung befestigt wird. Der verhindert, daß der Hund mit Zunge und Zähnen an

und meist bläulich gefärbt. Schock bedeutet immer höchste Lebensgefahr. Rasche tierärztliche Hilfe tut Not. Zwischenzeitlich haben wir den Hund in wärmende Wolldecken gepackt, die Lefzen aber feucht gehalten. Während der Ruhe bleiben wir bei ihm.

Am liebsten natürlich
mit Flinte. Aber auch
während der Schonzeit
macht er mit seinem
Hund täglich einen
Gang. So sehen beide
viel im Revier.

Foto: U. Grimm

ANSCHAFFUNG, ERNÄHRUNG UND HALTUNG

Foto: Archiv JÄGER

Pansen verfüttern wir abgebrüht. So sind Bandwurmfinnen kein Problem. Und die Vitaminversorgung bleibt gesichert.

Wie erwerbe ich einen Welpen? Wie halte ich meinen Jagdhund? Im Zwinger oder in der Wohnung? Was gebe ich ihm täglich zu fressen? Und um welche Uhrzeit? Antworten auf diese und viele andere Fragen folgen.

ANSCHAFFUNG

Sicherlich ist unter der Vielzahl der vorgestellten Jagdhunderassen die eine oder andere, die uns interessiert, wenn wir einen Hund erwerben wollen. Im Vorfeld werden wir abwägen, ob die von uns bevorzugte Rasse nicht bloß den persönlichen Wünschen entspricht, sondern auch rassegerecht gehalten, ausgebildet und eingesetzt werden kann. Es nützt weder uns noch dem Hund, wenn wir einen Pointer in die Berge holen oder umgekehrt eine Bracke in ein klassisches Niederwildrevier mit Fasanen und Rebhühnern verfrachten. Ob wir eine Hündin oder einen Rüden, einen Welpen oder einen älteren Hund wählen, gilt es jeweils individuell zu entscheiden. Hilfreich hierfür ist es, wenn wir frühzeitig Prüfungen besuchen, bei denen die bevorzugte Rasse geführt wird. Hier können wir entweder ein Elternteil beobachten oder vielleicht sogar einen Hund auswählen, dessen Arbeit und Äußeres uns besonders zusagt. Außerdem ist zu klären: Dürfen und können wir einen Hund in unserer Wohnung überhaupt halten (Mietvertrag, Hausordnung)? Ist eine Zwingerhaltung möglich und sinnvoll? Was geschieht mit unserem Hund während der Arbeitszeit, im Urlaub oder wenn er einmal krank ist? Ist all dieses mit der Familie, dem Vermieter und am Arbeitsplatz zu unserer Zufriedenheit geklärt, steht dem Kauf eines Welpens nichts mehr entgegen.

Die Verordnungen zum Landesjagdgesetz regeln, ob in unserem Bundesland auch ein Hund ohne Papiere zur Brauchbarkeitsprüfung zugelassen ist. Im Vorfeld werden wir allerdings bedenken, daß nur die „kontrollierte Zucht" der anerkannten Jagdhundezuchtverbände die uns bekannte Qualität der Jagdhunde erbracht hat. Ein Hund ohne Papiere bleibt also die Aus-

jahrswurf bevorzugen, damit er in die warme Jahreszeit wächst.

Bevor wir den Hund mit in sein neues Heim nehmen, werden wir entsprechend der Informationen des Züchters noch die letzten Vorbereitungen treffen. Wir besorgen das richtige Futter, damit nicht Trennung und Futterumstellung den Kleinen doppelt belasten.

Abholtag ist idealerweise ein Urlaubstag oder besser noch ein Sonnabend. So haben wir ein ganzes Wochenende Zeit, um den Welpen bei uns einzugewöhnen. Je mehr wir uns jetzt mit dem Welpen beschäftigen, um so eher

Foto: R. Behrendt

Zwischen Haushühnern und Fasanen zu unterscheiden, lernt er schnell. Überraschend unter Wind gekommen, steht er mit großen Passion auch eine Haushenne vor. Das gibt sich rasch.

nahme beim Kauf.

Beim Welpenkauf ist stets empfehlenswert, sich den Wurf bereits vor der Abgabe des Junghundes, in der Regel in der neunten oder zehnten Woche, anzusehen. Wir beobachten die Welpen möglichst mehrmals über längere Zeit beim Spiel sowie am Futternapf und treffen unsere Wahl. Wir werden einen Welpen aus einem Früh-

wird er den Kontakt zu uns suchen und die verlorene Bindung zu Mutter und Geschwistern überwinden.

Spätestens bei der Übergabe des Welpen unterrichtet uns der Züchter über Wurmkur und Impfungen. Außerdem händigt er uns die Ahnentafel – der Eigentümerwechsel wird vom Züchter oder Zuchtwart eingetragen – und den Impfpaß aus.

Foto: Dr. K.-H. Betz

ters oder gleicher Größe zusammen und kann sich austoben.

HALTUNG

Ob Stadtwohnung oder Gutshof in ländlicher Idylle – immer stellt sich die Frage, ob wir den Hund im Haus oder Zwinger halten. Zweifelsohne ist ein Jagdhund in einem ausreichend großen Zwinger gut aufgehoben. Allerdings werden wir ihn täglich zumindest stundenweise in unser Haus holen, um den Kontakt zu festigen.

Der **Zwinger** ist ausreichend groß. Der Gesetzgeber verlangt sechs

Oben: So häufig wie möglich nehmen wir die Junghunde mit ins Revier.

Rechts: Nach jeder Mahlzeit lassen wir ihn ins Freie. So wird er rasch stubenrein. Auch auf sein Winseln reagieren wir sofort.

Foto: M. Hölzel

Im Verlauf der nächsten Tage werden wir den Welpen zu Hause sehr genau beobachten. Wir erziehen den Kleinen zur Stubenreinheit (siehe Sonderheft Nr. 16), sind ihm aber keinesfalls böse, wenn doch noch – auch nach geraumer Zeit – das eine oder andere Malheur passiert. Oft geschieht dies nämlich bei großer Freude oder wenn er sich erschrocken hat. Welpen aus den Frühjahrswürfen werden leichter stubenrein als solche aus Herbstwürfen, welche mit elf Wochen vielleicht schon in den Schnee hinaus müssen. Immer braucht der kleine Kerl da ein wenig Geduld seines Herrn. Jeder Hund wird auch ohne Strafen stubenrein.

Auch bei bester Vorbereitung durch Züchter und Welpenkäufer bildet die Trennung von Hündin und Welpen stets einen harten Einschnitt im Leben des jungen Hundes. Außerdem fehlen ihm die gleichaltrigen Spielgefährten. Hier können wir Abhilfe schaffen: Bei dem Züchter oder Zuchtverband beziehungsweise dem Hundeobmann des Kreisjagdverbandes erkundigen wir uns, wann und wo **Welpenspieltage** durchgeführt werden. Hier kommt unser Welpe mit anderen Hunden gleichen Al-

Quadratmeter Mindestfläche für einen mittelgroßen Hund. Der Boden des Zwingers ist teilweise naturbelassen, damit der Hund auch „buddeln" und Knochen vergraben kann. Die Hundehütte steht wetterfest unter einem Vordach und hat der Kälte wegen Doppelwände. Sie ist einerseits so groß, daß sich unser vierläufiger Freund darin bequem ausstrecken kann. Andererseits ist sie nicht überdimensioniert, weil der Hund sie dann nicht mehr mit seiner eigenen Körperwärme „aufheizen" ▶

„Bewegung und frische Luft juchee, erspart den Arzt und auch den Fliedertee." – Sinngemäß gilt das auch für unsere Hunde.

Foto: Minssen

kann. Jede gute Hütte besitzt einen Vor- und einen Schlafraum. So ist die Hütte zugfrei. Die offene Seite des Vorraumes setzen wir nicht ungeschützt der Hauptwindrichtung aus. Am besten ist sie der Wetterseite

HÜTTE UND ZWINGERANLAGE FÜR TECKEL ODER TERRIER

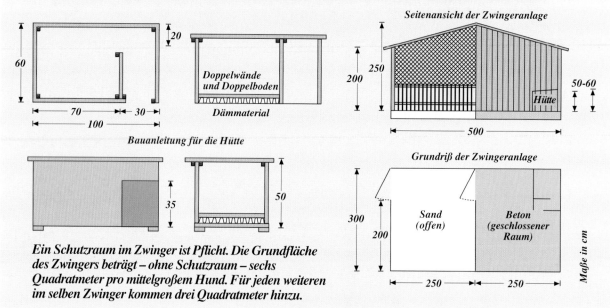

Bauanleitung für die Hütte

Seitenansicht der Zwingeranlage

Grundriß der Zwingeranlage

Maße in cm

Zeichnung: J. Bindseil nach W. Vocke und H. Wende, 1994

Ein Schutzraum im Zwinger ist Pflicht. Die Grundfläche des Zwingers beträgt – ohne Schutzraum – sechs Quadratmeter pro mittelgroßem Hund. Für jeden weiteren im selben Zwinger kommen drei Quadratmeter hinzu.

abgewandt. Als Bodendeckung für den Schlafraum haben sich alte Teppichreste bewährt, da sie sich einfach reinigen lassen. Von Stroh ist abzuraten. Es kann durch Staubbildung zu Augenentzündungen führen. Eine tägliche Zwingerreinigung ist selbstverständlich. Halten wir unseren Dackel oder Kleinen Münsterländer im Haus, weil wir in einer Großstadt leben, gewöhnen wir ihn beizeiten an einen bestimmten Platz. Der befin-

det sich in einer zugfreien Zimmerecke, keinesfalls aber in unmittelbarer Nähe von Öfen, Heizkörpern oder dem Kamin. Das führt nur dazu, daß unser Freund kälteempfindlich wird. Hunde, die in Wohnungen gehalten werden, benötigen täglichen Auslauf. Ein „Gassi-gehen" an der Leine reicht nicht aus. Denn ein Jagdhund ohne gut entwickelte Muskeln, Herz und Lunge taugt im Jagdbetrieb nichts. Natürlich benötigt

auch der Zwingerhund mindestens einen täglichen Auslauf.

ERNÄHRUNG

Zunächst nimmt uns die Hündin alle Arbeit ab. Sie säugt ihre Welpen. Nach der dritten Lebenswoche füttern wir den Welpen zu. Bei Junghunden bis zu einem Alter von einem halben Jahr geschieht dies zwei- bis dreimal, bei jungen Hunden bis zu einem Jahr zweimal. Danach füttern wir unseren vierläufigen Gefährten nur noch einmal pro Tag, und dies möglichst spätnachmittags, vor 17 Uhr. Als Grundnahrung haben sich Fertigfuttermittel, die in jedem Kaufmannsladen erhältlich sind, sehr bewährt. Denn sie sind so „zusammengesetzt", daß sie den gesamten Bedarf des Hundeorganismus abdecken. „Abwechslung erfreut", wußten schon die Römer. Deshalb geben wir dem Hund bisweilen abgebrühten Blättermagen sowie Pansen, rohe oder gekochte Innereien. Kalbsknochen erhält er bloß in kleinen Portionen, um Verstopfungen zu vermeiden. Niemals verfüttern wir gewürzte

Küchenabfälle, Saucen, Kartoffeln oder Geflügelknochen. Die Innereien von Schweinen werden stets gekocht, bevor sie in den Freßnapf wandern. Andernfalls könnte sich unser Jagdhund mit der Pseudowut oder Aujeszkyschen Krankheit (siehe hierzu Sonderheft Nr. 12, Seite 170) infizieren. Wasser hat unser Hund selbstverständlich

stets ausreichend zur Verfügung. Die Menge der Nahrung richtet sich nach der Größe der Rasse, nach der Tätigkeit des Hundes sowie nach den Außentemperaturen. Bei starker Kälte und körperlicher Belastung frißt er mehr.
Wir berücksichtigen: Der gesunde Hund „verschlingt" bis zur Hälfte mehr, als er braucht. Sein Futter

Knorpelige oder stumpfe Knochen verfüttern wir von Zeit zu Zeit. Schon Welpen brauchen sie, um ihre „Zähne zu benutzen".

Foto: M. Hölzel

reichen wir ihm lauwarm. Futter aus dem Kühlschrank gehört also nicht in den Hundenapf.
Nach der Mahlzeit braucht der Hund Ruhe. Wir gönnen sie ihm und arbeiten dann nicht mit ihm. Dazu hätte er auch wenig Lust. Mit vollem Bauch arbeiten weder Herr noch Hund gerne.

Schon für den kleinen Kerl gilt: Wasser ist wichtiger als Nahrung. Deshalb ist sein Napf stets gefüllt.

Foto: Graul

FACHLITERATUR

Aus der großen Zahl der Bücher über Jagdhunde werden nur einige – stellvertretend für alle in bekannten Jagdbuchverlagen oder im Selbstverlag erschienene Bücher – genannt:

1. Krewer, Bernd – Jagdhunde in Deutschland (1. Auflage 1991)

Dieses Buch gibt einen hervorragenden Gesamtüberblick über die bei uns geführten Jagdhunderassen. Der Autor spricht bei der Darstellung der einzelnen Rassen nicht nur Herkunft und Standard an, sondern weist auch auf deren Stärken und Schwächen im jagdlichen Einsatz hin. Eine zweite, überarbeitete und erweiterte Auflage erschien 1996.

2. Rohleder, Horst (Bearb.) – Jagdhunde (Neuausgabe 1994)

In dem mit vorzüglichen Photos ausgestatteten Band werden 34 Jagdhunderassen detailliert vorgestellt. Darüber hinaus findet der Leser Tips zur Ernährung, Haltung und Pflege, aber auch Informationen über Bau-, Wasser- sowie Schweißarbeit.

3. Weidt, Heinz – Der Hund, mit dem wir leben: Verhalten und Wesen (1. Auflage 1989)

Eine Pflichtlektüre vor dem Erwerb eines Junghundes! Dieses Buch hilft uns, den Welpen besser zu verstehen und seine Prägungsphase im Vorfeld der Ausbildung optimal zu nutzen. So werden Führer und Hund ein festes Team. Das Buch ist 1993 neu aufgelegt worden.

4. Rolfs, Klaus – Der Deutsch-Drahthaar (1. Auflage 1996)

Im Geleitwort notiert *Rolf Kröger* treffend: „An wen richtet sich dieses brilliante Werk in erster Linie? Am meisten profitieren dürfte der Erstlingsführer sowie Erstlingszüchter... Selbst versierte DD-Halter und -Züchter werden ‚den Rolfs' mit Gewinn studieren, verrät er doch so manches seiner Erfolgsgeheimnisse."

5. Eggerts, Hans – Der Kleine Münsterländer Vorstehhund (1. Auflage 1976)

Das Standardwerk über den Kleinen Münsterländer ist bereits in siebter Auflage (1995) erschienen. Der „Eggerts" ist ein unentbehrliches Handbuch für jeden Züchter, Halter oder Führer von Kleinen Münsterländern.

6. Martin, Wolfram – Jagen mit dem Teckel. Erwerb, Ausbildung, Haltung und Führung (1. Auflage 1993)

Mit diesem Buch ist nach langer Zeit endlich Umfassendes über unseren „kleinsten" Jagdhund erschienen. Eine gute Entscheidungshilfe für die Wahl des „richtigen" Teckels.

Drahthaar oder Teckel, Terrier oder Pointer? Die Einsatzmöglichkeiten im Revier und die persönliche Vorliebe bestimmen Rasse und Geschlecht.

Foto: H. Reinhard

JÄGER & PRAXIS

16

KURZ & BÜNDIG

ABRICHTEN VON JAGDHUNDEN: ABLEGEN ★ DOWN ★ APPORT ★ SCHWEISSARBEIT ★ BAUJAGD ...

EINE BEILAGE DER ZEITSCHRIFT JÄGER

BRAUCHBARKEIT

*Die Tabelle zeigt, wann der Einsatz brauchbarer Jagdhunde
in den einzelnen Bundesländern Pflicht ist.*

Jagdausübung und Jagdhunde

BUNDESLÄNDER	PFLICHT ZUR VERWENDUNG BRAUCHBARER JAGDHUNDE	BUNDESLÄNDER	PFLICHT ZUR VERWENDUNG BRAUCHBARER JAGDHUNDE
Baden-Württemberg § 19 LJG	Brauchbare Jagdhunde sind mitzuführen und zur Nachsuche zu verwenden: 1. bei Such-, Drück- und Treibjagden sowie 2. bei jeglicher Bejagung von Federwild. 3. Für sonstige Nachsuchen sind brauchbare Jagdhunde bereitzuhalten und einzusetzen, wenn es nach den Umständen erforderlich ist.	Niedersachsen Art. 3 Abs. 3 LJG	2. bei jeder Such-, Drück- oder Treibjagd und bei jeder Jagd auf Schnepfen oder Wassergeflügel mitgeführt werden; 3. bei jeder Nachsuche eingesetzt werden.
Bayern Art. 39 Abs. 1 + 2 BayJG	I. Brauchbare Jagdhunde in genügender Zahl sind zu verwenden: 1. bei jeder Such-, Drück-, Riegel- und Treibjagd; 2. bei jeder Jagdart auf Wasserwild. 3. Auch der bei einer anderen Jagdart zur Nachsuche verwendete Hund muß brauchbar sein. II. Die untere Jagdbehörde kann den Revierinhaber verpflichten, einen zur Nachsuche brauchbaren Jagdhund zu halten.	Nordrhein-Westfalen § 30 LJG	Brauchbare Jagdhunde sind zu verwenden: 1. bei Such-, Drück-, und Treibjagden; 2. bei jeder Jagdart auf Wasserwild und Schnepfen; 3. bei jeder Nachsuche auf Schalenwild.
Brandenburg § 37 LJG und Berlin § 30 LJG	I. Brauchbare Jagdhunde in genügender Anzahl sind bereitzuhalten und zu verwenden: 1. bei jeder Such-, Drück- und Treibjagd; 2. bei jeder Jagd auf Niederwild; 3. bei jeder Nachsuche auf Wild (alle Arten). II. Die untere Jagdbehörde kann dem Jagdausübungsberechtigten die Verpflichtung zum Nachweis eines zur Nachsuche auf Schalenwild brauchbaren Jagdhundes auferlegen.	Rheinland-Pfalz § 25 Abs. 1 LJG	Der Jagdausübungsberechtigte hat dafür zu sorgen, daß ihm für seinen Jagdbezirk ein brauchbarer Jagdhund zur Verfügung steht. Er hat dies der unteren Jagdbehörde auf Verlangen nachzuweisen.
Bremen Art. 3 Abs. 3 LJG	I. Der Jäger hat, den Geboten der Waidgerechtigkeit entsprechend, mit brauchbaren Jagdhunden zu jagen. II. Es muß jeweils mindestens ein brauchbarer Jagdhund 1. für die Jagd in einem Jagdbezirk ständig zur Verfügung stehen; 2. bei jeder Such-, Drück- oder Treibjagd und bei jeder Jagd auf Schnepfen oder Wassergeflügel mitgeführt werden; 3. bei jeder Nachsuche eingesetzt werden.	Saarland § 25 Abs. 1 bis Abs. 3 LJG	I. Brauchbare Jagdhunde in genügender Zahl müssen zur Nachsuche mitgeführt und verwendet werden: 1. bei Such-, Drück-, und Treibjagden; 2. bei jeder Jagdart auf Wasserwild und Waldschnepfen. II. Zur Nachsuche darf nur ein brauchbarer Jagdhund verwendet werden. III. Die untere Jagdbehörde kann den Jagdausübungsberechtigten zur Haltung eines zur Nachsuche brauchbaren Jagdhundes verpflichten, wenn dies zur waidgerechten Bejagung des betreffenden Jagdbezirks erforderlich ist.
Hamburg § 26 LJG	Für jeden Jagdbezirk ist von den Jagdausübungsberechtigten ein nachweislich brauchbarer Hund zu halten und zu führen.	Sachsen § 40 LJG	I. Brauchbare Jagdhunde in genügender Anzahl sind zu verwenden: 1. bei jeder Such-, Drück-, Treib- und Riegeljagd; 2. bei jeder Jagdart auf Wasserwild. 3. Auch der bei einer anderen Jagdart zur Nachsuche verwendete Hund muß brauchbar sein. II. Die Jagdbehörde kann dem Jagdausübungsberechtigten die Verpflichtung zur Haltung eines zur Nachsuche brauchbaren Jagdhundes auferlegen.
Hessen § 28 HessJG	I. Brauchbare Jagdhunde sind zu verwenden: 1. bei Such-, Drück- und Treibjagden; 2. bei jeder Jagdart auf Federwild; 3. bei jeder Nachsuche. II. Die untere Jagdbehörde kann den Jagdausübungsberechtigten zur Haltung eines zur Nachsuche brauchbaren Jagdhundes verpflichten, wenn der Jagdausübungsberechtigte nicht nachweist, daß ihm ein brauchbarer Jagdhund eines anderen regelmäßig zur Verfügung steht.	Sachsen-Anhalt § 2 Abs. 3 LJG	I. Die Jagd ist, den Geboten der Waidgerechtigkeit entsprechend, mit erfolgreich geprüften, brauchbaren Jagdhunden auszuüben. II. Es muß jeweils mindestens ein solcher Jagdhund 1. für die Jagd in einem Jagdbezirk zur Verfügung stehen; 2. bei jeder Such-, Drück- oder Treibjagd und bei jeder Jagd auf Wassergeflügel mitgeführt werden; 3. bei jeder Nachsuche eingesetzt werden.
Mecklenburg-Vorpommern § 35 LJG	Brauchbare Jagdhunde in genügender Anzahl sind mitzuführen: 1. bei jeder Such-, Drück- und Treibjagd; 2. bei jeder Jagd auf Schnepfen und Wasserwild; 3. bei jeder Nachsuche auf Wild (alle Arten).	Schleswig-Holstein § 31 LJG	Brauchbare Jagdhunde in genügender Zahl sind mitzuführen und zu verwenden: 1. bei jeder Such-, Drück- und Treibjagd; 2. bei jeder Jagd auf Schnepfen und Wasserwild; 3. bei jeder Nachsuche auf Schalenwild.
Niedersachsen	I. Der Jäger hat, den Geboten der Waidgerechtigkeit entsprechend, mit brauchbaren Jagdhunden zu jagen. II. Es muß jeweils mindestens ein brauchbarer Jagdhund 1. für die Jagd in einem Jagdbezirk ständig zur Verfügung stehen;	Thüringen § 39 LJG	I. Brauchbare Jagdhunde in genügender Anzahl sind zu verwenden: 1. bei jeder Such-, Drück- und Treibjagd; 2. bei jeder Jagdart auf Wasserwild; 3. bei jeder Nachsuche auf Wild (alle Arten). II. Die untere Jagdbehörde kann dem Jagdausübungsberechtigten die Verpflichtung zur Haltung eines zur Nachsuche brauchbaren Jagdhundes auferlegen, sofern ihm brauchbare Jagdhunde anderer Halter bei Bedarf nicht zur Verfügung stehen.

Quelle: M. G. v. Pückler, Der Jäger und sein Recht; Stand 1996. Alle Angaben ohne Gewähr.

INHALT

Beim Vorstehen. Der englische Spezialist und der deutsche Gebrauchshund harmonieren prima.

Foto: I. Gerlach

Anhaltend und laut verbellt er. – So wie er's gelernt hat.

Impressum: **JÄGER & PRAXIS** KURZ & BÜNDIG   Abrichten von Jagdhunden. Eine Beilage der Zeitschrift JÄGER   Titelfoto: F. Bagyi

Jahr-Verlag GmbH & Co.
Jessenstraße 1
22767 Hamburg
Tel. 040 / 38 90 61 14
Fax 040 / 38 90 63 05

Verleger:
Alexander Jahr

Redaktion:
Dr. Rolf Roosen

Fachberater:
Walter Bachmann und
Michael Tandler

Titel/Layout: Werner Rabe

Vertriebsleitung:
Peter Lüdemann

Herstellungsleitung:
Helmut Post,
Brunhild Sudmann (Stellv.)

Druck: Busche, Dortmund

Lithographie: Repro- und
Satztechnik Helmut Gass,
Hamburg

Copyright:
Jahr-Verlag GmbH & Co.
Hamburg 1996

Die Übung sitzt.
Verläßlich bringt
der Kleine Mün-
sterländer das
„Schleppwild".

Foto: M. Breuer

ABRICHTEN EINES JAGD- HUNDES

Foto: M. Hölzel

Gut abgeführte Jagdhunde sind auch nützliche Begleiter auf der Pirsch. Oft machen sie das Wild eher aus als wir.

So strittig wie die Erziehungsme- thoden der Men- schen, so unter- schiedlich die Wege der Abrich- tung von Jagd- hunden. Ziel aber ist immer entwe- der der Vollge- brauchshund als „Mädchen für al- les" in Wald, Feld und Wasser oder der Spezialist für Schweiß- oder Bauarbeit. Im fol- genden zeigt ein Wildmeister Wege und Kniffe, wie wir einen Ge- brauchshund schrittweise aus- bilden können, ohne ihn zu über- fordern.

Es gibt viele Wege nach Rom. So auch zur Abrichtung des Junghundes. Vor rund hundert Jahren setzte *Oberländer* das Maß mit den strengen Regeln der Parforce-Dressur. Im 20. Jahrhundert haben sich – angepaßt an die verschiedenen Jagdhunderassen und deren Aufgaben – aufgrund neuer kynologischer Erkenntnisse eine Vielzahl anderer Ansichten durchgesetzt. So sind mehrere Abrichtewege entstanden. Jeder von ihnen ist zu respektieren, wenn er zu dem Ziel führt, aus dem Junghund einen brauchbaren Jagdhund zu formen. Die Ausbildungslehrgänge für Hund und Führer werden sich also unterscheiden.

Die nachstehenden Anregungen, die auf Arbeiten von Wildmeister *Reinhard Behrendt* basieren, zeigen nur einen möglichen Ausbildungsweg auf. Er toleriert, insbesondere in zeitlicher Hinsicht, eine andere Reihenfolge der Ausbildungsschritte, wenn dies der Abrichter bei seinem Hund für richtig hält.

ABRICHTEN DES JAGDHUNDES

Mit keinem anderen Tier spricht der Mensch soviel wie mit dem Hund. Jeder Hund ist eine Persönlichkeit für sich. Er entwickelt im Umgang mit Menschen bestimmte Eigenschaften, je nachdem wie er veranlagt ist und vom Menschen behandelt wird. Wer schon einen Hund ausgebildet hat, weiß

Je eher wir ihn mit erlegtem Wild – hier ein stark abgekommener Frischling – vertraut machen, desto besser.

darum und auch um die Entwicklungsphasen eines Hundes. Sie werden hier nochmals in Erinnerung gerufen.

ENTWICKLUNGSPHASEN BEIM JUNGHUND

Wir unterscheiden:

1. Die vegetative Phase erleben die Welpen passiv. Säugen und Milchtreten werden vegetativ gesteuert. Dies dauert bis zu zwei Wochen.

2. Die sogenannte Übergangsphase dauert bis zur dritten Woche. Die Welpen öffnen nun Augen und Ohren. Sie nehmen ihre Umwelt wahr.

3. In der dritten Woche beginnt die Prägungsphase. Der Welpe wird auf und durch die Umwelt geprägt. Im Spiel mit seinen Geschwistern – anfangs in der Wurfkiste, später im freien Gelände – übt er Knurren und Bellen, das Sträuben der Haare, Angriff und Verteidigung. In dieser Phase ist auch ein häufiger Umgang mit dem Menschen wichtig.

4. Mit der Sozialisierungsphase fällt der Wechsel zu einem neuen Familienverband zusammen.

Künftig ist der Jäger sein „Artgenosse" und Rudelführer. In dieser bis zu zwölf Wochen dauernden Phase benötigt der Hund viel Kontakt im Spiel sowie geregelte Futterzeiten. Die Erziehung beginnt langsam, und zwar ab der achten Woche. Wir versuchen, den Hund stubenrein zu bekommen. Das gelingt am besten, wenn wir dem Junghund die letzte Mahlzeit gegen 17 Uhr reichen und ihn nach jeder Fütterung sowie nach seinen Ruhephasen sofort ins Freie lassen. Auch sein Winseln werden wir beachten. Schläge oder andere körperliche Strafen sind für den Kleinen tabu. Der Griff ins Nackenfell, begleitet von harten Worten, verdeutlicht dem Welpen unseren Unwillen. Nicht anders macht's der Leithund im Rudel.

5. In der Rangordnungsphase lernt der Hund seine soziale Stellung kennen. Die Rangordnung seines Herrn muß für ihn unmißverständlich klar werden. Diese Phase erstreckt sich von der zwölften bis zur 16. Woche.

6. In der anschließenden Rudelordnungsphase ist der Junghund sehr lernbegierig und äußerst auf-

Foto: M. Hölzel

Foto: Graul

Oben: Von Muttern lernt er das Buddeln. Später wird er so manchen Knochen vergraben.

Rechts: Wer setzt sich durch? Munter toben die beiden Welpen. Sie sind in der Sozialisierungsphase.

merksam. Wir nutzen dies, um unsern vierläufigen Gefährten ohne starken Druck in die von uns gewünschte Richtung zu lenken. Wir sind der „Kopfhund", die Autorität. Unsere Forderungen setzen wir konsequent durch. Ist eine Strafe angesagt, handeln wir unverzüglich, aber nicht mit Schlägen. Unser „böser" Ton genügt. Nur so bringt der Hund sein Fehlverhalten mit ihr in Verbindung. Er begleitet uns nun ins Revier. Auch andere Lebensbereiche des Menschen lernt er kennen.

Bis zum zehnten Monat haben wir die Erziehung des Junghundes abgeschlossen. Bislang verlief sie spielerisch, jedoch konsequent. Anschließend beginnt das eigentliche Abrichten. Wir berücksichtigen dabei die Psyche unseres Hundes und bereiten ihn schrittweise auf die einzelnen Arbeitsgebiete vor.

Bis zum Eintritt in die Erwachsenenphase – im 18. bis 30. Monat – ist die Abrichtung abgeschlossen.

Wir erstellen einen sogenannten Ausbildungsplan. Er dient lediglich als „roter Faden", um die Ausbildungsabschnitte und -ziele, abhängig von der Jahreszeit, zu stecken. „Rückschläge" können wir darin ausgleichen.

Jede einzelne Lektion beginnen wir mit geringen Anforderungen an den jungen Hund. Später steigern wir dann die Schwierigkeitsgrade. Das Ganze ist dem Profil eines Sägeblattes vergleichbar. Wir verzahnen mit mehreren Lektionen ein Ausbildungsziel. Beim Abrichten unterscheiden wir zwischen einer Grundabrichtung sowie der

Foto: M. Hölzel

Unser Hund ist dann hoffentlich ausgeglichen, beständig und belastbar. Wir beanspruchen ihn dauernd und bereiten ihn auf seine Spezialaufgaben vor.

AUSBILDUNGSPLAN

Das Abrichten des Jagdhundes ist natürlich von der jeweiligen Rasse abhängig. Ausschlaggebend sind körperliche Leistungsfähigkeit und Eignung für bestimmte Arbeiten sowie den jagdlichen Bedarf beziehungsweise für die Prüfungsanforderungen (siehe hierzu Sonderheft Nr. 17).

jagdlichen Ausbildung.

Unser Hund ist stubenrein und mit geregelten Futterzeiten vertraut (siehe oben). Deshalb beginnt der Ausbildungsplan damit, den Hund an Halsung und Leine zu gewöhnen.

LEINENFÜHRIGKEIT

1. Lernschritt: Der Hund wird über das Abrichtehalsband an die Führungsleine genommen. Sie läuft durch die linke Faust, die der Ausbilder gegen seine Hüfte drückt. So wird ein Vorprellen des Hundes unterbunden. Der Hund ▶

hat stets links neben seinem Herrn zu gehen.

2. Lernschritt: Will der Hund seitlich ausweichen, ziehen wir ihn zurück. Am Vorprellen hindern wir den Vierbeiner durch Querstellen des Fußes. Einem Unbelehrbaren drücken wir dabei auf die Pfoten. Das steigert die Lernbereitschaft. Immer wieder hört er: „Fuß!"

3. Lernschritt: Nach einiger Zeit gehen wir mit dem angeleinten Hund um Hindernisse herum, zum Beispiel um Bäume. Dabei lernt unser vierläufiger Freund, dicht bei Fuß zu bleiben. Mit Hunden, die dazu neigen, vom Führer weg-

Der Führer achtet darauf, daß sein Gefährte immer links bei Fuß bleibt.

Sitzen diese und die nächste Übung, wird das Ganze später frei bei Fuß wiederholt, bis der Hund ohne stete Einwirkungen mit uns geht.

DAS „SITZ!"

Das Setzen begreifen die meisten Hunde in wenigen Tagen! Setzt sich unser Vierbeiner bereits ohne Einwirkung der Leine, geben wir dem Hund mit Stimme und erhobenem Zeigefinger das Komman-

1. Lernschritt: Der Führer nimmt seinen Hund an Abrichtehalsband und Führungsleine. Unter dem Befehl „Sitz!" zieht er diese nach hinten und hält sie straff. Mit der anderen Hand greift er über die Kruppe des Hundes und drückt ihn nach unten.

2. Lernschritt: Unter der Anweisung „Sitz!" entfernt sich der Führer einen Schritt vom Hund. Will der Vierbeiner ihm folgen, wiederholt er das Kommando „Sitz!" und drückt dem Hund die Keulen runter. Anschließend gehen wir einige Schritte vom Hund weg und lassen ihn erst eine, später bis zu fünf

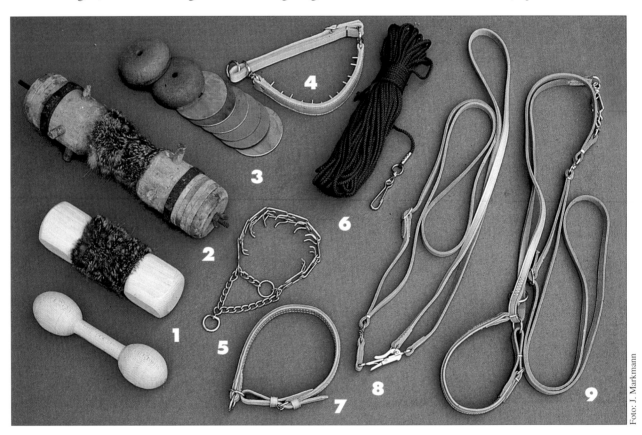

Hilfsmittel für die Ausbildung sind: 1. Apportierböcke (z.B. aus Holz) möglichst mit Balg von Hase oder Kanin umwickelt; 2. + 3. Apportierböcke mit auswechselbaren Eisen- und Eisenkopfscheiben; 4. + 5. Zwangshalsungen mit Stacheln; 6. Feldleine aus Perlon; 7. Flaches Würgehalsband; 8. + 9. Umhängeleinen.

Foto: J. Markmann

zustreben, üben wir im Stangenholz.

4. Lernschritt: Abschließend geht's mit dem Hund durch unterwuchsreiche Bestände. Ein Helfer versucht, den Hund abzulenken.

do „Sitz!". Später wird er sich allein auf dieses Handzeichen hin setzen und im fortschreitenden Alter ganz von selbst, zum Beispiel dann, wenn er seinem Herrn Beute zugetragen hat.

Minuten ruhig sitzen.

3. Lernschritt: Der Führer geht mit seinem Hund ein paar Schritte und hält dann an. Mit dem Befehl „Sitz!" drückt er die Keulen des Hundes auf den Boden. Wir üben solange, bis sich der Hund selbständig neben uns setzt, sobald wir stehen bleiben.

4. Lernschritt: Wir winken dem Hund, berühren unsere Oberschenkel und rufen: „Hier!"

Bei uns angekommen, muß der Hund sich setzen und erhält einen Leckerbissen. Dann wird das Sitzen nach Herbeirufen über den Doppelpfiff geübt.

Rechts:
Bald wird der Jung-hund begriffen haben, „wo der Weg lang-geht": Dann bleibt er dicht bei Fuß.

Foto: J. Markmann

KOMMEN AUF BEFEHL

Je jünger der Hund ist, desto leichter wird diese Übung für ihn und seinen Ausbilder. Vor allem den Terriern müssen wir wiederholt klar machen, daß es sich lohnt, spornstreichs zum Meuteführer zu eilen, sobald er ein Zeichen dafür gibt.

1. Phase: Wir befinden uns im Freien. Dem Hund wird eine längere Leine an die Halsung geknüpft. Dann lassen wir ihn sich setzen, wobei wir lobend und beruhigend auf ihn einreden. Erst wenn er still sitzt und sich ganz auf den Abrichter konzentriert, geht dieser in Position zu Phase zwei.

2. Phase: Der Ausbilder tritt vor den Hund und geht langsam zurück, wobei er den Lehrling ständig im Auge behält. Versucht

Foto: J. Markmann

Ohne Kommando macht der Langhaar „Sitz", wenn sein Herr verhofft.

Foto: M. Hölzel

Oben rechts:
Selbstbewußt und aufmerksam, aber auch folgsam – so lieben wir unseren Hund.

der Vierbeiner auszurücken, setzt es einen Ruck an der Leine. Der Ausbilder korrigiert das Sitzen des Hundes. Schließlich begibt er sich auf Leinendistanz in Warteposition, um seinen Hund herbeirufen ▶

Foto: Dr. Fr. Hirsch

zu können.

3. Phase: Unter kurzem Rucken an der verlängerten Leine und gleichzeitigem Klatschen mit der Hand auf ein Knie – als zusätzlichem Anreiz – kommt der Vierbeiner zu seinem Abrichter. Der lobt den Hund und belohnt ihn mit einem Leckerbissen. Nach spätestens einer Woche wird der Hund das begriffen haben: Er eilt auf Zeichen seines Herren zu diesem – und zwar mit Freude. Denn da gibt's ja was Gutes.

GEHEN FREI BEI FUSS

Sobald der Hund leinenführig ist, überhaupt die wichtigsten Grundübungen beherrscht, zu denen auch Sitz, Down und das Apportieren gehören, ist es an der Zeit, das Gehen „frei bei Fuß" zu üben. Es knüpft an die Leinenführigkeit an und wird am sinnvollsten nach der Grundausbildung – abwechselnd mit den anderen Übungen – syste-

matisch eingearbeitet.

Prinzipiell geht der Hund an der linken Seite. Das ist für den mit der rechten Hand die Waffe handhabenden Jäger bequemer und beim Begehen von Straßen für den Hund sicherer, ob angeleint oder frei. Geht der Vierbeiner an der Leine locker bei Fuß, lernt er, frei auf Kniehöhe oder,

Oben und rechts: Ob nach winterlicher Treibjagd oder während des Abklapperns von Bächen – der Vollgebrauchshund ist stets bei Fuß.

was etliche Hundeführer bevorzugen, sich eine Kopflänge voraus neben seinem Abrichter vorwärts zu bewegen.

1. Lernschritt: Der Hund läuft neben seinem Ausbilder. Beim Vorprellen tritt der dem Vierbeiner sanft auf die Pfoten.

2. Lernschritt: Nach „Hierher!" und anschließendem „Sitz!" schreiten wir unter „Bei Fuß!" voran.

Dann muß sich der Lehrling wieder setzen, wiederum frei bei Fuß gehen und darf anschließend umhertollen. Nun wird er für einen erneuten Übungsversuch herbeigerufen oder -gepfiffen.

3. Lernschritt: Um das Gehen frei und nah bei Fuß zu festigen, bewegt sich der Abrichter an Straßenlaternen oder Parkbäumen vorbei, oder er geht mit seinem Hund in Schlangenlinien und Kreisen durchs Stangenholz. Dabei hat der Vierbeiner selbstverständlich eng am Fuß zu bleiben. Immer wieder hält ihn das „Fuß!" dazu an.

4. Lernschritt: Abschließend wird

Foto: F. Siedel

mal gegangen, mal gelaufen, zwischendurch stehengeblieben. Kurzum, wir bauen alle bis aufs Apportieren erlernten Grundübungen mit ein. Das schafft Abwechslung.

DAS „DOWN!"

Nach dem „Sitz!" und „Gehen bei Fuß" ist die wichtige Übung „Down!" an der Reihe. Nur wenn der Hund das beherrscht, kann der Hundeführer auch in kritischen Situationen die Oberhand über seinen Hund behalten.

1. Lernschritt:
Dem Hund wird eine Hand auf die Kruppe und die andere auf den Hals gelegt. So drücken wir ihn auf den Boden und zeigen ihm das korrekte Down. Der Kopf des Hundes berührt zwischen den Vorderläufen die Erde. Zunächst halten wir ihn etwa eine Minute lang so.

2. Lernschritt:
Zum Befehl „Down!" nimmt der Führer den rechten Arm nach oben. Parallel wird der Hund per Abrichtehalsband und Leine, die unter dem Fuß des Abrichters durchgeht, in die Downlage gezogen.

3. Lernschritt:
Jetzt wird das „Down!" gesichert. Dazu entfernen wir uns einige Schritte vom Hund, steigen über ihn hinweg oder trampeln auf den Boden. Unser Vierbeiner darf dabei keinesfalls den Kopf heben. Läßt er sich trotzdem verleiten, wird er mit hartem Ton eines Besseren belehrt.

4. Lernschritt:
Wenn der Herr den

Foto: J. Markmann

Die Hände auf Vorderläufen und Hinterhand hindern ihn aufzustehen. Viel Lob dabei erfreut ihn.

Arm hebt oder der Trillerpfiff ertönt, muß der Vierbeiner schlagartig in Downlage zusammenfallen. Das soll auch beim Gehen funktionieren.
Bei Verweigerung wenden wir konsequent Zwangsmittel an. Eines Tages kann ihm dieses wirklich „eiserne Down" im Straßenverkehr das Leben retten.

5. Lernschritt:

Foto: M. Breuer

Am Riemen nimmt er die Downlage ein. Dann wird ihn nichts mehr verleiten. Erst auf Komando ist er wieder auf den Läufen.

▶

Foto: M. Breuer

Oben: Er lernt den Apportierbock kennen. Frauchen hilft. Hält er schön fest, loben wir anhaltend.

Rechts: „Rückwärts auf der Führerfährte" bringt er sicher.

Zunächst nehmen wir den Hund noch an die lange Leine und üben das Down aus einiger Entfernung. Den Abstand erweitern wir von Übungstag zu Übungstag. Unser „Auszubildender" darf sich von nichts ablenken lassen. Manche Abrichter bringen ihrem Hund auch das Kriechen bei. Beherrscht ein Hund das Down und das Kriechen in Downlage, kann man ihm so gut wie alles beibringen. Widersetzt er sich einer Anweisung, zwingen wir ihn ins Down oder lassen ihn kriechen, was er äußerst unangenehm findet.

„APPORT!"

Wer bereits spielerisch mit dem Welpen das Kommando „Apport!" geübt hat, ist schon einen kleinen Schritt bei dieser Übung vorangekommen. Doch nun beginnt der Ernst. Auch dieser Lernabschnitt wird systematisch eingeübt. Dem Vierbeiner muß klar werden, daß er bestimmte Gegenstände auf Befehl zu apportieren hat. Geschickte Abrichter erhalten dabei dem Hund die Freude oder steigern sie sogar. Das Ganze gipfelt in der sogenannten Bringfreude. Sie ist wichtig für die spätere Arbeit in der Praxis, vor allem dann, wenn der Hund, vorübergehend auf sich allein gestellt,

Foto: Dr. K.-H. Betz

Wild findet. Dann zeigt sich die Bringtreue eines guten Jagdhundes, schließlich auch das Verlorenbringen von krankem Wild, auf dessen Wundspur der Hund zu arbeiten hat, bis er an das zu arbeitende Wild herangekommen ist. Der bringfreudige Hund nimmt es

auf und trägt sicher zu. Am Anfang stehen die Grundvoraussetzungen.

1. Lernschritt: Der Führer öffnet mit einer Hand den Fang des Hundes. Dann schiebt der Ausbilder die andere Hand in den Fang und gibt dazu das Kommando „Apport!". Nach etwa zehn Sekunden wird die Hand unter der Anweisung „Aus!" wieder aus dem Fang gezogen.

2. Lernschritt: Wieder heißt es „Apport!". Dazu schieben wir dem Hund einen Balg oder Strohbock in den Fang. Auf das Kommando „Gib aus!" oder nur „Aus!" hat er ihn wieder herzugeben. Damit der Lehrling nicht verunsichert wird, sind die Phasen zwischen dem Reichen des Apportels, dem Aufnahmebefehl, dem Zurückziehen der Hand, dem erneuten Fassen des Apportels und der Ausgabeanweisung zeitlich klar abgegrenzt.

3. Lernschritt: Nun wird der Hund, den Apportiergegenstand im Fang, mit der Leine an den Führer herangezogen. Wir unterstützen diese Übung mit dem Befehl „Hier!". Zur Sicherheit grei-

Foto: M. Breuer

**Oben: „So ist's brav, mein Hund."
Erst nach dem Lob erfolgt wieder
das klare Kommando: „Aus!"**

**Rechts: Auf den Unterlagen liegt
er trocken und warm.**

fen wir mit der Hand unter den
Balg. Das Apportel darf nur im
Sitzen genommen beziehungswei-
se ausgegeben werden.

4. Lernschritt: Unser Vierbeiner
hat Balg oder Bock jetzt selbständig aufzunehmen. In einer Hand
halten wir dem Hund das Apportel
vor. Mit der anderen drücken wir
im Zangengriff auf die Lefzen,
wenn der Hund den Fang nicht
öffnen will. Greift der Hund zu,
wird er gelobt. Auf das Kommando „Aus!" muß er den Balg herge-
ben.

5. Lernschritt: Allmählich senken
wir das Apportel bis auf den Boden. Um das Aufnehmen zu erleichtern, liegt es beispielsweise
auf zwei Ziegelsteinen, die ober-
kant, breitkant und schließlich
flachkant stehen. Mit dem Zeige-

finger weisen wir auf
den Apportierbock und
sagen „Apport!". Im
Sitzen muß er wieder
ausgeben.

6. Lernschritt: Der nur
wenige Schritte ent-
fernt liegende Appor-
tierbock ist jetzt unter
dem Befehl „Verloren
apport!" zu bringen.
Langsam erweitern wir
die Bringentfernung.

7. Lernschritt: An den
Oberländer-Apportier-
bock schrauben wir
nach und nach Ge-
wichte, bis er etwa
sechs Kilogramm
wiegt. Das Tragen
schwerer Bringgegen-
stände festigt die
Nackenmuskeln des
Hundes. Er darf auch

über Hindernisse springen. Am
schweren „Fuchsbalg" soll unser
Jagdkamerad das Ausbalancieren
der Last üben, und an einem geschossenen Kanin oder einer erlegten Rabenkrähe lernt er das Apportieren von warmem Wild beziehungsweise von Tieren, die er
nicht so mag.

8. Lernschritt: Die Zeit ist gekommen, daß der Hund verstecktes
Wild nach einigen Stunden
sucht. Das „freie Bringen" muß
sehr gewissenhaft geschult werden. Hier braucht es Zeit und viel
Gelegenheit. Der Hund hat seinem
Herrn alles Kleinwild zuzutragen,
das er findet und tragen kann. Bei
gutem Erfolg ertönt lautes Lob.

DAS ABLEGEN

Als nächstes beschäftigen wir uns
mit dem Ablegen. Diese Übung
findet im Revier
statt. Schließlich
beherrscht unser
Lehrling bereits
Leinenführigkeit,
Sitz, Down, das
Herankommen und
auch die Grundzü-
ge des Apportie-
rens.

1. Lernschritt: An
einem Platz, an
dem der Hund an-
geleint werden
kann, wird der
Vierbeiner unter
dem Kommando
„Platz!" zum Nie-
dertun aufgefordert.
Die Hand wird wie
beim Down zur
Unterstützung des
Platz-Kommandos
erhoben.

2. Lernschritt: Der
Hund hat sich be-
quem niedergetan.
Er darf durchaus
dem Führer nach-
schauen, der sich ▶

Foto: J. Markmann

langsam etwa 20 Schritte entfernt, dabei aber den Vierbeiner ständig aus den Augenwinkeln beobachtet. Denn den jungen Hund wird es nicht lange am Platz halten.

3. Lernschritt: Schon ist es soweit, der Vierbeiner will seinem Führer nachsetzen und erhebt sich. Der Ausbilder dreht sich spontan herum und ruft mit erhobener Hand dem Hund ein donnerndes „Platz!" zu. Das korrigiert den Lehrling meist auf Anhieb. Falls nicht, geht der Führer auf den Zögling zu und wiederholt das Kommando.

4. Lernschritt: Erst wenn die ersten drei Lernschritte vom Hund beherrscht werden, geht der Ausbilder zum freien Ablegen über. Der Vierbeiner wird zum Beispiel am Rucksack zum Ablegen aufgefordert. Der Führer entfernt sich anfangs nur 20 bis 30 Meter, um sofort auf den Lehrling einwirken zu können, falls er sich erheben sollte.

Weicht der Vierbeiner vom Platz, rufen wir ihn heran und legen ihn in aller Ruhe wieder ab. Der Hund muß bis zu 30 Minuten am Platz bleiben, ohne seinen Herrn eräugen zu können.

Im Unterschied zum Down wird der Hund nach dem Ablegen wieder abgeholt. Aus dem „Halt!" kann er abgepfiffen oder abgerufen werden. Diesen grundsätzlichen Unterschied werden wir beachten, sonst kommt es zu unerwünschtem, überschneidendem Verhalten zwischen Halt und Platz!

Foto: Th. Buchholz

SITZ UND KOMMEN AUF PFIFF

Unser Hund beherrscht alle Grundübungen, ja wir haben schon weiterführend mit ihm gearbeitet: Er legt beispielsweise ab und apportiert unter erschwerten Bedingungen. Alle diese Übungen festigten den Gehorsam. Doch mittlerweile

Foto: M. Hölzel

hat er die Verlockung durch Wild kennengelernt. Kombinierte Gehorsamslektionen im freien Feld sind deshalb angebracht, und zwar regelmäßig. Unser Vierbeiner ist soweit, daß ohne Feldleine gearbeitet werden kann.

1. Lernschritt: Der Hund ist ins

Oben: Auf den doppelten Einfachpfiff kommt sein DK-Rüde brav herangefetzt.

Links: Erst stand der Drahthaar bombig vor. Auf Befehl sprang er ein. Laut gockend steigt der Hahn auf.

Sitz befohlen. Der Führer entfernt sich auf etwa 50 Schritt. Er paßt dabei auf, daß sich der Vierbeiner nicht von seinem Platz fortbewegt oder gar heimlich folgt.

2. Lernschritt: Auf doppelten Einfachpfiff wird der Hund in Richtung Führer zitiert und auf halbem Wege mit kurzem Triller wieder zum Sitzen gebracht. Das erfordert höchste Konzentration des Hundes und genaue Befehlsgebung des Führers. Der Hund soll ja aus dem Galopp stoppen und sich setzen oder aber Down machen. Kein einfaches Unterfangen!

3. Lernschritt: Nach zwei bis drei Minuten wird der Hund erneut per Kommpfiff und zwar endgültig „gerufen".

Zwei weitere Übungsbeispiele: 1. freies Ablegen, Abholen des Hundes nach fünf bis zehn Minuten, Sitz und Weggehen des Führers außer Sichtweite des Hundes, abschließend Herbeipfeifen des Vier-

Foto: M. W. Hardt

ist der Ausgangspunkt für das Schnallen. Die Suche verläuft in Schlangenlinien in eine bestimmte Richtung, mehr oder minder gegen den Wind.

2. Lernschritt: Auf das Kommando „Such voran!" schickt der Führer seinen Hund nach rechts oder links. Der Hund läuft anfangs meist noch mit tiefer Nase, geht aber bald mit erhobenem Kopf zur freien Suche über.

3. Lernschritt: Hat sich der Vier-

er in Richtung seines Meisters. Der läßt ihn wiederum nach etwa 50 Metern wenden. Beim Wenden achtet er darauf, daß der Hund mit der Nase in Suchrichtung schwenkt und nicht hinter dem Führer in die neu angegebene Richtung läuft. Gelangt er hinter ihn, geht dieser zügig um 90 Grad schwenkend nach vorn. Weit suchende, schnelle Hunde werden auf optisch abgegrenztem Feld zwischen Viehzäunen oder Hecken eingearbeitet. Schießt er über die Wendemarke hinaus, bremsen wir den Hund durch Triller.

SUCHE UND VORSTEHEN

Der Jagdhund weiß jetzt, daß er in Zickzacklinien Feldgelände vor seinem Führer absuchen soll. Die Deckung auf Wintersaaten und Rapsfeldern ist nun so hoch, daß

beiners. 2. Hund ins Down legen, außer Sichtweite entfernen, dann herbeipfeifen, anschließend ein Stück frei bei Fuß gehen, dann sitzen lassen und wieder herbeipfeifen.

EINÜBEN DER QUERSUCHE

Soll der junge Gebrauchshund als Jährling auf einer Verbands-Jugendprüfung laufen, um dort seine „Anlagen", vor allem in Nasenleistung, Suche und Vorstehen, zu zeigen, wird es Zeit, mit ihm die systematische Suche, die Quersuche, zu üben. Bei der Suche kommt es auf guten Kontakt zum Führer an.

1. Lernschritt: Auf einer übersichtlichen Fläche lassen wir den an der Umhängeleine geführten Hund sich neben uns setzen. Das

Oben: Er sucht „unter der Flinte" – so wie sein Herr es wünscht.

Rechts: Meist ist das Vorstehen angewölft. Übung braucht's trotzdem.

Foto: St. M. Williams

beiner etwa 50 Meter entfernt, kommt das Signal zum Wenden. Der Führer pfeift (Doppelpfiff), setzt auffällige Sichtzeichen durch abrupte Körperdrehung sowie ausgestreckten Arm und geht in die entgegengesetzte Richtung.

4. Lernschritt: Schon hat es beim Hund gezündet – im Galopp folgt

sich Flugwild bereits in ihr drückt. Auf solchen Flächen und auch Altgrasparzellen wird der Vierbeiner in der Suche nach Federwild geübt und vervollkommnet.

1. Lernschritt: Der Führer fordert mit Rufkommando und Sichtzeichen seinen Hund auf, in eine bestimmte Richtung zu suchen. Der ▶

Foto: J. Markmann

3. Lernschritt: Der Hund steht. Sein Führer lobt und beruhigt ihn, indem er ihn streichelt. Bis auf mehrere Minuten dehnen wir eine solche Vorstehphase aus. Dann heißt es ermahnend „Halt!".

4. Lernschritt: Jetzt kommt für den jungen Hund die erregendste Phase – wir treten das Wild vor ihm heraus! Unter jetzt energischem „Halt!" gehen wir vor den Lehrling und machen das Wild hoch. Entscheidend ist dabei, daß der Hund stehend, sitzend oder liegend am Platz bleibt. Tut

Zum Üben der „Hasenreinheit" gehen wir mit energischem „Halt!" vor ihn und machen den Hasen hoch. Entscheidend ist, daß der Hund am Platz bleibt, nicht nachprellt.

soll gegen den Wind laufen, damit er nicht ohne Wittrung ins Wild „hineinstürmt" und es aus dem Lager wirft. Die Quersuchen des Hundes unterstützen wir, indem wir beim Vorangehen systematisch von einer Feldseite zur anderen wechseln. So zeigen wir dem Bewegungsseher Hund die jeweilige Richtung an. Mit fortschreitender Übung werden wir immer weniger Kommandos geben.

2. Lernschritt: Plötzlich verlangsamt der Vierbeiner seine Gangart, stoppt, zieht nach: Er

hat Wildwittrung in der Nase! Wir gehen zügig – nicht hastig – auf ihn zu und bedeuten ihm mit gedehnt gesprochenem „Langsaam!", bedächtig nachzuziehen.

er dies zum ersten Mal, wird tüchtig gelobt und nach einer Beruhigungspause die Suche fortgesetzt. – Wer so zwei- bis dreimal wöchentlich üben kann, hat nach

An der Sasse des Hasen wird der Hund angesetzt. Von hieraus wird er die Spur hoffentlich flott, laut und weit halten.

Foto: W. Lange

etwa 14 Tagen den nahtlosen Übergang zum systematischen Quersuchen, Wildmarkieren, Vorstehen und Halten hinter dem flüchtenden Wild erreicht.

EINARBEITEN AUF DER HASENSPUR

Die Arbeit auf der Hasenspur erzieht die Hunde fast aller Rassen zum Gebrauch ihrer Nase, zu Spurtreue und -wille, was später beim Verlorenbringen kranken Wildes besonders wichtig ist.

1. Lernschritt: Wir suchen zusammen mit einem Helfer und dem angeleinten Hund in Linie, um einen Hasen im Bereich von etwa 50 Metern hochzumachen. Je näher wir am Hasen sind, desto größer ist die Chance, den Hund genau auf der Spur ansetzen zu können.

2. Lernschritt: Ist der Hase außer Sicht, ohne daß ihn der Hund bemerkt hat, eilen wir zur Sasse. An einer langen, glatten Lederleine, deren Enden der Führer in der Hand hält, setzt er den Hund auf der Spur über der Sasse an. Mit tiefer Nase wird sich der Hund auf der Spur festsaugen.

3. Lernschritt: Je nach Temperament sprechen wir dem Hund aufmunternd oder beruhigend zu. In Fluchtrichtung des Hasen gehen wir einige Schritte mit, wobei wir das Riemenende loslassen. So kann der Hund ungehindert immer flotter werden und die Hasenspur solange wie möglich ausarbeiten. Spurwille, -treue und -laut sind im Feld meist gut zu beobachten. Auch hierbei macht Übung den Meister.

HALT AM HASEN

Voraussetzung für diese Feldübung ist, daß bei unserem Vierbeiner das Kommando „Halt!" beziehungsweise das „Down!" in Fleisch und Blut übergegangen ist.

1. Lernschritt: Der Führer begibt sich morgens in die Feldmark, um einen der herumhoppelnden Hasen ausfindig zu machen. Im Wald sind die Langohren in aller Frühe am leichtesten auf Wegen anzu-

Foto: Bußmann

treffen. Ist ein Hase entdeckt, geht's unauffällig so nah wie möglich mit angeleintem Hund an dieses Wild heran. Oder wir lassen ihn Lampe in der Sasse vorstehen.

2. Lernschritt: Sobald der Hund den Hasen wahrnimmt – ob durch Wittern oder Eräugen –, wird er ins „Halt!" befohlen. Dabei kann schon ein auffälliges Sichtzeichen gegeben werden. Dann wird Lampe vor dem Hund hochgemacht. Bleibt unser Freund am Platz, wird er gelobt und beruhigt. Prellt oder hetzt er nach, wird er zurückgepfiffen. Nutzt das nichts, war-

ten wir, bis der Auszubildende von seiner „Hasenreise" zurückgekehrt ist.

3. Lernschritt: Der Hasenhetzer wird zur Sasse oder zu jener Stelle geführt, an der Lampe gesessen hat, und muß dort ins Halt. Jedes Aufmucken wird mit scharfem Kommando, notfalls Kriechen auf der Hasenspur in Fluchtrichtung geahndet. Auch an jedem in Anblick kommenden Hasen lassen wir den Hund auf Sicht halten.

Hochflüchtig geht Meister Lampe ab. Unser Hund folgt nicht. Er macht halt. Klappt das erstmals ohne Kommando, haben wir gewonnen.

Diese Übungen dehnen wir soweit aus, bis der Hund auf Handzeichen und schließlich sich von selbst beim Anblick eines sich bewegenden Hasen setzt oder haltmacht. Das dauert – je nach Temperament.

4. Lernschritt: Der jetzt Gehorsam am Hasen zeigende Hund darf wieder im Feld suchen. Steht er einen Hasen vor, geht der Füh- ▶

rer heran, macht das Wild hoch und geht dabei in Anschlag: Das Zeichen für den Hund, haltzumachen.

WEITERFÜHRENDE APPORTIERAUSBIL-DUNGEN

Das Arbeitsfach Apportieren trainieren wir besonders gut, bevor der Hund ernsthaft an das Tragen von Wild gewöhnt wird. So tut's Hund und Führer gut, wenn an einem schönen Tag weiterführend geübt wird. Eine solche Trainingsstunde schaut vielgestaltig aus. Beispielsweise wird das Bringen auf der Führerfährte,

Foto: Dr. K.-H. Betz

Foto: M. Breuer

Oben: Bis zu neun Kilogramm schwer kann ein Apportierbock sein.

Links: Der Teleboc eignet sich für Apportierübungen im tiefen Wasser. Der Bringbock schwimmt nämlich.

schwerere Gegenstände aufzufinden und sicher zu bringen. Dazu eignet sich für größere Hunde ein selbstgefertigtes Bringholz aus einem Fichten-Rundholzabschnitt von 12 bis 15 Zentimeter Durchmesser und etwa 40 Zentimeter Länge.

2. Lernschritt: Der Apportierbock ist ausgelegt. Der junge Hund wird auf der Führerfährte zum Apportiergegenstand mit dem Kommando „Zurück apport!" geschickt. Dabei kann ihn der Führer unterstützen, indem er ein Stück mitgeht.

3. Lernschritt: In Sichtweite kommt der Hund zum Apportiergegenstand. Der Führer behält das Aufnehmen des Apportels im Auge. Er ist bereit, augenblicklich

anschließend das Frei-Verloren-Suchen und zum Abschluß das Bringen aus tiefem Wasser geübt. Ist das Wetter kühl, beginnen wir zuerst am Wasser, damit der Hund sich bei der späteren Arbeit auf dem Festen wieder trockenlaufen kann. Viele Kombinationen sind

möglich. Sie ergeben sich aus dem Einfallsreichtum bei der Ausbildung und den Schwächen, die auf dem Gebiet des Apportierens noch auszubügeln sind.

1. Lernschritt: Ein mittelschwerer Apportierbock gehört schon dazu. Der Hund erlernt jetzt,

korrigierend einzugreifen.

4. Lernschritt: Der Hund hat korrekt aufgenommen, doch bleibt er auf halber Strecke stehen. Der Führer muß jetzt eingreifen, dem Hund Hilfe geben. Es kommt darauf an, daß der Vierbeiner nicht ausweicht.

5. Lernschritt: Anschließend wird der Hund erneut zum Bringen geschickt. Um ihm die nötige Sicherheit zu geben, ist halber Weg angesagt.

6. Lernschritt: Am Ausgangspunkt machte der Junghund brav „Sitz!". Der Führer lobt ihn dafür – er streichelt den Hund und greift erst dann mit einer Hand zum Apportierbock. Der Vierbeiner soll das Bringholz noch festhalten.

7. Lernschritt: Behutsam greift jetzt der Führer mit beiden Händen zum Apportel und nimmt dem Lehrling unter dem Kommando „Aus!" langsam das Bringholz aus dem Fang. Je ruhiger sich der Führer dabei verhält, desto weniger neigt der Hund zum Nachfassen oder frühzeitigem Fallenlassen. Somit wird dem Knautschen von Wild vorgebeugt.

8. Lernschritt: Nach der Arbeit auf dem Trockenen geht es zur Erfrischung ans Wasser. Besitzt der Hund ausgeprägte Wasserpassion, genügt es, das Apportierholz vor seinen Augen ins Wasser zu werfen und unseren Zögling zum sofortigen Bringen aufzufordern.

9. Lernschritt: Gerne bringt der Passionierte das Apportel mehrere Male aus dem warmen, nassen Element. Vor jedem Ausgeben wird er sich brav setzen. Zum Abschluß jeder Arbeit im Wasser darf er sich austollen.

EINARBEITEN AUF DER FEDERWILDSCHLEPPE

Beim Einarbeiten des Hundes beginnen wir mit kürzeren Strecken, erweitern sie nach und nach und legen mehrere Schlenker sowie Haken ein.

1. Lernschritt: Von einem Fasan, einem Huhn oder einer Ente lassen wir einige Federn am Ausgangspunkt liegen. Außerdem drücken wir das Wild an den Boden, um den „Anschuß" intensiv mit Witterung zu markieren. Der Hund ist außer Sichtweite abgelegt.

2. Lernschritt: An einer Schnur wird nun das Federwild anfangs 30 bis 50 Meter, später bis zur vollen Länge von 150 Meter über bewachsenen Boden gezogen. Ans Ende der Schleppe wird eine saubere Ente gelegt. Der Führer geht so zurück, daß der Hund nicht auf seine Spur stoßen kann oder läßt die Schleppe durch einen Helfer legen.

3. Lernschritt: An einer knoten- und hakenlosen Leine führen wir den Hund zum Anschuß und legen ihn unter „Such verloren, apport!" zur Schleppspur. Wir gehen einige Meter mit und geben dann die Leine aus einer Hand frei. Der Hund kann ungehindert ablaufen.

4. und 5. Lernschritt: Der Vierbeiner arbeitet mit der Nase die Spur aus, findet und bringt. Beim

Foto: M. Breuer

Als Federschleppwild können wir Fasan, Rebhuhn, Taube, Bläßhuhn oder Ente verwenden.

Führer angekommen, hat er sich wie bei den vorausgegangenen Apportierübungen zu setzen und das Wild so lange festzuhalten, bis der Führer es ihm mit „Aus!" abnimmt. Ein „Bröckchen" belohnt ihn.

ARBEIT AUF DER KANIN- ODER HASENSCHLEPPE

Die Kanin- oder Hasenschleppe ist doppelt so lang wie die Feder- ▶

Foto: J. Markmann

Am Ende der Schleppe liegt entweder ein geschlepptes oder ein sauberes Kaninchen. Der Langhaar bringt es flott mit sauberem Kreuzgriff. Da hat er sich viel Lob verdient. Das steigert seine Arbeitsfreude.

wildschleppe. Je nach Rasse wird bei Herbstzuchtprüfungen sogar eine Länge bis zu 500 Schritt verlangt, zum Beispiel bei Deutsch-Kurzhaar. Doch vorerst wird auf kürzere Distanz geübt. Im Apportieren sicher und bereits auf der kürzeren Federwildschleppe sattelfest, können wir mit einer Schleppenlänge von 100 bis 150 Metern beginnen.

1. Lernschritt: Der Schleppenleger, möglichst ein Helfer, zieht nach Markieren des „Anschusses" das kleine Haarwild durch unterschiedlichen Bewuchs, teils in Schlangenlinien mit vorerst nur einem rechtwinkligen Haken bis zu 200 Metern. Dort legt er für den Hund außer Wind das geschleppte Wild ab. Dann begibt er sich in Deckung und gibt dem Hundeführer über Funk ein Zeichen zu be-

ginnen.

2. Lernschritt: Der Führer setzt jetzt seinen Vierbeiner am Anschuß an. Hat sich sein Zögling auf der Schleppspur mit „tiefer" Nase festgesogen, gibt er ein Ende der „Zuckerstrippe" – der einfachen Führungsschnur – frei, und der Hund kann nun ungehindert auf der Schleppe zum Kanin beziehungsweise Hasen finden.

3. Lernschritt: Das ausgelegte Kaninchen soll der Vierbeiner zügig aufnehmen. Zögert der Kandidat oder gibt es Schwierigkeiten beim Aufnehmen des Wildes, berichtet der Helfer über Funk. Die Schleppenlänge ist auf 40 bis 50 Meter zu verkürzen. Nun kann der Führer helfend eingreifen. Am Nachmittag folgt ein neuer Versuch.

4. Lernschritt: Bringt der Hund das Kanin anstandslos, gibt der Führer dem das Wild mit sauberem Bauch-/Rückengriff herantragenden Vierläufer rechtzeitig ein Sichtzeichen, damit er ihn erkennt und sich zum Ausgeben der „Beute" korrekt setzen kann.

Die Kanin- oder Hasenschleppe wird nach und nach bis auf die Prüfungsdistanz erweitert.

GEWÖHNUNG ANS WASSER

Der August ist der Monat, um den Hund endgültig mit dem nassen Element vertraut zu machen. Es ist warm und das junge Wasserwild so weit gewachsen, daß es durch die Hundearbeit nicht empfindlich gestört werden kann. Von den Reviergängen her weiß der Führer, ob sein Hund das Wasser immer noch zögernd oder bereits beherzt annimmt. Üben müssen wir in jedem Fall, um seinen Schwimmstil zu verbessern und Kondition anzuarbeiten.

1. Lernschritt: Um dem noch zögernden Vierbeiner das nötige Sicherheitsgefühl zu geben, geht der Führer mit dem angeleinten Junghund ins Wasser. Zuerst nur so weit, daß der Lehrling noch festen Grund unter den Läufen hat. Dann zurück ans Ufer, ein wenig umhergetollt, und wieder geht's zusammen in den Teich.

2. Lernschritt: Beim jetzt folgen-

Foto: M. Breuer

Foto: M. Breuer

den Schwierigkeitsgrad schreitet der Führer mit dem angeleinten Hund ins tiefere Wasser. Der Hund muß eine kurze Strecke schwimmen. Der Führer zieht ihn sanft hinter sich her und lobt ihn tüchtig! Zeigt der Vierbeiner Freude, wird anschließend auf die Leine

Ein gemeinsames Bad im Sommer fördert die Wasserpassion unseres vierläufigen Freundes.

verzichtet.

3. Lernschritt: Der Hund wird jetzt dazu aufgefordert, allein das Wasser anzunehmen. Nimmt er es nicht zielstrebig an, geht der Führer wieder voran. Diese Übungen können zwei- bis dreimal am Tag abgehalten werden, ohne den Vierbeiner zu überfordern. Länger als jeweils etwa zehn Minuten üben wir jedoch nicht.

4. Lernschritt: Hat der Hund soviel Sicherheit erreicht, daß er gut schwimmt und Freude dabei zeigt, wird die Übung auf 15 bis 20 Minuten ausgedehnt. Der Führer beginnt, seinen Hund durch Handzeichen im Wasser zu dirigieren.

Das ist Passion. Mit schnellen, weiten Sätzen „hechtet" dieser Labrador ins kühle Naß.

Systematisch und mit Nachdruck festigt er jetzt auch das Annehmen und Kommen aus tiefem Wasser auf Ruf oder Pfiff. Sind Hunde sehr wasserpassioniert, verlassen sie oft auf Befehl das nasse Element nicht. Wir arbeiten dann mit ihnen an kleinen Gewässern und langer Feldleine, lassen ihnen aber immer die Freude an der Wasserarbeit.

BRINGEN AUS DEM WASSER

Wir haben uns für das Durchexerxieren des korrekten Bringens entschlossen, bevor es mit dem bald jagdeinsatzfähigen Hund ans Wasserwild geht. Drei, vier Übungen in der Woche – selten mehr – sollten beweisen: Unser Vierbeiner ist soweit. Mit Freude und sicher ▶

Da sind beide stolz – Herr und Hund.

Foto: A. Schilling

bringt er ein Apportel oder sogar schon eine erlegte Ente aus dem Wasser. Apportierholz und erlegte Ente, deren Schwingen gegebenenfalls fest an den Körper gebunden werden, sind diesmal die wichtigsten Hilfsmittel.

1. Lernschritt: Analog zu den ersten Übungen „Gewöhnung ans Wasser" geht der Führer mit angeleintem Hund ins Flachwasser – jetzt auf das dort befindliche Apportierholz zu. Natürlich wird der Vierbeiner dabei mit Lob aufgemuntert und auf den Bringgegenstand aufmerksam gemacht.

2. Lernschritt: Am Apportierholz angekommen, faßt der Hund hoffentlich beherzt zu. Zögert er, wird er in bestimmendem Ton zum „Apport!" aufgefordert. Notfalls helfen wir ohne Gewaltanwendung. Am Ufer muß sich der Vierbeiner korrekt setzen, ohne das Apportel fallen zu lassen. Da ist es doch ratsam, ihn vorerst noch an der Leine zu haben. Gegebenenfalls üben wir das „Sitz" des nassen Hundes mit sicherem Halten des Apportels so lange, bis das fehlerfrei klappt.

3. Lernschritt: Verlief alles wunschgemäß, darf der Hund nun frei ins Wasser. Das steigert seine Arbeitsfreude. Der Führer wirft das Bringholz oder eine erlegte Ente – neben ihm sitzt der Hund frei. Dabei ist es anfänglich einerlei, ob der Vierbeiner sofort nachsetzt oder erst auf Befehl das Wasser annimmt.

4. Lernschritt: Weiß der Hund, daß er aus dem Wasser apportieren soll und es auch etwas zu Bringen gibt, gehen wir zum Verlorenbringen aus dem Schilfwasser über. Dabei steigern wir langsam den Schwierigkeitsgrad bis zum Apportieren aus dichtem, tiefem Schilf. Beherrscht er diese Aufgabe, ist er reif für die Arbeit am Wasserwild. Gerade bei der Wasserarbeit bedarf es bei manchen Hunden vieler Übungsstunden, die vom Führer viel Geduld erfordern.

STÖBERN AUF DER SCHWIMMSPUR

Der ans Wasser gewöhnte Hund hat im Sommer gelernt, sicher aus dem nassen Element zu apportieren. Jetzt erlernt er die jagdpraktische Arbeit.

1. Lernschritt: Der Vierbeiner wird zum Stöbern im tiefen Schilfwasser aufgefordert. Dabei kann er ohne weiteres durchs Blankwasser zur Schilfdeckung geschickt werden. Er sollte jedoch möglichst schnell an Wasserwild gelangen. Das fördert seine Einsatzfreudigkeit.

2. Lernschritt: Hunde, denen es an Passion mangelt, lassen wir zuerst auf Sicht an Enten arbeiten. Sie wissen dann schnell, worum es geht. Ihre Arbeitsfreude bei der schweren Wasserarbeit steigt.

3. Lernschritt: In der Folge der Einarbeitung kommt es bei weiteren Übungen entscheidend darauf an, daß wir den Hund dazu anleiten, seine Nase bei der Wasserarbeit zu gebrauchen. Er soll abschließend sicher auf der Schwimmspur, ob im tiefen Blank- oder flachen Schilfwasser, vor allem kranken Enten folgen können. Dabei wird er seine Erfahrungen mit vor ihm wegtauchenden Enten sammeln. Nur mit guter Nasenleistung und Arbeitswillen kommt er in deckungsreichen Gewässern wieder an solche Breitschnäbel heran.

4. Lernschritt: Belohnt wird die Arbeit des Hundes durch das Erlegen einer Ente. Er soll zum Erfolg kommen! Selbstverständlich lassen wir beim Schuß auf die vom Hund gearbeitete Ente die Vorsicht nicht außer Acht. Je sicherer der

Foto: Th. Buchholz

Foto: R. Bender

Vierbeiner bei diesen Arbeiten wird, desto schwieriger soll das dem Bringen vorangehende Verlorensuchen des erlegten Wasserwildes sein. Wer diesen Grundsatz der Einarbeitung beherzigt, formt seinen vierbeinigen Gefährten zum firmen Vollgebrauchshund im Wasser.

FUCHSAPPORT DURCH DRUCK

Es zeigt sich sehr schnell, ob ein Hund, der weiß, was das Kommando „Apport!" bedeutet, den Fuchs bringen will oder nicht. Zögert er, hilft bisweilen schon unser energischer Zuspruch. Nützt dieser nichts, wenden wir angemessenen Zwang an. Denn fast jeder Vorstehhund ist dazu in der Lage, einen Fuchs zu tragen.

1. Lernschritt: Der Hund wird grundsätzlich angeleint – denn nur zu gern möchte mancher von ihnen bei den folgenden Exerzitien ausweichen. Unter dem unmißverständlichen Kommando „Sitz!" muß sich der Hund erst einmal vor seinem Abrichter setzen. Der Führer hält den Fuchs bereits in der Hand.

2. Lernschritt: Mit der linken Hand hält der Führer den Hund an der Leine kurz unter der Halsung und schiebt mit der Rechten dem sich sträubenden Vierbeiner den Fuchs in den Fang. Will der Hund nicht fassen, wird hart an der Leine geruckt. Notfalls treten wir auf die Führleine und drücken den Fuchs mit beiden Händen in den Hundefang.

3. Lernschritt: Wir belohnen jeden Faß- und Halteversuch. Alle Register von Lob und Tadel ziehen wir, um klar zu machen, daß der Hund den Fuchs zu halten hat.

Foto: M. Breuer

Oben: Rasch hat er den Fuchs gefunden. Nun nimmt er ihn auf, um ihn seinem Herrn zu bringen.

Links: Sauber arbeitet er die Schwimmspur. ▶

Immer wieder fordern wir: „Sitz, apport!"

4. Lernschritt: Der erste Schwierigkeitsgrad wurde überwunden. Der Hund hält den Fuchs. Dabei loben wir ihn tüchtig. Der Führer achtet darauf, daß sein „Sorgenkind" das Raubwild nicht fallen läßt. Er ist bereit, sofort helfend einzugreifen.

Ganz hartnäckige Racker gehören bei solchen Übungen an die Koralle. Manchmal helfen Kriechübungen, wobei der Hund vom Fuchs wegkriechen soll, damit ihm das Raubwild nicht verleidet wird, er jedoch seinen Ungehor-

Foto: G. Koller

Foto: W. Lange

Oben: Mit sicherem Griff hat er den Fuchs im Fang. Und nun geht's in einem Satz über den Graben.

Links: Er hat den Fuchs zu weit hinten gepackt. Da schlenkern Kopf und Vorderläufe.

sam einsieht. Der erfahrene Ausbilder wird Einfallsreichtum, Ausdauer und Einsicht walten lassen. Rückschläge sind bei jeder Art der Einarbeitung des Hundes zu verkraften. Oft genügt es dann, einmal drei bis vier Tage ganz mit dieser speziellen Arbeit auszusetzen.

BRINGEN DES FUCHSES AUF DER SCHLEPPE

Wir gehen davon aus, daß das „Apport!" dem Hund in Fleisch und Blut übergegangen ist, er den Fuchs auf Befehl vom Boden aufnimmt sowie auf einige Meter si-

cher und ohne Widerwillen bringt. Und da er bereits die Schleppenarbeit kennt, beginnen wir mit der Fuchsschleppe, bevor die anderen schwierigen Fuchsfächer durchgearbeitet werden.

1. Lernschritt: Unser Vierbeiner wird so abgelegt, daß er zumindest den Endverlauf der Fuchsschleppe nicht mit den Blicken verfolgen kann. Doch er soll wissen, worum es geht. Besteht die Gefahr, daß er sich der für ihn vielleicht noch zu unangenehmen Aufgabe entziehen will, leint man ihn besser an.

2. Lernschritt: Um den ja nahezu fertigen VGP-Lehrling auf die erst

etwa 100, letztlich mindestens 300 Meter lange Raubwildschleppe einzustellen, geht es vorerst an der langen Leine zum Fuchs. So verhindern wir, daß der Hund vielleicht doch die Schleppspur verläßt, um sich aus dem Staub zu machen. Am Fuchs angekommen, loben wir ihn gewaltig. Beim Aufnehmen des Fuchses ermuntern wir ihn durch Zuspruch. Notfalls unterstützen wir mit der Hand das zügige Aufnehmen und Halten des Fuchses.

Haben diese beiden Lernschritte keine nennenswerten Schwierigkeiten bereitet, geht es zur freien Arbeit auf der Fuchsschleppe über, wobei die Länge der Schleppe nur allmählich gesteigert wird.

FUCHS ÜBER HINDERNIS

Wir beginnen mit dem Bringen über ein zaunähnliches Hindernis. Wer mit der Arbeit am Graben anfangen will, dem sei das freigestellt. Entscheidend ist, daß der Hund an möglichst vielen Geländehindernissen im Fuchsbringen durchgearbeitet wird.

1. Lernschritt: Der Hund muß mit einem Fuchs ein bis zu achtzig Zentimeter hohes Hindernis überwinden, ohne das mindestens „hasenschwere" Raubwild fallen zu

Foto: Dr. Fr. Hirsch

lassen. Das gelingt nur, wenn der Haltegriff fest sitzt und der Hund im Schwerapportieren geübt ist. Bevor das Hindernis genommen wird, gibt's eine Trageübung zur Überprüfung des Griffs. Das gilt vor allem für Hunde, die den Fuchs ungern bringen.

2. Lernschritt: Mit aufmunterndem Zuruf geht's anfangs gemeinsam über das Holzstangenhindernis, zum Beispiel eine Wegsperre im Wald. Der Hund ist angeleint. Wichtig dabei ist, daß sich der Hund nicht verletzen kann. Hält der Vierbeiner den Fuchs, soll er anschließend allein ohne Leine das Wild über die Hürde bringen.

3. Lernschritt: Gräben sind vom Jagdgebrauchshund häufiger als Hindernisse zu überwinden. Daher ist es für den Jagdbetrieb wichtig, daß der Vierbeiner lernt, auch breite Gräben zu meistern. Nach dem Befehl „Platz!" wird vor ihm der Fuchs über einen breiten Graben geworfen.

4. Lernschritt: Auf das zwingen-

Körperlich topfit zeigt er absolute Bringtreue. Vorbildlich sitzt sein Griff.

de Kommando „Apport!" bringt der Hund den Übungsfuchs. Wir achten darauf, daß er schmale Gräben überspringt, ohne seine Last fallen zu lassen. Nimmt er dann von selbst wieder auf, ist das kein Fehler. Aber hinsichtlich sicheren Haltens und Tragens können wir nicht sorgfältig genug vorgehen. Zwei bis drei Übungen pro Tag, ein- bis zweimal pro Woche, sind angebracht, bis diese Arbeit sitzt.

BRINGTREUE-PRÜFUNG AM FUCHS

Das ist ein härterer Brocken, als manch junger Hundeführer annimmt. Bei der Bringtreue am

Foto: J. Markmann

Fuchs scheiden sich die Geister. Ein Hund, dem das Apportieren des Fuchses an sich zuwider ist, wird ungern Bringtreue am Fuchs zeigen. Aber er soll es ja lernen.

1. Lernschritt: Durch einen Helfer lassen wir anfänglich einen Fuchs nur im Nahbereich von etwa 15 bis 20 Metern auslegen – grundsätzlich in dichter Deckung. Nach einer Wartezeit von zwei Stunden fordern wir den Hund vom Dickungsrand aus zum Suchen beziehungsweise Stöbern in der Dickung auf.

2. Lernschritt: Wir steigern die Entfernung zum ausgelegten Fuchs auf das Doppelte bis Dreifache. Dabei wird das Kommando „Voran!" durch ein Handzeichen ersetzt.

3. Lernschritt: Jetzt soll die in der Prüfung geforderte 100-Meter-Marke vom Hund gemeistert werden. Wir denken daran, daß das Bringen des Fuchses aus einer Dickung auf größere Entfernung Schwerstarbeit für unseren vierbeinigen Jagdhelfer bedeutet. Nur körperlich gut trainierte Hunde vermögen sie verläßlich zu verrichten.

SCHWEISSARBEIT: LEGEN VON ÜBUNGSFÄHRTEN

Um die Einarbeitung auf Schweiß, die Vorstufe der Nachsuche auf krankes Schalenwild, zu üben, muß eine künstliche Schweißfährte gelegt werden. Sie wird getupft oder gespritzt und soll zum Schluß der Einarbeitung rund 1.200 Meter lang sein. Dabei darf nach der Prüfungsordnung für die

Fleiß und Geduld sind nötig, bis der Hund über längere Strecken und Stehzeiten gut arbeitet.

▶

Verbands-Schweißprüfungen nur ein Viertelliter Rot- oder Schwarzwildschweiß (Landesrecht beachten!) verwendet werden. Stehzeit der Fährte wenigstens 20 Stunden, höchster Schwierigkeitsgrad auf Prüfungen gut 40 Stunden. Wir beginnen die Übung mit maximal einem Viertelliter Schweiß auf 200 bis 400 Meter bei einer Stehzeit von fünf bis sechs Stunden. Besser ist ein Achtelliter auf 200 Meter. Die Schwierigkeit

Rechts: Mit dem Junghund üben wir zunächst Futterschleppen. Später geht's an die Schweißarbeit.

Unten: Nach einer Stehzeit von fünf bis sechs Stunden wird der Teckel angesetzt.

Foto: J. Markmann

Foto: Dr. Otte

steigern wir langsam. In den Fährten kommen Haken und mindestens zwei Wundbetten vor.

1. Schritt: Zunächst stellen wir einen einfachen Tupfstock her: ein etwa eineinhalb Meter langer Stiel, an dessen Ende ein zirka drei mal drei Zentimeter dickes Stück Schaumgummi genagelt wird. In einen Plastikbehälter mit Schweiß – auch Hammel- und Rinderblut können hier durchaus benutzt werden – wird das Tupfende des Stockes leicht eingetaucht. Danach lassen wir den Schwamm abtropfen.

2. Schritt: Der Anschuß wird durch Wildhaar und viel Schweiß

markiert, ebenso die Wundbetten, die der Hund verweisen soll. Hierzu fischen wir uns die dicken Blutfetzen aus dem Behälter, anderenfalls vertupfen wir mehr Schweiß.

3. Schritt: Mal nach einem, mal nach zwei Schritten wird ein Tupfer Schweiß auf den Bodenbewuchs gedrückt. Die Fährte verläuft mit Haken und Wundbetten. Im ersten Drittel vertupfen wir mehr Schweiß als im restlichen Teil. Der Fährtenverlauf wird für die Kontrolle markiert: mit an Bäume gestellten Ästen, Kreidestrichen an Stämmen oder Markierungsbändern, die wir wieder be-

nutzen können.

4. Schritt: Das Ende der Fährte markieren wir deutlich. Als Ersatz für Wild legen wir möglichst eine Wilddecke aus. Sie wird mit Schweiß betupft. Unter die Decke legen wir in jedem Fall einen besonders schmackhaften Belohnungshappen für den Hund. Manchem Hundeführer genügt eine derartige Belohnung am Ende der Wundfährte auch ohne Wilddecke.

SCHWEISSARBEIT AUF DER KÜNSTLICHEN ROTFÄHRTE

Die Schweißfährte ist gelegt, an ihrem Ende für „Ersatz"-Wild gesorgt: eine mit Schweiß betupfte Wilddecke. Die Stehzeit beträgt fünf bis sechs Stunden, so daß die Witterung des Fährtenlegers längst verflogen ist. Das ist wichtig, denn der Hund soll allein dem Schweißduft folgen. Bei dieser und den folgenden erschwerten Arbeiten (hinsichtlich Stehzeit und Länge bei geringerer Schweißmenge) lernt der künftige Vollgebrauchshund, sich auf geringste Witterungsspuren zu konzentrieren, ihrem Duftverlauf zielstrebig zu folgen und dabei Durchhaltewillen sowie Riemensicherheit zu entwickeln. Ausrüstung: breite Halsung mit Wirbel und ein zirka drei Zentimeter breiter, möglichst zehn Meter langer Schweißriemen.

1. Lernschritt: Der Hund wird mit abgedocktem oder auch schon lang ausgeworfenem Schweißriemen in der Nähe des „Anschusses" abgelegt, den der Führer untersucht. Dabei wird das Interesse des Hundes bereits geweckt. Er schiebt sich schon langsam näher.

2. Lernschritt: Danach weist der Führer den Hund bedächtig auf dem „Anschuß" ein. Der Hund soll sich hier mit tiefer Nase an der Witterung festsaugen. Dann heißt es: „Such verwundt, mein Hund!"

3. Lernschritt: Dem der Fährte jetzt langsam folgenden Hund gibt der Führer nach und nach mehr Riemen. Er kann zwischen den Läufen verlaufen, was den Hund mit der Nase nach unten zwingt. Der Führer spricht dem Hund ermunternd zu.

4. Lernschritt: Kommt der Hund von der Fährte ab oder bleibt er stehen, verhält der Führer, greift am Riemen zum Hund vor und spricht ihm gut zu: „Zur Fährte, mein Hund!". Gelegentlich gönnt er dem Vierbeiner eine kurze Ruhepause. Das stärkt seine Konzentration.

5. Lernschritt: Ermüdet der Hund auf der Fährte, kann der Führer ihn abtragen, um die Arbeit zu unterbrechen, wie es später auf der natürlichen Wundfährte praktiziert wird.

6. Lernschritt: Am Ersatzwild angekommen, gibt es für den Schweißarbeiter viel Lob und einen Leckerbissen. Danach wird er auch hier „abgetragen".

HALT BEIM SCHUSS!

Unser Hund ist soweit, daß er verstärkt im Feld geführt werden kann. Er ist schußfest. Doch trotz Dressur kann er am Wild zu heftiges Temperament entwickeln. Das kann bei der späteren Jagdausübung leicht in Schußhitzigkeit umschlagen. Also testen wir, ob er ausreichende Schußruhe besitzt. Treten Mängel auf, tragen vier Übungen dazu bei, Temperament oder Ungehorsam in den Griff zu kriegen.

1. Lernschritt: Der

Schütze stellt sich mit Waffe in Wilderwartungshaltung neben seinen Hund und läßt den Vierbeiner neben sich Platz machen. Der soll durchaus das Tun seines Führers mit den Blicken verfolgen. Nachdem der Führer in Anschlag gegangen ist, hat der Hund seine Lage nicht verändert. So weit, so gut!

2. Lernschritt: Wir steigern den Verleitungsgrad: Flinte hoch und – Schuß! Da ist es um die Ruhe

Foto: M. Breuer

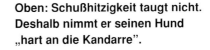

Oben: Schußhitzigkeit taugt nicht. Deshalb nimmt er seinen Hund „hart an die Kandarre".

Links: Nach der Fährtenarbeit gibt es viel Lob und einen Leckerbissen für ihn. So erhalten wir seine Arbeitsfreude.

des Hundes geschehen. Er springt auf. Jetzt müssen wir korrigieren. Denn gerade das Nachprellen beim Schuß ist für den Schützen lästig. Hilft bei der Wiederholung kein donnerndes „Platz!" oder „Down!", greifen wir zur Notbremse.

3. Lernschritt: Diese Bremse be- ▶

Foto: P. Wickmann

steht aus Zughalsung mit Korallen und festgebundener Umhängeleine. Wir wiederholen die Schußübung. Und schon wird der Vierbeiner in seinem Drang nach vorn abrupt gestoppt, ohne unmittelbare Einwirkung des Führers. Prellt der Hund wiederholt zu stürmisch vor, wird die Leine verlängert oder eine Feldleine benutzt. Die gibt dem Hund mehr Spielraum, bremst ihn allerdings noch vehementer.

4. Lernschritt: Die Probe aufs Exempel erfolgt wieder unangeleint. Schon beim Anschlagen der Waffe liegt der Hund im Down.

Foto: Dr. K.-H. Betz

Foto: D. T. Grewcock

Oben: Er steht eisern vor. Auch beim Schuß auf Hase oder Fasan springt er nicht ein.

Links: Den geflügelten Gokkel bringt er verläßlich. Bei Hunden seiner Qualität geht kaum ein Fasan verloren.

herige Übung. Doch Jagd auf Niederwild übt weitaus stärkere Reize auf den vierbeinigen Jagdhelfer aus. So ist auch hier zu testen und gegebenenfalls nachzuhelfen.

Das Ziel ist erreicht. Vor allem für ausgesprochene Temperamentsbündel ist diese Endübung gedacht, damit sie bei der späteren Jagdausübung beschossenem Wild nicht nachhetzen. Ruhige Hunde dürfen den Kopf anheben. Selbst bei diesen benötigen wir manche Trainingseinheit. Jagdpassion soll sein, bedarf aber der Beherrschung. Nicht nur beim Hund.

HALT BEIM SCHUSS AUF WILD

Sehr passionierte, temperamentvolle und bringfreudige Hunde neigen nun einmal dazu, beim Schuß auf Wild einzuspringen, wenn sie die ersten Treibjagden erleben oder zu früh und zu stark „bejagt" werden.

Eine gute Vorübung war die vor-

1. Lernschritt: Der Führer wirft vor dem Hund ein Stück Übungswild weg, wartet, geht dann in Anschlag und schießt. Hält der Hund durch, ist viel gewonnen. Nach einer Wartepause wird so lange wiederholt, bis diese „Lektion" sitzt.

2. Lernschritt: Die Herausforderung wird größer. Wir lassen den Hund ein Stück Wild suchen und vorstehen, treten es heraus, gehen in Anschlag und schießen. Ist kein Vorstehwild vorhanden, wirft ein Helfer das Übungswild über Hund und Führer hinweg, wobei der Führer einen Schuß abgibt. Springt der Vierbeiner ein, erfolgt eine scharfe Korrektur.

3. Lernschritt: Nach Einlegen einer Pause und Stellungswechsel werden dem Draufgänger Koralle und lange Leine angelegt. Die Leine wird angebunden, damit der Hund nicht entweichen kann.

Der Helfer wirft jetzt völlig überraschend das Übungswild so weit wie möglich vor Führer und Hund, wobei der Führer noch vor dem Aufprall des Wildes schießt. Der heftig einspringende Hund wird derart abrupt durch scharfen Leinenruck gestoppt, daß er „über Kopf" geht.

4. Lernschritt: Sobald der Vierbeiner eingesehen hat, daß Einspringen nichts einbringt, wird die Übung mit unangeleintem Hund wiederholt: Wegwerfen des Übungswildes, Halt und abschließend möglichst Schuß auf Wild, das wieder vor dem Hund herausgetreten wird.

Das Endziel ist: Der temperamentvolle Hund liegt am Platz, der ruhigere bleibt sitzen. Das kostet manche Trainingseinheit.

DER VERLORENBRINGER

Bei jeder Niederwildjagd fällt das Verlorenbringen für den Jagdhund an. Gute Verlorenbringer sind wertvoller als die fleißigsten Apporteure, die auf Sicht so gut wie jedes verendete Stück Niederwild bringen und darüber hinaus allenfalls nach freier Suche gefundenes Kleinwild herantragen. Sie überlaufen im Unterschied zum „spurtreuen" Verlorenbringer zu leicht das häufig noch weit entkommene Wild, welches sich am Ende oft in dichtester Deckung drückt.

Um den so gut wie fertigen Vollgebrauchshund zum zuverlässigen Verlorenbringer zu erziehen, bietet sich folgendes Rezept an:

1. Lernschritt: Nach dem Schleppelegen mit kaltem Wild arbeiten wir mit frisch erlegtem, noch warmem Fasan, Kanin oder Hasen.

Mit dem Bringsel im Fang eilt er vom verendet gefundenen Stück Schalenwild zu seinem Führer zurück. Ein prima Totverweiser.

Foto: I. Gerlach

2. Lernschritt: Die damit gezogenen Schleppen legen wir erheblich schwieriger an: mehrere Haken, Schlenker sowie verschiedene Bodenbeschaffenheiten beziehen wir ein. Mal geht's über Gras, durch Krautnester, Gräben oder auch über befestigte Feldwege. Das Wild legen wir in dichter Deckung ab.

3. Lernschritt: Wir jagen so oft wie möglich mit dem Hund. Dabei nehmen wir uns viel Zeit für die Nachsuche, das Ansetzen des Hundes auf Geläuf oder aber auf der Krankspur des Hasen.

ABRICHTEN ZUM BRINGSELVERWEISER

Vollgebrauchshunde, die häufig Schalenwild nachsuchen, können Bringselverweiser sein. Jeder Jagdhund kann das werden – das Abrichten ist leicht.

1. Lernschritt: Zuerst lernt unser Hund, von einer Wilddecke das Bringsel aufzunehmen, um es dann seinem Herrn zuzutragen.

2. Lernschritt: Es wird so lange geübt, bis der Hund das Bringsel nach dem Kommando „Zum Stück!" sicher aufnimmt und auf größere Entfernung zum Führer zurückkehrt.

Anschließend rückt der Abrichter dem erneut zum Bringselverweisen geschickten Hund 20 bis 30 Meter nach, um ihn nach Ausnehmen des Bringsels wiederum zu „schicken". Diese Lektion muß in Fleisch und Blut übergehen.

3. und 4. Lernschritt: Aufbauend auf Schritt zwei, wird jetzt am Wild geübt. Dabei nimmt der Hund oft schon das Bringsel dann in den Fang, wenn er das Wild in der Nase hat. Ein Helfer kontrolliert den Vierbeiner am Übungswild, um Fehler auszuräumen. Nach drei bis vier Wochen kann der Hund bereits ein sicherer Bringselverweiser sein.

EINARBEITEN ZUM TOTVERBELLER

Entscheidend ist, daß zum Totverbellen abgerichtete Hunde auch in der Praxis durchhalten und ihren Meutekumpan zum Stück „rufen"! Die Gefahr beim Totverbeller ist ▶

stets die, daß der Führer den Ruf seines Hundes nicht hört. Zu weit vom Anschuß liegt das Stück. Ein im Jagdbetrieb brauchbarer Totverbeller gibt also wenigstens eine halbe Stunde Laut, damit der Führer zu ihm und dem Stück finden kann. Der einfachste Abrichtungsweg ist der über die Futterschüssel.

1. Lernschritt: Der in der Schweißarbeit ausgebildete Vierbeiner erhält mehrere Tage sein Futter an einer Wilddecke oder Sauschwarte, wobei er zum Lautgeben ermuntert wird.

2. Lernschritt: Gibt er auf das geringste Kommando oder Zeichen Laut, stellen wir die Futterschüssel unter die Decke. Das reizt ihn zum selbständigen Lautgeben, zumal er sich erst nach minutenlangem Verbellen sättigen darf. Der freßfreudige, kluge Vierbeiner lernt dabei sehr schnell und erhält viel Lob beim ersten Lautgeben.

3. Lernschritt: Sobald der Kandidat an beziehungsweise auf der Wilddecke steht, soll er von selbst verbellen. Ist diese Lernschwelle erreicht, wird die Futterschüssel entfernt und der künftige Totverbeller nur noch mit Happen belohnt, jedoch nach jeder Übung.

Letztlich üben wir mit ihm am erlegten Wild und dehnen das Lautgebenlassen bis auf eine Dreiviertelstunde aus.

Der Grundstein für sicheres Totverbellen ist damit gelegt. Der Rest der Einarbeitung ist viel Übung im Revier. Wir schicken ihn zum ausgelegten Stück auf unterschiedliche Distanzen, lassen ihn verbellen, gehen hinzu und loben ihn. Das alles beruht auf vertrauensvoller Bindung zwischen Führer und Hund.

4. Lernschritt: Bewährungsprobe nach Nachsuche mit Hetze und Niederziehen: Erst jetzt zeigt sich, ob der vielseitig ausgebildete Vollgebrauchshund totverbellend so lange durchhält, bis der Führer am Stück ist. Anfangserfolge sind wichtig, daher riskieren wir keine Fehlhetzen. Ständiges Training erhält die meisterliche Leistung. Nur selten gibt es zuverlässige Totverbeller aus Veranlagung – ein Geschenk der Natur.

BAUARBEIT

Gute Bauhunde haben den Willen zum Einschliefen, einen lockeren Hals und eine gehörige Portion Schneid. Aber nicht zuviel davon, denn unter Tage sind Dachs, Waschbär und auch Fuchs ernstzunehmende Gegner. Das gilt vor allem im Naturbau. Je felsiger und größer – damit oft auch älter – er ist, um so schwerer fällt die Arbeit für unseren Erdhund aus. Immer wieder sei es dem jungen oder vielleicht ein wenig zu forschen Jäger klar gesagt: Bauarbeit ist Schwerstarbeit! Viele Erdhundeführer werden die nachstehenden Vorschläge ein wenig belächeln.

Foto: W. Nagel

Oben: Weithin ist sein Laut hörbar. Mit lockerem Hals ruft er seinen Herrn zum Stück.

Rechts: Auch ein prima Totverbeller. Hoffentlich hört ihn sein Führer.

Foto: J. Markmann

Foto: W. Nagel

Foto: W. Nagel

Oben:
Der Einsatz
von Erdhun-
den am Natur-
bau birgt im-
mer ein
Risiko für
Terrier oder
Teckel. Unse-
re Hilfen sind
beschränkt.
Wie vorteilhaft
und elegant
ist da doch
die Lösung:
Kunstbau.

Links:
Trotz harter,
erfolgreicher
Arbeit sind
die beiden
selbst „am
Strick" noch
kaum zu hal-
ten. Eben
Deutsche
Jagdterrier.
Denn der
nächstgele-
gene Bau mit
neuen „Unter-
Tage-Aben-
teuern" ist si-
cher gar nicht
weit.

Die Zucht der letzten einhundert Jahre hat halt die Anlagen zu guter Bauarbeit bei Teckeln und Terriern stetig gefördert. Wenn's aber mal hapert oder Junghunde eingearbeitet werden, empfiehlt sich:

1. Lernschritt: Wir ziehen eine Futterschleppe bis in den Kessel eines Kunstbaus. Den ersten Fleischbrocken legen wir etwa 20 Zentimeter in die Röhre hinein. Dann erweitern wir den Abstand zwischen den Fleischstücken auf einen halben und schließlich einen Meter. Wir animieren den Junghund mit dem Zuspruch „Such vorwärts!". Den einschliefenden Hund loben wir mit „So recht, mein Hund!".

2. Lernschritt: Im Kessel befindet sich, soweit es das Landesjagdgesetz zuläßt, ein eingeschieberter Fuchs. Wir lassen den Hund unter Anhetzen in den Bau einfahren. Gibt der Hund am Schieber vor dem Kessel laut, wird er von uns gelobt und angehetzt. Hat der Hund zehn Minuten Laut gegeben, decken wir den Bauabschnitt über ihm auf und tragen den Hund unter Lob ab. Das üben wir mehrmals. Später soll er bis zu einer halben Stunde Laut geben.

3. Lernschritt: Sind wir mit seiner Arbeit im Kunstbau zufrieden, beginnen wir mit einem kleinen, flachen Bau, der nicht mehr als zwei bis vier Röhren aufweist. Im Idealfall hilft uns eine Neue, um den Bau als „heute befahren" zu erkennen. Leise, wirklich leise, beziehen wir unseren Stand, den Erdhund im Arm. Die Halsung wird gelöst. Je nach Temperament stimmen wir – flüsternd direkt an seinen Behängen – unseren jungen Freund ein. Der Ernstfall wird geprobt. Er schlieft ein. Erster Laut dringt gedämpft zu uns herauf. Der Rote springt, rouliert. Nun darf der Junghund würgen und zausen, solange er will. He is the greatest! Recht hat der kleine Kerl.

FACHLITERATUR

Entscheidend ist das Ziel, verschieden die Wege, die dorthin führen. Ziel aller Jagdhundeabrichtung ist entweder der vielseitige Vollgebrauchshund oder der in seinem Fachgebiet herausragende Spezialist. Aus der Fülle der Werke über das Abrichten von Jagdhunden hier ein paar ausgewählte und kommentierte Beispiele:

1. Rolfs, Klaus – Abrichten des Jagdhundes (1. Auflage 1983)
Unter dem Titel „Abrichten des Jagdgebrauchshundes" ist diese von einem langjährigen, erfahrenen Hundeführer und -züchter geschriebene Ausbildungsfibel in dritter Auflage erschienen. Jedes Kapitel ist nach demselben hilfreichen Muster aufgebaut: 1. Ziel der Ausbildung, 2. Durchführung, 3. Verhalten des Hundes, 4. Fehler des Abrichters und deren Folgen, 5. Dauer und Wiederholung.

2. Eiserhardt, Hermann – Die Führung des Jagdhundes im Feld, am Wasser und im Wald
(Ersterscheinungsjahr unbekannt)
Ein Leitfaden, um den Jagdhund zum vielseitigen Gebrauchshund zu erziehen. Ein Klassiker des Altmeisters. Die individuelle Behandlung eines jeden Hundes ist hier oberster Leitsatz, die Führungsfragen hierauf abzustimmen, strenges Gebot.

3. Behrendt, Reinhard – Jagdhundeabrichtung von A - Z
(1. Auflage 1986)
Der Abrichteleitfaden des Wildmeisters bildet die Grundlage für

Schon seit einer guten Stunde buschieren die beiden. Plötzlich steht der Hund vor. Was wird er wohl in der Nase haben? – Gleich wissen's beide.

diese Sonderbeilage des JÄGER. Er enthält eine Mischung aus „alter Schule" sowie neuen Wegen der Hundeausbildung. Ziel ist der vielseitige und arbeitsfreudige Vollgebrauchshund.

4. Klaus, Ingrid – Anlagenprüfungen im Frühjahr und Herbst
(1. Auflage 1992)

Ein prima Buch für jeden, der seinen Hund erstmals auf eine Anlagenprüfung oder Verbands-Herbstzuchtprüfung vorbereitet. Die Verbands-Gebrauchsprüfung berücksichtigt die Autorin nicht. Der Ratgeber ist im Eigenverlag erschienen: Steertpoggweg 43 in 22844 Norderstedt.

Foto: Dr. Fr. Hirsch

JÄGER & PRAXIS

KURZ & BÜNDIG

17

HUNDEPRÜFUNGEN & NACHSUCHE: BRAUCHBARKEITS-
PRÜFUNGEN ★ SCHUSSZEICHEN ★ FANGSCHUSS ...

EINE BEILAGE DER ZEITSCHRIFT JÄGER

WAFFEN UND WILD

Diskussionen hierüber verlaufen meist hitzig. Jeder Jäger schwärmt halt gerne von seiner Waffe und den Erfolgen mit ihr. Bei aller Begeisterung für die eigene Waffe stellt sich jedoch immer die Frage: Wie groß ist die Gesamtzahl der Stücke, die ich mit ihr erlegt habe? Was die Zahl anlangt, bedarf es nun einmal eines echten Fundaments. Andernfalls ist eine fachliche Bewertung unmöglich. Unter fünfzig Stück läßt sich kein fundiertes Urteil fällen. Daran hapert es dann vielfach.

So stehen Jungjäger, die sich über das im Kursus erlernte hinaus am Stammtisch informieren möchten, oft vielen Meinungen gegenüber. Welchen Tip kann ihnen der alte Jäger geben?

Beginnen wir mit den **Büchsen**. Hier scheiden sich die Geister rasch. Repetierer oder Kipplaufbüchse? Diese vielleicht kombiniert mit anderen Kugelkalibern oder mit Schrotläufen? Spielt das Gewicht eine große Rolle? Ist höchste Präzision gefordert? In welchen Revieren wird sie in den nächsten Jahren überwiegend geführt? Welche Wildarten gibt es dort? Fragen über Fragen.

Spätestens jetzt

Wichtige Gesetzesvorgaben über Kugel- und Schrotschuß auf einen Blick.

wird klar: Ein Kompromiß ist notwendig, falls nur eine Jagdwaffe beschafft werden kann. Das gilt zunächst für die **Waffenart**. Hier entscheidet noch am ehesten der persönliche Geschmack. Die Wahl des Kalibers und der Patrone wird durch die „häufigsten Gelegenheiten" bestimmt. Die kleinen 5,6 bis 6,5 Millimeter-Geschosse werden wir im Gamsrevier oder auf Feldrehe bevorzugen. Im Wald „tun es" bei vernünftiger Handhabung auch die **Kaliber** 7 bis 8 Millimeter. Nur wenn es aufs Grobe ankommt, bei dem flüchtigen Stück und Nachsuchen auf Hochwild, bilden die S-Läufe im Kaliber 8 und 9,3 Millimeter die richtige Wahl.

Ein Rat zur **Geschoßart** kann nur mit aller Vorsicht gegeben werden: Je häufiger durch Gras, Schilf oder Zweige geschossen werden muß, um so eher kommt ein grundsoli-

des, stabiles Teilmantelrundkopfgeschoß in Frage. Je freier die Flugbahn des Geschosses in aller Regel ist, desto freier auch die Wahl der Geschoßart. Die Jäger im Gebirge werden dies bestätigen.

Auch bei den **Flinten** ist die Qual der Wahl groß. Leicht und führig im Kaliber 16 oder gar 20? Dann braucht's einen besonders guten Steuermann und einen Maßschaft. Sonst ist die Schulter blau nach dem fünfzigsten Schuß. Das heute so häufige Kaliber 12 in gewichtiger, aber gut liegender Waffe ist sicher ein Tip. Wichtig ist eine nicht zu enge Bohrung. Dreiviertel- oder Vollchoke sind in der Praxis nur selten notwendig.

Grundsätzlich gilt: Nur das Üben mit der Jagdwaffe schafft Vertrauen zu ihr. Das verhilft zu guten Leistungen beim Schuß aufs Wild. Und die sind wir Jäger ihm schuldig.

Wildarten	Büchse	Flinte	Pistole und Revolver
Rehwild und Seehunde	Mindestenergie: E_{100} = 1000 Joule, kein Mindestkaliber. § 19 Abs. 1 Nr. 2a BJagdG	Schrotschuß verboten, auch als Fangschuß! Flintenlaufgeschoß erlaubt. § 19 Abs. 1 Nr. 1 BJagdG	Grundsätzlich verboten, nur für Fangschuß erlaubt; Mindestenergie: E_0 = 200 Joule § 19 Abs. 1 Nr. 2d BJagdG
Übriges Schalenwild	Mindestenergie: E_{100} = 2000 Joule und zusätzlich (!) Mindestkaliber von 6,5 mm. § 19 Abs. 1 Nr. 2b BJagdG	Schrotschuß verboten, auch als Fangschuß; Flintenlaufgeschoß erlaubt. § 19 Abs. 1 Nr. 1 BJagdG	Grundsätzlich verboten, nur für Fangschuß erlaubt; Mindestenergie: E_0 = 200 Joule. § 19 Abs. 1 Nr. 2d BJagdG
Sonstiges Haarwild und Federwild, z. B. Fuchs, Hase, Fasan, Ente	Kugelschuß erlaubt, keine Mindestenergie.	Schrotschuß erlaubt, keine Mindestschrotstärke.	Grundsätzlich verboten, nur für Fangschuß sowie zur Bau- und Fallenjagd erlaubt; keine Mindestenergie. § 19 Abs. 1 Nr. 2d BJagdG
Raubzeug	Kugelschuß erlaubt.	Schrotschuß erlaubt.	Grundsätzlich erlaubt.
Wildernde Hunde und Katzen	Kugelschuß erlaubt.	Schrotschuß erlaubt.	Grundsätzlich erlaubt.

Quelle: M. G. v. Pückler, Der Jäger und sein Recht; Stand 1996. Alle Angaben ohne Gewähr.

INHALT

Die Verbands-Gebrauchsprüfung stellt hohe Anforderungen an die Hunde. Eine echte Meisterprüfung.

Foto: Archiv JÄGER

Wieviel Stücke würden ohne einen guten Schweißhund verludern?

Impressum: **JÄGER & PRAXIS** KURZ & BÜNDIG Hundeprüfungen & Nachsuche. Eine Beilage der Zeitschrift JÄGER   Titelfotos: Hölzel, Grimm

Jahr-Verlag GmbH & Co.
Jessenstraße 1
22767 Hamburg
Tel. 040 / 38 90 61 10
Fax 040 / 38 90 63 05

Verleger:
Alexander Jahr

Redaktion:
Dr. Rolf Roosen

Autoren/Fachberater:
Walter Bachmann und
Michael Tandler

Titel/Layout: Werner Rabe

Vertriebsleitung:
Peter Lüdemann

Herstellungsleitung:
Helmut Post,
Brunhild Sudmann (Stellv.)

Druck: Busche, Dortmund

Lithographie: Repro- und
Satztechnik Helmut Gass,
Hamburg

Copyright:
Jahr-Verlag GmbH & Co.
Hamburg 1996

Foto: Dr. Otte

HUNDE-PRÜFUNGEN

Foto: W. Nagel

Foto links:
Vorbildlich ist der Kreuzgriff des Deutsch-Drahthaar. Sein Auge strahlt.

Großes Foto:
Die Richter stimmen sich ab. Ihre Arbeit ist nicht immer leicht.

Sie sind unverzichtbar für die Zucht. Denn nur durch sie sind vergleichbare Aussagen über Anlagen und Leistungsvermögen der jeweiligen Rasse möglich. Dem Jäger geben sie Auskunft über Leistungsvermögen und Marktwert eines Hundes. Dem Welpenkäufer helfen sie bei der Wahl des Zuchtzwingers.

Foto: W. Nagel

PRAXIS

PRÜFUNGEN

Wir unterscheiden bei den Prüfungen grundsätzlich zwischen den durch das Jagdrecht vorgeschriebenen Brauchbarkeits- oder Jagdeignungsprüfungen einerseits und den Verbandsprüfungen der Zuchtverbände andererseits.

JAGDEIGNUNGS- UND BRAUCHBAR- KEITSPRÜFUNGEN

Stützpunkt	1 Saarlouis	2 Bexbach	3 Ensdorf-Köllerbach	4 Schmelz-Hüttersdorf	5 Schmelz-Außen	6 Schmelz-Bettingen	
Stützp. Leiter	Hans Ruffing 06834-42388 06834-1011	Herbert Colling 06384-7293	Heinrich Köhl 06831-54153	Egon Steffen 06887-4050 06887-2422	Hermann Pontius 06887-2287	Rudi Reichert 06887-4265	
Rüdengruppe	1a	2a	3a	4a	5a	6a	
Hund-Nr. laut Nennungsliste und Führer	1. H.J. Prakken 8. A.Staniczek 15 Th. Wessels 20 J. Ott	2 D. Höpken 9 R. Saal 16H. Högemann 18H. Högemann	3 Schledunann 10 F. Dräger 17 H. Schonfakers 24 G. Kornfeld	11 P. Seegers 21 Semmet 25 P.E. Frisik 41 P. Seegers	5 v. Freyberg 26 E. Becker 26 K. Kirstensen 29 J. Winna (Hdn)	45 H. Höfstötter 6 E. Groß 4 K. Luchnik 27 A. Meichheier	
Richtergruppe Feld Gruppenführer	RO Pat. A. Lemper Heinz Roth Rob. Diemter Werner Lamotte	RO H.P. Schlabam Heinz Keller Alb. Kail Emil Fell	RO R. Eckardt H. Engelen Sigrid Off Alois Wolf	RO G. Häberlin K. Wagner G. Biersseland Günter Sinwell	RO H. Protzmann G. Le.er G. Schad m Günther Holbach	RO H.G. Prüser A. Schramm H. Menges Rudi Schütte	
Hdn. Gruppe	1b	2b	3b	4b	5b	6b	
Hund-Nr. laut Nennungsliste und Führer	30 F.J. Megger 37 H. Jockers 45 P. Köhnen 52 E. Hansmann	34 B. Fricke 38 E. Ahlborn 46 E. Zimmerm.n 53 G. Meyer-Heemsoth	32 G. Sommerer 39 W. Geibel 47 G. Speicher 54 F. Schluter	33 H. Lieker 40 H. Schwinn 48 G. Bermonn 55 R. Duperthol 59 R. Pootschalck	31 Dr. Seeliger 49 W. Kirsch 56 M. Hammerer 60 K. Stoger	35 H. Loges 43 H. Schulte-Wüh... 50 Fimmermann 57 van Damme 61 F. Glock	
Richtergruppe Feld Gruppenführer	RO H.D. Pawlar Hz.z Grabbe Berth. Braun Hans Müller	RO H.W. Br Qui Georg Bauer Traudl Abbl H. Bernhard	RO K. Meinert K.H. Kern Andreas Paul-Lay Hans J. Uhl	RO P. Fischer H. Schlenskar A. Thomaschke Ewald Sauer	RO H.D. Krause G. Schröd m Cölus Felten Ed. Ditzler	RO H. Lemmer H.G. Hadewitz Georg Rudi Müller	
Richtergruppe Wasser	RO W. Ressing C. Petersen	RO D. Hagenstock F. Westermann	RO H.A. Uihlein Dr. G. Rösslin	RO Dr. A. Lemper	RO Joh. B. Dietl	RO H. Seale	

Die Nenntafel enthält für diese Prüfung alle Angaben zu den Hunden, ihren Führern und den Richtern.

Foto: R. Bender

Foto: M. Breuer

Schneller geht's nicht. Mit wehenden Behängen bringt er seinem Führer die Stockente. Ob es auf der Prüfung weiter so prima läuft?

Der Gesetzgeber verpflichtet die Jäger, für die Arbeit nach dem Schuß „brauchbare" Jagdhunde einzusetzen. Es gilt, krankgeschossenes Wild möglichst schnell zur Strecke zu bringen. Die Brauchbarkeit des Hundes, die der Gesetzgeber fordert, ist auf Prüfungen nachzuweisen.

Auf den Jagdeignungs- (JEP) oder Brauchbarkeitsprüfungen (BP) werden diese gesetzlichen Mindestanforderungen an einen Jagdhund geprüft. Die untere Jagdbehörde führt sie durch. Sie bestellt auch die Richter, die erfahrene Hundeführer, aber nicht unbedingt Verbandsrichter sind. Jeder Jagdhund, auch der ohne Ahnentafel eines Zuchtvereins, ist zugelassen. Die Anforderungen an die jagdliche Brauchbarkeit variieren von Bundesland zu Bundesland. Eine einheitliche Regelung wäre wünschenswert. In erster Linie werden genügende Leistungen des Hundes auf der Schweißfährte und beim Bringen von Haar- und Federwild verlangt. Das Prüfungsergebnis lautet brauchbar oder nicht brauchbar. Eine nicht bestandene Prüfung kann problemlos wiederholt werden. Künstliche Rotfährten können bei der JEP gespritzt oder getupft werden. Sie müssen mindestens eine und dürfen höchstens fünf Stunden stehen. Bei 400 beziehungsweise 300 Meter Länge wird nicht mehr als ein Viertelliter Schweiß verwendet. Die ersten 50 Meter der Fährte werden in annähernd gleicher Richtung gelegt. Insgesamt weist sie zwei Haken auf und ist möglichst mit Nackenwind gelegt. Nach ungefähr 200 beziehungsweise 150 Metern ist ein Wundbett angelegt und mit Fährtenbruch (siehe Sonderheft Nr. 13, Seite 24/25) markiert. Am Ende der künstlichen Rotfährte liegt ein Stück Schalenwild oder die Decke beziehungsweise Schwarte eines Stückes. Während der Riemenarbeit muß der Schweißriemen eine Länge von wenigstens sechs Metern aufweisen und in ganzer Länge abgedockt sein.

Selbständiges Bringen prüfen die Richter wie folgt: In unübersichtlichem Gelände oder im Wald soll der Hund eine Haarwildschleppe von Hase oder Kanin arbeiten. Sie ist mit Nackenwind unter Einlegen von zwei Haken 300 Meter lang gelegt. Die Federwildschleppe wird mit Rebhuhn, Fasan oder Taube über Feldstoppel oder Wiese gezogen. Sie erstreckt sich über eine Länge von 100 bis 150 Meter. Das Flugwild ist möglichst frisch geschossen. Gewünscht ist williges, selbständiges und schnelles Finden, rasches Aufnehmen und freudiges Bringen. Das genaue Halten der Schleppe wird nicht verlangt. Entscheidend ist, daß der Hund bringt. Wir dürfen unseren Hund dreimal ansetzen. Im Wasser soll der Hund eine wenigstens zehn Meter weit geworfene Ente schwimmend bringen.

Daneben wird bei der Jagdeignungsprüfung ein Mindestmaß an Gehorsam gefordert. Denn nur so ist eine erfolgreiche Arbeit nach dem Schuß gewährleistet. Absoluter Wildgehorsam wird nicht verlangt. Ist der Hund nicht an Wild, muß er auf Pfiff herankommen. Jagdeignungsprüfungen verlangen

werden wir stets den „Spezialisten" rufen. Das sind wir dem Wild schuldig.

VERBANDSPRÜFUNGEN

Für Gebrauchshunde werden Verbandsprüfungen nach einer einheitlichen Prüfungsordnung des Jagdgebrauchshundverbandes abgehalten. Wir erkennen dabei ein dreiteiliges Schema, das auch bei den Prüfungsordnungen anderer Jagdhunde benutzt wird, natürlich unter besonderer Berücksichtigung ihrer „Spezialgebiete" – zum Beispiel der Bauarbeit – und unter an-

die ersten Abrichtefächer zum Tragen kommen.
3. Die Verbands-Gebrauchsprüfung (VGP), in der ein fertig ausgebildeter Jagdhund seine Fähigkeiten im vielseitigen Jagdbetrieb unter Beweis stellt.

Vergleichsweise können sie als Lehrlings-, Gesellen- und Meisterprüfung bezeichnet werden.

Die Bewertung der Hunde erfolgt nach einem Punktesystem, das – wie in der Schule – sich aus Noten von hervorragend bis ungenügend und Fachwertziffern errechnet. Außerdem tragen die Richter in die Zensurentafeln ein, ob der Hund

Foto: R. Bender

also keine Spitzenleistungen von den Hunden. Sie beinhalten Minimalforderungen, die im täglichen Jagdbetrieb sitzen müssen. Sobald erschwerte Bedingungen bei der Arbeit nach dem Schuß vorliegen,

deren Bezeichnungen:
1. Die Jugendprüfung (JP), die im Frühjahr die Anlagen eines Jährlings zu erfassen sucht.
2. Die Herbstzuchtprüfung (HZP), bei der neben den Anlagefächern

Am Teich scheiden sich häufig die Geister. Nur lange sowie gründliche Ausbildung sichert auch während der Prüfung die Chance, die gewünschte Punktzahl zu erreichen.

▶

schußfest, leicht schußempfindlich, schußempfindlich oder gar schußscheu ist. Diese einzelnen Abstufungen sind präzise definiert. Schußempfindliche oder -scheue Hunde werden von der Zucht ausgeschlossen, da diese Wesensmängel in aller Regel vererbt werden und so der Rasse schaden. Ferner enthält die Zensurentafel Angaben über die körperliche Entwicklung des Hundes, also über das Gebiß, die Augen, die Geschlechtsteile des Rüden, eventuelle Wesensmängel sowie den Laut. Bei letzterem wird zwischen sicht-, spur-, waidlaut, stumm und fraglich unterschieden.

NOTENSYSTEM

Anlagen und Leistungen werden in der Regel nach einem Notensystem bewertet:

4h	= hervorragend
4	= sehr gut
3	= gut
2	= ausreichend
1	= mangelhaft
0	= ungenügend.

Diese Zensuren werden mit bestimmten Fachwertziffern in den einzelnen Prüfungsfächern multipliziert. Das ergibt Punktzahlen, nach denen die Hunde in den meisten Prüfungen in drei Bewertungsklassen eingestuft werden (I, II, III).

Bei einigen Prüfungen wie etwa der VJP oder der HZP werden die Leistungen von vornherein nach einem Punktesystem von null bis zwölf Punkten bewertet.

JUGENDPRÜFUNGEN

Sie werden bei den Jährlingen im Frühjahr abgehalten. Besonderes Augenmerk legen die Richter darauf, die Nasenleistung des Junghundes zu beurteilen. Den Gebrauch seiner Nase weist der Vorstehhund vor allem bei der Suche im Feld und beim Halten der Hasenspur auch unter schwierigen Bedingungen nach, also bei wenig Bewuchs, staubtrockenem Boden oder längerer Stehzeit der Spur.

Hat der Jagdgebrauchshund im Feld seinen Finderwillen bei der Suche nach Huhn oder Fasan unter Beweis gestellt, wobei noch keine planmäßige, weite Quersuche gefordert ist, soll er festliegendes Wild vorstehen und gegebenenfalls hinter laufendem Federwild nachziehen. Das Durchstehen des Hundes wird noch nicht verlangt, ein Nachprellen gilt nicht als Fehler.

Bei Stöberhunden läßt die Arbeit auf der Spur des für den Hund nicht sichtigen Hasens Spurlaut und Spurwille erkennen. Hierfür ist übersichtliches Gelände erforderlich. Dahingegen wird die Stöberanlage in einer Dickung und die Wasserfreude unseres jungen Freundes an einem tiefen Gewässer geprüft.

Die Führigkeit, die nicht mit dem Gehorsam zu verwechseln ist, zeigt sich darin, ob der Hund Kontakt mit seinem Herrn hält oder sich unbeeinflußbar aus dessen Einwirkungsbereich entfernt. Ist der Jagdhund bei der Suche oder dem Stöbern lenkbar, und orientiert er sich immer wieder an seinem Führer, zeugt dieses von guter Führigkeit.

Für alle Jugendprüfungen gilt generell: Es werden die Anlagen des Junghundes beurteilt. Ein Führer wird seinen Hund auf diese Prüfung also vorbereiten, indem er ihm in Feld und Flur möglichst viel Gelegenheit gibt, seine Anlagen zu entwickeln. Die frische Hasenspur des hochgemachten Mümmelmanns, den unser Junghund nicht gesehen hat, gibt dazu gute Übungsmöglichkeiten.

Auch ans nasse Element werden wir unseren jungen Freund gewöhnen.

HERBSTZUCHTPRÜFUNGEN

Etwa ein halbes Jahr nach der Jugendprüfung kann beim jungen Jagdhund im Herbst getestet werden, wie sich seine Anlagen unter dem Einfluß der inzwischen eingesetzten Abrichtung weiter entwickelt haben. Zu den reinen Anlagefächern der Jugendprüfung treten also bei der Herbstzuchtprüfung die ersten Abrichtefächer. Auf drei Gebieten stellt sie der

Foto: R. Bender

Links: Interessiert beobachtet die „Corona" die Feldarbeit, welche weite, gute Einblicke in das Verhalten des Prüflings ermöglicht.

Unten: Tadelloses Sitz und einwandfreies Ausgeben auf Befehl. Genau das wollen die Prüfer sehen.

Foto: G. Koller

FORMWERT

Hier wird die körperliche Verfassung des Hundes beurteilt. Der Hund muß dem vorgeschriebenen „Rassestandard" entsprechen und frei von Mängeln sein. Bei einigen lang- und rauhhaarigen Rassen wird getrennt davon der „Haarwert" begutachtet. Folgende Prädikate sind üblich:

v	= vorzüglich
sg	= sehr gut
g	= gut
gen	= genügend
m	= mangelhaft
ugd	= ungenügend.

Zur Formwertbeurteilung gehört auch das Beurteilen des Gebisses. Fehler, Vor- oder Rückbiß, werden im Prüfungszeugnis vermerkt.

Hund unter Beweis: Beim Bringen auf der Haar- und Federwildschleppe, bei der Wasserarbeit und beim Gehorsam.

Hase und Kanin werden über eine Schleppenlänge von 300 Meter gezogen. Bei Huhn, Fasan oder Taube halbiert sich die Strecke. Die Richter bewerten bei der Arbeit des Hundes auf der Schleppe

Finder- und Bringwillen, außerdem den Griff, das Tragen und schließlich das Ausgeben. Da die Arbeit an der lebenden Ente zur Zeit umstritten ist, wird heute meist eine frisch erlegte Ente so im Schilf ausgelegt, daß unser Hund das Ausbringen nicht mitverfolgen kann. Aus mindestens 30 Meter Entfernung über eine freie Wasserfläche losgeschickt, soll er das Wild finden und ohne weiteres Kommando bringen. Der Junghund soll möglichst bei all diesen Aufgaben Arbeitswillen und -freude erkennen lassen.

Gehorsam ist jetzt Pflicht. Der Hund muß den Befehlen seines

Führers sofort und willig Folge leisten. Den ganzen Prüfungstag über verfolgen ihn hierbei die kritischen Augen der Richter.

Um die körperliche Weiterentwicklung zu begutachten, erfolgt auch auf dieser Prüfung wieder ein Beurteilen der Form. So kann von den Leistungen und dem Erscheinungsbild des jungen Hundes auf den Erbwert seiner Eltern geschlossen werden.

GEBRAUCHS-PRÜFUNGEN

Die Verbands-Gebrauchsprüfung ist eine anspruchsvolle Leistungsprüfung eines fertig abgerichteten Hundes, also eine wirkliche Meisterprüfung. Der Hund ist jetzt zu einem belastbaren, arbeitsfreudigen, nervenfesten und gehorsamen Jagdhund herangewachsen und hat die notwendigen Voraussetzungen für die vielfältige Arbeit in Wald, Feld und Wasser.

Deshalb werden wir unseren Hund erst im zweiten Feld – also mit etwa zweieinhalb Jahren – auf dieser Prüfung vorstellen. Dann verfügt er bereits über eine gewisse Erfahrung im praktischen Jagdbetrieb. Dies ist sinnvoll und erwünscht. Wer seinen Hund bereits im ersten Feld auf der VGP führt, ist meist von falschem sportlichen Ehrgeiz geleitet.

Die Prüfung verlangt echtes Allroundkönnen. Die Anforderungen ▶

sind hoch. Als Arbeiten vor dem Schuß werden bei Vorstehhunden geprüft: die Suche mit Vorstehen, das Buschieren, Stöbern und Wasserarbeit. Nach dem Schuß sind gefordert: Schweißarbeit auf künstlicher Fährte, gegebenenfalls mit Totverbellen oder Totverweisen als Zusatz, Verlorenbringen von Haar- und Federwild sowie das Bringen der Ente aus tiefem Schilfwasser.

Gerade die Riemenarbeit auf der künstlichen Rotfährte erweist sich für viele Hunde als die entscheidende Klippe der Prüfung. Die gespritzte oder getupfte

Für den Kleinen Münsterländer ist der Has' über eine längere Strecke schon schweres Transportgut. Er hat es aber geschafft.

Schweißfährte für die Riemenarbeit über 400 Meter Länge wird nach 100 und 300 Metern je mit einem Haken und nach 200 und 400 Meter mit einem Wundbett gelegt. Für die freie Arbeit des Verweisers oder Verbellers wird

die Fährte vom zweiten Wundbett aus um 200 Meter verlängert und am Ende mit einem dritten Wundbett versehen. Am jeweiligen Ende der Schweißfährte liegt ein Stück Schalenwild. Bei Totverbellern oder Verweisern werden wir dort kein Kitz finden, da diese Hunde so unnötig zum Apportieren verleitet würden. Die Richter achten darauf, daß der Hund die Schweißfährte ruhig, konzentriert und dennoch zügig arbeitet, und darauf, daß er starken Finderwillen zeigt. Hat der Hund beispielsweise die Fährte verloren, muß er sie durch Bogenschlagen wiederfinden.

Nachdem der Totverbeller oder -verweiser das zweite Wundbett gefunden hat, werden die letzten 200 Meter der Fährte gelegt. Die arbeitet unser Hund dann frei. Als Totverbeller wird er am gefundenen Stück bleiben und hier ungefähr zehn Minuten Laut geben. Hat dagegen ein Verweiser das Stück erreicht, muß er das vom Führer im Vorfeld beschriebene Verhalten eindeutig zeigen. Beim Bringselverweiser kommt der Hund mit dem Bringsel im Fang zu seinem Führer zurück, beim „freien Verweisen" pendelt der Hund zwischen Stück und Führer hin und her, zupft diesen eventuell auch mal am Ärmel und zeigt so an: Ich hab's gefunden! Wie sich der Totverbeller oder der Verweiser am Stück verhält, wird von einem Richter beobachtet, der sich in dessen Nähe, aber für den Hund nicht sichtig aufhält. Auch reine Riemenarbeiter werden auf ihr

Verhalten am Stück geprüft. Hunde, die anschneiden, sind durchgefallen.

Besonderer Wert wird bei der Verbands-Gebrauchsprüfung auf den Gehorsam unseres Hundes gelegt, und zwar mit und ohne Wildberührung. Der Hund besteht, wenn er sich jederzeit an flüchtigem Wild halten

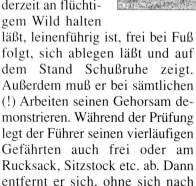

läßt, leinenführig ist, frei bei Fuß folgt, sich ablegen läßt und auf dem Stand Schußruhe zeigt. Außerdem muß er bei sämtlichen (!) Arbeiten seinen Gehorsam demonstrieren. Während der Prüfung legt der Führer seinen vierläufigen Gefährten auch frei oder am Rucksack, Sitzstock etc. ab. Dann entfernt er sich, ohne sich nach

Foto: St. Meyers

Foto: J. Markmann

Links: Eisern bleibt der Langhaar frei im Schuß sitzen. Über die Beurteilung seiner Schußruhe gibt's keinen Zweifel.

Unten: Bei dem Griff ist das Bringen problemlos.

Foto: J. Blume

ne einfache Aufgabe, weil der Fuchs mindestens sieben Pfund auf die Waage bringen muß. Zweitens muß er den Fuchs über eine Hürde oder einen Graben apportieren. Das leistet nur ein gut durchtrainierter Hund, denn der Fuchs ist groß und seine Läufe sowie seine

Foto: Dr. K.-H. Betz

dem Hund umzusehen. Er versteckt sich so, daß ihn der Hund nicht mehr eräugen kann. Daraufhin schießt er – auf Richterkommando – im Abstand von etwa zehn Sekunden zweimal in die Luft. Der Hund muß dabei auf der Stelle verharren, ohne zu miefen, zu winseln oder zu jaulen. Weder aufgrund von Schüssen noch von

Treiberlärm darf er seinen Platz verlassen.
Jagdgebrauchshunde werden auf der Verbands-Gebrauchsprüfung (VGP) auch in den sogenannten Fuchsfächern geprüft. Hier muß unser Hund zunächst eine 300 Meter lange Fuchsschleppe arbeiten. Das ist für manchen unserer vierläufigen Freunde deshalb kei-

Zur Pfostenschau präsentieren die Hunde nur ihr Äußeres. Bei der Besprechung werden Stärken und Schwächen der „Form" vorgestellt.

Lunte schlackern umher.
Und zum Dritten werden die Hunde auf Ängstlichkeit, Schußempfindlichkeit und körperliche Fehler überprüft.

Hat ein Hund die Verbands-Gebrauchsprüfung mit Erfolg abgelegt, wird er ins Gebrauchshundstammbuch (DGStB) eingetragen. Seine Vielseitigkeit hat er mit Bestehen der Prüfung unter Beweis gestellt. Hierzu hat er bei der VGP eindeutig wesentlich höhere Anforderungen erfüllt, als die JEP sie stellt. Er gilt damit selbstverständlich auch vor dem Gesetz als „brauchbar".

Foto: H. Arndt

Neben diesen vier Standardprüfungen gibt es noch eine Reihe von Sonderprüfungen, bei denen ausgesprochen hohe Anforderungen auf Spezialgebieten zu erfüllen sind. Drei von ihnen werden vorgestellt:

VERBANDSSCHWEISS-PRÜFUNGEN

Bei diesen besonders schwierigen Prüfungen wird eine Schweißfährte mit einem Viertelliter Schalenwildschweiß im Wald getupft oder getropft. Die Fährte – mit einer Länge von nicht unter tausend Metern – muß über Nacht, mindestens zwanzig Stunden gestanden haben. Nur Jagdhunde, die am Prüfungstag wenigstens 24 Monate alt und im Zuchtbuch eines vom Jagdgebrauchshundverband (JGHV) anerkannten Zuchtvereins oder -verbandes eingetragen sind, können in der Zeit vom 16. Mai bis zum 15. November zugelassen werden. Die Fährte wird mit je einem rechten Winkel nach 200, 400 und 800 Meter gelegt. Zudem ist die Fährte mit zwei Wundbet-

ten – verstärkte Schweißmenge und Rißhaarbüschel – versehen. Die lange Stehzeit dieser Fährten hat beispielsweise in den Hochwildrevieren des Vogelsberges oder Pfälzerwaldes eine große Zahl von Verleitungen zur Folge. Das wirkt sich besonders auf die 40-Stunden-Fährte aus. In zwei Nächten wird sie von manchem Stück Wild gekreuzt. Nur gut eingearbeitete Hunde dürfen hier gemeldet werden.

Besteht der Hund die VSwP, erhält er das Leistungsabzeichen Sw I (sehr gut), Sw II (gut) oder Sw III (ausreichend). Erbrachte er die Leistung auf einer über vierzig Stunden alten Fährte, wird nach dem Leistungszeichen ein Schrägstrich (/) angefügt.

BRINGTREUEPRÜFUNG

Sie erfolgt am erlegten Fuchs, der mindestens zwei Stunden vor dem Schnallen des Hundes in einer Dickung ausgelegt wurde. Beim Stöbern soll der Hund selbständig, ohne Befehl und ohne daß er der Spur folgen kann, den Fuchs finden, bringen und ausgeben.

Oben: Verläßlich bringt er den noch lebenden Hasen. Prima so.

Unten: Am langen, straffen Riemen. Ein Gespann, zu dessen Arbeit bald großes Vertrauen entsteht.

VERLOREN-BRINGERPRÜFUNG

Hier wird der Hund während einer Jagd auf die Wundspur eines kranken Hasen oder Fuchses gesetzt. Er hat der Spur so lange zu folgen, bis er entweder das verendete Stück findet oder das kranke packt. Anschließend muß er es seinem Führer zutragen. Wurde unser Hund mit dem Leistungszeichen VBr ausgezeichnet, so hat er diese Arbeit während der Jagd zweimal erfolgreich geleistet, und zwar jeweils über eine Strecke von mindestens 300 Metern. Außerdem sind diese Arbeiten von Verbandsrichtern bezeugt beziehungsweise bestätigt worden. Weitere Leistungszeichen sind in der nebenstehenden Tabelle aufgeführt.

AUSLESEPRÜFUNGEN

Einige Zuchtvereine führen noch besondere Ausleseprüfungen

Quelle: Blase 1993, Seite 552

LEISTUNGSZEICHEN DES JAGDGEBRAUCHSHUNDVERBANDES

Leistungszeichen stehen vor oder nach dem Namen des Hundes und werden in die Ahnentafel eingetragen. Gebräuchliche Leistungszeichen sind:

/	=	Härtenachweis abgelegt
VBr	=	Verlorenbringer auf natürlicher Wundspur
Btr	=	Bringtreueprüfung bestanden
Sw	=	Verbandsschweißprüfung bestanden, z. B. Sw II = zweiter Preis auf 20-stündiger Fährte, Sw/I = erster Preis auf 40-stündiger Fährte
A.H.	=	Armbruster-Halteabzeichen (Hund läßt sich bei der Hetze eines Hasen durch Trillerpfiff stoppen)
/	=	Lautjagerstrich (vor dem Namen des Hundes)
—	=	Totverbeller (vor dem Namen des Hundes)
\	=	Vater im DGStB (hinter dem Namen des Hundes)
/	=	Mutter im DGStB (hinter dem Namen des Hundes)
CACIB	=	Internationales Schönheitschampionat
CACIT	=	Internationales Arbeitschampionat.

---

durch. Dabei handelt es sich um den Herbstzucht- oder Verbands-

Foto: U. Hausen

Gebrauchsprüfungen vergleichbare Prüfungen mit erschwerten Zulassungsbedingungen. Zu nennen sind die Hegewald-Zuchtprüfung für Deutsch-Drahthaar, Kleemann- und Diana-Ausleseprüfung für Deutsch-Kurzhaar, Schorlemer-HZP für Deutsch-Langhaar, Vorm-Waldes-HZP für Große Münsterländer, Bundes-HZP und Bundes-VGP für Kleine Münsterländer, Edgar Heyne-HZP für Pudelpointer, Prüfung nach dem Schuß für Deutsche Wachtelhunde – sie ist für alle Jagdhunderassen offen –, Bundessiegersuche auf künstlicher Schweißfährte des Deutschen Teckelklubs und andere mehr. Auch internationale Wettbewerbe werden zunehmend durchgeführt, so beispielsweise die Internationale Kurzhaarprüfung (IKP), die Internationale Schweißhundverbandssuche, internationale Stöberhundprüfungen und Bauleistungsprüfungen. Der Leistungsstand der hier vorgestellten Hunde ist stets überdurchschnittlich.

Erst hat er allein den Anschuß gründlich auf Pirschzeichen untersucht. Nun weist er den Hund ein. Ruhe und Gelassenheit zeichnen das Paar aus.

Foto: R. Bender

ZEHN GEBOTE ZU KUGELSCHUSS UND NACHSUCHE

Gegen Gebote und Verbote richtet sich in jedem von uns schnell oppositioneller Geist auf. Muß das denn sein? Brauche ich „großer" Jäger das? Kurz und bündig, und diesmal ausnahmsweise auch ein wenig barsch, sei es gesagt: Ja! Immer wieder einmal ertappt sich jeder Jäger doch dabei, bei Schuß und Nachsuche hitzig, unbedacht, vielfach einfach nur zu schnell gehandelt zu haben.

Foto: K. Schneider

Schweiß und Schnitthaar eines Knopfbokkes. Nicht immer ist der Anschuß so leicht zu finden.

Nirgendwo lassen sich Beispiele für unwaidmännisches Verhalten dem wildlebenden Tier gegenüber so leicht finden wie auf diesem Gebiet. So werden sie hier vorgestellt, für manchen nur in Erinnerung gebracht, die zehn Gebote zu Kugelschuß und Nachsuche.

1. DIE BÜCHSE

Es ist halt so: Die Nachsuche beginnt schon vor dem Schuß. Die Jagdwaffe, die ich führe in Wald und Feld, ist mir vertraut, vertraut wie meine Braut. Dieses Vertrauen

tepunkt. Beim ersten Gegenangriff einer gröberen Sau danken es mir meine Hinterläufe.

Das zentimetergenaue Einschießen tätigen wir auf dem Schießstand. Kontrollieren wir nur die Treffpunktlage während der Jagdsaison, geschieht dies unter Revierbedingungen. Selbstverständlich optimieren wir die durch festen Griff und gute Auflage für die Waffe. So will es auch der Gesetzgeber gehandhabt wissen. Schon das harte Anschlagen eines Zielfernrohrs an die Autotür oder ein gemeinsamer Sturz von Waffe und Jäger auf vereisten Untergrund

Ungarnhirsch von 200 Kilogramm, für die Gams auf 250 Meter und den Schuß ins Dichte auf 50 Meter gibt es nicht. Kompromisse sind angesagt. Wählen Sie die Laborierung, die für Ihr Revier oder für die meisten Gelegenheiten am besten geeignet erscheint. Beurteilen Sie deren Eignung nicht nach dem fünften geschossenen Stück Wild. Das Zehnfache sollte es schon sein. Interessante Fachartikel in den Jagdzeitschriften weisen hier manchen Weg.

Und noch ein Hinweis: Sicherlich sind wir alle keine Biathlonläufer, bei denen sich quasi von selbst Puls- und Atemfrequenz nach großer körperlicher Anstrengung in kürzester Zeit beruhigen. Aber wir können uns mit Hilfe entsprechender Atemtechniken auf den Schuß vorbereiten. Das hilft dann, wenn uns das vielbeschriebene „Bock- oder Hirschfieber" befällt. Sind wir von ihm geschüttelt und berühren den Abzug... ist oft genug eine Nachsuche angesagt.

Foto: Archiv JÄGER

Der schwächere Damspießer steht breit. Der Zielstachel fährt „drei-Finger-breit" hinters Blatt. Muckt der Schütze jetzt nicht, dürfte allenfalls eine kurze Totsuche anstehen.

basiert auf dem Einschießen. Mit und ohne Zielfernrohr, auf 50 und auf 150 Meter ermittle ich die Treffpunktlage mit Patronen meiner Wahl. Entweder sind sie selbstgeladen oder stammen aus einer Serie. Die Fabrikationsnummer zeigt es an. Auch auf Fangschußentfernungen von zwei bis fünf Metern erprobe ich den Hal-

fordern diesen Kontrollschuß. Zeigen sich echte technische Probleme, wohnt überall in unserem Land ein Büchsenmacher in der Nähe.

Noch ein Wort zur Laborierung: Für alle Kaliber wird eine breite Palette angeboten. So ist die Wahl nicht einfach. Ein Ideal für das Kitz von neun und den starken

2. VOR DEM SCHUSS

Vor Abgabe des Schusses auf ein Stück Wild überprüfe ich den Kugelfang. Auch dies verlangt der Gesetzgeber mit Fug und Recht. Dazu präge ich mir den Anschuß und die Stellung des Wildes ein. Das ist nicht immer einfach. Eine stichgerade, lange Schneise, ein großer abgeernteter Maisschlag, Nebel und Dunst oder auch nur der Zwang zum schnellen Schuß erschweren dies oft. Jeder Hundeführer kennt diese Kümmernisse aus rauher Praxis und wird viel Verständnis zeigen. Darauf ist bei echten Könnern Verlaß.

3. IM SCHUSS

Mein Abkommen im Schuß vermag ich sicher anzugeben. Das ist auf dem Schießstand geübt. Bei der deutschen Wehrmacht wurde diese Meldung selbst beim Schuß auf Klappscheiben verlangt. Schwieriger ist es gelegentlich, das Zeichnen des beschossenen Stückes zu beobachten oder den Kugelschlag zu hören. Oft gelingt gerade dies dem jagdlich erfahrenen Begleiter besser. Bleibt aber das Schießauge

Foto: R. Bender

im Schuß offen – haben wir also nicht ganz zum Schluß doch noch „gemuckt" – können wir später dem Hundeführer manch guten Tip mit auf den Weg geben. Das tun wir aber nur, wenn wir es auch wirklich beobachtet haben.

4. NACH DEM SCHUSS

Erstes Gebot nach dem Schuß ist schnellstmögliches Nachladen. Auch das haben wir bei jedem Schuß geübt. Nur so wird die zweite Kugel aus Drilling oder Repetierer zum erlösenden Fangschuß. Hier zeigen sich die „Könner" bei Kugel- und Schrotschuß. In rauher Praxis hat sich dabei der Grundsatz bewährt: Solange das kranke Stück noch auf den Läufen ist, wird weiter geschossen. Natürlich sitzen dann Kugel oder Schrote viel-

Foto: Archiv JÄGER

Wildjagden erfordern häufig Nachsuchen. Oft sind es nur Kontrollsuchen. Aber auch die sind wichtig.

Angestrichen und hochkonzentriert im Schuß. Da wird die Kugel sauber sitzen.

fach auf der Keule. Das entwertet Wildbret. Sei's drum. Wichtiger – viel wichtiger – ist das Erlösen des Stückes so schnell wie möglich. Außerdem hilft der Hundenase auch der Schweiß aus der Keule.

Im Regelfall lassen wir nun ein Viertelstündchen verstreichen. Dabei nutzen wir die Zeit zum Lauschen und Einprägen von Anschuß und Fluchtrichtung des beschossenen Stückes. Das fällt – zugegeben – manchmal verflixt schwer. Aber aus dem Brechen von Ästen, dem Verhalten der restlichen Rotte oder dem ängstlichen Ticken des Rotkehlchens können wir manchen Hinweis auf das Weitere entnehmen. Schon die Angabe des Schützens: „Das Stück hat sich von der Rotte abgetan" wird beim Hundeführer erfreuliches Kopfnicken bewirken. Die Chancen für seinen Hund steigen. Nur in Ausnahmefällen werde ich sofort bis auf sichere Fangschußentfernung heranlaufen. Dann nämlich, wenn die Gefahr eines Krellschusses gegeben ist. Oder: Das Stück schlegelt minutenlang ▶

Hundeführer, die sich konsequent der Nachsuchenarbeit verschrieben haben, werden zu fast jeder Tages- und Nachtzeit gefordert.

Foto: Archiv JÄGER

die Kugel erhalten hat. Nach Eingriffen, Schnitthaaren, Kugelriß, Wildbretfetzen, manchmal auch schon erstem Schweiß sucht das Jägerauge, langsam den Boden abtastend. Je schwieriger die örtlichen und oft auch zeitlichen Bedingungen, um so größer ist die Gefahr des Vertrampelns. Bei hereinbrechender Dämmerung oder bei langen, hochvergrasten Schneisen ist jeder Hundeführer dankbar, wenn der Jäger erst gar nicht zum Anschuß gepilgert ist, sondern ihn – den Hundeführer – von

seinem Hochsitz aus einweist. Auch Hund und Führer machen am Anschuß gelegentlich Fehler. Nobody is perfect. Nur sind deren Fehler erheblich seltener als bei vielen von uns. Es sind halt Profis. Ein grober, immer wieder zu beobachtender Fehler ist es, wenn der Schütze mit Hilfe eines „Suchscheinwerfers" – und vom nächstbesten Hund begleitet – versucht, den Anschuß zu finden. Gerade zu unverzeihlich ist es, wenn er, da schon auf den Beinen, gleich auch die nächste Dickung vom Hund durchstöbern läßt. Nur, hat er dies aus welchen Gründen auch immer getan, dann habe er auch den Mut, dem Hundeführer dieses zu beichten. Der wird versuchen, aus diesem Fährtensalat möglichst rasch herauszukommen, sobald sein Hund weiß, nach was er suchen soll.

Als „Pirschzeichen" können wir, wie oben angedeutet, am Anschuß je nach Sitz der Kugel folgendes finden: Schnitthaare, Deckenfet-

im hohen Gras herum, der Kopf fährt immer mal wieder hoch. Ein Verenden will und will nicht eintreten. Höchste Schußkonzentration ist jetzt verlangt und entscheidet oft über „Haben" oder „Nicht-mehr-zukriegen". Je unübersichtlicher das Gelände bei derartigen Situationen, um so dringlicher wird solches Verhalten des Jägers, des wirklichen Jägers, nicht eines „zur Jagd Gehenden".

5. ANSCHUSS-UNTERSUCHUNG

Mit einer ruhigen, gründlichen Anschußuntersuchung beginnt jede Nachsuche. Es gilt erst einmal, den Standort des beschossenen Wildes zu finden, an dem es

Foto: W. Nagel

zen, Schweiß, Knochensplitter, Pansen- und Darminhalt, Zähne oder deren Splitter, Speichel sowie Teile von Milz, Leber, Lunge oder kleinem Gescheide. Was die Pirschzeichen anlangt, gilt unverändert das Wort des Altmeisters *Hans Lux*: „Bedingt durch unsere jagdliche Lehre, geistert der Schweiß als Hauptschußzeichen in den Vorstellungen der Jäger herum. Immer wird nur von Schweiß geredet. Kein Wunder

also, daß der Jäger nach dem Schuß zu allererst – manchmal auch ausschließlich – nach Schweiß sucht. Ist das Wild getroffen, dann muß am Anschuß auch Schweiß zu finden sein, heißt es immer wieder. Diesen ‚Schweiß-Traum' aber sollten wir endgültig aufgeben. Zwar liegt häufig Schweiß am Anschuß, aber das ist keinesfalls die Regel! Die Untersuchung eines Anschusses darf sich niemals darauf beschrän-

Foto: M. Tandler

Links: Auf einer mit Schwarzdorn umsäumten Wiese wird sich schwerlich ein gerechter Bruch finden. In rauher Praxis hat es sich auch sonst bewährt, den Anschuß mit verrottbarem Dressierband zu markieren.

Foto: Archiv JÄGER

Oben: Lieber Jäger, geniere dich nicht, rieche und schmecke.

Links: Sorgfältiges Untersuchen des Anschusses ist immer die „halbe Ladenmiete".

ken, nach Schweiß allein zu fahnden!" Klare, praxisnahe Worte. Zu bedenken ist darüber hinaus, daß die Pirschzeichen, abgesehen von den Eingriffen des flüchtenden Wildes, nicht unbedingt am Standort des Wildes zu finden sind, sondern durch Wind und den durchschlagenden Restgeschoßteil durchaus einige Meter dahinter

liegen können. Also, Augen auf. Wer sich in der Bestimmung von Schnitthaaren üben will, wird sich ein sogenanntes Schnitthaarbuch der Wildarten anlegen, die er vornehmlich bejagt. Es ist eine umfangreiche Haarsammlung, denn je nach Wildart unterscheiden sich nicht nur Sommer- und Winterdecke, sondern auch die Geschlechter und die Jugendklasse. Wie der Schütze den Anschuß markiert, darüber streiten sich die „Gelehrten" (siehe Sonderheft Nr. 13, Seite 24/25). Jeder Schweißhundführer freut sich aber, wenn der Anschußbruch traditionsgemäß mit geäftertem Fährtenbruch ihm die Fluchtrichtung weist. Der besonnene Jäger ist – wie geschildert – keinesfalls der berühmte Elefant im Porzellanladen. Er verbricht den – vermeintlichen – Anschuß für die anstehende Nachsuche (siehe Sonderheft Nr. 13, Seite 24/25) und zertrampelt ihn nicht. Alle vorliegenden Pirschzeichen nutzt er, um entsprechende Informationen an den Nachsuchenführer weiterzugeben.

6. DIE WARTEZEIT

Bis zum Beginn der Nachsuche sollten getrost mindestens vier Stunden verstreichen. Auch eine drei- bis sechsfache Stehzeit der Wundfährte bereitet einer Hundenase in der Regel keine Schwierigkeiten. In der Regel! Denn bisweilen scheint das Stück einfach davongeflogen zu sein. Das führt dann zu Fehlsuchen, die beim besten Gespann vorkommen.

Hat sich das kranke Stück nicht weit vom Anschuß eingeschoben, kann es dort in Ruhe verenden und wird da meist leicht gefunden. Wieviel schwieriger wird's, wenn der Schütze „nur mal ein paar Schritte nachgegangen" ist? Einmal aufgemüdet, will das Stück nur noch fort. Jetzt hat es verknüpft, wer ihm die Schmerzen ▶

verursacht hat.

Verkürzen können wir die Wartezeit nur dann, wenn der Steuermann seiner Kugel absolut sicher ist, die Pirschzeichen dies bestätigen, also eine einfache Totsuche mit an Sicherheit grenzender Wahrscheinlichkeit zu erwarten ist.

7. DIE WAHL DES HUNDES

Der Anschuß mit seinen Pirschzeichen bestimmt auch die Wahl des Hundes. Grundsätzlich und unbedingt wird bei allen Zweifelsfällen ein erfahrener Schweißhund herangezogen. Den jungen, noch einzuarbeitenden Hund oder den mit we-

Rechts: Es kann losgehen. Hund und Repetierer sind bereit.

Unten: Straff ist der Riemen und tief die Nase.

niger Erfahrung lassen wir nur dann arbeiten, wenn wir das Stück zusammenbrechen hören oder die Pirschzeichen sicher auf Lungen- oder Herzschuß hinweisen.

Die Rasse des Hundes ist bei der

Foto: Dr. K.-H. Betz

Nachsuchenarbeit nicht unbedingt entscheidend. Seine gute Einarbeitung ist wichtig. Dabei steht außer Zweifel, daß die drei Spezialisten, der Hannoversche Schweißhund, der Bayerische Gebirgsschweißhund und die Alpenländische Dachsbracke, durch konsequente Zucht bei wirklich schwierigen Arbeiten bevorzugt herangezogen werden sollten. Laufschüsse und vor allem Gebrechschüsse sind Schwerstarbeit. Bisweilen zieht sich eine solche Nachsuche über zwei Tage hin. Das erfordert Kondition von Hund und Führer. Geben die beiden dann auf, ist das Stück wirklich nicht mehr zu bekommen. Alle Beteiligten haben ihr Möglichstes getan.

8. RIEMENARBEIT

Das A und O der Nachsuche ist die Riemenarbeit, die Nase des Hundes der entscheidende Faktor.

Bei der Vorsuche versucht der Führer, sich von seinem Hund den bis dahin noch nicht bekann-

Foto: R. Bender

Foto: S. Arjes

9. SCHNALLEN

Geschnallt wird der Hund nur dann, wenn er unmittelbar am kranken Stück ist. Entweder sieht dies der Schweißhundführer oder er hört es abpoltern und findet nun frischen Schweiß oder der Hund zeigt ihm dies mit seinem Benehmen an: „Wir sind da, Halsung ab!" Es dient der weiteren Suche sehr, wenn der Schweißhund nun Fährtenlaut gibt.

Berg und Tal und kommt erst nach längerer Zeit totmüde zum Führer zurück. Eine Fehlsuche ist programmiert. Dann liegt der Fehler nicht beim Hund.

10. FANGSCHUSS

Den Fangschuß am gestellten, kranken Stück gibt im dicken Zeugs nur der Schweißhundführer. Diese eiserne Regel kennt zum Schutz des Hundes keine Ausnahme. Kommt dagegen das kranke Stück einem der vorgestellten Schützen, die sonst überwiegend als Beobachter dienen, so schießt er selbstverständlich, wenn der Hund dabei nicht gefährdet wird. Auch schlechtere Weidwund- und Keulenschüsse helfen dabei. Das Stück wird im-

Oben: Nach längerer Hetze hat er die Sau gestellt. Sein Standlaut ruft den Führer zum Fangschuß.

Rechts: Um dem Bock den Fangschuß mit der Pistole anzutragen, ist eine Mündungsenergie des Geschosses von 200 Joule nötig.

ten Anschuß zeigen zu lassen. Oder es gilt, die verlorengegangene Fährte, der schon nachgehangen wurde, wieder zu finden. Dabei kann der Schweißriemen nur zum Teil abgedockt sein.
Beim Verfolgen der Wundfährte ist er selbstverständlich ganz abgedockt. So kann der Schweißhundführer den Riemen auch mal fallen lassen und sich einen bequemeren Weg suchen: Mit ein paar schnellen Schritten ist er dann wieder am schleifenden Riemen. Im Regelfall führt die Arbeit bei „schweren" Schüssen zum verendeten Stück. Sind die Verletzungen geringfügig, wird das Stück aus dem Wundbett vor dem Nachsuchengespann hoch und flüchtig. Der Schweiß – soweit gegeben – wird frisch.

Foto: H. Rohleder

Dann weiß der Nachsuchentrupp wenigstens die Richtung, in die die Reise geht. Sonst sucht jener oft noch lange nach dem Standlaut oder muß mit dem zweiten Hund die Hetzfährte nacharbeiten.
Einer der gröbsten Fehler bei der Nachsuche ist das „zu frühe Schnallen auf Verdacht". Zu häufig gerät der Hund dabei an gesundes Wild, hetzt dieses über

mer kranker, stellt sich eher. Seine Leidenszeit wird verkürzt.

AUSRÜSTUNG DES NACHSUCHENGESPANNS

Die Ausrüstung des Nachsuchenführers richtet sich einmal nach Wetter und Jahreszeit. Außerdem macht es einen Unterschied, ob er einer Schwarzwildwundfährte im Mittelgebirge nachhängt, einem ▶

Bock mit Weidwundschuß im Flachland oder der Rotfährte eines Gebirgshirsches folgt. Je nach Witterung und Gelände ändern sich Schuhwerk, Bekleidung und Kopfbedeckung. Das variiert dann von Bergstiefeln über Langschäfter bis zu Gummistiefeln. Wachsjacke und -hose sind bei triefnassen Buchenrauschen angesagt. In Schwarzdorndickungen hat sich die Lederhose bewährt. In der Feldmark wird der Nachsuchenführer mit dem Jagdhut noch zurechtkommen. Führt die Nachsuche aber durch bürstendichte Dickungen sind Baschlikmütze oder gar die signalfarbene Kopfbedeckung der Straßenbauer angebracht. Viele Schweißhundführer haben außerdem eine Schutzbrille dabei, wie sie bei der Steinbearbeitung üblich ist. In ihrem Rucksack befinden sich nach Packliste: Feldflasche mit Wasser für Hund und

Foto: St. Völkel

Foto: M. Tandler

Oben: Eine Nachsuche steht an. Der Kofferraum ist bereits bepackt. Jetzt holt der Schweißhundführer seine Alpenländische Dachsbracke.

Links: So „füllt" ein passionierter Schweißhundführer seinen Rucksack.

Unten: Weithin leuchtet das Signalband. Name und Telephonnummer des Führers sind dort notiert.

Führer (auch im Winter), verrottbare Markierungsbänder in verschiedenen Farben (vom Forstausrüster), kleines Fernglas, Jagdmesser, Schnitthaarbuch, Verbandszeug für Hund und Führer, Energiespender, etwa Traubenzucker oder Schokolade, Taschenlampe, weiße Taschentücher – sie helfen beim genauen Untersuchen von Schweißtropfen –, kleine Taschenlupe aus Plastik, Plastiktüte, um Splitter fürs Auswerten zu sammeln, Ersatzwarnhalsung für den Nachsuchenhund, Autoersatzschlüssel und zusätzliche Munition. Die Ersatzbekleidung für den Führer kann getrost im Fahrzeug verbleiben.

Für unseren Nachsuchenhund

benötigen wir eine Schweißhalsung und den dazugehörigen Schweißriemen. Bei der Halsung achten wir auf gute Qualität. Sie verfügt beispielsweise über eine eingenähte Gegenplatte für den Wirbel sowie eine ordentliche Verschraubung beziehungsweise Vernietung.

Beim Riemen haben wir schon mehr Wahlmöglichkeiten. Zur Wahl stehen der klassische Schweißriemen, vorne mit Schnalle, hinten ohne Handschlaufe, möglichst „breit" und aus einem Stück oder Rundmaterial, also stärkeres Treibriemenmaterial mit Schnalle oder Hornstück versehen. Es gehen aber auch Kunststoff- oder

Foto: M. Tandler

Baumwollbänder, wie sie im Reitsport oder zum Befestigen von Lkw-Planen verwendet werden. Schließlich bietet sich das Bergseil an. Es ist in verschiedenen Durchmessern und Farben im Sportgeschäft erhältlich.

Grundsätzlich ist ein Schweißriemen zwischen zehn und fünfzehn Meter lang. Vor dem Ende besitzen sie ein bis drei mit Sattlerzwirn durchgenähte Markierungen. Für unseren Teckel wählen wir selbstverständlich dünnere und leichtere Riemen. Sonst verlangt schon das Schleppen des vielleicht noch nassen Riemens von ihm zuviel Kraft.

Nun zum Thema Waffen: Nichts wird an Jägerstammtischen und in Jagdhütten heftiger diskutiert. Es hat natürlich keinen Sinn für Rehwildnachsuchen die großen Kaliber zu empfehlen, doch sind 7x57, .308 Winchester, eventuell 8x57 nicht fehl am Platz. Für stärkeres Wild sind dann schon die groben Klötze, 8x57 IS mit schwerem Geschoßgewicht oder die 9,3x62, angesagt. Der Repetierer hat einen kurzen Lauf, an dessen Mündungsbereich auch der vordere Riemenbügel befestigt ist. Er verfügt über eine grobe, offene Visierung, die bis zirka 50 Meter einen verläßlichen Fangschuß zuläßt. Alternativ zum klassischen Nachsuchenrepetierer tauchen immer häufiger „Pump-Guns" auf. Sie sind preiswert und zeichnen sich durch eine enorme Feuerkraft aus. Geladen werden sie mit Flintenlaufgeschossen. Jäger von altem Schrot und Korn werden hier die Nase rümpfen, ebenso wie bei den Peilgeräten, die seit einiger Zeit bei Nachsuchenführern in Mode gekommen sind. Peilgeräte kennen wir aus der Wildtierforschung. Bei der Nachsuche wird dem Schweißhund eine spezielle Halsung mit Sender und Antenne angelegt. Die Antenne besteht aus einem flexiblen Draht in oder an der Halsung. Der Hundeführer kann den außer Sicht hetzenden, nicht fährtenlauten oder den stellenden Schweißhund über größere Entfernungen orten und sich an Hund und Wild heranarbeiten, um die Nachsuche mit dem Fangschuß zu beenden. Wer einen Peilsender benutzt, muß eine „postalische Zulassung" haben, sonst verstößt er gegen geltendes Recht.

AUS DER NACHSUCHENPRAXIS

arzt, Verantwortlicher im Nachbarrevier, Arzt?
6. Sind weitere Jäger zum Vorstellen mit von der Partie?
7. Nimmt der Schütze teil (eigentlich selbstverständlich)?
8. Treffpunkt und Uhrzeit?
9. Besonderheiten zur Gefährdung des Hundes (Bergbaugelände, Autobahn)?
Die Nachsuche beginnt erst am nächsten Morgen. Auch wenn Schütze oder Pächter noch so sehr drängeln. Es geht hier nicht um

Foto: M. Hölzel

Bei Mond wurde hier ein Überläufer beschossen. Die Anschußkontrolle erfolgt erst am nächsten Morgen. Nachsuche wird ohne „t" geschrieben.

Klingelt den Hundeführer nachts ein Schütze aus dem Bett, um ihn zur Nachsuche anzufordern, greift der auf seine Checkliste zurück. Sie liegt immer neben dem Telefon. Sie hilft ihm, möglichst viele Informationen zu erhalten. Auf der **Checkliste** steht:
1. Wildart/Geschlecht/Alter/Markantes?
2. Kaliber/Geschoß?
3. Zeit/Entfernung/Gelände/Einstände/Anschuß?
4. Reviergrenze/Wurde der Nachbar verständigt/Wildfolge?
5. Werden bis zum Beginn der Nachsuche folgende Rufnummern beim Revierleiter vorliegen: Tier-

wohlverdiente Nachtruhe. Die ist ohnehin gestört. Vielmehr sehen Jäger bei Dunkelheit keine Pirschzeichen. Eine Hetze oder ein Fangschuß während stockfinsterer Nacht ist zudem unverantwortlich. Der Nachsuchenführer hat während der Vorbereitungsphase am Morgen in einem Gespräch mit dem Schützen und dem Revierverantwortlichen den Vorgang rekonstruiert und dabei alle für die weiteren Entscheidungen wichtigen Informationen erarbeitet. So ist es ihm möglich, im Verlauf der Schweißarbeit seinen „Teamkollegen Schweißhund" zu unterstützen. Es werden aber durchaus Si- ▶

tuationen entstehen, in denen der Hund einen völlig anderen Fährtenverlauf annimmt, als die Jäger sich „ausgemalt" haben. Jetzt muß zunächst das Vertrauen in den Hund siegen, getreu dem Motto „der Hund hat recht!". Aber die Suche nach „Bestätigungen", auf der richtigen Wundfährte zu sein, wird intensiviert. Jeder Schweißtropfen oder die klar erkennbare Fluchtfährte über einen Sandweg wird im Nachsuchentrupp laut und freudig angezeigt. Aber auch der beste Hund kann irren. Oft hilft dann nur

Nachsuchenprotokoll

Allgemeines

☐ Schuß   ☐ Verkehrsunfall
☐ Erfolgssuche   ☐ Fehlsuche
☐ Kontrollsuche   ☐ Totsuche

Wildart (Alter, Geschlecht)
Revier
Wildfolge vereinbart   ☐ ja ☐ nein
Schütze
weitere Teilnehmer
Nachsuchenführer
Hund (Zuchtbuch Nr.)
Vorsuche mit anderem Hund? (Rasse, Alter, Geschlecht)
Datum   Uhrzeit

Abkommen

Sitz der Kugel
Kugelschlag   ☐ ja ☐ nein
Zeichnen
Fluchtrichtung
Kaliber   Geschoß
Andere Stücke

Anschuß

Schnitthaar
Schweiß
Wildbretteile   Deckenteile
Knochenteile   Organteile

Zahnsplitter   Knorpel
Eingriffe
Kugelriß
Geschoßteile

Auswertung

Riemenarbeit (Meter)
Dauer der Arbeit (Stunden)
Hetze (Meter)
Wundbett (Anzahl)
☐ bereits verendet
☐ Fangschuß Kurzwaffe   ☐ Blanke Waffe
☐ Fangschuß Langwaffe   ☐ Hund
Alter der Fährte
Boden, Bewuchs
Wetter
Wildbretgewicht   Wert
Länge der Anreise (km)
Beobachtungen beim Aufbrechen/Einzelheiten

Zeuge   Unterschrift
Schütze   Unterschrift
Richter   Unterschrift

Formular: nach M. Tandler

Gewissenhaft ausgefüllt, enthält das Nachsuchenprotokoll alle Einzelheiten jeder Arbeit. Die Auswertung vieler bietet interessante Einblicke in die Leistungen von Hund und Führer.

das zeitraubende Zurückgreifen zur letzten Bestätigung, die hoffentlich gut markiert und leicht gefunden werden kann. Aber es gibt durchaus auch Arbeiten, die selbst der beste Schweißhund, aus welchen Gründen auch immer, nicht zum Erfolg bringen kann. Die Statistiken über Nachsuchenarbeit weisen durchschnittlich zwischen 20 bis 30 Prozent der Arbeiten ohne erfolgreiche Beendigung aus. Kurze Totsuchen werden hierbei nicht erfaßt. Der bekannte Forstmann, Buchautor und Nachsuchenführer *Bernd Krewer* brachte dies einmal auf den Punkt: „Ein weiser Jäger hat mir einmal gesagt, daß es drei Dinge im Leben gäbe, deren Anfang immer bekannt, deren Ende aber ebenso sicher immer ungewiß sei: Die Ehe,

der Krieg und die Nachsuche." Mit diesem Wissen beginnt jede Nachsuchenarbeit.

Nach dem Einweisen durch den Schützen sieht der Hundeführer sich in „Bierruhe" den Anschuß genauer an. Kennt er jedoch nur Schußlinie und ungefähre Entfernung, zieht er seinen Hund zur Vorsuche heran. Hat er dann den Anschuß dank dessen guter Nase gefunden, legt der Hundeführer seinen Kameraden ab. Dessen Spannung steigt. Er weiß ja genau, worum es geht.

Bisweilen stimmen die Pirschzeichen am Anschuß nicht mit den Angaben des Schützen überein. Dann bespricht der Hundeführer dies mit dem Schützen.

Anschließend wird der Hund unter ruhigem Zureden den Anschuß

prüfen und die Fährte anfallen. Er erhält mehr Riemen, um sich auf der Fährte festzusaugen. Er wird jetzt „seine" Fährte mit ihrer individuellen Wittrung arbeiten. Die, nur die, gilt es zu halten. Ist der Hundeführer aufgrund der verwiesenen Pirschzeichen überzeugt, daß „alles richtig" läuft, ermuntert er seinen Hund mit denselben Worten wie bei der Ausbildung und vielleicht schon vielen anderen Arbeiten vorher. Dies geschieht leise, ruhig, eindringlich. Der Nachsuchenführer unterstützt seine Arbeit, indem sein Blick ständig den Boden kontrolliert. Jede Bestätigung wird mit verrottbaren Signalbändern markiert. Dem vierläufigen Freund wird viel Zeit gelassen, wenn Widergänge oder durchwechselte Suhlen,

Brunftplätze oder Kessel seinen Arbeitsfluß unterbrechen. Jetzt gilt es für alle, die Nerven zu bewahren. Notfalls wird der Hund abgelegt, um ihm eine Ruhepause zu gönnen. Dann kann er sich sammeln und ein wenig Wasser schöpfen. Mehren sich Wundbetten und wird der Schweiß frischer, müssen wir jederzeit mit

Im Sommer nimmt er nur das Allernötigste mit. Jeder überflüssige Ballast rächt sich bei Hitze.

vor uns wegbrechendem Wild rechnen. Sind wir absolut sicher, daß es sich um den gesuchten Überläufer oder Achter handelt, reißen wir Funken. Ist das unmöglich, schnallen wir unseren Hund – nur mit der Warnhalsung versehen – zur Hetze.

Er wird je nach seinen rassespezifischen Möglichkeiten das Stück niederziehen und vielleicht auch abwürgen oder es solange stellen und binden, bis der Hundeführer den Fangschuß antragen kann. Den Fangschuß gibt grundsätzlich

der Hundeführer selbst ab. Für die Hetze sind zuverlässig fährtenlaute Hunde unabläßlich, damit der Nachsuchentrupp die „Reise" verfolgen und gegebenenfalls entsprechend abkürzen kann.

Bei „Hindernissen" wie großen, undurchdringlichen Himbeer- oder Brombeerschlägen, Windwurfflächen oder zusammengebrochenen Dickungen entscheidet sich der Hundeführer für eine Vorsuche: Er umschlägt das Hindernis, sein Hund verweist den Auswechsel. Steht die Fährte nicht heraus,

stellt der Hundeführer seine Begleiter ab und schnallt den Hund ohne Schweißhalsung. Erst bei anhaltendem Standlaut wird er möglichst gegen den Wind den Ball langsam angehen, um den Fangschuß anzutragen. Oft hat dazu nur zähes Durchhalten beigetragen. Das Austauschen der Brüche wird zum freudigen Tun, ist keineswegs bloß formelles Brauchtum.

SCHUSS- UND PIRSCHZEICHEN – AUSSEHEN UND BEDEUTUNG

Ist einem Stück Schalenwild die Kugel angetragen worden, „zeichnet" es meist. Ähnlich reagiert ein Mensch, der überraschend von einem scharf aufgewirbelten Stein hart getroffen wird. Er zuckt zusammen, weicht – viel zu spät – mit dem getroffenen Körperteil aus, schreit vielleicht auf, verläßt die gefährliche Stelle, sucht Deckung.

Vielerlei Schuß- und Pirschzeichen kann der Jäger im und nach dem Schuß auf ein Stück Schalenwild erkennen. Oft gibt ihm erst die Summe mehrerer die Chance, mit einiger Sicherheit auf den Sitz der Kugel zu schließen. Dazu bedarf es stets wohlüberlegten, fachlichen Handelns, einiger Erfahrung, vor allem aber einer gründlichen, ja bedächtigen Anschußuntersuchung bei gutem Tageslicht.

Kugelschlag

Er steht zeitlich an erster Stelle der Schußzeichen. Der Kugelschlag entsteht beim Aufprall des Geschosses auf den Wildkörper. Bei modernen – also vielfach recht kleinkalibrigen, schnellfliegenden, leichten – Geschossen wird er bei kurzer Schußentfernung oft vom Schußknall überdeckt. Fliegt aber ein dicker 9,3-Millimeter-Batzen recht langsam, hören wir seinen Aufprall. Das gilt auch, wenn er zunächst eine wei-

Endlich am Stück. Die beiden haben Schwerstarbeit geleistet. Man sieht es ihnen an. Wann sind wir wieder auf ihre Hilfe angewiesen?

tere Entfernung überbrückt. Hart wirkt er bei Blatt- und Keulenschuß, dumpf beim Treffer „mittendruff". Der Widerstand, den die getroffenen Körperteile des Wildes bieten, entscheidet also neben der Geschoßgeschwindigkeit und -form über Art und Stärke des Kugelschlages. Oft kann ein erfahrener Jäger, der zufällig in der Nähe ist, obwohl er nicht auf den Schuß vorbereitet ist, den Kugelschlag besser beurteilen als der Schütze selbst.

Leider liefern natürlich auch Fehlschüsse, bei denen die Geschosse Holz oder Stein fassen, Kugelschläge. Die können manche Verwirrung stiften.

Zeichnen von Schalenwild

Wie Schalenwild beim Erhalt der Kugel zeichnen „soll", dazu finden wir in manchen Fachbüchern mit viel Liebe gefertigte, typische Zeichnungen. Dem Praktiker

ausweicht. So erkennen wir beim Tiefblattschuß häufig eine Steilflucht nach vorne/oben, beim Treffer ins kleine Gescheide das Auskeilen der Hinterläufe nach hinten/oben. Aber wie oft finden wir auch bei diesen Schüssen ein völlig regelwidriges Zeichnen? Oder das Wild flüchtet einfach nur mit Höchstfahrt in die nächste Deckung. Vorderlaufschüsse mit Knochentreffern erhärten diese Aussage. Mal humpelt das Stück deutlich nur auf drei Läufen davon, mal hält es den Lauf während der

Foto: Archiv JÄGER

Oben: „Es gibt kein gutes oder schlechtes Kaliber, nur gute oder schlechte Schützen."

Links: Der Führer beobachtet das Stück im Schuß. Das hilft, um ein Zeichnen zu erkennen.

Der Treffer „Neun hoch" erfreut immer als saubere Kugel. Beide Blattschaufeln verlieren ihren Halt. Jedes Geschoß, das Hals- oder Rückenwirbel voll faßt, bewirkt ein schlagartiges Zusammenbrechen. Aber auch beim Nierenschuß wirft der offensichtlich starke Schmerz das Stück gelegentlich um. Meist wird es nach einiger Zeit wieder hoch und zieht mit krummen Rücken und ausgestrecktem Wedel zur näch-

Foto: W. Osgyan

entlocken sie häufig ein „Schön wär's so!" Es gibt zu viele Ausnahmen, zu unterschiedlich ist das Verhalten der Stücke bei fast gleichem Kugelsitz.

Im Prinzip gilt berechtigt, daß jedes getroffene Stück der Kugel

Flucht steif gestreckt von sich, mal erkennt selbst das geübte Jägerauge am Verhalten des Wildes nicht den Sitz dieser unschönen Kugel. Das Zusammenbrechen im Schuß ist ebenfalls ein Zeichnen, welches vielerlei Deutung zuläßt.

sten Deckung. Kein schönes Bild. Auch der Krellschuß, der schwere Gebrech- oder Äserschuß bannen das Schalenwild blitzartig an den Platz. Wie beim Boxhieb bewirken dies die Erschütterungen von Kopf beziehungsweise Wirbelsäule. Läßt diese Wirkung nach, werden die Stücke wieder hoch und flüchtig. Sie stellen sich dem Hund meist nicht, sind nur ganz selten zu bekommen. Also: Fangschuß! Jetzt, schnell, mit höchster Schußkonzentration! Die vorhergehende „Sauschießerei" ist wieder wettzumachen. Jeder Treffer zählt.

Ein gutes Zeichen ist stets, wenn das beschossene Stück laut mit Stolperfluchten davonbricht und dabei Bäume oder Sträucher anflieht. Dann geht die Reise meist nicht mehr weit. Stiehlt sich dagegen die Sau lautlos davon, nachdem sie die Deckung erreicht hat,

Foto: H. Kelle

ZEICHNEN BEIM SCHALENWILD

Blattschuß   Weidwundschuß   Krellschuß

Zeichnung: J. Bindseil nach Mangold

Oben: Hoher Vorderlaufschuß. Ein hundsmiserabler „Treffer". Seine schmerzerlösende Arbeit ist nicht hoch genug zu bewerten.

Foto: M. Breuer

Zeichnung: So typisch ist das Zeichnen nur beim Schuß auf stehende Stücke.

Links: Verunfalltes Wild bedeutet oftmals sehr schwierige Nachsuchen. Häufig fehlen die „Pirschzeichen" am „Anschuß".

bestätigt sich der Fehlschußverdacht oft auch bei der Anschußkontrolle.

Grundsätzlich ist das Zeichnen also nicht zu überschätzen. Zumal wenn wir gröbere Sauen oder Muffelwild bejagen. Die zeichnen von Haus aus schlecht. Eine Kontrollsuche bleibt Pflicht.

Klagen

Vom Klagen des Schalenwildes auf den Sitz der Kugel zu schließen, ist riskant. Vielfach ist das getroffene Stück im Fortkommen sehr stark behindert. Sind beispielsweise beide Vorderläufe hart unter Rumpf mit „Knochen- ▶

fassen" durchschossen, klagen Rot- und Damwild oft anhaltend, besonders wenn noch Hunde hinzukommen. Das gilt auch bei einem sehr hohen Treffer in der Bauchhöhle. Jetzt beherrsche dein Zauberzeug, Jägersmann! Fang schnell und geschickt ab, falls der Hunde wegen ein Fangschuß unmöglich ist.

Gelegentlich klagt auch ein Überläufer, der unter einer Masteiche bricht, nach Erhalt der Kugel kurz auf und ist nach wenigen Fluchten verendet. Da leite mal einer eine Regel ab. Sicher ist doch nur, daß Stücke bei einem tödlichen Fangschuß nicht klagen. Und das ist banal.

Pirschzeichen

Alles, was Jäger am Anschuß eines Stück Schalenwildes finden

dann recht leicht zu entdecken, wenn schweres Schalenwild auf weichem Boden aus dem Stand oder langsamen Ziehen im Schuß zur Flucht ansetzt. Die Schalen werfen dabei als Ausriß Grasbüschel oder Erdbrocken hinter sich. Selbst auf wassergebundener Waldstraßendecke finden wir bei bedächtiger Suche diese Startsignale des beschossenen Bockes. Wir stecken nun einen auffälligen Hauptbruch (vergl. Sonderheft Nr. 13, Seite 23/24) ins Bankett daneben. Dann suchen wir in aller Ruhe bei gutem Licht nach weiterem An-

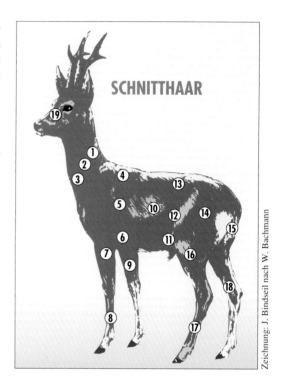

SCHNITTHAAR

Zeichnung: J. Bindseil nach W. Bachmann

Zeichnung: Von 19 verschiedenen Stellen benötigen wir „Material", um ein Schnitthaarbuch anzulegen.

Links: Sein Führer bückt sich zum Anschuß. Der abgelegte Schweißhund weiß haargenau, was ihm bevorsteht.

Foto: R. Bender

können, bezeichnen sie als „Pirschzeichen". Eingriffe mit Ausrissen, Kugelriß, Schnitthaar, Schweiß oder Knochensplitter zählen dazu. Seltener auch Zähne oder Splitter von Geweihen oder Gehörnen.

Eingriffe am Anschuß sind immer

halt. Hat der Bock nun die Kugel oder nicht?

Den Fehlschuß bestätigt uns bisweilen auch der Kugelriß, den das Geschoß im Boden hinterlassen hat. Auf kurz gemähter Wiese oder einem Stoppelfeld, auch auf dem nicht hoch vergrasten Waldweg,

ist er mit einiger Mühe meist zu finden. Dienten ein Dickungsrand, eine total vergraste Fichtenkultur oder gar der Gegenhang als Kugelfang, bleibt die Suche erfolglos. Gelegentlich läßt das Anpeilen des Kugelrisses vom Hochsitz aus das Urteil zu: „Klar überschossen." Dies lassen wir selbstverständlich vom Hund kontrollieren. Da jeder Schuß auf ein Stück Schalenwild sowohl Eingriffe als auch einen Kugelriß zur Folge hat, können diese beiden Weiser nur zum Lokalisieren des Anschusses beitragen. Sie entscheiden aber keinesfalls über Fehlschuß oder „Treffer".

Schnitthaar zu finden und zu beurteilen, lernt der junge Jäger nicht von heute auf morgen. Den Unterschied zum Rißhaar erkennt er dagegen leicht. Ihm haftet noch die helle Haarwurzel an. Schnitthaare sind im Unterschied hierzu vom Geschoß glatt abgetrennt. Nicht immer liegen sie direkt bei den Eingriffen. Oft hat sie die Geschoßenergie ein, zwei Meter mitgerissen. Vielleicht spielte auch der Wind ein wenig mit. Bei einem „Treffer" sind sie stets gegeben. Nur – seien wir ehrlich – oftmals finden wir sie nicht. Bei starker Vergrasung oder vielen, frisch abgefallenen Blättern, die der Wind in der vergangenen Nacht munter durcheinander wirbelte, wird die Angelegenheit zur Qual, oft genug aussichtslos. Ein simpler Tip für den weniger Erfahrenen: Hast du das erste Haar gefunden, liegt das zweite meist nicht weit. Also runter auf die Knie und geduldig – Zentimeter

Foto: W. Nagel

für Zentimeter – den Boden absuchen.

Haben wir außer Rehen noch Rot- und Damwild im Revier, ist es für den Schweißhundführer unerläßlich, sich ein Schnitthaarbuch anzulegen. Getrennt nach Wildart, Geschlechtern, Alter sowie Sommer- und Winterdecke umfaßt das handliche Büchlein viele Seiten. Schauen wir uns beispielsweise einmal die Haarfarbe der Bauchdecke bei Hirsch- und Wildkalb oder bei Rotspießer und Schmaltier an. Jedem dieser Stücke reservieren wir je eine Seite für die Sommer- und Winterdecke. Nun

Spitzenhunde werden im Jahr wenigstens zu 40 Nachsuchen gerufen. Oft ist es sogar die zweifache Zahl. Nur die Praxis läßt sie zu wirklichen Könnern reifen.

werden von einem zerwirkten Stück aus der Decke an 19 verschiedenen Stellen vom Äser bis zum Wedel vom Lauf bis zum Rücken Haarbüschel abgeschärft. Diese werden im Schnitthaarbuch an der entsprechenden Stelle der Wildskizze aufgeklebt. Nur im Vergleich mit diesem Haar bekommen wir Sicherheit im Beurteilen von Schnitthaar bei der Jagd.

Als **Faustregel** für den jungen Jäger gilt: langes, dunkles, starkes Haar = oben, gewelltes, „onduliertes" Haar = vorne, kurzes, helles, schwaches Haar = unten, kurzes, glattes, dunkles Haar = hinten.

Aber ein wenig mehr Wissen wird der Jäger schon anstreben. Allerdings: Von einem, der ▶

Fotos: Archiv JÄGER

1. Wildbret und Sehne stammen vom Vorderlauf. 2. Weitverspritzt findet sich Lungenschweiß. 3. Der Damhirsch wurde aufgemüdet. Der Wildbretschweiß ist tiefrot, geronnen.

zur Jagd geht, wird es kein Schweißhundführer verlangen.

Schweiß

Vom Schweiß in der Fährte geht eine fast magische Wirkung aus. Seien es die ersten Tropfen, die dem Auge das „Getroffen" anzeigen, sei es nach längerer Riemenarbeit, die dringend einer „Bestätigung" bedarf, der erlösende Zuruf des Begleiters „Schweiß!" Dieser eine Tropfen hat hohe Bedeutung, gibt neuen Mut.

Leider gibt es noch viele Waidmänner, die am Anschuß nur nach Schweiß suchen. Das ist wenig sinnvoll. Eine Neue beweist dies

dend für seine Bestimmung. Je länger er eingetrocknet oder gar vom Regen verwaschen ist, desto schwieriger wird's. Oft hilft dann nur das Abtupfen, um überhaupt Schweiß zu erkennen.

Kräftiges Rot oder Hellrot und blasig deuten auf Kammerschuß. Herz oder Lunge sind getroffen. Bisweilen sind auch Lungenstückchen vom Geschoß mitgerissen, deren Gewebesubstanz mit den Fingern recht gut „errieben" werden kann. Wir werden bald am Stück stehen. Leicht zu verwechseln ist dieser Schweiß mit dem von hohen Laufschüssen. Auch

ten!! Zwei Stunden sind wenig, vier besser. Vor einer Stehzeit der Wundfährte von zehn oder zwölf Stunden brauchen wir keine Bedenken zu haben. Jeder Junghund – gleich welcher Rasse, aber aus guter Zucht – von sieben, acht Monaten fällt eine Übernachtwundfährte an. Selbst wenn er bis dahin seine Nase nur auf der Futterschleppe oder Führerfährte gebraucht hat. Riechzellen hat er genug. So gibt ein solcher Zeitraum dem dreimal so alten, eingearbeiteten Schweißhund keine Probleme auf, wenn nicht extreme Trockenheit oder überfrorener

1. Lungenschweiß und Panseninhalt. Der Bock liegt nicht weit. 2. Vorderlauf zerschossen, Brustkern gestreift. 3. Krümeliger Leberschweiß. 4. Ein Röhrenknochensplitter mit Knochenmark – kleine, weiße, fette Kugeln.

gelegentlich prima. Trotz schneeweißer, unberührter Decke finden wir auf der Schneise in den Eingriffen des Überläufers lediglich drei Schnittborsten, aber keinen Tropfen Schweiß. Erst zehn Meter „drinnen" ist erster Schweiß ausgetreten. Und noch mal zwanzig Meter weiter liegt der Kujel mausetot mit guter Kugel. Damit ist klar: Der Schweiß ist nicht das allein Maßgebende. Finden wir ihn, geben seine Farbe, Beschaffenheit und Geschmack gute Hinweise. Wir beachten natürlich, daß dunkle Fichtenrinde, auf die der Schweiß getropft ist, oder helle Buchenblätter, an denen er abgestreift ist, den gleichen Schweiß fürs Jägerauge unterschiedlich ausschauen lassen. Auch die Frische des Schweißes ist entschei-

hier ist die Schweißfarbe hellrot, die Menge vom Anschuß her zunächst reichlich gegeben. Die kleinen und weißen Kügelchen im Schweiß sind aber ausgetretenes Knochenmark, das zwischen den Fingern fettet. Schon *Frevert* warnt davor, sie mit den hellen Bläschen beim Lungen- oder gar Drosselschuß zu verwechseln. Dunkler, körniger, durch winzige Partikelchen von Pansen-, Magen- oder Darminhalt „schmutziger" Schweiß, der auch entsprechend schmeckt, zeigt Bauchhöhlentreffer an. Lieber Jäger, geniere dich nicht: Rieche und schmecke! Körnige, tiefdunkle Leber- oder Milzteile mit etlichen Tropfen Schweiß verbunden sind so zu bestimmen, wenn denn der Schuß nicht allzu lange her ist. Konsequenz: War-

Tauschnee dagegen stehen.

Der langen Schreibe kurzer Sinn: Das durch unser „Saugeschieße" kranke Stück wird so nicht vorzeitig aufgemüdet. Vielleicht reicht die lange Wartezeit sogar, daß das Stück verendet.

Ein Trost für den jungen Jäger, der zum ersten Mal versucht, den Schweiß eines beschossenen Schmaltieres zu bestimmen: Es gibt „farblich neutralen" Schweiß, der sich später vielleicht auch in Tropfbetten oder abgestreift an Buchenrauschen wiederfindet. Aus ihm können selbst Spitzenleute nicht auf den Sitz der Kugel schließen. Dieser „Wildbretschweiß" verlangt geradezu nach einem wirklich erfahrenen Schweißhund. Dem krankgeschossenen Stück zu Liebe sind

Foto: Archiv JÄGER

wurde und gehen dann auf drei Läufen ab. Oft werden wir das nicht beobachten können, weil das Stück zu schnell wird. Am Anschuß finden wir kurzes, helles Schnitthaar und Knochensplitter. Diese liegen erst nach zwei, drei Fluchten in der Fährte. Sitzt die Kugel recht hoch, ist am Anschuß viel mittelroter Schweiß. Auch auf drei Läufen sind Sau, Rottier oder Bock noch flott. Die Nachsuche ist schwierig. Dennoch ist das Stück nach Meinung vieler Hundeführer zu bekommen. Keinesfalls werden wir unseren Hund unmittelbar nach einem Laufschuß

Oben: Bei einem Vorderlaufschuß lassen wir das Stück erst richtig krank werden. Der Hund wird keinesfalls sofort geschnallt, wie es früher üblich war.

Rechts: Ende gut, alles gut. So auch hier: Der Frischling roulierte im Schuß. Da darf der Schütze strahlen.

die Experimente zurückzustellen. Dann lassen diese Männer nicht locker, bis sie am Anschuß die ersten Schnitthaare aufklauben können.

Knochensplitter, Zähne

Knochensplitter sind stets ein handfester Beweis für einen „Treffer". Teile von Röhrenknochen zeigen gut erkennbar den Laufschuß an. Flache, breite Splitter können von den Rippen stammen, besonders starkknochige vom Unterkiefer oder auch von der Keule, grusige Kleinstsplitter von Gelenken der Läufe. Auch hier braucht's Erfahrung. Ein Anschußseminar kann nur einführen, die Praxis aber nicht ersetzen.

Sobald Knochensplitter oder gar Zähne auf Kiefer- oder Lauftreffer hinweisen, ziehen wir einen erfahrenen Schweißhund heran. Denn das Schlimmste, was Wild und Schütze widerfahren kann, sind Äser- oder Gebrechschüsse. Sie sind nicht sofort tödlich. Aber das Wild wird an der Nahrungsaufnahme gehindert und verendet nach Tagen oder Wochen elendig – meist in der Nähe von Gewässern.

Je nach Schwere des Schusses liegt das Schalenwild im Knall. Dann wird es taumelnd wieder hoch. Jetzt ist der Fangschuß dringend geboten. Schalenwild mit Äser- oder Gebrechschüssen stellt sich nicht. So zählen diese Nachsuchen zu den schwersten und zumeist auch hoffnungslosesten.

Sehr übel sind auch Laufschüsse. Bisweilen zeichnet das Stück wie auf den tiefen Blattschuß. Andere Stücke knicken nach der Seite ein, wo ihnen die „Stütze" fortgerissen

Foto: W. Nagel

schnallen. Das ist ein wirklich alter Zopf, der abgeschnitten gehört. Jedes Stück mit Laufschuß bekommt Wundfieber. Wir lassen es krank werden, um es erst nach mehreren Stunden oder am nächsten Tag nachzusuchen.

FACHLITERATUR

Ist ein Überläufer oder ein braver Achter krankgeschossen, haben Schweißhund und dessen Führer oft ein hartes Stück Arbeit vor sich. Nachsuchen sind allerdings mehr als Arbeit. *Hulverscheid* äußert sich in seinem Buch „.... und da sagte der Jägermeister" dazu wie folgt:

„Jetzt werden wir beweisen, was das heißt –

Das ist noch Jagd – den Riemen in der Faust,

Wenn das Gezweig mir um die Ohren saust

Und mich der rote Hund durch Knack und Dornen reißt,

Dann kommen wir, wenn Eure Kunst versagt,

Das ist noch Jagd!"

Fachbücher über die Nachsuche sind viele auf dem Markt. Wir stellen eine Auswahl vor:

1. Krewer, Bernd – Die Nachsuche auf Schalenwild (1. Auflage 1989)
Der international renommierte Schweißhundführer zeigt, wie wir das Zeichnen des Wildes sowie die am Anschuß vorgefundenen Pirschzeichen richtig deuten können. Sehr hilfreich sind die aussagekräftigen Farbtafeln von Schweiß und Kno-

chensplittern. Jeder Schalenwildjäger sollte dieses Buch im Schrank stehen haben. Dem Wild zuliebe.

2. Richter, Klaus – Schweißarbeit (1. Auflage 1988)
Das Büchlein ist zwischenzeitig – 1992 – in überarbeiteter Auflage herausgekommen. Es ist eine umfassende Darstellung der Schweißarbeit. Sie liefert nicht nur dem jungen Schweißhundführer einen Anleitung dafür, wie er seinen Hund einarbeiten kann, sondern vermittelt auch wichtige Informationen für den Schützen.

3. Frieß, Rudolf – Sünden rings um die Schweißarbeit (Neuausgabe 1985)
Auf 32 Seiten faßt der Wachtelvater seinen reichen Erfahrungsschatz über das Ausbilden und Führen von Hunden auf der Rot-

fährte und bei der Hatz zusammen. Eindrücklich schildert er die möglichen Ursachen für Nachsuchen. Praxisnähe zeichnet jede Zeile aus.

4. Frevert, Walter und Karl Bergien – Die gerechte Führung des Schweißhundes (6. Auflage 1993)
Das Standardwerk. Es dient seit 60 Jahren dem „Verein Hirschmann zur Zucht und Führung des Hannoverschen Schweißhundes" als entscheidende Arbeitsgrundlage.

5. Bothe, Carsten (Bearb.) – Neumann-Neudamms Schnitthaarbuch (1. Auflage 1996)
Ein leider nicht sehr handliches Büchlein, welches auf Rehwild abgestimmt ist. Für den Praktiker hilfreich sind die Vordrucke für Nachsuchenprotokolle, deren Auswertung hochinteressante Einblicke gewährt.

Bei Laufschüssen muß immer der Profi ran. Schnee ist ihm eine große Hilfe.

Foto: H. Lehmann

JÄGER & PRAXIS

KURZ & BÜNDIG

18

HEGE IM HOCHWILDREVIER & REVIERANALYSE: RUHE ★ ÄSUNG ★ VERBISSGEHÖLZE ★ REVIERBEWERTUNG …

EINE BEILAGE DER ZEITSCHRIFT JÄGER

WILDFÜTTERUNG

BUNDESLÄNDER	PFLICHT ZUM FÜTTERN ALLER WILDARTEN	FÜTTERN VON SCHALENWILD ERLAUBT	FÜTTERN VON SCHALENWILD VERBOTEN
Baden-Württemberg	**In Notzeiten stets** Wann Notzeit für Schalenwild ist, bestimmt: a. innerhalb der Zeit vom 1.12.-31.3.: der Jagdausübungsberechtigte selbst für sein Revier; b. außerhalb der Zeit vom 1.12.-31.3.: die untere Jagdbehörde, sie ordnet dann die Fütterung an.	**Vom 1. Dezember bis 31. März** Pflicht des Jagdausübungsberechtigten, die natürlichen Lebensgrundlagen des Wildes zu schützen, zu erhalten und gegebenenfalls zu verbessern, insbesondere durch Maßnahmen der Reviergestaltung und Äsungsverbesserungen (im Einvernehmen mit den Grundeigentümern).	**Vom 1. April bis 30. November**
Bayern	**In Notzeiten stets** Ausnahme: Außerhalb der Rotwildgebiete besteht keine Pflicht zum Füttern des Rotwildes in der Notzeit.	**Keine gesetzliche Regelung, daher Füttern erlaubt, außer bei Mißbrauch.** **Das Füttern von Schalenwild außerhalb der Notzeit ist grundsätzlich mißbräuchlich.** Der Revierinhaber ist verpflichtet, im Einvernehmen mit den Grundstückseigentümern durch Maßnahmen der Reviergestaltung und Äsungsverbesserung dafür zu sorgen, daß das Wild auch in der vegetationsarmen Zeit natürliche Äsung findet.	
Berlin	**In Notzeiten stets** Der Jagdausübungsberechtigte ist verpflichtet, für den Zugang des Wildes zu natürlicher Äsung (auch Äsungsflächen) und für ausreichende Wasserversorgung zu sorgen.	**I.** Außerhalb der Notzeit ist das Füttern von Schalenwild grundsätzlich verboten. **II.** Äsungsverbesserungen und Kirrungen für Schwarzwild sind keine Fütterungen; letztere sind Bejagungshilfen.	
Brandenburg	**In Notzeiten stets** Wann und für welche Wildarten Notzeit herrscht, wird von der unteren Jagdbehörde im Benehmen mit der unteren Naturschutzbehörde festgelegt.	**Außerhalb der Notzeit ist das Füttern von Schalenwild grundsätzlich verboten.** Der Jagdausübungsberechtigte ist verpflichtet, durch Anlage von Äsungsflächen für natürliche Äsung in Notzeiten zu sorgen und bei anhaltender Trockenheit eine ausreichende Wasserversorgung zu sichern sowie die dazu erforderlichen Voraussetzungen zu schaffen. Die Fütterung soll eine Erhaltungsfütterung sein, d. h., sie beschränkt sich auf Rauh- und Saftfutter, Kraftfutter ist untersagt. Bei Fütterung nur einer bestimmten Wildart muß ausgeschlossen werden, daß andere Wildarten Zugang zum Futter haben. Die Futtermenge darf nur das unbedingt notwendige Maß zur Überbrückung der Notzeit umfassen. Innerhalb von 75 m zum benachbarten Jagdbezirk sind Fütterungen verboten, bei hohen Wildschäden sind Ausnahmen möglich.	
Bremen	**In Notzeiten stets**	**Vom 16. Oktober bis 30. April**	**Vom 1. Mai bis 15. Oktober** ist das Füttern aller Wildarten verboten.
Hamburg	**In Notzeiten stets**	**Vom 16. Oktober bis 30. April**	**Vom 1. Mai bis 15. Oktober** ist das Füttern aller Wildarten verboten.
Hessen		**Schalenwild: Füttern unzulässig, außer mit Rauhfutter (Heu, Grassilage).**	
Mecklenburg-Vorpommern	**In Notzeiten stets**	**Vom 1. Januar bis 29. Februar**	**Vom 1. März bis 31. Dezember**
Niedersachsen	**In Notzeiten stets**	**Vom 16. Oktober bis 30. April**	**Vom 1. Mai bis 15. Oktober** ist das Füttern aller Wildarten verboten.
Nordrhein-Westfalen	**In Notzeiten stets**	**Vom 1. Dezember bis 30. April** Küchenabfälle, Backwaren und Südfrüchte sowie Schlachtabfälle, Fische und Fischabfälle dürfen nicht zur Fütterung verwendet werden. **Ganzjährig erlaubt auf Schwarzwild, in der Notzeit ist das Erlegen im Umkreis von 200 m verboten.** Innerhalb von 75 m zur Nachbargrenze dürfen keine Fütterungen angelegt werden, außer es liegt eine schriftliche Vereinbahrung mit dem Nachbarn vor. Die untere Jagdbehörde kann zur Vermeidung übermäßiger Wildschäden Ausnahmen zulassen.	**Vom 1. Mai bis 30. November**
Rheinland-Pfalz	**In Notzeiten stets**	**Außerhalb der Notzeit ist das Füttern von Schalenwild grundsätzlich verboten.**	
Saarland	**In Notzeiten stets**	**Allgemeine Pflicht des Jagdausübungsberechtigten, für angemessene Wildfütterung zu sorgen.**	**Die Jagdbehörde kann mißbräuchliche Wildfütterung untersagen.**
Sachsen	**In Notzeiten stets** Der Jagdausübungsberechtigte ist verpflichtet, die dazu erforderlichen Fütterungsanlagen zu unterhalten.	**Außerhalb der Notzeit darf Schalenwild in der Regel nicht gefüttert werden, ausgenommen Ablenkungsmaßnahmen für Schwarzwild. Das übrige Wild darf gefüttert werden.** Der Jagdausübungsberechtigte soll im Einvernehmen mit den Grundeigentümern durch Reviergestaltung und Äsungsverbesserungen dafür sorgen, daß das Wild auch in der vegetationslosen Zeit natürliche Äsung findet.	
Sachsen-Anhalt	**In Notzeiten stets** Bei Verstoß kann die Jagdbehörde: 1. Fütterung auf Kosten der Revierinhaber durchführen lassen, 2. Abschuß von Schalenwild senken, 3. Abschuß von Niederwild für bestimmte Zeit sperren.	**Außerhalb der Notzeit ist es verboten, das Wild zu füttern.** Küchenabfälle, Backwaren und Südfrüchte dürfen nicht verwendet werden.	
Schleswig-Holstein	**In Notzeiten stets**	**Vom 1. November bis 30. April**	**Vom 1. Mai bis 31. Oktober** Erlaubt ist das Füttern von Rehwild ab 1. September in festen, für das Hochwild nicht zugänglichen Einrichtungen.
Thüringen	**In Notzeiten stets** Der Jagdausübungsberechtigte ist verpflichtet, für angemessene naturnahe Fütterung zu sorgen und die dazu erforderlichen Anlagen zu unterhalten. Notzeit ist gegeben, wenn dem Wild infolge der Witterung (z. B. hohe Schneelage, Harsch, Dürre), infolge von Katastrophen (z. B. Überschwemmung, Waldbrand) oder infolge des Rhythmus der landwirtschaftlichen Nutzung (z. B. ausgeräumte Flur nach der Ernte im Herbst) die ansonsten ausreichend vorhandene, natürliche Äsung fehlt.	**Außerhalb der Notzeit darf Wild nur gefüttert werden, wenn dies nicht mißbräuchlich ist.** Vom 1. April bis zum 31. Oktober ist das Füttern nur nach Genehmigung der unteren Jagdbehörde erlaubt. Keine Fütterung (und daher zulässig) sind Wildäcker, Äsungs- und Verbißflächen. Der Jagdausübungsberechtigte ist verpflichtet, im Zusammenwirken mit den Grundeigentümern durch Reviergestaltung und Äsungsverbesserungen dafür zu sorgen, daß das Wild — möglichst auch in der vegetationsarmen Zeit — natürliche Äsung findet. Zur Anlage von Äsungsflächen sollen die Jagdgenossenschaften in Abstimmung mit den Grundeigentümern dem Jagdausübungsberechtigten geeignete Flächen gegen Kostenerstattung zur Verfügung stellen.	

Die jeweiligen landesrechtlichen Regelungen über Ablenkfütterungen und Kirrungen sind in obenstehender Tabelle nicht berücksichtigt worden.
Quelle: M. G. v. Pückler, Der Jäger und sein Recht; Stand: 1996. Alle Angaben ohne Gewähr.

INHALT

Foto: Archiv JÄGER

Foto: F. Bagyi

Links: Warum turnt er auf dem Schichtholzstapel herum? Fraß findet er dort nicht. Ist es aus Neugier?

Oben: Vor allem Ruhe fehlt ihm in vielen Revieren.

Rechts: Eichen und andere Mastbäume bieten dem Wild natürliche Äsung.

Foto: H. Rödder

Foto: J. Bornholdt

Links: Ein altes Gestell wird für Rot- und Rehwild begrünt. Viele solcher Einzelmaßnahmen machen ein Revier wertvoller.

Impressum:  **JÄGER & PRAXIS** KURZ BÜNDIG   Hege im Hochwildrevier & Revieranalyse. Eine Beilage der Zeitschrift JÄGER   Titelfoto: J. Schiersmann

Jahr-Verlag GmbH & Co.
Jessenstraße 1
22767 Hamburg
Tel. 040 / 38 90 61 10
Fax 040 / 38 90 63 05

Verleger:
Alexander Jahr

Redaktion: Dr. Rolf Roosen

Autoren/Fachberater: Jürgen Steinhoff, Thorsten Trede, Friedrich Karl von Eggeling/ Walter Bachmann

Titel/Layout: Werner Rabe

Vertriebsleitung:
Peter Lüdemann

Herstellungsleitung:
Helmut Post,
Brunhild Sudmann (Stellv.)

Druck: Busche, Dortmund

Lithographie: Repro- und Satztechnik Helmut Gass, Hamburg

Copyright:
Jahr-Verlag GmbH & Co.
Hamburg 1997

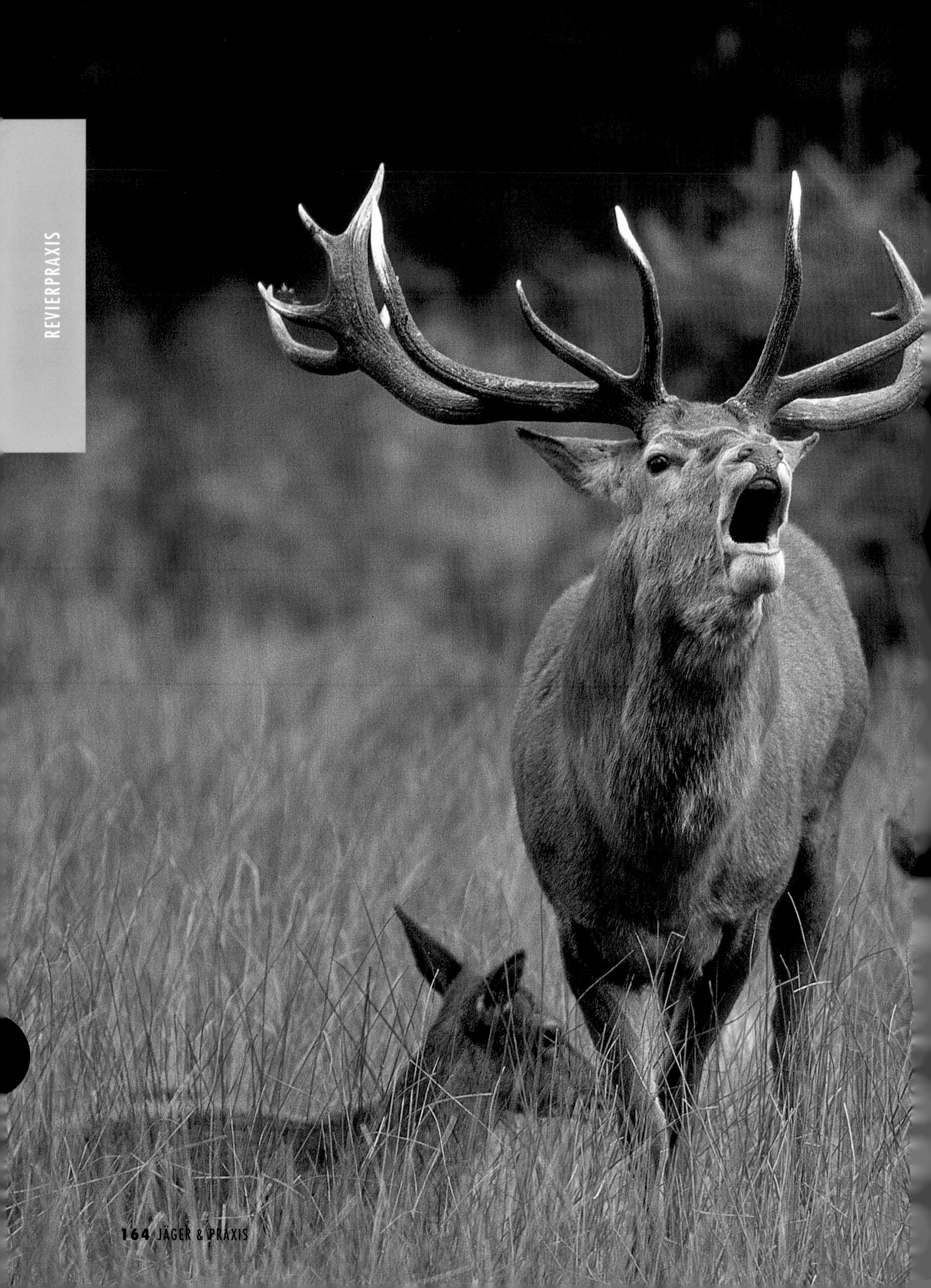

RUHE UND ÄSUNG IM HOCHWILDREVIER

Foto: H. Arndt

Ein standortgerechter, gesunder Wald verträgt bei naturnaher Bewirtschaftung nur einen zahlenmäßig begrenzten, artenreichen Wildbestand. Wald und Wild in Einklang zu bringen, stößt in der Praxis immer wieder an Grenzen. Einige praktikable Schritte in Richtung auf dieses Ziel werden im folgenden aufgezeigt.

Großes Foto: H. Pum

Oben: Wer ständig in seinem Revier herumpirscht, wird es bald wildleer haben. Hier gilt: Weniger ist mehr.

Großes Foto: Kraftvoll und weit dröhnt der Ruf des Brunfthirsches. Das ruhende Kahlwild teilt seine Erregung nicht.

In Kreisen von Jägern und vor allem von Forstleuten ist der Begriff Wildhege gegenwärtig in Verruf geraten. Er entspricht so gar nicht mehr dem Zeitgeist dieses Jahrzehnts. Weite Teile der Bevölkerung verbinden dagegen mit dem Jäger immer auch den Heger. Sprechen Sie einmal mit Ihrem Friseur darüber.

HEGEMÖGLICHKEITEN IM HOCHWILDREVIER

Zugegeben: Zu oft wurden die Grenzen der Schalenwildhege in deutungsvollen Wildschäden Rücksicht genommen wurde, zeigt eine nordhessische Forsteinrichtung während der fünfziger Jahre. Bei den sonst so peniblen Bestandsaufnahmen wurden Schälschäden des Rotwildes und Verbißschäden der Rehe nicht erwähnt. Das übersah der Forsteinrichter geflissentlich. Vom Förster bis zum Oberlandforstmeister wurde es so gehalten.

Erst in den letzten dreißig Jahren schlug das Pendel um. Anfangs langsam, dann energischer. Die Bewirtschaftung des Waldes wurde verbunden. Insbesondere ihr Altersaufbau geht zum Teufel. Altersreife männliche wie weibliche Stücke fehlen. Eine bittere Erfahrung, die trotz starker Eingriffe in die Jugendklasse auch für erfahrene Jäger neu war.

Überall dort, wo die Reduktion gegriffen hat, wieder zu bremsen, rechtzeitig zu bremsen, fällt schwer. Es verlangt Mut gegenüber oberen und obersten Jagdbehörden. Die können – das sei eingeräumt – die Höhe der Schalenwildbestände örtlich wie auf Landesebene nur anhand der Höhe des Schalenwildabschusses ableiten. Deren Wert aber belegen viele offene, von ein wenig Alkohol gelockerte Gespräche am Kamin zu diesem Thema. Allein die Januarstrecken sprechen für sich. Körperliche Nachweise bereiten da kein Problem.

Es sei wiederholt: Sobald es gelungen ist, eine Schalenwildart der Zahl nach der örtlichen Raumordnung

Foto: W. Nagel

Fichtennaturverjüngung – wie Haare auf dem Hund, so dicht. Der Mitanbau der Buche eilt.

unserem Jahrhundert grob mißachtet. Dieser Vorwurf – schon von *Ulrich Scherping* deutlich formuliert – trifft vor allem die Jäger in den Waldrevieren, also in der Mehrzahl die Forstleute. Rotwild wurde als Edelwild in hoher Zahl behütet. In viel zu hoher Zahl! Die Folgen, Schäl- und Verbißschäden – auch anderer Schalenwildarten –, trugen die Waldbesitzer, sei es Privatmann, Kommune, Land oder Bund. Wie wenig auf die wirtschaftlich und ökologisch so be-

de immer naturnäher. Das konnte nicht mit hohen Schalenwildbeständen einhergehen. Zunächst waren größere Privatforsten hier richtungsweisend. Die Landeswaldungen zogen nach. Unmißverständlich und knallhart kam das Abschußkommando: Zahl vor Wahl! Vielfach war es berechtigt, kam nur sehr spät. Nun wurde es aber mit deutscher Gründlichkeit knüppelhart durchgezogen. Damit ist leider überall eine qualitative Minderung der Schalenwildbe-

von Menschen, Pflanzen und Tieren wirklich anzupassen, muß dem harten Zahlabschuß Einhalt geboten werden. Eine Auswahl ist wieder möglich. Die Balance zwischen Zahl- und Wahlabschuß zu halten, ist so schwer doch nicht. Wenn ein Jäger es will, kann er es lernen. Der notwendige Zahlabschuß wird so auf die Altersklassen verteilt, daß das Schwergewicht zu 60 Prozent deutlich auf der Jugendklasse liegt. Bei den Mutterstücken wird in etwa soviel entnommen, daß der Zuwachs des Folgejahres zu keiner Bestandserhöhung führt. Das entspricht zirka 40 Prozent des weiblichen Wildes. Eine ständige aufmerksame Kontrolle des Bestandes tut Not.

Ziel ist also: der angemessene Erhalt einer freilebenden Wildart. Dieser **Leitsatz** bestimmt jede Hegemaßnahme. Zweimal, so ist zu raten, sollte jeder Jäger ihn lesen.

Beim Schalenwild bedeutet **Hege** zweierlei:

1. Ruhe und Äsung im Revier. Gleichalte Monokulturen auf großer Fläche mit vorgelagerten Agrarsteppen sind widernatürlich. Hier sind Forst- und Landwirte

Foto: St. Völkel

Wer ausschließlich mit der Doppelbüchse Rothirsch und Muffelwidder hegt, kennt nur eine Seite der Medaille. Hege ist mehr.

gefordert. Wirtschaften sie naturnah, erweisen sie auch dem Wild einen großen Dienst. Der Jäger kann es ihnen aufzeigen.

In der Landwirtschaft ist es aus ökonomischen Gründen in der Re-

gel schwierig, von den maschinengerechten Monokulturen abzugehen. Auf welche Weise Bauern und Jäger dennoch dem Niederwild helfen können, wurde in der Sonderbeilage Nr. 14 dargestellt. Wie Forstleute und Jäger die Lebensräume fürs Schalenwild verbessern können, zeigen die folgenden Seiten auf. Dabei wird stets im Auge behalten, daß der Geldbeutel des Revierinhabers nicht über Gebühr strapaziert wird und der Jäger sich nicht auf das Wohlwollen der stets spröder werdenden Behörden verlassen muß.

Häufige Unruhe in seinen Einständen ist Gift für alles Wild, vor allem aber für Schalenwild. Zu Fuß, als Wanderer oder Pilzesammler, mit dem Rad oder gar dem Bike, zu Pferd ist die Menschheit unterwegs. Je näher an der Stadt, desto größer der Besucherstrom, der sich nach Feierabend oder an Wochenenden in den Wald ergießt. Keineswegs einfach ist es, hier lenkend einzugreifen. Initiative, Verhandlungsgeschick bei Behörden und Vereinen, zähes Durchhalten sind gefragt. Ohne Kompromisse wird es nicht gelingen.

2. Wildgerechte Bejagungsformen. Wildgerecht sind alle Jagdmethoden, die effektiv sind, geringen Zeitaufwand erfordern und die Sozialverbände möglichst erhalten. Örtlich gilt es also, die Zeit der Einzeljagd, etwa des Ansitzes oder auf den Brunfthirsch, und gemeinsame Stöberjagden miteinander abzustimmen. Tun Jäger dies nicht fachgerecht in Hegegemeinschaften auf größerer Fläche, können sich Wildtierpopulationen nicht ▶

Foto: K.-H. Volkmar

Auf einen knappen Nenner gebracht. – Beim Schalenwild bedeutet Hege zweierlei: 1. Ruhe und Äsung im Revier, 2. wildgerechte Bejagungsformen.

artgemäß entwickeln. Gemeinsames Planen fällt uns Jägern leicht, das Durchführen leider schwer. Egoistisches Handeln im eigenen Revier ist zu überwinden, Zivilcourage nach eigenen Pannen zu zeigen. Mancher Hegeringverantwortlicher warf das Handtuch, weil die Sünden auf diesem Gebiet einfach zu viele wurden. An nachlassende Jagdmoral, die damit eng zusammenhängt, wollten sich diese Männer einfach nicht gewöhnen.

Foto: U. Grimm

Foto: B. Moldehn

Oben: Streckelegen nach einer Stöberjagd. Wieviel Einzeljagdtage wären dafür nötig? Wieviel Störungen damit verbunden?

Links: Schälen ist artgerechtes Verhalten des Rotwildes. Es muß nur im Rahmen bleiben.

RUHE UND ÄSUNG FÜR DAS ROTWILD

Im Unterschied zum Rehwild, das in Deutschland flächendeckend vorkommt, ist das Rotwild auf zahlreiche, voneinander getrennte Lebensräume zurückgedrängt worden. Die Rotwildgebiete sind durchweg an geschlossene Wald-

gebiete gebunden. Das Rotwild, einst reiner Steppenbewohner, hat sich im Laufe der Jahrhunderte an den Wald als Lebensraum gewöhnt. Leider steht ihm dort nur ein geringer Teil des Raumes uneingeschränkt und voll zur Verfügung. Vielfältige Störungen durch den Menschen und Kulturgatter bewirken das. Diese Aktivitätsbeschränkungen, gekoppelt an eine oft nur mäßige Äsungsgrundlage, haben für den Waldbauern dramatische Folgen, nämlich hohe Verbiß- und starke Schälschäden. Rotwild verbeißt und schält besonders dort, wo es gehindert wird, auch am Tage seinen Hunger zu stillen, oder wo es aufgrund menschlicher

Aktivitäten bis in die Nacht hinein an seinen Einstand gebunden bleibt. Aus diesem Grund ist es in allen Rotwildgebieten erforderlich, dem Wild erstens Ruhezonen sowie -zeiten zu verschaffen und zweitens die Nahrungsgrundlage des Rotwildes – möglichst in dessen Einständen – zu verbessern. Der Praktiker wird beide Maßnahmen kombinieren. Nur so kann er Schäl- und Verbißschäden mindern. Zu verhindern sind diese Schäden nicht. Verbeißen und Schälen sind artgemäßes Verhalten des Rotwildes. Außerdem bejagt er das Rudeltier Rotwild artgerecht. Er achtet mit anderen Worten auf das Altersklassengefüge und die Rudelstruktur des Rotwildes (siehe hierzu Sonderbeilage Nr. 1).

Rotwild ist, anders als das selektiv äsende Rehwild, ein „flächig weidender Grasfresser" mit keinesfalls hohen Qualitätsansprüchen an seine Äsung. Es nimmt also auch Pflanzen und Pflanzenteile auf, die Rehe verschmähen, etwa harte Gräser und holzige Krautpflanzen, die ihm in ihrem noch zarten Frühjahrs- und Frühsommerzustand eine Delikatesse sind.

Foto: W. Radenbach

Links: Wo Rotwild vorkommt, werden wir immer Verbiß vorfinden. Naturverjüngung muß dennoch möglich sein.

Unten: Das Schwergewicht beim Rotwildabschuß liegt mit 60 Prozent eindeutig auf der Jugendklasse.

hat es der Besitzer einer Eigenjagd, gleich ob er die Jagd selbst ausübt oder verpachtet hat: Bei sämtlichen zu planenden Maßnahmen hat er es nur mit sich selbst zu tun. Er kann schnell und effektiv handeln. In einem verpachteten gemeinschaftlichen Jagdbezirk hat es der Pächter hingegen deutlich schwerer. Er wird wahrscheinlich eine ganze Weile benötigen, um Überzeugungsarbeit zu leisten. Er hat viele Einzelgespräche zu führen und in den Versammlungen der Jagdgenossen seinen Standpunkt offenzulegen. Er macht den Verpächtern so klar, daß Waldberuhigung nichts mit Vermehrung des Wildbestands zu tun hat, sondern mit einer Mini- ▶

Nahrungsengpässe können ab dem Hochsommer auftreten und sich bis in das erwachende Frühjahr hineinziehen.

RUHEZEITEN UND RUHEZONEN

Am meisten können Revierinhaber eines Rot- oder Hochwildhegerings fürs Rotwild tun, wenn sie sich auf Ruhezeiten innerhalb ihres Hegeringes festlegen. Fällt im Juli und Januar kein Schuß auf Rothirsch oder Kahlwild, stehen dem Rotwild die Wege zur und von der Äsung wirklich ungestört zur Verfügung. Unterbleibt in diesen festgelegten Phasen der Morgen- und Abendansitz ist viel Jagddruck genommen.

Der waidgerechte Jäger wird natürlich auch sonst mit gutem Beispiel vorangehen. Das heißt in unserem Fall: Es ist durchaus überflüssig, in jeder Woche alle Wechsel in den Einständen abzufährten und Menschenwitterung zu verbreiten – aus purer Neugierde. Es ist auch übel, in Sichtweite von Wanderwegen Leitern und Kanzeln aufzustellen: Sie locken die Menschen wie ein Magnet an.

Dann sind sie leicht zu allen Tages- und Abendzeiten bevölkert. Folge: Das Wild wird mißtrauisch und heimlich. Ansitze in den Haupteinständen des Wildes werden wir deshalb so verstecken oder verblenden, daß ein Fremder sie nicht sieht. Außerdem legen wir sie so an, daß wir ohne zu stören, von ihnen in später Dunkelheit wieder verschwinden können. Am besten also, wir benutzen sie nur dann, wenn wir ernsthafte Absichten haben und lassen den ganzen Komplex ansonsten so gut es nur geht in Ruhe.

Am leichtesten

Foto: K. Schneider

mierung von Schäden. Hat er die Jagdgenossen oder den Eigenjagdbesitzer für seine Pläne gewonnen, wird es in den meisten Fällen nicht ausbleiben, daß er den Gang zu den verschiedensten Behörden und Vereinen nicht scheut. Gibt es doch kaum mehr ein einigermaßen geschlossenes Waldgebiet, durch das nicht Wander-, Reit- oder Fahrradwege, Skiloipen oder sonstige Pisten hindurchführen. Wer auch immer der Betreiber dieser Anlagen ist, Gemeinde, Kreis, Forstamt oder Verein, der Jäger wird mit den Verantwortlichen reden und nach einem Kompromiß

Markierungen. Aber auch sie können wir beeinflussen, etwa durch das Aufstellen von Schildern am Beginn der Wege oder Steige, die in Kinderstuben und Haupteinstände hineinführen.

Mit Hilfe der Schilder wird der Wanderer gebeten, diesen Weg oder Steig nicht zu benutzen. Sie geben den Hinweis: Achtung! Kinderstube des Rotwildes! Bitte nicht betreten! „In einem sehr langen Leben in Verantwortung für große Reviere habe ich es so gut wie nie erlebt, daß eine solche Bitte mißachtet wurde", so der renommierte Forstmann und passio-

Wanderbewegungen Sinn und versprechen optimalen Erfolg.

Werden Wander- oder Radwege geplant, sind die hierfür zuständigen Vereine und Körperschaften für die Belange des Wildes meist sehr aufgeschlossen. Und bereits kleinere Verlegungen der Routen bewirken oft

Foto: H. Reichl

Oben: Ganz ernst scheinen sie die Joggerin nicht zu nehmen. Aber aufgeworfen haben alle. Ob sie auf der Äsungsfläche bleiben?

Links: In langen Sätzen fliehen sie in die nächste Dickung. Das kostet sie bei hoher Schneedecke viel Energie.

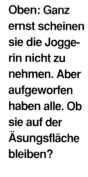

suchen, der sich mit gutem Willen wohl immer finden läßt. Ohne diesen guten Willen geht nichts – und das zum Schaden von Wald und Wild. Oft genug bringt ein geringfügiges Verlegen einer Freizeitanlage für große Revierteile Ruhe. Das Lenken von Besucherströmen in zusammenhängenden Wäldern ist nach allen Erfahrungen einfacher, als man es sich zunächst vorstellt. Die „Wegeführung" muß nur klar verständlich sein, auch ohne Wanderkarte. Nur wenige Menschen halten sich nicht an die

nierte Jäger *von Eggeling* zu diesem Thema.

Fast immer wird es nötig sein, Forderungen im Interesse des Wildes und des Waldes von langer Hand und mit einem schlüssigen Konzept vorzubereiten. Hierzu gehört neben der selbstverständlichen Zustimmung der Waldbesitzer auch die Mitwirkung der Nachbarn im Rahmen der Hegegemeinschaft. Nur großräumige Konzepte haben für die Lebensverbesserung der Hochwildarten mit ihren zum Teil ausgedehnten

sehr viel. Ähnliches gilt auch fürs Verlegen bestehender Pisten und Wege, wenn wir ein schlüssiges und durchführbares Konzept vorlegen. Wie gesagt: Wirken bei derartigen Situationen alle Revierinhaber eines Rotwild- oder Hochwildegerings zusammen, erreichen sie mehr, als jeder für sich tun könnte.

Rotwildhege bedeutet auch, Ruhezonen zu schaffen, das daran gekoppelte natürliche Nahrungsangebot zu verbessern und ebenso hochwertige Nahrungsquellen

Foto: H. Schulz

überhaupt erst zu begründen. Tageseinstände des Rotwildes sind fast immer größere, zusammenhängende Dickungs- beziehungsweise Verjüngungskomplexe oder angehende Stangenhölzer. Rotwild bevorzugt Dickungen oder Verjüngungen, in denen es zwischen Sonne und Schatten wählen kann. Das sind solche mit Fehlstellen, auf denen auch einige Äsung wächst. Allerdings suchen Feisthirsche in aller Regel die schattige und feuchte Dickung oder Verjüngung auf. Den Hauptäsungsraum des Rotwildes bilden im Wald krautreiche Althölzer und Kulturen.

Wenn der Fachmann Ruhezonen einrichten will, konzentriert er sich deshalb auf die vorhandenen Einstände und die Nahzone um diese herum. Das kann sowohl in Eigeninitiative erfolgen als auch mit Hilfe der Behörden, die Ruhezonen durch zeitweilige Betretungsverbote aussprechen können. Letzterer Weg ist für den Revierinhaber meist beschwerlich und scheitert häufig am „guten Willen" der Behörden. Deshalb ist es besser, Eigeninitiative zu ergreifen. Was können wir tun? Der Profi wird Rückeschneisen oder Wege, welche durch Einstände führen und für die Waldpflege nicht oder

nur selten benötigt werden, an ihrem Beginn so „versperren", daß sie für den Fußgänger schlecht begehbar sind. Mit einigen ineinander verschränkten Wipfeln von Fichten oder Kiefern bekommt er das sehr einfach, preiswert und wirkungsvoll hin. Die Kiefern- oder Fichtenkronen werden an der Einmündung der Rückeschneise in den Hauptweg zusammengeschoben, um die Schneisen für Fußgänger, Reiter und Radfahrer unattraktiv zu machen, ohne daß gleich eine Totalsperre entsteht. Gelingt es, diese „Sperre" so hoch zu legen, daß nur schwer über sie hinweggesehen werden kann, erreichen wir zusätzlich, daß sich auch das Wild auf dem so beruhigten Waldweg sicher fühlen kann. Ein weiterer Trick: Wir können den Anschein er-

wecken, daß der in den Einstand führende Weg durch ein Gatter verschlossen ist: Wenn nur auf dem Weg ein Gattertor quersteht und von diesem nach rechts und links in die Dickung hinein ein Zaun führt. – Der endet dann freilich für den Spaziergänger vom Hauptweg aus nicht sichtbar bereits nach wenigen Metern blind.

Hat das Hochwild in seinen Einstandsgebieten Ruhe, ist leider nur ein Teil dessen getan, was getan werden muß, um Wild wie Wald zu helfen. Mit Ruhe allein helfen wir im wesentlichen nur dem Wild, wenngleich Ruhe hier und da auch eine gewisse Schadensminderung mit sich führen mag. Solange Rot-, Dam- und/oder Muffelwild gezwungen sind, ihren – im wahrsten Sinne des Wortes – unwirtlichen Einstand zu verlassen, um sich Nahrung zu verschaffen, vielleicht sogar weite Wanderungen unternehmen müssen, um ▶

Foto: W. Henkel

Beim Äsen gestört? Aufmerksam sichert das uralte, knochige Tier. Windfang, Lichter und Lauscher helfen dabei.

zum gedeckten Tisch zu kommen, solange werden sie in ihren Tageseinständen verstärkt zu Schaden gehen.

ÄSUNGSVERBESSERUNG

Die einfachste und preiswerteste Art der Äsungsverbesserung ist das Düngen von Wegen und Wegrändern innerhalb der Forstkulturen und Dickungen mit stark phosphorhaltigem Düngemittel im Herbst oder unmittelbar nach der Schneeschmelze. Ist der Waldboden sehr sauer, muß ein Düngen mit Kalk vorausgehen. Gras- und

Foto: W. Radenbach

Foto: H. Arndt

Oben: Elegant nimmt der Kolbenhirsch die Hürde. Wenn Forstkulturen schon gegattert werden müssen, dann bitte in ausreichender Höhe. Zwei Meter sollten es beim Rotwild schon sein.

Links: Damit sich Rot- und Schwarzwild wohlfühlen, braucht es nicht bloß Ruhe und Äsung im Revier, sondern auch Suhlen.

Krautwuchs werden dadurch so stark angeregt, daß bereits im Sommer nach der Düngung eine Mahd ansteht. Diese ist auch deshalb wichtig, weil hiermit das nährstoffarm gewordene Altgras entfernt wird. So entsteht Platz für einen gehaltreichen Nachwuchs, der dann im Herbst bis in den Frost hinein gute Äsung liefert. Diese einfache und auch kostengünstige Art der Äsungsverbesserung kann natürlich nur relativ kleine Flächen – eben nicht mehr als Böschungen, Wegränder oder Bankette – umfassen und ist des-

halb bloß ein Tropfen auf den heißen Stein. Wesentlich mehr läßt sich schon im näheren Umfeld der Einstände machen, insbesondere dort, wo entweder Beerkraut unter älteren Beständen vorkommt oder wo beispielsweise in anmoorigen Gebieten reichlich an und für sich saure Gräser wachsen, all jene Gräser also, die vom Laien als „Bentgras" angesprochen werden. Sommerliches Düngen von Blaubeerkraut etwa ab Anfang August mit einem Volldünger in geringer Menge – zirka ein bis maximal zwei Doppelzentner je Hek-

tar – wirkt auf das Beerkraut wie ein Wunder und anschließend bis weit in den Winter hinein als Magnet für Rot-, Dam- und Muffelwild. Ein entsprechendes Düngen der Grasflora erfolgt zweckmäßigerweise im Vorfrühling, also vor dem Austreiben der Gräser. Dadurch wird zum einen das Gras schmackhafter für das Schalenwild, zum anderen hält es sich länger in den Sommer hinein attraktiv für das Hochwild. Das weniger wählerische Rotwild nimmt solche schwach gedüngten Grasflächen begeistert an, vor allem

Rechts: Gedüngtes Beerkraut ist bis weit in den Winter hinein ein Magnet für Rot-, Dam- und Muffelwild.

Unten: Rückewege eignen sich sehr gut, um die Äsung zu verbessern. Im Vorfrühling kann gekalkt werden, später die Hauptdüngung erfolgen.

Foto: Raimwolf

Foto: Archiv JÄGER

Geländebeschaffenheit und Bewuchs.

Hat der Pächter einen guten Draht zum Waldbesitzer, kann ohne großes Opfer bei Neubegründungen von Forstkulturen, aber auch bei bestehenden Kulturen bis zu acht Jahren, ungemein viel für das Wild getan werden. Anstatt nämlich den oder die in die Kultur eingeplanten Rückewege mit den üblichen drei bis dreieinhalb Metern Breite auszulegen, kann die Wegbreite – unbesorgt um forstliche Minderleistung – auf fünf Meter erweitert werden. Der Pächter nutzt diese Fläche – die ja im nächsten Jahrzehnt kaum benötigt wird –, um die Äsung zu verbessern. Es dürfte auch möglich sein, den einen oder anderen Waldbesitzer zu überreden, in bereits bestehenden Dickungen die vorhandenen Schneisen zu verbreitern. Dann werden rechts und links je eine oder auch zwei Reihen Forstpflanzen entfernt und damit eine Wegbreite von rund sechs bis sieben

Metern erreicht. Geringere Breiten in bestehenden Dickungen haben wenig Sinn, da ansonsten schon nach kurzer Zeit die Fläche aufgrund des Bestandswuchses zu stark beschattet würde. Ideal ist es natürlich, solche Äsungsschneisen in Nord-Süd-Richtung anzulegen. Wo das nicht geht, muß der Pächter aber dankbar sein, wenn Äsungsschneisen überhaupt möglich sind. Natürlich wird er dann bedenken, daß jedes Abweichen von der Nord-Süd-Richtung längere Beschattung bedeutet und damit eine unter normalen Umständen geringere Pflanzenvielfalt auf der Fläche zur Folge hat. Dem Waldbesitzer sei gesagt, daß solche etwas breiteren Gliederungsschneisen die Sturmfestigkeit seines Bestandes erhöhen sowie gegebenenfalls auch das Bekämpfen von Waldbränden erleichtern. Der geringe Zuwachsverlust bei Schneisen über sechs Meter Breite wird durch die betrieblichen Vorteile bei weitem ausgeglichen.

Es ist völlig unnötig, auf den innerhalb der Einstände gewonnenen Flächen nun eine Art von Wildackerbewirtschaftung zu betreiben. Das verursacht lediglich hohe Kosten und bringt nicht mehr Erfolg als eine extensive Wirtschaft mit geringem finanziellen Einsatz. Zudem besteht die große Gefahr, daß bei ackermäßigem Bestellen der Flächen – vor allem mit Raps- und Rübsenarten – Schälschäden im angrenzenden Jungbestand zunehmen. Letzteres wird durch die strukturarme Äsung besonders im Herbst und Vorwinter geradezu provoziert. Außerdem gilt es, die ▶

dann und dort, wenn und wo solche Flächen versteckt liegen und auch bei Tage von der Deckung her unbesorgt aufgesucht werden können. Das Ausbringen des Düngers wird im allgemeinen mit der Hand erfolgen. Ein kräftiger Mann düngt einen Hektar in rund drei bis vier Stunden ab, je nach

gesetzlichen Vorschriften über den Anbau von Feldfrüchten im Wald zu beachten.

Um Wegstreifen oder Schmalflächen zu begrünen, gibt es zwei Methoden. Einmal können wir die Fläche im kalkarmen Boden mit kohlensaurem Kalk (Kalkmagnesia) abdüngen, was im Vorfrühling erfolgt. Sobald der Kalk in den Boden eingewaschen ist, was wir mit Hilfe eines Eggenganges beschleunigen können, erfolgt die Hauptdüngung mit einem Mehrnährstoffdünger (Volldünger blau). Wir verwenden nicht mehr als – umgerechnet – zwei Doppel-

Foto: J. Schiersmann

zentner je Hektar. Dann überlassen wir die Fläche sich selbst, machen also bis in den Juli hinein gar nichts. Schließlich wird gemäht, portionsweise oder auf ganzer Fläche, und erneut mit derselben Menge Volldünger wie im Frühjahr gedüngt. Etwa nach der Brunft, also um Anfang bis Mitte Oktober, kann ein zweites Mal gemäht werden. Im allgemeinen reicht die Vegetation dann noch aus, um anschließend noch eine nahrhafte Äsung hervorzubringen. Der Vorteil dieser Maßnahme besteht darin, daß sie enorm preiswert ist. Außerdem überlassen wir so der Natur, welche Gräser und Kräuter hier bevorzugt wachsen. Der Nachteil ist: Es dauert etwa drei Jahre, bis sich auf der Fläche ein völlig befriedigender Zustand eingestellt hat. Dann erst überwiegen

die Süßgräser bei weitem. Klee hat sich eingestellt und die Fläche bietet wirklich von Vegetationsbeginn an bis in den späten Herbst hinein kräftige Äsung.

Die zweite – die teurere – Methode funktioniert so: Die Grünlandfläche, und sei es auch nur das Bankett in einem Meter Breite, wird gepflügt, erhält eine Grunddüngung aus Kalk und Volldünger. Alsdann wird sie mit einer Kleegrasmischung angesät, wie sie Samenhandlungen für die verschiedensten Böden anbieten. Das auflaufende Grün erhält im handhohen Zustand noch eine zusätzliche Kopfdüngung, der Einfachheit halber ebenfalls wieder mit Volldünger. Im Aussaatjahr wird die Fläche vermutlich erstmals gegen Mitte/Ende August gemäht werden müssen. In den Folgejahren wird eine zweimalige Mahd und Kopfdüngung erforderlich sein. Vorteil dieser Maßnahme ist, daß bereits im ersten Jahr der Anlage gute Äsung geschaffen wird. Nachteilig sind die erheblichen Kosten des Vollumbruches und der Saatbettbereitung. Sie be-

Oben: Der Hirsch markiert. Die Duftdrüsen am Haupt hinterlassen: „Ich bin hier gewesen, respektiere das!"

Rechts: Um Wildschäden im Feld zu mindern, gönnen die Jäger im Wald Mutter Bache und ihrer Kinderschar Ruhe an Ablenkfütterungen und Suhlen.

Foto: St. Meyers

Foto: E. Studnicka

tragen auf den Hektar umgerechnet zwischen DM 3.000,-- und DM 5.000,--, je nach Bodenart, Feuchtigkeitszustand und Vorhandensein von alten Wurzelstöcken. Als Praktiker empfiehlt *von Eggeling* die erstere Methode, um die Äsung zu verbessern. Sie bedeutet zwar meist einen etwas höheren Zeitaufwand bei der Pflege, ist aber die natürlichere Art, bei der Rückschläge, etwa durch Auswintern oder Ausdörren, kaum vorkommen. Darüber hinaus bietet sie allen Schalenwildarten ein naturnahes Futter.

Einstandsdickungen können wir zu Schatzkästlein machen, wenn wir an geeigneter Stelle einige kleine Lücken hineinschlagen, nicht mehr als stubengroß, aber doch groß genug, um die Sonne hineinzulassen, selbst noch bei recht schrägem Abendstand. Das hilft viel. Denn wir wissen, daß alle Wildarten, vor allem aber die „Mütter mit ihren Kindern", im Sommer jede sich bietende Möglichkeit nutzen, um die tau- oder regennasse Decke in der Sonne zu trocknen. Daß sich in solchen Lücken, die im übrigen keine große forstliche Bedeutung haben, sehr schnell auch Gräser und Kräuter einfinden, ist ein durchaus wünschenswertes Nebenprodukt. Es lenkt vielleicht auch ein wenig vom Schälen ab.

VERBISSGEHÖLZE

Viele Autoren empfehlen, Verbißgehölze anzulegen. Verbißgehölze bringen im Verhältnis zum hohen Aufwand viel zu wenig Äsungsmasse. Das Anlegen sogenannter Verbißgärten ist problematisch. Solche Gehölzpflanzungen setzen sich meist aus Robinie oder Weidenarten zusammen. Ihre Pflanzung ist kostspielig. Denn sie verlangt mehrjährigen Zaunschutz. Die Pflege ist sehr arbeitsintensiv, weil sie meist per Handarbeit erfolgen muß. Es sei denn, man erledigt den alle zwei bis drei Jahre fälligen Rückschnitt mit schwerem Häctselgerät. Obendrein ist immer wieder eine zumindest portionsweise Zäunung nötig, damit sich die Anlage erholen kann. Wird ein Ver-

Foto: H. Schulz

bißgehölz nicht in der beschriebenen Art und Weise gepflegt, gerät es sehr bald außer Kontrolle, wächst nach oben durch, wird unten licht und bietet kaum noch nennenswerte Äsung. ▶

MASTBÄUME

Ganz anders ist das Pflanzen masttragender Bäume zu bewerten, die sowohl im Rahmen normaler Forstkulturen als auch als Rand- oder Alleebepflanzung in und an den Wald gehören. Hier gilt es für uns Jäger, einmal über die Pachtperiode hinauszudenken. Die Förster machen dies meist schon von Berufs wegen. Auf ärmeren Böden ist vor allem die Roteiche gefragt, die ab ihrem etwa dreißigsten Jahre regelmäßig fruchtet. Das gleiche gilt für die Roßkastanie, die als Einzelbaum in der Allee ebenfalls relativ früh Früchte trägt und vor allem Damwild magnetisch anzieht. Wildobst eignet sich auf allen Böden – außer reinen Quarzsandböden – als Beibaumart in den Forstkulturen. Wildapfel und -birne gedeihen auch auf ärmeren Böden. Die Wildkirsche benötigt einen kalkreicheren Standort. Vor dem Anbau der Traubenkirsche wird gewarnt: Sie kann sich wie Unkraut verbreiten und ist dann kaum mehr zu bändigen. Daß

alle einzeln oder in der Allee gepflanzten Mastbaumarten des Einzelschutzes bedürfen, versteht sich von selbst. Auch hierfür werden vom Fachhandel relativ preiswerte Fertigprodukte angeboten. Beim Pflanzen aller Mastbaumarten achten wir darauf, daß ihnen genügend Platz gegenüber den schneller wachsenden Nadelbäumen belassen bleibt.

Foto: S. Thomas

Oben: Elektrozäune dienen dem Schutz der Feldfrüchte vor Rotwild und Sauen. Während der kritischen Tage sind tägliche Kontrollgänge nötig.

Rechts: Starker Schaufler in der Brunft. Sein Interesse gilt jetzt ausschließlich dem Kahlwild. Später delektiert er sich gerne an Roßkastanien oder Wildobst. Mastbäume erfreuen ihn und bereichern jedes Revier. Uns sind sie eine Augenweide.

Schließlich sei noch der Anbau des Ginsters (Besenpfriem) erwähnt, der an südseitigen Waldrändern oder Trockenhängen und in Kies- und Sandgruben, eine hervorragende Winteräsung für Rotwild und Hasen bietet. Die Kosten für Saatgut und dessen Ausbringung sind gering.

WILDSCHÄDEN IM FELD

In den meisten Regionen vermag das Rotwild des Nachts zu Felde zu ziehen. Hier kann es erhebliche Schäden anrichten, vor allem im Raps, Weizen, Mais und Hafer. Derartige Wildschäden sind nicht völlig zu vermeiden. Sinnlos ist es im übrigen, wenn wir am Waldrand Äsungsstreifen anlegen. Denn Rotwild meidet Äsungsflächen am Rand des Waldes und zieht meist weit ins Feld hinein, weil es sich dort sicherer fühlt. Elektrozäune werden zum Schutz

Foto: A. Schilling

Foto: St. Meyers

Foto: Dr. K.-H. Betz

Oben: Eine Schneedecke von über 15 Zentimeter Höhe behagt ihnen nicht, besonders wenn sie sich länger hält. Dann wandern die Widder in tiefere Regionen ab.

Links: Während des Spätherbstes oder Winters finden sie auf den Ackerschlägen keine Deckung. Die bieten ihnen Knicks.

an der Wildschadensvorbeugung im Wald beteiligen, wenn wir dem Feldnachbarn gestatten, einen Teil seines Abschusses bei gutem Licht im Wald zu tätigen. Modelle dieser Art haben sich prima bewährt.

RUHE UND ÄSUNG FÜR DAM- UND MUFFELWILD

der Feldfrüchte gegen Rotwild und Sauen aufgestellt. Sie bedürfen während der kritischen Tage fast täglicher Kontrollgänge. Dabei werden „Defekte" entdeckt. Doch eingedrungenes Wild, wel-

ches sich nun vielfach gefangen fühlt, kann herausgetrieben werden. Deshalb wird der Strom abgestellt und der Zaun auf Teilstrecken niedergelegt. Landwirte oder Grenznachbarn werden sich

Dam- und Muffelwild haben eines gemeinsam: Sie sind innerhalb ihres Lebensraumes unstet. Nur Alttiere und Schafe kennen nach dem Setzen feste Einstände. Beide Arten neigen zur Großrudelbildung ▶

und können dann, wenn sie zu Felde ziehen oder gar den Tag über dort stehen, erhebliche Schäden verursachen. Im Wald richten sie im allgemeinen geringere Schäden an. Problematisch wird es allerdings, wenn die Wilddichte zu hoch ist.

Was beim Rotwild zum Schaffen von Ruhezonen notiert worden ist, gilt in gleichem Maß auch fürs Dam- und Muffelwild. Ruhezonen für das Damwild werden vor allem die festen Brunftplätze sein. Sie werden wir in der Zeit von Anfang Oktober bis Mitte November vor unbefugtem Betre-

herziehen und Ruhe benötigen. Äsungsverbesserung für Damwild erreichen wir, wenn wir frucht- und masttragende Bäume, vor allem Wildäpfel und -birnen, aber auch Roßkastanien und in begrenztem Maß die späte Traubenkirsche pflanzen.

Das Anlegen von Proßholzplantagen ist – wie schon geschildert – im Verhältnis zur Masseleistung zu aufwendig. Außerdem werden sie vom Dam- und Muffelwild ohnehin nur sporadisch angenommen. Sie sind kein Mittel, um die Standorttreue zu verbessern beziehungsweise um das „Herumstromern" zu

RUHE UND ÄSUNG FÜR SCHWARZWILD

Lebensraumverbesserung für das Schwarzwild bedeutet zweierlei: Zum einen wird der Heger für besseren, ganzjährigen Fraß der Sauen im Wald sorgen. Zum anderen wird er sich darum bemühen, daß die Sauen mehr als bisher vertraut werden. Seien wir ehrlich, in welchen Revieren sind die Schwarzkittel noch Tagwild? Daueransitze haben die Sauen bundesweit zum Nachtwild gemacht. Hier gilt es, Abhilfe zu schaffen. Dann kann der Jäger im geeigneten Moment,

Foto: H. Reinhard

ten schützen. Mufflons bevorzugen stark geneigte, felsige Südhänge als Tageseinstände. Das gilt insbesondere für Widderrudel, die in der Feiste wenig umden

unterbinden. Andererseits können wir – wie beim Rot- und Rehwild – den Verbißdruck vermindern, wenn wir Weichhölzer in den Forstkulturen stehenlassen.

Im Frühjahr, wenn Klee und Gras in vollem Saft stehen, weiden Sauen regelrecht. Schwarzkittel sind in weit höherem Maß als bislang angenommen Grünfutterfresser.

den notwendigen Wahlabschuß wirkungsvoll und fachlicher durchführen.

Die beiden genannten Maßnahmen dienen letztendlich der Wildschadensverminderung in der Feldmark. Und beide sind mit verhältnismäßig einfachen Mitteln durchführbar. Denn kaum eine andere Wildart ist für Hilfe durch den Heger so dankbar wie das Schwarzwild. Sauen sind in weit höherem Maße als gemeinhin angenommen wird Grünfutterfresser. Vor allem im Frühjahr, wenn Gras und Klee voll im Saft stehen, weiden die Schwarzkittel regelrecht in der Flur. Führende Bachen entfernen sich noch nicht weit vom Wurfkessel und sind deshalb unbedingt auf Grünäsung angewiesen. Die bei Rotwild erwähnten Abdüngungen von Wegen in Dickungen und Kulturen kommen daher auch dem Schwarzwild zugute. Sie können ganz wesentlich dazu beitragen, nächtliche Fehlabschüsse von Bachen in der Feldmark zu verhindern. Demselben Zweck dienen auch Dauergrünlandflächen, wenn sie rechtzeitig gedüngt und gepflegt worden sind. Sie müssen dann allerdings stärker mit Phosphor und Kali versorgt werden als in Revieren, in denen Rotwild die alleinige Hochwildart ist.

Foto: H. Eisl

Gelingt es auf diese Weise, Frühjahrswildschäden im Feld zu vermindern, kann sich der Heger noch lange nicht auf seinen Lorbeeren ausruhen. Noch wichtiger ist es nämlich, die Sommerschäden im Getreide und Mais zu unterbinden oder wenigstens erträglich werden zu lassen. Ablenkfütterungen sind hier ein „Wundermittel", wenn sie jeden Tag beschickt werden, den Sauen genug Beschäftigung bieten

Oben: Etwas Rauhfutter tut den Gebirgshirschen sicher gut. Der Jäger und sein Begleiter nutzen die Gelegenheit, um frische Bergluft zu schnappen.

Unten links: Ein Kälberstall. Die Rundhölzer gewährleisten, daß nur Rotkälber an diese Fütterung gelangen. So kommen auch sie gut durch den rauhen Winter im Gebirge.

und hier kein Schuß fällt. Erfahrungen aus Niedersachen beweisen: Wildschäden in Hafer-, Weizen- oder Maisfeldern können so gegen Null „heruntergeschraubt" werden. Ein tägliches Beschicken und damit längeres Beschäftigen der Sauen wird dabei notwendig.

FÜTTERN UND WILDÄCKER

Eine Hochwildjagd zu betreuen, bedeutet ein besonderes Maß an Verantwortung gegenüber Wild und Wald! Leider ist diese große Verantwortung fast immer eng ▶

Foto: Weiermeyer

Topinambur bietet dem Wild Äsung und Deckung. Es äst die Blätter und schlägt sich die Knollen frei.

Foto: S. Thomas

mit hohen Ausgaben verknüpft. Damit ist nicht nur die höhere Pacht gemeint, sondern vor allem der Aufwand, der mit der Wildhege verbunden ist. Bedauerlicherweise bedeutet für viele Inhaber von Hochwildrevieren hoher Aufwand noch immer hoher Futteraufwand, eine – ausgenommen für Hochgebirgsreviere – weitgehend unnötige Ausgabe. Sie ist biologisch falsch und für den Waldbau gefährlich. Dieselben Mittel lassen sich sinnvoller verwenden, um die natürlichen Äsung im und am Einstand des Wildes zu ver-

bessern. Im Idealfall ist dies noch mit einem wildfreundlichen Waldbau durch die Forstverwaltungen gekoppelt. So werden örtliche Wildmassierungen und damit auch erhöhter Wildschaden am ehesten vermieden.

Alle heimischen Schalenwildar-

ten sind in den hunderttausend von Jahren genetisch darauf eingerichtet, strenge Winter und Hungerperioden ohne menschliche Hilfe zu überstehen. Wir Menschen brauchen nicht mehr zu tun, als dem Wild diese Zeit nicht noch zu erschweren – ihm

Foto: Archiv JÄGER

Mit Ablenkfütterungen können Wildschäden in Hafer-, Weizen- oder Maisfeldern gegen Null heruntergeschraubt werden, wenn sie täglich beschickt werden, die Sauen genügend beschäftigen und hier kein Schuß fällt.

also Ruhe zu gönnen und ausreichend Äsung in der Nähe des Einstandes zu verschaffen.

Es gibt nur wenige Reviere, in denen es dem Hochwild verwehrt ist, zum Äsen in Felder oder Wiesen zu ziehen. Darüber hinaus ist in den meisten Revieren durch den erhöhten Stickstoffeintrag aus der Luft das Äsungsangebot im Wald stark gestiegen, so daß sich – mit Ausnahme von Extremsituationen (beispielsweise anhaltender Harschschnee) und im Hochgebirge – das Füttern althergebrachter Art fast immer erübrigt. Das Ausbringen von selbst

verschaffen. Es betrifft Reviere mit sehr geringen Böden und bislang einseitiger Forstwirtschaft, meist Kiefernreinbestände. Dasselbe gilt auch für reine Fichtenreviere auf Urgesteinsböden mit ihrer einseitigen und kalkarmen Nahrung für das Wild. Es kann aber auch Reviere betreffen, in denen erhebliche Feldwildschäden entstehen, die vermindert oder entzerrt werden sollen. Letzteres trifft vor allem für Schwarz- und Rotwildreviere zu.

Vor allen möglichen teuren Experimenten, die einem landwirtschaftlichen Futteranbau gleich-

Ausnahme einer sehr kurzen Zeit im Frühjahr – das Wild nicht mehr an, da es nach wenigen Jahren die letzten Süßgräser herausgeäst hat. Diese Flächen können – selbst wenn sie schon sehr verwildert sind – mit relativ geringen Kosten „melioriert" werden. Dazu werden sich in wohl jedem Landkreis Bauern bereit erklären, die für die Landschaftspflegeverbände arbeiten und die entsprechenden Maschinen besitzen. Die Kosten pro Hektar für gründliche Mahd und Verbringen des Mähgutes dürften sich bei einfachen Verhältnissen um DM 600,-- bis

gewonnenem Heu als Erhaltungsfutter für Rotwild im Hoch- und Nachwinter wird im allgemeinen völlig ausreichen. Wenige Ausnahmen bestätigen diese Regel. Dennoch gibt es gute Gründe, vor allem dem Rotwild, gelegentlich auch dem Muffelwild, seltener dem Damwild, im und am Wald über die geschilderten Maßnahmen hinaus zusätzliche Äsung zu

kommen, ist es sinnvoller zu prüfen, ob nicht bereits mit einfachen Mitteln geholfen werden kann. Dies betrifft in erster Linie das Intensivieren der Wiesen- und Weidenflächen, die im oder am Wald liegen und sehr häufig in den vergangenen Jahren stillgelegt oder nur noch sehr extensiv genutzt wurden. Solche stillgelegten Grünlandflächen ziehen – mit

Diese Wildwiese wurde „melioriert" und gedüngt. Hier wachsen jetzt wieder Süßgräser. Für Sauen und Rotwild ist sie nun interessant.

900,-- bewegen. Um die Fläche alsdann für das Wild wieder attraktiv zu machen, ist natürlich eine Grunddüngung vonnöten. Deren Zusammensetzung legt am besten ▶

Foto: Archiv JÄGER

die nächstgelegene landwirtschaftliche Beratungsstelle fest. Wir geben allerdings den Hinweis, daß auf der Fläche nicht Masse, sondern Qualität erzeugt werden soll. Dies kann gelegentlich eine Nachsaat erforderlich machen, meist aber genügt die richtige Dosierung des Düngers – bei der, wie bei allen Wildäsungsflächen, der Stickstoffgehalt so niedrig wie möglich zu halten ist.

Hat der Revierinhaber seine eigenen oder angepachteten Wildwiesen in Ordnung gebracht, mäht er sie portionsweise vom Frühsommer bis in den Herbst hinein. Auf diese Weise ist immer frisches Grün verfügbar. Und so hat er mit Sicherheit entweder einen erheblichen Schritt zur Verbißentlastung des Waldes gemacht oder zur Wildschadensminderung in der Feldmark während der Hauptschadensmonate Juni bis Oktober.

In Revieren mit starkem Schwarzwildvorkommen, möglicherweise noch zusätzlichem Bestand an Rotwild, kann sich der engagierte Jäger allerdings noch einige weitere Maßnahmen ausdenken. Hier, und nur hier, wird er auf die Anlage von Wildäckern nicht ganz verzichten können. Außerdem braucht's Ablenkfütterungen für die Schwarzkittel. Da hinreichend erwiesen ist, daß Wildackerfrüchte mit gering strukturiertem Gehalt Verbiß- und Schälschäden geradezu provozieren, wird der Re-

vierinhaber sich hüten, Wildäcker einseitig mit Äsungsmasse produzierenden Pflanzen anzulegen. Viel vernünftiger und auch wild- sowie umweltgerechter ist es, dem guten Beispiel der alten Ostpreussen und Pommern nachzueifern. Die verlangten von ihren Äsungsflächen nicht mehr, als der karge Boden zuließ. Und sie gingen mit der Düngergabe – mit Ausnahme von etwas Phosphor und Kali – äußerst sparsam um.

Unterscheiden wir zwischen Neuanlagen auf frisch gerodetem Waldboden, also auf Lichtleitungsschneisen oder Brandgestellen, und Neuanlagen auf altem Acker- oder Wiesenboden. Zunächst wird eine Neuanlage mit Hilfe von Pflug, Grubber und

Egge saatfähig gemacht und die notwendige Grunddüngung ausgebracht. Anschließend werden wir nichts übertreiben, keine kostspieligen und fragwürdigen Experimente durchführen, sondern uns an das Althergebrachte und Sichere halten. Sicher und althergebracht ist in diesen Fällen der Anbau von Waldstaudenroggen. Er bietet von Oktober an bis in das nächste Frühjahr und dann wieder ab der Milchreife Äsung. Sicher ist auch die Einsaat von Hafer mit Seradella, und ziemlich sicher ist auf den meisten Böden auch eine Bestellung mit Süßlupine. Deren Schoten geben bis weit in den Winter hinein eine sehr nahrhafte Äsung ab. Wollen wir ihr frühzeitiges Aufplatzen

Foto: W. Radenbach

möglich. Auf der einen Partie können wir Sommerfrucht bringen, etwa Hafer mit Seradella oder Buchweizen, auf dem zweiten Teil kämen dann Kartoffeln oder Wrucken als Winteräsung. Und die dritte Partie ist als Daueräsungsfläche gedacht mit Kleegras oder auch Topinambur. Beim Erstanbau von letzterem setzt der Profi mehrere Sorten nebeneinander und probiert aus, welche vom Wild bevorzugt wird und auch auf dem jeweiligen Boden am besten gedeiht, was leider höchst selten zusammenpaßt. Mitunter wird es

Links: Ein braver Hirsch im Ziehen und Sauen im Gebräch. Das Jägerherz schlägt schneller.

Rechts: Mustergültig hat der Revierinhaber sein Revier gestaltet, Rückeschneisen begrünt und Mastbäume gepflanzt. Heuer hat er zu einer Ansitzdrückjagd geladen, um fachgerecht auf Sauen und Kahlwild zu jagen.

keit zu geben, seinem Tagesrhythmus von Äsen, Wiederkauen und Ruhen nachgehen zu können. Auf diese Weise können Schäden an Kulturen und Dickungen durch Verbiß oder Schälen gemindert werden. Maßnahmen der geschilderten Art dienen unterstützend der Ruhestellung der Einstände und damit dem Wohlbefinden aller vorkommenden Schalenwildarten.

Es versteht sich wohl von selbst, daß in den Einständen angelegte Äsungsflächen nicht als „Schießäcker" mißbraucht werden

Foto: Archiv JÄGER

verhindern und auch ein zu frühes Annehmen durch das Wild, so ist eine mäßige Stickstoffgabe – 40 Kilogramm Stickstoffgabe pro Hektar – als Kopfdüngung bei etwa handhohem Aufwuchs sehr dienlich.

Haben wir es mit altem Ackeroder Wiesenboden zu tun, können wir – insbesondere wegen möglicher Nahrungsengpässe im Winter – von der Übernahme der Flächen an etwas mehr tun. Aber auch hier dürfen wir den Grundsatz nicht verlassen, daß Qualität und Vielseitigkeit weit vor Masse rangieren. Infolgedessen ist es ratsam, nach altem Muster eine Dreiteilung der Flächen vorzunehmen. Das ist bei Äsungsflächen von über einem halben Hektar immer

notwendig werden, den Acker oder nur Teile davon bis zur Freigabe an das Wild zu zäunen. Hierfür haben sich im Handel angebotene sogenannte „Schnellzäune" sehr bewährt. Sie können mit sehr wenig Mühe gesetzt und wieder entfernt werden und sind tatsächlich auch sehr viele Jahre lang immer wieder brauchbar.

Zum Abschluß noch einmal: Äsungsverbesserung innerhalb der Einstände ist – dies sei erneut hervorgehoben – keine Wild-„Fütterung", sondern dient einzig und allein dazu, dem Wild innerhalb des Einstandes die Möglich-

dürfen. Dann nämlich würden sie ihren Zweck rasch restlos verfehlen. Der gelegentliche Abschuß eines Schmal- oder eines gelten Alttieres – vor allem nach Beendigung der Vegetationszeit – fällt nicht unter das ansonsten eiserne Gebot der Jagdruhe im Einstand.

Schnee verzaubert jedes Revier. Gleichzeitig offenbart er, was los ist. Bei einem langen Pirschgang genießt der Jäger die Waldbilder und studiert Fährten sowie Spuren.

Foto: J. Markmann

BEWERTEN EINES JAGD- REVIERS

Revieroberjäger Jürgen Steinhoff hat eine Berechnungsbasis anhand von 19 Kriterien geschaffen, um den ökologischen und jagdlichen Wert eines Revieres beurteilen zu können. Ohne fremde Hilfe können so vergleichbare Daten eines jeden Jagdrevieres ermittelt werden. Sicher nur ein Modell. Aber es hilft Pachtinteressenten, sich für oder gegen ein Revier zu entscheiden.

Ein Stockerpel „nur". Aber gerade die kleinen Freuden bestimmen oft den Wert eines Revieres. Sei es beim sauberen Schuß, sei es auf der Festtafel.

Foto: Archiv JÄGER

REVIERBEWERTUNG

Der Wert eines Jagdreviers ist für viele Jäger subjektiv. Besonders Revierinhaber, die ihr Revier schon lange Zeit betreuen, interessieren sich nur wenig für Zahlenwerte oder darauf aufbauende wissenschaftliche Gutachten, die den Wert des Reviers zu erfassen suchen. Sie kennen ihr Revier, benötigen dazu keine Daten. Die vielen Erinnerungen – nicht nur jagdlicher Art – wiegen für sie schwerer als errechnete Bonuspunkte. Sie prägen den Wert eines Reviers ganz entscheidend mit, so emotional sie auch beeinflußt sein mögen.

Ganz anders verhält es sich mit der Frage der Revierbewertung, wenn Jäger Interesse an einem freigewordenen Revier zeigen. Alles ist ja fremd und neu. Auch hier spielt sicher zunächst das Gefühl eine große Rolle. Die Vorliebe für bestimmte Wildarten oder die Entscheidung für beziehungsweise gegen ein Waldrevier haben hohe persönliche Bedeutung. Der Sohn eines Försters wird vielleicht ein Waldrevier bevorzugen, der passionierte Flintenschütze sicher ein Niederwildrevier. Spätestens aber wenn es ernst wird, das Gebot für die jährliche Jagdpacht auf den

Tisch muß, möchte der Jäger aussagekräftige Zahlen und Daten zum Revier erhalten. Es gilt nun zu objektivieren, Vergleiche mit anderen Revieren zu ermöglichen.

Revieroberjäger *Jürgen Steinhoff* hat ein Verfahren entwickelt, mit dessen Hilfe der Jagdwert auf einigermaßen objektiver Grundlage einfach ermittelt werden kann. Kriterien werden erfaßt. Sicher nur ein Modell. Aber es hilft, sich für oder gegen ein Revier zu entscheiden. Reviergutachten gibt es schon länger. Zumeist aufwendig und mit hohen Kosten verbunden, so stellen sie sich bislang dar. Ohne Hilfe von Fachleuten kam bisher kein – zukünftiger – Pächter aus, der auf Nummer sicher gehen wollte. Das nachfolgende Verfahren versetzt je-

den Pächter in die Lage, sich ohne fremde Hilfe den Wert eines Reviers „auszurechnen". Der unterliegt noch manch anderen Gesichtspunkten. Noch sind es viele Jäger, die ein Pachtinteresse bekunden. *Jürgen Steinhoff* hat eine Berechnungsbasis anhand von 19 Kriterien geschaffen, um den ökologischen und jagdlichen Wert des Revieres beurteilen zu können.

DIE METHODE

Das untenstehende Datenblatt macht erst richtig Sinn, wenn es vom Pächter und/oder Verpächter über mehrere Jahre hinweg gewissenhaft ausgefüllt wird. Nur dann lassen sich die Daten vergleichen. Den Beteiligten ist dabei hoffent-

REVIERBEWERTUNG

Revier: .... Pächter: .... Erstes Erhebungsjahr: ....

Bewertungskriterium/Jahr				
Reviergröße				
Revierstruktur				
Wasserflächen				
Nat. Wasserläufe				
Gatterungen				
Baumarten				
Einstände				
Wildschaden				
Beunruhigung				
Revieraufsicht				
Fütterungen				
Kanzeln etc.				
Natürliche Äsung				
Wildäcker usw.				
Vorkommende Arten				
Niederwildstrecke				
Schalenwildstrecke				
Verbißschäden				
Fallwild				
SUMME				

lich klar, daß es letztlich niemandem hilft, wenn sie sich beim „Ermitteln" der Daten in die eigene Tasche lügen.

Die einzelnen Bewertungskriterien werden nach Punktwerten aufgeschlüsselt und für jede Position getrennt in das Datenblatt eingetragen. Es werden für jede Position getrennte Schlüssel verwendet. Die Punktwerte setzen sich dabei aus Basiswerten und Bonuspunkten zusammen. Bei einzelnen Kriterien wird eine maximale Punktwertzahl festgelegt, damit das Verhältnis der einzelnen Bewertungskriterien zueinander gewahrt bleibt. Damit werden auch die Bonuspunkte in Grenzen gehalten.

Dieser letzte Absatz klingt sicher ein wenig kompliziert. Das mag den einen oder anderen Leser vom Weiterlesen abhalten. Hält er aber bis zu den Erläuterungen zu den einzelnen Kriterien bzw. Tabellen durch, verliert er rasch die Scheu vor Tabellen und Punkten.

DIE KRITERIEN

Im folgenden werden die einzelnen Kriterien (**siehe Tabellen**) erläutert.

1. Reviergröße

Die Tendenz, immer kleinere Reviere zu verpachten, ist ein Phänomen der neueren Zeit. Zwar werden mehr Jäger Pächter, aber klitzekleine Reviere sind nicht an den Lebensräumen des Wildes orientiert. Sie werden der ökologischen Bestandsregulierung kaum gerecht.

Durch Bilden von Hegeringen versuchen Revierinhaber diesem schädlichen Trend entgegenzuwirken. Je größer ein Revier ist, desto höher ist es für die jagdliche Arbeit und das Wohl des Wildes zu bewerten.

Da die Größe des Reviers auch eine Basiszahl bildet, zu der viele der nachfolgenden Bewertungen ins Verhältnis gesetzt werden, ist sie von hoher Bedeutung.

2. Revierstruktur

Reich strukturierte Reviere sind wertvolle Lebensräume für die gesamte Flora und Fauna, also auch für Hoch- und Niederwild. Reine Feld- oder Waldreviere bieten eine geringere Artenvielfalt. Sie sind nicht nur für den Jäger weniger abwechslungsreich als gemischte Re- ▶

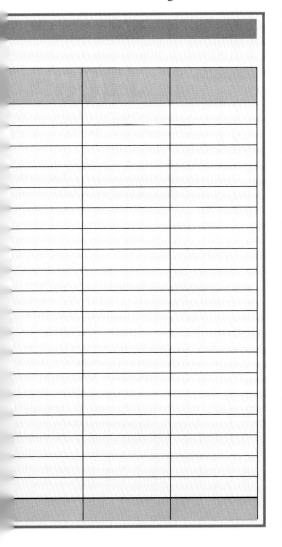

REVIERGRÖSSE (HEKTAR)	PUNKTE	BONUSPUNKTE
75 bis 150	10	0
151 bis 300	20	0
301 bis 450	30	0
451 bis 600	40	0
über 601	50	10
Maximum (incl. Bonus)	60	–

REVIERSTRUKTUR	PUNKTE	BONUSPUNKTE
Ackerflächen überwiegend größer als 5 ha	-5	0
Feldrevier im Verbund mit anderen Feldrevieren	15	0
Waldrevier umgeben von Feldrevieren	20	0
Wald-/Feldrevier (10 - 40 % Waldanteil)	30	0
Wald-/Feldrevier (41 - 80 % Waldanteil)	50	0
Reines Waldrevier im Verbund mit anderen Waldrevieren	40	0
Maximum (incl. Bonus)	50	–

viere.

Zur Struktur zählen sowohl das Verhältnis von Wald- und Feldanteil, als auch die Ackergrößen sowie der Grenzlinienanteil.

3. Wasserflächen

Wasser ist Quell allen Lebens. Wasserflächen bieten mehr als nur interessante Jagdmöglichkeiten auf Enten. Gesamtökologisch gesehen sind sie sehr hoch zu bewerten. Libellen, Frösche und eine unschätzbare Zahl von Klein- und Kleinstlebewesen sind vom Wasser genauso abhängig wie Pflanzen und Wildtiere.

Die Punktvergabe erfolgt abhängig von der Reviergröße, damit kleine Reviere nicht zu sehr unterbewertet werden. Bonuspunkte werden vergeben, wenn die Wasserflächen im Revier verteilt liegen und nicht etwa nur aus einem großen See resultieren.

4. Natürliche Wasserläufe

Neben stehenden Gewässern und vom Menschen beeinflußten Fließgewässern sind auch natürliche Wasserläufe ein wichtiges Strukturmerkmal unserer Natur. Wenn diese Gewässer dem Wild zugänglich sind, werden sie an dieser Stelle bewertet. Für unbegradigte, also vom Men-

WASSERFLÄCHEN IN % DER REVIERFLÄCHE	PUNKTE	BONUSPUNKTE
nicht vorhanden	0	0
0,1 bis 0,3 %	4	1
0,31 bis 0,5 %	7	2
0,51 bis 0,75 %	9	2
0,76 bis 1,0 %	12	3
1,1 bis 2 %	15	4
2,1 bis 5 %	20	5
5,1 bis 10 %	20	5
Maximum (incl. Bonus)	25	–

NATÜRLICHE WASSERLÄUFE	PUNKTE	BONUSPUNKTE
nicht vorhanden	0	0
bis 500 m pro 100 ha	5	5
über 500 m pro 100 ha	10	5
Maximum (incl. Bonus)	15	–

GATTER IM WALD (IN % DER WALDFLÄCHE)	PUNKTE	BONUSPUNKTE
mehr als 20 %	-10	0
20 bis 15 %	-5	0
14 bis 10 %	5	0
9 bis 5 %	10	0
4 bis 0 %	20	0
Maximum (incl. Bonus)	20	–

BAUMARTENVERTEILUNG IN % DES WALDANTEILS	PUNKTE	BONUSPUNKTE
je standortgerechter Baumart mit mindestens 5 %	3	5
Maximum (incl. Bonus)	65	–

schen unbeeinflußte oder renaturierte Gewässer werden noch einmal Bonuspunkte verteilt.

5. Gatter im Wald

Gatterungen im Wald schränken den

Lebensraum des Wildes ein. Zäune sind unnatürliche Hindernisse, die die Wechsel des Wildes „durchschneiden" und obendrein einzelne Flächen für das Wild unzugänglich machen. Leider geschieht dies in oft übertriebener Weise.

Für das Bewerten der Biotop- und Revierqualität ist es in diesem Fall unerheblich, warum gegattert wurde oder wird. Zu hoher Wildbestand, Umstellen des Waldbaus oder genereller Gatterbau, diese Fakten gehen in andere Bewertungskriterien ein.

6. Baumartenverteilung

Die „naturnahe Waldwirtschaft" ist in aller Munde. Reich strukturierte Wälder, Mischbestände und standortgerechte Baumartenwahl bilden hier Stichworte.

Ein reines Nadelholzrevier bietet – ebenso wie ein reines Laubholzrevier – dem Wild schlechtere Lebensbedingungen als beispielsweise in Alter und Zusammensetzung der Baumarten reich strukturierte Bestände. Bonuspunkte werden einmalig vergeben, wenn sich das Revier aus mehr als drei standortgerechten Baumarten zusammensetzt.

7. Einstände

Unter Einständen (= Deckung in Prozent von der Revierfläche) wird hier jede Fläche verstanden, die dem Wild in der vegetationslosen Zeit Möglichkeiten bietet, sich zurückzuziehen und sich zu verbergen. Da Rehwild bundesweit die häufigste Schalenwildart ist, wird es als Mindestmaßstab gewählt. Es werden demnach sämtliche Flächen bewertet, die Wild ab der Größe von Rehwild als Einstand dienen können. Die geringere Bewertung bis zu fünfzig Prozent der Fläche gründet in dem Gedanken, daß dadurch die Reichhaltigkeit des Lebensraumes beeinträchtigt wird, zum Beispiel aufgrund von Fichtenschonungen.

Bonuspunkte werden vergeben, wenn derartige Einstände gleichmäßig über das Revier verteilt sind.

8. Wildschaden

Wildschäden sind häufig ein Zeichen dafür, daß der Lebensraum nicht intakt ist, vielfältige Störungen vorkommen oder der Wildbestand zu hoch ist. Bewertet werden die Entschädigungen, die zur Regulierung des Schadens zu zahlen sind. Bei pauschaler Zahlung ist ein Auspunkten nach der Tabelle einfach, bei jährlicher Neufestsetzung gilt der Durchschnitt der letzten fünf Jahre als Basis. Bezugsgröße sind einhundert Hektar.

9. Revierbeunruhigung

Wohl jeder Jäger kennt die Situation: Während des Abendansitzes „wechselt ein Jogger auf den Wild-

EINSTÄNDE (IN % DER REVIERFLÄCHE)	PUNKTE	BONUSPUNKTE
über 75 %	10	15
74 bis 50 %	20	15
49 bis 25 %	30	15
24 bis 10 %	20	10
9 bis 5 %	10	10
4 bis 0 %	0	0
Maximum (incl. Bonus)	45	–

WILDSCHADEN JE 100 HA	PUNKTE	BONUSPUNKTE
über 10.000 DM	- 10	0
9.999 bis 5.000 DM	- 5	0
4.999 bis 2.500 DM	0	0
2.499 bis 1.000 DM	10	0
999 bis 0 DM	30	0
Maximum (incl. Bonus)	30	–

REVIERBEUNRUHIGUNG	PUNKTE	BONUSPUNKTE
stark, dauernd	- 15	0
zeitweise	5	0
wenig, unerheblich	15	0
keine Beunruhigung	20	0
Maximum (incl. Bonus)	20	–

REVIERAUFSICHT	PUNKTE	BONUSPUNKTE
nicht vorhanden	0	0
Teilaufsicht	5	0
Jagdaufseher (hauptberuflich)	10	0
Berufsjäger (hauptberuflich)	20	0
Maximum (incl. Bonus)	20	–

acker" oder aber ein Mountainbiker stört die Ruhe des Waldes. Revierbeunruhigungen sind ein nicht zu unterschätzender Faktor der Biotopqualität. Der Grad der Beunruhigung ist sicherlich nicht objektiv zu ermitteln, aber mit Hilfe einiger Mitjäger oder Ortskundiger läßt sich eine relative Kennzahl festlegen.

10. Revieraufsicht

Nicht jedes Revier braucht seinen eigenen, hauptberuflichen Berufsjäger. Insbesondere für kleinere Reviere reicht sicherlich auch ein ortsnah wohnender Jagdaufseher aus. Einer Betreuung bedarf es aber in jedem Fall. Verunfalltes Wild bildet nur ein Beispiel dafür, wie notwendig ein ortsansässiger Jäger ist. Die Punkte ermitteln sich einerseits nach dem Vorhandensein einer Revieraufsicht und andererseits nach dessen Qualifikation.

11. Fütterungen

Fütterungen sind immer stärker in die Kritik gekommen. In die Bewertung dieser Reviereinrichtungen fließen daher verschiedene Kriterien ein. Es wird vorausgesetzt, daß sie der Fütterung des Wildes in der Notzeit dienen (Hege) und nicht „anderen Zwecken".

Bewertet werden Bauzustand und Futterplatz. Die richtige ▶

Standortwahl ist bedeutungsvoll. Denn nur wenn das Wild möglichst ungestört zur Nahrungsaufnahme ziehen und diese entsprechend seinen Sicherheitsbedürfnissen aufnehmen kann, machen sie Sinn.

Eine Benachteiligung von Revieren, die ausreichend natürliche Äsung im Winter bieten und daher keine Fütterungen unterhalten – das ist der Idealfall –, erfolgt nicht, da diese bei der entsprechenden Bewertung dort mehr Punkte erhalten.

12. Kanzeln, Hochsitze, Leitern

Das Vorhandensein von Kanzeln oder Leitern gibt Aufschluß über die Bejagung des Reviers. In der Regel vermindert der Ansitz den Jagddruck. Ein guter Zustand – Maßstab ist dabei die Unfallverhütungsvorschrift (UVV) der Länder – sollte dabei selbstverständlich sein.

Reviereinrichtungen, die in die Landschaft integriert sind, erhalten einen Bonus.

13. Natürliche Äsung

Natürliche Äsung ist einer der wichtigsten Punkte der Biotopqualität eines Reviers. Um sie zu ermitteln, wird die vegetationslose Zeit als Basis herangezogen. Landwirtschaftliche Flächen zählen auch dazu, soweit sie im Winter Äsung bieten. Dieses ist besonders wichtig, da aufgrund

FÜTTERUNGEN	PUNKTE	BONUSPUNKTE
nicht vorhanden	0	0
vorhanden, schlechter Zustand	5	0
vorhanden, ungünstiger Standort	5	0
vorhanden, Standort günstig Zustand in Ordnung	10	0
Maximum (incl. Bonus)	10	–

KANZELN, HOCHSITZE, LEITERN	PUNKTE	BONUSPUNKTE
nicht vorhanden	0	0
vorhanden, schlechter Zustand	0	0
vorhanden, min. 50 % guter Zustand	10	5
vorhanden, 100 % guter Zustand	15	5
Maximum (incl. Bonus)	20	–

NATÜRLICHE ÄSUNG	PUNKTE	ABZUGSPUNKTE
nicht vorhanden	0	
gering vorhanden	10	- 5
ausreichend vorhanden	20	- 5
Äsung voll abgedeckt	40	- 5
Maximum (incl. Abzug)	40	–

WILDÄCKER, WILDWIESEN, VERBISSGEHÖLZE ETC. IN % DER REVIERFLÄCHE	PUNKTE	BONUSPUNKTE
nicht vorhanden	0	0
0,5 bis 1,5 %	10	0
1,51 bis 2,5 %	20	0
über 2,5 %	30	0
Maximum (incl. Bonus)	30	–

der Äsungsverhältnisse entschieden wird, ob Sondermaßnahmen ergriffen werden müssen (Fütterungen etc.). Zur Auspunktung werden neben der reinen Flächenbetrachtung auch die Wildbretgewichte und der allgemeine Zustand des Wildes herangezogen.

Für Äsung, die nur zur Nachtzeit zur Verfügung steht, werden jeweils fünf Punkte abgezogen.

14. Wildäcker, Wildwiesen, Verbißgehölze etc.

Sind sie vorhanden, kommt dies auch den Lebensbedingungen des Wildes wie der Biotopqualität insgesamt zugute. Bei anhaltenden Störungen verlieren sie ihre Effektivität.

Die Praxis erweist, daß einige Reviere aufgrund natürlicher Deckung und Äsung keine Wildäcker anzulegen brauchen. Wieder der Idealfall. Dieses wurde aber bereits (siehe Kriterium 13) bewertet, so daß kein Nachteil entsteht.

15. Vorkommende Wildarten (Diversität)

Da es hierbei in erster Linie um das Bewerten von Schalenwildrevieren geht, werden lediglich die Schalenwildarten berücksichtigt. Um keine zu große Verschiebung aufkommen zu lassen, ist die Maximalpunktzahl auf 40 begrenzt.

16. Streckenwert Niederwild

Hier wird die Strecke pro Jahr bewertet, wobei das Rehwild unberücksichtigt bleibt. Die Nachhaltigkeit wird mittels Vergleiche der einzelnen Jagdjahre miteinander ermittelt.

17. Streckenwert Schalenwild

Hier erfolgt die Bewertung je angefangene fünf Stück erlegten Schalenwilds, ohne Unterscheidung der Arten. Die Höchstpunktzahl wird auf 50 festgelegt.

18. Wildschäden

Das Problem des Wildverbisses ist immer wieder Thema heißer Diskussionen, vor allem zwischen den Forstleuten und den Jägern. Zu hohe Wildbestände führen zu Schäl- sowie Verbißschäden. Die Ermittlung der Verbißprozente soll auf Grundlage der jeweils im Bundesland gültigen forstwirtschaftlichen Erhebungsmethoden erfolgen. Zwei bis drei Weiserflächen sind möglichst auszuwählen. Bonuspunkte werden nur vergeben,

VORKOMMENDE WILDARTEN	PUNKTE	BONUSPUNKTE
Niederwild, incl. Rehwild	10	0
Schalenwild (je regelmäßig erlegbarer Art)	10	0
Maximum (incl. Bonus)	40	–

STRECKENWERT NIEDERWILD (OHNE REHWILD) PRO STÜCK	PUNKTE	BONUSPUNKTE
bis 10	5	0
11 bis 25	10	0
26 bis 50	15	0
51 bis 75	20	0
76 bis 100	25	0
101 bis 150	30	0
151 bis 300	35	0
über 300	40	0
Maximum (incl. Bonus)	40	–

STRECKENWERT SCHALENWILD	PUNKTE	BONUSPUNKTE
je angefangene 5 Stück	5	0
Maximum (incl. Bonus)	50	–

VERBISSCHÄDEN IN %	PUNKTE	BONUSPUNKTE
unter 10 %	40	15
11 bis 30 %	20	0
mehr als 30 %	0	0
	55	–

FALLWILD	PUNKTE	ABZUGSPUNKTE
je Stück Niederwild (ohne Rehwild)	- 1	- 1
je Stück Schalenwild	- 4	- 2
Maximum Niederwild	- 20	–
Maximum Schalenwild	- 40	–

wenn die Verbißschäden an weniger als zwanzig Prozent der Baumarten anzutreffen sind und sich eher gleichmäßig verteilen und sich nicht etwa auf eine Aufforstungsfläche mit Werthölzern konzentrieren.

19. Fallwild

Fallwild kann ein Indiz für Probleme im Revier sein. Einerseits steigen die Zahlen mit zunehmender Länge der Straßen, die durch das Revier führen, andererseits sind auch Störungen oder ein zu hoher Wildbestand Gründe für hohe Fallwildzahlen.

Abzugspunkte werden für massiertes Auftreten an immer derselben Stelle gegeben.

Nachdem alle diese Werte ermittelt worden sind, werden sie in das Datenblatt (siehe Seite 186/187) aufgenommen und verrechnet. Dabei sind von der Gesamtpunktzahl die Ziffern für das Fallwild abgezogen. Das Ergebnis ist der Revierwert des betreffenden Jahres. Besonders interessant wird die Revierbewertung nach einigen Jahren. Nun lassen sich Beziehungen verdeutlichen, interessante Zusammenhänge werden entdeckt.

FACHLITERATUR

LITERATUR-HINWEISE

Füttern war jahrzehntelang das Patentrezept, um Rot- und Rehwild im Wirtschaftswald zu ernähren. Ältere Veröffentlichungen bezeugen dies. Heute bemühen sich Forstleute und Jäger, vor allem die natürlichen Nahrungsgrundlagen fürs Schalenwild zu verbessern. Praxiserprobte Maßnahmen, um Ruhe, Deckung und Äsung zu fördern, enthalten die folgenden Werke:

1. Barth, Wolf-Eberhard – Naturschutz: Das Machbare (1. Auflage 1987)
Die zweite Auflage erschien 1995. Sie ist vollständig neubearbeitet. Ein unbedingt lesenswertes Buch: Aus dem Inhalt: Das Schalenwildproblem; Artenschutzkriterien gelten auch beim Rotwild; Notzeitfütterung ja – Mast- und Lockfütterung nein; Kirrung – keine Imbißbude, sondern Hilfe zur Minimierung des Jagddrucks.

2. Schulte, Jürgen – Naturschutz und Jagd (1. Auflage 1993)
Der Autor beschäftigt sich intensiv mit den Themen Lebensräume, Arten- und Biotopschutz, Wildtiermanagement, Landschaftsplanung. Monographien schutzwürdiger Wildtiere und Bemerkungen über geschützte Pflanzen runden das Werk ab. Der wichtige Abschnitt „Wald und Schalenwild" wird leider nur äußerst knapp und inhaltlich dürftig abgehandelt.

3. Wagenknecht, Egon – Bewirtschaftung von Schalenwild (6. überarbeitete und erweiterte Auflage 1994)
Im ersten Teil des Buches werden allgemeine Maßnahmen der Wildbewirtschaftung dargestellt. Also: das Regulieren der Wilddichte, das Vermindern von Wildschäden oder das Verbessern von Lebensräumen, insbesondere der Äsungsverhältnisse. Im zweiten Teil gibt der renommierte Jagdwissenschaftler aus Eberswalde spezielle Hinweise zur Hege von Rot-, Dam-, Muffel-, Reh- und Schwarzwild. Themen sind: Zielalter, Altersklassenaufbau, Zuwachs, Güteklassen, Wahlabschuß und Altersschätzung beim lebenden Wild.

4. von Eggeling, Friedrich Karl – Der Jäger als Land- und Forstwirt (3. Auflage 1991)
Ein Praktiker gibt grundlegende Informationen über Land- und Waldbau – aus der Sicht des Jägers. Alles Wesentliche wird hier kurz und bündig vermittelt.

5. Mißbach, Karl – Ernährung und Fütterung der jagdbaren Wildarten (1. Auflage 1993)
Das Taschenbuch vermittelt grundlegende Kenntnisse über Ernährungsweise, natürliche Äsung und den Nahrungsbedarf heimischen Wildes. Auf dieser Basis werden Tips für eine wildgerechte Winterfütterung gegeben. Aus dem Inhalt: Einsatz der Futtermittel und Futterrationen, Fütterungstechnik und Fütterungsanlagen.

Foto: H. Schulz

Er hat's gut. Äsung und Deckung sind reichlich vorhanden. Ruhe hat er auch genug.

REGISTER (Heft 13 bis 18)

JAGD- UND REVIERPRAXIS II UND AUSRÜSTUNG

TEIL 4

JÄGER & PRAXIS

KURZ & BÜNDIG

19

WILDBRETHYGIENE: AUFBRECHEN ★ TRANSPORT ★
UNTERSUCHUNG ★ ABSCHWARTEN ★ KÜHLUNG ...

EINE BEILAGE DER ZEITSCHRIFT JÄGER

FLEISCHHYGIENE

äume, in denen Wildbret gewonnen, zubereitet oder behandelt wird, müssen per Gesetz speziell beschaffen sein. **Wildkammern** oder **Wildsammelstellen** haben Fußböden, die wasserundurchlässig sowie leicht zu reinigen und zu desinfizieren sind. Ihre Decken und Wände sind glatt sowie mit einem hellen Belag oder Anstrich versehen. Die Wände sind in einer Höhe bis zu mindestens zwei Metern abwaschfest. Die Beleuchtung ist so ausreichend, daß Abweichungen des Wildbrets leicht erkennbar sind. Einrichtungsgegenstände und Arbeitsgeräte – etwa Schneidetische, Behältnisse oder Sägen – bestehen aus Material, das leicht zu reinigen ist und die Qualität des Fleisches nicht beeinträchtigt. Holz darf nur in Räucher- oder Reiferäumen, bei Hackklötzen oder zum Transport von verpacktem Wildbret benutzt werden. In größtmöglicher Nähe zum Arbeitsplatz befinden sich genügend Einrichtungen, um die Hände mit handwarmem, fließendem Wasser reinigen zu können. Die Ventile sind so konstruiert, daß sie nicht mit der Hand betätigt werden müssen. Reinigungs- und Desinfektionsmittel sowie Wegwerf-Handtücher sind hier ausreichend vorhanden. Außerdem finden sich hier Vorrichtungen oder Behältnisse. In sie wird das Wildbret gepackt, welches zum Genuß für Menschen nicht bestimmt oder untauglich ist. Die Behältnisse oder Vorrichtungen sind wasserdicht und besonders korrisionsbeständig. Außerdem verfügen sie über dicht schließende Deckel. So wird ein unbefugtes Entnehmen von verworfenem Wildbret verhindert. Entscheidend sind natürlich die Kühleinrichtungen. So können die vorgeschriebenen Innentemperaturen erreicht und eingehalten werden. Die Kühleinrichtungen sind an die Abwasserableitungen angeschlossen.

Das Formular veranschaulicht, worauf der Jäger im Rahmen der Wildbrethygiene zu achten hat.

Laufende Nr. _____   Für Veterinärmediziner

Angaben entsprechend § 4, Absatz 2 und 3 sowie Anlage 2, Kapitel VI der Fleischhygieneverordnung (FLHV)*

Anlieferung von _____ Stück männlichen/weiblichen Schalenwildes (Wildart: _____ / _____ kg), sonstigen Haarwildes (Wildkaninchen, Hase), das nach den Bestimmungen des Fleischhygienegesetzes der ○ Fleischbeschau ○ Trichinenschau unterliegt.

Verkäufer (Jagdausübungsberechtigter): _____ Wohnsitz: _____

Anlieferer: _____ Wohnsitz: _____

Revier: _____ Entfernung des Reviers zum Anlieferungsort: _____ km

Zeitpunkt der Erlegung: _____ Zeitpunkt der Anlieferung: _____

○ Das obige Stück wurde auf der Nachsuche (_____ Stunden nach dem Schuß) zur Strecke gebracht/verendet aufgefunden.

○ Das Aufbrechen/Ausweiden des Stückes erfolgte unverzüglich, _____ Minuten/Stunden nach dem Erlegen/Auffinden.

○ Das Stück wurde überfahren und _____ Minuten/Stunden nach dem vermutlichen Todeszeitpunkt versorgt.

○ Es wurde noch lebend angetroffen und nach dem Fangschuß unverzüglich aufgebrochen und ausgeweidet.

○ Das Stück wurde unmittelbar nach dem Aufbrechen und Ausweiden so aufbewahrt, daß es gründlich auskühlen und in den Körperhöhlen abtrocknen konnte *(Haarwild muß alsbald nach dem Erlegen auf eine Innentemperatur von mindestens plus 7 Grad abgekühlt sein)*.

○ Es wurde in nicht herabgekühltem Zustand angeliefert.

Es wurden folgende, eine Fleischbeschau erforderlich machenden Merkmale (Zutreffendes ist angekreuzt bzw. unterstrichen oder angegeben) beim Erlegen und Versorgen bzw. der Anlieferung des Wildes festgestellt:

○ Vor dem Erlegen: abnorme Verhaltensweisen (_____), Störung des Allgemeinbefindens, wie Abmagerung, allgemeine Schwäche, Durchfall, Aufblähen, Lähmungserscheinungen, Krämpfe, Lahmheit, die nicht auf frische oder abgeheilte Verletzungen zurückzuführen sind.

○ Fehlen von Anzeichen äußerer Gewalteinwirkung (Fallwild).

○ Geschwülste bzw. Abszesse, zahlreich oder verteilt in den inneren Organen oder der Muskulatur.

○ Schwellungen der Hoden, der Gelenke, Hodenvereiterung, Leber- oder Milzschwellung, Darm- oder Nabelentzündung.

○ Fremder Inhalt in den Körperhöhlen, insbesondere Magen- und Darminhalt oder Harn, verfärbtes Brust- und Bauchfell.

○ Erhebliche Gasbildung im Magen- und Darmkanal mit Verfärbung der inneren Organe.

○ Erhebliche Abweichung der Muskulatur bzw. der Organe in Farbe, Konsistenz, Geruch.

○ Offene Knochenbrüche *(bzw. Fleischwunden)*, die nicht unmittelbar beim Erlegen entstanden sind.

○ Erhebliche Abmagerung – Schwund einzelner Muskelpartien.

○ Frische Verklebungen bzw. Verwachsungen von Organen mit Bauch- oder Brustfell.

○ Sonstige erhebliche sinnfällige Veränderungen (außer Schußverletzungen), wie z. B. stickige Reifung etc.

_____

○ Für die Fleischbeschau sind nach den gesetzlichen Bestimmungen (Fleischhygieneverordnung Anlage 1, Kapitel II, Absatz 5.19) mitgeliefert: **Zunge, Speiseröhre, Lunge einschließlich Luftröhre und Kehlkopf, Milz, Herz, Leber, Niere samt Nierenfett, Magen und Darm** (bei Tollwutverdacht Kopf einschl. Trophäe).

○ **Es wurden keine der vorgenannten, eine Fleischbeschau erfordernden bedenklichen Merkmale festgestellt. ****

Fleischbeschau / Trichinenschau   ○ ist vom Käufer zu veranlassen   ○ wurde durchgeführt am _____

Untersucher: _____

Die Richtigkeit vorgenannter Angaben wird bestätigt durch Revierinhaber/Anlieferer

_____
(Name, Straße, Wohnort)   (Unterschrift)

Die Entgegennahme vorgenannter Angaben (und angelieferten Teile) wird hiermit bestätigt.

_____
(Ort/Datum)   (Käufer)   (Unterschrift)

* FLHV vom 30. Oktober 1986, BGBl. I, S. 1678.   ** Falschaussage kann zu Regreßansprüchen und Ordnungsstrafe führen.

Urheberrechtlich geschützt · Nachdruck und fotomechanische Vervielfältigung verboten.

Urheberrecht bei Osgeord E. J. Graf Kujawski / Nachbestellung Andtvg-Druck, Postfach 1146, 6348 Herborn, Telefon (02772) 40094

Zutreffendes bitte ankreuzen

Quelle: Graf Kujawski, Wildbrethygiene – Fleischuntersuchung. 1996

INHALT

Foto: P. Konrad

Rechts: Auch sie müssen rasch versorgt werden.

Foto: Archiv JÄGER

...orgfältig hat er angesprochen. Nun trägt er dem Bock ...ine saubere Kugel an. Auch das ist Wildbrethygiene.

Foto: J. Borris

Links: Trotz eines guten Schusses kam dieser Rothirsch erst am nächsten Morgen nach kurzer Suche zur Strecke. Ob er schon verhitzt ist?

Impressum: **JÄGER & PRAXIS** KURZ BÜNDIG Wildbrethygiene. Eine Beilage der Zeitschrift JÄGER   Titelfoto: W. Nagel

Jahr-Verlag GmbH & Co.
Jessenstraße 1
22767 Hamburg
Tel. 040 / 38 90 61 10
Fax 040 / 38 90 63 05

Verleger:
Alexander Jahr

Redaktion:
Dr. Rolf Roosen

Fachberater:
Prof. Dr. Rainer M. Hadlok
und Walter Bachmann

Titel/Layout: Werner Rabe

Vertriebsleitung:
Peter Lüdemann

Herstellungsleitung:
Helmut Post,
Brunhild Sudmann (Stellv.)

Druck: Busche, Dortmund

Lithographie: Repro- und
Satztechnik Helmut Gass,
Hamburg

Copyright:
Jahr-Verlag GmbH & Co.
Hamburg 1997

Foto: M. Breuer

WILDBRETVERWERTUNG

Mit der einen Hand hält er den Hasen fest. Mit der anderen streicht er von Bauchmitte in Richtung Keulen zwei- bis dreimal kräftig entlang. So wird die Blase fachgerecht entleert. – Erst dann geht's weiter mit dem Jagen.

WILDBRET-HYGIENE

Noch ist es die Regel und damit sehr erfreulich, daß erlegtes Wild gesund ist und unbedenklich zum Verzehr für Menschen frei-gegeben werden kann. Sobald beim Jäger allerdings geringste Zweifel aufkommen, wird eine amtliche tierärztliche Unter-suchung zwingend erforderlich. Ein Spezialist und ein Praktiker zeigen die möglichen Ver-dachtsgründe auf, weisen mit Nachdruck auf die gesetzlichen Bestimmungen hin und geben manch praktischen Rat und Tip, wie Jäger ihr Wildbret fachlich einwandfrei behandeln und in guter Qualität erhalten können.

Foto: M. Breuer

Ansehnliche Strecke einer kleinen, aber feinen Drückjagd. Damwild und Sauen sind sauber aufge-brochen. Nun hän-gen sie luftig und können prima aus-schweißen.

EINLEITUNG

Fleisch von erlegtem Wild ist ein hochwertiges Nahrungsmittel. Sein Eiweißgehalt ist hoch, der Fettgehalt niedrig. Allerdings bestehen, vor allem hinsichtlich des aufgelagerten Fettgewebes, tierartliche und saisonbedingte Unterschiede. Auch der Eisengehalt liegt hoch. Wildbret ist von hell- bis dunkelroter Farbe, je nach Alter und Wildart. Einwandfrei gewonnen, zeigt es einen artspezifischen, angenehmen Geruch.

Der Verzehr von Wildfleisch spielt mit etwa einem Prozent am Gesamtfleischverbrauch nur eine geringe Rolle. Dennoch kann die Nachfrage aus dem Eigenaufkommen der Bundesrepublik nicht abgedeckt werden. Importe sind nötig, etwa aus Polen, Ungarn oder Neuseeland. Einen erheblichen Anteil des erlegten Wildes verbrauchen die Jäger selbst oder aber sie vermarkten das Wildbret direkt. Wildbret wird allerdings immer beliebter, weil die Verbraucher Haustierfleisch aus Massentierhaltung zunehmend kritisch gegenüberstehen. Dazu führt vor allem, daß die Medien ausführlich über das Verfüttern von Tiermehl sowie das Verabreichen von Antibiotika an schlachtbare Haustiere bericht(et)en. Rückstände von Pflanzenschutzmitteln und Schwermetallen, also Blei oder Cadmium, geben bei Wildbret allgemein keinen Anlaß zu Bedenken. Aller-

Foto: Archiv JÄGER

Schon Könige wußten: Wildbret – hier ein gespickter Rehrücken – macht die Tafel zur Festtafel.

dings wird empfohlen, die Nieren sämtlicher Wildtiere sowie die Leber des Hasen wegen des hohen Cadmium- oder Quecksilbergehaltes nicht zu verzehren. Erwähnenswert ist in diesem Zusammenhang eine in Schweden erlassene Empfehlung. Demnach gilt als unbedenklich: der Verzehr der

Leber junger Wiederkäuer ein- bis zweimal wöchentlich und der von ausgewachsenem Schalenwild ein- bis zweimal monatlich. Was den Befall mit Parasiten, Bakterien und Viren anlangt, bestehen häufig Wechselbeziehungen zwischen Haus- und Wildtieren einer Region. Allerdings müssen Wildtiere im Fall einer Erkrankung diese ohne Behandlung überstehen. Andernfalls verenden sie. Bei Untersuchungen von Proben, die aus der Tiefe der Keulen- beziehungsweise Rückenmuskulatur entnommen wurden, konnten keine Salmonellen und Listerien nachgewiesen werden. Beide können für den Verbraucher gesundheitsschädlich sein. Die Proben stammten von erlegtem Rehwild, welches als gesund befun-

Foto: J. Schiersmann

Wildbrethygiene beginnt schon vor dem Schuß: Bei sorgfältigem Beobachten und Ansprechen der Rotte.

Foto: J. Schiersmann

Anfang August ist die Brunft des Rehwildes. Der Bock hält engen Kontakt zur Ricke. Das Verhalten beider ist völlig normal.

den wurde.

Es muß allerdings darauf hingewiesen werden, daß der Jäger aufgrund seines Umgangs mit erlegtem Wild durch die allgegenwärtigen Zecken gefährdet ist. Zecken sind mögliche Krankheitsüberträger (siehe hierzu Sonderheft Nr. 11, Seite 173).

Wichtig: Jeder Jagdausübende hat eine herausragende Rolle, was das hygienische Behandeln und Gewinnen von Wildfleisch betrifft. Wenn wir von Hygiene sprechen, bedeutet das in der Praxis: Ständig sind eine Vielzahl wirksamer Einzelmaßnahmen anzuwenden, um gesundes und haltbares Wildbret zu gewinnen. So beginnt die Wildbrethygiene in jagdlicher Praxis bereits mit dem Ansprechen des Wildes.

ANSPRECHEN UND ERLEGEN DES WILDES

Der Jäger beobachtet vor Abgabe des Schusses das Wild sorgfältig. Nur so kann er feststellen, ob sich zum Beispiel Bock oder Schmaltier normal oder abnorm verhalten. Abnorme Verhaltensweisen machen als „bedenkliche Merkmale" stets eine amtliche Fleisch-

untersuchung erforderlich. Es sind: unzeitgemäßes Verfärben, unnatürliches Verhalten, beispielsweise ohne Scheu vor dem Menschen, unnatürliche Körperhaltung oder Lautäußerungen, Verletzungen, Durchfall, schlechter Ernährungszustand oder struppiges Haarkleid.

Die mit dem Ansprechen beginnende Wildbrethygiene setzt sich mit dem Schuß fort. Der verantwortungsvolle Jäger schießt nach Möglichkeit nur auf breitstehendes Wild. Also dann, wenn die Kugel am ehesten tödlich wirken kann und nur eine geringe Wildbretentwertung zu erwarten ist. Dies ist bei der Einzeljagd gut möglich. Bei Bewegungsjagden wird jeder waidgerechte Schütze seine Schießfertigkeit selbst einschätzen, um Weidwund- und Keulenschüsse nach Kräften zu vermeiden.

Es ist nach Professor *Dr. Hadlok*

an der Zeit, bei Bewegungsjagden dem Schwerpunkt „Strecke machen" auch die „Schuß- und Versorgungshygiene" als zweiten Schwerpunkt gleichwertig gegenüber zu stellen. Dies ist deshalb wichtig, weil die Muskulatur eines gesunden, mit sauberem Schuß gestreckten Stückes praktisch keimfrei ist. Haltbarkeit und Wohlgeschmack solchen Wildbrets sind gewährleistet.

VORGÄNGE IM FLEISCH NACH DEM ERLEGEN

Verendet ein Stück Wild, beginnt in dessen Muskulatur die Fleischreifung. Lebensvorgänge wie der Sauerstofftransport über Atmung und Blutkreislauf werden abgebrochen. Die Zufuhr von Nährstoffen und der Abtransport von Stoffwechselprodukten über den Blutweg entfallen. Allerdings laufen bestimmte biochemische Vor-

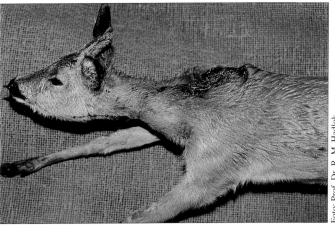

Foto: Prof. Dr. R. M. Hadlok

Jährling mit Krellschuß. Er kam erst nach vier Tagen in Bachnähe zur Strecke. Sein Wildbret ist zum Genuß für Menschen nicht geeignet.

gänge, wenn auch unter anderen Voraussetzungen, zunächst weiter, erschöpfen sich aber bald. Bei diesen für die **Fleischreifung**, also die Aromabildung und das Zartwerden, wichtigen Vorgängen spielen die Inhaltsstoffe der Muskulatur, nämlich Glykogen oder „Muskelzucker" und energiereiche Phos- ▶

phate, eine entscheidende Rolle. Beim Abbau von Glykogen entsteht Energie und Milchsäure. Letztere bleibt in der Muskulatur „liegen" und bewirkt deren zunehmende Säuerung. Die Phosphatverbindungen nehmen die Energie auf und leiten sie für die Muskelfunktion weiter. Solange die energiereichen Phosphate, wenn auch in abnehmendem Maß, wirken, bleibt das Muskelfleisch weich. Sind diese Verbindungen schließlich nicht mehr funktionsfähig, kommt es zur Totenstarre. Sie entwickelt sich in der Regel ein bis zwei Stunden nach dem Erlegen.

Die Säuerung der Muskulatur des Schalenwildes erfolgt schnell, tief und anhaltend. Das geht aus umfangreichen Untersuchungen an einer größeren Zahl auf dem Ansitz erlegten Reh- sowie Schwarzwildes und einer insgesamt geringeren Zahl gestreckten Rot-, Dam-, Muffel- und Gams-

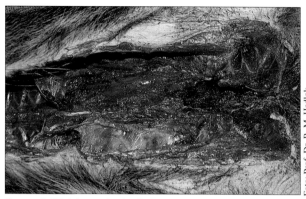

Foto: Prof. Dr. R. M. Hadlok

Sau mit Weidwundschuß. Bauch-, Beckenhöhle und Keulenmuskulatur sind stark verunreinigt.

wildes hervor. Der meßbare Säuerungsgrad, ausgedrückt als sogenannter pH-Wert, erreicht in der Keulen- und Rückenmuskulatur innerhalb von neun bis zwölf Stunden seinen tiefsten Wert um pH 5,5. Dieser Wert bleibt für etwa 96 Stunden nahezu unverändert bestehen. Zum besseren Verständnis ist hinzuzufügen, daß während des Lebens der pH-Wert ab dem Neutralwert von 7,0 gerechnet wird.

Dies gilt auch für Schalenwild aus Bewegungsjagden – wenn niederläufige, brauchbare, in der Regel einzeln stöbernde Jagdhunde eingesetzt werden. Allerdings mit

Foto: U. Herbst

Oben: Erst aufbrechen, dann bergen. So stimmt in der Regel die Reihenfolge.

Rechts: Seltenes Waidmannsheil. Beim Versorgen einer so großen Strecke ist der Schütze auf fremde Hilfe angewiesen.

Die **Totenstarre** beginnt bei Herz, Zwerchfell, Kopf- und Halsmuskulatur und ist nach drei bis sechs Stunden an den Brust- und Beckengliedmaßen feststellbar. Innerhalb von etwa drei Tagen – meist jedoch schon nach 24 Stunden – ist die Totenstarre gelöst.

Foto: H. Arndt

dem Unterschied, daß der pH-Wert aufgrund der erhöhten Bewegungsaktivität des Wildes während der jagdlichen Beunruhigung anfänglich schneller und tiefer abfällt. Unbedingt festzuhalten ist in diesem Zusammenhang, daß Wildbret aus Bewegungsjagden aufgrund des hohen Glykogenvorrates, entsprechend dem meßbaren Qualitätskriterium pH-Wert, in seiner Beschaffenheit nicht generell beeinträchtigt ist.

Ausgenommen ist natürlich Wildbret von Schalenwild, welches von einer Hundemeute oder hochläufigen Jagdhunden anhaltend gehetzt worden ist. Dasselbe gilt für Wild, welches nach langdauernder Nachsuche erlegt oder verendet aufgefunden wird.

Um das Thema **Fleischreifung** – die vom Zeitpunkt des Erlegens über das Aufbrechen des Wildes und während der Lagerung des Wildbrets abläuft – abschließend zu behandeln, ist noch folgendes auszuführen: Die Totenstarre löst sich, weil sich die Eiweißstrukturen des Muskelfleisches lockern. Das Zartwerden des Wildbrets beruht auf vielschichtigen Vorgängen in der Muskulatur. Sie führen unter anderem dazu, daß lockeres Bindegewebe quillt, Eiweißbe-

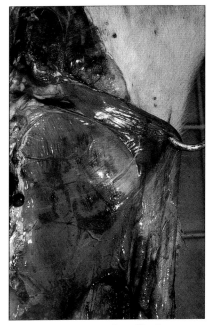

Oben und unten rechts: Nachgesuchtes Reh. Bauchwand, Nierenfett bzw. Kniefalte sind „vergrünt".

Links: Blau-grünliche Bauchwände. Nicht unverzüglich ausgeweidet.

standteile löslich und teilweise enzymatisch abgebaut werden. Spaltprodukte aus dem Eiweiß-, aber auch dem Fettabbau, bedingen schließlich die Aromatisierung des Fleisches.

Erste Anzeichen dafür, daß Wildbret verdorben ist, treten oft in dem Bereich der Schußverletzung auf. Bei Weidwundschüssen ist insbesondere der Ausschuß belastet. Schließlich sind all diejenigen Wildbretpartien gefährdet, die während des Aufbrechens ver-

schmutzt worden sind. In der Praxis kommt es vornehmlich zu zwei Formen des Verderbs: zum **Verhitzen** oder zur Fäulnis.

Kennzeichen des Verhitzens sind: Das Wildbret ist kupferrot, auch bräunlich gelb gefärbt. Es riecht „deutlich", insbesondere säuerlich, bisweilen süßlich stechend. Mögliche Ursachen sind: 1. verspätetes Aufbrechen bei warmem Wetter; 2. langer Transport unter ungeeigneten Bedingungen, selbst bei aufgebrochenen Stücken. Das geschieht, wenn Wildkörper übereinanderliegend transportiert oder Kunststoffsäcke und Rucksackeinlagen verwendet werden; 3. zu spät einsetzende Kühlung, insbesondere bei stärkeren Stücken.

Bei der **Fäulnis** wird zwischen Oberflächen- und Tiefenfäulnis unterschieden. Letztere führt zu „anbrüchigem" Wildbret. Kennzeichen der Oberflächenfäulnis sind: Brust- und Bauchhöhlenauskleidung sowie Muskulatur oder Muskelschnittflächen weisen einen feucht schimmernden, schmierigen Belag auf. Farbabweichungen sind zunächst kaum erkennbar. Das Wildbret riecht charakteristisch dumpf-muffig, in fortgeschrittenen Stadien zunehmend stechend. Mögliche Ursachen sind: 1. Verunreinigung der freigelegten Wildkörperteile durch Haare, Laub oder Erde beim Aufbrechen oder durch Schlund- und Darminhalt bei Weidwundschüs-

Fotos: Prof. Dr. R. M. Hadlok

sen; 2. nachteilige Bedingungen beim Bergen im Revier oder Transportieren bis zur Wildkammer. Oberflächenfäulnis tritt – selbst bei Kühlung – besonders schnell ein, wenn zum Beispiel die freigelegten Muskelflächen feucht sind. Hier müssen wir darauf achten, daß diese Teile gut abgetrocknet sind. Vor allem dann, wenn der Wildkörper mit Trinkwasser ausgespült worden ist.

Tiefenfäulnis macht sich je nach den beteiligten Bakterienarten und den Temperaturverhältnissen unterschiedlich schnell bemerkbar. Kennzeichen der Tiefenfäulnis sind: Das Muskelgewebe und insbesondere das Bindegewebe sind auch in der Tiefe gelblich- bis

Der Jährling wurde erst vor wenigen Minuten überfahren. Soll sein Wildbret verzehrt werden, unterliegt er der amtlichen Fleischuntersuchung. Das gilt bei allem verunfallten Wild.

Foto: K.-H. Volkmar

bläulich-grün verfärbt. Das Muskelgewebe ist weich, tief eindrückbar, „anbrüchig" eben. Das Wildbret riecht faulig bis fauligstechend. Tiefenfäulnis kann auftreten, wenn: 1. Wild oder Nachsuchenwild mit Weidwund-, Laufoder Krellschuß mit geöffnetem Knochen verspätet aufgefunden wird; 2. ein bis zwei Tage nach dem Erlegen und zwar während der Kühllagerung.

Nebenbei bemerkt ist der sogenannte **Hautgout** oder „starke Wildgeschmack" nichts anderes als die beginnende, mitunter auch schon fortschreitende Fäulnis. Dem Liebhaber dieser Art der „Haute Cuisine" wird das nicht stören. Denn in seiner eigenen Küche gilt freilich: Über Geschmack läßt sich nicht streiten.

GESETZLICHE VORSCHRIFTEN

1. Haarwild

Nach den Vorschriften des Fleischhygienerechtes – dem Fleischhygienegesetz, der Fleischhygiene-Verordnung und der EWG-Richtlinie zur Regelung der gesundheitlichen Fragen beim Erlegen von Wild und bei der Vermarktung von Wildfleisch – unterliegt erlegtes Haarwild grundsätzlich der Fleischuntersuchung. Der Jagdausübende ist verpflichtet, seine Beobachtungen am lebenden Tier vor dem Erlegen, am erlegten Stück beim Aufbrechen und gegebenenfalls beim Zerwirken zu machen, um den Gesundheitszustand des jeweiligen Stückes zu beurtei-

len. Zunächst nimmt er systematisch und eingehend den Tierkörper und alle Organe von der Zunge bis zum Harn-/Geschlechtsapparat in Augenschein. Dann befindet er darüber, ob Merkmale vorliegen, die das Fleisch als zum Genuß für Menschen bedenklich erscheinen lassen.

Wenn das Fleisch zum Genuß für Menschen bestimmt ist, unterliegt der Tierkörper – Köpfe von Trophäenträgern nur bei Tollwutverdacht – mit seinen Organen grundsätzlich der amtlichen Fleisch- und Trichinellenuntersuchung. Dies gilt auch für verunfalltes Wild – etwa bei dem durch einen Mercedes angefahrenen Schmalreh oder dem geforkelten Hirsch. Fallwild gilt als „erlegtes" Wild. Auch es unterliegt somit den Vorschriften des Fleischhygienerechts. Zum Genuß für Menschen ist es stets untauglich. Um die Todesursache – Seuchenverdacht! – zu klären, ist Fallwild einer veterinärmedizinischen Untersuchung zuzuführen.

Nach dem Erlegen und Versorgen als gesund befundener Stücke müssen diese, beispielsweise beim Eigenverbrauch, nicht einer amtlichen Fleischuntersuchung – wohl aber der Trichinellenuntersuchung unterzogen werden (siehe Seite 17 und 18).

2. Federwild

Für Federwild sind vergleichbare Regelungen wie beim Haarwild vorgesehen. Jedoch liegt bislang zum Geflügelfleischhygienegesetz mit seinen grundsätzlichen Regelungen zur Fleischuntersuchung und den dazu bestehenden Ausnahmeregelungen noch keine Durchführungs-Verordnung vor.

VERSORGEN DES WILDES

Unter dem Oberbegriff Versorgen sind sämtliche Verrichtungen zu verstehen, die dazu dienen, das Wildbret und den verwertbaren

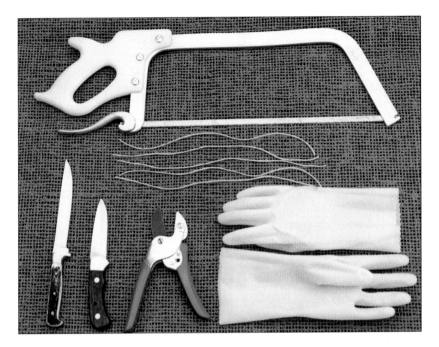

Links: Geeignetes Handwerkszeug zur Wildversorgung. Strapazierfähige Gummihandschuhe, stabile Messer, Zange, Knochensäge sowie Hanfband zum Abbinden von Schlund und Darm.

sichtigt die jagdliche Praxis. Sie darf den Jäger allerdings nicht dazu verleiten, daß er den zugestandenen Freiraum überdehnt. Aufgebrochen und ausgeweidet wird innerhalb einer Stunde. Bei länger dauernden Bewegungsjagden ist das Aufbrechen bei niedrigen Außentemperaturen nach etwa zwei Stunden noch vertretbar. Wenn Wild aus handfesten Gründen nicht unverzüglich versorgt werden kann, sollte es zumindest

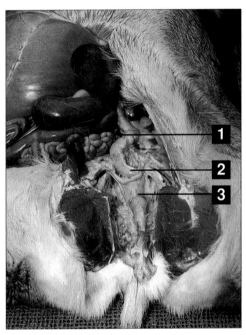

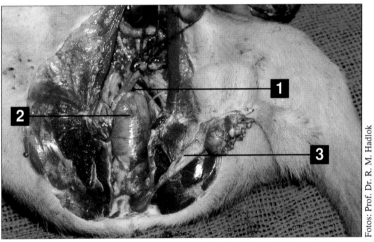

Fotos: Prof. Dr. R. M. Hadlok

Oben: Rehbock mit geöffnetem Schloß. Enddarm (1), gefüllte Blase (2) und Brunftrute (3) sind gut sichtbar.

Links: Weibliches Rehkitz mit geöffnetem Schloß. Enddarm (1), Gebärmutter (2) und Blase (3) lassen sich deutlich erkennen.

Aufbruch – Zunge, Herz, Lunge, Leber, Milz und Nieren – so hygienisch einwandfrei wie möglich zu gewinnen und bis zum Verbrauch davor zu bewahren zu verderben. Es dient auch dazu, um sämtliche Organe, Gescheide sowie Geschlechtsorgane dem Jagdausübenden und gegebenenfalls dem amtlichen Tierarzt „ordnungsgemäß" zur Verfügung zu stellen. Große und in der Regel

entscheidende Bedeutung kommt dabei dem fachgerechten Aufbrechen zu.

AUFBRECHEN

Haarwild ist unmittelbar beziehungsweise unverzüglich nach dem Erlegen aufzubrechen. So schreibt es der Gesetzgeber vor. Diese allgemein gehaltene, zeitlich unbefristete Angabe berück-

„gelüftet" werden. Das heißt: Der Jäger öffnet die Bauchdecke vom Schloß bis zum Brustbein und verlagert das Gescheide vor. Wird innerhalb der oben genannten Zeiträume aufgebrochen, blähen die Stücke nicht auf, die Bauchdecke vergrünt nicht. Außerdem wird dadurch das Absenken der Körpertemperatur gefördert, die zunächst einmal ansteigt. Wenn sich das Auskühlen verzögert, ▶

kann es zum Verhitzen des Wildbrets kommen.

Den Platz, an dem er aufbricht, wird der Jäger mit einiger Überlegung auswählen, um Verschmutzungen des Wildbrets mit Sand, Erde, Staub oder Laub zu vermeiden. Außerdem wird er möglichst bei ausreichenden Lichtverhältnissen aufbrechen. Bei leichteren Stücken kann er anstreben, im Hängen aufzubrechen. Das Stück wird hierzu an den Hinterläufen fixiert, mit dem Haupt nach unten. Auch im Revier finden sich hierzu

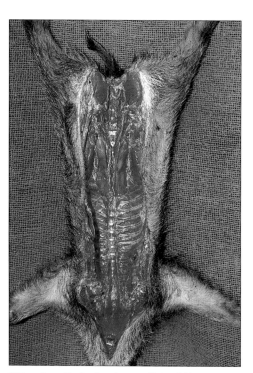

Mit gutem Schuß erlegter Frischling. Er ist sauber aufgebrochen. Allerdings ist das Bauchfell über die Filets hinweggezogen. Das ist nicht optimal.

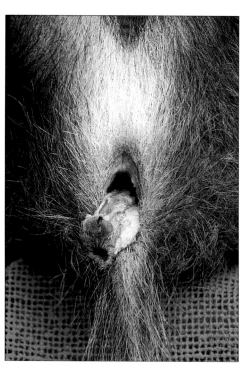

Bei ungeöffnetem Schloß ist das Weidloch – und gegebenenfalls das Feuchtblatt – zu umschneiden. Dann werden Enddarm und Feuchtblatt in die Bauchhöhle gezogen.

Gelegenheiten. So leisten zum Beispiel zwei Zimmermannsnägel in den Leiterholmen oder am Kanzelunterbau gute Dienste. Das Verunreinigen des geöffneten Tierkörpers sowie der Organe werden so am ehesten vermieden, ein schnelles Ausschweißen obendrein gewährleistet.

Natürlich gilt: Wie er beim Aufbrechen vorgeht, bleibt jedem Waidmann freigestellt. Der Könner wird dabei drei Gesichtspunkte berücksichtigen:

1. Das (endgültige) Öffnen des Tierkörpers und saubere Entnehmen aller Organe geschieht so, daß der Jagdausübende, gegebenenfalls der amtliche Tierarzt, das Stück auch untersuchen kann.

2. Ein Verunreinigen sowie eine Wertminderung insbesondere der Filet- und Keulenmuskulatur im Schloßbereich bleibt ausgeschlossen. Nur so wird deren Qualität erhalten und beim Verkauf ein guter Preis möglich.

3. Beim Wildschwein verbleibt der muskulöse Teil des Zwerchfells im Brustwandbereich bis hin zu den rückenseitigen Zwerchfellpfeilern. So können die Trichinellenproben im Tierkörper ordnungsgemäß entnommen werden.

Die Freude über ein mit gutem Schuß erlegtes Stück Wild bleibt ungetrübt, wenn beim Aufbrechen Tierkörper und Organe nicht unversehens mit Magen- und/oder Darminhalt verunreinigt werden. Das läßt sich nach Professor *Dr. Hadlok* wie folgt vermeiden: Bei Hirsch, Reh, Muffel und Gams wird am freigelegten Schlund in Höhe des Drosselknopfes als erstes eine Abbindung angebracht, so daß kein Panseninhalt austreten kann. Als nächstes wird die Bauchwand vom Schloß an einschließlich des hinteren Brustbeinbereiches über den Zwerchfellansatz hinaus geöffnet. Bleibt das Schloß zunächst ungeöffnet,

kommt es „im Eifer des Gefechtes" nicht zu falscher Schnittführung. Ein Verunreinigen der Muskelschnittflächen an den Keulen bleibt ausgeschlossen.

Das kleine Gescheide (Därme) wird dann so vorverlagert, daß am Beckeneingang der Weiddarm (Enddarm) zugänglich wird. Er ist beim weiblichen Tier von der Tracht (Gebärmutter) überlagert. In etwa zehn Zentimeter Abstand wird der vom Inhalt kopfwärts freigestreifte Enddarm auch beim Wildschwein mit zwei Abbindungen versehen. Wir knoten wie folgt: Ein Ende des dünnen Hanfbandes wird zweimal durchgeschlungen, der Doppelknoten kräftig angezogen und ein dritter Knoten draufgesetzt. Anschließend durchschneiden wir den Darm zwischen den Abbindungen. Darminhalt kann nun nicht mehr austreten. Das kleine und große Gescheide verlagern wir aus der Bauchhöhle nach links,

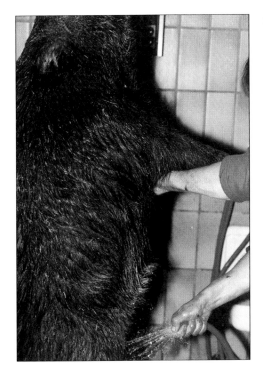

rem Verschmutzen und Austrocknen geschützt. Im rosafarbenen Bauchspeicheldrüsen-/Leberbereich lösen wir nun die Därme stumpf, verlagern Pansen beziehungsweise Magen weiter vor, so daß der Schlund gespannt und im Bereich seines Durchtritts (Zwerchfellpfeiler!) freigelegt werden kann. Nun binden wir wieder zweifach ab: Der freigestreifte Schlund wird in etwa zehn Zentimeter Abstand abgebunden. Beim Wildschwein ist diese Maßnahme nicht unbedingt erforderlich. Zwischen den Abbindungen wird durchtrennt. Schlund- und Panseninhalt kann nicht

Oben: Mit Trinkwasser – am besten einem scharfen Strahl – können wir aufgebrochenes Wild säubern, wenn Bauch- oder Brusthöhle verschmutzt sind.

Rechts: Enddarm, Geschlechtsorgane und Blase werden grundsätzlich im Zusammenhang entnommen.

Fotos: Prof. Dr. R. M. Hadlok

das heißt: Tier in Rückenlage, vom Schloß aus gesehen.
Dabei lösen wir die Milz stumpf von Pansen, so daß sie an der Bauchwand verbleibt. Beim Wildschwein lagert die Milz im Magenbereich etwas anders. Wir werden aber zumindest versuchen, die Milz im Zusammenhang mit dem Tierkörper zu belassen. Anschließend wird der Enddarm mittels vorsichtiger Trennschnitte kopfwärts gelöst, so daß Bauchfell und Nieren im Tierkörper verbleiben. So sind die Filets vor späte-

austreten. Jetzt entnehmen wir das Gescheide endgültig. Die Leber verbleibt dagegen im Tierkörper, in Verbindung mit der Bauchwand. Diese Vorgehensweise – Verbleib von Bauchfell und Nieren im Tierkörper, Keulenmuskulatur nicht bloßgelegt – empfiehlt sich nach Professor *Dr. Hadlok* vor allem bei Weidwundschüssen, da so – um es noch einmal zu sagen – Filet- und Keulenmuskulatur vor Magen- und/oder Darminhalt geschützt werden.
Viele Jäger werden zugeben: „So

breche ich nicht auf. Das viermalige Abbinden erinnert mich an das Sezieren auf dem Operationstisch." In rauher Praxis – und Jagen ist rauhes Handwerk – lassen Zeitdruck, hereinbrechende Dunkelheit, Nieselregen oder Schneegestöber ein solch umständliches Verfahren oft nicht zu. Trotz aller Bemühungen um ein verstärktes Einhalten der Wildbrethygiene soll es einfacher und schneller gehen:
Zunächst legen wir das Stück Schalenwild möglichst stabil auf den Rücken. Bei den Wiederkäuern beginnen wir mit einem Längsschnitt auf der Halsunterseite vom Drosselknopf bis zum Brustkern. Luft- und Speiseröhre – Drossel und Schlund – legen wir so frei, trennen sie voneinander und schärfen beide kurz vor dem Drosselknopf ab. Den Schlund verknoten wir. Außerdem befreien wir ihn von der dünnen Haut, die ihn umgibt, damit der Doppelknoten später nicht rutscht. Den Schlundeingang zur Brusthöhle erweitern wir energisch mit der Hand. So wird der Schlund später gleitfähig und reißt nicht ab. Bei den Sauen haben wir's einfacher. Wir schärfen Schlund und Drossel von außen durch die Schwarte quer durch. Bei ihnen fließt kein Äsungsbrei zurück, wenn später Magen und Gescheide entnommen werden.
Nun geht's an Teil Zwei des Aufbrechens: Wir treten zwischen die Hinterläufe des Stückes und spreizen sie dabei ein wenig. Vorsichtig wird die Bauchhöhle bis zum Brustkern mit dem Messer geöffnet. Zeige- und Mittelfinger unter- ▶

stützen die Messerspitze dabei durch Anheben der Bauchdecke. Das Gescheide wird mit der Hand nach rechts vorverlagert, die „Naht" zwischen den Keulen so gut frei. Sie zu durchtrennen, steht nun an. Bei jungen Stücken gelingt dies – bei sauberer Schnittführung mit dem Messer – leicht. Bei alten Hirschen oder starken Keilern benutzen wir ein Sägeblatt. *Frevert* empfahl einst, die „Naht" mit dem Waidblatt aufzuschlagen. Das kann heute kaum noch einer.

Sind die Keulen voneinander getrennt, müssen sie auseinandergebrochen werden. Zuvor ist die Decke bis zum Wedel aufgeschärft worden. Zum „Aufbrechen" bedarf es bei starken und alten Stücken einer gehörigen Portion Armkraft. Ein deutliches Krachen signalisiert den Erfolg. Ist dies mit Mühe vollbracht, liegt das Schlimmste hinter uns. Nun sind wieder geschickte Hände und eine saubere Messerführung gefragt. Ohne Gewaltanwendung wird der Schlund vorsichtig mit beiden Händen durch das Zwerchfell gezogen und mit dem Pansen ganz aus der Bauchhöhle herausgelegt. Danach wird der Enddarm, der das Gescheide noch mit dem Körper verbindet, zwischen den Keulen mit dem Messer gelöst. Wir legen ihn mit Blase und Gescheide zum Pansen. Die Bauchhöhle liegt jetzt frei vor Augen.

Die zu den Keulen führenden Brandadern werden aufgeschärft, damit sie ausschweißen. Um die Brusthöhle zu öffnen, wird

Fotos: Archiv JÄGER

Der Träger wird vom Drosselknopf bis zum Stich aufgeschärft.

Drossel und Schlund werden abgeschärft, der Schlund verknotet.

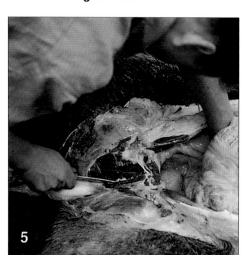

Zwischen den Keulen wird bis zur verknöcherten Knorpelnaht aufgeschärft.

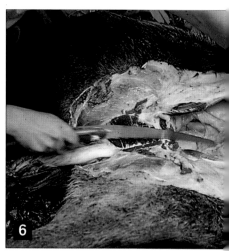

Bei älteren Stücken wird anschließend das Schloß mit der Säge durchtrennt.

Bei größeren Stücken erfordert das Herausziehen des Geräusches etwas Kraft.

Auch das Gescheide will sorgfältig entfernt werden.

Brunftfleck wird weggeschnitten und Bauchhöhle geöffnet.

Nun ist die Bauchhöhle bis zu den Keulen geöffnet.

das Zwerchfell zunächst an den Rippen entlang, dann auch auf der Rückeninnenseite abgeschärft. Nur beim Schwarzwild bleiben die Eckpfeiler des Bauchfells stehen. Sie werden später auf Befall mit Trichinellen untersucht. Herz, Lunge, abgetrenntes Zwerchfell, Leber, Nieren und Milz können jetzt mit leichtem Zug entnommen werden oder aber zwecks Transport im Wildkörper verbleiben. Dann lösen wir sie in der Wildkammer aus. Dort ha-

den Händen wird das Stück hochge-
~en, dann der Darm gelöst.

Drossel und Schlund lassen sich leichter durchs geöffnete Brustbein ziehen.

Ein geöffnetes Brustbein hat auch den Vorteil, daß der Hirsch schneller auskühlt.

lließlich wird die Brunftrute abge-
~ärft.

Der Hirsch ist fertig aufgebrochen. Nun geht's zügig zur nächsten Wildkammer.

ben wir noch Licht und Zeit zum Beschauen. Beim Entnehmen dieser Organe achten wir darauf, daß die Außenhaut der Filets nicht abgezogen wird.

Das Ausschweißen nach dem Aufbrechen vor dem Transport erleichtern wir, indem wir den Wildkörper im vorderen Bereich hochlegen.

Richtig versorgtes Wild läßt sich – vor allem auch bei größerem Wildanfall im Verlauf von Gesellschaftsjagden – ohne nachteilige ▶

Beeinflussung der kritischen Muskelbereiche transportieren. Das endgültige Versorgen kann an einem Ort in Ruhe fortgesetzt werden, der hygienisches Arbeiten ermöglicht. Ist ein Ausspülen der Bauchhöhle, zum Beispiel bei Weidwundschüssen, erforderlich, werden keine Schmutzpartikel und Bakterien durch das Wasser in die Muskulatur eingeschwemmt. Es ist im übrigen eine Unsitte, Verunreinigungen der Körperhöhle, etwa bei Weichschüssen oder Verletzungen der Bauchorgane, mit Laub, Gras, Heu oder Stroh zu beseitigen. Die Körperhöhlen werden besser mit Wasser, und zwar mit einem scharfen Strahl, ausgewaschen. Trinkwasserqualität ist allerdings Voraussetzung.

Ein- und Ausschuß werden umschnitten. Auch bei Kammerschüssen sind diese Bereiche durch Haare und Geschoßreste verunreinigt. Außerdem ist das zerstörte Gewebe schweißdurchtränkt. Hier fault es zuerst. Auf einige Gramm Wildbret können wir getrost verzichten. Nun kann das abschließende Versorgen des Stückes erfolgen. Der Tierkörper wird vom Kinnwinkel über den Hals bis hin zum hinteren Brustbeinbereich geöffnet. Zunge, Luftröhre, Schlund einschließlich der Brusthöhlenorgane sowie der Niere werden – soweit noch nicht geschehen – entnommen.

Im Schloßbereich bieten sich grundsätzlich zwei Möglichkeiten:
1. Das Schloß wird geöffnet und die Beckenhöhlenorgane werden entnommen. Bei männlichen Stücken entfernt der Jäger gleich-

**Organe und Gescheide
auf einen Blick:
1 Weidsack (Pansen), 1a Drüsen-
magen (Labmagen), 2 Kleines
Gescheide (Darm mit Gekröse),
3 Leber, 4 Milz, 5 Nieren,
6 Lunge mit Drossel (Luftröhre),
7 Herz und 8 Zwerchfell.**

zeitig Pinsel, Brunftrute und Kurzwildbret.
2. Das Schloß wird nicht geöffnet. Die Beckenhöhlenorgane werden von der Bauchhöhle her umschnitten, ebenso das Weidloch von außen – beim weiblichen Tier mit deren Feuchtblatt. Die gelösten Beckenhöhlenorgane zieht der Jäger dann heraus. Bei männlichen Stücken entnimmt er das Kurzwildbret aus der geöffneten Decke oder Schwarte. Pinsel und Brunftrute legt er bis zur Umschlagstelle im Bereich des Weidloches zurück, wobei er die Decke beziehungsweise Schwarte so wenig wie möglich öffnet.

Das „Umschneiden" bedarf eines scharfen und spitzen Messers. Oft wird damit der Darmausgang verletzt. Aus diesem Grund machen viele Praktiker das Schloß auf.

UNTERSUCHUNG DURCH DEN JÄGER

Wer erlegtes Wild in Eigenbesitz nimmt, d.h. aneignungsberechtigt ist wie Jagdpächter oder Forstamtsleiter, ist verpflichtet, das Wild zu untersuchen, falls sein Fleisch zum Genuß für Menschen bestimmt ist. Diese Jagdausübungsberechtigten können ihre Verpflichtung auf Jagdausübungsermächtigte, also Jagdaufseher, Erlaubnisscheininhaber oder Jagdgäste, übertragen.

Dies bedeutet in der Praxis: Der Jäger muß in der Lage sein, zu erkennen, ob das Fleisch normal beschaffen ist oder nicht und ob es die Gesundheit des Verbrauchers beeinträchtigen kann oder nicht. Bedenkliche Merkmale sind im Fleischhygienerecht beispiel-

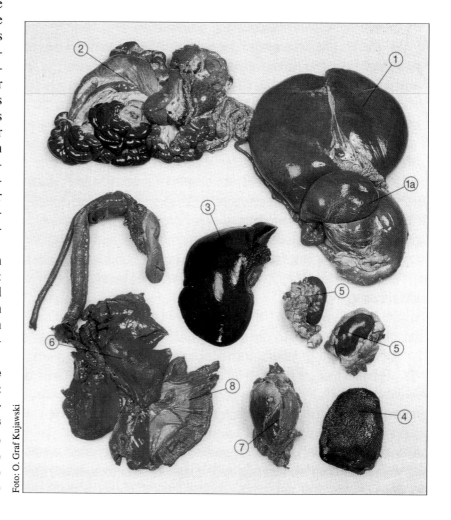

Foto: O. Graf Kujawski

haft aufgeführt. Dazu gehören natürliche Todesursachen (Fallwild), Geschwülste und Abszesse, ältere, offene Knochenverletzungen – etwa nach Lauf- oder Krellschüssen –, Abweichungen in Geruch oder Farbe. Um den Anforderungen des Gesetzgebers und der Verantwortung gegenüber dem Verbraucher gerecht zu werden, muß sachkundig und verantwortungsbewußt gehandelt werden. Der vom Kinnwinkel bis zum Schloß geöffnete Tierkörper ist insbesondere im Brust- und Bauchhöhlenbereich auf Veränderungen wie beispielsweise Verwachsungen oder Verfärbungen zu untersuchen. Die Organe von der Zunge bis zum Weiddarm und den Geschlechtsorganen sind einzeln sowie von allen Seiten darauf zu untersuchen, ob sie von der Norm abweichen.

Dann wird der Jagdausübungsberechtigte entscheiden, ob eine Untersuchung durch den amtlichen Tierarzt erforderlich ist, und zwar aufgrund des festgestellten Gesundheitszustands des erlegten Stückes. Außerdem wird dabei im Auge behalten, wie das Stück anschließend verwendet werden soll.

Der Jagdausübende ist im übrigen eigenständig in das Fleischhygienerecht eingebunden. Sein Status und Aufgabenbereich haben nichts mit dem gesetzlich verankerten Berufsbild des Fleischkontrolleurs zu tun.

Foto: H. Arndt

UNTERSUCHUNG AUF TRICHINELLEN

Wildschweine, deren Fleisch zum Genuß für Menschen verwendet werden soll, müssen stets amtlich auf Trichinellen untersucht werden. Das gilt auch bei Eigenverbrauch. Dafür ist ein Anmelden durch den Jagdausübungsberechtigten beim amtlichen Tierarzt erforderlich. Dieses kann entweder der amtliche Tierarzt sein, der für die Region zuständig ist, in der das Stück erlegt wurde, oder aber der am Wohnsitz des Jagdausübungsberechtigten.

Diese unbedingte Pflicht zum Anmelden zur Trichinellenuntersuchung kann an Jagdausübungsermächtigte, aber auch an be- oder verarbeitende Betriebe übertragen werden. Dies wird am besten schriftlich dokumentiert. In der Praxis bedeutet das: Wildschweine können erst nach erfolgter Untersuchung an einen Personenkreis wie Treiber, Nachbarn oder Verwandte zum Verzehr abgegeben werden.

Die Tierkörper müssen zur Untersuchung mit Zwerchfellpfeilern gestellt werden. Nur dann kann der amtliche Tierarzt, gegebenenfalls auch der Fleischkontrolleur, die vorgeschriebenen Proben ordnungsgemäß selbst entnehmen.

Foto: W. Nagel

Links: Bei rauschigen Keilern besteht generell eine Untersuchungspflicht.

Unten: Wenn er zu Dachsschinken verarbeitet werden soll, muß sein Wildbret zuvor auf Trichinellen untersucht werden.

Aus diesem Grund müssen die entnommenen Proben entweder in der Wildkammer oder direkt an der Strecke erfolgen. Oder der Jäger bringt den beziehungsweise die Wildkörper zum amtlichen Tierarzt, der dann die Proben entnimmt. Der Jagdausübende darf die Proben auf keinen Fall entnehmen. Bis zum Abschluß der Untersuchung gilt das Tier, einschließlich Organe, – ▶

streng genommen – als beschlagnahmt und darf nicht weiterbehandelt werden. Vorheriges Abschwarten und Zerwirken entfällt also. Da die Trichinellenuntersuchung zentral durchgeführt wird, kommt es besonders bei den „Wochenend-Sauen" zu unliebsamen Verzögerungen, bis das Untersuchungsergebnis

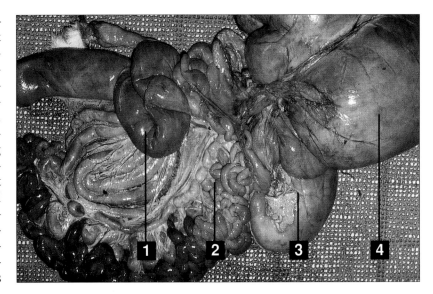

Das Gescheide, der Dickdarm (1), der Dünndarm (2), der Labmagen (3) sowie der Pansen (4) sind sorgfältig zu untersuchen. Hier handelt es sich um die Organe eines Bocks.

FLEISCHHYGIENERECHTLICHE VORSCHRIFTEN UND BUNDESJAGDGESETZ

1. Fleischhygienegesetz (FlHG) in der Fassung vom 19.1.1996;
2. Fleischhygieneverordnung in der Fassung vom 19.12.1996;
3. EWG-Richtlinie 92/45 EWG zur Regelung der gesundheitlichen und tierseuchenrechtlichen Fragen beim Erlegen von Wild und bei der Vermarktung von Wildfleisch vom 16.6.1992;
4. Geflügelfleischhygienegesetz vom 1.8.1996 und
5. Bundesjagdgesetz in der Fassung vom 31.8.1990.

endlich mitgeteilt wird.

Die Untersuchung auf Trichinellen wird dadurch gekennzeichnet, daß der Tierkörper gestempelt wird. Im Zusammenhang mit der Trichinellenuntersuchung ist auf etwas zu verweisen, das zu Problemen führen kann. Gelegentlich werden bei Gesellschaftsjagden direkt an der Strecke, zum Beispiel von allen 34 erlegten Sauen, die Proben vom amtlichen Tierarzt entnommen. Anschließend werden die Wildschweine an Jagdgäste verkauft, die aus verschiedenen Gegenden, zum Teil von weit her, angereist sind. Bei einem derartigen „Wildschweintourismus" las-

sen sich nicht mehr alle Tiere erfassen, wenn ein Nachuntersuchen erforderlich wird. Genau dies wäre allerdings zwingend notwendig, falls in der Sammelprobe ein Trichinellennachweis erfolgte. Das befallene Wildschwein muß per Einzeluntersuchung herausgefunden werden. Aus diesem Grund müssen alle Stücke unter Kühlung am Erlegungsort verbleiben. Sie können erst nach abgeschlossener Untersuchung vom Käufer abgeholt werden. Zugegeben, ein umständliches, praxisfernes Verfahren.

AMTLICHE FLEISCH-UNTERSUCHUNG

Die amtliche Fleischuntersuchung bei untersuchungspflichtigem, erlegtem Haarwild ist dem amtlichen Tierarzt vorbehalten. Der Jagdausübungsberechtigte, gegebenenfalls der Jagdausübungsermächtigte, ist verpflichtet, die

Fleischuntersuchung beim zuständigen amtlichen Tierarzt anzumelden. Dabei sind die örtlich bekanntgegebenen Anmeldefristen zu berücksichtigen. Eine zeitliche Begrenzung ist im Fleischhygienerecht nicht vorgesehen. Selbstverständlich wird die Anmeldung so frühzeitig erfolgen, daß die Beschaffenheit des Tierkörpers und seiner Organe eine aussagefähige Untersuchung gewährleistet. Der Jäger wird also insbesondere die Organe sauber und nicht abgetrocknet abliefern. Um das Abtrocknen der Organe vor allem über das Wochenende zu verhindern, verpackt man sie am besten in Kunststoffbeutel, die für das Lagern von Lebensmitteln zugelassen sind, und kühlt sie zudem. Sie sind – in den entsprechenden Größen – in den Fachbetrieben für Fleischereibedarf erhältlich.

Das Gescheide (Magen-Darm-Trakt einschließlich der Geschlechtsorgane) braucht nicht zur Untersuchung gestellt zu werden, wenn der Jagdausübende es eingehend untersucht und daran keine bedenklichen Merkmale – zum Beispiel eine Rötung durch Entzündung oder frische Verklebungen – festgestellt hat. Vor Ort teilt er dem amtlichen

Tierarzt mit, wann und wie das Stück erlegt wurde. Außerdem berichtet er ihm über seine Beobachtungen am lebenden Tier sowie an den Organen.

Bei Abgabe des erlegten Tieres an be- oder verarbeitende Betriebe – wie Gaststätten, Fleischereien oder Wildbearbeitungsbetriebe mit Handel im nationalen Bereich – kann die amtliche Fleischuntersuchung zuvor am Ort der Erlegung oder am Wohnsitz des Jagdausübenden erfolgen. Die Anmeldepflicht kann allerdings auch auf diese Betriebe übertragen werden. In diesem

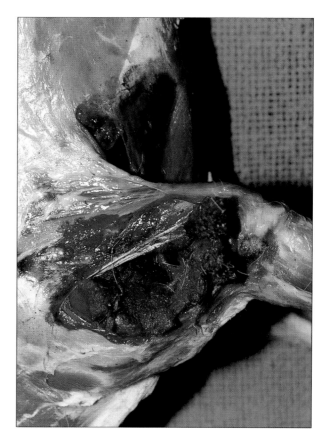

Rechts: Erst nachdem der Schütze die Ricke aus der Decke geschlagen hat, zeigt sich, wie stark das Geschoß Wildbret und Knochen im Blattbereich zerstörte. Natürlich wird das „kaputte" Gewebe sehr großzügig weggeschnitten.

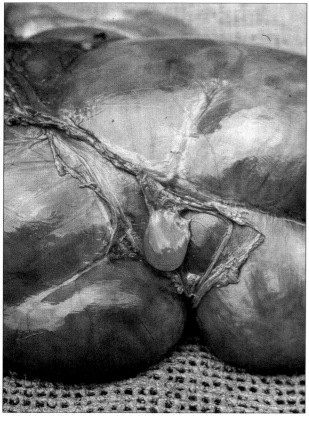

Foto: Prof. Dr. R. M. Hadlok

Links: Die dünnhalsige Finne des Fuchs- bzw. Hundebandwurmes ist deutlich zu erkennen. Sie befindet sich am Pansen der Ricke. Der Jäger löst sie ab und verbrennt sie. So wird sie völlig unschädlich beseitigt.

Aus diesem Grund ist es ausdrücklich erlaubt, daß die für die Untersuchung erforderlichen Organe im natürlichen Zusammenhang mit dem Tierkörper verbleiben können. Es besteht aber auch die Möglichkeit, nur die Organe bereits am Erlegungsort beziehungsweise in der Wildsammelstelle durch den örtlich zuständigen amtlichen Tierarzt untersuchen zu lassen. Dies hat einen Vorteil: Die als genußtauglich beurteilten Organe verbleiben beim Aneignungsberechtigten, oder sie können als kleines Jägerrecht an die Schützen ausgehändigt werden. Befunde an den Organen und ihre Beurteilung durch den amtlichen Tierarzt gehen dann schriftlich mit den Tierkörpern an den zugelassenen Wildbearbeitungsbetrieb, wo die Untersuchung der Tierkörper und ihre Endbeurteilung durch den dort zuständigen amtlichen Tierarzt erfolgt.

Fall sind den Abnehmern neben dem Zeitpunkt der Erlegung besondere Feststellungen am lebenden Tier sowie Veränderungen und Verdachtsmomente am Tierkörper und Organen – gegebenenfalls mitliefern – mitzuteilen. Das sollte schriftlich geschehen. Bei Abgabe des erlegten Wildes

an einen zugelassenen Wildbearbeitungsbetrieb (Handel im EU-Bereich) hat der für diesen Betrieb zuständige amtliche Tierarzt den Tierkörper und die Organe zu untersuchen.

Wichtig: Es muß gewährleistet bleiben, daß die Organe dem jeweiligen Stück auch zugehören.

▶

REGELUNGEN DER AMTLICHEN FLEISCH- UND TRICHINELLENUNTERSUCHUNG IN KURZFASSUNG

Eine amtliche Untersuchung ist grundsätzlich vorgeschrieben, wenn das Fleisch zum Genuß für Menschen bestimmt ist.

Diese zunächst prinzipiell vorgeschriebene Untersuchung ist je nach Gesundheitszustand des erlegten Wildes, seiner Zweckbestimmung, das heißt vorgesehenen Verwendung nach, unterschiedlich geregelt. Danach sind je nach Fall Untersuchungen des Tierkörpers einschließlich der Organe – kleines Jägerrecht – bis hin zur Befreiung von der amtlichen Fleischuntersuchung vorgesehen. Eine Untersuchung auf Trichinellen etwa bei Schwarzwild oder anderen Alles- beziehungsweise Fleischfressern ist immer Pflicht. Diese Regelungen sind im einzelnen:

1. Eine amtliche Untersuchung ist stets erforderlich,

wenn Veränderungen oder Verdachtsgründe beim lebenden und erlegten Tier (Tierkörper, Organe) – die das Fleisch als bedenklich zum Genuß für Menschen erscheinen lassen – nicht vorliegen und folgende Zweckbestimmung vorgesehen ist:

1.1 Abgabe des Wildes an be- oder verarbeitende Betriebe ohne Direktabgabe an Endverbraucher; dabei sind zwei Betriebsarten zu unterscheiden:

1.1.1 nicht zugelassener Wildbearbeitungsbetrieb (nur innerstaatlicher Handelsverkehr). Zur amtlichen Untersuchung ist nur der Tierkörper zu stellen;

1.1.2 zugelassener Wildbearbeitungsbetrieb (Vermarktung in der Europäischen Union). Zur Untersuchung sind außer dem Tierkörper die Organe Zunge, Speiseröhre, Lunge einschließlich Kehlkopf

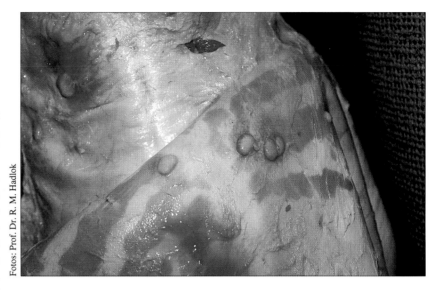

Fotos: Prof. Dr. R. M. Hadlok

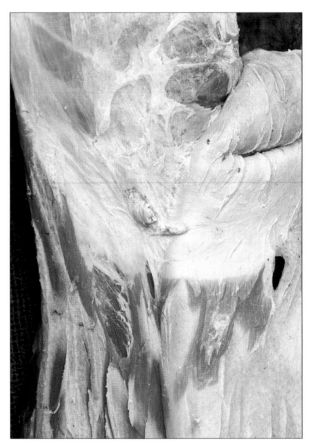

Oben: Ein Rotschmaltier mit grau-gelblichen Parasitenknoten in der Unterhaut. Wenn Jäger diese Knoten entfernen, achten sie genau darauf, ob Veränderungen am Wildbret vorliegen.

Links: Beim Abschwarten bemerken wir kleine eitrige Stellen bei den Kniefaltenlymphknoten. Weil diese nur vereinzelt vorkommen, schneiden wir sie großzügig aus. Das Wildbret ist genußtauglich, wenn wir keine Veränderungen finden.

und Luftröhre, Herz, Leber, Milz, Nieren zu stellen. Wenn Vormägen/Magen, Dünn-, Dickdärme, Harn- und Geschlechtsorgane keine Veränderungen aufweisen, brauchen diese Organe nicht mitgeliefert zu werden. Der Jagdausübungsberechtigte beziehungs-

weise -ermächtigte muß hierüber dem amtlichen Tierarzt entsprechende Angaben machen.

1.2 wenn Veränderungen oder Verdachtsgründe beim lebenden und/oder erlegten Tier (Tierkörper, Organe) – die das Fleisch als bedenklich zum Genuß für Men-

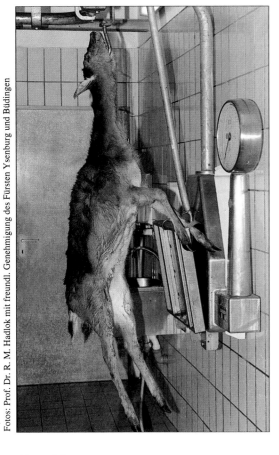

Fotos: Prof. Dr. R. M. Hadlok mit freundl. Genehmigung des Fürsten Ysenburg und Büdingen

Oben: Ein Damtier im Anlieferungsraum einer Wildsammelstelle.

Rechts: Vorbildlich wird das Schalenwild in die nächste Wildkammer transportiert. Die Stücke hängen.

und/oder Tierkörperteile zu stellen. Wenn Vormägen/Magen, Dünn-, Dickdärme, Harn- und Geschlechtsorgane keine Veränderungen aufweisen, brauchen diese Organe nicht mitgeliefert zu werden. Der Jagdausübungsberechtigte beziehungsweise -ermächtigte muß hierüber dem amtlichen Tierarzt entsprechende Angaben machen.

1.3 bei Wildschweinen – und anderen fleischfressenden Tieren wie beispielsweise dem Dachs – auf das Vorkommen von Trichinellen. Die Untersuchungsproben – Muskulatur aus Zwerchfellpfeilern und Vorderlauf – müssen vom amtlichen Tierarzt, gegebenenfalls Fleischkontrol-

nen lassen – nicht vorliegen und folgende Zweckbestimmung vorgesehen ist:

2.1 Eigenverbrauch des Wildfleisches;

2.2 Abgabe einzelner Tierkörper in Decke, Schwarte oder Balg;

2.2.1 unmittelbar oder auf einem nahegelegenen Wochenmarkt an Verbraucher;

2.2.2 an nahegelegene be- oder verarbeitende Betriebe zur Abgabe an den Verbraucher zum Verzehr an Ort und Stelle, also zum Beispiel an Gaststätten;

2.2.3 an Einzelhandelsgeschäfte wie beispielsweise Fleischereien zur Abgabe an Verbraucher, die das Wildbret im eigenen Haushalt verwenden;

2.3 Abgabe kleiner Mengen frischen Fleisches an einzelne natürliche Personen zum eigenen Verbrauch.

TRANSPORT

Von nicht zu unterschätzender Auswirkung auf die Qualität des Wildbrets ist der Transport der erlegten Stücke. Wenn wir einen ausgeweideten Rehbock über längere Zeit im Rucksack transportieren, besteht schon die Gefahr des Verhitzens. Erst recht gilt dies für den Transport in einem Plastiksack. Um zu vermeiden, daß der Kofferraum des Geländewagens verunreinigt, legen wir den Bock in eine Wildwanne. Es gilt der eiserne Grundsatz: Wild ist nach dem Erlegen zügig zur luftigen und kühlen Wildkammer zu transportieren. Bei warmer Witterung mit gleichzeitig hoher Luftfeuchtigkeit ist besondere Auf- ▶

schen erscheinen lassen – vorliegen.

Zur Untersuchung sind außer dem Körper des Tieres die Organe Zunge, Speiseröhre, Lunge einschließlich Kehlkopf und Luftröhre, Herz, Leber, Milz, Nieren und insbesondere die veränderten Organe

leur selbst, entnommen werden.

2. Eine amtliche Untersuchung kann unterbleiben,

wenn Veränderungen oder Verdachtsgründe beim lebenden und erlegten Tier (Tierkörper, Organe) – die das Fleisch als bedenklich zum Genuß für Menschen erschei-

Fotos: Prof. Dr. R. M. Hadlok

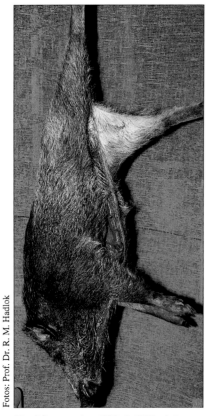

Ein hängendes Stück läßt sich leichter abschwarten.

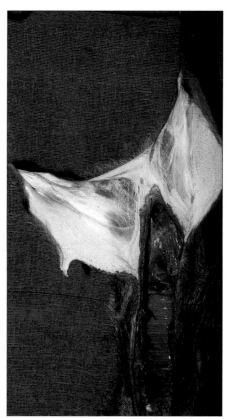

Die Schwarte wird am Innenschenkel bis zum Bauchwandbereich gelöst.

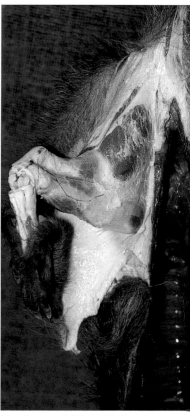

Vorder- und Hinterläufe werden im Gelenk durchtrennt.

merksamkeit selbstverständlich. Der Transport erlegten Schalenwildes zwecks Abgabe unmittelbar an den Verbraucher kann auch dann erfolgen, wenn das Stück noch nicht auf plus sieben Grad Celsius gekühlt werden konnte. Wenn es hierfür auch (noch) keine rechtliche Regelung gibt, müßte dies, entsprechend den Vorschriften für den Transport zu Wildsammelstellen innerhalb von zwölf Stunden erfolgen. Natürlich vorausgesetzt, daß dort sofort gekühlt wird.

Grundsätzlich sollte aber ein Transport gekühlten Schalenwilds angestrebt werden, wobei eine Innentemperatur von höchstens plus sieben Grad Celsius eingehalten wird. Dies vor allem deshalb, weil bei einer Lieferung unmittelbar an Verbraucher nicht durchweg davon ausgegangen werden kann, daß dort eine ausreichende Kühlung sofort möglich ist.

AUS-DER-DECKE-SCHLAGEN UND ABSCHWARTEN

Frisch erlegtes Wild läßt sich am leichtesten aus der Decke schlagen beziehungsweise abschwarten oder enthäuten, wie der Fleischer sagt. Jedoch erfordern das Alter eines Stückes und der erwünschte Reifegrad des Fleisches ein Abhängen. In der Praxis benötigen jüngere Stücke einen Zeitraum von etwa drei und ältere von etwa sechs Tagen – eine gehaltene Innentemperatur des Fleisches von plus sieben Grad Celsius vorausgesetzt.

Beim Aus-der-Decke-schlagen beziehungsweise Abschwarten gibt es verschiedene Methoden. Die praktikabelste ist das Enthäuten im Hängen. Bei dem an den Hintergliedmaßen aufgehängten Tierkörper wird an den jeweils wechsel-

seitig freihängenden Hintergliedmaßen die äußere Haut vom Sprunggelenk an bis zum Weidlochbereich hin durchtrennt. Die Decke oder Schwarte wird zunächst am Innenschenkel bis zum Bauchwandbereich und danach am Außenschenkel bis zum Rückenbereich gelöst. Die Enden der Gliedmaßen werden im Gelenkspalt abgetrennt und verbleiben an Decke oder Schwarte.

Nunmehr wird die Decke oder Schwarte in der Bauch-, Brustwand- und Rückengegend rundherum abgelöst und zwar unter ständigem Zug mit unterstützenden, vorsichtigen Schnitten im Unterhautbindegewebe beziehungsweise wiegendem Druck mit der Faust an der Grenze zwischen Tierkörper und gelöster Haut. Die Schwarte der Sauen sitzt dagegen so fest, daß sie überwiegend nur Schnitt für Schnitt vom Wildkör-

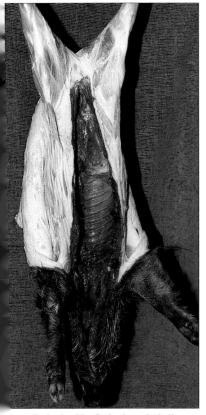

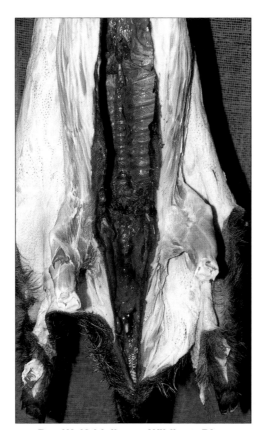

Schnitt für Schnitt wird die Schwarte sauber gelöst.

Das Weiß bleibt am Wildbret. Die Schwarte hängt herunter...

...so kann das Wildbret nicht mehr verunreinigt werden.

per gelöst werden kann. Das dauert entsprechend lange. Wenn die Schulterhöhe erreicht ist, wird die Decke oder Schwarte von der Innenseite des Vorderfußwurzelgelenkes her über das Ellbogengelenk bis zur Schnittlinie am Brustbein durchtrennt. Die Vordergliedmaßen werden allseits von Decke oder Schwarte befreit und im Spalt des Vorderfußwurzelgelenkes abgetrennt. Danach wird die Decke oder Schwarte an Hals und Kopf abgelöst. Beim

Das Wildschwein ist abgeschwartet. Nun wird der Jäger es sorgfältig zerwirken.

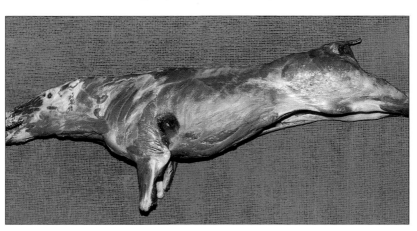

Enthäuten achten wir natürlich aufmerksam auf mögliche Veränderungen in der Decke oder Schwarte und auf der Körperoberfläche.
Beim Aus-der-Decke-schlagen, Abschwarten und Zerwirken ist auch dafür zu sorgen, daß die dafür benutzten Räumlichkeiten sowie die Personalhygiene fleischhygienerechtlichen Anforderungen unterliegen (siehe auch Seite 2).

ZERWIRKEN

Am hängenden Tierkörper werden bei einer gängigen Zerlegemethode für den Eigenbedarf zunächst die Vordergliedmaßen im Schulterbereich von der Brustwand gelöst. Hiernach trennt der Jäger beidseitig die Bauchlappen von der Kniefalte an entlang der Rückenmuskulatur mit einem Messer ab. Für die weitere Arbeit an der Brustwand benutzt er zum Durchtrennen der Rippen eine kräftige Schere oder Zange, besser noch eine Knochensäge. Bei vorsichtigem Handhaben der Geräte werden keine Rippenteile absplittern. ▶

Nach beidseitiger Schnittsetzung entlang der aufsteigenden Kieferäste, am geschicktesten so, daß die Ohrspeicheldrüsen am Kopf verbleiben, wird der Kopf im Gelenk abgesetzt. Je nach Verwendungszweck wird der Hals vor der ersten oder zwischen der zweiten und dritten Rippe mit Hilfe einer Knochensäge abgeschnitten. Wenn man den Vorderrücken ablösen will, wird vor der vorletzten Rippe getrennt. Vor dem Trennen des Hinterrückens von den Keulen hinter oder vor dem letzten Lendenwirbel im Zwischenwirbelbereich schält der Profi die Filetköpfe heraus und klappt sie so herunter, daß sie beim weiteren Arbeitsgang nicht angeschnitten werden können. Die Rückenmuskulatur wird dann vor dem Kreuz-Darmbeingelenk bis zu den Wirbeln durchtrennt. Abschließend werden die beiden Keulen im Kreuzbeinbereich voneinander geschieden. Die hergerichteten Teilstücke können dann je nach Geschick und Bedarf entbeint und küchengerecht zugeschnitten werden. Unter Berücksichtigung der vorangegangenen Abhängezeit und des gewünschten

Reifegrades – zum Beispiel entweder säuerlich-aromatischer oder vollaromatischer Geruch und Geschmack des Fleisches – kann das Wildbret, bereits verpackt, unter Kühlung bei plus vier Grad Celsius noch für etwa zwei Tage vor dem Tiefgefrieren gelagert werden.

LAGERN VON WILDBRET

Wer, wie heute üblich, Wildbret in seine Tiefkühltruhe packen will, wird zunächst für eine geeignete Verpackung sorgen. Er wird nur Folienmaterial verwen-

Unten: Beim Abtrennen des Blattes schärft das Messer „in den Bläschen". Die Rückenmuskulatur bleibt unverletzt.

Rechts: Bis zu den Rippen sind die Bauchlappen bereits abgeschärft.

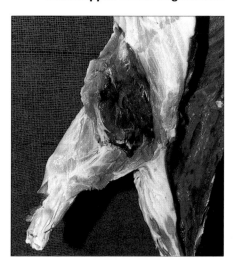

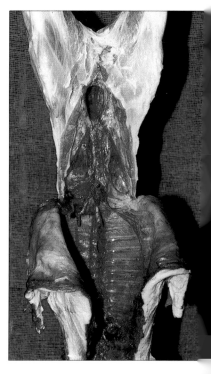

Fotos: Prof. Dr. M. Hadlok

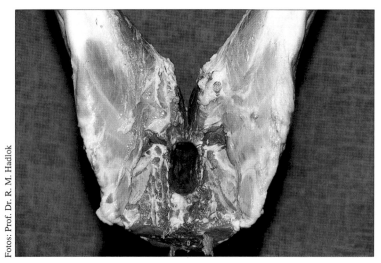

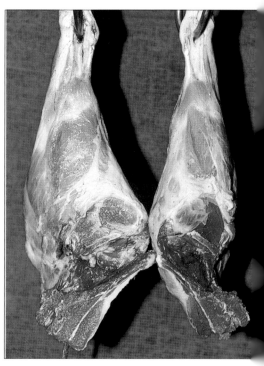

Oben: So präsentieren sich die beiden Keulen, wenn das Schloß nicht schon beim Aufbrechen geöffnet wurde.

Rechts: Das Kreuzbein verbindet die beiden Keulen miteinander. Es wird mit Hilfe einer Säge oder eines Beils durchtrennt. Diese beiden Keulen wurden vorbildlich zerwirkt.

den, welches für die Frischfleischverpackung zugelassen und für das Tiefgefrieren geeignet ist. Das ist ein gegenüber tiefen Temperaturen und mechanischer Beanspruchung widerstandsfähiges Material. Das Verpacken des Wildbrets wird

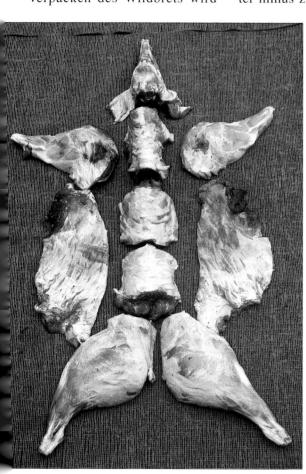

Oben: Küchenfertig zerwirkt. Ob der Jägersmann den Rücken teilt oder im Ganzen beläßt, richtet sich nach den Wünschen der Hausfrau.

Rechts: Auf der einen Seite sind die Rippen bereits durchgesägt. Auf der anderen ist die Säglinie mit dem Messer markiert.

unter Vakuum mit Hilfe eines leistungsstarken Gerätes vorgenommen. Auf die Verpackung gehört eine dauerhafte Kennzeichnung von Erlegungsdatum und Inhalt. Der Gefriervorgang muß schnell und mit tiefen Temperaturen unter minus zwanzig Grad Celsius erfolgen. Wichtig ist, daß das vorgekühlte Gefriergut dabei zunächst nicht dicht aneinander gelagert wird. Je schneller und tiefer der Einfriervorgang verläuft, desto geringer ist der Austritt von Fleischsaft beim Auftauen. Erneutes Einfrieren von aufgetautem Gefrierfleisch schadet der Fleischqualität. Jedoch kann es nach der Zubereitung – nach Erhitzen – erneut eingefroren werden. Gefrorenes Wildbret kann bei - 18 Grad Celsius bis zu zwölf Monate, speziell Schwarzwild bis

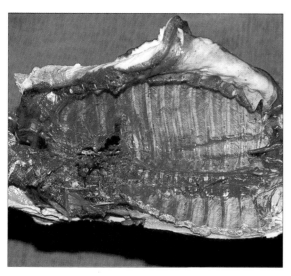

zu sechs Monate gelagert werden. Wichtig: Auf oder in das Wildbret gelangte Bakterien werden durch Gefriertemperaturen nicht völlig getötet.

KÜHLEN UND GEFRIEREN

Damit das Auskühlen von erlegtem Schalenwild möglichst bald wirksam beginnen kann, ist es nach dem Erlegen unverzüglich aufzubrechen und auszuweiden. Zumindest sollte zunächst das Gescheide aus der Bauchhöhle vorverlagert oder entnommen werden. Wenn die Außentemperatur nicht ausreicht, um die Innentemperatur der Muskulatur auf höchstens plus sieben Grad Celsius abzusenken – diese Temperatur sollte je nach Größe des Tierkörpers möglichst innerhalb von 24 bis 36 Stunden erreicht sein –, ist das Wild spätestens in einem Zeitraum von bis zu zwölf Stunden in eine geeignete Kühleinrichtung beziehungsweise Wildsammelstelle oder einen zugelassenen Wildbearbeitungsbetrieb zu bringen.

Der Gesetzgeber räumt die Möglichkeit ein, die Außentemperatur für eine Kühlung zu nutzen. Dies bedeutet aber nicht, daß das an einem strengen Frosttag erlegte Wild den tiefen Außentemperaturen dauerhaft ausgesetzt bleibt. Der Profi wird den Zeitraum nicht überschreiten, der für den jagdlichen Ablauf – Bergen, Transport und Versorgen – erforderlich ist.

Erlegtes Haarwild darf nicht in Decke, Schwarte oder Balg eingefroren werden. Dieses Verbot ist hygienisch begründet. So wird nämlich vermieden, daß das Wildbret, insbesondere im Bereich der Schußeinwirkung, durch Verunreinigungen in seinem Geruch, Geschmack und seiner Haltbarkeit während des ▶

Lagerns und beim Auftauen nachhaltig beeinflußt wird. Ein weiterer Grund besteht darin, daß ein erneutes Einfrieren von Teilstücken nach dem Zerwirken eine Qualitätseinbuße mit sich bringt. Die Qualität leidet unter anderem aufgrund des erhöhten Auftauverlustes, also des auslaufenden Fleischsaftes.

Es muß darauf hingewiesen werden, daß eine Wild-Kühlzelle allein noch keine Wildkammer oder Sammelstelle ausmacht. Für die Gestaltung und Ausstattung einer Wildsammelstelle gibt es Vorschriften im Fleischhygiene-

recht. Danach gehören außer einer Kühleinrichtung beispielsweise ausreichend große, hygienische Räumlichkeiten mit Warm- und Kaltwasseranschlüssen sowie Entwässerungsmöglichkeiten dazu. Wer eine solche Wildkammer einrichten will, setzt sich am besten mit dem zuständigen Amtstierarzt in Verbindung, dem auch die Hygieneüberwachung derartiger Einrichtungen obliegt.

Die Lieferung von Schalenwild in der Decke beziehungsweise Schwarte aus einer Sammelstelle an einen zugelassenen Wildbear-

beitungsbetrieb soll innerhalb weiterer zwölf Stunden erfolgen. Von dieser Vorschrift gibt es aber Ausnahmen, die den Gegebenheiten des Jagdbetriebes entgegenkommen. Das Wild kann ungefroren angeliefert werden, wenn es auf eine Innentemperatur von höchstens plus sieben Grad Celsius gebracht, bei dieser Temperatur gehalten und innerhalb von neun Tagen abgegeben wird. Es kann außerdem ungefroren angeliefert werden, wenn es auf eine Innentemperatur von höchsten plus einem Grad Celsius gebracht, bei die-

Oben: Nur eine Wildwanne für zwei erlegte Sauen. Ein wirklich kniffliges Transportproblem.

Rechts: Das zerwirkte Wildbret wird in Folie verpackt und dann tiefgefroren.

Foto: J. Borris

Foto: U. Grimm

Foto: M. Breuer

Oben: Gleich nach dem Verblasen der Strecke wird die Sau gewogen. Danach steht zwingend die Trichinellenprobe an.

ser Temperatur gehalten und innerhalb von 17 Tagen abgegeben wird. Ein derart langer Aufenthalt im Kühlraum setzt natürlich voraus, daß die Organe nach dem Erlegen alsbald vom amtlichen Tierarzt untersucht und beurteilt werden. Weiterhin eignen sich selbstverständlich nur Stücke hierfür, die mit sauberem Schuß

Foto: H. Arndt

spätestens bei der Anlieferung in den Betrieben geschieht. Bei nicht ausgeweideten Hasen und Kaninchen kann es je nach Temperatur schnell dazu kommen, daß die Bauchwand vergrünt und dadurch Geruchs- und Geschmacksabweichungen besonders im Filetbereich auftreten.

Beim Ausweiden von Kaninchen achtet der erfahrene Jäger auf die sogenannten Inguinaldrüsen, die beidseits des Weidloches liegen. Beim Ausweiden von Hasen wird er die sekrethaltigen Hauttaschen beidseits am Übergang der Innenseite des Hinterlaufes zum

Oben: Aus hygienischen Gründen baumelt der Fuchs außenbords.

Rechts: So liegen die Organe in Bauch- und Brusthöhle des Hasen.

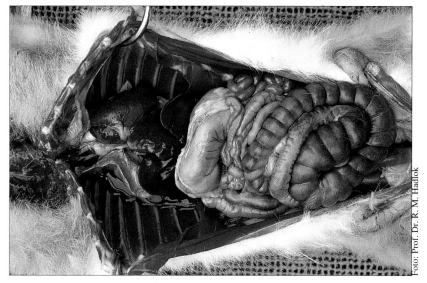

Foto: Prof. Dr. R. M. Hadlok

erlegt und hygienisch einwandfrei versorgt wurden. Desweiteren ist darauf zu achten, daß die Wände der Körperhöhlen gut abgetrocknet sind, damit die Tierkörper innen nicht schmierig werden.

Der sogenannte Kälteschock, das Verkürzen der Muskelfasern durch Kälte, ist nicht zu erwarten. Voraussetzung wäre, daß eine Muskeltemperatur von plus elf Grad Celsius und tiefer sowie ein pH-Wert von 6,2 und höher zusammentreffen würden. Dies ist unwahrscheinlich.

FELDHASE UND WILDKANINCHEN

Für das Gewinnen gesunden und hygienisch einwandfreien Wildbrets von Feldhase und Wildkaninchen gelten grundsätzlich auch die Bemerkungen, die zum Schalenwild bereits ausgeführt worden sind. Jedoch sind einige Besonderheiten zu berücksichtigen. Wird ein erlegter Mümmelmann oder ein Kanin aufgenommen, drückt der Treiber oder Schütze sofort die Harnblase aus, um sie zu entleeren. Das ist das erste Gebot.

Je nach Sitz der Schrote ist die Muskulatur stark verunreinigt und bakteriell belastet. Beim Durchschlagen des Balges reißen die Schrote Wolle mit sich. Das kann – vor allem wenn der Magen-Darm-Trakt verletzt ist – zu einem Keimgehalt von 10.000 bis 1.000.000 pro Gramm Muskulatur führen.

Auch dieses Haarwild wird möglichst unmittelbar nach dem Erlegen ausgeweidet. Der Gesetzgeber läßt allerdings zu, daß dies Beckenbereich „im Auge haben". Sie sind ohne Verletzung zu entfernen, da sich ihr jeweils strenger artspezifischer Geruch sonst auf die Muskulatur überträgt. Es ist im übrigen eine mitunter noch gepflegte Unsitte, den unausgeweideten Hasen tagelang hängen zu lassen. Auch das gelegentlich zu beobachtende Übereinanderstapeln von Wildkörpern, so bei guten Niederwildjagden mit größerem Wildanfall, ist eine „Totsünde". Bei größeren Strecken werden die Hasen und Kaninchen freihängend auf dem Wildwagen transportiert. So ist Luftzutritt gewährleistet. ▶

Die ausgeweideten Tierkörper sind spätestens nach zwölf Stunden auf eine Innentemperatur von höchstens plus vier Grad Celsius abzukühlen. Werden Hasen oder Kaninchen an einen zugelassenen Wildbearbeitungsbetrieb abgegeben, sind sie binnen zwölf Stunden direkt anzuliefern. Werden sie an eine Wildsammel-

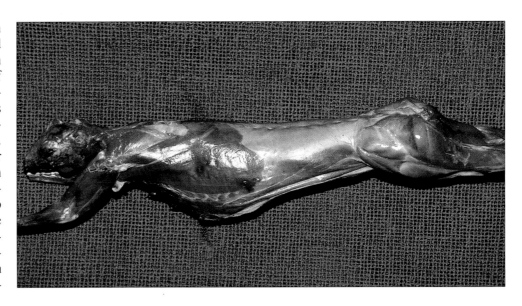

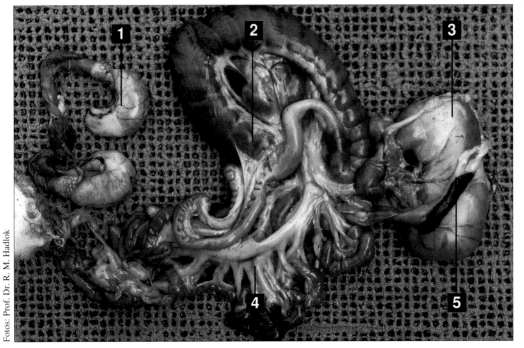

Foto: Prof. Dr. R. M. Hadlok

Oben: Sauber abgebalgt, wird der Feldhase gleich ausgeweidet. Die rotbraunen Bauchwände beweisen das alles rechtzeitig geschieht. Charakteristisch ist seine dunkle Muskulatur. Beim Kaninchen wäre sie blaßrosa.

Links: Die Organe von Bauch- und Beckenhöhle eines Rammlers, nämlich 1. Kurzwildbret, 2. Dickdarm, 3. Magen, 4. Dünndarm und 5. Milz. Nieren und Leber sind bereits entnommen.

stelle geliefert, geschieht dies innerhalb von 24 Stunden, jeweils nach dem Erlegen. Bei einer Innentemperatur von plus vier Grad Celsius sind die Tierkörper etwa zehn Tage haltbar. Das geht nur, wenn die Auskleidungen der Körperhöhlen von Anfang an abgetrocknet sind. Der Säuregrad der Muskulatur erreicht offensichtlich nicht so tiefe Werte wie beim Schalenwild. Innerhalb der ersten 24 Stunden wurden bei „Treibjagdhasen" pH-Werte zwi-

schen 6,4 und 5,8 und bei „Ansitzkaninchen" zwischen 6,2 und 5,7 gemessen. Da das Fettgewebe schnell ranzig wird, eignen sich die Vorderläufe nicht für ein Lagern in der Gefriertruhe.

FEDERWILD

Ente, Taube oder Fasan können wir ausnehmen, nachdem wir über der Kloake einen kurzen Schnitt gemacht haben. Die Kloake wird dabei sauber um-

schnitten. Außerdem muß der Kropf aus dem Hals gelöst werden. Sein Inhalt gärt rasch. Auch beim Federwild reißen die Schrotkugeln Federteile und Bakterien mit. Dadurch wird die Haltbarkeit des Muskelfleisches beeinträchtigt. Es ist deshalb wichtig, daß das Federwild nach dem Erlegen unverzüglich ausgeweidet und auf plus vier Grad Celsius herabgekühlt wird. Auch Federwild wird während des Transportes keinesfalls überein-

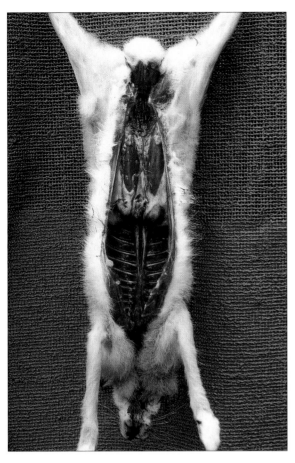

Links: Dieser Mümmelmann ist vom Schloß bis zum Kinnwinkel „aufgebrochen" und ausgeweidet. Die Filets sind vom Bauchfell abgedeckt. Die Nieren müssen noch entfernt werden.

andergelegt. Bei größeren Strecken werden Fasanen oder Enten freihängend auf dem Wildwagen transportiert.

Die noch ausstehende „Geflügelfleischhygiene-Verordnung" wird unter anderem Vorschriften darüber enthalten, auf welche „bedenklichen Merkmale" beim Federwild zu achten ist und welche hygienischen Anforderungen beim Behandeln dieses Wildes zu erfüllen sind.

Bislang ist nur das Geflügelfleischhygienegesetz erlassen. Nach dessen Vorschriften unterliegt erlegtes Federwild wie Wildente, -gans, -taube, Rebhuhn, Fasan grundsätzlich Untersuchungen, für die der amtliche Tierarzt zuständig und verantwortlich ist. Wie bereits bei den fleischhygienerechtlichen Vorschriften für erlegtes Haar-

Oben: Rebhuhn mit freigelegtem Kropf.

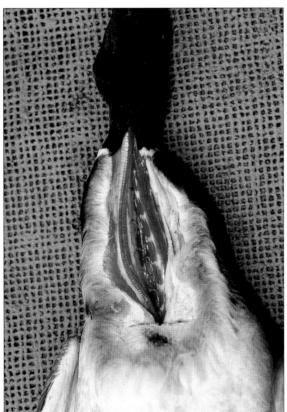

Links: Schlund und Luftröhre sind freigelegt. Wildenten haben keinen Kropf.

wild steht auch bei denen für erlegtes Federwild der Schutz des Verbrauchers klar im Vordergrund. Dabei ist der Aneignungsbeziehungsweise Jagdausübungsberechtigte in bestimmten Ausnahmebereichen dafür verantwortlich, daß nur Fleisch von erlegtem Federwild in den Verkehr gelangt, welches gesundheitlich und in seiner Beschaffenheit unbedenklich ist. Das Gesetz findet keine Anwendung auf erlegtes Federwild, „wenn keine Merkmale festgestellt werden, die das Geflügelfleisch als bedenklich zum Verzehr für Menschen erscheinen lassen" und folgende Zweckbestimmungen vorgesehen sind:

1. Federwild sowie Geflügelfleisch werden zum Verbrauch im eigenen Haushalt des Aneignungsberechtigten verwendet;
2. Abgabe unzerteilter Tierkörper von Federwild durch den Aneignungsberechtigten unmittelbar an Verbraucher zur Verwendung im eigenen Haushalt;
3. Abgabe unzerteilter Tierkörper von Federwild durch den Aneignungsberechtigten in geringen Mengen an nahegelegene be- oder verarbeitende Betriebe zur Abgabe an Verbraucher zum Verzehr an Ort und Stelle (z.B. in Gaststätten) oder Abgabe an Verbraucher zur Verwendung im eigenen Haushalt (z.B. durch Fleischerei).

BESEITIGEN VON TIERKÖRPERN

Immer wieder einmal kommt es vor, daß der Jäger Fallwild findet. Um schnell und sicher an die Diagnose zu gelangen, senden wir das Stück an das nächste staatliche Veterinäruntersuchungsamt oder an ein tierärztliches Hochschulinstitut für Pathologie (Anschriften siehe Sonderheft Nr. 12 „Wildkrankheiten", Seite 162). Keinesfalls packen wir solche Stücke einfach auf den Luderplatz. Handelt es sich aber beispielsweise um eine vor Tagen verunfallte Ricke, wird der Jäger diese vergraben. Fachgerecht geschieht dies, wenn das Stück gut einen Meter tief unter

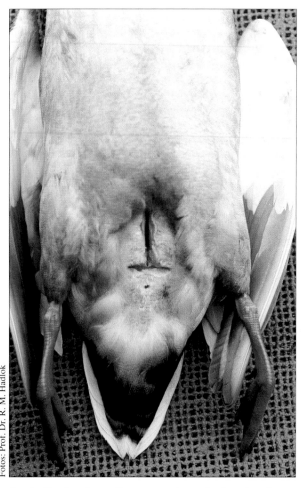

Fotos: Prof. Dr. R. M. Hadlok

Auch Stockenten müssen rasch „aufgebrochen" werden. Um die Organe der Leibeshöhle zu entnehmen, werden über dem Weidloch Schnitte angesetzt.

Zunächst wird das Rebhuhn rund um das Weidloch gerupft. Dann läßt sich dieses sauber umschneiden. Anschließend werden die Innereien entnommen.

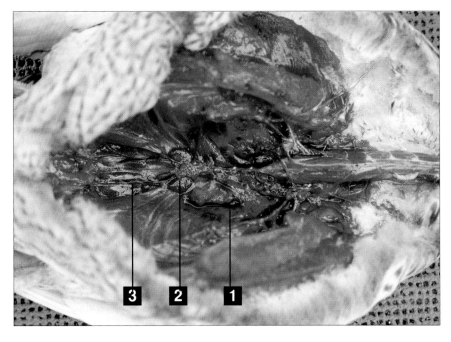

die Erde kommt. Dann gräbt auch Meister Reineke die Ricke nicht mehr aus. Damit das Stück unter der Erde rasch verwesen kann, packen wir es keinesfalls in Folie.

Links: So schaut es in der Leibeshöhle eines Stockerpels aus. Beziffert sind 1 Lunge, 2 Hoden, 3 Nieren.

Unten: Nach dem Erlegen noch ein rascher Rundblick über die Wildwiese. Der Bock ist für den Transport schon praktisch „geschürzt", der Heimweg mit ihm so „ein Leichtes".

FACHLITERATUR

Das fachgerechte Versorgen erlegten Wildes ist wichtiger Bestandteil jagdlichen Handwerks. Entsprechend viele Bücher und Broschüren sind auf dem Markt. Eine Auswahl wird kurz und bündig vorgestellt:

1. Dedek, Justus und Theodora Steineck (Hrsg.) – Wildhygiene (1. Auflage 1994)
Ein sauber erarbeitetes, umfassendes Handbuch zu Wildkrankheiten und Wildbrethygiene. Neben den deutschen Rechtsvorschriften werden auch die Österreichs und der Schweiz berücksichtigt. Ein Standardwerk.

2. Graf Kujawski, Olgierd E. J. – Fleischuntersuchung. Versorgen, Verwerten, Trophäenbehandlung (4. Auflage 1996)
Den Text veranschaulichen viele Fotografien in hervorragender Qualität. Sie bieten dem Praktiker unter anderem Vergleichsmöglichkeiten, wenn er krankhafte Veränderungen an Organen erlegter Stücke gefunden hat. Aus dem Inhalt: Der Bock ist tot – was dann?; Versorgen von starkem Schalenwild und Wildbrethygiene im Sommer; Zwischen Bruch und Braten; Trophäenbehandlung.
In den folgenden beiden Büchern finden sich neben Rezepten Anleitungen, wie wir Haar- oder Federwild küchenfertig herrichten können:

3. Frisch, Peter (Hrsg.) – Wildküche (1. Auflage 1977)
Neben tollen Rezepten für Rehrücken, Damhirschkeulen und Hasenkeulen finden sich auch solche für Bleßhühner, Geflügelleber und Wildzungen. Ein Kochbuch

vom JÄGER für Jäger.

4. Graf Kujawski, Olgierd E. J. – Das große Buch vom Wild (1. Auflage 1992)
Einmal enthält das Buch großzügig bebilderte Tips für das Aus-der-Decke-schlagen und Zerwirken von Haarwild, das Rupfen von Federwild oder Lagern von Wildbret, also eine Warenkunde. Zum anderen liefert der Autor um-

fangreiche Rezepte, um exzellente Fonds, Suppen, Saucen, Braten oder Schmorgerichte auf den Tisch zu zaubern. Ein Buch für den „Fortgeschrittenen".
Um Erkrankungen sicher bestimmen zu können, gibt es ebenfalls verschiedene Fachbücher. Literaturhinweise finden sich in Sonderheft Nr. 12 „Wildkrankheiten" auf Seite 192.

Kühl und luftig hängt die Sau an der Waage der Wildkammer.

JÄGER & PRAXIS

KURZ & BÜNDIG

20

REVIEREINRICHTUNGEN: KANZELN ★ LEITERN ★
SCHIRME ★ PIRSCHSTEIGE ★ SALZLECKEN ...

EINE BEILAGE DER ZEITSCHRIFT JÄGER

UNFALLVERHÜTUNG

Stand: Februar 1997 (Alle Angaben ohne Gewähr).

Ob alle Vorschriften der Unfallverhütungsvorschrift „Jagd" (UVV 4.4.), die den Hochsitzbau betreffen, sinnvoll sind, ist fraglich. Aber kennen sollte sie der Revierinhaber trotzdem. Nachfolgend die entscheidenden Passagen:

§ 2 Ausübung der Jagd

(2) Beim Besteigen oder Verlassen eines Hochsitzes, beim Überschreiten von Hindernissen, beim Besteigen von Fahrzeugen und bei ähnlichen Gefahrenlagen ist die Schußwaffe zu entladen.

§ 5 Bauliche Jagdeinrichtungen

(1) Erhöht gebaute Jagdeinrichtungen, ihre Zugänge sowie Stege müssen aus kräftigem Material hergestellt sein. Holz darf nur verwendet werden, sofern es gesund ist. Aufgenagelte Sprossen sind nur an geneigt stehenden Leitern zulässig; sie sind in Einkerbungen einzulassen; Belaghölzer müssen so verlegt und befestigt sein, daß sie gegen Verschieben, Kippen und Kanten gesichert sind...

(2) Bauliche Jagdeinrichtungen müssen stets, insbesondere im Frühjahr, überprüft und in einwandfreiem Zustand erhalten werden. Mangelhafte Teile sind unverzüglich auszubessern. Nicht mehr benötigte Einrichtungen sind abzubauen.

Der bekannte Berufsjäger und Fachjournalist *Bruno Hespeler* gibt in seinem Buch „Reviereinrichtungen für den Praktiker" verschiedene über die UVV hinausgehende, gleichwohl grundlegende Hinweise. Eine Pflichtlektüre für jeden Hochsitzbauer. Dreizehn wichtige Regeln werden hier wiedergegeben:

1. Hochsitze verbinden wir in der Regel nicht mit Bäumen.
2. Auf Sitzhöhe müssen Leiterholme und Ständer mindestens acht Zentimeter stark sein.
3. Holme und Ständer werden grundsätzlich verpflockt. Sie stehen möglichst auf Steinen und sind in Erdnähe imprägniert.
4. Streben stehen prinzipiell quer zueinander. Sie sind zudem so hoch wie möglich – keinesfalls tiefer als am Hochsitzboden – angebracht. Streben laufen über zwei Stützen, damit das Oberteil nicht vibriert.
5. Sind Leiterholme länger als drei Meter, stützen wir sie über Kreuz ab.
6. Leitern mit einer Länge von mehr als fünf Metern versehen wir mit einem gründlich entasteten Handlauf.
7. Laufen Leitern nicht direkt in

Foto: B. Vater

den Hochsitz hinein, sondern parallel zu diesem, müssen sie mindestens einen Meter über die Bodenfläche des Hochsitzes hinausragen und bis zum Ende mit Sprossen versehen sein. So haben wir beim Wechsel von der Leiter in den Hochsitz den nötigen Halt.
8. Leitersprossen liegen niemals rund auf den Holmen. Entweder werden stärkere Rundhölzer halbiert oder an beiden Enden angeplattet.
9. Einstiegsöffnungen belassen wir so breit, daß wir sie mit Rucksack und Waffe bequem passieren können.
10. Bodenbeläge aus Brettern sind mindesten 24 Millimeter stark. Haben die Bretter eine Länge von mehr als 80 Zentimeter, beträgt die Mindeststärke 30 Millimeter.
11. Bodenbeläge aus Rundhölzern werden entastet und entrindet. Sie liegen glatt auf. Sind die einzelnen Hölzer länger als 80 Zentimeter, liegen sie nicht bloß rechts und links, sondern auch mittig auf. Wir benötigen also eine zusätzliche Unterlage. Bei unbedachten Hochsitzen dulden wir als Bodenbeläge kein feuchtigkeitsspeicherndes Material wie Teppichbodenreste oder Laub.
12. Bei tragenden Verbindungen müssen die Nägel durch beide Hölzer durchreichen. Die Länge der Nägel ist grundsätzlich der Stärke des Holzes angepaßt. Nägel werden gegen die Holzfaser umgeschlagen.
13. Beim Hochsitzbau ist stets ein Verbandskasten dabei.

Mut oder Übermut? Zu wackelig ist diese Leiter. Abbaumen und abbauen wären sinnvoll.

INHALT

Rechts: Hochsitze oder Leitern besteigen wir grundsätzlich mit entladener Waffe. Er weiß das auch.

Foto: St. Völkel

Je mehr hilfreiche Hände zupacken, desto schneller steht die Kanzel.

Foto: H. Dudden

Stabil gebaut ist die Leiter, aber sie steht arg steil.

Foto: Archiv JÄGER

Links: Haben Sie ihn entdeckt? Perfekt getarnt ist dieser ebenerdige Ansitzplatz. Von hier aus sind auch Fuchs oder Krähe problemlos zu überlisten.

Foto: R. Roosen

Impressum: **JÄGER & PRAXIS** KURZ BÜNDIG Reviereinrichtungen. Eine Beilage der Zeitschrift JÄGER

Titelfoto: K.-H. Volkmar

Jahr-Verlag GmbH & Co.
Jessenstraße 1
22767 Hamburg
Tel. 040 / 38 90 61 10
Fax 040 / 38 90 63 05

Verleger:
Alexander Jahr

Redaktion:
Dr. Rolf Roosen

Fachberater:
Walter Bachmann und
Friedrich Karl von Eggeling

Titel/Layout: Werner Rabe

Vertriebsleitung:
Peter Lüdemann

Herstellungsleitung:
Helmut Post,
Brunhild Sudmann (Stellv.)

Druck: Busche, Dortmund

Lithographie: Repro- und
Satztechnik Helmut Gass,
Hamburg

Copyright:
Jahr-Verlag GmbH & Co.
Hamburg 1997

HOCHSITZE, ANSITZ- LEITERN UND SCHIRME

Ohne Kanzeln, Leitern und Schirme geht es heute vielerorts nicht mehr. Die Reviere sind klein geworden. Die Unruhe durch Menschen nimmt zu. Der Ansitz ist bevorzugte Einzeljagdart geworden, die Pirsch nur noch selten möglich. So braucht der Jäger diese jagdlichen Einrichtungen. Wo und wie wir sie einfach und selbst errichten können, veranschaulichen die folgenden Seiten.

Foto: Dr. K.-H. Betz

Aus der Deckung seines schnell und einfach errichteten Schirmes heraus richtet sich der Flugwildjäger auf. Die Flinte ist schon im Gesicht. Zum Mitschwingen hat er Platz.

Leitern und Kanzeln haben einen riesengroßen Vorteil: Der Jäger kann die Waffe gut auflegen, den rechten Arm abstützen und so einen sicheren Schuß anbringen.

Foto: Archiv JÄGER

Die Revierstruktur in Deutschland ist den Gemarkungen angepaßt. Vielfach ist damit die Waldgrenze auch zur Reviergrenze geworden. Frei im Feld stehen dann da die „Türme", stattlich und hoch, einen Büchsenschuß voneinander entfernt. Der Landschaft angepaßt? Nur wenige. So sind sie berechtigter Kritik ausgesetzt.

WAHL DES ANSITZPLATZES

Bei jeder Wildart ist sie wichtig, die Wahl des Ansitzplatzes. Enten auf dem Abendstrich schießen sich nun mal besser gegen den noch hellen Westhimmel. Ringeltauben im Herbst werden wir längere Zeit beobachten, um zu sehen, welche Schläge sie bevorzugen. Hoppelt der Hase morgens zur Sasse, erwartet der Jäger ihn am trockenen, sandigen Erdweg.

Bei allem Schalenwild entscheiden wir von Fall zu Fall. Ihr Tagesrhythmus besteht aus Ruhe- und Fraßperioden sowie den Anmarschzeiten von den Tageseinständen zu den Äsungsflächen. Optimal plaziert sind also Kanzeln, Leitern oder Schirme an oder

wählt der Jäger seinen Ansitzplatz so, daß seine Wittrung das Wild möglichst nicht erreicht. Dessen Nase bestimmt ja entscheidend das Feindverhalten. So ist es ein Muß, die örtliche Hauptwindrichtung zu berücksichtigen. Es ist ein Trugschluß, daß der Jäger, der elf Meter über dem Boden ansitzt, unabhängig vom Wind sei. Das Schrecken des Altieres, das Blasen der Sauen wird ihn eines Besseren belehren. Auch der „Küselwind" – im Mittelgebirge bei rasch wechselnden Hanglagen oder stark unterschiedlichen Bestandesformen – wird vielfach

Foto: Sv.-E. Arndt

Zu offen und frei steht diese Kanzel im Gelände. Wie soll der Jäger sie erreichen oder verlassen, ohne Wild zu stören? Ein Umsetzen der Kanzel an den Laubholzstreifen ist zu überprüfen.

neben Wechseln, Suhlen, bevorzugten Äsungsschneisen, Brunftplätzen oder Einstandsdickungen. Dabei gilt ein eiserner Grundsatz: So wenig Störung wie möglich! Wie erreichen wir das? Zum einen

Kummer bereiten. Merkt der Jäger beim Prüfen des Windes, daß dieser immer wieder umschlägt und damit ihm hier heute gar nicht paßt, wird er diesen Ansitzplatz möglichst rasch wieder verlassen.

Foto: St. Meyers

Links: Wegen der Anbindung zum Baum wird diese eigenwillig konstruierte Leiter schon bei leichtem Wind schaukeln. Vielleicht der Grund, weshalb sie zur rechten Zeit unbesetzt ist.

Foto: K. Andrews

Rechts: Die alte, klapperig gewordene Leiter in der Eiche werden wir bald durch eine neue ersetzen.

Ort die günstigsten Ansitzplätze herausfinden. Dazu bedarf es oft manches Jahr der Erfahrung. Deshalb ist es bisweilen zweckmäßig, erst eine transportable Leiter zur Erkundung aufzustellen, bevor man einen arbeitsaufwendigen Hochsitz mit einer Sitzbank für zwei bis drei Personen errichtet oder bauen läßt. Einfache, kleine Schirme erfüllen häufig denselben Zweck und verhelfen zu gutem

Zu gering wäre die Chance, nicht bemerkt zu werden.

Zum zweiten ist unser Ansitzplatz gut erreichbar. Je gedeckter und lautloser – auch bei völliger Dunkelheit – wir zu ihm kommen beziehungsweise ihn verlassen können, desto größer ist die Wahrscheinlichkeit, das Wild vertraut zu lassen. Nur dann sind auch Beobachtungen bei gutem Licht möglich. So sind Hochsitze, die im Wald mitten auf großen Kulturflächen postiert werden, nun wirklich nicht empfehlenswert.

Daneben bietet die gute Deckung und Erreichbarkeit des Ansitzplatzes auch stets den Vorteil, ihn gut in das Landschaftsbild einbinden zu können. Alle naturverbundenen Menschen wissen das zu würdigen. Ausnahmen werden dem Feldjäger dann zugebilligt, wenn auf großen Freiflächen überhaupt keine natürliche Deckung gegeben ist.

Und noch einen vierten Grundsatz werden wir bei der Wahl des Ansitzplatzes berücksichtigen. Ausblick und Schußfeld müssen gut sein. Sie sind – sehen wir vom Birkhahnschirm ab – wichtiger als Deckung.

Für die einzelnen Wildarten seines Reviers wird jeder Jäger vor

Anblick. So manchen Fuchs kann der Jäger beim morgendlichen Einlauf, bei dem er eigentlich an den Küchenhasen dachte, aus ihnen erlegen.

GESCHLOSSENE KANZELN

Wenn wir im Feld auf Hochwild zu Schuß kommen wollen, werden wir einmal möglichst windunabhängig und zum anderen oft recht ▶

MATERIALIEN FÜR EINE GESCHLOSSENE KANZEL

Material:
Derbstangen oder Stämme der Klasse I, mindestens 6 x 8 Zentimeter Stärke, Bodenbretter von mindestens 30 Millimeter, Schalbretter von 18 bis 24 Millimeter Stärke, Schwärtlinge, Isolierteer, Nägel von 70 bis 250 Millimeter sowie einige Bauklammern.

Werkzeug:
Motorsäge, Handbeil, zwei Lattenhämmer, Nageleisen, Wasserwaage, Senkblei mit langer Schnur, zwei Maßstäbe, Rollmaßband, eine Aluleiter und vier mindestens zehn Meter lange Seile, am besten ausgediente Bergseile.

Arbeitskräfte:
Für den Zusammen- und Ausbau genügen zwei bis drei Personen, zum Hochdrücken der Ständerpaare oder des Turmes sind vier, besser fünf Mann erforderlich.

Zeitaufwand:
Für Modell 1 sechs, für Modell 2 acht Stunden; bei Materialwerbung, zwei Tage.

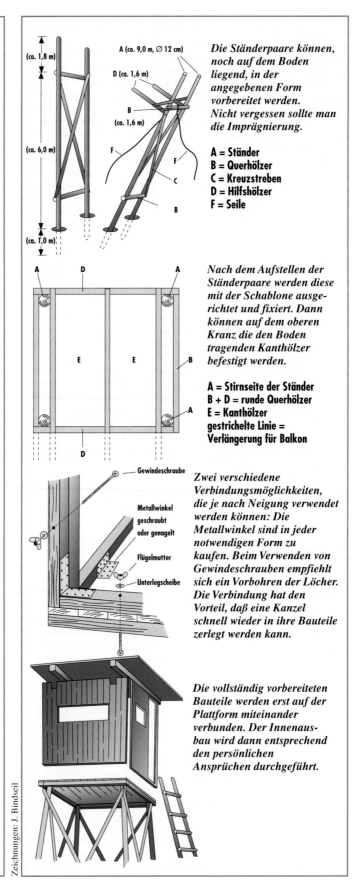

Zeichnungen: J. Bindseil

Die Ständerpaare können, noch auf dem Boden liegend, in der angegebenen Form vorbereitet werden. Nicht vergessen sollte man die Imprägnierung.

A = Ständer
B = Querhölzer
C = Kreuzstreben
D = Hilfshölzer
F = Seile

Nach dem Aufstellen der Ständerpaare werden diese mit der Schablone ausgerichtet und fixiert. Dann können auf dem oberen Kranz die den Boden tragenden Kanthölzer befestigt werden.

A = Stirnseite der Ständer
B + D = runde Querhölzer
E = Kanthölzer
gestrichelte Linie = Verlängerung für Balkon

Zwei verschiedene Verbindungsmöglichkeiten, die je nach Neigung verwendet werden können: Die Metallwinkel sind in jeder notwendigen Form zu kaufen. Beim Verwenden von Gewindeschrauben empfiehlt sich ein Vorbohren der Löcher. Die Verbindung hat den Vorteil, daß eine Kanzel schnell wieder in ihre Bauteile zerlegt werden kann.

Die vollständig vorbereiteten Bauteile werden erst auf der Plattform miteinander verbunden. Der Innenausbau wird dann entsprechend den persönlichen Ansprüchen durchgeführt.

lange sitzen müssen. Daher sind bewährte Kanzeln um die sechs Meter hoch und außerdem so „dicht" wie möglich. Entsprechend stark wählen wir die vier Ständer. Schon einige Tage vor dem Kanzelbau haben wir sie bis in eineinhalb Meter Höhe gut mit Isolierteer gestrichen. Der Könner streicht gleich zweimal, damit sie Wind und Wetter mehr als eine Pachtperiode trotzen.

Im folgenden werden zwei einfache **Bauvarianten** vorgestellt. Um diese Kanzeln zu errichten, brauchen wir absolut keine Zimmermeister zu sein. Es handelt sich gewissermaßen um Grundmodelle, die entsprechend der örtlichen Notwendigkeiten variiert werden können.

Modell 1

Damit sich unsere Kanzel nicht kegelförmig verjüngt, legen wir zwei Ständer (A) parallel nebeneinander. Dann justieren und nageln wir die Querhölzer (B) auf die starken, aufgetrennten Stangen. Anschließend sind die Kreuzstreben (C) an der Reihe. Das zweite Ständerpaar erstellen wir ebenso. Zusätzlich nageln wir allerdings in Bodenhöhe zwei Hölzer (D) entsprechend den Maßen der Querhölzer (B) rechtwinklig auf und fixieren sie mit Bauklammern. Sämtliche Nägel gehen jeweils durch beide Hölzer und sind gegen die Faser umgeschlagen. Alle kritischen Verbindungen sichern wir zusätzlich mit Bauklammern.

Nach diesen Arbeiten graben wir die „Startlöcher". Sie erleichtern uns das Aufstellen und geben der Kanzel den nötigen Halt. Einen knappen Meter tief sollten sie schon sein, kein einfaches Unterfangen in steinigem Gelände. Um sie in wirklich exaktem Maß und Winkel zu graben – nur dann sind später auch die Ständer genau im Winkel –, zimmern wir uns eine Schablone aus Dachlatten. Darüber hinaus müssen alle Löcher gleich tief sein. Zu diesem Zweck messen wir nicht von der meist unebenen Bodenfläche, sondern mittels der Wasserwaage. Auf einen Pfahl gelegt, leistet die Scha-

blone auch hierbei beste Dienste. Lassen sich die Löcher, etwa wegen großer Steine, nicht gleichmäßig graben, messen wir aus. Anschließend sägen wir die Ständer mit der Motorsäge passend ab und teeren die Anschnitte neu. In die beiden hinteren „Startlöcher" stellen wir nun je ein dickes Brett als Anschlag und Rutsche für die Ständer. Dann wird das erste Ständerpaar vorgelegt. Am oberen Querholz (B) werden zwei der langen Seile (F) angebunden. Mit Hilfe von Scherenstangen drücken wir nun hoch und ziehen gleichzeitig an einem der Seile. Sobald

die Ständer in die Löcher rutschen, haben sie verspielt.

Nun werden sie mittels der Seile provisorisch gesichert. Zuschütten werden wir die Löcher allerdings noch nicht. Zuvor ziehen beziehungsweise drücken wir das zweite Ständerpaar hoch. Anschließend legen wir zwischen die vier Ständerpaare wieder unsere Schablone, richten aus und füllen loses Material in die Löcher.

Gegen das obere Querholz (B) des ersten Ständerpaares stellen wir die Aluleiter. Der leichteste „Gehilfe" steigt hinauf und legt die Schablone jetzt oben zwischen die ▶

Das Grundgerüst dieser Feldkanzel steht bereits. Ein hartes, schweißtreibendes Stück Arbeit. Nun geht es an den Aufbau.

Foto: H. Dudden

FÜNF TIPS ZUM SICHEREN HOCHSITZBAU

1. Als Baumaterial wählen wir nur gesundes, kräftiges und endrindetes Nadelholz.
2. Am Einstieg lassen wir die Leiter etwa einen Meter überstehen und schaffen einen Handlauf, an dem wir uns festhalten können.
3. Hölzer, welche in den Boden eingelassen werden, sind zuvor gegen Fäulnisbildung behandelt worden. In hohem Gras hält sich Feuchtigkeit sehr gut. Deshalb lassen wir Leiterfüße und Hauptholme nicht zuwachsen. Auch die Stellen, an denen sich Wasser sammeln könnte, werden satt imprägniert.
4. Alle Sprossen lassen wir in Kerben ein und nageln sie an-

schließend auf. Sie stehen eine Hand breit über. So verhindern wir das Reißen des Holzes beim Nageln.
5. Bei offenen Kanzeln hat es sich bewährt, den Fußbodenbelag in einem Abstand von einem Zentimeter zueinander zu nageln. So kann Feuchtigkeit gut abziehen, ein Verspannen der Hölzer wird vermieden.

Ständer. Nun haben wir wirklich exakte Form und haargenaues Maß! Die beiden D-Hölzer sind nun ausgesprochen hilfreich: Nur zwei Nägel, und wir haben eine feste Verbindung, ohne eine akrobatische Zirkusnummer einlegen zu müssen. Die Schablone hat ausgedient.

Ehe unser „Leichtgewicht" von der Leiter steigt, bindet er das Senkblei in die Mitte des oberen Querholzes (B). Nun können „Feinheiten" abgelesen und korrigiert werden. Die Löcher füllen wir jetzt vollends aus und stampfen den Erdboden fest. Geht's locker zu, ist

dann erst einmal eine Brotzeit angesagt.

Als nächstes werden wir auf beiden Seiten Kreuzstreben (C) anbringen. Die sicherste Bauweise besteht darin, daß die Kreuzstreben der beiden Seiten über die beiden Ständer hinweg weit nach außen gezogen und verpflockt sind.

Auf dem oberen Kranz (B + D) aufliegend, allerdings innenseitig, werden die den Boden tragenden Kanthölzer (E) eingenagelt. Ein drittes Kantholz nageln wir aus Sicherheitsgründen in die Mitte. Werden diese Hölzer nicht haarge-

nau mit der Wasserwaage eingemessen, besteht Gefahr, daß der gesamte Aufbau schief gerät. Soll die Kanzel einen Balkon erhalten, werden die Kanthölzer um jeweils achtzig Zentimeter überstehen. Die Bodenbretter werden unten zugeschnitten, hochgezogen und dicht an dicht genagelt.

Der nächste Arbeitsschritt ist die Leiter. Planen wir einen Balkon, nageln wir ein langes, überstehendes Rundholz vor, auf welchem die Holme aufliegen. Ohne Balkon legen wir sie einfach auf eines der oberen Querhölzer (B oder D), wobei wir zur Sicherheit einen Holm

Gemeinsam gehen sie zu Werke. Das erleichtert ihnen die Arbeit wesentlich und verringert die Unfallgefahren.

Ein gefährlicher Moment beim Bau einer Kanzel ist die Arbeit auf dem Dach. Gewandt und schwindelfrei werden die Helfer dabei sein.

Fotos: H. Dudden

etwa dreißig Zentimeter in die Kanzel hineinlaufen lassen und mit dem Ständer vernageln. An dieser Stelle erhält die Tür später eine Aussparung.

Leitern dieser Höhe müssen schwer sowie massiv sein. Aus diesem Grund stellen wir zunächst nur die eingekerbten Holme her, justieren sie und nageln anschließend die Sprossen auf. Als Sprossen verwenden wir aufgetrennte, dicke Rundhölzer. Zusätzlich stützen wir die Leiter wenigstens einmal in der Mitte ab, damit sie sich nicht durchbiegt.

Nun geht's an die Verschalung.

Zunächst nageln wir unten – außenseitig und auf dem Boden liegend – einen Kranz Kanthölzer. Die Schalbretter sollen wegen Nässe später über die Bodenkante stehen. Dann wird der zweite Kranz oben aufgenagelt. Hierbei ist die Dachneigung zu berücksichtigen. Ehe wir die Bretter aufnageln, ziehen wir allerdings noch die beiden Türpfosten sowie die ebenfalls aus Kanthölzern bestehenden Rahmen für Fenster oder Luken ein.

Die Schalbretter werden am Erdboden grob auf Länge geschnitten, hochgezogen und dicht aufgenagelt. Rechtshänder beginnen am besten, links von der Tür – im Uhrzeigersinn – zu nageln. Wir nageln jeweils drei bis vier Bretter auf, dann setzen wir gleich die Schwärtlinge über die Ritzen. Denn später kämen wir nicht mehr dran.

Auch das Dach wird am Erdboden fix und fertig gemacht: Kanthölzer, Bretter, Folie, Teerpappe, so wie auf den Seiten 44ff beim Bau der offenen Kanzel beschrieben. Es wird mit zwei Seilen hochgezogen und dann eingelegt.

Jetzt fehlt nur noch der Innenausbau und gegebenenfalls die Balkonsicherung. Der Innenausbau richtet sich nach Erfordernis und Geschmack. Vor den Luken ist ein etwa zehn Zentimeter breites, gepolstertes Auf- und Ablagebrett zweckmäßig. Wollen wir nach al-

len Seiten beobachten und schießen können, empfiehlt sich statt fester Bank und Lehne einfach ein auf zwei Hölzer schiebbares Bankbrett. Äußerst schalldämmend und warm wirkt die Auslage und der Beschlag mit Teppichboden. Reste sind preisgünstig erwerbbar. Alte Säcke tun's zur Not auch. Sie bieten allerdings Mäusen und Ungeziefer mehr Brutmöglichkeit.

Die Tür wird unten maßgefertigt, mit Bändern versehen und oben bloß noch angeschraubt. Offene Luken bilden Windkanäle; hier zieht es mehr als auf offenen Kanzeln. Fenster hingegen reizen dazu, eingeworfen zu werden. In stadtnahen Revieren wird man deshalb vielleicht noch Läden anbringen. Daß Tür- und Fensterriegel geräuschlos zu öffnen und zu schließen sind, ist sonnenklar. Jetzt fehlen nur noch Handlauf und Balkongeländer.

Modell 2

Leichtere Kanzeln bis maximal fünf Meter Höhe lassen sich nach demselben Schema bauen wie die ab Seite 44ff beschriebenen offenen Kanzeln. Allerdings braucht's dazu stärkere Ständer, deren Zopfstärke nicht unter zwölf Zentimeter liegt. Doch zunächst fertigen wir auf einem ebenen Holz- oder Betonboden den Kanzelboden, die vier Seitenteile und das Dach. Kanthölzer bilden jeweils den Rahmen und werden mit dem in jedem Heimwerkermarkt erhältlichen Metallwinkel stabil und einfach verbunden. Auf die fertigen Rahmen werden die Bretter und Schwärtlinge aufgenagelt.

Erst jetzt bauen wir den auf Seite 44 und 47 gezeichneten bzw. beschriebenen Turm. Allerdings sind in diesem Fall alle vier Ständer exakt gleich lang. Der vorgefertigte Rahmen dient gleichzeitig als oberster Rahmen. So versehen, wird der Turm hochgedrückt. Es ist nun entscheidend, daß der Kanzelboden absolut „im Wasser liegt".

Nun ist es fast geschafft. Abgeschlossen wird die Kanzel nicht. Unverschlossene Türen garantieren die geringsten Schäden und minimalen Ärger.

Erst wenn der Turm fest verstrebt und die Leiter angenagelt ist, ziehen wir die fertigen Seitenteile hoch. Oben verschrauben wir Seitenteile, Boden und Dach mittels langer Gewindeschrauben und Flügelmuttern. Dies alles haben wir unten bereits vorbereitet. Alternativ können wir auch die schon erwähnten Metallwinkel benutzen. Sie gibt es in jeder erforderlichen Form.

Der so verschraubte Aufbau läßt sich jederzeit zerlegen und auf einen anderen Turm montieren. Gut imprägniert, hält er zwei Pachtperioden aus. Tür und Fenster werden nachträglich angeschraubt.

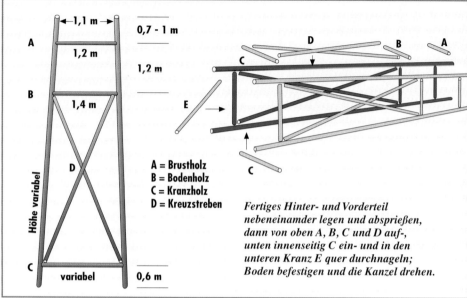

A = Brustholz
B = Bodenholz
C = Kranzholz
D = Kreuzstreben

Fertiges Hinter- und Vorderteil nebeneinamder legen und absprießen, dann von oben A, B, C und D auf-, unten innenseitig C ein- und in den unteren Kranz E quer durchnageln; Boden befestigen und die Kanzel drehen.

OFFENE UND HALBOFFENE KANZELN

Material

Grundmaterial jedes Hochstandes sind „gesundtrockene" Fichten- oder Douglasienstangen. Grüne Stangen verwenden wir grundsätz- lich nicht. Erstens sind sie viel zu schwer. Zweitens harzen sie. Und drittens faulen sie unten sehr rasch ab. In Bodenhöhe liegt der Durch- messer der Stangen nicht unter zehn Zentimeter. Für die hier be- schriebene Kanzel genügen maxi- mal zwölf Stangen. Voraussetzung ist, daß sie am „Zopf", dem dün- nen Ende, nicht schwächer als acht Zentimeter sind.

Wer es sich leisten kann, wird den Bodenbelag auf Kanthölzer von zirka sechs mal acht Zentimeter nageln. Als Bodenbelag wählen wir grundsätzlich Bretter; auch wenn sie teurer sind als Rundlin- ge. Ist der Abtrag nicht länger als sechzig Zentimeter, genügen sol- che mit einer Stärke von 24 Milli- meter, besser sind 30.

Befindet sich ein Dach auf der

Foto: P. Konrad

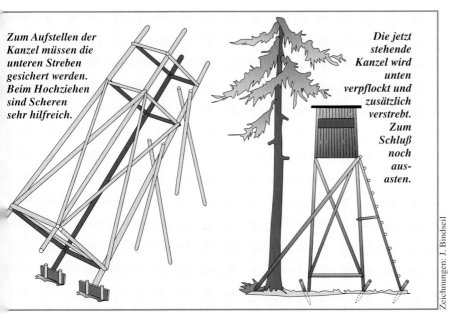

Zum Aufstellen der Kanzel müssen die unteren Streben gesichert werden. Beim Hochziehen sind Scheren sehr hilfreich.

Die jetzt stehende Kanzel wird unten verpflockt und zusätzlich verstrebt. Zum Schluß noch ausasten.

Rundlinge. Die schwächsten sind mindestens zehn Zentimeter stark. Besser ist es, etwas stärkere zu nehmen und die obere Kante zusätzlich mit der Kreissäge aufzubrechen. Auf solchen Sprossen hat der Jäger besten Halt. Entgegen der Unfallverhütungsvorschrift (siehe Seite 34) kerbt mancher „alte Hase" die Leiterholme bewußt nicht ein. Denn in den Kerben setzt sich Feuchtigkeit und Fäulnis fest.

Tragende oder verstrebende Teile verbinden wir so mit Nägeln, daß beide Holzteile durchdrungen werden. Dann werden die Nägel hinten quer zur Faser umgeschlagen.

Oben: Sobald er breit steht, lassen wir fliegen.

Links: Auf offenen Sitzen oder Leitern nimmt der Jäger Geräusche besser wahr und kann die Waffe beweglicher handhaben.

Kanzel, halten die Bretter zwei Pachtperioden aus. Sie sind ja wiederverwendbar. Für Sitzbank und Lehne nehmen wir ebenfalls Bretter. Sie sind viel bequemer als Rundlinge.

Als Sprossen dienen uns getrennte

Mit schwachen Rundlingen lassen sich Kanzeln zwar naturnah, jedoch nur sehr arbeitsaufwendig verkleiden. Schneller und auch nicht übel geht es mit Schwärtlingen. Bei der offenen Kanzel leisten Plackentarnnetze (siehe auch ▶

Seite 53) gute Dienste. Ginster oder Fichtenreis müssen ja ständig erneuert werden. Zudem schauen sie in dürrem Zustand nicht besonders vorteilhaft aus. Wollen wir die Schalung streichen, empfiehlt sich hierzu ein braunes, geruchamres Imprägniermittel. Grüne Lackfarbe ist auffallend häßlich.

Beim Dachbau nehmen wir zwei Kanthölzer von mindestens vier mal sechs Zentimeter. Darauf nageln wir 24er-Bretter. Über die Bretter legen wir zunächst eine Plastik-Plane und nageln dann die Teerpappe auf. Die seitlichen

Dachneigung muß dann allerdings wenigsten zwanzig Zentimeter vom vorderen zum hinteren Ständerpaar betragen. Zudem muß die Überlappung an der schmalsten Stelle mindestens fünf Zentimeter aufweisen (siehe auch Seite 49).

Maße

Die Länge der Ständer bestimmt sich durch die Höhe. Je nach Zweck und Gelände wird sie zwischen vier und zehn Metern betragen. Die Winkel und Längen aller übrigen Hölzer ergeben sich automatisch durch Brust-, Bodenholz und Höhe. Ein für zwei Personen gebauter Hochsitz hat in

fernt. Die Brüstung von 110 Zentimeter ist für einen Jäger durchschnittlicher Größe sowie für ebenes Gelände gedacht. Müssen wir in einen Hang hinaufschießen, bringen wir zusätzlich noch eine Auflage an. Müssen wir steil bergab schießen, wird an der entsprechenden Stelle das Brustholz eventuell schräg gesetzt. Die fiktiven Maße (siehe oben) dürfen dabei nicht verändert werden.

Das tragende Bodenholz sitzt 120 Zentimeter unter dem Brustholz und ist 140 Zentimeter lang. Diese beiden Hölzer werden zuerst angebracht. Sie bestimmen den Win-

Foto: W. Nagel

Kanten werden wegen des Windes unbedingt mit Dachlatten abgenagelt. Wegen des Wasserablaufes verwenden wir unten nur Dachpappenstifte.

Absolut haltbar sind auch Dächer aus ungesäumten, breiten, dachziegelartig überlappend genagelten Brettern ohne jeden Belag. Die

Brusthöhe (sitzend) idealerweise eine lichte Höhe von 120 Zentimeter. Dieses Holz nageln wir zuerst an. Bei der offenen, also dachlosen Kanzel bildet es den Abschluß. Bei halboffenen Hochsitzen ist seine Oberkante hinten zirka 70 und vorne etwa 100 Zentimeter vom Ende der Ständer ent-

kel und die Länge aller weiteren Hölzer. Bei einer Bodenhöhe von drei Meter brauchen wir für den unteren, etwa 60 Zentimeter über dem dicken Ende der Stange sitzenden Kranz zirka 190 Zentimeter lange Hölzer.

Die Leiterlänge der Kanzel errechnet sich aus der Bodenhöhe

Foto: U. Herbst

Oben: Nur ein paar Sprossen führen hinauf. Schon hier würde ein Handlauf mehr Sicherheit bei Auf- und Abstieg bieten.

Links: Kanzeln und Schießstände haben gemeinsam, daß der Jäger aufgelegt schießen kann. Dennoch sitzt nicht jede Kugel mitten im Leben. Dann wird nachgesucht.

der Kanzel plus 50 Zentimeter. Eine Breite von 65 Zentimeter genügt vollauf und ist genau passend. Den Sprossenabstand messen wir mit dem Lattenhammer: eine Hammerlänge jeweils von Oberkante zu Oberkante. So sind wir in der Lage, sehr schnell zu nageln.

Die Maße des Daches entsprechen mindestens denen der äußeren Bodenhölzer. Wir messen die Abstände zwischen den beiden hinteren und niedrigeren sowie den beiden vorderen und höheren Ständern. Nach diesen beiden Maßen werden die Kanthölzer des Daches fixiert. Auf dem Reißbrett lassen sich diese Maße nicht errechnen, weil die Ständer zuweilen Biegungen und Drehungen haben.

Die Sitzbänke haben eine Höhe von 45 Zentimeter, so wie ein Stuhl. Die Lehne fällt immer etwas schräg nach hinten.

Arbeitsablauf

Zunächst sortieren wir die Stangen. Dabei suchen wir die Ständer und zwei Leiterholme aus. Die beiden hinteren Ständer längen wir ab und legen sie nebeneinander. Mit Holzkreide zeichnen wir dann jeweils die Oberkanten von Brust-, Boden- und unterem Kranzholz an (siehe Abschnitt Maße). Nun werden Brust-, Boden- und Kranzholz aufgenagelt (Reihenfolge beachten!). Danach richten wir erst die Winkel aus. Anschließend legen wir die Kreuzstreben ein, sägen sie passend und nageln sie an.

Nun werden die beiden vorderen Ständer abgelängt. Anschließend verfahren wir wie zuvor.

Sind diese beiden Teile fertig, stellen wir sie auf möglichst ebener Fläche nebeneinander und si-

chern sie durch Sprieße. Wir justieren die Winkel zueinander. Dann nageln wir Brust-, Boden- und Kranzholz obenauf. Die Kreuzstreben werden eingepaßt. Sinngemäß müßten wir das auch mit der am Boden liegenden Seite tun, aber das geht ja noch nicht! Daher nageln wir das letzte Kranzholz innenseitig und verstreben den so entstehendenQuadratkranz durch ein kräftiges Holz quer. Das Quadrat kann sich nicht mehr verschieben.

Auf die Bodenhölzer kommen nun die Kanthölzer, obenauf gleich die Bretter. Jetzt drehen wir die Kanzel: Die untere Seite wird frei und mit Brust-, Bodenholz und Kreuzstrebe versehen. Das Kranzholz haben wir ja bereits innenseitig. Alle durchgehenden Nägel werden umgeschlagen. Wer vorsichtig ist, nagelt unter den Boden auch noch ein Querholz.

Kanzeln mit einer Bodenhöhe bis dreieinhalb Meter können wir bedenkenlos auf dem Boden fertig verschalen. Höhere Kanzeln müssen zuerst aufgestellt werden (siehe dazu Seite 41/42). Jetzt fertigen wir noch die Leiter. Alle anderen Arbeiten erfolgen erst, wenn unser Sitz steht.

Aufstellen

Zunächst bedarf der Standplatz einer gründlichen Reinigung. Sämtliche Äste und Ähnliches werden entfernt. Die Kanzel wird so gelegt, daß die am Boden liegenden Ständer gleich richtig aufgestellt werden können. Vor den Ständern graben wir kleine „Startlöcher". Vor jedes setzen wir ein 50 Zentimeter langes Dielenstück, dahinter zwei Pflöcke, damit die Ständer nicht wegrutschen können. Wir halten „Scheren" bereit, und zwar je zwei mit zwei und drei Meter Länge. Bei höheren Kanzeln sind Seil und Flaschenzug hilfreich. Wenn wir unter den Kanzelboden innenseitig ein starkes Querholz binden, können wir ▶

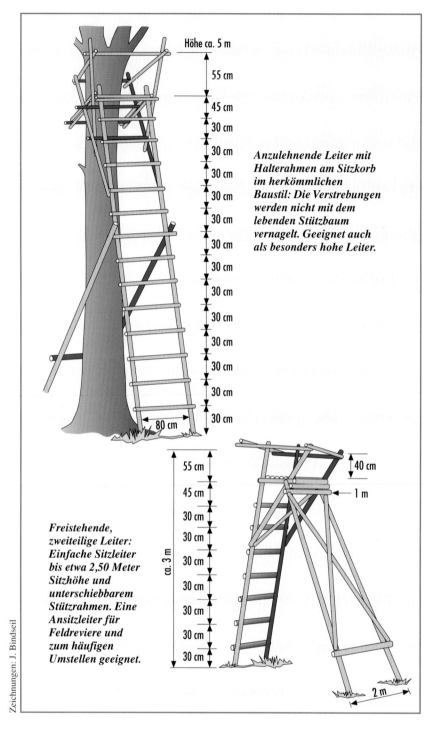

Höhe ca. 5 m

55 cm

45 cm

30 cm

30 cm

30 cm

30 cm

30 cm

30 cm

30 cm

30 cm

30 cm

30 cm

30 cm

30 cm

80 cm

Anzulehnende Leiter mit Halterahmen am Sitzkorb im herkömmlichen Baustil: Die Verstrebungen werden nicht mit dem lebenden Stützbaum vernagelt. Geeignet auch als besonders hohe Leiter.

55 cm

45 cm

30 cm

30 cm

30 cm

30 cm

30 cm

30 cm

30 cm

ca. 3 m

40 cm

1 m

2 m

Freistehende, zweiteilige Leiter: Einfache Sitzleiter bis etwa 2,50 Meter Sitzhöhe und unterschiebbarem Stützrahmen. Eine Ansitzleiter für Feldreviere und zum häufigen Umstellen geeignet.

Zeichnungen: J. Bindseil

MATERIALLISTE FÜR DEN

Für die Leiter: Zwei Leiterholme mit einer Länge von 4,65 Meter; 14 Sprossen mit einem Durchmesser zwischen sieben und neun Zentimeter und einer Länge von 110 Zentimeter,

ANSITZLEITERN

Diese recht einfachen Hochsitze haben viele Vorteile: Der Materialbedarf ist gering, die Baukosten sind niedrig und die Leitern sind leicht zu handhaben. Sie passen sich meist auch unauffällig in die Landschaft ein. Daß sie keinen Schutz vor den Unbilden des Wetters bieten, ist ihr Nachteil. Sie sind eben „Gut-Wetter-Sitze".
Wir stellen eine anzulehnende sowie eine freistehende Leiter vor:
Die anzulehnende Leiter kann überall dort aufgestellt werden, wo wir windfeste Bäume als Stützen benutzen können. Bei solider Bauweise können wir sie in beachtlicher Länge fertigen und aufstellen, ohne daß die Sicherheit zu kurz kommt. Unser Modell ist „naturgemäß", denn die Verstrebung der Leiter wird rahmenartig um den lebenden Baum gelegt, so daß dieser vor Nägel geschützt ist. Als Baumaterial verwenden wir die bewährten Holzarten, also Rotfichte, Douglasie oder Lärche, eventuell auch Tanne oder Sitkafichte. Die Kiefer ist weniger geeignet. Sie bedarf besonderer Pflege. Weil das junge Holz noch nicht verkernt und sehr pilzanfällig ist, müßte es an den kritischen Stellen jährlich mit Holzschutzmittel behandelt werden. Welches und wieviel Material wir für eine fünf Meter hohe Leiter benötigen, ergibt sich aus der obigen Materialliste. Der Arbeitsaufwand beläuft sich bei zwei Personen auf einen knappen Tag. Das Aufstellen der stationären Leiter dauert etwa eine

die Kanzel, nachdem sie ein kleines Stück aufgerichtet ist, ebenso mit der Seilwinde eines Traktors hochziehen. Vier Männern gelingt es auch, sie mit Hilfe der Scheren hochzudrücken.
An der stehenden Kanzel gleichen wir Unebenheiten aus, kürzen eventuell die Ständer, legen Steine

unter und bringen so die Bodenfläche in die Waage. Holme und Ständer werden mit meterlangen Pflöcken gesichert. Zusätzlich lassen wir noch mindestens zwei lange Streben über je zwei Ständer laufen und vernageln sie an Wurzelanläufe oder – viel besser – verpflocken sie.

BAU EINER ANZULEHNENDEN LEITER

also 15,4 laufende Meter.

Für den Korb: Jeweils zwei Holzstangen von 2,8 Meter (hintere Stützen), zwei Meter (vordere Stützen), 1,6 Meter (Sitzauflage) und 1,3 Meter (Armauflage), außerdem ein Holzstück von 1,4 Meter als Schießauflage sowie ein Querholz (hinter der Rückenlehne) von 1,6 Meter Länge; vier Bretter von 120 Zentimeter Länge, zwei bis drei Bretter für die Sitzfläche, die zwischen 50 und 60 Zentimeter breit sind.

Außerdem: Als Streben zwei Hölzer von 4,2 Meter und zwei Stück von 160 Zentimeter Länge als Querhölzer; 80er, 100er und 120er Nägel.

---

halbe bis eine Stunde. Das können wir zu zweit erledigen, zu dritt geht es jedoch viel leichter von der Hand.

Zunächst bauen wir die Leiter. Das Außenmaß von Holm zu Holm beträgt 80 Zentimeter. Dann wird der Sitzkorb angebaut. Die Unterlagenhölzer für die Sitzfläche lassen wir so weit überstehen, daß sie den Stützbaum seitlich einzwängen (siehe Zeichnung). Sie rahmen später mit den quer aufgelegten Sitzstangen den Stamm ein. Auch die Armauflagen sollen den Stamm einzwängen (siehe Zeichnung). Wir sorgen dafür, daß die Sitzfläche waagerecht oder mit leichtem Gefälle nach hinten ausgerichtet ist. Erst dann bringen wir unten die Seitenstreben an und verrahmen oben.

Kurze, freistehende Leitern sind besonders im deckungsarmen Feldrevier wertvolle Reviereinrichtungen. Wir können sie ohne große Mühen auf- und umstellen. Das erleichtert die Jagd auf den Bock während der Blattzeit, aber auch die Wildschadenseindämmung im reifenden Getreide oder Mais. Notfalls können sie von einer Person aufgestellt werden. Auf dem Gepäckträger des Autodaches lassen sie sich leicht transportieren.

Die Länge der zweiteiligen Leiter beträgt etwa drei Meter. Dafür benötigen wir acht Stangen entsprechender Länge. Die oberste Sprosse dient als Fußauflage. Die Armauflage fertigen wir mit leichter Schräge nach oben. Der Stützrahmen wird separat gebaut. Die Leiterbreite beträgt etwa 80 Zentimeter. Den Sprossenabstand bemessen wir mit 30 Zentimetern. Nach üblicher Faustregel gilt: Drei Sprossen pro Leiter-Meter. Schlußendlich benötigen wir 100er und 120er Nägel. Von zwei geübten Personen wird diese Leiter in drei Stunden gebaut, wenn das Holzmaterial bereits geschlagen ist. Das Aufstellen dauert nur ein Viertelstündchen.

Zuerst bauen wir die Leiter mit dem Sitzkorb. Anschließend nageln wir das Querholz unter die überstehenden Enden der Sitzfläche und an die Leiterholme. Schließlich fertigen wir die Rahmenverstrebung. Das Kopfstück muß genau mit seinen überstehenden Enden seitlich die Schrägstützen berühren. Das

Foto: D. Stiefel

Er weiß: Wichtiger als Deckung sind Ausblick und Schußfeld. Und die nötige Geduld, um den Bock zu bekommen, hat er auch.

Querholz des Kopfstückes muß unter dem Querholz des Sitzkorbes liegen.

LEITERDACH

Ist eine Leiter zu überdachen, werden wir uns waghalsige Kletttereien ersparen wollen. *Hespeler* verrät einen einfachen Trick hierfür: ein Dach aus sich überlappenden Brettern (siehe Skizze). ▶

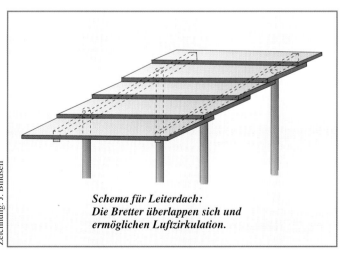

Zeichnung: J. Bindseil

Schema für Leiterdach:
Die Bretter überlappen sich und ermöglichen Luftzirkulation.

An Holm und Strebe wird rechts und links jeweils ein Kantholz mit den Maßen vier mal sechs Zentimeter genagelt. Die beiden Hölzer sind zuvor so ausgemessen, daß sie vorne und hinten weit genug überstehen. Beim seitlichen Überstand empfiehlt *Hespeler* jeweils dreißig Zentimeter. Mit dem Aufnageln der Bretter beginnen wir an der Unterseite. Alle folgenden Bretter werden dachziegelartig – mindestens zwei Zentimeter überlappend – aufgenagelt. Sobald wir nicht mehr nageln können, fixieren wir die Bretter links und rechts mit jeweils einer leichten Schraubzwinge. Anschließend werden sie mit Akkuschrauber und Spaxschrauben von unten verschraubt. Das oberste Brett ragt etwa zwei Zentimeter über die Kanthölzer hinaus.

Weil die Dächer vom Wind trocken gehalten werden, halten sie ohne Schutzanstrich oder Pappe viele Jahre. Voraussetzung ist natürlich eine Neigung von ungefähr fünf Prozent. Dann läuft das Regenwasser schnell ab.

TRANSPORTABLE ANSITZLEITERN

Ansitzleitern in Leichtmetallausführung sind praktisch unbegrenzt haltbar. Sie sind nicht länger als drei bis dreieinhalb Meter, damit handlich, leicht tragbar und von nur einem Jäger einfach aufzustellen. Je nach Modell werden sie entweder freistehend errichtet oder aber an einen Baum angelehnt. Meist bietet ihr „Sitzkorb" nur Platz für eine Person. Im Fachhandel sind sie preisgünstig zu bekommen.

Bei der Standortwahl ist zu beachten, daß die Leiter fest und sicher steht und – wenn irgend möglich – auch dem Jäger ein wenig Deckung bietet. Kann er sich diese nicht schaffen, sitzt er wie „auf

Foto: U. Grimm

Auf transportable Ansitzleitern verzichtet der Praktiker nicht. Wenn der Feisthirsch oder der Platzbock einen versteckten Einstand hat, kann er ihn so erfolgreich „ersitzen".

dem Präsentierteller" und wird selbst bei langsamen Bewegungen oft vom Fuchs eräugt. Auch die Lichter erfahrener Alttiere richten sich schon mal nach oben.

Besonders geeignet sind solche Leitern, wenn rasches Handeln bei der Wahl des Ansitzplatzes notwendig wird. Haben wir den frischen, nächtlichen Wechsel der Sauen am Haferschlag gefunden, einen neuen, vielbelaufenen Fuchsbau entdeckt oder hat sich der Bock Ende Juli plötzlich in die

Feldmark umgestellt, ist eine solche Leiter erste Wahl.

Hockt der Jäger oben, erfährt er sehr schnell die Nachteile dieser Art Leiter: Der leiseste Anschlag von Waffe, Glas oder Mantelknopf ist weithin vernehmbar. Metall ist hier dem geräuschdämpfenden Holz deutlich unterlegen. Besonders beim Erklimmen und beim In-Anschlag-gehen werden wir darauf achten. Aber gerade der erste Ansitz auf der Leiter, deren Platz nach richtigem Beurteilen der örtlichen Verhältnisse gut gewählt ist, bringt oft den gewünschten Anblick. Noch kennt das Wild nicht die Gefahr, die vom stählernen Gerüst ausgeht.

SCHIRME

Leicht umstellbare Schirme sind ideal für Hochwildjagden im Wald oder als „Kommandoschirm" für das Erlegen eines bestimmten Stück Wildes, etwa eines guten Schauflers am Brunftplatz. Pro Seitenteil, oder besser Element, benötigen wir zwei Pfähle von einem Meter Länge, deren Fußenden angespitzt sind. Außerdem braucht's vier 20 bis 24 Millimeter starke und ein Meter lange

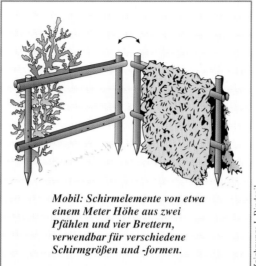

Mobil: Schirmelemente von etwa einem Meter Höhe aus zwei Pfählen und vier Brettern, verwendbar für verschiedene Schirmgrößen und -formen.

Zeichnung: J. Bindseil

Schalbretter, schließlich 16 Stück achtziger Nägel sowie Zweige oder Plackentarnnetze als Verblendmaterial.

Wir vernageln jeweils zwei Rundhölzer von 120 Zentimeter Länge oben und unten mit zwei besäumten, meterlangen Brettern, so daß die Pfahlköpfe zehn Zentimeter, die angespitzten Füße etwa zwanzig Zentimeter Überstand haben (siehe Zeichnung). Mit so entstehenden Blenden können wir dreieckige, quadratische oder rechteckige Schirme erstellen. Im Idealfall sind sie eher zu groß als zu klein und besitzen eine Bank sowie eine sichere Gewehrauflage. So bieten sie zwei Personen Platz. Natürlich erfüllen zwei Sitzstöcke denselben Zweck, müssen dann aber stets mitgenommen werden. Schirme, ▶

Foto: B. Stöcker

Drückjagdschirme ermöglichen es dem Jäger, sowohl im Sitzen als auch im Stehen zu schießen. Die Luken sind entsprechend angeordnet, das Sitzbrett verschiebbar.

Foto: G. Henrici

Um solch einen Schirm zu bauen, benötigen wir insgesamt dreizehn Strohballen. Zwölf, um ein Karree zu schaffen, und einen Ballen, um darauf Platz zu nehmen. Die Locktauben stehen „dicht bi".

die an bewährten Drückjagdständen errichtet werden, besitzen eine Bodenhöhe von ein bis eineinhalb Meter und keine überstehenden Pfosten. So hat der Jäger ausreichend Kugelfang und kann problemlos anschlagen und mitschwingen.

Noch einfacher ist oft der Bau eines einfachen Naturschirmes. Örtlich gebunden wird er aus ringsum vorfindbarem toten oder lebenden Material erstellt. So können wir beispielsweise aus Heide- oder Torfplaggen einen Birkhahnschirm bauen. Ihn schützen wir zusätzlich gegen Sicht „von oben". Im Hochgebirge läßt sich ein Sitzplatz aus Natursteinen fertigen, der obendrein zur Jause bei Sonne und Fernsicht einlädt.

Beim Entenstrich genügt dem Jäger eine Deckung aus trockenem Rohr am Schilfrand, die dem aufgerichteten Schützen viel Platz zum Mitschwingen beläßt. Für die Lockjagd auf Ringeltauben reichen oft schon einige Strohballen im Feld, um uns gleichzeitig Sitzgelegenheit und Sichtschutz „von allen Seiten" zu bieten.

Im Wald biegen wir nur zwei, drei Zweige herunter und binden sie fest. Oder wir stecken einige Äste vor uns in die Erde, nachdem wir uns ins Wurzelgestühl einer alten Buche eingeschoben haben. Jetzt benötigen wir bloß noch eine gehörige Portion Sitzfleisch, wenn wir Anblick haben oder zum Erfolg kommen wollen.

TARNNETZE

Bei der Lockjagd mit Attrappen auf Ringeltauben oder Krähen (siehe Sonderteil Nr. 9, Seite 75/76 und 86/87) sind Tarnnetze wichtige Hilfsmittel. Je nach Bewuchs und Jahreszeit können wir die grüne oder braune Seite der Plackennetze nutzen, um uns ausreichend Deckung zu verschaffen. Aber nicht nur in baum- und straucharmer Feldmark, auch im Wald sind sie vielfach nützlich. Ein kleines Stück Tarnnetz von einem mal eineinhalb Meter im

Foto: R. Roosen

So schaut es „hinter der Kulisse" aus: Das Tarnnetz wirkt stellenweise durchsichtig. Klebt der Schütze nicht zu dicht am Netz, bemerken ihn Tauben oder Krähen nicht.

Rucksack ermöglicht es uns, jederzeit einen provisorischen Schirm herzustellen oder aber eine rasch angestellte Ansitzleiter zu „begrünen". Auch der Wildfotograf mit Stativ und großem Objektiv weiß Tarnnetze zu schätzen. So bekommt selbst der bekannt mißtrauische und scharfäugige Rotrock unsere unvermeidlichen Bewegungen häufig nicht mit. Für den Bock in der Blattzeit oder den Mümmelmann beim abendlichen Auslauf zum Rapsschlag genügt diese Deckung allemal.

▶

Foto: R. Roosen

Auch wir müssen schon zweimal hingucken, bevor wir den Stand genau ausmachen können. Seine Konturen verschwimmen mit dem natürlichen Bewuchs. Darauf kommt es an.

ANSITZWAGEN

Der mobile Ansitzwagen wandert mit den Wildschäden im Feldrevier herum. Er befindet sich immer dort, wo es not tut. Mit Mähdrescher und Maishäcksler verschwindet der Ansitzwagen wieder aus der Landschaft. Als Luderhütte steht er während der Wintermonate im bäuerlichen Obstgarten, dort halt, wo er kurzfristig benötigt wird. Hier fällt er auch weniger auf. Für einen Ansitzwagen benötigen wir Achse und Räderpaar, am besten die eines ausrangierten landwirtschaftlichen Hängers. Ferner ein „Zugrohr" (Deichsel). Achse und Zugrohr müssen ein Typenschild haben. Beides verlangt der TÜV. Er muß unser Bauwerk abnehmen, bevor wir es in Betrieb nehmen. Anderenfalls dürfen wir den Wagen nur auf allen nicht-öffentlichen Wegen benutzen.

Foto: Archiv JÄGER

Ansitzwagen werden im Feldrevier dort rasch eingesetzt, wo es „gerade brennt".

Wir fertigen eine kleine Skizze, aus der Sinn und Zweck sowie die Maße entnommen werden können

(siehe Zeichnung). Damit gehen wir dann zu einer Kfz-Werkstatt. Dort lassen wir uns auf die Achse ein solides Chassis bauen. An jedem Wageneck ist außerdem eine variable Stütze mit möglichst breiter Grundplatte erforderlich. Die Stützen können wir stufenlos feststellen.

Alle weiteren Arbeiten kann der handwerklich geschickte Jäger selber ausführen. Als Bodenbelag nehmen wir mindestens 30 Millimeter starke, gehobelte Bretter. Darauf kommt dann ein Rahmen aus Kanthölzern, über diese Schalbretter oder imprägnierte, fertig zugeschnittene Spanplatten. Wer es ganz stabil haben will, wird sich die Kanten aus gelochtem Winkeleisen ans Chassis schweißen lassen.

Die Hütte selbst braucht nicht länger als eineinhalb Meter zu sein. Darin sitzen zwei Mann bequem.

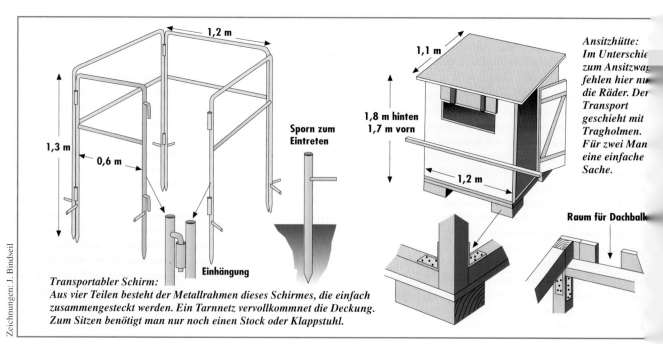

Zeichnungen: J. Bindseil

1,2 m

1,3 m   0,6 m

Sporn zum Eintreten

Einhängung

Transportabler Schirm:
Aus vier Teilen besteht der Metallrahmen dieses Schirmes, die einfach zusammengesteckt werden. Ein Tarnnetz vervollkommnet die Deckung. Zum Sitzen benötigt man nur noch einen Stock oder Klappstuhl.

1,1 m

1,8 m hinten
1,7 m vorn

1,2 m

Ansitzhütte:
Im Unterschie[d] zum Ansitzwag[en] fehlen hier nu[r] die Räder. Der Transport geschieht mit Tragholmen. Für zwei Man[n] eine einfache Sache.

Raum für Dachbalk[en]

Ist der Ansitzwagen richtig plaziert, erlebt der Jäger auch in der Feldmark beeindruckende Szenen aus nächster Nähe. So wie diesen hochbrunftigen und starken Bock, der erregt die Ricke treibt.

Wer mit dem Wagen gleich eine „Not-Jagdhütte" haben will, macht sie zwei Meter lang. Und wer sich vorher einmal einen Waldarbeiter-Wetterschutzwagen gründlich von innen und außen anschaut, wird dabei viele nützliche Details entdecken. Ein Tip: Je kleiner der Aufbau gehalten wird, desto weniger reizt er Dritte, ihn aufzubrechen, wenn wir ihn überhaupt abschließen wollen.

Ehe wir zum TÜV fahren, bringen wir hinten noch Rückstrahler an. Bremsen sind nicht erforderlich. Der TÜV fertigt dann einen Beschrieb.

Nebenstehend: Mobile Ansitzmöglichkeiten auf einen Blick.

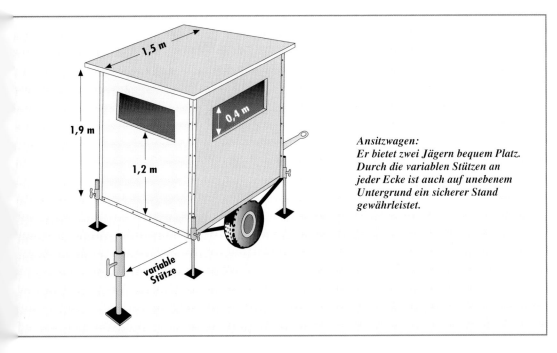

Ansitzwagen:
Er bietet zwei Jägern bequem Platz. Durch die variablen Stützen an jeder Ecke ist auch auf unebenem Untergrund ein sicherer Stand gewährleistet.

PIRSCHSTEIGE, & SUHLEN MALBÄUME

*Solide gebaute sowie gut plazierte Kan-
zeln, Leitern oder Schirme zeichnen ein
gepflegtes Revier aus. Diese Ansitzplätze
erreichen wir auf Pirschsteigen lautlos
und gedeckt. Suhlen und Malbäume,
Salzlecken und Kirrungen erhöhen den
Wert eines Hochwildrevieres.*

Foto: H. Rohleder

**Schon bald offenbaren Spuren
und Fährten an der neuen Salzlecke, welche Waldbewohner sie
aufgesucht haben.**

**Nach erfrischendem Bad in
der Suhle schubbert dieser
Urian seine Schwarte am
Baumstubben.** ▶

Foto: Hg.-Arndt

PIRSCHSTEIGE

Pirschwege zählen zu den jagdlichen Einrichtungen im Revier. Es sind schmale, unauffällige, gereinigte Pfade des Jägers im Wald. Er legt sie an, um lautlos auf ihnen pirschen zu können. Seine Augen, die sonst beim Pirschen vor jedem Schritt erst den Boden abtasten müssen, sind jetzt frei, um nach Wild Ausschau zu halten.

In den meisten Fällen dienen Pirschsteige dazu, feste Wege mit Ansitzplätzen zu verbinden. Hin- und Rückweg können so geräuschlos bewältigt und damit vielfach unnötige Störungen des Wildes vermieden werden. In gepflegten Hochwildrevieren schließt dagegen ein ganzes Netz von Pirschsteigen das Revier auf. Brunftplätze, Suhlen, Mastbäume, Wiesen, Wildäcker, Äsungsschneisen oder auch nur die Feldkante kann der Jägersmann auf ihnen erreichen. Dort bietet ein Bänkchen im einfachen Schirm –

Foto: W. Nagel

Foto: Mohn

Oben: Sicher, „Fuchs kann immer kommen". Aber beim Harken eines Pirschsteiges braucht's wirklich keine Waffe.

Links: Im Pulverschnee pirscht es sich auch abseits von Pfaden und Wegen gut. Doch dieser Gams war wachsam. Er hat den Jäger spitz.

Rechts: Ob quer durchs Gelände oder auf einem Pirschpfad: Langsam und leise, nur so gelingt's.

bei Bewährung des Platzes auch ein Hochsitz – ein gutes Versteck und Gelegenheit zu längerer Pause während der Pirsch.

Die Wahl der Pirschwege verlangt viel Fingerspitzengefühl. So werden sie nicht mitten durch die Einstandsdickungen führen oder dort kreuz und quer verlaufen, wo das Wild am Tage gerne äst. Vielmehr schlängeln sie sich – immer wieder gute Einblicke gewährend – in möglichst optimaler Deckung am Rande der vom

Jahre werden – angepaßt an das Verjüngungsgeschehen im Wald – manche Änderungen in der Linienführung erforderlich. Das herauszutüfteln macht Freude und weist den guten Jäger aus.

Waidmänner aus dem Harz und ähnlich überlaufenen Urlauberregionen empfehlen, die Pirschwege möglichst nicht direkt vom Wege abzweigen zu lassen. Die „Abgänge" dann morgens bei Dunkelheit zu finden, bedarf manch trickreicher Markierun-

meln" wir. Das heißt, wir sägen oder schneiden die gesunden Äste so ab, daß noch ein drei Zentimeter langer Stummel am Stamm verbleibt. Immer asten wir hoch und breit genug, da sich im Laufe der Zeit die Trockenäste der Fichte nach unten krümmen und die Zweige in der sich schließenden Buchenverjüngung jeden freien Raum suchen.

Ein sparsames Nutzen der Pirschpfade empfiehlt sich. Eine Übernutzung muß unterbleiben. Ein

Foto: H. Arndt

Wild bevorzugten Flächen entlang. Dazu ist viel örtliche Erfahrung und Revierkenntnis notwendig. Die Hauptwindrichtung wird berücksichtigt, Verjüngungshorste ausgenutzt, dann wieder werden Mulden oder Erhebungen angesteuert. Der Kenner merkt rasch, ob hier mit Strategie gearbeitet oder nur stur der Pflanzenreihe gefolgt worden ist. Letzteres bietet sich allerdings bisweilen durchaus an. Im Laufe der

gen, die wenig auffallen dürfen. Eine sachgemäße Unterhaltung der Pirschpfade ist Jahr für Jahr im Frühjahr und Herbst angesagt, wenn sie weiter ihren Zweck erfüllen sollen. Ein stabiler Laubrechen tut hier gute Dienste, um altes Laub und Äste zu beseitigen. Werden Aufastungen notwendig, sägen wir beim Nadelholz die lebenden und Trockenäste direkt am Stamm ab, ohne die Rinde zu verletzen. Bei der Buche „stum-

bißchen Gespür hierfür wird der Jäger wohl mitbringen. Grundsätzlich begeht er seine Pirschwege lieber morgens als abends. So verstänkert er weniger. Aber von dieser Regel gibt's doch viele, viele Ausnahmen. So sind etwa unsere Spuren in der Nähe menschlicher Behausungen nichts Ungewöhnliches. Sie stören nicht weiter. Auch zur Brunft werden wir den gleichen Pirschpfad öfter benutzen, besonders dann, ▶

wenn in dieser Re-
vierecke „etwas los
ist", oder unser Ja-
gen einem bestimm-
ten Hirsch gilt. Jagd-
lich zu schulende
Kinder und Enkel
lassen eine solche
Ausnahme ebenfalls
zu. Denn für die
kleinen Kerle
wählen wir einige
Male den Pirschweg,
der zu einem beque-
men Hochsitz mit
guten Beobachtungs-
möglichkeiten führt.
Häufig sind auf die-
sen Pfaden auch die
Trittsiegel von Rot-
und Rehwild zu fin-
den. Dazu kommt
Losung von Fuchs
und Marder. Auch
das Wild nimmt die-
se Anlagen also ger-
ne an. So kann der
Jäger den Pirschsteig
auch zum Bestätigen
nutzen oder zum
Fang von Raubwild.
Hier ist die mensch-
liche Wittrung so
fremd nicht.

Eine Gefahr besteht beim Begehen dieser Pfade stets. Wir verlassen uns aufs lautlose Fortkommen und werden „zu schnell". Zu
großes Tempo des Pirschjägers
ist neben seiner Wittrung sicher
die Hauptursache dafür, daß er
Wild vergrämt. Deshalb laden wir
ihn immer wieder zum Pirschenstehen ein, indem wir ihn mit
schönen Ausblicken oder mit einem Bänkchen an aussichtsreichen Plätzen zu Pausen „verführen".

Natürlich ist eine Pirsch ohne
Steig reizvoller, ob es nun Bock,
Fuchs oder Ringeltaube gilt. Das
Jagen wird schwieriger, der Er-
folg teurer erkauft. Aber schon
für eine Pirsch mit einem Jagd-

Foto: H. Pum

Der Profi begeht Pirschwege lieber morgens als abends. So wird weniger verstänkert. Auch die-ser brave Bock bemerkt den Jäger nicht.

gast, den ich gerne zu Schuß
bringen möchte, ist ein Pirschpfad beinahe unentbehrlich. Hier
können auch vier Füße völlig
geräuschlos vorankommen.

SALZLECKEN

Sie werden von allem Schalenwild, Hasen, Kaninchen und auch
vom Federwild, besonders von
Tauben, angenommen. Dabei fällt
auf, daß so manches Mal ein
ganzes Rudel Rotwild an einer
Salzlecke auf wenige Schritt vor-
beizieht, ohne diese auch nur eines Blickes zu würdigen. Dann
wiederum drängeln sich zwei,
drei Stücke um die besten Plätze.
Extreme Witterung – also lange
Trocken- oder Regenperioden –

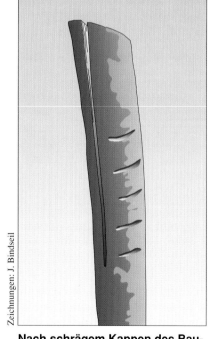

Zeichnungen: J. Bindseil

Nach schrägem Kappen des Bau-mes wird der Stumpf bis zur Hälf-te aufgetrennt und außen mit Querkerben versehen.

scheinen das Salzbedürfnis der Tiere zu fördern. Das Aufnehmen von Kochsalz fördert die Verdauung. Außerdem benötigt Wild Natrium zu seiner Gesunderhaltung. Grundsätzlich kommt Wild ohne künstliche Salzlecken aus. In vegetationsarmen Regionen dagegen ist die Nachfrage des Wildes rege. Außerdem erleichtern Sulzen das Beobachten und Bejagen des Wildes. Wir legen die Salzsteine möglichst nur in der Säuge- und Verfärbezeit des Wildes aus. Im Winter zerfallen sie. Wir unterscheiden nach der Bauweise zwischen Baum- oder Pfahl-, Stock-, Kisten- und Lehmsulzen. Am zweckmäßigsten sind die Baum- oder Pfahlsulzen. Denn sie können nicht durch Fuchs- oder Marderlosung verunreinigt oder vom Schwarzwild zerstört werden. Außerdem bevorzugt das Schalenwild die Aufnahme des Salzes am Holzstamm. Baumsulzen sind einfach herzurichten. An geeigneter Stelle

Am Pfahl zieht das Salz nach unten und wird vom Tier durch Belecken aufgenommen.

Foto: W. Nagel

wählen wir einen abgestorbenen Baum aus, dessen Durchmesser in eineinhalb bis zwei Meter Höhe zwischen 15 bis 20 Zentimeter beträgt. In dieser Höhe sägen wir den Stamm ab und spalten ihn mit der Motorsäge bis zur Hälfte (siehe Zeichnung). In diesen Spalt klemmen wir den Salzstein fest. Das obenauf genagelte dicke Brettchen fixiert nicht nur den Winkel zwischen den „Halbholz-Schenkeln", sondern schützt den Salzstein auch vor zu schneller Zersetzung durch Regen und Schnee. In der Revierpraxis hat sich Bergkernsalz bewährt.

SUHLEN UND MALBÄUME

Jeder versierte Schwarzwildheger weiß: Nur wenn sich Suhlen im Revier befinden, fühlen sich die Schwarzkittel „sauwohl". Sind nicht genügend vorhanden, helfen wir nach. Denn es gibt kaum ein Revier, in dem nicht auch tiefgelegene Stellen vorkommen, die fast bis an das Grundwasser heranreichen, oder wo wir mit geringer Nachhilfe in Gräben oder Rinnen immerfeuchte Plätze schaffen können. Da einige der künstlich geschaffenen Suhlen bei langanhaltender Dürre austrocknen werden, legen wir so viele an wie irgend möglich. Einige werden das Wasser halten. Das Anlegen von Suhlen macht nur Sinn, wenn Suhlen flach nach den Seiten auslaufen. Sauen suhlen nur ungern in tieferem Wasser. Wichtig ist ebenso, daß wir die

Suhlen von Zeit zu Zeit von hineingefallenen Ästen säubern. Schwarzwild liebt glatten, breiigen Boden ohne Hindernisse und Widerstände. Die im Schrifttum gelegentlich gegebene Empfehlung, Kunstsuhlen mit einer Plastikfolie anzulegen und darüber Lehm anzuschütten, taugt überhaupt nichts: Die Folien werden – vor allem in Revieren, in denen auch das Rotwild die Suhlen nutzt – binnen kürzester Zeit zertreten. Es ist preiswerter, einige Suhlen ▶

Das Brett fixiert als Dach den Winkel zwischen den „Halbholz-Schenkeln" und schützt den Salzstein vor Regen.

mehr anzulegen und darauf zu „bauen", daß wenigstens einige von ihnen lange Trockenheit überstehen, als teure und nutzlose „Teichanlagen" zu schaffen und Plastik in den Wald zu tragen. Das Bejagen von Rot- und Schwarzwild an Suhlen kann abends und morgens bei gutem Licht als Wahlabschuß erfolgen. Gerade bei schwülem Wetter wird der Jäger die frühen Morgenstunden vorziehen. Beide Wildarten nehmen jetzt gerne noch ein frisches Bad, ehe sie in ihre Tageseinstände ziehen. Bei ruhiger Lage der Suhle verhilft ein gedeckt stehender Hochsitz mit gut geharktem Pirschweg

Schnitte mit der Motorsäge eingesägt, haftet der Holzteer in diesen Schnittrillen länger. Ein Nachstreichen ist dann etwa alle sieben Wochen erforderlich. Selbst von abgelegenen Einständen werden Sauen, Hirsche und Kahlwild regelmäßig zum Malbaum ziehen.

KIRRUNGEN

Vorweg sei in Erinnerung gerufen: Kirren und Füttern sind zwei Paar Schuh'. Jäger füttern Wild bei langanhaltender Futternot oder Schalenwild während starker Wildschäden in der Feldmark mittels

Ablenkfütterungen im Wald. Regelmäßig werden größere Mengen Futter an denselben Futterplätzen gereicht. Wer kirrt, will Sauen, Enten, Füchse oder anderes Raubwild anlocken, um es zu erlegen. Deshalb bringt der Jäger nur soviel artgerechtes Futter aus, wie Sauen oder Enten in einer Nacht aufnehmen können. Hier gilt das Motto: So wenig wie möglich, aber soviel wie nötig. In der Nähe von Futterstellen befinden sich keinesfalls Kirrungen. Jagd- und Ruhezonen trennen wir deutlich. Kirrungen liegen natürlich außerhalb der Windrichtung unseres Ansitzplatzes, wozu wir meist eine hohe Kanzel gewählt haben. Außerdem werden sie nicht von hohen Bäumen beschattet. Dann können wir die Schwarzkittel auch noch bei schlechteren Lichtverhältnissen sicher ansprechen. Dies gilt vor allem bei der Mondscheinjagd. Was das Jagen an Schwarzwildkirrungen betrifft, gibt es keine Zweifel: Wird diese Methode von den Jägern sorgfältig gehandhabt, lassen sich Zahl- und Wahlabschuß durchaus

Foto: Hg. Arndt

hier so manches Mal zu gutem Anblick. Wird der Jäger jetzt eine Kugel los, kann die eventuell notwendig werdende Nachsuche ohne Gefahr des Verhitzens noch am Vormittag erfolgen.

Künstliche Malbäume sind der Geheimtip für jedes Schwarz- oder Rotwildrevier. Wir bestreichen geeignete, wertlose Bäume mit reinem Buchenholzteer (siehe auch Sonderheft Nr. 5, Seite 156). Haben wir zuvor noch etwa zwei Zentimeter tiefe, vertikal (quer) verlaufende

Oben: Auch bei hohem Wasserstand werden die Kammborsten nur selten richtig naß.

Rechts: Malbäume stehen meist in der Nähe von Suhlen. Harzende Nadelbäume werden bevorzugt.

Foto: H.-J. Kerkau

Foto: G. Kalden

uhrwerk stehen – der Batteriekontakt ist unterbrochen – und zeigt den Zeitpunkt der Berührung innerhalb des 24-Stunden-Bereiches an. Jedermanns Sache sind solche Wilduhren freilich nicht. Auch hier gilt allerdings: Ein jeder ist seines Glückes Schmied.

kombinieren. Aber Kirrungen werden bei stetigem Beschicken an immer demselben Ort rasch zu Futterstellen. Dann haben die angelockten Sauen wenig Chancen. „Zu wenig", meinen manche Jäger. In der Praxis hat sich folgende Methode bei der Saukirrung sehr bewährt: In zwei bis vier mit dem Spaten gegrabene Löcher – mit einem Durchmesser von zirka 15 Zentimetern und einer Tiefe von etwa zehn Zentimetern – füllen wir Mais. Die gefüllten Löcher decken wir mit Baumstämmen (Stammdurchmesser ungefähr zehn bis 15 Zentimeter), Brettern oder flachen Steinen ab. Dieses Kirrverfahren hat den Vorteil, daß „Mitesser" wie Rotwild, Rehe oder Eichelhäher ausgeschlossen sind.

Eine weitere Möglichkeit: Wir graben das Kirrmittel ein. So sind die Sauen länger an der Kirrung beschäftigt. Anderem Schalenwild bleiben die „Leckerbissen" wiederum versagt, so wie es der Gesetzgeber in manchen Bundesländern vorschreibt.

Mit Hilfe einer Wilduhr wird vielleicht der streßgeplagte Manager feststellen, wann die Sauen eine Kirrung angenommen haben. Das Gehäuse der Uhr ist wetter-, tritt- sowie bißfest. Sie wird mit einer ein bis drei Meter langen Kordel

Oben: Kaffhaufen in Schußentfernung von der Kanzel. Keine Kirrung, sondern eine Futterstelle. Hier sollte kein Schuß fallen.

Rechts: Nicht nur der Jäger kirrt. Bisweilen kirrt auch der Fotograf. So gelingt dem einen manch guter Wahlabschuß, dem anderen mitunter eine eindrucksvolle Aufnahme.

an einem Baum oder einem Pfosten im unmittelbaren Bereich einer Kirrung befestigt.

Betriebsbereit ist die Wilduhr, sobald sie senkrecht steht. Wird sie berührt und dabei um mehr als 45 Grad gekippt, bleibt das Quarz-

Foto: F. Bagyi

FACHLITERATUR

LITERATUR-HINWEISE

Bücher über Reviereinrichtungen erleben meist mehrere Auflagen, selbst wenn sie dem Praktiker keine große Hilfe sind. Eine Auswahl aus der umfangreichen Literatur wird kurz und bündig vorgestellt:

1. Wandel, Gerold – Reviereinrichtungen selbst gebaut (6. Auflage 1994)

Wohl das umfassenste Buch über Reviereinrichtungen. Behandelt werden Werkzeuge, Baumaterialien, Fütterungen für Schalenwild, Hasen, Fasanen, Rebhühner und Enten, außerdem Kanzeln, Ansitzleitern, Schirme, Fallen und Zwingeranlagen für Jagdhunde. Schließlich beschäftigt sich der Wildmeister mit Malbäumen, Suhlen, Schneepflügen, Wildzäunen, Vogel- und Fledermausschutz, Spannbrettern für Wildbälge und vielem mehr. Schade bloß, daß die Zeichnungen oft nur sehr schwer verständlich sind. Das wird so manchen Revierinhaber vom Nachbauen abhalten.

2. Baak, Wilhelm – Hütten, Kanzeln, Leitern, Zäune (1. Auflage 1975)

Ein älteres Buch mit vielen nützlichen Hinweisen aus der Praxis. Leider ist das Buch des Forstmeisters nur noch antiquarisch zu bekommen.

3. Hespeler, Bruno – Jagdeinrichtungen für den Praktiker (1. Auflage 1995)

Das Buch enthält keine komplizierten Bauanleitungen für Superkanzeln. Vielmehr stellt *Hespeler* einfache und betriebssichere Jagdeinrichtungen sowie einige Hilfsmittel vor, die die Arbeit im Revier erleichtern. Aus dem Inhalt: Rationalisierung beim Bau – Materialkunde – Mobiler Drückjagdstand – Die Standardleiter – Leiter mit Innenaufstieg – Schwarzwildklappen – Universalgerät Bergstock – Der kleine Wildberger. Ein wirklich nützliches Büchlein für den Praktiker in leicht lesbarer Form.

Foto: R. Mayr

Strahlender Sonnenschein und frische Bergluft. Welchen Jäger hält es da am Schreibtisch? Fernglas, Patronen und Drilling werden aus dem Waffenschrank genommen – und ab geht es ins Revier. Ein gemütlicher Ansitz bei prächtigem Fernblick entspannt.

JÄGER & PRAXIS

KURZ & BÜNDIG

21

JAGDWAFFEN: FLINTEN ★ KOMBINIERTE WAFFEN ★ ★ REPETIERER ★ ABSEHEN ★ KUGELSCHUSS...

EINE BEILAGE DER ZEITSCHRIFT JÄGER

UMGANG MIT WAFFEN

Von jedem Jäger wird beim Umgang mit Jagdwaffen ein hohes Maß an Verantwortung und Disziplin verlangt. Dies beginnt beim sicheren Verwahren von Schußwaffen (§ 42 Abs. 1 WaffG). Das Bundesministerium des Inneren empfiehlt in seinem entsprechenden Merkblatt, bis zu fünf Langwaffen in einen Stahlblechschrank mit Stangenriegelschloß aufzubewahren. Mehr als fünf Langwaffen gehören in einen Stahlschrank der Sicherheitsstufe A. Fensterlose Kellerräume mit besonders gesicherter Tür stellen eine sinnvolle Alternative dar. Entscheidend ist: Waffen werden grundsätzlich ungeladen verwahrt. Auch im Magazin eines Repetierers befinden sich keine Patronen. Unberechtigte Personen, zu denen ebenfalls nichtjagende Familienmitglieder gehören, dürfen keine Zugriffsmöglichkeit haben. Darum ist der Waffenschranschlüssel für sie absolut tabu. Mehrere Jäger in einem Haushalt können denselben Waffenschrank benutzen. Faustfeuerwaffen und deren Munition müssen aber dem oder den anderen durch Innentresore oder im Schrank fest verschraubte Blechkassetten vorenthalten werden.

Faustfeuerwaffen und -munition sind im übrigen generell in „stabilen" Behältnissen mit Sicherheitsschloß zu verwahren. Die Munition wird hiervon getrennt und verschlossen gelagert.

Dem Jäger ist das Führen – also zugriffsbereites Tragen – der Waffe nur in der eigenen Wohnung oder dem eigenen Anwesen, auf dem Schießstand, dem Weg von und zur Jagd sowie bei der Jagdausübung selbst gestattet (§ 35 Abs. 4 WaffG). Auf dem Weg zum Schießstand oder Büchsenmacher dürfen Jagdwaffen nur transportiert werden. Sie sind ungeladen und vor direktem Zugriff durch ein Futteral oder ähnliches geschützt.

Das Fahrzeug gilt selbst bei kurzen Zwischenstops, etwa beim Supermarkt oder der Stammkneipe, nicht als sicherer Aufbewahrungsort. Ausnahmen bestehen bei: Sichtverbindung; Fahrzeugen mit Wegfahrsperre und Waffensafe; mannscharfer Hund und ungefährlicher Umgebung. Beim Schüsseltreiben wird der Wirt im Idealfall die Gewehre in einem separaten Raum verschließen. Abschließbare Jagdhütten und Kanzeln sind generell keine sicheren Aufbewahrungsorte (§ 42 Abs. 1 WaffG).

Der Gebrauch von Schußwaffen ist im privaten wie öffentlichen Bereich im Rahmen von Notwehr und Notstand generell erlaubt. Letzterer ermöglicht es, angefahrenes oder tollwütiges Wild auf dem Weg zwischen Wohnung und Revier zu erlösen. Ein- und Übungsschießen erfolgt stets auf Schießständen. Im Revier, ist ein Anschießen der Waffe mit bis zu fünf Schuß erlaubt (§ 45 WaffG).

Ob Gewehrkoffer oder Futteral, die Waffen sind vor direktem Zugriff und Beschädigung durch Stoß oder Fall geschützt.

Foto: W. Osgyan

INHALT

Foto: K. Urbschat

Einsatzmöglichkeiten variiert: Bockbüchsflinte mit Einstecklauf.

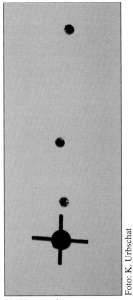

Foto: K. Urbschat

Heißgeschossen – dann „klettern" verlötete Läufe.

Rechts: Ob Ansitz oder Drückjagd – Repetierer zählen bei vielen Jägern zur Standardausrüstung.

Foto: Kepplinger

Foto: Archiv JÄGER

Links: Als Braten unverwertbar. So voll getroffen sieht der Jagdherr die Hähne gar nicht gerne. Bei enger Bohrung der Läufe und kurzer Entfernung lassen wir den Hahn in Zukunft noch ein bißchen streichen.

Impressum: **JÄGER & PRAXIS** KURZ & BÜNDIG Jagdwaffen. Eine Beilage der Zeitschrift JÄGER   Titelfoto: M. Breuer

Jahr-Verlag GmbH & Co.
Jessenstraße 1
22767 Hamburg
Tel. 040 / 38 90 61 10
Fax 040 / 38 90 63 05

Verleger:
Alexander Jahr

Redaktion: Dr. Rolf Roosen,
Hartmut Syskowski

Autor: Klaus Urbschat

Fachberater: Walter Bachmann

Titel/Layout: Werner Rabe

Vertriebsleitung:
Peter Lüdemann

Herstellungsleitung:
Helmut Post,
Brunhild Sudmann (Stellv.)

Druck: Busche, Dortmund

Lithographie: Repro- und
Satztechnik Helmut Gass,
Hamburg

Copyright:
Jahr-Verlag GmbH & Co.
Hamburg 1997

*Repetierer oder Doppelbüchse?
Drilling oder Bockbüchsflinte? Stecher oder
Flintenabzug? Einhak- oder Schwenkmontage?
Rehwildkaliber oder „dicke Pille"? – Diese und
viele weitere Fragen beantwortet ein versierter
Praktiker und Waffenexperte.*

Traum vieler Jäger:
Die oft als „Königin
der Jagd" bezeich-
nete Doppelbüchse.
Ihre Domäne ist die
Drückjagd.

Foto: H. Reifleder

JAGDWAFFEN IM PRAKTISCHEN EINSATZ

Ein Gewehr ist technisch ein simples Gerät, das seine ursprüngliche Form und Funktion schon über zwei Jahrhunderte nahezu unverändert beibehalten hat. Damit gibt es im Waffenbau schon lange keine Innovationen mehr. Alle „neuen und fortschrittlichen Lösungen eines technischen Problems" wurden bei Bedarf schnell und größtenteils schon im vorigen Jahrhundert erfunden. Heute perfektionieren modernste Fertigungsmethoden und neue Technologien die Herstellung. Das jeweilige Endprodukt ist dennoch annähernd mit den Waf-

Foto: K. Urbschat

Foto: U. Grimm

fen identisch, die vor vielen Jahrzehnten hergestellt wurden.

Daher gibt es, auch wenn die Werbung es verspricht, keine grundlegenden, für jeden Jäger positiven Neuheiten. Er sollte ohne vorgefaßte Meinung und fabrikatsunabhängig herausfinden, welche Waffe für ihn optimal ist. Zu sehr bestimmen seine persönlichen Voraussetzungen die Regeln, nach denen er mit einer Flinte oder

Oben: Es kann keine Büchse geben, die beiden gleich gut paßt. Zu verschieden sind ihre Körpermaße.

Links: Jeder Jäger hat mindestens eine Büchse – ein lukrativer Markt!

Büchse zufrieden sein und glücklich werden kann. Daher wird in diesem Sonderheft zum Thema Jagdwaffen auch nur Grundsätzliches behandelt.

REPETIERBÜCHSEN

Die Repetierbüchse gehört zur Grundausstattung jeden Jägers. Darauf haben sich Waffenhersteller und Handel mit einer großen Auswahl eingestellt. Zahlreiche „Verleitfährten" sind möglich, wenn wichtige Punkte vor einem Kauf nicht bedacht werden. Häufig locken spezielle Kombinationen von Büchse und Zielfernrohr als Komplett-Angebote. Sie sollen dem Jungjäger einen Einstieg zu reduzierten Kosten ermöglichen.

Doch ist ein Einstieg stets der erste Schritt. Und der kann zur Fehlentscheidung werden, wenn der zweite Schritt nach kurzer Zeit nötig wird. Das heißt im Klartext: Eine Büchse, die allein des Preises wegen gekauft wurde, kann teuer werden, falls der Jäger aus irgend-

Foto: K. Urbschat

Kniend angestrichen – schwierige Schüsse wie dieser zeigen schonungslos auf, ob eine Büchse gut liegt.

Fotos: K. Urbschat

hängt die Fähigkeit zum guten Schuß vom Ausmaß der nötigen Verrenkungen ab. Derartige „Fehlpassungen" sind recht häufig. Viele Jäger behelfen sich mit Gummiblenden, die auf das Okular aufgeschoben werden. Sie schaffen sich damit einen Fixpunkt für das Auge in der richtigen Position zum Zielfernrohr. Das ermöglicht ein schnelles Wiederfinden der nötigen, vom ursprünglichen Anschlag abweichenden Veränderungen, doch das Grundproblem bleibt bestehen. Nachträgliche Korrekturen an einer schlechten Büchse-Schützen-Passung sind

einem Grund mit ihr nicht „klarkommt". Unbefriedigende Ergebnisse, auf dem Schießstand oder der Jagd, zeigen nicht nur bei Jungjägern schnell Wirkung. Frustriert und genervt sinnt der Jäger dann auf Abhilfe. Die liegt oft, da man „zu dem Ding" kein Vertrauen mehr hat, in einem Waffenwechsel.

Ärger und finanzielle Einbußen lassen sich unter Umständen umgehen, wenn wir der jeweiligen Schäftung einer Büchse, wie bei der Flinte, von vornherein mehr Beachtung schenken. Es ist unverständlich, daß diese beim Präzisionsschuß mit der Büchse oftmals gänzlich unter den Tisch fällt. Im Vergleich zur Flinte muß eine Büchse noch in zusätzlichen Punkten passen: Vorgegebene Ziellinien und Augenabstände müssen vor dem Schuß problemlos zu finden sein und exakt eingehalten werden können. In dem Zusammenhang ist erstaunlich, daß einige Büchsenhersteller immer noch nicht erkannt und umgesetzt haben, daß der Schuß über Kimme und Korn für die meisten deutschen Jäger die große Ausnahme darstellt. Sie liefern nach wie vor Schäftungen, die für den Schuß über Kimme und Korn ideal und damit für das höhere Ziel-

Oben: Hier paßt fast nichts! Ein langer Hals ist erforderlich, und die Schaftkappe sitzt auf dem Oberarm.

Rechts: Technisch überholt. Der Doppelzüngelstecher bietet im Unterschied zum Rückstecher ungestochen keinen trocken stehenden Abzug.

fernrohr zwangsläufig zu niedrig sind.

Für einen Jäger, der sich für eine Büchse entschieden hat, die ihm ohne Glas „phantastisch liegt", ist mit montierter Optik oft alles ganz anders. Nicht nur extrem kurzhalsige Waidmänner haben dann mit dem Blick durch ein hochmontiertes Glas ihre Probleme. Präzises Schießen wird so erschwert, schnelle Schüsse sind nahezu unmöglich.

Wenn der Idealfall, das sofort freie Bild, nach erfolgtem Anschlag nicht gegeben ist, muß der Schütze die richtige Position zum Glas erst durch prüfende Schulter-, Hals- und Kopfbewegungen suchen. Dadurch verändert er seinen ursprünglichen Anschlag. So

nur in der Längsrichtung problemlos möglich. Der Schaft kann verkürzt oder verlängert werden. Das Zielfernrohr ist in seiner Montage in einem bestimmten Umfang achsial verschiebbar. Höhenkorrekturen sind dagegen nur begrenzt über unterschiedlich „dicke" Zielfernrohre und entsprechende Montage möglich. Zu große Schaftsenkungen bleiben nahezu unveränderbar. Sie sind wegen des erwähnten Kimme-Korn-Bezuges recht häufig. Als preiswerteste Erhöhung des Schaftrückens lassen sich aufsetzbare Backen montieren. Optisch und technisch ist das eine eher unbefriedigende Lösung. Die Funktion der Repetierer ist im Prinzip stets gleich. Es gibt in der Technik Unterschiede, die sich ▶

beim Handhaben bemerkbar machen. Abweichend von gewohntem Schloßgang sind auch Geradezug-Repetierer auf dem Markt. Sie setzen neue Maßstäbe, weil sie eine schnellere Schußfolge ermöglichen. Das Funktionsprinzip ist nicht neu, kommt aber erstmalig bei Jagdwaffen zum Einsatz. Es ist äußerst interessant für jeden, der mit den bisherigen Repetierern unzufrieden war.

Durch fabrikatsabhängige Eigenheiten ist der Repetiervorgang trotz gleicher Grundtechnik bei den herkömmlichen Büchsen verschieden. Leicht und problemlos müssen die

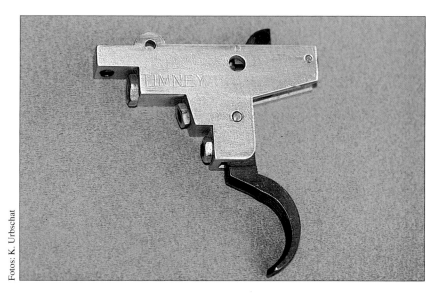

Fotos: K. Urbschat

Oben: Der trocken stehende Timney-Direktabzug eignet sich auch zum Nachrüsten älterer Repetierer.

Links: Kurze Läufe schießen nicht schlechter als lange: Drei Schuß 9,3x62 (19 g TUG) aus einem kurzläufigen Halbautomaten.

jeweiligen Sicherungen erreich- und bedienbar sein. Der Jäger wird vor der Kaufentscheidung herausfinden, wie ihm das alles paßt und liegt. Allein die jeweilige Handgröße kann alle Beurteilungen zwischen „wunderbar" und „geht nicht" zur Folge haben.

Beim Abzug sollten, hinsichtlich seiner gut erreichbaren Position, konkrete Vorstellungen bestehen. Am Stecher scheiden sich seit langem die Geister. Auch wenn er mehrfach – zu recht oder unrecht – als überaus unfallträchtig verteufelt wurde, wollen ihn viele Jäger nicht missen. Für sie stellt sich nach wie vor die Frage, ob das, was beim stecherlosen Abzug an

Feinheit für große Schußentfernungen erforderlich ist, auch für kalte Finger auf der Drückjagd gut sein kann. So ist nicht von der Hand zu weisen, daß ein Rückstecher beiden Situationen besser gerecht wird. Der Deutsche Stecher oder Doppelzüngelstecher gilt bei Fachleuten als technisch überholt: Uneingestochen hat dieses System häufig einen zu hohen Abzugswiderstand. Für ein schnelles „Finger-Reinfinden" nach dem Repetieren – etwa während einer winterlichen Drückjagd – ist der Freiraum zwischen dem vorderen Züngel und Abzugsbügel häufig zu klein. So entscheiden sich immer mehr Jäger bei Repetierbüch-

sen für den Flintenabzug. Sein kurzer Weg und geringer Widerstand stellt einen guten Kompromiß für Präzisions- wie Drückjagdschüsse dar.

In der Regel werden kurze, relativ leichte und damit handliche Waffen als führig bezeichnet. Stutzen sind dafür das klassische Beispiel. Ihr Einsatz auf Drückjagden ist stilgerecht. Warum das so ist, weiß eigentlich niemand genau. Fast alle Schützenstände bieten längeren Büchsen genügend Raum, um ungehindert einen Schuß abgeben zu können. Hinzu kommt, daß kurze Waffen nicht unbedingt für das Flüchtigschiessen gut geeignet sind. Wer sich mal mit dem kurzen Schrotlauf einer Bockbüchsflinte auf Tontauben versucht hat, vermißt das „Frontgewicht", welches das gewohnte, gleichmäßige Schwingen unterstützt. Sei's drum – Stutzen sind wunderschöne Waffen und haben über die Handlichkeit hinaus weitere Vorteile: Es bereitet in engen Kanzeln weniger Probleme, den Lauf geräuschfrei durch die Luke zu bekommen als bei langen Waffen.

Daß kurze Büchsenläufe schlechter als lange schießen, trifft nicht zu. Dabei handelt es sich um ein weitverbreitetes Vorurteil. In Extremfällen kann bei bestimmten Kalibern das Mündungsfeuer beim Nachtansitz stören. Dabei liegt die Mündungsgeschwindigkeit des Geschosses um ein paar Prozentpunkte unter dem Normalwert: Das vor der Mündung verflammende Pulver wird nicht zur Beschleunigung genutzt. Etwaige Abweichungen von der Norm sind so gering, daß sie für den jagdlichen Einsatz unbedeutend sind. Repetierbüchsen gibt es in zahlreichen Varianten und Ausführungen. Die Schußleistungen sind nicht so unterschiedlich wie die Preise. Im Gegenteil, oft haben Standard- und Luxusausführungen des einen oder anderen Herstellers qualitativ identische Läufe. Häufig sind es optisch ansprechende Veränderungen, die richtig ins Geld gehen. Insgesamt sind die Schußleistungen sämtlicher auf dem deutschen Markt angebotenen Büchsen mit gut bis hervorragend zu beurteilen. Selbst die vermeintlich schlechteren unter ihnen sind jagdlich hundertprozentig ausreichend. In ungünstigen Fällen verteilen sie fünf Schuß in 100 Meter Entfernung auf eine faustgroße Fläche. Ursache für Fehl- und Schlumpschüsse sind sie daher

niemals. Dafür ist in der Regel die Schützenstreuung verantwortlich, die im Vergleich zur Waffe riesig, nicht einkalkulierbar und situationsabhängig ist: Auf der Jagd ist daher kein Schütze so gut wie seine Büchse.

DOPPELBÜCHSEN

Eine Doppelbüchse ist unbestritten der Traum vieler Drückjagdjäger. Zu recht, denn wer zwei Kugelschüsse schnell und ohne Nebengeräusche hintereinander „loswerden" kann, hat in einigen Situationen eher jagdlichen Erfolg.

Foto: H. Rohleder

Eine schnelle zweite Kugel auf ein krankes Stück kann leidige Nachsuchen verhindern oder denkwürdige und vielleicht einmalige Dubletten ermöglichen. Leider hat dieser Traum einen Preis, der bei vielen Waidmännern aufgrund der wenigen Drückjagden in einem schlechten Kosten-Nutzungsverhältnis steht. Inklusive Zielfernrohr und Montage ist für eine Doppelbüchse schnell ein kleines Vermögen ausgegeben. Bei den allermeisten Jägerhaushalten stößt das auf Grenzen. Nach vorsichtigen und fast übereinstimmenden Schätzungen verschiedener Exper-

Oben: Zitat eines zutiefst Überzeugten: „Im Vergleich mit der Doppelbüchse ist alles andere bloß eine Waffe."

Links: Diese Flügelsicherung am 98er System erlaubt leider keine flache Zielfernrohrmontage.

ten können oder wollen maximal fünf Prozent der deutschen Waidmänner sich eine derartige Waffe leisten.

Wenn Doppelbüchsen in der Regel elegant wirken, haben sie doch, wie alle ▶

Foto: K. Urbschat

festverlöteten Mehrläufigen, ein technisches Problem. Immer, und das ist ein unabänderliches physikalisches Gesetz, beeinflußt die Wärmedehnung eines beschossenen Laufes die Treffpunktlage des anderen. In einer Schußentfernung von 100 Metern bewegen sich die kurzfristigen Abweichungen häufig im Bereich von einer Handbreite. Mit freiliegenden Läufen ist dieses Manko zu umgehen. Aber die sind, vorrangig aus optischen Gründen, bei solchen Waffen nur in Ausnahmefällen vorhanden. So bleibt man lieber bei den „Wanderschüssen". Auf flüch-

der Abwanderung des zweiten Laufs möglichst an und über den Zielpunkt des ersten zu bekommen, werden die Läufe „schielend" zueinander montiert. Dabei kann der Büchsenmacher den Zeitpunkt des Zusammenschießens ziemlich exakt festlegen und bei Bedarf Kundenwünsche berücksichtigen.

Das Korrigieren eines jagdlich nicht akzeptablen Zusammenschießens ist nur durch ein Demontieren und neuerliches Verlöten der Läufe möglich. Das ist eine ebenso aufwendige wie kostspielige Angelegenheit, an die sich

setzen der Ergebnisse. Auf keinen Fall, und das sollte jedem Jäger von vornherein klar sein, kann man von einer kurzfristig mehrfach geschossenen Doppelbüchse auch annähernd die Schußleistung erwarten, die bei einem „heißen" Repetierer in der Regel problemlos möglich ist. Festverlötete Mehrläufige haben nun mal eine „Wärmestreuung". Die sollte nur ein Thema sein, wenn die jeweilige Schützenstreuung geringer ist. Und das ist, wie schon erwähnt, auf Drückjagden selten der Fall.

FLINTEN

Im Unterschied zu den Büchsen, bei denen „stärker, größer und schneller" einen anhaltenden Trend darstellt, hat sich bei den Flinten seit der Umstellung von Schwarzpulver auf Nitro nur wenig geändert. Noch heute schießt der Enkel mit dem Kaliber und der Munition, die sein Großvater schon zur Verfügung hatte. Somit gibt es selbst für den Jäger, der gute Jagdmöglichkeiten auf Niederwild hat, nur wenig Anreiz für eine Neuanschaffung. Hinzu kommt oft die Tatsache, daß ihm der „alte Prügel so gut liegt". Hieraus resultiert oft die

Foto: F. Bagyi

Im Schweinsgalopp prescht er durch den Schnee. Eine prima Chance für den Jäger: Breit und freies Schußfeld. Besser geht's nicht.

tiges Wild in relativ kurzer Entfernung spielt dieser Punkt keine nennenswerte Rolle. Wenn dagegen auf den Bewegungsjagden verhoffendes Wild auf größere Distanzen beschossen wird, kann der Schütze mit dem zweiten Schuß Probleme bekommen, falls er seine Doppelbüchse nicht genau kennt. Die erforderliche Kenntnis besteht darin, genau zu wissen, wo die Treffpunktlage des zweiten Laufs wann ist. Um den Bereich

Hersteller und Büchsenmacher nur ungern herantrauen. Dem Schützen bleibt im Normalfall lediglich die Möglichkeit, das Ausmaß der Wärmewanderung und den Zeitabstand des Zusammenschießens auf dem Schießstand herauszufinden. Das sollte nur unter Anleitung eines Fachmanns geschehen. Denn neben einer Waffenkühlanlage und dem Ausschalten von Schützenfehlern erfordert es das Erkennen und entsprechende Um-

Angst, daß es bei einer neuen Flinte anders sein könnte.

„Die Läufe schießen – der Schaft trifft!" ist eine häufig zu hörende und grundsätzlich sicher auch zutreffende Aussage. Der schnelle Flintenschuß läßt keine Anschlagkorrekturen zu. Weil die jeweilige Schäftung einen wesentlichen Anteil daran hat, was der Schütze leisten kann, steht prompt die Maßschäftung zur Debatte. Damit, so glauben viele, sei dann alles optimal und man treffe automatisch. Dem ist nicht so. Keine Schäftung kann mangelnde Übung oder unterlassenes Schießtraining ausgleichen. Häufig wird anders herum ein „besserer Schuh" daraus. Es gibt viele gute Flintenschützen, die theoretisch mit dem, was sie da in der Hand haben, überhaupt nichts treffen dürften. Sie haben sich an eine unpassende Flinte, die ihnen irgendwann „zugelaufen" ist, derartig mit ihrem Anschlag angepaßt, daß regelrechte Verrenkungen erkennbar sind. Nicht selten wird dabei vom Ablauf her die Schulter unnatürlich gehoben oder der Kopf eingezogen. Mit die-

Abends wird im Hof Strecke gelegt. Sie kann sich sehen lassen. Es wurde sauber geschossen. Den Jagdherrn freut's.

sem antrainierten Anpassen schießen viele Jäger mit Flinten „von der Stange" hervorragend. Das gilt auch für gebrauchte Flinten, bei denen die jeweilige Schäftung weniger für den Erwerb ausschlaggebend war als der Preis. Hinzu kommt, daß die meisten Flintenhersteller ausschließlich

„Zwitterschäftungen" anbieten. Diese sind sowohl für Rechts- als auch Linksschützen geeignet und damit für keinen von beiden optimal. Mit dem schränkungslosen Schaft bekommt die Schützenwange – bei bestimmten körperlichen Voraussetzungen – häufig schmerzhaften Kontakt. Nur in be-

schränktem Umfang können nachträgliche und nicht zu kostspielige Schaftüberarbeitungen dieses Manko beheben. Daher ist es in jedem Fall ratsam, vor einer Kaufentscheidung zwei oder drei Durchgänge auf dem Trap- und Skeetstand zu schießen. Wenn nichts negativ auffällt und auf Anhieb so viele Tauben wie mit der gewohnten Flinte zersplittern, kann es nicht besser sein. Denn dann stimmen die Grundvoraussetzungen.

Hierauf können wir durch Üben

Übung bringt oft mehr als Maßschäftung. Obwohl hier der Schaft viel zu kurz erscheint und die Backe auf der falschen Seite ist, schießt er hervorragend.

►

aufbauen und das Schießen bei Bedarf perfektionieren.

Die Zeiten der einläufigen Flinten, mit denen der Jungjäger durch bewußte Wegnahme einer zweiten Möglichkeit zurückhaltendes und konzentriertes Schießen üben mußte, sind längst vorbei. Doppelläufigkeit ist allerorten die Regel. Es ist vielfach eine Geschmacksfrage, ob die Läufe seitlich zueinander oder übereinander angeordnet sind. Abhängig von den Wild- und Jagdarten stellt sich oft die Frage nach Wechselchokeeinsätzen und der Notwendigkeit von Ejektoren. Unterschiedliche Chokeeinsätze haben mit ihrer variierenden Streuung Sinn, wenn die Flinte sowohl beim Frettieren als auch bei der normalen Feld- oder Gänsejagd eingesetzt wird.

Foto: H. Rohleder

werfbaren Zigarettenschachtel waren die überwiegend unverrottbaren Patronenhülsen in freier Natur schon immer mehr als nur eine unschöne jagdliche Hinterlassenschaft.

HALBAUTOMATEN

Nicht nur wegen ihrer mangelnden Eleganz, die sie als reine Schießwerkzeuge erscheinen lassen, stoßen

Der Umwelt zuliebe verwendet er Patronen mit Papphülsen. Obendrein sammelt er sie auf.

In der Front eines guten Fasanentreibens, beim konzentrierten Enteneinfall oder, wie hier, beim Frettieren wird der Jäger auf Ejektoren nicht verzichten wollen. Immer, wenn Niederwild in kurzen Abständen „gehäuft" vor die Flinte kommt, sind Ejektoren von jagdlicher Bedeutung.

Foto: K. Urbschat

Halbautomaten vielerorts auf unverhohlene Ablehnung. Offensichtlich sehen einige Waidgenossen in den Niederwildtreibjagden immer noch eine Art sportlichen Wettkampf, bei dem der Beste abends zum König ernannt wird. Aufgrund dieser Ansicht gilt es den Mitjägern gegenüber als unfair, wenn jemand mit einem „Vollernter" antritt. Das gibt allerdings niemand zu. Deshalb wird die Ablehnung anders begründet. „Das Wild muß eine Chance ha-

Ejektoren sind immer von jagdlicher Bedeutung, wenn viel Niederwild in kurzen Abständen beziehungsweise „gehäuft" auftritt. Der Schütze kann dann rasch nachladen. Beim Frettieren, in der Front eines guten Fasanentreibens, beim konzentrierten Enteneinfall

wird der Jäger auf sie nicht verzichten wollen. Ansonsten können sie ein Ärgernis darstellen. Die im hohen Bogen ausgeworfenen Hülsen müssen anschließend wieder umständlich zusammengesucht werden. Im Unterschied zu einer erst heute ordnungswidrig weg-

Mit Zwischenstück und Schaftkappe sind mehrere, vielleicht entscheidende Zentimeter gewonnen.

ben", dürfte dabei das dürftigste „Argument" sein. Vor der Chance des gesunden Entkommens gibt es bei jedem Schrotschuß den riesigen Bereich des möglichen Krankschiessens. Wenn sich der Führer eines Halbautomaten diszipliniert benimmt, spricht absolut nichts gegen seine Ausrüstung. Im Gegenteil: Sein zusätzlicher Schuß in Reserve kann verhindern, daß ein Fuchs oder Kaninchen schwerkrank den Bau erreicht oder ein geständerter Fasan außer Sichtweite streicht. So sind Halbautomaten, das trifft auch auf Büchsen zu, in den Händen von wesensfesten Waidmännern in zahlreichen jagdlichen Situationen eindeutig die besseren Waffen. Leider verführen Halbautomaten ihre Benutzer – und das ist Fakt – zu unangebrachtem und auffälligem Munitionsverbrauch. Grund dafür ist eine menschliche Schwäche, mit der die Waffe nicht ursächlich, sondern fördernd zu tun hat. Ihr häufiger Mißbrauch hat dazu geführt, daß sie verpönt sind und gelegentlich auf Jagdeinladungen als unerwünscht herausgestellt werden.

KOMBINIERTE WAFFEN

Flinten und Büchsen sind auf ihrem jeweiligen Spezialgebiet besser als eine beide Bereiche abdeckende Kombinierte. Bei mitunter einmaligen Möglichkeiten hatte schon manch ein Waidmann gerade die falsche Waffe dabei. Es ist ärgerlich, wenn der Balg des herrlichen Winterfuchses in bester Schrotschußentfernung von der großen Kugel aus dem Repetierer zerfetzt wird. Den Büchsenträger wurmt es auch, wenn er den Marder oder das Hermelin unbehelligt laufen lassen muß und von den

Fotos: K. Urbschat

Foto: K. Urbschat

Mitte: Gefährlich! Bei diesem Drilling sitzt die Umschaltung da, wo bei der gewohnten Flinte die Sicherung ist.

Links: Bei festverlöteten Läufen ist das Klettern bei mehreren Kugelschüssen in rascher Folge unabänderlich. Ein physikalisches Gesetz.

auf einem Graben einfallenden Enten keine „mitnehmen" kann. Genauso ärgerlich kann es sein, wenn beim nächtlichen Fuchsansitz mit der Flinte unerwartet der Lebenskeiler am 30 Meter entfernten Luderplatz für Minuten Interesse zeigt. Ein Drilling, ein Bockdrilling oder eine Bockbüchsflinte wird in solchen Fällen schlagartig zur „Idealwaffe" ernannt – allzeit bereit für alles! Andere dagegen meinen, daß jederzeit auf alles schießen zu können, nicht sein muß. Drilling – nein danke. Sicher ist das eine entsagungsvolle Einstellung, doch viele ▶

Niederwildrevierinhaber sehen das ganz anders und pardonieren beim Bockansitz keinen Fuchs oder anderes Raubwild.

Mehrläufige Jagdwaffen in unterschiedlichen Kalibern kombinieren verschiedene Einsatzmöglichkeiten. Der Drilling ist die klassische Mehrzweckwaffe, die schon im vorigen Jahrhundert genutzt wurde und heute noch in unzähligen Waffenschränken ihren Platz hat. Für die meisten Jagdscheinanwärter wird der Drilling immer wieder zum Alptraum, denn seine Handhabung ist bei der Waffenprüfung fast ein Schwerpunktthema. Die jagdliche Stellung des Drillings ist einem gewissen Wandel der Zeit unterlegen. Der Drilling war für viele Jäger früher das Universalgerät, mit dem man für jede Situation gerüstet sein wollte. Hochrasante Büchsenkaliber waren in der Vergangenheit nicht das Thema. Die fehlende oder nur schwache Zieloptik erlaubte ohnehin nur kurze Schußentfernungen. In früheren Zeiten kamen durch den Drilling Bock, Hirsch und Sau ebenso zur Strecke wie Ente, Fasan, Hase oder Kaninchen.

Heute hat der Drilling einen untergeordneten Stellenwert. Viele Jäger haben mittlerweile wildartabhängige Spezialwaffen für Drückjagd, Ansitz und Pirsch. Auch bei Treibjagden auf Niederwild erscheint ein Drilling immer seltener. Aus diesem Grund läßt sich der Drilling als rein technisches Gerät objektiver ableuchten. Kritiker behaupten, daß etwas, was für alles gut ist, für nichts

richtig sein kann. Das trifft auf die Schäftung zu. Da offenbart sich ein unumgänglicher Kompromiß. Die Form von Schaft und Kolbenhals sind in der Verbindung mit Senkung und Schränkung zwangsläufig eine Mischung aus Flinten- und Büchsenschäftung. Somit ist sie weder für den schnellen Schrot- noch für den präzisen Kugelschuß optimal.

Diesem vermeintlichen Negativpunkt steht die Tatsache entgegen, daß mancher Grünrock mit seinem Drilling keinerlei Probleme hat. So sind einige „Westjäger" auf den ersten Drückjagden in den

Foto: Archiv JÄGER

neuen Bundesländern mächtig ins Grübeln geraten, als die einheimischen Waidmänner mit ihren Drillingen jede vermeintlich bessere Ausrüstung schonungslos degradierten. Offensichtlich erreichen Übung und mehrjähriges Vertrautsein eher eine gute Mensch-Waffen-Passung, als man sie mit einer Maßschäftung von vornherein zu erreichen glaubt.

Viele Jahrzehnte galten Drillinge mit Dreischloß-Selbstspannersystemen und seitlicher Greenersicherung sowie obenliegender Ab-

zugsumschaltung als gefährlich, weil öfter Fehlbedienungen vorkamen. Ungeachtet ihres Druckknopfs wurde die Kugel-/Schrot-Umstellung in hektischer Hand leicht als vermeintliche Sicherung betätigt. Gelegentlich wurde die aktuelle Laufzuschaltung vergessen: So ließ zum Beispiel die Hinterlandgefährdung noch einen Schrotschuß bedenkenlos zu, doch plötzlich orgelte die Kugel als Querschläger in die Ferne. Andererseits ist auch da, wo die Kugel geplant war, schon häufig eine Schrotgarbe oder die kleine Kugel aus dem Einstecklauf in

So ist es sicher für alle: Die Kipplaufwaffen werden geöffnet getragen.

Richtung auf Rehbock, Sau oder Hirsch geflogen. Verludert aufgefundenes und nachweislich durch eine „kleine Kugel" verendetes Schalenwild muß also nicht grundsätzlich Wilddieben zugeschrieben werden.

Immer mehr Drillingsschützen bevorzugen eine obenliegende separate Kugelhandspannung, die zugleich als Umschaltung zum rech-

Foto: Hg. Arndt

spiegelt der Markt – mit unzähligen Varianten in allen Preisklassen – wieder. Einige Fabrikate bieten mit Wechselläufen die Wandlungsmöglichkeit zur Bockflinte oder Bockbüchse. Damit ist der Jäger mit ein und derselben Schäftung bei Bedarf mit drei verschiedenen Waffen unterwegs. Der absolute Idealfall – könnte man glauben. Doch dem ist nicht so. Denn die Übung und Gewöhnung, die mit der Waffe als Bockflinte auf Schießständen und Niederwildjagden möglich ist, birgt einen Fehler für den Einsatz als Bockbüchse auf der Drückjagd. Beim Schrotschuß ist der Anschlag stets so, daß die sichtbare Laufschiene zum besseren

ten Schrotlauf dient. Während einer Niederwildjagd kann so im Treiben bei vermutetem Schwarzwildvorkommen gefahrlos eine Patrone im Kugellauf geführt werden. Als Alternative bietet sich eine sogenannte Schwedenumschaltung – häufiger bei Bockdrillingen zu finden – an. Sie wird zwischen Öffnungshebel und dem Sicherungsschieber auf der Scheibe plaziert. Damit ist die Sicherung so zu bedienen, wie bei anderen Bockwaffen auch.
Das leicht mögliche Doppeln bei Drillingen kann eine fatale Angelegenheit werden. Wenn der linke Schrotlauf abgefeuert wird, während der vordere Abzug eingestochen ist, gibt es unweigerlich den berüchtigten Doppelschlag. Als Schrot-Doppel ist das unter Umständen nur schmerzhaft, doch als Schrot-Kugel-Kombination leicht eine weitreichende Angelegenheit – im wahrsten Sinne des Wortes. Seitenschloßsysteme mit Fangstangen bieten da Abhilfe.
Die Schußleistung festverlöteter

Kugelläufe unterliegt bei Drillingen ebenfalls der veränderten Treffpunktlage durch die Wärmedehnung. In der Regel sind die ersten zwei bis drei Schüsse in jagdlich durchaus vertretbaren Bereichen. Bei freiliegenden Kugelläufen ist die Treffpunktlage nach mehreren Schüssen in Folge gleichbleibend, weil sich der erwärmte Stahl in der Länge ungehindert dehnen kann. Mittlerweile ist diese Bauart, die – optisch freiliegend – nicht sehr elegant aussieht und daher nur wenig Akzeptanz fand, zumindest bei Bockbüchsflinten, durch geschickte Verblendungen auf den ersten Blick kaum erkennbar. Da Büchsflinten in Deutschland selten geworden sind, ist hierzulande die Bockbüchsflinte der Inbegriff für die Kugel-Schrot-Kombination. Die Beliebtheit dieser Waffe

Oben: Was für so starkes Wild an Geschoßernergie ausreicht, ist für schwächere Stücke trotzdem nie zuviel. Erfreulicherweise gibt es keine Kaliberabstufungen zwischen Hirsch und Kalb.

Rechts: Normales Klettern einer Bockbüchsflinte mit festverlöteten Läufen bei drei Schüssen in schneller Folge.

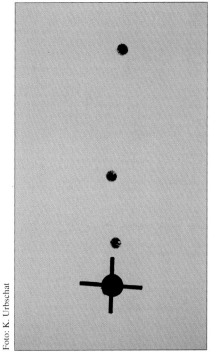

Foto: K. Urbschat

Überblick ein Aufsitzenlassen des Wildes erlaubt. Bei guten Flintenschützen hat sich eine motorische Automatik entwickelt, die sie so gut schießen läßt. Schlüssig erklären können Profis diese Bewe- ▶

Flintenähnliche Schäftungen bei kombinierten Waffen erfordern niedrige Zielfernrohrmontagen. Nur sie ermöglichen den schnellen Schrotschuß übers Glas bei überraschenden Begegnungen.

Foto: K. Urbschat

gungsabläufe deshalb häufig nicht. In diesem gewohnten, für den Schrotschuß hundertprozentig richtigen und tausendfach bewährten Anschlag liegt das Problem bei der gefühlsmäßig gleichen Waffe mit Büchsläufen: Schnelligkeit erfordernde Kugelschüsse liegen regelmäßig zu hoch! Bemerkenswert ist, daß die Präzision dieser „Zu-hoch-Schüsse" von den Fähigkeiten des Betreffenden als Flintenschütze abhängt. Bei hochflüchtigen Sauen auf enger Schneise bewegt es sich – abhängig von der Schußentfernung – in dem Bereich von Rückgrat- und Krellschuß bis knapp darüber. Abhilfe kann häufig eine um ein oder zwei Zentimeter dickere Schaftkappe bringen. Der verlängerte Schaft hat einen weiter nach vorne verlagerten Anschlag zur Folge. Häufig ist es von der Schaftlänge abhängig, wieviel der Schütze von der Laufschiene sieht.

Grundsätzlich sollte bei allen Schaftanpassungen ein Fachmann zu Rate gezogen werden, denn auch bei Bockbüchsflinten ist die Schäftung mit der Büchs-Flinten-Mischung ein Kompromiß. Die stete Schäftung für den Schuß ohne Zielfernrohr ist bei den flintennahen Bockbüchsflinten und Drillingen durchaus einsehbar. Da-

her muß eine möglichst flache Montage den optimalen Anschlag soweit wie möglich erhalten.
Bockbüchsflinten sollten generell mit variablen Zielfernrohren ausgerüstet werden. Konstant hohe Vergrößerung erschwert den schnellen Schrotschuß über das Glas oder macht ihn gar unmöglich. Damit würde die Bockbüchsflinte, zumindest auf der Pirsch, weitgehend ihren Sinn verlieren. Für den Schrotschuß über das

Auch für den Fuchs, der unverhofft in Leiternähe auftaucht, ist der Schrotschuß aus einer kombinierten Waffe optimal. Mit einem Repetierer wäre die Situation schwieriger zu meistern.

Zielfernrohr wird der Profi die tatsächliche Lage der Garbe mit Probeschüssen ermitteln, denn ihr Zentrum ist nicht immer mit dem Zielpunkt für den Kugelschuß identisch. Interessant und auf-

Foto: H. Rohleder

schlußreich ist es, mit der Bockbüchsflinte über das Zielfernrohr
einmal auf Tontauben zu üben.
Die anfänglichen Schwierigkeiten
sind behoben, sobald man gelernt
hat, die Taube im Zielglas zu finden. Dann ist diese Waffe ihrem
ursprünglichen Sinn entsprechend
noch besser einsetzbar.

EINSTECKLÄUFE

Die Möglichkeit, einen Schrotlauf
in einen Kugellauf umzuwandeln,
erspart nicht nur den Erwerb einer
Büchse. Der Einstecklauf erlaubt,
ein zusätzliches Büchsengeschoß
in Verbindung mit anderen zu nutzen. Er erweitert die Einsatzmöglichkeiten eines Drillings um den
Nutzungsbereich, der zwischen
dem Schrot- und Kugellauf liegt.
Das am häufigsten angeführte Argument für eine Anschaffung ist
der Fuchs. Da die Montage bei
Drillingen im rechten Schrotlauf
erfolgt, ist die Stechereinrichtung
des vorderen Abzuges für den Einstecklauf weiterhin nutzbar. Präzise Schüsse auf die meist kleinen
Ziele sind dadurch besser möglich.
Alles hat bekanntlich zwei Seiten.
Die zusätzliche Kugel bei Selbst-
spannerdrillingen birgt einen kritischen Punkt. Die übliche Um-
schaltmöglichkeit zwischen Kugel
und Schrot wird durch den Einstecklauf zur Entscheidung zwischen kleiner und großer Kugel.
Damit kann es zu Handhabungs-
fehlern kommen, weil die eine
nicht immer dort angebracht ist,
wo die andere hin soll. Bei der
vorher möglichen Verwechselung
war es nicht folgenschwer, wenn
der 100 Meter entfernt stehende
Bock oder Hirsch von Schroten
berieselt wurde. Dagegen erfordert
eine versehentlich abgefeuerte Kugel, zum Beispiel im Kaliber 5,6 x
52 R, neben dem Mut zum Ge-
ständnis fast immer einen sehr
guten Schweißhund.
Einsteckläufe sind nicht überall

dort, wo es technisch möglich
wäre, auch tatsächlich einbaubar.
Die Montage erfordert einen neu-
en amtlichen Beschuß der Waffe
in Verbindung mit dem Einstecklauf für Zentralfeuerpatronen. Diese Regelung ist übrigens relativ
neu. Bis vor einigen Jahren wurde
bloß der Einstecklauf beschossen.
Es interessierte weder den Her-

steller noch das Be-
schußamt, wo er eingebaut
wurde. Damit war die
Montage in einer ver-
schlußschwachen oder
„ausgelutschten" Waffe
mehr oder weniger per-
sönliches Risiko. Die
Neuregelung kam, wie das
Beschußamt Ulm auf An-
frage bestätigte, aus „ge-

**Links: Nachrüsten ist bis
zum Kaliber 9,3x74 R
möglich. Damit kann eine
Bockbüchsflinte zur preiswerten Doppelbüchse
werden.**

**Unten: Beim Einbau des
Einstecklaufes wird im-
mer ein spezieller Patro-
nenauszieher angefertigt.**

gebenem Anlaß". Uralte Hahnflin-
ten hatten mit dem Gasdruck der
Einsteckläufe im Kaliber 5,6x50
R Magnum so viel Dampf bekommen, daß sie als Büchsflinten
– freilich nur für kurze Zeit – zu
neuen Ehren gelangten.
Neben den schon lange existieren-
den Einsteckläufen bis hin zu den
Kalibern .222 Rem. und 5,6x50 ▶

Fotos: K. Urbschat

R Magnum sind seit wenigen Jahren auch Nachrüstungen im Kaliber 7x65 R und 9,3x74 R machbar. So läßt sich aus einer Bockbüchsflinte mit einem Einsatz von insgesamt etwa DM 1.700,– eine vollwertige Bockbüchse machen. Mehr noch – eine solche Nachrüstung ist den meisten Doppelbüchsen hinsichtlich der Schußleistung überlegen. Ohne Treffpunktlageveränderung verträgt der großkalibrige Einstecklauf Schußserien, die man den meisten Doppelbüchsen nicht zumuten sollte. Der Einbau großkalibriger Einstecklaufe erfordert eine intensive

lein aus diesem Grund – genauer: wegen einer zu starken „Seitlichoben Belastung" – sind großkalibrige Einstecklaufe in Drillingen nicht einbaubar. Dagegen ist bei den konstruktionsbedingt vergleichsweise stabilen Bockbüchsflinten die Verschluß- und Systembelastung durch den mittig sitzenden Einstecklauf in der Regel bedenkenlos. Bei Bockbüchsflinten, für die es werksseitig Doppelbüchswechselläufe gibt, sind derartige Bedenken ohnehin kein Thema.
Die Schußleistung der Einsteckläufe, besonders die der lauflan-

Oben: Extrembelastung für den Einstecklauf im Kaliber 7x65 R. Diese Munition wurde serienweise mit mehrmaligem Ein- und Ausbau des Laufes in vier Stunden verschossen. Testergebnis: Keine Probleme.

Foto: Archiv JÄGER

Links: Rot auf Weiß – ein herrliches Bild. Die kleine Kugel reicht völlig aus und schont den prächtigen Winterbalg.

Waffenprüfung oder die Zustimmung des Herstellers. Bei leichten und filigran gebauten Bockbüchsflinten ist es möglich, daß Art und Stärke des Verschlusses nur auf die Belastung des ursprünglichen Schrotkalibers ausgelegt sind. Eine stark erhöhte Stoßbodenbelastung, an einer dafür nicht eingeplanten Stelle des Systems, kann daher Probleme bringen. Al-

gen, ist bei optimaler Einpassung weit besser als angenommen. Die Lagerung in Buchsen oder flächigen Führungsteilen erbringt ihnen die Vorteile des freiliegenden Laufs mit seiner ungehinderten Wärmedehnung und unveränderten Treffpunktlage auch nach mehreren Schüssen in Folge. Eine nach Aus- und Einbau wiederkehrende Treffpunktlage bereitet bei

einigen Fabrikaten keine Probleme mehr. Dennoch sollte in jedem Fall ein Kontrollschuß die erforderliche Gewißheit bringen. Bei den meisten Drillingen interessiert dieser Punkt wenig. Häufig ist der Einstecklauf dort zu einer beliebten und damit festen Einrichtung geworden. Außerdem ist diese Variante deutlich preiswerter als der Kauf eines „echten" Bockdrillings.

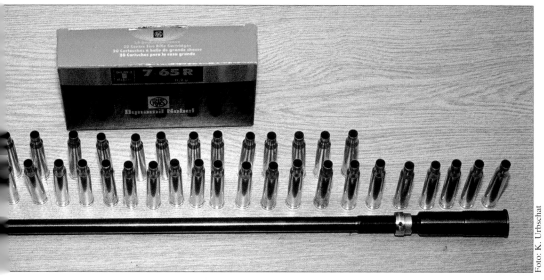

Foto: K. Urbschat

ZIELFERNROHRE

Erste optische Zielhilfen, die als Zielfernrohre zu bezeichnen sind, gab es in den 80er Jahren des vorigen Jahrhunderts. In den darauffolgenden sechs bis sieben Jahrzehnten hat sich, wegen geringer technischer Möglichkeiten, wenig getan. Es gab schon kurz nach der Jahrhundertwende Zielfernrohre, die hinsichtlich ihrer optischen Leistung mit denen der 50er Jahre nahezu identisch waren. Alten Waidmännern sind die Zeiten bekannt, als ein „Zielvier" oder gar „Zielsechs" noch einen großen technischen Fortschritt bei der Jagdausübung bedeutete. Allerdings wurde in damaligen Zeiten, in denen ein Zielfernrohr auf einer Büchse nicht selbstverständlich war, die Möglichkeit eines präziseren Weitschusses vielfach dem Wild gegenüber als unfair angesehen. Derartiges Gedankengut, das sich vereinzelt lange aus

Fast hundert Jahre alt und dennoch voll funktionsfähig ist diese optische Zielhilfe.

„jagdsportlichen" Gründen gehalten hat, ist heute passé.

In den vergangenen Jahrzehnten hat die Zieloptik große Sprünge gemacht. So sind heute variable bis zwölffache Vergrößerungen und 56er Objektive völlig normal. Lichtstarke Zielfernrohre können auf kurze Entfernungen bei kleinen Zielen zu Fehlschüssen führen, wenn sich das Schützenauge nicht mittig hinter der Austrittspupille befindet. Dann wird der ohnehin schon überaus riskante Trägerschuß auf einen nahen Rehbock noch bedenklicher. Beim schiefen Einblick führt die Paral-

laxe zu „Wanderungen" des Absehens, die mit geringer werdenden Entfernungen zunehmen. Die Maximalabweichung kann theoretisch den halben Objektivdurchmesser betragen. Dadurch sind „Nahfehlschüsse" möglich. Die Zielfernrohre auf dem deutschen Markt sind fast alle in 100 Meter Entfernung parallaxenfrei. Deshalb spielen die um zehn Millimeter möglichen Abweichungen, in Schußdistanzen über 50 Meter, jagdlich keine entscheidende Rolle.

Die sogenannten Ofenrohre machen bei den Händlern den Hauptumsatz auf dem Sektor Zieloptik aus. Die meisten „Aufrüster" und Jungjäger stehen auf dem Standpunkt: „Wenn schon – denn schon" oder „Viel hilft viel." Dagegen ist nichts einzuwenden, falls die tatsächlichen Fähigkeiten des Schützen der Ausrüstung weitgehend entsprechen. Starke Gläser ▶

Foto: K. Urbschat

verleiten zu weiten Schüssen – sie täuschen über die tatsächlichen Schußentfernungen hinweg. Selbst ein Rehbock erscheint groß genug für einen vermeintlich sicheren Schuß, wenn er 200 Meter weit weg ist. Mit vier- oder sechsfacher Vergrößerung wäre daran nicht zu denken gewesen. Die Risiken solcher Schüsse wurden mit der Winzigkeit des Zieles erkennbar. Bei größerem Wild geht der „Entfernungsbetrug" starker Gläser häufig in munitionsab-

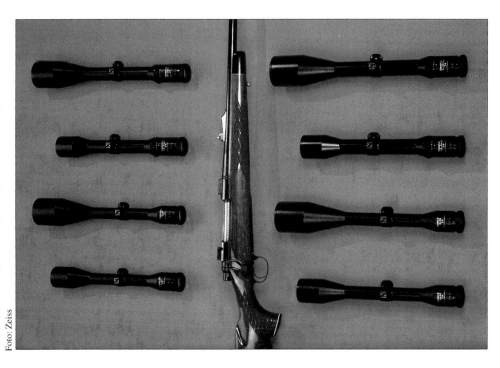

Foto: Zeiss

Foto: H. Rohleder

Oben: Bei riesiger Auswahl geht der Trend zu variablen und lesitungsstarken Zielfernrohren.

Links: Bei der Pirsch auf Gratgams oder der Jagd auf den Bock im Feldrevier, beim Punktschuß auf Gams und Fuchs sind oft weite Schüsse nötig. Rucksack oder Lodenmantel bieten willkommene Gewehrauflage.

hängige Grenzbereiche. Wer ein zierliches Reh auf 150 Meter beschießt, sieht dann beim großgebäudigen Rottier bei einem Schuß auf 250 Meter keine nennenswerten Probleme – die Trefferflächen erscheinen im Zielfernrohr ja annähernd gleich groß! In solchen Bereichen sind dem Erfolg der Schüsse Grenzen gesetzt, die mit den Fähigkeiten des Schützen nicht viel zu tun haben. Steck-

schüsse können bei großer Körpermasse sowie weiten Schußentfernungen immer und völlig kaliberunabhängig vorkommen. Bei einigen Laborierungen sind sie sogar die Regel. Ist man sich darüber einig, daß gut getroffenes Wild nicht immer am Anschuß liegt, offenbart sich damit ein Problem. Steckschüsse verursachen nur geringe Schußzeichen und hinterlassen einen schwer auffind-

baren Anschuß. In großen Entfernungen kann dieser kaum vom Schützen lokalisiert werden. Hinzu kommt, daß Fehlschüsse bei Weitschüssen „leicht vorkommen können". Deshalb wird die vergebliche Anschußsuche ohne Hund mit der Annahme „Fehlschuß" schnell abgebrochen, obwohl das Stück am Ende seiner Todesflucht 50 Meter entfernt in der Dickung liegt.

Risikoerhöhend kommt bei Weitschüssen hinzu, daß Zielfernrohre keine Seitenwindanzeige haben. Damit ist die Treffpunktlage schon bei geringen Luftbewegungen mehr oder weniger dem Zufall überlassen. Die ballistischen Kurven und deren Anlehnung an die jeweilige GEE haben einige Schützen zwar verinnerlicht, doch werden die dabei vorkommenden Zielpunktabweichungen von den durch Seitenwind verursachten oft noch übertroffen. Die durch Entfernungsmesser unmittelbar vor dem Schuß genau feststellbare Distanz hat daher, was das Korrigieren des Haltepunktes anbelangt, nur bei Windstille einen Sinn. Schon seit mehreren Jahren hat die DEVA das unabänderliche Zusammenspiel von Seitenwind und Geschoßflugbahnen für alle Kaliber, Schußentfernungen und Windstärken in einem Computerprogramm abrufbar. Interessierte

Jäger können das überaus aufschlußreiche Material auf einer Diskette käuflich erwerben.

ABSEHEN

Die Frage nach dem „richtigen" Absehen eines Zielfernrohres ließ sich bis vor kurzem noch präzise

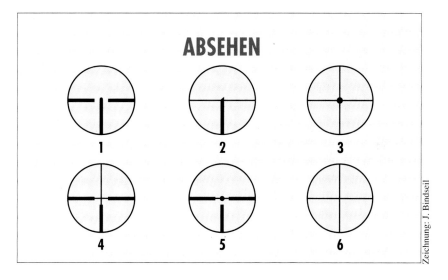

ABSEHEN

1 2 3

4 5 6

Zeichnung: J. Bindseil

beantworten. Das Absehen 4 und ähnliche waren wegen ihrer Feinheit weitgehend an gute Lichtverhältnisse gebunden, während beim Absehen 1 die groben Balken noch in dunkleren Nächten zuverlässig die Richtung anzeigten. So konnte oder mußte sich jeder Waidmann in die eine oder andere Richtung ent-

Foto: W. Nagel

Oben: Von den in Deutschland gängigen Absehen haben sich die Nummern 1 und 4 durchgesetzt. Alle anderen gelten hier mehr oder weniger als Spezialabsehen.

Links: Starke Zielfernrohre verleiten zu weiten Schüssen. Sie täuschen manchen Jäger über die tatsächliche Entfernung hinweg. Dann sind Zweifel angesagt, ob die Fähigkeiten des Schützen seiner Ausrüstung entsprechen.

scheiden. Manch einem tat es leid, auf geliebte Feinheit verzichten zu müssen, weil der dicke Stachel mit dem nächtlichen Fuchs oft eine fehlschußträchtige Einheit bildet. Nun gibt es beleuchtete Absehen. Damit ist vielen Waidmännern geholfen. Deren stufenlos sichtbar zu machende Feinheit wird nachts zu einem großen Vorteil. Das im Grunde vollkommen unverständlich lange anhaltende gesetzgeberische Hick-Hack um die Erlaubnis ist mittlerweile überstanden; hoffentlich für alle Zukunft. Bei objektiver Betrachtung ist die Absehenbeleuchtung nur eine Erfindung, die die Nachtjagd waidgerechter macht. Es entstehen für den Jäger keine zusätzlichen Möglichkeiten. Sie erreicht nur, daß bisher Praktiziertes besser und risikoloser machbar ist. Wer dagegen etwas einzuwenden hat, vertritt zumindest indirekt die Meinung, daß beim Nachtansitz die Möglichkeit zu schlechten Schüssen erhalten bleiben muß.

►

LEUCHTPUNKTVISIERE

Leuchtpunktvisiere eignen sich hervorragend zum Flüchtigschiessen. Die vergrößerungsfreie Optik ermöglicht eine volle „Bilderhaltung" nach erfolgtem Anschlag. Dabei müssen beide Augen geöffnet bleiben. Das geht bekanntlich nur, wenn das Führungsauge auf der Seite ist, auf der sich die Waffe im Anschlag befindet. Das Führungsauge wird unbeeinflußbar vom Gehirn vorrangig behandelt. Daher ist ihm das Bild des anderen in seiner Wahrnehmung und Wertigkeit untergeord-

bei dem – falls ein Auge geschlossen ist – das halbe Stück und der Bereich unter ihm voll abgedeckt werden, bleibt beim Leuchtpunktvisier das Ziel frei im Blickfeld. Das ermöglicht ein besseres Wahrnehmen von Schußreaktionen. Ein weiterer Vorteil bei den meisten Visieren ist, daß ihre Ziellinienhöhe mit der des Zielfernrohres identisch ist. So kann der gewohnte Anschlag beibehalten werden. Die fla-

Oben: Leuchtpunktvisiere gibt es in den unterschiedlichsten Ausführungen.

Links: Die Suhler Einhakmontage verlangt vom Büchsenmacher viel handwerkliches Können. So erklären sich die relativ hohen Kosten für diese Montageart.

cheren unter ihnen erlauben andererseits bei der Montage auf Doppelbüchsen den flintenähnlicheren Anschlag.

ZIELFERNROHR-MONTAGEN

Leistungsstarke Zielfernrohre und Büchsen erfordern zwangsläufig optimale Montagen. Schlechte Schußleistungen haben ihren Ur-

Fotos: K. Urbschat

net. Der Ist-Zustand ist dann wie folgt: Mit beiden geöffneten Augen wird über den am gestreckten Arm hochgestellten Daumen irgendein Ziel, etwa eine Gardinenkugel, anvisiert. Dann wird wechselseitig je ein Auge geschlossen. Das, bei dem der Daumen auf dem Ziel bleibt, ist das Führungsauge. Mit geöffneten Augen erscheint der Leuchtpunkt ohne wahrnehmbare Rahmung im Blickfeld und ermöglicht, im Vergleich zu dem Schuß über Kimme und Korn, einen viel besseren Überblick. Der Leuchtpunkt drängt sich dabei dezent auf. Er ist als Visierung und Haltepunkt stets gut erkennbar. Im Unterschied zu Kimme und Korn,

Bei der Schwenkmontage sorgt ein stabiler, maschinell paßgenau gefertigter Vorderzapfen für optimalen Halt. Sie setzt sich mehr und mehr durch.

sprung häufig allein in diesem Bereich. Auf dem deutschen Markt sind die unterschiedlichen Montagemöglichkeiten in drei Arten aufteilbar. Es wird eingehakt, aufgeschoben oder eingeschwenkt.

Von den drei verschiedenen Bauarten ist eine die teuerste, komplizierteste und gleichzeitig anfälligste. Die Suhler Einhakmontage ist gut, wenn sie genau gearbeitet ist. Mit dieser Einschränkung offenbart sich schon der Haken. Noch weitgehend in Handarbeit eingepaßt, ist die jeweilige Qualität einzig und allein eine Frage des jeweiligen handwerklichen Könnens. Mehrere Paßflächen müssen in ihren jeweiligen Aufnahmen hundertprozentig und auch zueinander so gut gearbeitet sein, daß alle Füßchen gemeinsam mit jeweils gleicher Belastung die Rückstoßkräfte auf die Masseträgheit des Zielfernrohres übertragen. Auch andere, nicht einkalkulierbare mechanische Belastungen müssen ohne punktuelle oder einseitig höhere Beanspruchungen veränderungs- und verschleißfrei „verdaut" werden. Die Herstellung guter Einhakmontagen erfordert in hohem Maß fachliches Können. Die Schwenkmontagen sind dagegen in all ihren Paßteilen von computergesteuerten Präzisionsmaschinen gleichbleibend genau gefertigt, wie es einem Menschen selbst mit kleinster Feile und größter Erfahrung nicht möglich wäre. Absolut fehlerfreie Montagen sind daher von jedem Lehrling problemlos machbar. Über einen einzigen, robusten Vorderzapfen, der

großflächig und verschleißfrei in seiner Aufnahme anliegt, erfolgen alle Kraftaufnahmen. Die hintere Halterung fixiert nur die Richtung und garantiert dadurch in jedem Fall Spannungsfreiheit. Bei einem Glaswechsel oder einer Doppelmontage werden zusätzliche

Oben: Auch durchsichtige Schutzklappen fürs Zielfernrohr stets abnehmen!

Rechts: Die Möglichkeiten, beim Büchsenschuß zu variieren, sind kaum überschaubar. Haarspalterei ist vorprogrammiert.

obere Besteckteile gebraucht. Sie passen ohne Nacharbeit hundertprozentig in die vorhandenen, mitunter viele Jahre alten Aufnahmen. Besser, einfacher und preiswerter geht's wirklich nicht.

Aufschubmontagen sind hierzulande wenig gebräuchlich. Bei ihnen werden die Gläser auf eine an der Büchse bereits vorhandenen Prismenschiene oder nachträglich montierte Gesteckteile aufgeschoben und festgeklemmt. Sie gelten im Vergleich zu anderen als weniger belastbar. Nach dem Herunternehmen und neuerlichen Aufsetzen des Zielfernrohrs ist bei ihnen die Wiederkehr der vorherigen Treffpunktlage nicht immer gege-

ben. Ein nochmaliges Einschiessen ist erforderlich. Aus diesem Grund finden Aufschubmontagen hauptsächlich bei Waffen Verwendung, bei denen das Glas ständig drauf bleibt.

BÜCHSENSCHUSS

Auf keinem anderen jagdlichen Gebiet wird annähernd so viel Haarspalterei betrieben wie auf dem Sektor von Kaliber, Geschoß und Wirkung. Es gibt schließlich genug Material. In Deutschland hat man mit den zur Verfügung stehenden Kalibern und

Foto: P. Konrad

Foto: W. Osgyan

deren endlosen Laborierungsvarianten rund 200 verschiedene Möglichkeiten für das Bejagen von hauptsächlich vier Schalenwildarten. Trotzdem wird unglaublich oft ein Kaliber oder Geschoß als „ideal" oder „einzig richtig" herausgestellt, auch wenn es technisch von der nächstliegenden höchstens Millimeter- und Grammbruchteile entfernt ist. Allerdings hält sich die Zahl derer, die sich bei diesem Thema ereifern, die Waage mit denen, die von dem „theoretischen ▶

Rechts: So gelingt's nicht immer. Der Frischling kam flott und roulierte im Schuß. Nach Ende des Treibens kann das Stück gleich geborgen und versorgt werden.

Unten: Beim Zerwirken sieht der Jäger die Wirkung des Geschosses... und die kann unangenehm sein, beispielsweise bei Knochentreffern.

Foto: M. Breuer

Foto: W. Radenbach

töten, existieren nicht. Wer ein Stück Wild an den Fleck bannen will, muß dementsprechend schießen und zerstörungs- oder risikobereit sein. Der Hochblatt-Rückgratschuß bringt mit großer mechanischer Zerstörung auch viel Wildbretverlust. Dagegen birgt der ebenfalls fleckbannende Träger-, Hals- oder Sau-Kopfschuß ein hohes Risiko, von dem dringend abzuraten ist. Bei solchen Schüssen spielt die jeweilige Leistung eines Geschosses oder Kalibers nie die entscheidende Rolle.

In der Praxis angestrebt, und in der Mehrheit aller Fälle auch erreicht, wird der Kugelschuß unmittelbar hinters Blatt. Dort werden beim Ein- und Ausschuß bestenfalls drei oder vier Rippen zerstört. Jeder kann sich überlegen, was das eine oder andere Geschoß dazwischen Unterschiedliches bewirken kann. Ob da sechs, sieben oder acht Millimeter, neun, zehn oder zwölf Gramm mit einer Geschwindigkeit von 700 oder 800 Meter pro Sekunde hindurchpfeifen, dürfte zumindest beim Rehwild egal sein. Unwichtig ist auch, ob das Stück am Anschuß liegt oder die Todesflucht

Richtung Reh, Hirsch oder Sau auf die Reise schicken, bei richtigem Sitz der Kugel vollkommen ausreicht. Und damit haben sie Recht. Unter den Voraussetzungen eines vernünftigen Treffpunktes ist die für die jeweilige Wildart zugelassene Munition in jedem Fall tödlich.

„Mehr oder weniger tödlich" ist ein ausgiebiges Thema in vielen Artikeln und an zahlreichen Stammtischen. Die jeweilige Länge einer Todesflucht scheint oft der Beweis für ein besseres Kaliber oder Geschoß zu sein. Die Krönung ist häufig die Munition, bei der ohne nennenswerte Wildbretzerstörung „immer alles sofort liegt". Das ist, salopp formuliert, absoluter Quatsch. Zaubergeschosse, die ohne mechanische Zerstörung immer augenblicklich

Kram" nichts hören wollen. Letztere schießen häufig das Kaliber, welches sie sich als Jungjäger angeschafft haben. Da war zum Beispiel die 7x64 oder die .30-06 schon genauso „universell" und „modern" wie heute. Diese Jäger interessieren sich weder für ballistische Kurven noch für Geschoßanfangsgeschwindigkeiten und Auftreffenergien. Sie wissen aus Erfahrung, daß das, was sie da in

Jagdlicher Erfolg und Wildbretzerstörung gehören untrennbar zusammen. Über das Ausmaß der Entwertung entscheidet vorrangig der Sitz der Kugel, den der Schütze bestimmen kann.

Foto: K. Urbschat

20, 30 oder 50 Meter lang ist, denn die Gefahr des Verlorengehens besteht dadurch fast nie. Wenn jemand in Grenznähe unbedingt Downschüsse braucht, dann muß er dementsprechend schießen oder das Verhältnis zu seinem Nachbarn verbessern. Sicher, auch mit Schüssen hinter das Blatt liegen einige Stücke schockähnlich im Knall. Trotz der gewaltigen Auftreffenergien ist das weniger vom Geschoß als von der jeweiligen Situation abhängig. Somit kann es, auch wenn es einige Male vorkam, nie zur Regel erhoben werden. Diese Treffer haben bei beunruhigtem

Fotos: K. Urbschat

oder fluchtbereitem Wild häufig ganz andere Auswirkungen. Nicht verwunderlich ist, daß der vertraut äsende Bock meist im Feuer liegt, während der andere, der schreckend und fluchtbereit im Stechschritt durch die Wiese zog, mit dem gleichen Sitz der Kugel noch über 100 Meter flüchtet. Aus diesem Grunde haben Drückjagden mit dem, was das Wild mit guten Kammerschüssen mitunter noch bewältigen kann, ganz eigene Gesetze.

Noch schwerer zu töten ist krankes Wild, welches durch einen Schuß oder Verkehrsunfall vorbereitet und auf eine schlimme Situation eingestellt ist. Im Taunus hatte man deshalb vor einigen Jahren überlegt, brutaler zerstörende Jagdwaffen auf den Polizeiwachen zu stationieren, weil die Vollmantelgeschosse aus den Dienstwaffen bei angefahrenen Rehen kaum Wirkung zeigten. Auf angefahrenes Rot- und Schwarzwild

waren wiederholt ganze Magazine leergeschossen worden. Bei den unmittelbar nach dem Schuß folgenden Reaktionen kann grundsätzlich mit jedem Kaliber bei jedem Wild alles passieren. Da stellt sich die Frage nach dem Sinn von Rehwildkalibern. Hier werden kleinkalibrige und mini-

Oben: Diese drei unterschiedlich schweren Geschosse wurden in der Praxis hart getestet. Dabei „geschah mit jedem alles".

Rechts: Zweikammer-Geschoßreste nach Durchlagen von Damwildkörpern.

gewichtige Geschosse dem zierlichen Rehwild nach dem „Nichtmehr-als-nötig-Prinzip" nur gedanklich richtig zugeordnet. Ein praktischer Sinn ist selten erkennbar. Die hektischen Geschoßwinzlinge verursachen die für die Hausfrau so häßlichen Blutergüsse und zerstören bei breitstehendem Wild oft mehr Wildbret als „dicke Pillen" bei gleichem Treffersitz. Zierliche Körper

ermöglichen durch ihren geringen Widerstand schweren Geschossen niemals das Abgeben ihrer gewaltigen Energien. Sie zerstören immer weniger als die dem Rehwild „angepaßten" Leichtgewichte. Es gibt eigentlich keinen vernünftigen Grund, Rehwildkaliber tatsächlich auf Rehwild zu verschießen. Im Gegenteil: In Revieren, in denen auch noch anderes Schalenwild vorkommt, ist das auf eine Wildart beschränkte Kaliber unverständlich. Und überhaupt – was spricht dagegen, Rehwild „stabiler" als mit den untergewichtigen, hochgradig gras- und windempfindlichen Winzlingen zu bejagen? Eigentlich nichts, und allein der niedrigere Munitionspreis dürfte es nicht sein.

Bei anderen Schalenwildarten bekommt die Angelegenheit im Vergleich zum zierlichen Rehwild eine andere Dimension. Deshalb ist es erfreulich, daß es bei der Munition keine weiteren wildspezifischen Abstufungen mehr gibt. Hier orientiert man sich hinsichtlich der nötigen Leistung ganz nach oben – also am dicken Keiler und starken Hirsch. Damit werden spitzfindige Idealisierungen und ▶

Foto: Archiv JÄGER

Foto: K. Urbschat

Oben: Ob das Wild – hier Tier, Schmaltier und Kalb – fluchtbereit oder vertraut ist, bestimmt die Länge der Todesflucht oft mehr als das jeweilige Geschoß.

Links: Teilmantel-Rundkopf – ein Originalgeschoß und zwei unterschiedliche Aufpilzungen, je nach Sitz der Kugel.

kaum Schnitthaar und schweißt, wenn überhaupt, nur wenig. Damit fehlt neben den sonst üblichen Schußzeichen auch der Schweiß in der Fährte. Und, Hand aufs Herz, wer holt einen erfahrenen Schweißhund, wenn der Schütze sich nicht sicher ist und nach vergeblichem Suchen von zwei oder drei Jägern auf „Glatt vorbei" entschieden wird? Dabei kann hier nur die gute Hundenase helfen.

Das beste Kaliber ist immer das, welches der Schütze ohne übermäßige mentale und physische Belastung angstfrei verschießen kann. In diesem Punkt bereiten die weitverbreiteten Kaliber wie 7x64 oder .30-06 den meisten Jägern und vor allem Jägerinnen keine Probleme. Damit sind sie für unser heimisches Schalenwild gut und vollkommen ausreichend gerüstet.

Dennoch wollen einige Jäger höher hinaus. Dagegen ist absolut nichts einzuwenden, wenn ihnen der stärkere Rückschlag keine Schwierigkeiten bereitet sowie der Fähigkeit zum präzisen Schuß keinen Abbruch tut. Es kann ohnehin nichts dazu gesagt werden, denn „Nehmerqualitäten" sind individuell verschieden. Die Schützenbelastung ist abhängig von Kaliber, Waffengewicht und Schäftung. Daher sind Probeschüsse vor dem Erwerb in jedem Fall ratsam, falls jemand die allgemein verträglichen Grenzen deutlich überschreiten will. Wer sich in die respekt-einflößenden Magnumdaten unsterblich verliebt hat, sollte die eigenen Fähigkeiten hinsichtlich einer möglichen Nutzung mit unterschiedlichen Büchsen probieren. Dabei gibt es, egal ob der Lauf mit einer Mündungsbremse versehen ist oder nicht, beträcht-

spezielle, „einzig richtige" Laborierungen zwangsläufig zu einem Witz. Der Einsatz erfolgt auf Wildkörper, die durchaus mal einen Gewichtsunterschied von über 100 Kilogramm aufweisen können. Das relativiert die Rehwildpatronen: Viele Kälber und auch Frischlinge, die großkalibrig ohne irgendeinen Negativpunkt zur Strecke kommen, sind unwesentlich schwerer als ein Stück Rehwild.

In allen Kalibern stehen dem Jäger zahlreiche, in Gewicht, Eigenschaften und Aufbau unterschiedliche Geschosse zur Verfügung. Dabei sind dort, wo Schwarz- und Rotwild vorkommen, die schwereren Zweikammergeschosse zu bevorzugen. Schließlich wird ja

ein Ausschuß angestrebt. Zweikammergeschosse und ähnlich aufgebaute Geschosse pilzen kontrolliert auf oder zerlegen bei entsprechendem Widerstand nur ihre vordere Hälfte. Dabei bleibt ein ausreichend schweres Hinterteil für den Ausschuß erhalten. Der Grund für derartige Konstruktionen liegt in den häufigen, und daher durchaus normalen Todesfluchten auch bei besten Schüssen. Bei Steckschüssen wird es kritisch. Der Schütze hat kein Zeichnen wahrgenommen und kann die Stelle, an der das Stück gestanden hat, nicht genau benennen. In solchen Situationen wird leicht ein Fehlschuß angenommen, weil ein Anschuß nicht auffindbar ist. Der kalibergroße Einschuß hinterläßt

lich differierende Schützenbelastungen, deren Ursache nicht immer schlüssig erklärbar ist.

Jagdlich kritisch und überaus bedenklich wird großkalibrige Magnum-Power, wenn der Schütze weiß, daß er damit nicht vernünftig schießen kann und es dennoch tut. In solchen Fällen wird der Sitz der Kugel wohl als nebensächlich angesehen – frei nach dem Motto: „Wenn die trifft, fällt alles um." Das ist natürlich haarsträubender Unsinn. Mangelnde Schießfertigkeit läßt sich nie mit leistungsstarken Geschossen ausgleichen. So sind Lauf-, Krell- und Streifschüsse grundsätzlich mit jedem Kaliber möglich und werden mit einer solchen Einstellung wahrscheinlich genauso leichtfertig verursacht wie bedenkenlos in Kauf genommen.

Extremversuche bei der Kaliberwahl sind übrigens nicht ungefährlich. Sie können neben mechanischen Verletzungen einen Schützen auch mental nachhaltig beeinflussen. Es besteht die Gefahr, daß schlimme Erfahrungen nach Betätigen eines Abzugs in der Folgezeit nicht mehr „verdrängt" werden können und sich dann sogar beim Kleinkaliberschuß durch Verkrampfen und Mucken negativ

Harter Frost bestimmt das Landschaftsbild. Wirkt er sich auch auf die Schußleistung der Büchse aus?

bemerkbar machen. In einem konkreten Fall mußte ein gestandener Jäger mit großen, geistigen Anstrengungen erst wieder richtig schießen lernen, nachdem ihn eine Großwildbüchse im Kaliber .500 NE schwer angeschlagen hatte. Sein durch reine Neugierde entstandenes Problem nannte er „Abzugs-Phobie".

TEMPERATURABHÄNGIGE TREFFPUNKTLAGEN?

Die Läufe unserer Büchsen sind Präzisionsteile und wie alle verbindenden Schrauben und Passun-

Foto: K. Urbschat

gen aus Stahl gefertigt. Damit unterliegen sie temperaturabhängigen Veränderungen nach physikalischen Gesetzen. Das bedeutet, daß ein Büchsenlauf zwischen Sommer und Winter, wenn auch nur in winzigen Millimeterbruchteilen, in all seinen Abmessungen schwankt. Das heißt auch, daß Verbindungsschrauben in einer Büchse temperaturabhängig ihre Länge und damit auch ihre Zugstärke verändern. Daraus können sich durchaus unterschiedliche Treffpunktlagen durch ein verändertes Schuß- und Schwingungsverhalten ergeben. Theoretisch kann daher jede Jagdwaffe, die im Hochsommer bei vielleicht 30 Grad ein- oder kontrollgeschossen wurde, im Winter bei -10 Grad die Kugel willkürlich plaziert. Allerdings gehen die Meinungen von Jägern und Fachleuten in diesem Punkt ziemlich auseinander. Denn die Frage nach möglichen Veränderungen wird etwa zu gleichen Teilen mit „Ja", „Nein" oder „Weiß nicht" beantwortet.

An einer willkürlich ausgewählten Kipplaufwaffe und Repetierbüchse sollte – stellvertretend für die gebräuchlichsten Waffenarten – herausgefunden werden, ob es generell temperaturbedingte Treffpunktlagenveränderungen gibt. Mehr ist in einem solchen Test auch nicht festzustellen. Das ist ganz sicher. ▶

Auch wenn man eine Vielzahl verschiedener Waffen prüfen würde, könnte man nur eine prozentuale Wahrscheinlichkeit für temperaturempfindliche Waffen ermitteln und niemals pauschal sagen, daß diese oder jene Büchse in dieser Hinsicht besser oder schlechter ist. Ohnehin könnten Punkte ausschlaggebend sein, die nie hundertprozentig gleich sind – eine stärker angezogene Verbindungsschraube, eine etwas andere Systemeinpassung, unterschiedliches Schaftholz, Metallablagerungen im Lauf oder eine nicht optimale Montage des Ziel-

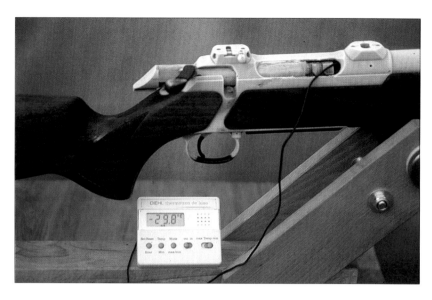

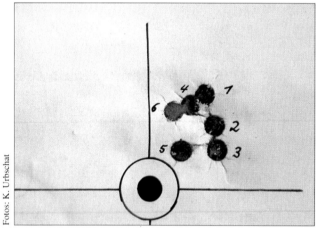

Fotos: K. Urbschat

Oben: Eine tiefgefrorene Büchse im Härtetest. Ergebnis: Sommer- oder Wintertemperaturen sind schießtechnisch unbedenklich.

Links: Zwei Serien, 1 bis 3 und 4 bis 6, mit einem Temperaturunterschied von 38,6 Grad Celsius geschossen.

fernrohrs. All das bedeutet schlichtweg, daß mehrere Waffen des gleichen Typs vom selben Hersteller, wenn überhaupt, unterschiedlich reagieren können.

Nur zwei von der Bauart her unterschiedliche Waffen wurden daher einem solchen Extremtest unterzogen. Eine Sauer 200 als Repetierbüchse im Kaliber 9,3x62 und eine Brünner Luxus Bockbüchsflinte mit dem Kugelkaliber 7x65 R verschwanden für 24 Stunden in einer -28,5 Grad kalten Tiefkühltruhe. Unmittelbar vor den Schußserien wurden die um rund 40 Grad wärmeren Zielfernrohre aufgesetzt. Das war übrigens vollkommen problemlos möglich. Allerdings hatten beide Testwaffen EAW-Schwenkmontagen, für

die ja bekanntlich bauartbedingt leicht differierende Achsialmaße nie kritisch sind. Die Sauer 200 im Kaliber 9,3x62 mit RWS-Munition und dem 19 Gramm TUG zerstreute alle Frostbedenken. Sie schoß drei Schüsse im Abstand von zehn Sekunden in Folge in gewohnter Form zusammen, obwohl die Laufinnentemperatur vor dem ersten Schuß -22,6 Grad betrug. Später wurde bei einer anfänglichen Laufinnentemperatur von plus 16 Grad eine „warme" Dreierserie mit der kalten auf 100 Meter Entfernung sogar übereinander geschossen. Selbst dabei hatten alle sechs Schuß nur einen Streukreis von 25 Millimeter. Das ist eine wirklich überzeugende Leistung, wenn man bedenkt, daß die

beiden Serien mit einem Temperaturunterschied von 38,6 Grad Celsius begonnen wurden.

Die Bockbüchsflinte zeigte auch gefroren bei den Dreierschußserien das übliche Klettern der festverlöteten Läufe. Nur mit dem einen Unterschied, daß der -20 Grad kalte Lauf mit der „Leiter" tiefer anfing. Die Ursache dafür war offensichtlich der dünnwandigere Schrotlauf, der sich vor dem ersten Schuß schneller erwärmt und gedehnt hatte. Nach dem ersten Kugelschuß schienen dann beide Läufe dieselbe Temperatur zu haben. Die zweite Kugel saß da, wo sie hin sollte. Beim dritten Schuß war der Kugellauf schon wieder wärmer und „länger" als der Schrotlauf – also Hochschuß. Das in dieser Form Tiefer-Anfangen tritt natürlich nicht an frostigen Wintertagen auf der Jagd auf, denn da haben beide Läufe vor der ersten Schußabgabe exakt dieselbe Temperatur.

Die beiden bauartunterschiedlichen Testwaffen stellten sich somit hinsichtlich der mechanischen Funktionen und Schußleistungen als vollkommen temperaturunempfindlich heraus, obwohl mit dem Aufsetzen von fast 40 Grad wärmeren Zielfernrohren eine praxisferne Situation geschaffen wurde. Damit ist allerdings nur der Beweis erbracht, daß es nicht generell temperaturbedingte Veränderungen gibt. Daß sie dennoch unter bestimmten Voraussetzungen möglich sind, kann nicht ausgeschlossen werden. Weil jedoch keine grundsätzliche Beeinflussung besteht, kann davon ausgegangen werden, daß sie sich bei etwaigem Vorhandensein in einem jagdlich noch vertretbaren Rahmen bewegt. Wer dennoch Befürchtungen hegt, sollte ganz einfach einen stark frostigen Wintertag für einen Kontrollschuß nutzen. Vielleicht und höchstwahrscheinlich stellt auch er dann fest, daß seine Büchse vollkommen temperaturunempfindlich ist. Daß dieser Punkt für die beiden Testwaffen kein Thema war, wurde ja auch erst festgestellt, nachdem man es zu einem gemacht hat. Nichts feststellen zu können, ist fraglos immer dann ein schönes Ergebnis, wenn ein anderes befürchtet wird.

DER SCHROTSCHUSS

Auf den ersten Blick mag die Behauptung verwunderlich klingen, daß der Schrotschuß vom Jäger weit mehr Disziplin und Verantwortungsbewußtsein als der Kugelschuß erfordert. In aller Regel wird eine solche Einstufung nur nach der für den Menschen ausgehenden Gefahr vorgenommen.

land mehr sieht. Aber die gibt's. Eine vernünftig treffende Kugel wirkt selbst auf große Entfernungen für Reh, Hirsch und Sau tödlich. Mit dem Schrotschuß gelingt das Töten nur auf relativ kurze Entfernung. Damit wird die Nahdistanz zu einem nötigen und unbedingt einzuhaltenden Handlungsbereich. Obwohl oder gerade weil dieser Umstand fast jedem

Foto: Sagorski

Äußerst unschön: Zu weit und von hinten – der Schocktod bleibt aus. Zudem kann ein Randschrot den Hund erwischen.

Foto: H. Rohleder

Viel kann man von den „Krümeln" nicht erwarten, daher unbedingt auf die Entfernung achten!

Und da ist natürlich ein in weiter Ferne noch tödliches Büchsengeschoß viel gefährlicher als eine nur auf kurze Distanz wirkende Schrotgarbe. Diese Tatsache ist jedoch aus einem anderen Blickwinkel auch für den jagdlichen Erfolg von entscheidender Bedeutung: Mit der Absicht, Strecke zu machen, neigt mancher Jäger zu unwaidgerechten Weitschüssen, weil er keinerlei Gefahren fürs Hinter-

Jäger bewußt ist, resultiert daraus die Masse der Fehlschüsse. Überhastete Schußabgaben sind gleichermaßen erfolglos wie das oft zu beobachtende „Probieren" mit der anschließenden Feststellung, daß es „wohl doch zu weit" war. Würde man, und das kann jeder für sich selbst einmal kurz überschlagen, die Erfolgsquote des Kugelschusses mit der des Schrotschusses vergleichen, offenbart sich oft ein fast katastrophales Verhältnis. Der Grund dafür ist neben geringer Größe und oft hohem Tempo des Wildes sowie mangelnder Übung auch eine häufig sehr laxe Einstellung zum Schrotschuß schlechthin. ▶

Irgendwie wird er nicht ganz „für voll" genommen. Im Unterschied zum Fehlschuß mit der Büchse ist es daher auch keine weitere Überlegung wert, wenn die Schrote keinen sichtbaren Erfolg bringen. Gerade die technischen Grenzen des Schrotschusses erfordern Disziplin. Für viele ungeübte Waidmänner bleibt der Schrotschuß sogar ein steter Versuch, der häufig nur klappt, wenn sie gerade mal „gut drauf" sind oder einfach nur Glück haben. Das ist zwar bedauerlich und kaum zu ändern, doch wird es kritisch, wenn „Erfolg" auch in weiten Schußentfernungen gesucht wird. Kritisch ist das insofern, da eine Schrotgarbe entfernungsabhängig rapide an Wirkung verliert und dennoch für das beschossene Wild nie vollkommen harmlos ist. Schrot tötet bekanntlich durch nervenlähmende Schockwirkung. Das bedeutet, daß eine genügende Anzahl Schrote mit ausreichender Energie den Wildkörper treffen müssen. Diese beiden Grundvoraussetzungen sind technisch wie ballistisch nicht gleichermaßen erreichbar. Das Volumen der Schrotpatronen bestimmt mit der Größe (Energie) der Schrote auch deren Zahl (Deckung). So geht bei feinem Schrot die Kraft genauso schnell verloren wie die Deckung bei grobem. Einzelne grobe Schrote mit hoher Durchschlagskraft bringen daher ebenso wenig Schockwirkung wie viele kleine mit ungenügender Kraft. Das heißt: Die Grundvoraussetzung für den tödlichen Schrotschuß ist allein eine Frage des entfernungsabhängigen Zusammenspiels von Kraft und

Fotos: P. Konrad

Deckung. „Fernerfolge" sind oft nur eine Frage der Hundearbeit, weil die zur sofortigen Tötung unfähigen Schrote nur noch zum Krankschiessen reichen. Hier trifft das Wort vom unwaidmännischen Verhalten voll zu.

Mit einem Streukreisdurchmesser von zwei bis drei Meter schießen selbst die schlechtesten Schützen nur selten „glatt vorbei". Zumal auch die weit vor einem Hasen aufsetzenden Schrote noch lange nicht daneben sind. Der für den Schocktod ausreichende Wirkungsbereich muß daher vor jedem Schrotschuß bedacht und konsequent eingehalten werden. Somit erfordert er fraglos mehr Disziplin und Verantwortungsbewußtsein der Kreatur gegenüber als der in weiter Ferne stets noch übermotorisierte Kugelschuß. In diesem Punkt können nur „Waidmänner" anders denken und handeln, die grundsätzliche Unter-

Oben: Bewußtes Handeln in einer sich häufig ändernden Situation. Genau dies erfordert das Flintenschießen.
Links: In sicherer Haltung erwartet sie heranstreichendes Federwild von links.

schiede zwischen Krankschießen und Anschweißen machen.

Innerhalb der gängigen Schrotkaliber sind nur geringe Leistungssteigerungen durch schwerere Ladungen möglich. Da der Gasdruck dabei, wenn überhaupt, nur in einem begrenzten Rahmen erhöht werden kann, bringt das nicht viel. Mit unterschiedlichen Chokeeinsätzen lassen sich einige Flinten zwar noch für bestimmte Jagden entsprechend den vorrangig zu erwartenden Schußentfernungen umrüsten, doch wird auch damit nur eine bessere Bündelung oder Verteilung vorhandenen Potentials erreicht.

Eine tatsächliche Leistungssteigerung dagegen sind Magnumflinten, die mit durchschnittlich 35 Prozent höherem Gasdruck auch stärkere Ladungen verschießen. Allerdings sollte vor einer eventuellen Anschaffung in jedem Fall bedacht werden, daß solche Flinten auch nach hinten spürbar stärker losgehen. Dabei ist die Schmerzgrenze viel schneller als bei großkalibrigen Büchsen erreicht. Ursächlich dafür ist neben einer relativ „haltlosen" Flintenschäftung der oft hastige, nicht immer optimale und wegen unterschiedlicher Schußrichtungen auch stark variierende Anschlag. Das ist bei normalen Schrotkalibern mitunter schon unangenehm. Eine Magnum kann im ungünstigen Fall eine wahre Schützenbestrafung zur Folge haben. Darum empfiehlt sich der Einsatz von Magnumflinten auch nur auf wirklich hoch streichende Gänse oder Enten, wo tatsächlich mehr Leistung angebracht erscheint und sich die Zahl der Schüsse oft in einem verträglichen Rahmen bewegt. Bei gewöhnlichen Niederwildjagden sind Magnumflinten schon aus anderer Sicht bedenklich. In normalen Schußentfernungen machen ihre bis zu 57 Gramm schweren Ladungen bei Vollchoke-Volltreffern Enten, Fasanen und Hasen für jede weitere Verwertung unbrauchbar. Wenn daraus dann wieder resultiert, daß ein Magnumschütze glaubt, „weiter hinlangen" zu können oder gar zu müssen, ist seine Ausrüstung hinsichtlich der „Krank-Tot-

Wahrscheinlichkeit" wieder keinen Deut besser als die normalkalibrige. Ein so „schweres Geschütz" tut also selten Not.

Obwohl dem Schrotschuß hinsichtlich seiner ausreichenden Leistung relativ enge Grenzen gesetzt sind, gibt es seit geraumer Zeit Bestrebungen, ihn noch schwächer zu machen. Weicheisen – aufwertend als Stahl bezeichnet – statt Blei ist die Forderung aus schwer glaubhaften und nur bedingt nachvollziehbaren Gründen. Auch wenn es kein Politikum ist und tatsächlich wegen möglicher Bleivergiftungen durch das Aufnehmen von Bleischrot um

das Wohl der an Flachwassern lebenden Vögel geht, ist die Sache bedenklich. Jäger sind beim Töten von Wild zum Bestmöglichen verpflichtet. Aus dieser Sicht kann Eisen kein Ersatz für Blei sein. Es ist nachgewiesen und unbestritten, daß der Schrotschuß mit Eisen durch das geringere spezifische Gewicht in seiner Wirkung beträchtlich reduziert wird. Ein Test hat ergeben, daß das Kaliber 12/89 Magnum mit Eisenschrot in 35 Meter Schußentfernung nur etwa die Leistung einer Bleiladung im Kaliber 12/70 erbringt. Allein schon aus diesem Grund stellt sich Eisen aus Normal-

Foto: Hg. Arndt

Foto: H. Rohleder

Links: Zwischen den Kalibern 10/89 und 16/70 steht die 12/70, das meistgeschossene Kaliber.

kalibern bei objektiver Betrachtung hinsichtlich seiner Wirkung auf Wild als ungenügend heraus. Daher dürfte Bleischrot wegen der fraglos besseren Tötungsfähigkeiten, auch wenn es widersprüchlich klingt, zum Wohl des Wildes nicht in Frage gestellt werden.

FACHLITERATUR

Führt man sich die Zahl an Büchern und Fachbeiträgen über Repetierer, Drillinge, Absehen oder Zielfernrohrmontagen vor Augen, so scheint es für den Jäger nichts Interessanteres als Jagdwaffen zu geben. Viele Fachwerke und -artikel sind allerdings „technisch" geschrieben. Da liest der Praktiker nach den ersten Sätzen nicht weiter. Im folgenden wird eine Literaturauswahl vorgestellt, die dem Praktiker nutzt.

1. Lampel, Walter und Richard Marholdt – Waffenlexikon (10. Auflage 1993)
In knapper, eindringlicher Form bleibt dies Werk auf weit über 600 Seiten Jägern und Sportschützen keine Antwort über Lang- und Kurzwaffen, Munition und dazugehörige Optik schuldig.

2. Osgyan, Wolfram – Portraits & Praxis (1. Auflage 1992)
Eine Sammlung von aufschlußreichen Produktvorstellungen und Tests aus dem Bereich Jagdwaffen und -optik. Wer Neu- oder Gebrauchtwaffen kaufen oder führen möchte, wird diese Orientierungshilfe schätzen.

3. Holmgren, Christian – Jagdwaffen und Schießtechnik (1. Auflage 1993)
Das mit aussagestarken Fotos versehene Buch unterrichtet über die Fülle möglicher technischer Fehler bei Gebrauchtwaffen. Anleitungen zum Übungs- wie Jagdschießen sind praxisgerecht ausgerichtet.

4. Freiherr von Fürstenberg, Gustav – Des Flintenschießens edle Kunst (1. Auflage 1978)
Im einfühlsamen Plauderton führt

der bekannte Schießlehrer seine Leser in die Praxis ein. Dabei erfahren selbst „alte Hasen" noch Neues.

5. Haglund, B. und E. Claesson – Die Jagdwaffe und der Schuß (4. Auflage 1978)
Das im Handel vergriffene, nur

noch antiquarisch erhältliche Buch zählt weiterhin zu den übersichtlichsten und bestverständlichen zum Thema. Es ist reich und anschaulich illustriert. Vor- und Nachteile der verschiedenen Waffensysteme werden gut erklärt.

Auch ein Stück Poesie der Jagd: eine sauber verarbeitete Querflinte mit aufwendiger Gravur.

Foto: J. P. Hansen

JÄGER & PRAXIS

22

KURZ & BÜNDIG

FANGJAGD: Kastenfallen ★ Betonrohrfallen ★
Eiabzugseisen ★ Fangbunker ★ Fangkorb...

EINE BEILAGE DER ZEITSCHRIFT JÄGER

JAGDSCHUTZ UND HEGE

Konnten vor 20 Jahren deutsche Jäger rein statistisch auf der Strecke noch einem erbeutetem Fuchs jeweils viereinhalb erlegte Hasen gegenüberstellen, herrscht heute ein krasses Mißverhältnis. Auf einen gestreckten Krummen kommen mehr als eineinhalb Füchse. Bei den Rebhuhn- und Fasanenstrecken geht's noch deutlicher bergab. Müßig, ausschließlich die Tollwutschluckimpfung als Ursache der Fuchsvermehrung ins Feld zu führen. Mit dem romantisch verklärten Vollmondansitz auf den Winterfuchs wird man Reinecke allein nicht in den Griff bekommen. Mehr noch: Wer macht sich heute schon die Mühe, sein Revier bei Neuschnee einmal gründlich abzuspüren? Er wird erstaunt sein, wie viele Marder es beheimatet, wie viele verwilderte Katzen streunen. Wo aber die Raubwildbejagung hinkt, ist es mit der Tilgung dieser zusätzlichen Geißeln ebenso wenig weit her.

Nur Äsung und Deckung schaffende Biotopverbesserung retten Hase, Fasan oder Rebhuhn bei aller hegerischen Motivation nicht. Und mit Schrot und Kleinkaliber zügeln wir – selbst bei hohem Zeitaufwand – die Besatzhöhe der behaarten und gefiederten Räuber keineswegs ausreichend. Aus diesen Erfahrungswerten heraus stellen ihnen Berufsjäger und Jagdaufseher mit der Falle nach.

An Gegenströmungen mangelt es nicht: Zusammengebrochener Rauchwarenmarkt, „kostenmindernde" Entlassung unzähliger Berufsjäger und ächtender Druck selbsternannter Ökologen. Dabei bietet waidgerecht ausgeübte Fangjagd mit tierschutzgemäßen Fallenkonstruktionen dem Friedwild und unter Artenschutz stehenden Tieren ebenso unbe-

streitbaren Nutzen wie dem Jäger innere Genugtuung. Gerade revierfern lebende, zeitarme Bestände sollten ortsansässigen Jungjägern dies Aufgabenfeld zugestehen, statt es aus Bequemlichkeit zu verdrängen, was oft geschieht. Fallenjagd – ein Glied in Jagdschutz und Hege – beileibe kein Buch mit sieben Siegeln: Sie ist erlernbar wie andere Jagdpraktiken auch.

Foto: J. P. Hansen

Noch wirkt er niedlich und harmlos. Löst sich der Familienverband auf, muß er sich selbst behaupten.

Die Graphik sagt mehr als tausend Worte. Sie veranschaulicht, wie wir die Besätze von Rebhuhn und Fasan, von Hase und Kaninchen erhöhen können.

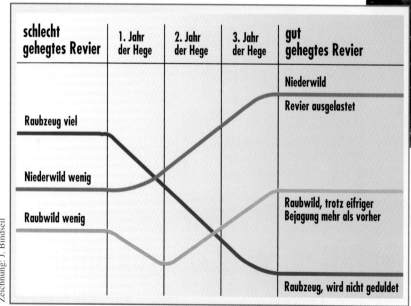

Zeichnung: J. Bindseil

schlecht gehegtes Revier	1. Jahr der Hege	2. Jahr der Hege	3. Jahr der Hege	gut gehegtes Revier
				Niederwild
				Revier ausgelastet
Raubzeug viel				
Niederwild wenig				
Raubwild wenig				Raubwild, trotz eifriger Bejagung mehr als vorher
				Raubzeug, wird nicht geduldet

INHALT

Rechts: Bevor die eigentliche Fang-phase beginnt, kirrt der Fallensteller das Raubwild vor und in der Falle an.

Foto: H. Wichmann

Foto: W. Osgyan

Nur erfahrene Jäger er-beuten Reinecke mit dem Schwanenhals.

Foto: S. Thomas

Betonrohrfallen hal-ten lange und brau-chen kaum Pflege.

Links: Sicher-heit steht bei der Fallenjagd oben an. Auch der erfahrene Berufsjäger bedient sich beim Spannen von Eisen ei-nes solchen Bügels. Damit geht es leicht.

Foto: H. Wichmann

Impressum: **JÄGER & PRAXIS** KURZ BÜNDIG Fangjagd. Eine Beilage der Zeitschrift **JÄGER** Titelfoto: H. Rohleder

Jahr-Verlag GmbH & Co.
Jessenstraße 1
22767 Hamburg
Tel. 040 / 38 90 61 13
Fax 040 / 38 90 63 05

Verleger:
Alexander Jahr

Redaktion:
Dr. Rolf Roosen,
Hartmut Syskowski

Autor: Hilmar Wichmann

Fachberater:
Walter Bachmann

Titel/Layout: Klaus Kuisys

Vertriebsleitung:
Peter Lüdemann

Herstellungsleitung:
Helmut Post,
Brunhild Sudmann (Stellv.)

Druck: Busche, Dortmund

Lithographie: Repro- und
Satztechnik Helmut Gass,
Hamburg

Copyright: Jahr-Verlag GmbH
& Co. Hamburg 1997

Foto: P. Bachmann

So gebieten es Waidgerechtigkeit und Tier-schutz: Blitzschnell und schmerzlos hat das sachkundig gestellte Eiabzugseisen den Steinmarder getötet.

Jagdstatistiken sprechen eine klare Sprache: Während in den vergangenen drei Jahrzehnten die Streckenzahlen bei Hase, Fasan und Rebhuhn drastisch

FANGEN VON RAUBWILD

zurückgingen, explodierten sie bei Fuchs und Steinmarder. Nur die Fangjagd kann das Vorkommen dieser Beutegreifer entscheidend eindämmen. Büchse und Flinte schaffen es nicht. Der Umgang mit Schwanenhals, Marderschlagbaum und Eiabzugseisen ist gar nicht so schwer, wie manche denken.

Foto: M. Rogl

Bei Beachtung der strengen gesetzlichen Vorschriften ist Fangjagd unabdingbarer Jagdschutz und damit Hege im besten Sinn des Wortes. Hege, die nicht nur dem Friedwild, sondern auch geschützten Tierarten wie zum Beispiel Singvögeln zugute kommt. Die Achtung vor der Schöpfung, viel Fleiß und etwas handwerkliches Geschick sind Eigenschaften, die der Fänger dabei unter Beweis stellen wird.

DIE REVIERKARTE

Sie ist unentbehrliches Hilfsmittel für den Fallensteller. Topographische Karten im Maßstab 1:25.000, auch Meßtischblätter genannt, oder weit besser noch die von den jeweils zuständigen Katasterämtern für wenig Geld erhältlichen Karten 1:5.000 eignen sich. Auf weiche Pappe geklebt und mit einem Rahmen versehen, schmükken sie jedes Jagdzimmer. Alle Hecken, natürliche oder begradigte Bachläufe, Feldscheunen, sogar jede kleine Anpflanzung, sind dort eingezeichnet.

Aus der Karte können wir zum

Streunende Katzen stellen nicht nur eine Geißel des jagdbaren Niederwildes dar, sondern greifen auch empfindlich in das Brutgeschäft der Singvogelwelt ein. Selbst Höhlenbrüter sind gefährdet. Deshalb sollten auch Hauskatzen während dieser Zeit keinen Auslauf haben.

Foto: R. Roeloffs

Beispiel ersehen, woher wildernde Hunde und Katzen kommen können. Dies sind meistens Feldwege, die von umliegenden Orten ins Revier führen. Bevor sich Katzen oder Hunde im Revier verteilen, sollten sie nach Möglichkeit schon weggefangen werden. Hierfür bieten sich Schonungen, Remisen, Hecken, Knicks, Teichanlagen oder Bachläufe an. Die beste Möglichkeit, Einrichtungen auf

der Revierkarte festzuhalten, sind Stecknadeln mit großen, verschiedenfarbigen Plastikköpfen. Ihre Symbolik wird am unteren Kartenrand schriftlich erläutert. Manche Jäger legen lieber ein gesondertes Heft an, in dem die abgesteckten Reviereinrichtungen näher beschrieben werden. Dies hat den Vorteil, daß Unbefugte die Karte nicht lesen können. Welcher Fänger läßt sich schon gern „in die Karten sehen". So oder so – nötige „Änderungsmeldungen" sind mit den Nadeln problemlos durchzuführen.

Die Reviergrenze wird mit Filzstift dauerhaft eingetragen. Stecknadeln kennzeichnen: Gute Fangplätze, Standorte der eingebauten Fallen, Schütten, Fütterungen, Salzlecksteine, Hochsitze, Ansitzleitern, Luderplätze, Dachs- und Fuchsbaue, Krähen- und Elsternnester, Greifvogelhorste (wohlgemerkt nur für statistische Zwecke), Suhlen und Kirrungen. Durch Wollfäden verbundene Steckna-

Die Revierkarte ist für den Jagdschutzberechtigten ein unerläßliches Hilfsmittel. Sämtliche Fallen, die er im Revier aufstellt, markiert er hier.

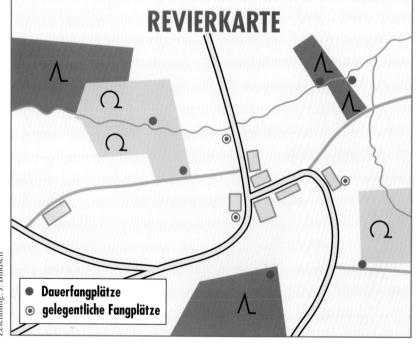

Zeichnung: J. Bindseil

REVIERKARTE

- ● **Dauerfangplätze**
- ◉ **gelegentliche Fangplätze**

deln symbolisieren Wechsel und Pässe des Schalen- und Raubwildes. Die Flächen von Wildäckern, Remisen und Brachflächen auf der Karte überträgt man auf ein Stück grüne Pappe, schneidet es aus und heftet es mit einer Nadel fest.

Allein das Vermerken der Standorte eingesetzter Fallen ist für den Revierbetreuer eine große Kontrollhilfe. Leicht kann zum Beispiel bei einer Vielzahl von Wieselfallen die Übersicht verloren gehen, besonders dann, wenn sie oftmals umgesetzt werden. Dabei kristallisieren sich gute Fangplätze verschiedener Fallenarten rasch heraus. Spätestens nach zwei bis drei Jahren verschaffen die gewonnenen Erfahrungen dem Fallensteller anhand der Revierkarte einen aufschlußreichen Überblick. Leicht kann dieser so auch Jagdfreunden vermittelt werden. Bis dahin rätselhafte Vorgänge im Revier werden leichter verständlich.

DIE KASTENFALLE

Sie zählt zu den meistgebräuchlichen Fallen. In ihr fängt sich Haarraubwild wie Jung-

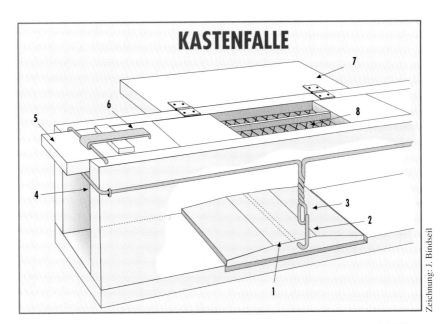

KASTENFALLE

Zeichnung: J. Bindseil

Stellbrett (1), Auslösedorn (2), Stellzunge (3), Haltestift (4), Fallbrett (5), Fallbolzen (6) und Kontrolldeckel (7) sind die beweglichen Teile dieser Falle.

Foto: H. Rohleder

fuchs, Waschbär, Dachs, Marder, Iltis, Großwiesel, aber auch Katze oder Ratte.

Als Lebendfangfalle kann sie das ganze Jahr über im Revier stehen, auch innerhalb der 200 bzw. 300 Meter-Schutzzone für Katzen. Geschontes oder geschütztes Wild, das sich gefangen hat, setzen wir wieder in die Freiheit. Bei Bedarf kann es zuvor markiert werden. Die Kastenfalle aus Draht setzen wir allerdings möglichst nicht mehr ein, da sich gefangenes Wild in der dunklen Holzkastenfalle ruhiger verhält.

Weil sie sich einfach handhaben lassen, eignen sich Durchlauffallen besonders für den Anfänger.

Das Wild in der Drahtkastenfalle hat hingegen die Freiheit vor Augen. Es wird versuchen, sich zu befreien. Dabei verletzt es sich erfahrungsgemäß am Fang. Aus tierschutzrechtlichen Gründen ist der Einsatz der Drahtkastenfalle bedenklich, falls nicht eine besonders frühzeitige Fallenkontrolle im ersten Morgenlicht erfolgt.

Sind Drahtkastenfallen im Einsatz, können sie mit Brettern oder Folien abgedunkelt werden, damit kein oder nur wenig Licht in das Innere gelangt. Soll größeres Raubwild bis hin zum Fuchs erbeutet werden, empfehlen sich als Mindestmaße der Falle laut einem Positionspapier des Bundesverbands Deutscher Berufsjäger e.V. 130 Zentimeter Länge sowie jeweils 25 Zentimeter Breite und Höhe.

Fangplätze

Die Kastenfalle gehört mit wenigen Ausnahmen auf den Zwangspaß. Gute Fangplätze befinden sich zum Beispiel an oder über Bachläufen, in Hecken oder Knicks, an Gatterzäunen, in Randfurchen der Getreidefelder oder Wildäcker, in großen Durchlässen, ▶

KREUZWECHSEL MIT ZWANGSPASS

Fangsteig

Kastenfalle

Fangsteig

Zeichnung: J. Bindseil

Die Wahl des Fangplatzes ist stets von großer Bedeutung. Auf einen Kreuzwechsel gestellt, wird die Kastenfalle Erfolg bringen.

auf alten Gemäuern oder Steinmauern. Das Schotterbett neben Bahngleisen, Windschutzstreifen im Feld, Strohhaufen, Volierenzäune, Staudammkronen von Teichen und Feuchtbiotopen, aber auch Durchstiche von Wallhecken: Der einfallsreiche Fallensteller wird die Standortfrage ständig neu suchen und beantworten.

In Feldscheunen bringt die Kastenfalle direkt vor einen Mauerdurchbruch hervorragende Fangergebnisse. Gilt der Fang speziell dem Waschbär oder der Katze, braucht die Falle nicht auf den Zwangspaß gestellt zu werden. Der optimale Fangplatz für Waschbären liegt in einer Dickung oder Schonung in der Nähe von Teichanlagen, Bachläufen oder im Sumpfgelände. Für Katzen wird der Fangplatz so ausgesucht, daß sie möglichst schon am Rand des Reviers weggefangen werden. Dies geschieht, soweit rechtlich möglich, in der Nähe der Ortschaft an Wegkreuzungen, in trockenen Feldscheunen und Reisighaufen. Die Kastenfallen wird der Profi vor dem ersten Einsatz verwittern. Hierzu stellt er eine Mischung aus frischer Erde sowie Wildschweiß

Waschbären lassen sich besser in Dickungen und an Gewässern fangen als an Pässen. Wir beködern die Fallen mit Hähnchenknochen.

zusammen und reibt damit die Fallen ein. Faustregel: Pro 100 Hektar wird mindestens eine Kastenfalle aufgestellt.

Beködern

Auf dem Zwangspaß braucht der Heger die Kastenfalle als reine Durchlauffalle nicht zu beködern. Zum Anlocken streunender Katzen wird in einen Kaffeefilter ein Teelöffel Baldrianpulver gefüllt und zugeheftet. Baldrianpulver ist in jeder Apotheke erhältlich. Ein Aufguß mit Wasser verstärkt den Baldriangeruch enorm. Die Filtertüte wird entweder unter das Wippbrett geschoben oder auf den Schieber unter den Deckel gelegt. Die Beköderung, speziell für Waschbären, besteht aus frischem Obst, Schokolade, Backpflaumen, gegrillten Hähnchenknochen oder aus den Resten von Hunde- oder Katzendosenfutter.

Verblenden

Zuerst legt der Jäger eine Astgabel oder ein Stück Drahtgeflecht auf die Kastenfalle, mit deren Hilfe er die gesamte Verblendung auf einmal abnehmen kann. Darauf schichtet er Fichtenzweige, die dann das ortsübliche Material aufnehmen. Das Ganze ist der Umwelt angepaßt, zum Beispiel als Schilf- oder Reisighaufen getarnt.

Kontrolle

Da die Kastenfalle eine Lebendfangfalle ist, muß sie täglich kontrolliert werden. Zeit und Fleiß des Fallenstellers sind gefordert. Kontrolliert wird bevorzugt in den frühen Morgenstunden, damit gefangenes Wild früh erlöst oder wieder in die Freiheit gesetzt werden kann. Nach einer Sichtkontrolle durch Hochheben des Deckels tötet der Fallensteller größeres gefangenes Raubwild durch gezielten Kopfschuß mit einer kleinkalibrigen Waffe. Fachgerechter läßt sich mit dem Fangschußkasten arbeiten: Dann wird die eigentliche Falle und deren Mechanik auf Dauer nicht von austretenden Geschossen beschädigt. Kleineres Wild wird in einen Sack aufgenommen. Der Fänger schiebt die Falle in den Sack und öffnet die Klappe. Durch Klopfen

Foto: H. Wichmann

auf den Fallendeckel treibt er das gefangene Wild in den Fangsack. Alte Kater sträuben sich dabei oft. Steht ein Helfer zur Verfügung, hebt er den hinteren Fallenteil schräg an. Ein durch das Griffloch des Fallendeckels eingeführter Stock ist auch ein nützliches Hilfsmittel. Ist ein Marder im Sack, bewirkt ein kräftiger Schlag auf den Erdboden den sofortigen Tod der gefangenen Kreatur.

Effektivität

Die Kastenfalle ist, sofern nicht gut verblendet, besonders diebstahls- und zerstörungsgefährdet, vor allem, wenn sie auf einem Brett einen Bach überbrückt. Vor allem beim Fangen streunender Katzen hat sie sich bestens bewährt. Als Lebendfangfalle eignet sie sich zudem als „Einstiegsmodell" für den Anfänger. Mit ihr kann er unproblematisch erste Erfahrungen sammeln.

BETONROHRFALLE

In Abwandlung gilt das bei der Kastenfalle Ausgeführte. Die Betonrohrfalle ist jedoch eine stationäre Falle. Sie besteht aus rund 130 bis 200 Zentimeter langen Abwasserbetonröhren. Der Innenquerschnitt beträgt etwa 25 Zenti-

meter. Fallenbeschläge und Fanggestänge aus verzinktem Metall sind im Fachhandel erhältlich.

Natürlich bauen wir diese Fallen wiederum selbst ein. Je nach Bodenbeschaffenheit und Geländeformation benötigen wir zu zweit einen bis eineinhalb Arbeitstage. Beim Ausheben des Fallenbetts planen wir ein leichtes Gefälle ein. Ebenso unterfüttern wir den Grund mit einem Kiesbett: Der Fallenbereich bleibt so leichter trocken. Das erhöht die Erfolgsrate. Der ausgehobene Raum im Erdreich – der sogenannte Fangraum – nimmt die eigentliche Falle auf. Damit der empfindliche Fangmechanismus nicht durch Erdrutsche behindert wird, kleiden wir den Fangraum mit Bretterwänden aus. Eine abnehmbare, flache Brettverkleidung von oben ermöglicht leichtes Fängischstellen. Aufgenagelte Dachpappe

Der Fangschuß-kasten nimmt beim Lebendfang die Beute auf. Nun kann der Jäger sie mit seiner Faustfeuerwaffe töten.

Foto: S. Thomas

Oben: Die Betonrohrfalle läßt sich gut im Erdreich verbergen.

Links: Wird die Kastenfalle über einen Graben gestellt, fängt sie effektiv.

Fotos: H. Wichmann

sorgt für Regenschutz. Auf alle Fälle muß dieser Teil sorgfältig vor „Uneingeweihten" verblendet werden. Dazu tragen auch zusätzliche Betonrohre im Anschluß an die Falltüren bei. Sie verblenden aber nicht nur diese Fangtüren. Erfahrene Fänger bestätigen, daß die größere Länge der Rohrsysteme den Füchsen Argwohn nimmt: Die Fangquote steigt.

Fangplätze

Auch wenn ein späteres Umsetzen der im Erdreich einzulassenden Falle möglich ist, wird der Jagdschutzberechtigte aufgrund des Arbeitsaufwands die Standortfrage sorgfältig prüfen. Besonders eignen sich trockene Gräben. Berufsjäger gliedern diese Fallenart auch in Fuchskunstbauten ein. Überhaupt spricht erfahrungsgemäß gerade der Fuchs gut auf Betonrohrfallen an. Der Fallentyp eignet sich auch als Anschluß einer Drainagemündung. Künstliche oder natürliche Zwangspässe, aber auch Randbereiche von Gehegen und Volieren bieten sich ebenfalls an. Lange Hecken und Waldkanten verheißen Erfolg. Hügel weisen gegenüber Senken Vorteile auf: Zum einen nutzt sie das Haarraubwild gern als Aussichtspunkte.

Zum anderen sind sie trockener – abfließendes Wasser hemmt nicht die „Besucherfrequenz" der Fallen. Nicht nur wir, auch Raubwild und Katzen mögen's gerne trocken.

Wie bei der Kastenfalle nutzen wir die Pässe der erstrebten Beute, soweit möglich, zum Einbau der Falle. Ist das zum Beispiel wegen zu harter Bodenbeschaffenheit nicht machbar, kann man sie unter Beachtung der Hauptwindrichtung auch in deren Nähe plazieren. Dann empfielt sich das Anbringen von Wittrung. Hierzu sammelt der Fallensteller das Urin soeben getöteter Marder durch Ausdrücken der Blase in ein verschraubbares Fläschchen. Das führt der Praktiker auf seinen Kontrollgängen stets bei sich. Stöcke in unmittelbarer Fallennähe werden mit dem Urin benetzt. Günstige Nebenwirkung: Bei Kaninchen sind trockene Plätze ebenso beliebt. Sie werden durch das ausgebrachte Fuchs- oder Marderurin ferngehalten. So sind Fehlfänge vermeidbar.

Kontrolle

Im Unterschied zu den Kastenfallen löst die Betonrohrfalle mit einem Haarabzug aus. Dies ist zumeist ein dünner Kunststoff-Fa-

den. Als Durchlauffalle wird sie nicht beködert. Zudem schätzt das Raubwild diese Röhren als Tagesunterschlupf. Als nützlich erweist sich eine Sandspürbahn im Eingangsbereich der Röhren. Profis ergänzen diese sogar durch zusätzlich aufgestellte Schilf- oder Grashalme. Signalstäbe, die aus der Fangraumabdeckung herausschauen, zeigen dem Fänger die Position der mit ihnen verbundenen Falltüren an. Gefangene Kreaturen werden in den vorgestellten Fangschußkasten nach Öffnen der entsprechenden Falltür abgedrängt. Ein von der anderen Seite in die Falle eingeführter Stab dient zur „Nachhilfe".

Bewertung

Die Betonrohrfalle ist aufgrund ihrer Materialien sehr lange haltbar und bedarf kaum einer Pflege. In die Holzkastenfalle kann ein Marder unter Umständen während einer Nacht ein Loch nagen, um wieder die Freiheit zur erlangen. Das ist hier unmöglich. Allerdings ist diese Falle wegen ihres Einbaus im Erdreich ortsgebunden. Auf wechselnde Situationen im Revier kann daher nur mit zusätzlichen mobilen Fallen bei Bedarf zügig reagiert werden. Weiterer

Foto: U. Hansen

Erfahrene Jäger sammeln Urin von Fuchs und Marder. Es hält Kaninchen von Fallen fern und verhindert Fehlfänge.

Foto: H. Dudden

Ein wesentlicher Vorteil der Betonrohrfalle liegt in der langen Lebensdauer der einzelnen Bauteile, die kaum einer Pflege bedürfen.

„Eine Katze richtet soviel Schaden an wie drei Füchse", lautet ein Lehrsatz aus dem Erfahrungsschatz unserer Altvorderen. Er hat nichts an Aktualität verloren, besonders im Niederwildrevier.

Nachteil: Der Fänger benötigt einen Fangschußkasten, will er sich nicht auf Bauhund und Flinte verlassen.

ARENSHORSTER ROHRFALLE

Sie verbindet die uns von der gewöhnlichen Betonrohrfalle her bekannten Vorteile mit der Möglichkeit schnellen Positionswechsels. Bei einem Durchmesser des Klappensystems von etwa 20 bis 30 Zentimeter und einer Länge von 120 Zentimeter einschließlich der Auslöserstange läßt sich das Gerät leicht im Auto transportieren. Es kann von einem einzelnen Jäger schnell und ohne größere Vorbereitungen in ein Betonrohr eingeschoben werden. Dabei fungiert die Falle, sofern ein mitgelieferter Rohrdeckel am anderen Rohrausgang angebracht wird, als Einlauf-

falle. Das wird von Fuchs, Katze und Mardern meist akzeptiert. Eine Durchlauffalle entsteht mit Hilfe je eines Fangsystems an beiden Rohrenden.

Fangplätze
Wie bei der herkömmlichen Betonrohrfalle ziehen wir möglichst trockene Plätze in Betracht. Höher gelegenes Gelände kommt dabei bevorzugt in Frage. Bei Grabendurchlässen unter Feldwegen sollten etwaige Regenüberschwemmungen möglichst auszuschließen sein. Zwar ist die aus Stahlblech hergestellte Falle nicht nur stabil, sondern auch mit Rostschutzanstrich versehen, doch wird eine pflegliche Behandlung ihre Lebensdauer verlängern und Funktionsfähigkeit sichern.
Als sinnvolles Zubehör bieten sich zwei Meter lange Kunststoffröhren an. So kann der Benutzer Arenshorster Rohrfallen die Systeme

auch ohne Betonrohre verwenden.
Verblenden
Bei Verwendung in Grabenrohren wird der Spaziergänger den Einbau kaum wahrnehmen. Wie bei den anderen Lebendfangfallen für Haarraubwild gefährdet auch diese Konstruktion spielende Kinder oder Neugierige nicht. Mutwillige Zerstörer hält der Fallensteller durch zusätzliche Grasverblendung im Bereich der Rohreingänge ab. Auch Schilf empfiehlt sich als Tarnmaterial. Der Jagdschutzbeauftragte versichert sensiblen Feldeigentümern zuvor im Gespräch, daß er darauf achtet, die Vorflut nicht zu beeinträchtigen. Gutes Einvernehmen zwischen Jäger und Landwirt zahlt sich immer aus, nicht zuletzt für das Wild. Ansonsten tarnt der Jäger die Falle im Stein- oder Holzstapel, als Reisig-, Stroh- oder gar Misthaufen. Apropos Stroh: Mit Druschabfällen kombiniert, zieht es magnetisch Mäuse an. Das freut die Füchse. Andere Lebendfangkonstruktionen sind durch ihre zum ▶

Foto: K. Schendel

Kontrolle

Sie erfolgt zweimal täglich. Wird das Klappensystem nicht völlig im Rohr versenkt, können wir einen Stock als Signalmittel auf dem etwas überstehenden oberen Klappenrand plazieren. So brauchen wir uns der Falle nicht direkt zu nähern. Beim Entnehmen von Wild verwendet der Jäger einen Fangschußkorb. Will das Wild nicht springen, öffnet er die hintere Rohrverschlußklappe oder -mechanik und stochert mit einem Stab. Profis verwenden dabei einen tellerförmigen Aufsatz an der Spitze, mit der sich die Beute regelrecht schieben läßt. Andererseits ist ein gewöhnlicher Zielstock ebenfalls brauchbar. Immer mehr Flachlandjäger erkennen seine vielseitige Nützlichkeit. Auch Klappern kann helfen.

Effektivität

Wie die Betonrohrfalle besticht die Arenshorster Rohrfalle durch Robustheit. Auch braucht sie kaum gewartet zu werden. Da leicht zu versetzen, ist sie vielseitiger, vor allem, wenn es an Helfern mangelt. Unberechtigte wer-

Teil empfindlich eingestellten Wippauslöser für Mäuse- und Rattenfehlfänge anfällig. Das kann hier außer Acht gelassen werden.

Beködern

Zwar braucht diese Lebendfangfalle als Durchlauffalle nicht beködert zu werden, doch bietet sich der Auslösependel zum Anbringen eines Köders an. Die Erfolgsrate wird sicher nicht geschmälert. Köpfe von Hase, Flugwild, Gescheide und die nicht nur bei Waschbären beliebten Hähnchenknochen – Abfallprodukt aus Grillstuben – tun gute Dienste.

Oben: Mäuse blockieren als Fehlfänge oft Wieselwippbrettfallen. Ein kleines Bleigewicht am vorderen Wippenende kann das verhindern.

Rechts: Auf den Rand des Fallbretts plaziert, gibt der Fallstock von weitem Auskunft über etwaigen Fangerfolg. Ist er umgekippt, hat sich die Falle geschlossen.

FALLSTOCK

Zeichnung: J. Bindseil

Sein Balg ist nur im Winter weiß und dann besonders wertvoll.

Opfer seiner natürlichen Neugier.

Fangplätze

Einer der besten Fangplätze ist der trockene Grabendurchlauf. Je eine Falle wird rechts und links in den Durchlaß geschoben, bis sie vor den Blicken Unbefugter verborgen ist. Neben und oberhalb der Falle verschließt der Jäger den freien Raum mit je einem Grasbüschel. Damit verhindert er ein Überspringen und seitliches Vorbeilaufen des Wiesels an der Falle. Führen die Gräben Wasser, werden die Wieselfallen in die Grabenkante eingebaut. In der Nähe der Durchlässe legen wir von der angrenzenden Ackerfurche bis zur Grabensohle einen etwa 20 Zentimeter tiefen und spatenbreiten Paß an. Die Falle wird – Eingang im rechten Winkel zum Paß – auf der Grabenkante in ein Fallenbett eingelassen und mit abgestochenen Grasplaggen verblendet. Das Fallenbett muß etwa zehn Zentimeter länger als die Falle sein, damit

den nur schwer auf sie aufmerksam. Durch eine ergänzende Plastikröhre wird sie noch vielseitiger: Ohne vorhandene Betonröhrenläufe kann sie wie eine herkömmliche Kastenfalle unter entsprechender Verblendung ins Revier gestellt werden. Begnügt man sich mit einseitigem Fangmechanismus, halten sich die Anschaffungskosten mit einer herkömmlichen Holzkastenfalle die Waage. Auch hier gilt die Regel: Mindestens eine Falle pro 100 Hektar.

DIE WIESEL-WIPPBRETTFALLE

Das Großwiesel, eins der häufigsten und mutigsten Raubwildarten, kann nur mit der Falle effektiv bejagt werden. Durch ständigen Einsatz der Wieselwippbrettfalle wird es in Niederwildrevieren auf ein erträgliches Maß reduziert. Die Wieselfähe wirft im Jahr meist acht oder neun Junge. Es können aber auch bis zu 13 sein. Um gute Fangerfolge zu erzielen, kommt es auf die richtige Wahl der Fangplätze und eine hohe Fallenzahl an: Die Erfolgswahr-

scheinlichkeit steigt mit der Zahl der Fallen. Mindestens 15 pro 100 Hektar sollten es schon sein. Um bei der Kontrolle Zeit zu sparen, werden die Fallen konzentriert aufgestellt. Sofern über einen längeren Zeitraum hinweg nichts gefangen wird, setzt der Jagdschutzbeauftragte die Wippbrettfallen in einen anderen Revierteil um. Die Wieselfalle ist eine reine Durchlauffalle, wird also nie beködert. Stehen die Fallen in der Nähe seines gewohnten Aufenthaltsorts, wird das Wiesel

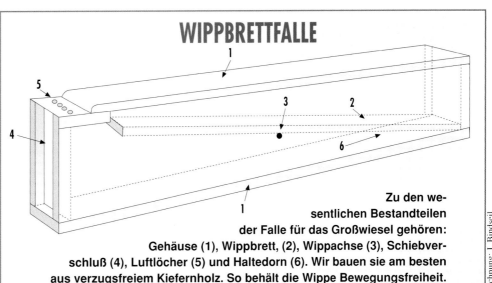

WIPPBRETTFALLE

Zu den wesentlichen Bestandteilen der Falle für das Großwiesel gehören: Gehäuse (1), Wippbrett, (2), Wippachse (3), Schiebverschluß (4), Luftlöcher (5) und Haltedorn (6). Wir bauen sie am besten aus verzugsfreiem Kiefernholz. So behält die Wippe Bewegungsfreiheit.

Luft in der Falle zirkulieren kann. Je nach Geländegegebenheiten plant der engagierte Jagdschutzbeauftragte schon nach 30 bis 50 Metern die nächste Falle ein.

In alten Fallenbüchern steht, daß ▶

Dieser Steinhaufen bietet sich zum verdeckten Einbau einer Wippbrettfalle an. Wer ihn mit einem Holztunnel versieht, hat es bei der Fallenwartung leichter.

Fotos: H. Wichmann

Die Wieselwippbrettfalle wird im rechten Winkel zur äußersten Ackerfurche ebenerdig eingebaut. Der Zugang wird geglättet.

Ein roter Farbstrich am Fallenboden. Auch bei schlechter Beleuchtung ist er ein deutlich sichtbarer Hinweis, daß sich etwas gefangen hat.

Wieselfallen einfach in Ackerfurchen gestellt wurden. Dies hat zwei entscheidene Nachteile: Erstens wird die Falle von Unbefugten schnell entdeckt, und zweitens kann das Wiesel nur von einer Seite in die Falle gelangen. Der Fangerfolg ist höher und das Verblenden der Falle einfacher, wenn sie im rechten Winkel zur Ackerfurche in den Feldrain eingebaut wird. Das Fallenbett wird soweit ausgehoben, bis der Fallenboden in gleicher Höhe liegt wie der Boden der Ackerfurche. Abgestochene Grasplaggen verblenden die Falle von oben. Auch hier muß an die Luftzirkulation gedacht werden.

Aufgelesene Feldsteine, zu einem Steinhaufen zusammengetragen,

bieten ebenfalls einen guten Fangplatz. Die Falle wird ebenerdig in den Steinhaufen eingebaut und mit Steinen verblendet. Berufsjäger nehmen sich etwas mehr Zeit und legen durch den Steinhaufen einen ebenerdigen Holztunnel in ausreichender Größe an. Dieser Aufwand zahlt sich aus: Aufstellen und Entnehmen der Wieselfalle zwecks Entleerung laufen wesentlich einfacher ab. Das jeweilige Entfernen der Steine unterbleibt. Somit auch das erneute Verblenden der Falle. Direkt um den Steinhaufen herum wird die Grasnarbe spatenbreit entfernt. Gerade bei der Fallenjagd auf das Wiesel hat sich der alte Fallenstellerspruch „Glatter Gang, glatter Fang" bewahrheitet. Durch kleine

Pässe leitet der Jäger die Wiesel zu den Fallen, damit sie diese künstlichen Höhlen untersuchen und dabei gefangen werden.

Rückseiten alter Feldscheunen bieten für Wieselfallen immer gute Einsatzmöglichkeiten. Etwa 50 Zentimeter von der Schuppenecke wird die Falle mit dem Eingang zur Ecke an die Rückwand gestellt. Mit alten Dachziegeln, Ziegelsteinen oder Brettern verblendet der Jäger die Falle. Dann wird ein kleiner Trichter angelegt, damit das Wiesel, das um die Schuppenecke läuft, in die Falle geleitet wird.

Nach der Ernte sind große Stroh-Rundballen aus der Feldflur längst nicht mehr wegzudenken. In die Zwischenräume können ebenerdig Wieselfallen eingeschoben werden. Denn in diesen Rundballen halten sich Mäuse besonders gern auf. Und dort stellen ihnen die Wiesel nach.

Kleiner Tip: Bevor die Wieselfallen im Revier aufgestellt werden, bringt der Fänger auf den Boden der Fallen unter den Wippen im Einlauf einen etwa fingerlangen und -breiten weißen oder roten Farbstrich an. Steht die Falle fängisch, wird dieser Strich von der Wippe abgedeckt. Ist dieser Farbstrich zu sehen, signalisiert er dem Fallensteller schon von weitem, daß etwas gefangen wurde. Dies ist besonders hilfreich, wenn die Falle im dunklen Grabendurchlaß steht.

Kontrolle

Gefangene Wiesel verenden meist in den ersten Stunden ihres Aufenthalts in der Falle. Dennoch muß die Kontrolle aus Gründen des Tierschutzes und der Effektivität zweimal täglich erfolgen. Das Wiesel ist ein Tag- und Feldjäger. Die Fallen werden das erste Mal in den frühen Morgenstunden kontrolliert. Denn nicht selten blockieren Mäuse als Fehlfänge die Falle. Wer den Fang von Mäusen von vornherein ausschließen will, bringt an der Wippe ein Gewicht von 50 Gramm an. Dazu verwendet er zum Beispiel gebrauchte Bleigewichte, die beim Reifenauswuchten an die Felge geklemmt wurden, oder Angelblei. Diese Maßnahme ist anzuraten, da die Jagdzeit auf Wiesel sehr kurz ist. Die beste Fangzeit ist von August bis Oktober. Danach stehen Zeit und Arbeitsaufwand nicht mehr im Verhältnis zum Fangergebnis. Berufsjäger holen diese Fallen dann ein. Außerdem wirkt sich das regnerische, windige Herbstwetter auf den Fangerfolg sehr negativ aus. Beim Entnehmen und Töten des Wiesels unterläßt der Waidmann aus Gründen des Tierschutzes jegliche Experimente. Am besten verwendet er einen 60 bis 70 Zentimeter langen Fallensack aus Leinen. Dieser kann bequem über die Falle gezogen werden. Nach dem Aufziehen des Schiebers läßt sich das Wiesel in den Fallensack schütteln. Es wird mit einem kräftigen Schlag auf den Erdboden getötet. Die Wippe im Einlauf ist dabei geschlossen, damit das Wiesel nicht nach oben entweichen kann. Ein Grasbüschel, das zwischen Wippe und Bodenbrett geschoben wird und somit das unbeabsichtigte Öffnen der Falle verhindert, ist dabei nützlich. So hat der Fänger beim Entnehmen des Wiesels beide Hände frei.

Effektivität

Zur Wieselwippbrettfalle gibt es keine sinnvolle Alternative. Auch der Anfänger kann sich mit ihr hegerisch verdient machen. ▶

Nur selten ergibt sich für den Jagdschutzbeauftragten eine solche Chance. Vielleicht hat der Teckel nachgeholfen. Die Schonzeitwaffe kommt zum Einsatz. Wir verlassen uns lieber auf die Falle. Sie arbeitet nachhaltig.

Foto: D. Hopf

Foto: W. Osgyan

Der Schwanenhals ist ein klassisches Fuchseisen. Er gehört ausschließlich in die Hand erfahrener Berufsjäger und Jagdaufseher. Der Köder wird nach oben gegen Greifvögel getarnt. Aus Sicherheitsgründen ist nur ein Einsatz fern der Zivilisation ratsam.

EISEN

Wer Erfahrungen mit Lebendfangfallen gesammelt hat, wird seine Fangjagdtätigkeit häufig mit Hilfe von Eisen ausdehnen wollen. Das deutsche Jagdrecht verbietet Tellereisen – zu recht. Sie lösen auf Tritt oder Druck aus. Denn leicht kommt es bei unsachgemäßer Anwendung zu Verstümmelungen, Branten- oder Fangfängen.

In die Hand erfahrener Spezialisten gehört der Schwanenhals als größtes Abzugseisen zum Fang von Füchsen. Das effektive Aufstellen findet durch gesetzliche Einschränkungen engste Grenzen. Das Plazieren im flachen Flußbett, nur der Köder schaut heraus, oder auf dem Feld wird erschwert. Der Köder muß von oben abgedeckt sein, damit Greifvögel keinen Schaden nehmen. Kommen im Revier auch Schwarzwild, Wildkatzen oder Otter vor, verzichtet der Jagdschutzbeauftrage auf den Schwanenhals. Nur weitab menschlicher Siedlungen und Wege ist die Unfallgefahr auf ein erträgliches Maß reduziert. Ein sogenannter Fanggarten empfielt sich sehr. Nochmals: In einschlägigen Fachkreisen herrscht die unmißverständliche Meinung, daß der Schwanenhals nur in die Hand des Berufsjägers oder kundigen Jagdaufsehers gehört.

EIABZUGSEISEN

Das Eiabzugseisen ist deshalb heute das meistverbreitete Eisen. Es ist deutlich kleiner als der Schwanenhals. Die handelsüblichen Modelle weisen eine Bügel-weite von 37 beziehungsweise 47 Zentimeter auf, bei denen 150 beziehungsweise 175 Newton Mindest-Klemmkraft aus Gründen des Tierschutzes erforderlich sind. Entsprechende Prüfgeräte werden mittlerweile von mehreren Firmen angeboten. Mit dem größeren, zumal zweifedrigen Eisen stellen wir dem Marder sicher nach. Mit Dusel erbeuten wir auch mal einen Iltis. Der Fang erfolgt über die Federachse, nicht über den losen Bügel. Sonst könnte das Wild beim Zuschnellen aus der Falle herauskatapultiert werden.

MARDERFANGBUNKER

Viele Reviere liegen heute im Einzugsbereich erholungsuchender Stadtmenschen. Wegen der Spaziergänger, die häufig von den Wegen abweichen, ist es unverantwortlich, ein Abzugseisen ohne die nötigen Sicherheitsvorkehrungen frei im Revier aufzustellen. Auch besteht der Gesetzgeber darauf, daß Fangeisen nur dort aufgestellt werden dürfen, wo eine Gefahr für Mensch und Haustiere auszuschließen ist. Eine solche Si-

Die Schädel von Waschbär (links) und Dachs (rechts) im Vergleich. Der Neubürger aus Nordamerika wie auch Schmalzmann sind bevorzugt nachtaktiv. Darüber hinaus sind beide Allesfresser.

Feldgehölze oder Dickungen in der Nähe von Wasserläufen sind ideale Standorte für das Errichten von Marderbunkern.

daß es für mindestens zehn Bunker reicht. Das ist auch etwa die Zahl an Bunkern, die in einem Revier von ungefähr 500 Hektar optimal eingesetzt wird.

Nachdem der Fangplatz ausgesucht und die Hölzer zugeschnitten sind, beginnt der eigentliche Anlagenbau. Der Zeitaufwand beträgt für einen geübten Einzelarbeiter pro Fangplatz etwa eineinhalb Stunden. Das bedeutet, daß spätestens nach drei Tagen sämtliche Fangbunker errichtet sein können und somit für das Bekirren bereit stehen. Zum Bau werden Spaten, Vorschlaghammer, leichter Hammer, stabiler Binde- oder Spanndraht, Krampen, Zange sowie Hand- oder Motorsäge

cherheitsvorkehrung stellt der Marderfangbunker dar.

Standort

An ausgesuchten Stellen, wie zum Beispiel in kleinen Feldgehölzen, Fichtenschonungen, Hecken oder Knicks, an Teichanlagen, Bachläufen und hinter Feldscheunen sowie in Reisighaufen und im Hochwald an Bestandsgrenzen werden Fangplätze angelegt. Beim Aufstellen wird die Hauptwindrichtung berücksichtigt, da die Witterung vom Köder zum Marderpaß stehen sollte. Der Fallensteller verteilt seine Fanganlagen möglichst auf das ganze Revier, um eine großflächige Fangwirkung zu erzielen. So vermeidet er außerdem, daß ein Marder zu dicht zusammenliegende Fanganlagen nacheinander besucht. Sonst erhält der Fallensteller bei der Kontrolle des Spurenbildes ein verzerrtes Bild über das Mardervorkommen.

Baumaterial

Für das Erstellen eines Fangbunkers werden etwa 25 bis 30 Rundhölzer benötigt, die eine Länge von 70 bis 80 Zentimeter und einen Durchmesser von etwa zehn Zentimeter haben. Zwei Rundhöl-

Fotos: H. Wichmann

Das benötigte Material für den Bau eines Marderfangbunkers. Gängiges Werkzeug wie Bügelsäge, Hammer und Spaten zählen bei jedem Revierbetreuer eh zur Grundausstattung.

zer weisen ebenfalls zehn Zentimeter Durchmesser auf, aber nur 25 Zentimeter Länge. Alle Hölzer werden zum leichteren Einschlagen in den Boden an einer Seite angespitzt. Beim Einschlagen des Holzes für diese Fanganlagen wird aus Gründen der Arbeitszeitersparnis so viel Holz vorbereitet,

und drei Backsteine benötigt.

Eine Fläche von etwa 80 Zentimeter Durchmesser wird so tief ausgehoben, daß die drei Steine, nachdem sie eingebettet wurden, mit ihrer Oberseite etwa vier bis fünf Zentimeter unterhalb des sie umgebenden Erdreiches liegen. Dieser Höhenunterschied gewähr- ▶

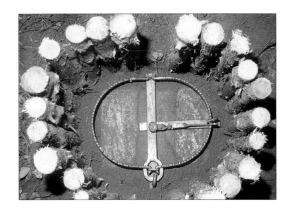

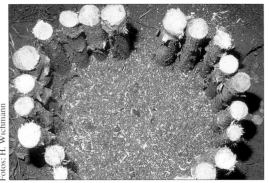

Fotos: H. Wichmann

Links oben: Der Abstand vom Eiabzugseisen zu den es umgebenden Rundhölzern des Marderfangbunkers beträgt etwa fünf Zentimeter.

Links unten: Das Verblendmaterial aus einem Gemisch von Torfmull und Sägespänen hat einen starken Eigengeruch. Es kann nicht so leicht gefrieren wie feuchte Erde, die dann den Fallengang hemmt.

Rechts: Die Achse der Feder des Eiabzugseisens zeigt stets zu den Eingängen des Fangbunkers. So wird richtig gefangen.

leistet, daß der Abzugsmechanismus, nachdem das Eisen auf den Steinen einen festen Platz gefunden hat, mit dem umliegenden Erdreich in gleicher Höhe liegt. Die Steine dienen zum einen als feste Unterlage, auf der das Eisen nicht wackelt, zum anderen als Widerlager, um beim Auslösen ein Hochschnellen der Falle zu begünstigen. Die ausgehobene Mulde wird jetzt mit losem Erdreich bis zur Oberkante der drei Backsteine angefüllt und dieses fest angedrückt. Das Eisen bleibt beim Einschlagen der Pfähle in gespanntem – und aus Gründen der Unfallverhütung gesichertem – Zustand auf den Steinen liegen. Die Rundhölzer werden in einem Abstand von fünf Zentimeter zum Eisen um dieses herum in das Erdreich geschlagen.

Zuerst werden die beiden Eingänge angelegt. Hierbei beachten wir, daß die lichte Weite im Eingang nicht mehr als zehn Zentimeter beträgt. Hunde, die von Spaziergängern mitgeführt werden, kön-

nen so nicht in den Fangbunker gelangen.

Verwittern

Etwa zwei Wochen nach dem Zurichten sind die Fangbunker verwittert. Fangeisen werden von Praktikern übrigens gern mehrere Wochen in Misthaufen zum gleichen Zweck vergraben – natürlich ungespannt. Der Jäger kann mit dem Bekirren beginnen. Dies geschieht mindestens einen Monat vor dem Reifwerden der Marderbälge, also etwa Mitte Oktober. Je früher damit begonnen wird, um so besser ist der Fangerfolg. Bis Ende September muß der Fallensteller die schon bestehenden Fangbunker säubern und sie für die Jagdzeit auf den Marder vorbereiten.

Der Marderfang wird in zwei Phasen eingeteilt: In der passiven Phase wird lediglich angekirrt. Das Eisen wird nicht eingesetzt. Erst wenn der Marder die ausgelegten Eier in einzelnen Bunkern regelmäßig angenommen hat und die Fangzeit gekommen ist, beginnt

die zweite Phase, die Fangphase.

Beködern

Zu Beginn des Ankirrens wird ein Hühnerei über dem Fangbunker zerschlagen und ein zweites in ihm ausgelegt. Bei regelmäßiger Kontrolle, in der ersten Zeit etwa alle zwei bis drei Tage, ersetzt man fehlende Eier durch neue. Je näher die Fangzeit heranrückt, um so kürzer werden die Abstände zwischen den Kontrollen.

Auf keinen Fall vergißt der Fallensteller bei jedem Auslegen eines frischen Eies die Oberfläche des Torfmull-Sägespäne-Gemischs mit der blanken Hand aufzurauhen und wieder anzudrücken. Mancher Anfänger hat die unerfreuliche Erfahrung gemacht, daß der Marder, nachdem er die ausgelegten Hühnereier zuvor regelmäßig angenommen hatte, nach dem Einbau des Eisens verprellt wurde. Dabei wurde das ständige Aufrauhen und Andrücken des Abdeckmaterials vergessen. Da beim Einbau des Mardereisens der Boden stark verwundet wird, ändert sich der Geruch im Innern des Bunkers. Durch das stetige Aufrauhen und Andrücken gewöhnen wir den Marder an diesen Geruch. Die menschliche Wittrung spielt beim Marderfang eine untergeordnete Rolle. Der Marder nimmt sie deutlich weniger übel als der Fuchs. Gewöhnliches Erdreich zur Tarnung des Eisens eignet sich kaum. Trotz Überdachung kann es durch Feuchtigkeit leicht verklumpen und gefrieren.

Ist der Tag gekommen, an dem die Eisen fängisch gestellt werden, schlägt jedem „Trapper" das Herz höher. Obwohl etwa zehn Bunker im Revier angelegt wurden, arbeitet er nur mit zwei bis drei Eisen. Sie werden gezielt und nur dort eingesetzt, wo der Marder die Eier regelmäßig angenommen hat. Meistens fängt sich der Marder in der ersten Nacht. Stürmisches Wetter begünstigt den Fangerfolg.

Grundsätzlich wird die Falle mit der Achse zu den Eingängen eingebaut. Gelangt nämlich der Marder über die Bügelseite in das Eisen, schlägt der Bügel beim Auslösen unter den Marder und wirft ihn aus dem Eisen heraus: Es kommt zu Fehlfängen. Im Bunker kann ein Sichern durch Kette und Anker entfallen. Auch bei einem eventuellen Brantenfang kann das Raubwild nicht entkommen.

Hat sich ein Marder gefangen, wird das Eisen wieder mit nach Hause genommen oder an einem anderen aussichtsreichen Platz eingebaut. Das Beködern wird am alten Platz jedoch weiter durchgeführt. Die Falle kommt erst dann wieder zum Einsatz, wenn die ausgelegten Eier erneut regelmäßig angenommen sind. Da die Fangeisen so nur an wenigen Tagen im Bunker stehen, wird die Gefahr des Diebstahls erheblich gemindert. Zudem läßt so die Federkraft des Mardereisens wesentlich langsamer nach, als bei ständiger Nutzung während der gesamten Fangperiode.

Einige Tropfen Knochenöl an Sicherungen und Gelenken dieser Fanggeräte sind von Zeit zu Zeit nötig, um einwandfreies Funktionieren zu gewährleisten. Wir kaufen dies geruchlose Öl in der Apotheke.

Das Befestigen des Eies bereitet weniger erfahrenen Jägern oft Kopfzerbrechen. Ein Gipsei mit daran montierter Öse ist abzulehnen. Das Ei, möglichst frisch aus einem Hühnerstall geholt, hat die ▶

Auch das Eichhörnchen gehört in das Beutespektrum des Steinmarders. Längst sind beide in der Stadtflur als Kulturfolger heimisch geworden.

Marder stellen auch Kleinvieh in befriedeten Bezirken, z.B. Höfen, nach. Dort wird der Landwirt dem Revierinhaber den Fang des Marders per Eisen meist gern erlauben.

stärkste Wittrung. An seiner flachen Seite wird mit einem geeigneten Gegenstand ein kleines Loch in die Schale gestochen. Nachdem von einem Streichholz etwa ein Viertel der Länge entfernt wurde, befestigt der Fallensteller am verbliebenen Teil in der Mitte ein etwa 20 Zentimeter langes, haardünnes Stück Litzendraht. Wir gewinnen solch ein Stück Draht aus einem der Länge nach aufgetrennten Elektrokabel.

Nach dem Befestigen am Streichholz schiebt der geduldige Jäger das Streichholz der Länge nach ganz durch die kleine Schalenöffnung in das Ei hinein und zieht den Draht leicht an. So stellt sich das Streichholz im Ei quer. Das Prinzip gleicht der Wirkungsweise eines Kippdübels. Endlich kann das Ei auf dem Stellmechanismus befestigt werden. Hierbei achten wir darauf, daß das Ei lose auf dem Köderteller liegt. Der Fangmechanismus soll erst dann ausgelöst werden, wenn das Ei etwa ein bis zwei Zentimeter angehoben wurde. Das Litzenkabel hat

den Vorteil, daß Mäuse es nicht durchnagen können. Das ist bei einem Zwirnsfaden dagegen möglich.

Scharfstellen

Jegliches Hantieren mit dem gespannten Eisen gebietet größte Vorsicht. So spannen wir es erst direkt am Fangort nach Anbringen des Ködereies. Schon eine kleine Unachtsamkeit kann schmerzliche Folgen haben. Das kann bis zum Armbruch gehen. Beim Fängischstellen wird der normale Jäger grundsätzlich mit dem hierfür entwickelten Spanner arbeiten. Das Eisen wird außerhalb des Bunkers auf das Spanngerät gelegt. Bei heruntergedrückter Feder wird die Federsicherung vorwärts geschwenkt. Dann entnimmt der Fallensteller das Eisen dem Spanngerät. Er drückt nun die Bügel in ihre Bereitschaftsposition nieder. Die Bügelsicherung kommt zusätzlich zum Einsatz. Letzter entscheidender Schritt: Auf festem Untergrund drückt er die Bügel des Eisens ganz hernieder und positioniert die Stellzunge unter die Nase des Löffels, bis ein Einrasten erfolgt. Endlich wird das Eisen vorsichtig im Fangbunker eingebettet. Erschütterungen vermeidet der erfahrene Fänger. Abgesehen davon, daß er den Sicherungen seiner Fallen so wenig traut wie denen seiner Waffen: Denn unnötigen Auslösen führt aufgrund

Derart ungeschützt ausgelegte Fangeisen gefährden unter Umständen im Wald spielende Kinder und herumstreifende Spaziergänger, von Schwarzwild ganz abgesehen. Das muß nicht sein.

Nicht nur der Anfänger bedient sich zum Spannen von Abzugseisen eines solchen Bügels. Die Arbeit geht damit leichter von der Hand. Vor allem aber ist es wesentlich ungefährlicher.

der Bügelkraft zu zermürbendem Verschleiß. Ist das Eisen im Fangbunker eingebaut, werden die Sicherungen nur noch mit einem geeigneten Gegenstand betätigt: Zum Beispiel einem kleinen Stock, der an einem Ende eine gewachsene Gabelung besitzt.

Effizienz

Wer all das beachtet, wird seine Marderstrecke in einer Fangperiode wesentlich erhöhen: zehn bis 20 gefangene Marder sind in einem Revier von rund 500 Hektar Größe keine Seltenheit. Das intensive Bejagen des Marders kommt dem Niederwild deutlich zugute. Zudem fließt noch ein kleiner Betrag durch den Verkauf der Marderbälge oder des Marders im Kern in die Jagdkasse.

DIE RASENFALLE

Die Rasenfalle, eine Totschlagfalle, nutzt der Revierinhaber mit gutem Erfolg gegen einheimisches Raubwild. Der Einsatz ist in einigen Bundesländern verboten. Mit ihr lassen sich Marder, Iltis, Fuchs, Waschbär, Dachs sowie streunende Katzen fangen. Wie alle Totschlagfallen gehört sie grundsätzlich nicht auf den Zwangspaß, sondern zur Hauptwindrichtung daneben. Durch einen kleinen Fallensteig wird der Zulauf zur Falle erleichtert. Es handelt sich um einen geharkten,

kurzen, künstlich angelegten Paß, der den Geländegebenheiten angepaßt wird. Er wird peinlich sauber gehalten, um den Fangerfolg zu erhöhen.

Fangplätze

Die Falle kommt in Feldgehölzen, Fichtenschonungen, in der Nähe von Schütten, in Hecken, Knicks, an Bachläufen oder in der Nähe von Mülldeponien zum Einsatz. Also überall dort, wo sie sich leicht verblenden und verstecken läßt. Niemals darf diese Falle in der Nähe von Spazierwegen, Kinderspielplätzen, Trimmpfaden,

Grillplätzen oder sonstigen Orten aufgestellt werden, an denen sich Menschen aufhalten. Ebenso darf sie nicht innerhalb der 200 beziehungsweise 300 Meter-Grenze von bewohnten Häusern eingesetzt werden.

Beködern

Für die meisten Raubwildarten wird die Falle mit Köpfen oder Gescheide von Tauben, Enten, Eichelhähern, Kaninchen, Hasen oder mit größeren Teilen von Schalenwild beködert. Für Waschbären wird die Falle mit Bananen, Äpfeln, Birnen, Backobst ▶

Die umschirmenden Hölzer der Rasenfalle sichern den Fangmechanismus zur Stirnseite. Das schützt ihn vor unerwünschtem Berühren durch Wild aus falscher Richtung.

Fotos: H. Wichmann

und Schokolade „bestückt". Als besondere Leckerbissen wird ein kleines Bündel gegrillter Hähnchenknochen an den Abzugsmechanismus gebunden. Es ist ratsam, über einen längeren Zeitraum zu ködern. Dabei wird zunächst das Schlagholz in Fallhöhe von 40 bis 50 Zentimeter blockiert. Erst wenn die Köder regelmäßig angenommen werden, stellt der Jäger die Falle fängisch. So fängt er mit geringem Zeitaufwand. Nach erfolgreichem Fang wird die Falle wieder beködert und blockiert, bis sich erneut Raubwild an der Falle spürt.

Bei einem Eigengewicht von 30 bis 40 Kilogramm und einer zusätzlichen Beschwerung von bis zu 80 Kilogramm fängt die Rasenfalle absolut tödlich. Für den nötigen Schlag sorgen die auf den vorderen oberen Teil der Falle gelegten Steine oder Betonplatten. Zusätzlich werden Steinplatten ebenerdig unter der Rasenfalle als Widerlager eingegraben. Der Schlag erfolgt also nicht nur auf den Kopf, sondern auf den ganzen Körper des Wildes. Unbefugte Personen können durch seitlich eingeschlagene Pfähle von der Falle ferngehalten werden. Der Name der Falle ist von den Rasenplaggen abgeleitet, mit denen sie normalerweise zusätzlich beschwert und verblendet wird. Ortsübliches Material wird zur ergänzenden Tarnung verwendet. Da die Falle kompakt und flach gebaut

ist, läßt sie sich gut verblenden und bleibt den Blicken der Spaziergänger verborgen.

Wirksamkeit

Sie ist die am leichtesten baubare Totschlagfalle. Sie wirkt ohne Tierquälerei effizient, stellt aber für spielende Kinder eine große Gefahr dar.

MARDERSCHLAGBAUM

Der Marderschlagbaum ist eine auf Pfähle gestellte Rasenfalle. Besonders der Waldjäger schätzt diese Spezialfalle. Er nutzt sie vorwiegend zum Erbeuten kletternder Raubwildarten wie Stein- und Baummarder. Es ist dabei nicht auszuschließen, daß sich auch Iltis, Waschbär oder verwilderte Katzen im Marderschlagbaum fangen. In Schwarzwildrevieren ist es problematisch, ebenerdige Totschlagfallen aufzustellen, da diese gelegentlich von den Schwarzkitteln bei ihrer Suche nach Fraß zugeschlagen und teilweise zerstört werden. Bei hoher Schneelage ist der Marderschlagbaum weiter einsatzfähig. In Regionen mit Wildkatzenbesatz verzichtet der gewissenhafte Waidmann jedoch auf diese und andere Totschlagfallen. Einige Bundesländer verbieten leider den Gebrauch des Marderschlagbaums.

Standort

Da diese Falle durch den erhöhten Einbau sehr schwer zu ver-

blenden ist, wird der Standort so ausgesucht, daß nach dem Erstellen eine natürliche Verblendung, etwa gewachsene Fichtenzweige oder aber Gestrüpp, die Falle verbirgt. Als besonders günstig haben sich Fichten-, Kiefernschonungen oder Buchenrauschen erwiesen. Dabei sind Bestandsgrenzen oder die Nähe einsamer Waldwege vorzuziehen. Es steigert den Fangerfolg, wenn die Wittrung des in der Falle befindlichen Köders zum Paß des Marders steht. Dieser verläuft in der Regel entlang der Bestandsgrenzen. Rehwildwechsel

Foto: H. Wichmann

Mit zerschlagenen Eiern im Fallenvorfeld werden Waschbär und Marder prima angekirrt.

Die Rasenfalle kann in ihrem Auslöseverhalten sehr fein eingestellt werden.

Foto: M. Danegger

oder Pirschsteige werden in größeren Beständen gern vom Marder angenommen. Förster raten davon ab, den Marderschlagbaum aus Arbeitszeiterparnis an drei sich anbietenden, gewachsenen Fichtenstämmen oder anderen Bäumen zu

befestigen. Denn insbesondere in stürmischen Nächten besteht die Gefahr, daß die Falle durch die Eigenbewegung der als Pfosten dienenden Stämme zuschlägt. Gerade in solchen Nächten ist der Marder aber sehr aktiv und läßt sich leicht

Der Baummarder wird laut Statistik längst nicht so häufig erbeutet wie der Steinmarder. Der scheue Waldbewohner ist in seinem Besatz jedoch keineswegs gefährdet.

fangen. Im übrigen erfreuen Nagelstellen in den Bäumen den Waldeigentümer sicher nicht.

Beködern

Als Köder werden Kaninchen-, Tauben-, Hühner-, Fasanen- und Entenköpfe verwendet. Ebenso fängig sind Gescheide, Lungenteile von erlegtem Wild oder gegrillte ▶

Links: Der Gebrauch des Marderschlagbaums ist in einigen Bundesländern derzeit leider untersagt.

Fotos: H. Wichmann

Rechts: Der Ganzkörperfang gewährleistet zuverlässig den sofortigen Tod des Raubwildes.

Hähnchenknochen, die als Abfall in Imbißstuben anfallen. Das Eigengewicht des Schlagholzes reicht nicht aus, um den Marder oder gleichstarkes Raubwild sicher und schnell zu töten. Bei Beköderung mit Hähnchenknochen besteht die Möglichkeit, daß sich Waschbären fangen. Es ist also erforderlich, das Schlagholz mit mindestens 60 Kilogramm zu beschweren.

Etwa einen Monat vor dem Reif-werden des Marderbalgs wird die Falle beködert und im geöffneten Zustand blockiert, so daß der Marder sich an den Kirrplatz gewöhnt und, ohne Schaden zu nehmen, den ausgelegten Köder aufnehmen kann. Beginnt die Fangzeit, kann mit dem Fängischstellen begonnen werden.

Übrigens: Wer Haarraubwild – ob mit Lebend- oder Totschlagfallen – bejagt, sollte bei den anfallenden Arbeiten stets dieselben Hand-schuhe tragen. Diese nehmen die Wittrung der Kirrung beziehungsweise Köder an. Auf neue Wittrung reagiert die erstrebte Beute manchmal recht mißtrauisch an der Falle.

Effizienz

Das Errichten erfordert handwerkliches Geschick und Mühe. Wind und Frost können die Funktion leicht beeinträchtigen, Rabenvögel zu Fehlfängen werden.

HUNDELEBENDFALLE

Immer wieder treten in einzelnen Revieren Geißeln des Wildes auf: Wildernde Hunde. Rasch und unnachgiebig – natürlich unter Wahrung gesetzlicher Vorschriften – muß hier vorgegangen werden, um dies Übel aus den Revieren zu verbannen. Ein Vorkommen wildernder Hunde fällt dem aufmerksamen Jäger durch plötzliches sowie ungewöhnliches Verhalten des Wildes, speziell beim Rehwild, auf.

Häufiges Sichern, Unruhe im Sprung oder bei einzelnen Stücken sowie das Meiden der Einstände sind erste Anzeichen, daß hier etwas nicht stimmt. Gerissene Stück sind eindrückliche Pirschzeichen. Hierbei sind stumm und oft zu zweit jagende Hunde besonders gefährlich, weil sie dem flüchtenden Wild den Wechsel abschneiden. Sie können sich meist nahe genug an das Wild anschleichen und es nach kurzer Hetze reißen. Die äußerste Möglichkeit, im Rahmen des Jagdgesetzes den Jagdschutz auszuüben, ist das Töten oder Fangen des Hundes, wenn der Tatbestand des Wilderns feststeht und andere Mittel ohne Er-

Foto: H. Wichmann

Wohl das äußerste Mittel: Beim Bekämpfen wildernder Hunde hat sich die Hundelebendfalle gut bewährt. Bei ihrem Einsatz beachten wir strikt die jeweiligen landesrechtliche Vorschriften.

Foto: W. Nagel

Der Ansitz mit der Büchse auf den wildernden Hund am Riß bedarf ebensoviel Geduld wie Glück. Selbst Berufsjägern wird die Zeit kaum reichen.

Fotos: H. Wichmann

Im hinteren Bereich der Hundelebendfalle ist ein einfacher Auslösemechanismus angebracht. Dieser wird mit Fleisch beködert.

folg bleiben. Wer den oder die Hunde kennt, wird erst den Besitzer aufsuchen, um das Problem durch ein Gespräch aus der Welt zu schaffen.

Ist der Halter nicht zu ermitteln oder zeigt er sich uneinsichtig, ist im Rahmen des Gesetzes mit aller Konsequenz vorzugehen. Da der Ansitz auf wildernde Hunde meist nicht vom Erfolg gekrönt ist, bietet sich der Einsatz der Hundefalle an. Totschlagfallen für Hunde sind grundsätzlich abzulehnen, weil sie durch ihr nötiges hohes Schlaggewicht eine Gefahr für Menschen darstellen.

Beim Hundefang mit der Lebendfalle sind die Bestimmungen des jeweiligen Bundeslandes zu beachten. Die Bundesländer Bayern, Berlin, Bremen, Brandenburg, Hamburg, Mecklenburg-Vorpommern, Niedersachsen, Sachsen-Anhalt, Schleswig-Holstein und Thüringen erlauben das Töten der gefangenen Hunde. In Baden-Württemberg und in Rheinland-Pfalz werden lebend in Fallen gefangene Hunde als Fundsache behandelt und müssen abgeliefert werden. In Hessen dürfen gefangene Hunde erst getötet werden, wenn der Eigentümer nicht bekannt ist. In Nordrhein-Westfalen dürfen in Fallen gefangene Hunde nicht getötet werden, es sei denn, das unverzügliche Töten ist aus

Gründen des Tierschutzes geboten. Die Maße der Hundefalle betragen zwei Meter Länge, ein Meter Breite und ein Meter Höhe. Der fertiggestellte Holzrahmen wird mit starkem Maschendraht benagelt. Die Wände brauchen im Erdreich nicht eingelassen zu werden; der Boden besteht nämlich ebenfalls aus Draht. Drahtfallen werden – wie erwähnt (siehe Seite 103) – für den Raubwildfang nur mit Einschränkung eingesetzt. Beim Le-

Berührt der Hund die Auslösemechanik, gibt diese Haltevorrichtung die Falltür frei. Eine zusätzliche Feder im unteren Türbereich verwehrt ein Hochschieben und verhindert den Ausbruch.

benfang von Hunden muß allerdings bedacht werden, daß diese erfahrungsgemäß keine Befreiungsversuche unternehmen, die irgendwelche Verletzungen zur Folge haben. Eine Falltür verschließt den einseitigen Einlauf. Sie wird ihrerseits sehr gut eingepaßt, da sie die schwächste Stelle der Falle darstellt. Es ist dafür zu sorgen, daß die Falltür, nachdem sie ausgelöst wurde, durch eine Feder unverrückbar zugehalten wird. Wurde der Hund bereits einmal gefangen und konnte sich befreien, ist er oft zu gewitzt, um nochmals in eine Falle zu gehen. Der Abzugsmechanismus liegt im hinteren Teil der Falle.

Fangplätze

Unbefugte Personen sollen die Falle nicht erspähen können. Deshalb stellt der Jagdschutzbeauftragte sie nicht in der Nähe von Wegen auf, die von Spaziergängern des öfteren benutzt werden. Die unfreiwillige Freiheitsberaubung eines von Spaziergängern mitgeführten Hundes endet im übrigen meist mit dem Zerstören der Hundefalle. In erster Linie ist die Falle in dem Revierteil aufzustellen, wo wildernde Hunde bestätigt wurden. Bürstendichte Dickungen oder Schonungen bieten sich als Standort an. Ebenso kann die Hundefalle in der Nähe von Bestandsgrenzen oder an ein- ▶

samen Waldwegen stehen. Auch die Nähe stark angenommener Wechsel vom Schalenwild oder Pässe vom Niederwild begünstigen den Fangerfolg. Denn die Hunde nutzen diese Wege gern. Die Witterung des Köders steht dabei zum Paß oder zum Wechsel, um die Hunde von dort zur Falle zu locken.

Beködern

Köder sind Gescheide von erlegtem Wild, Fallwild wie Hase, Kaninchen oder aber Wildbretteile des gerissenen Wildes. Sie sind je nach Witterung oft zu wechseln, denn Qualität geht vor Quantität.

Effizienz

Ernsthafte Alternativen stellen sich kaum: Die Lockjagd mit der Hasenquäke oder eine Schleppe aus frischem Aas. Bei Rüden hilft auch die heiße Hündin des Jagdschutzberechtigten.

EICHELHÄHERFALLE

Der Eichelhäher richtet an der freibrütenden Kleinvogelwelt beträchtlichen Schaden an. Oft kann man ihn in den frühen Morgenstunden im Garten beobachten. Dort sucht er nach Singvogelnestern, um sie zu plündern. Der

Foto: H. Wichmann

Erst, wenn sich ein regelrechter Flugbetrieb aufgebaut hat, wird die Eichelhäherfalle fängisch gestellt. In den meisten Bundesländern ist ihr Gebrauch gegenwärtig jedoch untersagt.

Rückgang des Gartenrotschwanzes ist nach Beobachtungen eines Wildmeisters nicht zuletzt dem Eichelhäher anzulasten. Es ist sehr schwierig, diese Rabenvögel mit der Waffe erfolgreich zu dezimieren. Auch bringt das Knallen selbst kleinkalibriger Waffen nur überflüssige Unruhe ins Revier. Beim Bejagen vom Häher beachten wir – wie bei Elster und Ra-

benkrähe – jeweils genau die gesetzlichen Bestimmungen der einzelnen Bundesländer.

Fangplätze

Im Frühherbst werden regelrechte Kirrplätze angelegt. Es eignen sich besonders kleine Waldlichtungen, Einbuchtungen in Feldgehölzen, Hecken, Knicks, lichte Schonungen in der Nähe des Hochwaldes, Kleeschläge, Altgrasflächen oder frei stehende große Bäume. Nur der gehäufte Einsatz der Falle gewährleistet Erfolg.

In guten Fasanenrevieren oder in Revieren mit Schwarzwildbeständen ist es angebracht, die Falle in Brusthöhe auf Pfähle zu stellen. Dadurch wird ein Zuschlagen der Falle bei Berührung durch Fasanen oder Sauen verhindert. Andernfalls gräbt der Fallensteller den Fangkasten ebenerdig ein und verblendet den Deckel mit Gras oder leichten Grasplaggen.

Der Deckel ist in sich vollständig geschlossen, da der Eichelhäher sonst versucht, durch eventuell vorhandene Schlitze in die Freiheit zu gelangen. Durch fortwährendes Hochspringen und Anschlagen des Kopfes an den

Foto: W. Baiohr

Nicht immer gibt sich der Eichelhäher mit pflanzlicher Nahrung zufrieden. Wie die Elster sucht er im Frühjahr systematisch Bäume und Knicks nach Nestern ab.

Deckel sind Verlust von Kopffedern sowie Verletzungen nicht auszuschließen. Besteht der Deckel aus einem Lattengerüst, kann der Habicht oder der Sperber hindurchgreifen und den Eichelhäher töten. Da er keine Fluchtmöglichkeit hat, sollte ihm dies Schicksal erspart bleiben. Ein an der Seite angebrachtes Loch erlaubt es, ungewollt gefangenen Kleinvögeln zu entweichen. Wir bauen die Eichelhäherfallen sorgfältig und aus gutem Holz. Alte Kisten, Schubladen oder mehrfarbige Bretter gehören nicht ins Revier.

Ködern

Das Ankirren erfolgt stets in der Falle. Lediglich am Anfang kann etwas Mais um die Falle herum gestreut werden, um die natürliche Scheu des Eichelhähers gegenüber der Falle zu mindern. In mastarmen Jahren der Eiche beschicken wir die Falle mit Eicheln. Ansonsten sind loser Mais oder Maiskolben empfehlenswert. Während der Kirrzeit wird der Deckel entweder zurückgelegt oder so in der Fangstellung befestigt, daß der Eichelhäher die Falle nicht auslösen kann. Die Öffnung der Falle zeigt in die Richtung, aus

der mit Anflug zu rechnen ist. Schon innerhalb kurzer Zeit hat sich eine stattliche und von Tag zu Tag wachsende Zahl Eichelhäher bei regem Flugverkehr dort versammelt.

Kontrolle

An Fangtagen werden die Fallen noch vor dem Hellwerden fängisch gestellt. In regelmäßigen Abständen von etwa zwei bis drei Stunden ist dann eine Kontrolle zum Entnehmen gefangener Eichelhäher nötig. Bei einem Einsatz

Das ideologisch motivierte Verbot der Rabenvogelbejagung müssen Friedwild und Singvögel bis auf weiteres gemeinsam erdulden. Wie lange noch gelten solche Zwänge?

von fünf Fallen auf einem Kirrplatz sind bis zu zehn gefangene Eichelhäher pro Tag drinn. Man öffnet den Deckel so vorsichtig, daß der Eichelhäher nicht entweichen kann. Mit einem kleinen Ke-

Foto: G. Kalden

scher wird er gefangen und mit einem Knüppel durch kräftigen Schlag auf den Hinterkopf getötet.

Übrigens: Etwa 20 Eichelhäherbrüste ergeben eine wohlschmeckende Suppe.

ELSTERN·DREIECKSFALLE

Neben der Eichelhäherfalle, in der sich selten auch Elstern fangen, bietet sich noch eine dreieckige Lebendfalle für Elstern und Krähen an. Auch hier beachten wir die restriktiven Vorschriften der Länder. Bei einer Schenkellänge von etwa einem halben Meter fertigen wir zwei Dreiecke aus genügend starken Rundhölzern an, die ▶

Die Eichelhäherfalle befindet sich auf dem Baumstumpf und bleibt dennoch für Spaziergänger unbemerkt. Der erfahrene Jagdaufseher hat sie kunstvoll verblendet.

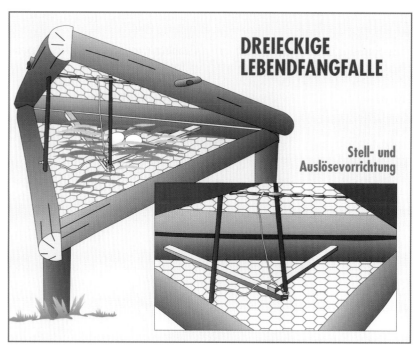

DREIECKIGE LEBENDFANGFALLE

Stell- und Auslösevorrichtung

Mit Holz und Kaninchendraht läßt sich diese Falle preiswert erstellen. Wo erlaubt, ist sie ein zuverlässiges Mittel gegen Elstern. Beködert wird mit Hühnereiern.

mit Kaninchendraht bespannt werden. Im hinteren Teil der Falle wird ein Gelege auf Gras gebettet. Auch bei dieser Falle empfielt sich eine vorangehende Kirrperiode. Bei allem Mißtrauen des Vogels siegt zumeist dessen Neugier. Läßt sich die Elster auf der Trittleiste nieder, löst sie den Deckelmechanismus aus. Ansonsten brauchen wir diese Falle nur vor dem Anblick Unbefugter zu tarnen. Das ist erstrangig eine Frage des Standortes. Soweit fängisch gestellt, wird diese Falle täglich kontrolliert.

KRÄHENMASSENFALLE

Eine hocheffiziente Jagdeinrichtung ist die Krähenmassenfalle. Eingebrachte lebende Lockkrähen und -elstern ziehen ihre freien Artgenossen geradezu magisch an. Sie ist leider mittlerweile ausnahmslos verboten. Hin und wieder fingen sich in ihr Greifvögel. Sofern der Revierinhaber nicht durchziehende Rabenvögel im

Winter fängt, sondern auf heimkehrende Standvögel im Frühjahr abzielt, hat diese Falle aus hegeri-

scher Sicht sehr wohl ihre Berechtigung.

DER HABICHTFANGKORB

Soll ein Habicht gefangen werden, wird der Jagdschutzberechtigte dringend die örtlichen Sondervorschriften beachten. Die Konstruktion des Habichtfangkorbs ist denkbar einfach. Der Fangkorb besteht aus einem Fangbereich und einem Köderraum im Unterbau. Dieser wird mit einer hellen Brieftaube beschickt. Der Unterbau ist mit Maschendraht, der eine lichte Weite von etwa fünf Zentimeter hat, rundherum sowie nach oben bespannt. Darüber liegt der Fangmechanismus. Der herabstoßende Greifvogel löst den Fangmechanismus aus. Ein vorher arretierter Deckel, der mit stabilem Netz bespannt ist, fällt schonend auf den Habicht nieder. Durch die Schrägstellung der Seitenwände wird sichergestellt, daß beim Herabfallen des Deckels die

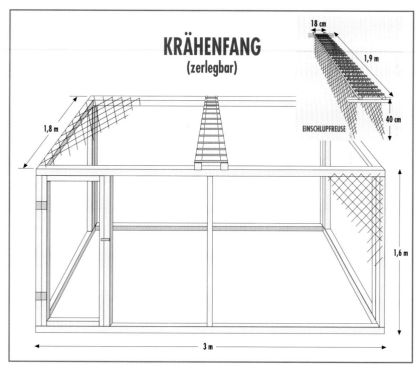

KRÄHENFANG
(zerlegbar)

18 cm

1,9 m

40 cm

EINSCHLUPFREUSE

1,8 m

1,6 m

3 m

Die Krähenmassenfalle erforderte den Einsatz von Lockvögeln. Viele Heger trauern dieser bis auf weiteres verbotenen Fallenart nach, denn sie erbrachte große Fangerfolge.

Foto: H. Pum

Ob Igel oder Junghase: In der Agrarsteppe läßt die Elster jeder erspähten Beute kaum eine Chance zum Überleben. Das Schaffen zusätzlicher Deckung hilft nur bedingt.

Tür zum Köderraum entriegelt wird und aufschwingen kann. Diese ermöglicht es der Locktaube zu entweichen.

Es ist darauf zu achten, daß der Taube immer frisches Wasser und

Futter zur Verfügung stehn. Durch ihre Rückkehr zum heimatlichen Taubenschlag zeigt sie ihrem Besitzer an, daß der Fangmechanismus ausgelöst worden ist. Der Habicht fängt sich als Dämmerungs- und Überraschungsjäger am besten in den frühen Morgenstunden und am späten Nachmittag. Der Habichtfangkorb sollte mehrmals am Tag kontrolliert werden. Die Erfahrung hat gelehrt, daß innerhalb weniger Tage mit einem Fang zu rechnen ist.

Fangplätze

Der Fangkorb kann sowohl auf dem Boden als auch erhöht aufgestellt werden. In Schwarzwildrevieren ist es erforderlich, den Korb auf

In den meisten Bundesländern benötigt der Revierinhaber zum Einsatz des Habichtfangkorbs eine Sondergenehmigung von der unteren Jagdbehörde.

Pfähle zu stellen, da sonst die Gefahr besteht, daß er von Schwarzkitteln umgestoßen wird. Die Fangplätze sollten von unbefugten Personen nicht eingesehen werden können. Lichte Schonungen, deren Bäumchen eine Höhe von etwa ein bis eineinhalb Metern aufweisen und an Altholzbestände angrenzen, eignen sich sehr gut als Fangplätze. In unübersichtli-

Fotos: H. Wichmann

Die Köderraum-Tür dieser Habichtsfalle wird beim Zuschlagen des Fangdeckels entriegelt. Eine angeschraubte Rattenfalle stößt sie auf, die Locktaube flieht.

chem Buschgelände, in der Nähe von Hecken und Knicks oder innerhalb von Schilfpartien läßt sich die Falle ebenfalls mit gutem Erfolg aufstellen. Da der Habichtfangkorb vom Habicht leicht entdeckt werden soll, entfällt ein entsprechendes Verblenden. Im Unterschied zur Eichelhäherfalle weist die Rückwand des Fangkorbs zur Deckung hin, damit der vorbeistreichende Greifvogel ungehindert in die Falle stoßen kann.

FANGRECHT AUF EINEN

Stand: Mai 1997 (Alle Angaben ohne Gewähr.)

Lebendfallen sorgen für unversehrten Fang der Beute. Der Tierschutzgedanke gebietet ein unverzügliches Töten oder Freilassen der Beute nach Kontrolle. Täglich sollte generell ein zweites Mal kontrolliert werden. Das ist zwar zeitaufwendig, aber tierschutzgerecht.

Totschlagfallen lassen sofort verenden. Darum sind generell auf Tritt oder Druck auslösende Eisen, wie zum Beispiel das Tellereisen, verboten. Hat auch nur eine der im jeweiligen Revier zu erwartenden fängischen Wildarten Schonzeit, ruht ihr Einsatz prinzipiell. Totschlagfallen sind dem Zugriff Unbefugter durch geeignete Vorrichtungen – wie zum Beispiel Fangbunker oder Fanggärten – zu entziehen. Ein Plazieren fern von Ansiedlungen oder Spazierwegen, gutes Verblenden und Warnschilder sind zusätzliche Maßnahmen. Der Lebendfang von Elstern und Eichelhähern wird durch landesrechtliche Bestimmungen heute oft vereitelt. Der Fang des Habichts im Fangkorb bedarf einer gesondert erteilten Erlaubnis. Wildernde Hunde und streunende Katzen werden entsprechend der jagdschutzrechtlichen Bestimmungen der Länder bejagt. Bei Aufstellen von Totfangfallen respektiert der Jäger die 200- beziehungsweise 300-Meter-Schutzzone in der Nähe menschlicher Anwesen. Hessen fordert 500 Meter. Hier wesentlichen Sonderregeln einzelner Bundesländer:

Baden-Württemberg

Beute: Haarraubwild, darunter auch Waschbär und Marderhund, außerdem Nutria.

Lebendfallen: Wieselwippbrettfalle (Länge x Breite x Höhe 50 x 8 x 8 bis 13 cm); Kastenfalle unter Fuchsgröße (100 x 15 x 15 cm); Kastenfalle für Füchse etc. (130 x 25 x 25 cm); unterirdische Röhrenfalle (Länge x Durchmesser 200 x 25 cm).

Totfangfallen: Ausschließlich Abzugseisen. Für Marder und Iltis Bügelweite 37 cm bei 150 Newton Klemmkraft oder 46 cm/ 175 N. Ab Fuchs Bügelweite 56 cm/ 200 N oder 70 cm/ 300 N.

Kontrolle: Wieselfalle mittags und abends, andere einmal täglich.

Sonstiges: Fallenlehrgang. Einsatz der zu kennzeichnenden Fallen bei unterer Jagdbehörde melden.

Bayern

Tierart: Raubwild, Fasan, Wildkaninchen.

Totfangfallen: Abzugseisen, Schlagfallen.

Sonstiges: Fallenlehrgang. Regelmäßig Betriebssicherheit von Totschlagfallen prüfen. Schlagfallen der Jagdbehörde melden. Eisen kennzeichnen und nach oben verblenden.

Berlin

Kontrolle: Fallen abends fängisch stellen und morgens sichern.

BLICK

Wer Fallenjagd im Revier betreibt, benötigt einen Jagd-schein zum Fängischstellen des Fanggeräts und Entnehmen lebender wie getöteter Tiere. Nichtjagende Helfer begnügen sich mit Sichtkontrollen und dem Abtransport toter Beute.

Hessen

Lebendfallen: Wieselwippbrett-falle (Länge x Breite x Höhe 80 x 10 x 10 cm mit Gewichtstaritie-rung an der Wippe), Kastenfalle für Marder und Kanin (100 x 15 x 15 cm), Kastenfalle für Fuchs etc. (130 x 25 x 25 cm).

Totfangfallen: Ausschließlich Ab-zugseisen mit Bügelweite 37 cm bei 150 Newton Klemmkraft oder 46 cm/ 175 N oder 56 cm/ 200 N oder 60 cm/ 200 N oder 70 cm/ 300 N.

Kontrolle: Lebendfalle bis zwei Stunden nach Sonnenaufgang. Wieselfalle alle sechs Stunden. Lebendfang nur mit Schußwaffe töten. Totfang nur von zwei Stun-den nach Sonnenuntergang bis zwei nach Sonnenaufgang mit ab-schließender Kontrolle.

Sonstiges: Fallenlehrgang. Ab-sprache im Hegering und Führen eines Fangbuchs. Totfangfallen

sind bauartzulassungspflichtig und zu kennzeichnen. Funktions- und Klemmkraftkontrolle vor Saison.

Nordrhein-Westfalen

Lebendfallen: Für Einzelfang be-stimmte Kastenfallen in tier-schutzgerechter Größe; Wiesel-wippbrettfalle (Länge x Breite x Höhe 80 x 10 x 15 cm; 20mm-Mauseschlupfloch im Fangraum oder Gewichtstarierung an Wip-pe); Fallen sollen blickdicht sein.

Totfangfallen: Ausschließlich Abzugseisen. Für Marder Bügel-weite 37 cm bei 150 Newton Klemmkraft sowie für Haarraub-wild ab Fuchsgröße mit zwei Spannfedern und Bügelweite 56 cm/ 200 N oder 60 cm/ 200 N oder 70 cm/ 300 N. Eisen zwi-

schen 37 und 60 cm fangen über den losen Bügel.

Kontrolle: Bei Lebendfang mor-gens und abends, bei Totfang mor-gens.

Sonstiges: Funktions- sowie Klemmkraftkontrolle vor Saison. Köder bei Totfang vor sonstigen Beutegreifern verdecken.

Rheinland-Pfalz

Sonstiges: Fallenlehrgang oder rheinland-pfälzische Jägerprüfung seit 1. April 1996. Totfangfallen nur mit Behördengenehmigung aufstellen.

Saarland

Beute: Raubwild und Wildkanin-chen.

Thüringen

Beute: Haarraubwild und Wildka-ninchen.

Vom Aussterben bedroht sind sie nicht. Im Gegenteil, als anpassungsfähige Kulturfolger vermehren sie sich explosionsartig. Fang und Bejagung müßten bundesweit erlaubt werden.

Foto: Dr. K.-H. Betz

FACHLITERATUR

Bücher zum Thema Fallenjagd erleben durchweg hohe Auflagen. Interesse an der Fangjagd ist vorhanden, doch wieviele Jäger sind auch Fallensteller? Dabei ist Fangjagd wichtig – und erlernbar. Ob Einsteiger oder Fortgeschrittener, die folgenden Literaturhinweise helfen beiden.

1. Osgyan, Wolfram – Erfolgreich Raubwild bejagen mit Büchse, Flinte und Falle (5. Auflage 1975)
Der Hauptteil des Buchs behandelt ausführlich die in heutiger

Zeit benutzten Fallen. Anfänger wie Fortgeschrittene werden über Vor- und Nachteile der unterschiedlichen Geräte und Techniken informiert. Das gut bebilderte Werk ist sehr eingängig: Der Standardtitel schlechthin.

2. Bundesverband Deutscher Berufsjäger – Fangjagd 2000 (1. Auflage 1995)
Professionelle Anleitungen zum Eigenbau und Aufstellen von Fallen sind leicht nachvollziehbar; gute Fotos und Skizzen. Die breit dargestellten gesetzlichen Grund-

lagen fußen leider auf dem Stand Oktober 1992.

3. Claußen, Günter – Fallenbuch der Praxis (3. Auflage 1981)
Wer nicht „zwei linke Hände" besitzt, kann die leicht verständlichen Anleitungen zum Bau von Lebend- und Totschlagfallen in die Tat umsetzen. Eine Fülle an Modellen, von denen einige derzeit verboten sind, wird vorgestellt. Praxisnah.

4. Bothe, Carsten – Bisamfang (1. Auflage 1996)
Aus Nordamerika wurde der Bisam zu Beginn dieses Jahrhunderts in Europa eingebürgert und entpuppte sich als arger Flurschädling. Spezialisten stellen ihm – außerhalb des Jagdrechts – nach. Ein abgerundetes Werk zum Spezialthema, das in diesem Heft außen vor blieb.

5. Eiserhardt, Hermann – Jagd und Fang des Raubwildes (7. Auflage 1961)
Trotz veränderter juristischer Lage wird der engagierte Fallensteller dem einst weit verbreiteten, leider vergriffenen Werk manch nützlichen Hinweis entnehmen.

6. Caspaul, H. – Finessen vom Raubwildfang (Auflage nicht bekannt; 1922)
Das einstige, heute nur noch antiquarisch erhältliche Standardwerk ist eher eine jagdhistorische Lektüre, wie zum Beispiel das Kapitel Raubzeugwittrung beweist.

Foto aus: W. Osgyan, Erfolgreich Raubwild bejagen

Ein passionierter Fallensteller mit beachtlicher Marderstrecke. In den Jahren davor fing er jeweils 28, 35, 21 beziehungsweise 29 Marder. Solche Schwankungen sind normal. Jeder Fänger kennt und hat sie.

23

JÄGER & PRAXIS
KURZ & BÜNDIG

JAGDAUSRÜSTUNG & WILDSCHADEN: OPTIK ★ MESSER
★ BEKLEIDUNG ★ VERBISS ★ SCHÄDEN ERFASSEN ...

EINE BEILAGE DER ZEITSCHRIFT JÄGER

WILD- UND JAGDSCHADEN

Das Bundesjagdgesetz läßt als Rahmengesetz im Abschnitt „Wild- und Jagdschaden"(§§26-35) den Bundesländern weitgehende Freiheit zur Verfahrensregelung. *Hans Drees* listet die Unterschiede in seinem Büchlein „Wild- und Jagdschaden"(7. Auflage 1993) ausführlich auf. Hier Wesentliche in kürze:

Dienststellen zum **Melden von Wild- und Jagdschäden** sind in Baden-Württemberg, Bayern, Hessen (schriftlich), Niedersachsen und Rheinland-Pfalz die Gemeinden. Dies gilt auch für Brandenburg und Nordrhein-Westfalen, sofern die Gemeinden nicht zugleich betroffene Flächeneigentümer sind. Dann wird bei der unteren Forst oder der Aufsichtsbehörde der Gemeinde gemeldet. Im Saarland sind ebenfalls die Gemeinden zuständig, bei amtszugehörigen Gemeinden der jeweilige Amtsvorsteher. Die örtlichen Ordnungsbehörden nehmen in Schleswig-Holstein Schadensmeldungen entgegen, in Thüringen die Bürgermeister. In Hamburg ist die Behörde für Ernährung und Land-

wirtschaft zuständig, in Bremen die Ortsbehörden in Ortsamtsbezirken, ansonsten die untere Jagdbehörde. Auch in Mecklenburg-Vorpommern wird der unteren Jagdbehörde gemeldet.

Beim ersten amtlich anberaumten **Feststellungstermin** am Schadensort wird in der Regel kein Wildschadensschätzer hinzugezogen. Dieser wird jedoch in Bayern, Baden-Württemberg, Brandenburg, Mecklenburg-Vorpommern, Nordrhein-Westfalen, Rheinland-Pfalz, Schleswig-Holstein und Saarland geladen, wenn eine gültiche Einigung von vorn herein in Frage steht.

Eine schriftlich niedergelegte und von den Beteiligten unterschriebene gütliche Einigung bietet die Grundlage einer Zwangsvollstreckung. In den meisten Ländern ist die Vollstreckbarkeit sofort nach Zustellung an die Beteiligten möglich oder nach einem bestimmten Zeitraum (Bremen und Hessen eine Woche; Bayern und Schleswig-Holstein zwei Wochen; Mecklenburg-Vorpommern drei Wochen).

Ansonsten wird ein **zweiter Termin** anberaumt. Ein amtlicher Schätzer begutachtet den Schaden. Die schriftlich niedergelegte Schätzung dient als Vorbescheid, der sofort vollstreckbar ist. Brandenburg, Nordrhein-Westfalen und Hamburg erteilen keinen Vorbescheid. Die amtliche Schätzung soll dort vielmehr nochmals eine gütliche Einigung erwirken. Kommt diese nicht zustande, wird die Niederschrift den beteiligten Parteien mit einer Rechtsbelehrung über den Klageweg zugestellt. In allen Ländern kann gegen den Vorbescheid/amtliche Niederschrift innerhalb von zwei Wochen nach dessen Zustellung beim Amtsgericht **Klage** eingereicht werden.

Foto: Archiv JÄGER

Maisfelder ziehen Sau und Hirsch magnetisch an.

INHALT

Links: Schwarzwild verursacht in vielen Feldrevieren Schaden. Gutachter haben da genug zu tun.

Unten: Die Dichte eines Rotwildbestands hat stets auch Einfluß auf das Ausmaß der Schälschäden.

Foto: W. Sailer

Foto: R. Bender

Wer kann sich schon einen Jäger ohne Fernglas vorstellen?

Foto: P. Konrad

Rechts: Das Schneehemd verhilft zum Winterfuchs.

Foto: K. Schneider

Impressum: **JÄGER & PRAXIS** KURZ BÜNDIG Jagdausrüstung & Wildschaden. Eine Beilage der Zeitschrift JÄGER Titelfotos: W. Wiesner, A. Kieling

Jahr-Verlag GmbH & Co.
Jessenstraße 1
22767 Hamburg
Tel. 040 / 38 90 61 13
Fax 040 / 38 90 63 05

Verleger:
Alexander Jahr

Redaktion:
Dr. Rolf Roosen,
Hartmut Syskowski

Autoren: Wolfgang Sailer (Wildschäden im Feld), Walter Bachmann (Wildschäden im Wald)

Titel/Layout: Werner Rabe

Vertriebsleitung:
Peter Lüdemann

Herstellungsleitung:
Helmut Post,
Brunhild Sudmann (Stellv.)

Druck: Busche, Dortmund

Lithographie: Repro- und Satztechnik Helmut Gass, Hamburg

Copyright: Jahr-Verlag GmbH & Co. Hamburg 1997

Die Nachsuche verlief erfolgreich, der Weg zum Auto ist weit. Da hilft der Rucksack beim Bergen des versorgten Wildes.

Großes Foto: Hat sich am Lichtungsrand nicht gerade etwas bewegt? So oder so – bevor die beiden Jäger ihre Pirsch fortsetzen, verharren sie, um erst einmal das vor ihnen liegende Gelände gründlich abzuglasen.

Foto: J. Markmann

JAGD-
AUSRÜSTUNG

Nicht nur die Wahl der richtigen Waffe und des richtigen Hundes verlangt gründliche Überlegung. Auch von der übrigen Ausrüstung *„am Mann" hängen Jagderfolg und Naturgenuß auf Pirsch, Anstand oder Ansitz entscheidend ab. Doch die Angebotspalette an Fern-* *gläsern, Messern, Ziel- oder Sitzstökken, Rucksäcken, Jacken und Stiefeln wirkt erdrükkend. Hier einige Anschaffungstips.*

FERNGLÄSER

Ob im Sommerglast, bei Wolkenbruch oder Winterfrost: Das unentbehrliche Fernglas hilft uns, ein Reh als Knopfbock anzusprechen und den heimlichen Hirsch im letzten Licht zu bestätigen.

Es gibt gut schießende Waffen, die trotzdem wenig kosten. Bei der Anschaffung von Optik wird der erfahrene Waidmann aber Billigangebote meiden. Gute Markengläser haben ihren Preis: Brillantes, ermüdungsfreies Sehen und technische Reife vereinen sich in langlebigen Geräten. Das bezeugen oft Garan-

schmerzen sind die Folge. Am Ende erwirbt der enttäuschte Jäger ein anderes Fernglas, unnötiges Lehrgeld wurde gezahlt.

Beim Kauf wird oft eine besonders hohe Dämmerungsleistung des Glases angestrebt. Dabei sind andere Eigenschaften ebenso wichtig: Viele Jäger können nur ein Glas mit sieben- oder höchstens achtfacher Vergrößerung freihändig benutzen, ohne zu verwackeln. Ein breiteres Gesichtsfeld durch Weitwinkelokulare ermöglicht flinkes, jagdliches Handeln. Schnelles Scharfstellen erfolgt über den Mitteltrieb. Einige Fernglasmodelle weisen Okularein-

damit rechnen, daß er nie eine Brille brauchen wird?

Hier einige klassische **Fernglasmodelle** und deren vorrangige Aufgabengebiete:

7x42 – Leichtes Glas mit großem Blickfeld. Geeignet für Pirsch und Bewegungsjagd, weniger für den Ansitz in der Dämmerung.

7x50 – Der größere Objektivdurchmesser zeichnet dies immer noch leichte Dämmerungsglas aus. Ein beliebtes Vielzweckglas.

8x56 – Klassisches Ansitzglas mit satter Leistungsreserve. Wer das höhere Gewicht bei Pirschgängen nicht scheut, stuft es ebenfalls als

Foto: R. Bender

Sein Markenglas bescherte ihm in vielen Jahren manch guten Anblick. Den hohen Kaufpreis hat er deshalb längst vergessen.

tiespannen von 20 Jahren und mehr. Von äußeren Gebrauchsspuren im rauhen Jagdbetrieb einmal abgesehen: Selbst der Berufsjäger wird nach langer Zeit keine Nutzeneinbuße feststellen. Anders beim Billigglas: Schlag oder Stoß führen früher oder später zu dejustierter (verschobener) Optik. Mangelnde Abdichtung ermöglicht Innenbeschlag durch schleichende Nässe. Anstrengendes Sehen und Kopf-

zelverstellung auf, die ab gewisser Entfernung ein unverändert scharfes Bild bietet. Stößt der Jäger mit solch einem Glas überraschend im Nahbereich auf Wild, geht zwangsläufig eine „elende Schrauberei" an beiden Okularen los. Das kostet unnötig Zeit und ist lästig. Gummiarmierung und Brillenträgerokulare gehören längst zur sinnvollen Standardausstattung. Denn das Glas soll geräuscharm sein. Wer kann schon

Universalglas ein.

10x40 – Das handliche Glas der Bergjäger vereint hohe Vergrößerung mit guter Dämmerungsleistung. In ruhigen Händen ideal für Feld- und Auslandsjagd.

15x60 – Wer gern das letzte Miniendchen in der Hirschkrone zählen oder ornithologische Feldstudien betreiben will, schätzt diesen schweren Brocken. Auflegen oder Anstreichen ist unerläßlich. Die

Foto: H. Duty

Plötzlich taucht Rehwild unerwartet nah vor uns auf. Schnell ansprechen? Weist das von uns geführte Fernglasmodell Okulareinzelverstellung auf, gelingt das nötige Scharfstellen nur mühsam.

überragende Dämmerungsleistung wird bei Nebel schnell getrübt. Nur als Zweitglas anzuschaffen.

Hat sich der Jäger für eine optische Formel entschieden, leiht er als Stammkunde bei seinem Büchsenmacher übers Wochenende zwei bis drei Fernglasmodelle aus. Bei Tageslicht und fortschreitender Däm-

merung vergleicht er im Revier optische Leistung und Handhabungskomfort. Erst dann trifft er die Kaufentscheidung.

Zubehör ist kaum nötig. Schwere Ferngläser können wir mit breitem Tragriemen auch auf langer Pirsch ohne ein Verspannen des Nackens tragen. Der Regenschutzdeckel

schont die Okulare. Klappert oder quietscht er, beklebt der Jäger die Innenseite mit dünnem Wildleder. Abnehmbare Objektivschutzdeckel bewähren sich auf Reisen. Dann schlagen wir Fernglas und Zielfernrohr in Pullover ein und packen sie ins Handgepäck. Der Kauf teurer Köcher wird dadurch überflüssig. Optikpinsel und Wildleder- oder Mikrofasertuch ermöglichen schonende Linsenpflege.

ZIELFERNROHRE

Wie leicht geht ein Zielfernrohr in turbulentem, erlebnisreichem Jagdgeschehen verloren. Wie schnell muß es manchmal verstaut werden. Wir hängen auf der Fährte eines beschossenen Überläufers. Der hat sich ins Schilf geschoben. Spätestens jetzt nehmen wir das Zielfernrohr von der Büchse. Wir pirschen auf den Brunfthirsch und gehen den meldenden Recken mit dem Ruf in unübersichtlichem Gelände an. Auch hier gehört das Glas vom Stutzen. Der Rucksack ist längst abgelegt, wohin mit dem Zielfernrohr? Fazit: Wir lassen uns vom Schneider das Futter einer äußeren Schubtasche von Jagdjacke oder -mantel entfernen. Er ersetzt es durch ein 40 Zentimeter tiefes, recht schmales Inlet aus Se-

Foto: H. Rohleder

Wer haargenau ansprechen will, greift bei der Ansitzjagd zum 15x60-Spezialfernglas. Dann entgeht ihm kein noch so kleines Kronenende.

geltuch. Dort ist das Zielfernrohr geschützt und immer dabei. Und wir brauchen uns nicht mit einem zusätzlichen, teuren, herumschlackernden Zielfernrohrfutteral zu ärgern.

Beim Zielfernrohrkauf verfahren wir ähnlich wie beim Fernglas. Zentriertes Absehen und Klickrastenverstellung sind heute gängiger Standard. Die optische Leistung des angestrebten Modells kann uns noch so beeindrucken – im großen Kreis der Mitjäger erfragen wir die mechanische Verläßlichkeit der Herstellerfirma. Geschichten über Probleme mit

Foto: Archiv JÄGER

Oben: Ein Zielfernrohr 3-12x56 – damit wird der Ansitzjäger vielen Situationen gerecht.

Links: Diesem glücklichen Jäger strickte die Ehefrau nicht nur warme Handschuhe. Sie umhäkelte auch sein beledertes Fernglas. Trotz fehlender Gummiarmierung gibt's beim versehentlichen Anstoßen am Lauf keinen Lärm.

Foto: B. Vater

der Absehenverstellung sollten sich nicht häufen. Grundsätzlich werden variable Gläser eher unterschiedlichen Jagdarten und schnell wechselnden Situationen gerecht. Sie schlucken konstruktionsbedingt aber etwas Licht und bieten im Vergleich zu konstant vergrößernden Gläsern ein schmaleres Gesichtsfeld. Andererseits: Bei ständiger Übung gewöhnt sich der Jäger an ein fest vergrößerndes Zielfernrohr. Waffen mit mehreren verlöteten Kugelläufen reagieren auf die Montage eines Zweitglases oft negativ. Verändertes

Schwingungsverhalten kann ein Zusammenschießen der Läufe vereiteln. Hier einige **Zielfernrohre** und deren Einsatzmöglichkeiten:

1,5-4x24 – Vielseitiges Drückjagdglas mit weitem Blickfeld und Möglichkeit des Präzisionsschusses. Als Zweitglas für Repetierbüchsen anzuschaffen.

4x32 – Tagglas für leichte Schonzeitwaffen.

6x42 – Beliebtes Standardglas. Wer das Flüchtigschießen über die offene Visierung beherrscht und nicht bis weit in die Nacht ansitzt, ist gut bedient.

1,5-6x42 – Ein leichtes Dämmerungsglas, mit dem sich auch freihändig oder flüchtig schießen läßt.

2,5-10x42 – Drückjagd oder Gamspirsch, viele Situationen werden abgedeckt.

2,5-10x48 – Der größere Objektivdurchmesser verleiht zusätzliche Dämmerungsleistung. Leistungsstarkes Universalglas, das auch elegante Kipplaufwaffen im Erscheinungsbild nur wenig beeinträchtigt.

8x56 – Spezialglas zum Nachtansitz. Nebel wird störend mitvergrößert. Bei absoluten Nahschüssen tun sich ungeübte Jäger schwer. Auf der Pirsch darf der Zielstock zum verwacklungsfreien Zielen nicht fehlen. Verunziert feine Waffen ebenso wie das

3-12x56 – Nur die Repetierbüchse des passionierten Ansitzjägers wird mit diesem „Ofenrohr" bestückt. Das Runterschrauben der Vergrößerung ermöglicht Sichtverbesserung bei Nebel und nah stehendem Wild. Für die Pirsch, zumal im Gebirge, etwas schwer.

Übrigens: Während wir durch beidäugiges Sehen mit einem Durchschnittsfernglas den Lebenskeiler im letzten Licht noch ausmachen, läßt der Zielversuch durchs „Ofenrohr" der Büchse vielleicht keinen waidgerechten Schuß mehr zu.

Foto: I. Barth

birgsjagd. Auch im Flachland gewinnen die hochvergrößernden Rohre immer mehr Anhänger: Ohne störend nah heran zu müssen, kann der Bestänrder einer Feldjagd im Getreidemeer Böcke ansprechen. Zwar gibt es auch starre, kurze Fernrohre, die auf dem Schießstand beim Einschießen gute Dienste leisten. Geschlossen sind Ausziehfernrohre jedoch ebenso bequem zu transportieren. Zum Durchblick auf volle Baulänge ausgezogen, lassen sie sich zudem verwacklungsärmer handhaben als Scheibenfernrohre. Baum, Weidezaun, Hochsitzbrüstung, Autodach oder Zielstock –

Millimeter. Als „starre" Vergrößerung hat sich die 30fache bewährt: Sie vereint genügend Bildhelligkeit und relative Verwacklungsfreiheit. Benutzer variabler Okulare mit bis zu 60facher Vergrößerung werden diese optischen Leistungen auf der Jagd hingegen kaum ausreizen können. Auch hier gilt: Markenqualität geht vor Superdaten auf Katalogpapier.

JAGDSTÖCKE

Auf Treib- und Drückjagden schätzen nicht nur ältere Jäger den Sitzstock. Er bewährt sich ebenso als Gehhilfe wie zum ermüdungsfreien Verweilen auf einem Stand. Obwohl sich über der metallenen Gehspitze eine tellerartige Erweiterung aus Plastik oder Metall befindet, sinkt der Stock unter unserem Sitzgewicht bei lockerem Boden doch leicht ein. Dann

Oben: Vom Sehvermögen des Uhus bei Nacht können passionierte Ansitzjäger nur träumen.

Rechts:
Im Gebirge hilft ein Spektiv beim Ansprechen der weit entfernten Gams. Aber auch der im Getreidemeer der Börde stehende Rehbock wird genauer „preisgeben", was er auf hat.

Foto: W. Osgyan

Auch moderne Technik hat halt ihre Grenzen.

SPEKTIVE

Die ursprüngliche Domäne der Spektive, wie Ausziehfernrohre meist genannt werden, ist die Ge-

Möglichkeiten zum unerläßlichen Anstreichen haben wir genug. Zum Anpeilen des Wildes blicken wir über das Rohr wie über eine Flintenschiene. Wer bis in die hereinbrechende Dämmerung beobachten will, wählt einen Objektivdurchmesser zwischen 70 und 85

schneiden wir einen Y-förmigen Stock zurecht und klemmen ihn als zusätzliches Hemmstück unter den Teller. Der Sitzstock wird gelegentliche Pflege der Gelenke mit Waffenöl und Einreiben der Sitzfläche mit Lederfett mit längerer Lebensdauer danken. Das ▶

Schießen vom Sitzstock aus ist gewöhnungsbedürftig. Nicht nur der Jungjäger sollte es „trocken" üben. Flüchtig schießen werden wir eh besser im Stehen.

Während der klassische Bergstock etwa 20 bis 30 Zentimeter über seinen Benutzer hinausragt, begnügt sich der Jäger in der Ebene meist mit Zielstöcken, die oft nicht länger als 160 Zenti-

Foto: K. Wernicke

einem schweren Stein: Beim Trocknen auf dem Dachboden zieht sich so der Stecken gerade. Nach einem halben Jahr bestückt er ihn mit den gekauften Spitzen. Nun wird er ihm zum fast täglichen Revierbegleiter. Bei der Feisthirschpirsch werden dem Jäger allerdings schon Arme und Hände fast zuviel sein.

Wer auf Kunstspitzen verzichtet und dünne Stecken wählt, kann sich mit zweien oder dreien ein regelrechtes Schießgestell bauen. Weckglas-Gummiringe halten die schulterhohen Stöcke scharnierartig zusammen.

Am Rande: Ob Ansitz oder Anstand, ob Sitz- oder Zielstock – wir plazieren uns immer vor, nicht hinter einen Baum. So haben wir mehr Sicht- und damit Schußfeld. Außerdem können wir uns bequem anleh-

Foto: F. Seidel

Oben: Naturgenuß pur – doch ermüdungsfreies Beobachten mit dem Spektiv will geübt sein. Auflegen oder Anstreichen ist unerläßlich.

Links: Zu den traditionellen Ausrüstungsgegenständen des Jägers zählt der Sitzstock. Alte wie junge Waidmänner schätzen Bequemlichkeit auf dem Stand.

Rechts: Bastelfreude zahlt sich aus. So erlauben zwei Haselstecken eine gute Auflage für die Büchse.

Foto: H. Rohleder

meter sind. Mit Schraubgewinde versehen, lassen sich diese Zielhilfen einfach im Gewehrkoffer mit verstauen.

Bastelfreudige Jäger kaufen im Jagdfachhandel ein Set aus Metallspitze und Gummispitze. Diese eignen den Stock zum Marsch im schwierigen Gelände und zum leisen Anpirschen. Im Frühling schnei-

det sich der Jäger im Revier selbst einen Nußbaumstecken nach eigener Wahl. Dann versieht er ihn mit je einer Rille an den Enden. Ans obere Ende kommt eine kräftige Schnur zum Aufhängen an einen Balken, ans untere eine Schnur mit

nen. Das tun wir aber nie mit dem Schlüsselbein der Schießschulter; bei Schußabgabe führt das zu einem Knochenbruch. Zügig schneiden wir in der Umgebung einige ausreichend lange wie dichte Zweige ab. Vor und neben uns in den Boden gesteckt, verwischen sie unsere Konturen.

MESSER

Das Abfangen mit der kalten Waffe verlangt Geschick und Übung. Es wird in unseren Breiten zumeist nur von Berufsjägern und Nachsuchen-Führern praktiziert. Bei Drück- und Stöberjagden hat jeder Hundeführer ein Standmesser mit mindestens 15 Zentimeter Klingenlänge griffbereit rechts am Gürtel. Wer das Abfangen praktizieren will, übt vorher mehrfach an toten Stücken. Beim anschließenden Aufbrechen verfolgt er den Wundkanal seiner Klinge. Angeschossenes Wild ist kein Experimentiergut. Beim Aufbrechen bedienen sich immer mehr Jäger einer Spezialschere fürs Schloß.

Für die meisten Niederwildjäger existiert freilich kaum ein Grund, mit „Mädchenwinkern", wie große Standmesser schon früher bespöttelt wurden, herumzulaufen. Sie sind mit einem Klappmesser hinreichend ausgerüstet. Die feststellbare Hauptklinge vermindert die Verletzungsgefahr. Eine Säge zum Schloßöffnen bei Schalenwild ist nützlich. Verjüngt sie sich von den Zähnen zum Rücken, verhindert

Foto: J. Borris

Foto: H. Rohleder

Oben: Das Aufbrechen des Rothirsches ist immer Arbeit. Freundliche Unterstützung der Helfer wird gern angenommen. Manch aufmunternder Satz fällt.

Links: Klappmesser oder Standmesser mit unterschiedlicher Klingenlänge – der Markt läßt kaum Wünsche offen.

dies ein Festkeilen im Knochen. Wer beim Aufschärfen der Bauchdecke die Messerklinge gefühlvoll zwischen Zeige- und Mittelfinger führt, läuft kaum Gefahr, versehentlich das Gescheide zu öffnen. Eine spezielle Aufbruchklinge macht das Messer nur unhandlicher, schwerer und teurer. Je vielteiliger ein Klappmesser ist, umso schwieriger läßt es sich nach der roten Arbeit reinigen. Da die Federn konstruktionsbedingt nicht rostfrei sind, ölen wir sie gelegentlich. Auch für Klappmesser

gibt es Gürteletuis. So beulen wir keine Hosentaschen aus oder vermissen das Messer beim fern abgelegten Rucksack. Am Rande: Nagelfeilen auf Diamantsplitterbasis eignen sich prima zum Messerschärfen „zwischendurch" im Revier oder auch rasch mal vor dem Aufbruch zur Jagd.

DER JAGDGÜRTEL

Schon unsere Altvorderen schätzten das Waidgehänge: Ein zusätzlicher Gürtel, der je nach Witte- ▶

rung und Bewegungsbedarf über oder unter der Joppe getragen wird, erspart oft Jagdtasche oder Rucksack. Er ist aus strapazierfähigem Kernleder breit geschnitten und hat einen stabilen Verschluß. An ihm bringen wir Nicker oder Klappmesser unter. Er nimmt Patronenetuis auf, am besten ohne Klappdeckel,

Foto: H. Eisl

Oben: Nicht nur als Auflage für den Stutzen oder das Spektiv eignet sich der Rucksack vorzüglich.

Links: Ist die Kleidung bequem, schießt es sich leichter. Dabei ist nicht unbedingt „Jagdgrün" angesagt. Hauptsache, die Hähne fallen.

Foto: F. Magyer

damit schneller Zugriff gewährleistet ist. Lampen von Kugelschreiber- bis Schlagstockgröße lassen sich durch K ö c h e r o d e r Schlaufen gleichfalls einbinden. Wir befestigen ebenso Taschenjagdhörner mittels Schnallriemchen oder spritzwassergeschützte Kleinbildkameras per E t u i . A u f d e r Jagdhütte oder bei Pausen entledigen wir uns mit einem Griff der ganzen Last. Und wenn wir etwas suchen, brauchen wir nicht alle Kleidungs- oder Rucksacktaschen zu durchfahnden.

DER RUCKSACK

Er nimmt nicht nur Thermoskanne und „Hasenbrot" auf. Mit herausnehmbarer Schweißplane erleichtert er das Bergen von Bock, Frischling oder Fuchs. Und er birgt nützliches Zubehör: Ein Unterhemd zum Wechseln, Tollwut-Schutzhandschuhe, Aufbruchsack, Aufbruchschere, Metallhaken zum Auskühlen erlegten Wildes am Baum, Unfallbinde und Alu-Rettungsdecke. Perfektionisten nehmen sogar Ersatzbatterien für ihre Stablampe mit. Nur die sprichwörtliche Last der eigenen Phantasie setzt Grenzen. Ob aus Leinen oder Loden – ein moderner Rucksack ist geräuscharm und verzichtet weitgehend auf Metallschnallen. Alt- und Billigmodelle bergen eine ungeahnte Gefahr in sich: Wer einmal durch die unteren Metallschließen der Rucksacktragriemen einen edlen Maserschaft zerkratzt hat, wird diese Zeilen gewiß nur zähneknirschend lesen.

BEKLEIDUNG

„Es gibt kein schlechtes Wetter, höchstens falsche Bekleidung", recht haben die Schotten mit ihrem Sprichwort. Zuweilen mangelt es dem Waidmann zwar nicht an dieser Erkenntnis, allerdings an ihrer Umsetzung. So kann er sich manches Jagderlebnis unnötig erschweren oder vermiesen. Dabei gibt es ebenso praktische wie preiswerte Ware von der Stange. Besonders Loden hat sich in Mitteleuropa als klassischer Jagdstoff hervorragend bewährt. Er ist geräuschlos und wasserabweisend. Hat er sich jedoch einmal richtig mit Regen voll gesogen, trocknet er nur langsam. Beim Kauf achten wir stets darauf, daß seine Farbgebung nicht zu düster wirkt. Selbst im Wald fallen wir dem Wild sonst leicht als dunkler Fleck auf. Loden ist reißfester als andere marktgängige Materialien, was nicht nur in dornigen Buschlandschaften vorteilhaft ist.

Auf der Bockpirsch im Mai oder der Streife im Frühherbst werden wir wohl kaum den warmen Lodenmantel tragen. Eine weitgeschnittene Jacke aus Leinen oder Baumwolle, gegebenenfalls gegen Nässe imprägniert, ist zweckmäßiger. Wer keine jagdliche Modenschau veranstalten will, trägt Armeejacken und dazu passende Hosen. Sie sind preiswert in einschlägigen Ausrüstungsgeschäften erhältlich. Vor allem ist ihre Farbgebung meist nicht so dunkel wie unser „Jagdgrün". In der wärmeren Jagdzeit tun auch Kombinationen aus Schilfleinen gute Dienste. Ein Regencape und ein warmer Pullover im Rucksack machen

nicht viel Gewicht. Überhaupt ist es zweckmäßig, sich im Zwiebelschalenprinzip zu kleiden: Wird es dem Jäger auf einem anstrengenden Marsch zum Ansitz zu warm, wandert das eine oder andere Bekleidungsstück in den Rucksack. Ist er am Zielpunkt dennoch verschwitzt, muß er trotz steifer Brise keine lauernde Grippe fürchten: Schließlich hat er in kluger Vorsorge ein trockenes Unterhemd zum Wechseln mitgenommen. Längst haben sich moderne Materialien aus dem Bereich der sogenannten Funktions-Wandermode auch im Jagdbereich durchgesetzt.

können sie zuweilen leichte Knittergeräusche verursachen. Der Fuchs reagiert darauf empfindlich. Dornenhecken sind ihr größter Feind. Erfreulich, daß die relativ vielseitigen Jagdanzüge bereits in unterschiedlichen, dezenten Tarnmustern angeboten werden. Wer diese neuen Kleidungstypen mit entsprechender atmungsaktiver Synthetikunterwäsche kombiniert, gerät auf der Fährte des Winterkeilers und beim Ausgehen der Marderspur im Neuschnee nicht mehr so leicht ins Schwitzen.

Ein Jäger ohne Hut ist aus Gründen des Brauchtums kaum denk-

Foto: H. Schulz

Sind die beiden erst einmal groß, werden sie ebenso prompt auf das Rascheln lauter Jagdjacken reagieren wie ihre Mutter.

Teddyplüschartige Kunstfasern – Fleecestoffe – sind geräuschlos, atmungsaktiv, wasserabweisend und äußerst schnell trocknend. Gern wird dies Material in Kombination mit darunterliegenden Goretex- oder Sympatex-Membranen zu Jagdanzügen verarbeitet. Die sind ebenfalls atmungsaktiv, jedoch äußerlich absolut windund wasserdicht. Andererseits

bar. Es muß nicht gleich der Fürst-Pleß-Hut für Bläser sein. Beim Enteneinfall oder einem Treiben mit turmhohen Fasanen bieten sich flache Mützen im englischen Stil geradezu an. Und im Winter werden einem die Ohren für eine warme Fellmütze dankbar sein. Der Hut hält mehr als nur Witterungsunbilden ab. Seine möglichst breite Krempe verhilft zu blend- ▶

freiem Beobachten. Das helle Gesicht des Jägers wird abgeschirmt. Will er ganz auf Nummer sicher gehen, zieht er eine Sturmhaube über, die nur die Augenpartie frei läßt.

Pirschen wir auf Bock oder Feisthirsch, tragen wir aus demselben Grund leichte Wildleder- oder feine Baumwollhandschuhe. Die kaufen wir preiswert als weiße Tanzhandschuhe beim Herrenausstatter und färben sie einfach mit Pflanzenfarben in gewünschter Farbnuance ein. Das hat nichts mit vermeintlichem Herrenjägertum zu tun: Gerade im Wald leuchten Gesicht und Hände bei hereinbrechender Dämmerung erstaunlich weit. Eine Tarnung verbessert die Chance auf Jagderfolg nachhaltig. Winterhandschuhe verfügen am Schießfinger über einen Schlitz, um den Gewehrabzug feinfühlig zu betätigen.

SCHUHWERK

Gummistiefel gehören zur Grundausstattung des Jägers. Folgen wir einer Jagdeinladung, nehmen wir sie ungefragt mit auf die Reise. Denn Gräben und nasse Stellen gibt es in vielen Revieren, von

Rechts: Ein Schneehemd tarnt vorzüglich. Dem Fuchs zuliebe sollten Handschuhe und Wintermütze von gleicher Farbe sein. Dann schnürt er uns bis auf die Stiefelspitzen.

Unten: Besonders bei der Entenjagd lernen wir Gummistiefel schätzen. Läuft das Wasser von oben rein, war unsere Passion wohl etwas zu groß. Ein fröhliches Gelächter der Mitjäger bleibt sicher nicht aus.

Foto: P. Konrad

Foto: K. Leßmann

schlechtem Wetter ganz abgesehen. Wir kaufen die Stiefel lieber in höherer Konfektionsgröße. Dann passen unsere Füße auch mit zusätzlichen dicken Socken oder Roßhaarfüßlingen hinein. Die nehmen wir am besten zur Kaufanprobe mit. Eine Neopren-Fütterung sorgt für zusätzliche Wärmedämmung. Auch gibt es Wintergummistiefel mit herausnehmbarer Gewebe-Isolierung.

Wer auf der Suchjagd mal ein taunasses Rübenfeld durchquert, sehnt sich nach PVC-Beinlingen. Weit geschnitten, lassen sie sich zur Ergänzung der Gummistiefel problemlos überstreifen. Fix werden sie am Hosengürtel festgeschnallt. Im Winter auf dem Stand bei der Drückjagd oder dem Nachtansitz auf Sau und Fuchs – den Kauf knöchelhoher Stiefel mit fingerdicker Filzisolierung wird niemand bereuen. Dies aus Kanada stam-

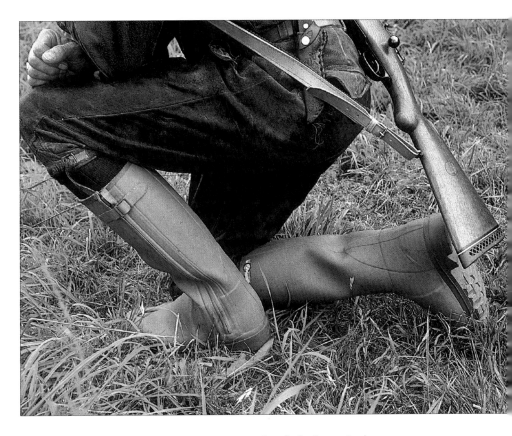

Fotos: Archiv JÄGER

Oben: Wer beim Schuhkauf spart, tut dies am falschen Ende. Ein gutes Fußbett erleichtert langes Gehen. Reißverschlüsse an Stiefeln ermöglichen bequemes An- und Ausziehen. Dazu trägt auch ein Innenschaftfutter aus Glattleder bei.

Links: Wasserdichte Überhosen oder Beinlinge schützen nicht nur bei Regenwetter, sondern auch bei der Suche im Rübenfeld.

mende Schuhwerk ist sogar annähernd wasserdicht. Eine längere Pirsch ist damit allerdings arg beschwerlich.

Zumindest wasserabweisend ist auch unser Lederpirschschuh bei guter Pflege mit Lederfett oder -öl. Wir wählen eine knöchelhohe Variante. Sie bewahrt unsere Fußgelenke vor der Gefahr des Verstauchens. Beim Kauf dieser Schuhe sparen wir nicht: Gehkomfort hat seinen Preis, ist jedoch leider nicht auf den ersten Blick oder schneller Anprobe im Laden festzustellen. Im Unterschied zur Kleidung scheint eine eingearbeitete Goretex- oder Sympatex-Membrane nur bedingt Nutzen zu bringen. Schweißfüße sind das Resultat, sofern das Schuhobermaterial die Innenfeuchtigkeit nicht schnell genug nach außen abstoßen kann. Wir bauen lieber auf gute Imprägniermittel. Übrigens: Gamaschen aus Walkloden mögen altmodisch erscheinen, bieten aber zusätzlichen Nässe- und schwachen Steinschlagschutz.

Bei so zahlreichem Besuch im Rübenfeld wird der Zorn des Landwirts verständlich.

REVIERPRAXIS

WILD-SCHÄDEN IN FELD UND WALD

Foto: W. Stret

Beim Waidwerken handeln wir umsichtig, um keinen Jagdschaden zu verursachen. Wildschäden werden sich allerdings nie ganz verhindern lassen. Wie verhalten sich Revierinhaber und geschädigte Landwirte? Wie wird Rehwildverbiß im Wald aufgenommen? Wie sind Schälschäden zu minimieren?

Bild oben: Fegeschäden von Rot- und Rehwild haben längst nicht die wirtschaftliche Tragweite wie Schälschäden

WILDSCHÄDEN
IM FELD

In Deutschland hat sich die jetzige Wildschadensregelung in nahezu 150 Jahren entwickelt. Heute wird der Begriff des Wild- und Jagdschadens im Bundesjagdgesetz definiert. Einzelne Bundesländer haben mal mehr, mal weniger davon Gebrauch gemacht, dies Rahmengesetz zu präzisieren und zu ergänzen. Im Interesse der Land- und Forstwirtschaft wird Wildschaden möglichst schon im Vorfeld vermieden oder so gering wie möglich gehalten. Der Jagdaus-

Oben: Hasenschäden sind über den gesamten Sonnenblumenacker verteilt. Kaninchen suchen nur Teilflächen heim.

Links: Dies Feld reift ungleich. Rotwild schädigte den Winterraps im Aufwuchsstadium.

Fotos: W. Sailer

Wildkaninchen nicht ausgesetzt werden. Die Länder können das Hegen und Aussetzen weiterer Wildarten beschränken oder verbieten sowie das Füttern von Wild an eine Sondererlaubnis knüpfen oder verbieten.

Wildschadensverhinderung
Gemäß Bundesjagdgesetz ist nur Schaden ersatzpflichtig, der durch Schalenwild, Wildkaninchen und Fasanen an Grundstücken angerichtet wird, die zu einem gemeinschaftlichen Jagdbezirk gehören oder einem Eigenjagdbezirk angegliedert sind. In Hessen ist darüber hinaus nur der Wildschaden ersatzpflichtig, der an Grundstücken angerichtet wird, auf denen die Jagd ausgeübt werden darf. Die Länder haben das Recht, diese Wildschadensersatzpflicht auch auf andere Wildarten auszudehnen. Hinzu kommt die Möglichkeit, im einzelnen Jagdpachtvertrag die Wildschadensersatzpflicht

übungsberechtigte sorgt dafür, daß die Höhe der Wildbestände eine ordnungsgemäße Forst-, Land- und Fischereiwirtschaft nicht beeinträchtigt.

Sowohl der Jagdausübungsberechtigte als auch der Nutzungsberechtigte eines Grundstücks sind berechtigt, Wild von Grundstücken abzuhalten oder zu verscheuchen. Starke Wildschäden aufgrund überhöhten Wildbestands können einen rigorosen Reduktionsabschuß erfordern. Die zuständige Jagdbehörde trifft dann gegenüber dem Jagdausübungsberechtigten eine entsprechende An-

ordnung: Handlungsfrist und Abschußsoll werden festgesetzt, unter Umständen sogar ohne Rücksicht auf Schonzeiten. Kommt der Beständer dieser Anordnung nicht nach, hat die Jagdbehörde das Recht, andere Jäger mit dem Reduzieren des Wildbestands zu beauftragen. Anfallende Kosten lasten auf dem Jagdausübungsberechtigten. Von diesem Recht wird in der Praxis kaum Gebrauch gemacht.

Das Verhindern von untragbar hohem Wildschaden grenzt Hegemaßnahmen ein. So dürfen beispielsweise Schwarzwild und

auf weitere Wildarten auszudehnen.

Land- und forstwirtschaftliche Kulturen, die durch Wild stark gefährdet sind, werden mit üblichen Schutzvorrichtungen versehen. Gatter oder Zäune reichen unter gewöhnlichen Umständen aus, um Schaden abzuwenden. Im Bundesjagdgesetz sind solche Kulturen aufgeführt: Weinberge, Gärten, Obstgärten, Baumschulen, Alleen, einzeln stehende Bäume, Freipflanzungen von Garten- oder hochwertigen Handelsgewächsen. Im Forst sind es Kulturen, die durch Einbringen anderer als der im Jagdbezirk vorkommenden Hauptholzarten einer erhöhten Gefährdung ausgesetzt sind.

Unter Gartengewächsen verstehen wir hauptsächlich in Gärtnereien gezogenes Grün wie Salate, Bohnen, Erbsen, Gurken, Zwiebel- und Kohlarten, Lauch, Meerrettich, Möhren, Rettiche, Kohlrabi, rote Beete, Schwarzwurzeln, Tomaten, Paprika und Spinat. Gehören diese Pflanzen in einer großen Region zum traditionellen Feldanbau, entfällt die Auflage für mechanischen Schutz. In der Rechtsprechung ist jedoch sehr umstritten, wann dieser feldmäßige Anbau beginnt. Die dritte Kategorie bilden hochwertige Handelsgewächse: Hopfen, Tabak, Arznei-, Farb- und Gewürzpflanzen.

Landesrechtliche Vorschriften verlangen als mechanischen Schutz oft wilddichte Zäune. Meist beträgt die vorgegebene Mindesthöhe bei Muffelwild 2,5 Meter, bei Rot- und Damwild 1,8 Meter, bei Reh- und Schwarzwild 1,5 Meter. Um Schwarzkittel abzuwehren, muß der Zaun außerdem so im Boden befestigt sein, daß er von den Sauen nicht hochgehoben werden kann. Den Schutz vor Kaninchen bietet ein Drahtgeflechtzaun von maximal 40 Milli-meter Maschenweite mit einer Höhe von 1,3 Meter. Zusätzlich wird er noch bis zu 30 Zentimeter tief in die Erde eingelassen. Dies soll verhindern, daß sich Karnickel unter dem Zaun durchgraben. Beim Einzäunen wird der Profi natürlich auch darauf achten, daß das Tor der Zaunhöhe entspricht. Sinnigerweise sind Lücken im Boden- und Seitenbereich nicht größer als die Maschenweite des Zauns. Trotz angemessener Schutzvorrichtung ist auf dem Grundstück angerichteter Wildschaden dennoch ersatz-

Foto: U. Hausen

Oben: Plattgewalzt und der Ähren beraubt. Der Ernteausfall bei diesem Weizenfeld wird beträchtlich. Links: „Visitenkarten" eines Sauenbesuchs werden eingeebnet.

pflichtig. Der Jagdschutzberechtigte achtet hierbei die Rechte des Grundstückseigentümers beziehungsweise -nutzers. Er wird vor allem das Grundstück nicht beschädigen.

Nicht zu ersetzen sind eingeerntete Erzeugnisse: Beispielsweise Futter-, Zuckerrüben oder Kartoffeln in Feldmieten, Erd- und Foli- ▶

Foto: Archiv JÄGER

ensilos sowie Ballensilage im Feld. Der Landwirt ist angehalten, seine eingeernteten Erzeugnisse so zu schützen, daß Wild keinen Schaden anrichten kann. Ein geschädigter Land- oder Forstwirt kann ebenfalls keinen Schadensersatz verlangen, wenn er Schutzmaßnahmen des Jagdausübungsberechtigten zur Wildschadensabwehr unbrauchbar gemacht hat.

Foto: M. Danegger

Foto: W. Sailer

Oben: Treten Kaninchen derart massiert auf, bleibt Schaden nicht aus.

Links: Die grauen Flitzer kommen aus der Hecke. Abend für Abend äsen sie sich in den Winterweizen-Acker hinein.

unverzüglich und schriftlich beim Gemeindevorstand anmelden muß. Es soll ihm nicht wie im Vorjahr ergehen, als er beim neuen Jagdpächter den kürzeren zog, nur weil er das sogenannte Vorverfahren nicht beachtet hatte.

Beim vorherigen Jagdpächter hätte es das nicht gegeben. Da ging man gemeinsam zum geschädigten Grundstück und handelte die Entschädigungssumme aus. Ein Handschlag war Garantie dafür, daß der vereinbarte Wildschadensbetrag zur Erntezeit auf Heller und Pfennig erstattet wurde.

Eine gütliche Einigung zwischen dem Geschädigten und dem Ersatzpflichtigen ist durchaus möglich. Sie ist vom Gesetzgeber gern gesehen und ist in jedem Stadium des Wildschadensverfahrens möglich. Unterbleibt sie, greifen weitere gesetzliche Bestimmungen. Nur ein Befolgen macht Wildschadensvergütung durchsetzbar.

Jagdschaden

Schaden an Grundstücken, der bei Ausüben der Jagd und der Hege durch Jagdausübungsberechtigte, bestellte Jagdaufseher oder Jagdgäste, Treiber oder Jagdhunde angerichtet wird, ist Jagdschaden. Dafür steht einzig der Jagdausübungsberechtigte gerade. Treibjagden auf Feldern mit reifender Halm- oder Samenfrucht sowie mit Tabak unterbleibt, um Jagdschaden zu vermeiden. Besäte Felder und nicht abgemähte Wiesen werden ebenfalls verschont. Denn wir beachten bei der Jagd und der Hege die Interessen der Grundstückseigentümer und Nutzungsberechtigten.

Gütliche Einigung

Verärgert steht Bauer Markus Meier auf seinem frisch gedrillten Maisacker. Die Sauen haben den über Nacht heimgesucht und großen Schaden angerichtet. Der Landwirt überschlägt den Schaden und ist sich noch unschlüssig, ob er den Acker umbrechen und neu einsäen wird. Klar ist ihm hingegen, daß er diesen Wildschaden

GELTENDMACHEN VON WILD- UND JAGDSCHADEN

Der Geschädigte meldet den Schaden binnen einer Woche, nachdem er von ihm Kenntnis genommen hat, bei der Behörde schriftlich an, die für das Grundstück zuständig ist. Entweder schickt er einen Schadensbericht oder er sucht das Amt auf. Dort unterzeichnet er ein nach seinen Angaben verfaßtes Protokoll. Nochmals: Schriftlich und zügig – sonst ist der Anspruch verwirkt! Denn nur rasches Feststellen sowie Anmelden des Wildschadens ermöglicht es, neutral zu prüfen, ob er von einer „entschädigungspflichtigen" Wildart verursacht wurde. Benachrichtigt er den Jagdausübungsberechtigten oder dessen Jagdaufseher mündlich, reicht das nicht aus.

Der Nutzer überwacht sein Grundstück sorgfältig: Das bedeutet nicht, daß er täglich, aber auch nicht, daß er bloß halbjährlich sein Grundstück in Augenschein nimmt.

Schäden im Wald sind zweimal im Jahr, nämlich zum 1. Mai beziehungsweise 1. Oktober bei der zuständigen Behörde schriftlich anzumelden.

Ersatzpflichtige Personen

Beim Anmelden des Wildschadens wird angegeben, gegen wen sich der Anspruch der Ersatzpflicht richtet. Das ist primär die Jagdgenossenschaft, in der Regel aber der Jagdpächter: Die Ersatzpflicht des Wildschadens wird normalerweise im Jagdpachtvertrag von der Jagdgenossenschaft beziehungsweise dem Eigenjagdbesitzer auf den oder die Jagdpächter übertragen. Ist der Jagdpächter nicht in der Lage, den Schaden zu begleichen, fällt die Ersatzpflicht an die Jagdgenossenschaft oder den Eigenjagdbesitzer (bei Angliederungsflächen) zurück. Deshalb enthält jede Satzung einer Jagdgenossenschaft das Recht, Umlagen von den Jagdgenossen zu erheben. Eine Jagdgenossenschaft ist nämlich nicht verpflichtet, Rücklagen zu bilden.

Wildschaden wird in der Regel zum Erntezeitpunkt der geschädigten Frucht in Geldform ersetzt. Ist der Ersatzpflichtige in der Lage, Naturalersatz zu leisten, kann der Geschädigte nicht auf Geld pochen. Bei Naturalersatz gilt: Der Ersatzpflichtige liefert die gleiche Frucht in derselben Qualität, die der geschädigten Frucht entspricht.

Das Vorverfahren

Das Bundesjagdgesetz ermächtigt die Länder, vor Beschreiten des ordentlichen Rechtsweges in Wild- und Jagdschadenssachen ein Vorverfahren durchzuführen. Hiervon haben die Bundesländer – beispielsweise Hessen – Gebrauch gemacht. Der Schaden ist in Hessen bei dem Gemeindevorstand schriftlich anzumelden, der für das beschädigte Grundstück zuständig ist. Dieser führt unverzüglich am ▶

SCHADENSPROTOKOLL

Schätzung des Wild- und Jagdschadens und Errechnung des Entschädigungsbetrages

1. Allgemeine Angaben

Autraggeber der Schätzung: *Gemeinde Rübensdorf*
Datum der Auftragserteilung: *8. Februar 1996*
Geschädigter: *Bernd Bauer*
Geschädigtes Grundstück: Gemarkung *Rübensdorf* Flur *1.6*
Flurstück *4.7* Größe *1.9616* ha
Schadensersatzpflichtiger: *Jürgen Jäger*

2. Schadensfeststellung

Geschädigte landw. Kultur: *Winterweizen, Sorte „Astron" (AG-Weizen)*
Schadenverursacher: *Wildkaninchen*
Der Schaden ist ersatzpflichtig: ~~ja~~ / nein
Der Schaden äussert sich wie folgt: *Teilfläche total abgeäst* ××
Der Schaden ist auch auf andere Ursachen zurückzuführen: ja / ~~nein~~
wenn ja, auf folgende: ....
in folgendem Umfange: ....
Schadensminderung ist möglich: ~~ja~~ / nein
Wiederaussaat ist möglich: ~~ja~~ / nein
wenn ja, mit: ....
Es handelt sich um Teilschaden: ja / ~~nein~~
Es handelt sich um Totalschaden: ~~ja~~ / nein
Schadfläche: *1.32* ha
Anzahl fehlender Pflanzen:
Auf der geschädigten Teilfläche wurden 47,5 dt geerntet, das entspricht einem ha-Ertrag von 36,21 dt. Auf vergleichbaren Flächen war der Ertrag 68-78 dt/ha. Schätzung des Ertragsausfalles 47,5 dt.

3. Berechnung des Schadens

Kosten der Schadensminderung Im Einzelnen	.... DM
Kosten der Wiederaussaat Im Einzelnen	.... DM
Ertragsminderung Im Einzelnen *47,5 dt × 22,75 DM =*	*1.080,62* DM
Erhöhte Kosten Im Einzelnen	.... DM
Zwischensumme	*1.080,62* DM
Einsparbare Kosten Im Einzelnen	.... DM
Entschädigungsbetrag	*1.080,62* DM ×

×× Schadensfestsetzung wurde auf Gute verlegt. Abgeernteter Weizen wurde gewogen.
× ohne Mehrwertsteuer

geschädigten Grundstück einen ersten Ortstermin durch. Dazu lädt er den Geschädigten sowie den Ersatzpflichtigen. Der Vertreter des Gemeindevorstands ermittelt am Grundstück den Schaden und wirkt auf eine gütliche Einigung hin. Dieser erste Ortstermin findet auch dann statt, wenn eine oder beide Parteien fehlen. Jede Partei darf ein Verlegen des ersten Ortstermins auf einen späteren Zeitpunkt, meist kurz vor der Ernte, verlangen. Dem muß stattgegeben werden. Dies empfiehlt sich vor allem, wenn die Kultur in sehr frühem Stadium geschädigt wurde. Dann bleibt die Frage offen, ob sich dieser Wildschaden bis zur Ernte noch vergrößert oder verringert oder gar auswächst.

Eine gütliche Einigung während des ersten Ortstermins

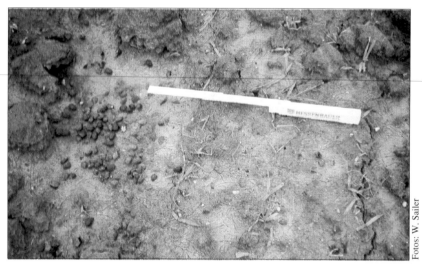

Oben: Bei Schwarzwildschaden bilden wir sachkundige Zeugen auf Beweisfotos mit ab.

Links: Kaninchenschaden in Nahaufnahme. Der Zollstock verdeutlicht die Relationen.

Fotos: W. Sailer

beiden Seiten auferlegen. Der begründete Vorbescheid enthält eine Rechtsmittelbelehrung. Er wird den Beteiligten zugestellt. Aufgrund der Niederschrift über die Einigung sowie des Vorbescheids ist eine Zwangsvollstreckung nach der Zivilprozeßordnung möglich.

DAS KLAGE-VERFAHREN

Gegen den Vorbescheid können die Beteiligten innerhalb einer Frist von zwei Wochen nach der Zustellung Klage beim zuständigen Amtsgericht erheben.

Der Geschädigte kann gegen den Ersatzverpflichteten auf Zahlung eines Mehrbetrages klagen. Der Ersatzverpflichtete kann gegen den Ersatzberechtigten auf eine Aufhebung des Vorbescheides und anderweitige Entscheidung über den Anspruch klagen. Das Gericht legt im Schlußurteil die Kosten des Verfahrens nach eigenem Ermessen einer oder beiden Parteien auf.

Zeugen und Beweismittel

Jede Seite kann sachkundige Personen zur eigenen Beratung zuziehen. Jagdpächter sind in landwirtschaftlichen Fragen oft überfordert. Sie ziehen dann einen sachkundigen Landwirt oder in schwierigen Fällen sogar einen vereidigten landwirtschaftlichen Sachverständigen hinzu. Beide können im Vorverfahren zur gütlichen Einigung beitragen, wenn beide Parteien damit einverstanden sind. Im Klagefall dienen

wird in einer Niederschrift festgehalten. Ebenso wie und zu welchem Zeitpunkt der Schaden ersetzt und wie die Kosten des Verfahrens erstattet werden sollen. Einigen sich beide Parteien noch nicht, beraumt der Gemeindevorstand unverzüglich einen zweiten Ortstermin an. Zu diesem werden wiederum beide Parteien sowie zusätzlich ein örtlicher Wildscha-

densschätzer geladen. Der stellt nun den entstandenen Schaden fest. Eine gütliche Einigung ist erneut möglich. Kommt sie wiederum nicht zustande, setzt der Gemeindevorstand den Schaden aufgrund der Schätzung des Wildschadensschätzers durch einen Vorbescheid fest. Er kann dabei die Kosten des Verfahrens nach billigem Ermessen einer oder

Foto: U. Hausen

Links: Auf zehn Meter Breite, vom Waldrand an gemessen, liegt Totalschaden im Weizen vor.

sie als Zeugen. Ebenso nützen eventuell von ihnen angefertigte Gutachten. Die Kosten hierfür trägt allein der Auftraggeber.

Zeichnet sich ein Klageverfahren ab, ist wichtig, daß weitere Zeugen zur Verfügung stehen, die sich den Schaden angesehen haben und vor Gericht sachdienlich aussagen können.

Das Anfertigen von Foto- oder Videoaufnahmen vom Wildschaden kann lohnen. Aus Beweisgründen ist das geschädigte Grundstück dabei deutlich erkennbar. Aus demselben Grund werden etwaige spätere Zeugen im Schadensbereich aufgenommen. Bei Aufnahmen, die kleine Details des Wildschadens zeigen, ist es gut, wenn ein Zollstock oder beispielsweise eine Streichholzschachtel mit abgelichtet werden: Dies verdeutlicht Größenverhältnisse.

Der Wildschadensschätzer

Die Länder können Wildschadensschätzer bestellen. So bestellt beispielsweise die Jagdbehörde in Hessen im Einvernehmen mit jeder Gemeinde sachkundige Personen als Wildschadensschätzer auf die Dauer von vier Jahren. Diese Bestellung kann von der Jagdbehörde jederzeit widerrufen werden, wenn entsprechende Gründe vorliegen. Von landwirtschaftli-

chem Fachwissen als Voraussetzung abgesehen: Ein Bestellen zweier Gutachter pro Gemeinde, die miteinander weder verwandt noch verschwägert sind, gewährleistet, daß auch dann ein unabhängiger Wildschadensschätzer zur Verfügung steht, wenn der andere selbst Wildschaden hat.

Für Schäden im Wald bestimmt die Jagdbehörde Forstsachverständige, die in der Lage sind, den Wild- und Jagdschaden zu schätzen.

ERMITTELN DES SCHADENS

Um festzustellen, ob es sich um einen entschädigungspflichtigen Wildschaden handelt, ist ein möglichst früher Ortstermin wichtig. Nur so wird hinlänglich ermittelt, welche Wildart den Schaden angerichtet hat, ob ein Verschulden des Bewirtschafters vorliegt, der Schaden mit einer Ersatzmaßnahme gemindert oder ausgeglichen werden kann.

Flächenumfang

Handelt es sich um einen entschädigungspflichtigen Wildschaden, wird zunächst das Grundstück (Gemarkung, Flur, Flurstück) bezeichnet und die Flächengröße des gesamten, geschädigten Grundstücks festgestellt. Dies geschieht meist anhand von Unterlagen des

Geschädigten. Liegt die Flächenangabe nicht vor, muß die Größe des Grundstücks ebenso wie die Größe der Schadflächen ausgemessen und errechnet werden. Oft reicht einfaches Abschreiten aus. Bandmaß oder Feldzirkel bieten genauere Daten. Unterschiedlich geschädigte Teilflächen werden getrennt erfaßt.

Geminderter Ertrag

Welchen Ertrag hätte das Grundstück ohne Wildschaden gehabt? Dies läßt sich am leichtesten durch unbeschädigte Teilflächen des Grundstücks beweisen. Dort wird durch Schätzen – dazu gehört Erfahrung – oder durch Messen, Zählen und Wiegen der Ertrag je Quadratmeter oder Pflanze ermittelt und dann für das Grundstück hochgerechnet.

Ist das gesamte Grundstück geschädigt, zieht der Gutachter den Ertrag vergleichbarer Grundstücke, eventuell den von Nachbargrundstücken, heran. Vergleichbar ist ein solches Grundstück aber nur, wenn es nach Lage, Bodenart, Sorte der Anbaufrucht, Düngung usw. dem geschädigten Grundstück entspricht. Fehlen Vergleichsflächen, werden Buchführungsergebnisse über frühere Ernten, Versuchsergebnisse des zuständigen Landwirtschaftsamtes sowie Ernteermittlungen des Beratungsringes und ähnliches für die Schätzung des Ertrages herangezogen. Einige Früchte kommen oft sofort nach der Ernte zum Verkauf, werden deshalb gewogen. In solchen Fällen nützen die Wiegeergebnisse.

Ebenso ist der Feuchtigkeitsgehalt, beispielsweise bei Getreide, Körnermais oder Körnerraps, zu berücksichtigen, wenn der Ertrag berechnet wird. Er kann leicht mit entsprechenden Meßinstrumenten ►

des örtlichen Landhandels festgestellt werden.

Bei manchen Früchten, zum Beispiel Getreide, werden nicht nur die Körner, sondern auch das Stroh oder bei Zuckerrüben die Blätter geerntet und verwertet. Dann ist zusätzlicher Nutzenertrag festzustellen und bei der Errechnung des Wildschadens zu berücksichtigen.

Ist der Ertragsausfall festgestellt, wird überlegt, ob für den Geschädigten zusätzliche Kosten entstehen: Beispielsweise, wenn zusätzliche Arbeitskräfte erforderlich sind oder mehr Gerätestunden des Mähdreschers anfallen als gewöhnlich. Dazu zählt auch der Gebrauch der Scheibenegge nach dem Abernten von Silo- oder Körnermais, um am Boden liegende Maisstengel klein zu schneiden, damit eine ordnungsgemäße Saatbettbereitung für die nachfolgende Frucht möglich wird. Ergänzende Unkrautbekämpfungs- oder Düngemaßnahmen können ebenfalls „zusätzlicher Aufwand" sein. Derartige Kosten werden dem Geschädigten zusätzlich zum Ertragsausfall erstattet.

Einsparbare Kosten absetzen
Am Beispiel eines Totalschadens sind einsparbare Kosten am einfachsten darzustellen: Handelt es sich um einen Weizenacker, sind die Kosten des Mähdreschers, die Abfahrt- sowie Vermarktungskosten für die Körner einzusparen. Diese Kosten sind einzeln ermittelbar. Sie werden bei der Entschädigungsrechnung abgesetzt.

Zahlungszeitpunkt
Gewöhnlich erfolgt ein Entschädigen in Geld. Dem Geschädigten steht die Entschädigung zu dem Zeitpunkt zu, an dem er üblicherweise seine Ernte vermarktet oder im eigenen Betrieb einsetzt. Dies gilt ebenso für Naturalersatz derselben Sorte und Qualität.

Geminderter Schaden
In manchen Fällen sorgen geeignete Maßnahmen dafür, daß sich der Wildschaden verringert oder gar auswächst. Dann ersetzt beispielsweise der Bestander dem geschädigten Landwirt die Kosten eines zusätzlich benötigten Düngers und dessen Ausbringung. Ebenso zusätzliche Kosten beim Bekämpfen von Unkraut. Trotz dieser Maßnahmen kann ein Minderertrag entstehen, der dann ebenfalls zu berechnen und zu entschädigen ist.

Ein weiteres Beispiel: Ist ein Acker kurz nach dem Stecken von Saatkartoffeln durch Schwarzwild total geschädigt worden, kann der Schaden durch nochmaliges Ausbringen von Saatkartoffeln gemindert werden.

Manchmal ist ein Nachsäen der

LANDWIRTSCHAFTLICHE GRUNDDATEN

Landwirtschaftliche Kultur	Saatzeit	Saatmenge Kilogramm pro Hektar	Erträge Doppelzentner pro Hektar	Verhältnis Korn : Stroh Knolle : Blatt	Bemerkungen
Winterweizen	Okt. - Dez.	180 - 220	50 - 95	1 : 1,2	
Winterroggen	Sept. - Nov.	90 - 180	45 - 90	1 : 1,6	
Wintergerste	Sept. - Nov.	100 - 180	50 - 90	1 : 1,1	
Sommerweizen	Febr. - März	150 - 240	50 - 90	1 : 1,2	
Braugerste	März	120 - 180	45 - 75	1 : 1,0	
Hafer	März	100 - 160	45 - 75	1 : 1,2	
Körnermais	April - Mai	15 - 25	65 - 95		
Raps	August	4 - 10	25 - 50		
Zuckerrüben	März - April	6 - 9	400 - 650	1 : 0,8	
Kartoffeln	April	1800 - 2400	250 - 400		75 % Speisekartoffeln, 25 % Futterkartoffeln
Gehaltsrüben	März - April	6 - 9	600 - 800	1 : 0,3	
Masserüben	März - April	6 - 9	700 - 1100	1 : 0,3	
Luzerne		18 - 28	70 - 120		1. Schnitt = 40%, 2. Schnitt = 40%, 3. Schnitt = 20%
Rotklee		14 - 20	70 - 120		1. Schnitt = 60%, 2. Schnitt = 40%
Kleegras			70 - 120		1. Schnitt = 60%, 2. Schnitt = 40%
Wiese			40 - 120		1. Schnitt = 50%, 2. Schnitt = 30%, 3. Schnitt = 20%
Silomais	April - Mai	25 - 40	350 - 800		

Foto: G. Kalden

Gefegt hat er schon. Aber sein graues Winterkleid trägt er noch. Ende April wird's sein.

gleichen Frucht nicht möglich: Sei es, daß kein Saatgut mehr zur Verfügung steht, oder, daß es hierfür zu spät ist. Auch in diesen Fällen ist zu überlegen, ob mit der Aussaat einer anderen – vom Geschädigten verwertbaren – Frucht eine Ersatzsaat vorgenommen werden kann. Dann erstattet der Revierinhaber die Kosten der neuen Saatbettbereitung, der Saatgutkosten sowie die Aussaatkosten, ebenso eventuellen Minderertrag. Im Fall einer Ersatzfrucht ist vom Totalschaden der Betrag abzuziehen, den die Ersatzfrucht dem Geschädigten eingebracht hat.

ERLEICHTERNDE RICHTSÄTZE

Landwirtschaftliche Einrichtungen wie Landwirtschaftsämter, Landwirtschaftskammern und Bauernverbände veröffentlichen jährlich „Richtsätze zur Ermittlung von Schäden an landwirtschaftlichen Kulturen". Sind beide Seiten mit

der Anwendung derartiger Richtsätze einverstanden, kann der Schaden anhand der darin enthaltenen Tabellen rasch und einfach festgestellt werden. Diese Tabellen enthalten die jeweiligen Quadratmeterpreise, abgestellt auf die Ertragsfähigkeit des Standortes für die einzelnen landwirtschaftlichen Kulturen. Es ist lediglich der Umfang der geschädigten Fläche festzustellen und mit dem Quadratmeterpreis zu multiplizieren. Ist eine Seite mit der Anwendung derartiger Tabellen nicht einverstanden, so muß der Schaden für das geschädigte Grundstück im einzelnen errechnet werden.

Umsatzsteuer
Landwirte berechnen meist die Umsatzsteuer nach Durchschnittssätzen. Ein Teil der Landwirte wird nach den Allgemeinen Vorschriften des Umsatzsteuergesetzes veranlagt.
Wird der Landwirt nach Umsatzsteuer-Durchschnittssätzen besteuert, ist die Umsatzsteuer im Bruttoverkaufspreis enthalten. Im Fall der Besteuerung des Landwirtes nach den Allgemeinen Vorschriften des Umsatzsteuergesetzes ist der erzielbare Bruttoverkaufspreis um die enthaltene Mehrwertsteuer zu reduzieren. In diesem Falle liegt Schadenersatz vor, der nicht umsatzsteuerbar ist.
Gutes Einvernehmen
Nochmals: Gutes Einvernehmen zwischen Jäger und Landwirt bietet die beste

Gewähr dafür, daß Wild- und Jagdschaden nach Möglichkeit verhindert und im Schadensfall gerecht und reibungslos entschädigt wird. Wir wollen den Streit letztendlich nicht auf dem Rücken des Wildes austragen.

WILDSCHÄDEN IM WALD

Über den Wert von Verbißgutachten wird zwischen Forstleuten und Jägern leider immer noch polemisiert. Warum eigentlich? Liegt die Ursache nur im hohen Rehwildabschuß? Er ist in vielen Revieren seit Jahrzehnten möglich. Fast überall steigt die Jahresstrecke sogar weiterhin. Allerdings hat dies zur Folge, daß die Rehe deutlich vorsichtiger sind und damit seltener in Anblick kommen. Am ehesten beruhigen sich die Gemüter, wenn sich die Jäger zu einem „Rehgespräch" im Wald treffen. ▶

Foto: D. Hopf

Die Fegestelle eines Rehbocks ist ein ebenso klassisches Pirschzeichen wie Fährten, Losung oder Verbiß.

VERBISSGUTACHTEN

Hier sind Rehe landesweit verbreitet. Ein jeder kennt sich aus mit Fährten, Losung, Betten, Fegestellen. Alles ist bekannt. Natürlich auch der Verbiß der Waldvegetation. Seit es ihre Art gibt, verbeißen Rehe Triebe und Blätter von Sträuchern und Jungbäumen. Artgemäß nennt das der Biologe. Und genau um diesen Verbiß geht es bei den Gutachten. Ab welcher Stärke wird er für die Pflanzen belastend? Welche Folgen hat er, welche Bedeutung für das Biotop insgesamt? Wie kann ich dies möglichst objektiv erfassen und über mehrere Jahre verfolgen?

Seit rund zehn Jahren bemühen sich in Hessen Forstleute und Jäger gemeinsam in Hegegemeinschaften um eine Lösung auf Weiserflächen und an Weiserpflanzen. Den Behörden, den Jagdgenossenschaften, ja jedem örtlichen Jäger sollen mit diesem Gutachten Entscheidungshilfen an die Hand gegeben werden zu engagierter Mitarbeit an einer möglichst natürlichen Gestaltung der Landschaft und an einem Erhalt eines zahlenmäßig angepaßten Rehbestandes.

Lebensraumgutachten

In Hessen wird alle zehn Jahre für den Bereich einer Rehwildhegegemeinschaft ein Lebensraumgutachten erstellt. In ihm werden die örtlichen geografischen, biologischen und strukturellen Grundlagen zunächst datenmäßig erfaßt. Dazu zählen die Gesamtgröße der Hegegemeinschaft, die Verteilung von Feld-, Wald- und Wasserflächen, der Anteil von Acker-, Grün- und Brachland und die Länge der Wald/Feldränder. Außerdem das Grundgestein, die Nährstoffversorgung des Bodens, die Höhenlagen und der jährliche Durchschnitt des Niederschlages und der Temperatur. Die neben dem Rehwild vorkommenden Wildarten werden angegeben, ebenso die schutzbedürftigen Pflanzen und Tiere und die unter Schutz gestellten Flächen. Von großer Bedeutung sind die örtli-

---

Erhebungsbogen für die Aufnahme von Schalenwildverbiß auf Traktflächen

Anlage 2
zum Erlaß
III B 3 - 9111 -
vom 22. Febr. 1981

Forstamt *Spangenberg* Nr. *235*

1. Erhebungsstand: Jagdjahr 19 *94*
2. Jagdbezirk [1) *staatl. EJB Römerholz*
3. Hegegemeinschaft *Spangenberg*
4. Besitzart [2) X. Staatswald ..... Körperschaftswald ..... Privatwald
5. Lfd. Nr. der Aufnahmefläche im Jagdbezirk *16*
6. Angaben zur Aufnahmefläche
6.1 Abt. *96.1* Größe der angenommenen Traktfläche *100* qm
6.2 Geschätzte Fläche (Verjüngung/Unterbau) in ha *5,5*
6.3 Exposition [2) X. N X. NO ..... O ..... SO ..... S ..... SW ..... W ..... NW
...... eben X. sanft geneigt ..... Hang ..... Steilhang
7. Angaben zur Verjüngung
7.1 Altersrahmen von *1* bis *10* Jahre
7.2 Entstehung aus X. Naturverjüngung ..... Kunstverjüngung ..... Natur- und Kunstverjüngung [2)
7.3 Überschirmung [2) X. ja ..... nein
7.4 Geschätzte Baumartenanteile

Baumart	Eiche	Buche	Edelb.	Sa, Lh	Fichte	Tanne	Kiefer	Lärche	Sa, Nh
Anteil %									

7.5 Mischungsform [2)
X. einzeln ..... truppweise ..... gruppenweise ..... horstweise ..... reihenweise
8. Gemengelage [2) X. in einem größeren ..... im Rahmen eines ..... in der Feldflur
Waldkomplex Waldkomplexes (in oder am Rand
(Wald-Feld-Grenze (Wald-Feld-Grenze einer bis 5 ha
weiter als 500 m entfernt) weniger als 500 m entfernt) großen Waldfläche)
9. Angaben zum Umfeld
9.1 Art des nächstgelegenen Störfaktors *Wirtschaftsweg*
9.2 Mittlere Entfernung zu diesem *50 m*
10. Bemerkungen (z.B. Gesamtzahl der Waldbaumpflanzen auf der Traktfläche, vorkommende Schalenwildarten (ggf. deren prozentuale Beteiligung am Verbiß), Fege- und Schälschäden, Besonderheiten der Aufnahmeflächen wie z.B. Zaunnähe, sehr schmaler Verjüngungssaum etc., ggf. Vergleich mit gezäunter Vergleichsfläche, Verbißintensität an sonstigen Weiserpflanzen (Art(en) benennen):

Naturverjüngung läuft bestens !

Aufnahme durch

WooA Fox

Name, Amtsbezeichnung

(mit Herrn Vocke zusammen)

Aufnahme am

9.4.94

Datum

1) für Jagdreviere im Nichtstaatswald bei der unteren Jagdbehörde erfragen!
2) Zutreffendes bitte ankreuzen!

Lebensraumansprüche der vorkommenden Pflanzen- und Tierarten besonders berücksichtigt werden. Soweit möglich, werden auch Vorschläge unterbreitet, um die ökologischen Verhältnisse zu verbessern. Diese in die Tat umzusetzen, wird nicht immer leicht sein.

Verbißgutachten

Beim Entstehen der Verbißgutachten kommt der Auswahl der Weiserflächen eine hohe Bedeutung zu. Angestrebt wird, für etwa 200 Hektar Waldfläche möglichst eine solche Fläche auszuwählen. Objektiv gelingt dies, wenn auf der Karte der Waldflächen der Rehwildhegegemeinschaft nach einem Rasterverfahren vorgegangen wird und die nächstgelegene Kulturfläche hierzu herangezogen wird. So erfolgt ein gleichmäßiges Verteilen der Weiserflächen, unabhängig von den verschiedenen Waldbesitzarten und den einzelnen Jagdbezirken. Immer werden so auch größere Waldflächen miterfaßt, die im Winter den Rehen verstärkt Einstand bieten. Eine solche Kultur, die als Weiser dienen soll, darf natürlich nicht gegattert oder in irgendeiner Form gegen Verbiß geschützt sein. Sie sollte eine Mindestgröße von 0,5 Hektar aufweisen.

Immer sollte das Festlegen der Verjüngungsflächen, auf denen der Verbiß ermittelt wird, gemeinsam auf Hegegemeinschaftsbasis erfolgen. So werden subjektive Vor-

chen und zeitlichen Belastungen des Lebensraumes der Rehe. Dazu zählen die Verkehrswege und ihre Dichte, die von hohem Einfluß auf den Fallwildanteil sind, aber auch ausgewiesene Erholungsgebiete, Freizeiteinrichtungen, Manöver- oder Motorsportgebiete, sowie die Benutzung der Wege durch Spaziergänger, Jogger, Reiter oder Bikefahrer. In der Nähe von Ballungsgebieten sind diese Belastungen halt schwerer als im ländlichen Raum. Als Abschluß dieses Gutachtens erfolgt ein Bewerten der Grundlagen, wobei die

---

Jagdbezirk: Verpächter E.)B. Römerholz Aufnahmefläche Nr. .... Blatt Nr. .... Zusammenfassung

Baumart	Ges. Zahl	V	%
Buche	HHI 6	5	34
Hainb.			
Eiche			
Edelb.			
Sa. Lb	HHI 5	5	34
Fichte	3	0	0
Tanne			
Kiefer	2	0	0
Lärche	3	0	0
Sa. Nb	183 5	5	3,3

Verbiß ist gering (bis 20 %)   X
Verbiß ist mäßig (über 20 bis 35 %)
Verbiß ist mittel (über 35 bis 50 %)
Verbiß ist stark (über 50 %)

Erläuterungen: V = Verbiß des Leittriebes, NV = Nicht verbissen

schläge vermieden. Das gegenseitige Vertrauen wächst. Die Entscheidungen fallen mit einem Höchstmaß an Objektivität.

Auf der so gefundenen Verjüngungssfläche wird die eigentliche Weiserfläche an möglichst repräsentativer Stelle ausgesucht, also nicht an Dickungsrändern oder Zwangswechseln. Sie ist 50 Meter lang und zwei Meter breit und wird mit drei Pflöcken an den Enden und in der Mitte dauerhaft markiert. Bis die Pflanzen aus dem Verbiß herausgewachsen sind, kann die Beobachtungsfläche also immer wieder genutzt werden.

Foto: G. Kalden

Foto: P. Bachmann

Oben: Schon immer mochten Rehe Knospen und frisches Grün von Laubhölzern besonders gern.

Links: Die Leit- und Nebentriebe dieser Fichtensetzlinge sind „kurz und klein" verbissen.

In Hessen erfolgt das Aufnehmen des Verbisses durch den Revierleiter. Dabei wirken der Jagdausübungsberechtigte und/oder ein Vertreter der Rehwildhegegemeinschaft im Spätwinter oder Frühjahr mit. Es hat sich bewährt, alle Beteiligten zur Mitarbeit heranzuziehen. Gemeinsames Tun verbindet. Bei aller Sachlichkeit während der eigentlichen Auszählung wird in den Pausen auch mal ein Apfel geteilt, ein Zigarettchen geraucht, ein bißchen geflachst. Manche Unart des anderen klärt sich als harmlos auf oder wird in Zukunft wohl abgestellt.

Auf dem abgebildeten Erhebungsbogen wird der Verbiß protokolliert. Dabei wird folgender Arbeitsablauf eingehalten. Eine Schnur wird vom Ausgangspfahl über den Mittelpflock zum Endpflock der Weiserfläche gespannt. Von einem Beteiligten wird eine Meßlatte von zwei Meter Länge im Winkel von 90 Grad über die Schnur langsam so geführt, daß sie rechts und links je einen Meter überragt. So entsteht der geforderte Beurteilungsraum von 2 x 50 Meter = 100 Quadratmeter. Sowohl rechts wie links beurteilt nun ein Beteiligter die jungen Pflänz-

chen nach Baumart, Wuchshöhe und Verbiß des Leittriebs. Er meldet seine Beobachtung dem Protokollführer laut, der die Rückseite des Formblattes als Punkt- und Strichliste anlegt. Zum Beispiel „Kiefer, 25 Zentimeter, verbissen" oder „Buche, 30, unverbissen". Die Zentimeter läßt der Zähler spätestens bei der zehnten Pflanze weg. Soll das Feststellen des Verbisses zügig und reibungslos klappen, sind also vier Mitarbeiter bei der Außenaufnahme notwendig.

In weitgepflanzten Fichten- oder Lärchenkulturen ohne zusätzlichen Anflug ist die Aufnahme rasch beendet. Steht eine Buchen-/Eichen-Naturverjüngung dagegen wie „Haare auf dem Hund", und sind noch andere Baumarten vertreten, wird es zeitraubend. Das hessische Verfahren erlaubt dann, schon nach 25 Metern abzubrechen, wenn bis dahin mehr als 150 Waldbaumpflänzchen auf Schalenwildverbiß untersucht wurden. Kommen zum Rehwild andere

Schalenwildarten als Standwild hinzu, wird ihr Verbißanteil prozentual eingeschätzt. Auch das erfolgt nach Diskussion gemeinsam, wobei die ortskundigen, erfahrenen Jäger und Förster in ihren Schätzwerten selten weit auseinander liegen.

Abschließend wird für jede Weiserfläche im rechten Teil des Vordruckes bei der Zusammenfassung als entscheidende Zahl der Prozentanteil der verbissenen Pflanzen für jede Baumart errechnet. Ein kleiner Handrechner hilft dabei dem Protokollchef, der auf einem Stubben oder Polter fleißig rechnet.

Im hessischen Verfahren gibt es insgesamt vier Verbißstufen:
Sa. Verbiß bis 20 Prozent = Verbiß ist gering;
Sa. Verbiß 21 bis 35 Prozent = Verbiß ist mäßig;
Sa. Verbiß 36 bis 50 Prozent = Verbiß ist mittel;
Sa. Verbiß über 50 Prozent = Verbiß ist stark.
„Sa. Verbiß"(Summa Verbiß) bedeutet, daß nicht der Verbiß ein-

zelner, sondern aller am Standort vorhandenen Baumarten berücksichtigt wird. Zusätzlich zur Aufnahme des Verbisses der Waldpflanzen werden auf dem Formular vor allem noch die Höhe der Konkurrenzvegetation – z.B. Gräser oder Himbeere – und Vergleichsangaben mit im Zaun stehender Verjüngung angegeben. Hierzu können extra angelegte Kleingatter von fünf mal fünf Meter dienen. Alle ordnungsgemäß ausgefüllten und unterschriebenen Vordrucke werden bis zum Sommer dem Forstamtsleiter übergeben. Der fertigt ein „forstliches Gutachten" an, in dem die gewonnenen Daten ausgewertet werden. Zehn Gesichtspunkte sind dem Amtsleiter vorgegeben. Von entscheidender Bedeutung für die Praxis sind dabei vier Punkte:
1. Der regionale Schwerpunkt des Verbisses.
2. Der Vergleich mit früheren Erhebungszahlen.
3. Die Notwendigkeit von Schutzmaßnahmen bei der Verjüngung bestimmter Baumarten.

4. Ein Bewerten der Verbißbelastung für jeden Jagdbezirk nach den Verbißstufen.
Dabei wird unterstellt: Ist der Verbiß gering, hat der Rehwildbestand keinen wesentlichen Einfluß auf die Waldbewirtschaftung. Ist der Verbiß mäßig, ist der Rehwildabschuß zu erhöhen. Ist der Verbiß mittelmäßig, muß der Rehwildabschuß erheblich erhöht werden. Ist der Verbiß stark, muß auch der Rehwildabschuß stark erhöht werden.

In der Rehwildhegegemeinschaft wird damit für jedes einzelne Jagdrevier jeweils zu Beginn eines neuen Planungszeitraums – in Hessen sind dies zur Zeit drei Jahre – der Rehwildabschuß aktualisiert. Der Jagdausübungsberechtigte, der im Wald bei der Erhebung mitgeholfen hat, wird in diese Abschußplanung miteinbezogen. Er ist gut informiert und hört auch die Vergleichszahlen der Nachbarreviere. Für die Reviere, die nur sehr kleine Waldanteile besitzen, wird der Abschuß im Anhalt zu angrenzenden Jagdbezirken festgesetzt, deren große Waldflächen Weiserflächen enthalten. Im Vordergrund muß hier verstärkt die Realisierbarkeit der Abschußplanung stehen.

Zehn Jahre sind ins Hessenland gegangen seit die ersten Pilotprojekte „Verbißgutachten" positive Ergebnisse zeigten. Die Pla- ▶

Foto: D. Hopf

Muffelwildbestände, die keine Verbiß- und Schälschäden anrichten, gibt es nicht.

nung des Rehwildabschusses hat sich in dieser Zeit vielfach auf vernünftige, praxisnahe – also mögliche – Zahlen eingependelt. Überzogen wird nur noch dort, wo Hegegemeinschaften nicht demokratisch funktionieren.

Das erste Verdienst der Gutachten ist sicher, eine Zahlenbasis über Verbiß herzuleiten, ihr zweites – aus meiner Sicht fast gleichwerti-

lösbar ist. Mit den Schneidezähnen des Unterkiefers wird die Rinde entweder streifenweise abgezogen, zum Beispiel bei der Sommerschäle an Fichten. Festsitzende Rinde wie bei der Buche wird stückweise abgebissen. Neben diesen beiden Baumarten sind vor allem Esche, Ahorn und Douglasie stark betroffen. Gleiches gilt für Kiefer und Eiche bis zu deren Ver-

Wildtiere ihnen zufügen können. Fege-, Schlag- oder Trittschäden treten dagegen zurück. Selbst der Verbiß wiegt nicht so schwer. Werden die Schälstellen über sechs Zentimeter breit, vermag der Baum diese nicht zu überwallen. Pilze dringen ein. Rotfäule bei der Fichte, Weißfäule bei der Buche sind die Folge. Die Instabilität der Bäume, in Rotwildkerngebieten

Foto: K. Schneider

Die kleinstandörtliche Rotwild-Konzentration beeinflußt das Ausmaß der Schälschäden in Tageseinständen.

ges – Jäger in einer Gemeinschaft zur Diskussion zusammenzuführen.

SCHÄLEN

Das Abnagen von Rinde an stehenden oder frisch gefällten Bäumen bezeichnen Jäger als Schälen. Dies erfolgt beim Schalenwild in den Jungbeständen meist in Kopfhöhe. Gelegentlich sind auch die Wurzelanläufe betroffen, da ihre feine Rinde besonders leicht ab-

borkung. Rot-, Dam- und Muffelwild sind die Verursacher. Rehwild schält nur selten und geringfügig. In Nordhessen beispielsweise ist es nur an Lärchen im Winter beobachtet worden. Schon immer hat Wild geschält, um Nahrung aufzunehmen. Nichtschälende Populationen der erwähnten Wildarten gibt es nicht, auch wenn dies in der älteren Literatur gelegentlich behauptet wird.

Für Waldbäume ist Schälen der schwerwiegendste Schaden, den

ganzer Bestände, nehmen sorgenerregende Formen an. Der Holzwert sinkt.

Schadensfaktoren

Vier Faktoren bestimmen das Ausmaß der Schälschäden:

1. Die Größe des örtlichen Bestands an Rot-, Dam- und Muffelwild.

2. Eine Konzentration dieser Arten auf engem Raum.

3. Der Äsungsreichtum des Gebiets.

4. Die Beunruhigung der Ta-

geseinstände, in denen die Tiere mehrmals am Tag über längere Zeit Äsung aufnehmen.

Will der Jäger die Schälschäden minimieren, und dazu ist er dem Wald gegenüber verpflichtet, strebt er folgendes an:
1. Eine angemessene Zahl von Rot-, Dam- und Muffelwild. Der Kompromiß ist örtlich bedingt.
2. Eine möglichst gleichmäßige Verteilung der Wildarten über den Lebensraum. Ein besonders schwieriges Unterfangen.
3. Verbesserte Äsung in Feld und Wald über das ganze Jahr hinweg.
4. Den drei Wildarten über die Schonzeiten hinaus Ruhezeiten und Ruhezonen zubilligen.

Alle diese Maßnahmen können Schälschäden nur vermindern, nicht verhindern. Jeder Kompromiß Wald/Rotwild schließt Schälschäden ein. Hier wird Ehrlichkeit verlangt. Forstleute, die überhaupt keine Schälschäden tolerieren, verzichten damit auf die genannten Schalenwildarten.

Hase und Kaninchen verursachen gelegentlich auch beachtliche Schälschäden in Obstplantagen, Weinhängen, Laubholzkulturen und Hausgärten. Da hilft nur eine Einfriedung, bei Kleinflächen auch der Einzelschutz. Die hohen Lohnkosten bei diesen Schutzmaßnahmen sind heute jedoch kaum zu decken. Das gilt ebenso im Hochwildrevier.

Das Einregulieren

der Bestands-/Besatzhöhe aller schälenden Wildarten ist daher vorrangig. So hart dies auch die Jägerschaft ankommt. Alle „flankierenden Maßnahmen" greifen nur dann sinnvoll, wenn die Bestandszahlen passen. Diese Erkenntnis habe ich in fast 30jähriger dienstlicher Tätigkeit in einem nordhessischen Rotwildrevier in freier Wildbahn gewonnen. Ruhezonen und Grünäsungsstreifen in den Einständen haben nur dann Erfolg, wenn dort wenige Tiere leben. Sonst massieren sich dort Kahlwild und Hirsche. Die vielseitigen Aufgaben des Waldes, die allen Menschen in unserem Land dienen, haben nun einmal Vorrang. Ein bewußt markiger Abschlußsatz, aber eben Fakt.

Einzelschutzmaßnahmen sind an hohen Lohnkosten gescheitert: Schälschäden wie an dieser jungen Fichte bleiben nicht aus.

Foto: J. Markmann

Das Gattern wertvoller Laubholzkulturen bleibt häufig „der Weisheit letzter Schluß" gegen Wildschäden.

Foto: P. Bachmann

FACHLITERATUR

Nützliche Hinweise zur **Jagdausstattung** finden wir in jagdlichen Standardwerken oft untergeordnet in Themenbereichen wie „Waffen" und „Jagdausübung". Die Bestellkataloge der großen Jagdausstatter bieten eine gute Marktübersicht.

1. von Raesfeld, Ferdinand – Das Waidwerk (14. Auflage 1980)
Das von *Rüdiger Schwarz* bearbeitete Werk gibt bei der Darstellung unterschiedlicher Jagdarten brauchbare Hinweise auf zweckmäßige Bekleidung. Jagdoptik und deren physikalische Leistungsformeln werden im Rahmen des Schießwesens abgehandelt.

2. Osgyan, Wolfram – Portraits & Praxis (1. Auflage 1992)
Neben vielen Neu- und Gebrauchtwaffen beschreibt *Osgyan* seine Testergebnisse über Zielfernrohre, Ferngläser und Spektive unterschiedlicher Hersteller. Ausführliche Einzelbeiträge, die nichts beschönigen.

3. Zeitler, Roland – Waffen & Kaliber (1. Auflage 1997)
Was der Titel nicht verrät: Auch Optik und ergänzendes Zubehör bis hin zu nützlichem „Kleinkram" stellt *Zeitler* fundiert aus eigener Erfahrung dar. Eine gute Orientierungshilfe für Anschaffungen.

Das oft leidige Thema der **Wild- und Jagdschäden** greifen einige Spezialisten klärend auf. Ihre Ausführungen sind hilfreich.

4. Drees, Hans – Wild- und Jagdschaden (7. Auflage 1993)
Die vielfältigen Regulierungsverfahren von Bund und Ländern werden in ganzer Bandbreite dargestellt. Fallbeispiele, zum Teil mit Formularen, und Erläuterungen des Herausgebers machen den

Foto: A. Kieling

Paragraphendschungel durchschaubar. Umfassend und praxisgerecht.

5. Gossow, Hartmut – Wildökologie (1. Auflage 1976)
Naturwissenschaftliche Grundlagen des Jagdwesens werden umfassend dargestellt. Übersichtlich und praxiorientiert.

6. von Pückler, Mark G. – Jagd und Justiz (1. Auflage 1994)
„Wie Gerichte entscheiden", erläutert *Pückler* in rund 50 jagdbezogenen Präzedenzfällen. Vier Beispiele beziehen sich direkt oder auch indirekt auf die Wildschadensthematik. Dies Buch ist für jeden Revierinhaber interessant.

7. von Pückler, Mark. G. – Der Jäger und sein Recht (3. Auflage 1996)
Diesen fünften Band der Reihe „Lehrbuch Jägerprüfung" wird jeder auch nach bewältigter Hürde

Wenn wir jetzt eine saubere Kugel loswerden, verringern wir Wildschäden und deren ebenso zeitraubende wie kostspielige Begleichung.

gern wieder zur Hand nehmen. Im Rahmen der vielfältigen jagdbezogenen Vorschriften kommt auch der Jagd- und Wildschadensbereich nicht zu kurz. Ein leicht verständliches und vor allem übersichtliches Werk.

JÄGER & PRAXIS

24

KURZ & BÜNDIG

JAGDARTEN & TROPHÄEN BEHANDELN: ANSITZ ★ PIRSCH ★ DRÜCKJAGD ★ GEHÖRN AUFBRETTEN ...

EINE BEILAGE DER ZEITSCHRIFT JAGEN

JÄGER CONTRA WIND

Zu den treuesten Verbündeten von Hirsch, Sau, Bock und Fuchs gegenüber dem Waidmann zählt der Wind. „Wenn der Wind jagt, jagt der Jäger nicht", lautet ein alter Sinnspruch. Die Willkür der Naturgewalt läßt sich halt nicht als berechenbare Größe unserer Jagdstrategie unterordnen. Bei einer leichten Brise oder etwas Luftzug werden wir jedoch nicht in der Stube hocken bleiben, wenn der winterliche Ansitz oder die sommerliche Blattzeit lockt. Noch schnell einen Blick auf den Wetterhahn der Dorfkirche, und wir haben eine erste Groborientierung, welche Kanzeln heute für uns tabu sind. Zur Feinabstimmung im Revier schwören viele Jäger auf ihr Rezept: Der eine favorisiert „ganz klassisch" Bovisten. Die lassen auf Handdruck ihre Pilzsporen in den Lufthauch entgleiten. Ein anderer zaubert Wolle von der Bauchdecke eines Hasen oder Daunenfedern zum gleichen Zweck hinterm Hutband hervor. Auch Flugasche im Leinenbeutelchen, Seifenblasenpuster, Konfetti, ein angefeuchteter Finger, nicht zuletzt ein Mücken verscheuchendes Zigarillo sind nützlich.

Guter Wind strömt uns ins Gesicht. Er kommt aus der Hauptrichtung, in die wir pirschen, oder von der Lichtung, auf der beim Ansitz das Wild anwechselt. Bei der Suche, dem Buschieren oder der Wasserjagd nutzen wir guten Wind unserem vierbeinigen Helfer zuliebe. Mit hoher Nase wird er das Wild suchen.

Halber Wind wiegt uns manchmal in falscher Sicherheit. Er weht uns von der Seite an, während vor uns ein Sprung Rehe äst. Haben sie eine verräterische Bewegung bemerkt, werden sie in Richtung unserer Wittrung wechseln, um festzustellen, ob eine Gefahr droht. Strömt halber Wind bei unserem Anmarsch zu einer Kanzel in einen Rotwildeinstand, ist hier für heute alle Mühe vergebens. Im übrigen macht sich Rotwild beim Ein- und Auswechseln gerade halben Wind gern zunutze.

Schlechter Wind sitzt uns im Nacken und trägt unsere Wittrung zum roten Bock vor uns.

Küsel- oder Flatterwind: Abweichend von seiner Hauptrichtung verfängt sich der Wind zum Beispiel auf Waldlichtungen, die mit dichtem Baumbestand umfaßt sind. Anders als der einfache Nackenwind ist er unberechenbar.

Überkippender Wind wird am wenigsten bedacht. Der über Landrücken und dichte Waldkanten strömende Wind breitet sich entgegen seiner Hauptrichtung zum Teil auch in Richtung des Windschattens aus. Erfahrene Ansitzjäger werden dies bei der Wahl der Kanzel berücksichtigen.

Machen wir uns stets die Windverhältnisse zunutze, können wir vermehrt auf ein Lächeln der Diana hoffen.

Foto: S. Grübl

Er genießt den windstillen Morgen, doch wird er noch leiser pirschen müssen.

INHALT

Foto: H.-J. Markmann

Sein gut abgeführter Hund hat ihm schon manche Jagdeinladung ins Haus flattern lassen.

Rechts: Der Schneid des Hundes verhalf ihm zu der Beute.

Foto: H. Norgren

Links: Die Blattjagd bietet abwechslungsreiches Jagen. Oftmals liegt die Überraschung auf Seiten des Jägers.

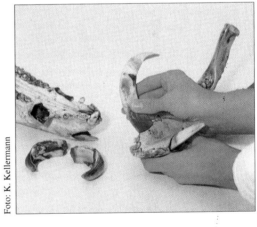

Foto: K. Kellermann

Foto: K. Schendel

Oben: Das Herrichten von Keilerwaffen, Geweihen und Gehörnen ist mit etwas Geschick lernbar. Eine Aufgabe, die Freude bereiten kann.

Impressum: **JÄGER & PRAXIS** KURZ & BÜNDIG   Jagdarten & Trophäen behandeln. Eine Beilage der Zeitschrift JÄGER   Titelfoto: E. Elfner

Jahr-Verlag GmbH & Co.
Jessenstraße 1
22767 Hamburg
Tel. 040 / 38 90 61 13
Fax 040 / 38 90 63 05

Verleger:
Alexander Jahr

Redaktion:
Dr. Rolf Roosen,
Hartmut Syskowski

Autor: Walter Bachmann
(Jagen in Feld und Wald)

Titel/Layout: Werner Rabe

Vertriebsleitung:
Peter Lüdemann

Herstellungsleitung:
Helmut Post,
Brunhild Sudmann (Stellv.)

Druck: Busche, Dortmund

Lithographie: Repro- und
Satztechnik Helmut Gass,
Hamburg

Copyright:
Jahr-Verlag GmbH & Co.
Hamburg 1997

Foto: H. Eisl

Was wäre
eine Jagd ohne
unsere vierbeini-
gen Helfer?

JAGEN IN FELD UND WALD

Ob einsam oder in gesel-
ligem Kreis, ob am mai-
grünen Rain oder im
herbstlichen Tann –
immer erleben wir die Jagd
in ihrer Vielgestalt neu.
Der Ausgang ist ungewiß.

Links: Es wird
sich zeigen, ob er
wirklich der Ge-
witztere ist.

Foto: H. Rohleder

DER ANSITZ

Erinnern Sie sich noch, liebe Leser, wann, wo und wie Sie Ihr erstes Stück Wild erlegt und in Besitz genommen haben? Bei vielen von uns ist dies sicher auf dem Ansitz geschehen. Der Lehrprinz hat uns bis zum ausgewählten Platz begleitet, ein herzliches Waidmannsheil gewünscht, uns zur ersten jagdlichen Tätigkeit allein gelassen.

Seine Schritte verlieren sich. Langsam kehrt Ruhe ein, ganz langsam auch in uns. Nur Auge und Ohr bleiben wach. Geduld wird ge-

schult. Das Wild muß zu uns kommen. Seine Bewegungen, seine Laute verraten es. Wir sitzen ja still, haben den Vorteil der guten Beobachtungsmöglichkeit.

Oft ist es ein Hochsitz, eine Leiter oder ein Schirm, die unter Berücksichtigung von Wind und Wetter besetzt werden. Wie herrlich, wenn es beim ersten Mal keine geschlossene Kanzel war. Das Tieken des Rotkehlchens, das weit entfernte Kjau, Kjau des Fuchses, das Pwitt-oak, Oak des Schnepfenhahnes will ich hören, die Richtung wissen, mir dazu nicht in der Schießluke den Hals verrenken.

Nur in Verbindung von Hören und Sehen lerne ich, diese Geräusche überhaupt zu deuten. Morgens und abends werden wir bevorzugt ansitzen. Fast alles Wild sucht am Abend seine Äsungsplätze auf. Am Morgen wechselt es wieder zurück, um im Tageseinstand zu ruhen. Dies Verhalten ist unter dem Druck des Menschen in unseren heimatlichen Re-

vieren nun mal die Regel. Also gilt es, die örtlichen und zeitlichen Gewohnheiten des Wildes zu erkunden. In Ergänzung zum Abspüren bietet dabei keine Jagdart so gute Gelegenheiten wie der Ansitz. Vorsichtig angewendet, erlaubt er vor allem ein störungsarmes Beobachten. Nur dann bleibt Wild vertraut. Ein Freund des verbissenen Daueransitzes bin ich nicht: Tag und Nacht wird immer derselbe Platz bezogen und stundenlang verteidigt. Was in diesem Raum menschliche Wittrung bei vielen Wildarten anrichtet, berücksichtigen Jäger mit viel Sitzfleisch oft nicht. Damit spreche ich mich nicht gegen einen Mittagsansitz auf Schalenwild aus. Viel häufiger als angenommen geschieht hier der sogenannte dumme Gang. Man muß nur erahnen, wo er stattfindet. Instinkt, Geduld und eine gehörige Portion Dusel des Jägers gehören hierbei zum guten Anblick.

Nachts ansitzen wird für viele Jäger heute zur Pflicht. Es gilt, Wildschäden zu mindern. Bei hochstehendem Mond und einer Schneedecke lassen die Bedingungen tadelloses Jagen zu. Im Juli, wenn der Mond am Horizont klebt, am milchigen Haferschlag wird es kritischer, aber eben notwendiger. Diese Sommermondpe-

Foto: W. Lapinski

Oben: Die enge Besiedlung unseres Landes erfordert einen sehr besonnenen Umgang mit der Waffe. Beim Schießen vom Hochsitz ist die Weide aufgrund des steilen Winkels ein willkommener Kugelfang.

Rechts: Dank einer transportablen Leiter, die er am mühsam ausgemachten Wechsel des Heimlichen plazierte, kam er doch noch in den Besitz der lang begehrten Rehkrone.

Foto: Archiv JÄGER

Foto: W. Rolfes

ausgesetzt. Außerdem fällt er viel stärker ins Auge, nicht immer zum Wohlwollen des Betrachters. Ist die Hütte in einen Hang eingelassen, hält der Jäger im Winter manche Vollmondnacht wohlverpackt problemlos in ihr aus. Gleiten Fuchs oder Marder im Schnee heran, schlägt das Herz höher. Mit stokkendem Atem wird der Drillingslauf aus der Luke geschoben.

rioden nennen Schweißhundführer „Arbeitgeberwetter". Es schießt sich halt saumäßig trotz bester Auflage. Gerade das ist es aber, was nicht nur Jungjäger am Ansitz so schätzen. Sobald sie die Waffe gut auflegen können, und auch der rechte Ellbogen Halt findet, fühlen sie sich wie auf dem Schießstand. Wenn, ja wenn nicht das Jagdfieber wäre. Schon ein heranhoppelnder Hase, der anschnürende Fuchs läßt das Flintenkorn erheblich schwanken. Ist es gar der ersehnte erste Rehbock – und sei das Stangenpaar auch noch so klein – oder der herantrollende Überläufer, ist die Hochsitzbrüstung oft letzte Rettung für eine saubere Kugel.

Das hohe Lied auf die Vorteile des Ansitzes erhält beim Bejagen der Rehe in den vergangenen Jahren einen Mißton. Überall bei uns bauen die Forstleute ihre Wälder um. Vielfältigkeit, Stabilität, kleinflächige Naturverjüngungen sind erklärte Ziele. Gelingt dies Schritt für Schritt, nimmt die Deckung im Wald zu, die freien Abtriebsflächen hingegen ab. Rehe vermö-

Oben: Im Wald wie im Feld gilt: Der Ansitz beunruhigt das Wild weit weniger als die Pirsch.

Rechts: Die Hüttenjagd ermöglicht manch sauberen Nahschuß auf den zustehenden Freibeuter.

gen nun, noch besser wegzutauchen. Der Ansitz reicht zum hinlänglichen Bejagen nicht mehr aus. Unschön für alle die Jäger, die Jagd in beschaulicher Form lieben. Denn ein Kurzhalten der Rehe wird weiterhin überall dort zwingend erforderlich, wo waldbauliche Ziele hochgesteckt sind.

Die Hüttenjagd

Der Ansitz in der Luderhütte ist heute weitgehend unbekannt. Geräumige, abgedichtete Kanzeln werden vorgezogen. Dabei ist die Luderhütte bei starken Minus-Graden wärmer als jeder Hochsitz. Denn der ist immer dem Wind

Foto: W. Lapinski

Noch viel seltener bejagen wir heute mit dem künstlichen Uhu von der Krähenhütte aus Elster oder Krähe. Die Gesetzgebung der Länder läßt ein Bejagen der beiden vielfach nicht mehr zu. Dabei kann im Herbst und im Winter so herrlich am hellichten Tag angesessen werden. Für den Jungjäger ▶

ist der geübte Schrotschuß nun auch auf die hassende, hereinschwenkende Krähe möglich, und manch saubere Kugel aus dem Kleinkaliber findet bei sicherem Kugelfang ihr Ziel.

Zu beiden Hüttenjagden wird der Jäger viel Zeit mitbringen. Es gibt immer wieder Stunden, in denen wenig los ist, Stunden, in denen man so herrlich sinnieren kann. Gewiß keine verlorene Zeit.

DIE PIRSCH

Für *Ferdinand von Raesfeld*, einst Forstmeister auf dem Darß, war

Foto: H. Reinhard

Oben: Bei der Abendpirsch sitzt uns der Faktor Zeit unerbittlich im Nacken.

Links: Immer wieder glaste er das Gelände ab, bevor er sich langsam unter guter Deckung vorwärts schob und zu Schuß kam.

Foto: J. Krasnodebski

die Pirsch die „Krone der Jagd". Darüber mag man streiten. Aber ein Jäger, der zu pirschen versteht, ist keiner, der „auf die Jagd geht". „Langsam und leise", lautet die Parole. Augen und Füße tragen die Verantwortung für gutes Gelingen. Alles, was da nicht hingehört, was anders ist als sonst, will ich so früh wie möglich erfassen. Hier ist es die weißgraue, aus dem Schilf herausragende Stange eines Kolbenhirsches, dort das große Auge der auf dem Gelege festsitzenden Schnepfenhenne.

Die Füße tapsen nicht, rollen auch nicht auf dem Boden ab, nein, sie

schieben sich fast tastend nach vorn. Schon das bedingt ein geruhsames Tempo. Auf Wegen und Pirschsteigen kennt das Wild unsere Spur. Wir verlassen sie also nur selten, um Querbeet zu pirschen. Immer mal wieder verhoffen wir, meist dort, wo wir Ausblick haben oder Anblick erhoffen. Die plötzlich vor uns loszeternde Amsel zwingt uns zu einem solchen Stopp. Bricht wenige Sekunden später im Dichten ein Trockenast, streift irgendetwas an im Mais oder Schilf, sind wir „dran". Jetzt braucht es ein bißchen Deckung, viel Geduld

und oft Glück, das Jäger zum Erfolg einfach benötigen. Plötzlich bläst uns der Küselwind in den Nacken, oder der Gewehrlauf streift den Trockenast einer Fichte. Schon war's eine klassische Fehlpirsch. Oft genug müssen wir uns dann einen Deppen nennen.

Ausreichendes Licht ist Vorbedingung für eine gute Pirsch. Die Zeit nach dem Frühansitz ist meist empfehlenswerter als die Abendpirsch. Dann pirscht der Jäger oft mit dem letzten Licht um die Wette. Nieselt es vor sich hin, will fast alles Wild morgens noch nicht in die nasse Deckung zurück wechseln. Rot-, Dam-, Rehwild und Füchse bleiben länger auf den Läufen und bummeln ein bißchen rum. Dabei sind sie zu finden. Je deckungsreicher das Gelände, um so chancenreicher für den Jäger. Um so größer ist jedoch die Gefahr des Auflaufens. Jetzt erreicht der Jäger nicht mehr die nächste Anstreichmöglichkeit. Es muß schnell gehen. Die Waffe kommt gleitend an die Schulter. Stehend freihändig fällt der Schuß. Das haben wir sorgfältig auf dem Schießstand geübt und zugleich erfahren, bei welcher Entfernung unsere Leistungsgrenze liegt. Eine ausreichend große Jagdfläche vorrausgesetzt, zählt die Mondscheinpirsch zu den besonders reizvollen Jagdarten. Haben wir am Vortag abgefährtet, wo die Sauen nachts Fraß suchen, stellen wir – wie bei der Tagpirsch – einen Pirschplan auf: Wie gehen wir gegen den Wind vor? Wo versprechen längere Zwischenstopps Vorteile? Schon dies Planen und Hoffen bereitet Freude. Bleiben die Sauen zur Rauschzeit im Wald, lohnt bei ausreichendem Mondschein die Nachtpirsch auch dort. Aber finden Sie mal den dicken Keiler heraus aus der Rot-

te, ohne zu dicht aufgerückt zu sein. Dies Abwägen bei der Pirsch – gehst du noch ein bißchen näher ran, oder wartest du besser hier ab – macht ihren Reiz aus.

Oft scheitert das Unternehmen zwischen „Lipp- und Kelchesrand". Treten wir aber an ein er-

stück, nach konzentrierter Lösungssuche, nach vielen kleinen Entscheidungen aus Verstand und Instinkt heraus, fühle ich mich ziemlich „leer". Egal, ob ein Bruch am Hut prangt oder nicht. Ich wußte um die Gefahren meiner Bewegungen, vor allem mei-

Foto: Dr. K.-H. Betz

Foto: Jan Krasnodebski

Oben: Beim Pirschenfahren fällt kein Schuß vom Wagen aus. Das Wild ist vertraut.

Links: Zwischen Lipp- und Kelchesrand – wenn jetzt bloß kein Küselwind den Schwarzkittel warnt.

legtes Stück nach mühsamer Pirsch, erweckt dies tiefe Genugtuung in uns. Wir haben gejagt, nicht kunstlos vom Hochsitz aus geschossen. Übrigens: Nach langem Dransein am Rudel oder Einzel-

ner Wittrung. Diese Gefahren so klein wie möglich zu halten, hat Kraft gekostet.

Pirschenfahren

Unsere – häufig sehr kleinen – Reviere lassen ein Pirschenfahren kaum noch sinnvoll zu. Eigentlich gehört die Pferdekutsche oder der Pferdeschlitten dazu. Bei einem guten Mann am Zügel ist man oft zu mehreren, kann leise plaudern, mit sympatischen Menschen zusammensein. Große Truppenübungsplätze an schießfreien Tagen und Reviere, in denen weitgehend Ruhe herrscht, erhöhen die Erfolgschancen. Ist wiederholt vom Wagen aus geschossen worden, erlebt der Gastjäger nur wippende Spiegel.

Die Autopirsch ist nicht jedermanns Sache. Respekt vor Jägern, die sie ablehnen. Wenn aber im November nach einer Woche Ne-

Foto: K.-H. Volkmar

Die Autopirsch bei winterlicher Mittagssonne hat nichts mit Romantik zu tun, gestattet aber effektiv Reduktionsabschüsse.

bel, Nieselregen oder Sturm mittags die Sonne durchbricht, greife ich gerne zu Büchse und Autoschlüssel. Nun ist jedes Reh auf den Läufen und sucht die Wärme. Über das Verdeck, beide Ellbogen fest eingemauert, schießt es sich auf den Punkt. Dann sind Strecken möglich, die in einem großen Waldrevier in möglichst kurzer Zeit auf irgendeine Weise geliefert werden müssen. Ich habe mich nie geniert, so eine saubere Doublette auf Kitz und Ricke zu schießen. Wenn es an einem solchen Tag mal klappt, auch mehrfach. Haben einige Revierleiter gleichfalls ihren Schreibtisch satt in dieser Stunde, hängen abends oft genug ein Dutzend sauber getroffene Rehe in der Wildkammer. Wieviel Ansitzstunden wären dafür notwendig gewesen? Ich glaube einfach nicht, daß viele Jäger bei dieser Gelegenheit an dem ausgewählten Reh vorbeifahren, um dann zurückzupirschen. Da sollten wir ehrlich bleiben. Ich wiederhole gerne: Keine vornehme Art zu jagen, aber zur rechten Zeit erfolgreich, bestimmt nicht jedermanns Sache.

DIE LOCKJAGD

Allererste Erfahrungen mit der Lockjagd wird der Jungjäger meist mit der Rufjagd auf den Ringeltauber machen. Der Monat März ist genau der richtige Zeitpunkt dazu. Im April gehen die Paare doch oft schon gemeinsam zum Brutgeschäft über. Jeder kann die Strophe des Taubers rasch erlernen. Die Stimme des Jägers genügt zum Nachahmen. So hat er beide Hände zum Führen der Waffe frei. Nun rucksen wir den Tauber an, der vor uns im Altholz seine Stimme ertönen läßt. Nicht immer wird er zustehen, vielleicht aber reger und öfter rufen. Dann werden wir ihn anpirschen. Oft genug schlägt es fehl, denn der Tauber hat „auf jeder

Nicht zu unterschätzen: Der „Auerhahn des kleinen Mannes".

Feder ein Auge". Manchmal steht er aber mit klatschendem Flügelschlag zu. Sein Imponierflug zeigt ein wunderschönes Auf- und Abgleiten. Ihn dabei zu treffen, fällt sehr schwer. Also lassen wir ihn einfallen und wissen nun endlich um seinen genauen Standplatz. Fällt er nach dem Schuß vor uns in die Nadelstreu, war es gutes Jagen.

Wild durch seine eigene Stimme oder die Laute anderer Tiere heranzulocken, ist hohe Kunst. Um den richtigen Ton zu finden, muß der Jäger diese Tierstimmen möglichst oft gehört haben. Heute gibt es ein reichliches Angebot an künstlichen Geräten, von der Taubenlocke über die Hasenquäke bis zum Rehblatter. Unsere Altvorde-

Foto: H.-J. Markmann

Foto: H. Norgren

Oben: Obwohl der Fachhandel vorzügliche Lockinstrumente bereithält, nehmen einige Waidmänner das Blatten gern wörtlich.

Rechts: Nisten seltene Bodenbrüter im Revier, wird auch Schmalzmann scharf bejagt.

ren hätten nur verächtlich abgewinkt. Ein Buchenblatt, ein Grashalm oder die Stimme, verstärkt durch Muschel oder die Faust, genügten ihnen zur Nachahmung. Immer entscheidet der Jäger, wann und wo er die Lockrufe ertönen läßt. Viel Können, Erfahrung, Revierkenntnis und eine Portion Glück gehören zum Erfolg. Nicht immer steht das angestrebte Wild zu. Es gibt Tage, da klappt es prima, dann wiederum scheinen alle Tiere taub zu sein. Aus jüngster Erfahrung wage ich die Behauptung, daß in scharf bejagten Rehwildrevieren Blatterfolge selbst für den Könner immer seltener werden.

Bei allem Wild fällt auf, wie metergenau sie die Stelle ansteuern, wo die verheißungsvollen Töne zu hören waren. Wenn dies beim Fuchs noch kombiniert wird mit lautlosem Herangleiten in guter Deckung, steht er dem Jäger auf einmal „auf den Stiefelspitzen". Lange tut er das nicht. Rehbock

und Rothirsch zeigen dies leise Kommen manchmal in ähnlicher Weise, obwohl beide auch gelegentlich „wie die Feuerwehr" durch Busch und Dorn daherbrausen. Vorhersagen kann man dies nicht. Faszinierende Bilder bietet die Lockjagd häufig. Die vorher gut ausgewählte Deckung des Jägers verhilft dazu. In greifbare Nähe hat er das Stück gelockt. Darin liegt eine große Gefahr, das sei aus eigener Praxis gestanden: Denn jetzt will man das Stück auch haben. Oft ist der Entschluß zum Schuß in Sekundenschnelle zu treffen. Da ist der Drückefin-

ger oft zu fix am Abzug. Der werfe den ersten Stein, dem es so noch nicht ergangen ist. Zu zweit vermeidet man diesen Fehler schon eher, wenn auch nicht immer.

ERDJAGD

Gleich auf welche Wildart ausgeübt, Erdjagd ist eine herrliche Jagdart. „Ursprünglich" nennt sie *Bruno Hespeler*. Sie wird entscheidend von unseren vierbeinigen Helfern bestimmt: Hund oder Frett. Immer sind Überraschungen möglich, denn hineinschauen in die Baue können wir nicht. Immer

ist ein gewisses Risiko für unseren Helfer gegeben. Zum einen gibt es Dachs- und Fuchsbauten, die steilwandige, felsige oder – noch gefährlicher – sandige, nachrutschende Röhrenwände haben. Zum anderen können sie uralte, weitverzweigte Stammburgen darstellen. Auch der erfahrenste Männe oder Foxl hat in den vielen Etagen erhebliche Schwierigkeiten. Unter den Erdbewohnern gibt es durchaus standfeste, wehrhafte Gesellen, die nicht gewillt sind, Übertage das Weite zu suchen. Auch das Frettchen kann im Kaninchenbau auf Iltis, Marder oder

Foto: Archiv JÄGER

Katze stoßen und wird beim Kampf vielfach zweiter Sieger bleiben.

Das Dachsgraben

Das Dachsgraben wird heute nur noch vereinzelt praktiziert. Es sei denn, ein Schliefendachs wird dringend benötigt. Kennen wir eine befahrene Burg, besteht eine gute Chance, an den Dachs heranzukommen. Tagsüber steckt der Bursche nämlich regelmäßig im Bau. Relativ oft herrscht sogar Familienbetrieb, da die Jungdachse bis in den Herbst hinein die Nähe der Eltern suchen. Selten lassen sich die Träger der dicken Schwarte sprengen. Der Jäger wird stets ▶

das geeignete Schanzzeug und einen erfahrenen, geschickten Helfer mitnehmen. Der Erdhund sollte nicht zu übertriebener Schärfe neigen, sondern ausdauernd und zäh den Dachs baulaut vorliegen. Stehertypen sind gesucht. Auch für die Menschen wird es immer zur Arbeit. Der Einschlag führt auf den Hundelaut zu: zur Röhre mit Hund und Dachs – wenn alles klappt. Das einfallende Licht in den bis dahin stockdunklen Gang bringt die Entscheidung. Der Dachs will

Foto: K. Schendel

BODENJAGD AM KUNSTBAU

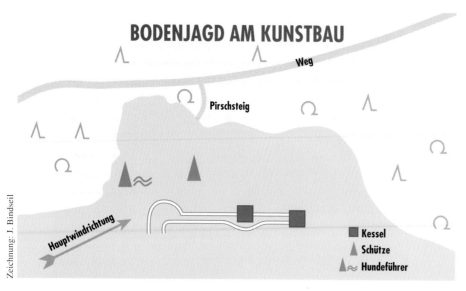

Zeichnung: J. Bindseil

Weg

Pirschsteig

Hauptwindrichtung

Kessel
Schütze
Hundeführer

Oben: Während Rauhbautz schneidig vorlag, mußte Herrchen schweißtreibend die Spitzhacke schwingen. Der Erfolg gehört ihnen gemeinsam.

Links: Stehen die Jäger so gedeckt, wird sie der ausfahrende Rotrock nicht mitkriegen.

besonders sinnvoll. Das ermöglicht kontrollierte, ermüdungsfreie Erdjagd. Lange Wartezeiten und aufwendige Schanzarbeiten entfallen. Hat der junge Hund im Prüfungsbau sein Können unter Beweis gestellt, wird er im Kunstbau erste Meriten in der Praxis leichter erwerben können.

Die Baujagd auf den Fuchs sollte nicht zur „fröhlichen Gesellschaftsjagd" ausarten. Es ist kaum sinnvoll, daß mehr als drei Flinten den Bau bewachen. Ich schieße am besten, wenn ich ganz allein mit meinem Terrier losziehe.

Das Frettieren

Will man Kaninchen nicht lebend in Netzen fangen, spielt die Schießfertigkeit der Jägersleut beim Fettieren eine ganz entscheidende Rolle. Eine immer wieder reizvolle Aufgabe, die hohe Konzentration verlangt. Kurze Wege in die nächste Deckung und ein in der Regel flottes Tempo der Ka-

nun die ungastliche Stätte verlassen. Dachsgabel oder Kurzwaffe helfen abschließend beim Erlegen. Die Blessuren des Hundes werden, soweit notwendig, versorgt. Viele Jäger sind sich nicht bewußt, welch erhebliche Anstrengung für den Erdhund eine mehrstündige Arbeit am Dachs darstellt.

Das Fuchssprengen

Dagegen verläuft das Fuchssprengen für den Hund meist leichter und einfacher. Dabei wird der scharfe und harte Erdhund, der Fliegertyp, verlangt. Seine Aggressivität wird den Fuchs mehr oder weniger zügig zum Verlassen des Baus zwingen. Manche Beiße-

rei – vor allem das Fang-in-Fang-Halten – hinterläßt hierbei deutliche Spuren.

Lautloses Verhalten auf dem Stand zahlt sich für den Jäger aus. Seine wachen Augen haben die Röhren ständig im Blick. Sie erhaschen möglichst früh die Bewegung des sich langsam herausschiebenden Fuchskopfes oder den hochflüchtigen, flachwerdenden, roten Strich. Besonders dann bedarf es etwas Platz zum Schießen. Immer nutzt der Rote bei der Flucht gern jede auch noch so geringe Deckung.

In Revieren mit wenig Naturbauten ist die Anlage von Kunstbauen

nin verlangen offen gebohrte Flintenläufe (Zylinder- oder Skeetbohrung) und 2,5 mm Schrotstärke. Besonders bei schwierigen Geländeabschnitten ist das so.

Stehen Sie mal beim Frettieren mit dem Rücken an der Leitplanke einer stark befahrenen Autobahn. Rumpeln hört man nur die vielen Autos hinter sich, die grauen Flitzer sind auf einmal da. Ist es wirklich kalt oder trübe und windig, sitzen die Kaninchen auch im Bau. Dann ist das Zusammenwirken von Frettchenführer und seinen Helfern entscheidende Voraussetzung für gutes Gelingen. Das ganze Jahr über haben diese Jagdgefährten ihre Frettchen betreut und trainiert. So gebührt ihnen am Abend des Jagdtags Lob und Dank.

MIT DEM HUND IN FELD UND WALD

Fünf Jagdarten, bei denen die Arbeit unseres Hundes den Tag bestimmt. Mit ein, zwei Mitjägern erleben wir Stunden, die fest im Gedächtnis bleiben.

Die Suche

Von Raesfeld schrieb bereits vor rund 100 Jahren: „Bei der Hühnersuche ist der Hund die Seele des Ganzen: Die Freude an der Arbeit eines guten Hundes ist viel schöner als alles Schießen." In heutiger Zeit gibt es bei uns jedoch nur noch wenige Reviere, in denen eine solche Hühnersuche vertretbar ist. Immer sind es intensiv betreute Reviere. Ausgesprochene Profis der Niederwildhege sind dort am Werk.

Foto: H.-J. Markmann

Oben: Auch diesen Hasen apportiert er mit tadellosem Griff. Jetzt wird Frauchen zwei schwere Krumme tragen müssen.

Links: In guten Kaninchenrevieren kommt das Frettchen häufig zum Einsatz.

Foto: Archiv JÄGER

Zu gern möchte ich meinen Söhnen einmal das Herzklopfen vermitteln, wenn es den Vorstehhund aus flotter Suche herumreißt, er festgemauert vorsteht, die Hühner in der Nase. In der Rübenreihe schiebe ich mich vor, genieße das Bild. Wird die Kette mit hartem Schwingenschlagen hoch, ist der Schuß oft recht leicht. Schläge doch bloß nicht der Puls soviel schneller.

Sonnige Septembertage mit gut ausgewachsenen Hühnern in starken Ketten in den Revieren um Gießen herum bleiben mir dauerhaft in Erinnerung. Der Sonnensommer 1959 hatte ideale Aufzuchtbedingungen gebracht. Der pensionierte Revierförster Brück überließ mir gerne einige Male seinen Deutsch-Drahthaar, wenn ihm die Lauferei zu viel wurde. Der leichtführige Rüde suchte ausdauernd und weit. Viel Übung hatte ihn zum Spitzenhund gemacht, ▶

zumal, wenn es galt, ein geflügeltes Huhn zu finden. Dies ist der enorme Vorteil der Solojagd. Kein Dritter treibt. Ohne Zeitdruck werden erfolgreiche Nachsuchen zum beglückenden Erlebnis für Hund und Führer. Die Pause am Wasser oder unterm Zwetschenbaum bestimmt das eigene Ermessen. Wir berücksichtigen dabei die Kondition des Hundes.

Das Buschieren

Vielseitiger wird's beim Buschieren: Im deckungsreichen, aber noch übersichtlichem Gelände können Fasan, Schnepfe, Bekassine, Hase, Kanin sowie auch schon mal ein Fuchs vorkommen. Möglichst „unter der Flinte" in Kontakt zum Führer wird der Hund das Wild suchen. Gebrauchshunde werden es vorstehen, soweit das Wild dies zuläßt. Schon an der Art des Vorstehens seines Hundes erkennt der Führer, ob es sich um Haar- oder Flugwild handelt, das angezeigt wird. Führige Stöber- und Erdhunde eignen sich ebenfalls gut zum Buschieren. Nach dem Finden geht hier natürlich alles ein bißchen schneller, denn Tekkel „Moritz" oder Jagdterrier „Igor" stehen schließlich generell nicht vor. Einsetzender Spurlaut löst dann Alarm aus.

Allerdings hatte ich vor Jahren den großen Dusel, einen Wachtelrüden zu führen, der beim Buschieren kurz abstoppte, wenn er gefunden hatte. Dann wendete er seinen Kopf zu mir, bevor er – fast bedächtig – weiter vordrang. Kein Führerverdienst, sondern viel Er-

Foto: Dr. K.-H. Betz

Foto: W. Nagel

ein bewachsener Graben überwunden oder ein niedriger Ast einer Baumgruppe untertaucht werden. Das verlangt Beweglichkeit. Ein unverhofftes Stolpern ist oft unvermeidlich, da die Augen doch immer beim Hund sind. So wird der Gewehrriemen zum Hindernis. Also: Ab damit. Auch wenn die Altvorderen unwillig den Kopf schütteln und den Hinweis auf Trap- und Skeetschießen als „ganz etwas anderes" abtun.

Das Stöbern

Beim Stöbern verlangt der Jäger von seinem Hund gänzlich andere Arbeit. Während der eigentlichen Arbeit besteht kein Kontakt mehr zwischen den beiden. Selbständig sucht der Hund Dickungen, Schilfpartien oder Maisschläge ab. Er macht das Wild ohne Einwirkung des Herrn hoch. Haarwild wird anhaltend spurlaut verfolgt, bis es die Deckung verlassen hat. Gebrauchshunde beweisen dabei ihre Vielseitigkeit. Gestern im Feld mußten sie ja den gleichen

fahrung des vierbeinigen Freundes, die mir stets zu erhöhter Schußkonzentration verhalf.

Ein Tip zum Flinten-Führen bei dieser Jagdart: Der Gewehrriemen sollte im Auto abgelegt werden. Hier hält eine Brombeerranke zäh an Hose und Hemd fest, dort muß

Fasan, den sie jetzt hochkehren, noch vorstehen. Stöberhunde sind in ihrem Element, Erdhunde leisten teilweise auch vorzügliches. Nicht immer geht es nur darum, Niederwild zu aktivieven. Oft wird der Hundeführer eines erfahrenen Stöberhundes der Sauen wegen gerufen.

Hunde jeder Rasse, die nur einen Funken Passion verspüren, verfolgen bereits flüchtig gemachte Sauen fährtenlaut. Der wirkliche Könner zeigt sich aber erst, wenn sich der Keiler immer wieder einschiebt und hartnäckig im Schwarzdornbusch die Stellung hält. Bei einem Ausfall aus so prächtiger Deckung wird es für jeden Stöberhund kritisch. 70 bis 80 Kilogramm blasen in einem Höllentempo zum Gegenangriff. Auch beim flinksten Hund kommt es dabei zum Überrennen. Weichen muß er in jedem Fall. Hunde, die nach solchen Attacken ohne Hilfe ihres Herrn immer wieder von alleine weiterarbeiten, sind Diamanten. Die erfahrenen, schon etwas langsameren

unter ihnen stehen mit gehörigem Abstand am Oberhang. Ihr Standlaut ruft um Hilfe. So leben sie länger ohne Schmisse.

Nun ist's Zeit für die Terrier. Wendigkeit, Schärfe und Härte im Nehmen sind gefragt. Leider ist damit oft auch blindes Zupacken verknüpft. Ganz wenige dieser Hunde werden wirklich alt. Erstreckt sich aber ihre Arbeitszeit bis ins sechste oder siebente Lebensjahr, sind sie unbezahlbar. Be-

sonders Schweißhundführer wissen diese Eigenschaften zu schätzen und führen Terrier deshalb gern als Zweithund bei Nachsuchen auf kranke Sauen mit.

Das Überjagen der Stöberhunde beim Stöbern wird von manchen Jägern gerne bemäkelt. Sollen sie es tun. Beim Hasen und Kanin ist es selbstverständlich störend, wenn die Reise lauthals lustig ins Nachbartreiben weitergeht. Aber die Sau, die nun endlich in Bewe-

Foto: M. Hölzel

Foto: Dr. K.-H. Betz

Oben: Schiebt sich der Keiler in ein Schwarzdorngebüsch ein, wird es für die Hunde kritisch.

Links: Wendigkeit, Schneid und Härte im Nehmen zeichnen ihn aus. Man sieht's ihm an.

gung gebracht ist, nur bis zur Dickungskante verfolgen?

Da verlangst Du vom Hundeherz etwas zuviel, lieber Jägersmann. Erstreckt sich das Ausbleiben über zwei Stunden, wird es natürlich ärgerlich, zumal die Kondition dann doch zum Teufel geht. Aber die schlechtesten Hunde sind dies meist nicht.

Das Brackieren

Zum Brackieren fehlt es heute zumeist an Revieren, die in gesetzlich ausreichender Größe derart traditionsmäßig bejagt werden können. Brackieren ist extrem weites und langes Stöbern. Hochläufige Hunde mit lockerem Hals verfolgen die Spur von Hase oder Fuchs über Berg und Tal. Spurwille und Spurtreue sind ausgeprägt. Sie lassen ein kurzfristiges Verlassen der einmal aufgenommenen Spur nicht zu. Ziel dabei ist, durch das ausdauernde, spurlaute Verfolgen des Einzelstücks dieses in sein Streifgebiet zurückzubringen.

Ohr zu verfolgen – das A und O. Der Jäger steht nur mit viel Geduld am Rückpaß. Ein Hase „nur" oder gar ein Fuchs, das ist die ganze Strecke. Doch ein jeder von ihnen bleibt uns ein Jägerleben lang im Gedächtnis.

Das Lancieren

Die Schweißhundführer mögen mir verzeihen, aber wieviele Jäger außer ihnen kennen heute noch diese anspruchsvolle Jagdart? *Walter Frevert* soll im Oktober 1944 den „Leutnant" in der Rominter Heide so erlegt haben.

Nur ältere, erfahrene Schweißhunde werden zu solcher Herausfor-

derung herangezogen. Eine einzelne Gesundfährte – zum Beispiel die eines hochgeweihten Hirsches – wird am langen Riemen bis an den Rand des vermuteten Einstands verfolgt. Dann wird der Hund ein paar Schritte abgetragen und mit ihm die Dickung umschlagen. Fällt der Hund erst am Einwechsel die Fährte wieder an, steckt der Hirsch. Er ist bestätigt. Nun wird der bevorzugte Schütze dahin postiert, wo der Hirsch hoffentlich die Deckung verläßt. Diese Standauswahl ist eine schwierige Entscheidung. Nur Jäger von Format werden das beherrschen.

Foto: H. Reinhard

Oben: Beim Brackieren erlegt, geht Meister Lampe in Streckenstatistiken nicht als bloße Zahl unter.

Rechts: Nur äußerst selten kommt der faule Feisthirsch bei so gutem Büchsenlicht in Anblick.

Dort wird es dann von den Jägern erwartet. Das dauert oft lange, noch öfter ist es vergeblich. In Östergötland habe ich überhaupt erst am dritten Wochenende einen Hasen vor der Bracke gesehen. Spannend war es aber immer. Kein Zweifel, auch hier ist die Hundearbeit – meist nur mit dem

Foto: H. Eisl

Foto: H. Rohleder

Oben: Das Lancieren ist eine Kunst, die nur von wenigen Gespannen praktiziert wird.

Rechts: Fallenjagd ist aktive Niederwildhege. Sachverständig angewandt, ist sie mit dem Tierschutzgedanken voll vereinbar.

Foto: R. Behrendt

es dem Hirsch zu viel, verläßt er seinen Einstand. Oft recht langsam, manchmal im Troll, immer aber äußerst aufmerksam. Nimmt er den Auswechsel nun wirklich dort, wo es die Jäger geplant haben, ist die Portion Glück hinzu gekommen, die zur erfolgreichen Jagd gehört. Keine Frage: Lancieren liest sich leichter, als es sich

sich die Gesetzgeber der Bundesländer schwer. Bis ins Kleinste schreiben sie hohe Spannstärken und Bügelweiten beim Gebrauch der Fangeisen vor, verbieten Fallentypen, mit denen zwei Jahrhunderte lang Marder sauber gefangen wurden. Zu begrüßen sind dagegen alle gesetzlichen Auflagen, die der Sicherheit von Mensch und Tier dienen. Bei dem zunehmenden Andrang auf Wald und Feld durch Erholungssuchende können die Grenzen hier gar nicht eng genug gezogen werden. Vor allem der Anfänger unter den Fallenstellern wird sich hier genau infor-

Auf diesen Platz eingewiesen, bleibt der Schütze ebenso still wie aufmerksam stehen, auch über einen längeren Zeitraum. Den benötigt der Schweißhundführer nämlich in der Regel bei größeren Einständen. Am Einwechsel läßt er seinen Hund erneut die kalte Fährte aufnehmen und folgt ihr jetzt durch Dick und Dünn. Irgendwann erreichen die beiden nun das Bett des Hirsches, wo dieser ja eigentlich in Ruhe übertagen wollte. Jetzt wird die Fährte brühwarm. Der Hund hält sie eisern und wird manch zeitraubenden Widergang, manchen Kreisbogen ausarbeiten müssen. Wird

in die Tat umsetzen läßt. Das Gespann von Hund und Führer leistet die jagdliche Arbeit. Der vorgestellte Jäger ist nur Schütze. Der braucht einzig und allein nur stillzustehen, aufzupassen und zu treffen. Das können recht viele, die Fährtenarbeit ganz wenige.

DIE FANGJAGD

Die Jagd mit der Falle ist in den vergangenen Jahrzehnten in Verruf geraten. Tierquälerei und Fehlfänge sind als Hauptvorwürfe zu hören, vielfach von Menschen, die Fangjagd nur vom Hörensagen kennen. Unter diesem Druck tun

mieren wollen. Fest steht: Wer erfolgreich über einen längeren Zeitraum Raubwild fängt, weiß lange um den richtigen Fallentyp, der einzusetzen ist, und um die notwendige, rechtzeitige Kontrolle seiner Fallen.

Auf dieser Basis und aus Familientradition möchte ich Argumente für die Fangjagd nennen: Zunächst ist der Vorwurf der Tierquälerei zu entkräften. Das fällt nicht schwer. Fachlich richtig gestellt und früh kontrolliert, fällt bei jeder Lebendfangfalle die Entscheidung „freilassen oder töten" rasch, also ohne langen Aufenthalt des Wildes in der Falle. Bei Fangeisen oder – ▶

soweit erlaubt – Knüppelfallen sind nicht tötliche Fänge wirklich selten. Selbst der Spezialist kann sie nicht völlig vermeiden. Das wird er nicht bestreiten. Entscheidend aber ist: Bei allen Jagdarten mit der Waffe werden dem Wild mehr unnötige Schmerzen bereitet als bei der Fangjagd. Fragen wir die Schweißhundführer während der Mondperioden, die Hundeführer bei Fasanen-, Enten-, Hasenjagden. Schießen tun alle Jäger. Entsprechen die Bedingungen, unter denen sie abdrücken, immer ihrem Können? Fangen tun nur noch wenige Jäger. Fast ausnahmslos sind dies Könner. Also sind deren Fehlleistungen auch geringer. Das war schon immer so und hat nichts mit den neuen gesetzlichen Bestimmungen zu tun.

Fallenjagd ist stille Jagd. Dabei knallt es nicht laut. In der Nähe menschlicher Behausungen sind damit keine Störungen verbunden. Fallen sind – fachlich gestellt – erfolgreich. Sie stehen in der Regel nachts fängisch, arbeiten also viele Stunden in der Zeit, in der unser Raubwild unterwegs ist. Mondschein ist nicht erforderlich. Der Fänger kann sich in dieser Zeit sogar dem Doppelkopf, Schlaf oder anderen Vergnügungen widmen.

Foto: D. T. Grewcock

Foto: Archiv JÄGER

Oben: Was wird das Vorstehtreiben bringen? Voller Spannung erwarten sie die Hähne.

Links: Gewußt wie – nicht jeden Ködertip wird der passionierte Fallensteller anderen verraten.

sen, und Sie werden eben diese Genugtuung empfinden.

GESELLSCHAFTS- JAGDEN IM FELD

Wird es Herbst, liegen schon bald die ersten Jagdeinladungen im Briefkasten. Ich blättere im Kalender. Ein Tag gemeinsamen Jagens im Kreise gleichgesinnter Freunde steht bevor. Freudige Erwartung stellt sich ein.

Am Morgen treffen sich oft Jäger und Treiber in gleicher Zahl. Vorausgesetzt, daß Hase, Fasan oder auch Rebhuhn in ausreichender Zahl vorkommen, werden größere Flächen bejagt. Streife und Kessel können sich dort ablösen, wo ein leichter Begang der Feldflur sie ermöglicht. Behindern Bachläufe, Stacheldrähte oder dichte Hecken die Flintenschützen zu sehr, wird der Jagdherr bei der Planung lieber ein Vorstehtreiben ansetzen. Diese Jagdarten bieten im Feld den Vorteil großer Übersichtlich-

Fallenjagd war schon immer vom Geheimnis umwittert. Stille Orte wählt der Fänger. Seine Kniffe und Lockmittel gibt er nicht gern preis. Listenreich und schweigsam geht er zu Werke. Das sichert Erfolge und hohe jagdliche Freuden. Lösen Sie Ihren ersten angekirrten Steinmarder aus dem Eiabzugsei-

keit. Während des Treibens sieht meist jeder jeden. Der Jagdleiter und seine Helfer werden also mit Stimme oder Horn dort eingreifen, wo beim Kessel ein Sack gebildet wird, um den Hasen ein Loch vorzutäuschen, oder bei der Streife

Feld wie im Wald. „Sünder" werden ohne Rücksicht auf gesellschaftlichen Rang zügig für ihr Fehlverhalten gerügt oder im Wiederholungsfall der Jagd verwiesen: Sicherheit geht vor, Menschenleben sind unersetzbar!

mit lautem Hals angenommen. Seine doppelt dunkel drohenden Läufe sind dann auf meine langen Beine gerichtet. Da werde ich zum Feigling. Ein Stolpern auf angefrorener Ackerscholle, der zu hastige Anschlag mit Handschuhfin-

Fotos: Witters

Oben: Bei aller Passion bewahren wir im Umgang mit der Flinte stets einen kühlen Kopf.

Links: Müde, junger Freund? Dein Nachbar zeigt, wie man die Flinte richtig trägt.

gern, wenn Mümmelmann plötzlich aus der Deckung fährt, kann den ungewollten Schuß lösen. Da will ich nicht stehen. Also melde ich mich, das erste Mal dezent, beim zweiten Mal aber vernehmlich. Gewiß ist das die Aufgabe der Jagdleitung, aber überall können die Männer auch nicht zugegen sein. Vornehmes, großzügiges Drüberwegsehen ist fehl am Platz. Sprüche wie: „Drei Millimeter muß jeder vertragen, sonst soll er zuhause bleiben", sind törichtes Geschwätz. Bei mir stellt sich zusätzlich ein geradezu saumäßiges Geschieße ein, sobald sich mein Ärger über solche Waffenhandhabung im Wiederholungsfall zum Zorn steigert. Damit ist dann die Freude an gemeinsamer Jagd an diesem Tag dahin. Vielen Jägern wird es ähnlich gehen.

Ganz besondere Vorsicht ist auch ▶

ein besonders aussichtsreiches Rübenfeld gleich von mehreren Jägern angesteuert wird, so daß die Ordnung schwindet.

Sicherheit

Vor allem widmet der Jagdleiter sein aufmerksames Auge stets der Waffenhandhabung. Das gilt in gleicher Weise für das Jagen im

Während des Treibens zeigt die Laufmündung der geladenen Waffe stets nach oben. Bei Verstößen gegen diese Grundregel gibt es kein Pardon. Wer im letzten Kessel – nun schon müde gelaufen – seine Flinten mit einer Hand an der Basküle fast waagerecht durchs Gelände trägt, wird zurecht

zwischen den Treiben notwendig. Ob wir nun gemeinsam zum Sammelplatz laufen oder auf dem Hänger des Schleppers sitzen: Kipplaufwaffen sind stets offen. Zeigen mir die seitlichen Signalstifte einer nicht abgekippten Bockflinte meines Vordermannes auf glitschigem Feldweg den gespannten Zustand der Waffe an, lasse ich mich zurückfallen.

Wieviel Freude macht dagegen eine gut vorbereitete und geleitete Feldjagd. 1959 gab es noch Hasen in Fülle im Raum Friedberg (Hessen). Der Jagdherr, eher unauffälliger Gestalt, aber den ganzen Tag über hellwach und bestimmt, verstand sein Handwerk. Bei -3 Grad Celsius lief der Hase. Im dritten Kessel zählte ich 23 Krumme, die sich drinnen noch unschlüssig zum Durchbruch sammelten. Kamen einmal drei in Höchstfahrt fast spitz über eine kleine Bodenwelle, dann galt es.

den großen Stils nicht mehr zu verantworten. Nur im kleinen Kreis wird einmal im Jahr auf Weihnachtshasen geklappert. Der Besatz wird geschont. Vor allem dem Hasennachwuchs gilt alle Fürsorge, soweit es möglich ist.

Eine Böhmische Streife habe ich noch vor dem Krieg in der Hildesheimer-Börde kennengelernt. In einem großen, offenen U ging es kilometerweit über abgeerntete Felder. An den Flanken liefen wir Treiber mit Fähnchen bewaffnet in schnurgerader Linie. Ganz zum Schluß wurde

Foto: W. Osgyan

Foto: F. Siedel

Oben: Bei dieser fahrlässigen Waffenhandhabung liegt der Treiber vielleicht bald mit auf der Strecke.

Links: Luftig sollen die Hasen an der Stange schaukeln. Ein ansprechend hergerichteter Wagen.

alle Hasen vorn und beschoß keinen, der nach innen zurückflüchtenden. Eindrucksvoll für einen jungen Stift, der an vier Hasen schon schwer zu schleppen hatte. Heute wäre auch hier gutes Treffen nur schwer mehrfach unter Beweis zu stellen. Ein Jagdgast brachte es heuer am Abend auf den Punkt: „Das Mittagessen und die liebevolle Bewirtung waren unübertroffen, aber Hasen gab es so wenig wie nie zuvor."

WASSERJAGD

Hurra, die Enten. Wasserjagden als Gemeinschaftsjagden sind stets fröhliche Jagden. Gleichgesinnte Jäger sind zusammen. Oft ist es noch sommerlich warm. Ewig lange „herumzusitzen" brauchen die Jäger auch nicht. In der Luft ist viel zu sehen. Langeweile kommt nicht auf. Die guten Schrotschützen kommen auf ihre Rechnung: Die hoch und schnell streichende Ente stellt

Die disziplinierte Treiberwehr war routiniert, nichts entging ihr. Ein klassischer Spruch ist mir noch in Erinnerung: „Neben dem kannste ruhig gehen, da brauchst nix zu schleppen." Diana sei Dank, zeigte der Daumen dabei nicht auf mich. Heute sind selbst in diesen einst so gesegneten Revieren Hasenjag-

es erst lebhaft. Die Hasen, bekanntlich sehr standorttreu, wollten in ihr Streifgebiet zurück. Folglich brachen sie nach hinten durch. Weiter ließen sie sich nicht treiben. Der schwere Lehmboden war hartgefroren, die Hasen kamen in Höchstfahrt. Der Jagdgast neben mir schoß sehr sauber, traf

hohe Anforderungen an ihre schieß-
techischen Fähigkeiten. Oft schaut
Dir Dein Nachbar bei Deiner Pat-
zerei zu. Ein Scherzwort fliegt
herüber. Anschließend kann er es
doppelrohrig auch nicht besser.
Die erste Forderung an eine gute
Entenjagd liegt auf der Hand: Anfang September sind gewiß alle
Jungenten aus den Erstgelegen voll
beflogen. Die Jungenten aus den
Zweitgelegen sind noch deutlich
kleiner. Sie haben noch Mühe beim
Start aus dem Schilf. Diese „späten" Jungenten werden geschont.
Egal, ob mit Treibern am Seeufer
oder ob mit Kähnen auf einge-

Foto: Archiv JÄGER

Foto: W. Nagel

schnittenen Schilfschneisen getrieben wird, oder mehrere, kleine
Teiche und Tümpel nacheinander
gemeinsam angegangen werden.
Ein gleicher Schutz gilt der Mut-
terente. Ihre späte Mauser zieht sich
in unseren Breiten bis in den September hinein. Da sie dann flugunfähig ist, bringt sie recht häufig der

**Oben: Im Frühherbst
neigt besonders
Wasserwild zum
schnellen Verhitzen.
Wir versorgen unse-
re Beute darum zü-
gig.**

**Links: Mausernde,
flugunfähige Mutter-
enten und Jung-
enten der Zweitgele-
ge schoß er nicht.**

Wasserhund lebend.
Der gute Jäger weiß
um die Herbstmauser
und schenkt ihr das
Leben.
Den dritten und vier-
ten Wunsch äußert
der Jagdherr morgens
meist in einem Satz:
„Schießt in erster Li-
nie die Grünköpfigen,
und schießt vor allem
nicht zu weit!" Recht
hat er. Der Überhang an Erpeln ist
überall – auch in den städtischen
Parkanlagen – zu beobachten. Zur
Paarungszeit wird er für die Ente
oft zur Drangsal. Man möchte ihr
dann helfen, bei der Zudringlich-
keit mehrerer Erpel. Es ist unstrit-
tig: Bei kaum einer Jagdart wird so
häufig zu weit geschossen wie bei

der Entenjagd. Da muß bereits
während der Jagd schon mal ein
dumpfes Grollen des Jagdleiters ertönen.
Hundearbeit bei der Entenjagd ist
stets anstrengend. Im schnell
fließenden Wasser wird sie ebenso
Schwerstarbeit wie in der Dünung
an den Küsten. Das Stöbern im
Schilf ist meist die Einleitung der
Jagd. Aber der Schwerpunkt der
Hundearbeit liegt eindeutig nach
dem Schuß. Die geflügelte Ente
stellt hohe Anforderungen an Nase,
Finderwille, Kondition und Erfahrung. Hat es lange gedauert, und
kommt unser Freund doch noch mit
dem Erpel im Fang schnaufend an-
geschwommen, gibt es viel Lob
und eine kleine Pause. Müssen wir
ihn ins eiskalte Winterwasser
schicken – solche Pannen entstehen
–, gibt es anschließend nur eines:
Abrubbeln mit dem Handtuch, Frei-
laufen zum Auto, Heizung auf Voll-
dampf und ab nach Hause. Es ist
durch nichts gerechtfertigt oder zu
entschuldigen, den Hund „noch
eine Weile" auf dem Stand zu halten. Seine Gesundheit geht vor.
Verhalten im Kahn
Das Streben nach Sicherheit für alle
Jagdteilnehmer bestimmt das Verhalten des Jägers im Kahn. Er sitzt
stets vorn im Boot. Ein Schießen
im Stehen über den Kopf des sta- ▶

kenden Kahnführers hinweg unterbleibt generell. Zu groß ist die Unfallgefahr. Je schmaler und wackeliger der Kahn, je glitschiger der Boden, je unruhiger das Wasser, umso größere Bedeutung hat das disziplinierte Verhalten. Natürlich fällt das Schießen im Sitzen schwerer. Das Mitschwingen des ganzen Körpers gelingt selten, aber nach ein wenig Eingewöhnen klappt's.

Anfüttern

Noch ein offenes Wort zum Anfüttern der Enten. Es ist heute gang und gäbe, daß Enten dort, wo sie gemeinsam bejagt werden sollen, vorher angefüttert werden. Bei der Standorttreue der Enten kein großer Aufwand. Oft wächst ihre Zahl rasch an. Äsung und Ruhe vor der Jagd sprechen sich bei ihnen rum. Am Jagdtag sind dann mit einem

Foto: J. Darling

feltrester angelockt, ober die Enten an Futtertische gewöhnt, gejagt haben wir sie nicht, nur geschossen. In den vergangenen 40 Jahren haben sich die Jäger in Deutschland daran gewöhnt, so zur Jagd zu gehen. Ich mag das immer weniger.

GESELLSCHAFTS-JAGDEN IM WALD

Für viele Jäger ist die Drückjagd im Wald

Links: Zügig und souverän, die Ente im Fang, da lacht das Hundeführerherz.

Links: Er wurde vom Leiter der Drückjagd auf dem Fuchspaß postiert. Sein bewegungsloses, absolut geräuschloses Ausharren ließ Reineke nicht argwöhnisch werden. Der zahlt nun mit seinem Winterbalg dafür.

Foto: St. Meyers

Schlag Hunderte von Enten in der Luft. Ein tolles Bild. Aber nicht die reine Freude, obwohl die weitaus höhere Zahl von ihnen entkommt. Denn selbst geübte Tontaubenschützen drehen bei so massiertem Anflug leicht durch. Die erste Doublette vermasseln sie, hasten mit den nächsten beiden Patronen

eine weite Ente vorbei, verpassen dabei günstig näheren Anflug und stehen auf einmal inmitten von sechs leeren Hülsen. Wer hat so etwas noch nicht erlebt?

Zurück zum Füttern. Ob es die Sauen sind, die unter den Steinen Tag für Tag ihre Maisportion finden, die Rehe im Verjüngungsgatter von Ap-

exklusives Waidwerk. Nur wenige Jäger werden benötigt, noch weniger Treiber. Am Jagdmorgen geben Wind und Wetter den Ausschlag über die Wahl der Treiben und die zu besetzenden Stände. Dabei zieht der Jagdherr seine erfahrenen, örtlichen Helfer zu Rat.

Das eigentliche jagdliche Können beweisen die „Treiber", die jedoch nicht treiben, sondern drücken. Langsam, leise hüstelnd vermiesen sie Schalenwild oder Fuchs deren Einstand. Sie streben in der Dickung nicht vorwärts, sondern mal quer, mal wieder zurück. Dabei berücksichtigen sie immer auch den Wind, der in den vermeintlich besten Einständen schon früh für Unruhe sorgen soll. Pausen werden bewußt eingeschoben. Von einem alten Haumeister habe ich es einst gelernt, indem ich einfach bei ihm mitging. Er war ein Meister seines Fachs, sprach kein Wort, überzeugte den jungen Jäger nur durch sein Tun.

Drücken dauert oft lange. Die Schützen brauchen also Geduld, Blei an den Füßen und wache Augen. Dafür kommt aber Reineke oft geschnürt, und nicht in voller Fahrt. Wir haben Zeit, den Drilling unbemerkt in Anschlag zu bringen. Auch Rot- und Damwild bekommt der Fachmann so „auf den Wechsel", ja selbst bei den Sauen gelingt es. Zugegeben nicht immer, aber klappt's, ist ein bißchen Stolz gerechtfertigt.

Viel häufiger sind heute die groß angelegten Stöberjagden im Wald. Manche nennen sie modern Bewegungs- oder Riegeljagden. Riegeln ist eine Domäne der Hochgebirgsjäger. Und „Bewegen" tun wir unser Wild im übrigen bei jeder Art von Treibjagd.

Eine genügend große Jagdfläche von 300 bis 1.000 Hektar sollte gegeben sein. Alle Jagdanlieger werden eingeladen. Nochmals bekräftigt: Alle. Jagdpolitisch sind damit fast alle schmerzenden Zähne gezogen. Ein Überjagen der Hunde ist so gar nicht möglich. Die Stöberhunde sind bei dieser Gemeinschaftsjagd das Rückgrat des Geschehens. Mit guter Kondition stöbern sie anhaltend über zwei bis drei Stunden. Sie werden dabei das Wild selbständig suchen, scharf in Bewegung bringen, spurlaut verfolgen. Deutsche Wachtel, Bracken und Erdhunde haben sich dabei bewährt. Ihre Einsatzzahl am Jagdtag richtet sich nach der Häufigkeit und Größe der Einstandsdickungen.

Nicht alle Hunde verfügen in einem ausgewogenen Verhältnis über Jagdverstand und Schneid. Aber auch hier macht Übung erst den Meister. Angenehm für den Hundeführer sind solche vierläufigen Freunde, die in den drei Stunden immer mal wieder kurzen Kontakt mit ihm aufnehmen. Eine kurze Pause tut ihnen gut. Schnell sind sie ja wieder neu „geschickt". Ganz unentwegte Hunde sind stundenlang ohne Fühlungnahme tätig. Es sind nicht die schlechte- ▶

Foto: Archiv JÄGER

Foto: H. Rohleder

Oben: Große Stöberjagden im Wald bieten Gelegenheit zum Schuß auf ruhig ziehendes und verhoffendes Wild. Schirme mit guter Auflage verbessern die Erfolgsaussichten.

Links: Das Flüchtigschießen mit seiner Doppelbüchse hat er immer wieder auf dem Schießstand geübt. Sein Jagdpassion hingegen scheint ihm angewölft zu sein.

sten. Sie werden oft am Ende der Jagd aus irgendwelchen entfernten Ecken von verständnisvollen Mitjägern mitgebracht. Dort war dann sicher mehr los als um Herrchen. Danach können sie so entkräftet sein, daß die grimmigsten Kämpfer friedlich, weil fix und fertig, nebeneinander im Auto liegen.

Während der Jagd weist das Geläut dem Jäger, wohin die Reise geht. Da die wohl vorbereiteten Stände bei der großen Fläche oft so ausgewählt

Foto: H. Reinhard

zent erfüllt werden kann. Nach ein paar Erprobungsjagden wissen die erfahrenen Hochwildjäger, wo Stände errichtet werden und wohin die Hundeführer gehören. Für die gilt das Motto: Die besten Hunde an die besten Wildeinstände. „Steckenbleiben" dürfen die Sauen am Jagdtag nicht. Denn Strecke muß gemacht werden. Also kann einzelnen Hundeführern eine genau bestimmte Dickung zugewiesen

Links: Eine weiträumig angelegte Stöberjagd, dann ist der Kahlwildabschuß erledigt. Revierbeunruhigung durch ständige Einzeljagd entfällt.

Links unten: Wird die Rotte von der Saumeute gesprengt, kommen die dann vereinzelt anwechselnden Schwarzkittel schußgerechter.

Foto: H. Eisl

werden können, daß jeder Jäger unbeeinflußt vom Nachbarn allein wirken kann, werden die Erfolge deutlich erleichtert. Wer Damwild oder Sauen hochflüchtig nicht mag, wartet aufs Verhoffen – oder läßt die Stücke unbeschossen passieren. Wir bleiben streng bei der Wahrheit, wenn am Ende der Jagd der anstellende Helfer über gesehenes wie beschossenes Wild, Schußzahl und Schußzeichen Auskunft erbittet. Natürlich werden die Familienverbände aller Schalenwildarten

in diesen drei Stunden durcheinander gewirbelt. Das bestreitet keiner, der diese Art zu jagen kennt. Bemerkenswert aber, wie gut es sich dabei verwirklichen läßt, daß mittelstarke Sauen zwischen 45 und 90 Kilogramm geschont werden oder nach einer Stunde einzeln kommende Alttiere unbeschossen bleiben.

Der große Vorteil dieser Jagden liegt darin, daß der geplante Abschuß an Kahlwild und geringen Hirschen einer Region tatsächlich in drei Stunden zu 80 bis 90 Pro-

werden, in der sie den Hunden helfen werden, sobald sich die Sauen längere Zeit stellen. Dies Angehen der Hundeführer erfolgt laut und bringt häufig sehr schnell Bewegung in die Schwarzkittel. Sind im Winter bei Schnee „Sauen fest" gekreist, läßt sich noch gezielter jagen. Oft weiß ich um die Zahl der Sauen und die Zusammensetzung der Rotte. Ich kenne die Qualität meiner örtlichen Jäger und werde auch die Fernwechsel mit weniger Geübten besetzen. Das Treiben beginnt so früh wie möglich, denn ein Wintergang ist kurz. Das Mittagessen wird zurückgestellt. Wichtigster Fakt ist das Sprengen der Rotte: Einzeln sollen die Frischlinge kommen, möglichst dicht vor dem fährtenlauten Hund. Dann treffen wir sie am leichtesten. Wieder ist es also die Qualität der Hunde, die gefragt ist. Erst die bringt den gewünschten Erfolg und die Freude an einem solchen Tag.

Foto: H. Eisl

Sie haben gut Lachen. Das Stökern im Wald erbrachte eine kleine, aber abwechslungsreiche Strecke.

Zusätzlich empfiehlt es sich bei schwierigen Verhältnissen, einen Hundeführer zu benennen, der bei guter Ortskenntnis und Erfahrung den Hunden drinnen „mithilft". Voraussetzungen sind Einsatzbereitschaft, Disziplin und Erfahrung im Umgang mit Hund, Waffe und Messer. Dieser Mann wird später auch dem Jagdleiter das „Abblasen" zurufen. Liegen dann am späten Nachmittag fünf Frischlinge auf der Strecke, und sind die Hunde alle heil geblieben, war es gutes Jagen.

Kommen die Schneetage erst Ende Januar, beschränke ich die Freigabe ausschließlich auf Frischlinge. Sind nämlich Überläufer mit freigegeben, liegt dann doch zu oft eine beschlagene Bache der Mittelklasse auf der

Foto: I. Gerlach

Wieder haben die Jagdhornbläser zum reibungslosen und stimmungsvollen Jagdverlauf beigetragen.

Strecke. Das muß wirklich nicht sein.

Auf Niederwild

Die Möglichkeit, heute in den Wäldern unserer Breiten gemeinschaftlich sinnvoll auf Niederwild zu jagen, ist selten geworden. Wo können Jäger so noch, ohne die Besätze zu gefährden, Hase, Fasan, Schnepfe erbeuten? Höchstens einige Feldgehölze in intensiv betreuten Niederwildrevieren geben dazu noch den Rahmen. Die klassische Waldstreife mit wohl vorbereiteten Schützenpfaden ist hingegen fast völlig passé.

Anders bei Kaninchenrevieren, soweit diese von Krankheiten ein, zwei Jahre verschont geblieben sind: Vorstehtreiben reiht sich an Vorstehtreiben. Die Treiber gehen dicht an dicht, bleiben immer wieder stehen, klopfen oder trampeln auf die Erde. Nur so bringen sie die grauen Flitzer vorwärts, und vorne sind die Exzellenzenstände. Die Dickungen sind meist nur durch recht schmale Schneisen getrennt. Bequem, wenn wir nur nach einer Seite zu schießen brauchen. Viel Schußkonzentration ist erforderlich. Hat die Flinte keine offen gebohrten Läufe, werden Streupatronen geladen.

Es ist eine Lust, so zu jagen, und am Ende des Treibens am gegenüberliegenden Dickungsrand einige Kanin aufzusammeln. Sind Hase, Fasan, Schnepfe und Fuchs ebenfalls freigegeben, wird die Strecke herrlich bunt.

JAGDPRAXIS

Foto: H. Rohleder

Mit dem Schuß ist die Jagd noch lange nicht beendet.

HERRICHTEN VON TROPHÄEN

Sauber hergerichtete Trophäen an der Jagdzimmerwand zeugen von der Freude des Waidmanns über seine Erfolge. Sie spiegeln aber auch seine Achtung vor dem erbeuteten Wild wieder. Mit etwas Geschick und Geduld lassen sich Geweih, Gehörn und Gewaff leicht herrichten.

Foto: K. Kellermann

Bachenhaken: Sauber aufgebrettet.

Nach dem Erlegen eines Rehbocks oder Damschauflers, nach roter Arbeit, Verblasen und besinnlicher Totenwacht ist die Jagd für manche Schützen bereits beendet. Für manche, aber eben nicht für alle: Wer schon als kleiner Bub dabei war, wie Vater die heimatlichen Rehkronen aufbrettete, wird sich dem Reiz nicht entziehen können, es ihm gleich zu tun. Beim Abkochen, Säubern und Sägen lebt manch vergeblicher Gang oder der gute Treffer in letzter Sekunde nochmals in uns auf. Wir werden nachdenklich, dankbar und fröhlich.

GEWEIH UND GEHÖRN

Das Abschlagen des Geweihs

Noch ein, zwei Schnitte, und wir haben es geschafft.

Das abgeschärfte Haupt befreien wir von der Decke. Mit einer kleineren Klinge, deren Rücken zum Knochen weist, wird die Decke in Längsrichtung zur Nase aufgeschärft und nach beiden Seiten abgezogen. Weitere Schnitte im Nasenbein- und Gaumenbereich erleichtern die Arbeit.

Das abgezogene Haupt wird in Seitenlage gebracht. Ein Zeigefinger fährt in die jeweilige Augenhöhle, drückt den Augapfel nach unten und löst ihn mit scharfer Klinge rundherum vom Augenhöhlenrand. Messer oder Teelöffel fördern den Augapfel zutage. Sein Sehnerv wird abgetrennt. Durch Schnitte an den Unterkiefer-In-

Wasser wird öfters gewechselt. Alle genannten Arbeitsschritte lohnen gründliche Mühe: Beim anschließenden Abkochen ist dadurch von vorn herein weniger Fett und Blut vorhanden, die später zum Vergilben des Schädels beitragen.

Abkochen

Zum Abkochen stellen wir den Schädel bis zur Unterkante der Rosen in einen genügend großen Topf mit kaltem Wasser. Eine Prise Soda oder nichtschäumendes Waschmittel fügen manche Jäger bei. Perfektionisten geben dem Gehörn durch ein Abkochstativ Halt. Dies verhindert ein Einsinken und damit Verbleichen der Rosen und Stangen im kochenden Wasser. Das Wasser wird langsam

Nach Abschlagen des Hauptes wird die Decke entfernt.

Dem Reinigen des Schädels folgt das Wässern.

führten unsere Altvordern mit dem Standhauer durch. Wie leicht kann da die hintere Hirnschale in Mitleidenschaft gezogen werden. Wir greifen zum kräftigen Nicker und setzen die Klinge zwischen Hinterhaupt und ersten Trägerwirbel an, um das Haupt freizuschärfen. Säge oder gar Axt haben hierbei nichts zu suchen. Dann drehen wir das Haupt soweit wie möglich in der Trägerlängsachse, dabei muß es „gefährlich knacken".

nenseiten lösen wir den Lecker, der nach hinten weggezogen wird. Wir entfernen alle Muskeln und Sehnen, an die wir herankommen. Endlich hebeln wir den Unterkiefer ebenfalls nach hinten heraus. Sorgfältig entfernen wir von Oberhaupt wie Unterkiefer alle Fleischmasse. Mit einem gebogenen Draht entfernen wir das Hirn. Dann wässern wir das Haupt bis zu den Rosen ein bis zwei Tage in einem Eimer oder Topf. Das kalte

erwärmt. Die Verdunstungsmenge wird von Zeit zu Zeit nachgefüllt, um ein Mitabkochen der Rosenstöcke zu gewährleisten. Mit einem Löffel schöpfen wir gelegentlich das sich an der Wasseroberfläche sammelnde Fett ab. So köchelt das Ganze langsam vor sich hin. Lassen sich Fleischreste entfernen, haben wir lange genug gekocht. Das kann bei älteren Böcken schon mal eine dreiviertel Stunde dauern. Jüngere brauchen

Ein Stativ sichert das Gehörn beim Abkochen.

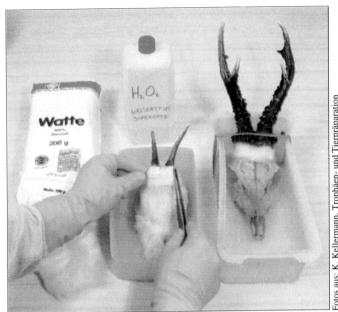

Wasserstoffsuperoxid dient zum Bleichen der Schädel.

Fotos aus: K. Kellermann, Trophäen- und Tierpräparation

oft nur eine halbe Stunde. Leicht löst sich das Nasenbein oder die Stirnnaht jüngerer Böcke oder Hirsche bei zu langem Kochen. Ältere Rothirschtrophäen kocht man oft eineinhalb Stunden.

Nach dieser Prozedur tauchen wir den aus dem Topf genommenen Schädel unverzüglich in ein eiskaltes Wasserbad: Das treibt noch in den Knochenporen verbliebenes Fett nach draußen. Nach einer halben Stunde bearbeiten wir den Schädel weiter. Restliche Fleisch- und Sehnenstückchen werden durch Schaben entfernt, eine straffe Nagelbürste kommt neben dem Messer zum Einsatz.

Der gesäuberte Schädel wird wieder angefeuchtet und gänzlich mit Watte umwickelt, auch die Rosenstöcke und das innere Nasenbein. Nochmals wird die Watte mit Wasser befeuchtet und fest angedrückt. Nun schütten wir vorsichtig 30%igen Wasserstoffsuperoxid auf die Wattepartien. Wir achten sehr darauf, die ätzende Chemikalie nicht mit unserer Haut oder den Rosen in Berührung zu bringen. Der Schädel wird so ein bis drei Tage in einer Glas- oder Plastikschale gelagert. Dann entfer-

nen wir die Watte mit einer Pinzette und halten den Schädel vorsichtig unter fließendes Wasser. Für einige Tage in die pralle Sonne gelegt, bleicht der Knochen nach.

Absägen

Je nach Erfahrung und Selbstvertrauen sägen wir nun den Oberkiefer mit einer Sägevorrichtung oder frei Hand ab. So oder so, wir sägen immer vom Hinterkopf in Richtung Windfang. Besonders geeignet sind Eisensägen-Blätter. Besser, man läßt anfänglich lieber

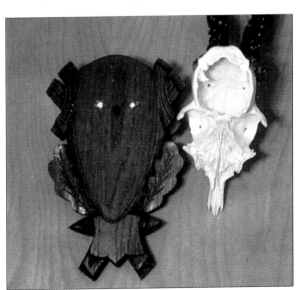

„etwas mehr" dran. Denn absägen oder abschleifen kann man immer noch, anflicken jedoch so gut wie nie. Endlich auch Gelegenheit, störende Nasenknorpel zu entfernen.

Feines Schmirgelpapier glättet Schnittfläche und Schädeloberfläche abschließend. Stark mit Wasser verdünnter Holzleim, mit einem Pinsel aufgetragen, versiegelt die Knochenporen vor Staub.

Bei jungen Rehkronen, besonders aber bei Hirschgeweihen, driftet das Nasenbein häufig auseinander. Dann zwängen wir es durch Umwickeln mit festem Garn zeitweilig zusammen. Wir bestreichen das Nasenbein innen mit diesem Tischlerleim. Bringen wir etwas Watte, beim Hirsch Glasfasergewebe ein, hält das ewig. Nie, ich ▶

Der „Mehl-Trick" verrät die Lage der Bohrlöcher.

wiederhole, nie benutzen wir anderer Kleber als Holzleim bei Schädelreparaturen. Denn Kunstkleber werden allzuoft im Lauf der Zeit häßlich braun. Lassen wir das Ganze ruhig einige Tage trocknen, bevor wir das Garn entfernen. Ich wende das Verfahren generell als Vorbeugemaßnahme an, das erspart Enttäuschungen.

Nun lasse ich das Gehörn kopfstehen. Mit feinem Pinsel und Möbelbeize bessere ich die Rosen farblich aus. Die Abkocherei hat trotz aller Vorsicht hier und da weiße Stellen verursacht. Das auf den Kopf stellen bis zum Trock-

Weniger ist halt manchmal mehr. Zum Aufschrauben der Rehkrone auf ein passendes Brettchen verwenden viele im Handel erhältliche Metallhalterungen. Preiswerter geht's, indem ich die Rosenstöcke von unten mit der Bohrmaschine anbohre. Dann bringe ich Bohrstaub oder Mehl ein und setzte

Fotos aus: K. Kellermann, Trophäen- und Tierpräparation

Zeichnung: J. Bindseil

GEHÖRN ABSÄGEN

Eine klare Schnittführung (links) ermöglicht sauberes Aufbretten (oben).

nen verhindert ein Beträufeln des Schädels mit der Beize. Die ist dort nur äußerst schwer wieder weg zu bekommen.

Aufbretten

Geschmacksache, ob man (überhaupt) mit großem oder schmalem Nasenbein aufbretten will. In jedem Fall wirkt eine schwache Trophäe mit großem Schädel noch schwächer. Auch bei der Wahl des Trophäenbrettchens ist Schlichtheit angesagt. Gerade bei schwächeren Trophäen kann ein maschinengefrästes Eichenlaub-Prunkschild übertrieben wirken.

den Schädel mit leichtem Klopfen passend aufs liegende Brettchen. Dort zeichnen sich nun die ebenfalls erforderlichen Bohrlöcher weiß ab. Sind auch diese Löcher gebohrt, verschraube ich von der Brettchenrückseite Schädel und Holz.

KEILERGEWAFF

Auch Keilerwaffen können wir selbst herrichten. Da die Gewehre zu zwei Dritteln im Unterkiefer ruhen, sägen wir das Gebrech des Bassen hinter dem vierten

Backenzahn durch. Den vorderen Teil kochen wir schonend ohne Sodazusätze etwa eine halbe Stunde.

Zwischendurch prüfen wir, ob sich schon Gewehre und Haderer herausziehen lassen. Bei alten Keilern geht das nach vorn. Bei jüngeren öffnen wir vorsichtig das Zahnbett des Unterkiefers, um das Gewehr von hinten zu greifen. Wollen wir die Waffen doch einem Präparator anvertrauen, packen wir sie mit feuchter Watte in eine Plastiktüte, damit sie nicht bersten. Das gilt ebenso für den Transport auf Jagdreisen. Ansonsten legen wir das vorsichtig mit einer Bürste gereinigte Gewaff zwei Tage in ein Azetonbad. Das entzieht den Waffen Feuchtigkeit und Fett. Unbedingt bewahren wir das Gewaff vor Sonne oder Hitze: Bei allzu zügigem Trocknen könnte es bersten. Auch wird es nicht mit

Wasserstoffsuperoxid gebleicht.

Ausgießen

Nach Entnahme aus dem Azetonbad lassen wir die Trophäe kurz trocknen. Unterdessen haben wir eine Schale mit Sand bereitgestellt. Darin „pflanzen" wir Gewehre und Haderer mit den Zahnöffnungen nach oben ein. Im Unterschied zu Holzkitt und Polyesterharzen hat sich Epoxidharz zum anschließenden Ausgießen der Zahninnenräume gut bewährt. Holzleim taugt ebenfalls.

Der jeweilige Zahnmund wird mit Tesafilm eng umwickelt. So können wir später einen geraden Ab-

Tag lang, aushärten. Manche Jäger überziehen die äußeren Gewaff-Flächen mit Klarlack als zusätzlichen Schutz; andere lehnen das als entstellend ab. Endlich binden wir das Gewaff in Halterungen ein, die im Jagdfach- oder Präparatorenhandel erhältlich sind. Je nach Geschmack mit oder ohne Brettchen präsentiert, erinnert uns die Trophäe an einen Mondansitz in klirrend kalter Winternacht oder eine turbulen-

te Drückjagd. Hand auf's Herz: Längst haben wir für die lang ersehnte Trophäe einen Platz an der Jagdzimmerwand auserkoren, nun wird zügig der passende Haken in die Wand geschlagen. Bei Kerzenschein und einem kühlen Tropfen freuen wir uns erneut und merken beiläufig, wie sehr doch bei der Jagd Passion und Handwerk verschmelzen.

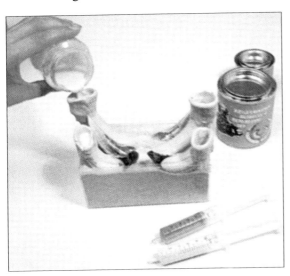

Oben: Epoxitharz, aus zwei Komponenten gemischt, dient zum Füllen der Zahnhohlräume.

Rechts: Klammern zum Befestigen der Gewehre und Haderer.

nen wir später einen geraden Abschlußrand schnitzen. Dann lassen wir das unterdessen gemixte Zweikomponentenharz einfließen. Beim Anrühren werden Luftblasen vermieden. Um diese auch in der Zahnspitze zu vermeiden, stochern wir mit einem feinen Draht im soeben vollgegossenen Zahn umher. Dann lassen wir das Gewaff ohne Wärmezufuhr in Ruhe, das heißt mindestens einen halben

Oben: Beim Anblick des Gewaffs steht dem Erleger der erfolgreiche Ansitz noch Jahrzehnte später lebendig vor Augen. Anderen offenbart die sachgemäß hergerichtete Trophäe seine Achtung vor dem Wild.

FACHLITERATUR

Wie der Jäger dem Wild nachstellt, zieht sich als roter Faden durch die Jagdliteratur, angefangen von vielthemigen Grundlagenwerken bishin zu Wild-Einzeldarstellungen. Ungeachtet dessen verdienen ebenso einige kleine, zudem preiswerte Schriften besonderes Augenmerk.

1. Hennig, Rolf – Wildbestätigungskunde (2. Auflage 1985)
Hennig hilft uns, Pirschzeichen zu entschlüsseln. Es liegt an uns, darauf eine erfolgreiche Jagdstrategie aufzubauen.

2. Hentschel, Peter – Frettieren (2. Auflage 1989)
Von der Biologie des Frettchens, seiner artgerechten Haltung bishin zum praktischen Einsatz bietet der Verfasser erschöpfende Antworten. Auch seinen Lesern traut er Erfolge zu, wie einige Kaninchen-Kochrezepte verraten.

3. Hespeler, Bruno – Die Baujagd (1. Auflage 1985)
Aus der Feder des Praktikers erfahren wir, wie man Reineke und Schmalzmann in und an deren Burg beikommt. In zwanglosem Ton vermittelt *Hespeler* Details, auf die es ankommt.

4. Kellermann, Kurt – Trophäen- und Tierpräpara-

Heute konnte er seine Schwarte noch einmal in Sicherheit bringen.

tion (1. Auflage 1995)
Ebenso ausführlich wie anschaulich beschreibt *Kellermann* das Präparieren von Haar- und Federwild. Auch beim Herrichten von Geweih- und Horntrophäen bleibt keine Frage offen.

5. Lemke, Karl – Lockjagd (1. Auflage 1982)
Vom Elch bis zum Ringeltauber spannt *Lemke* den Bogen der Wildarten, auf die es geht. *Lemke* beschreibt, wie man eine Vielzahl von Lockinstrumenten selber bastelt und einsetzt.

6. Menzel, Joachim und Schulte, Jürgen – Jagdarten auf Hoch- und Niederwild (1. Auflage 1993)
Hilfreich durch Fotos und Zeichnungen ergänzt, werden alle gängigen heimischen Gesellschafts- und Einzeljagdarten vorgestellt.

Revierinhaber wie Jagdgäste kommen auf ihre Kosten.

7. Nüßlein, Fritz – Das praktische Handbuch der Jagdkunde (14. Auflage 1996)
Neben neuen Erkenntnissen greift *Nüßlein* auf Bewährtes zurück, wenn es darum geht, das Jagdwesen in seiner Vielgestaltigkeit zu vermitteln. Theorie und Praxis stehen bei diesem Standardwerk deutlich im Einklang.

8. Willkomm, Hans-Dieter – Gesellschaftsjagd auf Hoch- und Niederwild (1. Auflage 1995)
Straff und unmißverständlich gibt *Willkomm* Auskunft über das Planen und Durchführen der unterschiedlichen Gesellschaftsjagden. Das klar gegliederte Büchlein bietet sich geradezu als Checkliste für Jagdleiter an.

Foto: W. Radenbach

REGISTER (Heft 19 bis 24)

Irren ist menschlich. Das wußten schon die Römer. – Auch in dieses Buch haben sich einige inhaltliche Fehler eingeschlichen, die nachstehend aufgelistet sind. Sollten Ihnen, verehrte Leser, weitere Ungereimtheiten auffallen, bitten wir Sie, dies der Redaktion JÄGER (Jahr-Verlag, Jessenstraße 1 in 22767 Hamburg) mitzuteilen. Dann kann die zweiten Auflage von „Erfolgreich Jagen & Hegen" fehlerfrei erscheinen.

Beim **Auspunkten der Keilerwaffen** nach der CIC-Formel (vergl. Teil 1, S. 190; JÄGER & PRAXIS Nr. 6) wird der Umfang der beiden Haderer addiert und nicht – wie in der Tabelle fälschlicherweise angegeben – der durchschnittliche Umfang beider Haderer mit dem Faktor 1 multipliziert.

Bei der Bauanleitung **„Stäbe für transportable Schirme"** (vergl. Teil 2, S. 75; JÄGER & PRAXIS Nr. 9) ist eine Maßangabe falsch. Die Gesamtlänge der Stäbe beläuft sich auf 1,95, nicht auf 1,65 Meter.

Auf dem **Titelbild** von JÄGER & PRAXIS **Nr. 13** ist das kleine Foto seitenverkehrt eingespiegelt worden: Sauen und Rehwild werden nach altem Brauch mit der Herzseite nach oben zur Strecke gelegt – nicht umgekehrt.

Seit Drucklegung der einzelnen Nummern von JÄGER & PRAXIS haben sich die **Jagd- und Schonzeiten** einiger Bundesländer bereits geändert. Dies gilt zum Beispiel für Rheinland-Pfalz und Niedersachsen. Andere Länder bereiten derzeit neue Jagdzeitenverordnungen vor. Auch bei den **Vorschriften zur Wildfütterung** (vergl. Teil 3, S. 162; JÄGER & PRAXIS Nr. 18) oder zum **Fangrecht** (vergl. Teil 4, S. 126/27; JÄGER & PRAXIS Nr. 22) haben sich in einigen Bundesländern bereits Änderungen ergeben.

Redaktion JÄGER